500 Abbildungen
und Notenbeispiele
30 Farbtafeln

WELTGESCHICHTE DER MUSIK

von Kurt Honolka

und

Kurt Reinhard

Lukas Richter

Bruno Stäblein

Hans Engel

Paul Nettl

Rheingauer Verlagsgesellschaft

Eltville am Rhein

Lizenzausgabe mit freundlicher Genehmigung der Droemerschen Verlagsanstalt 1976
Gesamtherstellung Mladinska Knjiga, Ljubljana/Jugoslawien
 — ISBN 3 88102 000 4

Inhalt

Spätrenaissance und Barock

Prof. Dr. Paul Nettl, Indiana University, Bloomington

Vom Barock bis zur Gegenwart

Dr. Kurt Honolka, Stuttgart

Europäisches Hochbarock

Klassik

Musik in Urzeiten

Die Anfänge menschlicher Musikübung sind in völliges Dunkel gehüllt. Die Welt der Töne ist ein so flüchtiges Element, ihre Werkzeuge, die Musikinstrumente, sind aus so vergänglichem Material, daß nichts mehr von diesem Beginn auf uns gekommen ist. Dabei dürften wir doch ein besonderes Interesse daran haben zu erfahren, wann, wie und warum sich Menschen zum ersten Male in Tönen äußerten; wie sie es verstanden, eine primitive Musik, die noch gänzlich im Dienst anderer Lebensfunktionen stand, allmählich zu verselbständigen, zur Kunst zu machen und damit eine der schönsten Früchte menschlichen Geistes hervorzubringen.

Die Frage nach den Anfängen hat auch schon lange die wissenschaftliche Forschung, insbesondere die Vergleichende Musikwissenschaft, heute Musikethnologie genannt, beschäftigt. Man konnte aber nur Hypothesen aufstellen, konnte versuchen, aus dem Zustand des Musiklebens bei den primitivsten der heute noch existierenden Menschengruppen Schlüsse zu ziehen. Dabei taucht zugleich die Frage auf: »Was ist Musik?« Wir können nämlich voraussetzen, daß all die Elemente, die unsere Musik heute aufweist, schon in Spuren vorhanden sein müssen, wenn wir von Musik sprechen wollen – in jedem Falle also die zeitlich geregelte Abfolge von festen, zumindest unterscheidbaren Tönen. Dann schließen wir aber all die Gebilde aus, die nur aus einem dieser Elemente bestehen. Und die gibt es sehr wohl. Man tanzt zu einem nur in Schlägen hörbar gemachten Rhythmus; andrerseits gibt es einfachste Gesänge, die jeglicher Zeitgliederung entbehren. Uns will es scheinen, als seien beide Erscheinungen bereits Musik, freilich nur in ihrer allerprimitivster Form. Die aber suchen wir ja gerade mit unserer Frage nach den Anfängen der Musik.

Nennen wir nun ein paar von den Hypothesen, die aufgestellt wurden. Charles R. Darwin, der große englische Naturforscher, glaubt, in den lautlichen, tonähnlichen Äußerungen einer frühen Menschheit Liebesschreie sehen zu müssen. Wie ein schönes Äußere, wie körperliche Kraft, sei auch primitiver Gesang eines der Mittel der männlichen Liebeswerbung gewesen. Würde diese Hypothese der Wirklichkeit entsprechen, so müßte man annehmen, daß auch heute noch unter den Gesängen der Primitiven Liebeslieder vorherrschen. Das ist aber nicht der Fall. Genauso wenig finden wir bei den Naturvölkern Arbeitslieder, die der Nationalökonom Karl Bücher (1847–1930) als Ausgangspunkt annimmt. Danach sollten die Menschen einst zu rhythmischen Lautäußerungen gekommen sein, um gemeinsame Arbeit leichter verrichten zu können. Unsere heutigen ethnologischen Kenntnisse lehren uns aber, daß es bei Primitiven so gut wie nie gemeinsam und dazu noch im Takt ausgeführte Arbeiten gibt.

Mehr Wahrscheinlichkeit hat der Gedanke Carl Stumpfs, des bedeutenden Psychologen und Begründers der Musikethnologie in Deutschland (1848–1936), daß Musik aus Verständigungsrufen entstanden sein könne. Es ist glaubhaft, daß die ursprünglichere Sprache als Mitteilungsmedium nicht mehr genügte, wenn sich Hirten, Fischer, Jäger u. a. über weitere Entfernungen verständigen wollten. Man erhob dann seine Stimme bis zur obersten Grenze ihres Umfangs, wo sie am weitesten trägt, und stieß dort einen gleichbleibenden, lauten Ton aus. Und von hier aus könnten sich dann in Verbindung mit der Sprache allmählich musikalische Motive entwickelt haben.

Schließlich ist eine andere Hypothese von vielen Forschern immer wieder aufgegriffen worden: die Deutung der Musik als einer überhöhten Sprache. Rousseau, Herder, auch der englische Philosoph Herbert Spencer (1820–1903), hingen ihr an und meinten, aus den Akzenten, dem Tonfall, kurzum aus dem sogenannten Sprachmelos hätten sich die ersten musikalischen Weisen entwickelt. Curt Sachs (1889–1959) kommt dem nahe, wenn er glaubt, aus ersten, tierisch-affekthaften Lautgebungen habe sich sowohl die der reinen Verständigung dienende Sprache entwickelt wie auch der vom Alltag abgewandte, zweckfreie Gesang.

Sind wir also bezüglich der Anfänge der Musik auf Vermutungen angewiesen, so können wir uns doch von der Musik der primitivsten Menschengruppen, die bis in unser Jahrhundert hinein noch existierten, ein abgerundetes Bild machen und danach der Frage »Was ist Musik« ein wenig näher kommen. Wir finden oder fanden solche Kulturen bei den Feuerländern in Südamerika, bei den ceylonesischen Wedda und auf den Andamanen-Inseln. Charakteristiken ihrer Gesänge sind: Engmelodik, d. h. ein nur kleiner, aus zwei, drei oder vier nebeneinanderliegenden Tönen bestehender Tonvorrat; kurze, oft endlos wiederholte Motive meist fallender Tendenz; einfachste rhythmische Verhältnisse, etwa im Sinne zweier sich abwechselnder Zeitwerte, die am einfachsten als Viertel und Achtel darzustellen wären; und eine schlichte zweihebige Akzentverteilung, die der natürlichen menschlichen Bewegungsform, etwa dem Gehen, entspricht.

Nicht viel später dürften musikalische Gebilde anzusetzen sein, die zwar auch nur wenige Töne benutzen, dafür aber rufartige größere Intervalle einbeziehen, z. B. Quinten und Quarten. Zu den faßbaren Gestaltelementen des Tonlichen und Rhythmischen treten in primitiver Musik überdies noch viele weitere, oft gar nicht recht definierbare Eigenarten der Ausdrucksweise, des Stimmklangs, der Monotonie, der Dynamik, der Agogik usw. Diese Mittel sind jedoch nicht ästhetischer Selbstzweck; sie dienen vielmehr der Gesamtaufgabe des Musikalischen, das seinerseits auch nur eine Funktion einer komplexen Lebensgestaltung ist.

Beschwörung durch Töne

Der Angehörige eines Naturvolks vermag weder seine Umwelt noch seine eigenen Gedanken und Handlungen zu differenzieren. Er ist in diese Welt hineingestellt. Die unbegreiflichen Vorgänge der Natur kann er sich nur durch die Annahme erklären, daß in ihr unsichtbare Wesen am Werk sein müssen – Wesen, von denen er in hohem Maße abhängig ist und die er günstig stimmen oder abwehren zu müssen glaubt, handle es sich nun um Geburt, Krankheit oder Tod, um Jagd oder Krieg, Saat und Ernte oder Regen und Unwetter. Überall gilt es zu beschwören, wobei man die Stimmen der vorgestellten Geister zu imitieren sucht und überhaupt durch außermenschliche Verhaltensweisen am ehesten sein Ziel erreichen zu können glaubt. Daher also die unnatürlichen Stimmen, die hypnotisierende Monotonie des Gesangs, aber auch die berauschenden Getränke, körperlichen Peinigungen und vieles andere mehr. Das alles mag anfangs eine »unwillkürliche, naturnotwendige Lebensäußerung des ganzen Stammes« (Sachs) gewesen sein; bald jedoch teilen sich die Funktionen. Ein Priesterstand wächst heran; es gibt jetzt Schamanen und Medizinmänner.

Im Laufe der Zeit werden die musikalischen Mittel reicher, und ganz allmählich – dieser Prozeß mag Jahrzehntausende gedauert haben – löst sich die Musik aus ihrer rein kultischen Bindung. Sie gewinnt an Eigenwert, und ihre spezifische Naturgesetzlichkeit tritt immer mehr zutage. Zu solchen Urelementen der Musik, die offenbar unveräußerlich und – in außerordentlich differenzierter Weise – bis zum heutigen Tage in allen Musikkulturen, auch in der abendländischen, nachweisbar sind, gehören sowohl melodische, wie klangliche und rhythmische Grundgestalten. Da gibt es den ersten in seiner Höhe gefestigten Ton, dem sich weitere Töne anreihen, der aber eine bevorzugte Stellung beibehält – sei es als hoher und lautstarker Anfangshalteton beispielsweise in Hirtengesängen, sei es als Finalis, als begleitender Bordun-Ton oder einfach als tonales Zentrum, als Richtpunkt für alles weitere melodische Geschehen. Da gibt es weiter das Distanz- und das Konsonanzprinzip, d. h. innere Ordnungen für das Verhältnis aller Töne zueinander, die entweder nur in ihrer Entfernung von einem Zentralton erlebt werden oder sich nach ihrem Konsonanzgrad gruppieren, wobei Quinten und Quarten vorherrschen. Das eine Prinzip führt zu vornehmlich schritthafter, das andere zu sprunghafter Melodiebewegung. Urtümlich sind ferner bevorzugte Skalen, auch wenn sie sich, wie man nur teilweise zu Recht annimmt, erst für die Instrumentalmusik entwickelt haben, und zwar tri-, penta- und heptatonische Leitern. Die beiden letzten bilden noch heute die Grundlagen der großen Musikkulturen, so die Pentatonik in Ostasien, die Heptatonik im Vorderen Orient und in Europa.
Unter den Mehrstimmigkeitsformen ist die Heterophonie, die Überlagerung mehrerer gleichzeitig ausgeführter Varianten der gleichen Melodie, dem Distanzprinzip gemäßer. In den andersgearteten Musikkulturen erscheinen Parallelführung zweier oder mehrerer Stimmen, Imitationen und Kanonbildungen, vor allem aber Bordune, d. h. durchklingende Baßtöne, und Ausnutzung wirklicher Akkorde. Bei den rhythmischen Gliederungen lassen sich fast alle Gebilde auf das Urprinzip von Hebung und Senkung, auf die aus der Körperbewegung resultierende Zweihebigkeit zurückführen, die dann im Formschema der 2-, 4-, 8-, 16- usw. Teiligkeit erneut in Erscheinung tritt. Weitere Urelemente sind schließlich noch Wiederholung, Kontrastbildung und Kontinuität im melodisch-rhythmischen Ablauf.

Da die Musik der Naturvölker – von denen wir zur Erhellung möglicher Anfänge nur die allerprimitivsten kurz herausgegriffen haben – großenteils noch heute beobachtet werden kann, werden wir sie in einem späteren Kapitel ein wenig eingehender zu besprechen haben. Hier sollen uns nur diejenigen Musikkulturen interessieren, die historisch am weitesten zurückliegen. Wollte man ausschließlich mit ihnen eine Weltgeschichte der Musik einleiten, würde man in chronologische Schwierigkeiten geraten. Denn wenn man auch archäologisch oder gar literarisch keine primitiven Frühformen mehr nachweisen kann, darf man doch nicht übersehen, daß die sogenannten altorientalischen Musikkulturen nicht einen Anfang, sondern ein Spätstadium darstellen, dem eine lange Entwicklung vorausgegangen sein muß. Den tatsächlichen Beginn, den musikalischen Nullpunkt dieser alten Völker kennt man aber genauso wenig wie den der Antike, des Abendlandes, Asiens usw. Wir mußten uns also für all diese reifen Erscheinungen einen möglichen Ausgangspunkt rekonstruieren. Und dazu dienten alle unsere bisherigen Betrachtungen.

Altorientalische Kulturen

Die sogenannten altorientalischen Kulturen sind tatsächlich die ältesten Belege für eine menschliche Hochkultur überhaupt. Noch ist keineswegs geklärt, wie sie entstanden sind, welche Entwicklungen sie bis zu ihrer Blüte durchgemacht haben, wie sie zusammenhängen und vieles andere mehr. Historisches Denken ist ja erst eine abendländische Erscheinung der letzten Jahrhunderte; in früheren Zeiten zeichneten die Menschen niemals systematisch und aus geschichtlichem Interesse etwas auf. So müssen wir heute rekonstruieren – aus den zufälligen Berichten der Hofhaltungen, aus Gesetzestexten und Briefen. In solchen Dokumenten scheint aber das flüchtige Element der Musik nur am Rande auf, in Musikernamen, Instrumentenbezeichnungen, Besetzungs- und Zeremonialangaben, nicht aber in seiner eigentlichen Gestalt. Das Klangphänomen bleibt stumm durch Jahrtausende.
Erst als man anfängt, Musik aufzuschreiben, nähern wir uns allmählich ihrem Kern, und das ist wahrlich spät. Erste, spärliche Versuche unternehmen die Griechen; ein Jahrtausend später folgen die Chinesen, Inder und Vorderorientalen, das sonst so viel später in Erscheinung tretende Abendland beginnt vor heute rund tausend Jahren mit der Musiknotation. Bis in das Mittelalter hinein bleiben wir also darauf angewiesen, Musik gewissermaßen nur von außen zu betrachten, von ihrer sichtbaren Seite her, vom Musikleben aus. Melodien hingegen können wir nicht rekonstruieren; wir können auch hier nur indirekte Schlüsse ziehen und müssen uns in Vermutungen ergehen. Dennoch ist das, was wir über die Musik des Alten Orients wissen, imponierend genug. Wir besitzen ja nicht nur die genannten Aufzeichnungen, sondern vor allem eine Fülle von bildlichen Darstellungen, die von der Bedeutung der Musik im Völkerleben, von den hochentwickelten Formen der Instrumente und von den Funktionen der Musik künden.

Wohl die ältesten Bildzeugnisse stammen aus dem Zweistromland. Schon um 3000 v. Chr. erscheinen Harfen als Schriftzeichen. Auf einem Rollsiegel aus der Zeit um 2700 befinden sie sich in den »Händen« einer Eselskapelle, in der auch Klappern und Stampfstäbe verwendet werden und die zugleich noch die mythischen Vorstellungen der Sumerer widerspiegelt. Ein paar Jahrhunderte später treten Leiern hinzu, die, ebenso wie die inzwischen vergrößerten, statt vier- nun etwa zehnsaitigen Harfen, mit Tierköpfen oder ganzen Tieren verziert sind. Schließlich, in der sumerischen Spätzeit am Ende des 3. Jahrtausends v. Chr., verschwinden die Harfen gänzlich, während große Rahmentrommeln hinzutreten. An dieser Erscheinung kann man deutlich ablesen, daß auch die Bildwerke sicher nicht ganz objektiv berichten; denn Trommeln sind ja zweifellos auch hier viel älter als die reifen Saiteninstrumente. Der Verwendungszweck der Tonwerkzeuge, ihre kultische Bedeutung oder irgendein anderer außermusikalischer Umstand entschieden vielmehr darüber, was dargestellt werden sollte und was nicht. Die literarischen Quellen besagen sogar, daß die Sumerer überhaupt nur kultische Musik kannten. Das dürfte sich aber nur auf eine Art Kunstmusik, auf das staatlich-religiös geförderte Zeremoniell beziehen, und nicht auf die schlichte Musik des Volkes, die es zweifellos auch gegeben hat. Das ist analog aus anderen Musikentwicklungen auf der Welt zu schließen und überrascht uns auch nicht, da selbst im mittelalterlichen Abendland Jahrhunderte lang nur über kirchliche und höfische Musik geschrieben wurde, kaum aber über Volksmusik im weitesten Sinne des Wortes.

Es soll aber nicht bezweifelt werden, daß in den altorientalischen Kulturen religiöse Belange doch noch mehr im Vordergrund standen. In Sumer waren es Priestermusiker, die ihnen dienten. Diese Gruppe, zu der auch Frauen gehörten, hatte die Klagelieder zu singen, während eine andere Kapelle nur die Lobeshymnen auf die Götter und Herrscher anstimmte. Stets wurde der Gesang mit Instrumenten begleitet. Andererseits gab es aber offenbar keine selbständige Instrumentalmusik. Die Größe der Harfen mit ihrem tief-dunklen Ton spricht für eine Verwendung in geschlossenen Tempelräumen. Das Spiel auf ihnen war vermutlich sehr virtuos. Da man noch kein Plektron verwandte, dürfte der Vortrag mehr frei rhapsodisch gewesen sein.
Die westsemitischen Einwanderer, die die Reiche Babylon und Assur gründeten und in vielem das Erbe der Sumerer antraten, verkleinerten die Harfen und benutzten Plektren. So darf man annehmen, daß nun rhythmisch straffer und objektivierter musiziert wurde. Dem entsprechend traten jetzt auch Trommeln wieder stärker in Erscheinung. Im übrigen wird das Instrumentarium – zumindest auf den Reliefs – reicher. Kelchartige Trommeln treten hinzu, und vor allem erscheint nun erstmals auch eine Langhalslaute, die von einigen Forschern sogar noch in eine frühere Zeit als etwa in das 18. vorchristliche Jahrhundert datiert wird. Zumindest dürfte aber die chronologische Abfolge richtig sein: Die Feststellung, daß die Lauten eben erst nach den bautechnisch scheinbar viel komplizierteren Harfen und Leiern entstanden sind. Als Grund dafür kann am ehesten gelten, daß die ersten Harfen sich von dem Musikbogen herleiten, der seinerseits ja mit dem Schießbogen identisch ist. Wenn die Abbildungen in babylonischer und assyrischer Zeit eine größere Mannigfaltigkeit des Instrumentariums zeigen, so mag das eine wirkliche Entwicklung widerspiegeln. Wir wollen aber nicht vergessen, daß die zunehmende Verweltlichung auch der Musik manches Instrument erwähnenswert gemacht haben mag, das man vorher stillschweigend übergangen hatte.
Mehr noch dürften die Formabwandlungen und die veränderten Spielweisen für die Lebendigkeit der Musik und für deren nach wie vor wichtige Funktion im gesamten geistigen Leben zeugen. Die Ensembles wurden nun auch immer größer. Es gibt die mannigfachsten Zusammenstellungen. Die stärkste Kapelle findet sich auf einem Relief aus dem Palast Assurbanipals (669–633 v. Chr.). Es stellt eine Musikantenprozession dar, die dem aus der Schlacht heimkehrenden König entgegenzieht und die aus 11 Instrumentalisten sowie 15 Sängern besteht, die gleichzeitig in die Hände klatschen. Unter den Instrumenten befinden sich allein sieben der großen Tragharfen aus spätassyrischer Zeit, deren Schallkasten aufrecht steht. Ferner sind eine waagerecht gehaltene Flachharfe, eine Trommel und zwei Doppeloboen dabei. Diese mehrfach abgebildeten Doppelblasinstrumente kann man nicht genau identifizieren. Ein Vergleich mit ägyptischen Typen, von denen sich einige Exemplare erhalten haben, und die Art, wie die unverbundenen Rohre gespielt werden – sie stimmt mit derjenigen überein, die bei den griechischen *auloi* üblich war – lassen aber keine andere Deutung zu.
Aus all diesen Zeugnissen Rückschlüsse auf die Musik Mesopotamiens zu ziehen, ist ein gewagtes Unterfangen. Man hat es mehrfach versucht, hat aus den Fingerstellungen von Harfen- und Leierspielern Tonsysteme ableiten wollen, ja, man glaubte einmal sogar, eine Notenschrift entdeckt zu haben; doch waren das alles nur Wunschträume. Den Schleier, der über die Welt der Töne im Zweistromland gebreitet ist, wird man sicher niemals lüften können. Es wäre ebenfalls nur eine Spekulation, wollte man aus der Bevorzugung von Leiern und Harfen – Instrumenten also, die ein akkordisches

Spiel erlauben – auf einen mehrstimmigen Musikstil schließen, wollte man in der Häufung dieser Instrumente das Streben nach klanglicher Sättigung sehen. Wir wissen aus andern Kulturen zu gut, daß die Möglichkeiten der Instrumente keineswegs immer genutzt werden, sondern daß ein Volk dem Tonwerkzeug nur das abverlangt, was seinem Musikideal entspricht. Und da könnte man eher daran denken, daß auch die altorientalischen Völker, wie ihre heutigen Nachfahren, das lineare Prinzip, eine reich ornamentierte Einstimmigkeit bevorzugt haben, eine Primärmelodik, die beim Zusammenwirken vieler Spieler heterophon gestaltet gewesen sein dürfte.

Während wir die Entwicklung im Euphrat-Tigris-Gebiet verfolgten, sind wir bereits in das 7. vorchristliche Jahrhundert vorgestoßen, ohne zu beachten, daß daneben fast gleichzeitig noch mehrere andere Kulturen existierten. Dies berührt uns aber nur wenig, denn wir wüßten ohnehin kaum etwas über die Querverbindungen dieser großen altorientalischen Musikzentren zu sagen. Wir können sie trotz zahlreicher Parallelen in ihrem Instrumentarium doch nur getrennt betrachten.

Ägypten

Da wäre vor allem zunächst Ägypten ins Auge zu fassen. Auch seine Musik – das muß vorausgeschickt werden – ist nicht wieder zu erwecken. Im übrigen sind wir hier aber, was unsere Kenntnis der weiteren musikalischen Umstände betrifft, in einer besseren Lage als Mesopotamien gegenüber. Denn einmal haben wir Funde aus vorgeschichtlicher Zeit und werden nicht so unvermittelt in die Hochkultur hineingestellt; zum andern gibt es hier wesentlich mehr im Original erhaltene Instrumente und literarische Zeugnisse. Außerdem dürften die reichlich vorhandenen, meist in Gräbern aufgefundenen Malereien Details besser wiedergeben als die in spröden Stein gemeißelten Reliefs in Mesopotamien. Und schließlich hat sich in Ägypten eine viel ruhigere, nur selten gestörte Entwicklung vollzogen, die in gewissen Erscheinungen bis in die Gegenwart reicht. Wir können da also leichter und mit mehr Berechtigung Parallelen vom Jetzt zum Einst ziehen.

Kesselharfe, Leier, Doppeloboe, lange Flöte und Laute, nach Darstellungen auf ägyptischen Wandmalereien

Mädchen mit Langhalslaute, Detail von einer ägyptischen Salbschale

In der vordynastischen Zeit begegnen uns figürlich verzierte Klappern verschiedener Art, Rasseln und Längsflöten. Mit diesen Instrumenten, die in der Menschheitsgeschichte am Anfang stehen, haben wir also ein echtes Frühstadium vor uns. Auch die primitiven Trompeten, die man auf den Totenbarken blies, passen in dieses Bild. Alle Tänze sind hier noch magisch, ob sie nun in Masken oder als Waffentänze aufgeführt werden.

Die Saiteninstrumente, die als letzte auf den Plan treten, tauchen erst in der eigentlichen Hochkultur, im sogenannten Alten Reich des 3. Jahrtausends v. Chr. auf. Es sind einfache Bogenharfen, die deutlich ihre Herkunft vom Schießbogen erkennen lassen und dann zunächst nur einen kleinen Schallkörper erhalten. Vielfältig sind nun auch schon die Besetzungsmöglichkeiten. Man musiziert auf einem Instrument solo oder findet sich mit anderen zusammen, begleitet Gesang und Tanz. Der Kult steht nicht mehr im Vordergrund; es gibt auch weltliche Festlichkeiten, die musikalisch umrahmt werden. Oft sind es Frauen, die das Spiel durch Händeklatschen oder mit Schlagstäben rhythmisch unterstützen. Die Tänze sind aber immer noch ruhig, gemessen. Die langen Flöten, die in erstaunlicher Weise den heutigen Typen ähneln, und die ebenfalls noch heute gebräuchlichen Doppelklarinetten sind den Männern vorbehalten, während Saiteninstrumente auch von Frauen gespielt werden dürfen. Oft sind dies sogar vornehme Damen. Aus einem Relief im Grab des Idu gegen Ende des Alten Reiches, auf dem neben einer Flöte fünf Harfen abgebildet sind, wollte man auf mehrstimmiges Spiel schließen, da die Hände der Harfenisten alle in verschiedener Griffstellung wiedergegeben sind. Der Gedanke ist verlockend. Wer aber verbürgt sich für eine naturalistische Darstellung des Bildhauers? Anderes aber erfahren wir mit Sicherheit; so die Gewohnheit der sitzenden Sänger, ihre Hand an ein Ohr zu halten, eine – man möchte fast sagen – geheimnisvolle Sitte, die man noch heute im Vorderen Orient beobachten kann, deren Bedeutung aber noch immer nicht geklärt werden konnte. Ferner fällt der Brauch auf, daß die Sänger den begleitenden Instrumentalisten Zeichen geben, vermutlich über den melodischen oder rhythmischen Fortgang des Gesangs, also die sogenannte Cheironomie üben.

Aus der beherrscht stillen Musikübung der alten Zeit wird nun im Mittleren Reich eine erregende, fast orgiastische Kunst, wahrscheinlich unter Einfluß der um 1710 v. Chr. einbrechenden asiatischen Hyksos. Neu tritt jetzt die von östlichen Beduinen mitgebrachte Leier in Erscheinung. Zweifelltrommeln begleiten die bewegten Tänze, und das metallene Sistrum, eine noch heute in der koptischen Kirche verwandte Rassel, taucht auf. Die wohl wirkungsvollste Hinterlassenschaft der Hyksos wird erst im Neuen Reich (1580–1085) bildlich wiedergegeben: die Doppeloboe, die uns schon in Mesopotamien begegnete und die dann als Aulos in Griechenland den gleichen ekstatischen Musikstil unterstützte.

Im übrigen blüht die ägyptische Tonkunst, durch viele fremde Einflüsse angeregt, jetzt besonders auf. Harfner und Sänger sind oft Blinde und demzufolge sicher besonders spezialisierte Musiker. Die Harfe wird meist als Schulterharfe verwandt, als ein Instrument also, das man waagerecht auf der Schulter auflegt. Trompeten und Trommeln dienen der Militärmusik. Neue Trommelformen gilt es zu verzeichnen. Die älteren Harfen werden zu großen Standharfen fortgebildet, und überhaupt werden alle Instrumente besonders reich verziert und handwerklich kunstvoll ausgeführt. Die wichtigste Neuerung ist aber zweifellos die Langhalslaute. Bei ihr ist noch deutlich der Stab zu erkennen, der durch das Fell eines kleinen Schallkörpers gesteckt wurde. Die Bünde dieser Lauten lassen die einzigen halbwegs verläßlichen Schlüsse auf die verwendeten Tonleitern zu. Sie sprechen für eine Kleinstufigkeit, wie sie auch heute im Vorderen Orient vorherrscht. Ein weiteres Indiz bieten die durch Wachs verklebten zweiten Rohre einzelner Doppelklarinetten, die mit ziemlicher Sicherheit als Bordun gedient haben. Auch das ist heute noch allenthalben so in arabischen Ländern. Die Spätzeit bietet nicht mehr viel Neues. Von ihr dürfen wir lediglich annehmen, daß sie sich in zunehmendem Maße der weltlichen Musik zuwandte, und daß sie immer mehr in den Einflußbereich der hellenistischen Welt geriet.

Die Hethiter, die anatolischen Kleinfürstentümer, die Phöniker im syrischen Raum hatten sicher ebenfalls ihr eigenes, ausgeprägtes Musikleben. Auch hier wissen wir aber nicht viel mehr zu sagen, was über eine Aufzählung der Musikinstrumente hinausginge. Da die wichtigsten Instrumententypen ja schon genannt wurden, dürfen wir uns kurz fassen. Die Typen, die auch hier vorherrschen, sind: Trommeln und andere Rhythmusinstrumente, Doppeloboen und Hörner, Leiern und Lauten, nicht aber mehr Harfen. Die Ähnlichkeit der Formen mit denen in den großen Nachbarkulturen läßt auf Zusammenhänge schließen, ja eindeutig sogar auf eine Abhängigkeit, da viele Instrumententypen in dem genannten Bereich erst Jahrhunderte später auftauchen als etwa in Mesopotamien oder Ägypten. Allerdings muß eingeräumt werden, daß die Archäologie hier noch nicht so weit vorgedrungen ist wie in den andern Gebieten. Überraschungen sind also durchaus noch möglich.

Israel

Noch spärlicher sind unsere tatsächlichen Kenntnisse hinsichtlich der Musikübung des Volkes Israel, dessen hohe Zeit gleichfalls in das letzte vorchristliche Jahrtausend fällt. Hier haben wir nämlich nicht einmal bildliche Darstellungen. Diese scheute man damals, möglicherweise aus religiösen Gründen. Wir kennen aber aus dem Alten Testament eine Reihe von Instrumentennamen – die allerdings nur zum geringeren Teil deutbar sind – und Beschreibungen der Musikübung. Hinter den Begriffen *nebäl* und *kinnor* vermutet man eine zehnsaitige Harfe und eine achtsaitige Leier. Daneben gab es vermutlich Becken und sicher den Schofar, eine gebogene Trompete, die ursprünglich aus Widderhorn gefertigt war und in dieser Form noch heute in Synagogen als Kultinstrument dient. Auf weitere Tonwerkzeuge kann man nur indirekt aus Berichten und Bild-

1 *Musikantengruppe, assyrisches Flachrelief*

2 *Harfen- und Flötenspieler, Teil eines ägyptischen Grabreliefs*

3 Westafrikanische Marimba

4 Afrikanische Bogenharfe

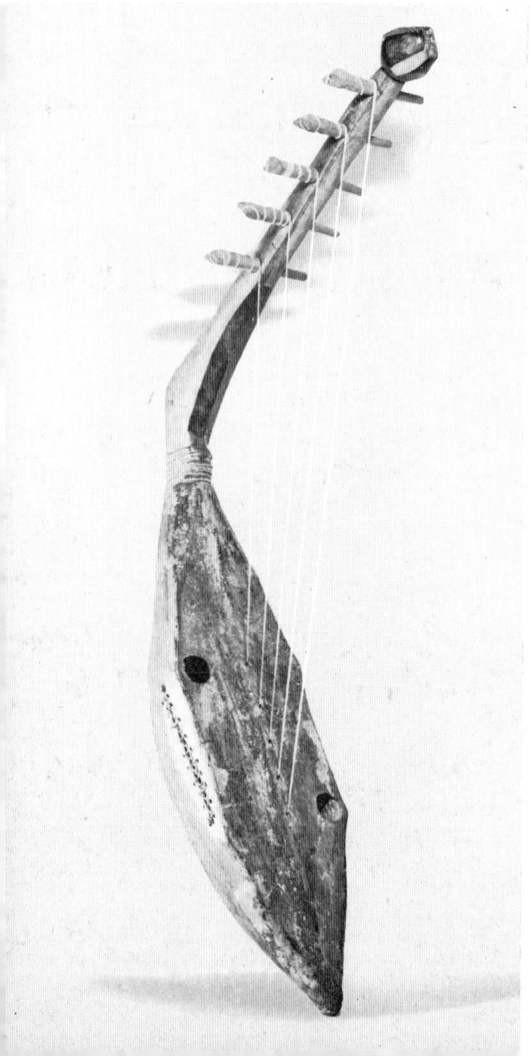

5 Persisches Streichinstrument vom Typ Rebab

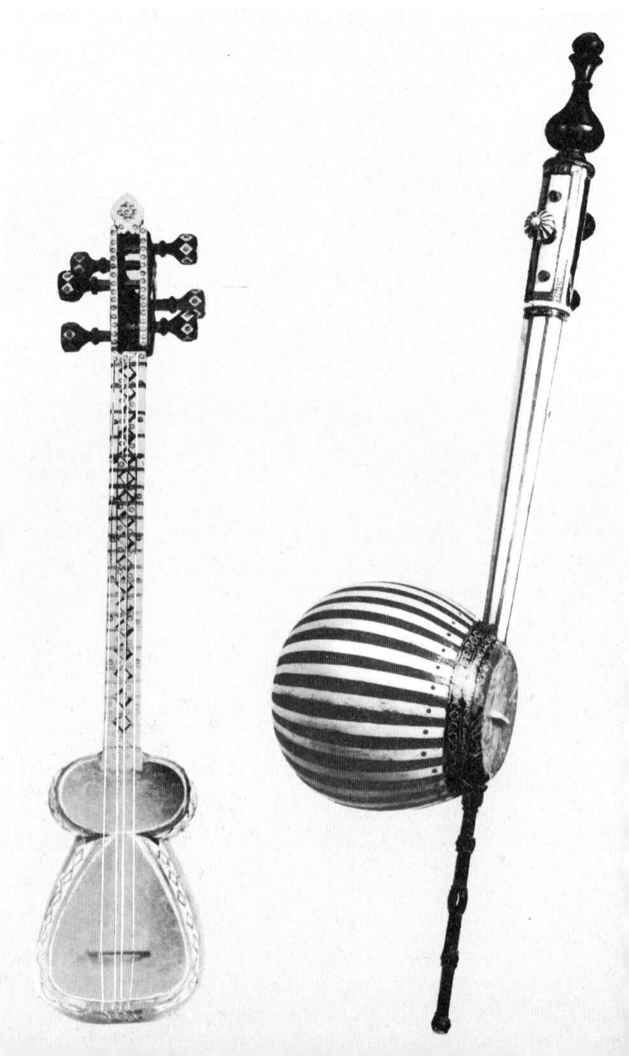

Gefangene Juden, auf der Leier spielend. Nach einem assyrischen Flachrelief

darstellungen nichtjüdischer Völker schließen; auch hilft die vorderorientalische Etymologie hier und da weiter. Dabei stößt man auf Schilfrohrflöten, Rahmentrommeln, Klappern und vielleicht auch auf das Sistrum. Ganz allgemein läßt sich aber sagen, daß die alten Hebräer der Musik vor allem im Kult einen sehr breiten Raum gewährten, und daß nach dem Exil des jüdischen Volkes, also nach 586 v. Chr., der vorher strengere Musikstil einem Klangideal des Lauten und Erregenden gewichen sein dürfte.

Noch mehr als die Ägypter können die ost- und südasiatischen Kulturen auf eine nach vielen Jahrhunderten zählende, nahezu ungebrochene musikalische Tradition zurückblicken. Wir werden China und Indien, die hier gemeint sind, in einem späteren Kapitel von ihrem heutigen Stand aus zu betrachten haben. Dabei kann sicher nicht auf historische Rückblicke verzichtet werden. Da wir aber vor der Behandlung der abendländischen Musikgeschichte alle früheren Kulturleistungen der Menschheit zu skizzieren bestrebt sind, müssen wir zumindest noch auf die uns bekannten Anfänge des Musiklebens bei den genannten Völkern eingehen.
Dabei taucht sofort die Frage auf, ob es irgendwelche Beziehungen zwischen den altorientalischen Kulturen und dem Osten gibt. Sie ist zu bejahen, jedoch mehr im Hinblick auf Kulturelemente. Bei der Musik sind wir auch hier auf Vermutungen angewiesen. Neben einem zweifellos autochthonen Instrumentarium, zu dem beispielsweise die Wölbbrettzithern und Mundorgeln gehören, haben wir Lauten, Kastenzithern und Oboen, die aus dem Vorderen Orient stammen. Und vor allem kannte man früher im Osten auch die Harfe, die sicher nicht hier entstanden ist. Im Theater wiederum glaubten viele Forscher Parallelen mit dem alten Griechenland sehen zu können. Auch die östlichen Zahlenspekulationen, die Vorstellungen von den Zusammenhängen zwischen verschiedenen Tonverhältnissen sowie zwischen Instrumenten und kosmischen Erscheinungen, magischen Größen u. a. m., vor allem jedoch eine sehr hohe musikalische Ethoslehre lassen an die antike Philosophie denken.

China

Die literarischen Quellen zur Frühzeit der chinesischen Musikentwicklung sind besonders reich. Im Gegensatz zu den altorientalischen Kulturen stehen hier nicht mehr allein die bildnerischen Zeugnisse und Funde im Vordergrund. Daß mancher Mythos und manche

»Theorie« vielleicht später aufgeschrieben wurden als sie entstanden, ändert daran nichts, denn diese jüngeren Zeiten haben ja auch noch daran geglaubt und daran festgehalten. So galt lange Zeit einer der mythischen Kaiser, Fu-hsi, als der Erfinder der Musik. Ein anderer, Huang-Di, der »gelbe Herrscher«, soll die 12 Lü des Tonsystems und bereits den Grundton geschaffen haben. Aber auch manche der schon historisch nachweisbaren Herrscher sind noch aufs engste mit musikalischen Erscheinungen verknüpft.

Die hohe Bedeutung, die man in China der Tonkunst beimaß, läßt sich aus den Chroniken fast aller Dynastien ablesen. Dem entspricht es völlig, daß sich unter den heiligen kanonischen Schriften auch ein »Buch der Lieder« befindet, dessen Inhalt auf das 9. bis 6. Jahrhundert zurückgeht. Schließlich erfahren wir aus den Werken des Konfuzius bzw. seiner Nachfolger noch sehr viel mehr, auch im Hinblick auf die Frühzeit, über die Bindung der Musik an den Kult, über die Instrumente – zu denen bereits so ausgereifte Formen wie Zithern und Harfen, auch Flöten, Klingsteine, Glocken, Trommeln und vor allem die Mundorgel gehörten –, und vor allem über das höfisch-staatliche Zeremoniell. Immer wieder wird auf die erzieherische Kraft der Musik verwiesen, die verinnerlichend und veredelnd wirken soll und daher unmittelbar als staatliches Führungsmittel eingesetzt wird.

Aus der Zahlensymbolik können wir manche Einzelheit über die Bausteine der sicher nicht sinnenfreudigen Musik erfahren. Das zwölfstufige System wurde schon genannt. Die Unterscheidung von männlichen und weiblichen Tönen sowie deren Generationenabfolge verweisen auf die Kenntnis des Quintenzirkels. Die Hervorhebung der Fünf entspricht den pentatonischen Gebrauchsleitern, die die chinesische Musik bis auf den heutigen Tag auszeichnen. Es gibt sechs Stile, acht Arten von Musikinstrumenten und manches andere mehr. Die Gleichsetzungen der Töne mit außermusikalischen Erscheinungen sind vielleicht Anzeichen für bestimmte ästhetische Ausdruckskräfte.

All das festigt sich im Lauf der Jahrhunderte. Zahlreiche Schriftsteller klären manches bis dahin noch Unklare. Es gibt Notations- und Temperierungsversuche. Das öffentliche und höfische Musikleben gewinnt – namentlich unter fremdem Einfluß, der nicht zuletzt von Indien ausgeht oder gar über Indien vom Vorderen Orient kommt – weiter an Bedeutung. In der brillanten Tang-Dynastie (618–906) ist ein Höhepunkt erreicht. Hier sind alle späteren Formen bereits erstellt oder – wie das Theater – zumindest vorgeformt. Zahlreiche Orchester repräsentieren die verschiedenen musikalischen Stile und Funktionen. Ausbildungsstätten werden begründet und wirken fort. Ja die gesamte Musikorganisation dieser Zeit bleibt, wenn auch zum Teil nur noch dem Namen nach und öfters reformiert, bis zum Sturz des letzten Kaisers im Jahre 1912 bestehen – ein Symbol geradezu für die tiefen und starken Wurzeln der traditionsreichen, in ihrer Entwicklung aber auch lange stagnierenden chinesischen Musik.

Indien

Obwohl die schriftlichen Quellen zur frühen indischen Musik nicht ganz so zahlreich sind, wissen wir doch, daß diese hoch entwickelte Kultur, wiewohl sie gelegentlich unter fremdem Einfluß stand und Indien oft als Durchzugsland fungieren mußte, einen erstaunlich eigenständigen Musikstil ausbilden konnte. Das Ethos mit seiner Forderung nach Verinnerlichung erinnert an China, die Ausprägung des linear-vokalen Prinzips offenbart die Bindungen an das antike Griechenland und den Vorderen Orient. Die ältesten Hinweise auf musikalische Formen bieten die liturgischen Texte der vedischen Opfer, die bis ins 2. vorchristliche Jahrtausend zurückreichen. Die erste speziell musikalische Abhandlung ist aber sehr viel später entstanden. Es ist das Bharatanatya--sastra, das irgendwann zwischen dem 2. Jahrhundert vor und dem 3. Jahrhundert n. Chr. geschrieben wurde. Aus ihm erfahren wir nicht zuletzt auch Einzelheiten über kultische und weltliche Tanzformen, die in der indischen Musik bis heute eine so große Rolle spielen. Wir kennen zwar noch die vedischen Gesänge mit ihrem engmelodischen rezitativischen Melodiestil, zumindest in der Form, die man in späteren Jahrhunderten aufgeschrieben hat. Alles andere bleibt aber hier ebenfalls in teilweise mythisches Dunkel gehüllt. Wir können überdies vieles nicht rekonstruieren, da ein entscheidendes geschichtliches Ereignis auch in der Musik entscheidende Spuren hinterlassen hat. Wir meinen die Islamisierung des gesamten Nordens des indischen Subkontinents im 11. bis 13. Jahrhundert. Seitdem hat sich das System der »Melodietypen« sowie – allerdings in gänzlich selbständiger Weise – eine Rhythmuslehre entwickelt. Beides hat, wenn auch mit mancherlei Modifikationen, bis in unsere Tage Gültigkeit behalten und wird daher sinngemäß später zu besprechen sein.

Wir sehen nach unserer Betrachtung der alten Musikkulturen, daß sie zwar nicht alle unmittelbar aufeinander aufbauen, daß aber sicher viele Verflechtungen angenommen werden dürfen. Letztlich beziehen sie auch das Abendland ein, von dem in den späteren Kapiteln die Rede sein soll: Verbindungen und Abhängigkeiten innerhalb der altorientalischen Hochkulturen; Wege von hier aus ins antike Griechenland und über Zentralasien weiter nach dem Osten; Einwirkungen der griechischen Musiktheorie unmittelbar bis Indien hin und später noch einmal über die arabische Musik in gleiche Richtung. So sollte diese knappe Überschau deutlich machen, daß die Musikkultur Europas nicht im leeren Raum entstanden ist, sondern in vielen ihrer Elemente das Erbe zum Teil ferner Ahnen angetreten hat.

Außereuropäische Musik

So naheliegend es auch wäre, dem deutschen oder europäischen Leser einer Musikgeschichte nur unsere eigene abendländische Tonkunst vorzustellen, sollte er nicht übersehen, daß er damit nur einen im Grunde kleinen Ausschnitt des musikalischen Geschehens in aller Welt kennenlernen würde. Lange Zeit war man der irrigen Meinung, es gebe nur in Europa eine entwickelte musikalische Kunst. Auch der Fortschrittsglaube des vergangenen Jahrhunderts trübte nur allzu sehr den Blick über die engen Grenzen unseres Kontinents hinaus; denn – das muß zugegeben werden – das Abendland hat eine sehr spezialisierte Entwicklung der Musik erfahren, und zwar durch das Zusammentreffen zweier musikalischer Welten: der eigenen und der des Vorderen Orients. So konnten zwei Hauptelemente der Musik, das klanglich-vertikale und das melodisch-horizontale Prinzip, miteinander verschmelzen, sich gegenseitig befruchten und sich zu einer großartigen Synthese vereinen, die in anderen Kulturen mangels einer ähnlichen historischen Situation nicht zustandekam.

Das sollte uns aber nicht abhalten, diese anderen Kulturen mit Interesse zu betrachten. Haben sie doch ihre musikalischen Eigenarten unbeeinflußt von konträren Grundhaltungen in besonderer Weise ausbilden können, zu Formen freilich, die uns fremdartig und unentwickelt vorkommen mögen. Dies aber nur, weil wir alles mit unseren Maßen messen wollen – ein Standpunkt, der unhaltbar ist und eher für eine Enge des eigenen Horizonts spricht. Dem aber können wir nur begegnen, wenn wir Vorurteile ablegen, und vor allem, wenn wir darauf verzichten, die fremde Musik unserer Ästhetik unterwerfen zu wollen. Die Ausdrucksgehalte müssen uns notgedrungen in den meisten Fällen verschlossen bleiben; ebensowenig können wir nach dem »schön« fragen oder danach, ob uns die Musik der andern anspricht oder gar packt oder nicht. Wie ratlos stehen wir doch sogar oft vor musikalischen Formen aus den früheren Jahrhunderten unseres Kulturbereichs! Es bleibt uns also nichts anderes, als die musikalischen Erscheinungen bei den fremden Völkern ganz nüchtern zu analysieren, ihre inneren Ordnungen und ihren technisch oft sehr hohen Stand zu erkennen und uns darüber belehren zu lassen, wie man die Musik in den Ländern selbst »bewertet«. Und wenn wir das eine Weile getan haben, wenn wir ohne Vorbehalte viel fremde Musik gehört und in uns aufgenommen haben, wird es uns vielleicht sogar gelingen, ein inneres Verhältnis zu ihr zu bekommen, nicht nur Verständnis für sie zu haben, sondern sie im Idealfall sogar auch schätzen zu lernen.

Die Säulen, auf denen die abendländische Tonkunst ruht, wurden schon erwähnt. Wir finden sie weitgehend isoliert, im asiatisch-nordafrikanischen Raum. In Ost- und Südost-Asien ist die Musik primär klanglich. Das heißt nicht, daß es dort nur ausgebildete Mehrstimmigkeitsformen gibt; wohl aber, daß auch die Melodien nach klanglich-konsonanten Prinzipien aufgebaut sind, daß sie feste, nicht allzu enge Stufen bevorzugen, daß ihr Duktus mehr instrumental als vokal konzipiert und daß das rhythmische Element weniger ausgeprägt ist. Umgekehrt verhält es sich dagegen im vorderorientalischen Raum, in der Welt der islamischen Länder. Hier dominiert das lineare Prinzip. Blü-

hende, vokal inspirierte und lang geschwungene Melodien beherrschen das Feld, und die Rhythmen sind meist recht differenziert. Es sind dies zwei Urprinzipien, wie weibliches und männliches Wesen, die sich auch in den andern Gebieten der Welt immer wieder, in unterschiedlicher Gewichtsverteilung, nachweisen lassen. Es erscheint ferner wie eine sinnvolle Weltordnung, daß auch das dritte zentrale Gestaltelement der Musik, der Rhythmus, in einem weiteren Kontinent primär auftritt, und zwar in Afrika.
Diese Erkenntnisse, die das Verständnis für die fremden Musikkulturen ein wenig erleichtern können, wollen wir immer wieder ins Spiel bringen, wenn im folgenden die Musik Außereuropas in mehreren in sich geschlossenen Komplexen behandelt wird. Dazu bedarf es aber noch eines Hinweises. Es gibt keine außereuropäische Musik schlechthin. Man muß zumindest drei große Bereiche unterscheiden, die alle auch in verschiedener Weise angegangen werden müssen: die Musik der Naturvölker, die Kunstmusik der Hochkulturen und deren Volksmusik.
Bei den sogenannten Naturvölkern gibt es die größten Differenzen in der Entwicklung. Über die allerprimitivsten Gruppen, die den Anfängen der Musik am nächsten stehen und bei denen viele Urelemente der Musik noch in reiner Form auftreten, haben wir bereits gesprochen. Die übrigen sind oft keine Primitiven mehr. Da man sich aber angewöhnt hat, nur noch Naturvölker und Hochkulturen zu unterscheiden, folgen auch wir dieser Einteilung. Doch werden in dem Abschnitt über Naturvölker auch gewissermaßen Mittelkulturen – etwa Afrikas – untersucht. Kunst- und Volksmusik der Hochkulturen wollen wir dann nicht mehr generell trennen, sondern beide innerhalb der drei großen Stilbereiche jeweils nacheinander besprechen. Dabei werden wir auf manche Einzelheit des Musiklebens wie auch auf manche kleinere Stammesgruppe verzichten müssen. Auch die vielfältigen Beziehungen der außereuropäischen Musik zur europäischen können nur gestreift werden. In jeder Hinsicht kann dieses Kapitel nur einen Überblick geben. Es mag aber den Leser dazu anregen, die behandelten Erscheinungen anhand spezieller Literatur näher zu betrachten.

Naturvölker in Afrika

Man kann Afrika nicht als Kontinent für sich besprechen, da er weder ethnisch noch kulturell eine Einheit bildet. Der arabische Norden gehört zu dem großen Kulturbereich der islamischen Welt, während die Neger eine ganz eigene Entwicklung durchgemacht haben. Sie ist allerdings keineswegs von fremden Einflüssen frei geblieben, im Gegenteil, wir finden allenthalben, insbesondere im Instrumentarium, bei Harfen, Leiern und andern Saiteninstrumenten, Spuren der altorientalischen Kulturen. Die indonesischen Einwanderer brachten neue Instrumente, wie das Xylophon und die Röhrenzither, nach Madagaskar und damit in weitere Teile Afrikas. Im Sudan konnte sich sogar eine ausgesprochene musikalische Mischzone bilden – dort, wo die Negervölker teils zum Mohammedanismus übertraten, teils zumindest Kontakt mit den Arabern hatten. Hier gilt es immer, das Autochthone von dem Übernommenen zu trennen. Das ist oft gar nicht so schwer, da sich ja zwei stark ausgeprägte Stile trafen und da die Vermischung keineswegs schon überall zu einer Synthese gelangt ist. Vielfach leben beide musikalische Sprachen nebeneinander her. Kaum je hat sich das afrikanische Element dem andern untergeordnet; dafür ist die Lebenskraft der negerischen Musik viel zu groß.

Das muß überhaupt als erstes vermerkt werden: daß die Neger nicht nur besonders musizierfreudig, sondern auch außerordentlich musikbegabt sind. Diese Tatsache wird niemanden überraschen – angesichts der bewundernswerten Neuschöpfung einer musikalischen Gattung in unserem Jahrhundert, des Jazz, der besser als alles andere für diese Begabung zu zeugen vermag. Es gibt eine Reihe von Eigenarten, die, trotz vieler Unterschiede im einzelnen alle Negergruppen verbinden und das unverkennbar Negerische der afrikanischen Musik ausmachen. Dazu gehört zu allererst die überragende Stellung des Rhythmus, die offenbar auf besonderen physiologischen Voraussetzungen bei den Negern beruht. Diese sind nämlich zugleich auch überaus tänzerisch veranlagt. Ihr Bewegungshabitus ist nicht nur von der Zweckmäßigkeit – etwa des Gehens – allein geprägt, sondern auch von zweckfreien körperlichen Äußerungen, in denen sich seelisch-geistige Funktionen widerspiegeln. Das Tanzen ist dem Neger ein unentbehrliches, meist unbewußt angewandtes Ausdrucksmittel. Tanz ohne eine zeitgliedernde Ordnung ist aber nicht denkbar, und so wurde der Rhythmus zwangsläufig zum primären Element der Negermusik.

Eine weitere allgemein verbreitete Eigenart ist der Wechselgesang. Da gibt es zwei Chöre, die einander ablösen; da gibt es aber auch den Vorsänger, dem ein Chor antwortet. Einmal singen beide Partner die gleiche Melodie, ein anderes Mal haben sie eigene Weisen. Sehr oft bleibt der Chor bei seiner ostinatohaften Phrase, während der Solist immer neue Motive erfindet oder zumindest die einmal gewählte Floskel ständig abwandelt. Das hängt dann mit dem Text zusammen, der ebenfalls meist improvisiert wird. In jedem Falle aber – und das ist noch ein anderes verbindendes Element negerischen Musizierens – sind die Motive und Phrasen verhältnismäßig kurz. Es sieht so aus, als müsse die Vielfalt auf rhythmischem und auch klanglichem Gebiet durch eine relative Begrenztheit im Melodischen wettgemacht werden.

Und doch sind auch die »kurzatmigen« Phrasen nicht so monoton, wie es beim ersten Hören den Anschein haben mag; denn die Sänger verstehen sich darauf, selbst die unergiebigsten Motive im Verlaufe ihrer endlosen Wiederholungen immer ein wenig zu variieren. Überhaupt die Wiederholung; auch sie ist ein wichtiges musikalisches Ausdrucksmittel – die *variierte* Wiederholung natürlich. Sie wird bei den instrumentalen Begleitungen ebenfalls angewandt, wenn beispielsweise auf einer Zither oder Harfe ein stets fast gleiches musikalisches Gebilde erklingt, ein Ostinato also, oder wenn in einem vielschichtigen Schlagwerk jede einzelne »Stimme« ihren eigenen Rhythmus unbeirrt beibehält.

Bei der eben erwähnten klanglichen Komponente handelt es sich um reale Mehrstimmigkeitsformen, über die noch eingehend zu reden sein wird. Auch sie sind bei allen Negergruppen, so oder so, vertreten und als verbindlich anzusehen. Schließlich muß auf die wohl gravierendste Eigenart aller negerischen Musik hingewiesen werden, eine Eigenart, die unverwechselbar ist und oft den ersten Anhalt zur Identifizierung bietet: der Singstil. Er ergibt sich zum größten Teil aus dem angeborenen Stimmklang, wird durch gewisse Gesangsmanieren dann aber in seiner Wirkung noch verstärkt. Man kann diesen Stimmklang nicht mit einem Wort umschreiben. Uns fehlen dafür die notwendigen Begriffe; aber jeder, der schon einmal Negermusik – übrigens auch die aus der Neuen Welt – gehört hat, wird wissen, was hier gemeint ist; eine gewisse Rauhigkeit und Direktheit, eine sonore Fülle und zugleich stimmliche Enge.

Was im folgenden über das Musikleben Afrikas gesagt wird, gilt nur für ländliche Ver-

hältnisse. Die Städte der neuen Staaten sind viel zu sehr bemüht, die europäische Zivilisation und Kultur zu übernehmen, als daß sie Hüter der eigenen Tradition werden könnten. Die Dinge sind hier noch sehr im Fluß, es wäre deshalb nicht sinnvoll, dieses moderne Gesicht des musikalischen Afrika nachzeichnen zu wollen. Im Grunde handelt es sich ja nur um ein vorübergehendes Stadium auf dem Wege zu einer vollständigen Europäisierung, wie wir sie heute in aller Welt erleben. Diese Entwicklung ist, da die Vielfalt der Musik-Idiome verlorengeht, nicht ohne weiteres zu begrüßen. Doch läßt sie sich offenbar nicht aufhalten. Was geschildert werden soll, findet sich also keineswegs mehr allerorts, sondern nur in einzelnen intakten Dorfgemeinschaften. Auch nicht da, wo man sich bewußt um eine Pflege des Alten bemüht, wie etwa in einigen Rundfunkstationen; denn hier sind meist versierte Musiker am Werk, die die Bindung an das Unverdorbene und Unbewußte bereits aufgegeben haben.
Musik ist, so sagt man gerne, in Afrika Sache der ganzen Gemeinschaft. Diese singt, spielt und tanzt, wann immer sie Lust dazu verspürt: bei abendlicher Geselligkeit, bei Festen und Feiern kultischer und weltlicher Art. Das ist aber nicht das einzige Feld musikalischer Betätigung. Musiksoziologisch ist Afrika vielschichtiger. Da gibt es auch durchaus den einzelnen Musizierenden. Es gibt Laiensänger und -spieler, die andere, sei es bei der Arbeit, sei es am Feierabend, unterhalten. Es gibt Berufssänger, umherziehende Barden, die sich selber auf einem Zupfinstrument begleiten und ganze Hofkapellen, die im Dienst eines Häuptlings stehen und dessen Macht repräsentieren helfen. Umfängliche kultische Zeremonielle, seit Generationen geübt und in alter Form bewahrt, finden sich neben der Musik improvisiert zusammengestellter Ensembles. Manche Instrumente werden wie jedes Gerät mit alltäglicher Routine verfertigt, während für die Herstellung anderer Klangwerkzeuge, insbesondere königlicher oder religiöser Trommeln, magische Vorschriften bestehen. Trotz all dieser vielen Aspekte ist es nicht eigentlich zu einer Trennung von Volks- und Kunstmusik gekommen, wie wir das in den Hochkulturen erleben. Alles ist noch eine Einheit, ein Musikrepertoire freilich der verschiedensten Entwicklungsstufen und Kompliziertheitsgrade, geprägt durch Laien und Berufsmusiker, die noch nicht über ihr Tun reflektieren; ihre geistige Situation ist etwa mit den Verhältnissen unseres ausgehenden Mittelalters vergleichbar, als es Stadtpfeifer und fahrende Musikanten gab und daneben das musizierende Volk.

Instrumente

Unter den Musikinstrumenten überwiegen solche Typen, die eine genaue Darstellung des Rhythmus erlauben. Neben einer Vielzahl von Rasseln, Klappern usw. steht hier vor allem eine Fülle von Trommelarten: Felltrommeln, die mit den Händen und auch mit Schlegeln geschlagen werden, mehrere Paukentypen sowie die Schlitztrommeln ohne Fell, die aus ausgehöhlten Baumstämmen gefertigt und oft figürlich verziert sind. Die verschiedenen Größen, die es da gibt, dienen nicht allein außermusikalischen Zwekken – etwa dem, durch beachtliche Ausmaße Ansehen zu schaffen –, sie haben auch einen musikalischen Sinn, da von ihnen ja verschiedene Tönungen abhängen. Aus dem urzeitlichen Gegensatz von Hell und Dunkel – der als männlich – weiblich aufgefaßten ersten Tondifferenzierung – sind mehrere höhenmäßig unterschiedene Geräuschkomplexe geworden, die man benötigt, um die einzelnen Rhythmen einer mehrfach besetzten Schlagwerkgruppe gut auseinanderhören zu können. Die Schlitztrommeln vermögen im allgemeinen, infolge verschiedener Wandstärken, zwei differierende Töne hervorzubringen, die meist zumindest um eine kleine Terz auseinanderliegen. Diese Eigenschaft und der weittragende Schall prädestinieren sie zum Medium der in Afrika gern geübten Trommelsprache. Sie ist nicht eigentlich Musik, bedient sich aber doch musikalischer Mittel, um – so war es wenigstens früher – Nachrichten durch beauftragte Trommler von Dorf zu Dorf weiterzugeben. Man hatte dazu die natürliche Sprachmelodie der Sätze auf zwei Töne reduziert, ihr den eigenen Rhythmus belassen und das Ganze dann, vom Wort gelöst, instrumental hervorgebracht. Rhythmisierte Hell-dunkel-Schläge genügen auch im musikalischen Bereich bereits als selbständige Kunstäußerung. Damit stehen wir vor der Frage, was denn Musik eigentlich sei. Wenn man nämlich die beiden abwechselnden und in ihrer Höhe nicht genau festgelegten Töne, wie es verständlich ist, gar nicht als melodische Qualität wertet, so ist solches Trommelspiel freilich nichts weiter als eine rein rhythmische Äußerung. Wer wollte diese aber, da sie nur eines der drei Grundelemente Melodie, Klang und Rhythmus in Anspruch nimmt, nicht als Musik bezeichnen, da sie doch als Tanzbegleitung oder auch als reine Unterhaltung ihre Aufgabe als Musik durchaus erfüllt? Wie sehr die Neger übrigens auch von den Trommeln doch halbwegs erkennbare Tonhöhen erwarten, das zeigen Zusammenstellungen vieler Trommeln, die man gelegentlich wählt, um auf ihnen ganze Melodien spielen zu können.

Unter den Blasinstrumenten sind vor allem Flöten und Trompeten oder Hörner vertreten. Die Arten der Flöten reichen von einfachen eintönigen Signalpfeifen bis zu Querflöten. Meist werden sie aus Naturprodukten wie Holz, Bambus und Knochen hergestellt. Wie erfindungsreich die Neger sind, das zeigen jedoch auch Flöten, die aus metallenen Wasserrohrsegmenten bestehen. Man spielt die sehr flexiblen Querflöten meist solistisch oder in kleinen Gruppen. Wo sie einmal im größeren Ensemble mitwirken, können sie sich nicht recht durchsetzen. Noch weniger sind hierzu die Trompeten geeignet, da sie nur einen Ton oder wenige Töne hergeben. Sie setzen in dem »geordneten Chaos« – wie man die großen, oft als tam-tam bezeichneten Festmusiken zu nennen geneigt ist – nur jeweils ein paar tonliche Akzente. Sonst aber stehen sie in hohem Ansehen, insbesondere dann, wenn sie nicht aus Holz, Kürbis oder einem einfachen Tierhorn gefertigt sind, sondern aus dem edlen Elfenbein, das zudem noch durch reiches Schnitzwerk verziert ist.

Es ist besonders charakteristisch, daß sich in weiten Teilen Afrikas zwei Instrumente verbreiten konnten, die feststufig abgestimmt sind und zugleich rhythmisch sehr exakt gespielt werden können: Xylophon und Zupfzungenspiel. Dabei ist das Xylophon von außerhalb eingeführt worden, aus Indonesien. Es entspricht aber so sehr dem negerischen Musikideal, daß es heute überall höchst beliebt ist. Es erscheint in den verschiedensten Formen, teils mit, teils ohne schallverstärkende Resonanzkürbisse unter jedem Klangholz. Auch die Zahl der verfügbaren Töne schwankt beträchtlich. Man spielt das meist Marimba genannte Instrument oft allein; ebenso häufig müssen aber auch mehrere Musikanten das gleiche große Xylophon betätigen, oder man benutzt sogar mehrere nebeneinander.

Wegen der Stimmung sind manche Spekulationen angestellt worden, doch ergab sich dabei kein einheitliches Bild. Es gibt Instrumente mit siebenstufigen Skalen und auch solche mit großstufigeren Leitern. Ihrer Struktur nach sind Xylophone Reihungsinstrumente; das heißt: sie bestehen aus eintonigen Klangerzeugern, die zu einem gemeinsamen Klangkörper zusammengefügt wurden – im vorliegenden Falle also aus abgestimmten Holzbrettchen. Solche Instrumente ermöglichen ein mehrstimmiges Spiel, was ja beim Xylophon auch weidlich ausgenutzt wird, und sie schaffen durch die feste Abstimmung einen gesicherten Klangraum. Das melodische Element kann nie übermäßig zur Geltung kommen. Im Gegenteil, auch hier werden stereotype Floskeln, also ostinatoartige Gebilde, bevorzugt.

Trommler, Holzplastik aus Südnigerien

Das gleiche gilt für das Zupfzungenspiel, das trotz seiner gänzlich anderen Gestalt als ein Verwandter der Marimba anzusehen ist, mancherorts sogar auch mit dem gleichen Namen belegt wird. Seine häufigste Bezeichnung ist allerdings Sansa. Es besteht aus einem kleinen Schallkästchen, auf dem – verschiebbar oder fest – kleine Stahl- oder Bambuszungen angebracht sind. Man hält das Instrument vor sich und zupft die Zungen mit beiden Daumen zu mehrstimmigen Spiel an. Diese Spielweise führte dazu, daß man den tiefsten Ton auf der Sansa in die Mitte legte und, von hier ausgehend, die Tonleiter auf beide Seiten der Zungenreihe verteilte. Trotz des klanglichen Unterschieds zwischen geschlagenen Hölzern und angerissenen Metallamellen ähneln sich die musikalischen Wirkungen der Sansa und der Marimba in ganz eigenartiger Weise.

Die gleichen musikalischen Grundeigenschaften, die eben angeführt wurden, besitzen auch die gezupften Saiteninstrumente: Feststufigkeit und rhythmische Prägnanz. Deshalb treten ihnen gegenüber die wenigen, einfachen Streichinstrumente, die meist von Arabern eingeführt wurden, ganz in den Hintergrund. Von den Zupfinstrumenten stellen viele ein altorientalisches Erbe dar, das sich hier in oft rückgebildeter und abgewandelter Form erhalten konnte. Im Osten des Kontinents sind es die Leier mit schalenförmigem Korpus und – noch weiter verbreitet, aber sicher nicht aus dem Orient übernommen – die muldenförmige Trogzither mit ihrem sonoren Klang. Harfen verschiedenster Form sowie einfache Lauten bilden das Gros dieser Instrumentengruppe. Hier kannte die Phantasie der Neger keine Grenzen. Man formte um, schuf Zwittertypen, wie etwa die Harfenlaute Cora, die sich bei westsudanischen Barden findet, und manch anderes Neue und teilweise auch Absonderliche. Fast immer werden auch die Zupfinstrumente mehrstimmig und dazu in einem Ostinato-Stil gespielt.

Ein durchweg gültiges Tonsystem gibt es nicht. In der Vokalmusik und auch bei den Instrumenten, die ein Tonsystem erkennen lassen, begegnen häufig siebenstufige Skalen. Besonders im Norden Afrikas werden diese zu einer vorderorientalisch ornamentierten Melodik ausgenutzt. Im übrigen ist das afrikanische Melos eher eng im Tonumfang und bevorzugt syllabisch, also eng mit dem Wort verbunden. Auch im kleinen Tonraum zeigen sich aber pentatonische Relikte – ein Umstand, der darum nicht überrascht, weil fünfstufige Tonsysteme keineswegs fremd sind, sondern vielenorts sogar dominieren.

Das entspricht auch ganz der Neigung der Neger zu klanglicher Strukturierung, das heißt: zur melodischen Bewegung in einem Tonraum, der durch klare, nicht allzu enge Stufen bestimmt ist, und echter Mehrstimmigkeit. Dabei gibt es die parallele Stimmführung in allerlei Intervallen. Unter diesen werden, namentlich im Westen und vielleicht unter europäischem Einfluß, Terzen, ja ganze Dreiklänge bevorzugt. Ferner finden sich imitatorische Stimmführungen und Heterophonie.

Wechselgesang der Pangwe, Nordkongo

All das erscheint vornehmlich im Chorgesang. Instrumente gehen mit den Stimmen mit, oder sie werden in eigener Weise gehandhabt. So die Sansa, die Marimba und Zupfinstrumente, bei denen sich eine bescheidene Zwei- bis Dreistimmigkeit mit der Einstreuung von Klängen ablöst. Instrumental wird vor allem auch der Bordun besetzt, nicht zuletzt durch das Schlagwerk, dessen ungefähre Tonhöhen ja ohnehin als Funktionen in das musikalische Geschehen einbezogen werden.

Die rhythmische Begleitung kann durch eine einzige Trommel besorgt werden. Sie kann aber auch in mehreren – bis zu sechs – Schichten ablaufen und gewissermaßen einen rhythmischen Kontrapunkt darstellen. Die Möglichkeiten, die sich daher für die Gliederung des Zeitablaufs eröffnen und die großenteils auch genutzt werden, können hier insgesamt gar nicht aufgezählt werden. Einmal liegt allen »Stimmen« das gleiche Metrum zugrunde, und nur die rhythmischen Muster unterscheiden sich. Ein andermal sind die metrischen Akzente gegeneinander verschoben, oder es überlagern sich sogar verschiedene Taktlängen. Auch können verschiedenteilige metrische Muster aufeinandertreffen, die aber gleiche Längen haben, und vieles andere mehr. Fast immer jedoch haben all diese verschiedenen rhythmischen Muster eine Länge von zwölf Zähleinheiten, so daß mit dem 13. Grundschlag das gesamte mehrschichtige Gebilde von vorn beginnt.

Innerhalb der Schlaggruppe haben die einzelnen Instrumente ganz bestimmte Funktionen. Eine tiefe Trommel bringt meist einfache, ungegliederte Schläge und setzt somit gewissermaßen Marksteine, nach denen die andern sich richten. Über den verschieden getönten Trommeln, von denen die beweglichsten oft als »sprechende Trommeln« bezeichnet werden, schwebt meist der helle Klang einer zweitönigen Doppelglocke. Auch sie hält ihr rhythmisches Muster, nach dem sich die übrigen Schlaginstrumente oft noch zusätzlich richten, streng durch. Diese komplizierten Kombinationen und Überlagerungen werden mit einer Selbstverständlichkeit und Sicherheit dargeboten, daß man ihre kunstvolle Struktur zunächst kaum wahrnimmt, die man aber, sobald man sie erkannt hat, bewundern muß. Die rhythmische Virtuosität, die afrikanischen Ensembles eigen ist, trifft man nirgendwo anders auf der Welt, weder im Jazz noch in Indien, wo ja nur ein einzelner Trommler und keine Gruppe wirkt.

Wenngleich wir nicht alle afrikanischen Splittergruppen in unsere Betrachtung einbeziehen wollen, muß doch noch kurz auf die Kleinwüchsigen, die Pygmäen und Buschmänner, hingewiesen werden. Sie sind ebenfalls sehr musikalisch, haben vieles von den Negern übernommen und sich so aus einem Stadium primitivster Musikübung erheben können. Ja, Negerstämme halten sich oft sogar Pygmäen als Musiker. Urtümlich sind bei diesen das Jodeln und die Gewohnheit, kurze melodische Motive durch eintonige Flöten und Hörner, die sich gegenseitig ergänzen, ausführen zu lassen und das Ganze dann auch wieder rein vokal zu imitieren. Außerdem kann man bei diesen Restvölkern noch viele Bindungen der Musik an Magie und Kult, an Jagdzauber und Naturbeschwörung finden.

Indianer

Auch bei den Indianern ist der eigenartige Stimmklang das vielleicht kennzeichnendste Merkmal; selbst dem unbefangenen Hörer fällt er sofort auf. Wie bei den Negern läßt er sich schwer genau beschreiben und ist doch unverwechselbar. Ausgeprägte Gesangsmanieren treten hinzu, die die natürliche Wirkung noch verstärken. Dies sind vor allem die emphatischen, also akzentuierten Motiveinsätze, und die Pulsation, ein abwechselnd stärkeres und schwächeres Singen des gleichen, durchgehaltenen Tones.
Das gilt mit nur wenigen Abweichungen für die Indianer Südamerikas wie Nordamerikas, ja auch noch für die Eskimos, die vermutlich die letzte Einwanderergruppe mongolider Völkerschaften aus dem asiatischen Raum gewesen sind. Es muß also eine tief wurzelnde Eigenheit sein, da sie sich bei allen Stämmen findet – Stämmen, die doch teilweise schon seit Jahrtausenden getrennt und oft lange isoliert sind. Wie gravierend diese Tatsache ist, wird man ermessen, wenn man sich vergegenwärtigt, daß die vielen Gruppen sich kulturell und vor allem auch sprachlich völlig auseinandergelebt haben. Einige behielten ihren relativ primitiven Status bei; andere entwickelten eine Hochkultur, die Erstaunen erweckte und dann durch die europäischen Entdecker grausam beendet wurde. Es ist darum kaum vorstellbar, daß die teilweise noch fast unberührten naturhaften Gruppen etwa der brasilianischen Urwälder nahe Verwandte der Azteken oder Inka sind. Mit diesen verbindet sie nur noch das am tiefsten Wurzelnde, unter anderm eben die genannte musikalische Eigenart. Sie hat eine Parallele in der verhaltenen und schleppenden Bewegungsart fast aller Indianer, die physiologisch bedingt ist und die man nicht zuletzt bei den Reigentänzen beobachten kann.

Wie weit sich aber die andern musikalischen Ausdrucksweisen getrennt entwickelt hatten, läßt sich heute nicht mehr mit Sicherheit sagen, da die Musik der zerstörten Hochkulturen – Azteken und Inka – verschollen ist. Das spärliche, oder besser gesagt, einseitige Instrumentarium bei diesen läßt auch nicht allzu viele Rückschlüsse zu. Auf den Reliefs finden sich neben Blasinstrumenten nur Trommeln, beziehungsweise andere Geräusch- und Rhythmusinstrumente. Die Gräber bergen manche musikalische Opfergabe, die jedoch keine bessere Auskunft geben kann. Sicher werden zu den großartigen Zeremoniellen der Hochkulturen auch pathetische Hymnen erklungen sein; sicher begleiteten instrumentale Ensembles lautstark und glanzvoll manch weltliches Fest; und sicher wird es auch schon oder noch Medizinmanngesänge, Jagdzauberlieder und totemistische Weisen gegeben haben. Saiteninstrumente hatten aber auch die Hochkulturen nicht.

Dies ist ein bemerkenswertes Phänomen, finden wir doch sonst primitive Instrumente dieser Art bereits bei vielen Naturvölkern. Hier in der Neuen Welt hat also der menschliche Geist, der an zahlreichen andern Orten doch oft, unbeeinflußt, so erstaunlich ähnliche Lösungen gefunden hat, einen entscheidenden Gedanken niemals gefaßt. Er hat gewissermaßen auf der musikalischen Landkarte eine große weiße Fläche hinterlassen. All die Saiteninstrumente, die man heute selbst bei einfachen Gruppen etwa im äußersten Süden des amerikanischen Kontinents und auf den Hochplateaus antrifft, sind ganz offensichtlich spätes Einfuhrgut der Weißen oder auch der Neger.

Diese Einseitigkeit ließ aber einen andern Zweig des indianischen Instrumentariums besonders aufblühen: die Blasinstrumente. Die Trompeten sind naturhaft und auch in Ton gefertigt. Die Gruppe der Flöten aber hat einen Reichtum der Formen entfaltet wie sonst nirgendwo auf der Welt. Neben einfachen, doch handwerklich äußerst phantasievoll gearbeiteten Pfeifen und Flöten, die nur wenig Grifflöcher haben und aus Knochen etwa von Menschen oder Adlern hergestellt sind, erscheinen kleinste bis größte Quer- und Längsflöten sowie Panflöten. Diese weisen eine einfache, doppelte oder dreifache Reihung auf. Manche sind von solcher Größe, daß man sie nicht wie einen Schlüssel, sondern wie Tuben anblasen muß. Bei den mehrreihigen Exemplaren werden die zweite oder gar dritte Rohrreihe mit der vorderen zusammen angeblasen. Dabei ergeben sich meist kleine Höhenunterschiede, die einen beabsichtigten Reizklang bewirken. Die Sekundärrohre haben entweder die gleichen Längen und damit die gleichen Tonhöhen wie die Vorderröhren – sofern sie nicht im Gegensatz zu diesen gedackt, das heißt, unten verschlossen sind und eine Oktave tiefer klingen –, oder sie sind, um den zuletzt genannten Effekt zu erreichen, von vornherein doppelt so lang. Gerade die Panflöte, deren Stimmung man als unveränderlich ansah, wurde mehrfach als Kronzeugin für weitreichende kulturelle Beziehungen der Indianer vor allem zum ozeanischen Raum aufgerufen. Dazu mochte die Herstellungspraxis einen Fingerzeig gegeben haben. Die Flötenbauer fertigen nämlich gerne die einzelnen Rohre so an, daß ihre Tonhöhe mit dem Überblaston eines andern, tieferen Rohres übereinstimmt; sie nutzen also den Quintenzirkel. Die Ungenauigkeit des Verfahrens und die Unvollständigkeit des Zirkels machen aber eigentlich jede weitere Spekulation in der genannten Richtung zunichte.

Schließlich muß man sich noch all die absonderlichen weiteren Typen von Flöten ansehen, die es in großer Zahl gibt und die uns oft sinnlos und unzweckmäßig anmuten, um die Vorliebe der Indianer für diese Instrumentengattung recht einschätzen zu können. Da sind die großen Querflöten, die von mehreren – bis zu vier – Spielern geblasen wergen, die Außenspaltflöten mit ihrer merkwürdigen Luftführung, die Schnabelflöten mit dem Stück eines Kartenblattes als scharfe Kante des Aufschnitts und vieles andere.

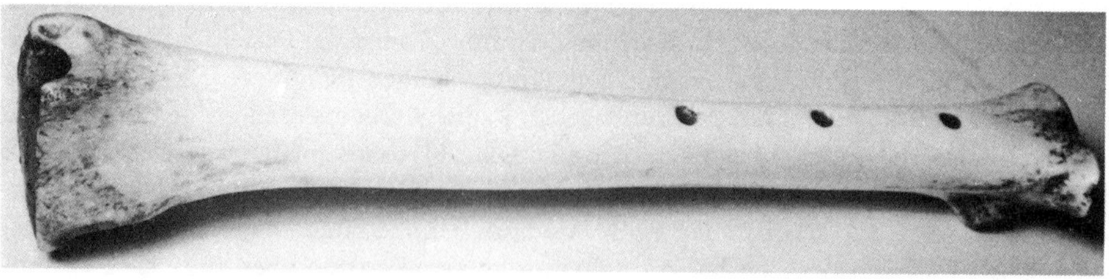

Flöte aus Menschenknochen, Südamerika

Flötenduo der südamerikanischen Tukáno-Indianer

Es mutet fast wie eine Naturgesetzlichkeit an, wenn sich auch in Amerika – wie früher bei uns – den Flöten gerne Trommeln gesellen. Sie bilden hier die zweite große Instrumentengruppe. Zu ihr gehören ein- und zweifellige Formen, sowie hölzerne Schlitztrommeln in der Mitte und im Süden des Kontinents. Es würde jedoch nur ermüden, wollten wir an dieser Stelle weitere Einzelheiten ausbreiten. Wichtiger erscheint uns die Funktion der Trommeln. Sie begleiten viele Solo- und Chorgesänge, sind aber nie recht über eine zeitgliedernde, manchmal vielleicht auch tempobestimmende Funktion hinausgekommen. Nie haben sich echte Rhythmen entwickelt, deren Darstellung man ihnen hätte anvertrauen können. Meist schlägt man die Trommeln mit einem Schlegel in völlig gleichen Zeitabständen. Diese Monotonie wird noch dadurch vergrößert, daß man meist auch auf Akzente verzichtet. Eine bescheiden modifizierte Schlagabfolge, etwa der Wechsel von je einer Viertel- und einer Achtelnote, ist bereits eine seltene Ausnahme.
Einer solchen Gleichförmigkeit, man könnte fast sagen Leblosigkeit, steht nun zwar nicht gerade eine rhythmisch übermäßig profilierte Melodiegestalt gegenüber; doch wirkt die Freiheit der Gesangslinie durchaus belebend. Hier wird nicht starr gegliedert; man bedient sich vielmehr einer Art Rubato, das durch den Kontrast zu der Trommelstimme eine Swing-Wirkung hervorruft. Im übrigen überdecken doch auch noch andere Erscheinungen den Eindruck der Monotonie – vor allem synkopenähnliche rhythmische Bildungen, bei denen beispielsweise auf ein Achtel, das den Akzent trägt, ein punktiertes Viertel folgt. Selbst einfache Untergliederungen der Zählzeitenwerte in kleinere Einheiten erreichen oft den gleichen Zweck.
Neben aller Ähnlichkeit der Musikstile Nord- und Südamerikas, zu der auch die Einstimmigkeit gehört, gibt es im Hinblick auf das Tonsystem und die Melodiebildung auch erhebliche Unterschiede. Im Norden, namentlich bei den Indianern der großen Prärien und Ebenen, wie den Sioux, Navajo und Pueblo, sind die Melodien weitgeschwungen. Oft durchlaufen sie einen Bereich von über einer Oktave, und manchmal erweitert man, indem man die Kopfstimme zu Hilfe nimmt, den Umfang bis auf zwei Oktaven und mehr. Das deszendente Melos steht als das naturgegebene im Vordergrund. Die Abwärtsbewegung erfolgt nicht schrittweise, sondern meist in Sprüngen, wobei die fallende Quarte, oft synkopiert, besonders bevorzugt wird. Element der Motivbildung ist in erster Linie ohnehin das sogenannte Fanfarenmelos, das seinen Namen aus der Verwandtschaft mit den aus der Naturtonreihe gewonnenen Folgen gebrochener Dreiklänge herleitet. Diese Bezeichnung ist nicht gerade glücklich gewählt; sie charakterisiert aber die lineare Gestalt solcher Gebilde durchaus eindeutig. Das Fanfarenmelos vieler Indianergesänge ist aber oft nur die bevorzugte Auswahl von Tönen aus einer pentatonischen Gebrauchsleiter. Beide Prinzipien widersprechen sich keineswegs; sie sind nur zwei verschiedene Ausprägungen der gleichen klanglichen Grundhaltung, die Kleinstufigkeit und übermäßige Ornamentierung meidet. Den Hang zu fanfarigen und pentatonischen Motiven erkennt man aber auch in den engräumigen Liedern mancher Indianerstämme, die im Norden der Vereinigten Staaten und in Kanada ansässig sind sowie in denen

der Eskimos und der südamerikanischen Urwaldindianer. Selbst wo ein Stamm sich beispielsweise mit nur drei Tönen begnügt, bilden diese oft einen Ausschnitt aus einer vollständigen pentatonischen Reihe, wie etwa die Folge a – g – e, die ohnehin eines der Urmotive in aller Welt darstellt.

Neben straff rhythmisierten, dem Pferdetrab angepaßten Liedern der Prärieindianer finden sich auch engräumige, der Magie dienende Gesänge wie die des Peyotekults. Andererseits sind nicht alle religiösen Musikformen derart monoton gehalten. So gehören etwa die Weisen des Sonnentanzes oder Totengesänge zu den ausgedehntesten und typischsten Beispielen. Hier wird man auch als Europäer von der faszinierenden Ausdruckskraft gepackt, die den Melodien innewohnt und die durch die besondere Art des Vortrags noch verstärkt wird.

Die Vorliebe der Indianer für allerlei Spiele ließ zahlreiche Liedgattungen entstehen, die mit den Spielen zusammenhängen. Der Totemismus, der Glaube an die Verbundenheit einzelner Menschen, Familien oder ganzer Stämme mit einem bestimmten Tier, einer Pflanze oder einem andern Naturgegenstand, gibt ebenfalls allerlei Gelegenheit zum Musizieren, wobei wieder die magisch-verzaubernde Fähigkeit der Musik genutzt wird.

In Südamerika stehen solche Gesänge, die einer primitiven Naturreligion dienen, noch viel mehr im Vordergrund. Da wird in den einzelnen melodischen Beschwörungsformeln die ganze tönende Umwelt des Urwalds, das Schreien und Pfeifen der Vögel und anderer Tiere nachgeahmt; da versetzen sich Medizinmänner durch die monotone Wiederholung immer derselben einfachen Weise – und auch durch berauschende Genußmittel – in einen Trancezustand, der ihnen höhere Kräfte und die Gabe der Prophetie verleihen soll. Oder sie beschwören auf die gleiche Art den Geist, der in einem kranken Menschen sitzt. Oft haben sie damit, unterstützt durch den festen Glauben des Betroffenen, auch Erfolg. Andererseits ist die zweckfreie Lust am Musizieren bei diesen isolierten Stämmen gleichfalls verbreitet. So ist es interessant zu beobachten, wie beispielsweise einzelne Leute auf ihren schlichten Flöten Ton für Ton kleine Motive entwickeln, diese oder jene Phrase ausprobieren und fortspinnen, wobei sie ihrem Spieltrieb – der ja ohnehin bei der Geburt der Musik mit Pate gestanden haben dürfte – immer mehr freien Lauf lassen.

Obwohl die Musik ganz allgemein bei den nordamerikanischen Indianern weiter entwickelt ist, findet sich heute dort nur noch selten reine Instrumentalmusik. Das Flötenspiel, einst so wesentlich, scheint im Aussterben begriffen. Die wichtigste Gattung, die man überhaupt noch pflegt, sind instrumentale Liebeslieder. Man müßte richtiger sagen: Liebesmelodien, denn sie sind ursprünglich wohl als Flötenweisen, als echte Serenaden entstanden, die dann – entgegen einer sonst häufiger zu beobachtenden Entwicklungsweise – erst nachträglich auch gesungen und mit Texten versehen wurden. Den begrenzten Besetzungsmöglichkeiten stehen bei den Prärieindianern sehr ausgereifte Formen gegenüber. Die Lieder sind in ihrer Abfolge wohldurchdacht. Sie bestehen aus mehreren Teilen und folgen überkommenen Ordnungsprinzipien, die unter anderm die Wiederholung bestimmter Abschnitte vorschreiben, unmittelbare oder nachträgliche Repetitionen im Sinne des Schemas A – A – B beziehungsweise A – B – B oder A – B – A usw.

Wir wollten zwar Formen außer acht lassen, die durch die Begegnung mit einer Hochkultur geprägt worden sind, müssen aber zum Schluß doch noch die Musik der südamerikanischen Hochlandindianer erwähnen, da es sich hier um einen Mischstil handelt, der schon vor Jahrhunderten unter europäischem Einfluß entstanden ist. Diese Musik soll stellvertretend auch für die neuen Formen stehen, die sich etwa in Mexiko und andern mittelamerikanischen Staaten durch die Übernahme spanischen Kulturgutes gebildet haben. Daß sich hier überhaupt indianische Stilelemente behaupten konnten und als gleichberechtigt einschmelzen ließen, spricht für ihre Kraft und vielleicht auch für den hohen Entwicklungsstand, den die Musik der alten amerikanischen Kulturen erreicht hatte. Es hat nämlich sicher seinen Grund, daß die besonderen Formen nur da anzutreffen sind, wo einst die Maya, Azteken und Inka wohnten, und daß die ausgeprägteste Praxis bei den Aymara und Quechua anzutreffen ist, die als unmittelbare,

Teponaztli, eine Art Trommel der Tolteken

ethnisch noch weitgehend unvermischte Nachfahren vorinkaischer und inkaischer Völker gelten. Wir finden hier heute Harfen und andere Saiteninstrumente; das Xylophon – von Negern übernommen – hat sich verbreiten können; man lernte, Flötenmelodien in spanischer Manier akkordisch zu begleiten, beläßt den Panflöten aber oft noch die alten Stimmungen. All diese heterogenen Elemente sind zu einer zwar eigenartigen, doch selbständigen Einheit zusammengewachsen, und es entbehrt nicht eines gewissen Reizes, solcher Musik zu lauschen. Dem ungewohnten Hörer mag sie sogar das Verständnis für die viel fremdere, noch urtümliche Indianermusik erleichtern helfen.

Ozeanien und Australien

Im Gegensatz zu Neger-Afrika und zum indianischen Amerika bildet das hier noch zu besprechende Gebiet keineswegs auch nur annähernd eine musik-kulturelle Einheit. Da es sich aber um viele kleine Völkerschaften eines geographisch definierten Bereiches handelt, dürfen wir sie wohl in diesem letzten den Naturvölkern gewidmeten Abschnitt gemeinsam besprechen.
Drei Erscheinungen fallen in der Musik der australischen Ureinwohner als erste auf: das Fehlen melodiefähiger Musikinstrumente, die im Gegensatz zur spärlichen materiellen Kultur erstaunliche Entwicklungshöhe der Vokalmusik und der unverwechselbare Stimmklang. Bei diesem kann man eigentlich auch nur auf den Klangeindruck verweisen, da jede Beschreibung unzureichend bleiben muß. An Klanggeräten kommen nur sehr vereinzelt zwei Schlitztrommeltypen vor, die möglicherweise von papuanischen Stämmen Neu-Guineas übernommen wurden, meist schlägt man den Takt aber mittels zweier Stöcke oder auch Bumerangs, die ursprünglich ja als Jagdgeräte erfunden worden sind. Besonders eigenartig ist das instrumentenkundlich als Heultuba bezeichnete Didjeridu, ein dickes, beidseitig offenes Bambus- oder Holzrohr. Es diente früher

zunächst im magischen Kult der Maskierung der Stimme, die man auf diese Weise geisterhaft klingen lassen konnte, dann wuchsen ihr musikalische Aufgaben zu, indem man einfach in das Rohr hineinsang und die Stimme verstärkte. Inzwischen hat man aber gelernt, die Tuba wie ein Kesselmundstückinstrument, also wie eine Trompete anzublasen. Da man kaum Obertöne auf dem einfachen Rohr erzeugen kann, erklingt also nur der gleichbleibende Grundton, und das wurde stilbestimmend, indem nun fast alle australischen Gesänge, vor allem die Chorgesänge über einem Bordun erklingen. Die Melodien sind teils pentatonisch, teils aber auch siebenstufig. Sie verlaufen fast immer vom Spitzenton abwärts bis zum schlußbildenden Tiefstton. Diese Gänge werden oft durch wellenförmige Bewegungen unterbrochen, sie bleiben aber unverkennbar, auch wenn sie sich oft über eine geraume Zeitstrecke ausdehnen. Verschleifungen sind selten, Tonrepetitionen viel häufiger. Das spricht für eine textnahe Gestalt der Melodien, für ihren rezitativischen Charakter. Daß die Musik großenteils noch im Dienste religiösen Zeremoniells steht, ist naheliegend. Man übt es einzeln oder in kleinen privilegierten Gruppen. Oft beteiligt sich aber der ganze Stamm an dem Fest, auch die Frauen sind nicht ausgeschlossen. Man bemalt sich dann mit überkommenen Ornamenten, singt und tanzt mit verhalten stampfenden Bewegungen den Korroborie. Viele Forscher sind gerade in der gegenwärtigen Zeit dabei, in Ton- und Bildaufnahmen die Kunstübung der Australier festzuhalten, ehe sie, wie mit Bestimmtheit anzunehmen ist, über kurz oder lang als eine der jetzt noch lebenden primitivsten Musikkulturen auch verschwunden sein wird.

Australischer Gesang mit Begleitung von Schlagstäben und Heultuben

Die übrigen Bereiche Ozeaniens lassen sich auch musikalisch leicht unterscheiden als melanesisch, mikronesisch und polynesisch. Allerdings ist die Musik der Melanesier, genauso wie die ethnische Gliederung, außerordentlich vielschichtig. Auf der Hauptinsel, Neuguinea, lassen sich im Norden rein melanesische Musikformen feststellen, während auf den Süden Einflüsse von den Molukken und von indonesischen Primitivstämmen gewirkt haben dürften. Im zentralen Hochland ist sogar eine Musik anzutreffen, die der gewisser Völker Formosas ähnelt. Neben Rasseln und Flöten sind vor allem die

7 Chinesischer Klingstein

6 (vorhergehende Seite)
Chinesische Musiker

8 Koto-Spielerin, nach einer japanischen
Tuschzeichnung, 18. Jahrhundert

langgestreckten, in der Mitte schmaleren und an einem Griff gehaltenen sogenannten Sanduhrtrommeln verbreitet und die Maultrommel. Diese haben wir bisher noch nicht zu erwähnen brauchen. Sie besteht aus einem leicht gewölbten länglichen Wandstück eines Bambusrohres, in das man durch zwei Längsschnitte und einen Querschnitt eine U-förmige, am Unterende nicht abgelöste Durchschlagzunge hineingeschnitten hat, die dann vor dem geöffneten Mund gezupft wird. Die Mundhöhle verstärkt den zarten Ton und vermag durch Vergrößerung oder Einengung aus diesem Klang noch einige Obertöne herauszuholen und zu verstärken. Das Instrument war früher, meist in Bügelform und aus Metall gefertigt, auch in Europa heimisch. Typisch ist das gemeinsame Singen, bei dem gelegentlich auch Zweiklänge angewandt werden. Der Stil der Chöre erinnert sehr stark, namentlich dann, wenn dazu differenzierte Trommelrhythmen geschlagen werden, an afrikanische Praktiken. Die Melodiebildung ist meist pentatonisch oder auch fanfarig.

Von den melanesischen Einzelkulturen verdienen die Salomon-Inseln noch besondere Erwähnung. Hier hat sich ein ganz eigenartiger Instrumentalstil entwickelt. Auf verschieden großen und demzufolge in unterschiedlichen Tonhöhenlagen stehenden Panflöten, die zu Ensembles von bis zu einem Dutzend Bläsern oder mehr zusammengestellt werden, musiziert man in einer ausgebildeten Mehrstimmigkeit. Unter Einbeziehung von Imitationen, Parallelführungen und Bordunwirkungen entstand eine echte Polyphonie, die jedoch durch die Bindung an ein feststufiges, meist pentatonisches Tongerüst und durch die sprunghafte Bewegung statisch wirkt und im Wesen eine gewisse Ähnlichkeit mit den primär klanglichen Mehrstimmigkeitsformen Südostasiens aufweist.

Mikronesien und Polynesien konnten sich nur noch hier und da altes musikalisches Kulturgut bewahren; sie wurden verhältnismäßig früh und sehr nachhaltig christlich missioniert. Die Choräle, die man heute singt, werden aber fast alle mehrstimmig vorgetragen, und zwar in einer Mischung abendländischer Harmonisierung und einheimischer statischer Klanggestalt. Namentlich in der polynesischen Musik ist die Mehrstimmigkeit das auffallendste Merkmal. Sie paart sich mit dem rezitativischen, wegen der ständigen Tonwiederholungen als psalmodierend anzusprechenden Melodiestil und führt dadurch zu einer fast erdrückenden Häufung von gleichbleibenden Akkorden, unter denen sich Terz- und Quart-Zweiklänge ebenso finden wie vollständige Dur- oder Moll-Akkorde. Oft klingt auch ein Bordun durch, oder die Oberstimmen werden doch durch eine bescheidene selbständige Führung aufgelockert, oder man wechselt die Klangqualitäten durch die Heranziehung verschiedener Baßtöne, die nicht selten im Quart- oder Quintverhältnis zueinander stehen. Das Psalmodieren hat trotz seiner Abhängigkeit vom Text eine gewisse Eigengesetzlichkeit, indem es rhythmisch klar faßbar ist, ja oft in typischen rhythmischen Figuren abläuft, im einfachsten Falle aber immerhin gleiche Längenwerte benutzt. Dieser Stil wird, und zwar ohne eine Verschleierung durch die Harmonik, in Neuseeland besonders deutlich. Hier entstanden im vorigen Jahrhundert kunstvolle Dichtungen, die fast alle in einer Art rhythmisiertem Sprechgesang vorgetragen werden. Wie weit die ganz ähnlich wirkenden tonarmen Melodien aus Hawaii, die man nach ihrem Aussterben vor fast hundert Jahren jetzt zu rekonstruieren versucht, einst tatsächlich diese Gestalt hatten, muß dahingestellt bleiben.

Eine Zusammenfassung der naturvölkischen Musik scheint weder vonnöten noch eigentlich möglich. *Die* Musik der Primitiven gibt es gar nicht. Was alle Musikkulturen, auch die der entwickelten Völker, verbindet, wurde ohnehin in unserem ersten Kapitel bereits ausgesprochen. Hier konnten wir nur manches wiederholen und von den schier unerschöpflichen Spielarten, in denen das Phänomen Musik bei den verschiedenen Völkerschaften in Erscheinung tritt, einige der wichtigsten und verbreitetsten dem Leser vorstellen.

Hochkulturen in Asien

Die großräumige Gruppierung, die wir ebenfalls bei den Hochkulturen vornehmen müssen, zwingt uns, zusammen mit Ostasien auch das Zentrum und den Norden des Kontinents zu besprechen, obwohl diese Gebiete kulturell keine Einheit bilden. Vor allem stehen sich hier sehr verschiedene Entwicklungsstufen gegenüber: auf der einen Seite die historisch faßbaren und reifen Musikkulturen Chinas, Koreas und Japans aber auch der Mongolei und Tibets, auf der anderen Seite reine Volksmusikkulturen. Die nordasiatischen Völker sind gewiß nicht als Primitive anzusprechen, eher als Mittelkulturen; jedenfalls aber kennen sie noch nicht die Scheidung von Kunst und Volksmusik. Dennoch gibt es innere Beziehungen zwischen beiden Seiten, die sich aus der gleichen musikalischen Grundhaltung erklären lassen und in der Zugehörigkeit aller hier angesprochenen Nationen zu den Mongoliden begründet sind. Gemeint sind die schon genannte primär klangliche Konzeption der Musikformen, ihre instrumentale Strukturierung und eine verinnerlichende Ausdruckstendenz.
Bei den *sibirischen* Völkern, die in manchen musikalischen Zügen Ähnlichkeit mit den Indianern zeigen, gibt es noch sehr urtümliche, an den Kult gebundene Musikgattungen. Hier ist der Schamanismus weit verbreitet. Um mit den Dämonen und den Geistern Verstorbener in Verbindung zu treten, bedient sich der Schamane neben gewissen narkotischen auch musikalischer Wirkungen. Beim Tanz klingen Glöckchen und Rasseln, die er sich umgebunden hat, sein Gesang ist bewußt monoton, und wo er melodische Qualitäten zeigt, bleiben diese pentatonisch. Ein wichtiges Begleitwerkzeug ist die große flache einfellige Trommel, auch Schamanentrommel genannt. Sie wird gleichförmig geschlagen, man hält sie heilig und schreibt ihr Zauberkräfte zu. Eine ähnliche Funktion hatte die Trommel auch bei den nordeuropäischen Lappen, deren heutige Gesänge, vor allem die textlosen Joiken, zwar eine Sonderentwicklung darstellen, aber doch ihre Beziehungen zur Musik Nordasiens (woher die Lappen wohl einst kamen) nicht verleugnen.
Über die Musik der *Mongolen* im engeren Sinne gibt es schon Quellen aus dem 13. Jahrhundert. Sie besagen, daß es zu dieser Zeit bereits von Streichinstrumenten begleitete Heldenepen und Trauergesänge und eine Fülle anderer Liedformen gab. Bis vor kurzem waren die Hauptträger der Musik herumziehende Rhapsoden. Auch die heutigen Gesänge werden oft instrumental begleitet, man singt aber bevorzugt solistisch. Eine bordunhaltige vokale Zweistimmigkeit konnte bisher nur in einem kleinen Gebiet der Inneren Mongolei beobachtet werden. Ob dieser Stil mit gewissen Musikformen des Kaukasus in Verbindung zu bringen ist, läßt sich nicht entscheiden. Die Melodien sind weit geschwungen und beziehen gerne Quarten und Quinten als Sprungintervalle ein. Die Wiederholung ganzer Partien in anderen Tonräumen ist ebenso beliebt wie die Repetition einzelner Motive. Die Bewegungslinie ist häufig bogenförmig auf- und absteigend. Die Gebrauchsskalen sind pentatonisch. Neben rhythmisch freien ausgezierten

Weisen stehen symmetrisch aufgebaute geradtaktige Melodien. Außer den schon genannten Geigen und Zupfinstrumenten gibt es noch Maultrommeln sowie zwei mit dem chinesischen Instrumentarium zusammenhängende Instrumente, die Wölbbrettzither und die Querflöte. Die Zither wurde wahrscheinlich übernommen, während die Flöte, zumindest in der vorliegenden Form, umgekehrt von den Mongolen nach China gebracht worden sein dürfte.
Die Musik *Tibets* weist Beziehungen nach Indien, dem Vorderen Orient und – am stärksten wohl – nach China auf. Sie fesselt vor allem durch die archaischen Kapellen der lamaistischen Tempel. Chor und Instrumente musizieren hier unisono oder leicht heterophon, doch kommt es dabei kaum zu echten Melodiebildungen. Die Weise, sofern sie überhaupt noch so bezeichnet werden kann, wird so gedehnt, daß der Zusammenhang kaum noch erkennbar ist; lediglich einzelne lang angehaltene Töne sind wahrzunehmen. Neben Oboen und Schneckentrompeten haben an dieser Praxis vor allem die langen metallenen Tuben teil. Es sind meist vier der drei bis vier Meter langen Instrumente, die das Brüllen der Weltgegendelefanten nachahmen sollen. Man spielt zwar keine Akkorde, es erklingt kein ständiger Bordun, und doch gibt es kaum eine andere Musikform auf der ganzen Welt, die derart statisch verläuft, die so sehr jeglicher linearer, vorwärtstreibender Kräfte entbehrt. Diesen quasi urweltlichen Eindruck verstärken die naturhaft, fast animalisch klingenden Schneckentrompeten. Dies ist gewiß nicht die einzige Musizierart der Tibeter, aber sie ist die ihnen eigentümlichste.

Schmelztiegel China

Wenn wir *China* nun ein wenig genauer behandeln, so vor allem deshalb, weil das Reich der Mitte auch musikalisch das Zentrum aller ostasiatischen Musikpraktiken bidet. Es war der große Schmelztiegel, in dem sich zahllose Einflüsse aus dem Norden (von den mongolischen Völkern) und aus dem Westen (von Turkvölkern, Indern usw.) sammelten und zu einem homogenen Ganzen umbildeten. Das Neue wurde dann über Korea bis nach Japan weitergegeben.
In zahllosen Schriften nahezu zweier Jahrtausende wird immer wieder das Tonsystem besprochen, zunächst in Zahlensymbolik eingekleidet, später mit mathematischer Präzision. Von Anfang an waren es zwölf Töne, die für die Gebrauchs-Tonleitern zur Verfügung standen. Man hatte also erkannt, daß sich ein Zirkel von zwölf Quinten, in dem man namentlich Saiteninstrumente zu stimmen gelernt hatte, insofern wieder schließt, als er fast den Grundton bzw. eine höhere Oktave von ihm erreicht. Auch die kleine Differenz, die im Abendland Pythagoras entdeckt hatte, ein Achtelton etwa, war nicht unbekannt geblieben. Sie störte zwar nicht sonderlich, da man nicht wie bei uns funktional harmonisch zu musizieren und zu modulieren suchte, dennoch fand man rechnerisch einen Weg, einen Ausgleich zu schaffen, eine Temperatur – und zwar schon hundert Jahre vor Andreas Werckmeisters gleichschwebender Temperatur von 1691. Die zwölf Töne, Lü genannt, bilden nur den Tonvorrat für verschiedene Skalensysteme. Das wichtigste, bis heute die gesamte chinesische Musik beherrschende System ist die halbtonlose Pentatonik. Sie ist zwar an vielen Orten der Erde zu finden, nirgendwo ist sie aber in gleich hohem Maße zum eigentlichen Musikstil einer Hochkultur geworden wie in Ostasien. Möglicherweise ist sie durch die Ausnutzung von vier Quintschlägen entstanden, aus der Reihe c – g – d – a – e zum Beispiel, die zur Leiter c – d – e – g – a

zusammengelegt wurde, vielleicht bildete sie sich aber auch aus einer Sequenzierung, einer Quartverlagerung des wohl urtümlichsten Dreitonmotivs aus kleiner Terz und Ganzton, also etwa aus den Tönen e – g – a und ihrer Ergänzung a – c – d.
Entscheidend bleibt, daß eine solche pentatonische Reihe nur Ganztöne und kleine Terzen besitzt und keine mit Bewegungsenergie geladenen Halbtöne. Dadurch erhält der chinesische Musikstil seinen außerordentlich statisch-klanglichen Charakter. Die Anordnung der pentatonischen Schritte (auch die kleine Terz muß hier als Schritt und nicht als Sprung gelten) kann nun in fünf verschiedenen Arten vor sich gehen, indem jeder der Töne einmal Grundton wird. Es gibt also fünf verschiedene Tongeschlechter, fünf Modi, die ihrerseits auf alle zwölf Lü transporniert werden können, so daß man schließlich 60 Tonarten erhält; zumindest theoretisch, denn die Praxis begnügt sich mit viel weniger Skalen, nutzt allerdings alle fünf Modi sehr wohl aus. Gelegentlich füllt man den großen Schritt, die kleine Terz also, durch einen Zwischenton, ein sogenanntes Piän, aus. Damit erhält man aber noch keine echte siebenstufige Skala, die es in natürlicher Form doch auch gibt. Man hat sie vermutlich aus dem Norden übernommen, sie hat sich aber nur begrenzt durchsetzen können. Selbstverständlich wurde auch sie dem theoretischen System eingefügt, das sieben Modi (entsprechend unseren Kirchentonarten) und mit den Transpositionen 84 heptatonische Skalen nennt.
Bei einer derartigen Durchrationalisierung des Tonvorrates könnte man auch ein ausgebildetes eigenes Notationssystem erwarten. Das gibt es jedoch nicht. Im Mittelalter bediente man sich lediglich, wie die Griechen, einer Buchstabennotenschrift, und zwar mehr für wissenschaftliche Auslassungen als zur Niederschrift von Melodien. Später kamen tabulaturähnliche Zeichen für bestimmte Griffe des Instrumentalspiels dazu, aber auch hier fehlten zum Beispiel noch immer die Zeitwerte. So konnte man viele Kompositionen der letzten Jahrhunderte zwar in ihrem Skelett erhalten, wie sie im Einzelnen auszuführen waren, blieb jedoch ebenso wie das gesamte übrige nicht notierte Musikgut der mündlichen Überlieferung überlassen, der Weitergabe vom Meister auf den Schüler. Neuerdings hat man sich gewöhnt, die Melodie in europäischer Notenschrift aufzuschreiben oder sich arabischer Zahlen und betimmter Zeitwertzeichen zu bedienen.

Wie die Töne entstehen

Die Töne entstehen im Menschenherzen. Die Musik bringt Zusammenhang in die gesellschaftlichen Beziehungen. Darum kennen die Tiere zwar den Laut, aber nicht den Ton, und die Menge kennt zwar den Ton, aber nicht die Musik. Nur der Edle vermag es, den Sinn der Musik zu verstehen.
So muß man die Laute untersuchen, um die Töne zu verstehen; man muß die Töne untersuchen, um die Musik zu verstehen, man muß die Musik untersuchen, um die Gebote zu verstehen. So wird der Weg zur Ordnung vollkommen. Wer die Laute nicht versteht, mit dem kann man nicht über die Töne reden. Wer die Töne nicht versteht, mit dem kann man nicht über Musik reden. Wer die Musik versteht, erreicht dadurch auch die Geheimnisse der Sitte. Wer Sitte und Musik beide erlebt hat, besitzt Leben. Das Leben zeigt sich im Erleben.
Aus dem Li-gi, dem Buch der Sitte des älteren und jüngeren Dai, einer vermutlich erst später niedergeschriebenen chinesischen Traktat-Sammlung des 4. bis 2. vorchristlichen Jahrhunderts.

Musizierende Bodhisattvas. Links Harfen-, rechts Mundorgelspieler

Die Fülle der verwendeten Instrumente kann hier nicht im Detail ausgebreitet werden. Manches soll nur aufgezählt, das Typische dagegen kurz beschrieben sein. Die Gruppe der Geräusch- und Rhythmusinstrumente ist besonders vielfältig. Sie reicht von Schrapern (geriffelte Hölzer, die man mit einem Stäbchen »schrapt«), Klappern, Becken bis zu kleinen, oft absonderlich geformten und riesengroßen Felltrommeln. Ihnen schließen sich Eintoninstrumente an, die auch noch keine melodischen Funktionen ausüben, wie Klingsteine, Schlagplatten, Glocken, normale Gongs und große Kesselgongs. Manche von ihnen wurden allerdings zu mehreren, verschieden gestimmten Einzelinstrumenten gereiht, und so entstanden die heute kaum noch gebrauchten Steinspiele sowie Glocken- und Gongspiele. Während die metallene Maultrommel Volksmusikinstrument geblieben ist und Oboen sowie Trompeten vornehmlich im Freien, etwa bei Begräbnissen, gespielt werden, dienen die Flöten der klassischen Musik. Es gibt Quer- und Längsflöten, beide werden aus Bambus gefertigt und bevorzugt siebenstufig eingerichtet. Unter den gereihten Blasinstrumenten hat die Panflöte heute keine Bedeutung mehr, während die sogenannte Mundorgel, der man ein so hohes Alter nachsagt, nach wie vor sehr beliebt und angesehen ist. Sie besteht aus einem Windbehälter, in den man hineinbläst und in dem in runder Anordnung über ein Dutzend kleine Bambusrohre stecken, die im Inneren des Windbehälters Durchschlagzungen tragen. Einer geheimnisvollen Konstruktion zufolge erklingen diese Zungen nur, wenn man die Löcher der Rohre mit den Fingern abdeckt. Der Ton ist sehr zart und ätherisch, die Möglichkeit, mehrstimmig in Zwei- oder gar Dreiklangparallelen bzw. kompakt akkordisch zu spielen, wird weidlich ausgenutzt. Das Instrument gelangte im 18. Jahrhundert nach Europa, das vorher die Durchschlagzunge nicht gekannt hatte, sie nun aber in Orgelpfeifen einbaute und außerdem daraus Harmonium, Akkordeon und Mundharmonika entwickelte.

Auch unter den Saiteninstrumenten finden sich einige für Ostasien typische Formen. Verhältnismäßig wenig wurde die vermutlich aus dem Vorderen Orient übernommene Kurzhalslaute umgebildet. Daneben gibt es aber noch die »Mondgitarre«, ein Zupfinstrument mit einem kreisrunden Korpus, und eine hier heimische spezielle Ausführung der Spießlaute, deren Schallkörper beidseitig mit Schlangenhaut bezogen ist. Am verbreitetsten, ja gleichzeitig zum volkstümlichsten Chordophon wurde dagegen die zwei- und viersaitig vertretene Röhrengeige. Sie hat sich aus mongolischen Vorbildern entwickelt, was man auch aus dem Namen »Saiteninstrument der Barbaren« schließen kann. Sie wird gestrichen, und ihren Bogenbezug führt man zwischen den Saiten durch, so daß der Spieler einmal den Bogen aufdrücken, ein andermal ihn anheben muß. Da das Instrument kein Griffbrett besitzt, werden die Saiten freischwebend verkürzt, wodurch der unverkennbare Klangcharakter des Instrumentes verursacht wird. Am bemerkenswertesten sind aber zweifellos die Wölbbrettzithern, langgestreckte, in Querrichtung konvex gebogene Zupfinstrumente. Bei zweien von ihnen, die 14 oder etwa 25 Saiten besitzen, werden die Saiten durch Einzelstege gestimmt und beim Spiel nicht mehr verkürzt. Anders das Tjin, das wohl angesehenste und würdigste Instrument der Chinesen überhaupt. Es ist kleiner und flacher und hat nur sieben Saiten, von denen meist die höchsten noch abgegriffen werden. Der Legende nach ist das Tjin das älteste Saiteninstrument überhaupt; das dürfte angesichts seiner ausgereiften Gestalt allerdings unmöglich sein, spiegelt aber wohl die hohe Bedeutung wider. Dem entsprechen auch die vielen symbolischen Zuordnungen der einzelnen Bauteile und die zahlreichen, schon sehr früh notierten Kompositionen für dieses Tjin. Schließlich muß die mit Schlegeln zu spielende Trapezzither erwähnt werden, die eine nahe Verwandte des vorderorientalischen Santur ist.

Bei den fast ausschließlich pentatonischen Gebrauchsleitern und der primär klanglichen Grundhaltung wäre anzunehmen, daß die Melodiebewegung in der chinesischen Musik sprunghaft und von größeren konsonanten Intervallen durchsetzt sei. Wider Erwarten ist sie bevorzugt schritthaft und wellenförmig gehalten. (Wobei schritthaft ein Fortschreiten der Melodie auf benachbarte Stufen bedeutet.) Das schließt nicht aus, daß größere Sprünge doch auch immer wieder eingeschoben werden, zum Beispiel, wenn die Melodie bei Erreichen des natürlichen Umfangs von Stimme oder Instrument in einer andern Oktave fortgeführt wird. Kompakte Mehrstimmigkeitsformen sind heute selten. Man darf jedoch annehmen, daß die Situation früher anders gewesen ist, analog zu den historisch weiter zurückreichenden, einst aber aus China übernommenen altjapanischen Formen. Die Mundorgeln spielt man mit Akkorden durchsetzt oder gar durchgehend in Klangparallelen, vor allem, wenn sie solistisch verwendet werden. In die meist einstimmigen, auf den verschiedenen Zupfinstrumenten gespielten Melodien werden sehr sparsam einmal Zweiklänge, meist leere Quinten eingeblendet, doch ist das kaum als Mehrstimmigkeit anzusprechen. In der Ensemblemusik nutzt man dagegen weidlich die Möglichkeiten des Zusammenklangs aus. Diese lineare Mehrstimmigkeit, die man auch gelegentlich als »unreines Unisono« bezeichnet hat, ist überall da beliebt, wo die Ausführenden gewisse Freiheiten der Motivabwandlung wahrnehmen dürfen, wo sie nach freiem Ermessen, nach Phantasie und stimmlichen bzw. instrumentalen Möglichkeiten Ornamente einfügen oder weglassen, Stellvertretungstöne wählen können usw. Beliebt ist im Ensemblespiel auch die Parallelführung zweier Stimmen, oftmals im Quartabstand.

Daß der chinesische Musikstil klanglich konzipiert ist, dafür spricht auch die erstaunlich einfache Rhythmik. Es scheint nämlich eine Naturgesetzlichkeit zu sein, daß bei zunehmender Verklanglichung der Tongestalten der Rhythmus immer schlichter und übersichtlicher wird. Das gilt genauso für das Abendland, das sich in rhythmischer Hinsicht ja wirklich nicht mit den Leistungen etwa des Vorderen Orients oder Indiens messen kann. Noch mehr als bei uns dominiert in China der gerade Takt. Komplizierte rhythmische Gebilde gibt es so gut wie gar nicht. Die bescheidenen Muster ordnen sich völlig dem Metrum unter, sie gehen fast immer innerhalb eines Taktes oder gar Halbtaktes auf. Am häufigsten erreicht man eine gewisse Lebendigkeit des Zeitablaufs durch symmetrische Unterteilungen. Einmal kann dies der Wechsel etwa von je einem Viertel und zwei Achteln sein, oder eine noch stärkere Aufspaltung bis zu Sechzehnteln oder gar Zweiunddreißigsteln, und nicht selten fällt es den begleitenden Schlaginstrumenten zu, diese Kleinstwerte in fortlaufender Reihung zu bieten, während die Melodie mit der einfachen Gliederung zweier Zeitwerte auskommt.

Formale Grundtypen gibt es in der chinesischen Musik nicht. Oft ordnen sich die Teile im Sinne der Zwei-, Vier-, Acht- usw. Taktigkeit, oft gibt es aber auch fünftaktige Phrasen und manches andere mehr. Lieder sind fast immer, Instrumentalstücke häufig in Strophen gegliedert. Doch selbst da und noch mehr, wenn ein Stück »durchkomponiert« ist, läßt sich – bisher jedenfalls – keinerlei Regelmäßigkeit feststellen. Wann einzelne Perioden oder auch nur Motive wiederholt werden – und das ist oft der Fall – scheint gänzlich frei zu sein. Wenn man so will, wird also die reizlose Schlichtheit des Rhythmus durch eine auffallende Vielfalt, ja Asymmetrie der Zeitgestalt im großen wettgemacht. Das gilt allgemein für alle Gattungen.

Unter diesen ist wohl die Kultmusik die älteste Gruppe. Bis in den Anfang unseres Jahrhunderts hinein gab es da noch die Konfuzianischen Hymnen, in ihrer außerordentlich langsamen Ausführungsart erstarrte Melodiegebilde mit gleichen Notenwerten und einer extremen, vielschichtigen Unterteilungsrhythmik. Lebendiger sind dagegen die Musikformen der Buddhisten, wenngleich auch sie noch stark archaisiert wirken und sehr an den altjapanischen Hofmusikstil erinnern. Es sind Sologesänge und begleitete Weisen, bei denen allerlei Schlagwerk liturgische Funktionen anzeigt. Daneben gibt es weltliche Instrumentalformen, deren Besetzung nicht vorgeschrieben ist, die aber immer kammermusikalisch bleiben, oft sogar solistisch ausgeführt werden. Die poetischen Namen der Stücke erinnern vielfach an bekannte Gedichte oder versuchen nur, die Grundstimmung einer Komposition anzudeuten, ohne daß die Musik im eigentlichen Sinn programmatisch oder gar tonmalend wird.

Chinesisches Theater

Die weitaus wichtigste Gattung ist jedoch die Theatermusik. Das Theater, in vielen Jahrhunderten zur heutigen Gestalt ausgebildet und in zahlreichen, örtlich gebundenen Stilarten ausgeprägt, ist eine wichtige Bildungsstätte für die breite Bevölkerung. Hier lernt man Sage und Geschichte des eigenen Volkes kennen, wird man – vor allem heute – auf künstlerischem Wege mit Problemen der Gegenwart vertraut gemacht. Jedermann besucht, so oft er kann, das Theater, und so ist es nur naheliegend, daß die zum Theater gehörige Musik leicht verständlich sein muß. Sie hat an dem dramatischen Geschehen einen hohen Anteil und macht ständig Anleihen bei der Volksmusik oder auch umgekehrt. Was einmal auf dem Theater gesungen wurde, wird schnell und leicht zum Volkslied.

Im Grunde sind es alles Singspiele, in denen Rezitative und Arien unterschieden werden können. Erstere werden vornehmlich von dem sehr zahlreichen Schlagwerk begleitet oder ganz solo gesungen, während in den melodiösen Liedern auch Melodieinstrumente, Flöten und vor allem Röhrengeigen heterophon mitwirken. Außerdem dienen die Instrumente Vor- und Zwischenspielen, wobei sie durch einzelne Rhythmen oft die kommende Situation auf der kulissenlosen Bühne andeuten und vor allem eine erhebliche Lautstärke entwickeln. Schon dies macht manchen europäischen Hörern die chinesische Musik so schwer zugänglich. Noch mehr trägt dazu die Singweise bei. Die Theatersänger, wie die Berufssänger überhaupt, suchen nämlich ihre Stimme außerordentlich zu verstellen. Das ist zwar eine allgemein orientalische Gepflogenheit, sie wird in China aber ins Extrem getrieben. Da singen Männer, die in den alten Stücken ja auch Frauenrollen zu spielen hatten, in höchstem Falsett, da werden überraschend unnatürliche Schreie ausgestoßen, weitreichende Glissandi angewendet, und doch spürt man in dem manchmal sinnlos erscheinenden Auf und Ab der Rezitative deutlich die Herkunft aus dem Sprachmelos, das bei den Chinesen mit ihrer sogenannten Tonsprache natürlich besonders ausgeprägt ist.

Von den weniger exaltierten Arien zur Volksmusik ist es gar nicht so weit. Gewiß, das chinesische Volkslied ist vielleicht noch etwas schlichter, sein ganzer Duktus ist aber durch die wellenförmige Bewegung innerhalb des pentatonischen Gerüstes ganz ähnlich gehalten. Nur der formale Aufbau mag symmetrischen Urtypen noch ein wenig näher stehen. Ansonsten hat das Volkslied im Reich der Mitte überall die gleiche Funktion im Leben der Menschen wie anderswo.

Auch *Korea* kann auf eine lange kunstmusikalische Tradition zurückblicken. Wir erkennen sie noch heute in den alten Instrumentalformen, an überkommenen Weisen und nicht zuletzt in der lebendigen Erinnerung an das Hoforchester, das – auf anderer Ebene natürlich – sogar noch fortgeführt wird. Die historische Bedeutung Koreas liegt aber in seiner Vermittlerrolle zwischen China und Japan. Das geht so weit, daß wir im Musikstil und in den Instrumententypen vielfach Ausprägungen finden, die genau in der Mitte zwischen den entsprechenden Erscheinungsformen in den beiden großen Nachbarländern einzuordnen sind. Da haben wir zum Beispiel Glockenspiele und Zithern, Repräsentanten eines primär klanglichen Musikstils, da begegnen wir neben der bevorzugten halbtonlosen auch halbtöniger Pentatonik. So selbständig sich das auch alles gibt, die Abhängigkeit ist unverkennbar, aber ein kleines, vielleicht sogar unscheinbares Stilelement zeigt eine noch andere, wahrscheinlich viel weiter zurückreichende Beziehung auf: die Bevorzugung der Quarte in der Melodiebildung. Dieser Sprung erscheint besonders häufig in abwärts gerichteter Bewegung, wobei er dann noch eigens hervorgehoben wird, wenn ihm seine Umkehrung unmittelbar folgt, das heißt, wenn in der Melodie auf eine steigende eine fallende Quarte folgt und umgekehrt. Selbst falls wir das als unbedeutend abtun möchten, dürfen wir nicht übersehen, daß dieses isolierte Gestaltelement auch in anderen mongoliden Kulturen anzutreffen ist und, möglicherweise als Urelement, eine der gemeinsamen Wurzeln repräsentiert. Wir finden eine solche Bevorzugung der Quarte beispielsweise bei der nicht-chinesischen Minderheit der Lolo und ganz allgemein bei den Indianern.

Japan

Sagen und alte Chroniken berichten zwar von einem offenbar selbständigen altjapanischen Musikleben. Eine wirkliche Reife erfuhr es aber erst unter Einfluß fremder Musikstile, die zunächst ganz bewußt gepflegt wurden. Sie sind besonders mit dem Buddhismus importiert worden. Vor allem am kaiserlichen Hofe entwickelten sich seit dem 7. nachchristlichen Jahrhundert allmählich aus allerlei Wurzeln neue eigene Musikgattungen, die dann als Gagaku sicher noch weitere Wandlungen durchmachten. Gagaku ist die Bezeichnung für die am Hofe gepflegte elegante Musik, die natürlich auch kultischen Zwecken genügen mußte und im Kern bis heute erhalten blieb. An keiner anderen Stelle der Erde gibt es eine derartige ungebrochene musikalische Tradition wie gerade im japanischen Hoforchester. Trotz seiner heute sehr kleinen Mitgliederzahl gehören ihm immer noch Nachfahren der alten Orchestergruppen an, die einst koreanische, chinesische und andere Musik zu spielen hatten. Auch das Instrumentarium kündet von der engen Bindung an Korea und China.

Japanisches Neujahrsfest. Der Tänzer in der Mitte schlägt eine Sanduhrtrommel

Es sind noch heute die gleichen, im einzelnen selbstverständlich abgewandelten Typen der Laute und Querflöte, der Mundorgel und Wölbbrettzither (koto). Die Grade der Wertschätzung mögen sich hier und da ein wenig verschoben haben; so dominiert beispielsweise statt der hier gar nicht verwendeten Röhrengeige die Spießlaute, das jetzt mit Katzenhaut bezogene Shamisen, das der Fremde vor allem als Instrument der Geishas kennt, und das uns an die Gitarre erinnert. Die großen Trommeln sind flacher geworden, neben ihnen haben sich die in der Mitte eingezogenen zweifelligen Sanduhrtrommeln entwickelt, und statt der einst vorderorientalischen Oboe benutzt man allein die in China viel unbedeutendere Kurzoboe mit dem großen Doppelrohrblatt.

Die alte Hofmusik, die bis in unsere Jahrzehnte hinein ausschließlich vor den Ohren des Tenno erklang, ist teils rein instrumental, teils treten Solosänger und ein Chor hinzu. Zu vielen Stücken wird in den altüberkommenen Kostümen und in einer eigenartigen, sehr verhaltenen Manier getanzt. Kultischer und weltlicher Untergrund sind nicht selten noch ineinander verwoben. Spätestens dem hohen Mittelalter verdanken wir die dann beibehaltenen Besetzungsnormen für das Orchester. Zu ihm gehören verschiedene Trommeln bzw. Klappern, Querflöten, Oboen, Mundorgeln, Kurzhalslauten und Zithern. Man spielt heterophon miteinander, nur die beiden Zupfinstrumentengruppen haben eine andere Funktion. Sie bieten zu der eigentlichen Melodie arpeggierte Akkorde oder gar echte Harmonien, selbstverständlich aber keine Dreiklänge, sondern aus der Pentatonik abgeleitete, uns dissonant erscheinende Zusam-

menklänge von Sekunden, Quarten usw. In einzelnen der alten Stücke werden auch die Mundorgeln anders behandelt. Sie spielen dann nicht die Melodie mit, sondern legen für lange Strecken des Stückes zum Teil sehr kompakte Akkorde, Klangbordune sozusagen, unter das übrige musikalische Geschehen.
Daß dies die Statik der ohnehin primären Klangform mit ihrem langsamen Tempo und der pentatonischen Struktur noch wesentlich unterstützt, liegt auf der Hand. Als Beispiel sei nur einer der kompliziertesten Mundorgelakkorde genannt: cis – d – e – gis – a – h. Die Form dieser alten Stücke ist manchmal strophig, oft aber auch »durchkomponiert«, die taktliche Gliederung jedoch denkbar einfach. Die zwei-, vier- und achttaktigen, in geradem Metrum stehenden Phrasen werden durch entsprechende Trommelschläge noch besonders markiert. Der archaische Aufführungsstil dieser Musik befremdet in vieler Hinsicht, doch dürfte die Hauptursache hierfür die scheinbar unreine Intonation sein. Sie ist aber ein besonderes Ausdrucksmittel und wird an den sozusagen variablen Tönen der Skala besonders gerne angewandt. Wenn beispielsweise d Grundton ist, erklingen verschiedene Schattierungen des f beziehungsweise fis zur gleichen Zeit. Interessanterweise sind diese »weichen« Stellen genau die Stufen, die sich wandeln mußten, um aus der halbtonlosen Pentatonik, die auch in Japan den Ausgangspunkt bildete und heute noch in der Volksmusik vorherrscht, eine halbtönige Pentatonik zu machen. In den alten Stücken wird der historische Prozeß sozusagen in einen einzigen Augenblick zusammengezogen, wenn da also etwa die Reihen d – e – fis – a – h und d – e – f – a – b übereinandergelagert werden.
Die Singweise trägt ebenfalls zu dem fremdartigen Eindruck bei. Auch der Japaner singt mit verkünstelter Stimme, insofern aber doch anders als der Chinese, als er den Effekt ausnutzt, den gleichen Ton mit einem wechselnden Stimmklang wiederzugeben. Diese Manier hat sich auch in fast allen anderen Musikformen gehalten, beispielsweise bei den buddhistischen Hymnen, den Heldengesängen des 13. Jahunderts, den späteren Begleitgesängen des Puppentheaters und des Kabuki, einer Theaterform, in der Schauspieler, Sänger und Tänzer sich abwechseln.

Um Herz und Gefühl zu bilden

Die Entstehung der Musik liegt weit zurück, und ihre Überlieferung ist sehr alt. Der Musik Reinheit und Klarheit ist dem Himmel, ihre Weite und Größe der Erde nachgebildet. Ihr Anfang und ihr Ende ist den vier Jahreszeiten, ihre rhythmische Bewegung den beiden Gestirnen (Sonne und Mond) nachgestaltet. Es gibt fünf Töne. Man ordnet sie sowohl den Fünf Elementen als auch den Fünf Tugenden, den Fünf Sinnen wie den Fünf Farben zu. Es gibt nichts, worin sie nicht Entsprechung fänden. Außerdem gibt es noch zwei Töne, im ganzen also sieben Töne. Obwohl es nun sehr viele Arten von Melodien gibt, so gehen sie doch alle, auch die hellen und die dunklen Klänge, nicht über die »Fünf Töne« hinaus.
In den Gärten, wo man Buddha preist und die Shintô-Götter verehrt, und auf den Sitzmatten, d. h. bei geselligen Veranstaltungen, wo man Zeremonien abhält und Gelage feiert, darf der Klang der Musik nicht fehlen.
Um Herz und Gefühl im Leben zu bilden und Namen und Ruhm in der Nachwelt dauern zu lassen, gibt es nichts Besseres als die Musik.

Aus dem Kokonchomonshû des Tachibana Narisue (1254 n. Chr.), einer japanischen Chronik

Shamisenspieler, Japan, 18. Jahrhundert

Zu den traditionsreichsten Kunstformen überhaupt zählt aber das No, jene eigenartige Form des ritterlichen, mit Musik verbundenen Tanzdramas, das sich im 15. Jahrhundert unter dem Einfluß des Zen-Buddhismus entwickelt hat und noch heute gepflegt wird. Die Musik des No, die uns hier ja nur interessiert, ist denkbar spartanisch. Die tanzenden Schauspieler singen ihre Rollen selber, daneben gibt es einen kleinen, selbstverständlich einstimmigen Chor, und eine Kapelle, die aus nur einer Flöte und drei verschiedenen Trommeln besteht.

Im 17. Jahrhundert entstand eine selbständige Literatur für das Shamisen, deren Schöpfer sehr wohl bekannt sind; man pflegte auch zunehmend das Koto als Soloinstrument, das bis in unsere Zeit hinein in keinem gebildeten japanischen Haushalt fehlen durfte und bevorzugt von Frauen gespielt wurde. Dem 18. Jahrhundert verdanken wir die ausgereifteste klassische Liedform der Japaner, das Naga-uta. Im 19. Jahrhundert entwickelte sich die Praxis, viele der als Shamisen- oder Koto-Musik entstandenen Stücke in einer Triobesetzung zu bieten, zu der sich diese beiden eben genannten Instrumente und die Shakuhachi zusammenfanden. Letztere ist eine ungewöhnlich dicke, sehr schwer zu spielende offene Längsflöte aus Bambus. Sie war früher einmal Instrument und zugleich Waffe umherziehender Bettelmönche und besitzt fünf Grifflöcher, durch die man normalerweise eine halbtonlose pentatonische Tonleiter wiedergeben kann. Auch hier haben wir wieder eine ähnliche Diskrepanz bezüglich des Tonvorrates, denn das Koto wird dem entgegen halbtönig pentatonisch gestimmt. Dem vermag sich jedoch der Flötenspieler mittels eines entsprechenden Ansatzes anzupassen, während der Shamisenspieler ohnehin keine vorgeformte Skala kennt, da sein Instrument keine Bünde besitzt.

Ob solistisch oder im Trio gespielt – in jedem Falle gibt sich die japanische Instrumentalmusik der letzten Jahrhunderte als eine besonders virtuose, elegante und auch noch lebendige Kunstgattung, die von allen noch gepflegten asiatischen Formen dem Abendländer am ehesten zugänglich sein durfte und für die auch Künstler der Gegenwart noch Kompositionen geschaffen haben. Diese mögen hier und da ein paar europäische Eigenarten eingeschmolzen haben, sie sind aber im Grunde japanisch geblieben, ganz im Gegensatz zu anderen Versuchen, japanische Stilelemente in ein im übrigen gänzlich europäisches Gewand modernster Prägung zu kleiden. Beide Richtungen scheinen aber als das wohl charakteristischste Symptom der japanischen Musik die Halbton-Pentatonik erkannt zu haben. Tatsächlich beherrscht sie fast alle traditionellen Kunstmusikformen. Sie bildet den stärksten Kontrast zur chinesischen Musik und bietet auch mehr Möglichkeiten differenzierter melodischer Gestaltung.

Südostasien und Indien

Daß benachbarte Völker an ihren Grenzen zwangsläufig zu einem Kulturaustausch kommen, daß sich hier oft eine Art Mischzone herausbildet, kann nirgendwo besser nachgewiesen werden als im südostasiatischen Raum. Hier haben wir eine typische Kulturbrücke vor uns: Es trafen sich – namentlich auch auf musikalischem Gebiet – Einflüsse von West und Ost, von Nord und Süd, hier zogen ganze Kulturströme durch, und hier entwickelten sich auch aus all diesen artverschiedenen Wurzeln mehrere selbständige Musikkulturen, die untereinander schließlich wieder enger verwandt wurden als mit den Kulturen außerhalb Südostasiens.
Musikalischer Ausgangspunkt und urtümliche Grundhaltung dürften hier die gleichen gewesen sein wie in Ostasien. Die Volksweisen sind pentatonisch, und auch die komplizierten kunstmusikalischen Leitern lassen noch immer die primär klangliche Wurzel erkennen. Nach dem ersten Eindruck scheinen auch bei den Instrumenten die chinesischen zu dominieren, die fast alle unverändert oder auch abgewandelt vertreten sind. Doch bald wird man auch vorderorientalische Typen gewahr, wie beispielsweise die tönerne Kelchtrommel und die Spießgeige Rebab, dann auch dem altindischen Saiteninstrument Vina nahestehende Klangwerkzeuge. Zu vielen fremden Instrumenten verhielt man sich recht gegensätzlich. So hat die bootsförmige Bogenharfe, die sich heute noch in *Birma* findet, fast alle Eigenarten der altvorderorientalischen Vorbilder bewahrt, während andererseits die im gleichen Lande anzutreffende Krokodilzither oder die schräggestellte javanische Zither überhaupt nicht mehr erkennen lassen, aus welchen Formen sie sich zu derart merkwürdigen Gestalten entwickelt haben. Dagegen wurde die kaum abgewandelte chinesische Wölbbrettzither in *Vietnam* zu dem Instrument, das aus der Kunstmusik am wenigsten wegzudenken ist. Es ist der mit Einzelstegen versehene Typ, der uns sowohl in China wie in Korea und Japan begegnete und hier sechzehn Saiten aufweist, die halbtonlos pentatonisch gestimmt werden. Dies läßt Rückschlüsse auf den Musikstil zu, der dem chinesischen verwandter ist als dem japanischen oder auch dem indischen.
Die Mundorgel, das ebenfalls harmoniefähige Instrument, ist in Südostasien selbstverständlich auch vertreten. Primitive Formen nutzt die birmanische Volksmusik, während man in *Laos* einen ganz eigenartigen Typ entwickelt hat, der von Reisenden interessanterweise gerne als Laos-Orgel bezeichnet wurde. Hier ragen die etwa 1, 2 oder 3 Meter langen Bambusrohre, in zwei parallelen Reihen angeordnet, unten aus der Windkapsel heraus. Die Spielweise des Khen genannten Instrumentes ist besonders

bemerkenswert. Der Ton ist der Größe wegen recht sonor, und stets begleitet man die Melodien mehrstimmig. Es handelt sich dabei aber weder um einen Klangbordun (wie in Japan), noch um eine akkordische Parallelführung (wie in China), sondern um eine freie harmonische Begleitung, die aber auch von abendländischer Funktionsharmonik frei ist. Da das melodische Element nicht sehr ausgeprägt ist, klingt ein Khen-Stück eher wie ein ständiges Pendeln in einem festgelegten pentatonischen Raum, wobei die wechselnden Klangkombinationen sich auch durch ihre Dichte unterscheiden, indem einmal Zwei-, ein ander Mal Drei- oder Vierklänge mit vereinzelten Tonverdoppelungen gewählt werden.

Diese eben umschriebene Stileigenart – freizügige spielerische Bewegung auf den wenigen und festen Stufen einer durch mehrere Oktaven gehenden Fünftonskala, dazu gleichzeitige Überlagerung mehrerer rhythmisch unterschiedlich belebter Instrumentalstimmen – ist das entscheidende musikalische Kennzeichen des südostasiatischen und *indonesischen* Raumes. Darum finden wir auch nur hier eine derartige Fülle von Reiheninstrumenten, insbesondere von Schlagspielen, für die man außerdem noch die verschiedensten bautechnischen Löungen gefunden hat. So werden bei den Xylophonen auf dem Festland beispielsweise die Klanghölzer freischwebend über einem konkav nach oben geöffneten Schallkasten aufgehängt, während sie in Indonesien auf einem geraden Resonator ruhen. Die Gongspiele Indonesiens bevorzugen eine Anordnung in zwei parallelen Reihen, während man im übrigen Südost-Asien eine kreisförmige Aufhängung liebt, eine Rundbalustrade, innerhalb derer sich der Spieler mit seinen beiden Schlegeln niederkauert. Ähnlich sieht auch das Trommelspiel Birmas aus, das nur hier vorkommt und nicht einmal im Lande der Trommeln, in Afrika, ein Pendant besitzt. Es handelt sich dabei um relativ kleine zweifellige Faßtrommeln, die zunehmend größer werden, um eine Tonleiter abgeben zu können. Sie werden, wie alle Trommeln, noch feingestimmt, indem man auf das Fell eine sogenannte Stimmpaste aufträgt. Bezeichnend für den in der geschilderten Richtung besonders ausgeprägten Musikstil hat Indonesien noch viel mehr Arten von Schlagspielen hervorgebracht, vor allem die aus den Xylophonen entwickelten Metallophone mit ihren bronzenen Klangplatten.

All diese Instrumente werden meist zu kleinen Kapellen zusammengesetzt. Dazu treten Melodieinstrumente, beispielsweise Oboen in *Siam*, oder Flöten und Spießgeigen auf *Java*. Jedem Mitglied eines solchen Verbandes, oder auch ganzen Gruppen, sind dabei besondere Aufgaben zugewiesen. Die einen spielen die Hauptmelodie, andere ornamentieren und rhythmisieren sie in einer klanggesättigten Heterophonie. Das eigenartigste aber sind die ungewöhnlichen Stimmungen der Schlagspiele. Man scheint innerhalb der pentatonischen Leitern eine Angleichung der Stufengrößen anzustreben. Dies gelingt nur selten vollkommen, soll wohl auch gar nicht erreicht werden, denn eine vollständige Temperatur würde doch nur zur Monotonie führen und gegen das musikalische Urgesetz verstoßen, nach dem sinnvolle Skalen aus verschiedenen Intervallen bestehen müssen. Im Grunde erreicht man also eine Mittellösung zwischen einem extrem verkünstelten Tonsystem und der naturgegebenen Ordnung, eine Lösung, die den Eindruck eines von aller Erdenschwere befreiten Musizierens noch zu verstärken imstande ist, das durch die ätherisch klingenden Schlagspiele ohnehin vermittelt wird. Der Versuch Debussys, im Rahmen des Möglichen und mit Hilfe der Ganztonskala in abendländischer Musik eine ähnliche Wirkung hervorzubringen, ist sicher sehr reizvoll, weist aber doch zwei gravierende Unterschiede auf. Einmal ist die Ganztonleiter sechsstufig, hat also eine Struktur, die es sonst nirgendwo auf der Welt gibt, während die Skalen der südostasiatischen Musik fünfstufig sind, und außerdem fehlt ihr jegliche Zentrierung, da in einem gleichstufigen System alle Stufen ja auch gleichberechtigt sind.

Gamelan-Orchester

Die ausgeprägtesten Sonderstimmungen findet man auf *Java* und *Bali* in den Gamelan-Orchestern, und zwar in den beiden Arten Pelog und Slendro. Beim Slendro hat man innerhalb einer halbtonlosen pentatonischen Reihe die kleinen Terzen ein wenig verkleinert und die Ganztöne vergrößert. Man hat sie aber nicht gleich gemacht, so daß unser Ohr diese Leiter mit ihren irrationalen Werten immer noch als halbtonlos pentatonisch umhört. Genau wie bei einer nicht veränderten Skala kann jeder der fünf Töne Grundton sein, das heißt, man kennt also auch hier fünf Modi. Beim Pelog hat man einen Größenausgleich innerhalb einer siebenstufigen Skala angestrebt, aus der dann aber doch wieder nur eine fünfstufige Gebrauchsleiter ausgewählt wird. Theoretisch könnte man fünfzehn verschiedene Modi bilden, man benutzt aber nur drei, indem man auf der ersten, vierten oder fünften Stufe pentatonische Reihen beginnen läßt, die aber stets so aufgebaut sein müssen, daß nach zwei kleinen Stufen eine größere folgt, die durch Auslassung eines Tones der siebenstufigen Reihe zustandekommt, und daß dann nach einem weiteren kleinen Schritt nochmals ein Großintervall folgt. So haben diese drei Pelog-Reihen stets die gleiche Anordnung, unterscheiden sich jedoch durch die Werte im einzelnen, da ja die Grundskala verkünstelt wurde, und durch ihre absolute Lage. Dennoch hören wir jede Skala in Pelog in diese Abfolge um: Halbton – Ganzton – Großterz – Halbton – Großterz.
Machen wir uns das anhand eines Beispieles mit unseren Tonnamen noch ein wenig deutlicher. Wenn die siebenstufige Materialleiter so aussähe: e – f/fis – g – a – b/h – c – d – e, so könnte man daraus, auf der 1., 4. und 5. Stufe, also auf e, a und h beginnend, folgende drei halbton-pentatonischen Reihen bilden: e – f – g – – h – c – – e, a – b – c – – e – f – – a und h – c – d – – fis – g – – h. Die durch Auslassung einer Stufe gebildeten größeren Intervalle liegen jedesmal an der gleichen Stelle; allerdings mußten wir einmal f bzw. fis und das andere Mal b bzw. h sagen, weil wir die durch die Verkünstelung zustandegekommenen Zwischentöne nicht anders ausdrücken können.
Diese Zwischenwerte werden aber stets verschieden gewählt, so daß jedes Gamelan eine andere, seine eigene Stimmung besitzt. Früher glaubte man, hier ein völlig durchrationalisiertes System vor sich zu haben. Neuere Erfahrungen lehren uns aber, daß die abweichenden Stimmungen des Slendro und Pelog nur in der Idee existierende Prinzipien sind; sie werden mittels ständig wechselnder zahlloser Nuancen ausgedrückt und erhöhen so noch den eigenartigen Zauber der indonesischen Musik, einen Zauber, dem schon viele Generationen abendländischer Hörer erlegen sind und der uns zugleich hilft, alle sonst bei außereuropäischer Musik auftauchenden Hörschwierigkeiten zu überwinden.
Die Gamelan-Stücke sind Begleitmusik zum Theaterspiel oder zu kultischen Tänzen, sie dienen aber auch in selbständiger Form der künstlerischen Unterhaltung. Es gibt verschiedene Formgattungen, die auch unterschiedliche Längen aufweisen. Den großen Stücken von einer halben Stunde oder mehr Dauer sind die Besetzungen der Orchester mit 30, 40 oder noch mehr Spielern durchaus adäquat. Überliefert und seit einigen Jahr-

zehnten in eigener Notenschrift notiert sind die sogenannten Kernmelodien. Diese lassen sich bestimmten Melodietypen zuordnen, die durch die zugrunde liegenden Skalen, Motive, Schlußformeln und durch einen einheitlichen Ausdrucksgehalt gekennzeichnet sind, und bilden eine Art Cantus firmus. Einige Instrumente führen diese Kernmelodie unverändert aus, andere wieder umspielen sie in mehr oder minder reichem Figurenwerk, eine weitere Gruppe setzt nur an bestimmten Stellen durch Einzelschläge Akzente, sie phrasiert also, und den Trommeln kommt es zu, das Tempo anzugeben. Darum ist auch ein Trommler der Leiter des Ensembles. Zu der so ausgeführten Hauptmelodie tritt dann sehr häufig noch eine Gegenstimme. Sie wird nicht selten durch Flöten und Streichinstrumente oder auch durch Singstimmen ausgeführt. Das Ganze ist, auch wenn konzertierende, solistische Partien eingeschoben werden, ein vielstimmiges kompaktes Gebilde, in dem das melodische Element oft bis zur gänzlichen Bedeutungslosigkeit zurücktreten kann, da in erster Linie die oben geschilderte freie Bewegung im pentatonischen Raum wahrnehmbar wird. Wenn man den Nachhall der Gongspiele, Metallophone usw. in Rechnung stellt, so wird einem klar, daß eigentlich ständig mehrere der fünf Töne, ja oft sogar alle gleichzeitig klingen, daß es sich also vornehmlich um einen vielfach rhythmisch unterbrochenen und immer wieder anders ausgedeuteten statischen Fünftonklang handelt.

Indische Lautenspielerin, Miniatur aus dem 17./18. Jahrhundert

Möglicherweise war früher auch die Musik *Indiens* von diesem spezifisch asiatischen Musikgeist durchdrungen. Zumindest lassen das die philosophischen Deutungen vermuten, die – ähnlich wie in China – auf die verinnerlichende Kraft der Musik verweisen, und dies obgleich der musikalische Stil sich seit der Islamisierung des nördlichen Gebietes (etwa zwischen 1000 bis 1300 n. Chr.) in sehr hohem Maße den vorderorientalischen Verhältnissen angepaßt hat und sich in dieser Form auch bei einem großen

Teil der nichtmohammedanischen Bevölkerung verbreitete. Die eigenständige Kraft war hier jedoch noch so groß, daß sich nach dieser Berührung ein unverwechselbarer Eigenstil entwickeln konnte. Schon das Instrumentarium bestätigt diesen Befund.
Nirgendwo gibt es eine solche Fülle von Saiteninstrumenten, die teils eigenständig sind, teils fremden Vorbildern nachgestaltet wurden. Einzelne werden gestrichen, die meisten jedoch wohl gezupft. Neben der schlicht erhabenen Vina, einer Stabzither mit angehängten Resonanzkürbissen, stehen so ungewöhnliche Formen wie die der Sarode, der Sarinda, der Sarangi oder des Esrar. Ähnlich wie unsere Viola d'amore wurden viele solcher Instrumente mit Resonanzsaiten versehen, die den erstrebten ätherischen Klang verstärken helfen. Dann treffen wir Querflöten und Oboen als wichtigste Blasinstrumente und vor allem Trommeln verschiedenster Art. Die Reichhaltigkeit des Instrumentariums bedeutet aber nicht, daß man auch hier orchestrale Besetzungen liebt. Im Gegenteil, indische Musik ist stets Kammermusik, ganz gleich, ob sie unabhängig ist oder im Dienst etwa der vielen traditionsreichen Tanzformen steht. Letztere haben teilweise mehr volkstümlichen Charakter, sind aus alten kultischen Darstellungen erwachsen oder wollen alte Legenden pantomimisch wiedergeben. Meist sind sie auch choreographisch außerordentlich fein durchgebildet. Jede der zahllosen Fingerstellungen, die Gestik und die übrigen Körperbewegungen haben symbolische Bedeutungen, die meist nur dem Gebildeten ganz geläufig sind. Die Musik paßt ihren Stil den verschiedenen Tanzformen zwar an, wir haben aber keine eindeutig überlieferten Weisen, auch da nicht, wo genaue Beschreibungen der alten Tänze vorliegen.
Am interessantesten ist daher das Studium der selbständigeren Musikformen. Dazu läßt sich generell sagen, daß stets drei Komponenten zusammenwirken: Die Melodie, ausgeführt von einem melodiefähigen Instrument oder von einer Singstimme, ein begleitender Bordun, auf einem Zupfinstrument, bevorzugt dem Tanpura, immer wieder angerissen oder etwa auf einer Oboe durchgehalten, und ein getrommelter Rhythmus. Melodie und Rhythmus sind gleichgeordnet, während der Bordun, wiewohl er unveräußerlich ist, eine sekundäre Rolle spielt. Seine Aufgabe ist es, das tonale Zentrum ständig klanglich zu vergegenwärtigen, dem Sänger oder Spieler der Oberstimme stets die Basis, von der er ausgeht und zu der er zurückkehren muß, sozusagen vor Ohren zu halten, ja schließlich auch, um dem Hörer einen Festpunkt gegenüber der so frei um-

Über die Musik der Naturvölker

Wenn der Wilde seine Gefühle durch Gesang ausdrückt, bedarf er weder Rechentafel noch Monochord, um die Verhältnisse seiner Töne zu bestimmen; die Natur führt ihn einen kürzeren Weg. Das vollkommenste Tonwerkzeug hat er in sich selbst; durch wiederholte Versuche bildet er seine Stimme zu reinen Modulationen, und sucht diese Töne bald durch äußere Werkzeuge nachzuahmen. Aus Schilfrohr, Holz oder zarten Beinen der Gazellen, Rehen und Kraniche schnitzt er sich einfache Hirten-Pfeifen. Die Schale einer Schildkröte dient der Cithare zum Resonanzboden; das Horn eines Stiers oder Widders wird mit Saiten bespannt, die aus Tiergedärmen künstlich bereitet, oder aus Seide gesponnen sind. So entsteht Musik bei allen Völkern zur Zeit ihres Hirten-, Jäger- oder Fischer-Lebens. Mit wachsender Kultur, mit vermehrten Bedürfnissen vervollkommnen sich auch die Instrumente und der enge Ton-Zyklus (anfänglich nur aus 3 oder 4 Tönen bestehend) wächst zur vollendeten Skala an.

Aus: Sir William Jones, »Über die Musik der Indier«.

I *Japanische Tempeltrommel, 19. Jahrhundert*

II *(nächste Seite) Dame mit Vina, indische Miniatur, zweite Hälfte 17. Jahrhundert*

Nordindisches Gesangsstück
mit Streichinstrument und Handtrommel

herschweifenden Melodiestimme zu bieten. Im Grunde ist es wie eine Demonstration des Distanzprinzips in der Musik, bei dem ja allein der Abstand der einzelnen Töne von einem Leiterausgangspunkt erlebt und künstlerisch ausgenutzt wird und nicht der Grad der sich ergebenden Konsonanz eine Rolle spielt.

Der Melodie liegt stets ein Raga zugrunde, ganz gleich ob es sich um eine schon vorliegende beziehungsweise überlieferte Komposition handelt oder ob der Spieler oder Sänger improvisiert. Hier haben wir es wieder mit dem zu tun, was wir auch bei der Gamelan-Musik als Melodietyp bezeichneten. Dieser Begriff ist sicher etwas unglücklich, er mag aber als Verständigungsformel genügen, wenn man sich zuvor klar gemacht hat, worum es sich handelt. Melodietypen spielen in der gesamten vorderorientalischen Musik eine Rolle, sie kamen mit dieser als wichtiges musikalisches Bauelement auch nach Indien und schließlich auch nach Indonesien, wobei nicht ausgeschlossen werden soll, daß ähnliche Erscheinungen auch schon früher in südostasiatischen Ländern existiert haben. Sinn und Inhalt eines Raga sind außerordentlich vielschichtig. Am leichtesten faßbar ist die zugehörige Tonleiter. Ihr gesellen sich bestimmte melodische Floskeln, Bewegungsrichtungen, bevorzugte Intervalle und andere musikalische Qualitäten, vor allem aber ein eindeutiger Ausdrucksgehalt. Er ist für den Fremden am schwersten zu erkennen, äußert er sich doch meist nur in unwägbaren Konstellationen. Ferner gehören zu jedem Raga bestimmte außermusikalische Bindungen an Tages- und Jahreszeiten, an Feste und kultische Gegebenheiten; dann unterscheidet man sie als männliche oder als weibliche Charaktere (Raga und Ragini). Verschiedene Raganamen, die auf Landschaften oder Menschen hindeuten, zeigen den sich hinter manchen Melodietypen verbergenden Stil eines Volksstammes oder eines bestimmten Meisters, ähnlich dem griechischen Tonarten-Ethos.

Wie die Melodie an den Raga, so ist das Trommelspiel an ein rhythmisches Muster, an das Tala, gebunden. Ein solches Muster kann aus etwa 5 bis 16 Zählzeiten bestehen. Einzelne dieser Werte erhalten Hauptschläge, so daß der Abendländer geneigt ist, dementsprechende Taktschemata zu erkennen. Wenn wir dem der Einfachheit halber folgen,

so dürfen wir es so ausdrücken, daß ein Tala zwar aus drei oder weniger Takten bestehen kann, meist aber eine Länge von vier Takten besitzt, wobei die Takte selbst zwar bevorzugt vierzeitig sind, manchmal aber auch drei- oder fünfzeitig. Zu einem Muster gehören die meist mit den Zählzeitwerten identischen Nebenschläge, die auch deren Unterteilungen darstellen, und die nur selten gleichmäßig verteilten Hauptschläge. So hat zum Beispiel Tritala, seinem Namen gemäß, drei Hauptschläge, die sich über vier 4/4-Takte so verteilen, daß sie auf die Anfänge des 1., 2. und 4. Taktes fallen, während daneben gleichmäßige Viertel geschlagen werden. Nun wird ein rhythmisches Muster aber nicht ständig in gleicher Form beibehalten beziehungsweise wiederholt, sondern ständig variiert. Das kann so weit gehen, daß ein Uneingeweihter kaum noch das Muster erkennt, während es den Trommlern und auch anderen Spielern innerlich ständig gegenwärtig bleibt, welche tatsächliche Gestalt es auch immer annehmen mag.
Die Mittel der Variation sind nicht allein rhythmischer Art, man nutzt auch weidlich die verschiedenen Tonhöhen und Klangfarben der Schläge aus, die ja nicht auf nur einem Trommelfell erfolgen, sondern auf den beiden Seiten einer liegenden Zweifelltrommel oder gar auf zwei nebeneinander stehenden kleineren Trommeln. Ob man nun die Mitte des Fells trifft oder den Rand, ob man mit dem Ballen das Fell zusätzlich spannt und in seiner Tonhöhe verändert, ob man mit den Fingerspitzen oder der ganzen Handfläche spielt usw., alles dient der weiteren Belebung und Färbung des Rhythmus, der also auch eine tonliche Komponente hat. Ein guter Trommler kennt zahllose Möglichkeiten der Variantenbildung, doch dauert es lange, ehe er zu einem wirklichen Virtuosen heranreift. Beim Erlernen aller Rhythmen und ihrer Abwandlungen bedient er sich als Gedächtnisstütze gesprochener Silben, wie din oder da.
Auch der Gesamtablauf der Musikstücke und Lieder ist geregelt. Da gibt es verschiedene Stilarten, die von bestimmten Völkern vorgeprägt wurden und die so auch ganz alte Kompositionstypen repräsentieren können. Es liegt an den Ausführenden, einen solchen Stil dem Hörer richtig deutlich zu machen. Während die formalen Fesseln, namentlich

Musik und Sternkunde

Die Verwandtschaft und Verbindung der Musik mit der Sternkunde, welche hauptsächlich in ihren analogen Grundverhältnissen zu suchen sind, konnte den Hindus, die so frühzeitige Beobachtungen über den Himmel anstellten und den regelmäßigen Gang der Gestirne berechneten, so wenig entgehen, als den Ägyptern, Phöniziern und Babyloniern. – Daher die astronomischen und musikalischen Systeme der Hindus, Ägypter und Chinesen sich so auffallend ähnlich sind, daß man mit Recht entweder auf gemeinsamen älteren Ursprung oder auf frühzeitige Mitteilung von einem Volke zum anderen schließen kann.
Ein Hauptvorzug der indischen Tonkünstler war, daß sie sich nicht zu sehr dem spekulativen Teil der Klanglehre überließen, sondern Musik als eine ästhetische Kunst behandelten, deren wesentlicher Zweck es ist, zu gefallen und zu rühren. Sie überließen die Klanglehre der Mathematik und Physik, und waren vorzüglich bemüht, durch Gesang in Verbindung mit Instrumenten, Handlung und Tanz auf die zartfühlenden Seelen ihrer Zuhörer zu wirken. – Denselben Zweck verbanden die Griechen mit der Tonkunst, und erreichten ihn auch; wenn anders die Erzählungen ihrer Dichter, Philosophen und Geschichtsschreiber von den Zauberwirkungen derselben keine bloße Träume sind. *Aus: Sir William Jones, »Über die Musik der Indier«.*

bei den alten Liedtypen, allein schon durch die textliche Bindung verhältnismäßig stark waren, genießt der Musiker heute mehr Freiheiten. Selbst der Sänger kann seiner Phantasie freien Lauf lassen, indem er lange Strecken nur vokalisiert. Es hat sich sogar die Praxis eingebürgert, daß Trommler ganz allein musizieren und ihr Publikum oft stundenlang unterhalten. Das mag uns zunächst ungewöhnlich vorkommen, ist es aber angesichts der verfügbaren reichen »Farbpalette« nicht, zumal der indische Hörer auf rhythmische Nuancierungen zu achten versteht. Am häufigsten wird natürlich mit Melodie, Rhythmus und Bordun musiziert. Es gibt aber verschiedene Möglichkeiten der zu wählenden zwei oder drei Sätze, die sich in der Variationsart, im Tempo und auch im Rhythmus erheblich voneinander unterscheiden können, die aber alle dem gleichen Raga zugehören müssen.

Der Melodietyp ist ja das verbindende Element der ganzen Komposition, er schafft die Atmosphäre, in die Spieler und Zuhörer gleichermaßen gehüllt werden, ihn zu verändern heißt das Kunstwerk zerstören. Maßgebend für diese Wirkung ist der Spieler des Melodieinstrumentes. Er intoniert die Einleitung, den Alapa, der mit besonderer Kraft den Raga aufklingen lassen muß, aber sonst an keinerlei Regeln gebunden ist. Hier kann der Musiker zeigen, wessen er fähig ist, hier kann er – nur an die unveräußerlichen Eigenschaften des Raga gebunden – nach Herzenslust improvisieren, und es geschieht nicht selten, daß darüber Stunden vergehen. Während dieser Zeit schweigt der Trommler. Wie sollte er hier auch mitwirken können, wo alles frei und ohne rhythmische Grundlage abläuft. Hat aber der Alapa-Spieler geendet, so beginnen die anderen, viel strafferen Sätze und führen alle Beteiligten noch tiefer an Geist und Seele des Raga heran.

Vorderer Orient

Unter der Bezeichnung Vorderer Orient soll hier die islamische Welt von Persien bis nach Nordwest-Afrika verstanden werden, ein riesiges Gebiet, das trotz seiner Größe und ganz im Gegensatz zu vergleichbaren geographisch zusammenfaßbaren Ländern eine erstaunliche musikalische Einheit besitzt. Die gemeinsame Religion kann nicht direkt zu dieser Homogenität beigetragen haben, da der orthodoxe Mohammedanismus ja eigentlich musikfeindlich ist. Dazu geführt haben mögen vielmehr die gemeinsam angewandte Kult- und Wissenschaftssprache, das Arabische, das alle nationalen Grenzen außer acht lassende Zusammengehörigkeitsgefühl sowie die daraus resultierende, aus Leuten verschiedener Länder bestehende Schicht von Gebildeten, in unserem Falle von Musikern. Das bedingte aber auch, daß man fälschlicherweise lange Zeit den vorderorientalischen Musikstil als arabisch bezeichnet hat. Dabei ist der Beitrag der beiden anderen wichtigsten Völker, der *Türken* und der *Perser*, nicht minder bedeutsam. Die Türken beginnen sogar bereits Einfluß zu nehmen, als sie noch gar nicht unmittelbar im Vorderen Orient vertreten sind, sondern lediglich die (seit 960) islamisierten Turkvölker Innerasiens Künstler und Wissenschaftler in den Westen entsenden. Farabi und Ibn Sina, zwei – ursprünglich türkische – bedeutende Philosophen, leisten so schon im 9./10. Jahrhundert einen unschätzbaren Beitrag zur Ausbildung des allgemein verbindlichen Musikstils durch ihre Erschließung der griechischen Musiktheorie und deren Übertragung auf orientalische Verhältnisse.

Welche Elemente der vorislamischen, noch eigenständigen Musikformen der einzelnen Völker nun tatsächlich kultiviert wurden, läßt sich kaum noch nachweisen. Vielleicht

Stielklapper aus dem koptischen Ägypten

waren Ausgangspunkte die Volksmusik der nomadisierenden Beduinen mit ihren dem Pferde- und Kamelschritt abgelauschten Rhythmen sowie hebräische und ägyptische Kultweisen. Sehr bald dürften sich diesen Quellen aber doch die Praktiken all der Stammesgruppen gesellt haben, die in den ständig wachsenden Herrschaftsbereich der Kalifen geraten waren. Wie artverschieden alle diese Wurzeln gewesen sein mögen, vermag man noch heute aus den sehr unterschiedlichen Stilen der Folklore abzulesen. Den verhältnismäßig engräumigen, rhythmisch einfachen Melodien der Araber stehen da die rhytmisch freien weitschweifigen Weisen der Türken gegenüber, und beide unterscheiden sich wiederum von den persischen Liedern, die uns – vielleicht durch ihre armenischen Elemente – am wenigsten fremd erscheinen wollen. Von alldem finden wir in der Kunstmusik dieses und jenes wieder, glauben wir gewisse landschaftliche Schattierungen erkennen zu müssen, obwohl uns immer wieder die Fülle des Verbindenden überwältigt.

Einer strenggläubigen Priesterschaft einzig genehm sind die Musikformen der Koran-Rezitation und des Gebetsrufes. Erstere reicht ihrer musikalischen Gestalt nach vom echten Sprechgesang bis zur vollkommenen Melodie, die sich in der Regel eines in der klassischen weltlichen Musik entwickelten Melodietyps beugt. Besonders hoch ist auch der Anteil des Musikalischen an dem Ezan genannten, fünfmal am Tage durch den Muezzin vom Minarett herab zu singenden Gebetsruf. Es ist ein echter Ruf, bei dem lange angehaltene hohe Töne das Gerippe bilden, um das sich mehr oder minder reiche Ornamente schlingen. Der siebenzeilige Text, der mit der Mahnung »Allah ist groß« beginnt, wird meist in verschiedenen, bis zu zwölf Melodiephrasen wiedergegeben. Deren Aussagekraft kann sicher da nicht ohne Wirkung bleiben, wo der Ezan noch bewußt gehört wird. Und die Jahrhunderte alte Vertrautheit mit ihm hat sicher wesentlich dazu beigetragen, daß man im musikalischen Gewande des Gebetsrufes auch weltliche Anliegen auszudrücken lernte und damit nicht auf geistlichen Widerstand stieß. So bedienen sich arabische Kunstlieder und instrumentale Melodien dieses gewissermaßen sanktionierten Stils, so konnte sich die rhythmisch freie, sogenannte »lange Melodie« im Volksliedrepertoire der Türken zu ihrem einzigartigen Ansehen entwickeln.

Was man bei einer intensiven Pflege der weltlichen Musik fürchtete, ist die aufpeitschende, sinnliche Wirkung dieser primär melodischen Tonsprache, die dem Vorderorientalen eigen ist. Darum ist es bewundernswert, daß es die islamischen Sekten, die Derwischorden, verstanden, diese emotionale Kraft in den Dienst einer religiösen Konzentration zu stellen. Die Entäußerung, von der manche Legende zu erzählen weiß, wie etwa die von dem Kalifen des 8. Jahrhunderts, der nach jedem virtuosen Liedvortrag ein kühlendes Bad nehmen mußte, dieser rauschhafte Charakter der Musik, wurde da umgebogen in eine kontemplative Ekstase, die den Gläubigen seinem Gotte näher brachte. Hierher gehören vor allem die Zeremonien der von dem persischen Mystiker Celaleddin Rumi im 13. Jahrhundert gegründeten Orden der Tanzenden Derwische, der heute zwar verboten ist, durch seine bevorzugte Heranziehung der Musik durch Jahrhunderte aber so etwas wie eine hohe Schule der Musikausbildung war.

Der von dem Gebetsruf möglicherweise abhängige Volksliedtyp mit der ausladenden, reich verzierten Melodik wird vor allem von den halb berufsmäßigen Minnesängern gepflegt, die es heute noch in großer Zahl in der Türkei gibt, die selber dichten und sich auch selber auf einer Langhalslaute begleiten. Ihnen verwandt sind die Epensänger, die in Prosa die umfänglichen Heldengeschichten früherer Jahrhunderte vortragen und in sie solche ausgereiften Liedformen einschieben. Daneben gibt es aber im gesamten vorderorientalischen Bereich auch rhythmisch straffe tänzerische Weisen, die man solo oder im Chorwechselgesang darbietet, aber auch instrumental ausführen kann. Ein wichtiges Klangwerkzeug ist dabei die Flöte, die als offene Längs- wie auch als Blockflöte vorkommt, und auf der vor allem die Hirten Lockrufe für ihre Herden, ganze Erzählungen und kleine Improvisationen hervorzubringen verstehen. Die wichtigsten Instrumente bei den ländlichen Festen sind jedoch Trommel und Oboe, ein unzertrennliches Paar, die meist von Zigeunern gespielt werden. Es ist die große zweifellige Trommel, die von den Janitscharenkapellen während der Türkenkriege bis nach Mitteleuropa gebracht wurde, und die Kegeloboe, die wir schon in China kennengelernt haben.

Weitere Volksmusikinstrumente sind die kelchartige einfellige Trommel, die in Ägypten und Persien allerdings auch der Kunstmusik dient, die Doppelklarinette der Araber, der Dudelsack in Nordafrika und am Schwarzen Meer, dort auch die der Pochette ähnliche dreisaitige Geige und – in der Türkei – vor allem die Langhalslaute mit dem halbbirnförmigen Korpus. Man baut sie in verschiedenen Größen und nutzt auf ihr die Möglichkeit zum Bordun-Spiel aus, zu dem ständig mit angezupften und gleichbleibenden Baßklang. Als Langhalslaute ist auch der kunstmusikalische Tambur anzusprechen, der in allerlei Formen auftritt, heute aber meist nur noch in der Türkei benutzt wird. Die Kurzhalslaute, die auch bei uns übliche Form, ist dagegen eines der wichtigsten unter den Instrumenten, die im gesamten Vorderen Orient der klassischen Musik dienen. Daneben gibt es in verwandter Funktion noch eine kleine, als anatolisch-griechisch bezeichnete Fiedel, die uralte offene und schwer zu spielende Längsflöte, kleine paukenartige Trommeln, allerlei Schlagwerk und als eines der angesehensten Tonwerkzeuge der Türken und Araber die Zither Kanun. Sie diente einst den Musiktheoretikern als Demonstrationsgerät, daher der griechische Name, der »Gesetz«, »Regel« bedeutet, hat 24 oder 27 dreichörige Saiten und wird gezupft, während die verwandte Trapezzither der Perser wie ein Cymbal geschlagen wird.

Türkische Musiker, nach einer Miniatur aus dem 18. Jahrhundert

All diese Instrumente dienen in stets kammermusikalischer Besetzung der Gesangbegleitung, oder man spielt auf ihnen selbständige Instrumentalstücke, die zumeist von den Türken entwickelt wurden und aus vier Teilen mit Ritornellen bestehen. Bevorzugt werden aber allenthalben Lieder, zumal im gesamten Musikstil das vokale Prinzip ohnehin dominiert. Dabei lieben die Araber und Perser virtuos geführte Solostimmen, während die Türken dem Einzelsänger am ehesten noch in der gehobenen städtischen Unterhaltungsmusik Raum bieten, ihre klassischen Liedkompositionen dagegen unisono von auffallend verhalten intonierenden Chören ausführen lassen. Ganz im Gegensatz dazu pflegt man in der Volksmusik die weit geschwungenen Lieder mit einer unnatürlich gepreßten Stimme vorzutragen und auch auf diese Weise den lautstark rufenden Muezzin zu imitieren. Das gilt allerdings nur für die Männer, während Frauen, die ohnehin in der Öffentlichkeit des dörflichen Festlebens gar nicht in Erscheinung treten, viel schlichter singen und auch weniger Ornamente anbringen. Ein wenig von dieser gespannten Singweise begegnet auch in der arabisch-persischen Kunstmusik, wie überhaupt diese Praxis eine uralte orientalische Eigenart zu sein scheint, die sich bereits auf Wandmalereien der Pharaonen-Zeit beobachten läßt.

Tasnif, Teil einer instrumentalen Improvisation (Dastgáh) aus Persien

Das wesentlichste Merkmal der vorderorientalischen Musik ist der Reichtum an melodischen Möglichkeiten. Stets ist man bestrebt, die Linie, in der allein ja die Musik überhaupt lebt, durch Arabesken, kleine Zwischenstufen und ständig neue Abwandlungen zu beleben. Es sind Umfärbungen, Kolorierungen von an sich einfachen Weisen, die oft gänzlich irrational zu sein scheinen. Dennoch haben Theoretiker seit über tausend Jahren immer wieder versucht, dieses so außerordentlich vielgestaltige Tongewebe in ein System einzufangen, ihm sozusagen eine legitimierende Basis zu unterbauen. Zunächst knüpfte man an die griechischen Theoretiker an, deren chromatische und enharmonische Skalen Möglichkeiten zur Definition der feinstufigen Melodik der vorderorientalischen Musik zu bieten schienen. Die Labilität gerade der Terz kommt in der sehr frühzeitigen Schaffung eines besonderen Lautenbundes durch *Zalzal* (gest. 791) zum Ausdruck. *Safieddin* (1230–1294), der angeblich Türke war, erweiterte das zwölfstufige Grundsystem auf 17 Stufen, die ebenfalls durch Quintreihung gewonnen wurden und eine Darstellung von je zwei verschiedenen Halb- und Ganztongrößen sowie allerlei Intervallkombinationen ermöglichten. Ende des vergangenen Jahrhunderts erweiterte ein ägyptischer Musiker, *Michael Meschaqa,* das System auf 24 Stufen, die aber nicht etwa Vierteltönen entsprechen, sondern – wiederum durch ihre Ableitung aus einem Quintenzirkel – nur noch weitere fein differenzierte Schritte bieten, wie Drittel- und Zweidritteltöne, zwischen Ganzton und kleiner Terz liegende Stufen und anderes mehr. Dieses System wurde dann von verschiedenen türkischen Theoretikern unseres Jahrhunderts weiter ausgebaut und hat noch heute Gültigkeit. Allerdings gibt es mehrere

Versuche, die aus den 24 Quinten gewonnenen Töne leicht zu temperieren, doch sind die sich dabei ergebenden Differenzen nicht so erheblich, daß sie in der Praxis ins Gewicht fallen könnten. Man hat für all diese feinen Stufen eigene Namen, bedient sich im übrigen aber heute der europäischen Notenschrift, die man um einige Erhöhungs- und Erniedrigungszeichen erweitert hat. Von den eigenen Notationsversuchen, die bereits mit *Abdülkadir* (gest. 1435) beginnen und zunächst meist, wie bei den Griechen, von buchstabenähnlichen Zeichen ausgehen, hat sich nur die kurz nach 1800 entwickelte Hamparsum-Notenschrift eine gewisse Zeit halten können.

Die Feingliedrigkeit des Tonsystems bedeutet nun nicht, daß die praktisch gebrauchten Skalen besonders vielstufig sind. Man benutzt auch im Vorderen Orient fast ausschließlich heptatonische Reihen, die eben gegenüber etwa den abendländischen Kirchentonarten nur mehr oder weniger viele nicht dem natürlichen System angehörige Stufen enthalten, die gerne von Außenstehenden als Vierteltöne bezeichnet werden, obwohl beispielsweise niemals etwa zwei Schritte aufeinander folgen, die kleiner als ein Halbton sind. Außerdem weisen viele Skalen den charakteristischen Eineinhalbton-Schritt auf. All die zahlreichen Tonleitern werden in der Praxis mit den Makamen gleichgesetzt. Ein Makam aber ist mehr als nur eine Tonart, es ist der Melodietyp, der uns schon als Raga in Indien begegnet.

Gerade der Ausdrucksgehalt, die Stimmung eines Makam bringen es mit sich, daß man sich bemüht, bei einem Konzert möglichst nur Stücke aneinanderzureihen, die dem gleichen Melodietyp angehören, um den Zuhörer nicht aus der inzwischen geschaffenen Atmosphäre herauszureißen. Darum bieten arabische Musiker beziehungsweise Sänger stets ganze Makam-Suiten, und die Türken halten sich sogar an ein noch genauer geregeltes Schema, an das Fasıl, das normalerweise aus sieben Teilen besteht, deren erster und letzter reine Instrumentalstücke sind und fünf verschiedene Liedtypen umrahmen. Die Bindung an den Makam ist andererseits nicht so eng, daß man nicht innerhalb eines Stückes oder Liedes auch einmal in einen anderen Makam übergehen könnte. Im Gegenteil, in den Instrumentalstücken modulieren gerne die zweiten Abschnitte, und in den Liedern schweifen oft die dritten Zeilen einer Strophe ab. Diese kurzen Abschweifungen dienen der inneren Belebung und zerstören doch nicht den Stimmungsgehalt des Haupt-Makams. Wie wichtig es ist, diese Stimmung tatsächlich zu erzeugen, geht aus der Praxis hervor, jedem Aufführungszyklus, manchmal sogar noch einzelnen Liedern, eine einleitende Improvisation, ein sogenanntes Taksim, vorauszuschicken. Dieses gibt dem Spieler eines Melodieinstrumentes, manchmal auch dem vokalisierenden Sänger, die Möglichkeit, sich und den Hörer in den folgenden Makam einzuführen und zugleich seine Kunstfertigkeit zu zeigen. Er ist dabei nicht einmal an einen bestimmten Rhythmus gebunden, denn in den Taksim schweigen auch die Trommeln.

An allen anderen Formen sind aber Trommeln beteiligt, und nur heute verzichtet man häufig auf sie. Sie spielen genau festgelegte rhythmische Muster, denen sich die Oberstimme keineswegs immer unterwerfen muß. Diese Muster können rhythmisch und metrisch einfache, aber auch sehr komplizierte Gebilde sein. Sie reichen von der Schlichtheit eines Sofiyan, einem Viervierteltakt mit Schlägen auf der ersten, dritten und vierten Zählzeit, bis zu kaum noch überschaubaren Schlagketten mit den verschiedensten Zeitwerten, die sich auf Längen von über fünfzig Vierteln dehnen können. Wie in Indien werden solche Muster aber nicht nur durch gleichklingende Schläge ausgeführt, sondern durch zwei Arten: dunkle Hauptschläge und helle Nebenschläge. Auch deren Abfolge ist für jedes rhythmische Muster genau vorgeschrieben. Ganz im Gegensatz zu der indischen Praxis variiert man jedoch die Muster im Verlaufe eines Stückes nicht, sondern reiht lediglich die gleichbleibenden Abfolgen aneinander. Dennoch ist auch das rhythmische Element in der vorderorientalischen Musik unabdingbar. Es gibt sogar selbständige, rein rhythmische Musikformen, wie die Begleitung zu den religiös bedingten Körperübungen in den persischen Zurkhane, den Gymnastikschulen oder Ertüchtigungshäusern, und manche Tänze in arabischen und türkischen Gebieten. Auch die Bevorzugung des Schlagzeuges in den Militärkapellen spricht für die große Bedeutung der Einbeziehung rhythmischer Gestalten. Hier fanden sich ja auch die vielen Instrumente, die man dann von den Janitscharen nach Europa übernahm. Sie hatten bei uns die sogenannte »türkische Musik« auszuführen und fanden in den zur Mode gewordenen Türkenopern des 18. Jahrhunderts eine erste sinnvolle Verwendung.

Unter den vielfältigen Rhythmen sind die asymmetrischen Formeln als eine vorderorientalische Besonderheit hervorzuheben. Man kennt da nicht nur fünf-, sieben-, elfteilige Metren usw., sondern gruppiert auch gerne sonst regelmäßige Taktarten in ungewohnter Weise, z.B. einen Achtachtel-Takt in drei plus drei plus zwei Einheiten. Man nennt all diese Erscheinungen neuerdings aksak, obwohl unter diesem Begriff ursprünglich nur die asymmetrische Formel des Neuner-Taktes zu verstehen war, der sich aus dreimal zwei und einmal drei Achteln zusammensetzt. Aksak heißt im Türkischen »hinkend, stolpernd«, was uns berechtigt, diese Taktart als ein ursprünglich einfaches Metrum anzusehen, dem man durch eine Dehnung einen stolpernden Bewegungsablauf gegeben hat. Dieser eben geschilderte Neunachteltakt ist nämlich nichts anderes als ein Vierviertel-Takt, dessen letztes Glied um die Hälfte seines Wertes verlängert wurde. Er müßte also sinngemäß Viereinhalbviertel-Takt heißen. Woher diese asymmetrischen Metren stammen, läßt sich nicht mit Gewißheit sagen. Sie begegnen uns nicht nur in der Türkei, sondern auch in einigen Teilen des Balkan und in Griechenland. Gewisse Anzeichen sprechen aber dafür, daß sie sich zwangsläufig ergaben, als die Griechen ihre antiken quantitierenden Metren allmählich mit Akzenten zu versehen begannen.

Der Vordere Orient ist das dem Abendland am nächsten liegende geschlossene Kulturgebiet. Die zahlreichen friedlichen und kriegerischen Kontakte führten auch auf musikalischem Gebiet zu einem sehr intensiven Kulturaustausch, bei dem Europa in den meisten Fällen der nehmende Teil gewesen ist. Da vorderorientalischer Musikgeist aber so gänzlich anders ist als abendländischer, lassen sich die Spuren des Kontaktes besonders leicht nachweisen. Sie finden sich einmal im Musikinstrumentarium, sie finden sich in der mittelalterlichen Kunstmusik Spaniens, in der dortigen Volksmusik der Gegenwart, sie begegnen in allen auf Ornamentierung zielenden Kompositionstechniken bis in die Barockzeit hinein und überzeugen am stärksten wohl in der Folklore und einem Teil der älteren Kunstmusik fast aller Länder des Balkan.

Es ist darum wohl sinnvoll, unsere Betrachtung der außereuropäischen Kulturen hier enden zu lassen, um damit deutlich zu machen, daß selbst die großen, überkontinentalen Musikkulturen bei aller Eigenständigkeit doch auch innerlich zusammenhängen. Wenn dem Leser zu der Erkenntnis verholfen werden konnte, daß die Musik des Abendlandes, so hoch sie sich auch entwickelt haben mag, doch nur auf den Schultern anderer Musikkulturen steht, daß sie in vielem von ihnen abhängt und daß sie eben nur ein, wenn auch sehr glanzvoller, Stein im Mosaik der Musik der Welt ist, so dürfte der Zweck der nun beendeten Ausführungen erfüllt sein.

Griechenland und Rom

Die griechische Musikkultur

Grundzüge der griechisch-römischen Musik lassen sich bereits in den Hochkulturen des Orients nachweisen. Schöpferisch weiterentwickelt und der Analyse einer subtil durchdachten Theorie unterzogen wurden sie jedoch erst im alten Hellas. Erst die Griechen schufen die Grundlagen eines Fachs, das wir heute Musikwissenschaft nennen. Sie untersuchten die den Klangerscheinungen zugrundeliegenden Zahlengesetze, sie ordneten den Tonvorrat ihrer Melodien zu einem harmonischen System, das in seiner Geschlossenheit zwei Jahrtausende europäischer Kunstmusik beherrschte. Sie ersannen eine präzise Notenschrift, so daß die Nachwelt auch die Aufzeichnungen erhaltener Musikfragmente zu entziffern vermag. Wie Bestände der griechischen Musiktheorie durch Vermittlung von Rom, Byzanz und Arabern zum abendländischen Traditionsgut wurden, so blieben verschiedene Fachausdrücke teilweise in gewandelter Bedeutung bis heute gebräuchlich: Ton, Rhythmos, Melos, Harmonia, Chromatik, Enharmonik, Chor, Orchestra – und vor allem das Wort Musik selbst.

Nicht von den spärlich überkommenen und kaum zu klingendem Leben erweckbaren Tondenkmälern gehen die Nachwirkungen der griechischen Musik aus, sondern vielmehr von den Aussagen der Dichter und Schriftsteller. Die literarischen Quellen, ergänzt durch zahlreiche Bilddokumente – zumal die der Vasenmalerei –, bieten einen Abglanz der mit der Dichtung verschwisterten Musenkunst, die als Inbegriff geistiger Kultur, als Mittel charakterbildender Erziehung höhere Achtung als das bloße Handwerk des Bildhauers genoß. Aus Berichten und Darstellungen von der unvergleichlichen Macht der Musik in den verschiedensten Bereichen des antiken Lebens erwuchsen der Folgezeit Impulse künstlerischer Nachahmung und wissenschaftlicher Forschung. So führte die Idee der griechischen Tragödie als musikalisches Kunstwerk in der Renaissance zur Entstehung der Oper. Seit dieser Epoche ist die wissenschaftliche Auseinandersetzung mit Problemen der antiken Musik nicht mehr abgerissen. Dank intensiver gemeinsamer Bemühungen von Musikhistorikern, Altphilologen und Archäologen des 19. und 20. Jahrhunderts haben Erkenntnisse und Ergebnisse ständig zugenommen, wenn auch in manchen Fragen eine gesicherte Lösung noch nicht geboten werden kann.

Die griechische Bedeutung von Musikē (Adjektiv zu technē, d. h. Kunst der Musen) ist umfassender als die des Begriffes, den wir davon abgeleitet haben. Ursprünglich bedeutet Musikē das Erklingen von Dichtung, singend und tanzend vorgetragene Verse. Im Melos (Lied) äußerte sich die Einheit der Wirkungsmittel Logos (Wort als Sinnträger), Harmonia (horizontale Tonfolge) und Rhythmos (Zeitordnung). So heißt es noch bei *Platon* im beginnenden 4. Jahrhundert v. Chr.: »Das Lied besteht aus drei Elementen, aus dem Wort, der Harmonia und dem Rhythmos. Harmonia und Rhythmos aber müssen dem Wort folgen.« Grundlegend für die Musikē ist das Dichterwort in seiner rhythmischen und melodischen Gestalt. Nicht auf der regelmäßigen Abfolge von Betonungen wie in unserem Takt beruht die Rhythmik, sondern auf der Aneinanderreihung von Längen und Kürzen der Silben (Quantitätsrhythmik). An die Akzentuierung des Textes schließt sich auch die Melodiebildung aufs engste an. Diese Einheit der Musikē, am vollkommensten im Reigen und Gesang des Chores verwirklicht, zerfällt nach der klassischen Epoche. Hinfort entwickeln sich Tonkunst (Musik im engeren Sinne) und Sprachkunst (Literatur) zu getrennt existierenden Bereichen.

Weit entfernt davon, Selbstzweck zu sein, durchdrang die Musik im alten Hellas das ganze Leben, an soziale Institutionen und überkommene Bräuche gebunden. Magisch-apotropäische (Übel abwehrende) Aufgaben waren ursprünglich der Musik im Kult zugewiesen, Klangwerkzeuge und Gesänge begleiteten Opferhandlungen, Prozessionen, Leichenfeiern, Mysterien verschiedener Gottheiten. Musik erleichterte Arbeitsvorgänge (etwa Weinlese und Keltern, Brotbacken, Rudern) und sportliches Training, sie ordnete festliche Umzüge und den Gleichmarsch der Soldaten, sie verschönte das gesellige Trinkgelage. Neben die Funktion als »Umgangsmusik« trat frühzeitig die der »Darbietungsmusik«: so der Vortrag geschulter Sänger an den Fürstenhöfen, die Agone von Berufsmusikern an den großen kultischen Festen (Pythische Spiele in Delphi, Gymnopädien in Sparta, Panathenaien und Dionysien der Athener); Wettkämpfe waren auch die dramatischen Aufführungen im Dionysostheater zu Athen. Mit der wachsenden Differenzierung der ursprünglich in der Musikē enthaltenen Künste kam es in nachklassischer Zeit zu konzertartigen Gesangs- und Instrumentaldarbietungen, aber auch zu neuen, vom Kult abgelösten Formen des Musiktheaters, wie dem Pantomimus. Bei der Erziehung der Freigeborenen sollte die Musik zusammen mit der Gymnastik zur Entwicklung der Kalokagathia (»Schöngutheit«, d. h. körperlich-geistige Vollkommenheit) im Dienste des griechischen Stadtstaates, der Polis, beitragen. Nach einem dem Solon zugeschriebenen Gesetz umfaßte die Jugendbildung im alten Athen drei Stufen: In den Museia lernten die Kinder Gesang und Saitenspiel, Lesen und Schreiben, die Elementarkenntnisse zum Verständnis der Dichtung und zur Teilnahme am Chor (vgl. die sog. Schale des Duris vom ausgehenden 5. Jahrhundert). Darauf erfolgte die körperliche Ertüchtigung in der Palästra und schließlich das aktive Mitwirken am Rundtanzchor. Für den Chor hatte jede attische Phyle jährlich fünfzig Mann zu stellen, um unter Anleitung des Chorodidaskalos den Tanz einzustudieren. Zu den angesehensten bürgerlichen Ehrenämtern gehörte die Choregie, d. h. die Finanzierung und Organisation einer Choraufführung. Auch in Theben, Sparta und anderen Staaten waren die Bürger zur musischen Ausbildung und zur Beteiligung am Chor verpflichtet. In hellenistischer Zeit nahm die staatspolitische Bindung der Erziehung ab, Musikausübung wurde als autonome Kunst zum Beruf des spezialisierten Virtuosen. Die Allgemeinbildung *(enkyklios paideia)* umfaßte nun die Sprachwissenschaften, in die eine Seite der alten Musikē aufgegangen war, und die mathematischen Fächer (Arithmetik, Geometrie, Astronomie), nach deren Methode man die Musiktheorie als akustischen Zweig betrieb.

Die Erscheinungsformen der Musik waren eng mit dem Wirken der Götterwelt verknüpft, vom Mythos gespiegelt und erhöht. Hatte doch als einzige Kunst die Musik ihren Namen nach Gottheiten erhalten, den Musen: mit den Naturwesen der Nymphen verwandten göttlichen Sängerinnen und Tänzerinnen, welche die olympischen Götter durch ihr Musizieren ergötzen und bevorzugte Menschen zum Dichten berufen. Verschiedene Götter betrachtete man als Erfinder von Instrumenten und stellte sie

Instrumente spielend dar. Aus einer Schildkrötenschale und Schafdärmen soll Hermes das erste Saiteninstrument, die Lyra, verfertigt haben; da er es dem Apollon übereignen mußte, schuf er zum Ersatz die Mehrrohrpfeife oder Syrinx. Die Göttin Athena galt als Erfinderin des oboenähnlichen Aulos, des wichtigsten griechischen Blasinstrumentes, das sie später als ihr Antlitz entstellend verwarf, aber auch der Trompete. Den Pfeilschützen, Orakelverkünder und Leierspieler Apollon verehrte man als Chorführer der Musen, ein Idealbild des frühzeitlichen Dichtersängers, der den Mädchenchor anleitet. Waren die Saitenspiele dem maßvollen Apollon zugeordnet, so fungierte der schrillklingende Aulos im Kult des Vegetationsgottes Dionysos, zu dessen trunkener Gefolgschaft Schlaginstrumente gehörten. Ein weit größerer Abstand als diese beiden Gottheiten (von denen Nietzsche das »apollinische und dionysische Prinzip« überspitzend herleitete) trennt den Apollon von dem bocksfüßigen Pan und den Satyrn. Musikalische Wettstreite Apollons mit diesen Naturdämonen spiegeln die Auseinandersetzung der »vorgerückten Hochkultur mit einem naturhaften wilden Erbe der Vorzeit« (W. Wiora). Inbegriff der wundertätigen humanisierenden Kraft der Musik ist der Mythos vom irdischen Sänger Orpheus, dessen Figur seit der Renaissance zur Musikallegorie und zum Opernthema wurde. Der thrakische Musiker wirkte mit Gesang und Saitenspiel zauberkräftig auf Menschen, Tiere und die unbelebte Natur, er zwang die finsteren Mächte der Unterwelt zur Freigabe seiner Gattin Eurydike; ja, man schrieb seinen seelenlenkenden Gesängen die Entwicklung der menschlichen Kultur überhaupt zu.

Akustische Methode der Pythagoreer

»Wie auf die sichtbare Bewegung der Gestirne unsere Augen gerichtet sind, so scheinen auf ihre hörbare, harmonische Bewegung die Ohren gerichtet zu sein. Die beiden Wissenschaften sind einander verschwistert, so sagen die Pythagoreer, und wir stimmen ihnen zu . . .«

»Du weißt doch, daß man die Musik nicht anders betreibt als die Astronomie. Die hörbaren Tonverhältnisse und Töne vergleicht und mißt man und quält sich endlos damit ab.«

»Wahrhaftig, und auf die lächerlichste Weise!« sagte er. »Von nahe beieinander liegenden Tönen sprechen sie und neigen die Ohren hin, als wollten sie ihre Nachbarn belauschen. Die einen meinen dann, zwischen den Tönen hörten sie noch etwas und das sei das kleinste Intervall, das als Einheit dienen müsse; die anderen bestreiten es und sagen, die Töne seien bereits einander gleich. Beide stellen die Ohren höher als den Verstand.«

»Du sprichst von den guten Leuten, die den Saiten zu schaffen machen, sie an den Wirbeln foltern und peinlich verhören! Doch damit mein Vergleich nicht zu weit geht, damit nicht Schläge mit dem Plektron erfolgen und wir von Anklage, Leugnung und schwatzenden Reden der Saiten sprechen, so will ich ihn fallen lassen. Ich meine nicht sie, sondern jene Pythagoreer, die wir wegen der musikalischen Harmonie im allgemeinen befragen wollten. Sie suchen die Verhältnisse der hörbaren Akkorde auf, steigen aber nicht zur Prüfung höherer Fragen empor, fragen also nicht, welche Zahlen symphonisch sind und welche nicht, auch nicht, warum beides der Fall ist.«

»Du sprichst von einer göttlichen Aufgabe.«

»Von einer, die zur Erkenntnis des Schönen und Guten dient, zu anderen Zwecken aber nicht dient. *Aus: Platon, Der Staat VII*

Kitharaspieler. In der Rechten hält er das Plektron. Nach einem Vasenbild, 5. Jahrhundert v. Chr.

In seinen Mythen offenbart sich die außerordentliche Empfänglichkeit des hellenischen Volkes für Klang und Rhythmos. Wohl von Beobachtungen über die heilende und reinigende Wirkung der Musik bei orgiastischen Kulten ausgehend, gelangten die Jünger des Denkers *Pythagoras* (6. Jahrhundert) zur Ethos- und Katharsislehre. Musikalisch-medizinische Erkenntnisse wurden zu einer allgemeinen Ausdruckslehre von den seelischen Zuständen (Ethe, Plural von Ethos) und ihrer Beeinflussung durch die Musik, vor allem im Sinne einer Reinigung (Katharsis) der Affekte, weitergebildet. Diese psychotherapeutische Musiktheorie unterbaute man durch philosophisch-naturwissenschaftliche Vorstellungen. Danach offenbart sich die Zahlenharmonie des Kosmos, welche die Planeten in harmonisch geordneten Intervallen erklingen läßt (Sphärenharmonie), auch im Tonsystem und wirkt auf die Bewegungen der menschlichen Seele. Unter Berufung auf den Musiklehrer *Damon* (5. Jahrhundert v. Chr.), der die Ethoslehre auf das Gebiet konservativer politischer Jugenderziehung anwandte, untersuchte *Platon* die einzelnen Rhythmen und Tonarten nach ihrem pädagogischen Wert und gestattete für den Idealstaat nur ernste, charakterfestigende Weisen. Als dem Fortbestand des Staates abträglich werden musikalische Neuerungen scharf verurteilt. *Aristoteles* erkannte auch die Katharsiswirkung enthusiastischer Weisen an und duldete neben dem ethischen das ästhetische Moment: Musik als geistiger Genuß für die Muße des freien Bürgers. Nur vereinzelt Kritiken ausgesetzt, ging die musikalische Ethoslehre in die Populärphilosophie über und wurde Bestandteil des antiken Bildungssystems.

So beruft sich beispielsweise in der Spätantike Boethius, um die ethischen Wirkungen der Musik zu demonstrieren, auf eine allgemein bekannte Anekdote: »Denn wer sollte nicht wissen, daß Pythagoras einem trunkenen Jüngling, welcher durch eine phrygische Tonweise in Raserei versetzt worden war, durch das Vorsingen eines Spondeus die Selbstbeherrschung wiedergab.« Unter mancherlei philosophischen Umprägungen lebte die Ethoslehre bis zur Affektenlehre des 17. und 18. Jahrhunderts nach.

Wie das Wort als Sinnträger der Musik galt, so behauptete auch der Gesang den Vorrang in der griechischen Musikkultur. Daher blieben die Klanggeräte zumeist der menschlichen Stimme als Begleitinstrumente untergeordnet und entfalteten sich nur selten solistisch. Im Instrumentarium der Griechen am reichsten ausgebildet sind die Saiteninstrumente, die nicht mit Streichbogen, sondern durch Anschlagen, Anreißen oder Zupfen zum Erklingen gebracht wurden. Aus der viersaitigen Phorminx mit rundem Schallkasten, dem ältesten griechischen Saiteninstrument (im 8. Jahrhundert v. Chr. belegt), bildete sich die kastenförmige Kithara mit gewöhnlich sieben Saiten heraus, im Stehen mit bloßen Fingern oder dem Plektron gespielt. Diesem großen Instrument der Berufssänger steht ein leichteres Instrument für Unterricht und Geselligkeit gegenüber, die schalenförmige Lyra mit den beiden Abarten Chelys und Barbitos. Später kam die Harfe hinzu (griech. Trigonon, Magadis, Pektis), im Unterschied zur ägyptischen Schwebe- und Bogenharfe eine Winkelharfe und von Frauen bevorzugt, schließlich die Laute (Pandura, Trichordon).

An der Spitze der Blasinstrumente rangiert der aus Vorderasien über Phrygien eingeführte Aulos, keine Flöte, sondern eine Schalmei aus langem Rohr mit doppelförmigem Ansatzstück für das Zungenplättchen-Mundstück, gewöhnlich als Doppelaulos benutzt. Während der Kitharode seinen epischen oder lyrischen Vortrag mit den Saitenspielen selbst begleiten konnte, hatte der Aulosspieler chorische Gesänge zu untermalen und einzuleiten, auch frühzeitig schon solistisch zu wirken. Geringere Verwendungsmöglichkeiten boten die Syrinx (Pan-Pfeife), ein Hirteninstrument aus einer Reihe von Pfeifen ungleicher Länge, und die zum Heroldsruf gebräuchliche Salpinx (Trompete) aus metallenem Rohr mit glockenförmigem Mundstück.

Schlaginstrumente waren Krotala (Handklapper), Kymbala (Becken), Tympanon (Rahmentrommel), als Geräusch- und Rhythmosinstrumente unentbehrlich bei ekstatischen Kulten, aber außerhalb der eigentlichen Musik stehend. Von Bedeutung für die Zukunft war in nachklassischer Zeit die Erfindung der Orgel, als Mechanisierung des Syrinxblasens mittels Wasserdruck (Hydraulis, Wasserorgel) von *Ktesibios* aus Alexandria (3. Jahrhundert v. Chr.) konstruiert. Das von Heron und Vitruv beschriebene Instrument fand im römischen und im byzantinischen Reich vielfache Verwendung.

Die griechische Musiktheorie

Die griechische Musik ist melodisch-horizontal angelegt und bis auf elementare Formen der Mehrstimmigkeit (mitgehender Bordun, eingestreute Zweiklänge usf.) sowie verzierende Begleitung der Hauptstimme (Heterophonie, »Andersstimmigkeit«) grundsätzlich einstimmig. Rhythmik und Melodik sind aber aufs feinste durchgeformt; so begegnen kleine Tonhöhendifferenzen, die unserer Musikkultur fremd geworden sind. Im Vordergrund der Fachtheorie steht nächst den Intervallberechnungen durch die *Pythagoreer* der Aufbau der Tonreihen in der Schule des *Aristoxenos*.

Die Griechen ordneten den Tonvorrat von der Höhe zur Tiefe an und trafen eine Auswahl nach dem Umfang der menschlichen Stimme. Grundlegend für die Skalenbildung war das Intervall der Quarte, das diatonische Tetrachord (eigentlich Viersaiter) aus zwei Ganztönen und einem Halbton, z. B. $e_1\ d_1\ c^{1/2}\ h$. Zwei Tetrachorde bildeten zusammen ein System, entweder getrennt *(systema diezeugmenon)* [$e_1\ d_1\ c^{1/2}\ h$] [$a_1\ g_1\ f^{1/2}\ e$] oder verschränkt *(s. synemmenon)* [$d_1\ c_1\ b^{1/2}\ a_1\ g_1\ f^{1/2}\ e$]. Der theoretischen Demonstration der Tonarten galt das vollständige System *(teleion)* im Umfang einer Doppeloktave (mit dem Kernstück der dorischen Oktavreihe e'–e), dem zu Modulationszwecken ein verschränktes Tetrachord beigegeben wurde.

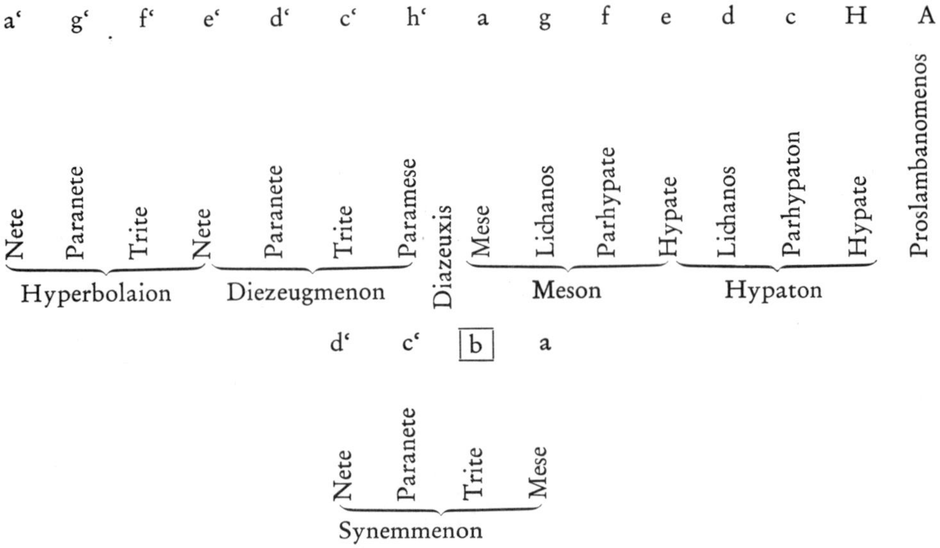

(Die Tonbezeichnungen sind von der Lage auf den Saiten abgeleitet.)

In dieser Zweioktavenskala lokalisierte man die sieben Oktavgattungen *(harmoniai)*, die sich nach der Stellung der Halbtöne f–e und c–h unterscheiden (von den antiken Theoretikern nur abstrakt beschrieben und nach der Lagerung des diazeuktischen Ganztones a–h oder nach der Zusammensetzung aus Quint- und Quartgattungen charakterisiert).

1. Mixolydisch							h	a	g	f	e	d	c	h
2. Lydisch						c‘	h	a	g	f	e	d	c	
3. Phrygisch					d‘	c‘	h	a	g	f	e	d		
4. Dorisch				e‘	d‘	c‘	h	a	g	f	e			
5. Hypolydisch			f‘	e‘	d‘	c‘	h	a	g	f				
6. Hypophrygisch		g‘	f‘	e‘	d‘	c‘	h	a	g					
7. Hypodorisch	a‘	g‘	f‘	e‘	d‘	c‘	h	a						

(Nr. 2–4 Kerntonleitern, nach Volksstämmen benannt, die anderen abgeleitet.)

Um diese Tonreihen auf den begrenzten Umfang der Instrumente anzuwenden, bedurfte es des Umstimmens einzelner Stufen. Die antiken Theoretiker versetzten das vollständige Doppeloktavsystem auf die verschiedenen absoluten Tonstufen und gewannen dadurch die sogenannten Transpositionsskalen *(tonoi* oder *tropoi)*, ähnlich wie wir durch Transposition unserer Dur- und Moll-Ton»leitern« auf die chromatischen Stufen verschiedene Ton»arten« (wie C-Dur oder A-Dur) erhalten.

Das Tetrachord konnte verschiedenartig gebaut sein; man unterschied als Grundformen drei Tongeschlechter *(génē, genera)*: diatonisch, chromatisch, enharmonisch. Bei gleichbleibenden Eck- oder Rahmentönen (»feste« Stufen) ließen sich die Mitteltöne (»bewegliche« Stufen) herabstimmen

diatonisch	a 1	g 1	$f^{1}/_{2}$	e	
chromatisch	a $1^{1}/_{2}$	fis	$f^{1}/_{2}$	e	
enharmonisch	a	2	f	e^{+}	e

Man nannte die chromatischen Halbtöne und die enharmonischen Drittel- und Vierteltöne Diesen, die zwei tiefsten Intervalle Pyknon (Verdichtung), wenn ihre Summe kleiner war als das obere Intervall des Tetrachords.

Die Pythagoreer ordneten den Grundintervallen Oktav, Quint und Quart einfache Zahlenverhältnisse zu (2:1, 3:2, 4:3) und bestimmten die Intervalle des diatonischen Tetrachords durch die Relationen von Ganzton (9:8, Quint minus Quart) und Halbton (Leimma 256:243, Quart minus zwei Ganztöne). Durch Teilung von Oktave und Quint durch das harmonische Mittel gewann *Archytas* die grundlegenden Intervalle aller drei Tongeschlechter (mit Bestimmung der reinen großen Terz als 4:5 für das enharmonische Genos). Spätere Theoretiker berechneten weitere Quartenteilungen, Chroai (d. h. Färbungen) genannt, die den Reichtum der griechischen Musikpraxis an feinsten Melodieabstufungen, an immer neuen Intonationsmöglichkeiten beweisen. Von den verschiedenen Tetrachordberechnungen, die *Ptolemaios* anführt und bespricht, wurden historisch wichtig nächst der Berechnung der großen Terz durch *Archytas* die Einführung der reinen kleinen Terz 6:5 im Chromatischen durch *Eratosthenes*, schließlich die natürlich-harmonische Einteilung des Diatonischen durch *Didymos* (mit der großen Terz aus den beiden Ganztonschritten 9:8 x 10:9 = 5:4); dagegen bieten die Intervallbestimmungen des *Aristoxenos* temperierte Werte aus einfachen Intervallverhältnissen (z. B $\frac{1}{2} \cdot \frac{1}{2} \cdot 1\frac{1}{2}$; $\frac{1}{4} \cdot \frac{1}{4} \cdot 2$).

Zur Aufzeichnung der Melodien verwandte man die Formen des Alphabets, die man bei poetischen Texten über die Silben schrieb. Zwei Zeichensysteme sind für den gleichen Tonraum bekannt: die aus Zeichen des ionischen Alphabets bestehende Vokalnotation für unbegleiteten Gesang und die Instrumentalnotation, eine Kombination von altdorischen und ionischen Buchstaben, für Instrumentalstücke und für Gesang mit Begleitung. Bei der älteren Instrumental-Notation diente dasselbe Zeichen in dreifacher Schreibung – normal, liegend und auf den Kopf gestellt – zur Darstellung der drei eng benachbarten Tonstufen des enharmonischen Pyknon.

Die jüngere Vokal-Notation ersetzt diese Dreiergruppen in der oberen Oktave durch das fortlaufende vollständige Alphabet, in der unteren Oktave durch Abwandlungen davon. Der rhythmische Wert ergibt sich zwar aus der Quantitätsmetrik des Textes, jedoch sind Zusatzzeichen für die Tondauer überliefert. Als Hauptquellen der griechischen Notenschrift kommen spätere Theoretikerzeugnisse in Betracht (vor allem *Alypius*, 4. Jahrhundert n. Chr.). Unabhängig voneinander gelang es 1847 zum ersten Male den beiden Forschern Bellermann und Fortlage, die griechische Noten-

schrift zu entziffern. Seither hat sich die Wissenschaft eifrig mit diesem Fragenkreis beschäftigt, ist aber heute von einer einhelligen Deutung noch weit entfernt.
Mit ihren scharfsinnigen Buchstabenkombinationen ist die griechische Notenschrift die erste geschichtlich nachweisbare Festlegung von Musik in optischen Zeichen auf dauerhaftem Material. Manche solcherart auf Papyrus, Stein und in Handschriften fixierten Tondenkmäler wurden nach und nach entdeckt und erschlossen. Bis jetzt liegen etwa 33 Stücke vor, fast ausnahmslos aus der Spätantike, großenteils bruchstückhaft überliefert und nur in Niederschrift der nackten Tonfolgen, ohne Angaben über Begleitung, Klangcharakter und Vortrag. Selbst bei glaubwürdiger Rekonstruktion des Notenbildes kennen wir nicht die Konventionen der Aufführungspraxis, nach denen »der damalige Musiker aus der Notenschrift Musik gemacht hat« (Thr. Georgiades). Daher dürfte es riskant sein, die nur als Notenschema überkommenen, vom Dichtungswort nicht ablösbaren altgriechischen Musikfragmente dem Menschen der Gegenwart nahebringen zu wollen.
Als leicht zugängliches Beispiel bietet sich ein so liedhaft plastisches Gebilde an wie das Grablied des Seikilos. Die diatonische Melodie betont innerhalb des Oktavrahmens auffällig die konsonanten Gerüstintervalle Terz und Quinte. Von den vier Gliedern der achttaktigen Weise beginnt das erste mit Quintsprung, während das letzte nach Erklimmen der Quint die Oktav herabschreitet, die beiden mittleren korrespondieren melodisch und rhythmisch und laufen in gleiche Kadenzen aus. Gewiß handelt es sich bei der Seikilos-Weise um ein weitverbreitetes antikes Liedmodell.

Skolion auf der Grabsäule des Seikilos in griechischer Notation und Übertragung

ΚΑΛΟΣ
ΑΛΚΙΜΑΧΟ
ΗΛΙΚΟΝ

IV *Aulosbläser und Tänzerin, römisches Mosaik*

III *(vorhergehende Seite) Muse mit Leier, Malerei auf weißgrundiger Lekythos, Werk des Achilleus-Malers, 430 v. Chr.*

Von den uns bekannten Tondenkmälern seien als wichtigste angeführt:

1. Bruchstück aus dem 1. Stasimon des Orestes von *Euripides* (Papyrus, um 250–150 v. Chr., ältestes überliefertes Musikfragment der griechischen Antike).
2. Schluß eines Gedichtes unbekannter Herkunft (Papyrus Cairo Zenon, um 250 v. Chr.).
3. und 4. Zwei Apollohymnen aus dem Schatzhaus der Athener in Delphi (2. Jahrhundert v. Chr.).
5. Skolion auf der Grabsäule eines gewissen Seikilos, gefunden in Tralles (Kleinasien, wahrscheinlich 1. Jahrhundert).
6. Fragment aus einer unbekannten Tragödie (Papyrus Oslo, wohl um 100).
7. bis 9. Fragmente auf Berliner Papyrus, Paian, Gesang auf Selbstmord des Ajax und weitere instrumentale Bruchstücke (2. Jahrhundert).
10. bis 12. Drei Hymnen des Lyrikers *Mesomedes* (2. Jahrhundert) auf die Muse, auf Helios und an Nemesis, in mittelalterlichen Handschriften überliefert (bereits von V. Galilei 1581 herausgegeben).
13. Frühchristlicher Hymnus auf Papyrus von Oxyrhynchos (3. Jahrhundert, ältestes Dokument der christlichen Musik).
14. Instrumentalstücke aus einem spätantiken Musiktraktat.

Epochen der griechischen Musikgeschichte

Da die Griechen die Musik auf Götter zurückführten, erscheinen die Anfänge ihrer Musikgeschichte mit dem Mythos verwoben (Sagenkreise von mythischen Sängern, Orpheus, Linos, Amphion). Vor der homerischen Zeit kennt man nur wenige Bildzeugnisse von Instrumenten; trotz starker Bindungen an den Vorderen Orient lassen sich typische altorientalische Instrumente (dreieckige Harfen, Lauten, Rahmentrommeln) erst später nachweisen, während die bei den Griechen so häufige Leier im Orient zurücktritt.

Erstmals sind aus der frühkykladischen Kultur auf den ägäischen Inseln (um 1900) Marmoridole überliefert mit Spielern des Doppelaulos, der ägyptischen Bogen- und der Schwebeharfe. Die wichtigste Musikdarstellung der minoischen Kultur auf Kreta (Blütezeit 1700–1400) ist der bemalte Tonsarkophag von Hagia Triada mit Leierspieler und Doppelaulosbläsern, andere Bildwerke zeigen Sistrum und Leierspiel. Aus der mykenischen Kultur auf dem griechischen Festland (16.–12. Jahrhundert) blieben Fundstücke von wahrscheinlich achtsaitigen Leiern aus dem Kuppelgrab von Menidi erhalten.

Nach der dorischen Wanderung (um 1100) erschließen sich in den Bildern der geometrischen Vasenmalerei (11.–8. Jahrhundert), vor allem aber in den Heldenepen *Homers*, der Ilias und der Odyssee (um 800), reiche Quellen des griechischen Musiklebens. Offensichtlich einheimischen Ursprungs ist das herrschende Instrument der homerischen Welt, die viersaitige Phorminx für Begleitung zu Gesang und Reigen, weit seltener begegnen die Blasinstrumente (Aulos, Salpinx und Syrinx). Als kult- und brauchgebundene Musikformen werden erwähnt: Götterhymnos für Chor der Männer (Paian), Totenklage (Threnos), Hochzeitsgesang (Hymenaios), Reigentanz, Lieder für Arbeit und Geselligkeit. Neben dem Gemeinschaftsgesang tritt Einzelgesang hervor; wie die Götter musizieren die Helden selbst (Achill in der Ilias) oder lauschen dem Vortrag des von der Gottheit inspirierten Berufssängers (so Phemios und Demodokos in der Odyssee).

Ein solcher Aoide sang an den Höfen der Fürsten und Adligen Götter- und Heldenlieder zur Begleitung der Phorminx. Man schätzte ihn, ebenso wie den Seher, den Arzt oder den Baumeister, höher als den Handwerker. Wie Analogien zur epischen Dichtung anderer Völker nahelegen, wurde die vorhomerische Epik vom Sänger auf Grund eines reichen Sagenschatzes und mittels hergebrachter Formeltechnik improvisierend und variierend geschaffen. Vermutlich erfolgte die Vortragsweise so, daß man die Verse, Hexameter (»Sechsmaß«) oder primitivere Dreiheber, nach einem feststehenden Melodienmodell einzeln oder paarweise absang. Mit der literarischen Ausgestaltung der kleineren epischen Formen zu den literarischen Großepen Homers – daneben treten die Lehrdichtungen des *Hesiod* – wurde der Aoide vom Rhapsoden abgelöst. Dieser sang nicht mehr zur Saitenbegleitung, sondern rezitierte mit dem Stab in der Hand seine gereihten und stichischen Verszeilen *(rhaptein,* »aneinanderreihen«, eigentlich »zusammennähen«).

Beispiele der epischen Dichtung in Reihen von Hexametern sind die Einleitungsverse zu Hesiods Theogonie:

Musen am Helikon, ihr, von euch beginn ich zu singen,
Die des Helikon Höhe, die heilige, große bewohnen
Und um die bläuliche Quelle mit zartgeschmeidigen Füßen
Tanzen und um den Altar des kampferprobten Kronion . . .

Der Überlieferung nach schickte man den epischen Rezitationen als Einleitung Hymnen auf Götter voraus (literarisch ausgestaltet in den sogenannten homerischen Hymnen). Aus solchen Vorsprüchen oder Prooimien entwickelten sich instrumentalbegleitete solistische Götterlieder in epischen, dann lyrischen Maßen, die in ihrer mehrgliedrigen, streng normierten Komposition den Namen Nomoi (Gesetze) trugen und als Modellweisen verbindlich waren.

Gegenüber der epischen bestand die melische, d. h. liedhafte Dichtung, die Hauptgattung der Lyrik, aus Versgliedern (Kolen) verschiedener Länge, so in dem urtümlichen Kultlied der elischen Frauen mit seinen Refrainformeln, dem ältesten im Wortlaut erhaltenen griechischen Chorgesang:

Vortrag des Sängers (Aoide)

Aber der Herold kam und brachte die klingende Harfe
Für Demodokos her. Er trat in die Mitte, und um ihn
Standen die blühenden Jüngling', erfahren im bildenden Tanze;
Und mit gemessenen Tritten entschwebten sie. Aber Odysseus
Sah voll stiller Bewundrung die fliegende Eile der Füße.
Lieblich rauschte die Harfe, dann hob der schöne Gesang an.

Aus: Homer, Odyssee VIII, 261 – 266

Kulttanz

Einen Reigen schuf der hinkende Hochberühmte,
Jenem ähnlich, welchen vordem in der großen Knossos
Daidalos für Ariadne erfand, die Lieblichgelockte.

1	*elthein hero Dionyse* – – – – ⏑⏑ –⏑	(Komm, Heros Dionysos)
2	*Aleion es naon* –– –– –⏑	(In der Elier Tempel)
3	*hagnon syn Charitessin* – – – ⏑ ⏑ – ⏑	(mit den Chariten, in den reinen)
4	*es naon* – –⏑	(Tempel)
5	*toi boeoi podi thyon* – ⏑⏑– ⏑⏑ – ⏑	(Stampfend mit deinem Stierfuß)
6	*axie taure* –⏑⏑ – ⏑	(Erhabener Stier)

Die Epoche, in der die frühgriechische Polis entstand und die Ausbreitung der griechischen Kolonien im Mittelmeerraum voranschritt (seit Mitte 8. Jahrhundert), war eine Zeit tiefgreifender Neuerungen, auch für alle Zweige der Musikkultur. Instrumentendarstellungen (häufig der Aulos, neu die siebensaitige Leier) auf frühattischen und korinthischen Vasen werden ergänzt durch eine Fülle literarischer Zeugnisse (zeitgenössische Dichter und spätere Schriftsteller, vor allem die musikgeschichtliche Schrift des *Plutarch).* Noch zwischen Mythos und Geschichte steht der Phrygier *Olympos* (um 750), ein Symbol der Verbindung von kleinasiatischer und griechischer Musik. An seine Gestalt knüpft sich die Einführung des vorderorientalischen Aulos und der älteren halbtonlosen Enharmonik (nach Husmann: e' c' h a f e) für die »Opferspenden«-Weisen. Ihm wird auch die Schöpfung der frühesten Nomoi für den Aulos zugeschrieben.

Historisch beglaubigt ist der Kitharaspieler *Terpandros* von Antissa auf Lesbos, der im Jahre 676 beim spartanischen Karneenfest siegte. Durch Hinzufügen von drei weiteren Saiten zur traditionellen viersaitigen Phorminx sanktionierte der Dichtermusiker die siebensaitige Leier und die diatonische Siebentonleiter. *Thaletas* von Gortyn auf Kreta (um 665) soll das chorische Singen in Sparta eingeführt und durch seinen Gesang eine Pest vertrieben haben. Repräsentanten der Aulodie waren *Klonas* von Tegea oder Theben und *Sakadas* aus Argos. Sakadas stellte 586 bei den delphischen Spielen in einem berühmten Nomos Apollon im Kampf mit dem Drachen dar, und zwar durch solistischen Aulos-Vortrag (der vielleicht pantomimische Darstellung von Tänzern regelte).

Sieh, es tanzten Jünglinge hier und schöne Jungfraun,
Bei den Händen sich haltend; in feinen Gewanden von Leinwand
Waren die Jungfraun gekleidet; ein feiner schließender Leibrock,
Welcher glänzte von Öl, bedeckte der Jünglinge Leiber.
Schöne Kränze schmückten die Jungfraun; goldene Schwerter,
Hangend an silbernen Riemen, zierten der Jünglinge Hüften.
Kreisend liefen sie bald einher mit schwebenden Füßen,
Schnell wie die kreisende Scheib' in den drehenden Händen des Töpfers;
Bald auch liefen sie reihenweise gegeneinander.
Dichte Haufen des Volkes umstanden den lieblichen Reigen
Hochergötzt; zwei wackre Tänzer waren darunter,
Die den Gesang anstimmten und durch die Reihen sich drehten.

Aus: Homer, Ilias XVIII, 588–602

Lyraspielende Frauen, nach einem Vasenbild Mitte des 5. Jahrhunderts v. Chr.

Die hohe Kunst der Lyrik (nicht nur zur Lyra, sondern auch zu anderen Instrumenten gesungen) knüpfte an elementare mündlich verbreitete Formen zu bestimmten Anlässen an: Abwandlungen von Kultrufen (Dithyrambos auf Dionysos, Paian auf Apollon, Klage um Adonis) und altertümliche Brauchlieder (Iambos oder improvisiertes Spottlied, Komos oder heischendes und rügendes Umzugslied, Hymenaios oder Hochzeitslied). Unter den individuellen Dichtungsgattungen gewann vielseitige und bis in die modernen Literaturen hinreichende Bedeutung die Elegie, aus Wiederholung des Distichon (Hexameter und Pentameter oder »Fünfmaß«) bestehend. Wurden solche Versgruppen zunächst im Elegos (Totenklage) zum Aulos gesungen, rezitierte man sie später als politisch-moralische Mahnung *(Tyrtaios, Solon,* Sammlung des *Theognis)* oder mit erotischem Inhalt *(Mimnermos)* in der geselligen Runde des Symposion.
Die erste große Lyrikerpersönlichkeit war der Soldat und Sänger *Archilochos* von Paros (um 650) mit seiner aggressiven Jambendichtung; als musikalische Neuerungen gelten Erweiterung der rhythmisch-metrischen Ausdrucksmöglichkeiten, melodramatischer Vortrag (Parakataloge) und jambischer Trimeter (⏑–⏑–/⏑–⏑–/⏑–⏑–). Noch persönlicheren Gefühlsausdruck geben die Meister des melischen Einzelliedes ihren strophischen Kompositionen zur Begleitung von Saitenspielen: *Sappho* und *Alkaios* (beide um 600 v. Chr. auf dem äolischen Lesbos), denen sich *Anakreon* (aus Teos, später an verschiedenen Fürstenhöfen) an die Seite stellt. Vor allem in Sparta blühte die kult- und brauchgebundene Chorlyrik; hier schuf *Alkman* aus Sardes (späteres 7. Jahrhundert) Gesänge für weibliche Kultvereine. Auf Sizilien wirkte *Stesichoros.* Die entwickelteren Chorlieder pflegten sich in Strophe, Gegenstrophe *(antistrophos)* und Nachgesang *(epodos)* zu gliedern; diese triadische Form wurde von der

Tragödie übernommen. Die höchste Vollendung erreichte die Gattung in den Siegesliedern zu den großen nationalen Festspielen und den (bis auf Fragmente verlorenen) religiösen Gesängen des *Pindaros* aus Theben (522 oder 518 bis etwa 445).
Die Eingangsverse seiner ersten Olympischen Ode (zu denen eine Melodie aus späterer Zeit überliefert ist) schildern in kunstvollen Maßen ein Musikfest der olympischen Götter:

> Güldene Harfe, Apollons und der veilchenlockigen Musen
> gemeinsamheiliges Gut, auf dich höret ihr Tanzesschritt,
> Glanzfestes Anfang, und sie folgen singend der Weisung,
> wenn du chorweckenden Vorspiels Einsatz erklingend bewirkst.

Auf orientalische Tradition aufbauend, setzte sich als erster griechischer Denker *Pythagoras* aus Samos (582–496, in Unteritalien wirkend) mit der Musik auseinander. Die Konzeptionen von der musikalischen Katharsiswirkung, von der Sphärenharmonie sowie die Berechnung der Intervallverhältnisse auf Grund der Saitenteilung gehen auf den legendären Philosophen, Mathematiker und Ordensgründer zurück.
Zu Beginn der klassischen Epoche Griechenlands (siegreiche Kriege gegen die Perser 490–479; Vorherrschaft Athens) scheint die Musik gegenüber der Entfaltung der Plastik in den Hintergrund getreten zu sein. Infolge der zunehmenden Differenzierung der Dichtung von der Musik lassen sich den literaturgeschichtlichen Nachrichten wenig Informationen über die griechische Musikgeschichte entnehmen. Als sich das Griechentum gegen den Ansturm der Perser behauptet, schränkt Athen die Aulosmusik gegenüber den einheimischen Saiteninstrumenten ein. Im Satyrspiel des *Pratinas* wird das aufreizende Instrument heftig attackiert, vergewaltige es doch den Gesang. Die häufig bildnerisch und dichterisch dargestellte Sage vom Wettstreit des aulosblasenden Silen Marsyas mit dem kitharaspielenden Apollon soll die Überlegenheit der Kithara gegenüber dem Aulos erweisen: Als ideales Begleitinstrument zum Gesang wahrt das Saitenspiel die musische Einheit von Wort, Melodie und Rhythmos. Striktes Beharren auf der traditionellen Musikübung fordert die Schrift des *Damon* an die Areopagiten (um 460 v. Chr.), aus der Platon zitiert: »Eine neue Art von Musik einzuführen muß man sich hüten, da hierbei das Ganze auf dem Spiel steht. Werden doch nirgends die Tonweisen verändert ohne Mitleidenschaft der wichtigsten staatlichen Gesetze.«
Im »Gesamtkunstwerk« der aus den Dithyramben der Dionysosfeste entstandenen Tragödie hatte die Musik erheblichen Anteil. Jedoch lassen sich Art des Gesangsvortrages und der Instrumentalbegleitung (wohl nicht nur Aulos, sondern auch Kithara), Verwendung bestimmter Oktavgattungen und Tongeschlechter (Vorzug der Enharmonik) schwer nachweisen. Die Dichtungsform bestand darin, daß zwei bis drei

Aulosbläser und Tänzerin, nach einem griechischen Vasenbild

Schauspieler Wechselgespräche in jambischen Trimetern rezitierten, der Chor aber in lyrischen Gesängen die Geschehnisse kommentierte. Auf der Orchestra zu gemessenen Tanzbewegungen vorgetragen, waren die Chorlieder eng mit der Handlung verknüpft, aber geschlossen respondierend angelegt (Parados oder Einzugslied, Stasimon oder Standlied, Exodos oder Auszugslied usf.). Wahrscheinlich verlangten die monumentalen Dichtungen des *Aischylos* (525–456), in ihrem Chorreichtum unseren Oratorien vergleichbar, stärkere musikalische Ergänzung als die geschliffene Sprachkunst des *Sophokles* (496–406). Ausdrucksvolle Sologesänge (Monodien) führte *Euripides* (485–406) ein, seine Menschen, vor allem die Frauengestalten, zeigen innige Gefühlsbezogenheit zur Musik, wie sie auch zeitgenössischen Vasenbildern eignet. Aus dem Komos, dem Umzug zur Dionysosfeier, hervorgegangen, wurde die altattische Komödie erst unter Einfluß der Tragödie ein Rollenstück, vor allem durch *Aristophanes* (446–385). Jedoch waren die Formen einfacher und volkstümlicher, oft parodistisch gehalten, von instrumentalen Zwischenspielen unterbrochen.
Seit der 2. Hälfte des 5. Jahrhunderts begann eine Bewegung, die auf Erneuerung des Dithyrambos zielte, aber auch Nomos und Tragödie einbezog und zu einem grundlegenden Wandel der Musik führte. Im Streben nach realistischer Darstellung (Mimesis) durch die musikalischen Wirkungsmittel wird der Text durchkomponiert unter Preisgabe der strophischen Responsion, somit kommt es zur Ablösung des Rhythmos vom Sprachmetrum, zur Trennung der Musik von der Dichtkunst schlechthin. Hauptvertreter dieser Neuen Musik, der unter den Tragikern *Euripides* und *Agathon* nahestanden, sind *Phrynis* von Mytilene (um 450), *Melannipides* aus Melos (450–400), *Kinesias* von Athen (450–360), *Philoxenos* von Kythera (435–380), *Timotheos* von Milet (um 450–360; Nomos »Die Perser« als Textbuch erhalten).
Die Neue Musik bietet dem Spott der Komödie, aber auch der Kritik Platons zahlreiche Angriffspunkte: Verlust des alten Ethos, stilistische Buntscheckigkeit, tonartliche Lizenzen, fioriturenreicher Sologesang, solistische Führung des Aulos, Erweiterung des Tonumfangs der Leierinstrumente auf Neun-, Elf- und Zwölfersaitigkeit werden inkriminiert. Dem Anschein nach appellieren die Avantgardisten mit drastischen Wirkungsmitteln an das breite, nicht mehr ständisch privilegierte Publikum der Polis, das sich in dem von Perikles um 440 gebauten Konzerthaus, dem Odeion, zusammenfinden konnte. Gleich der zeitgenössischen Rhetorik strebt ihre virtuose Kunst nach »psychagogischer« Gewalt über die Seelen. Gegen diese Neuerungen sucht *Platon* (427–347) das traditionelle System der Musikerziehung abzuschirmen, dagegen zeigt *Aristoteles* (382–322) eine duldsamere Einstellung. Beide Philosophen beziehen die Musikpraxis als charakterbildende Kraft und staatspolitischen Faktor, aber auch die von *Archytas* weiterentwickelte Harmonielehre der Pythagoreer in ihr Denksystem ein.

Hellenismus

Mit den Eroberungen Alexanders des Großen (336–323) in Ägypten und Vorderasien erweitert sich die griechische Polis zum Territorialstaat. Es beginnt der Prozeß der weltweiten Ausstrahlung der griechischen Kultur, wobei auch orientalische Elemente eingeschmolzen werden. Die Musik der hellenistischen Epoche fand bisher noch nicht rechte Erschließung und Würdigung; sie darf jedoch keineswegs als »Verfallszeit« abgetan werden. Gewiß verselbständigten sich die erst in der Musikē vereinten Künste,

Dichtkunst, Tanzkunst und Tonkunst, immer mehr. Solche Emanzipation ermöglicht indes die künftige Entwicklung der abendländischen Kunstmusik. Die erhaltenen antiken Musikdenkmäler stammen fast ausnahmslos aus hellenistischer Zeit und scheinen sich teils der Alten, d. h. der archaischen und frühklassischen Musik (so Hymnen des Mesomedes), teils der Neuen Musik (Delphische Hymnen) anzuschließen. Dagegen propagieren die Theoretiker fast ausnahmslos die altüberlieferten Normen.

Nach Aussage der literarischen Zeugnisse hatte sich ein exklusiver Berufsstand spezialisierter Sänger und Instrumentalisten, Tanz- und Bühnenkünstler herausgebildet mit dem Ziel virtuos-solistischer Leistungen. Seit Beginn des 3. Jahrhunderts v. Chr. schlossen sich die Musiker und Festspielkünstler zum »Verband dionysischer Techniten« organisatorisch zusammen. An den Zentren der hellenistischen Kultur, in Athen, Delphi, Ephesus, an den Höfen zu Alexandria, Pergamon und Antiochia traten berühmte Künstler und Verbandsmitglieder auf (zum Beispiel der Aulet *Kraton* oder der Dichterkomponist *Limenios*). Nach der Eroberung Makedoniens und Griechenlands übernahmen römische Feldherren das Protektorat über die Musikergenossenschaften.

Durch die Zunahme und Konsolidierung der professionellen Künstler konnte der gewaltige Musikbedarf für Kult, Festspiele und Theater, für Gastmähler und Geselligkeiten der Begüterten gedeckt werden. In den griechischen Mysterien und den aus dem Orient eingeführten Kulten der Kybele und Isis wirkten zahlreiche Blas- und Schlaginstrumente mit (Aulos, Syrinx, Horn; Rahmentrommel, Handklapper, Metallbecken, dazu ägyptische Rassel im Isiskult). Gegen die Verwendung dieser orgiastischen (aufreizenden) Klanggeräte beim Kult polemisierten spätantike Philosophen und christliche Kirchenlehrer. Auf größte Resonanzbreite unter den Großstadtmassen zielte die Ende des 2. bis 1. Jahrhunderts entwickelte (von Lukian besonders gerühmte) Gattung des Pantomimus: tänzerisch-gestische Veranschaulichung mythologischer Szenen mit Instrumentalbegleitung und Gesang, unserem Ballett zu vergleichen. Zur gehobenen »Kammermusik« gehörte der Vortrag hellenistischer Kunstlieder mit Instrumentalbegleitung (Kithara, Laute, Harfe), aber auch solistische Kitharistik und Auletik durch geschulte Virtuosen. Wandernde Musikanten, Kinäden, Tänzer ägyptischer, orientalischer, aber auch spanischer Herkunft treten in der Öffentlichkeit mit Becken, Tamburins, Kastagnetten und anderen Nationalinstrumenten auf.

Nur geringen Bezug zur Praxis hatte die Musiktheorie. Erst in hellenistischer Zeit erreichte das Fachschrifttum seine für späterhin gültige Ausprägung. *Aristoxenos* von Tarent (um 354–300) baute die empirische Harmonielehre von den Elementen des Melos (Lehre von den Intervallen, Tonleitern und Tonarten) zur Fachwissenschaft aus. Dagegen demonstrierten die »Kanoniker« die Zahlenverhältnisse der Intervalle am Monochord (Teilung des Kanon des alexandrinischen Mathematikers *Eukleides*, um 300) und berechneten neue Tetrachordeinteilungen (*Eratosthenes, Didymos*). Die stoischen Philosophen suchten die Ethoslehre neu zu beleben, gegen sie wandte sich der Epikureer *Philodemos von Gadara* (1. Jahrhundert v. Chr.). Bei den Neupythagoreern und jüngeren Platonikern traten zur mathematisch-physikalischen Harmonielehre mystische Züge (Zahlensymbolik, kosmisch-musikalische Parallelen). Wichtige Traktate der nachchristlichen Zeit stammen von *Plutarch* (48–123, Dialog musikgeschichtlichen Inhalts zugeschrieben), *Nikomachos* (2. Jahrhundert n. Chr., Handbuch der Harmonik), *Aristides Quintilianus* (2. oder 3. Jahrhundert, vielseitige, vor allem für Musikerziehung ergiebige Schrift), *Kleoneides, Gaudentios* und *Alypios* (Mitte 4. Jahrhundert). Eine ebenso erschöpfende wie übersichtliche Zusammenstellung der zahlhaften Musiklehre gab der Mathematiker, Astronom und Naturforscher *Klaudios Ptolemaios* (um 90–160), durch die Vermittlung des *Boethius* von Einfluß auf das lateinische Mittelalter, grundlegend aber auch für die byzantinische und arabische Fachtheorie.

Römische Musik

Obgleich Melodieaufzeichnungen als Primärquellen der römischen Musikgeschichte ausstehen, demonstrieren literarische Belege und Bilddokumente in ihrer Vielfalt die außerordentliche »Bedeutung der Musik im Leben der Römer« (G. Wille). Dank den Forschungen der letzten Jahrzehnte sind frühere, aus Vorurteilen zugunsten der Griechen resultierende Ansichten über die angebliche »Unmusikalität« der Römer, über »Unfruchtbarkeit« und »Dekadenz« ihrer Musikpflege zu revidieren. Vielmehr erweist Musik in den verschiedensten Gebieten des römischen Lebens ihre Macht, sei es als »Umgangsmusik« mit Bindung an Kult, Brauch, Militär, sei es als »Darbietungsmusik« für Theater, Tanz und Unterhaltung.

Das Instrumentarium läßt Weiterbildung etruskischer, griechischer und orientalischer Impulse erkennen mit sichtlicher Freude an farbigen Klangwirkungen: Man vermehrt die Saitenanzahl bei Lyra und Kithara und bringt beim Aulos (römisch *tibia*) Stimmringe an; wie man die Trompeteninstrumente zur Militärmusik heranzieht, so die (in den orientalischen Kulten gebräuchlichen) Schlaginstrumente zur Bühnen- und Unterhaltungsmusik. Im Musikschrifttum wird die griechische Akustik und Tonleiterlehre rezipiert, die Lehre von der musikalischen Ethoswirkung, die Einordnung der Musik in das System der Allgemeinbildung finden neuen Ausdruck.

Das nichtindogermanische, seit dem 8./7. Jahrhundert an der Nordwestküste Italiens ansässige Volk der Etrusker (Tyrrhener, Tusker) vermittelte den Italienern griechisch-orientalische Tonwerkzeuge und Musikbräuche. Die Malereien und Reliefs etruskischer Grabdenkmäler, ergänzt durch römische Schriftstellerzeugnisse, geben Aufschluß über eine ausschließlich im Dienst der Gesellschaft stehenden Musikübung mit engster Bindung an den Totenkult. Bei Aufbahrung, Totenklage, Leichenprozessionen wirkten Tibiabläser und Kitharisten mit; die Musik diente aber auch Wettkämpfen, sportlichen Übungen, täglichen Arbeiten und Banketten. Gegenüber den Instrumenten des archaischen Griechenlands, zu denen sich Verwandtschaften ergeben, dominieren bei den Etruskern auffällig die Blasinstrumente, und zwar die Trompete in den drei verschiedenen Bauarten als gerade *tuba*, mit erweitertem Schalltricher, als langrohriger *lituus* mit umgebogener Stürze, als kreisförmig gebogenes *cornu;* der Doppelaulos *(tibia)* mit schalltrichterförmiger Erweiterung, die Syrinx mit seitlicher Anblasevorrichtung. Zur Markierung von Tanzrhythmen verwandte man Kastagnetten *(crotala)* und Stabklappern *(cymbale)*. Gegenüber der gesangsbegleitenden Funktion der Instrumente in Griechenland schätzten die Etrusker die Ensemblemusik, vor allem das Zusammenspiel von Tibiabläsern und Kitharisten.

Schon in der sagenhaften Königszeit läßt sich die magische Verwendung der Musik beim Kult der Römer belegen. Zu sakralen Handlungen (Gebet, Beschwörung, Opfer, Bestattung, Prozession) verwandte die Priesterschaft rhythmisch gegliederte Gesänge und geweihte Instrumente. Mit den Bräuchen lebten die urtümlichen *carmina* einzelner Priestersodalitäten jahrhundertelang fort. Den Waffenumzug der Salier

9 Indonesische Röhrenzither

10 Musikkapelle der Leibwache des Kalifen, nach einer Miniatur aus dem 13. Jahrhundert

11 (links) Leierspielerin, Tanagrafigur, 3. Jahrhundert v. Chr.

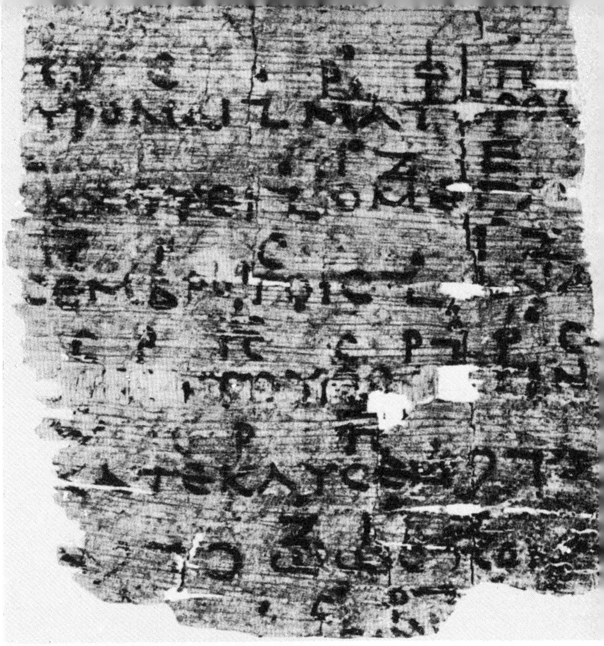

13 Chorlied aus der Tragödie »Orestes« von Euripides. Griechischer Papyros, Anfang des 1. Jahrhunderts n. Chr.

14 (rechts) Orpheus, römisches Fußbodenmosaik, erste Hälfte des 2. Jahrhunderts n. Chr.

12 (unten) Aulosbläser, griechisches Flachrelief

15 Papst Gregor der Große. Miniatur, um 983

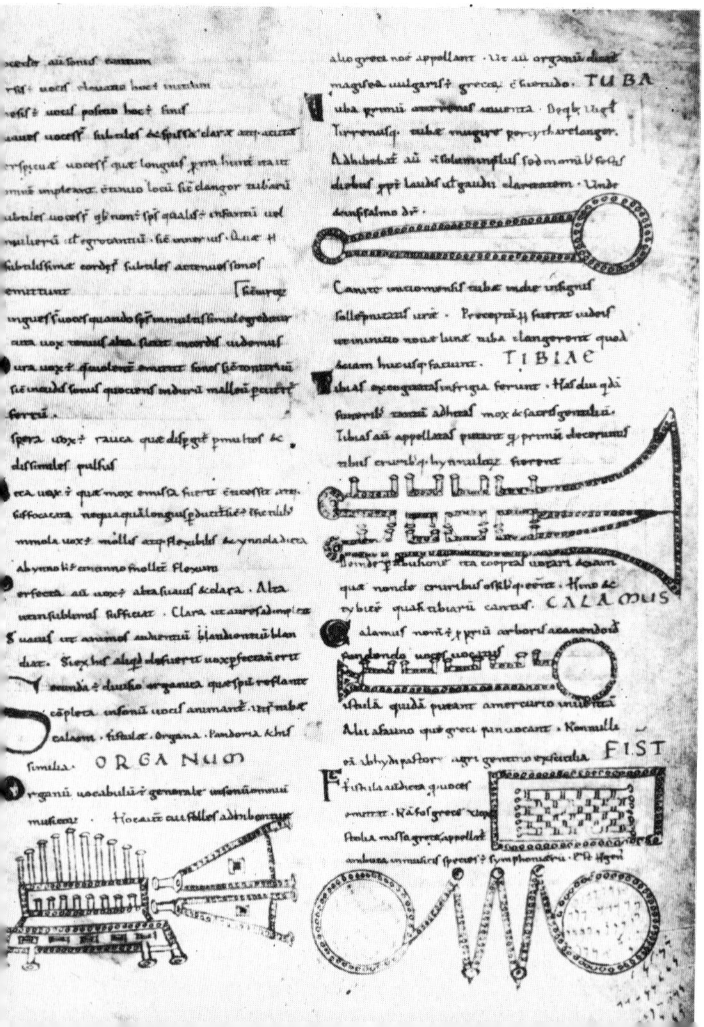

16 Seite aus den »Etymologiae« des Isidor von Sevilla mit den Erklärungen der Instrumente

Etruskischer Doppelflötenspieler, nach einer Wandmalerei in Tarquinii

begleitete responsorialer Liedvortrag, zum Flurumgang der Arvalbrüder wurde alternierend gesungen. Auch später erst literarisch bezeugte Formen volkstümlichen Singens entstammen der Frühzeit: Arbeitslieder der Handwerker, Bauern, Hirten, Ruderer oder Fischer; Lieder anläßlich bestimmter Situationen wie Kinderwartung, Gastmahl, Hochzeit, Totenklage, militärischer Triumph, Buhler- und Zotenlieder, schließlich die (trotz Verbotes im Zwölftafelgesetz von 451/450) bei politischen Kämpfen unausrottbaren Schimpf- und Spottlieder.

Nach der Errichtung der Republik (510 v. Chr.) unterwarfen die Römer die anderen italischen Stämme. Von den Etruskern übernahmen sie die metallischen Blasinstrumente *tuba, lituus, cornu* zu militärischen Signalen; dazu gesellte sich die vorher als Hirteninstrument gebräuchliche stierhornartig gekrümmte *buccina*. Zweimal in jedem Frühjahr pflegte man die Reinigung der kultischen Trompeten festlich zu begehen (Feier der Tubilustrien). Der Rang eines Nationalinstrumentes kam aber der *tibia* zu, die nach etruskischem Vorbild bei Bestattungen und Opferhandlungen verwendet wurde. Standen die Militärmusiker gleich den Fahnen- und Standartenträgern im Unteroffiziersrang, so schlossen sich die Tibiabläser zu einem Kollegium zusammen und feierten (zur Erinnerung an einen legendären Musikerstreik 309 v. Chr.) ein karnevalartiges Zunftfest. Als etruskische Tänzer 364 v. Chr. in Rom zur Sühnung einer Seuche pantomimische Spiele mit Tibiabegleitung darboten, führten Nachahmungen der römischen Jugend zur Organisation eines Standes professioneller Bühnenkünstler *(histriones)* mit schriftlich fixiertem Repertoire.

Seit der Ausbreitung der römischen Macht im Mittelmeerraum (Unterwerfung Karthagos, Annexion hellenistischer Reiche, 3. bis 2. Jahrhundert v. Chr.) begann die Aufnahme hellenistischer Theater- und Konzertmusik, die eine Trennung der »Darbietungs- und Kunstmusik« von der traditionellen »Umgangsmusik« mit sich brachte. Der griechische Freigelassene *Livius Andronicus* führte 240 v. Chr. erstmals griechische Dramen in lateinischer Bearbeitung auf, auch er Dichterkomponist und Leiter kultischer Chorlieder. Nach griechischen Vorlagen schuf *Plautus* (254–184 v. Chr.) derbdrastische römische Singspiele, in denen er die gesprochenen Dialoge zu Monodien *(cantica)*, Duetten und Terzetten weiterbildete. Tibiabläser aus dem Sklavenstand waren mit der Komposition der Bühnenmusik (Vorspiele und Zwischenaktmusiken, Begleitung der Gesangspartien und Tanzeinlagen) beauftragt. In der (bis auf Reste verlorengegangenen) römischen Tragödie spielte der Chor zeitweilig eine Rolle, um bald zugunsten des Sologesangs zurückzutreten.

Mit der Übernahme der Kulte der Kybele (Magna Mater, seit 204) und des Dionysos (Bacchus, 186 verboten) dringt orgiastische Musik ein: Blasinstrumente *(tibia, cornu)* im Verband mit Rahmentrommeln *(tympana)*, Becken *(cymbala)*, Klappern *(crotala)* sollen die Dämonen abwehren und die Geweihten in Ekstase versetzen, gelegentlich auch Hilferufe Vergewaltigter übertönen. So beschreibt der römische Dichter Lukrez das Kybelefest mit seinen sinnlich berückenden Klangwerkzeugen: »Donnernd erdröhnt in den Händen die Pauke, die Cymbeln erschallen hohl, und mit rauhem Getön schallt drohend das schmetternde Hifthorn.«

Nach der Unterwerfung Makedoniens (161 v. Chr.) und der Zerstörung Korinths (146 v. Chr.) wurden mit den erbeuteten Sklaven auch griechische Bühnenkünstler und Musiker nach Rom importiert. Die siegreichen Feldherren Mummius, Sulla, Antonius unterstellten die griechischen Künstlerverbände ihrem Protektorat und gewährten ihnen Privilegien. Wachsende Beliebtheit in allen Gesellschaftsklassen gewannen die solistische Instrumentalkunst und der »kammermusikalische« Gesangsvortrag lyrischer Gedichte; zum Luxus der Besitzenden gehörten Konzerte und Tafelmusiken, aufgeführt durch Sklaven und Berufsmusiker.

Auf einem Mosaik aus Herkulanum (Kopie eines hellenistischen Originals, Ende 2. Jahrhundert v. Chr.) sind wandernde Musikanten dargestellt, die *tibia, tympana* und *cymbala* spielen und dazu tanzen: In der Abbildung dokumentiert sich nicht nur die antike Ensemblekunst, sondern auch eine Praxis früher Mehrstimmigkeit, hebt sich

Entstehung der römischen Bühnenkunst

In diesem und im folgenden Jahre, unter den Konsuln Cajus Sulpicius Peticus und Cajus Licinius Stolo währte die Pest fort. Darum wurde nichts Denkwürdiges unternommen, außer daß man, um die Gnade der Götter zu erflehen, jetzt zum drittenmal nach Roms Erbauung ein großes feierliches Göttermahl anstellte. Und da weder menschliche Mittel noch göttliche Hilfe die Gewalt der Krankheit milderten, so sollen, wie es heißt, bei der abergläubischen Stimmung der Leute unter anderen Sühnmitteln des göttlichen Zornes auch die Spiele der Bühne aufgekommen sein, für ein kriegerisches Volk, dem bisher nur Spiele der Rennbahn eine Augenweide gewährt hatten, etwas ganz Neues. Aber auch diese waren zuerst, wie fast aller Anfang, nur klein und noch dazu ausländisch. Ohne allen Gesang, ohne alle Darstellung des Gesungenen durch Gebärdenspiel, machten die aus Etrurien geholten Spieler, in tuskischen von einer Flöte begleiteten Tänzen ganz zierliche Bewegungen. Die Jünglinge ahmten ihnen nach, zugleich ließen sie sich untereinander in scherzhaften, frei gearbeiteten Versen hören, und die Gebärden waren dem Vortrage nicht unangemessen. Die Sache fand Beifall und hob sich durch die öftere Ausführung. Weil ein Spieler auf tuskisch Hister hieß, so gab man auch den heimischen Künstlern den Namen Histrio, welche nun nicht mehr, wie sonst, ungefeilte und regellose Verse, den Fescenninen ähnlich, als Wechselgespräch hinwarfen, sondern ein im Silbenmaße vollendetes Allerlei, als ein von der Flöte geleitetes Singstück mit angemessenem Gebärdenspiele aufführten. Mehrere Jahre nachher

doch die *tibia*-Melodielinie scharf vom Klanghintergrund des als »Doppelbordun« fungierenden Schlagzeuges ab.

Die ersten Belege des römischen Kunstliedes nach hellenistischem Vorbild gingen verloren – bis auf die teilweise sangbare Lyrik des temperamentvollen *Catull* (87–54). Von den Dichtungen der augusteischen Epoche sind für den Gesangsvortrag bestimmt die Bucolica und einzelne Partien aus der Äneis des *Vergil* (70–19 v. Chr.), aber auch die Oden des *Horaz* (65–8 v. Chr.), vor allem der zur Jahrhundertfeier 17 v. Chr. verfaßte und einstudierte Festgesang *(carmen saeculare)* in strophischem Wechselgesang für einen Knaben- und Mädchenchor. Allmählich verbreiten sich neben Gesangs- und Instrumentalunterricht musiktheoretische Kenntnisse als Teil römischer Allgemeinbildung, freilich in enger Anlehnung an die Griechen. Der Polyhistor *M. Terentius Varro* (116–27) behandelt in einer (verlorenen) Schrift über die Disciplinae auch die Musik im Zusammenhang mit den anderen Freien Künsten, den mathematischen Fächern und den Sprachwissenschaften. Empfahl sein Zeitgenosse *Cicero* humanistische Musikbildung für den Redner, so beschäftigt sich die Folgezeit mit Anwendung der Musiktheorie auf die verschiedensten Fachwissenschaften – Rhetorik (Quintilian), Architektur (Vitruv), Kriegstechnik, Astrologie und nicht zuletzt Medizin.

In dem Halbjahrtausend von der Begründung des Prinzipats durch Augustus bis zum Untergang des Weströmischen Reiches (30 v. Chr.–476 n. Chr.) treten neben die traditionelle Volks-, Kult- und Militärmusik zunehmend die verschiedensten Nationalmusiken des Imperiums; das Bild der »Darbietungsmusik« wird durch den wachsenden Import ausländischer Tanz-, Unterhaltungs- und Bühnenmusiken aus den Provinzen geprägt. Als Ersatz für die Tragödie dient bis zum Ende der Antike der Pantomimus mit den von *Pylades* 22 v. Chr. eingeführten Neuerungen: Chorgesang und Orchesterapparat von Blas-, Saiten- und Schlaginstrumenten (anstatt Einzelsänger und Einzel-

soll Livius, der es zuerst wagte, statt des Allerlei ein Schauspiel mit einer Haupthandlung zu begründen, als ihm bei den geforderten öfteren Wiederholungen eine Heiserkeit zustieß – er war nämlich, wie damals alle, zugleich Verfasser und Geber seiner Stücke –, nach erbetener Erlaubnis einen Knaben zum Singen vor den Flötenspieler gestellt und den Gesang der einen Person mit um so lebhafterer Bewegung begleitet haben, weil ihm nun der Aufwand seiner Stimme nicht mehr hinderlich war. Seitdem ließ man zu dem Gebärdenspiele der Histrionen einen anderen singen, und nur der Wechselgesang blieb ihrer eigenen Stimme vorbehalten. Als sich die Form der Bühnenstücke durch diesen regelmäßigen Gang immer mehr vom bloßen Lachen und ausgelassenen Scherze entfernte, und ihr Spiel allmählich zu einer Kunst gediehen war, überließen die jungen Römer die Aufführung der Bühnenstücke den wirklichen Schauspielern und machten sich's zum eigenen Geschäfte, allerlei Stoff zum Lachen in Versen vorzutragen, welche man nachher, unter der späteren Benennung der Nebenspiele, hauptsächlich mit den atellanischen Possenspielen in Verbindung setzte. An diese, den Oskern abgelernten Spiele hielt sich die Jugend und ließ sie nicht von den Histrionen entweihen. Daher wurde es zur bleibenden Sitte, daß die Geber atellanischer Stücke darum nicht aus ihrem Bezirke gestoßen werden und Kriegsdienste tun dürfen, als wären sie mit der Schauspielerkunst außer aller Verbindung.

Aus: Livius, Römische Geschichte VII, 2

instrument; doch war der Tibiabläser insofern tonangebend, als er mit der Fußklapper den Takt schlug). Über das Massenaufgebot an Mitwirkenden urteilte der Philosoph Seneca, in den Schauspielen seien die Musiker größer an Zahl als jemals die Zuschauer waren, »alle Gänge sind angefüllt mit Sängerreihen, der Schauplatz ist umringt von Hornbläsern, und von der Bühne her schallen Tibien und Instrumente aller Art«.
Gegenüber dem Pantomimus gab der Mimus, schon früh aus dem griechischen Süditalien übernommen, ein realistisch-burleskes, oft obszönes Bild des Alltagslebens. Das improvisierte Spiel der barfüßigen, unmaskierten, in grobe Kittel gekleideten Darsteller ergänzten Tanz- und Gesangseinlagen unter Begleitung von Schlaginstrumenten (deren Einsatz die Regieanweisung eines erhaltenen Textbuches ausdrücklich fordert). Zur Unterhaltung bei den Gladiatorenkämpfen in den Amphitheatern verwandte man neben Blasmusik auch gern die in Alexandria erfundene Orgel. Dieses Instrument schätzte man sehr für die Hausmusik, es diente der Garnisonsmusik oder Zunftveranstaltungen auch in den Provinzen (Fund eines Exemplars in Aquincum bei Budapest). Mit den perfektionierten Leistungen der Berufskünstler suchten Dilettanten der verschiedensten Schichten zu konkurrieren, darunter berühmte Politiker und selbst Kaiser – nicht nur Nero hatte den Ehrgeiz, als Virtuose zu brillieren. Erfreuten sich doch die in Rom aus den unterworfenen Ländern zusammenströmenden Musiker trotz rechtlicher Ehrlosigkeit einer fast uneingeschränkten Publikumsgunst. Weder die Kritik konservativer Intellektueller an den Auswüchsen des Starkultes noch die generelle Bekämpfung von Theater und Instrumentalspiel seitens der christlichen Kirchenlehrer vermochte den Musikenthusiasmus einzudämmen. Wegen einer Hungersnot verwies man 353 n. Chr. zahlreiche Ausländer aus der Stadt, doch durften 3000 Tänzerinnen samt Chören und Lehrern bleiben. Der Historiker, der diesen Vorfall berichtet, Ammianus Marcellinus (4. Jahrhundert), beklagt sich bitter, Rom halle von Gesang und Saitenspiel wider, man interessiere sich mehr für den Bau riesiger Orgeln als für die Allgemeinbildung. Römische Mimen und Histrionen überdauerten den Untergang des Imperiums; in Volkstraditionen und lateinischem Kirchengesang lebten Spuren der Musik lange nach.
Das Musikschrifttum der Spätzeit systematisiert die antike Theorie, wobei die mathematisch-spekulative Betrachtungsweise im Vordergrund steht. Die Kluft zur zeitgenössischen Musikpraxis wird dabei immer größer. Einige Untersuchungen sind als Exkurse in den Zusammenhang philosophischer Erläuterungen eingefügt (zum Beispiel bei *Macrobius*), oder die Musik erscheint in Darstellungen der Sieben freien Künste (wie in dem allegorisch eingekleideten Unterrichtswerk des *Martianus Capella*). Als originellste Leistung ist wohl die Rhythmik, Metrik und Musikpsychologie behandelnde Musikschrift des Kirchenlehrers *Augustinus* (354–430) anzusehen. Geradezu kanonische Geltung für das lateinische Mittelalter gewann der Traktat des Staatsmannes und Philosophen *Boethius* (480–524, hingerichtet), eine letzte große Summa der antiken Fachtheorie.

Die abendländische Musik des 1. Jahrtausends

Das abendländische, lateinisch-christliche Mittelalter dachte sich seine Kirchenmusik als vom Heiligen Geist inspiriert: Vom 9. Jahrhundert ab hat man um die bis dahin fesselndste Persönlichkeit eines römischen Papstes, *Gregor den Großen* (gest. 604), die Legende gewoben, der Heilige Geist habe ihm Melodien eingegeben, die man deshalb die gregorianischen nannte. Zahlreich sind die zeitgenössischen Miniaturen, die den diktierenden oder selbst eifrig schreibenden Papst darstellen, die Taube mit dem Heiligenschein, die ihm die Melodien ins Ohr flüstert, auf der Schulter.

Dieser Mythos einer übernatürlichen Abstammung des römischen Graduale und Antiphonale hat sich in letzten Resten bis ins 20. Jahrhundert erhalten. Noch die ältere Generation der um die Wiederherstellung der gregorianischen Melodien so sehr verdienten Mönche des französischen Reformklosters Solesmes sah mit Unbehagen, wie die geliebten heiligen Melodien zum Gegenstand irdischer Forschungstätigkeit wurden. Daher mußte noch 1942 einer der führenden Musikforscher auf dem Gebiet des Mittelalters (J. Handschin) bedauernd feststellen, daß der gregorianische Gesang »heute noch in einer ganz merkwürdigen Art außerhalb der Geschichte steht«. Und das, obwohl die religions- und liturgiegeschichtliche Forschung längst in geradezu epochemachenden Arbeiten den unrealistischen Standpunkt ad absurdum geführt hatte, daß eine neu entstehende Religion von sich heraus neue künstlerische Formen schaffen könne. Jede Kirche muß sich zunächst der Formen und Mittel bedienen, die die jeweilige Kulturlage bietet. Daß eine neue Mentalität die vorhandenen Mittel allmählich mit neuem Geist erfüllt und daß gleichsam hinter und durch die vertrauten Äußerungen der neue Geist leuchtet, ist wieder eine andere Sache. So hat auch das junge Christentum bei seinem Eintritt in die Geschichte keine neue Form der Gottesverehrung und damit der in ihrem Dienst stehenden Musik ins Leben rufen können. Es mußte sich der vorhandenen künstlerischen Mittel bedienen.

Wie sah es in der damals bekannten Welt Eurasiens aus, in den im Imperium Romanum geeinten Ländern um das Mittelmeerbecken mit den beiden Weltsprachen lateinisch und griechisch (der »Gemeinsprache« = *koiné*)? Ein brodelnder Völkerkessel mit verschiedenen Rassen, Sprachen, Kulturen, Religionen, Traditionen, sozialen und wirtschaftlichen Schichtungen wird von der noch in Rom fest verankerten Verwaltung und von der Macht einer griechischen Bildungsschicht zusammengehalten. Dem religiösen Vielerlei, ja geradezu Synkretismus, der alle Stufen von der Magie eines Naturdämonenkultes bis zum hochentwickelten Monotheismus aufweist, entspricht das bunte Bild der wenigen musikalischen Äußerungen, die uns von dem leider unwiederbringlich Verlorenen noch greifbar sind, ein zwar zahlenmäßig höchst bescheidener, aber desto wertvollerer altehrwürdiger Rest, von dem Spuren bis heute noch in der römischen Liturgie sichtbar sind.

Psalmodie, Hymnodie, Volksgesang

Es handelt sich um drei unter sich völlig verschiedenartige Dinge: 1. den Psalmengesang des Judentums, der aber wieder nur ein Teil einer viel weiter verbreiteten asiatischen Praxis ist, 2. die Hymnodik des hellenistischen Kulturkreises der östlichen Reichshälfte und 3. lateinische Volksgesänge aus Mailand.

Das Prinzip der Psalmodie muß als eine dichterisch-musikalische Ganzheit verstanden werden: Jeder poetische Gedanke erscheint in zweierlei sprachlicher Ausprägung (Parallelismus der Verse) und wird auf charakteristische formelhafte Wendungen gesungen, die sich von Vers zu Vers oder von Doppelvers zu Doppelvers wiederholen. Die Wiederholung, Urprinzip jeder musikalischen Gestaltung, hat ihre höchste Verfeinerung in der asiatischen Kulturwelt erfahren und wurde mit dem Davidischen Psalter, dem »Gebetbuch der Kirche«, als »kostbares Vermächtnis des alten Israel an das erwachende Christentum weitergereicht« (Edith Gerson-Kiwi). Das bereits von A. Z. Idelsohn und anderen festgestellte Nachleben uralter Praktiken in den abgeschlossenen, ganz auf sich gestellten jüdischen Gemeinden Asiens und Afrikas, hat die neuere Forschung an Tausenden, nun auf breitester Basis aufgenommenen Phonogrammen bestätigt und darüber hinaus gezeigt, daß sich der christliche Westen mit diesem pan-asiatischen, seiner Natur nach fremden Erbe auseinandersetzen mußte.

Die freie, dem östlichen Menschen angeborene Kantillation, jenes Stadium zwischen ekstatischer Textaussprache und Gesang, wie es den meisten asiatischen Religionen eigen ist, hat im Westen eine Stilisierung in einem festen System von acht Sing-»Arten« (*modi* oder »Kirchentöne«) erfahren. Im folgenden Beispiel sind eine jüdische und drei westliche Psalmodien (hier im 2. Kirchenton) untereinander gestellt: in der 1. Zeile der 13. Vers des 92. Psalmes »Justus ut palma florebit« nach dem askanischen Ritus in Litauen; die älteste schriftliche Überlieferung lateinischer Psalmodie (2. Zeile) zeigt noch ein labiles Stadium, während später (und bis heute) die Formel auf eine starre Einton-Achse F und einheitlich nach Wortakzenten geordnet erscheint (3. Zeile); vielleicht das älteste Stadium asiatischer Psalmodie wird durch eine Formel ohne Mittelkadenz repräsentiert, wie es die Mailänder Kirche bis heute bewahrt (4. Zeile):

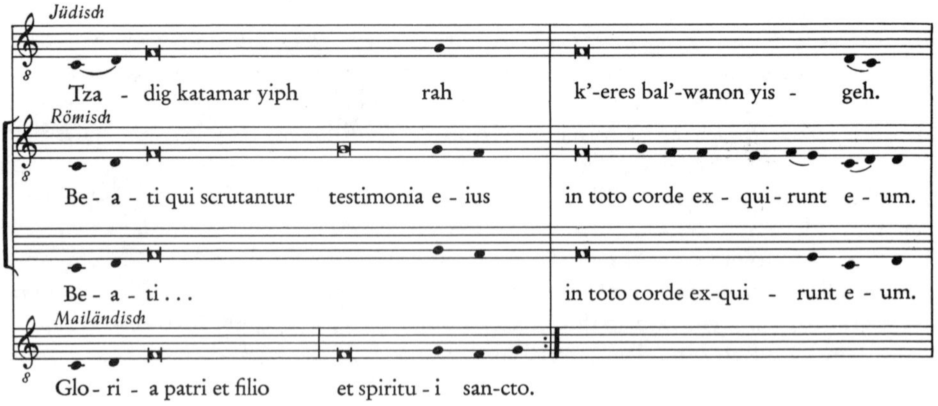

Man darf sich allerdings durch die Niederschrift in der ersten Zeile nicht zu der Ansicht verleiten lassen, daß die Rezitation starr auf einem Ton (hier F) vor sich gegangen sei. Dies würde dem Orientalen entseelt erscheinen. Abweichungen nach oben und unten, und dies in feinsten melodischen Schattierungen, beleben erst die Linie. Auch die Niederschrift einer reicheren Psalmodie aus Aleppo (Syrien) gibt nur ein annäherndes Bild von dem höchst differenzierten Vortrag, den unsere Notenschrift überhaupt nicht wiederzugeben vermag:

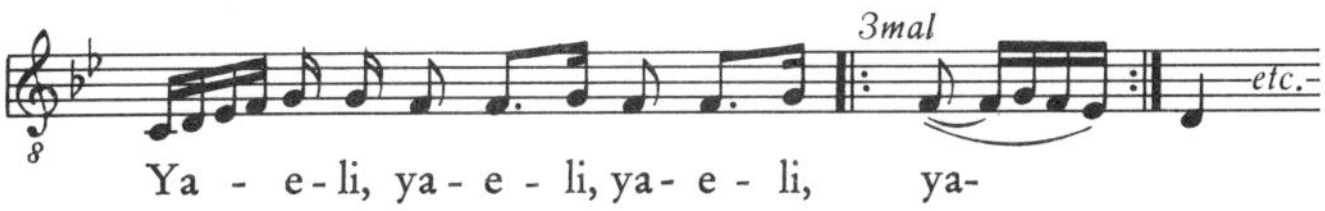

Aus einer gänzlich anderen Welt stammt das überhaupt früheste Beispiel christlicher Musik, ein griechischer Hymnus mit antiken Musiknoten, aufgezeichnet auf der Rückseite einer Getreiderechnung gegen Ende des 3. Jahrhunderts – es ist die Zeit des ägyptischen Wüstenabtes Antonios des Einsiedlers, des Vaters des östlichen Mönchtums, der

noch im 16. Jahrhundert im Abendland hoch verehrt wurde (s. die verschiedenen »Versuchungen«, u. a. von Grünewald auf dem Isenheimer Altar); gefunden wurde der Papyrus in Oxyrhynchos, einem ehemals blühenden Zentrum Unterägyptens, dem Teil der Alten Welt, wo (besonders in Alexandrien) schon um 200 die erste grundsätzliche Auseinandersetzung der antiken Bildung mit dem jungen Christentum stattgefunden hatte.

Da der Anfang und verschiedenes in der Mitte fehlt, sind nur vier (oder fünf?) Melodiezüge mit dem Quint-Gerüst G–d zu erkennen. Die Melodie macht, schon weil sie auf feste Stufen lokalisiert und auch rhythmisch an das Metrum gebunden ist, einen mehr rationalen Eindruck, ohne indes eines gehobenen Schwunges zu entbehren. Im römischen Choral findet sich kein Gegenstück einer solchen Melodik, vom mailändischen ganz zu schweigen. Doch scheinen Wiederholungen, wie zum Beispiel das immer neue Aufgreifen des Anfangs, ein Kennzeichen östlicher Melodik zu sein, da sich ähnliches sowohl bei byzantinischen Gesängen, wie auch bei solchen findet, die unter den griechischen und syrischen Päpsten im 7. und 8. Jahrhundert in die römische Liturgie eingedrungen sind. Westliches Gut dagegen sind die strophischen Hymnen des Mailänder Bischofs *Ambrosius.* Er ließ sie in den kritischen Ostertagen des Jahres 386 von seiner Gemeinde singen, als er mit ihr Tage und Nächte lang die Basilica Porziana besetzt hielt, um sie nicht in die Hände der Arianer fallen zu lassen. Noch im Oktober desselben Jahres konnte Monika die folgende Melodie auswendig singen, als sie sich mit ihrem großen Sohne Augustinus auf dem Lande in Cassiciacum aufhielt (Augustinus, De beata vita 35).

Man versteht, daß die offensichtlich volkstümlich blockartige und wuchtige Melodik das Volk munter erhielt. Für die Texte bediente man sich eines Versmaßes, das bei den Griechen seit Alkman (6./5. Jahrhundert) als volkstümlich galt; im Lateinischen hat

Hymnen in Mailand

Das gläubige Volk wachte in der Kirche mit seinem Bischof, bereit mit ihm zu sterben. Dort war es, wo besonders meine Mutter in banger Sorge und unermüdlich betete, während ich, noch unberührt vom Strahl des göttlichen Geistes, dennoch erschüttert war von der Erregung des aufgewühlten Volkes. Damals geschah es, daß man auch bei uns das Singen von Hymnen und Psalmen nach der Art, wie es im Osten üblich war, einführte (Augustinus meint das Vorsingen des Hymnenstrophen durch einen Sängerchor und das jedesmalige refrainartige Respondieren mit der gleichbleibenden Doxologie-Strophe durch die Gemeinde), damit das Volk nicht von Müdigkeit und Wankelmut übermannt werde. Und seitdem behielt man diese Gewohnheit bei, die sich schon fast in allen Gemeinden der Gesamtkirche eingebürgert hatte.

Aus dem Bericht des damals noch nicht getauften Augustinus in seinen späteren »Bekenntnissen« (Confessiones) über das erstmalige Singen von Hymnen mit dem Volk während der Belagerung durch die Arianer.

sich von solchen als aliterarisch angesehenen Dichtungen nur wenig erhalten, das meiste noch in Inschriften und zufällig erhaltenen Gelegenheitsversen. Wenn man bedenkt, daß man sich damals und noch für Jahrhunderte später auf der Grenzscheide zwischen Magie und tendenzloser Gottesverehrung bewegte, versteht man die Vorwürfe der arianischen Gegner, Ambrosius betöre das Volk mit Zauberliedern *(carmina)*, ein Vorwurf, den der Kirchenmann stolz bejahte.

Möglicherweise stammt noch ein weiterer Bestandteil der heutigen römischen Liturgie aus der heidnischen Antike, nämlich die melodische Formel der Präfation:

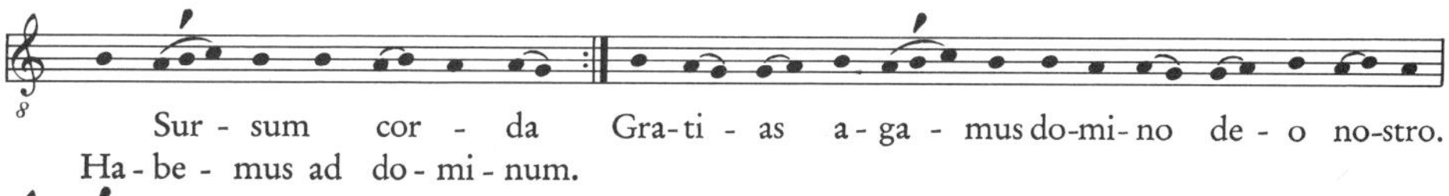

Die heidnische *praefatio* war ein einleitendes Gebet vor einer Ansprache oder ein feierlicher Glückwunsch, auch eine Formel, mit der kultisch Unreine und Unwürdige von der heiligen Handlung zurückgewiesen wurden. Im christlichen Bereich erscheint sie bereits um 300 fertig ausgebildet, hier allerdings schon nicht mehr mit der ursprünglichen Lebendigkeit, wie in den alten heidnischen und in manchen christlichen Riten des Ostens.

Übergewicht des Ostens

Alle diese und noch vereinzelte andere musikalische Relikte der Frühzeit geben uns nur ein äußerst lückenhaftes Bild von dem Reichtum, wie ihn die literarischen Quellen widerspiegeln: und zwar nicht nur allgemein von der glühenden, ja schaurig-dämonischen Macht der Musik (auch und vorzüglich bei heidnischen Riten), sondern auch von Gesangsgattungen und Vortragsweisen, die uns eine Fülle offenbaren, der gegenüber die mittelalterliche und die heutige Liturgie sich merklich ärmlicher ausnehmen. Die Zeugnisse lehren uns, daß die religiöse Musik im 4. Jahrhundert, nach dem Aufhören der Verfolgungen, ihre große Blütezeit erlebte. Der gebende Teil war hier der Osten mit seinen

Der heilige Ambrosius, Mosaik aus dem 5./6. Jahrhundert in der Kirche Sant' Ambrogio in Mailand

Zentren Antiochia, Jerusalem und Alexandria (später auch Byzanz). Das hatte mehrere Gründe. Im Osten hatte die Christianisierung viel schneller und gründlicher durchgegriffen als im Westen, der »immer ein wenig den Charakter eines Missionsgebietes bewahrt« hat (Handschin). Der Osten war auch kulturell aufgeschlossener; so waren die führenden Kirchenmänner Basilios und sein jüngerer Freund, Gregor von Nazianz, größere Humanisten als zum Beispiel Augustinus, der als alternder Bischof so weit von der Bildungsfreude seiner früheren Jahre abrückte. Es kam noch hinzu, daß das Latein im Westen sich mehr und mehr abhob von den sich allmählich herausbildenden, als barbarisch geltenden Dialekten, aus denen sich dann die romanischen Sprachen entwickelten, die nicht mehr »kirchenfähig« waren (während die lateinische Kirchensprache nicht mehr volkstümlich war). Im Osten dagegen folgten die liturgischen Idiome, griechisch, armenisch, syrisch, koptisch, in weit höherem Maße der Entwicklung der lebenden Sprache.

Anregend auf das Musikleben wirkten des weiteren die mit echt orientalischem Temperament ausgetragenen dogmatischen Kämpfe. Die einzelnen Sekten, wie Gnostiker, Arianer u. a. bedienten sich der Musik zur Propagierung ihrer Lehre und zwangen die Großkirche, ihrerseits dieselben Mittel und nun noch in gesteigertem Maße anzuwenden. Was dem Osten das Übergewicht verlieh, war ferner das Zurücktreten des musikalisch anspruchsloseren psalmodischen Prinzips. Während dieses im Westen stets führend war und blieb, befruchtete das gewaltige Anwachsen besonders der griechischen und syrischen Dichtung die musikalische Erfindung. Schon in den ersten »gesetzlichen« musikalischen Verlautbarungen der jungen Kirche (in den Paulusbriefen Eph. 5, 19 und Kol. 3, 16) wird der noch bei *Isidor von Sevilla* (gest. 633) stereotype Dualismus Psalm-Hymnus sichtbar. Hymnen stecken schon in der griechisch geschriebenen Johannes-Apokalypse. Im Lauf der Jahrhunderte schwillt die Produktion an. *Tertullian* (um 200) weist voller Stolz auf den Reichtum an Versus und Cantica hin (De spectaculis 29). Sogar Predigten und Gebete wurden »hymnisiert«, zum Beispiel von dem Syrer *Efrem* (gest. wohl 373).

Die Reaktion blieb nicht aus. Vertreter der puritanischen Richtung war vor allem das orientalische Mönchstum. Der Konflikt zwischen einer schroff zur Schau getragenen bildungsfeindlichen Bedürfnislosigkeit und der Geneigtheit, die kulturell-künstlerischen Errungenschaften der Zeit zu übernehmen, ein Konflikt, der schon bei Paulus leise auf-

Drei verschiedene Äußerungen über ein zentrales Problem aller Kirchenmusik: Wie weit darf die Freude am Musikalischen gehen? Wo beginnt das Künstlerische, der Zauber der Töne, das Verständnis der Textworte zu überwiegen? Darf überhaupt Neues, Zeitgebundenes in die alte Liturgie eingeführt werden?

Die Gelüste der Ohren hatten mich ziemlich fest umstrickt und unter ihre Herrschaft gebracht; doch *DU*, mein Gott, hast mich daraus erlöst und mich befreit. Auch heute noch, ich gestehe es, gebe ich mich mit Wohlgefallen den Tönen hin, die *DEINE* Worte einkleiden und beseelen, wenn sie nur mit geschmeidiger und kunstvoller Stimme gesungen werden. Doch verliere ich mich nicht an sie, sondern erhebe mich darüber, wann ich nur will.

. . . Dann und wann scheint mir, daß ich ihnen mehr Ehre erweise, als ihnen zusteht: denn ich spüre, daß durch die heiligen Worte unsere Herzen inniger und feuriger in der Flamme der Andacht erglühen, wenn sie so gesungen werden, als wenn sie nicht so

klang (»Singt! aber auch in euren Herzen«) und später bei Augustin und *Cäsarius von Arles* (gest. 542) sehr vernehmlich werden sollte, erreichte gerade im 4. Jahrhundert einen Höhepunkt. »Wehe uns«, klagt der greise ägyptische Mönchsvater Pambo, als einer seiner Schüler aus Alexandria zurückkehrte und die dort neuen Gesänge, Troparien und Canones, seinem Abt zur Nachahmung vorschlug, »gekommen sind die Tage, an denen die Mönche sich von der dauerhaften Nahrung, die der heilige Geist ihnen bietet, abwenden und sich mit Liedern und Gesängen abgeben... Wie kann ein Mönch Zerknirschung besitzen, wenn einer in der Kirche oder in seiner Zelle steht und seine Stimme erhebt wie die Rinder?... Die Mönche sind nicht in die Wüste hinausgekommen, damit sie melodische Lieder sängen, ... sondern unsere Aufgabe ist es, in Gottesfurcht und Zittern, unter Tränen und Seufzern, mit Bedächtigkeit und Wachsamkeit, mit Bescheidenheit und demütiger Stimme die Gebete Gott vorzutragen...« (Quasten 148/49). Bekannt ist die Stelle in den Bekenntnissen Augustins (10, 33), wo er von seinem Hin- und Hergerissenwerden zwischen den beiden Extremen berichtet. Eine ähnliche Lage sollte sich im 9. Jahrhundert wiederholen, als die biblizistische Richtung mit ihrem Hauptexponenten, dem Spanier Agobard, streitbarem Erzbischof von Lyon, die kirchenmusikalischen Neuerungen der karolingischen Epoche bekämpfte, während sie sein Zeitgenosse Strabo verteidigte.

Im Osten begegnen wir schließlich einer Fülle von Vortragsweisen. Die Hauptprinzipien der späteren liturgischen Praktiken sind bereits vorhanden: das später so genannte antiphonische Prinzip – Chor und Gegenchor mit eingefügten Kehrversen (Antiphonen des Officiums und der Messe) – und das responsoriale Prinzip – der Solist singt vor, der Chor antwortet (so in den späteren römischen Gradualia, Alleluia und den Officiums-Responsorien) –, und zwar in mannigfachen Differenzierungen. Was an Einzelheiten aus der heidnischen Antike und den östlichen Mysterienkulten (besonders des Mithras und der Isis) in das christliche Brauchtum übernommen, und was abgestoßen wurde, wie zum Beispiel das Überhandnehmen der Instrumentalmusik, haben Fr. J. Dögler und J. Quasten anschaulich geschildert. Wir erfahren aus den literarischen Quellen auch von dem allmählichen Zurücktreten der Frauenchöre, die nicht nur in den heidnischen Riten (»Harem Gottes« bei den Ägyptern), sondern auch bei der christlichen Orthodoxie (Efrem) eine Rolle gespielt hatten, zugunsten der Knabenchöre.

gesungen werden, und daß alle Gemütsbewegungen unseres Inneren nach ihrer Verschiedenheit die entsprechenden Eigenarten in Gesang und Musik haben, durch welche sie gemäß einer mir unbekannten Verwandtschaft angeregt werden. Aber das sinnliche Lustgefühl, dem man den Geist, soll er nicht verweichlicht werden, nicht aussetzen darf, täuscht mich oft: denn das Gefühl begleitet die Vernunft nicht so, daß es geduldig nachfolgt, sondern versucht, sich vorzudrängen und zu führen, obwohl es der Vernunft wegen überhaupt nur zugelassen zu werden verdient hat...

So schwanke ich hin und her zwischen der Gefahr der Ohrenlust und dem Erlebnis heilsamer Wirkung, und neige mehr der, freilich nicht unwiderruflichen Ansicht zu, den üblichen Kirchengesang zu billigen; denn ein wenig kraftvoller Geist könnte doch durch die Freude des Ohres zu frommen Gefühlen entflammt werden.

Jedoch wenn es mir geschieht, daß mich mehr die Töne, als das, was gesungen wird, ergreifen, gestehe ich, daß ich mich schwer versündige und dann wäre es mir lieber, Niemanden mehr singen zu hören. *Aus: Augustinus, Bekenntnisse*

Die ausgebauten Liturgien

Gewisse gottesdienstliche Grundlinien und -ordnungen hat das junge Christentum aus dem jüdischen Ritual und den antiken Religionen und Mysterienkulten übernommen. Die sprachliche und musikalische Ausfüllung eines solchen Liturgie-Skelettes geschah dann aber in den einzelnen Großgemeinden, den Liturgiezentren, wobei Volkstum, Sprache, kulturelle, soziale und politische Lage mitbestimmend waren. »Es ist ein allgemein zu beobachtender Vorgang, daß mit dem Aufstieg des Christentums niedergehaltene und scheinbar unter der Tünche allgemeiner Hellenisierung begraben gewesene Volksart mit Richtung und Wort ihrer angestammten Eigenkultur zu erneuter Bedeutung gelangte« (A. Baumstark). So entstanden im Laufe der Jahrhunderte ausgebaute und verfestigte Liturgien, die nicht selten meist später und in legendärer Weise mit den Namen überragender kirchlicher Persönlichkeiten in Verbindung gebracht wurden: Basilios und Chrysostomos für die griechischen Liturgien, Isidor von Sevilla für die altspanische, Germanus für die altgallikanische, Ambrosius für die mailändische, Gregor für die römische Liturgie.
Zunächst wurden von diesen Liturgien nur die Texte überliefert. Die Melodien traten, wenn überhaupt, erst in späterer Zeit hinzu. Und hier ist wieder zu unterscheiden: Da die Melodien, meist an die Tausende, einfache bis höchst komplizierte, von den Sängern auswendig beherrscht wurden, bedurfte es lediglich gewisser Gedächtnisstützen. So geben die ersten Niederschriften (seit etwa 900) nur die Richtung der Tonlinien und die Gruppierung der Töne, dazu gewisse gesangliche Nuancen an (= linienlose Neumenschrift). Was wir zum Lesen bräuchten, die exakten Tonhöhenunterschiede, dazu kam man erst in einem späteren Stadium: zunächst durch Hoch- und Tiefstellung der Tonzeichen, später (2. Hälfte des 11. Jahrhunderts) mit Hilfe einer oder mehrerer Linien (= Neumenschrift auf Linien, aus denen sich in einem lang hinziehenden Prozeß unsere heutige Notenschrift entwickelt hat). So hängt unsere Kenntnis der alten Melodien von zwei Umständen ab: Die Melodien mußten, was nicht immer geschah, überhaupt erst einmal aus dem Stadium der mündlichen Überlieferung in das der Niederschrift treten; diese dann linienlos oder sonst für uns unlesbar notierten Gesänge mußten ferner in einem späteren Stadium lesbar gemacht werden, wozu man leider nicht immer gelangte.

Niemand möge sich anmaßen, die Melodien von Responsorien und Antiphonen mit willkürlich dazu gesetzten Texten, die nicht dem Kanon der hl. Schrift entnommen sind, in unserer Kirche zu singen, ja nicht einmal eine solche Möglichkeit überhaupt in Erwägung zu ziehen oder die Sprache darauf zu bringen. Was uns not tut, ist, daß wir die gesunde und schlichte Lehre der Apostel und der Kirchenväter befolgen, uns dabei die Gnade sichern und Herz und Sitte der Disziplin unterwerfen... Wenn wir das tun, dann beheben wir zwei Übel gleichzeitig: daß erstens die Anmaßung von höchst eitlen Menschen, die nicht nur Ungeeignetes und Überflüssiges, sondern auch Profanes und Häretisches in den Kirchen zu singen wagen, ganz und gar verschwindet; und daß zweitens den jungen Leuten und überhaupt allen, denen das Amt des Sängers zur Pflicht gemacht ist, die naheliegende Gelegenheit zu solcher Torheit und schädlicher Beschäftigung fern gehalten wird.

Aus: Agobard, Liber de Correctione Antiphonarii

Besonders ungünstig gelagert ist der Fall bei den Repertoiren der östlichen Liturgien. Die ägyptischen und syrischen Kirchen überlieferten ihren Melodienschatz nur auf mündlichem Wege; es ist fraglich, ob der Großteil der heute noch üblichen Weisen halbwegs unversehrt die über diese Lande hinwegfegenden Völkerstürme überstanden hat. Die Melodien der fast ganz erloschenen, nur in der Emigration noch lebendigen armenischen Liturgie soll Mechitar (1676–1749) noch aufgefangen haben, wenigstens nach der Tradition der armenischen Mechitaristen im Kloster San Lazzaro bei Venedig.

Führende Bedeutung im Osten errang die aus syrisch-palästinensischen Wurzeln gespeiste griechische Liturgie von Byzanz, von der dann wieder die alt-slawischen Liturgien Bulgariens und Rußlands abhängen. Sie ist mit den Melodien in einer genügenden Anzahl von Quellen überliefert. Bei den Texten handelt es sich überwiegend um Hymnen, deren Schöpfer vielfach bekannt sind, wie, um nur die bedeutendsten zu nennen, der Kontakien-Dichter *Romanos*, der »veterum melodorum princeps«, ein Syrer (5./6. Jahrhundert), und die Verfasser der grandiosen Gebilde der Kanones, *Johannes von Damaskus* (700–760) und der mit ihm zusammen erzogene *Kosmas von Jerusalem.*

Die ältesten Melodieniederschriften (10.–12. Jahrhundert) sind nicht entzifferbar. Erst die Notation seit dem 12. Jahrhundert gestattet eine Übertragung. Doch leider war mit dem Wechsel der Schrift auch ein Wechsel des Melodien-Repertoires verbunden, so daß uns nur die gänzlich anderen, verhältnismäßig späten Melodien zugänglich sind. Sie offenbaren einen unverwechselbaren eigenen Stil, dessen Glut und Eindringlichkeit ein Spiegelbild östlicher Religiosität sind; und das trotz des starken Vorherrschens von Formeln und Melodie-Modellen, deren ja keine einstimmige und unbegleitete Melodik entraten kann (und wie sie auch in den westlichen Repertoiren zu finden sind).

Eine ähnliche stilistische Haltung muß auch dem älteren verschollenen Repertoire zu eigen gewesen sein, wenn man nach dem wenigen urteilen darf, das in den Westen gedrungen ist und sich dort erhalten hat, wie die Gesänge, die zur Zeit der Syrer- und Griechenpäpste des 7. und 8. Jahrhunderts in die römische Liturgie übernommen worden sind (zum Beispiel die Antiphon Adorna thalamum zur Lichterprozession am 2. Februar).

Im Westen ist die Lage insofern günstiger, als die uns erhaltenen fünf Melodie-Repertoire nicht grundsätzlich wechseln, sondern im Prinzip unverändert durch die Jahrhunderte getragen worden sind. Eine Schwierigkeit liegt allerdings darin, daß nicht alle

Von einigen werden die Hymnen, die bekanntlich zur Verherrlichung Gottes und der Siege der Apostel und Märtyrer gedichtet worden sind... deswegen verworfen, weil sie nicht im Kanon der Bibel enthalten sind und auch nicht auf apostolische Tradition zurückgehen; damit verwerfen sie aber auch jenen von Menschen gedichteten Hymnus, den wir täglich in den privaten und öffentlichen Gottesdiensten am Schluß jedes Psalmes singen »Gloria et honor Patri et Filio et Spiritui sancto in saecula saeculaorum, amen«; auch jener Hymnus fällt darunter, dessen Anfang die Engel bei der Geburt Christi gesungen haben: »Gloria in excelsis deo et in terra pax hominibus«...

...In dem Maße, wie die Zahl der Gläubigen angewachsen ist..., war auch die Vermehrung des Kultes notwendig geworden; denn je klarer eine Religion die neu zu ihr Kommenden anspricht, desto gerechtfertigter erweist sich dann infolge dieses Festhaltens an der Wahrheit die Standhaftigkeit der katholischen Gläubigen gegenüber ihren Feinden. *Aus: Walahfrid Strabo, De exordiis et incrementis rerum ecclesiasticarum*

Liturgien so lange Bestand hatten, bis sie vom Stadium der unentzifferbaren in das der lesbaren Notenschrift gelangt sind. Das ist gleich der Fall bei der altspanischen oder westgotischen Liturgie, auch mozarabisch genannt, das heißt der Liturgie der »falschen Araber«. Entstanden etwa um 600 auf dem Untergrund einer blühenden antiken und frühchristlichen Musikpflege, erfreute sie sich unter der arabischen Fremdherrschaft (ab 711) weitgehender Duldung. Im Zuge der schrittweisen Rückeroberung *(reconquista)* wurden die den Mauren entrissenen Gebiete im 11. Jahrhundert der zugreifenden römischen Jurisdiktion unterstellt. Damit schlug auch für die heimische Liturgie mit dem Zentrum Toledo die Todesstunde, noch bevor die Handschriften in eine lesbare Schrift transkribiert worden waren, mit einer, allerdings winzigen Ausnahme: 19 Gesänge sind von einem Schreiber des 11. Jahrhunderts in die mit dem römischen Kult von Norden eindringende südfranzösische lesbare Notation umgeschrieben worden.

Von weiteren altspanischen Stücken sind bis jetzt nur zwei Preces, litaneiartige Gesänge, in dem hochwichtigen Graduale von Albi nachgewiesen; weitere Stücke aus dieser und anderen aquitanischen Handschriften hat man als mozarabisch wahrscheinlich gemacht. Alle diese Gesänge, ausnahmslos einfacher Haltung und melodisch etwas blaß, reichen nicht aus für eine Gesamtcharakterisierung der altspanischen geistlichen Monodie. So sind wir nur auf das graphische Bild angewiesen, das nun allerdings, besonders bei den Alleluia mit ihren Tonketten auf der Silbe le bis zu 300 Tönen, eine unerhört üppige Melodik verrät. Die lange Ausdehnung der liturgischen Texte und das Überwiegen des hymnischen Elements (die den Psalmen entnommenen Stücke treten zurück) hat die altspanische Liturgie mit den orientalischen gemein.

Ebenfalls verschwunden ist die »Schwester-Liturgie« des Altspanischen, die altgallikanische und zwar schon in früherer Zeit. Der Karolingerkönig Pippin und sein Nachfolger Karl der Große übernahmen seit den berühmten und entscheidenden Verhandlungen 753/4 in Ponthion und Quierzy die Schutzherrschaft über den Kirchenstaat und leiteten damit das eigentliche westeuropäische Mittelalter ein. Ein nicht unwichtiger Bestandteil des neuen Kurses war die Ablösung der alten heimischen Liturgie durch die römische, wie sie seit der zweiten Hälfte des 7. Jahrhunderts von der päpstlichen Hofkapelle des Lateran-Palastes bei den feierlichen Papstmessen in den verschiedenen großen römischen Kirchen (Stationskirchen) gesungen wurde. Die gallikanische Liturgie ist jedoch nicht mit einem Schlag verschwunden. Der Prozeß zog sich über ein Jahrhundert hin, mit dem Erfolg, daß manche Bräuche und Melodien sich in die neue Ordnung retteten, wo sie von der Forschung allmählich auszusondern sind.

Das Charakteristische der altgallikanischen Liturgie, der farbenfrohe Reichtum und der Hang zu phantastischem Ausschweifen, Eigenschaften, die sie mit der altspanischen teilt und die wohl ein Erbteil des Keltischen sind, wurde schon von einem scharfsinnigen Zeitgenossen, dem Reichenauer Abt *Walahfrid Strabo* (gest. 849), formuliert; von ihm stammt auch das Wort von der »vollendeteren Wissenschaft« der römischen Melodien (»cantilenae perfectior scienta«, De rebus ecclesiasticis 25).

In der Tat kann man schon bei dem erhaltenen Rest von gallikanischen Melodien eine ungebundenere Anlage und einen freizügigeren Verlauf erkennen, wenn man sie mit den zuchtvoll gestalteten und durchstilisierten römischen vergleicht. Manche Melodien stehen dem »Volkstümlichen« nahe, was sich gut mit dem mangelnden »Sensus an Integrität« deckt, den Walahfrid Strabo an der gesamten Liturgie auszusetzen hatte, wobei er aber gerechterweise keineswegs blind für ihren hohen Stand war.

Von allen westlichen Melodie-Repertoiren hat sich neben dem gregorianischen nur das mailändische bis heute halten können. Die sogenannte ambrosianische Liturgie, im frühen Mittelalter bis über die Alpen in den deutschen Süden hinein verbreitet, steht den beiden eben geschilderten der Iberischen Halbinsel und Galliens nahe, enthält aber auch römische Bestandteile. Ihre Melodien sind in zahlreichen lesbaren Handschriften seit dem 12. Jahrhundert erhalten und gestatten eine kritische Würdigung. Zunächst fällt eine Eigenheit auf, die sie mit den gleich zu nennenden altbeneventanischen und altrömischen teilten, und die man schon im Mittelalter beobachtet hat: nämlich das fast unendlich erscheinende Dahinfließen, meist in kleinen Intervallen. Die Tatsache, daß ferner in diesem zunächst ungegliedert erscheinenden Melodiestrom immer wieder kleine motivähnliche Partikel unverändert oder leicht variiert auftauchen, scheint Cassiodor (gest. nach 580) im Auge gehabt zu haben, wenn er in einer kostbaren, fast musikwissenschaftlich anmutenden Definition einmal von den die *aula* durchtönenden Melodien wie von einem Gut spricht, das sich nicht genug tun kann, in immer wandelnden Wendungen sich zu erneuern. Als ehemaliger Staatsmann des Ostgotenkönigs Theodorich und späterer Begründer des klosterähnlichen Vivarium in Süditalien, wo er die erste lateinische Bibliothek zusammenschreiben ließ, deren Reste noch erhalten sind (in der bedeutsamen Kapitelbibliothek Verona), kann er oberitalienische (Mailänder) oder süditalienische (beneventanische) Melodien gemeint haben.

Mozarabische Neumen im Antiphonar der Kathedrale von Leon, um 1000

Direkt auf Mailand zielt 500 Jahre später *Aribo Scholasticus:* Die Langobardi (= Lombarden) bevorzugen die kleinschrittige, die Nordländer die sprunghafte Melodik (Gerbert Scriptores II, 212 b). Dieselbe Beobachtung macht schließlich ein unbekannter, wohl italienischer Autor: Die orientalischen oder die südlichen (eine andere Quelle: die mittelmeerischen) Völker ziehen die weiche, schmiegsame Melodieführung der rauheren und mit Sprüngen durchsetzten nördlichen vor. Noch wirkliche Kenner der gregorianischen Melodien glaubten vom Standpunkt dieser viel plastischeren und durchgearbeiteteren Kunst aus den Mailänder Choral als zweitrangig einschätzen zu müssen; heute jedoch wird man, nicht zuletzt aufgrund der Blickweitung durch die Musikethnologie, nicht von einem besser oder schlechter, sondern von zwei gleich wertvollen, aber eben verschiedenen Stilidealen sprechen.

In Benevent, der alten Herzogstadt, wo, wie in Gallien und später in Spanien, der römische Ritus sich durchgesetzt hatte, wurde noch im 11./12. Jahrhundert an den Hochfesten neben der ömischen Messe die altertümliche beneventanische gefeiert, wenn man das friedliche Nebeneinander von Alt und Neu in einigen beneventanischen Handschriften so deuten darf. Die restlose Entzifferung und Analyse der Melodien, die wie die Mailänder dem mediterranen Stilprinzip huldigen, steht noch aus.

Altrömisch und »gregorianisch«

In vollem Umfang erhalten sind die beiden Repertoire der Liturgie Roms. Es ist ein besonderer Glücksfall der Geschichte, daß neben den bekannten normalen, den sogenannten gregorianischen Melodien, auch die ihnen vorhergehenden altrömischen Fassungen sich erhalten haben und somit ein Vergleich möglich ist. Fünf der alten Bücher haben die päpstliche Vernichtungsaktion unter Nikolaus III. im 13. Jahrhundert überlebt. Man hat in Rom (und nur in Rom) den auch kirchenpolitisch entscheidenden Schritt getan, die alten Melodien mit ihrer schweifenden mittelmeerischen Haltung zu straffen, nach gewissen Prinzipien zu stilisieren, sie – wenn man so sagen darf – aus einem folkloreähnlichen lokal-provinziellen Stadium herauszuführen und in eine universalere Sprache zu übersetzen, die mehr Überzeugungskraft ausstrahlt und auch in der übrigen lateinischen Welt verstanden werden konnte. Es ist ein unvorstellbarer Gedanke, daß die altrömischen Melodien den Siegeszug der römischen Liturgie durch ganz Europa hätten mitmachen können. Dazu bedurfte es einer Tonsprache von plastischerer Anschaulichkeit und innerem Ordnungsgefüge, einer Tonsprache, deren Klarheit ebenso ein Abbild des lateinischen »Genius of Rome« (Bishop) war, wie die logisch gestalteten römischen Orationen.

Überblickt man die ganze erste Hälfte des altrömischen »Tauet Himmel den Gerechten, Wolken regnet ihn herab«, so wird man nur ein – gewiß reizvolles und charmantes – Umspielen des Tones a feststellen. Mehr oder weniger starke Abweichungen von dieser Achse sind dabei mit sehr empfindlich agierendem Feingefühl vorgenommen. Man hat den Eindruck, daß die Melodie den Textworten wie ein Kleid nur zufällig übergeworfen ist. Kein Wort, keine Silbe wird den anderen gegenüber wesentlich herausgehoben. Die Silben dienen der feinnervig dahinschwebenden Linie nur als Träger des Klanges. Hält man die neue, die gregorianische Melodie dagegen, wird auf den ersten Blick klar, worauf es den Redaktoren angekommen ist. Der schlichte Beginn »Rorate« erhält ein unvergleichlich plastischeres Gesicht. Die beiden nächsten Worte, caéli und desúper (mit Betonung auf der zweiten Silbe), die in der altrömischen Fassung ohne besondere Hervorhebung unter der perlenschnurartigen Melodiekette erscheinen, erhalten in der neuen

Redaktion ein deutlich voneinander abgehobenes Profil. Auch wird die Zahl der Töne neu verteilt: Die Akzentsilben (caé- und -sú-) werden bevorzugt. Die Wörter treten nun ganz anders in Erscheinung. Und so auch im folgenden: nú-bes, plú-ant (entspricht dem caéli im Vordersatz) und iús-tum.

Überblickt man bis hierher die neue Melodie, erscheint sie neu disponiert: ein Erheben bis zum hohen c in der Mittelregion und ein Wiederzurücksinken zum F, dem Ruhepunkt der gesamten ersten Hälfte des Stückes. Die ursprünglich fast unbekümmert dahinfließende Linie ist jetzt mit Spannung geladen, dabei aber wohl ausbalanciert und klassisch-klar gegliedert. Die Neugestaltung der altrömischen Melodien beschränkt sich aber nicht nur auf diese melodische Durchorganisierung. Sie potenziert sich gleichsam auf das Ganze; im Altrömischen unterscheidet sich ein Introitus nicht gerade erheblich von einem Alleluia oder einem Offertorium; man könnte Stücke der einzelnen Gattungen untereinander austauschen, ohne daß sich im Gesamtbild viel änderte. Anders im gregorianischen Choral: Hier erhält jede Gesangsart ihr spezifisches, von den andern sich unterscheidendes Gesicht.

Und noch eines: Die vier oder, mit Unterteilung, die acht Modi auf den Tönen D, E, F und G prägen sich durch ihre eigene »Kraft« aus: durch ihre vis, virtus, vigor, proprietas, qualitas, potestas, cor atque animus . . cantilenae, wie die Theoretiker des Mittelalters es formulieren, so der Autor der Musica Enchiriadis und der Scholien hierzu (9. Jahrhundert, Gerbert Scriptores I) und Guido von Arezzo (gest. um 1050, ebenda II), um nur die zwei bedeutendsten zu nennen. Jeder Modus, oder, nicht präzis, aber vielleicht verständlicher für den Nicht-Spezialisten: jede Tonart erhält ihren eigenen melodischen Charakter, der sich in speziellen Initien und Klauseln, in der Bevorzugung bestimmter Töne (Skelett-Töne), bestimmter Intervalle und überhaupt bestimmter melodischer Wendungen ausspricht. So wird der Gregorianiker sofort erkennen, daß der Introitus Rorate (Notenbeispiel 6) keinem anderen als dem ersten Kirchenton angehört.

Man wird zugeben müssen, daß diese Umarbeitung mit einem klar erkannten Ziel einen Akt staunenswerter schöpferischer Potenz darstellt, die erste uns erkennbare Großleistung der europäischen Musikgeschichte. Während man beim ersten Bekanntwerden der altrömischen Melodien sich diese nicht anders als eine Entartung der orthodoxen gregorianischen erklärte, besteht heute kein Zweifel mehr, daß es sich um deren frühestes greifbares Stadium handelt. Meinungsverschiedenheit bestand nur mehr über die Frage, wo und wann die Neuredigierung stattfand. Man glaubte unter anderem, sie im Frankenreich suchen zu müssen, da die seit Pippin und Karl dem Großen erfolgte Einführung der römischen Liturgie eine auch den Völkern des Frankenreiches verständliche Melodiefassung erforderte. Doch läßt sich diese These nicht halten. Die Redaktion kann nur in Rom selbst vorgenommen worden sein, und zwar wird sie wahrscheinlich im dritten Viertel des 7. Jahrhunderts stattgefunden haben.

Von dem Pontifikat des Papstes Vitalian (657–672) an werden regelmäßig zwei Bräuche in Rom unterschieden: das Altrömische in St. Peter und den anderen Basilikalklöstern sowie den Stadtkirchen, die neue römische Liturgie für die hochfeierlichen repräsentativen päpstlichen Stationsgottesdienste mit dem später gregorianisch genannten Gesang. Es ist wohl kein Zufall, daß eine mittelalterliche Tradition den Papst Vitalian mit einem eigenen Gesang, dem der »Vitaliani«, in Verbindung bringt.

Der gesamte Vorgang muß im Lichte der allgemeinen geschichtlichen Tendenzen gesehen werden. Immer bewußter fühlte sich Rom als die erste kirchliche Macht des Abendlan-

Der Lateran, Stich aus dem frühen 16. Jahrhundert

des. Nicht die Stadtkirchen und Klöster Roms, auch nicht St. Peter, sondern das Zentrum der kurialen Verwaltung und Politik, der Lateranpalast, für dessen Schola Cantorum die neuen Melodien gestaltet worden waren, rückten immer mehr in den welthistorischen Vordergrund. So heißt es in der konstantinischen Schenkung, jenem berühmten »Wunschbild ... in Gestalt erfundener Dokumente angeblich ehrwürdigen Alters« (E. Caspar) aus der 2. Hälfte des 8. Jahrhunderts, daß »der Lateran, der Palast unseres Imperiums, alle Paläste des gesamten Erdkreises überstrahlt«. Diesem immer mehr erstarkenden Primat-Denken mußte auch eine Liturgie und deren Melodien entsprechen, die nicht mehr lokal-römisch oder provinziell-italienisch ausgerichtet waren, sondern universal die neu in den Gesichtskreis tretenden Völker mit berücksichtigten, besonders seit durch Gregor den Großen um 600 die überhaupt erste römische Mission in England in die Wege geleitet worden war.

In Mailand und in Benevent/Monte Cassino gab es keinen Missionswillen und so auch kein Bedürfnis, die heimischen Melodien in den Stand einer »ars musicae« zu heben. Auch den Byzantinern gegenüber mußte das päpstliche Rom mit einer besseren Leistung aufwarten. Vollends nachdem Rom mit der politischen Macht der Karolinger die folgenschwere Bindung eingegangen war, bedeutete die Übernahme der römisch-päpstlichen Liturgie durch die Franken den ersten größeren Schritt zur späteren beherrschenden Rolle des Papsttums.

Die schon im 5. Jahrhundert einsetzenden Bestrebungen, sich als unumschränkte geistige Autorität durchzusetzen, erreichten im 9. Jahrhundert einen gewissen Höhepunkt. Von der großen Persönlichkeit des Papstes Nikolaus I. (858–867) stammt das Wort von der »Fülle der Gewalt«. Sein übernächster Nachfolger, Johannes VIII. (872–882), war es, der dem literarisch hochbegabten Johannes Hymnonides, Diakon der römischen Kirche, den Auftrag gab, das Leben Gregors des Großen, der unter den früheren Päpsten das meiste

Ansehen genoß, zu schreiben. Die schon da und dort vorhandenen Ansätze, in Gregor den Schöpfer des römischen Antiphonars zu sehen und damit die römische Liturgie und den römischen Gesang an den hervorragendsten Namen der Vergangenheit zu binden, wurden nun mit letzter Konsequenz verfolgt: in einer Fülle von geschickt dargestellten und jedermann leicht eingängigen lebensnahen Anekdoten erscheint nun Gregor als der Urheber des römischen Chorals. Und so blieb es, bis nach den ersten vereinzelten kritischen Stimmen im 17. und 18. Jahrhundert, die moderne historische Forschung immer mehr nicht nur die Unhaltbarkeit der Verbindung Gregors mit dem gregorianischen Gesang durchschaute, sondern auch die Gründe, die zu diesem Mythos geführt hatten.

Das Neuschaffen der Karolingerzeit

Das römische (neurömische, gregorianische) Repertoire der Palastkapelle des Lateran verdrängte allmählich das altrömische, zuletzt in der Stadt Rom selber. Die letzten stadtrömischen Handschriften stammen aus dem 13. Jahrhundert. Seit dem 10. Jahrhundert wurde der gregorianische Choral in einer immer mehr wachsenden Anzahl von Handschriften aller europäischen Länder, und zwar in staunenswerter Treue, überliefert. Trotz der enormen Verluste durch häufige Brände, Kriege, Zerstörungen (auch durch die Schreiber selbst, wenn man neue Bücher schrieb und die alten überflüssig wurden) verwahren die Bibliotheken Europas, in kleiner Zahl neuerdings auch der USA, noch riesige Mengen. Man mag daraus ersehen, welche zentrale Rolle dieser reiche Komplex im Mittelalter gespielt hat, reich an Formen, Kompositionstechniken und Vortragsarten, reich in seiner melodischen Haltung von schlichter Einfachheit bis weitausgreifender, überquellender Melodik.

Ein noch nicht endgültig gelöstes Rätsel bilden dabei die Alleluia-Lieder, deren Melodik zuviel Neuartiges aufweist, als daß sie sich glatt in das römische Repertoire der Lateranensischen Palastkapelle des 7. Jahrhunderts einfügen ließen. Am auffallendsten sind Gebilde wie das folgende, mit der öfteren Wiederholung geschlossener Motivgruppen:

Ebenso wichtig wie die Tradierung durch das ganze Mittelalter aber war ein Zweites. Mit dem gregorianischen Choral war ein gewisser Stilbezirk vorgegeben, dessen Rahmen so weit gezogen war, daß sich in ihm das in der Karolingerzeit machtvoll einsetzende autochthone Schaffen mit genügender Freiheit bewegen konnte. So verstanden, kann man dem Wort vom Choral als dem Lehrmeister des Mittelalters zustimmen. Die

Grenzen waren: das Festhalten an der Einstimmigkeit, wenn auch vom 9. Jahrhundert an schon eine schlichte improvisatorische Mehrstimmigkeit nachgewiesen ist, und an der Tonalität aufgrund der vier Modi auf D, E, F und G. Nicht aber gelang es dem römischen Choral, seine Rhythmusauffassung im neuen Schaffen zur Geltung zu bringen. Im Gegenteil: Manche Niederschriften im 10. und beginnenden 11. Jahrhundert, besonders im deutschsprachigen Südwesten, lassen Versuche erkennen, den frei schwebenden gregorianischen Melodien vorübergehend eine bestimmte Mensurierung aufzunötigen, wie sie für die einheimische Musikkultur charakteristisch war.

Parallel mit den karolingischen Bildungsbestrebungen (der sogenannten karolingischen Renaissance) des 9. Jahrhunderts trat neben die überlieferten Gesänge des Graduale (für die Messe) und des Antiphonale (für das Stundengebet) eine Flut von neugeschaffenen Tropen, Ordinariumsliedern und Sequenzen, den drei wichtigsten Gattungen des 9. und 10. Jahrhunderts. An dieser ersten großen Schaffenswelle der abendländischen Musikgeschichte von Northumbrien bis Süditalien, von den Pyrenäen bis an die Weser und Elbe waren nicht nur die großen Klöster und Reichsabteien, sondern auch die kulturell führenden Bischofssitze beteiligt.

Am engsten mit dem gregorianischen Choral verbunden waren die Tropen. Ursprünglich ein musikalischer Terminus für Melodie schlechthin, allerdings mit dem Nebensinn von heidnisch-volkstümlich-weltlich, bezeichnet man heute allgemein mit Tropus alles, was zu den originalen Gesängen neu hinzugetan wurde. Das war zunächst eine rein literarische Angelegenheit. Man unterlegte länger ausgedehnten Melismen, ja sogar ganzen gregorianischen Gesängen, einen neuen Text, so daß auf jeden Ton eine Silbe traf. Dieses eigenartige Verfahren, weit verbreitet und bis ins 16. Jahrhundert geübt, ist wohl am ehesten zu verstehen, wenn man sich vorstellt, daß damit die Menschen des Mittelalters sich die ihnen irgendwie fremden römischen Melismen näherzubringen suchten:

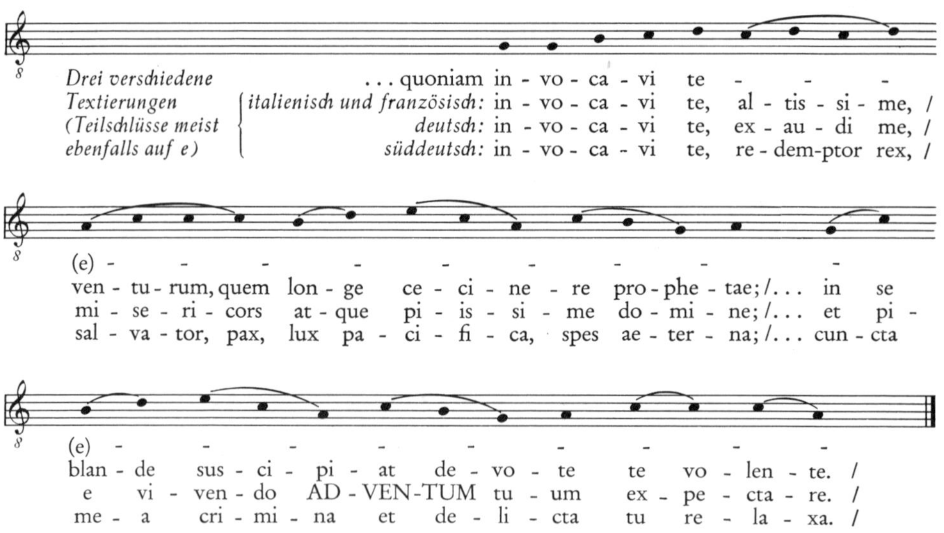

Daß damit die frei dahinströmende römische Melodie einen anderen Charakter angenommen hat, auf dieses Moment sei zunächst nur im Vorübergehen hingewiesen. Wenn

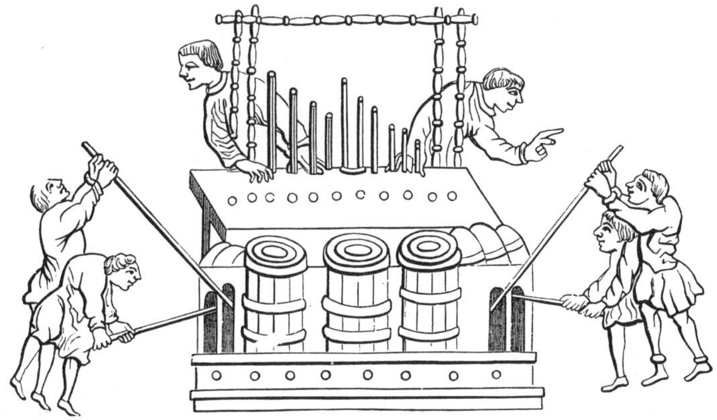

Große Kirchenorgel mit Windkessel zu Winchester aus dem Jahr 951

auch unter den zahlreich überlieferten Texten manches gezwungene Produkt sich findet, darf man doch eine ziemliche Zahl als poetisch gelungene Leistungen ansprechen, besonders wenn man berücksichtigt, wie eng dem Dichter die Grenzen gezogen waren.

Bei der Mehrzahl der Tropen jedoch handelt es sich nicht um bloße Textierungen, sondern um textliche und musikalische Neuschöpfungen, mit denen man eine Unmenge von gregorianischen Gesängen – keine Gattung, einschließlich Lektionen und Gebete, blieb verschont – nicht nur einrahmte, also einleitete und abschloß, sondern auch deren Inneres durchsetzte (s. das folgende Notenbeispiel). Wie sehr bei dieser Technik die Tendenz wirksam war, »sich das überlieferte fremde Gut wahrhaft zuzueignen, ja, es sich traulich zu machen« (von den Steinen), zeigt sich am deutlichsten bei den Introitusgesängen. Sie stehen an der exponiertesten Stelle der Liturgie, eröffnen sie doch die hochfeierliche Messe. So wird zum Beispiel vielfach gleich mit dem ersten Wort Hodie = Heute das Festgeheimnis als jetzt eben gegenwärtig statuiert (»Heute fährt der Erlöser der Welt gen Himmel ...« an Christi Himmelfahrt); oder der Kantor eröffnet den Tropus mit dem Zuruf an den Chor, den Introitus anzustimmen (»Singet, Brüder!«); oder, besonders eindrucksvoll, der Autor des Introitus (David, wenn den Psalmen entnommen) wird als gegenwärtig eingeführt, wie er selber den Introitus singt. Im folgenden Beispiel ist es der Prophet Isaias, der die Geburt des Kindes weissagt. Die Gestalten des alten Testamentes werden auf diese Weise in die gegenwärtige Sphäre hereingezogen. Der überlieferte gregorianische Gesang erscheint durch die Tropierung gleichsam neu »in Szene gesetzt«, modern inszeniert. Die Hexameter oder Distichen sind die Sprache der gehobenen Dichtung dieser Zeit.

Auch musikalisch sucht sich der Tropus der gregorianischen Melodik des Introitus anzupassen, wie man schon am Anfang sieht, der den Quintsprung des Introitus vorwegnimmt. Mit Feingefühl bereitet der Schluß des zweiten Tropenteiles auf opima durch den für die Gregorianik ungewöhnlichen Schluß von unten her den folgenden Aufstieg auf dem Relativsatz Cuius imperium vor. Die klassische Kunst der Tropatoren hat ihre Ausbildung in Südfrankreich, woher auch das vorliegende Stück stammt, erfahren.
Neben dieser klassischen Kunst, deren Melodik man am besten mit »Neugregorianik« bezeichnet, gibt es noch eine ältere Schicht von Introitus-Tropen, wie den folgenden Einschub in den Introitus In medio ecclesiae zum Fest des Johannes Evangelista (seine volkstümlich-tanzartige Melodie kommt untextiert-instrumental und mit Text vor):

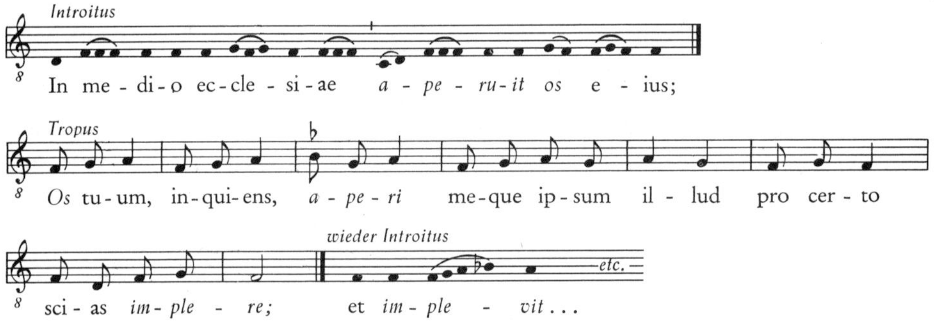

Solche unbekümmerte Art von Tropierung hat sich gegenüber der klassisch-südfranzösischen nicht halten können und ist bald aus den Quellen verschwunden.
Wieder anders liegt der Fall bei den Ordinariums-Gesängen: Kyrie, Gloria, Credo, Sanctus-Benedictus und Agnus dei. Es sind die einzigen, deren Text während des ganzen Kirchenjahres gleich bleibt. Vereinzelt kommen sie schon im Römischen vor, sogar mit Beteiligung des Volkes. Doch beherrschen hier die von Chor und Solisten ausgeführten Propriums-Gesänge, bei denen im Prinzip für jedes Fest der Text wechselt, fast unangefochten das Feld (wie auch bei den östlichen Liturgien). Erst seit der Karolingerzeit bemächtigen sich die Musiker dieses brachliegenden Feldes in steigendem Umfang, so daß man schon im 14. Jahrhundert unter Messe nur mehr die Folge dieser fünf ehemaligen Außenseiter verstand. Das ist bis heute so geblieben.
Wie der Introitus der erste und wichtigste Gesang des Propriums, so ist es das Kyrie für das Ordinarium. Es scheint, daß man in der Hauptsache gleich tropierte Kyrie schuf, was wieder der Tendenz der Zeit entsprach, an und für sich neutral-farblose Texte, wie Kyrie eleison und Christe eleison, zu präzisieren. Im Laufe des Mittelalters wurden die Kyrie mit ihren Tropen allmählich ent-textiert. Doch haben sich manche, wie die beiden

folgenden, mit ihren Tropentexten bis ins 19. Jahrhundert gehalten (das erste ist bekanntlich von Johann Sebastian Bach in der Clavierübung doppelt verarbeitet worden):

Kyrie II der Editio Vaticana:

Kyrie IV:

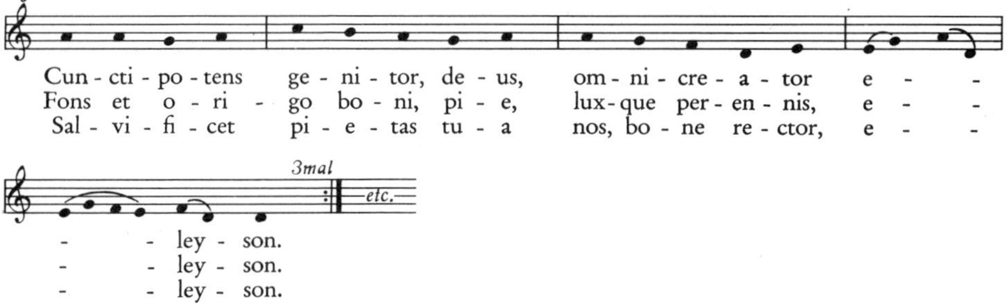

In diesen beiden prächtigen, durch das ganze Mittelalter hindurch weit verbreiteten Melodien, die vielfach (besonders die zweite) als Cantus firmus für mehrstimmige Messen verwendet wurden, wird die neue ungregorianische Melodik deutlich greifbar: während die römisch-gregorianische dahinfließt (und in noch höherem Grade natürlich die mittelmeerische Mailands, Alt-Roms und Alt-Benevents), bewegen sich diese Weisen schrittweise. Es ist dieselbe Erscheinung, wie bei den Austextierungen von römischen Melismen (Notenbeispiel S. 92): Der Tonstrom löst sich in Einzeltöne auf, die nun ein volleres Gewicht erhalten. Aber während es sich bei den Austextierungen um eine Umdeutung von ursprünglich anders empfundenen Melodien handelt, sind die neuen Weisen der Kyrie usw. von allem Anfang an im neuen Stil konzipiert: nicht mehr strömend, fließend, sondern schreitend; statt dahinzugleiten, nimmt die Melodie Schritt um Schritt. Sie ist nicht mehr in erster Linie horizontal, sondern vertikal ausgerichtet und so auch bevorzugt geeignet für mehrstimmige Ausführung, wobei jeder Ton Basis einer über ihm errichteten Akkordsäule wird. Dies ist die neue fränkische Melodik, wobei fränkisch sich auf alle Länder bezieht, die vom Frankenkönig Karl dem Großen, dem »Rex Germaniae, Galliae et Italiae« (Alcuin Ep. 67) zusammengefaßt wurden.

Sequenzen

Es ist derselbe Stil, wie er in der Sequenz herrscht, der letzten und eigenständigsten großen Gattung der Karolingerzeit. Während der Tropus nur in Verbindung mit seinem originalen Gesang ausführbar ist, ist die Sequenz ein selbständiges Gebilde, eine in sich geschlossene Dichtung hymnischen Charakters mit eindeutigem Bezug auf das Festgeheimnis. Während ferner der Tropus in vielerlei Gestalt erscheint, bietet die Sequenz ein gleichbleibendes Bild: eine Folge von (etwa 6 bis 15) verschieden langen Melodiezeilen. Bis auf die erste und letzte werden sie alle wiederholt, weil auf sie ja zwei gleich lange und gleich gebaute Textzeilen treffen: Melodie: A BB CC DD usw.
Text: a b c d

Die Textverse sind in einer Art Kunstprosa verfaßt, wobei auf jede Silbe ein Ton fällt. Der Terminus ist, wie so vieles der mittelalterlichen Begriffswelt, wiederum der Antike entnommen. Jeder Schüler der Grammatik oder Rhetorik lernte im mittelalterlichen Unterricht, daß, wie jede Sache, so auch die Rede drei Dinge hat: initium (Anfang), sequentia (Folge-Verlauf) und clausula (Schluß). »Sequentiae« nannten demnach die Sänger, nach dem fränkischen Liturgiker Amalar (821), die langen Tonketten ohne Text, die sie beim Alleluia-Gesang dem letzten abschließenden Alleluia (nach dem Vers) beifügten; Sequentiae: weil sie entweder dem Vers »folgen« oder weil die einzelnen Teilabschnitte musikalisch logisch »aufeinanderfolgen«, sich auseinander entwickeln, eine Tatsache, die durch die zahlreich überlieferten Niederschriften solcher textloser sequentiae bestätigt wird.

Solche riesigen Melismen textierte man später und schuf damit das dichterisch-musikalische Kunstwerk der Sequenz (wie man im Ostfränkischen das fertige Gebilde nach der musikalischen Komponente nannte, während man im Westen, und das bis heute, die Benennung nach dem Text vorzog: Prosa). Zeuge für dieses Verfahren der Textierung ist rund 50 Jahre später *Notker von St. Gallen* (gest. 912). Im Vorwort zu seiner Sequenzen-Sammlung gibt er geradezu einen Rechenschaftsbericht über Anlaß und Anfänge seiner dichterischen Tätigkeit. Zunächst gesteht er offen, wie schwer es ihm gefallen sei, die »überlangen Melodien« (longissimae melodiae) seinem Gedächtnis einzuprägen. Erst als er in einem Buch, das ein vor den Normannen geflüchteter Mönch aus Jumièges am Unterlauf der Seine mitgebracht hatte, einige Textierungen sah, habe ihn dies auf den Gedanken gebracht, seinerseits die melodiae-sequentiae zu textieren. Diesem Vorgang verdanken wir das grandiose Werk des vielleicht größten lateinischen Dichters des Mittelalters, ein geschlossenes Sequenzenwerk für die Hauptfeste des Kirchenjahres. Nun läßt sich aber ein Großteil aller Sequenzenmelodien nicht als Bestandteil von Alleluiamelodien nachweisen. Man ist also gezwungen anzunehmen, daß man vielfach selbständige, Alleluia-freie Sequenzen schuf und sie nachträglich mit einem solchen verband, um den liturgischen Gegebenheiten zu genügen. Das erscheint durchaus plausibel, kannte man doch schon in der Frühzeit Sequenzen (sogenannte archaische), die nicht aus einem Alleluia entstanden sein können. Auch bei den alleluiatischen Sequenzen löste sich bald der ursprüngliche Zusammenhang; lediglich die Stellung in der Messe nach dem Alleluia, beziehungsweise statt diesem, und vor dem Evangelium, erinnert an die ehemalige Bindung.

Auch sonst weist vieles auf außerkirchliche Wurzeln hin. Auf instrumentales Musizieren deutet der Brauch, die Melodien nicht nach den verschiedenen später unterlegten Texten zu

17, 18 Leierspieler und Tänzerin mit Cymbeln, symbolische Darstellungen der Kirchentonarten, Kalksteinkapitelle aus der Abteikirche Cluny, Ende des 11. Jahrhunderts

19 (links) König David musizierend als bildliche Darstellung der ersten »Tonart« auf D. Südfranzösisch, 11. Jahrhundert

20 Graduale des 11. Jahrhunderts, linienlose Neumen mit Hilfsbuchstaben

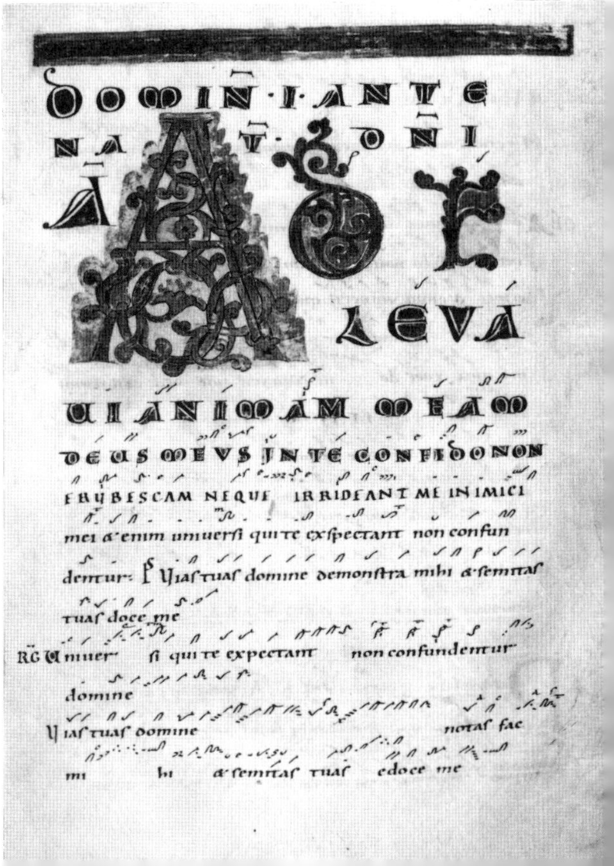

21 *Seite aus der Carmina-Burana-Handschrift. Das Rad der Fortuna*

Fidelspieler und Tänzer.
Miniatur aus einem Codex des 11. Jahrhunderts

benennen, sondern ihnen eigene Namen zu geben, u. a. direkt solche von Musikinstrumenten, zum Beispiel Cithara, Fidicula (kleine Fidel), Lyra, Tuba, Tympanum, ein Saiteninstrument der Iren und Schotten. Man denkt sofort an weltliches oder vorchristliches Brauchtum, aber auch an Altgallikanisches, wo die Instrumente im Gottesdienst nicht so verpönt waren wie in der römischen Liturgie; so hat Venantius Fortunat, der führende Dichter der Merowingerzeit (gest. nach 600) die farbenfrohe Schilderung eines Pariser Gottesdienstes mit reicher Beteiligung von Instrumenten hinterlassen. Auf Mehrstimmigkeit deuten Namen wie Symphonia und Organa. Einige Male kommt auch Planctus mit Zusammensetzungen vor, was wiederum in die Richtung heidnischer Kultbräuche weist; gerade die Totenfeiern, die mit Tanz, Spiel, Gelage und Gesang Tage und Nächte dauerten, waren im Volk außerordentlich beliebt und den christlichen Sendboten ein stetes Ärgernis. Die Belege reichen von der frühchristlichen Zeit bis ins 11. Jahrhundert.

Es ist kein Zufall, daß die Sequenzenmelodie Planctus cigni (Schwanenklage), deren Inhalt keinen kirchlichen Bezug hat, einen Stil aufweist, der ähnlich in der französischen weltlichen Musik des 12./13. Jahrhunderts wieder erscheint (im Lai); hier die Versikel 7 und 8:

Man spürt hinter den kurzen schlagkräftigen »Motiven« den drängenden spielmännischen Rhythmus, wenn er auch durch die Textierung verschoben ist (wie bei núbium sídera). Als eine Frühstufe der fertigen standardisierten kirchlichen Sequenz darf man die sogenannten teiltextierten Sequenzen ansehen: um vorhandene, offenbar beliebte volksläufige rufartige Bildungen oder gallikanische Bestandteile wurden zunächst textlose Sequenzenversikel herumgebaut, die dann auch textiert auftraten. Das folgende Beispiel ist einer westfränkischen Sequenz zu Kirchweih entnommen; gerade bei diesem Fest, wie auch noch bei Reliquienübertragungen, »zeigte sich oft ein geradezu eruptives

Aufbrechen der Volksfrömmigkeit ... in jener alten Form germanischer Religiosität« (Fichtenau).

Unwillkürlich denkt man an die von Bonifatius bekämpften heidnischen Tänze, Rufe und Lieder (zum Beispiel in der Epistola 83 vom Jahre 742). Wieviel an vorchristlichen Symbolen findet sich sogar noch in der romanischen Skulptur! Solche und noch andere Früherscheinungen sind in der kirchlich standardisierten Sequenz eliminiert. Das bedeutet zweifellos eine gewisse Verarmung gegenüber der älteren formalen Vielheit und Mannigfaltigkeit. Doch wird diese kompensiert durch den Gewinn eines straffen, keiner Willkür mehr ausgelieferten Baues, und durch die nun enorm gehobene literarische Qualität. Ja, das in gewissem Gegensatz zum westfränkischen stehende ostfränkische Repertoire wird in hohem Maße bestritten von den Dichtungen der überragenden Schöpferpersönlichkeit Notkers.

Ihm muß ein Musiker von außergewöhnlichem Format zur Seite gestanden haben (der Ire *Monegal-Marcellus*, gest. 871?; *Tuotilo*?), der die seinen Dichtungen vielfach zugrunde liegenden westfränkischen Melodien durch Ausmerzung archaischer Elemente und andere geschickt vorgenommene Manipulationen zu kongenialen Neufassungen erhob. Ein Schulbeispiel sind die beiden Sequenzen Notkers für Stephan und Peter-Paul, beide auf die Melodie »Concordia«. Sowohl deren erste nachweisbare westliche Textierung, wie dann die Notkers zu Peter-Paul läßt einen Blick tun in die Nöte der Zeit, die unter der gräßlichen Normannengefahr und dem unheilvollen, geradezu verheerenden Zwist innerhalb der Karolinger-Dynastie litt, der schließlich zum Verfall des Imperiums führte.

Auf eine wiederum westliche Melodie, genannt Mater, die während des Mittelalters immer wieder textiert worden ist, hat Notker seine Sequenz auf Mariä Himmelfahrt (15. August) geschaffen. Sie ist ein schönes Beispiel für den Typ der fertigen, liturgisierten, standardisierten Sequenz dieser Zeit. Ihre Kennzeichen: Sie beginnt und schließt mit einem Solo-Versikel; zum dichterischen Stil gehört weitgehende Übereinstimmung der beiden Parallel-Verse durch möglichste Gleichheit der untereinander stehenden Wort-Längen, Wort-Akzente und Wort-Klänge (Assonanzen): So korrespondiert am Anfang von 5 Qua glória mit quam spléndida; melodisch reimen alle Versikel auf die von unten nach oben strebende typische Sequenzenklausel F G G, bzw. c d d, mit Ausnahme des nun von oben her kommenden endgültigen Schlusses; im Inneren sind mannigfache Beziehungen zwischen den Versikeln vorhanden, die den ohnehin schon durch die Gemeinsamkeit der melodischen Haltung verbürgten Zusammenhalt des Ganzen noch verstärken; die Hebung der größeren zweiten Hälfte um eine Quinte nach oben ist legitimer Sequenzenstil der Zeit; im Gegensatz zur »scholastischen« Sequenz des 12. Jahrhunderts (s. weiter unten) wohnt der klassisch-karolingischen Sequenz damit ein dynamischer Zug inne, der wieder gut zur urtümlichen Kraft der Gedankenwelt und der Sprache paßt.

Die Rhythmisierung, wie sie die ältesten Handschriften nahelegen (und wie sie schon im 11. Jahrhundert langsam verlorengeht), läßt sowohl die einzelnen Wortkörper, wie das Profil der Melodie plastisch aufscheinen. Zur Ausführung: Notker selbst hat Vers und Gegenvers von Chor und Gegenchor (Knaben und Männer) singen lassen. Die deutsche Übersetzung von W. von den Steinen deckt sich in den Verslängen und den Wortbetonungen mit dem Original, so daß man sie sogar singen könnte.

Die außerkirchliche Musik

Wiederholt hatte die Betrachtung von Tropen- und Sequenzenmelodien einen kurzen Blick auf die außerkirchliche, die weltliche Musik freigegeben: in Beispielen wie der spielmännischen Tanzmelodie (Notenbeispiel S. 94) oder im Melodieausschnitt einer möglicherweise vorchristlichen Totenklage (Beispiel S. 97) sowie in den volkstümlich-rufartigen Bildungen, um die man Sequenzenverse herumbaute (Beispiel S. 98), wird uns die gleichzeitige außerliturgische Musik greifbar, die sonst fast vollständig verschollen ist. Nur literarische und bildliche Zeugnisse künden von ihr und verraten das Vorhandensein einer weltlichen Musikübung in mancherlei Abstufungen.

Die niedere Gebrauchsmusik der unteren Volksschichten, deren Träger vielfach die Fahrenden waren, die Nachkommen der spätantiken *mimi* und *histriones*, war schon von den Kirchenvätern her verfemt; zahllose Konzils- und Synodalbeschlüsse, Predigten, Briefe und ähnliche Verlautbarungen wenden sich gegen diese »satanische Musik« und ihre Träger. Man warf eben zu leicht alles in einen Topf. Ob es sich um heidnische Riten handelte oder um Gesellschaftslieder und -tänze, an deren Auswüchsen fromme Eiferer Anstoß nahmen: für die um die Veredelung des Christentums bemühten Missionare waren das alles »carmina lasciva et turpida«, ausgeführt von den »turpidissimi et vanissimi ioculatores«, wie sie der tropen- und sequenzenfeindliche streitbare Erzbischof von Lyon, Agobard (gest. 840), nannte. Das »incantare« und die »in-cantationes«, legitime gesungene Beschwörungsformeln heidnischer Kulte, werden bei den christlichen Glaubensboten zu satanisch-dämonischem Blendwerk.

Doch gab es auch hier Ausnahmen: Der Abt des berühmten nordenglischen Klosters Wearmouth, Cuthbert (8. Jahrhundert), ergötzte sich mit Vorliebe an einem Spielmann, der auf einer Rotte zu spielen verstand, demselben Saiteninstrument, auf dem auch Tuotilo, ein berühmter Künstler aus St. Gallen (auch Tropenschöpfer) um 900 Meister war. Auch Hucbald (um 900) und später Thomas von Aquin (13. Jahrhundert) bildeten Ausnahmen in dem Chor der Eiferer, wie auch immer wieder Bischöfe und Äbte trotz der wütenden Aggressionen gegen die weltliche Kunst (die sich übrigens bei allen orthodoxen institutionalisierten Kirchen finden, ob in Byzanz, in Syrien, bei den Mohammedanern oder den Juden) gern Spielleute mit ihren Gesängen in der Volkssprache und mit ihren Instrumentalstücken und -tänzen an ihren Hof zogen.

Besonders in der Umgebung der weltlichen Herrscher erfüllte die Musik eine wirkliche Funktion in allen möglichen Lebenslagen: Musiker und Sänger wurden nicht nur für kultische Riten, wie Hochzeiten, Totenfeiern und ähnliches benötigt, sondern auch beim Mahl, bei Einzügen und Empfängen, Krönungen usw., nicht zu vergessen bei der Heilung seelischer Krankheiten (so wie David vor dem von Melancholie umnachteten Saul musizierte). Eine besonders ausgezeichnete Stellung nahmen hier die Berufsmusiker ein (im Norden Skops und Barden geheißen), die die Taten der Vorfahren und die Mythen ihres Volkes und seiner Geschlechter vortrugen; wir wissen von solchen ständisch gehobenen Sängern bei den Goten (unter Attila und Theoderich) und bei den Karolingern.

Karl der Große ließ bekanntlich die »barbara (volkssprachigen) et antiquissima carmina« (Einhard 29) sammeln, um sie für die Nachwelt zu erhalten. Doch gerade diese bewahrende Tätigkeit zeigt, daß der Höhepunkt der lebendigen, mündlich tradierten Pflege bereits überschritten war. Und in der Tat, sein Sohn und Nachfolger, Ludwig der Fromme, der diese »poetica carmina gentilia« in seiner Jugend noch erlernt hatte, wollte später nichts mehr davon wissen, was eben mit dem kulturellen Umschwung in den ersten Jahrzehnten des 9. Jahrhunderts zusammenhängt. Wir dürfen uns diese Lieder nicht so sehr in der künstlerisch hochstilisierten Form der späteren mittelalterlichen Epen vorstellen, sondern eher einfacher: schlichte Sagen-Erzählungen, Kataloge der Herrscher und Helden, richtige Genealogien, wie wir aus dem altenglischen Lied des Wîdsîth (gest. 375), der allein oder zusammen mit einem Harfner an den europäischen Höfen umherzog, entnehmen können. Daß es sich bei diesen Liedern im Prinzip um Gesang oder gesangsähnliche Rezitation auf einer oder wenigen ständig wiederholten musikalischen Formeln handelt, dürfen wir aus ähnlichen Gewohnheiten bei vielen Völkern, und das bis in die Jetztzeit herein, schließen (Grocheo im 14. Jahrhundert sagt: cantus debet in omnibus versibus reiterari).

Man geht wohl nicht sehr fehl, wenn man annimmt, daß ein Gebilde, wie das im folgenden Notenbeispiel wiedergegebene, solchen Vorstellungen nahe kommt. Wir kennen die Melodie nur mit zwei Texten, einem Gesang der Rom-Wallfahrer (O Roma nobilis) und einem kunstvoll gestalteten Paidikon, dem Gedicht eines Lehrenden an seinen Schüler, das ein liebeähnliches Erlebnis widerspiegelt, wie es im Mittelalter häufig anzutreffen ist (O admirable Veneris idolum). Daß die Weise zu einem früheren Heldenlied gehörte, ist nicht nachzuweisen, auch nicht sehr wahrscheinlich, aber immerhin zeigt sie zwei Eigenheiten, die sie in dessen Nähe rücken: einmal der heroldartige Einsatz in der Höhe, der die Zuhörer sofort packen, ja erregen will, wie solches auch bei anderen Völkern üblich ist, zum andern eine viermalige Wiederholung derselben Melodiezeile, wobei zu beachten ist, daß auch die fünfte und sechste Textzeile aus demselben Material gebildet wird:

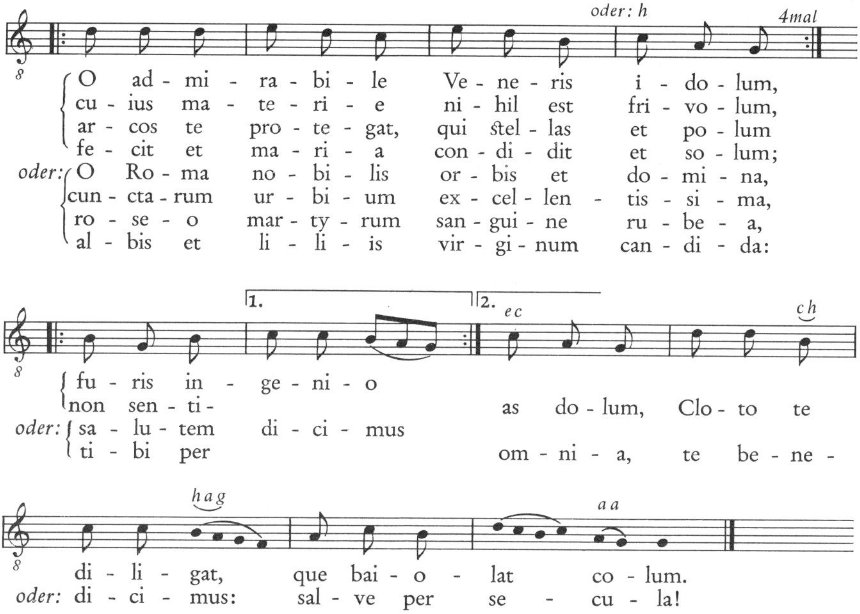

Einen Anhaltspunkt, wie solche Dinge möglicherweise gesungen worden sein könnten, gibt die Schallaufnahme eines ähnlichen Gebildes aus der südspanischen Landschaft Alpujara: auf urtümliche Weise, mit gepreßter Stimme wird hier beim Weinkeltern eine Formel ständig wiederholt, zu der eine Geige ohne Rücksicht auf Zusammenklänge und auch rhythmisch vollständig unabhängig ebenfalls ständig wiederholend improvisiert.

Nach der Jahrtausendwende

Zunächst noch zögernd, seit etwa 1200 immer gebieterischer, zieht die kräftig aufblühende mehrstimmige Musik die Aufmerksamkeit auf sich und drängt die bisher einzig gültige Monodie allmählich mehr in den Hintergrund. Doch sollten Sequenz und Tropus im 12. Jahrhundert, dem fruchtbarsten und aufgewühltesten des reifen Mittelalters, noch eine Nachblüte erleben.

Im 11. Jahrhundert beginnen die nationalen Unterschiede zwischen Frankreich und Deutschland im Sequenzenschaffen sichtbarer hervorzutreten: auf deutscher Seite das wuchtige österliche Triumphlied Victimae paschali, das aus der gleichen Motivik gespeist ist, wie das heute noch lebende »Christ ist erstanden« (von den Tausenden von mittelalterlichen Sequenzen ist es die älteste der fünf nach dem Konzil von Trient im heutigen Graduale Romanum noch übriggebliebenen); zarte Beschwingtheit und federnder Rhythmus dagegen zeichnen das französische, durch ganz Europa viele Jahrhunderte lang gesungene Laetabundus aus:

Im 12. Jahrhundert bildete sich in Frankreich ein neuer Typus aus. Er ist getragen von der neuen, in der Scholastik gipfelnden Pariser Theologie. Textlich reduzieren sich die bisher verschiedenen Doppelversikel auf ein oder wenige gereimte Einheitsstrophenmaße. Musikalisch entspricht dem eine Melodik, die die kraftvolle Herbheit der klassischen Karolinger-Sequenz eingebüßt und dafür Glätte und Eingängigkeit eingetauscht hat, wohl auch einigen Niveauverlust. Schulbeispiel ist eine Melodie, die ursprünglich zu einem Text des hervorragendsten Dichters dieses Sequenzentypus, des Augustinerchorherrn *Adam von Saint-Victor* in Paris (1110–1192) gehörte, bald jedoch, und das bis heute, zu dem späteren Text »Lauda Sion« des *Thomas von Aquin* (geb. wahrscheinlich 1225, gest. 1274) zu Fronleichnam gesungen wurde.

Eine intimere Region tut sich in dem im 11. Jahrhundert in Frankreich erwachten neuen

Liedschaffen auf. Einen bisher noch sehr ungenügend bekannten und noch nicht einmal inventarisch erfaßten Sektor bilden die kleinen, textlich wie musikalisch so reizvollen Liedchen in Miniatur-Sequenzenform (aa bb cc dd), die als Tropen, hier Verbeten genannt, in die großen Responsorien des nächtlichen Gebetsgottesdienstes eingelassen sind. Bedeutsamer sind die zahlreichen südfranzösischen, »versus« genannten, Lieder des Repertoires von Saint-Martial, so genannt, weil ihr Gros in vier Handschriften überliefert ist, von denen sich drei schon im 13. Jahrhundert in der Bibliothek der Abtei Saint-Martial in Limoges befunden haben. Es ist eine Art klerikale Standeskunst für alle möglichen Gelegenheiten, ein Pendant zur aufkommenden ritterlichen Troubadour-Kunst. In der Liturgie fungieren sie etwa zur Hälfte als Tropen zum Entlassungsruf am Schluß der Gebetszeiten; der Ruf des Zelebranten »Benedicamus domino« und die Antwort des Chores »Deo gratias« sind in den Schluß der entsprechenden Strophen eingearbeitet. Es ist eine blühende, zur einen Hälfte einstimmige, zur anderen bereits zweistimmige Kunst, in der sich die unerschöpfliche Phantasie der gallischen Rasse in immer neuen überraschenden Formbildungen und fesselnden melodischen Einfällen auslebt.

Neben der Saint-Martial-Kunst bilden die gleichzeitig aufblühenden geistlichen Spiele den zweiten und letzten Höhepunkt der mittelalterlichen lateinischen Monodie. Verglichen mit den mehr »kammermusikalischen« Versus von Saint-Martial, ist die Melodik der Spiele, besonders die der nordfranzösischen, von dramatischer Schlagkraft und offenbar der spielmännischen Musikpraxis benachbart. Vor allem die Auftrittslieder in den geistlichen Spielen, die Conductus, wie man sie mit einem aus dem militärisch-höfischen Leben entlehnten Terminus nannte, stehen dem Lai nahe, einer Art freier Sequenz mit lockerem Bau und tänzerischer Melodik zu französischen, meist weltlichen Texten. Ja, so formelhafte Wendungen, geradezu »Schlager« des 12. Jahrhunderts, wie die zwei folgenden aus dem Danielspiel, das von den jungen Leuten der Domschule von Beauvais geschaffen wurde und 1140 zur Darstellung gelangte, mögen es gewesen sein, auf die man die Liebeslieder eines der großen Dichter dieser großen Zeit, Petrus Abälard, sang. Héloïse spricht noch in späterer Zeit davon, daß sie einst in allen Gassen Frankreichs erklangen.

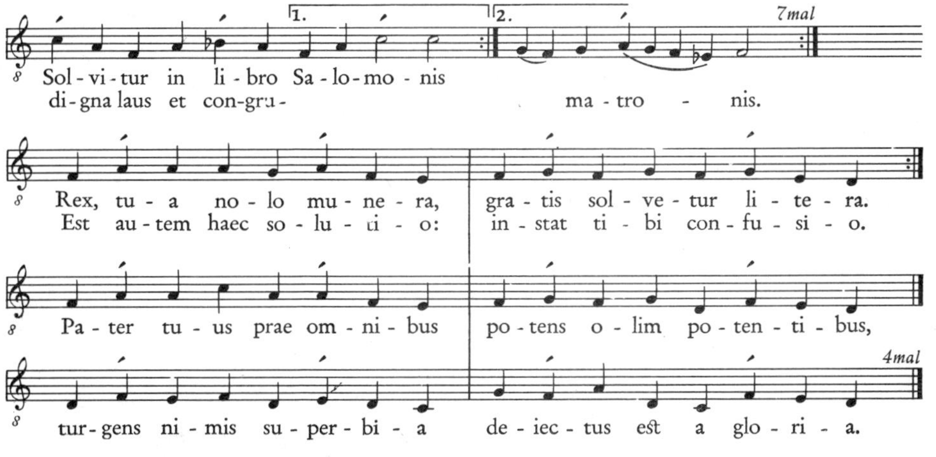

Und der alte gregorianische Choral? Hier muß man unterscheiden. Auf einem Gebiet wird seit dem 10. Jahrhundert bis zum Ende des Mittelalters noch weiter produziert: Die zunehmende Zahl von Heiligen, verbunden mit einem für unsere Vorstellungen phantastischen Reliquienkult erforderte immer neue Officien für den Gottesdienst der sieben Gebetszeiten: Matutin in der Nacht, Laudes in der Frühe, Prim, Terz, Sext und Non um 6, 9, 12 und 15 Uhr, Vesper am Abend und Komplet vor dem Schlafengehen. Gegenüber den klassischen gregorianischen Fest- und Heiligen-Officien, die kraft innerer Geschlossenheit eines äußeren Bandes nicht bedurften, schloß man die neuen Officien sowohl textlich wie musikalisch zu einer allerdings nur äußerlichen Einheit zusammen. Textlich, indem man die Vita (die »Historia«) des Heiligen, nun auch versifiziert (daher der Name Reimofficium), auf die Gesänge und Lesungen der sieben Stundengottesdienste aufteilte; musikalisch, indem man die Gesänge, hauptsächlich Antiphonen und Responsorien, in der Reihenfolge der acht Kirchentöne komponierte. Während der alte Choral durchwegs anonym überliefert ist, begann man jetzt das Dichten und Komponieren als individuellen Schöpferakt zu empfinden; in zunehmender Zahl sind uns Namen von Dichtern und Musikern als Verfasser fortschrittlicher Officien überliefert: Hucbald (gest. 930), bekannt auch als Musikgelehrter, Reginold, Bischof von Eichstätt (gest. 991), Julian von Speyer (gest. um 1250), der Verfasser der franziskanischen Heiligenofficien, Thomas von Aquin (gest. 1274), Dichter des neuen Fronleichnamsofficiums und viele andere. Abgesehen von isolierten Untersuchungen einiger hagiographisch auffallender Officienkreise, steht textlich wie musikalisch die Forschung hier noch ganz am Anfang.

Im übrigen wird, besonders in der Messe, der überkommene alte Choral weiter gesungen. In der Praxis war er immer noch unentbehrlich. Auch für das späte Mittelalter bedeutete er immer noch eine geistige Größe. Freilich war manches an ihm, der immer

Nach zehnjähriger grausamer Trennung gedenkt Héloïse, jetzt Äbtissin von Paraklet, im ersten ihrer Briefe an den noch immer geliebten Petrus Abälard der Zeiten, als er noch zahlreiche Liebeslieder schrieb:

> ... Zwei Dinge waren Dir, ich gestehe es, besonders eigen, mit denen Du die Herzen aller möglichen Frauen sofort zu fesseln verstandest: nämlich die Gabe der Dichtung und die des Gesanges, Gaben, die, wie wir wissen, den übrigen Philosophen am wenigstens verliehen sind. Mit ihnen erholtest Du Dich wie bei einem Spiel von den Anstrengungen Deiner geistigen Arbeit und zahlreiche Lieder, von Dir im Stil des Metrums und des Rhythmus von Liebesliedern verfaßt, hast Du hinterlassen, die ob der unerreichbaren Lieblichkeit sowohl des Textes wie der Melodie häufig gesungen wurden und Deinen Namen in aller Mund lebendig erhielten, so daß auch bei den Ungebildeten die Süße der Melodien Deinen Namen nicht vergessen ließ. Und daher seufzten hauptsächlich die Frauen in Liebe nach Dir. Und da der Großteil dieser Lieder unsere Liebeswonnen besang, verkündeten sie in kurzer Zeit meinen Namen in vielen Gegenden und erwecken bei vielen Frauen Neid gegen mich.
>
> ... Als Du mich einstens zu vergänglichen Wonnen begehrtest, wie viele Briefe hast Du an mich gerichtet, brachtest Du mit Deinen Liedern den Namen Deiner Héloïse in aller Mund. In allen Gassen, allen Häusern erklang er.

Petri Abaelardi Opera, ed. Victor Cousin, Parisiis 1849, I, Epistola II p. 76 und 78.

mehr wie ein fremdartiger Koloß in eine sich ständig wandelnde Welt hereinzuragen drohte, für die Zeitgenossen nicht mehr recht verständlich. Doch wagte man nicht, hatte wohl auch noch keinen Anlaß, allzuviel an ihm herumzukorrigieren. Erst das Zeitalter der Renaissance und des Humanismus hat tief einschneidende Veränderungen an den Melodien vorgenommen, die den großartigen Organismus nicht nur veränderten, sondern entstellten und zerstörten. Zugleich sank im Gefolge von Reformation und Gegenreformation die praktische Bedeutung im Gottesdienst immer mehr. Die radikalste Deformation des 16. und 17. Jahrhunderts, die sogenannte Editio Medicaea, wurde von der römischen Kurie zweieinhalb Jahrhunderte später (1870) als einzig authentische Fassung mit Gesetzeskraft deklariert.
Aber es waren inzwischen, besonders in Frankreich, schon die Gegenkräfte emporgewachsen. Im Zuge der liturgischen Erneuerung, die in dem Benediktinerkloster Solesmes und seinem Gründer und ersten Abt Prosper-Louis-Pascal Guéranger (1805–1875) ihren Mittelpunkt hatte, wurden auch die authentischen Choralmelodien wieder entdeckt, ihre Gesetzmäßigkeit und ihr System erkannt, in der groß angelegten Facsimile-Publikation »Paléographie Musicale« zugänglich gemacht und schließlich in der Editio Vaticana seit 1905, die heute noch nicht abgeschlossen ist, wieder für den praktischen Gebrauch vorgelegt und als verbindlich erklärt. Daß ein Melodienschatz, der bei seiner Entstehung vor 1300 Jahren dem lebendigen Fühlen der Zeit voll entsprochen hatte, heute noch unter so gänzlich anderen Verhältnissen eine Funktion zu erfüllen vermag, ist eine in der Weltmusikgeschichte einzig dastehende Tatsache und zeugt von der fast zeitlosen Kraft und der erhabenen Objektivität des »carmen gregorianum«.

Der gregorianische Choral

Diese Eigenschaften (Heiligkeit, Güte der Form und Allgemeingültigkeit) finden sich in höchstem Maße beim gregorianischen Choral; deshalb ist er der eigentliche Gesang der römischen Kirche: ihn hat sie als einzigen von den Vätern des Altertums als Erbe überkommen, ihn hat sie mit höchster Sorgfalt im Verlauf der Jahrhunderte in ihren liturgischen Handschriften bewahrt, ihn bietet sie gleichsam als den Ihrigen unmittelbar ihren Gläubigen dar, ihn läßt sie in einigen Partien der Liturgie als einzigen gelten; neueste Forschungen haben ihn in seiner früheren Unversehrtheit und Reinheit so sehr glücklich wieder hergestellt.
Aus diesen Gründen hat der gregorianische Gesang gleichsam als höchstes Ideal der Kirchenmusik gegolten, so daß mit Recht folgendes allgemein gültige Gesetz aufgestellt werden kann: ein musikalisches Werk, das für den kirchlichen Gebrauch dienen soll, ist um so mehr heilig und liturgisch, als es seiner Haltung, seinem Geist und seiner Ausstrahlung nach sich dem gregorianischen Melos nähert; umgekehrt ist es um so weniger des Gotteshauses würdig, als es sich von diesem Vorbild entfernt.
Deshalb muß der altüberlieferte gregorianische Gesang in weitem Umfang bei den Gottesdiensten wieder verwendet werden; und alle mögen überzeugt sein, daß eine heilige Handlung nichts von ihrem Glanz verliert, wenn sie nur mit dieser Art Musik verbunden ist.
Aus dem Motu Proprio Pius X. von 1903, einem »Codex musicae sacrae iuridicus«.

Hohes Mittelalter und frühe Renaissance

Wer sich in das Musikleben des hohen Mittelalters versenken will, muß sich zunächst von heutigen Vorstellungen frei machen. Unser Musikleben in Europa ist vielgestaltig. Es ist in unzähligen Institutionen organisiert und verläuft in vielen Schichten. Die nationalen Bereiche sind, von wenigen umstrittenen Territorien abgesehen, seit vielen Jahrzehnten erhalten geblieben, Möglichkeiten des Notendrucks und des Musikalienhandels jedoch erlauben einen Austausch von Musik zwischen den Nationen, den die neuen Massenkommunikationsmittel (Schallplatte und Rundfunk) noch wesentlich bereichern.

Anders war die Lage im hohen Mittelalter (10.–13. Jahrhundert). Noch wirkten die Erschütterungen der Völkerwanderung nach. Italien war in den vergangenen Jahrhunderten von germanischen Stämmen durchzogen worden, Westgoten, Ostgoten, Langobarden (568–774) hatten Reiche errichtet und verloren. Die skandinavischen Normannen eroberten 1016 England, 1066 besetzten es die romanisierten Normannen. In Süditalien entrissen die Normannen den Arabern deren Reich in Sizilien, das von 827–1091 bestanden hatte. In Spanien war on den Sarazenen die von 507–711 währende Herrschaft der Westgoten abgelöst und eine von 755–1031 währende Herrschaft errichtet worden. Sizilien kam 1194 an die Staufer. Friedrich II., König von Sizilien und deutscher Kaiser (1212–1250), verkörperte in sich die Verbindung von italienischen, griechischen, arabischen und germanischen Kultureinflüssen. Überall mußten Könige und Kaiser gegen die Fürsten um ihre Macht kämpfen.

Im Südosten blieb Byzanz ein mächtiger Gegenspieler der römischen und germanischen Herrscher Italiens, bis es 1203 von Venezianern und Kreuzfahrern erobert wurde. Griechen besiedelten Süditalien und Teile Siziliens. Sie haben bis zum Schisma (1054) durch die byzantinische Kirche ihren Einfluß ausgeübt. Nach der Eroberung Konstantinopels durch die Türken 1453 verstärkte sich mit dem Strom der Flüchtlinge die schon lange erneuerte Einwirkung griechischer antiker Literatur und Kunst auf das europäische Geistesleben und die Entwicklung der sogenannten »Renaissance«.

So überschneiden sich im Mittelalter die Kräfte der völkischen Kulturen. Die christliche Musik ist im wesentlichen jüdischer Herkunft, denn die liturgische Musik der Synagoge hat sich in der Liturgie der christlichen Kirche erhalten.

Viele Jahrhunderte hindurch, vom 9. bis zum 12. Jahrhundert, wurden die bodenständigen Musiken der Länder westlich und nördlich der Alpen durch die mit der kirchlichen Organisation sich verbreitende Gregorianik überlagert. Über diese Musiken der Völker, der Nord-Ost-Westgermanen und der Kelten beispielsweise, haben wir nur indirekte Berichte. Denn die Musiker hatten keine Notenschrift, ebenso wie noch heute der Musiker des Orients und der Volksmusiker aller Völker sein Handwerk nicht durch Lesen, sondern durch Nachsingen und Nachspielen des ihm vom Lehrer vorgesungenen und vorgespielten Musikgutes lernt.

Einstimmige Musik

In Liedern und Epen, in den Sagas finden wir ein Bild der nordischen, nordwestlichen Musikkultur, wie es sich noch um das Jahr 1000 bietet. Die germanischen Fürsten und Könige hielten die Musik in hohen Ehren. Der Sänger mit der Harfe war eine geheiligte Figur, Gefährte der Könige, altnordisch Thul, ostgermanisch Skald, westgermanisch Skop, im keltisch-irischen Bereich Barde genannt. Die Helden selbst, die Fürsten und Könige, spielten und sangen; Volker im Nibelungenlied spielt und singt ein selbstgedichtetes Abschiedslied, er vertauscht seinen Schild mit der Fiedel. Busunen, Flöten, Trumben erklangen dazu. Das Nibelungenlied selbst, in seiner älteren Gestalt im 12. Jahrhundert, wurde in einer wiederkehrende Rezitationstöne (f und c) verwendenden Weise gesungen, die sich in einer Trierer Marienklage erhalten hat:
Auch im Frankenland wurden Epen wie das Rolandslied (um 1080) gesungen. Die »chanson de geste«, das Heldenlied, wurde auf kurze, litaneiartig wiederkehrende Melodienteile vorgetragen; wir haben nur ein spät aufgezeichnetes Beispiel (eigentlich in einer Karikatur) in »Le jeu de Robin et Marion« des Adam de la Halle, entstanden zwischen 1283 und 1286.
Im Parzival des Wolfram von Eschenbach bewegen sich die Fiedler in unmittelbarer Nähe des Fürsten. Blas- und Saiteninstrumente werden genannt. Gamuret führte auf Reisen sogar ein Orchester mit sich. Weit bedeutender ist die Rolle der Musik in Gottfrieds von Straßburg Tristan. Der Held, einst ein musikalisches Wunderkind, ist ein gelehrter Musikvirtuose, gleich glänzend als Sänger wie als Hornbläser und bewundert als Harfenspieler.

Das Instrumentarium der Ritterzeit

Werfen wir einen Blick auf das Instrumentarium der Ritterzeit. Die Saiteninstrumente (Chordophone) galten als die vornehmsten: Harfe, Rotte, Fiedel. Dies sind die wichtigsten Instrumente der Britischen Inseln, des Frankenlandes, Spaniens, Germaniens und Italiens. Das beliebteste war die Harfe, das Instrument der Könige wie der Sänger. Irland führt sie bis heute im Wappen (bei uns in Deutschland noch heute die Stadt Alzey). In der äußeren Form weichen die Instrumente landschaftlich und individuell voneinander ab. Im Süden war es die viereckige, ovale oder wie eine Acht gebildete Leier mit gleich langen Saiten. Häufiger aber war die dreieckige, asymmetrische Leier mit ungleich langen Saiten und die Harfenzither.
Daneben tritt die Rotte (lat. rotta, kymrisch crwth), das sehr verbreitete Instrument der Zeit, eine Leier mit zwei Jocharmen und einem Querstab darüber; schlank und schmal eine ältere alemannische, rundlich eine irische Form. Durch das Loch und den Freiraum greift die linke Hand die Saiten, die rechte zupft sie. Die Rotte ist in Irland bis ins 19. Jahrhundert das Instrument der Barden geblieben, in viereckiger Form auch mit dem Bogen gestrichen. In Skandinavien wurde sie ein Bauerninstrument. Tristan im Epos des Gottfried von Straßburg lehrte Isolde auf der Harfe und Rotte spielen.
Die Fiedel (Fidel, videl, vielle, viola, vihuela, von einem türkisch-arabischen Instrument abstammend) wurde in den verschiedensten Arten gespielt: quer vor der Brust gehalten, an der linken Schulter, auf dem Schoß oder hängend nach abwärts (dies die arabische Spielweise). Sie zeigt die verschiedensten Formen, achteckige oder Spatenform (im

Utrechter Psalter), oval, länglich mit geringen Seiteneinbuchtungen, mit 2 C-Löchern, einem Wirbelbrett, oberständigen Wirbeln. Die 3–5 Saiten waren am Sattelknopf befestigt. Die Fiedel war etwa 40–50 cm lang, später erscheint sie in verschiedenen Größen. Als Fiedel (viedel) bezeichnet wurde gelegentlich auch ein Instrument orientalischen Ursprungs, die Gîge, auch Rebec, Rubebe (vom arab. Rebab) genannt, mit kleinerem, birnenförmigen Corpus, Wirbelkasten und seitenständigen Wirbeln. Sie ist bald hinter die Fiedel und ihre Abkömmlinge zurückgetreten und lebte im 18. Jahrhundert, bis Anfang 19. Jahrhundert nur noch als Tanzmeistergeige und Pochette (Taschengeige).

Ein wichtiges Saiteninstrument ist die Drehleier, auch Symphonie oder Organistrum genannt, in Geigenform; die Saiten werden durch eine auf dem Griffbrett verborgene Klaviatur gespielt, während die rechte Hand unter dem Sattelknopf eine Kurbel dreht. Das von der Kurbel bewegte Rad versetzt die Saiten von unten in Schwingungen. Eine Saite schwebt frei (Bordun) und kann nicht getastet werden.

Auch die Laute ist ein aus der arabischen Musikkultur stammendes Instrument (Laute aus al 'ud). Ihr Corpus ist zunächst einem längsdurchgeschnittenen Apfel ähnlich, wird dann länglicher. Die Saiten sind unter dem Schalloch durch einen Querriegel befestigt, zunächst vier Saiten (später sechs bis acht). Das Psalterium, ein altes asiatisches Instrument, wurde im Hochmittelalter oft verwendet. Es ist ein trapezförmiger Kasten, mit meist zehn Saiten bespannt, die mit den Fingern oder mit Stäben gespielt werden. Eine verwandte Form ist das Hackbrett. Aerophone (Luftklinger) finden sich im Hochmittelalter vielfach. Die aus Byzanz eingeführte Orgel existierte zunächst meistens in einer Kleinform, dem Portativ (der tragbaren Orgel). Ihr Tragband wird über den Hals gehängt, die linke Hand bedient den Blasebalg, die rechte spielt die Knöpfe (später Tasten) in 1–2 Oktaven Umfang.

Von den Hörnern ist zunächst das eintönige Rinder- oder Wisenthorn, das Heer- oder Signalhorn zu erwähnen. Durch eingebohrte Grifflöcher wurden weitere Töne ermöglicht. Die im 10. Jahrhundert eingeführten kunstvoll verzierten Olifante waren Signalhörner. Metallene, gewundene Jagdhörner erhielten durch die Verlängerung des Schallrohres größere Tonstärke. Der Zink, aus Holz gemacht, hat Grifflöcher wie das Grifflochhorn und ein Kesselmundstück. In kleinerer Form ist er gerade, außen viereckig, der größere Zink dagegen schief gedreht als »krummer« Zink.

Aus der antiken Tuba hatte sich allmählich die Trompete (trumba) entwickelt, deren Verlängerung – anders als beim Horn – durch Windungen in gedrängter S-Form erzielt wurde. In gerader Form entstand die schlanke, konisch gebaute Busine (Buisine, Basune), aus der die Posaune mit ausziehbaren Zügen (wie schon die Trompete sie kannte) hervorging. Die Schalmei ist ein Holzblasinstrument mit konisch gebohrter Schallröhre und doppeltem Rohrblatt. Durch Hinzufügung von Klappen wurde das Instrument zum Bomhart oder Pommer ausgebaut. Die Flöten gehören zu den ältesten Instrumenten überhaupt. Im 10. Jahrhundert bestanden zwei Formen nebeneinander, die Kernspalt-, Schnabel- oder Blockflöte und die kernspaltlose, quergehaltene Flöte, die im 12. Jahrhundert verbreitet wurde. Der Schwegel (galoubet) ist eine kleine Flöte mit drei Grifflöchern, die mit der linken Hand gespielt wird, während die rechte eine kleine Trommel schlägt.

Zahlreich waren auch die Selbstklinger (Idiophone): die Becken, die Gabelbecken, deren Teller am Ende einer federnden Gabel sitzen, das Triangel, Aufschlagplatten und Glocken. Ihre Herkunft ist nicht befriedigend geklärt. Die Kirchenglocke verbreitete

sich vom 6. Jahrhundert an über Italien, Frankreich und Schottland sowie die übrigen Teile Europas.
Auch die Trommeln waren sehr verbreitet. Die Pauke gehörte als Begleitinstrument zur geraden Trompete. Die große, die Kesselpauke, kommt erst im 15. Jahrhundert aus Ungarn nach Deutschland. Die Röhrentrommel war eine Kleinform, das Päuklin, das am Gürtel getragen wurde. Die Schellentrommel war ein Erbe der antiken Spielmannswelt. In der höfischen Zeit scheint sie durch Neueinfuhr wieder belebt worden, nach 1500 verschwunden zu sein. Ihr mittelhochdeutscher Name war rotumbes.

Spielleute und Vaganten

Um das Jahr 1000 ist wohl die Stellung der Heldensänger langsam zu Ende gegangen, wiewohl ihr Repertoire, vielleicht durch Heiligenlegenden ersetzt, sich noch gehalten haben mag.
Ein Spielmann rühmte sich noch im 14. Jahrhundert, Dietrichs Auszug aus Bern harfen und rotten zu können. Vom alten Heldenlied sind Teile weiter lebendig geblieben, so das jüngere Hildebrandslied, stofflich begegnet in einem Volkslied aus der Gottschee die Gudrunsage. An die Stelle des germanischen Heldensängers tritt nun vom 10.–13. Jahrhundert der Spielmann. Er übernimmt wohl die Rolle des Mimus der römischen Provinzen, ist ehrlos wie dieser (und wie der Sänger, Schauspieler, Tänzer im alten Rom), zieht auf Straßen als »Fahrender« umher in Begleitung von Spielweibern, Musikant und Zauberkünstler zugleich. Außerdem war er Verbreiter von Neuigkeiten und Nachrichten, oftmals der einzige. Oft wurde er, hochgeschätzt, selbst von Klöstern und Bischöfen gehalten, obwohl die Kirche, von den Kirchenvätern an über viele Konzilsbeschlüsse, in Predigten und Erlassen immer wieder betont, daß der Spielmann »Diener des Teufels« sei.
Manche Spielleute brachten es trotzdem zu Wohlstand, wie der Jongleur (von lat. joculator) Glarinus Trosseboeuf, der vom Erzbischof Rolandes 1101 mit Land beschenkt wurde, oder Richard Jeffrey, Spielmann der Könige Heinrich IV. und VI., der in der eroberten Normandie Land erhielt. Der Spielmann Taillefer ritt in der Schlacht von Hastings 1066 vor dem Heere Wilhelms des Eroberers her, singend und das Schwert in die Luft werfend.
Den Spielleuten zur Seite traten die Vaganten oder Goliarden, Studenten, die des Studierens an den Universitäten müde waren. Voran gingen die Studenten der 1215 erstmals erwähnten Universitas in Paris, wo schon vorher die Klosterschulen von Studierenden aus vielen Ländern reich bevölkert gewesen waren (1212) und wo auch allmählich die Musik im Rahmen der »sieben freien Künste« für die Zukunft einen wichtigen Platz einnahm. Die Lieder der Vaganten waren verbreitet. In der Benediktbeuerner Handschrift »Carmina burana« haben wir die umfangreichste Aufzeichnung der weltlichen Lyrik des 13. Jahrhunderts.
Der aufgezeichnete Schatz an weltlichen Liedern ist nicht groß, denn des Schreibens kundig waren zunächst nur Mönche und Kleriker. Auch die seit dem 9. Jahrhundert, reichlicher seit dem 10. Jahrhundert, erhaltenen Neumen waren zunächst nur für den so überaus großen Bedarf an liturgischen Melodien für die Gottesdienste, Stunden-Officien, Messen bestimmt. Lateinische Oden wie »Est mihi nonum«, des Horaz Ode an Phyllis (mit der gleichen Melodie des Solmisationshymnus »Ut queant laxis«)

finden sich in Handschriften des 9.–12. Jahrhunderts, ferner Melodien zu zeitgenössischen Texten, bezugnehmend auf politische Ereignisse, wie die Begrüßung von Königen; darunter nach dem Jahre 1000 ein Lied auf die Ottonen, Modus Ottinc (die Ottonen verherrlichend, Otto III., gest. 1002), auf den Tod Heinrichs II. (1024), Konrads II. (1039), auf die Krönung Heinrichs III. (1028), in einem Spielmannsrepertoire einer Cambridger Handschrift (The Cambridge Songs) des 11. Jahrhunderts.
Viele Volkslieder Europas weisen in ihrem ein- bis vierzeiligen und längeren Bau bemerkenswerte Ähnlichkeiten mit gregorianischen Melodien auf. Oft mag eine direkte Abhängigkeit vorliegen, andererseits können sich allgemeine archaische Formtypen wiederholen. Wie die Musik des Volkes den Schatz religiöser Melodien bereichert hat, zeigen insbesondere deutsche »Leisen«, genannt nach dem Kyrie eleison, welches das Volk, bis es im 10. Jahrhundert die Kleriker übernahmen, in der Messe sang, und das als Feldruf und bei der Bauernarbeit heidnische Zauberformeln ersetzt hatte.
Wie die Pfingstleise »Nu bitten wir den heiligen Geist« ist die Melodie im wesentlichen fünftönig (c d f g a c), pentatonisch; eine – nicht die einzige und nicht die älteste – Tonfolge archaischer Art, die in vielen Kinderliedern, in schottischen, irischen, deutschen und anderen Volksliedern erhalten ist. Im Kinderlied »Heile, heile Segen«, in dem ein alter germanischer Zauberspruch weiterlebt, bildet die Dreitonfolge c d c a einen Ausschnitt dieser Reihe. Zu diesen Leisen kommen noch die Lieder der Kreuzfahrer, die unter Barbarossa 1187 »Hüte ist her din tach« anstimmten. Schon in Gottfrieds Tristan sangen die Schiffsleute das eigentliche Pilgerlied.

Gregorianische Weisen

Die große neue Leistung schöpferischer Kraft, die uns überliefert ist, besteht in der Erweiterung der liturgischen, der sogenannten gregorianischen Musik. Von den vorgregorianischen Formen des Gesanges waren der spanische oder mozarabische seit dem 11. Jahrhundert, der gallikanische schon früher verschwunden. Das hatten die Bestrebungen Karls des Großen und seiner Nachfolger bewirkt, mit Hilfe des römisch-gregorianischen Gesanges nicht nur die Liturgie, sondern durch sie auch die Organisation von Kirche und Staat zu vereinheitlichen. Allein der »mailändische« Gesang hielt sich bis heute trotz vieler Versuche, ihn zu ersetzen, in Mailand, in Prag bis ins 14. Jahrhundert.
Der Prozeß der Festigung der musikalischen Liturgie hat Jahrhunderte gedauert. Zentren der Pflege des Gesanges waren Gesangsschulen in Metz und Argenteuil, Paris und Chartres, die letztgenannten im 11. Jahrhundert unter Bischof Fulbert berühmt. Von der Messe als dem Hauptstück der Liturgie sind die unverändert gebrachten Teile, Kyrie, Gloria, Credo und Agnus Dei, in zusammenhängenden Formen (deren es heute 22 mit verschiedenen Weisen gibt) erst in neuerer Zeit als »Ordinarium missae« geordnet, und zwar angeregt durch die seit 1377 in Avignon geübte mehrstimmige Komposition. Das Credo ist erst im Jahre 1014 zum festen Bestandteil der Messe geworden, das Gloria war ursprünglich den Bischöfen vorbehalten, die Priester stimmten es seit dem 11. Jahrhundert an. Die vielen Komponisten von Ordinariumsstücken sind in den seltensten Fällen feststellbar. Bezeugt ist die Komposition eines berühmten Gloria, das den späteren Papst Leo IX., den Bischof von Toul, Bruno von Egisheim, zum Verfasser hat.

Die nach den Festen und Heiligen geordneten Stücke, Proprium genannt, haben ebenfalls Wandlungen erfahren. Die größte Bereicherung aber erlebte die Liturgie durch die mit dem 9. Jahrhundert beginnende große dichterische und musikalische Blüte der Sequenz. Der vornotkerschen, in der Form der ungleichen Zeilenpaare mit dem germanischen Leich zusammenhängenden, von *Notker* in St. Gallen gedichteten Sequenz folgte nach 1000 eine neue Blüte in und außerhalb St. Gallens. Als Beispiel sei die herrliche Ostersequenz genannt, die *Wipo*, Kaplan am Hofe Konrads II. und dessen Sohnes Heinrichs III., geschaffen hat.

Sequenzen dichteten und komponierten *Godeschalk* (gest. 1098), *Berno von Reichenau* (gest. 1048), *Hermann Contractus* (gest. 1054, in St. Gallen erzogen, auf der Reichenau wirkend). In der Folge wird die Sequenzenform geglättet, die Verse werden nach Art der Hymnen gleich lang, der Reim angewandt. Einer der größten Dichter ist *Adam von St. Viktor*, der Pariser Abtei der regulierten Augustiner-Chorherren (gest. 1177 oder 1192) angehörend, Hauptvertreter der rhythmischen und gereimten Sequenz.

Zu den schönsten Sequenzen gehören: »Veni sancte spiritus«, die Pfingstsequenz, des heiligen *Thomas von Aquino* (gest. 1274) »Lauda Sion Salvatorem«, die Sequenz für die Totenmesse (Requiem) »Dies irae, dies illa«, dem *Thomas von Celano* (gest. 1250) zugeschrieben, des Jacobus de Benedictis, genannt *Jacopone da Todi*, des »Narren in Christo« (gest. 1306) »Stabat mater dolorosa«. Die Sequenzen sind vorwiegend in den Weltkirchen gesungen worden. Das Missale von Mailand, 1481, enthielt bereits nur noch fünf Sequenzen, fünf allein wurden vom Trientiner Konzil (bis 1563) weiterhin zugelassen. Wie die Sequenzen einst durch Unterlegung von Silben unter die Melismen des Alleluja entwickelt wurden, so auch die Tropen, in welchen ein melismatischer Gesang silbenweise im Text unterlegt oder auch ein Gesang durch zeilenweise Einlagen erweitert wurde. Tropen zum Ordinarium missae sind unzählbar, auch die Officiumsgesänge wurden tropiert. Schließlich wucherten diese Tropen so reich, daß Provinzialkonzile sie einschränken mußten. Am längsten hielten sie sich in der Kirche von Lyon (in Drucken bis 1765). Die Klöster verhielten sich gegen Neuerungen ablehnend, die Benediktiner hielten an der ältesten römischen Tradition fest. Choralreformen versuchten die Dominikaner und die Zisterzienser (1098). Hartker von St. Gallen (gest. 1017) stellte ein Officiumsantiphonar zusammen. Unter den Dichtern der Reimofficien (Officiumshymnen) nach 1000 ist neben Petrus Damiani in Italien (gest. 1072) vor allem Julian von Speyer zu nennen, der Chormeister der französischen Könige Philipp August, Ludwig VIII. und Ludwig IX., des Heiligen, geworden war, in Italien mit Franziskus von Assisi zusammentraf, die Gestaltung des franziskanischen Choralgesanges beeinflußte und als Chordirektor und Musikprofessor des Pariser Franziskanerklosters 1250 starb.

Von großer Bedeutung für die volkstümliche religiöse Musik waren die geistlichen oder Mysterienspiele und die liturgischen Dramen. Ihre älteste Stufe ist das Osterspiel, das sich aus der dialogischen Vortragsform der Ostersequenz »Quem queritis in sepulcro« entwickelte. Ihr wurde der Introitus der Ostermesse »Resurrexit« vorangestellt. Das Osterspiel verbreitete sich über die ganze Christenheit. Verbunden wurde die Sequenz in normannischen und katalanischen Spielen mit Wipos Ostersequenz »Victimae paschali laudes«, in Deutschland mit dem Lied »Christ ist erstanden«. Mit der einleitenden Antiphon »Quis revolvet« und dem folgenden »Te Deum« findet sich das Spiel in Deutschland. Nun tritt das Magdalenenspiel mit der Klageszene der drei Frauen, der Klage der Magdalena und der Erscheinung Christi als Gärtner dazu. Hauptgebiet war die Normandie.

Es folgt eine große zusammenhängende Versdichtung, der eigentliche »Ludus paschalis« in Origny und Klosterneuburg, wo Grabwächterszene, Auferstehung, Höllenfahrt, Krämerszene, Grabklage der Magdalena, Apostelspiel, mit Victimae und »Christ ist erstanden« verbunden sind. Aus der Lesung der Passion mit verteilten Rollen entwickelte sich nicht nur die mehrstimmige Passion, sondern noch früher das Passionsspiel. Das weltliche Leben der Maria Magdalena, ihr Kauf der Salben und die Reueklage der Magdalena kamen hinzu. Die Marienklage mit der einleitenden Sequenz Planctus ante nescia bildet den Höhepunkt. Ähnlich bilden sich die Weihnachtsspiele aus der Keimzelle des Tropus Quem queritis in presepue und dem Puer natus est aus.

Damit verbunden wurde das Herodesspiel mit Begrüßung der Magier. Das Herodesspiel nahm teilweise sehr weltlichen Charakter an. Bethlehemitischer Kindermord und Klage der Rahel traten hinzu, doch fand die Verweltlichung Kritik. Das Prophetenspiel war eine nochmalige Erweiterung. Am ausgedehntesten ist seine Fassung in den Carmina burana mit liturgischen Gesängen und Vagantenstrophen. Zu den Weihnachtsfeiern treten Marienmysterien und das Danielspiel (in Beauvais, 12. Jh.). Der Sponsus in St. Martial um 1100, mit volkssprachigem Text durchsetzt, kündete von Weltende und Gottesreich.

Chöre und Instrumentalmusik kamen hinzu, in Frankreich traten die Musikverbände, Confrèries und Puys, als Veranstalter mit in Erscheinung. In Auxerre zogen 1463 Scharen von Spielleuten zur Eröffnung durch die Stadt; in Bozen (Tirol wurde eine besondere Pflegestätte) dauerte 1514 das Spiel mehrere Tage, in Bourges erstreckte sich 1536 das Apostelspiel sogar über vierzig Tage. Das Volk wurde von einer wahren Theaterleidenschaft erfaßt, die ganze Bevölkerung, Kirche und Behörden, nahmen an den mit Wagen und mehrteiligen Bühnen, mit Theatermaschinen aller Art ausgestatteten Spielen teil. In Italien fanden die Spiele in den Sacre rappresentazioni der Renaissancezeit ihre Fortsetzung. In die Politik spielte in Tegernsee der »Ludus vom Antichrist« hinein, der die Weltherrschaft des Imperators (der Staufer) schildert (um 1160). Mit liturgischen Melodien entfaltete sich im geistlichen Drama überall volkstümliche und Instrumentalmusik.

Notenschrift und Theorie

Unsere Kenntnis von mittelalterlichen Melodien ist an die Notenschrift gebunden. Ihre älteste Form ist die Neumenschrift, die jedoch vor dem 8. Jahrhundert nicht erwähnt wird. Neuma heißt griechisch Wink oder Zeichen; ihre Grundformen sind der Strich, der Punkt und der Haken. Vorbilder waren die griechischen und armenischen Neumen. Anfänglich hatten diese Zeichen außer der melodischen vermutlich noch rhythmische Bedeutung, die aber bis zum 12. Jahrhundert geschwunden ist. Neben den Grundneumen gab es noch andere, die Vortragsmanieren und Verzierungen bezeichneten. Sie entsprachen wohl den heute noch in der mittelmeerischen gesungenen Volksmusik üblichen leicht beweglichen Verzierungen.

Die Bedeutung und die Namen der Neumen kennen wir aus Neumentabellen und dazugesetzten Buchstaben (Romanus-Notation). Die Neumen wurden in ihrer Tonhöhe ursprünglich mittels gedachter oder ins Pergament geritzter Notenlinien fixiert; nur solche Neumen sind sicher zu lesen. Schließlich zog man mit farbiger Tinte Notenlinien. *Guido von Arezzo* (geb. vor 1000, gest. um 1050), der aus dem Kloster Pomposa

22 *Adam de la Halle*

23 *Aus dem Schachzabelbuch: H. v. Ammenhausen, Das Damoklesschwert*

24 Handglockenspiel als Sinnbild der Musik. Buchmalerei aus dem 13. Jahrhundert

25 Guido mit Theobald von Arezzo am Monochord

bei Ferrara zur Kathedralschule in Arezzo kam, beschreibt in seinem Prologus im Antiphonarium die neue Notenschrift. Sie bestand aus einem System von Linien im Terzabstand, zwischen die Guido eine gelbe do- und eine rote fa-Linie legte. Aus seinem System entstand – durch Benützung der Schlüssel – unsere Linienschrift:

Das System der Töne stellt Hexachorde (Sechstonreihen) übereinander. Wir kennen nur die Einteilung in Oktaven; das Mittelalter hingegen nahm sechs Töne als Gruppe. Dabei gibt es harte, weiche und natürliche Folgen. Harte haben eine große Terz, nämlich das um einen Halbton erhöhte b quadratum, weiche haben die kleine Terz. Geht eine Melodie über das Hexachord hinaus, so gerät sie in ein anderes, und der Halbton b oder b quadratum wird durch die neue Reihe geregelt.
Diesen Tonartenaufbau nach Hexachorden und die Benennung der einzelnen Töne durch Silben nennt man Solmisationslehre. Die Silben ut-re-mi-fa-sol-la entnahm Guido einem Sängerhymnus, in welchem die Sänger Johannes den Täufer bitten, sie vor Heiserkeit zu bewahren: »*Ut* queant laxis *re*sonare fibris *mi*ra gestorum *fa*muli tuorum *sol*ve polluti *la*bii reatum, Sancte Johannis«. (Später wurde für den fehlenden siebenten Ton ein si eingeführt und das ut in do umbenannt; so lautet heute noch im romanischen Sprachbereich die C-Dur-Tonleiter.)
Damit die Gesangsschüler die gewünschte Tonhöhe leicht finden konnten, erfand Guido das Hilfsmittel der sogenannten »Guidonischen Hand«. Die einzelnen Töne wurden auf den Fingergelenken der menschlichen Hand notiert, der Sänger hatte sich die Folge auswendig einzuprägen. Wenn dann der Chorleiter auf die entsprechenden Stellen seiner Hand wies, konnten die Schüler die gewünschte Tonhöhe leicht treffen, insbesondere auch erkennen, wann b und wann erhöhtes b quadratum zu singen war.

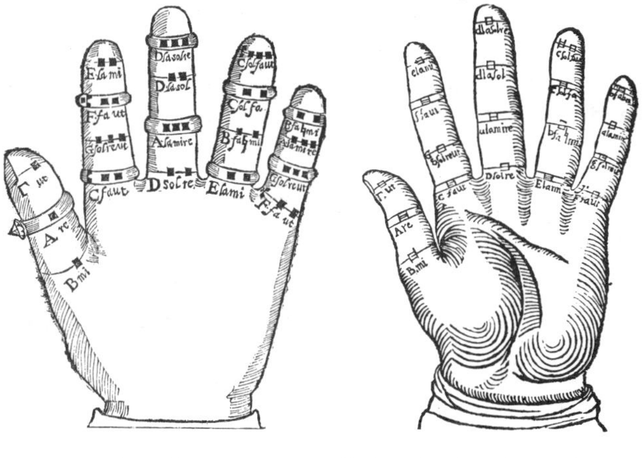

Die Guidonische Hand

Die Ausbildung eines Tonsystems, die Schaffung einer Musiktheorie, ist eine Leistung der gelehrten Mönche und Kleriker gewesen. Sie erst ermöglichte eine systematische Entwicklung der Musik überhaupt, insbesondere der Mehrstimmigkeit, und wurde damit die Grundlage der gesamten europäischen Musik des 2. Jahrtausends christlicher Zeitrechnung. Das Mittelalter übernahm vieles durch *Boethius* (gest. 525) aus

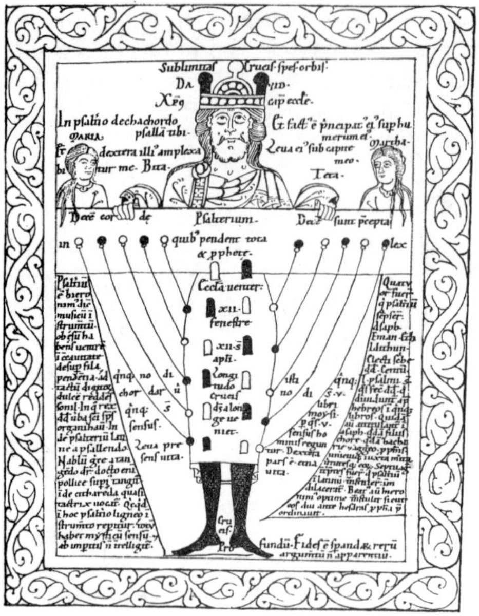

Darstellung der Tonarten, wahrscheinlich aus dem 13. Jahrhundert

der griechischen Musiktheorie (*Alcuin* [gest. 809], *Aurelianus von Réomé* [9. Jahrhundert]). Die Musica enchiriadis (Handbüchlein der Musik) des Abtes *Hoger von Werden* (gest. 902), die Schriften eines *Odo* (um 1000), des Guido, der Reichenauer Schule mit *Hermann Contractus* (gest. 1054) sind die bedeutendsten Musiktheorien des Hochmittelalters. *Notker Labeo* in St. Gallen (gest. 1022) ist Verfasser der ältesten Abhandlung in deutscher Sprache über Tonarten, Tetrachorde und Orgelpfeifen.
Hermann folgte *Wilhelm von Hirschau* (gest. 1091), Guido folgte *Aribo von Freising*. Zu den Theoretikern im 13. Jahrhundert gehören *Johannes de Garlandia* (gest. 1252), *Marchettus von Padua*, im 14. Jahrhundert *Hugo Spechtshart von Reutlingen* (gest. 1360). Noch *Johannes Tinctoris*, dessen Musiklexikon 1470–80 im Druck erschien, und der erste deutsche Komponist, der als Persönlichkeit und mit Namen uns entgegentritt, *Adam von Fulda* mit seiner Musica (1490), behandeln den gregorianischen Choral, der seit dem 12. Jahrhundert zum unrhythmischen »Cantus planus« erstarrt.

Troubadours

Schon um 1200 beginnt eine lebhafte Kompositionstätigkeit von lateinischen Conductus (auch Conducti genannt). Doch dann setzt die große Blüte mittelalterlicher Lyrik in Europa ein, der Minnesang. Er beginnt in der Provence. Die Grundlagen dieses Minnesangs sind in der Erstarkung des französischen Königtums im 12. Jahrhundert und einer verfeinerten Hofkultur zu suchen und in der besonders in Saint-Victor de Paris gepflegten Marienverehrung, endlich in antiken Anregungen (Ovid); einzelne Forscher weisen, wohl nicht mit Recht, auf die feine maurische Hofkultur in Spanien und ihre Frauenverehrung hin. Die Frau, die Herrin, steht im Mittelpunkt des Minnesanges. Ihr ist die Liebeslyrik nicht etwa als Ausdruck der Liebe des Dichters zugedacht, sondern mehr allegorisch und typisch, als Huldigung für die Gemahlin des Brotherrn. Eleonore von Poitou, die Enkelin des ältesten Troubadours, Wilhelms IX. von Aquitanien, förderte den Minnesang, der Hauptbestandteil der ritterlichen Tugenden wurde.
Als die Troubadourslieder (im 14. Jahrhundert) aufgezeichnet wurden, war ihre Kunst schon verblüht. Die ritterlichen Sänger und ihre Begleiter, die Spielleute, trugen ihre Lieder frei, improvisatorisch, vor; ihre Weisen wurden mündlich überliefert.
Die Troubadours versahen viele Melodien mit neuen Texten. Die Formen dieser Lieder

der Troubadours sind vielfältig. Das Strophenlied hat sein Vorbild im Hymnus, dem *lai* (Leich) lieferte die Sequenz das Vorbild (sofern nicht umgekehrt der ältere Leich die Sequenz beeinflußt hat). So finden sich nicht nur in Volkssprachen, sondern auch in der lateinischen Dichtung Leiche, beispielsweise in dem berühmten, aus 13 Strophengruppen bestehenden Veritas, equitas, largitas corruit, einer bitteren Klage über den Verfall der Moral. Vielfältig sind auch die Stoffgebiete der Lieder. Die Sirventes sind Streitlieder für die Brotherren, von denen die Sänger abhängig waren. Deren Tod beklagten sie in oft ergreifenden »Planh«, so Gaucelm Faidit den Tod des Richard Löwenherz. Zur Unterhaltung dienten die erotischen Abenteuer der Ritter mit Schäferinnen, welche in den Pastourellen erzählt werden. Die Aube-albe ist das Lied, in dem die schmerzliche Trennung der Liebenden am Morgen geschildert wird. Schwierige, oft sonderbare Fragen wurden in den dialogischen Tenzonen, Partimen und Joc partit behandelt, bei den Zusammenkünften der Sänger Puis benannt.

Zu den ältesten Troubadours gehört *Marcabru,* der zwischen 1129 und 1150 dichtete und sang, der alte, herbe Sänger mit seinem Schmählied auf die Liebe (»Dirai vos senes doptansa«). *Bernart de Ventadorn* (1145–1195) war der Sohn eines Knechtes des Vizegrafen von Ventadorn, einer der feinsten Sänger; trotz konventionellen Zügen sind seine Lieder reich an persönlichem Erleben. (»Wenig kann das Singen taugen, wenn der Sang nicht aus dem Inneren des Herzens kommt«.) Sein Lerchenlied ist eine der verbreitetsten Melodien gewesen. Er sang auch am Hofe des Königs Heinrich II. von England. *Peire Vidal* (als Troubadour tätig zwischen 1180 und 1206) zog als Sänger unstet umher, war auf Cypern und Malta und am Hofe in Ungarn. Er ist einer der fruchtbarsten und originellsten Sänger. *Folquet,* Mitbegründer des Dominikaner-Ordens, Gründer der Universität Toulouse (an die er 1229 Johannes de Garlandia als Vertreter der Musik berief), entsagte seiner Troubadourkunst, als er in das Zisterzienserkloster Toronet-en-Provence eintrat und 1205 Bischof wurde. Leider gehörte er zu den Fanatikern, die den furchtbaren Vernichtungskrieg gegen die Albigenser schürten; in Gemetzeln, Brandschatzung und Plünderungen wurden Dörfer und Schlösser entvölkert, die Pflegestätten der »gaya scienza« sanken in Schutt und Asche. Folquet wird von Dante als Dichter gepriesen. Nennen wir noch *Raimbaut de Vaqueiras* (er sang 1180–1207). Sein Lied »Kalenda maya« zur Feier des 1. Mai ist eines der bekanntesten Stücke mittelalterlichen Liedes geworden, aber nicht typisch für die provençalische Kunst; es übernimmt melodisch einen spielmännischen Tanz, eine Estampida.

In Nordfrankreich fand der Minnesang einen noch fruchtbareren Boden, und noch reicher ist auch seine Überlieferung. Während im Süden an 460 Sänger mit 264 Weisen bekannt sind, haben wir von den Trouvères des Nordens über 4000 Lieder mit 1400 Weisen überliefert. Diese Lieder schließen sich denen der Troubadours an. Ihren Chansons steht das *jeu parti,* entsprechend dem provençalischen *partimen,* zur Seite, der *lai,* das *descort,* das Tanzlied, *ballada* und *dansa, virelai* und *rondeau* (Reigenlied) sind Hauptgattungen. Die Ballade ist ein Refrainlied, dessen Refrain der Chor wiederholte.

Unter den Trouvères ist *Blondel de Nesle* (geb. um 1150) Verkünder poetisch verklärter Minne. Über Blondel entstand um 1260 die Legende, daß er mit einem Liede Richard Coeur-de-Lion (Löwenherz) in seiner Gefangenschaft auf der Burg Trifels aufgefunden habe. Neben dem Adeligen erscheint in Colin Muset der schlichte Spielmann von Beruf, der realistische und epikureische Lieder singt, in Moniot d'Arras (gest. nach 1239) ein einfacher Mönch bürgerlicher Herkunft, der zu den größten Troubadours zählt. Sein Frühlingslied »Ce fu en mai« klingt volkstümlich, schon durch das Dur.

Der französische Minnesang sank, wie später der deutsche, in bürgerliche Sphären ab. Ende des 13. Jahrhunderts schlossen sich bürgerliche Sänger in den Puis in Nordfrankreich, vor allem in Arras, zusammen, die Wettspiele veranstalteten und Lieder preiskrönten. Dem Puis in Arras gehörte *Adam de la Halle* (gest. 1286) an, der sich mit Chansons, Jeux partis, Rondeaux und Virelais und vor allem als Verfasser des ältesten Singspieles, des »Jeu de Robin et Marion«, einen Namen machte. Die provençalischen Sänger verbreiteten ihre Kunst nach Italien, an die Höfe in Montferrat, der Malaspina und Este, in die Städte, wie Bologna und Genua, ferner nach Katalonien.

Deutscher Minnesang

Deutschland erlebte unter den staufischen Kaisern Friedrich I. Barbarossa (1152–1190), Heinrich VI. und Friedrich II. (1212–1250) einen Aufschwung seiner Macht. In den vielen Italienzügen und in den Kreuzzügen kamen die deutschen Ritter mit französischer, italienischer und orientalischer Kultur in Berührung. In Deutschland gewannen die Landesherren nach Heinrich VI. weitere Macht, die zur Entfaltung der Kultur und auch der bildenden Kunst und der Poesie führte.

Die Troubadour- und Trouvèrekunst wurde in Deutschland aufgegriffen und regte eigenen Minnesang mächtig an. Die ältesten Minnesänger, so *Friedrich von Husen* (Hausen) schlossen sich, wie auch die süddeutschen bis zum schweizerischen Rudolf von Fénis, unmittelbar den französischen Troubadours an. Friedrich von Husen, gefallen 1190 auf dem Kreuzzug Friedrichs I. in Kleinasien, hat unter anderem Lieder von Bernart von Ventadorn nachgedichtet und dabei die provençalischen Melodien übernommen. Die Hauptform des Minnesangs wird im Gegensatz zu den französischen Refrainliedern (Ballade, Virelai, Rondeau) der Bar mit zwei gleichen Stollen und Abgesang (AAB) oder auch mit Wiederholung der ganzen oder halben Stollenmelodie am Schluß (AABA); eine Form, die auch z. B. der protestantische Choral des 16. Jahrhunderts fortführte. Zu den älteren Formen gehört der Leich (der provençalische und französische *lai*), verwandt mit der Sequenz.

Zwei große Handschriften bewahren den Hauptschatz des Minnesangs. Erstens die Jenaer Liederhandschrift, mit vor allem religiös-lehrhaften Sprüchen des 13. Jahrhunderts und mit 91 Melodien bekannter Sänger, wie *Konrad von Würzburg, Meister Alexander,* Frauenlob, Wizlav von Rügen, dem *Tannhäuser, Spervogel, Heinrich von*

Ofterdingen, hier als Sänger des Wartburgkrieges. Die Kolmarer Liederhandschrift ist die Hauptquelle der Frühzeit des Meistersanges. Sie enthält 105 Melodien von *Frauenlob (Heinrich von Meissen),* Walther von der Vogelweide, *Neidhart von Reuenthal,* dem Münch von Salzburg u. a. Weitere Handschriften überliefern uns Lieder des Neidhart, des Münches von Salzburg mit 51 Liedern, des Hugo von Montfort und des Oswald von Wolkenstein (von diesem 86 einstimmige und 31 mehrstimmige Sätze).
Der größte Dichter unter diesen Minnesängern war *Walther von der Vogelweide.* Er starb 1230 zu Würzburg, nachdem er in Wien, beim Landgrafen Hermann auf der Wartburg, im Dienst Ottos IV., Philipps von Schwaben und Friedrichs II. gestanden hatte. In den genannten Handschriften, in einem Einband einer Handschrift der Universitätsbibliothek zu Münster, und in späteren Kontrafakturen haben sich Lieder von ihm in der Urgestalt oder rekonstruiert erhalten. Sieben Lieder, wenn auch nicht alle sicher, sind von Walther von der Vogelweide bekannt.
Als Beispiel folge Walthers wohl bekanntestes Lied, das Palästinalied (Anfang). Ob Walther den Kreuzzug des Kaisers Friedrich II. 1228/29 mitgemacht hat, ist ungewiß. Das Lied ist eine der vollendetsten Melodien des Mittelalters. Als Vorbild wurde genannt ein provençalisches Lied des Jaufre Rudel oder auch eine Marienantiphon. In einer Bordesholmer Marienklage lebte die Weise weiter. Die damals übliche Notierung sagt nichts über den Rhythmus aus, man hat für ihn, nach der Rhythmik der Troubadourlieder, den 1. oder 2. Modus annehmen wollen (hier darunter gesetzt), doch kommt ein freier Rhythmus nach dem Vers dem mittelhochdeutschen Sprachempfinden wohl am nächsten.

Wenig ist von *Wolfram von Eschenbach* erhalten, reichhaltig dagegen sind die 55 Lieder des *Neidhart von Reuenthal* (gest. nach 1245). Unter den Minnesängern der Spätzeit ist Fürst *Wizlav von Rügen* (gest. 1325) mit schon stimmungshaften Frühlingsliedern vertreten. Im *Münch von Salzburg,* der am Hofe des kunstliebenden Erzbischofs Pilgrim (1365–96) lebte, treffen wir einen Sänger volksnaher Melodien, die sich oft durch schlichte Symmetrie auszeichnen.
Der Ritter *Oswald von Wolkenstein* (um 1377–1445), der auf einem abenteuerlichen Leben durch ganz Europa gezogen und in den Orient gelangt war, komponierte auch mehrstimmige Sätze in ziemlich bescheidener Technik. Seine Kanons weisen offenbar auf ältere, volkstümliche Vorbilder. Heute noch lebendig wirken der Wirtshauskanon »Herr Wirt, uns dürstet also sehre« und der Kanon auf das Martinsfest.

Mehrstimmigkeit – Das Organum

Die Entwicklung, der Höhenflug der europäischen Musik gründet sich auf die systematische Ausbildung eines rationalen Tonsystems und der Mehrstimmigkeit. Weder die Antike noch der Orient kennt eine solche Mehrstimmigkeit. Wohl sind überall auf der Welt Ansätze zu einem mehrstimmigen Singen anzutreffen, doch konnte nur durch eine theoretisch begründete Anwendung von konsonanten und dissonanten Zusammenklängen eine Kunst der Mehrstimmigkeit entstehen. Seit wann wir es mit einer solchen bewußt angelegten Mehrstimmigkeit zu tun haben, ist nicht genau zu belegen.
Erst in der »Musica Enchiriadis«, einem verbreiteten Musiktraktat, das einst dem Mönch Hucbald in St. Amand, Flandern, heute aber dem Abt Hoger von Werden zugeschrieben wird, und in einem Kommentar zu dieser Schrift, den »Scholia Enchiriadis«, werden uns Proben des Organum mitgeteilt. Hier handelt es sich um ein sog. Parallelorganum. Die liturgische Melodie liegt in der Vox principalis. Die Vox organalis singt eine Quinte (diapente) unter ihr genau in Parallelbewegung. Beide Stimmen werden in der oberen und der unteren Oktave verdoppelt. Das Resultat ist das sog. Quinten- (und Quarten-) Parallelorganum. Ältere Forscher empfanden nur die Häßlichkeit dieser Quintenparallelen – solche Parallelen waren in der Blütezeit der Vokalpolyphonie verboten und sind es in der traditionellen Harmonielehre bis zu unserer Zeit. Sie erklärten diese Satztechnik für weltferne Mönchsspekulation. Nun hat sich aber herausgestellt, daß Parallelbewegung in allen möglichen Intervallen in den älteren und noch heutigen Volksmusiken durchaus geübt wird; es ist anzunehmen, daß das Hucbaldsche Organum, wie es immer noch genannt wird, eben keine bloße Spekulation, sondern die Systematisierung einer volkstümlichen Technik ist.
Die zweite Art des Organum ergibt sich aus dem in der genannten Handschrift notierten Anfang einer Sequenz.

Hier haben wir es nicht nur mit Parallel-, sondern auch mit Seitenbewegung zu tun, das heißt, die untere Stimme bleibt mehrere Noten lang liegen. Eine Erweiterung dieser Technik bringt die Gegenbewegung (vermischt mit Parallel- und Seitenbewegung), so in einem Manuskript in Lucca:

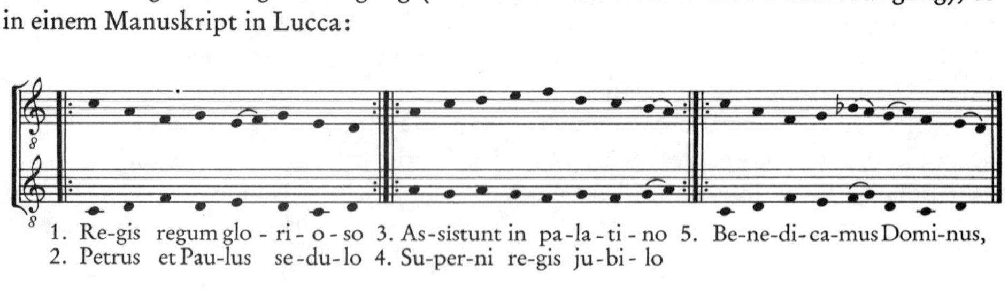

Diese Gegenbewegung wird von dem Engländer John Cotton um 1100 als *diaphonia* bezeichnet. Die einfachste Art, sie zu gebrauchen sei, so sagt er, auf die Verschiedenheit der Bewegung zu achten, nämlich: wenn der Gesang aufsteigt, die Organalstimme abwärts gehen lassen, und umgekehrt. Guido nennt das Parallelorganum starr *(durus)*, die Seitenbewegung, das freie Organum, aber die weiche Art *(modus diaphoniae mollis)*. Die Zusammenhänge mit älteren volkstümlichen Praktiken sind nicht eindeutig. Singen in Terzen scheint schon im 10. und 11. Jahrhundert im Norden Europas heimisch gewesen zu sein. Giraldus Cambrensis, Sohn eines normannischen Ritters, berichtet darüber in einer Beschreibung Kambriens (Wales, um 1188). In Terzen geht ein im 13. Jahrhundert aufgezeichneter Hymnus auf den heiligen Magnus, den Patron der Orkaden (gest. 1115).

Die größte Sammlung zweistimmiger Organa bietet eine Handschrift aus Winchester, im älteren Mittelalter eine der vornehmsten Musikstätten Englands, die 950 eine der größten Orgeln der Zeit besaß. Die Handschrift enthält 164 zweistimmige Organa, Alleluja und Tractus, Kyrie- und Gloria-Organa, Sequenzen und Tropen, leider in nicht sicher lesbaren Neumen. In Chartres haben sich aus dem 11. Jahrhundert mehrstimmige Gesänge der Festzeiten erhalten. Dem Alleluja des Chores folgten die solistisch gesungenen Organa:

Hier steht noch Note gegen Note. Aus einem anderen Ort früher mehrstimmiger Gesänge, aus St. Martial in Limoges, folgte der Anfang der zweiten Strophe eines Benedicamus-Tropus S. Mariae. Hier die organale Stimme, flüssig-schweifend in Melismen zu einer Note des Gesanges.

Wie St. Martial, so hatte Santiago di Compostela als Wallfahrtsort eine große Bedeutung. Hier sind einstimmige, aber auch mehrstimmige Kompositionen aufgezeichnet, neben zweistimmigen das vielleicht älteste dreistimmige Organum.

Die beiden Unterstimmen gleichen den zweistimmigen Note gegen Note setzenden Stücke, die Oberstimme, deren Rhythmik zweifelhaft bleibt, bewegt sich verzierend darüber.

Perotinus Magnus

In der wichtigsten Handschrift, dem Codex Calixtinus, werden Namen von Komponisten genannt, darunter ein Pariser, *Magister Albertus*. Die Kathedrale Notre-Dame in Paris, in der 2. Hälfte des 12. und im 13. Jahrhundert vollendet, eine der großen Schöpfungen der nordfranzösischen Gotik (wie die Kathedrale von Chartres 1199–1220, die Ste. Chapelle neben der Notre-Dame in Paris 1234–48), wird die Stätte, in der die Organumtechnik zur höchsten Entfaltung kommt, gleichzeitig mit der Blüte der weltlichen einstimmigen Musik der älteren Troubadours und jüngeren Trouvères. Paris wird Mittelpunkt des *studium*, vor allem durch die Universität (und ihre Lehrer, Albertus Magnus und seinen Schüler Thomas von Aquin), wie Deutschland als das *imperium*, Italien als das *sacerdotium* galt. Für Notre Dame haben bedeutende Musiker geschaffen, nach dem genannten Magister Albertus Leonin, nach ihm Perotin, der bedeutendste Musiker des 13. Jahrhunderts, der erste Künstler, der durch eine große Anzahl Werke als überragende Persönlichkeit hervortritt. Beider Lebens- und Schaffenszeit ist allerdings nicht genau festzulegen. Ihre Arbeiten sind in dem Großen Buch, dem »Magnus Liber«, in drei Handschriften (die bedeutendste befindet sich heute in Florenz) überliefert. Aus den Texten der Conductus hatte man die Jahre 1181–1236 ermittelt, neuere Forschungen wollen das Werk 1163–75, seine Revision durch Perotin auf 1180–1190 ansetzen, Perotins Leben aber auf 1155/60–1200/05 – was vielleicht doch zu früh ist.
Der ältere Meister Leonin hat zweistimmige Organa komponiert, *organa pura*, wie die Theoretiker sie nannten. Der »Magnus liber organi de graduali antiphonario« enthält von Leonin Organa über gleichmäßig fortschreitenden Tenores im fünften Modus, mit einer darüber dann auch modalen Organalstimme, die wegen der Diskantustechnik (Kontrapunkt) als Diskantuspartien zu bezeichnen sind, während über liegenbleiben-

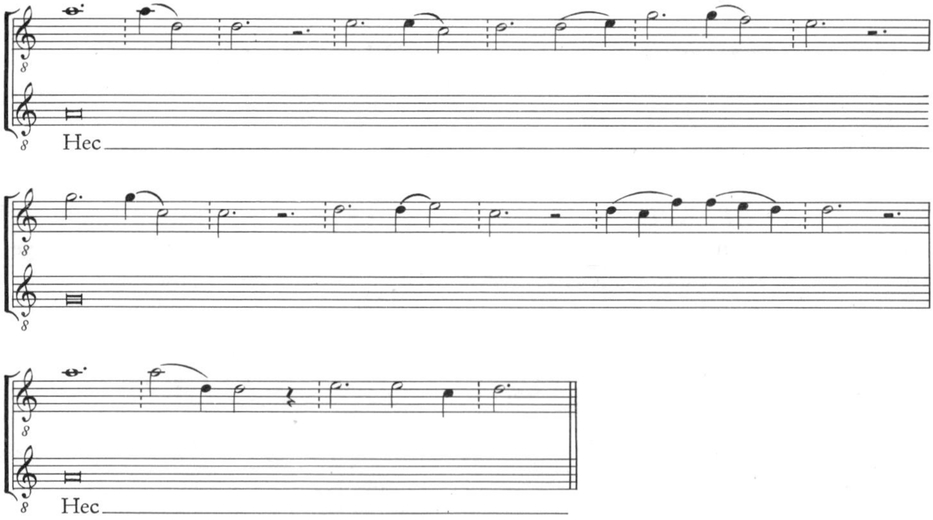

26 Reinmar der Fidler, Miniatur aus der Manessischen Handschrift

27 Guillaume de Machaut am Schreibpult

29 Musizierende Eremiten. Fresko von Leonardo da Besozzo. Neapel, San Giovanni a Carbonara

28 Grabstein Francesco Landinis, Florenz, San Lorenzo

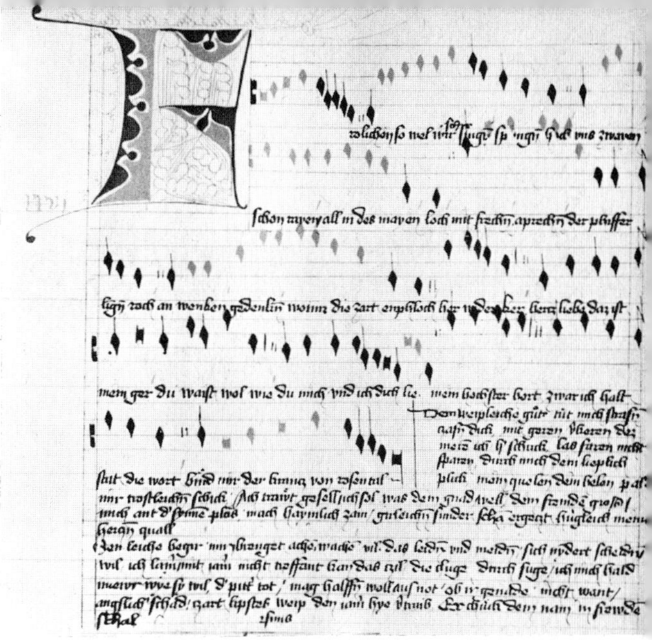

30 Dufay und Binchois, in Martin le Franc, »Le Champion des Dames«

31 Oswald von Wolkenstein: Lied aus einer Sammlung von 1425

32 Die Kapelle der Könige von Frankreich unter Ockeghem

33 Giovanni Pierluigi da Palestrina, Lithographie nach einem zeitgenössischen Gemälde

34 Claudio Monteverdi, Porträt eines unbekannten Malers, Ende des 17. Jahrhunderts

den Tenores (*punctus organicus,* später Orgelpunkt) die Organalstimme nicht rhythmisiert in einem Modus verläuft.

Anders Perotinus magnus. Er hat die Leoninschen Organa gekürzt *(abbreviavit)* und bessere Organa geschaffen, die man in die alten Sätze einschieben oder auch selbständig benützen konnte. Diese Klauseln (weil »abgeschlossen«, clausus) bestehen hauptsächlich aus einer Diskantpartie mit rhythmisiertem Tenor und einer kürzeren Organalpartie mit liegendem Tenor. In der von Perotin revidierten Fassung (in Florenz) sind Leonins Kompositionen fast ganz durch Perotins Arbeiten ersetzt. Allein in einem Anhang ist die Zahl der Ersatzstücke 463, darunter 308 Klauseln.

Der Magnus Liber ist in größten Ausmaßen angelegt. Nicht alle der Klauseln stammen von Perotin selbst, wenn auch sein Anteil groß ist. Anders als in den Organa erschienen in den mehrstimmigen Conductus-Sätzen als Tenores Melodien, die zu dichterischen Texten neukomponiert, aber nicht – wie die Tenores der Organa – aus liturgischen Melodien entlehnt sind. Sind die Tenormelodien syllabisch, so entsteht darüber ein mit Note gegen Note gesetzter mehrstimmiger Satz. Doch finden sich auch Melismen, *colores* (Farben), *pulchritudines* (Schönheiten) genannt.

Die großartigsten Leistungen Perotins sind die vierstimmigen Organa, die an der Spitze der Florentiner Handschrift stehen: Viderunt und Sederunt, mit der vierstimmigen Klausel Mors und drei vierstimmigen Conductus. Die in langen Noten laufende Tenorstimme, der *punctus organicus,* ist nicht instrumental zu denken. Über dieser Grundstimme erheben sich die übrigen Stimmen in streng rhythmischem Satz, in Diskantustechnik:

In den Conductuspartien macht der Tenor den einheitlichen Rhythmus mit. Melismen, oft von größter Ausdehnung, stehen am Anfang und Schluß. Der Conductus als Satz bringt in allen Stimmen gleichen Rhythmus. Als neue Form entwickelt sich aus Orga-

Ars antiqua

Diese Regeln der Ars antiqua wurden in vielen Büchern der Alten benützt, und dies seit der Zeit Perotins des Großen; aber sie wußten nicht diese zu unterscheiden von den weiter unten aufgestellten. Dies war sogar seit der Zeit Leos so... Es muß erinnert werden, daß Magister Leonin, der nach der Überlieferung der beste Komponist von Organa war, das Große Buch mit Organa über das Graduale und das Antiphonale geschaffen hat mit vielfältigen Sätzen für den Gottesdienst; dieses Buch war bis zur Zeit Perotins des Großen im Gebrauch, der es verkürzte und viele Klauseln und Abschnitte komponierte, denn er war der beste Verfasser von Diskant-Sätzen und

num und Conductus, die im 14. Jahrhundert zurückgetreten sind, die Motette. Ihre Entstehung geht so vor sich, daß in den Diskantuspartien der Organa die Oberstimmen einen Text unterlegt erhalten, während der Tenor, die liturgische Melodie, ihren alten Text behält. Es ist ein ähnlicher Vorgang wie bei der Entstehung der Tropen, der Prosae und Prosulae, wo die melismatischen Teile der gregorianischen Melodie syllabisch unterlegte Texte erhielten. So wurde auch die Klausel Mors textiert zur Motette. (Man lese die drei Oberstimmen einmal ohne Text, dann mit dem unterlegten Text.)

Nun wird aber über das Duplum (auch Motetus genannt) ein Triplum, und zwar mit einem neuen Text, gelegt. Die Doppel- und Mehrtextigkeit der Motette ist eine uns schwer verständliche Manier. Sie läßt sich daraus erklären, daß noch lange Zeit der Text in der Musik keinen Ausdruck, keine inhaltliche Auslegung fand; er war reiner Zusatz zur Musik.

In einer älteren Motettenform sind Tenor und Duplum (Motetus) textlich und rhythmisch koordiniert wie ein zweistimmiger Conductus. Durch Unterlegung neuer französischer oder lateinischer Texte unter die Klauseln Perotins entsteht die Motette. Die französische Motette benützt ebenfalls diese Klauseln oder von ihr abgeleitete lateinische Motetten; daneben werden aber auch selbständige französische Motetten gebildet. Bei *clausule*-Sammlungen sind sogar die Anfänge der abgeleiteten französischen Motetten am Rande vermerkt.

Die Doppelmotette war im 13. Jahrhundert die wichtigste Form, während anfangs noch die zweistimmige, von einer instrumentalen Unterstimme begleitete Motette

besser als Leonin darin, obwohl hiemit nichts gesagt sei über die (rhythmischen) Feinheiten in dessen Organa.

Derselbe Magister Perotinus schuf die besten vierstimmigen Sätze . . . mit einem Übermaß an Farben der Harmonie. Außerdem noch viele edelste dreistimmige Sätze . . .

Dies Buch und die Bücher des Magisters Perotin waren im Gebrauch bis zur Zeit des Robert von Sabilon im Chor der Seligen Großen Jungfrauenkirche zu Paris und von seiner Zeit an bis zum heutigen Tage ähnlicherweise, etc. bis zu Petrus, dem besten Notenkundigen, und Johannes, genannt der Erste von allen, und einigen anderen, größtenteils bis zur Zeit des Magisters Franco des Ersten und dem anderen Magister Franco von Köln, die in ihren Büchern manches anders zu notieren begannen; aus diesem Grunde überlieferten sie andere, eigens ihren Büchern angepaßte Regeln . . .

Anonymus IV

beliebt war. In der weiteren Entwicklung gewinnen die Doppelmotette – die französische und die lateinische – wie auch die Tripelmotette das Übergewicht über den Motettentyp, der eine ältere Klausel als Tenor verwendete und zwei textgleiche lateinische Oberstimmen zufügte.

Ars Nova

Die bisher besprochene Musik älteren Stiles nennt man *ars antiqua.* Gegen Ende des 13. Jahrhunderts setzt in Frankreich eine neue Kunst, *ars nova,* ein, die ihren Namen von einer Schrift des *Philipp de Vitry* (1291–1361) hat. Philipp war am königlichen Hof in Paris tätig; Missionen führten ihn an den päpstlichen Hof nach Avignon. 1351 wurde er Bischof in Meaux. Er genoß Weltruhm und war mit Petrarca befreundet. Sein poetisches Werk ist größtenteils verloren, von seinen Motetten hat sich ein Teil erhalten. Schon die Motetten von 1316 in dem Roman de Fauvel zeigen das Neue des Stils, die neue Rhythmik und den Aufbau. Neu ist die hohe Lage der Oberstimmen als Diskante (besetzt wohl durch Knaben) mit instrumentaler Begleitung. Neu ist auch die Hinwendung der Texte zur Behandlung von politischen Geschehnissen, Feiern, Streitfragen. Motetten auf Könige (Ludwig X., 1314–1334), auf die belagerte Stadt Reims (1356), aber auch auf Heilige und die Jungfrau Maria werden nun vertont. Im Aufbau der Motetten ist neu, daß aufeinanderfolgende Perioden (von 10–20 Großtakten) im Tenor zwar wechselnde Töne, aber gleichen Rhythmus haben. Diese Perioden heißen *talea* (französisch *taille,* Abschnitt).

In der *ars nova* wird die Notation nun noch komplizierter durch weitere Teilung der Werte. Um 1450 tritt an Stelle der schwarzen die weiß-schwarze Notenschrift. Schwierig sind noch die Taktangaben und die Lehre von den Notenwerten der Ligaturen (der verbundenen Noten). Der Taktstrich erscheint (ohne rhythmische Bedeutung) im 15. Jahrhundert, ist aber erst von der Mitte des 17. Jahrhunderts ab als Takteinteilung gebräuchlich. Die Tenorvariation heißt *talea,* die Variation im verkürzten Takt *color.* Es ist ein Verfahren, das die spätere Musik nicht kennt, eher ein der modernen Variation entgegengesetztes, bei dem die Tonfolge (in den Hauptpunkten) gewahrt bleibt, aber der Rhythmus wechselt.

Man mag das Isoperiodik (periodische Gleichheit) nennen. Wird in den beiden Oberstimmen, dem ruhigen Motetus und dem bewegteren Triplum, das Verfahren genau angewandt, so spricht man von Isorhythmie (Gleichmaß) und isorhythmischer Motette. Wesentlich neu neben der Aufbautechnik ist die Rhythmik. Galt bisher nur die Dreiteiligkeit der Werte, so daß aller Takt eben dreizeitig war, so wird jetzt die Folge der Werte in zwei und drei Teile zerlegt, in perfekte und imperfekte. Diese nun festgelegten Notenwerte stellen eine Weiterbildung der Notation der *ars antiqua* mit ihren sechs (den Versfüßen der Alten) nachgebildeten »modi« dar.

Guillaume de Machaut

Der große Meister der Ars nova in Frankreich war *Guillaume de Machaut* (Machault), geboren zwischen 1300 und 1305, gestorben 1377 als Kanonikus in Reims. Er führte ein bewegtes Leben; ab 1323 war er Sekretär des Königs Johann von Böhmen, mit dem er kreuz und quer durch Europa ziehen mußte, bis zu des Königs Tod in der Schlacht von Crécy 1346. Machauts weitere Schicksale waren wechselvoll, bis er sich ganz in sein Kanonikat in Reims (1365) zurückziehen konnte. Er war der Nachwelt zunächst als Dichter bekannt, als Verfasser von Chroniken, großen Dichtungen in Dialogform (»Le Jugement du Roi de Bohème«), von Spruchdichtungen (Dits), von hunderten von unvertonten Balladen, Rondeaux, Virelais. Als Komponist ist er der größte Schöpfer im 14. Jahrhundert, mit einem umfangreichen Werk von 40 Ballades, 20 Rondeaux, 32 Virelais, 23 Motetten, 18 Lais, einer Messe, musikalischen Einlagen in Dichtungen und anderes, im ganzen 142 Werke.

Am bedeutendsten sind wohl des Dichters und Musikers Balladen, als *ballades notées* bezeichnet. Die Ballade ist eine feste Form, in welcher der Grundsatz der »Talea« durchgeführt wird, d. h., eine Phrase wird wiederholt, und zwar nicht mit denselben Tönen, wohl aber mit denselben Notenwerten *(color)*. So ist Machauts zweistimmige Ballade Nr. 1 »S'Amours ne fait par sa grace adoucir« streng isorhythmisch aufgebaut. Vers 1 und 2 werden mit demselben Notenabschnitt wiederholt, der aus zwei rhythmisch, aber nicht melodisch gleichen Teilen besteht. Teil 1 (*color* 1), Vers 1 und 2 (4 Zeilen), Teil 2 (*color* 2), Vers 5, 6 und 7 gehen ebenso auf einen neuen Abschnitt, soweit es die Notenwerte betrifft, aber jede Note bekommt einen neuen (anderen) Ton zugeteilt.

Großartig in Erfindung und Konstruktion sind die Motetten. Sehen wir uns Motette Nr. 1 an. Zwei Singstimmen (a – a') (Oberstimme Quant en moy vint premierement Amour, Unterstimme Amour et biaute) stützen sich auf einen (liturgischen) Tenor: Amara valde. Die Motette besteht aus zwei Teilen von je drei Abschnitten. In jedem Abschnitt haben Triple (Oberstimme) und Motette jeweils die gleiche Vers- und Silbenzahl, der Tenor dieselbe Notenwertzahl. Genauso sind die Perioden 2 und 3 aufgebaut. Im zweiten Teil haben die drei Abschnitte dieselbe Silbenzahl. Der Tenor ist isorhythmisch dreimal im ersten, dreimal im zweiten Abschnitt, d. h. rhythmisch, nicht melodisch gleich, im dritten Abschnitt sind die Werte des ersten auf die Hälfte reduziert.

Color 1

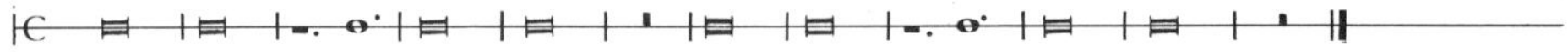

1.	a	c'	d'	c'	h	c'	a	g	g	f
2.	g	b	a	g	a	c'	a	h	a	g
3.	f	g	a	g	f	g	a	g	g	f
(Halbe Werte) Color 2										
4.	a	c'	d'	c'	h	c'	a	g	g	fis
5.	g	b'	a	g'	a	c'	a	h	a	g
6.	f	g	a	g	f	a	a	g	g	f

In der vierstimmigen (aus zwei Gesangs- und zwei Instrumentalstimmen bestehenden) Motette Nr. 23 sind Tenor und Contratenor streng isorhythmisch, also wiederum in den Notenwerten, nicht in den Tönen, gleich.

Die 16 einstimmigen Lais sind sehr umfangreich. In ihnen setzt Machaut die Minnesangtradition fort. Zwei weitere Lais sind dreistimmig für gleich hohe Männerstimmen komponiert.

Als einer der ersten hat Machaut die Messe als geschlossenen Zyklus (einschließlich des Ite missa est) vertont. Man stellte in den Gebrauchshandschriften bis dahin (und noch weiterhin) die Meßteile gruppenweise hintereinander zur Auswahl; ganze Meß-

zyklen finden sich in Kompositionen satzweise wechselnder Technik in den Messen von Tournai, Toulouse, Barcelona, Besançon. Machaut sucht bewußt nach einer künstlerischen Gestaltung, zum Beispiel durch Gegensätzlichkeit des Kyrie und Christe, wenn seine Messe auch noch nicht formal abgerundet ist.
Unseren heutigen musikalischen Vorstellungen wollen diese isorhythmischen Formen höchst konstruiert, mathematisch berechnet erscheinen. Noch bis zur zweiten niederländischen Generation sind nicht Gefühl und Empfindung (Affekt), sondern *ratio* und *numerus* die entscheidenden ästhetischen Grundlagen der Komposition. Machauts wunderbar ausgeglichene spätgotische Formkunst zu genießen, erfordert Versenkung in sie. Trotz der rechnerischen Kunst regt sich aber schon bei Machaut das persönliche Erlebnis, das seine Dichtung und Musik leise durchdringt, ein Element subjektiver Kunstauffassung, die in Parallele zur italienischen Renaissance steht, wenn auch nicht von ihr abhängig ist.

Die »Neue Musik« Italiens

Die *ars nova* brachte in Frankreich eine neue Musik, die einem allgemeinen Aufschwung im Geistesleben Mitteleuropas im 13. Jahrhundert entsprach, doch sollte man sie nicht mit der Neuen Musik der Renaissance in Zusammenhang bringen. Mit »Wiedergeburt« ist das Zeitalter nicht genügend gekennzeichnet. Die erneute Hinwendung zur Kultur der Antike ist nur *ein* Aspekt der großartigen Erneuerung der Kultur, die nun anhob. Die Renaissance ist ein Geschenk des italienischen Geistes an Europa. Auf allen Gebieten der Kultur und des öffentlichen Lebens setzte diese Neuerung ein. Kaum jemals in der Geschichte der Welt hat eine verhältnismäßig kurze Epoche in einem verhältnismäßig kleinen Volk eine solche Fülle von Begabungen auf allen Gebieten hervorgebracht wie in der italienischen Renaissance. Die Versenkung in die Literatur und die Philosophie der griechischen Antike förderte diesen Aufbruch wesentlich.
Diese allgemeine Entwicklung erlebte eine nachhaltige Förderung durch die neuen Herren, die Scaliger und Visconti in Verona (bis 1447), wie die Sforza in Mailand. Das Interesse für Architektur und bildende Kunst ging einher mit

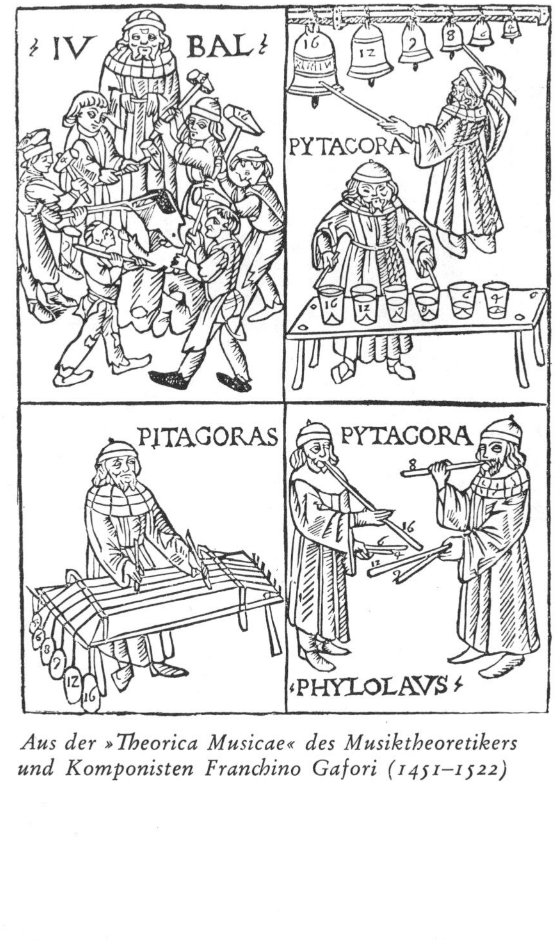

Aus der »Theorica Musicae« des Musiktheoretikers und Komponisten Franchino Gafori (1451–1522)

Titelblatt (1512) der 1496 erschienenen »Practica Musicae« des Gafori

lebhafter Anteilnahme an antiker Literatur und Philosophie und an der klassischen Literatur Italiens. In steigendem Maße begeisterten sich die Italiener für Petrarca; im 16. Jahrhundert trug man dessen »Canzoniere« mit sich herum und verehrte ihn wie die Bibel. Diese spät einsetzende Begeisterung für Petrarca, dessen Verse, Bilder, Versanfänge von Hunderten von Hofdichtern und Laien nachgeahmt und vertont wurden, war nur ein kleiner Teil der poetischen Welle, die sich über die Höfe, die vornehmen Bürgerhäuser und vor allem die Hunderte von Akademien ergoß. Vom »Cortigiano« (nach Castiglione), dem Höfling, dem Mann bei Hofe, wird praktische Musikkenntnis gefordert, Singen, Improvisieren und Rezitieren zum eigenen Spiel der Viola. Damals hatten die Akademien große Bedeutung für das Musikleben, die Accademia Filarmonica in Verona (1531), das Institut gleichen Namens (1666) neben drei weiteren älteren in Bologna, fünf Akademien an Kirchen Ferraras (1560). In Deutschland wurden diese Akademien teils nachgeahmt, teils gründete man Patrizier-, Universitäts- und kirchliche Gesellschaften (Collegia musica).

Die neuen Fürsten waren bestrebt, die Kunst zu fördern, wenn auch in erster Linie, um ihrer Macht Glanz zu verleihen. Man brauchte Musik für Aufzüge, Ballette und Theateraufführungen. Die Sforza in Mailand, die Medici in Florenz seit 1400, deren Macht Giovanni, Bankier und Handelsmann, begründet hatte, die Este in Ferrara, die Gonzaga in Mantua, die Malatesta in Rimini und Pesaro: Überall bildete sich eine neue Elite oder Aristokratie, die nach äußerster Verfeinerung der Lebenskultur strebte. Überall steht diese verfeinerte Kultur, in der die Frau, ähnlich wie in der provençalischen Ritterzeit, eine führende Rolle spielt, in einer für Kunst und Geist interessierten Gesellschaft. Venedig dehnte seit dem Sieg über das konkurrierende Genua 1381 seinen Herrschaftsbereich über Verona, Padua, Vicenza aus, vor allem aber über das östliche Mittelmeer.

Die neue Musik des 13. Jahrhunderts steht in engem Zusammenhang mit der neuen Dichtung, dem *dolce stil nuovo* Dantes (gest. 1321), den Sonetten Petrarcas (gest. 1374). Die Hauptform war die Ballata. Das Madrigal war ursprünglich zweistimmig, wie die Ballata, deren Form dem französischen Virelai ähnlich ist. In der Caccia (= Jagd) genannten Form wird eine Jagd oder eine bewegte Szene geschildert, meist in drei Stimmen, die kanonisch über einen ruhigen Baß laufen, der hier vorwiegend instrumental zu denken ist. Auch die Unterstimmen könnten sonst gesungen werden, obwohl sie in ihren ruhigen Noten anders aussehen als die krausen Oberstimmen. Satirische und politische Texte finden sich neben lyrischen. Als erster hat *Piero di Firenze* dreistimmige Caccien und kanonische zweistimmige Madrigale komponiert. *Johannes de Florentia* (auch *Giovanni da Cascia* genannt) und *Jacobus de Bononia* (Bologna) wirkten in Mailand und Verona zwischen 1330 und 1351. In Florenz schuf *Ghirardellus de Florentia,* der Johannes nahestand und auch mit dem selbst komponierenden Dichter Franco Sacchetti Beziehung hatte. Er ist zwischen 1362 und 1364 gestorben.

Eine zeitlich anschließende Gruppe bilden *Lorenzo Masii* und der um 1370 schaffende *Donato de Florentia.* Auch *Niccolò da Perugia* hat sich in Florenz aufgehalten. Er hat als erster Madrigale mit mehr als zwei Stimmen komponiert. Eine Caccia des Johannes de Florentia läßt die beiden Oberstimmen sich kanonisch folgen:

Der größte Meister dieser Kunst war *Francesco Landini* (gest. 1397 in Florenz), Philosoph, gekrönter Dichter, der mit Sachetti Sonette wechselte, und Musiker; er erblindete als Kind. Von ihm ist ein umfangreiches Werk auf uns gekommen; 141 Ballaten (davon 92 zweistimmige) stehen in der reichhaltigen Handschrift, dem schönen mit Miniaturen geschmückten Squarcialupi-Codex in Florenz, benannt nach dem Organisten dieses Namens (gest. 1480). Poetisch schildern zeitgenössische Berichte, wie Landini in geselligem Kreise musiziert, vor allem zur Begleitung des mit einer Hand gespielten Organetto (der Handorgel). Seine Sätze sind von hoher Sanglichkeit. Der Einfluß des französischen Stils ist gering, Isorhythmie findet sich selten.

Neben der Mehrstimmigkeit blühte im 13. und 14. Jahrhundert auch die einstimmige Liedmusik erneut auf. Durch den heiligen Franziskus von Assisi (gest. 1126) war in ganz Italien eine religiöse Bewegung ausgelöst worden. Seine herrlichen Dichtungen wurden gesungen und nachfolgende Weisen aufgezeichnet, vor allem in zwei großen Handschriften (aus Cortona und Florenz, mit 135 Melodien). Schon im 11. Jahrhundert hatten sich Laienbruderschaften zusammengeschlossen, welche bei Gebetsübungen, auf Prozessionen und Geißlerfahrten als *disciplinati* oder *battuti* solche Lobgesänge anstimmten.

Von diesen *fraternite, scole* oder *compagnie de laudesi* oder *laudisti* gab es in Florenz

Landini, ein Meister der Frührenaissance

Kaum war er (Francesco Landini) dem mittleren Knabenalter entwachsen, ließ ihn ein ungünstiges Schicksal durch Pocken erblinden, aber die Musik entgalt es ihm durch das Licht des Ruhms. Das grausame Ereignis nahm ihm das Licht der Augen, aber machte das Auge des inneren Menschen scharfsichtig ...

Als er groß geworden war, so daß er den Wohllaut der Melodie begreifen konnte, begann er mit Kunst zunächst mit der Stimme, dann auf Saiteninstrumenten und auf der Orgel zu musizieren. Und nachdem er in der Kunst wunderbar weitergeschritten war, handhabte er die Musikinstrumente, obwohl er sie doch niemals sah, zum Staunen aller so trefflich, als ob er sich des Augenlichts erfreute. Er fing an, die Orgel mit größter Kunst und Süßigkeit zu spielen, und zwar mit so überaus schneller Hand ..., daß er alle Organisten, deren man sich hätte erinnern können, ohne Zweifel bei weitem übertraf. Noch mehr: er spielte auch auf der Lyra limbuta, der Quinterne, Rubebe, Hirtenflöte, auf Pfeifen und jeglicher Art von Musikinstrumenten ausgezeichnet. Mit allem, was zierlichen Klang von sich gibt, eiferte er mit dem Munde in mannigfachster Weise um die Wette, und indem er den Klang der Menschenstimme beimischte (!), erfand er als drittes eine aus beiden Tonquellen gemischte Art von Musik einer edlen Freude. Überdies erdachte er eine zwischen Limbuta und Canon die Mitte haltende Instrumentenart,

ETHAN·
SPS
SCS·
DA
UID

VI *Fidelspieler und tanzende Frau, Motiv auf einem goldenen Kästchen mit Emailarbeit. Limoges, erste Hälfte des 13. Jahrhunderts*

V *(vorhergehende Seite) König David, von Spielleuten umgeben. Miniatur aus einer angelsächsischen Handschrift, 10. Jahrhundert*

im 13. und 14. Jahrhundert allein neun. Die älteren *laude* aus Cortona sind noch von einfachem Strophenbau, die späteren kunstvoll nach Art der Ballata (entsprechend dem französischen Virelai), aufgebaut.

In Spanien ist ein großes Repertoire einstimmiger geistlicher Lieder im Sammelwerk des Königs Alfons von Kastilien erhalten, der 1252–1284 über Kastilien herrschte. Die Gesamtzahl der Cantigas de S. Maria beträgt 423. Ihre dichterische Hauptform ist das Virelais. Die Cantigas de S. Maria bestehen aus 40 rein lyrischen, der Rest aus erzählenden Texten. Verfasser der Cantigas ist nicht der König allein. Troubadours haben mitgewirkt, manche Lieder sind aus dem Lateinischen übersetzt.

Der Ausklang der *ars nova* in Frankreich brachte eine Komplizierung der Satztechnik und der Notation. Wichtig für unsere Kenntnis dieser Epoche ist eine Handschrift in Chantilly im Folio-Format, vielleicht am Hofe von Neapel entstanden, jedenfalls aber in Verbindung mit dem Norden. Die Sätze rechnen mit Einzelsängern und Instrumentalisten. Vertreter dieses Stiles sind *Baude Cordier* aus Reims, ein Wallone, *Fillipoctus de Caserta, Vaillant* (dessen Vogelkonzert der Wolkensteiner übersetzte), *Jean Cuvelier* aus Tournai, *Johannes Carmen,* der vor Dufay in Paris berühmt war, *Johannes Cesaris,* 1417 in Angers, der isorhythmische Motetten und in ihnen Canons hinterlassen hat. Ihnen nahe stehen *Richard Loqueville* (1412–1448), an der Kathedrale von Cambrai tätig, *Jean Tapissier* und *Nicolas Grenon* am burgundischen Hof. Die Kirchenmusik dieser Schlußzeit bietet nichts Überragendes, in der Messe wurde nicht der Zyklus (mit Ausnahme der genannten zyklischen Messen von Machaut), sondern der einzelne Satz zur Auswahl bei der Aufführung vertont. Die vorherrschenden Formen waren Madrigal und Caccia.

In Ober- und Süditalien wirkten *Antonellus de Caserta, Nicola de Capua* sowie der gleichfalls schon zitierte zeitweise päpstliche Sänger *Nicolas Zaccharias, Matheus de Perusio* (Perugia), Domkapellmeister in Mailand, *Gratiosus de Padua,* u. a. Sie stellen den Ausklang der *ars nova* dar.

die er Serena Serenorum nannte, ein Tonwerkzeug mit geschlagenen Saiten und sehr sanftem Klange.

Aus: Filippo Villani, Liber de civitatis Florentia famosa civibus

Musizieren im Florenz der Renaissance

In dieser Stunde herrschte im Garten eine sehr angenehme Kühle, welche die heitere Gesellschaft erfrischte. Als nun die bedeutenden Männer sich setzten, verlangte der fröhlich gestimmte Francesco (Landini) nach seiner tragbaren Handorgel und begann so süß Liebesgesänge zu spielen, daß niemand unter den Anwesenden war, dem es... nicht schien, als müßte durch das Übermaß der Freude sein Herz die Brust sprengen... Nun wurde für den Musiker Francesco seine Handorgel bereitgestellt und herbeigebracht. Er nahm sie und begann so süß zu spielen und mit so süßer Harmonie, daß jeder sich sehr verwunderte... Zur Freude aller und besonders Francescos begannen zwei Mädchen eine Ballata zu singen, zu der Biagio di Sernello den Baß anstimmte, mit soviel Liebreiz und mit so engelhaften Stimmen, daß nicht nur die umstehenden Herren und Damen, sondern, wie deutlich zu sehen war, daß auch die Vöglein auf den Cypressen lauschten und sich angeregt fühlten ihre Lieder mit mehr Süßigkeit und Fülle zu singen.

Aus Giovanni del Prato, Il Paradiso degli Alberti. Ritrovi e ragionamenti. 1384

Ein großer Meister war *Johannes Ciconia,* ein Wallone aus Lüttich (geb. 1335/40, gest. 1411 in Padua). Er dürfte in Avignon studiert haben und wirkte in Padua, das 1405 von Venedig erobert wurde. Paduas bisheriger Herrscher, Francesco Carrara, wurde besiegt und hingerichtet, Ciconia huldigte mit einer Motette dem neuen Herrn. Sein Stil ist der französische, isorhythmische, den er in dieser Motette Petrum Marcello Venetum anwendet. Zwei vokale Oberstimmen mit getrennten Texten laufen hier über zwei instrumentalen Unterstimmen in isorhythmischen Abschnitten. Madrigale und Ballaten zeigen seine Kenntnis der italienischen Trecentokunst. Ciconia war der erste Niederländer, der in Italien wirkte, Vorgänger der vielen niederländischen Meister, die nun die musikalische Vorherrschaft erlangten, die bedeutendste Persönlichkeit zwischen Machaut und Dufay. Auch seine Meßsätze sind bemerkenswert in ihrem isorhythmischen und strophischen Aufbau, bei dem auch Wechsel zwischen Chor und Solo angewandt wird. Ein Patrem omnipotentem beginnt wie folgt dreistimmig mit Anwendung der Fauxbourdon-Technik (bei ×) und des Hoketus (bei ××).

Avignon wurde durch die Residenz der Päpste im Exil (1305–1378) und der Gegenpäpste zur Zeit des Schismas (1378–1417) eine glänzende Pflegestätte italienischer Musik. Die erwähnten Meister Antonellus de Caserta, Philipoctus de Caserta und Matheus de Perusio schrieben hier in französischer Manier.
Der neue Stil fand nicht durchaus die Billigung der Päpste. In Avignon erließ 1322 Papst Johann XXII., der mit zweiundsiebzig Jahren den päpstlichen Stuhl bestiegen hatte, ein berühmt gewordenes Dekret »Docta sanctorum« gegen die Auswüchse der neuen Musik.
Auch an den spanischen und nordfranzösischen Höfen wurde die Musik gepflegt, so in Berry, in Barcelona, vor allem aber am burgundischen Hof. In Dijon fand die Musik reichste Förderung durch die Herzöge Johann den Unerschrockenen, Philipp den Guten und Karl den Kühnen.
In Deutschland befand sich die Kunst der Mehrstimmigkeit noch am Anfang. Was wir im 13. Jahrhundert finden, ist Import oder im Anschluß an die französische Kunst, vor allem die Motette, entstanden.

Die englische Schule der Mehrstimmigkeit

In England stand der berühmte Kanon »Sumer is icomen in« des Mönches John von Fornsete, den man neuerdings auf 1280–1310 datiert, nicht am Anfang, sondern am Ende einer längeren Entwicklung. Er befindet sich in einer Handschrift mit Organa der Notre-Dame-Schule, die auch in einer Handschrift in Schottland (St. Andrew-Priorei) vertreten ist. Dort sind einheimische mehrstimmige Sätze enthalten. Im 13. und 14. Jahrhundert wurde in Worcester (aus Fragmenten ersichtlich) und am Hofe Heinrichs III. (1216–1272) Musik von namentlich gepriesenen Sängern und einheimischen Komponisten gepflegt. Auch die Instrumentalmusik stand, wie uns aus den Erzählungen des Dichters Chaucer (gest. 1400) bekannt ist, in England in lebendiger Pflege.

Bereits erwähnt wurden die Kapellen, welche die Fürsten um 1400 zu unterhalten begannen. Der bedeutendste Theoretiker und Komponist, *Johannes Tinctoris* (1435–1511, wirkte lange in Neapel), ist der Ansicht, daß diese nach dem Vorbild der päpstlichen Kapelle in Rom eingerichteten Kapellen, die den Sängern eine ehrenvollere Stellung als die Kirchen boten, wesentlich zum Aufschwung der Musik und der Komposition beigetragen hätten. Um 1477 schreibt Tinctoris, der erstaunliche Aufschwung der Musik seit vierzig Jahren gehe auf die englische Schule und ihr Haupt Dunstable zurück, die eine *ars nova* begründet habe. Der Dichter Martin le Franc unterstützte diese Ansicht, als er in einem Gedicht Le Champion des Dames (um 1440) meinte, die Überlegenheit der Binchois und Dufay über die älteren Komponisten erkläre sich dadurch, daß sie nach Dunstables Vorbild den englischen Stil, *la contenance angloise*, angenommen hätten. Heinrich V. unterhielt eine (1465 siebenundzwanzig Sänger umfassende) große Kapelle, in der tüchtige Musiker wirkten; ihre Kompositionen sind in einer umfangreichen Handschrift, dem Old-Hall-Manuskript, enthalten. Von den Komponisten seien Forest, Sturgeon, Damett, Typp genannt. Der König komponierte selbst. Leonel Power (gest. 1445) und andere standen Dunstable zur Seite.

John Dunstable ist der bedeutendste dieser Engländer (geb. zwischen 1380 und 1390, gest. 1453). Er war Canonicus und Musicus im Dienste des Grafen John von Bedford, des Bruders von Heinrich V., der bis zu seinem Tode 1435 die Regentschaft führte und wahrscheinlich in Frankreich lebte, wo er eine eigene Kapelle unterhielt. Dunstable dürfte in Frankreich gewirkt haben, auch war er wohl in Italien gewesen, worauf eine bedeutende Komposition über Giustinianis »O rosa bella« deuten könnte. Das Neue, das Dunstable brachte, war aber die Weiterführung der englischen Vorliebe für den »Vollklang«, d. h. für die Terz, den vollen Dreiklang und den Sextakkord. Dazu kommt die neue Dissonanzbehandlung durch Vorbereitung. Martin le Franc spricht von dem neuen Stil, der »nouvelle practique de faire frisque concordance«. Dunstables Melodik ist ruhig fließend und verläuft im *tempus perfectum;* sie wurde für die Niederländer vorbildlich.

Dunstable liebte in der Motette wie in der Messe Oberstimmenduette. Von seinen 30 Motetten sind 12 isorhythmisch angelegt. Unter den Motetten ist die verbreitetste isorhythmische »Veni sancte spiritus«, ein bedeutendes Werk, interessant auch wegen der abschnittweisen Figurierung der gregorianischen Melodie. Fortgeschrittene Vollklangharmonik zeigt die andere vierstimmige, späte, Motette »Salve scema sanctitas«. Andere Motetten sind in freiem Kantilenensatz und nach dem Modell der Chansons komponiert. Scharf deklamierte Texte in wortgezeugtem Rhythmus bringen innerhalb der Marienmotetten aus dem Conductusstil entwickelte Motetten (»Deklamationsmotetten«). Messen schreibt Dunstable mit führender Oberstimme und ein bis zwei instrumentalen Unterstimmen. Wie andere Engländer strebt Dunstable nach Zusammenfassung der musikalischen Stücke zu einem Zyklus, indem er zwei Sätze (Meßpaare)

durch Motive oder Entsprechung der Teilabschnitte verbindet. In der Messe »Rex seculorum« wird die liturgische Grundmelodie in jedem Satz variiert.
In England tritt in der Polyphonie eine Neigung zu harmonischen Klängen hervor. Zweistimmige volkstümliche Gesänge nannte man Gymel (von *cantus gemellus*, Zwillingsgesang; der Ausdruck findet sich erst im 15. Jahrhundert). Auf dem Kontinent wurde im 15. Jahrhundert ein in parallel laufenden Sextakkorden gebildeter Satz bekannt, der in England seinen Vorläufer im *descant* hatte. Im Diskantsatz, den man zunächst improvisierte, wurden vollkommene Konsonanzen, Terzen, zwischen den einzelnen Stimmen erstrebt. Volle Dreiklänge wurden im englischen Diskant bevorzugt. Schon im 14. Jahrhundert finden sich Folgen von Sextakkorden in Parallelbewegung. Improvisiert haben im Sight die Stimmen einen bestimmten Intervallabstand, der Mene klingt eine Quint höher als vorgestellt, der Treble eine Oktave, der Quatreble eine Duodezime. Die gegebene Melodie liegt in der untersten Stimme, die anderen Stimmen werden darüber improvisiert (von Guilelmus Monachus).

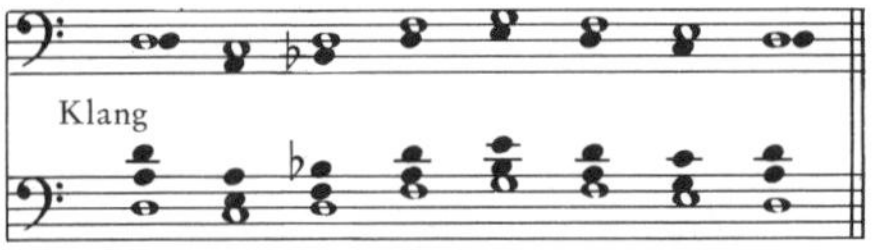

Scheinbar ähnlich ist die Technik des Fauxbourdon. Hier liegt die Melodie jedoch, anders als im Sight, stets in der Oberstimme, die beiden Außenstimmen werden schriftlich ausgearbeitet, die Mittelstimme, der Contratenor, nicht ausgeschrieben, sondern improvisiert ergänzt. Ganz klar ist die Entstehung des Fauxbourdon nicht. Nach Guilelmus Monachus liegt beim Fauxbourdon der Cantus firmus entweder unverziert im Tenor, oder verziert im Diskant. Die Melodie im Fauxbourdon wird ebenfalls verziert, auch durch rhythmische Verschiebung der Stimmen untereinander.

Die Niederländer

Unter dem Namen »die Niederländer« sind die Komponisten zusammengefaßt worden, die anderthalb Jahrhunderte hindurch, von 1400–1550, die musikalische Vorherrschaft in Mitteleuropa innehatten. Die geographische Bezeichnung ist unrichtig. Sie entspricht vor allem nicht dem Begriff der heutigen Niederlande. Es handelt sich anfänglich um das Staatengebilde, das sich aus der französischen Provinz Bourgogne entwickelte und 1430 zur Selbständigkeit gelangte; unter den Herzögen von Burgund umfaßte es Brabant-Limburg, Holland-Seeland, den Hennegau (Heimat der bedeutendsten »Niederländer« wie Guillaume Dufay, Josquin Desprez, Roland de Lassus u. a.), Namur, Luxemburg und die Grafschaft Flandern. Der Volkszugehörigkeit nach war dieses Land Burgund gemischt, teils (im Süden) wallonisch, teils flämisch. In Italien nannte man die Niederländer meist tedeschi oder einfach oltramontani (= von jenseits der Alpen). Die Namen der Niederländer sind teils französisch, teils niederdeutsch. Dijon, Lille und Brüssel waren die Hauptsitze der Herzöge.
Für die Musikpflege entscheidend war die Sänger und Instrumentalisten umfassende Kapelle, insbesondere unter Philipp dem Guten (1419–1467), unter dessen Regierung der neue Stil aufblühte. Sie umfaßte 1436–1451 siebzehn, 1501 sechsunddreißig Sän-

ger. Gilles Binchois war Kaplan der Kapelle; Kapellmeister waren: unter Karl dem Kühnen (1467–1477), der sogar die Komposition beherrschte, Antoine Busnois; unter Maximilian I., der Burgund durch Heirat mit der Erbin Maria von Burgund seinem Reich einverleibte, Pierre de la Rue (gest. 1518); unter Maximilians Sohn Karl V., der die burgundische Kulturtradition bis nach Spanien verbreitete, Nicolaus Gombert.
Der bedeutendste Meister der ersten Generation (oder auch Schule im weiteren Sinne) war *Guillaume Dufay*. Er ist um 1400 in Cambrai geboren und 1474 dort gestorben. Einen großen Teil seines Lebens hat er in seiner Heimatstadt verbracht. Dufay war unter Richard Loqueville und Nicolas Grenon Sängerknabe. Dann wirkte er am Hofe der Malatesta in Rimini und Pesaro, wo die Hochzeitsmotette »Vasilissa« für die Tochter Malatestas, Cleofe, entstand (1419/20). Von 1428–30 weilte er in seiner Heimat; dort schrieb er die bedeutende Missa S. Jacobi. In der päpstlichen Kapelle in Rom war er 1428–33 Sänger. Die nächsten zwei Jahre verbrachte er beurlaubt in Savoyen und Cambrai. Als Sänger folgte er dem Papst Eugen IV. nach Florenz und Bologna. In Florenz komponierte Dufay drei Motetten auf die Stadt und zur Einweihung des von Brunelleschi erbauten Domes 1426 die Festmusik »Nuper rosarum flores«. Nach dem Ausscheiden aus der päpstlichen Kapelle trat Dufay in den Dienst von Savoyen, lebte in Pinerolo, Turin und auf Reisen, seit 1460 aber hauptsächlich in seiner Heimatstadt Cambrai. Dort entstanden auch die letzten großen Werke, die Messen »Ecce ancilla domini«, 1463 und die Antiphon »Ave regina caelorum« 1464.
Dufay begann in der nordfranzösischen Tradition mit isorhythmischen Motetten, denen freie Tenormotetten folgten. Er vermehrte die Zahl der Stimmen von vier auf fünf (»Apostolo glorioso«, eine Domweihmotette). Unter dem Einfluß der englischen Musik wurde Dufays Stil vollklangmäßig. Dazu benützte er die Satzweise des Fauxbourdon. Erstmalig erscheint der Fauxbourdon bei Dufay in der Missa S. Jacobi. Auch die in Rom entstandenen Hymnen, in denen der Cantus firmus koloriert in der Oberstimme liegt, haben Fauxbourdonsatz. Hier der Anfang des Hymnus In Dedicatione ecclesiae, Melodie Urbs beata.

Zunehmend wird die Harmonie Grundlage des Satzes: eine Harmonik, welche die Polarität von Tonika und Dominante zur Grundlage hat und sich zunächst auf eine, später auf zwei Baßstimmen als »Harmonieträger« stützt. In der Chansonkomposition macht sich der Einfluß Italiens in dem harmonisch fundierten Satz und der ruhigeren Rhythmik bemerkbar. Dufay bevorzugt einen kraftvollen 3/1 Takt, das Tempus perfectum. Der Tenor des vierstimmigen Satzes, noch in gedehnten Noten, ist weiter isorhythmisch angelegt, so in der Festmotette »Nuper rosarum flores«. Der Vollklang wird durch einen Tenor secundus und Zusätze in anderen Stimmen erzielt.
Für die Entwicklung wichtig war die Ausbildung des Meßzyklus, d. h. der zusammen-

hängenden Vertonung der fünf Ordinariumsstücke. Aus früher Zeit stammt eine dreistimmige Messe im Kantilenenstil. In der »Missa Caput« geht Dufay zur Vierstimmigkeit über und verbindet die Sätze durch ein gemeinsames Anfangsmotiv. Als Cantus firmus erscheinen von jetzt ab bis ins 18. Jahrhundert nicht nur geistliche, sondern auch weltliche Lieder, so die Chanson von Dufay »Se la face ay pale«.

Diese Melodie sei hier wiedergegeben, darunter der Anfang der Messe über die Melodie als Tenor:

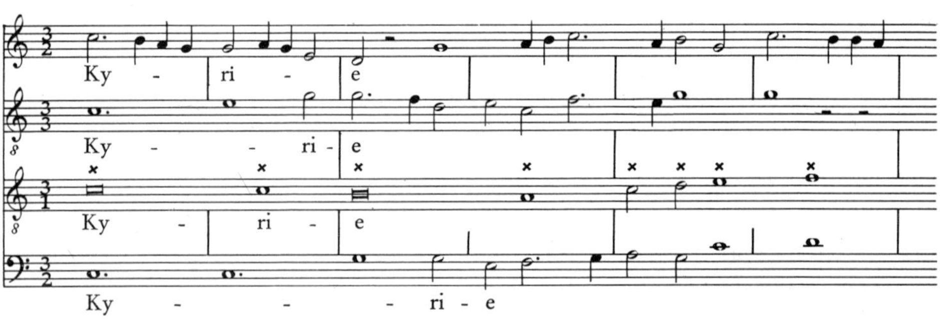

Als Messen-cantus-firmus wird unzählig oft das Soldatenlied »L'homme armé« benutzt.

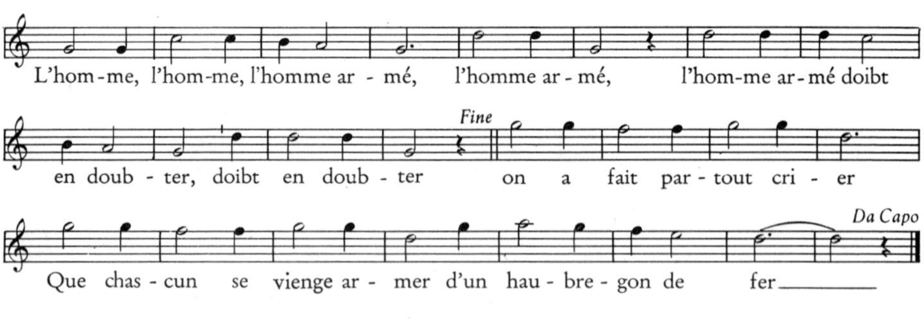

In der Motette »Ave regina caelorum«, in welcher Dufay auf seine Todesstunde Bezug nimmt, ist der vierstimmige Satz ausgeglichen und rein vokal gemeint, die Harmonie ist vollklingend, die Melodie fließend. Aus dieser Motette entwickelte der Meister noch eine ausgedehnte, abwechslungsreiche »Missa Ave regina caelorum«.

Neben Dufay ist *Gilles Binchois* (geb. 1400, gest. 1460 in Mons) trotz geistlicher Kompositionen, bei denen die liturgische Melodie in der Oberstimme liegt und Fauxbourdontechnik angewandt wird, in erster Linie als Schöpfer – vielleicht auch manchmal Dichter – zahlreicher Chansons, zarter Liebeslieder mit der Melodie in der Oberstimme über zwei instrumentalen Begleitstimmen, zu nennen. Von den vielen Komponisten dieser ersten niederländischen Generation, wie sie in zahlreichen Handschriften, vor allem in den Trientiner Codices (sieben Sammlungen mit mehr als 1585 Sätzen, von Kaiser Friedrichs Sekretär Johann Hinderbach, späterem Bischof von Trient, angelegt) aus den beiden ersten Dritteln des 15. Jahrhunderts vorliegen, seien noch *Nicolas Grenon* (gest. 1440 in Cambrai), die päpstlichen Sänger *Guillaume Legrant,* von dem sich auch eine Orgelübertragung gefunden hat und *Johannes Legrant* genannt. Ein Problem sind Meister mit dem gleichen Familiennamen, so die *Arnold* und *Hugo de Lantins,* der erste vertreten durch drei- und vierstimmige Messen, der zweite durch Binchois nahestehende Chansons und Motetten. Beide waren in Italien, Arnold war päpstlicher Sänger. In der päpstlichen Kapelle wirkte auch *Johannes Brassart* aus Lüttich, den Gafori neben Dunstable, Binchois und Dufay stellt. In Paris an Notre Dame wirkte *Estienne Grossin.* Päpstlicher Sänger war auch *Gautier Liebert* (um 1428), sein Namensvetter *Reginald Liebert* lebte möglicherweise in Cambrai. Reginald Lieberts Meßkomposition umfaßt Ordinarium und Proprium, die liturgische Melodie liegt in der Oberstimme, Fauxbourdontechnik wird angewandt. Gleich drei Komponisten heißen *Merques, C. de, K.* und *Nicolas;* sie haben durchschnittliche Motettkompositionen mit Fauxbourdonsatz hinterlassen. Dufay nahe stehen die Chansons von *Johann Roullet* (um 1440). Die päpstliche Kapelle hatte um 1450 einen Bestand von 16–18 Sängern, unter ihnen die berühmtesten Meister ihrer Zeit. Die niederländische Gesangskunst, insbesondere auch ihre Kunst der – improvisierten – Verzierung, war weltberühmt.

In der zweiten Generation der Niederländer haben eine Reihe von Komponisten weiten Ruhm erlangt. *Antoine Busnois* (gest. 1492) war am Hofe in Burgund tätig, schließlich Kapellan der Maria von Burgund. Er liebte in seinen Chansons die elegante, geschmeidige Linie, verwendete öfters einen nicht strengen Kanon, zeigt rhythmische Gewandtheit auch in seinen Motetten und seiner Messe über L'homme armé. *Jean Caron,* den *Loyset Compère* (gest. 1518) in der »Prière pour les musiciens« mit Dussart und Antoine Busnois als Meister des Liedes nennt, schreibt sehr gewandt, vor allem in seiner berühmten Chanson »Helas que poura devenir«. Am burgundischen Hof wirkte auch *Walter Frye* (Frey), den man für einen Deutschen gehalten hat, der aber Engländer war. Er schreibt eine noch streng isorhythmische Messe (»Summe Trinitati«). Unter seinen verbreiteten Motetten ist die Kantilenenmotette »Ave regina caelorum, mater« die berühmteste. Neben *Petrus de Domarto, Johann Dussart, Walter Kraft* ist noch *Cornelius Regis* (geb. um 1430, gest. 1485) zu nennen.

Zu der Generation der Niederländer, die über die Jahrhundertwende hinaus gewirkt und gelebt haben, gehört *Anton Brumel* (geb. um 1520), Kleriker in Chartres, Domherr in Laon, Leiter der Sängerknaben an Notre-Dame in Paris.

Bedeutender ist *Pierre de la Rue* (geb. 1518 in Kortryk). Er war im Dienste der Bruderschaft von Unserer Lieben Frau in 's Hertogenbosch und Mitglied der burgundischen Kapelle am Hofe des späteren Kaisers Maximilian I. Im Gefolge des späteren Kaisers Karl V. machte er eine große Reise nach Spanien mit, auf welcher in Toledo eine seiner Messen von 60–80 Sängern aufgeführt wurde. Auch Deutschland hat er besucht, in Innsbruck anstelle von Hofhaimer gelegentlich Organistendienst versehen, und in Augsburg musiziert.

Pierre de la Rue ist einer der bedeutendsten Meister. Vor allem seien 31 Messen und mindestens 37 Motetten hervorgehoben. Er verbindet die Teile der Sätze motivisch miteinander. Seine Messen sind ebenso wie seine Chansons und Motetten überwiegend kanonisch angelegt. Sein berühmtes Requiem (für vier tiefe Stimmen) aus späterer Zeit ist durch ruhige Stimmführung und wortgezeugte Melodik ausgezeichnet. Der schon genannte *Alexander Agricola* (1446–1506) wurde Sänger in der burgundischen Kapelle, deren Reisen er, wie Pierre de la Rue, mitgemacht hat. Auf der zweiten Reise starb er in Valladolid. Agricola steht Ockeghem sehr nahe; 6 Messen und 93 Chansons zeigen seine zeitgebundene Entwicklung und einen sehr komplizierten Satz – insbesondere in der Chanson, in welcher der Diskant, später der Tenor melodietragend ist, dann, wie auch in den späten Messen, durchkoloriert wird. Zu Obrechts Generation zählen *Antonius Divitiis* (gest. nach 1526; wirkte in Philipps des Schönen und König Ludwigs XII. Kapelle) und *Jehan Mouton* (gest. 1522 in Saint-Quentin, Sänger der Kapelle der französischen Könige). Mouton galt als hervorragendster Vertreter der Generation Josquins, de la Rues und Isaacs (14 Meßordinarien und 110 Motetten). Sein Stil betont stärker als Josquin oder Févin die Vollstimmigkeit. *Noel Bauldewijn* (Balduin, gest. 1529) war Kapellmeister in Antwerpen, *Jean L'Héritier* Kapellmeister an der Kirche S. Luigi dei Francesi in Rom (bis 1522). *Matthaeus Pipelare* (Sangmeister der Bruderschaft Unserer Lieben Frau in's Hertogenbosch) ist durch Messen und Motetten in Drucken bis 1545 bekannt.

In *Benedict Ducis* (geb. um 1485 in der Nähe von Konstanz, gest. 1544 zu Schalkstetten bei Ulm) begegnet uns ein deutscher Meister, der mit seinen reformatorischen Kirchengesängen in die Nähe Heinrich Isaacs gehört. Er ist wohl nicht identisch mit *Benedictus de Opitiis,* der spätestens ab 1514 an der Kathedrale in Antwerpen als Organist wirkte. Zu den spanischen Komponisten, die als Sänger der päpstlichen Kapelle angehörten, zählt *Beltrame Vacqueras* (bis 1507 in der Kapelle). Auch der Spanier Carpentras, eigentlich *Elzear Genet* aus Carpentras (um 1475 bis 1548 in Avignon) war päpstlicher Sänger, seit 1521 im Auftrag des Papstes Leo X. in Avignon. Werke wurden in Avignon von dem Verleger Jean de Channay gedruckt.

Die neuere französische Chanson schließt sich an die Chanson der franko-flämischen Meister an, von denen der Pariser Drucker Pierre Attaignant an 2000 Sätze veröffentlichte. Gegenüber der älteren Chanson ist die jüngere schon wegen der so oft pikanten, Anekdötchen bringenden Texte zu unterscheiden. Zusammenhänge bestehen mit der Satztechnik der Frottola.

In den ersten Büchern brachte Attaignant ältere Chansons von Jean Mouton, von Pierre de la Rue, Antoine de Fevin (gest. 1511/12) mit Chansons neuerer Komponisten, wie Claude de Sermisy (gest. 1562), Adrian Willaert, Clement Janequin. Viele der Chansonkomponisten waren Pariser Kapellsänger, aber auch mit Sängern aus der Provinz hatte Attaignant Verbindung.

Zu den Meistern, die in der Zeit Dufays zu ihm enge Beziehungen hatten, gehört *Jo-*

hannes Regis (um 1430–1485). Er war in Cambrai tätig. Regis schließt sich stilistisch Dufay an. Akkordsatz tritt hinter bescheiden imitierendem Kontrapunkt zurück. *Johann Martini,* der nach seiner Tätigkeit in der Mailänder Hofkapelle neben Josquin und Compère in der Hofkapelle in Ferrara wirkte, scheint vor dem Jahrhundertende verstorben zu sein. Er übernimmt von Dufay Klangfülle, Dreiklangsmelodik, harmoniebetonte Baßführung. Von Ockeghem dürfte seine schweifende Melodik und seine komplizierte Rhythmik beeinflußt sein. *Guillermus Faugues* wird von Tinctoris mit Busnois und Caron als Nachfolger von Dunstable, Binchois und Dufay genannt. Auch Compère erwähnt ihn. Seine noch dreistimmige Messe müßte um das Jahr 1450 entstanden sein.

Johannes Ockeghem

Der große überragende Meister dieser zweiten Generation oder zweiten Schule der Niederländer ist aber *Johannes Ockeghem* (geb. um 1425, gest. 1495 in Tours). Vielleicht hat er unter Binchois am burgundischen Hof gelernt. Er kam bald an den französischen Königshof, an dem er unter den Königen Karl VII., Ludwig XI. und Karl VIII. über vierzig Jahre gedient hat. Zwischen 1456 und 1459 wurde er mit der Verleihung der hohen Würde eines Trésoriers (Schatzmeisters) der Abtei St. Martin in Tours ausgezeichnet. Reisen führten ihn nach Flandern und Spanien. Er war einer der berühmtesten Meister, sein Tod wird von Dichtern wie Crétin und Jean Molinet beklagt. Eine weitere »déploration« von Jean Lolinet wurde von Josquin vertont, der vielleicht sein Schüler war, jedenfalls zu den Musikern wie Brumel, Pierre de la Rue und Compère gehörte, die zu Ockeghem aufblickten.

Ockeghem war kein besonders eifriger Förderer der sogenannten Künste der Niederländer, wenn auch die Motette *Deo gratias,* als sechsunddreißigstimmiger Kanon gesetzt, so berühmt war, daß sie noch 1568 gedruckt wurde. Ockeghem erweiterte den Stil seiner Vorgänger in der franko-niederländischen Schule und erhöhte insbesondere die Ausdruckskraft ihrer Sprache. Dreistimmige Liedsätze bilden den Zusammenhang mit der burgundischen Schule. Er schreibt weitgespannte asymmetrische, freie melodische Linien. Insbesondere seine Meßordinarien galten als höchste Muster kirchlicher Kompositionstechnik. Im Schwung seiner Melodik kündet sich die starke religiöse Bewegung an, die durch den Mystiker Johann Ruysbrock (gest. 1381) und seinen Schüler Geert Grote zur Gründung der Brüderschaft vom gemeinsamen Leben geführt hatte. Ockeghems berühmter sechsunddreißigstimmiger Kanon ist nicht so verwickelt wie es scheint. In Wirklichkeit sind es vier Gruppen zu neun Stimmen, die hintereinander, nun ziemlich harmonisch auf Tonika und Dominante beschränkt, einsetzen. Möglicherweise ist der Kanon gar nicht Ockeghem, sondern einem Meister einer späteren Zeit zuzuschreiben. Ein theoretisches Kunststück ist Ockeghems »Missa cujusvis toni«, die mit entsprechenden Versetzungszeichen in allen Tönen, d. h. dem 1., 3., 5. und 7. Ton gesungen werden können. Diese Versetzungszeichen machen die sogenannte *musica ficta* aus.

Jacob Obrecht

Zwischen der zweiten und dritten Generation steht einer der größten Meister der niederländischen Epoche: *Jacob Obrecht* (Hobrecht). Er wurde 1450 in Bergen op

Zoom oder auch auf einer Pilgerfahrt seiner Eltern auf Sizilien geboren, wirkte in seiner Väter Heimatstadt als Singmeister, wurde 1484 Kapellmeister an der Kathedrale in Cambrai, ging in gleicher Eigenschaft nach Brügge und wurde nach einer Reise nach Ferrara an den Hof Ercoles I. nach Antwerpen berufen. Wieder war er in Brügge, in Antwerpen und 1504 in Ferrara; dort soll er an der Pest gestorben sein.

Obrechts Kunst ist so reich an Gegensätzen, daß seine Eingliederung durch die Historiker schwankt. Sein Stil wirkt vielleicht konservativ, ist aber gegenüber Ockeghem doch von einer neuartigen Klarheit, trotz geradezu virtuos übersteigerter Kompositionstechnik. Man kennt von diesem Meister, einem der Flamen unter den sogenannten Niederländern, 26 Messen, 32 Motetten und weltliche Werke. Seinen Ruhm verkündet noch Glarean 1547: »Alle Monumenta dieses Mannes haben eine gewisse Erhabenheit und eine Ader der Mäßigung«, man kann sagen: der klassischen Vollendung.

Obrecht verwendet in seinen Messen verschiedene Techniken, so gleichbleibende Cantus firmi durch alle fünf Messesätze in »Missa Fortuna desperata« und »Missa Graecorum«. Seine besondere Kunst ist die Aufteilung einer Chanson-Vorlage über alle Sätze hin.

Obrechts Stil ist persönlicher Art, seine Architektur ist genial, aber doch nicht verzwickt kleinförmig. Direkte italienische Einflüsse sind zwar nicht anzunehmen, doch hat diese bei aller hohen Kunsthaftigkeit ausgewogene Rhythmik und Architektur als nordische Renaissance in mancher Hinsicht Wesensähnlichkeit mit italienischen Tendenzen. Obrecht ist trotz aller unerreichten Konstruktionskunst elementar musikalisch und von starker melodischer Erfindungskraft.

Er ist ein Meister der Variation und baut Messen durch Verkürzung des Metrums in den Sätzen auf, ein Prinzip, das schon in den isorhythmischen Messen angewendet wurde. In der Missa über eine vielleicht von Ockeghem stammende Chanson »Malheur me bat« bringt der erste Abschnitt des ersten Kyrie den cantus firmus im 3/2 Rhythmus, im zweiten Abschnitt erscheinen die Grundwerte in ganzen, dann in halben Noten, schließlich in Viertelnoten (vierfach, zweifach, einfach)! In allen Sätzen wird dieses Verfahren durchgeführt. Dann werden verschiedene Maße verbunden, im zweiten Agnus wird die Melodie im Baß in der Quinte im Maß der Chanson, im dritten Agnus im Diskant in der Verdoppelung gesetzt.

Die Motetten zeigen den Einfluß des italienischen Stils. Die weltlichen Lieder haben zum Teil niederländische Volkslieder als Vorlage, sie zeigen neuartige Formen, wie Rondeau, und umfassende Rahmen.

Josquin Desprez

In der dritten niederländischen Generation ist die weitaus bedeutendste Persönlichkeit *Josquin Desprez.* Er ist um 1440 auf burgundischem Gebiet geboren und wurde vielleicht Schüler von Ockeghem; wie so viele Niederländer wirkte er dann in Italien – 1459–72 in Mailand als Domsänger, seit 1473 in der Kapelle des Herzogs Sforza. In der Kapelle waren auch andere Niederländer tätig, unter ihnen Alexander Agricola, in der kleineren Kammerkapelle Caspar van Weerbeke. Die päpstliche Kapelle in Rom hatte zahlreiche nordische Mitglieder: Weerbeke, Mabrianus de Orto, Johannes Stokhem, Crispinus de Stappen, ferner den Spanier Vacqueras. Dieser Kapelle gehörte auch Josquin seit 1484 bis zu seinem Austritt zwischen 1492 und 1500 an. Er war anschließend Sänger in der Kapelle des Königs von Frankreich, Ludwig XII., außerdem Mitglied der Kapelle des Herzogs Ercole in Ferrara, die ebenfalls Niederländer beschäftigte, so Weerbeke, Agricola, Johann Martini. In Condé-sur l'Escaut ist Josquin gegen 1521 gestorben.

Josquin hat alle Stilarten seiner Zeit kennengelernt und beherrscht. Entscheidend war seine Tätigkeit in Italien. Ein neuer Geist erfüllte seine Musik: Josquin strebte den Ausdruck der Empfindungen an, die Wiedergabe des seelischen Inhalts der Worte. Sein Schüler Adrianus Petit Coclico meinte, seine Musik wolle »omnium affectus exprimere«. Für Coclio ist Josquins Musik die »ars perfecta«, die vollendete Kunst. Glarean rühmt in seiner Schrift »Dodekachordon«, 1547, keiner habe wirksamer die Stimmung des Gemütes im Gesang ausgedrückt als Josquin. Gegenüber der vorhergehenden Generation erscheint dies als neue Grundeinstellung. In Josquins Schaffen geht der Stilwandel langsam vor sich. Die hohe Kunst der niederländischen Kontrapunktik war ihm von Anfang an geläufig. Zu den frühesten seiner 20 Messen gehört die »Missa Ad fugam«. Diskant und Tenor werden im Kanon der Quinte geführt, der Alt tritt imitierend hinzu. Cantus firmus ist Agricolas Tricinium »Si dedero«. In ähnlicher Weise wie Obrecht verwendet Josquin in der Messe »Di dadi« (Von den Würfeln) zwei-, vier-, achtfache und sechs-, zwölf- und fünffache Vergrößerungen des Themas. An die Würfel erinnert das Zahlenspiel. Neuartig ist eine abgeklärte, durch rein akkordische Teile erweiterte Messe über eine Ockeghemsche Chanson »D'ung aultre amer«. Den Höhepunkt niederländischer Satzkünste bildet die Missa »L'homme armé super voces musicales«. Die voces musicales sind die Töne des Hexachords.

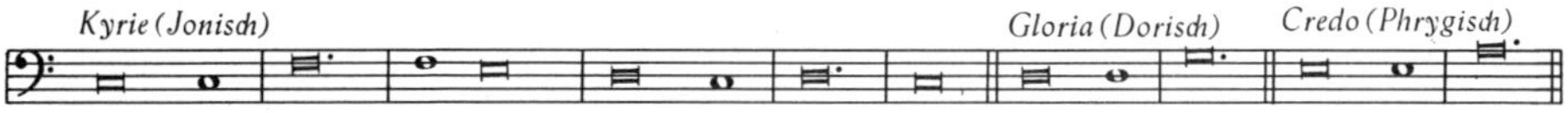

Der Cantus firmus wird satzweise von c bis a auf diesen Tönen hinaufgerückt. Das ergibt sechs verschiedene Kirchentonarten; dazu werden in einzelnen Sätzen je zwei wechselnde Stimmen in verschiedenen Intervallen und wechselnden Werten gebracht. Im zweiten Agnus führt Josquin die Stimmen in einem Kanon gleichzeitig einsetzend in verschiedenen Taktwerten. Ebenso staunenswert ist Josquins Satztechnik in einer Messe über die Solmisationssilben sol fa re mi. Nach Glarean soll Josquin mit diesen Silben auf die Antwort eines hohen Herren angespielt haben, der auf die Bitte Josquins um eine Wohltat zögernd antwortete: Laisse faire moy. Was Josquin aus der Kombination der wiederholten Töne macht, grenzt ans Wunderbare. Eine andere Motivbildung ergibt sich aus dem Namen des Fürsten H*e*rc*u*l*e*s D*u*x F*e*rr*a*r*ie*. Die Vokale geben die Tonsilben an (re, ut, re, ut, fa, mi, re), die das Motiv – das Motto – bilden. Es erklingt in breiten Notenwerten durch tausend kontrapunktische Feinheiten des Satzes hindurch.

In den späten Messen wird trotz der hohen Künste der Satz ruhiger, tonschöner. Da wird in der Messe »Da pacem« der Cantus firmus in verschiedener Mensur, auch erweitert und verlängert, vorgetragen. Alle Teile beginnen mit demselben dreistimmigen Satz, zu dem nun der Cantus firmus in verschiedenen Zeitwerten hinzutritt. Josquins letzte Messe »Pange lingua« ist eine der ersten durchgehend in imitierendem Satz komponierten Messen. Der Cantus firmus der Hymnenmelodie wird nun in allen Stimmen, ohne daß der Tenor bevorzugt wird, oft variiert, durchgeführt.

Auch die weltlichen Werke Josquins, und gerade sie, lassen die Tendenz der Zeit, dem Wort musikalisch Ausdruck zu verleihen, erkennen. Josquins Chansons galten noch gegen Mitte des 16. Jahrhunderts als klassisch, denn der Verleger Susato in Antwerpen veröffentlichte 1545 vierundzwanzig Jahre nach Josquins Tod, in einer Reihe von Sammlungen einen ganzen Band Josquinscher Chansons. Diese Chansons sind in der Tat klassisch in der Gleichwertigkeit von Form und Inhalt. Rhythmisch-symmetrischen Aufbau zeigen viele der Tenores, die ebenmäßige Form ist genial mit Kanon und Imitation verbunden. Es gibt wohl keine ausgeglichenere Form als Sätze wie »J'ai bien cause« und kaum verhalten-schmerzlichere Stimmung als in »Douleur me bat«! Josquin hat auch Frottolen komponiert; so steht ein scherzhaft tonmalerischer Satz »Il grillo è bon cantore« in Petruccis Frottolenausgaben. Dort nennt sich Josquin »d'Ascanio«, da er beim Kardinal Ascanio Sforza in Dienst war.

Die Verbreitung der Kunst der Niederländer der dritten Generation wurde in ungeahnter Weise gefördert durch die Entwicklung des Notendrucks. Ottaviano Petrucci (1466–1536) hat den (bereits 1476 von Ulrich Hahn erfundenen) Notendruck mit beweglichen Notentypen auf das feinste entwickelt. Er ist wohl der erste kommerzielle Musikverleger; der Rat Venedigs erteilte ihm 1498 ein Privileg auf zwanzig Jahre zum Druck von Noten und Tabulaturen. Sein erster Musikdruck von 1501 ist das »Harmonice Musices Odhecaton A« mit Chansons der zweiten und dritten niederländischen Generation, wie Obrecht, Ockeghem, Brumel, Agricola, Compère, Josquin, Isaac, Pierre de la Rue. Von Petruccis 61 Druckwerken bis 1520 sind sowohl die Messen- und Motettendrucke (Obrecht, Brumel, P. de la Rue, Jean Ghiselin, Mabrianus de Orto, Josquin usw.) wie die Sammlungen von Werken dieser Meister, wie seine Lautentabulaturen (1507) und vor allem die große Sammlung von Frottolen in elf Büchern (von denen das zehnte verschollen ist, 1504–1514) von größter Bedeutung. Durch diese Drucke wurden die Werke dieser Meister und die Frottolen über das musikalische Europa verbreitet. Die zierlichen und wunderbar sauber gedruckten Stimmbücher – namentlich der ersten Zeit – finden sich denn auch verstreut in vielen Bibliotheken, in die sie aus den fürstlichen und kirchlichen Kapellen kamen.

Lauda, Frottola und Madrigal

Petruccis Drucke halfen den italienischen Stil zu verbreiten, unter dessen Einfluß die in Italien selbst wirkenden Meister bereits geraten waren. Neu ist vor allem der einfache schlicht-vierstimmige Satz der Lauden. Über die einstimmigen Lauden des 14. Jahrhunderts und ihre Bedeutung wurde schon berichtet. Ihr älterer Satz in Handschriften war dreistimmig, nun erfolgt er in vier Stimmen in einer Satzweise, die vollklingend, akkordisch ohne Imitation, homophon, d. h. in allen Stimmen in gleichzeitiger Bewegung, in harmonisch-vertikaler Auffassung des Satzes gehalten ist. Neuartig ist nicht nur die harmonische Auffassung, sondern auch die symmetrisch-eurhythmische Gestaltung der Melodie, die völlig von der ohne gleichmäßige Taktakzente verlaufende Rhythmik der Niederländer abweicht. Die polyphone Musik kennt auch noch in der Folgezeit keine regelmäßigen Ikten (d. h. im Takt regelmäßige Betonungen), sondern zeigt eine Freischwebigkeit, welcher die Mensuralnotation entspricht, die keine Taktstriche kennt. Diese neue Taktauffassung ist nicht allein italienischen Ursprungs. Auch im Odhecaton finden sich einzelne Sätze, wie das niederländische Tanzlied »Dit le burguygnon«, dessen Melodie hier angegeben sei.

Der ältere Stil sei an einer älteren dreistimmigen Frottola demonstriert.

In den vierstimmigen Lauden und ihrem harmonisch-akkordlichen Satz liegen die Anfänge des späteren niederländisch-italienischen Stiles und selbst der seraphischen Satzkunst Palestrinas.

Petruccis Sammlung bringt vierstimmige Sätze, die von der niederländischen Kontrapunktik nicht unberührt sind. Einige der Stücke sind in der ursprünglichen dreistimmigen Fassung weit schlichter. Sind solche Sätze durchkomponiert, statt sich musikalisch eng an die poetische Form zu halten, und inhaltlich lyrisch-elegisch, so kommen sie der nun neu entstehenden Gattung des Madrigals sehr nahe, zum Beispiel in *Marco Caras* Satz »Per dolor mi bagno il viso«. Neben Cara (im Dienst der Gonzaga bezeugt 1495 bis 1525) ist *Bartolomeo Tromboncino* (in Mantua 1487–1495, 1501–1512 auch in Florenz, gest. nach 1535) der bedeutendste Frottolenkomponist.

Die neue Gattung des Madrigals, die im 16. Jahrhundert eine erstaunlich reiche Pflege fand, wird begründet durch eine neue Dichtung, die sich gegenüber der sich volkstümlich gebärdenden Kunst der Höflinge, der Hofsänger *(canterini)* wie Charitea, Serafino d'Aquila, und den gehobeneren Dichtungen der Galeotto del Caretto und Niccolò da Coreggio auf ein höheres poetisches Niveau begab. Kardinal Bembo, B. Dragonetto, L. Cassola sind die neuen Dichter. Vor allem aber erlebte Petrarca (gest. 1374) eine in der Literaturgeschichte wohl einzig dastehende Wiedergeburt. Zur Vorgeschichte des Madrigals zählen auch die 1520 gedruckten Canzonen nach Petrarca von Bernardo Pisano. Das erste mit dem Titel Madrigal versehene Buch ist 1530 erschienen (erhalten nur in einer zweiten Ausgabe von 1533).

Unter den Komponisten sind neben wenigen Italienern Niederländer, wie *Philippe Verdelot* (vielleicht identisch mit Philippe Deslouges), der 1509 bis 1539 in Italien lebte, als Sänger an S. Marco in Venedig und Kapellmeister in Florenz. Zu den frühesten Madrigalkomponisten gehört auch der Niederländer *Adrian Willaert* (geb. zwischen 1480 und 1490, gest. 1562 in Venedig), der wie *Jacob Arcadelt* (gest. vor 1572) zu der vierten und letzten Generation der die musikalische Welt beherrschenden Niederländer zählt. Das Madrigal vereint die Kunst der Niederländer in der kontrapunktischen Stimmführung mit dem schlicht-akkordischen Satz der Italiener in freier, durch weitgehende Textausdeutung bedingte Abwechslung.

Heinrich Isaac

Neben Josquin als Zeitgenosse steht *Heinrich Isaac* (geb. um 1450, gest. 1517 in Florenz). Man hatte ihn bis in die Gegenwart hinein für einen Deutschen gehalten, weil er jahrelang der Hofkapelle Kaiser Maximilians angehört hatte und in seinen deutschen Liedern das Schönste dieser Gattung geliefert hatte. Er selbst aber hat seine flandrische Herkunft bezeugt. Wahrscheinlich in Florenz hat er seinen Magistertitel erworben, und dort war er wohl auch Orgelschüler des Squarcialupi und Sänger am Hofe Lorenzo de'Medici gewesen. Möglicherweise ist er Squarcialupis Nachfolger geworden. Nach 1414 wurde er als Hofkomponist an den kaiserlichen Hof berufen, ohne zu einem ständigen Aufenthalt an einer der Hofhaltungen gezwungen worden zu sein. So lebte er abwechselnd in Florenz und Ferrara, am Hofe Ercoles, und die letzten Jahre wiederum in Florenz, wo er dem Kaiser wahrscheinlich bei der Erfüllung diplomatischer Aufgaben gedient hat.

Isaac war ein international gebildeter Künstler, der mit gleicher Meisterschaft das italienische Carnevalslied wie die französische Chanson beherrschte. In seinen großen Kirchenwerken, Motetten und Messen steht er zwischen Josquin und Obrecht, wobei seine Technik rein niederländisch ist. Sein Bestreben, maßvoll und harmonisch zu schreiben, schließt nicht Härten der Stimmführung aus. In der französischen Chanson schreibt er oft streng imitatorisch, im deutschen Tenorlied folgt er der niederländischen Technik oder dem spröden Satz des älteren Liedes, wie er von der italienischen Satzweise der Oberstimmenmelodik zu seinem schönsten, volkstümlich gewordenen Innsbrucklied gelangt, das durch Parodierung in den Schatz der protestantischen Choräle aufgenommen wurde, erst mit »O Welt ich muß dich lassen«, später nochmals mit Paul Gerhardts »Nun ruhen alle Wälder« verbunden. Seiner Vorliebe für das deutsche Lied hat er auch Ausdruck gegeben durch seine Liedermesse (»Missa carminum«), in die zahlreiche deutsche Lieder nach Quodlibetart verwoben sind. Auch viele andere Lieder Isaacs zählen zu den schönsten deutschen Sätzen, etwa die Ballade »Ich stund an einem Morgen«. »Choralis Constantinus« heißt eine erstmalige vollständige Komposition der Propriumsstücke der Messe, die teilweise für Konstanz geschaffen war, in welcher Stadt Isaac zwischen 1503 und 1514 mehrmals weilte.

Das deutsche Lied · Bearbeitungen für die Orgel

Auch des einstimmigen deutschen Liedes soll hier gedacht werden, des weltlichen, sehr verbreiteten sowohl, als auch des geistlichen, umgedichteten. In der Entwicklung der mehrstimmigen Musik steht Deutschland im Europa des 13. Jahrhunderts rückständig da. Erst im 15. Jahrhundert kommen in dieser Kunst bemerkenswerte Leistungen zustande. Nach etwa 20 weniger bedeutenden Liederbüchern, welche uns die Entwicklung des Liedsatzes erkennen lassen, sind zwei große Liedersammlungen entstanden: das Lochamer oder Lochheimer Liederbuch, in Nürnberg 1452–1461 zusammengestellt, nach einem späteren Besitzer der Handschrift benannt, und das Glogauer Liederbuch. Das Lochamer Liederbuch stellt das Repertoire eines gehobenen, bürgerlich-patrizierhaften Kreises von Musikfreunden dar. Es enthält größtenteils Liebes- und Tanzlieder, von denen die Hälfte nur aus dieser Quelle bekannt ist. An Komponisten begegnen Binchois, der Münch von Salzburg und Oswald von Wolkenstein.

Der mehrstimmige Satz ist vom niederländischen Vorbild abhängig, doch ist die mehrstimmige Liedbearbeitung im Gegensatz zur burgundischen Chanson (im Lochamer Liederbuch: Ein vrouleen edel von natur), in welcher die Melodie im Diskant liegt,

Oben: Titelblatt des Frankfurter Liederbuches

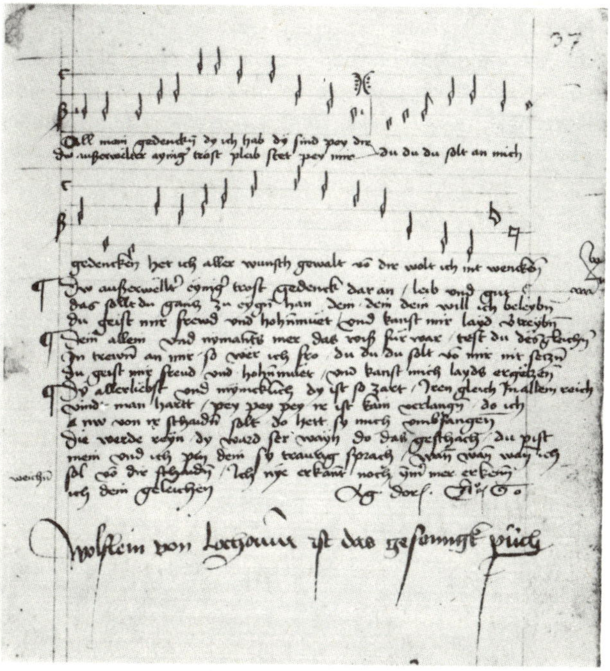

»All mein gedencken dy ich hab.« Aus dem Lochamer Liederbuch

von Anfang an Tenorlied; die vorgegebene Weise, meist ein Volkslied, erscheint im Tenor. Nur der englische Liedsatz ist der deutschen Liedbearbeitung hierin ähnlich. Die Texte gehen zurück auf den Minnesang. Münch und Wolkenstein sind deren späte Vertreter – ihre Dichtungen sind ins Volkstümliche abgesunkenes Gut des Minnesangs. Das wird an den zahlenmäßig überwiegenden Liebesliedern deutlich (Mein Hercz das ist verwundet; Mein traut geselle und liebster Hort; All mein gedencken, dy ich hab). Nur wenige Lieder haben erzählenden oder Schwankcharakter (Es fuhr ein Pawr gen holcz – während der Pfaffe zu seiner Frau schlich). Von 47 Liedern sind 7 mehrstimmig gesetzt, 36 einstimmig, die fünf Tenores sind von einem oder für einen mehrstimmigen Satz. Von den einstimmigen Liedern sind 6 Lieder im Dupeltakt älteren Datums, zwei aus der Zeit vor der Tenorverarbeitung; Tanzlieder im 1. Modus zählen zu den älteren Sätzen, andere stehen im Tripeltakt, eines hat Beziehung zu einer Basse dance. Auch drei geistliche Kontrafakturen finden sich. Als Beispiel folge:

Umfassender noch ist das Glogauer Liederbuch, um 1480 in Glogau abgeschlossen, mit 294 Stücken, darunter 158 lateinischen Gesängen, Chansons und 61 Spielstücken. Wenige Komponisten werden genannt, doch ließen sich neben Deutschen auch Niederländer wie Busnois, Caron, Dufay und Ockeghem feststellen. Geistliche Sätze, Sequenz und Antiphon in dreistimmigem Satz, eine dreimalige Bearbeitung von »Christ ist erstanden« stehen neben derben Volksliedern, zahlreichen Instrumentalstücken und Tänzen. Als Beispiel für die oft verhäkelte Satzweise folge ein Ausschnitt aus einem Instrumentalstück »die Katzenpfote«.

Die Orgelmusik fand in Deutschland in Stendal einen Meister in *Adam Ileborgh*, der um 1448 Liedbearbeitungen und eigentümlich schweifende Präludien schuf:

VII *Bläsergruppe, Detail eines Gemäldes »Der Herzog von Bourgogne und sein Hof auf der Jagd«. Unbekannter Meister*

VIII *(nächste Seite) Seite mit Noten aus dem Squarcialupi-Codex, 15. Jahrhundert*

Der erste große Orgelvirtuose war der blinde *Conrad Paumann.* Um 1415 in Nürnberg geboren, wirkte er nach Organistendienst in Augsburg und Nürnberg bis zu seinem Tode 1577 in München. Er hat vier Bücher »Fundamentum organisandi« hinterlassen und zeigt darin den Lesern und Schülern die Kunst des Kolorierens. Neben abgesetzten, d. h. für die Orgel bearbeiteten Sätzen nach Art der älteren Niederländer, finden sich hier französische Chansons und lateinische Sätze. Bedeutender sind die 27 freien Orgelsätze, die sich an das Fundament von 1452 anschließen.

Unter den noch erhaltenen Liederbüchern sind von Bedeutung das Münchener (1460 von H. Schedel in München abgeschlossen) und das Rostocker Liederbuch (1464/5). Ein Berliner Liederbuch enthält erstmalig drei Quodlibets, Bruchstücke von Liedern, »flikkenartig« aneinander gesetzt.

In den geistlichen Liedern des *Heinrich Laufenberg* (1390–1460) haben sich weltliche Weisen erhalten, die er geistlich umgedichtet hat (als Kontrafaktur oder Parodie). »Ich weiß mir eine Müllerin, ein wunderschönes Weib« wird von Laufenberg als Marienlied umgestaltet: »Ich weiß ein stoltze maget vin«. Viele weltliche Lieder sind nicht eigens notiert, sondern wurden »im Ton von« gesungen. Dazu gehören politische Lieder, die von historischen Ereignissen künden, so der Tollerton, der zur Einnahme von Dole 1479 gesungen und später oft als geistliches Lied umtextiert wurde. Das Lied vom Fräulein von Britannien behandelt ein Ereignis von 1490, ebenso das Lied vom Lindenschmid.

Wie der Trouvère-Gesang in Frankreich, so fand der Minnesang in Deutschland eine Fortsetzung in bürgerlichen Kreisen. Es waren Handwerker, die sich in Mainz und Städten Süd- und Mitteldeutschlands zu Meistersinger-Zünften zusammenschlossen. Sie engten sich selbst mit recht sonderbar scheinenden Gesetzen ein. Ihre Sitzungen ahmten mittelalterliche Doktordisputationen nach; der Merker wachte über die auf der Tabulatur verzeichneten Gesetze für die Gesänge. Richard Wagner hat sie in seiner Oper »Die Meistersinger von Nürnberg« liebevoll und auf Grund genauer Studien, hauptsächlich von A. Puschmanns Singebuch (1571), geschildert. Der Knittelvers der Meistersinger stellt silbenzählend den Vers-Iktus über den Wortakzent, eine Unstimmigkeit, an der noch Luthers Verse leiden, bis Martin Opitz in seinem »Buch von der deutschen Poeterey« (1624) den neuen, rhythmisch mit dem Sprachakzent übereinstimmenden, geglätteten Vers sicherte. Der akzentlose Vortrag, die Pflicht, stets neue Weisen zu schaffen, wie die überreichen, Blumen genannten Verzierungen ließen diesen Gesang verkümmern. Weniges nur war lebenskräftig, wie die Silberweise des *Hans Sachs* (1513), die in Nicolais Lied »Wachet auf, ruft uns die Stimme« weiterklingt. An den Zünften waren alle Berufe beteiligt. So fanden sich unter 700 Straßburger Singern von 1490–98 außer Handwerkern noch Ratsherren, Doktoren, Professoren und Damen.

Der älteste uns als Persönlichkeit gegenübertretende Komponist von deutscher Geburt ist *Adam von Fulda* (1445–1505), auch Verfasser einer Lehrschrift »De Musica«. In ihr vertritt Adam noch die mittelalterliche Anschauung, daß Musik eine Wissenschaft sei, denn sie gehört unter das Quadrivium innerhalb der Sieben freien Künste. *Ratio* und *numerus*, Kunstverstand und Zahl regieren sie. Damit steht Adam im Gegensatz zur Musikauffassung seiner Zeit, die in Josquin ihren hervorragendsten Vertreter gefunden hatte, für welchen Musik Ausdruck ist. »Musica reservata« nennt sie Adrianus Petit Coclico, ein heute nicht ganz eindeutig erklärbarer Begriff, der darauf deutet, daß ihre Sprache und ihre Mittel (darunter die Chromatik) für Fürsten und Kenner reserviert, d. h. nur ihnen verständlich sei. Adam sieht sein Ideal in Busnois. Als Komponist von Motetten schreibt Adam imponierende Sätze, wie die Hymne auf den Tag der Enthauptung Johannes des Täufers. Seine weltlichen Lieder stehen in einem der frühesten Drucke des (nach Hoffmann von Fallersleben seit 1844) »Gesellschaftslied« genannten deutschen Liedes, im Liederbuch des Arnt von Aich (1512). Dem Versbau, der durch die Zeilen nochmals trennende Binnenreime verhäkelt ist, entspricht der komplizierte Satz Adams. Man wird an den Reichtum von sich gegenseitig ergänzenden Formen gotischer Kathedralen erinnert. Sie sind im burgundisch-niederländischen Stil, in manierierter, strenger spätgotischer Satzart gesetzt, bevor der durch italienischen Schönklang gemilderte Stil Josquins in die deutschen Kantoreien eindrang und vor allem auf das Lied (besonders seit Ludwig Senfl) wirkte.

Der größte Meister an der Wende zum 16. Jahrhundert, *Paul Hofhaimer* (1459–1537), hat in seinen Liedern mit einer Ausnahme im Gegensatz zu Zeitgenossen und Nachfolgern keine Volkslieder verarbeitet, sondern Hofweisen benützt. So gibt sich sein Liedstil schon vom Text her als hochgesinnt, vornehm-klassisch, Zeugnis der altdeutschen Art (wie sie die Romantiker idealisierten), ohne Anschluß an die kommende oder schon zeitgenössische Volkstümlichkeit der derben Schwank- und Scherzdichtungen. Nur seine lateinischen Oden (1530), in denen er mit anderen Komponisten seit den durch Conrad Celtis angeregten, durch Peter Tritonius 1507 für den Schulgebrauch erstmalig geschriebenen Kompositionen folgte, blieben lange Zeit bekannt. Berühmter noch denn als Liedmeister war Hofhaimer zu seiner Zeit als Organist. Seine vielen Schüler, von denen nur die Gebrüder Kugelmann, Leonhard Päminger, Hans Buchner und Othmar Luscinius genannt seien, pflegten des Meisters »Ornamentierungskunst«. Sie unterschieden sich von den als bloße »Koloristen« charakterisierten Schülern und Nachbarn Conrad Paumanns, den allzusehr Passagen liebenden Anhängern Elias Nicolaus Ammerbachs und den »Vokalisten« um Hans Leo Hassler. Hofhaimer stellt auch hier den letzten Abschluß der Spätrenaissance dar, die nur gelegentlich noch Bindungen zum Spätmittelalter aufweist.

Als Beispiel folge der Anfang eines vierstimmigen Liedsatzes von Hofhaimer. Die Melodie liegt im Tenor.

Paul Hofhaimer an der Orgel. Aus dem Triumphzug Maximilians von Hans Burgkmair

Weitere große deutsche Meister, die um die Wende vom 15. zum 16. Jahrhundert gelebt haben, sind *Heinrich Finck* und *Thomas Stoltzer*. Finck (geb. 1489 in Bamberg, in Krakau Hofkapellsänger, Kapellmeister in Stuttgart und Komponist des Salzburger Domkapitels, in Wien 1527 gestorben) schreibt Lieder ohne Volksliedtenores in einem eigentümlich vollklingenden, lieblich harmonischen Satz. Ein hohes Meisterwerk ist seine »Missa in Summis« (1511) niederländischen Stils, denen vollendete Hymnen (im ganzen 22) zur Seite stehen. Thomas Stoltzer (geb. um 1580/85 in Schweidnitz, Priester in Breslau, 1622 *magister capellae* am ungarischen Hofe in Ofen) stand mit Finck in Verbindung, den er sich in 20 Werken zum Vorbild nahm. Kurz nach dem Tode seines Fürsten in der Schlacht von Mohacs 1526 muß auch er verstorben sein.
Stoltzer hat deutsche Volkslieder in geradezu klassischer Vollendung bearbeitet. Ein schönerer Satz als der des Liedes »Der Wald hat sich entlaubet« läßt sich nicht finden. Italienische Einflüsse mögen bereits bei straff rhythmisierten Tanzliedern wie »Ich wünsch all Frawen« eingewirkt haben. Die Tenores solcher deutscher Liedsätze sind oft Hofweisen, eigens komponierte Melodien, zum größeren Teil aber deutsche Volkslieder, zu deren schönsten gehören: Es taget vor dem Walde, Drei Laub' auf einer Linden, Ach Elslein, Es steht ein Lind in jenem Tal und viele andere.
Manche dieser Lieder sind von mehr als einem Meister bearbeitet, d. h. als Tenor eines vierstimmigen, später auch fünfstimmigen Satzes verwendet worden. Kontrapunktische Meisterschaft gestattete auch, mehrere Weisen gleichzeitig als Cantus firmi zu nehmen. Ein solches Kunststück vollbrachte auch Arnold von Bruck (geb. 1490 in Bruck bei Linz, gest. 1554 [?] in Linz), als er drei Weisen miteinander in einem Satz verband:

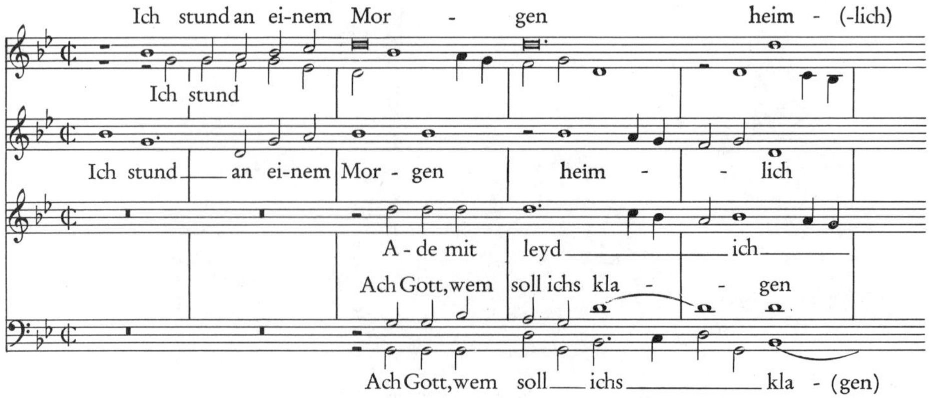

Das deutsche Gesellschaftslied fand eine Reihe von Druckern, die in Sammlungen den Liebhabern, Schülern, Studenten, bürgerlichen Kreisen ein reiches Repertoire anboten, so Erhart Oeglin 1512, Peter Schöffer 1513, Hans Ott 1534 und 1544. Später folgten die Sammlungen (1539–56) des Nürnberger Arztes und Komponisten Georg Forster. Ein wichtiger Zweck seiner Veröffentlichungen war ihm der pädagogisch-moralische.
Neben Hofhaimer stand *Arnold Schlick* (um 1455–1525) mit seiner Orgelkunst. Schlick, blind wie Paumann, hat in seinem »Spiegel der Orgelmacher und Organisten«, 1511, und seinen »Tabulaturen etlicher lobgesang«, 1512, neue Wege der selbständigen Orgelmusik gewiesen. Paumann war Erfinder der deutschen Lautentabulatur, die sich von der italienischen, spanischen und französischen unterscheidet. Die Laute wurde im 15. und 16. Jahrhundert zum eigentlichen Hausinstrument, vergleichbar unserem Klavier. Tabulaturen waren Griffschriften, die auch Laien, welche die Noten und die Musica mit ihren Lehren nicht beherrschten, das Musizieren ermöglichten. Lautentabulaturen erschienen im 16. Jahrhundert in reicher Zahl. Sie bringen Liedsätze und Tänze. Berühmte Lautenisten waren *Hans Judenkünig* und *Hans Newsidler.* In seiner »Musica getutscht« (d. h. in deutscher Sprache) hat Sebastian Virdung in Basel 1511 nicht nur die Laute, sondern überhaupt alle Instrumente behandelt.

Instrumentalmusik

Wie auch in den vorausgegangenen Jahrhunderten wurde neben der Vokalmusik auch die Instrumentalmusik gepflegt. Doch begann sich deren Art und Form zu ändern. Freilich hatten die alten Spielleute ihre eigenen Stücke für Umzüge aller Art, für Hochzeiten und feierliche Einzüge in die Kirche und in das Rathaus, insbesondere viel Tanzmusik. Von diesen Stücken ist weit weniger aufgezeichnet worden als von mehrstimmiger und kontrapunktischer Musik; vor allem deshalb, weil die Spielleute ihre Musik stets auswendig spielten (wie heute noch die echten Volksmusiker Europas und alle exotischen Musikanten). Dennoch besitzen wir zum Glück wenigstens eine Reihe spätmittelalterlicher Tanzstücke, so Estampiden in England (Oxford und London). Die folgende Estampida für ein Tasteninstrument in einer Londoner Handschrift besteht aus zwei Hauptteilen, die beide einen gleichen (hier nicht wiedergegebenen) Schlußteil haben. Der erste Hauptteil setzt sich aus fünf jeweils wiederholten Teilsätzen zusammen, deren erste drei nur zu Beginn, im ersten Takt, verschieden sind:

Selbständige Instrumentalmusik reicht weit zurück; erinnern wir uns an das über Tristan als Musiker und sein Harfenspiel Gesagte. Wir erfahren von einer Tanzweise aus Italien, die rhythmisch gesteigert wird. Solche Weisen spielten wohl auch die 17 Fiedler, die der Stauferkönig Manfred mit sich führte, eine stets fröhlich prassende Schar, die sich vor der Schlacht bei Benevent (1266), in welcher der Staufer ein unrühmliches Ende nehmen sollte, davonmachte. Es folge das genannte Tanzstück aus Italien, dem Namen nach deutscher Herkunft, »Lamento di Tristano«, mit einem rhythmisch verkürzten Abtanz »la rotta«.

Zwar genossen die Musiker bei ihren Fürsten oft Ansehen und Huld, aber der Dienst blieb unsicher. Starb der Fürst, so kam es oft genug vor, daß der Nachfolger, wenn er musikalisch weniger interessiert oder bei schlechter Kasse war, die Kapelle entließ. Bei den häufigen Landestrauern entfielen Musik und Verdienst. In der Stadt war es später etwas besser. Allerdings hielten sich die Städte im 12. bis 16. Jahrhundert oft nur sehr wenige, einen bis vier, Stadtpfeifer, und auch die fürstlichen Kapellen waren noch sehr klein. So hatte der bayerische Herzog Adalbert 1483 nur 9 Mann in seiner Kapelle, dazu noch 2 Organisten. 1521 umfaßte die Kapelle allerdings schon 26 Mann.

Die Spielleute hatten vom 12. bis 16. Jahrhundert und später meist zwei Aufgaben: Sie waren Türmer oder Späher (auch Hausmann, Haustaube genannt) mit der Verpflichtung, Tag und Nacht mit ihren Gesellen nach drohenden

Aus dem »Spiegel der Orgelmacher« von Arnold Schlick 1511

Feuersbrünsten und etwa sich nahenden Kriegerscharen auszuschauen und dabei noch den Musikdienst, wie stundenweises Abblasen des Chorals vom Rathaus, zu besorgen. Alles war damals reglementiert: die Stände, ihre Rechte, sogar ihre Kleider, die Zahl der Stadtmusiker und die Instrumente, die auf den Hochzeiten der vier Stände gespielt werden durften. Trompeten zum Beispiel waren als Privileg der Herrschaften den Bürgern verboten. Die Musiker, noch nicht lange seßhaft und Bürger geworden, begannen sich zu organisieren (Confrérie d'Arras, 1120, St. Nicolai-Bruderschaft in Wien 1299). An der Spitze einer solchen Organisation stand ein »König«. In Mainz 1155 ein Rex omnium histrionum für ganz Deutschland gewählt. Das Instrumentarium der Spielleute bestand aus Instrumenten aller Art. Später mußten sie diese Instrumente alle beherrschen und auch selbst besitzen. Die Fürsten hielten nicht nur Sängerkapellen (von Anfang an für die Gottesdienste), sondern auch Spielleute. Die Pauker und Trompeter hatten dabei die Aufgabe der Repräsentation; sie bildeten später eine »adelige Zuft« mit besonderen Rechten.

Die Instrumentalmusik begann am Ausgang des Mittelalters eine selbständige Aufgabe zu übernehmen, nicht nur in der Solo-, Orgel-, Lauten-, und sonstigen Musik. Die homophonere Liedmusik am Ende des 15. Jahrhunderts förderte insbesondere die Musik für Laute und Orgel. Die Komponisten erfanden für die Laute eine eigene Griffschrift, nach der man ohne Kenntnis der Noten und der schwierigen Regeln der Musica spielen konnte: die bereits erwähnte Lautentabulatur. Sie war nach Ländern verschieden, als die praktischste erwies sich die französische.

Außer den wenigen frühen italienischen Quellen, wie dem Codex Faenza mit Bearbeitungen von Messen für die Orgel (um 1440), finden wir in Italien erst 1517 Liedbearbeitungen in einer Ausgabe des Andrea Antico (»Frottole intabulate da sonar organi«) Liedbearbeitungen, und erst die »Ricercari motetti canzoni« des Marcantonio da Bologna 1523 bringen Bearbeitungen in bemerkenswerter Klangfülle. Liturgische Stücke, darunter eine Messe von Brumel, enthält eine Handschrift von Castell'Arquato. Marcantonios Sohn Girolamo Cavazoni leitete dann mit Stücken, Orgelmessen, Hymnen u. a. eine reiche Literatur im 16. Jahrhundert ein.

Entwicklung des Instrumentariums

Die zu Anfang dieses Kapitels genannten Musikinstrumente haben sich im wesentlichen bis zum Ende des 15. Jahrhunderts gehalten. Eine Fundgrube der Musikinstrumente sind noch vor den eigentlichen Musikinstrumentenbüchern, wie dem des Sebastian Virdung (1511), die Dichtungen von Guillaume Machaut. Noch wird die bald verschwundene Rotta genannt. Alle Gruppen der Instrumente begegnen uns in französisch geformten Namen: Harfe, vielle, gigue, guiternes, spanisch später vihuela (die spätere Gitarre), chifonie (das ist organistron oder symphonie, die Drehleier), buisine, busine, unsere spätere Posaune, naquaire, eine kleine Pauke. Neu er-

Ball am Hofe Albrechts IV. in München. Stich von Matthäus Zasinger

scheint uns nur die Entwicklung zum Clavichord (clavicordium), der exchaquier, erchaquier d'Angleterre, exaquier, auch eschiquier – das in der zeitgenössischen Literatur noch als scharchordum vorkommt – zu deutsch Schachbrett. Den Erfinder dieses Instrumentes kennt auch Virdung nicht. Die älteste Beschreibung ist die des Eberhard Cersne aus Minden in der »Minneregel«, 1404, die älteste Abbildung eine solche im Weimarer Wunderbuch von 1440.

Am wichtigsten wird die Entwicklung der Violen. Ihre Körperseiten werden eingebuchtet, zwecks besserer Möglichkeit, den Bogen an die äußeren Saiten zu führen, sie bekommen C-Löcher und eine freischwebende Bordunsaite. Aus der Lira da braccio (mit 7 Saiten und 2 Bordunsaiten) entwickelten sich zwei Familien: die Viola da gamba und die Viola da braccio. Bei der Gambe läuft der Körper gegen den Hals spitzschultrig

Hausmusik im 15. Jahrhundert. Stich von J. von Meckenem

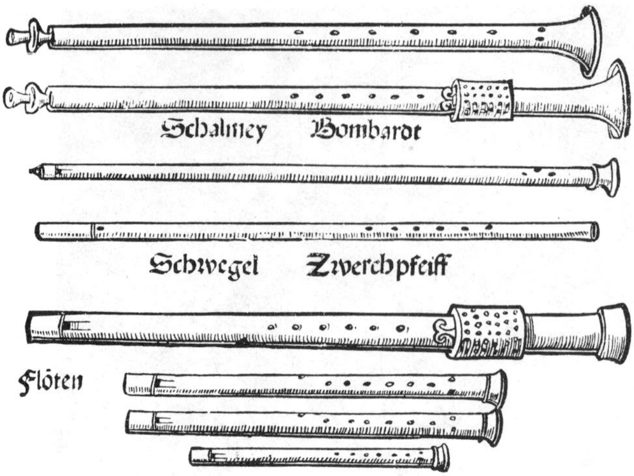

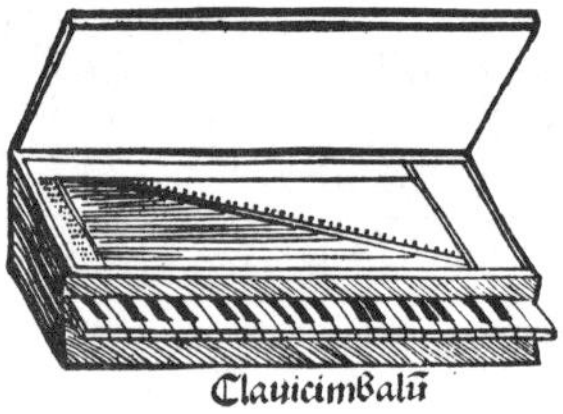

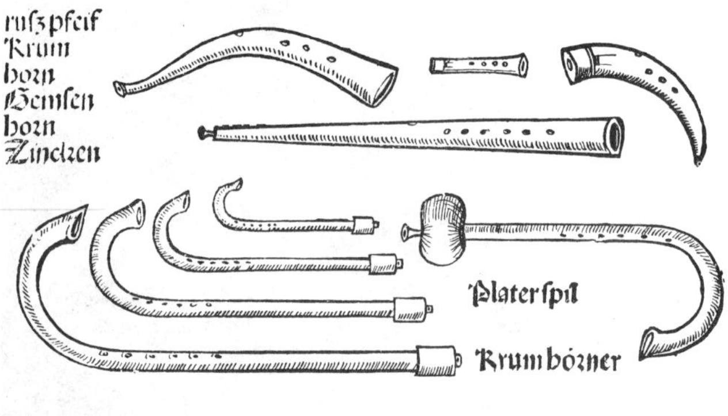

Aus Sebastian Virdung,
Musica getutscht, 1511

Erste Abbildung eines Clavichords aus dem Weimarer Ingenieur- und Wunderbuch 1440

zu, bei der Viola da braccio dagegen fast senkrecht. Die Gamben haben hohe Zargen, Bünde, C-Löcher, die Violen da braccio S-Löcher, niedere Zargen, keine Bünde, eine Schnecke am Wirbelkasten. Die Deutschen nannten die Gamben von jeher Groß-Geigen, im Gegensatz zur gîge, der Klein-Geige (rubeb, rebec, arabisch rebab). Von der Kleingeige übernimmt die Großgeige die seitenständigen Wirbel. Die wichtigste Erscheinung ist aber der Ausbau der Instrumente zu Familien in verschiedenen Größen. Die Gamben gab es um 1500 als Diskant (70 cm Höhe), Alt-Tenor (100 cm), Baß (140 cm). Dazu kamen noch Kleinbaß (140 cm), Großbaß (190 cm) und Subbaß (210 cm). Der Tenor der da-Braccio-Familie verdrängt im 18. Jahrhundert als Violoncello (Diminutivform von Violone = großer Viola) die Gambe, dem Altinstrument der Braccio-Familie bleibt im Deutschen der Familienname: Bratsche.

Das Trumscheit ist ein langgezogener, spitz zulaufender Kasten mit zwei Saiten, auch Tromba marina, Marientrompete genannt, weil sie in Nonnenklöstern als Baß benutzt wurde. Beim Spielen wurde sie mit dem Wirbelende an die Brust gedrückt. Von den Blasinstrumenten (Aerophone, außer der Orgel) wurde die Schalmei, mit sieben Grifflöchern, erweitert durch eine Kleinfingerklappe. In den Niederlanden wird sie ab 1413 erwähnt. Im 16. Jahrhundert baut man bereits sieben Größen von der Kleinschalmei bis zum Großbaßpommer. Platerspiel und Krummhörner, von denen Virdung vier Größen nennt, gerade und krumme Zinken sind im Gebrauch, wie die Busaune, die Posaune, durch ihren Zug in allen Tönen spielbar und die Feldtrumer (Trompete, Clareta).

Das Wesentliche in der Ensemblemusik ist die allmähliche klangliche Gruppierung. Das Mittelalter stellte einzelne Instrumente beliebig zusammen, man strebte kaum nach einer einheitlichen Klangfarbe, vielmehr konnten die Instrumente wechseln, allenfalls suchte man Klarheit der Linien. Die Spätrenaissance dagegen hat es bereits unternommen, Gruppen gleicher Instrumente zusammenzustellen, um so einen geschlossenen Klang zu erzeugen. So schrieb Th. Stoltzer beim Vorwort zu seinem 37. Psalm, daß er »an die Khrumphörner gedacht und den Psalm also gesetzt, das er gantz darauff gerecht ist«. Auch andere Beispiele zeigen an, daß man nunmehr danach strebt, die Instrumente familienweise zusammenzustellen. Bei der bayerischen Fürstenhochzeit von 1568 wurden erst die Bläser, dann die Streicher zusammengeführt, bei den Intermezzi von 1589 in Florenz die einzelnen Sätze nach dem Inhalt verschieden »instrumentiert«. Trotz des in allen Chorbüchern zu findenden Satzes: »Zu singen und auf allerhand Instrumenten lieblich zu gebrauchen« (ähnlich in den anderen Sprachen), trotz des beliebigen Mitspielens beliebiger Instrumente hat schon die Mehrchörigkeit eine Zusammenfassung von bestimmten Instrumentengattungen bewirkt.

Spätrenaissance und Barock

Wie bekannt, sind die kultur-, kunst- und literaturgeschichtlichen Begriffe im 20. Jahrhundert auch auf die Musikgeschichte übertragen worden: Gotik, Renaissance, Barock, Klassik und Romantik. Man hat versucht, diese Begriffe über das Künstlerische und Kulturelle auch auf die Philosophie und Politik anzuwenden. Dies erscheint vielleicht deswegen gerechtfertigt, weil ja der Geist einer bestimmten Epoche sich notwendigerweise in allen menschlichen Lebensäußerungen in irgendeiner Form ausprägen muß. Wie die Bewegungen des menschlichen Körpers in Tanz und Gymnastik in bestimmter Form zum Ausdruck kommen, so entspricht das Klangerlebnis des Menschen des 16. Jahrhunderts auch dem Spracherlebnis dieser Periode, deren Lebensgefühl sich entsprechend auch in den Beziehungen der Menschen zueinander in Gesellschaft, Politik usw. auswirkt. Dennoch darf man die Begriffe nicht rein mechanisch oder oberflächlich wechselseitig anwenden. Dies haben vor allem Franzosen und Engländer, z. T. auch die Italiener verstanden; die Deutschen, und in ihrem Gefolge die Amerikaner, haben hingegen die Begriffe Renaissance und Barock von der bildenden Kunst auf die Musik übertragen.

Während Musikwissenschaftler mit rationalistischem Denken wie Hugo Riemann und Guido Adler weit davon entfernt waren, die kunstgeschichtlichen Begriffe auf die Musik und ihre Technik anzuwenden, so haben andere, wie Curt Sachs und Egon Wellesz, keinerlei Anstand genommen, vom »musikalischen Barock« zu sprechen. Der erste Gelehrte, der das Wort Renaissance als einheitliche Periode der Musik verstand, war A. W. Ambros mit dem Titel seiner »Geschichte der Musik im Zeitalter der Renaissance bis zu Palestrina« (1868). Hugo Riemann zum Beispiel spricht vom »Zeitalter des Generalbasses«, das die Jahre von etwa 1600–1750 umfaßt. Diese Periode entspricht im großen und ganzen jener des Barock. Stimmt man mit Werner Weisbach überein (»der Barock als Kunst der Gegenreformation«), dann kann man auch schon Palestrina und die Römische Schule zum Barock rechnen. Andererseits wird die Klarheit der Stimmführung in den Werken Palestrinas und Gabrielis mit den Ideen der Renaissance unschwer in Verbindung gebracht werden können.

Die Ambivalenz der Geistigkeit von Renaissance und Barock läßt sich in der Musik Palestrinas deutlich erkennen. Von vielen wird er als ein Exponent der Renaissance angesehen: Seine Musik bewegt sich in klaren Harmonien, wie eine Prozession, ungestört von scharfen Akzenten, Dissonanz und Instrumentalmusik. Und doch ist seine Musik der Ausdruck einer tiefen Erregung und Religiosität, man kann sie als ein Werk der Gegenreformation bezeichnen. Noch näher der Idee des Barock sind die expressiven Doppelchöre der Venezianischen Schule in den Kompositionen von Andrea Gabrieli (1510–1586) und seines großen Neffen Giovanni (1557–1612). Es ist eine Kunst, die nur in den barocken Jesuitenkirchen ihresgleichen findet, in den Holzschnitzereien der Kirchenportale, wo hundert Engel in gewundenen Stellungen und Bewegungen ihre Arme zum Himmel erheben.

Man kann in älteren Werken lesen, daß die Anfänge der Oper um 1600 eng verbunden seien mit den Ideen der Renaissance. Diese Pioniere der neuen Musik, die Mitglieder der florentinischen »Camerata«, die Grafen Bardi und Corsi, Vincenzo Galilei (der Vater des berühmten Astronomen) und die Komponisten Gagliano, Peri und Caccini hatten vor allem eine Wiedererweckung der antiken Tragödie im Sinn. Diese Experimente fallen z. T. mit den Ausgrabungen der römischen und griechischen Tempel und anderer Denkmäler zusammen, ebenso mit den Ausgaben römischer und griechischer Literatur. Auch hier überschneiden einander die Ideen der Renaissance und des Barock. Und während es Renaissanceideen waren, die faktisch zur Idee der Oper führten, ist der Geist der frühen Musikdramen und der dramatischen Kantaten des 17. Jahrhunderts wahrhafter Barock. Die chromatischen Rückungen, die scharfen Dissonanzen, Äußerungen tiefsten Gefühls, wie etwa der fast übermenschliche Schmerz des Orpheus in Monteverdis Oper, sind reinster Barock. Sie haben freilich wenig gemeinsam mit der »Heiterkeit« der Renaissance.

Wie schon erwähnt, ist der Generalbaß das wichtigste Merkmal der Periode zwischen 1600 und 1750. Ähnlich, wie in der mittelalterlichen Messe oder Motette ein vorhandener Cantus firmus die Grundlage der gesamten Komposition ist, beruht in der barocken Periode die Musik auf dem Generalbaß. Die Inspiration des mittelalterlichen Musikers geschieht von außen her, im Gegensatz etwa zur freien Inspiration des klassischen Musikers, die von innen kommt, der Generalbaß des barocken Komponisten nimmt eine Mittelstellung ein. Ebenso wie in der Renaissance hat die Musik regelmäßig eine »Bedeutung«. Diese Anschauung ist ein Erbe der ältesten Zeiten der Menschheit und geht nicht nur auf das griechische Ethos, sondern auch auf die kosmologische Musikanschauung der primitiven Völker und der Hochkulturen zurück. Die Selbständigkeit der absoluten Musik, wenn man überhaupt von einer solchen sprechen kann, hat sich nur langsam durchgesetzt.

Fand doch noch J. J. Rousseau die Frage seines Zeitgenossen Bernard Fontenelle (1657 bis 1757) gerechtfertigt: »Sonate, que me veux-tu?«, und noch Goethe hatte mit dem Verständnis der Instrumentalmusik Schwierigkeiten. So liegt auch die frühe Instrumentalmusik mit ihren Canzonen-, Ricercar- und Toccaten-Themen noch teilweise in der Periode der Bedeutungsmusik.

Die Periode des Frühbarock, die sich mit der der Spätrenaissance überschneidet, ist von der Diskussion über die Bedeutung der »prima prattica«, worunter man den Palestrina-Stil verstand, mit der seconda prattica, dem affektiven Stil Monteverdis, erfüllt. Man stellt dem stile antico den stile moderno und dem stylus gravis den stylus luxurians entgegen. Auch hierin kann man sehen, welche Wichtigkeit der »Bedeutungsmusik« gegeben wird. *Angelo Berardi,* geb. um 1630 (»Miscellanea musicale« Bologna 1689) ist sich dieser Stilspaltung völlig bewußt und kritisiert die Renaissance, deren Komponisten eine Motette wie ein Madrigal behandeln. Und es gab eine Reihe von Musikern in der ersten Hälfte des 17. Jahrhunderts, die den Palestrina-Stil als veraltet ablehnten. Erst nach 1650 entstand eine Palestrina-Renaissance.

Die Stilspaltung, so charakteristisch für den Barock, bedeutet jedoch nicht, daß sich die Stile bei den einzelnen Komponisten oder Werken nicht vermischen. Auf alle Fälle entwickelten sich Stilbewußtsein und Idiomatik, indem besonders in der aufkommenden Instrumentalmusik in einer für das betreffende Instrument charakteristischen und geeigneten Weise komponiert wird, was auf beiden Gebieten, der Vokal- und Instrumentalmusik zu einer völlig neuen Virtuosität führt.

Musik der Reformationszeit

Nachdem sich im 16. Jahrhundert die musikalische Vorherrschaft von den Niederlanden und Frankreich nach Italien verlagert hat, erleben wir im 17. Jahrhundert eine ähnliche Verlagerung von Italien nach Deutschland. Dieses Phänomen muß dem Aufkommen und der wachsenden Bedeutung des Protestantismus zugeschrieben werden. Die gewaltige Entwicklung der Musik um 1700, verkörpert in dem Werk von Johann Seb. Bach, kann weder durch die politische Geschichte der Deutschen, noch durch ihre Philosophie gedeutet werden. Vielmehr waren es die lutherische Reformation und die auf ihr fußenden Bewegungen, die für diese mächtige Entwicklung verantwortlich waren. Oswald Spengler schreibt im »Untergang des Abendlandes«, daß sich die römisch-katholische Frömmigkeit im Altar symbolisiere, während die protestantische aus dem Oratorium zu uns spreche. So stellen der Isenheimer Altar und Bachs Matthäus-Passion zwei gegensätzliche Entwicklungsphasen vor.

Der Komponist Martin Luther

Martin Luthers jubilierender Glaube, sein glückhaftes Gotteserlebnis, seine Lehre von der Erlösung durch die Gnade Gottes, lassen ihn in einer bisher unerhörten Weise seinen Gott preisen. Wesentlich für Luthers Religiosität ist die von ihm gelehrte unmittelbare Glaubensbeziehung zwischen Gott und Mensch, die die priesterliche Mittlerschaft, ein Postulat der römischen Kirche, unnötig macht und zur Aufstellung der Lehre vom allgemeinen Priestertum führt. Hiermit steht in mittelbarem oder unmittelbarem Zusammenhang die große Bedeutung, die der Reformator dem Gemeindegesang in deutscher Sprache und überhaupt der deutschen Sprache im Gottesdienst zuwies. Es ist zwar nicht richtig, daß Luther der Vater und Stifter des deutschen Kirchengesangs sei. Seine Bedeutung für den evangelischen Choral beruht darauf, daß er im höchsten Grade musikalisch interessiert war. Sehr umstritten ist die Frage, inwieweit er bei der Schöpfung der Melodien seiner Kirchenlieder originell war. Selbst das Kampflied »Ein' feste Burg ist unser Gott«, das nach Bäumker einer Phrase aus einer »Missa de angelis« nahesteht, scheint eher auf die »Silberweis« des Hans Sachs zurückzugehen.

Aber die Art und Weise wie Luther melodisierte ist einzigartig. Sie zeigt, daß jede Phrase dem Text aufs Genaueste angepaßt ist, vielleicht aber auch, daß Dichtung und Musik beim Schöpfungsakt eine Einheit bilden. Für die Weise »Jesaia dem Propheten das geschah« bezeugt Johannes Walter, der protestantische »Urkantor« und Freund Luthers, daß »er alle Noten auff den Text nach dem rechten Akzent und Conzent so meisterlich wol gerichtet hat«. Luther war auf dem Gebiet der Musik keineswegs ein Revolutionär. So wie er bei manchen Gelegenheiten das Lateinische beibehielt, so hat er auch für gewisse Zwecke eine lateinische Messe vorgesehen, wie dies aus seiner »Formula Missae et Communionis« (1523) hervorgeht. Die lateinische Messe war für größere Kirchen und Klöster vorgesehen, während die deutsche Messe, deren Druck auf 1526 zurückgeht, für das breitere Volk bestimmt sein sollte.

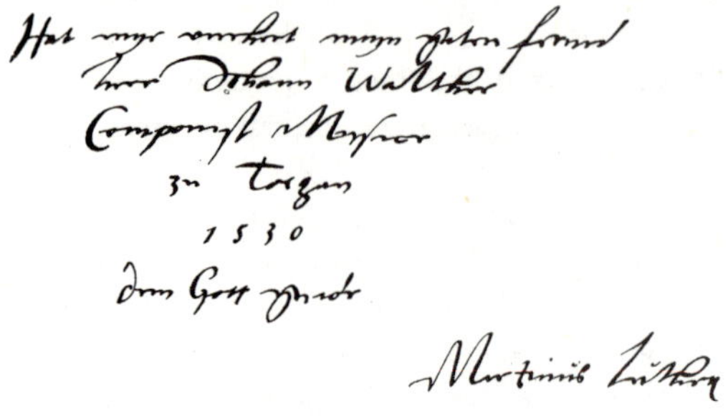

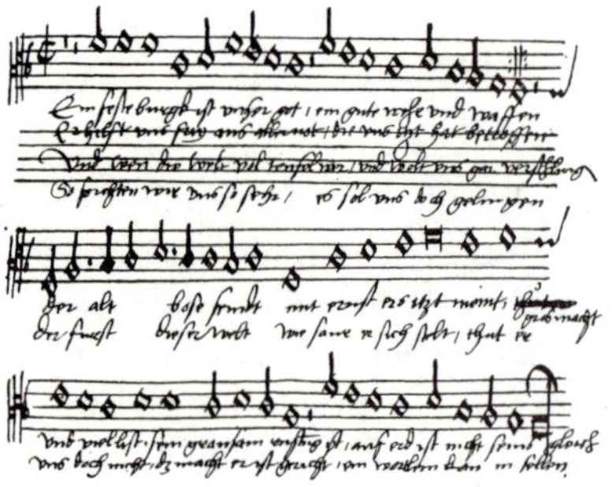

»Ein' feste Burg ist unser Gott«, Originalkomposition Martin Luthers

Natürlich beruht auch die Idee der deutschen Messe auf der Lehre vom allgemeinen Priestertum. Nach 1536 wurden vollständige lateinische und deutsche Messen in Wittenberg abgehalten. Doch war die deutsche Messe keine »Erfindung« Luthers. Schon 1522 wurde eine deutsche Messe von *Kaspar Kantz*, dem Reformator von Nördlingen, eingeführt, doch war sie mehr oder weniger eine mechanische Übersetzung aus dem Lateinischen. *Thomas Münzer* schuf gleichfalls eine deutsche Messe.

In einer Lobpreisung von Josquin Desprez sagt Luther: »Ist es nicht seltsam und zu verwundern, daß einer eine schlichte Weise oder den Tenor, wie es die Musici heißen, hersinget, neben welcher drei, vier oder fünf andere Stimmen auch gesungen werden, die um solche schlichte einfältige Weise oder Tenor gleich als Jauchzen ringsumher spielen und springen und mit mancherlei Art und Klang dieselbe Weise wunderbarlich zieren und schmücken, gleichsam einen himmlischen Tanzreigen führen, freundlich einander begegnen und sich herzen und lieblich umfangen. Daß also diejenigen, so solches ein wenig verstehen und dadurch bewegt werden, sich heftig verwundern müssen und meinen, daß nichts Seltsameres in der Welt sei, denn ein solcher Gesang, mit vielen Stimmen geschmückt.

Der klassische Vertreter des musikalischen Protestantismus ist Luthers Freund und Ratgeber *Johannes Walter* (geb. 1490) in Kahla in Thüringen oder im nahen Großpürschütz, gest. 1570 in Torgau). Er war durch Vermittlung seines Landsmanns Conrad Rupsch nach Altenburg in die Hofkapelle des Kurfürsten Friedrich des Weisen gekommen. Nach dem Tode des Kurfürsten (1525) wurde er auf Fürsprache von Luther und Melanchthon mit mehreren »Begnadungen« versehen. Seine erste Veröffentlichung ist das »Geystliche gesangk Buechleyn« (Wittenberg 1524), zu der Luther eine wichtige Vorrede schrieb. Die 4. und 5. Auflage dieses ersten Gesangbuches der evangelischen Kirche heißt: »Wittenbergisch deudsch Geistlich Gesangbüchlein« (1544 und 1551). Er war der unzertrennliche musikalische Weggenosse des Reformators. 1526 übernahm Walter das Kantorat der Lateinschule in Torgau, die in Verbindung mit der alten geistlichen Bruderschaft, die Mitglieder aus allen Schichten der Bürgerschaft vereinigte, zum Vorbild für die evangelischen Kantoreien wurde. Erwähnt sei die Einweihung der neuen gotischen Kapelle in Schloß Hartenfels, des ersten evangelischen Kirchenbaues, durch Luther am 5. Oktober 1544, zu der Walter die siebenstimmige Huldigungsmotette in fünf Teilen über den 119. Psalm »Beati, immaculati« schrieb, worin ein Basso ostinato »Vive Luther, vive Melanchthon« singt. Als Kurfürst Moritz von Sachsen nach Dresden übersiedelte, leitete Walter seit 1548 die Hofkapelle, zog sich aber wegen eines Augenleidens 1554 nach Torgau zurück, wo er ein eigenes Haus mit Hof- und Braurecht besaß.

Die größte Bedeutung kommt Walter als Erneuerer der Kirchen- und Schulmusik auf lutheranischer Grundlage zu. In seinem Geistlichen Gesangbüchlein von 1551 vereinigte er »Cantiones latinae« und deutsche geistliche Lieder. Diese Lieder zerfallen in zwei Gruppen. Erstens in Choralmotetten, die auf einem Cantus firmus beruhen, geschrieben in einem Stil, wie ihn Luther selbst im Vorwort zu Rhaws »Sinfoniae iucundae« vom Jahre 1538 beschreibt. Nach Walters Angabe sind alle diese Lieder zu singen, wonach man Instrumente ausschließen kann. Die zweite Gruppe gehört einem mehr homophonen Typus an (Note gegen Note). Der Cantus firmus wird von einem Tenor oder Sopran ausgeführt. Doch die begleitenden Stimmen bilden meist keinen Contra. Homo- und polyphone Bildungen können auch in den lateinischen Canzionen gefunden werden. Mit seinen strengen Motettkompositionen muß Walter mit *Adam von Fulda* (um 1445–1505, gest. in Wittenberg), mit *Heinrich Isaac* (um 1450 bis 1517) und mit *Ludwig Senfl* (um 1490–1543) in eine Reihe gestellt werden.

Nach dem Vorbild Friedrich Blumes verwendet man für die vorwiegend vierstimmige homophone Aussetzung der Choralmelodien den Ausdruck »Kanzional«, wobei die Melodie meist der Oberstimme übertragen ist. Man nimmt an, daß dieser Stil (Contrapunctus simplex) durch den Einfluß der Humanisten gefördert wurde. Solche Oden hat etwa *Petrus Tritonius* (»Melopoiae sive harmoniae tetracentiae«, Augsburg 1507) oder *D. Micha* original im ersten Band der Frottolen (1504) publiziert. Der Kanzionalstil wird konsequent in den vierstimmigen Sätzen des Hugenottenpsalters von Claude Goudimel durchgeführt, während die deutschen Bearbeiter des protestantischen Chorals zum großen Teil an der motettisch-polyphonen Weise der älteren Zeit festhalten.

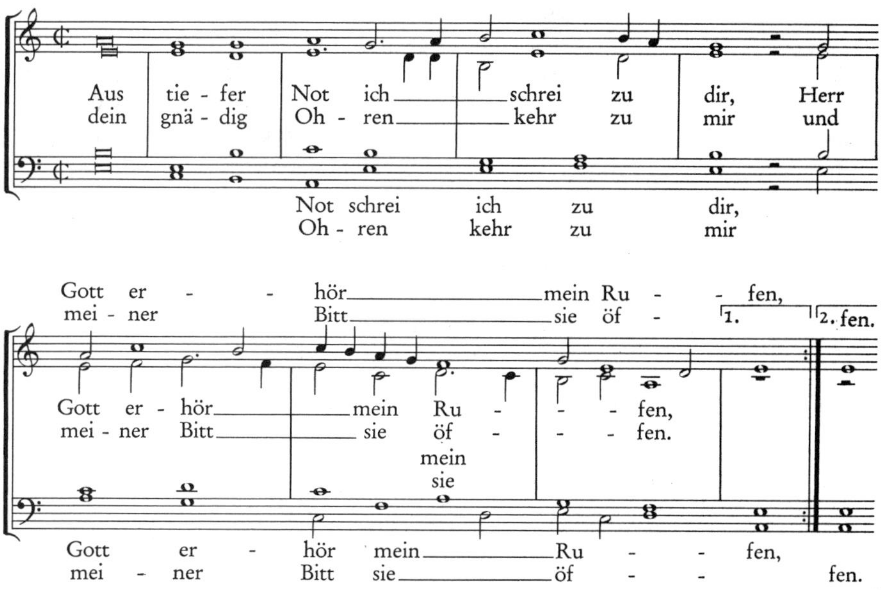

Johannes Walter, der CXXX. Psalm, De profundis clamavi

Die Passion

Johannes Walter hat auch große Bedeutung für die Entwicklung der Passion. Seit Jahrhunderten war es in der römischen Kirche üblich, die Leidensgeschichte Christi an bestimmten Tagen während der Karwoche zu lesen. Die Worte des Heilands wurden von einer tiefen Stimme rezitiert, die Erzählungstexte des Evangelisten von einer Mittelstimme, und jene der anderen Personen (Soliloquenten), einschließlich der Chöre der Jünger, der Juden, Hohenpriester, Soldaten etc. durch einen Tenor. Die musikalische Ausführung zeichnete sich durch einen einfachen, feierlichen »Lektionton« im Sinne des Gregorianischen Chorals aus, wobei der ständige Rezitationston (Tuba) von bestimmten melodischen Formeln für den Satzanfang, Komma, Doppelpunkt, Fragezeichen usw. unterbrochen war. Die Partie des Christus wurde in langsam feierlichem, die des Evangelisten in normalem Tempo, die der Volksmengen (Turbae) schnell und leidenschaftlich vorgetragen. Dementsprechend ist auch in alten Manuskripten die Rolle Christi mit »T« (tarde) bezeichnet, die des Evangelisten mit »C« (celeriter) und die der Turbae mit »S« (sursum – hoch). Später finden wir das Zeichen des Kreuzes für Christus, »C« für den Chronisten und »S« (Synagoge) für die Turbae.
Schon in vorlutherischer Zeit wurden diese Aufführungen durch Hinzufügungen bereichert; vor allem wurden die Turbae durch chorische Ausführungen von den Einzelpersonen unterschieden, doch hielt man sich im mehrstimmigen Satz an den Lektionisten. Eine der drei Unterstimmen sang den vorgeschriebenen Text, während die anderen im akkordischen Stil einfach begleiteten. Man nennt diese Form der Passion Choralpassion. Vor Luther wurden die einzelnen Teile der Passion allen vier Evangelien entnommen. Luther selbst wünschte jedoch Einheitlichkeit, indem bei jeder Aufführung nur ein Evangelist herangezogen wurde. Vor Luther wurde häufig die von *Johann Bugenhagen* 1526 herausgegebene »Passionsharmonie« benützt, die die Berichte des Evangelisten mit den sieben Worten am Kreuz vereinigte. Das Vorbild der protestantischen musikalischen Leidensgeschichte wurde Johannes Walters Matthäus-Passion. Man wirft ihr eine gewisse Trockenheit vor, verglichen mit anderen Werken derselben Periode und Kategorie. Doch erinnern wir uns daran, daß Walter ausschließlich den gottesdienstlichen Zweck seiner Komposition im Auge hatte. Die »Choralpassion« behielt ihre Bedeutung bis ins 19. Jahrhundert, aber nun tritt bereits die neue polyphone »Figuralpassion« in Erscheinung: Der gesamte Text wird in Motettform für mehrere Stimmen komponiert, und man macht auch keinen Unterschied zwischen Einzelpersonen und Chor. Schon der Niederländer Jacob Obrecht hat diese Form gepflegt,

Martin Luther, Musicam hab ich allezeit lieb gehabt

Der schönsten und herrlichsten Gaben Gottes eine ist die Musica, der ist der Satan sehr feind, damit man viel Anfechtung und böse Gedanken vertreibet, der Teufel erharret ihr nicht.
Musica ist der besten Künste eine. Die Noten machen den Text lebendig. Sie verjagt den Geist der Traurigkeit, wie man am König Saul siehet . . .
Musica ist eine halbe Disziplin und Zuchtmeisterin, so die Leute gelinder und sanftmütiger machet, ja sittsamer und vernünftiger. Die bösen Fiedler und Geiger dienen darzu, daß wir sehen und hören, wie eine feine gute Kunst die Musica sei. Denn Weißes kann man besser erkennen, wenn man Schwarzes dagegen hält.

lum meū cū fletu misce
bam cum fle- tu cū fletu miscebam
et poculū meum cū fletu
miscebam

36 Bühnenbild zu »Le Nozze degli Dei« von Alfonso Parigi, Florenz 1637

35 (vorhergehende Seite) Aus den Bußpsalmen Orlando di Lassos

37 Festaufführung der Oper »Il Pomo d'oro« vor Kaiser Leopold I. im alten Opernhaus auf der Burgbastei in Wien

Aus der Matthäus-Passion von Johannes Walter

ebenso die Deutschböhmen *Balthasar Resinarius* (Harzer) und *Christoph Demantius* (1567–1643) sowie der Südtiroler *Leonhard Lechner* (um 1553–1606). Zwischen diesen beiden Typen steht eine dritte, die die Entwicklung der Passion aufs stärkste beeinflußte: Der Lektionston wurde dem Evangelisten zugewiesen, während die Partien der anderen Personen in Motettform und für mehrere Stimmen komponiert waren. So gibt *Antonius Scandellus* (1517–1580), in Bergamo geboren, später im Dienst des Kurfürsten Moritz von Sachsen an der Dresdner Hofkapelle, in seiner deutschen Johannes-Passion der Rolle des Jesus einen vierstimmigen, der Magd, Petrus und Pilatus einen dreistimmigen Satz, während die Turbae in fünf Stimmen singen. Wie man sieht, entspricht die Stimmenzahl der religiösen Bedeutung der Partien. Auch Heinrich Schütz folgt diesen Vorbildern in seinen Passionen. Er verwendet die alten Akzente der deutschen Messe nach Luther und Walter, verschmilzt sie jedoch mit dem Rezitativ der florentinischen Monodisten. »Mit den denkbar knappsten Mitteln... wird hier das Ideal eines tiefster menschlicher Erregung entsprungenen, aber streng der ewigen Gültigkeit der Worte untergeordneten liturgischen Dramas gebildet. Es sind gleichzeitig die dramatischsten und – außer der reinen Choralpassion – die liturgischsten Passionsmusiken, die die Geschichte kennt und dennoch nicht Gemeindemusik, sondern fast unnahbare, grandios einsame Kunst eines über Gesellschaft und Kirche hinausgewachsenen Einzelnen.« (Blume)

Wer die Musicam veracht', wie denn alle Schwärmer tun (wie die Calvinisten), mit denen bin ich nicht zufrieden. Ich gebe nach der Theologia der Musica den nächsten Platz und höchste Ehre. Und man siehet, wie David und alle Heiligen ihre gottseligen Gedanken in Vers, Reimen und Gesänge gebracht haben.
Singen ist die beste Kunst und Übung. Es hat nichts zu tun mit der Welt, ist nicht für Gericht noch in Hadersachen. Sänger sind auch nicht sorgfältig, sondern fröhlich und schlagen die Sorgen mit Singen aus und hinweg. Ich freue mich, daß GOTT die (aufständischen) Bauern einer so großen Gabe und Trosts beraubet hat, daß sie die Musicam nicht hören und achten des Wortes nicht.

Aus Luthers Tischreden

Michael Praetorius,
nach einem zeitgenössischen Holzschnitt

Eine fast unübersehbare Reihe von Komponisten schart sich um Luthers Wort. Nur einige wenige können hier aufgezählt werden. In den Kompositionen übernimmt der Sopran immer mehr den Cantus firmus, der dem Kirchenlied entnommen ist. Damit im Zusammenhang steht die wachsende Bedeutung der metrischen Gruppierung, ein Kennzeichen des aufkommenden Rationalismus. Während bei *Sigmund Hemmel* (gest. 1564, Tenorist an der Stuttgarter Hofkapelle) ein von 1569 stammender Kanzionalsatz noch den Cantus firmus »Ein' feste Burg« im Tenor bringt, finden wir die Melodie des Lutherschen Kampfliedes bei dem Nürnberger *Lukas Osiander* (1534–1604) bereits im Sopran. Er war es, der zum erstenmal diesen Wechsel vollzog. Ähnliches finden wir bei dem aus Mons im Hennegau stammenden franko-flämischen Komponisten *Rogier Michael* (1554–1619) im Jahre 1593 (2. Teil des Dresdner Gesangbuches), ebenso bei *Sethus Calvisius* (1556–1615, »Harmonia Cancionum ecclesiasticarum« 1597), bei Komponisten wie *David Scheidemann* (1604), Hans Leo Haßler (1608), *Michael Praetorius* (1610). Auch Johannes Eccard aus Mühlhausen in Thüringen (1553 bis 1611) – er war seit 1608 kurfürstlicher Kapellmeister in Berlin – bringt im zweiten Teil seiner geistlichen Lieder in einem fünfstimmigen Satz den Cantus firmus im Sopran.

Die Erfindung der Buchdruckerkunst durch Johannes Gutenberg (um 1400–1468) brachte eine bis dahin unerhörte Verbreitung der Kirchenlieder mit sich. Der Erfolg der Reformation muß zum großen Teil diesem epochemachenden Ereignis zugeschrieben werden. Der wichtigste Drucker und Verleger der evangelischen Musik im 16. Jahrhundert war der zu Eisfeld in Franken 1488 geborene und in Wittenberg 1548 verstorbene Komponist, Theoretiker und Musikdrucker *Georg Rhaw* (Rhau), seit 1518 Kantor an der Thomasschule in Leipzig, wo er auch als Assessor an der Universität Musik lehrte. Anläßlich der Disputation zwischen Luther und Eck in Leipzig (1519) wurden dort seine zwölfstimmige Messe und ein Tedeum aufgeführt. Als einer der ersten Anhänger Luthers legte er seine Leipziger Ämter nieder und ging 1523 nach Wittenberg, wo er zwei Jahre später eine Druckerei eröffnete und sich hauptsächlich mit der Herausgabe von Sammelwerken frühprotestantischer Kirchenmusik, darunter auch mit eigenen Kompositionen, beschäftigte. Für seine 1538 erschienenen »Symphoniae jucundae« schrieb Luther ein Vorwort. Ganz besonders volkstümlich machten ihn die von ihm herausgegebenen »Neuen deutschen Geistlichen Lieder für die gemeinen Schulen«, deren Sätze im Stil Johann Walters verfaßt sind.

Die Bedeutung der Rhawschen Sammlungen besteht darin, daß sie unter den Augen und gewissermaßen unter Beaufsichtigung Luthers standen. In seinen Publikationen erschienen außer Walters Sätzen u. a. solche von Thomas Stoltzer, dessen Psalmmotetten sich durch eine symbolische Textausdeutung auszeichnen. Ein anderer dort vertretener Meister ist der Schweizer *Ludwig Senfl* (um 1490–1543), Mitglied der Hofkapelle Kaiser Maximilians, und Heinrich Isaac, gleichermaßen angesehen als polyphoner Motetten- und Liederkomponist. Senfls Werke bedeuten einen Höhepunkt altdeutscher Musik der Reformationszeit, weswegen er auch von Sebald Heyden 1537 in seiner »Musicae, id est Artis canendi« als princeps musicae totius Germaniae bezeichnet wird. *Benedictus Ducis*, eigentlich *Benedikt Herzog* (um 1485–1544), ein anderer Vertreter in Rhaws Sammlungen, und *Adam Rener* (um 1485–1520) mögen in diesem Zusammenhang erwähnt werden. Hochbedeutend ist Heinrich Fincks Großneffe *Hermann Finck* (1527–1558). Er starb in Wittenberg und unterhielt wie sein Oheim Beziehungen zu Luther.

Calvinistische Kirchenmusik

Gegenüber dem Lutherschen Protestantismus hatte die Lehre Calvins einen verhältnismäßig geringen Einfluß auf die Musik. *Jean Calvin* (1509–1564) war 1535 als Anhänger der Reformation von Paris nach Basel geflüchtet. Seine Hauptwirkungsstätte war Genf, wo er 1538 wegen seiner allzugroßen Sittenstrenge ausgewiesen, aber später zurückgerufen wurde. Von da an führte er in Genf eine strenge Kirchenzucht ein. Der heftige Kampf zwischen seinen Anhängern und Gegnern endete 1555 nach zahlreichen Verbannungen und Hinrichtungen. Im Mittelpunkt der Lehre Calvins steht die Prädestination, nach der ein von Ewigkeit her feststehender Willensentscheid Gottes über Seligkeit oder Verdammnis der Menschen entscheidet. Obwohl diese Lehre, die schon vom heiligen Augustinus entwickelt worden war, auch im Protestantismus bei Luther und Zwingli eine Rolle spielt, gewann sie vor allem bei Calvin die größte Bedeutung. Im engen Zusammenhang mit dieser Lehre steht das Postulat der unbedingten Glorifikation Gottes. Da nach dieser Lehre jeder Gläubige die Pflicht hat, das Leben eines »Auserwählten« zu führen, so muß er sich als ein Instrument im Plan Gottes fühlen. Alles, was er tut, hat nur der Verherrlichung Gottes zu dienen und alles, was lediglich der Lust des Menschen dient, muß sündhaft sein.

So heißt es in Calvins Institutionen: »Wir können nichts denken, nichts sprechen, nichts tun, als für Gottes Glorie. Und was Ihm heilig ist, kann nicht ohne Sünde für profane Zwecke verwendet werden. Wir gehören nicht uns selbst, und so müssen wir uns und alles, was wir besitzen, vergessen.« Gegenüber der Gnadenlehre Luthers, die den Gläubigen zu Ehren Gottes singen und jubilieren läßt, ist Calvins Lehre puritanisch und schließt sich in der Verbannung von Bildern und allem, was der Schönheit dient, weit mehr hebräischen Vorbildern an als Luther, der im Hinblick auf die Kirchenmusik zu sagen pflegte, daß der »Teufel nicht alle schönen Melodien für sich haben solle«.

In den calvinistischen Gemeinden wurde die Musik als Kunst nur toleriert. Wo die Messe noch geduldet wurde erschien sie nur als Missa Brevis. Sogar das Kirchenlied wurde verdächtigt. Man beginnt, eigene Lieder auf der alleinigen Basis des Psalters zu schaffen. *Clément Marot* (1496–1544) gehörte zum Hof der Königin Marguérite von Navarra und mußte wegen Verdachts reformatorischer Ideen ins Exil gehen. In Genf

versuchte Calvin ihm einen offiziellen Auftrag zur Vervollständigung seiner Psalmenübersetzung zu erwirken. Nach Marots Tod übernahm Calvins Freund, *Théodore Bèze,* die Fortsetzung der Psalmlieder, die zuerst 1552 von *Guilleaume le Franc* und später 1561 von *Louis Bourgeois* in Musik gesetzt wurden.
Der bedeutendste Komponist des Psalters wurde *Claude Goudimel* (um 1514–1572), der unmittelbar nach dem Blutbad der Bartholomäusnacht in Lyon erschlagen wurde. Goudimel wurde einige Zeit als Lehrer Palestrinas genannt, und man wollte ihn zum Begründer der Römischen Schule machen. Es liegt eine Verwechslung mit Gaudio Mell vor, dessen Existenz jedoch nicht ganz gesichert erscheint. Nach neueren Forschungen ist Goudimel nie in Rom gewesen. Er stammte aus Besançon, doch weiß man wenig von seinem Leben. Seine Psaltervertonungen, die ursprünglich für den Hausgebrauch bestimmt waren, fanden bald Verwendung im calvinistischen Gottesdienst und wurden in viele Sprachen übersetzt. In Deutschland wurden sie durch eine Ausgabe von *Ambrosius Lobwasser* (1515–1585) bekannt.
Es ist nicht uninteressant zu beobachten, wie in Goudimels Psalterkompositionen die Bedürfnisse der Kirchenmusik mit der allgemeinen musikhistorischen Entwicklung Hand in Hand gehen. Seine ersten Psalmkompositionen (1551) zeigen eine breite Anlage und mehrstimmige Motettenform. Später verdichtet er die Form, verwendet einen einfacheren Satz. Die Melodie liegt im Tenor, öfter jedoch in der Oberstimme. Sie ist die einzige gesungene Stimme, während die übrigen Stimmen instrumental gedacht sein mögen. Vermutlich dienten sie anstelle einer Orgelbegleitung. Diese Sätze sind Lieder, bei denen die Gemeinde selbst die Melodie singen kann. In vielen Gesangbüchern dieser Zeit heißt es ausdrücklich, daß die Lieder so gesetzt seien, daß eine ganze christliche Gemeinde mitsingen könne, wie etwa in den »50 geistlichen Liedern und Psalmen« von *Lukas Osiander* (Nürnberg 1586). Das nachfolgende Musikbeispiel von Goudimel stammt aus der Ausgabe der vierstimmigen Psalmen von 1580, neugedruckt von H. Expert in »Les maîtres musiciens de la renaissance française«. Das Gedicht ist von Bèze, in der Übersetzung von Lobwasser. Der Psalm fand Eingang in die lutherische Kirche und ist noch heute einer der beliebtesten Choräle: »Freu dich sehr, o meine Seele.«

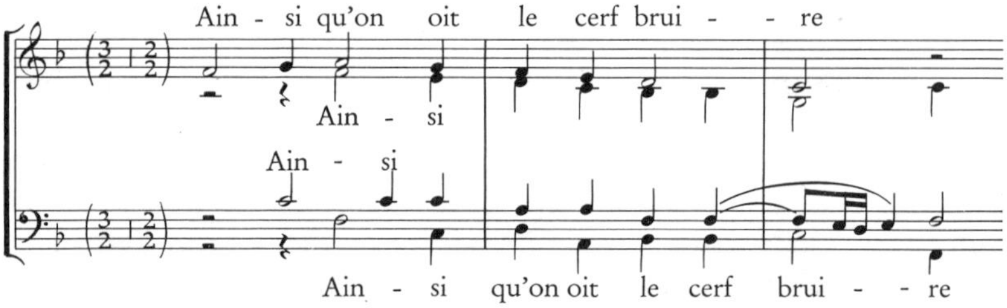

Palestrina und seine Zeit

Man versteht unter Gegenreformation die Gegenbewegung der römischen Kirche gegen die Reformation, besonders die Zeit von 1555–1648, während der die Kirche sich selbst durch die Katholische Reform religiös erneuerte. Diese Reform, die schon im 14. Jahrhundert ihre Anfänge hat, ist gekennzeichnet durch Bestrebungen, den sittlichen Niedergang der Klöster und des Klerus, die finanzielle Ausnutzung der Volksfrömmigkeit und der päpstlichen Amtsrechte und andere Mißstände zu beseitigen. Sie wurde besonders gefördert durch die Reformkommission römischer Prälaten (1537), durch die Jesuiten (1540), die römische Inquisition (1542), den Index (1543) und vor allem durch das Konzil von Trient (1555–1563). *Giovanni Pierluigi da Palestrina,* dessen Familienname Pierluigi war, wird gewöhnlich nach seinem Geburtsort Palestrina, dem alten Praeneste, genannt. Auch die Schreibweisen Prenestino, Palestina, Palestrino, lateinisch Petraloisius kommen vor. Er wurde um 1525 geboren und starb am 2. Februar 1594 in Rom. 1537 trat er als Chorknabe zu Santa Maria Maggiore in Rom ein und war vermutlich Schüler einer der dort wirkenden fanzösischen Kapellmeister und Komponisten, *Rubino Malapert* (1538–1539), *Roberto de Fevin, Fermin le Bel* sowie des Italieners *Giacomo Coppola.* Daß er nicht Schüler des noch unerforschten Flamen Gaudio Mell oder gar Goudimels gewesen sein kann, wurde bereits erwähnt. 1547 heiratete er Lucrezia Gori (gest. 1580), die Tochter eines wohlhabenden Bürgers. Aus dieser Ehe gingen drei Söhne, Rodolfo, Angelo und Iginio, hervor. Von ihnen überlebte nur der letztgenannte seinen Vater.

Der Protektion des Kardinalbischofs von Palestrina, Giovanni Maria del Monte, der 1550 als Julius III. zum Papst gewählt wird, verdankt es Pierluigi, daß er im jugendlichen Alter als Kapellmeister an der Cappella Giulia angestellt wird. Der Papst erkannte das Genie des jungen Meisters und veranlaßte seine Aufnahme in das Sängerkollegium der Sixtinischen Kapelle, wobei man auf strenge Prüfungen verzichtete und keine Rücksicht darauf nahm, daß er kein Priester und sogar verheiratet war. Der Nachfolger Julius' III. war Marcellus II., der hervorragende Humanist Marcello Cervini, der nur zweiundzwanzig Tage regierte. Er war schon als Kardinal Palestrinas Gönner gewesen; zu seinem Gedächtnis schrieb der Komponist sein berühmtestes Werk – wahrscheinlich um 1562 – die Missa Papae Marcelli. Marcellus' Nachfolger, Paul IV. (1555–1559), bekannt durch seine Strenge und sein Eintreten für die Reinheit des Priestertums, entfernte Palestrina, der nach dem Tod seiner ersten Frau 1581 eine zweite Ehe eingegangen war und zwei andere verheiratete Sänger aus der Kapelle. Der Komponist wurde jedoch bald danach zum Kapellmeister bei San Giovanni in Laterano ernannt, wo er nach einer Tradition seine berühmten Improperien schrieb. Aus wirtschaftlichen Gründen verließ er jedoch die Stellung. Seit 1561 hatte er das Amt des Kapellmeisters an Santa Maria Maggiore inne, der dritten Hauptkirche Roms. Fünf Jahre später war er Kapellmeister am Jesuitischen Collegium Romanum, wo auch seine beiden Söhne Rodolfo und Angelo studierten. Etwas später (1567–1571) wurde er Kapellmeister am Hofe des Kardinals Ippolito d'Este in Rom. Dieser reiche Prälat aus dem Hause Ferrara hatte sich in Tivoli die berühmte Villa d'Este erbauen lassen, wo sich Palestrina bereits in den Sommermonaten 1564 und von 1567–1571 aufhielt.

Welches internationale Ansehen Palestrina schon um diese Zeit genoß, kann man daraus ersehen, daß er im Herbst 1567 Verhandlungen mit dem Kaiserhof in Wien führte, wo gerade Jacob Vaet gestorben war. Indessen waren Palestrinas Ansprüche etwas zu hoch. An seiner Stelle ernannte Maximilian II. Philipp de Monte. 1571 kehrte Palestrina endlich in sein altes Amt an die Peterskirche zurück, wo eben Giovanni Animuccia gestorben war. Dort blieb er bis zu seinem Tode im Jahre 1594.

Man hat gewisse Charaktereigenschaften Palestrinas verurteilt, so seine weltlichen Tendenzen, besonders die Wiederheirat mit Virginia Dormoli, der reichen Witwe eines päpstlichen Pelzhändlers, was freilich auch damit erklärt wird, daß ihm diese Heirat die Publikation seiner Werke ermöglichen sollte. Eine wichtige Etappe seines Lebens bilden die Beziehungen zum Herzog Guglielmo Gonzaga von Mantua. Dieser, mit seinem Kapellmeister *Francesco Suriano* (1549–1621) – selbst ein Schüler von Palestrina – nicht zufrieden, ließ 1583 durch seinen Gesandten in Rom, Zibramonti, Verhandlungen mit Palestrina zwecks Neubesetzung der Kapellmeisterstelle anknüpfen. Palestrina schlug zuerst *Annibale Zoilo* (1537–1592) und *Luca Marenzio* (1553–1599), den berühmten Madrigalisten, vor. Da beide nicht zu bewegen waren, nach Mantua zu gehen, bot er sich schließlich selbst an. Doch waren auch hier seine Forderungen zu hoch.

Jedenfalls schrieb er für den Herzog zehn Messen; die älteste davon, 1568 komponiert, im einfachen Stil, ist die einzige bisher bekannte Messe Palestrinas für Männerchor. Die übrigen Messen, 1578 bis 1579 komponiert, sind fünfstimmig, beruhen auf den Ordinarium-Melodien und sind für alternierenden Vortrag bestimmt. Merkwürdig ist es, daß Palestrina gegen Ende seines Lebens den Wunsch hatte, in sein bescheidenes Amt an der Kathedrale seiner Heimatstadt zurückzukehren. Diese ungewöhnliche Tatsache hängt vermutlich mit dem Retrospektiven seines Charakters zusammen, das ja auch den Stil seiner Werke kennzeichnet. Er war allmählich ein reicher Mann geworden, der durch wiederholte Ankäufe seinen Familienbesitz erweitert hatte, offenbar mit dem Gedanken, seine letzten Jahre in Palestrina zu verleben. Doch kam der

Giovanni Pierluigi Palestrina, Widmung der Hymnen

Nichts von Allem tue ich lieber, seligster Vater, als wenn ich mich der Gabe der Musik, der ich mein ganzes Leben weihe, nach eignem Ermessen widme; das heißt, wenn ich in keiner Weise von Andern gezwungen werde, die herrliche Gabe an die geringfügigsten Dinge zu verschwenden, sondern an meinem Grundsatze festhalte, nur das zu behandeln, worin am meisten Gottes Lob enthalten ist, und das, nach dem eignen Gewicht und Wert in Worten und Gedanken gemessen und zugleich durch einige musikalische Kunst unterstützt, das Gemüt der Menschen leicht zur Frömmigkeit erwecken kann. Von dieser Art habe ich schon längst viel herausgegeben. Denn was hätte ich Besseres zu schaffen? oder worauf anders sollte ich jene beiden Pfunde, welche ich von dem Herrn an Zeit und Geld empfangen habe, und die kostbarer sind, als alles Gold, verwenden, zumal da mich der Apostel belehrt mit den Worten: Vermahnet euch selbst mit Psalmen und Lobgesängen und geistlichen lieblichen Liedern, und singet dem Herrn in eurem Herzen. Jüngst also habe ich mich mit den täglichen Vesper-Hymnen beschäftigt. Diese Arbeit, was auch an ihr sein mag, bringe ich Deiner Heiligkeit in aller Demut dar. Wie aber der Gegenstand selbst Deiner Heiligkeit immer sehr lieb gewesen ist, so hoffe ich, daß meine Bemühung um denselben Beifall finden wird, wenn nicht um des Talentes und der Kunst willen, so doch wenigstens wegen des guten Willens und Versuches. Rom, 16. April 1589. Giovanni Pierluigi

Aus einer Messe Palestrinas, datiert von 1587

Tod der Verwirklichung seines Wunsches zuvor – 1594 starb er in Rom. Er wurde unter großer Teilnahme in der Peterskirche beigesetzt, dort, wo schon sein Bruder Silla und seine beiden Söhne Rodolfo und Angelo sowie seine erste Frau ruhten.

Wie um viele große Männer hat sich auch um Palestrina eine Legende gebildet. Schon fünfzehn Jahre nach seinem Tod erklärt Agostino Agazzari, daß Palestrina der »Retter der Kirchenmusik« gewesen sei, eine Behauptung, die auch von Michael Praetorius übernommen wurde. Mit kleineren und größeren Varianten findet sich diese Behauptung noch bei anderen Schriftstellern. Manche Schriftsteller schreiben das angedrohte Verbot der Kirchenmusik Pius IV. (1559–1565) zu. Eine andere Version der Legende bringt die Sache mit dem Trienter Konzil in Verbindung. Auch Giuseppe Baini (1775 bis 1844), der große Biograph Palestrinas, der selbst Bassist der päpstlichen Kapelle war, hat die Angelegenheit nicht klären können. Sie wurde erst durch den Geschichtsschreiber der Päpste, Ludwig Pastor (Geschichte der Päpste III, Seite 345), einigermaßen aufgedeckt. Pastor beruft sich auf den päpstlichen Zeremonienmeister Angelo Massarelli, der sich mit Bezug auf den Papst Marcellus folgendermaßen äußerte: »Nach dem Gottesdienste am Karfreitag (12. April 1555) zeigte der Papst, daß er auch eine Reform der Kirchenmusik ins Auge gefaßt hatte. Er ließ die Sänger der Kapelle zu sich rufen und befahl ihnen, in Zukunft darauf zu achten, daß die Musik, dem Tage der Trauer entsprechend, keinen freudigen, rauschenden Charakter habe; auch verlangte er einen derartigen Vortrag der Gesänge, daß man die Worte verstehen könnte.

Nach den neuesten Forschungen ist die Marcellus-Messe (1562–1563) in Verbindung mit den Maßnahmen des Trienter Konzils entstanden. Eine wichtige Phase des Lebens des Meisters bildet seine Heranziehung zu der vom Papst Gregor XIII. (1572–1585) beabsichtigten Reform des Gregorianischen Chorals (1577). Palestrina trat gemeinsam mit Zoilo an die Revision des Graduale heran und hatte vor allem die Entfernung von Melismen im Auge. Das Unternehmen stand unter einem ungünstigen Stern, da sich Philipp II. von Spanien gegen die Reform wandte.

Die wichtigste Gattung in Palestrinas Werk sind die vier-, sechs- und achtstimmigen Messen, zu denen Hymnen, Lamentationen und vier- bis achtstimmige Motetten, Offertorien, Antiphonen, Psalmen, Responsorien, Sequenzen und schließlich eine Reihe von weltlichen Madrigalen und Kanzonen kommen. In seinen Kompositionen bietet er eine Synthese der geistlichen Kunst seiner Zeit. Er setzt in manchen seiner Werke die

Parodiemesse

Aus der Missa Papae Marcelli von Palestrina

franko-flämische Schule fort, ist aber gleichzeitig von der römischen Tradition, vor allem jener der Sixtinischen Kapelle, die jeden Instrumentalgebrauch ausgeschaltet hatte und auf der alten Falso-bordone-Praxis beruhte, abhängig. Ähnlich wie bei manchen Kompositionen seiner Zeit ist Palestrinas Homophonie auf polyphoner Grundlage aufgebaut, aber nirgends sind die alten »artifices« der flämischen Schule Selbstzweck. Fast überall ist, entsprechend den Prinzipien der Gegenreformation, der Text und der Wortsinn gut zu verstehen. Auch bei Palestrina und vielen seiner Zeitgenossen spielt bei der Erfindung weniger das Was, als das Wie die große Rolle. Besondere Bedeutung hat dabei die »Parodie«. Palestrina übernimmt in vielen seiner Parodiemessen ganze Motettenansätze, gleichgültig, ob sie von ihm oder anderen Komponisten stammen. Gute Beispiele für die Art, wie er eine eigene Motette für eine Messe verwendet, gibt Fellerer in seinem Palestrina-Buch (Regensburg 1930) mit dem Kyrie aus der »Missa Dies sanctificatus« und dem Kyrie aus der »Missa Virtute magna«, der die gleichnamige Motette von Andrea de Sylva zugrunde liegt *(siehe Notenbeispiel Seite 168).*

Palestrinas persönlicher Stil ist durch Gleichmäßigkeit, langen Atem und vollendetes Maß des Ausdruckes gekennzeichnet. Feierlich schreiten die Klänge, die von der Allmacht Gottes und der Vollendung der diesseitigen und jenseitigen Welt sprechen. Von den Auswüchsen des Frühbarock und der chromatischen Madrigalisten blieb Palestrina unberührt. Trotzdem ist er nicht immer den strengen Anforderungen der Gegenreform gerecht geworden. Unter seinen 105 Messen beruhen nur 11 auf nichtliturgischen Vorlagen, aber er hat wenigstens zwei »L'homme-armé-Messen« geschrieben. Dies war aber in der damaligen Zeit für jeden Komponisten ein Muß. Das größte und berühmteste Werk ist die sagenumwobene Marcellus-Messe, ein Werk tiefsten Ausdrucks, das Elemente der Renaissance und des Barock vereinigt und altrömische Tradition mit modernen Ausdrucksmitteln verbindet. Die von den Reformern gewünschte und von manchen Komponisten mechanisch gehandhabte Textdeklamation ist auf dem Wege der Imitation erreicht. Die alte Tradition ist ferner durch die thematische Einheitlichkeit einer diatonisch auf- und absteigenden Phrase erzielt, wobei der Text immer verständlich ist. Als am 9. Juli 1565 ein feierliches Dankamt von Kardinal Borromeo in Anwesenheit von Papst Pius IV. stattfand, soll dieser beim Anhören der Messe gesagt haben: »Dies sind die Harmonien des neuen Hohen Liedes, welches einst der Apostel Johannes in dem jubelnden Jerusalem gehört hatte, von welchem ein anderer Johannes [Palestrina] uns eine Idee gibt.«

In alter römischer Tradition sind auch die Lamentationen und Improperien geschrieben. Schon seit den ältesten Zeiten wurden in der Karwoche die Bücher des Propheten Jeremias gelesen. Die Überschrift »Incipit lamentatio Jeremiae Prophetae« wird mit vertont. Charakteristisch für diese Formen ist, daß die Versziffer nach den Buchstaben des hebräischen Alphabets (Aleph, Beth, Ghimel etc.) ebenfalls mitgesungen werden. Das Repertoire der päpstlichen Kapelle bildeten die Lamentationes des Carpentras (gest. 1558), die 1587 durch jene von Palestrina abgelöst wurden. Die »Improperien« werden am Karfreitagmorgen in der Sixtinischen Kapelle gesungen.

Die Römische Schule

Palestrina wird in der Regel als Haupt der Römischen Schule bezeichnet, aus der eine Reihe von Komponisten genannt seien. *Giovanni Maria Nanino* (1545–1607) gründete 1580 in Rom eine Kompositionsschule, an der sein Bruder Giovanni Bernardino (um 1560–1623) und Palestrina lehrten. Freilich ist diese erste öffentliche Musikschule noch nicht gesichert. Schüler der beiden Naninos sind *Felice Anerio* (um 1567–1630), *Gregorio Allegri* (1582–1652), *Vincenzo Ugolini* (um 1570–1638), *Antonio Cifra* (1584–1629), *Domenico Massenzio* (gest. 1650), *Paolo Agostini* (um 1593–1629), Nachfolger Ugolinis an der Peterskirche, und *Alessandro Costantini*, dessen Bruder Fabio gleichfalls zu dieser Schule gehörte. Von Nanino singt heute noch die Sixtinische Kapelle am Weihnachtsmorgen zwei Motetten. Felice Anerio war Komponist der päpstlichen Kapelle als Nachfolger Palestrinas. Er, sowie sein Bruder *Giovanni Francesco* (um 1567–1621) haben die Reinheit des Palestrina-Stils bewahrt. Oft verbindet sich »Doppelchörige, homophone Deklamation mit polyphoner Bewegtheit des Satzes« (Fellerer). Gregorio Allegri wurde weiten Kreisen durch sein neunstimmiges »Miserere« bekannt, das nach alter Praxis derart angelegt war, daß zwei Chöre (zu fünf und zu vier Stimmen) auf die ungeraden und auf die geraden Psalmverse wechseln und sich

Anfang des Miserere von Gregorio Allegri

nur zum Schluß vereinigen. Das Werk ist im »Falso-bordone«-Stil geschrieben. Es erreichte Weltberühmtheit durch Burney (1771), der ebenso wie Goethe und Mendelssohn einer Aufführung am Karfreitag bei hundertfacher Kerzenbeleuchtung lauschte. Kaiser Leopold I. erhielt vom Papst eine Abschrift. Die Einfachheit dieses deklamatorischen Stückes, das von einer Generation zur anderen mündlich übermittelt und nicht notiert werden durfte, machte es verständlich, daß der vierzehnjährige Mozart das Stück aus dem Gedächtnis niederschreiben konnte und dadurch das Gewissen seiner Mutter belastete, die von der Sündhaftigkeit des Unternehmens überzeugt war.
Nicht unmittelbar zur Römischen Schule gehört *Marc' Antonio Ingegneri* (1545 bis 1592), ein Schüler von *Vincenzo Ruffo* (um 1505–1587). Seine Responsoria »Hebdomadae sanctae« (1588) galten lange als Komposition Palestrinas. Sein berühmtes tiefempfundenes »Tenebrae factae sunt« zeigen den Meister des harmonisch-deklamatorischen Stils:

Die Spanische Schule

Eng verbunden mit der Römischen sind die Mitglieder der Spanischen Schule. Die spanische Musik des 16. Jahrhunderts spielt sich einerseits auf der Iberischen Halbinsel selbst, andrerseits in der päpstlichen Kapelle in Rom ab. Neben den Niederländern sind

Christobal (Christoforo) Morales, nach einem Stich von Angelo Rossi

es die spanischen Meister gewesen, die den Grund zur Römischen Schule gelegt haben. Schon 1483 bis 1507 war *Bertrand Vacqueras* in Rom tätig gewesen, und zahlreiche Spanier waren Mitglieder der päpstlichen Kapelle, wie *Andrea de Sylva*, dem wir schon bei Palestrina begegnet sind. 1535 trat der Kapelle *Cristobal Morales* (um 1500–1553) als Tenorist bei. Morales war der führende spanische Musiker zwischen 1530 und 1550; seine Werke erschienen in allen europäischen Druckereien, sein Ruhm war bis nach Mexiko gedrungen. Viele seiner Werke wurden parodiert, vor allem durch seinen Schüler *Francisco Guerrero* (1528–1599), aber auch durch Palestrina. Guerrero kam erst im Alter nach Rom und trat sogar eine Reise nach Palästina an, deren Tagebuch er 1590 veröffentlichte. Er stand in guten Beziehungen zu Karl V., Philipp II. und Papst Pius V. Nach Higino Anglés zeigt Guerreros Stil einen merklichen Gegensatz zu dem seines Lehrers Morales, dessen Satz streng, unruhig ist und niederländische Herkunft deutlich erkennen läßt, während Guerreros Musik sich durch größere Süße und Gefühlshaftigkeit auszeichnet, vielleicht ein Erbteil seiner andalusischen Heimat.

Der andere bedeutende Spanier der zweiten Hälfte des 16. Jahrhunderts ist *Tomás Luis Victoria*, auch italianisiert Ludovico da Vittoria, (um 1548–1611). Schon in seinen jungen Jahren ging er nach Rom an das Collegium Germanicum, nachdem er wahrscheinlich in seinem Vaterland Schüler von *Bartolomé Escobedo* (gest. 1564) gewesen war. Er soll durch seine Familie mit der heiligen Teresa von Avila (1515–1582) verwandt sein. Am Collegium Germanicum wurde er Schüler und später Nachfolger Palestrinas als Kapellmeister. Durch das deutsche Collegium hatte er Verbindung mit weltlichen und kirchlichen deutschen Fürsten, so mit dem Augsburger Bischof Otto Truchsess von Waldburg und dem Herzog Ernst von Bayern. Er kehrte 1585 nach Spanien zurück, besuchte jedoch Rom einige Male. In Madrid war er Organist und Kapellmeister der Kaiserin Maria, die sich in das Kloster der Descalzas Reales (Barfüßerinnen) zurückgezogen hatte. Danach trat er in den Dienst ihrer Tochter Margarita ein. Victoria schrieb Magnificat-Kompositionen, Responsorien, viele Motetten, Messen und Hymnen. Sein Stil steht dem Palestrinas und der Römischen Schule nahe. Es wird ihm eine tiefe, durch das spanische Wesen bedingte mystische Innerlichkeit nachgerühmt. In seinen späteren Werken nähert er sich durch Mehrchörigkeit, scharfe Kontraste und deklamatorische Wendungen der Venezianischen Schule.

Die Venezianische Schule

Venedig, einst die wichtigste Handelsstadt Italiens, nahm schon seit dem 10. Jahrhundert eine unbestrittene Vorrangstellung in der Geschichte Europa ein. Durch die republikanische Verfassung, durch ihre einzigartige Lage in den adriatischen Lagunen war sie bestimmt, sowohl im politischen, wie im kulturellen Leben Europas eine große Rolle zu spielen. Seine Blütezeit erlebte Venedig im 15. und 16. Jahrhundert. Sein Beitrag zum italienischen Humanismus (Aldus Manutius, Pietro Aretino, Pietro Bembo) und zur italienischen Renaissancekunst (Bellini, Giorgione, Tizian, Palma Vecchio, Tintoretto u. a.) ist bedeutend. In der Musik ist die Venezianische Schule durch einen gewissen Pomp gekennzeichnet, der sich vor allem in der Mehrchörigkeit ausdrückt.

Als Begründer der Venezianischen Schule gilt der Niederländer *Adrian Willaert* (um 1490–1562). In Brügge geboren, wo sein Vater Dionys vermutlich Musiker war, ging Adrian zuerst nach Paris und studierte dort Jura. Sein bedeutendster Schüler *Gioseffo Zarlino* (1517–1590) nennt *Jehan Mouton* als Willaerts Lehrer. Wann er nach Italien kam, ist unsicher. Er soll auch im ungarischen Dienst gewesen sein. Genaueres über ihn ist erst ab 1522 überliefert. Damals wirkte er im Dienst Alfonsos I. von Este in Ferrara; von dort kam er in die Kapelle des Erzbischofs Ippolito II. von Este in Mailand, der ein Sohn Alfonsos war. 1527 wurde er Nachfolger des Flamen *Petrus de Fossis* als Magister capellae cantus ecclesiasticae Sancti Marci in Venedig, eine Stelle, die er fünfunddreißig Jahre bis zu seinem Tode innehatte. Die von Willaert begründete Schule hatte noch im 17. und 18. Jahrhundert Bedeutung. Ausgehend von den Niederländern und vor allem von Josquin hat er den mehrchörigen Stil eingeführt. Die Verschiebung des Schwergewichts von den Niederländern zu den Italienern im 16. Jahrhundert ist, so paradox dies klingt, ihm zuzuschreiben. Freilich ist das Prinzip der Mehrchörigkeit in den Apsidenchören vorgebildet, Chören, die sich in den abschließenden Rundungen der Kirchenquerschiffe gegenüberstehen und so wechselweise miteinander konzertieren. Doch hängt das Prinzip ganz im allgemeinen mit jenem der Antiphone zusammen, das schon bei den alten Hebräern in Gebet und Dichtung, vor allem in den Psalmen gilt. Übrigens findet sich schon lange vor Willaert, etwa bei Josquin, die »Stimmpaarigkeit«. Willaert benutzt die beiden einander gegenüberliegenden Musikchöre von San Marco, um zwei getrennt aufgestellte Chöre bald antwortend zu verwenden, bald zu achtstimmigem Klang zu vereinen. Man vergleiche etwa die folgende Stelle aus Willaerts »Magnificat«:

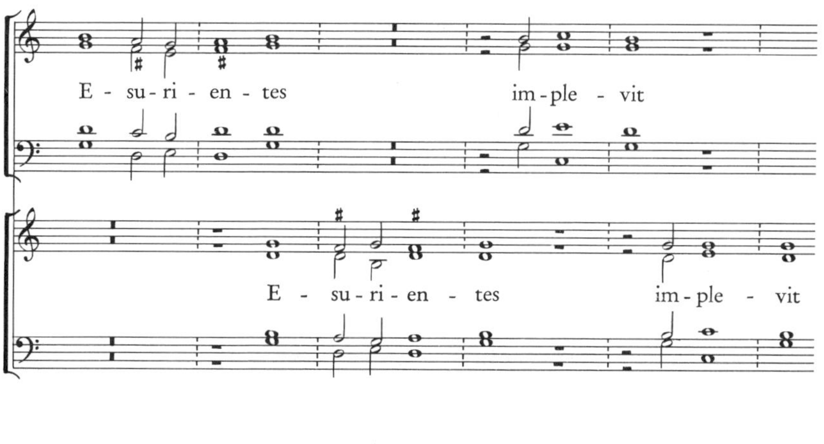

Claudio Merulo, nach einem zeitgenössischen Stich

Auch homophone Gebilde finden sich bei Willaert, wie man aus dem oben angeführten Beispiel ersehen kann. Ebenso war er ein Pionier der Chromatik. Aus der großen Zahl seiner niederländischen und italienischen Schüler sind vor allem zu nennen: *Cyprian de Rore* (1516–1565), sein Amtsnachfolger bei San Marco, der teils dienstliche, teils Privatbeziehungen zu Karl V., Herzog Albrecht von Bayern und zum Hofe von Mantua unterhielt. Ein Hauptverdienst Rores ist die stärkere Betonung chromatischer Schreibweise, die sich vor allem in seinen Madrigalen zeigt. Andere bedeutende Schüler sind der Musiktheoretiker Zarlino, der 1565 Kapellmeister bei San Marco war und in seinen »Istitutioni harmoniche« (Venedig 1558) die umfassendste Darstellung der Musiklehre seiner Zeit gab. Auf dem Gebiet der Theorie wurde er ein Vorläufer der dualistischen Harmonik Hugo Riemanns, indem er den Molldreiklang als Spiegelbild des Durdreiklangs auffaßte. Die Oberklänge nennt er »harmonische«, die Unterklänge »arithmetische Teilung«. Ferner enthalten die Institutionen eine vollständige Darstellung der Kontrapunktlehre. Ein vermutlich noch größeres Werk, »Il Melopeo perfetto«, blieb Manuskript und gilt als verschollen. Wie man sich damals mit der Musiktheorie der alten Griechen beschäftigte, zeigt ein anderer Willaert-Schüler, *Nicola Vicentino* (1511–1572). Er komponierte Madrigale, in denen das chromatische und enharmonische Tonsystem der Alten wieder aufleben sollte. In dieser Hinsicht steht er mit vielen anderen Komponisten in gleicher Reihe, die im Zurückgehen auf das Altertum ein Heilmittel gegen die »barbarischen« Auswüchse des Kontrapunktes suchten. Ein weiterer Vertreter der Venezianer war *Claudio Merulo* (1533–1604), Organist an der ersten, später zweiten Orgel von San Marco.

Den Höhepunkt der Venezianischen Schule bedeuten jedoch *Andrea Gabrieli* (um 1510 bis 1586) und dessen Neffe *Giovanni Gabrieli* (1557–1613). Andrea wurde 1564 Nachfolger Merulos als zweiter und 1585 als erster Organist. Giovanni lebte 1575 bis 1579 am Münchner Hof, wo er mit der Musik von Lassus vertraut wurde. 1584 wurde er Nachfolger Merulos als erster Organist der Markuskirche. Beide Gabrieli haben gleichfalls das kontrapunktische Stimmgeflecht der Niederländer in den Hintergrund gestellt und schaffen analog den bildenden Künstlern Venedigs farbenreiche, gewaltige Gemälde, wobei es nicht auf Linienwirkung, sondern auf Zusammenklang und großartige Flächengebung ankommt. Oft vereinigt Giovanni bis zu zwanzig Stimmen in seinen Chorsätzen und teilt sein Klangmaterial in vier Chöre. Im Sinne des Barock verknüpft er verschiedenste Instrumente mit Gesang. Wichtig ist, daß er oft den Namen eines Instrumentes angibt; früher gab es nur eine ad-libitum-Bezeichnung der Instrumente: »Per sonare o cantare« oder »Per diversi istrumenti«. Giovanni Gabrielis wich-

tigste Werke sind die »Ecclesiasticae Cantiones« (1589) für vier bis sechs Stimmen, seine »Sacrae Symphoniae«, sechs- bis sechzehnstimmig, für Gesang und Instrumente (1597) und seine »Canzoni et Sonatae«, drei- bis zweiundzwanzigstimmig (1615).
Eine Entartung der Mehrchörigkeit zeigt *Orazio Benevoli* (1605–1672), Sohn des Franzosen R. Venouot. Seine Schreibweise hat man als Massenstil bezeichnet. 1628 wurde seine zwölfchörige Festmesse mit insgesamt 53 Stimmen zur Einweihung des Salzburger Doms aufgeführt. Die Wirkung entspricht keineswegs den aufgewendeten Mitteln, da sich der Klangapparat im Grunde auf eine reale Achtstimmigkeit zurückführen läßt.

England im 16. Jahrhundert

Im 16. Jahrhundert nahm England zunächst kaum bemerkenswerten Anteil an der Entwicklung der europäischen Musik. Dazu störte die Reformation die Ausübung der kirchlichen Tonkunst beträchtlich, wobei es, wie auf dem Kontinent, zu Gewalttätigkeiten kam, bei denen Notenmaterial und Instrumente zerstört wurden. Am Anfang des Jahrhunderts gab es nur wenige Sänger und Instrumentalisten auf den britischen Inseln und fast keine Komponisten. Heinrich VIII. (1509–1547), der selbst ein großer Musikliebhaber war, hatte nach seinem Bruch mit der römischen Kirche (Suprematsakte von 1535) die Klöster ihrer Reichtümer beraubt und alle Notenbücher und Orgeln zerstört und verbrannt. Unter Eduard VI. (1547–1553) wurden die Seelengedächtnis-Kapellen aufgelöst. Maria I. (1553–1558) war eine fromme Katholikin und die Gattin Philipps II. von Spanien. Gegenreformatorische Maßnahmen auf dem Gebiet der Musik kamen wegen ihrer kurzen Regierungszeit nicht in Frage. Die Beruhigung der religiösen Erregung unter Elisabeth I. hatte jedoch eine günstige Einwirkung. Im Gegensatz zur calvinistischen Lehre ist die anglikanische Kirche keineswegs puritanisch. Sie steht nach Gottesdienst und Verfassung zwischen Protestantismus und Katholizismus. Viele Klosterkirchen waren in Kathedralen mit anglikanischem Ritus umgewandelt worden, und die Riten von Sarum und York sowie die dort gepflegte Musik zeigten eine Pracht, die ihresgleichen nicht kannte.
Einer der bedeutendsten elisabethanischen Komponisten ist *John Taverner* (um 1495 bis 1545). Von 1526–1530 war er Chormeister (Informator) und Organist am Wolsey Cardinal College in Oxford, wo der größte Teil seiner Kirchenmusik entstand. Seine Messen und Motetten gehören stilistisch in die Zeit der strengen Künste der Niederländer. Die Messe »Gloria tibi Trinitas« enthält jenes Benedictus, dessen Cantus firmus »In nomine« so häufig in den englischen Klaviertabulaturen vorkommt. Charakteristisch für die Kirchenmusik der damaligen Zeit ist das Anthem. Das Wort ist die anglisierte Form des Wortes Antiphon und bezeichnet eine nichtliturgische Chormusik in englischer Sprache, die beim Morgen- oder Abendgebet gesungen wird. Sie entspricht etwa der lateinischen Motette. Die Blüte der Kirchenmusik während der Regierung Elisabeths I. mit ihren reichen Anthems und Services geht wohl auf Taverner zurück. Die Kontinuität der vor- und nachreformatorischen Musik wird von manchen Schriftstellern dem Einfluß der Chapel Royal zugeschrieben, einer bedeutenden Körperschaft von Sängern, Organisten und Komponisten, die der Königin persönlich unterstand.
Fast das gesamte musikalische Leben Englands konzentrierte sich in London, das eine ähnliche Bedeutung für die britischen Inseln hat wie Paris für Frankreich, im Gegensatz

zur musikalischen Dezentralisation in Deutschland und Italien. Daher fiel auch, vielleicht zum Nachteil der englischen Musik, jegliche Konkurrenz aus. Natürlich überwiegt seit dem 16. Jahrhundert der Einfluß Italiens, das an die Stelle von Burgund und der Niederlande tritt. Zu den Komponisten, die nach der Reformation die Entwicklung der Kirchenmusik bestimmten, gehören *Christopher Tye* (um 1500–1573), der eine Musikprofessur in Oxford innehatte und möglicherweise auch der Musikmeister der Kinder Heinrichs VIII. war. Er gehört mit Taverner und *Thomas Tallis* (1505–1585) zu den drei großen »T« der frühen Tudor-Komponisten. Er gilt auch als der erste Kirchenkomponist, der für den gottesdienstlichen Gebrauch englische Texte vertonte. Eine Anzahl seiner Vokalsätze findet sich in verschiedenen Virginalbüchern.
Sein bedeutendster Schüler war *William Byrd* (1543–1623), neben Tallis Organist an der Chapel Royal; beide erhielten 1575 von der Königin ein Patent auf einundzwanzig Jahre zum alleinigen Druck und Verkauf von Noten. 1575 bis 1593 lebte Byrd in Harlington bei London, später in Stondon Massey. Er bekannte sich zur katholischen Kirche, weshalb er keine repräsentative Stellung einnehmen konnte. Nur das große Ansehen, das er bei Hofe genoß, verschonte ihn vor Verfolgung. Seine Werke zeichnen sich alle durch eine reiche Harmonik aus, und manche seiner Motetten zeigen harmonische Rückungen, die an die italienische Ausdruckschromatik erinnern. Andere Werke, wie das »Great Service«, knüpfen an die Venezianer an.

Weltliche Vokalformen

Wenn auch die Hauptformen der europäischen Musik die Messe und die Motette waren, so begann sich doch langsam das Schwergewicht nach weltlichen Formen hin zu verlagern – eine charakteristische Erscheinung der Renaissance. Die Hauptform der weltlichen Musik wurde das Madrigal. Antonio da Tempo im 14. Jahrhundert leitet das Wort von Mandriale (Mandra = Herde) ab, was soviel wie Pastorale bedeutet. Doch wird diese poetische Form auch auf einen »cantus matricalis« (= Muttersprache) zurückgeführt. Weniger befriedigend ist die Herleitung aus »cantus materialis«, was soviel wie »Bastardgedicht« – zwischen Musik und Dichtung stehend – bedeuten sollte. Die ersten Madrigale, die sich grundsätzlich von denen der *ars nova* unterscheiden, sind im Gegensatz zu den älteren nicht mehr strophiert, sondern kurze lyrische Formen aus elf- und siebensilbigen Versen gemischt, sonst völlig frei im Bau. Der literarische Mittelpunkt für die neue Form war der Humanist Pietro Bembo (1470 bis 1547), dessen lyrisches Vorbild Petrarca war. Seine Dichtungen zeichnen sich durch Reinheit der Sprache und eine gewisse übertriebene Eleganz aus. Es sind meistens Ständchen, Vokalserenaden, viel Gebrauchs- und Dedikationsmusik und platonisierende Gedichte.
Die ersten Komponisten dieser uritalienischen Gebilde waren keineswegs Italiener, sondern »Oltramontani«, hauptsächlich Niederländer und Franzosen, wie *Philippe Verdelot* (gest. um 1565), der zwischen 1505 und 1539 in Italien gelebt zu haben scheint, *Jakob Arcadelt* (um 1514–1557), Willaert, Cyprian de Rore, Lasso, *Philippo de Monte* (1521–1603), *Charles Luyton* (um 1556–1620) und *Giaches de Wert* (1536–1596). Keine von den vielen Canzonen, Sestinen und Sonetten von Petrarca blieb ohne Vertonung. Vermutlich war es Willaert, der in seiner »Musica Nova« (1540) »den Dichter auf den Schild gehoben hat, der danach im Mittelpunkt der Madrigal-

38 Roßballett zur Feier der Ankunft der Braut Kaiser Leopolds I. auf dem Burgplatz in Wien 1667. Druck nach Carlo Paretti von Nik. van Hoye und Joh. Ossenbeck

39 Jean Baptiste Lully, nach dem Gemälde von Mignard

40 Szenenbild aus der Oper »Alceste« von Lully

41 *Henry Purcell,*
Stich nach einem Gemälde von John Closterman

42 *Titelblatt der Originalhandschrift des »Fourth Book of Toccatas and Suites«*

komposition steht« (Einstein). Der in diesen Gedichten immer erscheinende sinnlich-übersinnliche Freier und »Liebende mit schlechtem Gewissen« ist so recht der Gegenstand dieser sentimentalen Dichtung, zu dem noch Ariost (1474–1533) mit seinem Stanzenepos »Der rasende Roland« und Jacopo Sannazaro (1455–1530) mit seinem Hirtenroman »Arcadia« hinzukommen. Außer diesen sind die beiden Tassos, Bernardo (1493–1569) und dessen Sohn Torquato (1544–1595), G. B. Guarini (1538–1612) mit seinem Schäferroman »Il Pastor fido« und schließlich Giambattista Marino (1569 bis 1625) mit seinem Hauptwerk »Adone« zu erwähnen. Marinos bilderreiche und barocke Gedichte führten bei seinen Nachahmern zu jenem überladenen Stil, der als »Marinismus« noch das ganze 17. Jahrhundert beherrschte.

Die Hauptstätten der Pflege des Madrigals sind Venedig, Ferrara, Mailand, Bologna, Florenz, Rom und Neapel. Doch die gesamte Form ist international, greift weit über Italien hinaus nach Spanien, Frankreich, England, Deutschland und den Niederlanden und dringt bis Polen und Skandinavien. Man kann die Geschichte des Madrigals in drei Perioden einteilen. Die erste, repräsentiert durch die bereits erwähnten Arcadelt, Verdelot, Willaert, zu denen der Flame *Ihan Gero*, der Römer *Costanzo Festa* (gest. 1545) und *Alfonso della Viola* (um 1540) aus Ferrara hinzukommen. Hier ist die Form durch überwiegende Vierstimmigkeit und Homophonie gekennzeichnet. Die Melodie liegt meist in der Oberstimme, die Unterstimmen läßt man ohne weiteres instrumental ausführen. Nichtsdestoweniger ist jede Stimme selbständig, und wir finden häufig imitatorisch gehaltene Melodien.

Die zweite Periode wird durch die »Musica Nova« Willaerts und seiner Schüler eröffnet, zu denen Cyprian de Rore, *Girolamo Parabosco* (um 1520–1557), Andrea Gabrieli, Zarlino, *Francesco della Viola* (um 1530), der Flame *Jacques Buus* (gest. 1565) treten. Die Komponisten gehen meist über die Vierstimmigkeit hinaus, schreiben aber selten für mehr als sechs Stimmen. Diese Periode kann als das klassische Zeitalter des Madrigals bezeichnet werden. Bei Willaert findet man gelegentlich Ansätze zur Doppelchörigkeit und Annäherung an den konstruktiven Motettenstil. Aus dem Volkstümlichen übernimmt er die schlagkräftige Setzweise in seinen »Canzoni villanesche alla Napoletana« (1545).

Charakteristisch für viele Madrigale dieser Zeit sind malerische oder bildliche Wendungen, die auf die Ästhetik der »Imitazione della natura« zurückgehen. Diese Nachahmung geht häufig bis zu einer Art Augenmusik. Das »Dunkel« wird nicht durch tiefe Töne symbolisiert, sondern der Sänger und mit ihm der Hörer assoziiert es durch die geschwärzten Noten. Zu dieser Periode gehören auch Lasso, Philipp de Monte (1521 bis 1603), seit 1568 Kapellmeister Kaiser Maximilians II. und später Rudolfs II. in Prag. Auch Palestrinas Madrigale gehören zu dieser Gruppe, doch ist er harmonisch konservativ, offenbar im Ausdruck stark gehemmt, da er 1584 im Vorwort zu den Hohelied-Motetten »errötend« bereut, weltliche Texte komponiert zu haben, was ihn jedoch nicht hinderte, zwei Jahre später neuerlich Madrigale zu veröffentlichen, darunter das berühmte »A la riva del Tebro«.

Die Musik der dritten Periode ist die eigentliche Ausdrucksmusik. Die repräsentative Komponisten dieser Gruppe sind *Luca Marenzio* (1553–1599), Gesualdo da Venosa (um 1560–1613) und Claudio Monteverdi (1567–1643). Marenzio war die längste Zeit seines Lebens Kapellmeister bei dem als Mäzen größten Stils in Rom lebenden Kardinal Luigi d'Este. Die Anzahl seiner Madrigale ist bedeutend. Geistvolle Wortmalerei, Schilderung von Affekten und Situationen werden durch eine neue, kühne Chromatik erzielt, die zu einer modernen Auffassung der Tonalität führen. Die Dissonanz, die oft frei eingeführt wird, ist bei ihm immer Ausdrucksmittel, dazu kommt Verwendung des Kontrapunkts und Beschwingtheit in Melodie und Formgebung. Über Marenzio weit hinaus geht *Don Carlo Gesualdo, Fürst von Venosa,* Mitglied einer der vornehmsten italienischen Familien, Neffe des Kardinals Carlo Borromeo und Freund von Torquato Tasso. Sein Vater, Don Fabrizio, hatte eine musikalische Akademie gegründet, der auch *Pomponio Nenna* (um 1550–1618) angehörte; unter dessen Anleitung bildete sich der Prinz zum Virtuosen auf der Baßlaute aus. Seine zweite Gattin, Eleonora, Tochter von Alfonso II. d'Este, dem Monteverdi eins seiner Madrigalbücher gewidmet hatte, war eine begeisterte Musikerin. An ihrem Hof in Ferrara hielt sich Gesualdo zwei Jahre lang auf, und bei dieser Gelegenheit lernte er die berühmten Musiker *Luzzasco Luzzaschi* (1545–1607) und *de Wert* kennen. Gesualdos Madrigale erinnern geradezu an modernen Expressionismus. Die Musik »erwächst aus der Antithese von schwelgerischer Erotik und flagellantischer Todessehnsucht als hochentwickelte Ausdruckskunst eines genialen Psychopathen« (Hans F. Redlich). Mit seiner Verwendung von Chromatik und Enharmonik und anderer damals modernster Ausdrucksmittel brachte er das expressive Madrigal zur höchsten Entwicklung.

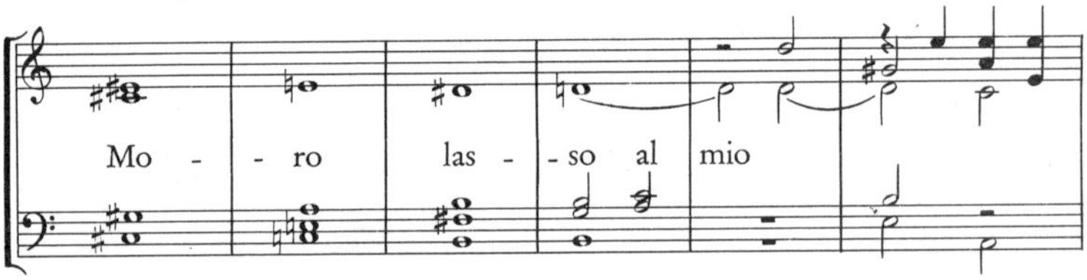

Aus einem Madrigal von Carlo Gesualdo da Venosa

Für *Claudio Monteverdi* (1567–1643), die größte Gestalt des italienischen Frühbarock, ist charakteristisch, daß er die alten Formen der Renaissance, Motette und Madrigal, sowie die neue Form der Solokantate und der Oper gleichmäßig pflegte. In seiner frühen Zeit hatte er sich des drei-, vier- und vor allem des fünfstimmigen Madrigals bedient. Diese Kunst kommt 1605 in seinem fünften Madrigalbuch zum Abschluß. Er führte den Ausdruck von der Prima und Seconda Prattica ein, womit er den Gegensatz zwischen althergebrachter und moderner Musik meint. Diese »moderne« Musik ist durch den Grundsatz des engen Anschlusses der interpretierenden Musik an das poetische Wort gekennzeichnet.

Von den acht Madrigalbüchern greifen wir das fünfte heraus. Monteverdi, damals im Dienst des Herzogs Vincenzo Gonzaga von Mantua, veröffentlichte das Werk 1605 bei Amadino in Venedig und widmete es seinem Mäzen. Es gab Anlaß zu der berühmten Polemik mit seinem Widersacher G. M. Artusi (1540–1613), dem reaktionären Kanonikus von Bologna. Das erste Madrigal »Cruda Amarilli« erregte Artusis Widerspruch; 1600 veröffentlichte er ein Traktat unter dem Titel: »L'Artusi, overo delle imperfezioni della moderna musica.« Monteverdi versprach, seinem Kritiker zu antworten unter dem Titel: Seconda prattica overo delle perfezione della moderna musica.« Diese Antwort erfolgte jedoch durch Monteverdis Bruder Giulio Cesare, der die »Scherzi musicali« Claudios 1607 herausgab.

Was Monteverdi unter »seconda prattica« versteht, kann man aus seiner Erklärung entnehmen: »Das Wort mit all seinen Werten und Eigenschaften soll maßgebend sein; es darf nicht der Diener der Musik sein, Musik ist eine Ausdruckskraft und nicht eine Kunst als solche.« Was Artusi bei Monteverdi beanstandet, sind vor allem der Querstand, der Vorhalt, die übertriebene Verwendung der Chromatik, die unvorbereitete Dissonanz und alle »Unregelmäßigkeiten«, die dem klassischen Stil Palestrinas fremd sind. Aber alle diese Eigenschaften, meint Monteverdis Verteidiger, dienen nur der Verdeutlichung des Textes. Somit haben Monteverdis Madrigale einen zweifachen Zweck: Eine höhere Einheit von Dichtung und Musik zu schaffen und eine Steigerung der Emotionen in der Seele des Hörers zu erwecken.

Das sechste Buch der Madrigale enthält 18 Stücke, von denen vier auf dem berühmten »Lamento d'Arianna« beruhen, jener weltberühmten Ariette, dem einzigen Überbleibsel der Oper »Arianna« (1608). Der Meister hat das ursprünglich monodische Stück einigemal mehrstimmig arrangiert, u. a. auch als geistliches Madrigal »Il pianto della madonna«.

Neben dem ernsten und sentimentalen Madrigal muß noch eine populäre Abart dieser Kunstgattung erwähnt werden, die so recht eine Ausdrucksform der Renaissance mit ihren volkstümlichen Unterströmungen ist. Es ist die Villanella, auch »Canzon Villanesca« genannt, ein meist dreizeiliges und dreistimmiges Tanzlied, das in Ton und Stil die Frottola fortsetzt. Praetorius nennt sie »eine Bäwrische Music zu einer Bäwrischen Matery«. Hierbei werden oft parodistische Dreiklangsparallelen verwendet, die an die amerikanischen »Barber-Shop Harmonies« erinnern. Diese volkstümlichen Chorlieder weisen häufig die Strophenform aa-b-cc auf. Sie wurden auch von großen Meistern, wie Monteverdi, *A. Banchieri* (1567–1634), *Salomone Rossi* u. a. gepflegt. Viele von diesen Villanellen und Villotten sind in der Volkssprache verfaßt, wie »Villanelle Napoletane«, oder »Veneziane«. Es sind also Dialektlieder, die das Komische eines bestimmten italienischen Volksstammes zeigen sollen. Hierbei werden, wie in der »Bergamasca«, die Charaktere der Bevölkerung dargestellt, wie sie in der Commedia dell 'arte erscheinen. Auch der in Italien verachtete Deutsche ist in der »Tedesca« vertreten.

Vielfach haben diese Popularformen dramatischen Charakter und zeichnen das Volksleben in lebhaftester Form, wie in der Moresca, die textlich und musikalisch die in der

Artusi gegen Claudio Monteverdis neue Madrigale

Die neuen Regeln sind dem Ohre wenig gefällig, und es kann nicht anders sein. Denn während sie die guten Vorschriften überschreiten, die teils auf die Erfahrung, die Mutter aller Lehre sich gründen, teils der Natur abgelauscht und teils durch den Verstand bewiesen sind, müssen wir dafür halten, daß sie mißgestaltet und unnatürlich, dem Wesen der Harmonie entgegen sind und dem Zweck des Tonkünstlers fernstehen, der die Ergötzung ist. So tritt bei euch die Herbigkeit der Mißklänge unverhüllt, unvorbereitet vor, als wolltet ihr wissentlich, absichtlich dem Ohre Zwang antun. Und ist dieses nicht eure Absicht, wollt ihr auch mit Mißklängen dem Ohre schmeicheln, so bleibt euch nichts übrig als auf der Bahn der älteren Meister fortzugehen, denn auf eurem Wege erreicht ihr nimmermehr euren Zweck, solange Wohl- und Mißklang nicht ihr Wesen verändern, ihre Eigentümlichkeit gegeneinander vertauschen; freilich konnten die älteren Meister Mißklänge nicht zu Wohlklängen umschaffen. Auf die Art je-

Vorstadt von Neapel hausenden Mohren oder Mauren zum Gegenstand hat. Solche Figuren sind die komischen und etwas obszönen Mohrinnen Georgia und Lucia und der Mohr Cuccurucu. Solche Moresken wurden von *G. D. Nola* (um 1510–1592) geschrieben und manche von ihnen von Orlando Lasso für den bayerischen Hof stilisiert. Die dramatischen Elemente in diesen Volksmadrigalen, die nicht selten mit Zweideutigkeit aufwarten, finden sich in Aufzugsliedern von Masken in den sogenannten »Canti carnascialeschi«, für die auch die Selbstvorstellung der Maskierten (»Zingari siamo«) charakteristisch ist. Komponisten dieser Art sind *Filippo Azzaiolo* mit seinen frischen Villotte a la Padovana und Villotte del fiore, *Giovanni Giacomo Gastoldi* (um 1550 bis 1622) mit seinen Balletti di cantare (1591), graziösen Tanzliedern mit geträllertem Refrain, die den Siegeslauf durch die gesamte europäische Musikwelt nahmen, *Giovanni Leonardo Primavera* (um 1540–1585) mit »Neapolitanen«, die gelegentlich im volkstümlichen Stil, parodistisch gemeint und geschrieben sind. Beliebt ist ein improvisatorisch gedachter Sprachmischmasch mit allerhand Dialekten, wenn etwa der Arlecchino bergamaskisch, der Pantalone venezianisch und der »Dottore« (Graziano) bolognesisch spricht. *Adriano Banchieri* läßt in seiner »Pazzia senile« (1607) solche Gestalten in einem dreistimmigen Satz auftreten. In seiner »Barca di Venezia« (1605) wird eine Bootsfahrt von Padua nach Venedig geschildert.
Noch stärker im Dramatischen ist *Orazio Vecchis* (1550–1605) »Amfiparnaso«, der als »Commedia harmonica« 1594 in Modena aufgeführt wurde. Das Werk wird oft als ein Vorläufer der Oper angesehen, doch werden Rede und Gegenrede der einzelnen Personen von einem vier- bis fünfstimmigen Chor ausgeführt. Auch dieses Werk bringt Figuren aus der Commedia dell'arte, wie Pantalone, den »Alten«, samt seinem Diener Pedrolin, die Dirne Hortensia, den spanischen Kapitän Cardon, den Bergamasker Zane, den Diener des Pantalone, Francatrippa. Charakteristisch ist die Einführung der »Ebrei«, die auf dem rückwärtigen Teil der Bühne in einem Haus versammelt sind.
Einen neuen Aufschwung nahm die Chanson. Wie Alfred Einstein bemerkt, ist die französische Chanson bodenständig erwachsen, landete jedoch »im Bann des allmächtigen italienischen Vorbildes«. Entsprechend dem rationalistischen Sinn der Franzosen stehen die Anlagen der Verse und Reime immer im Vordergrund. Während das italienische Madrigal in der Freiheit und musikalischen Ausdeutung des Textes bis zur äußersten Grenze geht, ist in der Chanson die architektonische Anlage immer wieder betont. Homophonie und Imitation wechseln ab. Textlich kann man zwei Kategorien unter-

doch, wie durch Wohlklänge vorbereitet, aus ihnen hergeleitet, in sie unmittelbar aufgelöst, sie dieselben einführten, verschwand deren Herbigkeit. Ja: dem Ohre zu schmeicheln wurde so ihnen möglich. Offen, ohne Vorbereitung hintretend, können sie dagegen keine gute Wirkung hervorbringen.
Wie die Dissonanzen zu gebrauchen seien, haben Adrian Willaert, Cyprian de Rore, Palestrina, Claudio Merulo, Gabrieli und Orlando Lasso gelehrt. Doch was kümmern sich darum diese Neuerer? Sie glauben genug getan zu haben, wenn sie das Ohr befriedigten. Tag und Nacht mühen sie sich auf Instrumenten ab, um darauf den Effekt ihrer mit Dissonanzen gespickten Sätze zu erproben – die Toren. Sie merken nicht, daß die Instrumente sie betrügen . . . Es genügt ihnen, möglichst großen Tonlärm, ein Durcheinander von ungereimten Dingen und Berge von Unvollkommenheiten zusammengebracht zu haben.

scheiden: die sentimentale Chanson auf der einen Seite, die naiv laszive auf der anderen. Die Chanson wird so populär, daß ein einziger von den drei Hauptverlegern, Attaingnant, allein 50 Sammlungen mit etwa 1500 Chansons von 1528 bis 1552 veröffentlichte. Die beiden anderen bedeutenden Drucker waren Jacques Moderne in Lyon und Tilman Susato in Antwerpen. Charakteristisch, daß sich dort die Tradition der älteren französischen Chanson, im Geist von Josquin Desprez, länger erhalten hat als in Paris und Lyon. Am bekanntesten unter den französischen Chansons sind die sogenannten »Programm-Chansons«, in denen, nach dem Muster der alten Florentiner »Caccia«, großangelegte Gemälde von Schlachten, Jagden, Vogelkonzerten usw. dargestellt werden. Selbst der »Cri de Paris« ist Gegenstand solcher darstellender Musik, sehr kennzeichnend für die rationalistische Veranlagung der Franzosen, die sich im 18. Jahrhundert noch bei Couperin und Rameau, im 19. bei Berlioz und im 20. bei den Impressionisten zeigt.

Die wichtigsten der Chanson-Komponisten sind *Josquin Baston,* franko-flämischer Abstammung, der 1552–1553 am Hofe König Sigmunds von Polen wirkte und vermutlich auch in Dänemark und Schweden weilte; *Passereau* mit frischen vierstimmigen Chansons, in ihren kanonischen Führungen höchst amüsant pointiert; *Thomas Créquillon* (gest. 1557), einer der bedeutendsten Meister zwischen Josquin und Lassus, mit recht ausgelassenen Texten; *Claudin de Sermisy* (gest. 1562); *Guillaume Costeley* (um 1531–1606) und vor allem *Clément Janequin* (um 1480–1560). Costeleys Familie soll aus Irland oder Schottland gekommen sein. Er gehörte dem humanistischen Kreis der Renaissance an und hat zahlreiche Texte von Ronsard vertont. Er pflegte einen homophonen Stil. Manche seiner lyrischen Chansons sind heute noch populär.

Chanson von Guillaume Costeley

Monteverdis Antwort auf Artusis Angriffe

Fleißige Leser, wundert Euch nicht, daß ich diese Madrigale dem Druck übergebe, ohne vorher auf die Angriffe zu antworten, welche Artusi gegen einige kleine Sätzchen derselben erhoben hat. Im Dienste Seiner Hoheit von Mantua stehend verfüge ich nicht über die Zeit, die zu einer ausführlichen Rechtfertigung nötig ist. Nichtsdestoweniger habe ich eine Antwort zu schreiben angefangen, um der Welt kundzutun, daß ich meine Sachen nicht ins Blaue hinein komponiere. Einige meinen vielleicht, es gäbe keine anderen Kunstgesetze als die Zarlino aufgestellt hat. Sie mögen aber versichert sein, daß – was die Konsonanzen und Dissonanzen anlangt – noch eine andere, von der gewöhnlichen Anschauung abweichende Ansicht berechtigt ist, welche unter vollständiger Befriedigung des Sinnes und Verstands die moderne Kompositionsweise verteidigt.

Im Vorwort zur Ausgabe der von Artusi angegriffenen Madrigale

Unter den darstellenden Chansons sind »La prise du Havre« und »La Guerre de Calais« bemerkenswert. Noch berühmter wurde Janequin mit seiner imitativen Musik, von der »La Guerre«, genannt »La Bataille de Marignan«, der »Chant des oiseaux«, »La Chasse« und »Les cris de Paris« erwähnenswert sind. In der »Schlacht bei Marignan« (Franz I. besiegte am 14. September 1515 die in mailändischen Diensten stehenden Schweizer) gibt der Komponist die Details des Kampfes in realistischer Weise wieder; die besiegten Schweizer klagen in Schwyzer Dütsch mit französischen Wendungen ihr Leid. Im »Vogelkonzert« hören wir die einzelnen Vogelstimmen, wie Sperlinge und Nachtigallen, und im »Le caquet des femmes« wird das zungenfertige weibliche Parlando unnachahmlich dargestellt. Andere Komponisten sind *Pierre Cadéac* (um 1556), dessen melancholisches »Je suis déshérité« noch imitatorischen Stil zeigt. Derselbe Text wird von *Jacotin* (1559) gleichfalls imitatorisch verwendet. Charakteristisch für diese Chansons sind die Anfänge mit einer klopfenden Tonwiederholung, die dann auch in die Canzona alla francese überging, die instrumentale Übertragung der französischen Chanson.

In England hatte die wirtschaftliche und politische Blüte zur Zeit der großen Königin Elisabeth I. (1558–1603) auch einen ungewöhnlichen kulturellen Aufstieg zur Folge. Das zeigt sich besonders auf dem Gebiet der weltlichen Musik. Es ist interessant, daß zur Zeit, da das Madrigal in Italien seinen Höhepunkt bereits überschritten hatte, diese Kunstform in England einen eigenartigen und einmaligen Aufschwung nahm. Freilich war das italienische Madrigal schon vor 1550 bekannt, da ja zwischen dem Inselreich und Italien enge kulturelle Beziehungen bestanden, wobei Italien natürlich der gebende Teil war. Nur bestand in England im Hinblick auf das Madrigal kein literarisches Bewußtsein – die Folge eines Mangels an Tradition. Auch gab es keine Akademien wie in Italien. Das Madrigal war infolgedessen alles andere als eine »musica riservata« und wurde auch in weiten Schichten des Bürgertums gepflegt. Man könnte sagen, daß die Engländer, im Gegensatz zu den Italienern und Deutschen, sich niemals die »Musik über den Kopf wachsen« ließen. Das volkstümliche Element ist bei ihnen nie ausgeschaltet. Die ersten Madrigalveröffentlichungen waren Anthologien ausländischer Werke, die mit englischen Übersetzungen versehen waren, wie die 1588, also im Jahre des Sieges über die Spanische Armada, erschienene »Musica Transalpina«, oder die 1590 erschienene Marenzio-Sammlung »Italien Madrigalls Englished«. Charakteristisch für die meisten englischen Madrigale ist die Kombination flämisch-italienischen Kontrapunkts mit volkstümlich akkordischem Stil.

Der bedeutendste Musiker auf dem Gebiet war *Thomas Morley* (1557–1602), ein Schüler von William Byrd. Seine Canzonets, Balletts, Ayres und andere von den Italienern übernommene Formen zeigen viel Grazie und Frische in ihrer Melodik, dabei eine ausgesprochene Naivität in der Tonsymbolik; sie werden heute noch viel aufgeführt. Morley ist auch der Verfasser eines Traktats »A Plaine and Easie Introduction to Practicall Musicke, set downe in forme of a dialogue« (1597). Andere bedeutende Komponisten auf dem Gebiet sind *John Wilbye* (1574–1638), dessen Madrigale an Tiefe der Empfindung und an Feinheit des Satzes zu dem Besten gehören, das auf diesem Gebiet geschaffen wurde. Ebenso wichtig ist *John Dowland* (1562–1626), der auch im Dienst des englischen Gesandten in Paris stand und 1594/95 am Hof in Wolfenbüttel und Kassel wirkte. Ferner sind zu erwähnen *John Bennet* (um 1570), *Thomas Bateson* (um 1570–1630, von irischer Abstammung, vielleicht der erste musikalische

Baccalaureus an der Universität von Dublin), *Thomas Weelkes* (1575–1623, unter Marenzios Einfluß) und *John Ward* (gest. vor 1641).
Manche dieser Madrigale, besonders solche populärer Art, haben als Refrain die von der italienischen Villanella übernommenen Solmisationssilben fa-la, die jedoch auch, so bei Morley, ironisierend verwendet werden. Zu den wichtigsten Madrigalsammlungen, die von Morley 1601 herausgegeben und veröffentlicht wurden, gehören die »Triumphs of Oriana«, eine Huldigung an Königin Elisabeth. Ihr Vorbild war die bei Gardano in Venedig 1592 erschienene Sammlung »Trionfo di Dori«. Jedes Madrigal schließt in Italien mit »Viva la bella Dori«, in England mit »Long live fair Oriana«. Alle 27 Madrigale stammen von angesehenen englischen Komponisten mit Ausnahme eines, das von Giovanni Croce herrührt.
Eine besonders reiche Pflege fand das mehrstimmige Lied in Deutschland, wo es die Tradition des 15. Jahrhunderts getreulich bewahrte. Die Lieder, die man in den großen Sammlungen von Hans Ott und Georg Forster findet, unterscheiden sich wenig von denen des Lochamer Liederbuches. Wenn auch Ott in seiner Sammlung von 1534 seine 121 Lieder als »Newe« bezeichnet, so legt Forster in seiner Sammlung von 1539 Wert darauf, daß seine Sammlung ein »Auszug guter alter und neuer teutscher Liedlein« ist. Die Melodie liegt meist im Tenor. Eine Ausnahme bildet das berühmte Innsbrucklied von Heinrich Isaac, das erste deutsche homophone Diskantlied mit dem Cantus firmus in der Oberstimme. Viele dieser Lieder sind für einstimmigen Gesang mit Instrumentalbegleitung gedacht. Die Einfachheit der Setzweise entspricht der Einfachheit des Textes. Die bedeutendsten, schon erwähnten Meister dieser Kategorie sind Heinrich Finck, der als der erste deutsche Großmeister der Musik gilt, Heinrich Isaac und die drei Österreicher Paul Hofhaimer, Thomas Stoltzer und *Arnold von Bruck* (um 1490–1554). Österreicher ist auch *Leonhard Paminger* aus Aschau in Oberösterreich (1495–1567).
Neben der österreichischen gibt es eine schwäbische Gruppe, zu der *Sixt Dietrich* (um 1490–1548) aus St. Gallen, *Benedictus Ducis,* auch *Benedikt Herzog* genannt (um 1485–1544) aus der Nähe von Konstanz und als bedeutendster *Ludwig Senfl* (um 1490–1543) gehören. Dietrich war ein Anhänger der Reformation. Er ist sozusagen das süddeutsche Gegenstück zu Johann Walter, ein hochgebildeter Humanist, der mit den bedeutendsten Gelehrten seiner Zeit in Verbindung stand. Während des Kampfes seines Vaterlandes gegen Karl V. ließ er sich todkrank nach St. Gallen tragen. Er hatte seit 1540 häufig Wittenberg besucht, wo er in ständigem Kontakt mit Luther war und die Drucklegung seiner Kompositionen in Rhaws Offizin beaufsichtigte. Benedikt Herzog schrieb eine berühmt gewordene Motette auf den Tod des Erasmus von Rotterdam, die mit an niederländischen Vorbildern geschultem Raffinement geschrieben ist, ebenso wie Herzogs Nänie auf den Tod von Josquin.
Der bedeutendste Komponist aus diesem Kreis ist Ludwig Senfl. Er wurde wahrscheinlich bereits als Kind, um 1496, in die Hofkapelle Kaiser Maximilians aufgenommen, vermutlich während eines Aufenthaltes des Hofes in Konstanz. Dadurch wurde Heinrich Isaac sein Mentor, an dem er mit rührender Dankbarkeit hing: »Hüb mich dazu / spat und auch früh / zu dienen wohl wie ich nur kunt, dem herren mein mit gantzem vleis.« In diesem autobiographischen Gedicht erzählt er, wie sein Unterricht damit begann, daß er Isaacs Werke abzuschreiben bekam, die ihm der alte Meister dabei analysierte. Nach Isaacs Tod (1517) folgte er seinem Lehrer als Hofkomponist der kaiserlichen Kapelle nach, doch wurde nach dem Ableben des Kaisers (1519) die Hof-

kapelle aufgelöst. Die ihm zugeschriebene Motette auf den Tod des Kaisers »Quis dabit oculis nostris« ist allerdings von Costanzo Festa und bezieht sich auf den Tod der Königin Anna von Frankreich (1514).

Senfl fand eine bleibende musikalische Wirkungsstätte 1523 in der Hofkapelle des Herzogs Wilhelm IV. in München, der er als »Musicus intonator« zwei Jahrzehnte bis zu seinem Tod angehörte. Obwohl einem katholischen Herrscher dienend, sympathisierte er mit der Reformation und stand mit Luther während dessen Aufenthalt auf der Veste Coburg (1530) in Verbindung. Senfl sandte ihm die Komposition des Psalms 118, 17 »Non moriar sed vivam et narrabo opera Domini«, die offenbar die Antwort auf einen resignierten Brief des Reformators an ihn darstellte. Die Freundschaft mit Luther und dem protestantischen Herzog Albrecht von Preußen scheint zu einer Verstimmung mit dem bayrischen Hof geführt zu haben.

Senfl war ein retrospektiver Meister, »der echte Typus des Abschließers, nicht des Pfadfinders« (Moser). Messen, Motetten und Volksliederbearbeitungen zeigen die hohe Kunst, die er aus dem Gesamtwerk der Niederländer bezogen hatte. Man hat ihn oft mit Meistern wie Heinrich Isaac und Josquin Desprez verglichen. Das Deutsche an ihm ist der kompakt »vollstimmig dahinfließende Tonstrom« (Riemann). Deutsch ist auch die Tendenz vieler Komponisten dieser Periode zum Volkstümlichen und zum Volkslied.

Seit langem hat der Deutsche gern das musikalische Spiel gepflegt, vor allem das Quodlibet, ein musikalisch-dichterisches Allerlei und Vielerlei, das, was man Italienisch Misticanza oder Farrago nennt und soviel wie gemischtes Viehfutter bedeutet. (Vgl. das Wort Potpourri = Gericht aus allerhand Fleisch und Gemüse). Freilich ist dieses Quodlibet schon in der alten Motette enthalten. Besonders gern koppelt man unzusammenhängende Texte miteinander, verschiedene Volkslieder, so Senfl, der die Melodie »Ach Elslein, liebes Elslein« mit dem Volkslied »Es taget vor dem Walde« verbindet. Unter den Vertretern dieser Gattung ragt der Pfälzer *Wolfgang Schmeltzl* (um 1500–1561) hervor, der 1540 als Schulmeister am Schottenkloster in Wien wirkte. In seiner Sammlung »Guter, seltzamer, und kuenstreicher teutscher Gesang« (Nürnberg 1544) gab er 25 solche Quodlibets heraus. Dort verbindet er zum Beispiel den Text »Zum Biere, der Kellner ist gefangen« mit dem Text »Singen uns die Vöglein mit Gesange« und dem Volkslied »Ach Elslein« sowie verschiedenen anderen Texten. Immer ist es das Unerwartete zweier grundverschiedener Stimmungen, das lustig wirken soll, und man kann sich lebhaft vorstellen, daß das Quodlibet sich vor allem in Mönchs- und Studentenkreisen besonderer Beliebtheit erfreute. Im zweiten Teil seiner Sammlung »Kurzweiliger guter, frischer Teutscher Liedlein« (1540) bringt Georg Forster einen Text, zu dem der begleitende Tenor das alte Schelmen-Mönchslied »Presulum sanctissimum veneremus gaudeamus« mit einem deutschen Text »Wöllen wir nach gras gan, hollereyo« verkoppelt.

Das Volkstümliche ist auch in den zahlreichen »Gassenhauerlein«, »Reutterliedlein«, »Baurenliedlein« und anderen Schelmenliedern vertreten. Diese volkstümliche Kunst macht gegen 1550 immer mehr dem italienischen Stil Platz. Man behandelt das deutsche Lied als Madrigal und als Villanesca. Dieser Richtung voran geht der am Dresdner Hof wirkende Franko-Flame *Mattheus le Maistre* (gest. 1577), der in seiner Sammlung »Geistliche und Weltliche Teutsche Geseng« (Wittenberg 1566) solche italienisierende Lieder schreibt. Ihm folgen andere Ausländer, wie *Antonio Scandello* und *Jacob Reg-*

nart (um 1540–1599, im Dienst des kaiserlichen Hofes) mit seiner dreistimmigen Sammlung »Kurtzweilige teutsche Lieder nach Art der Neapolitanen oder welschen Villanellen« (Nürnberg 1576 bis 1579). Die parodistische Schreibweise in den Villanellen mit ihren Bauernharmonien wird nun auch ins deutsche Lied übernommen.

Hans Leo Haßler, nach einem Kupferstich von Domenicus Custos, 1593

Als erster Deutscher genoß *Hans Leo Haßler* (1564–1612), Mitglied einer Komponistenfamilie und Sohn des aus Böhmen stammenden *Isaak Haßler* (1530 bis 1591), den größten Teil seiner musikalischen Erziehung in Italien. Vermutlich war er ein Schüler von Andrea und Giovanni Gabrieli und anderer Venezianer. 1585 wurde er am Augsburger Dom Organist und wirkte in der gleichen Stellung im Hause Fugger. Rudolf II. erhob ihn in den Adelsstand. Haßler kehrt in seine Heimatstadt Nürnberg zurück, wo er sich, wie schon in Augsburg, als Erfinder mechanischer Orgeln betätigte. 1608 ging er in den Dienst des sächsischen Kurfürsten, starb aber bei der Krönung von Kaiser Matthias in Frankfurt. Obwohl Haßlers Stil Verwandtschaft mit jenem der beiden Gabrieli zeigt – die kleineren, mehr im Detail gearbeiteten Madrigale, erinnern an Andrea, die doppelchörigen mehr an Giovanni – ist er doch völlig selbständig, besonders in der Zartheit und Frische des Ausdrucks seiner weltlichen Lieder. Die Sammlung »Venusgärtlein« (Nürnberg 1613) enthält das fünfstimmige Lied »Mein G'müth ist mir verwirret, das macht eine jungfrau zart«, dessen Melodie schon kurz nach dem Erscheinen für Paul Gerhardts Passionslied »O Haupt voll Blut und Wunden« verwendet wurde. (Man nennt die Umdichtung eines weltlichen in einen geistlichen Text und umgekehrt, besonders im deutschen Lied des 16. Jahrhunderts, Kontrafaktur.)

Im Gefolge von Haßler steht in Deutschland eine reiche Produktion von Tanzstücken, die vokal, instrumental oder vokal und instrumental zugleich ausgeführt werden können. Zu den Komponisten dieser Gattung gehören *Christoph Demantius* aus Reichenberg in Böhmen (1567–1643) *Melchior Franck* (1580–1639), *Valentin Haußmann*

(um 1600) aus Gerbstädt, der auch dreistimmige Villanell-Neapolitanen von Marenzio herausgab und damit zur Verbreitung italienischer Musik in Deutschland beitrug. Noch wichtiger war *Johann Hermann Schein* (1586–1630). Die italienische Richtung kennt man schon an den Titeln mancher seiner Werke: Musica boscareccia, Waldliederlein auff Italian-Villanellische Invention. Eine Verschmelzung des durchimitierenden niederländischen Stils mit venezianischer Mehrchörigkeit finden wir bei dem oft als deutschen Palestrina angesprochenen *Jacobus Gallus* (Handl, Händl, Hähnl), eigentlich slowenisch Petelin (1550–1591). Er stammte aus Jugoslawien, war Chordirektor in Olmütz und später Kantor an der Kirche St. Johann in Prag, ein typischer Meister der Gegenreformation, der in den vielen Motettsätzen seines Hauptwerkes »Opus Musicum« die verschiedensten Besetzungskombinationen bis zum vierundzwanzigstimmigen Satz, oft mit kühnster Chromatik, vorlegt. Viele seiner Motetten waren weltberühmt und haben sich bis in unsere Tage erhalten.

Die Zusammenfassung: Orlando di Lasso

Als eine Zusammenfassung aller Stile des 16. Jahrhunderts in einer überragenden Persönlichkeit muß abschließend *Orlando di Lasso* (um 1532–1594) genannt werden. Seit etwa 1562 wird er vielfach auch nur mit dem Vornamen Orlando, Orlandus, Orlande, seltener Roland, genannt. Entsprechend der Universalität seiner Persönlichkeit schwankt auch die Schreibweise seines Vor- und Zunamens zwischen lateinischer, französischer und italienischer Form. De Lassu bedeutet soviel wie »de lâ-haut« (von da oben in den Bergen, nämlich Mons, seinem Geburtsort, im Hennegau). Ein verläßlicher Zeuge erzählt, daß der Knabe wegen seiner schönen Stimme von Ferdinand Gonzaga, dem Vizekönig von Sizilien, auf mehrere Reisen mitgenommen wurde. Der junge Lasso hielt sich bis kurz vor 1550 auch in Mantua und Mailand auf, wo er mit der Praxis der weltlichen Feste bekannt wurde. Im Gegensatz zu Palestrina interessierte ihn vor allem die profane Musikpraxis, die er auch in Neapel und Palermo kennenlernte. Er wurde mit der zeitgenössischen italienischen Literatur vertraut und dürfte vor allem von dem neapolitanischen Dichter G. B. d'Azzia della Terza angeregt worden sein; durch ihn machte er die Bekanntschaft mit den Mitgliedern der Academia dei Sereni und wurde so in die Literatur des Madrigals eingeführt. Sehr gefesselt haben ihn wohl die einheimischen Villanesken mit ihrem komischen Kauderwelsch von cypriogriechischen, italienischen, hebräischen, spanischen und deutschen Zitaten.
Sein Ruf war schon frühzeitig so groß, daß er 1553 als Kapellmeister am Lateran angestellt wurde. Ältere Biographien erwähnen auch eine Reise des jungen Musikers im Gefolge des Abenteurers Giulio Cesare Brancaccio um 1554 nach England. Ist diese Reise auch nicht nachweisbar, so ist sie doch nicht unmöglich, da sich Lasso von 1555 bis 1556 in dem England benachbarten Antwerpen aufhielt; dort trat er mit seinem ersten Verleger Tilmann Susato, der 1531 von Köln in die belgische Hauptstadt übergesiedelt war, in freundschaftliche Beziehungen. Große Strecken seines Lebens liegen freilich im Dunkeln. Einen Wendepunkt bedeutete die 1556 erfolgte Berufung zur Leitung der Münchner Hofkapelle durch Herzog Albrecht V. von Bayern. Der Münchner Dienst bestand aus dem gesungenen Hochamt, aus der fürstlichen Tafelmusik, besonderen Musiken aus Anlaß von Familienfesten, auswärtigen Empfängen und Jagden. Er wurde aber auch mit größeren Aufträgen betraut, die für einen erlesenen

Kreis bestimmt waren und in kostbaren Handschriften mit bildlicher Ausstattung überliefert sind.
Während Palestrinas Schaffen fast ausschließlich der Kirchenmusik gewidmet war, treten bei Lassus die liturgischen Kompositionen zurück. Die Zahl seiner Kompositionen übersteigt 2000. Er beherrscht alle Stile und Literaturen in einmalig souveräner Weise. Oft ist er von erschütternder tiefer Frömmigkeit oder schwärmerischer Religiosität. In seinen vier- bis sechsstimmigen Cantus-firmus-Motetten schließt er sich an die niederländisch-deutsche Überlieferung an, schreibt aber auch Stücke ohne Cantus firmus. Er verschmäht nicht Tonmalerei und Tonsymbolik, wie etwa in dem sechsstimmigen »In hora ultima« aus seinem großen Werk »Magnum opus musicum« (1604), worin die Schrecken des Weltgerichts in unnachahmlicher Weise malerisch wiedergegeben sind.
Erscheint Palestrina bei allem Format durch die Verankerung in der römischen Tradition etwas regional gebunden, so ist Lassus ein Kosmopolit ersten Ranges. Er ist typisch italienisch im Madrigal, fühlt sich im Kauderwelsch der neapolitanischen Moresken zu Hause, brilliert mit Witz und Humor in französischen Weinliedern, versteht das Provinzhafte der italienischen Villanellen und die Innigkeit des deutschen Liedes. So ist Lassus als Persönlichkeit ein typischer Renaissance-Mensch mit barockem Ausdruckswillen.

Die Anfänge der Oper

Die »seconda prattica« des Ausdrucksstils im Madrigal mußte zwangsläufig in die Monodie und damit in das musikalische Drama und die Solokantate einmünden. Diese historische Entwicklung, die eigentlich eine Revolution war, trägt Renaissance-Züge: Herausstellung des Individuums im Gegensatz zur Kollektividee des Mittelalters. Die Umwälzung entspricht aber noch mehr der Idee des Barock, dem Ausdruck des Überpersönlichen. Im Mittelpunkt stehen Experimente zur Wiederbelebung der antiken Tragödie. Wahrscheinlich ist die Geburt des Musikdramas das wichtigste Ereignis der abendländischen Musikgeschichte seit der Einführung der Mehrstimmigkeit. Nicht nur gewann die Oper vom 17. Jahrhundert bis zur heutigen Zeit die größte gesellschaftliche Bedeutung; sie wurde die Wiege der wichtigsten musikalischen Formen, wie der Symphonie, der Ouvertüre, der Arie, des Rezitativs usw. und nahm größten Einfluß auf die Entwicklung der geistlichen Formen, wie Kantate und Passion. Sie trug auch zur Popularisierung der Musik überhaupt bei.
In dieser Hinsicht wurde sie im 18. Jahrhundert die eigentliche Kunstgattung der Aufklärung. Dies erscheint ein Paradox, insofern die Oper im Grunde ein irrationales Gebilde ist. Die agierenden Personen singen und tanzen, bewegen und drücken sich also unnatürlich aus. In der Tat hat dieses Bewußtsein in Frankreich und besonders in England deutliche Spuren hinterlassen. Aber gerade die Idealisierung des menschlichen Lebens auf der Opernbühne ließ die oft zum Tode verurteilte Kunstform immer wieder neu erstehen und zog die größten Geister, wie Schiller und Goethe, in ihren Bann.
Wenn man als Oper im weitesten Sinn jede Bühnenhandlung bezeichnet, die entweder ganz oder in wesentlichen Teilen in Musik gesetzt ist, muß man auf die Liederspiele

des Mittelalters, auf die geistlichen Aktionen, auf die dramatischen Umzüge, auf die Madrigalkomödien und vor allem auf das Intermezzo der Renaissance hinweisen. Unter Intermezzo versteht man eine Kombination von Musikstücken, Tänzen, gesprochenen und stummen Auftritten, die zwischen den Akten eines größeren Schauspiels aufgeführt wurden. Häufig schaltete man kleine Szenen zwischen die Akte, die possenartig wirkten und wahrscheinlich improvisiert wurden. Hier begegnen wir den bereits erwähnten Mascherate, den Moresche und anderen halbdramatischen Gebilden, bei deren Aufführung nicht selten Figuren der Commedia dell'arte, aber auch Akrobaten, dressierte Tiere, mythologische Figuren usw. auftraten. Solche Intermedien gewinnen immer mehr das Übergewicht über die »Komödie« selbst. So gibt Baldassare Castiglione (1478–1529) in seinem berühmten »Cortegiano« (1528) auch Anweisungen hinsichtlich der musikalischen Fähigkeiten eines wahren Kavaliers. Häufig werden diese Intermezzi auch »Brandi« oder »Moresche« genannt; dabei wurden auch kleine oder größere Turniere und Kämpfe mit Türken und Mohren inszeniert.

Schon bei solchen Intermedien wurden monodische Stücke eingeschoben; so bei den Aufführungen anläßlich der Hochzeit Ferdinands von Medici mit Christine von Lothringen 1588 in Florenz, wo bereits Vertreter des neuen Musikstils auftraten. Alle diese Bestrebungen sind mehr als naive Versuche anzusehen. Auf sie folgten um 1600 Experimente, die den stärksten Willen zeigten, die alte griechische Tragödie zu neuem Leben zu erwecken und sich dabei der Errungenschaften der modernen Musik bedienten. Eines der wichtigsten Dokumente dieser Bestrebungen ist der Traktat »Della Musica Scenica« (Über den Urspung des neuen Bühnengesangs) von *Giovanni Battista Doni* (1594–1647), der zwischen 1635 und 1639 geschrieben, aber erst 1763 veröffentlicht wurde. In der lebhaften Abhandlung über die Entstehung der Oper spricht Doni auch über die Tätigkeit von *Vincenzo Galilei* (um 1520–1591), dem Vater des berühmten Physikers, der 1581 seinen in Form eines platonischen Dialogs gehaltenen Traktat »Della Musica antica e della moderna« veröffentlichte. Galilei führt bereits in dieser Schrift den Grafen Giovanni Bardi (1534–um 1614) an, in dessen Haus sich um 1580 die berühmte »Camerata« versammelte; ihr gehörten außer Galilei die Musiker Pietro Strozzi, Giulio Caccini und Jacopo Peri (1561–1633) an.

Damals hatte Galilei die von Girolamo Mei gefundenen Gesänge des Mesomedes publiziert, deren Entzifferung allerdings erst dem 19. Jahrhundert gelang. Diese Hymnen mögen Galilei wohl dazu bewogen haben, Gesänge zu schreiben und aufzuführen, die seiner Ansicht nach der altgriechischen Musik entsprachen.

Zum Kreise von Bardi gehörte damals auch der Römer *Giulio Caccini,* ein ausgezeichneter Sänger, der eine Reihe von Stücken mit Begleitung eines Instrumentes, meistens einer Theorbe (Baßlaute), komponiert hat. Wie Doni berichtet, war Caccini einer der ersten, der einsah, daß die Kunst des Kontrapunktes nicht imstande sei, dem Musiker die volle Reife zu geben; er habe durch gelehrte Gespräche in Bardis Kreis mehr gelernt, als während einer dreißigjährigen Übung im Kontrapunkt. Caccini war der erste, der Gesänge für eine Stimme herausgegeben hat (»Le nuove musiche«, Florenz 1601). Nach einer Verbeugung vor Marenzio, dem er das Verdienst zuspricht, im Madrigal die einzelnen Stimmen ausdrucksvoll geführt zu haben, kommt Doni auf den Mitbewerber und Nachahmer des Caccini, *Jacopo Peri,* zu sprechen, der ein berühmter Sänger und im Tastenspiel ein Schüler des *Christofano Malvezzi* (1547–1597) war. Man hatte im Hause des Grafen Bardi hauptsächlich auf die Wiedergewinnung des seit dem Altertum verlorengegangenen Solo-Gesangstils sein Augenmerk gerichtet. Die eigentliche Wendung zum Musikdrama erfolgte aber, als Bardi um 1592 von Florenz nach Rom übersiedelte, wohin er als Offizier in der Leibwache von Papst Clemens VIII. berufen wurde, und Jacopo Corsi (gest. 1604) der Führer der »Camerata« in Florenz wurde. Corsi war gegenüber Bardi eine mehr praktische Natur und versuchte aus der bisher experimentellen Bewegung etwas Lebendiges zu gestalten. Bei ihm wurde weniger diskutiert und spekuliert, dafür mehr musiziert. Mit Corsi aufs engste verbunden war der Dramatiker *Ottavio Rinuccini* (1552–1621). Er hatte schon 1586 zur Hochzeit von Cesare d'Este mit Virginia dei Medici die Mascherata »Rinaldo e il Tasso« gedichtet und war Mitglied der Academia degli Alterati geworden, beteiligte sich an den Festlichkeiten Ferdinands I. von Medici und Christinas von Lothringen und schrieb schließlich für die Camerata um 1595 seine »Favola di Dafne«, die von Peri und Corsi, später auch von Caccini komponiert wurde.

Diese »Dafne« war das erste Drama, das in dem neuerfundenen Musikstil aufgeführt wurde. Doni erwähnt die beträchtliche Teilnahme der ganzen Stadt. Einzelne Abschnitte waren von Caccini in Musik gesetzt worden, der für dieselbe Gelegenheit das »Rapimento di Cefalo« komponierte. Die »Dafne« ist nur fragmentarisch erhalten, eine Erweiterung des dritten Intermediums, das Rinuccini als »Combatimento d'Apollo« für die Feierlichkeiten von 1589 geschrieben hatte. Wichtiger ist die wirklich erste »Oper«, Rinuccinis »Euridice«, die am 6. Oktober 1600 in Florenz anläßlich der Hochzeit von Maria von Medici mit Heinrich IV. von Frankreich entweder im Palazzo Pitti oder im Teatro Mediceo aufgeführt wurde. Die Musik dazu hatte Peri geschrieben; Caccini ließ es sich jedoch nicht nehmen, den Text später selbst nochmals ganz zu komponieren. Charakteristisch für diese ersten Opern ist das frei dahinströmende Rezitativ, das keineswegs mit dem späteren neapolitanischen Parlando verwechselt werden darf. Es folgt, sparsam vom Generalbaß begleitet, minuziös dem Text, ist entsprechend den antiken Vorbildern von Chören unterbrochen und streut gelegentlich strophische Formen ein.

Diese ersten Opern führen in der Regel einen Prolog ein, der, wie in »Euridice«, von der »Tragedia« gesungen wird. Man legt auf längere melodische Bildungen wenig Wert. Von den Intermedien wird die reiche szenische Ausstattung und das Instrumentar übernommen. Es lohnt sich, den Verschiedenheiten in der Diktion zwischen Peris und Caccinis Fassung nachzugeben. Caccini ist selbst Sänger und entfaltet demgemäß einen reicheren melodischen Ausdruck. Peri ist der größere Dramatiker. Aber im allgemeinen sind die beiden Partituren ziemlich gleichartig.

Die »Euridice« hatte ein geistliches Gegenstück in der »Rappresentazione di anima e di corpo« von *Emilio de Cavalieri* (um 1550–1602), eine Allegorie, die im Februar 1600 im Betsaal des Filippo Neri, dem Oratorio des Klosters S. Maria di Vallicella, aufgeführt wurde. Ein Hinweis auf Cavalieri in der Vorrede von Peris »Euridice« deutet darauf hin, daß er mit der Erfindung des Basso continuo in Zusammenhang gebracht wurde. Jedenfalls ist auch dieses Werk – vielleicht die Bearbeitung eines älteren Werkes, das von Agostino Manni gedichtet und von Dorisio Isorelli komponiert war – im Stile recitativo, oder, wie man damals sagte, rappresentativo.

Frühe Opern wurden nicht nur in Florenz, sondern auch in Rom, Mantua, Bologna und Turin gepflegt. Erwähnt sei *Agostino Agazzari* (1578–1640), der 1606 für das Seminario Romano das Drama pastorale »Eumelio« schrieb. Interessant ist der von Arteaga, dem spanischen Gelehrten, in seinen »Rivoluzioni del Teatro Musicale Italiano« (1783 bis 1785) erwähnte »Carro di fideltà d'amore« des *Paolo Quagliati* (um 1555–1628). Der Dichter des Stückes, Pietro della Valle, beschreibt die Aufführung folgendermaßen: »Die Bühne war, wie zu den Zeiten des Thespis, ein Wagen, welcher das Personal, aus fünf Sängern und ebensoviel Instrumentisten bestehend, von Straße zu Straße trug. Eine ungeheure Menschenmenge zog hinter dem Wagen her und wurde nicht müde zuzuhören. Manche wohnten der Vorstellung sechs- bis siebenmal bei; ja etliche folgten unserem Wagen auf zehn und zwölf Halteplätze und wichen nicht von uns, solange wir auf der Straße waren.« Der Bericht ist charakteristisch für die außerordentliche Popularität, deren sich opernartige Aufführungen damals auch beim Volk erfreuten. Sogar im Jahre 1723 wurde noch in der kleinen mährischen Stadt Znaim eine Oper von Caldara, »La Concordia dei Pianeti«, auf einem richtigen Thespiskarren aufgeführt.

Claudio Monteverdi

Die erste bleibende Oper ist Claudio Monteverdis »Orfeo«. Über den Komponisten haben wir schon anläßlich der Erörterung des Madrigals gesprochen. Er stammte aus Cremona und war schon mit sechzehn Jahren mit geistlichen Madrigalen an die Öffentlichkeit getreten. Ingenieri war sein Hauptlehrer. Daß er das Violinspiel beherrschte, kann man aus seinen Instrumentalwerken und den Ritornellen im »Orfeo« ersehen. Seit 1590 hatte er eine Anstellung als Sänger und Violaspieler am Hofe von Vincenzo Gonzaga in Mantua inne. In dieser Stellung blieb er bis zum Tode des Herzogs 1612. Ein Jahr später wurde er an die Markuskirche in Venedig als Kapellmeister berufen, wo er bis zu seinem Tode tätig war. Seine Vielseitigkeit verdankt er auch den Reisen im Gefolge des Herzogs. So folgte er seinem Herren 1595 – in diesem Jahre heiratete er die Sängerin Claudia Cattaneo – nach Ungarn, wo der Herzog am Feldzug gegen die Türken teilnahm, und 1599 reiste er in gleicher Eigenschaft über Trient, Innsbruck, die Schweiz, Frankreich bis nach Belgien. Sein Bruder Giulio Cesare berichtet, Claudio habe aus Frankreich den »Canto alla francese in questo modo moderno« mitgebracht, dessen Einfluß vor allem in seinen Scherzi Musicali (1607) sehr deutlich zu spüren ist.

In dasselbe Jahr, 1607, fällt die Aufführung des »Orfeo« in der Academia degl' Invaghiti. Die Oper wurde auch wiederholt am Hofe gegeben und zwei Jahre später bei Amadino in Venedig gedruckt. Das Libretto stammt von dem Hofbeamten Alessandro Striggio, dem Sohn des berühmten Madrigalisten. Monteverdi übertraf mit seinem Werk weit die Versuche der Florentiner; anstatt zu experimentieren wie seine Vorgänger schuf er ein Meisterwerk. Eine Spur französischen Einflusses mag man in der starken Verwendung des Balletts und der Instrumentalmusik sehen; in dieser Hinsicht dürfte Monteverdi vom »Ballet de Cour« beeindruckt worden sein. Neben der einführenden »Toccata« und der abschließenden »Moresca« – das Wort Toccata bedeutet hier eine Festfanfare (im Englischen »tucket«, im Französischen »touche«) – verwendet der Komponist Sinfonien und Ritornelle. Einem dieser Ritornelle, einem kurzen fünfstimmigen Stück, kommt sogar die Bedeutung eines Erinnerungsmotivs zu (weitläufig verwandt mit Wagners Leitmotiv). Die Toccata könnte als erste Opernouvertüre bezeichnet werden. Sie wird vor dem Aufziehen des Vorhangs dreimal von allen Instru-

L' ORFEO
FAVOLA IN MVSICA
DA CLAVDIO MONTEVERDI
RAPPRESENTATA IN MANTOVA
Anno 1607 & nouamente data in luce
AL SERENISSIMO SIGNOR
D. FRANCESCO GONZAGA
Prencipe di Mantoua, & di Monferato, &c
In Venetia Appresso Ricciardo Amadino.
M D C IX.

Titel des Erstdrucks der Oper »Orfeo« von Claudio Monteverdi, Venedig 1609

menten gespielt. Wie üblich geht dem ersten der fünf Akte ein »Prolog« voran, der von der allegorischen Figur der Musica gesungen wird.

Das Instrumentarium dient der Ausdeutung des Textes. Geschehnisse und Emotionen sollen charakterisiert werden. Zwei Cembali, ebensoviel Baßviolen, zehn Viole da braccio, zwei Violinipiccoli alla francese, womit im Gegensatz zu den alten Violen moderne Violinen gemeint sind, zwei große Guitarren, zwei kleine Orgeln mit Flötenstimmen, drei Baßgamben, vier Posaunen, ein Regale (kleine Orgel mit Zungenstimme), zwei Zinken, eine Piccoloflöte und vier Trompeten bilden das Orchester; die Zupfinstrumente und die dunklen Stimmen der Violen ergeben den charakteristischen Klang des Barockorchesters. Manches Ritornell dient der Ausdeutung der Szene. So etwa in der Hochzeitszene, wo ein im gebundenen Stil gehaltenes kurzes toccatenartiges Stück eine kirchliche Trauung anzudeuten scheint. Findet man schon in Caccinis »Euridice« Ansätze zu kleinen, rundläufigen Formen, so bietet Monteverdi in seiner Ariette »Ecco pur ch'a voi ritorno« die erste wirkliche Da-capo-Arie, allerdings in Miniaturform, wobei der erste Teil in g-moll, der zweite entsprechend in B-Dur geschrieben ist. Das Ritornello dazu, das hinter der Szene erklingt, ist ein kurzes, im französischen Stil gehaltenes Scherzo und wird von einem Cembalo, zwei Guitarren und zwei französischen Violinen gespielt.

Ein Höhepunkt der Instrumentierkunst Monteverdis ist Orfeos Bittgesang an Pluto, in der er den Gott um Rückkehr seiner Geliebten anfleht: »Possente spirto.« Seine Arie wird zuerst mit Violinen, dann mit zwei Zinken und schließlich mit zwei Harfen begleitet, wobei die Ausführenden eine unerhörte Virtuosität entfalten. Mit seiner kurzen Symphonie im 3. Akt eröffnet Monteverdi die Gattung der im Barock häufig erscheinenden Inferno-Musik. Manche seiner Ritornelle, wie das zu dem Gesang der beiden Hirten im 2. Akt, sind Tänze der Zeit.

Herzog Vincenzo gab Monteverdi einen neuen Opernauftrag (scrittura), als im Mai 1608 große Festlichkeiten anläßlich der Vermählung seines Sohnes Francesco mit Margerita von Savoyen stattfanden. Vorher, im Karneval, war Rinuccinis »Dafne« in einer Vertonung von *Marco da Gagliano* (um 1575–1642) aufgeführt worden, doch steht dieses Werk, in dem im Prolog Ovid selbst erscheint, noch ganz auf dem Boden der älteren Florentiner Oper. Gagliano hat der Oper eine längere Vorrede vorangestellt, ein wichtiges Dokument zur Geschichte des neuen Stils.

Monteverdis neue Oper war die »Arianna« mit dem Text von Rinuccini. Von ihr hat sich nur ein einziges Stück, jener berühmte »Lamento d'Arianna« erhalten, der wieder-

Duett Botin-Orfeo aus dem »Orfeo« von Monteverdi

um eine ganze Lamento-Literatur hervorrief. Es ist jener Klagegesang, den die Heldin des Dramas anstimmt, als sie von Fischern dem in der Verzweiflung gesuchten Wellentod entrissen wird. Die von Theseus heimtückisch Verlassene hat kein Wort des Dankes für ihre Retter. In tieftraurigen Wendungen ruft sie immer wieder zu: »Lasciate mi morire.«

Eine Woche nach »Arianna« wurde in Mantua der »Ballo delle Ingrate« aufgeführt, ein Werk, das auf Monteverdis Bekanntschaft mit dem französischen »Ballet de Cour« zurückgeht. Man bezeichnet so eine bestimmte Art von Aufführungen, in denen sich Tanz, Vokal- und Instrumentalmusik mit prächtiger Ausstattung bei meist mythologischem Inhalt vereinen. Im »Tanz der Spröden« haben Monteverdi und Rinuccini ein beliebtes Thema der Zeit, die Sprödigkeit der Frauen, zum Gegenstand der Darstellung gemacht. Die Damen von Mantua werden angeklagt, daß sie durch Herzenskälte ihren Liebhabern unerträgliche Qualen bereitet hätten. Und nun werden durch Tanz und Pantomime jene Leiden geschildert, die sie deshalb im Hades erwarten. Dieser pathetische Tanz bildet den Höhepunkt des Stückes, da mit weiten rezitativischen Monodien ausgestattet ist. Der Tanzteil besteht aus der Abwandlung des folgenden Themas in Form einer Variations-Suite:

Zum Schluß rufen die Sängerinnen in vierstimmigem Chor den in den vorderen Reihen des Theaters sitzenden Damen zu: »Apprendete pietà, donne e donzelle!« (Seid barmherzig, ihr Schönen!) Man könnte Monteverdi als einen Vorkämpfer der Programmmusik oder einen Pionier der Charakterisierungsmusik bezeichnen. Im »Combattimento di Tancredi e Clorinda« schildert er die Kampfszene zwischen Tankred und Clorinda aus Tassos »Befreitem Jerusalem«. Er nennt den verwendeten Stil »Stile concitato«. Das Kampfgetümmel schildert er durch ein Tremolo der Streicher. Jede Geste

IX *Orlando di Lasso mit der bayerischen Hofkapelle. Farbige Miniatur von Hans Mielich aus den »Bußpsalmen des Orlando di Lasso«, zweite Hälfte des 16. Jahrhunderts*

x *Titelblatt einer Sammlung geistlicher und weltlicher Gesänge, Brüssel 1542*

xi *Musizierende Mohren, Ausschnitt aus einem Gemälde »Die heilige Ursula und der Fürst Conan«, französisch 1520*

findet ihren Ausdruck in der Musik: die Schwertstreiche, das Rasseln der Helme und Schilde, ja sogar die Bewegungen der Pferde.
Die sensationellen Aufführungen in Mantua beraubten Florenz seiner führenden Rolle in der Oper. Von den vielen Komponisten dieser Zeit sei *Francesca Caccini* (1581 bis 1640), die außerordentlich begabte Tochter von Giulio, erwähnt. Sie war mit dem Sänger und Komponisten G. B. Signorini verheiratet und ebenso wie ihre Schwester Settimia eine ausgezeichnete Sängerin und Komponistin. Francescas Choroper »La liberazione di Ruggiero dall' isola d'Alcina« wurde am Florentiner Hof 1625 während des Besuches des Königs von Polen aufgeführt. Zu Ehren des hohen polnischen Besuches tritt im Prolog, neben Nettuno, Vistola Fiume auf (der Fluß Weichsel). Wieder werden hier großartige Ballettfiguren zu Fuß und zu Pferde vorgeführt – musikalisch-dramatische Ableger der alten Turniere. Neben der »Liberazione« ist auch *Domenico Mazzocchis* (1592–1665) Oper »La catena d'Adone« zu erwähnen, die in Rom 1626 siebenmal wiederholt wurde. Die ewige Stadt wurde für einige Zeit zum Opernzentrum. In Rom finden auch die Aufführungen von *Steffano Landis* (um 1590 bis 1655) »La morte d'Orfeo« (1619) statt, die der Librettist eine »Tragicommedia« nennt: eine der verschiedenen Bezeichnungen der frühen Oper, wie »Favola in Musica«, »Favola Pastorale«, »Dramma per Musica«, »Azione Teatrale« u. ä.
Charakteristisch für die römische Opernschule, aus der noch Landis »San Alessio«, *Michelangelo Rossis* »Erminia sul Giordano«, *Vittori Loretos* »La Galatea« und *Luigi Rossis* (1598–1653) »Orfeo« herausgehoben werden sollen, ist die größere Bedeutung des Chores. Landis »Alessio« interessiert auch durch das erstmalige Hervortreten des komischen Elements: Mitten unter die Kavaliere drängt sich ein Dienerpaar mit seinen der Commedia dell' arte nahestehenden lazzi (Späßen). Neben Rom waren auch Bologna, Siena und Turin Stätten der Opernpflege. Aber sie wurden alle übertroffen durch das sich nunmehr entwickelnde Opernzentrum Venedig.

Oper in Venedig

Nach Venedig war Monteverdi 1613 übergesiedelt, da ihn die Prokuratoren von San Marco zum Maestro di Cappella ernannt hatten. Es ist ein Glücksfall, daß der Komponist, dessen hauptamtliche Interessen sich auf die geistliche Musik konzentrieren sollten, weiterhin auch der weltlichen Musik zugewandt blieb. Er schrieb nach wie vor Ballette, Mascheraten und Opern, für die venezianischen Adeligen und für auswärtige Stellen. Es war ein günstiges Zusammentreffen, daß der Meister in die Lagunenstadt berufen wurde, wo sich damals eine bis dahin unbekannte Opernkultur stürmisch entwickelte.
Welche Bedeutung Venedig für die Entwicklung der Musik im 16. Jahrhundert hatte, wurde an anderer Stelle erwähnt. Man darf nicht vergessen, daß unter allen Städten Italiens Venedig die einzige Stadt mit einer republikanischen Verfassung war. Hier, wo die mittleren und unteren Klassen in allen Dingen des öffentlichen Lebens ein Wort mitzureden hatten, mußte sich das musikalische Drama zu einer Kunstform entwickeln, die weit über bloße aristokratische Vergnügung hinausging. Der entscheidende Schritt erfolgte im Jahre 1637, als mit der Eröffnung des Teatro S. Cassiano eine neue Epoche eingeleitet wurde. Seit dieser Zeit hat sich die Kultur der Oper im Grunde wenig geändert. Sie wurde nun Gemeingut sämtlicher Bevölkerungsschichten. Das Teatro

S. Cassanio wurde mit einem Andromeda-Text von *Benedetto Ferrari* (1597–1681), der von *Francesco Manelli* komponiert war (um 1595–1667), eröffnet. Beide waren aus Rom gekommen. Ferrari, gleich bedeutend als Dichter wie als Komponist, war auch der Unternehmer. Von 1637 bis 1700 brachte S. Cassiano 37 verschiedene Opern heraus. Die Theater waren meistens nach den benachbarten Kirchspielen benannt. Dem Cassiano folgte S. Giovanni e Paolo, das zwischen 1639 und 1699 49 Werke produzierte. Es folgte S. Moisè von 1639–1679 mit 34, das Teatro Novissimo von 1641 bis 1647 mit 8, das Teatro S. Apollinare von 1651–1666 mit 11, das Teatro S. Salvatore von 1661–1700 mit 67, das Teatro di Salvoni mit 4 und das Teatro S. Angelo von 1677–1700 mit 43 Opern.

Der Italiener wird ja nicht müde, dieselbe Oper immer wieder zu hören; die Aufführung ist ihm wichtiger als das Werk. Diese Einstellung ist für die italienische Opernkultur schon frühzeitig maßgebend. Man ist erstaunt, daß bisweilen vier Opernhäuser gleichzeitig in jenem Venedig von 1630 spielten, das etwa 140000 Einwohner zählte. Im Gegensatz zur aristokratischen Oper von Mantua und Rom war die soziologische Grundlage der Oper in Venedig demokratisch. Außer für die Logen, die in den großen aristokratischen Familien vererbt wurden, betrug der feste Eintrittssatz bis 1770 zwei Lire. Während Ferrari mit seiner Gesellschaft »auf Teilung« spielt, wird später das Impresario-System eingeführt, das, wie fast das gesamte Drum und Dran der heutigen Oper, auf diese Zeit zurückgeht. Man spielt in drei verschiedenen stagioni. Hauptsaison ist der Karneval vom 26. Dezember bis 30. März, es folgt die »Stagione di Ascensione«, die Himmelfahrtszeit vom 2. Ostertag bis 15. Juni und später die »Stagione d'Autunno«, vom 1. September bis 30. November.

In diesem Venedig bildete sich das Virtuosentum aus, das von Benedetto Marcello (1686–1739) in seinem »Teatro alla moda« (Venedig um 1721) in so köstlicher Weise ironisiert wurde. Auch der Frankfurter Bürgermeister Uffenbach, der 1712–1716 eine »Musikalische Reise« unternahm, erzählt in seiner lebhaften, unverblümten Art, was er in einem venezianischen Theater alles erlebte. Es wird viel improvisiert; Vivaldi spielt in einer von ihm selbst komponierten Oper die Solovioline, wie denn überhaupt konzertante Musik in die Aufführung eingebaut ist. Wer im Textbuch die Handlung verfolgen will, der zündet sich an seinem Platz ein mitgebrachtes Wachskerzchen an; die Spuren dieser Beleuchtung zeigen sich noch heute an den erhaltenen Libretti. Sonst ist das Theater nur schwach beleuchtet. Auf der Bühne brennt eine kleine Fackel, auf den Seiten des Proszeniums stehen auf Holzpfeilern zwei Öllampen. Die Manieren der Opernbesucher sind keineswegs aristokratisch. Ungeniert knackt man Nüsse, trinkt und schmatzt man die von Verkäufern laut angepriesenen Erfrischungen, auch während der gehauchten Pianissimo-Stellen. Erspäht ein Galeriebesucher im Parkett eine Glatze, so spuckt er mit Vergnügen hinunter.

Textlich unterscheiden sich die Musikdramen der venezianischen Periode durch nichts von den Staatsaktionen und Stegreifkomödien der Zeit. Das ist auch der Grund für den enormen Erfolg der Oper. Klassische Mythologie und Geschichte geben nur den äußeren Rahmen für die Helden und ihre Taten her. Die Heroen sind jedoch die Abbilder der italienischen Politik vom Schlag der Borgia, sind Usurpatoren, Diktatoren, Machiavelligestalten. Erbfolgestreitigkeiten, Länderkrieg, Betrug und Meuchelmord, Verschwörungen, Aufstände, Ehebruch, Entführung sind die bevorzugten Opernthemen. Diesen Charakteren und Handlungen stehen immer wieder edle Frauen und Männer gegenüber. Die Technik des Librettos besteht in der Kombination von »Fatti storici« – geschichtlichen Vorgängen, die von Livius und Tacitus bezogen sind – und den »Accidenti Verissimi«, den möglichen Zwischenfällen, die der Dichter selbst erfindet. Dazu kommen Überraschungen und Effekte, die den Zuhörer in Atem halten: Überfälle, Schiffbrüche, aber auch Beschwörungs- und Geisterszenen, zu denen sich immer mehr komische Auftritte gesellen.

Monteverdis in der Lagunenstadt komponierte Opern eröffnen die große Reihe der venezianischen Schule. Eine der nicht erhaltenen Opern Monteverdis ist der bei S. Giovanni e Paolo im Karneval 1636 aufgeführte »Adone«. Auch die nach dreißigjähriger Pause bei S. Moisè gegebene »Arianna« hatte 1640 Erfolg. Ein Jahr später hören die Venezianer die von Bodoaro verfaßte und von Monteverdi komponierte »Nozze di Enea con Lavinia« – auch diese Partitur ist verlorengegangen. Glücklicherweise aber haben sich die Partituren von »Il ritorno d'Ulisse in Patria« von 1641 in einer für Wien bestimmten Partitur und Monteverdis letzte Meisteroper von 1642, »L'Incoronazione di Poppea«, erhalten.

Zwischen »Orfeo« und »Poppea« liegt eine bedeutsame Entwicklung. Das ad-libitum-Orchester, das noch auf Renaissanceideen beruht, war schon im »Ballo delle Ingrate« reduziert worden. Die Streicher bilden, gestützt auf den Cembalo- und Theorbenklang, das Grundgerüst des Orchesters; die langgestreckten, ermüdenden Rezitative entwickeln sich immer mehr zu ariosen Gebilden. Daß bei der Häufigkeit des Repertoirewechsels für den Chor wenig Raum bleibt, ist verständlich. Streiten die Monteverdi-Forscher über die Echtheit des »Wiener Ulisses«, so bietet die »Poppea«, deren Partitur erst 1888 entdeckt wurde und deren Libretto von G. F. Busenello stammt, ein echtes Beispiel von Monteverdis Altersstil.

Die aus den Annalen des Tacitus bekannten Geschehnisse, in deren Verlauf Nero die Gemahlin Ottones, der vom Kaiser zum Kriegsdienst außerhalb Roms gesandt worden war, gegen den Willen seines Mentors Seneca und des römischen Senats zur Kaiserin macht, bilden, mit vielen lyrischen und komischen Intermezzi durchsetzt, den Inhalt dieser grandiosen Oper. Eine kurze dreistimmige Symphonie, deren zweiter Teil im 3/2 Takt eine Variation des ersten Teils darstellt, leitet den Prolog ein, in dem For-

Anfang des Schlußduetts aus Monteverdis »Incoronazione di Poppea«

tuna, Virtù und Amore auftreten. Ottone ist zurückgekommen und sieht die Wachen Neros vor dem Hause seiner Gattin. Die Gegenüberstellung des tieftraurigen Ottone mit den schnoddrigen Soldaten ist für die venezianische Oper charakteristisch. Liebesszenen tiefsten Gefühls wechseln mit graziösen Arietten. In einem leidenschaftlichen Duett des Kaiserpaares, das auf dem absteigenden Tetrachord als Ostinato aufgebaut ist, endet die Oper.

Schon aus diesem Faksimile kann man ersehen, daß die Partituren der venezianischen Opern in einer Art »stenographischer« Notation erhalten sind und nur für den Kapellmeister angelegt wurden. Die Stimmen des Orchesters und der Sänger sind zum großen Teil verlorengegangen, ja die ausführenden Instrumente sind oft gar nicht genannt. Häufig sind bei den Ritornellen nur die Bässe angegeben; daher gehört viel Phantasie und Stilsicherheit dazu, diese Opern aus dem jahrhundertelangen Winterschlaf zu erwecken (was neuerdings mit vielfachem Erfolg geschehen ist).

Die beiden anderen Pfeiler der venezianischen Oper sind *Francesco Cavalli,* eigentlich Pier Francesco Caletti-Bruni (1602–1676), und *Marc Antonio Cesti* (1623–1669). Cavalli war erster Organist und Kapellmeister der Markuskirche und hatte einen so großen Ruf, daß er mit der Komposition der Festoper zur Vermählungsfeier Ludwigs XIV., »Ercole amante« (1622), betraut und seine 1654 in Venedig gegebene Oper »Serse« in Paris aufgeführt wurde. Während Cavalli für Venedig und andere Städte etwa 40 Opern komponiert hat, zeigt die Produktion von Cesti nicht mehr als ein Viertel des Opernschaffens von Cavalli. Die Reichweite der Oper Cavallis geht bis nach Paris; Cesti trug den Ruhm der neuen Kunstform an den österreichischen Hof. Cavallis Oper, die sich anfänglich an die antike Mythologie hält, später jedoch auch die römische und gelegentlich auch die orientalische Geschichte mit einbezieht, hat die Tendenz, Chöre und Ensembles zu vermeiden.

Cavalli gilt als der »aristokratischere«, Cesti als der mehr populäre Komponist; er bevorzugt Ensembles und Chöre, bei dem das bei Cavalli in reichem Maße fließende Rezitativ sich zu rundläufigen ariosen Gebilden mit Koloraturen formt. Sucht Cavalli eine Balance zwischen Text und Musik, so tritt bei Cesti die Poesie entschieden in den Hintergrund. Regiert bei Cavalli mehr die Verità, so herrscht bei Cesti die Bellezza vor. Offenbar hat sich Cesti mehr durch die Barcarolenrhythmen und Melodien von Venedigs Gondolieri beeindrucken lassen, während Cavalli auf den Pfaden der großen Rezitativkunst Monteverdis wandelt. Die schon bei Monteverdi im Keim vorhandene Da-capo-Arie bildet sich besonders bei Cesti rasch heraus; vor allem sei hier die sogenannte Devisen-Arie erwähnt, die schon in Monteverdis »Poppea« vorgebildet ist. Man versteht unter einer Devise – ein von Riemann geprägter Ausdruck – die Eigenart, ein Bruchstück der ersten Textzeile dem eigentlichen Beginn der Arie vorauszuschicken und von ihr durch ein kurzes Zwischenspiel der Begleitung abzutrennen. Ein Beispiel hierfür ist die Ariette »Alma mia« aus Cestis Oper »L'Argia« (Venedig 1669).

Cesti wurde 1652 Kapellmeister des Erzherzogs Ferdinand in Innsbruck, wo 1655 seine »Argia« zur Aufführung gelangte. 1666 wurde er Vizekapellmeister in Wien und schrieb für den Hof u. a. die berühmte Festoper »Il Pomo d'oro« (1667) die gelegentlich der Vermählungsfeierlichkeiten Kaiser Leopolds I. mit Margarita von Spanien aufgeführt wurde. Fast die meisten am Wiener Hof und auch in anderen Residenzen aufgeführten Opern sind »Festopern«. Sie sind beim Komponisten bzw. beim Kapellmeister bestellt, der die Pflicht hat, für jedes Fest, zu Hochzeitsfeierlichkeiten, Geburtstagen und Namenstagen, eine Oper zu liefern. Wichtig ist hierbei die »Licenza« (deutsch: Verabschiedung), das ist ein Schlußanhang, der eine Huldigung für die gefeierte Fürstlichkeit sein soll. So erklärt in der Licenza am Schluß des »Pomo d'oro« von Cesti Paris, der Schiedsrichter vom Berge Ida, er ändere seinen Schiedsspruch: nicht Venus, sondern die Kaiserin verdiene den Vorzug. Daß die Kaiserin von den Zeitgenossen nicht als Ausbund an Schönheit betrachtet wurde, mußte das höfische Publikum hinnehmen.

Offenbar geht die Pflege der höfischen Oper in Wien auf die Mantuaner Gonzagas zurück. Anläßlich der Krönung Ferdinands II. zum böhmischen König (1627) wurde in Prag eine Pastoralkomödie aufgeführt, wobei »dem Jovi die vier Elemente ihre Dienste präsentierten«. Auch Instrumentalmusik wurde aufgeführt. Der Konzertmeister der Oper war Giovanni Battista Buonamente, der im herzoglichen Dienst in Mantua gewesen war. Da die beiden Kaiser Ferdinand Prinzessinnen aus dem Haus Mantua heirateten, muß man wohl annehmen, daß zwischen den Gonzagas und den Habsburgern enge kulturelle, vor allem musikalische Beziehungen bestanden, und daß die Frühgeschichte der Wiener Oper mit Monteverdi in Verbindung steht, was auch durch die Wiener Partitur des »Ulisses« belegt zu sein scheint. Übrigens wurde bei der Vermählung der Kaiserin Margarita mit Leopold I. ein Roßballett, »La Contesa dell' aria e dell' acqua«, aufgeführt, für das *Marc Antonio Bertali* (1605–1669) die Vokalmusik, *Johann Heinrich Schmelzer* (1623–1680) die Trompetenmusik schrieb, ebenso wie Schmelzer für ein anderes Roßballett, »La Germania esultante«, für das Cesti den Vokalteil schrieb, die Instrumentalmusik lieferte.

Wien war in jeder Hinsicht eine Filiale der venezianischen Oper. Die Hauptkomponisten waren Cavalli mit seinen Opern »Egisto« (1642 oder 1643) und »Giasone« (1650), der Kapellmeister *Felice Sances* (um 1600–1679), *Pietro Andrea Ziani* (um 1620 bis 1684) und *Marc Antonio Ziani* (1653–1715). Der fruchtbarste von all diesen Wiener Opernkomponisten ist jedoch *Antonio Draghi* (1635–1700), der nicht weniger als 172 Opern und kleinere Bühnenwerke und 43 Oratorien komponiert hat. Den Großteil der Libretti dieser Periode schrieb der Graf *Niccolò Minato*, der zusammen mit dem Bühnenbildner *Ludovico Burnacini* zum Ruhm der österreichischen Barockoper beträchtlich beitrug. Charakteristisch für Minatos Libretto ist die entschiedene Trennung von Rezitativ und Arie. Nicht wegzudenken sind die Zwischenaktsballette, zu denen vor Joh. Heinrich Schmelzer *Wolfgang Ebner* (um 1610–1665) und dann Schmelzers Sohn Andreas (1653–1701) die Musik schrieben. Bemerkenswert ist, daß vor allem die Tänze des älteren Schmelzer nicht nur im Rahmen der barocken Tanzkompositionen gehalten sind, also Intraden, Allemanden, Couranten, Sarabanden, Giguen usw. enthalten, sondern auch »Arie Viennesi«, ländlerartige Tänze, Vorläufer des Wiener Walzers.

Ein Wort noch über die Ouvertüre, in der älteren Oper regelmäßig Sinfonia oder Sonata genannt. Die kurzen einleitenden Sätze Monteverdis werden in der venezianischen Zeit zu kurzen mehrteiligen Gebilden erweitert, die sich eigentlich von der alten Canzona da sonar herleiten, einer Form, die nur die Instrumentalfassung der alten französischen Chanson ist. Sie beginnen meist mit einer feierlichen akkordischen Einleitung: ihr schließt sich ein schneller oder fugierter Satz an, diesem ein langsamer Satz. Auch Tänze können in eine Sinfonia eingefügt werden, wie in Cestis »Le Disgrazie d'Amore«, die eine Sarabande enthält. Im »Pomo d'oro« besteht die einleitende Sonata aus einem kurzen Grave, auf das ein tanzartiger Satz folgt, der später von den

»jubilierenden Königreichen« als Chor »di feste e di giubili« übernommen wird, worauf ein fugierter Satz mit charakteristischen Akkordschlägen abschließt. Wie man sieht, ist in diesem Einleitungsstück die spätere Programm-Ouvertüre vorweggenommen.
Nicht zu vergessen sind die immer stärker aufkommenden komischen Elemente. Manche Opern der venezianischen Zeit sind richtige Buffo-Opern, so die 1680 in Prag aufgeführte »La Pazienza di Socrate con due moglie«, die Draghi und Minato für den österreichischen Hof schrieben, der wegen der Pest von Wien nach Prag geflüchtet war. An der Entwicklung der Oper nehmen außer den bereits genannten Städten auch Genua und Modena, in Deutschland vor allem München und Dresden Anteil. Die Münchner Oper dieser Zeit ist mit den Namen *Ercole Bernabei* (um 1620–1687) und *Guiseppe Antonio Bernabei* (1649–1732) verbunden, die Dresdner Oper vor allem mit *Giovanni Andrea Bontempi* (um 1624–1705). Doch hat auch Heinrich Schütz bei einer Kurprinzen-Hochzeit (1631) ein Ballett »Orfeo und Euridice« auf italienische Manier komponiert. Die Partitur ist jedoch ebenso verschwunden wie seine in Torgau 1627 aufgeführte Oper »Daphne«, die erste deutsche Oper überhaupt, deren Text Martin Opitz geschrieben hatte.

Die französische Oper

Eine besondere Stellung nimmt in diesem Zusammenhang die französische Oper ein. In Frankreich hatte schon in der zweiten Hälfte des 16. Jahrhunderts das »Ballet de Cour« eine bedeutsame Entwicklung mitgemacht. Weltberühmt wurde die Aufführung des »Ballet Comique de la Reine«, das zur Vermählung des Herzogs von Joyeuse mit Marguérite de Vaudemont 1581 aufgeführt wurde. Der Schöpfer des Balletts war Baltazarini, ein italienischer Geiger, der als Impresario fungierte, die Musik stammte von den französischen Musikern *Beaulieu* und *Salmon*. Chöre, Tänze und auch Monodien wechselten bunt ab, eine Art »Überrevue«, zu der die Dekorationen des Hofmalers Jacques Patin den Hintergrund bildeten. Das mythologische Sujet lieferte die von Homer erzählte Geschichte der Zauberin Circe. Teile der Musik davon haben sich bis zum heutigen Tag lebendig erhalten, nämlich »Le son de la clochette«, unter dem irreführenden Namen »Gavotte Ludwigs XIII.« einst eines der beliebtesten Salonstücke für höhere Töchter. Den Kontakt zwischen der florentinischen Oper und Paris stellte Rinuccini her, dessen von Peri vertonte »Euridice« ja zur Vermählung von Maria Medici mit dem König von Frankreich komponiert worden war.
Obwohl Karl IX. auf Veranlassung von Antoine Baïf 1571 eine »Académie de poesie et de musique« gegründet hatte, dauerte es bis 1645, bevor italienische Komödianten im Palais Bourbon *Francesco Paolo Sacratis* (1600–1650) venezianische Oper »La finta pazza« zur Aufführung brachten. Die Truppe war von Mazarin nach Paris berufen worden, da der Kardinal (ein Italiener, der ursprünglich Mazarini hieß) schon in Rom Opernaufführungen beim Kardinal Barberini eingerichtet hatte. Aber auch andere Opern venezianischer Herkunft wurden in Paris gegeben, wie »Egisto« von Cavalli (1646), »Orfeo« von *Luigi Rossi* (1647), »Le Nozze die Peleo e die Teti« von Caprioli, »Serse« (Xerxes) von Cavalli (1650) und nach dem Tode von Mazarin »L'Ercole Amante« von Cavalli. Die letztgenannte, deren Titel schon vielsagend war, wurde glanzvoll auf einem in den Tuilerien erbauten Theater anläßlich der Hochzeit des Sonnenkönigs mit der spanischen Infantin Maria Theresia aufgeführt.

Die französische Nationaloper beginnt erst mit dem Dichter Pierre Perrin (1620–1675) und dem Komponisten *Robert Cambert* (um 1628–1677). 1659 führten die beiden auf dem Schloß Yssy bei la Haye eine Pastorale auf, offenbar nach italienischem Muster, aber mit französischen Elementen durchsetzt. Den erfolgreichen Unternehmern verlieh Ludwig XIV. die Konzession zur Eröffnung eines öffentlichen Opernhauses in Paris: die berühmte Académie Royale de Musique, die heute noch als Grand Opéra besteht. 1671 wurde sie eingeweiht mit der Oper »Pomone«, wieder von Perrin und Cambert. Eine zweite Oper Camberts ist »Les Peines et les Plaisirs de l'Amour« (1672), zu der Gilbert das Libretto schrieb. Doch hatten die beiden zu schlecht gewirtschaftet; Perrin wurde ins Schuldgefängnis geworfen.

Der starke Mann, der den beiden Franzosen folgte, war der Florentiner *Giovanni Battista Lulli* (1632–1687). Der Chevalier de Guise lernte ihn in Italien kennen und brachte ihn zu Mlle. de Montpensier, der Nichte Ludwigs XIII., die einen italienischen Sprachlehrer brauchte. Lully, wie er sich in Paris nannte, lernte rasch das Violinspiel und fand 1652 Zugang zum Hof des jungen Ludwigs XIV., wo er als einer der 24 Violons du roi wirkte. Wiederholt tanzte Ludwig neben »M. Baptiste«, (nämlich Lully), der auch als Schauspieler wirkte. Bald wurde er von seinem Herren als Nachfolger von Lazarin zum Komponisten der Instrumentalmusik bestimmt. Aber er blieb weiterhin in erster Linie Tänzer. Inzwischen wuchs sein Ruf als Komponist, 1656 wurde er Leiter des für ihn vom König gegründeten Ensembles der »16 petits violons«, einer streng geschulten Gruppe, die die Leistungen der üblichen 24 Violonen bald übertraf. 1671 wurde er »Surintendant de la Musique de la Chambre«, naturalisierter Franzose, »Maitre de la Musique de la Famille Royale« und heiratete die Tochter seines Lehrers Michel Lambert (1613–1696), eines Lautenspielers und Gesanglehrers.

Lullys literarischer Berater war bisher der Dichter Benserade (1613–1691) gewesen, zu dessen Balletten er die Musik schrieb. Seine Verbindung mit Molière (1622–1673) sollte für die französische Oper von Bedeutung werden. Die wichtigste Form, die die beiden pflegten, war das aus dem Ballet de Cour hervorgegangene »Comédie-Ballet«, das schließlich in die »Tragédie lyrique« mündete, die fast ein Jahrhundert lang der maßgebende Operntypus der Franzosen blieb. Die meisten lyrischen Tragödien gehen auf den Dramatiker *Philippe Quinault* (1635–1688) zurück, den ersten großen Librettisten der französischen Oper. Seine Texte, wie »Cadmus und Hermione«, »Alceste«, »Theseus«, »Atys«, »Perseus«, sind für diese Epoche repräsentativ. Die Grundsätze der französischen Klassiker Racine und Corneille hat sich auch Lully zu eigen gemacht. Stets übertreffen Lully-Quinault an Bildung und vornehmem dramatischem Sinn die Italiener. Bemerkenswert für die Franzosen, die sich oft ihre Nationalhelden aus der Fremde holten, ist die Tatsache, daß der Gründer und das Symbol der französischen Nationaloper ein gebürtiger Italiener war und trotzdem den echten französischen Stil repräsentiert.

Lully nimmt sich die pathetische Rhetorik der französischen Dramatiker zum Muster, indem er die feierliche Deklamation Racines in die Musik überträgt. Dazu studiert er die Vortragsweise der größten Schauspieler. (Später werden übrigens die rhetorischen Leistungen der Sänger für die Schauspieler vorbildlich.) In seinem Rezitativ folgt er genau den Texten und ändert auch in den Airs dauernd die Mensur. Für die Franzosen benötigt er die aus dem Ballet de Cour überkommene Tanz- und Instrumentalmusik, die Chöre, die Aufzüge und den Szenenwechsel. Die venezianische Form der Sinfonia standardisiert er zur französischen Ouvertüre: Ein Fugato ist von zwei gemessenen, feierlich pathetischen Sätzen in punktierten Rhythmen umrahmt, eine Form, die sich noch über Bach und Händel hinaus gehalten hat und noch Spuren in den Symphonien der Wiener Klassiker zeigt. Freilich findet man Vorformen zur französischen Ouvertüre auch in den Pastoralen von Cambert.

Aus der Ouvertüre zur Oper »Perseus« von Lully

Lully war nicht nur ein großer Komponist, sondern auch ein großer Dirigent. Wie kein anderer sah er auf Genauigkeit und rhythmische Präzision. Bald wurden die Ouvertüren und Tänze der einzelnen Opern und Ballette in Ballettsuiten zusammengestellt. Lully zog eine große Anzahl fremder Musiker nach Paris und bildete eine deutsche »Lullysten-Schule«, zu der *Johann Sigismund Kusser* (1660–1727), *Johann Caspar Ferdinand Fischer* (um 1665–1746), *Georg Muffat* (1653–1704) und andere gehören. Es ist charakteristisch, daß noch Johann Mattheson, der berühmte deutsche Musikkritiker des 18. Jahrhunderts, den Lully-Schüler Kusser als den »Vollkommenen Kapellmeister« ansprach. Im Temperament war Lully ein echter Italiener. Anläßlich der die Genesung des Königs feiernden Aufführung seines Te Deum zog er sich, weil er den Takt zu heftig mitstampfte, eine Verletzung am Fuß zu, an der er zehn Wochen später starb.

Die Grundlage von Lullys Orchester ist das chorisch besetzte Streichquintett, von dem sich eine solistische Gruppe, zwei Violinen und Cello oder zwei Oboen und Fagott abheben, ähnlich, wie dies im Concerto grosso der Fall ist. Auch diese »französischen Trios« hielten sich bis in die Zeit Bachs und scheinen in einer alten Instrumentalpraxis der Franzosen zu wurzeln.

Purcell und die Oper in England

Die zeitweilige musikalische Dürre in England wurde während der Restauration von 1660 wieder von einem größeren Interesse für Musik abgelöst. Der Siegeszug der italienischen Oper machte fortan am Kanal nicht halt. Schon gab eine italienische Operngesellschaft unter Giulio Gentileschi Vorstellungen bei Hofe. Vierzehn Jahre später stößt der Bruder des Wiener Antonio Draghi, Giovanni Battista (um 1640), in derselben Richtung vor, und 1672 läßt sich der Italiener Nicola Matteis in London nieder. Dessen Sohn Nicolas geht später nach Wien und wird der Nachfolger von Johann Heinrich Schmelzer in der Ballettkomposition. An Franzosen werden *Lewis Grabu*, dessen Oper »Ariane« 1674 in London aufgeführt wird, und Robert Cambert, der nach seinen schlechten Erfahrungen in Paris über den Kanal gegangen und dort von Karl II. mit Wohlwollen aufgenommen worden war, vom Hof begünstigt. Grabu wird sogar von *John Dryden* (1631–1700) als Komponist seiner Dramen erwählt. 1685 wird

Drydens »Albion and Albanius« in Grabus Vertonung aufgeführt. Musikalisch lehnt sich diese Oper an französische Muster an, doch findet die durchkomponierte Form nicht die Billigung der Engländer. Man begnügt sich mit den musikalischen Einlagen in gesprochenen Stücken, wie in der späteren »Ballad-Opera«, im deutschen Singspiel und im anglo-amerikanischen »Musical«.

Nur zwei Opernversuche, die voll durchkomponiert sind, kommen in Betracht: John Blows (1649–1708) Maskenspiel »Venus and Adonis«, aufgeführt zwischen 1680 und 1685, und Henry Purcells (1659–1695) »Dido und Aeneas«. *John Blow* komponierte viele Anthems, Motetten und Services; sein Maskenspiel »Venus and Adonis« steht zwar Purcells »Dido and Aeneas« nach, zeigt aber doch einen kunstvollen Stil voll harmonischer Kühnheiten und erinnert, besonders auch durch die Bevorzugung von Ostinato-Formen, an Arbeiten seines Schülers Purcell.

Henry Purcell (1659–1695) gehörte einer musikalischen Familie an. Auch sein Bruder Daniel (um 1663–1717) war ein angesehener Musiker und gewann im Jahre 1700 einen Preis für die Komposition von Congreves »The Judgement of Paris«. Im Todesjahr seines Bruders, 1695, ergänzte er dessen Musik zu »The Indian Queen«. Henry war eines der frühvollendeten Genies und wäre vermutlich im Stande gewesen, wenn er länger gelebt hätte, die Versandung der englischen Musik aufzuhalten. Er war der Sohn eines »Gentleman of the Chapel Royal«. Sein bedeutendster Lehrer war John Blow; daneben erhielt er noch Unterricht von *H. Cook* (um 1616–1672) und von *Pelham Humfrey* (um 1647–1674), beide angesehene Musiker. Als Assistent der Königlichen Instrumentenverwaltung und insbesondere an der Westminster Abbey übte er sich im Orgelspielen und Kopieren von Musikhandschriften.

Schon mit achtzehn Jahren wurde er »Composer for the violins« bei Hof, zwei Jahre später Organist an der Westminster Abbey, 1682 Organist an der Chapel Royal und ein Jahr später königlicher Instrumentenverwalter. Den französischen Stil Lullys hat er vermutlich von Humfrey übernommen. 1679 wurde er Blows Nachfolger als Organist an der Westminster Abbey. Man nimmt vielfach an, daß Blow seine Stelle freiwillig aufgegeben, sie aber nach Purcells Tod wieder übernommen habe. Von 1680 an folgte eine Serie von Dramen, bei der die Musik von Purcell eine größere Rolle spielte. Im gleichen Jahr schrieb der Komponist eine Anzahl »Fantazias« für Streichinstrumente mit verschiedener Besetzung, die sich an ähnliche Werke von Orlando Gibbons anschließen. Im gleichen Jahr beginnt er die Folge von Oden und Welcome Songs, vor allem für Karl II. Auch der Duke of York wurde bei seiner Rückkehr aus Schottland musikalisch begrüßt. In diese Zeit fällt eine Ode (1683) zur Hochzeit der Prinzessin Anne mit Prinz Georg von Dänemark. Besonders der Oden zum Geburtstag der Königin Mary, der Gemahlin Wilhelms III. (1689–1694), möge hier gedacht werden, ebenso wie einzelner Chorwerke, darunter vier Cäcilien-Oden und einer Ode für Louis Maidwells Schule (1689).

Einen großen Teil der Produktion Purcells umfassen die »Anthems«, wobei daran erinnert sei, daß man darunter in der Anglikanischen Kirche Chorhymnen, vor allem doppelchörige Psalmkompositionen versteht, die keine bestimmte Form haben. Das Anthem entspricht etwa der »Predigt-Musik« der protestantischen Kirche, einer Musik an einer bestimmten Stelle des Gottesdienstes. Ursprünglich waren die Anthems Motetten, doch nahmen sie im 17. Jahrhundert die Gestalt der geistlichen Konzerte, später die Form der protestantischen Kantate an. Es liegt ihnen stets ein Bibeltext zugrunde.

Auf dem Gebiet der Instrumentalmusik schrieb Purcell vier Violin-Ensembles, drei dreistimmige und neun vierstimmige Phantasien, das sind freie kontrapunktische Instrumentalstücke. Er pflegte jedoch auch die Form der Sonate, der Suite, die Chaconne und die Pavane. Auch auf dem Gebiet der Tasteninstrumente leistet er Hervorragendes. Er komponierte viele weltliche Lieder, Duette und »Catches« (heitere Chansons). Vor allem müssen seine fünf »Semi-Operas« – Opern mit gesprochenem Dialog oder Schauspiele, in denen die Musik eine bedeutende Rolle spielt – erwähnt werden, wie »The History of Dioclesian« nach Theodor Batterton (1690), »King Arthur« von John Dryden (1691), »The Fairy Queen« nach einer Umdichtung von Shakespeares »Sommernachtstraum«, »The Indian Queen«, nach Dryden und Howard (1695) und »The Tempest« nach Shakespeare. Zu diesen Halbopern kommt noch eine große Anzahl von Schauspielmusiken, die hier nicht alle aufgezählt werden können.
Wie das englische Madrigal, so wurzeln auch Purcells Kirchenmusik und semi-dramatische Werke im Volkstümlichen. Die einzige Volloper von Purcell, »Dido and Aeneas«, wird heute noch oft gespielt. Bemerkenswert, daß dieses Werk, das um 1689 aufgeführt wurde, für die Boarding School eines Mr. Josias Priest in Chelsea geschrieben worden war. Didos Todesgesang »When I am laid in earth«, auf dem Ostinato einer fallenden Scala aufgebaut, gehört zu den schönsten und gefühlvollsten Gesängen der gesamten Opernliteratur und geht, trotz ähnlicher Formen bei John Blow, auf italienische Vorbilder, vor allem auf Monteverdi zurück. Schließlich wäre darauf hinzuweisen, daß man in vielen Anthems des Komponisten, in vielen dramatischen Chören und Arien seiner Opern und Halb-Opern, wie etwa dem Gesang des Oberpriesters der Sachsen in »King Arthur«, bereits die Grundlagen jenes heroisch-britannischen Stils erkennen kann, dessen Erfüllung freilich ein Deutscher, Georg Friedrich Händel, war.

Kantate und Oratorium

Im Gefolge der monodischen Bestrebungen um 1600 hat sich neben der Oper eine zweite Form entwickelt: die Solokantate. Der rezitativische Sologesang ist nicht über Nacht geschaffen worden, sondern aus verschiedenen Quellen hervorgegangen. Nicht nur konnten mehrstimmige Madrigale dergestalt ausgeführt werden, daß eine Solostimme von den übrigen Stimmen instrumental begleitet wurde. Auch ein großer Teil der Lautenliteratur von 1600 mag als Vorläufer der begleiteten Monodie gelten, vor allem die Romanzen und Canzonen der spanischen Lautenmeister. Erinnern wir uns auch an den »Cortegiano« des Baldassare Castiglione, der die Kenntnis des von Violen begleiteten Einzelgesangs als für jeden Kavalier unerläßlich hielt. Vieles von dieser Musik ist verlorengegangen, doch gibt das Standardwerk von Giulio Caccini, die »Nuove Musiche«, eine gute Einsicht in die Anfänge dieser Literatur, da diese Stücke, die 1601 herauskamen, viel früher entstanden sind. Während der wichtigste Librettist der frühen Oper Rinuccini ist, so ist der bevorzugte Dichter der frühen Solokantate *Gabriele Chiabrera* (1552–1638), dessen lyrische Dichtungen, die sich an die französische Plèjade anschließen, viele der frühen Kantatenkomponisten inspirierten.
Man kann zwei musikalische Formen der Frühkantate unterscheiden: die Arie und das Madrigal. Während die Arie die einfache strophische, oft tanzmäßige Form darstellt,

ist das Madrigal anspruchsvoll durchkomponiert und mit zahlreichen Ornamenten versehen, es steht auf dem Boden des »Stile recitativo«. Das Wort Arie muß aus dem mittelalterlichen »Aer« hergeleitet werden, das nach Antonio da Tempo (1333) soviel wie Modus (rhythmisch-metrisches Schema) bedeutet und auch noch in der Frottola eine Rolle spielt. Das Solo-Madrigal schließt sich in seinem affektreichen Stil den Ausdrucksmitteln von Marenzio und Venosa an und übertrifft hierin oft die Monodien der Frühoper beträchtlich. Die gesamte Lyrik von Petrarca bis Tasso wird vertont. Meister dieser monodischen Frühformen sind, außer Caccini, Peri und Gagliano, *Alessandro Grandi* (gest. 1630), der in seinem 1620 erschienenen Werk ausdrücklich die Unterscheidung von »Cantade et Arie a voce sola« macht, *Benedetto Ferrari* (1597 bis 1681) mit seinen »Musiche varie« (1633), der mit seiner pathetischen Melodik Monteverdi nahesteht. Monteverdi selbst gehört in hohem Maße zu dieser Gruppe, wie man aus seiner Monodie »Partenza amorosa in genere rappresentativo« (1619) ersehen kann. Ebenso ist *Sigismondo d'India* (1582–1627) mit seiner Sammlung »Le Musiche« (1609) zu erwähnen.

Manche dieser Formen zeigen einen gleichbleibenden Baß in den einzelnen Strophen, während die Solostimme, im engen Anschluß an die Worte, den verschiedensten Variationen unterworfen ist. Diese Baßmelodien stehen vermutlich im Zusammenhang mit Standardmelodien, wie sie in verschiedenen Gegenden berühmten Gedichten als Gesangsweise unterlegt wurden. Formell entwickelt sich die Kantate zu einer aus mehreren Teilen zusammengesetzten Form, die teils aus rezitativischen, teils aus ariosen Elementen besteht. Als Höhepunkt seien die Kantaten von *Luigi Rossi*, *Mario Savioni* (1608 bis 1685), *Marc Antonio Cesti* genannt. Immer mehr setzt sich eine Form durch, die das folgende Schema zeigt: Rezitativ, Arie, Rezitativ, Arie, doch kann auch die Arie am Anfang einer Kantate stehen. Kantaten dieser Art haben *Antonio Caldara* (1670–1736), Alessandro Scarlatti und viele andere geschrieben. Sie spielen bei Georg Friedrich Händel eine große Rolle, und noch Bach ist an dieser Gattung mit zwei Beispielen beteiligt.

Äußerlich sind diese Monodien sowohl in der Oper als auch in der Kantate durch ihre beschränkte Notierung auf zwei Systeme gekennzeichnet: Ein System für die Singstimme, eins für die instrumentale Begleitung. Diese als »Generalbaß« bezeichnete Notierung, die auch »italienische Orgeltabulatur« genannt wird, wurde von den italienischen Komponisten eingeführt, die sich für das Accompagnement Ziffern über den Baßstimmen notierten, die die zu spielende Harmonie andeuten sollten. Die Zahlen über oder unter der Baßstimme, 2–9, gelegentlich sogar von 10–14, entsprechen den Stufen, auf denen sich die durch die übrigen Stimmen gebrachten Töne vorfinden, gerechnet vom Baßton aus. So bedeutet ein Kreuz eine große Terz, die 5 einen Dreiklang, 4 einen Quartvorhalt, 6 einen Sextakkord. Ein kurzes Beispiel aus Caccinis »Nuove Musiche« zur Illustration:

In Frankreich komponierte *Antoine Charpentier* (1634–1704), ein Schüler von Carissimi, die ersten Kantaten. Aber erst nach seinem Toae wurde die italienische Kantate

von den französischen Komponisten gepflegt. Wichtiger ist die Entwicklung der Kantate in Deutschland: auch hier war der Einfluß der Italiener entscheidend. In diesem Zusammenhang sei der sächsische Komponist *Kaspar Kittel* (1603–1639) genannt, ein Schüler von Heinrich Schütz. Seine 1638 erschienenen »Arien und Cantaten« zählen zu den frühesten Beispielen des »stile rappresentativo«.

Neben Oper und Solokantate müssen hier die Anfänge des Oratoriums behandelt werden. Man versteht unter Oratorium im allgemeinen die Vertonung eines religiösen oder kontemplativen Textes, die in einem Saal oder einer Kirche aufgeführt wird, und zwar ohne Szenerie, ohne Kostüme und ohne dramatische Handlung. Ausführende sind Solostimmen, Chor und Instrumente. Gegenüber der Oper und der lyrischen Solokantate hat das Oratorium mehr epischen Charakter, wenn auch dramatische und lyrische Elemente größte Bedeutung erhalten können. Der Name dieser Kunstgattung geht auf die musikalischen Veranstaltungen der »Oratorianer« zurück. Das Wort Oratorium bezieht sich in diesem Zusammenhang aber auch auf den Betsaal des Heiligen Filippo Neri (1515–1595), der im Kloster San Girolamo Vorträge über biblische Geschichte hielt, wobei auch schlichte Hymnengesänge und halbdramatische Veranstaltungen allegorischen Inhalts in musikalischer Form dargeboten wurden. Eine Hauptquelle des Oratoriums sind die »Laude« (Lobgesänge) frommer Brüderschaften, die nach populären Melodien gesungen wurden, zu denen aber häufig der Text erst nachträglich unterlegt wurde.

Man unterscheidet im 17. Jahrhundert das »Oratorio volgare«, in der Vulgärsprache verfaßt, also italienisch, mit einem freien dichterischen Text und das »Oratorio latino« in Prosa, das sich streng an den Bibeltext hält. Außerdem gab es wirkliche szenische Aufführungen, Darstellungen aus der biblischen Geschichte, Dialoge, religiöse Dichtungen in Form eines Zwiegespräches zwischen Gott und der Seele, Gegenüberstellung von Himmel und Hölle, Sünde und Tugend. Auch Christus und Personen seiner Umgebung, Maria und Magdalena treten auf. Es ist nicht sicher, ob nicht auch eine mimische Unterstützung der gesprochenen Rede stattfand. Solche Vorgänger des Oratoriums waren das »Teatro Armonico Spirituale« (1619) von *G. F. Anerio* (1567–1621), worin ein anspruchsvoller Madrigalstil für die Chöre einem monodischen Stil für die Solisten gegenübergestellt ist. Hier findet man auch den beim späteren Oratorium unumgänglichen Erzähler (Testo, Narratore, Historicus), der später in der Passion häufig als »Evangelist« auftritt. Eins der wichtigsten Denkmäler des frühen Oratoriums ist die bereits erwähnte »Rappresentazione di anima e di corpo« von *Emilio Cavalieri.* Daß in solchen frühoratorischen Gebilden der »Testo« oft mehrstimmig behandelt wird, ist selbstverständlich. Oft finden wir am Anfang und Ende Chöre, die dem Testo in den Mund gelegt werden, während er in den Mittelteilen rezitativisch deklamiert. Manche dramatischen Darstellungen religiösen Inhalts gehören in die Kategorie der religiösen Oper, wie etwa der schon erwähnte »San Alessio« von *Steffano Landi* (um 1590–1655), der auch ein Daniel-Oratorium schrieb. In diese Kategorie fällt auch »Querimonia di Santa Maria Maddalena« von *Domenico Mazzocchi* (um 1640), ein Oratorio vulgare. Wichtiger als die hier genannten Komponisten ist *Giacomo Carissimi* (1605–1674), einer der bedeutendsten Förderer nicht nur der Kantate, sondern auch des Oratoriums. Für seine Zeitgenossen galt er als einer der größten Meister. Er wurde sogar von den Kaisern Ferdinand III. und Leopold I. an den österreichischen Hof berufen, was jedoch der Komponist aus Bescheidenheit ablehnte. Sein Oratorium »Abramo e

Isacco« wurde 1656 im Collegium Germanicum vor der schwedischen Königin Christine aufgeführt. Carissimis »Jephta«, Judicium Salomonis«, »Jonas«, Extremum Judicium«, »Diluvium Universale« verdienen als die ersten Oratorien bezeichnet zu werden. Insgesamt hat Carissimi 15 solcher lateinischen Oratorien geschrieben; Händel kannte sie zum Teil noch gut und benützte sie sogar teilweise. Die Verfasser der Texte sind unbekannt. Biblisches und frei Erfundenes wechseln miteinander ab. Der Chor spielt eine bedeutende Rolle und ist entsprechend der volkstümlichen Herkunft der ganzen Kunstgattung meist homophon gehalten. Die Nachfolger auf diesem Gebiet sind *Antonio Draghi* mit etwa 40 Oratorien, *Alessandro Stradella* (1645–1682) mit seinen Oratorien »San Giovanni Battista« und »Susanna«, *Alessandro Scarlatti* (1659–1725), *Antonio Lotti* (1667–1740) und *Antonio Caldara*.

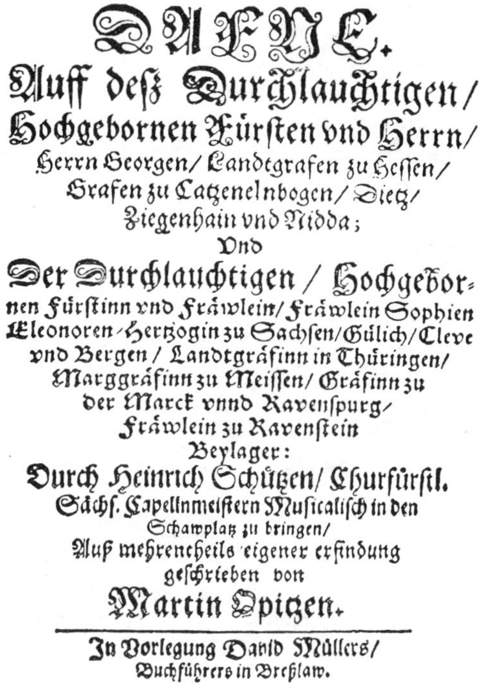
DAFNE.
Auff deß Durchlauchtigen/
Hochgebornen Fürsten vnd Herrn/
Herrn Georgen/ Landtgrafen zu Hessen/
Grafen zu Catzenelnbogen/ Dietz/
Ziegenhain vnd Nidda;
Vnd
Der Durchlauchtigen / Hochgebor-
nen Fürstinn vnd Fräwlein/ Fräwlein Sophien
Eleonoren/ Hertzogin zu Sachsen/ Gülich/ Cleve
vnd Bergen / Landtgräfinn in Thüringen/
Marggräfinn zu Meissen/ Gräfinn zu
der Marck vnnd Ravenspurg/
Fräwlein zu Ravenstein
Beylager:
Durch Heinrich Schützen/ Churfürstl.
Sächs. Capellnmeistern Musicalisch in den
Schawplatz zu bringen/
Auß mehrentheils eigener erfindung
geschrieben von
Martin Opitzen.

In Vorlegung David Müllers/
Buchführers in Breßlaw.

Titel der ersten deutschen Oper »Dafne« von Heinrich Schütz

Heinrich Schütz

Es ist vielleicht ein Paradoxon, wenn Hugo Riemann die »Einnistung« der Italiener an den deutschen Höfen als symptomatisch für den Übergang der musikalischen Hegemonie von Italien auf Deutschland bezeichnet. Der Großteil der bedeutendsten deutschen Komponisten des 16. und 17. Jahrhunderts, wie Adam von Fulda, Heinrich Isaac, Paul Hofhaimer, Senfl, Demantius, gehört nicht so sehr der barocken Periode an, sondern setzt vielmehr die deutsche Gotik fort. Man kann sagen, daß die großen polyphonen Werke Bachs viel mehr mit mittelalterlicher Kunst zu tun haben als mit dem Barock. Dennoch fühlen wir, daß jene deutschen Meister, die in Italien studierten, das barocke Italienertum mit deutscher Tiefe und Mystik verbanden.

Dies gilt vor allem für *Heinrich Schütz* (1585–1672). Der Komponist, der sich auch wie damals üblich latinisiert Sagittarius nannte, stammte aus einem fränkischen Geschlecht von Handelsherren. Wie so viele deutsche Musiker des 17. und 18. Jahrhunderts kam er aus Thüringen (Köstritz bei Gera). Er verbrachte seine Jugend in Weißenfels, wo noch heute das Gasthaus »Zum Schützen« seines Großvaters steht. Im 13. Lebensjahr ging er nach Kassel als Kapellknabe zum Landgrafen Moritz dem Gelehrten und bald darauf als Stipendiat des Landesherrn an die Universität Marburg. 1609 wurde er vom Landgrafen zu Giovanni Gabrieli nach Venedig geschickt. Damit bewegte er sich in denselben Bahnen wie H. L. Haßler, einer der ersten Deutschen, der seine musikalische Bildung in Italien erworben hatte. Das Verhältnis zwischen Lehrer und Schüler war besonders innig. Zurückgekehrt, wurde Schütz Kapellmeister des Kurfürsten Johann Georg I. von Sachsen.

1628 reiste er wiederum nach Venedig, um sich nach »der inzwischen aufgebrachten neuen heutigen Tags gebräuchlichen Manier in der Music sich zu erkundigen«. Natürlich war es diesmal die Kunst Monteverdis sowie die instrumentale und szenische Hofmusik, die er nach Dresden verpflanzen wollte. Schütz litt sehr unter dem Elend des Dreißigjährigen Krieges, der auch die sächsische Kapelle in Mitleidenschaft zog. Gelegentliche Verpflichtungen an befreundete mitteldeutsche Höfe, die vom Krieg verschont blieben, so wie nach Hamburg erleichterten seine Situation. Die letzten Jahre verbrachte er zum großen Teil in Weißenfels. Sein Tod in Dresden wurde von zahlreichen Schülern zutiefst betrauert. Er entschlief unter dem Gesang einer von seinem Schüler *Christoph Bernhard* (1627–1692) auf seinen Wunsch komponierten, im Palestrina-Stil geschriebenen fünfstimmigen Motette über sein Losungswort »Cantabiles mihi erant« (Psalm 119, 54). Beim Leichenbegräbnis des Meisters führte die Hofkapelle Bernhards Motette auf.

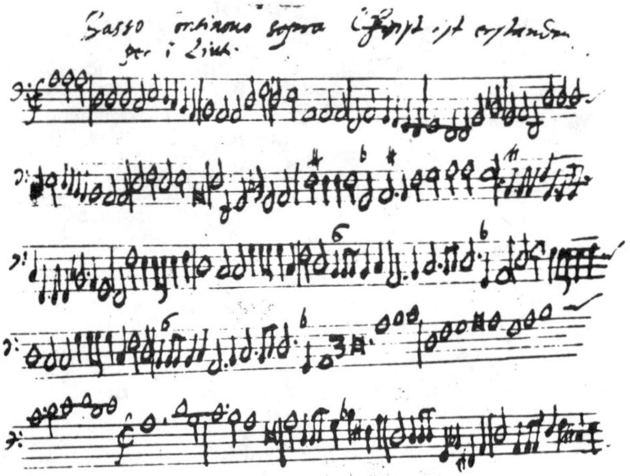

Aus dem Konzert »Christ ist erstanden« von Heinrich Schütz

Die Bedeutung von Schütz liegt darin, daß er das barocke Prinzip der modernen Italiener, die musikalische Textauslegung, in den Dienst der Liturgie stellte, wobei er die alten Akzente der deutschen Messe, die Luther und Walter festgelegt hatten, in fast übersteigerter Weise mit dem italienischen Rezitativ verband. Dabei wandte er auch Grundsätze der allgemeinen Rhetorik an. So geht seine Melodik, die von einer ausdrucksvollen Harmonik unterstützt ist, weit über die Italiener hinaus und tritt in den Dienst einer bisher unerhörten Mystik, die sich gedanklich dem Erlebnis des Angelus Silesius (1624–1677) nähert. Der deutsche Charakter des Meisters kommt auch darin zum Ausdruck, daß er in manchen seiner Werke, z. B. in den »Cantiones sacrae«, »Symphoniae sacrae« u. a. den Generalbaß nur auf »Gutachten und Begehren«, nicht aber aus Notwendigkeit beigegeben hat. Zu den bedeutendsten Werken von Schütz gehören »Die sieben Worte Jesu Christi am Kreuz« (1645) und die Passionen nach Matthäus, Lukas und Johannes. Hier steht entsprechend Luthers Lehre das »Wort« im Vordergrund. Die Musik ist einfach und tiefernst, Rezitation und Dialoge sind von eiserner Wahrhaftigkeit. Verhältnismäßig spät aufgefunden wurden die verloren geglaubten Vokal- und Instrumentalstimmen des »Weihnachtsoratoriums«, des vielleicht ersten

deutschen Oratoriums überhaupt, in dem sich Kunst und Volkstümlichkeit in einzigartiger Form verbinden.
Ebenso wie Schütz, der den neuen konzertierenden Stil Italiens und das neue solistische, chorische und instrumentale Concerto nach Deutschland gebracht hat, muß auch *Johann Hermann Schein* (1586–1630) als ein Pionier dieser neuen Setzweise in Deutschland angesehen werden. Beide wurden zusammen mit *Samuel Scheidt* (1587–1654) schon zu ihrer Zeit als die drei großen »S« bezeichnet. Während Schütz, mit Ausnahme von Madrigalen, zum Teil auf deutsche Texte von Martin Opitz, von wenigen einstimmigen Liedern, die sich erhalten haben und der verlorengegangenen »Daphne« geringere Bedeutung für die weltliche Musik hatte, sind die Beiträge von Schein und Scheidt zur weltlichen Musik wesentlich.

Barocke Instrumentalmusik

Charakteristisch für die neue Zeit und das Klangerlebnis des Barock ist die Verselbständigung und damit die rapide Entwicklung der Instrumentalmusik. Im Mittelalter lag die Pflege der Instrumentalmusik vor allem bei den profanen Spielleuten, die bestimmte Tanzformen wie Ductia, Stantipes und später die Basse-Danse entwickelten. Aber auch höhere Kunstformen, wie Madrigal, Chanson und Lied konnten, mindestens teilweise, von Instrumenten ausgeführt werden. Das neue Klanggefühl des Renaissance- und Barockmenschen drängt zur Verselbständigung der Instrumente und bildet den Idiomatismus heraus, jene Kunst der Komposition, die der Eigenart des Instruments gerecht wird und letzten Endes zur Instrumentalvirtuosität der letzten Jahrhunderte führt. In der älteren Zeit empfehlen die Komponisten und Verleger ihre Druckerzeugnisse durch die Bemerkung »per cantare o sonare«. Das Stück kann gesungen oder gespielt werden. Die Bemerkung »per diversi istrumenti« deutet darauf hin, daß das Stück von Streichern oder Bläsern oder sogar vom Cembalo oder der Orgel gespielt werden kann.
Die ältesten Denkmäler der Orgelmusik sind meist Übertragungen von Vokalsätzen in Tabulaturen von Motetten, Mess-Sätzen, aber auch profanen Formen. Doch finden sich in den Tabulaturen des *Ileborgh von Stendal* (1448) und im »Fundamentum« von *Conrad Paumann* (um 1440–1473) schon Anfänge eines virtuosen Stils. Charakteristisch für die deutschen Organisten und Lautenisten ist die Verwendung einer Instrumental-Notenschrift, die viel weniger Kenntnis und Aufmerksamkeit erfordert als die vokale Mensuralnotenschrift. Dies deutet darauf hin, daß auch der Organist, der in der Bewertung der Instrumentalmusiker am höchsten steht, das Handwerkliche in den Vordergrund stellt.
Man versteht unter Tabulatur (nicht zu verwechseln mit der Tabulatur der Meistersinger) die Notenschrift für Musikinstrumente, vor allem Tasteninstrumente, Laute, Violen, Flöten usw. Die Noten sind nicht auf einem System, wie in der Mensuralnotation für Vokalmusik notiert, sondern durch Buchstaben, Ziffern und andere Zeichen angedeutet. Die wichtigsten sind die Klavier- und Orgel- sowie die Lautentabulaturen. Es gibt zwei Typen von Klaviertabulaturen, die deutsche und die spanische, und drei Typen der Lautentabulatur, die italienische, die auch in Spanien Eingang fand, die nach

Lautentabulatur aus dem 16. Jahrhundert

1600 überall in Europa verwendete französische und die deutsche Lautentabulatur. Die ältere deutsche Orgeltabulatur verwendet Noten für die Oberstimme und Buchstaben für die Unterstimmen. Die neuere verwendete ausschließlich Buchstaben und wurde 1550 allgemein benutzt. Noch Bach hat 1720 auf dieses System zurückgegriffen. Die Noten der älteren Orgeltabulatur werden auf Systeme, die über die Fünfzahl hinausgehen, notiert. Schon das Buxheimer Orgelbuch (um 1460) verwendet auch Taktstriche. Charakteristisch ist dort die Vereinigung der Fähnchen zu Querbalken und die Verkürzung der Werte auf ein Viertel der Mensuralnotation.

Die spanische Orgeltabulatur verwendet statt der Tonbuchstaben die Ziffern 1 bis 7 für f bis e. Jede Stimme wird durch eine Linie dargestellt. Alle italienischen und spanischen Lautentabulaturen beruhen auf dem Gedanken, die Finger des Spielers in die gewünschte Position zu bringen. Es ist eine Griff- und keine Tonhöhennotation. In der italienischen Notenschrift entsprechen die sechs waagerechten Linien den sechs Saiten des Instruments mit der Stimmung G – c – f – a – d' – g' in umgekehrter Folge, so daß die höchste Linie der G-Saite entspricht. Auf jede Linie werden die Ziffern von 0 bis 9 aufgesetzt. Das französische System unterscheidet sich vom italienischen nur in Details. Es hat nur fünf Linien, die die fünf höchsten Saiten in ihrer natürlichen Ordnung repräsentieren. Die deutsche Tabulatur zeigt keine Linien und verwendet kleine Buchstaben. Außer acht gelassen ist hier die italienische Orgeltabulatur, da sie nur Mensuralnoten verwendet und alle Stimmen auf zwei Systeme vereint, die eventuell mehr als fünf Linien zeigen.

Orgelbauer-Dynastien

Einige Worte über die Orgelbauer der damaligen Zeit. Eine weitverzweigte Orgelbauer-Dynastie war die aus dem Hessischen stammende Familie *Compenius*, deren Hauptvertreter Esaias (gest. 1617 zu Fredericksborg, Dänemark) von Michael Praetorius bei der Abfassung seines »Syntagma Musicum« herangezogen wurde. Noch heute kann man in Fredericksborg die großartige, unmittelbar vor dem Dreißigjährigen Krieg geschaffene Orgel sehen, die einen Einblick in diese Kunst gewährt. Andere Mitglieder der Familie sind Heinrich, dessen großes Werk im Magdeburger Dom stand, ferner Ludwig, auf dessen Orgel zu St. Johannes in Gera Samuel Scheidt spielte, während auf einem anderen Instrument des Meisters in der Weimarer Schloßkirche noch Joh. Seb. Bach prädulierte.

Um 1700 war der größte norddeutsche Orgelbauer *Arp Schnitker* (1648–1719), der

XII *Musikalische Unterhaltung im Garten, Miniatur aus dem Codex de Sphaera. Unbekannter italienischer Künstler, 15. Jahrhundert*

XIII *Musikanten, Gemälde auf dem Deckel eines Spinetts von Frederick van Valckenborch, Anfang 17. Jahrhundert*

XIV *Dekorationsentwurf von Giuseppe Galli-Bibiena für eine Oper, erste Hälfte des 18. Jh.*

nicht nur für Norddeutschland arbeitete, sondern auch nach Holland, England, Spanien, Portugal und Rußland Werke lieferte, die die Idealinstrumente für Buxtehude, Lübeck und Bruhns waren. Berlin verdankt dem Orgelbauer *Joachim Wagner* (1690 bis 1749) seine prachtvollen Werke, mit 40 Stimmen in der Marienkirche und 50 in der Garnisonskirche. Das bedeutendste Orgelbauer-Geschlecht des Barock ist die erzgebirgische Familie *Silbermann,* dessen Stammvater Michael aus Graupen in Böhmen stammte. Von seinen beiden Söhnen war Andreas (1678–1734) eine Zeitlang Schüler von Eugen Casparini (um 1623–1706), der selbst den größten Teil seines Lebens in Italien verbrachte und seinen ursprünglichen Namen Caspar italianisierte. Sein Bruder Gottfried Silbermann (1683–1753) wird in dem Kapitel über Joh. Seb. Bach Erwähnung finden.

Gegen Ende des 15. Jahrhunderts war Paul Hofheimer vor allem wegen seiner Orgelimprovisationen berühmt, doch haben sich nur wenige Kompositionen von ihm erhalten, ebenso wie von seinen Schülern *Hans Kotter* (um 1485–1541), *Fridolin Sicher* (1490–1546), *Hans Buchner* (1483–1538), *Leonhard Kleber* (um 1490–1556) u. a. Im 16. Jahrhundert spielen Italien, Spanien und England eine bedeutende Rolle in der Entwicklung der Orgelmusik. Die beiden venezianischen Organisten *Marc Antonio Cavazzoni* (um 1490 – um 1559) und dessen Sohn Girolamo (um 1525–1560) geben Tabulaturen von Ricercaren, Motetten, Canzonen und Meßteilen heraus. Vor allem ist es Marc Antonio, dem man das Verdienst zuschreibt, in seiner Sammlung von 1523 »Recerchari, motetti, canzoni« die ersten Ricercari herausgebracht zu haben.

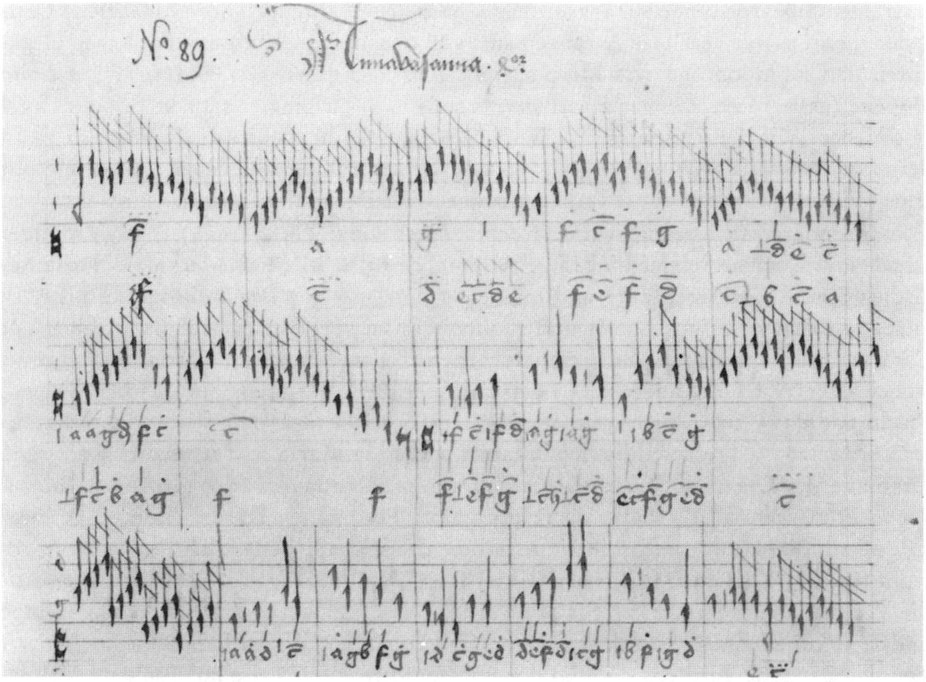

Orgelkomposition aus dem Buxheimer Orgelbuch

Vorformen der Fuge

Das Wort Ricercar oder Ricercata kommt von dem Italienischen ricercare – »immer wieder suchen«. Der Begriff umfaßt eine ganze Reihe verschiedenartiger Formen und ist eigentlich nichts anderes, als die instrumentale Fassung einer Motette. Die wichtigste Form ist das polythematische, imitierende Ricercar, das eine Mehrzahl von Themen verwendet. Sie zeigen meist abstrakten Charakter. Die Form wurde von Komponisten wie *Jacques Buus* (gest. 1565), *Adrian Willaert, Tiburtino da Tievoli* (gest. 1569) und *Annibale Padovano* gepflegt. Sie können auch auf den verschiedensten Instrumenten gespielt werden. Maßgebend für die Entwicklung des Ricercar ist die Laute, da sie schon früher von Lautenmeistern wie *Francesco Spinacino* (gest. nach 1507) verwendet wurde. Die spanische Version des Ricercar ist das »Tiento«, vom portugiesischen Tento, eigentlich soviel wie Toccata, abgeleitet. Immer mehr gewinnt das Orgel-Ricercar an Bedeutung, dessen Entwicklung durch den allmählichen Übergang vom Polythematischen zum Monothematischen gekennzeichnet ist. Solche Ricercare wurden von den beiden Gabrieli, von *Claudio Merulo* (1533–1604) und zahlreichen anderen Italienern gepflegt, während die großen spanischen Orgelmeister, wie *Antonio de Cabezon* (1510–1566), Hoforganist von Philipp II., vermutlich unabhängig von den Italienern und im Anschluß an die Lautenmusik, Tientos schufen. Der ernste Charakter des Ricercar hat sich noch in manchen Fugen von Joh. Sebastian Bach erhalten, so in der cis-moll Fuge aus dem ersten Teil des Wohltemperierten Klaviers.

So, wie das Ricercar von der Motette, so ist die »Canzone« von der französischen Chanson abgeleitet, und nicht wenige Instrumentalkanzonen sind nichts anderes als Instrumentalbearbeitungen französischer Chansons. Während Andrea Gabrielis Canzonen meistens nur verzierte Arrangements von originalen Chansons sind, haben Organisten und Komponisten wie Merulo, *Vincenzo Pellegrini* (gest. um 1631), *Ascanio Mayone* (gest. 1627), *Gian Paolo Cima* (1606) u. a. Originalkanzonen für die Orgel geschrieben. Mit der Zeit wird das Wort Canzone gleichbedeutend mit Fuge, so wenn *Bernhard Schmid der Jüngere* (gest. 1548) in seiner 1607 erschienenen Sammlung auf seine »Fugen«, oder wie es die Italiener nennen, »Canzoni alla francese« hinweist.

Von besonderer Bedeutung war *Girolamo Frescobaldi* (1583–1643), ein glänzender Orgel- und Cembalospieler und Improvisator, der alle Stile und Merkmale der italienischen Schule zusammenfaßte und mit seiner einzigartigen Persönlichkeit erfüllte. In dieser Hinsicht ist er mit Lassus und Monteverdi zu vergleichen. Auf dem Gebiet der Canzone pflegt er die aus mehreren fugierten Teilen bestehende Variationskanzone, wobei jeder Abschnitt auf einer freien rhythmischen Variation des gleichen Themas beruht und das Ganze durch freie, improvisatorische Passagen mit Verbindungscharakter durchsetzt ist. Frescobaldi war Organist bei Santa Maria in Trastevere (Rom) und stand auch im Dienst des Kardinals Aldobrandini. Sein Ruf war so groß, daß *Johann Jacob Froberger* (1616–1667), der Hoforganist Ferdinands III. in Wien, zu Frescobaldi geschickt wurde, um bei ihm zu studieren. Die große Bedeutung der Canzone sowohl für Orgel als auch für Instrumental-Ensembles besteht vor allem darin, daß sie die Vorform der mehrsätzigen Sonate wurde, indem die einzelnen Teile, die im Tempo und Takt voneinander verschieden waren, nun Sonatensätze wurden: Der erste fugierte Teil der Canzone wird das Allegro der Sonatenform, der zweite langsame und homophone Teil wird das Adagio. Mit der Zeit entwickelt sich aus der Canzone die viersätzige Sonata da Chiesa. Terminologisch erhält »da sonar« das Übergewicht über Canzona, und man spricht nun allgemein von »Sonata«, während das Wort Canzone in Vergessenheit gerät.

In diesem Zusammenhang muß auch die Fantasia erwähnt werden, eine kontrapunktische Form, die sich durch eine gewisse Freiheit in der Improvisation von dem Ricercar unterscheidet. Hier haben vor allem die Spanier und Engländer Verdienste, besonders *Luys de Milan* (um 1500–1561), der berühmte »Maestro« und Pionier der spanischen Lautenmusik. Aber auch die Italiener *Marco d' Aquila* (1536) und *Francesco da Milano* (1547) sind hier zu erwähnen. Ob die Engländer mit ihren »Fancys« (engl. Version für Fantasie) diese Form selbständig ausgebildet oder aus dem Süden übernommen haben ist nicht sicher. *William Byrd, John Bull, Giles Farnaby, John Munday, Peter Philips* u. a. haben sie für Orgel und Virginal (das englische Wort für Cembalo) verwendet. Im allgemeinen kann man sagen, daß der Name Fantasia eine Reihe verschiedener Gattungen umschreibt, angefangen vom freien Ricercar, vom Programmstück bis zu den Instrumentalbearbeitungen französischer Chansons.

Girolamo Frescobaldi, nach einem zeitgenössischen Stich

Eine andere Vorform der Fuge ist das Capriccio, das sich von der Canzone und Fantasia hauptsächlich durch die Wahl des womöglich volkstümlichen Themas unterscheidet. Während das Canzonenthema meistens mit einer Tonrepetition mit dem Rhythmus beginnt (»Starenlied der Canzone«), ist das Thema des Capriccio meist volkstümlich, oft extravagant, wie etwa Frescobaldis »Capriccio sopra il cucu«, oder das »Capriccio sopra la Bergamasca«, »sopra ut re mi fa sol« oder das »Capriccio Pastorale«. Andere Capricci von Frescobaldi beruhen auf der Aria di Ruggiero oder der »Girometa«, alles italienische volkstümliche Themen.

Titelkupfer zu Frescobaldis Werk »Toccate e Partite«

Diesen in der Vokalmusik wurzelnden

Formen stehen Formen improvisatorischen Charakters gegenüber, in denen der Künstler, ob Organist, Lautenist oder Cembalist, die Vollendung seiner Technik zur Geltung bringen will. Es ist dies vor allem die Intonation, eine Art Präludium, das auch liturgischen Zwecken dient. Größere Bedeutung hat die »Priamel« (Präludium), eine Form, in der Passagen und Akkorde frei mit kontrapunktischen Partien wechseln. Eine Erweiterung dieser beiden Formen stellt die Toccata dar (vom italienischen toccare – Berühren der Taste), eine Form für Tasteninstrumente, in der das Prinzip der Intonation und des Präludiums stark erweitert erscheint. Die frühesten Toccaten finden sich bei Andrea Gabrieli. Claudio Merulo führt ricercarartige Teile ein und stellt als Modell eine Form auf, in der einem improvisatorischen Anfang ein Ricerar mit Zwischenspielen und virtuosem Schlußteil folgt. Von den beiden Typen scheint jene Gabrielis beliebter gewesen zu sein. Dies ergibt sich aus dem Unterrichtswerk »Il Transilvano« von *Girolamo Diruta* (geb. 1561, erster Teil des Werkes 1593, zweiter Teil 1609). Die dort abgedruckten Toccaten von Komponisten wie *Luzzasco Luzzaschi, Adriano Banchieri* u. a. haben keine eigentlichen Ricercari, doch tritt das Prinzip Merulos im weiteren Verlauf der Geschichte der Toccata immer mehr in den Vordergrund.

Neben der Orgel war die Laute das wichtigste Instrument. Sie wurde aus dem Osten ins Abendland eingeführt und erhielt in Spanien die größte Bedeutung. Schon 1507 erscheint bei dem venezianischen Verleger Ottaviano Petrucci eine »Intabulatura de Lauto«. Die Quellen des 16. Jahrhunderts enthalten, außer Tänzen, auch Ricercari und Phantasien, vor allem Variationsformen. Unter den wichtigsten spanischen Komponisten seien nochmals erwähnt Luys Milan, dessen Werk »El Cortesano« (Valencia 1561) ein Handbuch höfischer Sitte war. Andere spanische Lautenmeister sind *Luis de Narvaez, Enriquez de Valderabano, Diego Pisador* und *Miguel de Fuenllana.* Häufig findet man in den spanischen Sammlungen das Instrument Vihuela erwähnt. Man spricht von der Vihuela de arco, einer Viole, während die Vihuela da mano eine spanische Laute ähnlich der Gitarre ist. Manche spanische Werke dieser Zeit, wie etwa die Tabulaturen von Hinegas de Vinestrosa und Antonio de Cabezon, tragen den Vermerk »para tecla, harpa y vihuela«, d. h. für Tasteninstrumente, Harfe oder Laute. Von den italienischen Lautenkomponisten seien genannt: *J. A. Dalza, Francesco da Milano, Fabrizio Caroso,* der berühmte »Ballerino« (um 1526 bis um 1600); von den Franzosen der Verleger Attaingnant (1529/1530), *Adrian le Roy* (1551–1562); von den Deutschen *Arnold Schlick* (1512), *Hans Judenkünig* (1523), *Hans Gerle* (1532 bis 1552), *Hans Neusiedler* (1508–1536), *Wolf Heckel* (1556), *Melchior Neusiedler* (1574); unter den Engländern *John Dowland* (1562–1626), *Thomas Morley* (1554 bis 1603), ferner *Francis Pilkington* (1605), *Thomas Campion* (1606) und *Robert Dowland* (1610).

Vom Tanz zur Suite

Während im 16. Jahrhundert der Gesellschaftstanz sich in Frankreich und Italien zu hoher Blüte entwickelte, blieb Deutschland noch für längere Zeit dem Volkstanz verbunden. In den verschiedenen deutschen Orgel- und Lautentabulaturen dieser Zeit finden wir vor allem die Tanzpaare Tanz und Nachtanz, mit Wechsel vom geraden zum schnellen ungeraden Takt. Viele dieser Tänze sind auch vom folkloristischen und kulturgeschichtlichen Standpunkt aus interessant.

Jacob Paix bringt in seinem Tabulaturenbuch (1583) verschiedene Passamezzi – man unterscheidet Passamezzo nuovo und antico –, einen »Tanz der Kaiserin« und eine »Ungaresca«, auf die als Nachtanz ein schneller Saltarello folgt. Da finden wir auch einen Ballo Furlano, genannt »L'Arboscello«, freilich im 2/4 Takt, also in anderem Tempo und Takt als die späteren venezianischen Tänze dieser Art. Da gibt es einen »Ballo Inglese«, einen »Milanese« und »Schirazulla Marazulla«, was vielleicht soviel wie »Scaramuccia« bedeutet (der Spaßmacher aus der Commedia dell'Arte). Der Lautenist Hans Neusiedler bringt in seinem Lautenbuch von 1536 neben zahlreichen Übertragungen aus der Volksmusik u. a. auch Schlachtengemälde und niederländische, polnische, italienische Tänze. 1540 bringt er einen Bettler- und Nonnentanz sowie den berühmten »Zeuner«, alle Tänze immer mit dem metrisch veränderten Nachtanz. Der Zeuner wird übrigens von Johann Fischart und Hans Sachs erwähnt. Viele dieser Tänze haben sich bis zum heutigen Tag als Kinderspiele erhalten, wie etwa der Judentanz von Hans Neusiedler. Die Musik hierzu ist vielleicht das erste polytonale Stück, das die Judenmusik der Zeit persiflieren soll:

Der hupff auf

Gegenüber diesen volkstümlichen Gebilden zeigen die französischen und italienischen Quellen eine große Mannigfaltigkeit. In Frankreich ist noch die Basse-Danse in Schwung, wie aus der »Orchésographie« von Thoinot Arbeau (1588) hervorgeht, nur hat sie seit den Tagen der Margarete von Österreich grundlegende Veränderungen erfahren. Das von Arbeau als musikalisches Beispiel gebotene Lied »Jouyssance vous donneray«, das aus verschiedenen Teilen und einer frischen, fast modern klingenden Melodie besteht, zeigt, daß sich die Musiker nicht nach den Vorschriften des Tanzmeisters, sondern daß der Tänzer sich nach der Musik richtet. Als Nachtanz hatte jede Basse-Danse einen raschen Tourdillon. Arbeau erklärt, sie werde nach derselben Melodie getanzt wie die Galliarde, nur tanze man den Tourdillon »ganz niedrig« auf dem Boden, während die Galliarde langsamer getanzt, aber gesprungen werde. Die Stelle der Basse-Danse, die als ein Überbleibsel der adligen Gesellschaft sich tief ins 16. Jahrhundert hält, nimmt allmählich die »Pavana« ein, die in Deutschland auch »Paduana« genannt wird. Man hat diesen steifen und würdigen Tanz etymologisch als »Pfauentanz« deuten wollen, doch wird jetzt darauf hingewiesen, daß die Stadt Padua im Volksmund Pava hieß, wodurch die Gleichsetzung von Pavana und Paduana gerechtfertigt scheint. Der Nachtanz der Pavana ist die Gagliarda, die in fünf Schritten ausgeführt wird und daher von Shakespeare »sinka pas« (cinq pas) genannt ist. Im 17. Jahrhundert findet man Gagliarden mit einem Rhythmus, der zwischen den folgenden Typen schwankt:

Ein Rhythmus, der auch in der Courante wiederkehrt und in geänderter Form

sich noch bei Bach findet. Die Courante ist der Nachtanz der Allemande, ebenso wie der Saltarello ein Nachtanz des Passamezzo ist. Als anstößig wurde von den Zeitgenossen die Volta bezeichnet, da der Tänzer seine Parterin unter den »Blankscheit« (Mieder) faßt, sie emporhebt und »wie einen getriebenen Topf herumhaspelt und wirbelt«. Schon seit dem Mittelalter wurden die Tänze in Form von Folgen geboten. Auch Arbeau beschreibt eine solche Tanzfolge, den Branle: »Die Alten tanzen ganz gemessen den Branle, Double und Simple, die jungen Eheleute den Branle Gay und die Jüngsten den »Bourgogne«. Das Wort »Branle« wird einerseits mit dem »Branle«, einem Schritt der Basse-Danse, andererseits mit dem italienischen Wort Brando = Schwerttanz in Verbindung gebracht. Die Branle-Ketten halten sich noch bis ins 18. Jahrhundert. Immer mehr bildet sich die Reihenfolge: »Branle«, »Simple«, »Branle Gay«, »Amener«, »Poitou« und »Gavotte« heraus. Die»Gavottes« waren selbst eine Suite innerhalb der Branle-Folge. Außer diesen Sätzen beschreibt Arbeau noch »Haut Barrois«, den »Branle Coupé«, den »Branle de la Guerre«, den schottischen Branle, den »Triori«, den Branle der Waschfrauen, der Einsiedler, den »Branle de la Torche«.

Von den vielen Tänzesammlungen des 16. Jahrhunderts seien hier nur die sechs »Livres de Danses« zu vier und fünf Stimmen von Claude Gervais erwähnt, die Pierre Attaignant zwischen 1545 und 1556 herausgab. Ein anderer Komponist und Bearbeiter von Tänzen war Jean d'Estrée, Oboist im königlich-französischen Dienst, der auch Mitglied der Saint-Julien-Brüderschaft war und bei Nicolas du Chemin eine Reihe von Tanzbüchern herausgab, worin er Branles, Pavanen, Galliarden und andere Tänze mitteilt. Die bedeutendste und wichtigste Sammlung französischer Tänze kommt jedoch aus Deutschland und stammt von Michael Praetorius: Terpsichore (1612). Der berühmte Musiker teilt hier »allerley Frantzösische Daentze und Lieder« mit, »wie dieselbige von den Frantzösischen Dantzmeistern in Franckreich gespielet, und von fürstlichen Taffeln auch sonsten in Conviviis zur recreation und ergötzung gantz und wohl gebraucht werden können.« Wir finden da Tänze der verschiedensten Komponisten, die meisten heute völlig vergessen. Die Melodien hatte der fürstlich-braunschweigische Tanzmeister Emeraud aus Paris mitgebracht. Eine Erklärung, wie diese Tänze taktiert und mensuriert werden müssen, erhöht den Wert der Sammlung, in der wir u. a. folgende Tänze finden: Branles, Passepieds, Pavanen, Canarios, Sarabanden, Couranten, Morescas, Volten und ländliche Tänze, wie la Robine, Reprisen, Passamezzos usw.

Auf dem Gebiet des Tanzes hat auch der schon früher erwähnte Johann Hermann Schein durch sein »Banchetto Musicale« eine große Bedeutung. Das Werk enthält Variations-Suiten, die aus Padovana, Gagliarda, Courante, Allemande und Tripla bestehen: wohl durchgearbeitete polyphone Sätze, jeder meist aus drei Wiederholungen bestehend. Die ersten drei Sätze sind fünf-, die beiden letzten vierstimmig gesetzt. Die ersten drei Sätze waren in Scheins Zeit schon etwas veraltet und außerdem »fremdländisch«, während Allemande und Tripla noch getanzt wurden. Wie man auch sonst in der Geschichte des Tanzes beobachten kann: Altväterische Tänze werden höher stilisiert, aktuelle, noch getanzte Formen, erscheinen in einfacherem Gewand.

Je weiter wir im 17. Jahrhundert fortschreiten, desto selbständiger werden die Tänze in melodischer Hinsicht, und die Suite wird eine Folge von nur durch die gleiche Tonart verbundenen Tänzen. Um 1650 erscheint das Prinzip der Mannigfaltigkeit der Bewegung bei Einheit der Thematik von dem Prinzip des rhytmischen und melodischen Kontrastes abgelöst. Der Höhepunkt dieser Entwicklung ist die Klaviersuite Bachs.

Es scheint, daß englische Tanzmusik um 1600 nicht nur auf den Britischen Inseln, sondern auch auf dem Kontinent die größte Bedeutung erlangte. Um 1600 wird England »modern« in vielen Dingen, in der Literatur, der Philosophie, im Theater und auch in der Musik. Fest und Tanz blühen am englischen Hof seit dem Mittelalter. Am meisten zugetan ist man den Maskenspielen, die auf französischen Einfluß zurückgehen. Allerdings lassen nur die ausgearbeiteten Maskenspiele des Thomas Campion und John Marston Schlüsse auf die Massenimprovisationen zu, wie sie etwa auf Warwick, dem Lieblingsschloß der jungfräulichen Königin, stattfanden. Täglich gab es Überraschungen und lustige Spiele. Ging die Königin im Park spazieren, so hatte man eine Masque für sie als Überraschung vorbereitet. Diese Form hat eine reiche Entwicklung mitgemacht. Sie geht schließlich im 17. Jahrhundert in die Gattung des Singspiels oder Dramas über.

Nie fehlt der Tanz bei diesen Spielen. Konversationen, Geschäft und Hofklatsch verstummen, wenn die Intrada ertönt und die Measure getanzt wird. Campion gibt eine genaue Anweisung zu seiner »Masque at the Marriage of the Lord Hayes«. Es scheint ein gewaltiger musikalischer Apparat gewesen zu sein, und man muß bedauern, daß sich die Musik hierzu nicht erhalten hat. Merkwürdig ist, daß sich diese englische Orchestermusik in Werken erhielt, die vor allem in Deutschland gespielt wurden. So wie Italien seine Sänger nach Deutschland schickte, so sandte England seine hervorragenden Schauspieler und Komödiantentruppen nach dem Kontinent, und wie die deutsche Oper auf der italienischen Stagione fußt, so ist das deutsche Theater vielfach von England abhängig. Mit den englischen Komödianten kamen zahlreiche englische Musiker über den Kanal. Kassel war eine Hauptpflegestätte englischer Schauspielkunst, und der Landgraf Moritz von Hessen, der Mäzen von Heinrich Schütz, war ein besonderer Freund der Engländer.

Unter den Musikern, die aus England kamen, nimmt *William Brade* (gest. 1630 in Hamburg) den ersten Rang ein. Da gibt es Branles, Paduanen, Galliarden und Intraden, und die Grafen Otto und Friedrich trugen selbst eine Reihe von Tänzen bei. Eigenartig sind die Namen der Pavanen, die oft englische Texte haben, wie in einem Kasseler Manuskript, das von Moritz dem Gelehrten (um 1600) niedergeschrieben wurde. So hören wir von einer »Shooting of the Guns' Pavin« oder einer »Widows Pavin« (Witwen-Pavana) oder gar einer »Contraversie Pavin«. Um was für längst vergessene Anspielungen mag es sich dabei handeln? Neben Brade ist *Thomas Simpson* erwähnenswert, der 1611 ein umfangreiches Tänzewerk herausgab ohne eine bestimmte Regel einzuhalten, sind doch öfters mehrere Tänze durch die gleiche Tonart, nach Art der Suite, zusammengehalten. Die Maskerade »Bleyer's Armbandt« von Theodor Simpson erschien in einem Hamburger Druck von 1671. In Brades Druck (1617) begegnen wir, außer verschiedenen Brands und Branles, Couranten und allerhand Maskeraden, wie dem »Cornwallchen Auffzug«, einem »Heiligen Berg« und einer »Türkischen Intrada«. Da ist auch ein »Auffzug der Kaufleute«, ein »Auffzug vor Grienwitsch« und ein »Iriender Tanz« (Irischer Tanz).

Englische Virginalmusik

Der Tanz wurde auch in England durch das Virginal gepflegt. Mit diesem Namen bezeichnet man eine besondere Art des Cembalos, das bereits 1511 in Sebastian Virdungs »Musica getutscht« beschrieben wird, ein Beweis dafür, daß der Name nicht auf die »jungfräuliche« Königin Elisabeth zurückgeht. Immerhin läßt sich sagen, der Name hänge damit zusammen, daß das Instrument mit Vorliebe von Frauen gespielt wurde, wie auch aus dem Titel der einzigen gedruckten Virginal-Sammlung, die den Namen »Parthenia or The Maidenhead« hervorgeht. Andere wollen das Wort mit dem lateinischen Virga-Stabe (dem Federkiel, mit dem die Saite des Cembalos angerissen wird) in Verbindung bringen. Die Pluralform des Wortes – Virginals – erinnert daran, daß auch die Orgel häufig in der Mehrzahl als »Organa« bezeichnet wurde, wie denn auch noch heute im Tschechischen das Wort »Varhany« (= Orgel) eine Pluralform ist.
Die wichtigsten Sammlungen für das Virginal sind: My Ladye Nevells Books (1591), das 42 Kompositionen von William Byrd enthält (Neuausgabe von H. A. Andrews 1926), das Fitzwilliam Virginal Book, genannt nach dem Museum in Cambridge, das auch gelegentlich Queen Elizabeth Virginal Book genannt wird, da das Manuskript in ihrem Besitz gewesen sein soll. Es ist das umfangreichste und bedeutendste von allen Virginalbüchern und enthält 297 Stücke von fast allen Komponisten der Zeit. Benjamin Cosyns Virginalbook umfaßt 98, Will Forsters Sammlung 78 Stücke, meist von William Byrd. Die schon erwähnte »Parthenia« enthält Werke von Byrd, Bull und Orlando Gibbons. Auch das Mulliner-Buch (um 1550) soll hier erwähnt werden. Das Fitzwilliam Virginal Book gibt eine glänzende Übersicht über die Kunst der Zeit. Wie weit der englische Musiker Francis Tregian (um 1574–1619), dessen Name als einziger in verkürzter Form (Treg) erscheint, mit dem Manuskript in direkter Verbindung steht, ist unsicher. Jedenfalls scheint das Virginalspiel auf einer bewunderswerten Höhe gestanden zu haben, wie die Technik der vielen Formen zeigt.
Da gibt es Übertragungen von geistlichen Stücken (In Nomine, Salvator Mundi, Christe Redemptor, Miserere) und freie Stücke, wie Phantasien und Präludien. Die zahlreichen Volkslieder, wie »Goe from my window«, »John, come kiss me now«, »Walsingham«, »Nancy«, »The Irisch Ho-Hoane«, »Saint Thomas Wake«, »The woods so wilde«, »The Carman's whistle«, »O Mistress Myne« und Volkstänze wie »Sellinger's Round« führen ebenso in das musikalische Alltagsleben Englands ein wie die Übertragungen von italienischen Werken, etwa von Caccinis Solomadrigal »Amarilli mia bella« (Florenz 1602) durch Peter Philips. Eine große Rolle spielen die Variationswerke, die praktisch die gesamte Klavier-Variationstechnik des Barock und der klassi-

schen Periode vorwegnehmen. Bemerkenswert die reizenden programmatischen und tonmalerischen Stücke, wie eine Wetterphantasie von John Munday (Fair Weather, Lightening, Thunder, A clear Day) oder das grandiose Glockengeläute »The Bells« von Byrd oder »The King's Hunt« von John Bull, die das lebhafte Bild einer Jagd mit Hundegebell und Hörnerschall musikalisch wiedergibt.

Wie auf anderen Gebieten haben die Engländer auch mit ihrer Virginalmusik auf das Festland eingewirkt. Einer der bedeutendsten Vertreter der Orgel und des Cembalos ist *Jan Pieterszoon Sweelinck* (1562–1621). Seine Werke für Tasteninstrumente bilden über seine direkten und indirekten Schüler und Nachfolger eine wichtige Brücke zu Joh. Seb. Bach, weshalb man ihn auch den »Deutschen Organistenmacher« nannte. Seine wichtigsten Schüler waren *Jakob Praetorius* (1586–1651), *Paul Siefert* (1586–1666), die Brüder *Samuel* und *Gottfried Scheidt,* von denen der erstere (1587–1654) von größter Bedeutung ist durch seine »Tabulatura Nova«, *Heinrich Scheidemann* (um 1596–1663) und *Andreas Düben* (1558–1625), Mitglied einer berühmten Musikerfamilie.

Sweelinck wurde zu Deventer geboren und starb in Amsterdam. Der Vater war Peter Swybertson, der Elsgen Sweling heiratete, nach der sich der große Komponist nannte. Die Vermutung, daß Sweelinck bei Zarlino in Venedig studiert habe, ist ohne Bestätigung, wenngleich die von Reinken (1623–1722) niedergeschriebenen »Kompositionsregeln« (1670) Sweelincks aus Zarlinos »Istitutioni Harmoniche« stammen. Neben dem erwähnten englischen Einfluß bei Sweelinck sind auch spanische Elemente nachweisbar. Italienischen Einfluß zeigen seine Ricercare und Toccaten. Die Phantasien haben die dreiteilige monothematische Motettenform zur Grundlage. Seine Variationen, vielfach auf niederländischen Volksliedern aufgebaut, bilden eine wichtige Brücke zu Bachs Choralvariationen.

Während die Engländer um 1600 ihre hohe Virginalkunst ausbildeten, wurden die Franzosen, ein halbes Jahrhundert später, Meister des Clavecin mit einem einzigartigen, hochidiomatischen Stil. Sweelinck und seine Schüler waren in erster Linie spätgotische Meister der Orgel, die Franzosen sind Meister des Intimen. Ihr Stil geht auf die französischen Lautenmeister des 17. Jahrhunderts zurück, unter denen die Familie Gaultier hervorragt. Der bedeutendste unter ihnen ist *Denis Gaultier* (um 1603–1672). Seine Bedeutung besteht u. a. darin, daß er mit dem gebrochenen Lautenstil (style brisé), die Kunst der Clavecinisten nachhaltig beeinflußte, darunter auch *Jacques Champion Chambonnières* (um 1602–1672), *Jean Henry d'Anglebert* (1635–1691) und vor allem *Johann Jacob Froberger* (1616–1667), den großen deutschen Klaviermeister. Dem rationalen Sinn der Franzosen entspricht es, daß die Lautensätze, die alle eine Tendenz zur Suite aufweisen und suitenmäßig gespielt werden, vielfach illustrativ gedacht sind, oft programmatischen Charakter haben und vom Ballett beeinflußt sind. Das bezieht sich auch auf die Clavecinmusik. Eine beliebte Form ist das »Tombeau«, bei dem die Trauermusik der »Grave Allemande« durch ausdrucksvolles Mienenspiel begleitet wurde. Damals bildet sich die ständige Suitenfolge: Allemande, Courante, Sarabande, Gigue aus, die vor allem durch Froberger kanonisiert wurde. Die Gigue kam allerdings erst später dazu.

Es ist charakteristisch, daß es der Deutsche Froberger war, der die klassische Suitenfolge endgültig festlegte. Gegenüber den in der Suite freieren Franzosen komponiert Froberger mehr systematisch und aufbauend. Die französischen Klaviersuiten sind von der Ballettsuite beeinflußt und wollen Bilder und Szenen bieten, während dem Deutschen mehr die Ausarbeitung des thematischen Materials am Herzen liegt. So sind auch manche Suiten von Froberger noch nach dem Variationsprinzip geformt, wie etwa diese:

Das bedeutet aber nicht, daß man in Deutschland Tänze nicht auch »bündelweise« vorlegt. Das geschieht bei *Melchior Franck* (um 1580–1639) und *Valentin Hausmann* (um 1600). In solchen Sammlungen werden Paduanen, Gagliarden, Intraden, (deutsche) Tänze gruppenweise geboten.

Couperin und die Clavecinisten

Den französischen Clavecinstil hat die Familie *Couperin* auf einen Höhepunkt gebracht. Von dieser Musikerdynastie seien nur Louis (um 1626–1661) und seine Neffe François (1668 – 1733) hervorgehoben.
Unter den französischen Clavecinisten hat François Couperin, »Le Grand«, die größte Bedeutung. Wie sein Onkel Louis war er Organist an Saint Gervais in Paris und wurde von Ludwig XIV. mit ehrenvollen Aufträgen betraut. Seine vier Bände »Pièces de Clavécin«, 27 Suiten mit etwa 230 Einzelstücken, nennt er »Ordres«. In seinem Stil vereinigt er altfranzösische Lautentradition mit italienischem Cembalostil. Kennzeichnend für ihn sind seine programmatischen und poetischen Titel, die bisweilen sehr ironisch sind.
Ebenso bedeutend wie als Cembalist ist Couperin auch als Komponist von Kammermusik. Von diesen Werken seien nur die »Concerts Royaux« für Violine oder Flöte, Viola, Oboe, Fagott und Clavecin, sowie »L'Apothéose de Corelli« (1724) und »L'Apothéose de Lully« (1725) erwähnt. Außerdem schrieb Couperin ein wichtiges klaviertheoretischen Werk »L'Art de toucher le clavecin« (Paris 1716).

Die Anfänge der Sonate

Man ist längst von der Ansicht abgekommen, daß erst das 17. Jahrhundert eine selbständige Instrumentalmusik hervorgebracht hat. Entscheidend hat freilich der neue monodische Vokalstil um 1600 auf die Entwicklung der Instrumentalmusik eingewirkt. Von Mantua ausgehend bildete sich eine Geigerschule aus, als deren Meister man Monteverdi ansehen kann, der ja schon in seiner berühmten »Possente spirto«-Arie im »Orfeo« eine Probe seiner Violinkunst gibt. Ein wichtiger Förderer der Violintechnik dieser Zeit ist *Biagio Marini* (1597–1665), der auch am pfalzgräflichen Hofe zu Neuburg und Düsseldorf wirkte. Er ist einer der ersten, der in seinen 1620 erschienenen »Arie, madrigali et correnti«, Op. 3, Triosonaten, d. h. Sonaten für zwei Violinen und Continuo herausgibt. Unter ihnen ist die berühmte »Romanesca« für Solovioline, Variationen des volkstümlichen Baßthemas der Romanesca, besonders erwähnenswert. Dasselbe Thema enthält die »Sonata sopra l'Aria della Romanesca« (1613) des jüdischen Komponisten *Salomone Rossi* (um 1570–1630), eines Meisters aus der unmittelbaren Umgebung Monteverdis.

Auch Rossi ist einer der ersten, der die Geige idiomatisch behandelt, wie etwa in den »Sinfonie e Gagliarde« (1607/08), wo er die Violine in die ausgesprochene Violinregion des e''' führt. Seine »Sinfonien« sind meist kurze, homophon geschriebene Gebilde, für zwei Oberstimmen mit einem Baß. Man kann bei ihm freie Sonaten und Variationssonaten unterscheiden. Neben Rossi muß auch der Mantuaner Hofmusiker *Giovanni Battista Buonamente* erwähnt werden, der 1629 und 1636/37 Triosonaten für zwei Violinen und Baß schrieb, ferner Sonaten für ein bis vier konzertierende Stimmen. Andere Geiger dieser Frühzeit sind *Giovanni Battista Fontana* (gest. 1630) aus Brescia, *Martino Pesenti* (um 1600–1647), *Andrea Falconieri* (1586–1656), *Giovanni Battista Vitali* (gest. 1692), *Giovanni Battista Bassani* (um 1657–1716) und *Marco Uccellini* (1603–1680). Neben Buonamente führten auch *Giovanni Valentini* (gest. 1649), *Sances*, Cesti und Draghi den konzertierenden Violinstil am kaiserlichen Hof in Wien ein.

Bedeutsam ist, daß der italienische virtuose Stil bei den in Deutschland und Österreich wirkenden Geigern beträchtlich umgestaltet wurde durch das stärkere Hervortreten des polyphonen Elements. Unter den deutschen und österreichischen Geigern dieser Zeit seien vor allem *Johann Heinrich Schmelzer* und der Deutschböhme *Heinrich Franz von Biber* (1644–1704) erwähnt. Von den deutschen Geigern dieser Periode seien nur die beiden Dresdener *Johann Paul von Westhoff* (1656–1705), der durch sein doppelgriffiges Spiel Aufsehen erregte, sowie *Johann Jacob Walter* (geb. um 1650) genannt.

Die großen Geigenbauer

Ein wichtiger Faktor in der Entwicklung des Geigenspiels ist der Geigenbau, der erst die Voraussetzungen für die künstlerische Leistung schuf. Das Wort »Violine« ist nicht, wie häufig zu lesen, eine Verkleinerungsform für die ältere »Viole«, sondern bedeutet soviel wie »ähnlich einer Viole«. Nach 1600 hat sich die Violine als Trägerin der Instrumentalmonodie an der Spitze des Orchesters durchgesetzt. Es scheint, daß in Frankreich die Geige schon früh zu großem Ansehen gelangte, wie man aus Monteverdis Instrumentar im »Orfeo« (Violine piccolo alla francese) sehen kann. Insbesondere war es der Violinbogen, der bei den Franzosen, die ja die Artikulation und das Strichart-Wesen ausbildeten, seine Vollendung erlangte. Dagegen gebührt den Italienern, die die Meister des Belcanto auch im Spiel waren, der Ruhm, die Ausbildung des Klangkörpers vorangetrieben zu haben. Immerhin haben auch Tirol und Bayern ihren Anteil an der Entwicklung der Kunst des Geigenbaues gehabt. So war *Kaspar Tieffenbrucker* (1514 bis 1571), aus Tieffenbrugg bei Füssen, einer der ersten Geigenbauer; mehrere seiner Namensvettern trugen den Ruhm der alten Geigen- und Lautenmacher-Familie nach Italien.

Die ältesten Violinen stammen von *Gasparo da Salò* (1540–1609), der, ebenso wie sein bedeutender Schüler *Giovanni Paolo Maggini* (1581–1632), in Brescia wirkte. Von dort stammte wohl auch der Begründer der Cremoneser Geigenbauerschule *Andrea Amati* (1535 – um 1611). Er baute zuerst Gamben, schuf aber auch den noch heute üblichen Violintypus. Die Violinen der Familie Amati (Antonio, Girolamo I., Nicola und Girolamo II.) zeichnen sich durch eine besonders zierliche Form und einen sanften, schmelzenden Ton aus. Nicola (1596–1684) wurde der Lehrer *Antonio Stradivaris* (um 1645–1737), der mehr als 1100 Instrumente baute, wobei ihm seine Söhne handwerklich und geschäftlich halfen. Bekannt sind heute etwa 540 Geigen, 12 Violen und 50 Celli, wobei jedoch viele Fälschungen als echte Stradivari höchste Preise erzielen, eine Erscheinung, die sich aus dem Wechsel des Klangideals um 1830 – man bevorzugte nun statt der flötenartig klingenden Amati die oboenartige Stradivari – erklärt. Die Wahl des Holzes, die vollendeten Proportionen, die Höhe der Wölbung, die Länge der F-Löcher und die Zusammensetzung des Lacks bilden das Kunstgeheimnis der Familie, das verlorengegangen ist.

Ein anderer großer Schüler Amatis war *Andrea Guarneri* (um 1626–1698) aus Cremona, doch stehen seine Arbeiten hinter denen seines Enkels, Giuseppe Antonio Guarneri, genannt »del Gesù« (1698–1744), zurück. Er war der berühmteste Geigenbauer der Familie. Die Arbeiten aus der Mitte seiner Schaffensperiode wetteifern mit den besten Stradivari, während jene aus seiner letzten Schaffensperiode minderwertig sind. Del Gesù führte ein abenteuerliches Leben, soll in seinen letzten Jahren stark getrunken haben und im Gefängnis gestorben sein, wo er seine letzten Geigen mit schlechtem Material baute. Paganinis Geige war eine del Gesù.

Von den italienischen Geigen sind die deutschen grundverschieden. Unter ihnen ragen jene von *Jakob Steiner* (Stainer) (1621–1683) aus Absam in Tirol hervor. Er arbeitete wahrscheinlich als Wandergeselle in Italien und lernte bei den Brüdern Amati, deren Instrumente denen Steiners am nächsten stehen und die durch die gewölbte Decke jenen bereits erwähnten Flötenklang besitzen. Auch Steiner führte ein abenteuerliches Leben. Er wurde wegen seiner Neigung zum Protestantismus ins Gefängnis geworfen und starb in geistiger Umnachtung und Armut. Steiner war der Gründer der deutschen Geigenmacher-Schule. Seine Geigen sind äußerst selten und entsprechen dem Ideal der großen deutschen Geiger (Biber, Schmelzer, Westhoff usw.) des 17. Jahrhunderts.

Musikantengruppen, von Jost Amman

Corellis Concerto grosso

Die klassische Zeit des barocken Violinspiels wird durch *Arcangelo Corelli* (1653 bis 1713) verkörpert. Er ist seit 1675 in Rom nachweisbar, doch scheint er sich auch in Deutschland aufgehalten zu haben. Kurfürst Johann Wilhelm von der Pfalz erhob den Musiker in den Adelsstand mit dem Titel Marchese von Ladenburg. Sein Lebenslauf ist in Dunkel gehüllt. Die Kardinäle Benedetto Panfili und Pietro Ottoboni waren seine Mäzene. Noch wichtiger war seine Beziehung zur Königin Christine von Schweden, die 1659, nach ihrer Abdankung und dem Übertritt zum Katholizismus, in Rom eine Akademie unterhielt, deren Mitglieder sich im Palazzo Riario versammelten. Corellis Op. 1, die zwölf Triosonaten, waren der Königin gewidmet. Später wurde er Mitglied der arkadischen Akademie, wo er unter dem Namen Arcomelo Erimanteo an der Seite von Alessandro Scarlatti und Bernardo Pasquini (1637–1710) wirkte. In späteren Jahren verfiel er in Melancholie, angeblich, weil er den Erfolg seines Rivalen Giovanni Valentini nicht ertragen konnte.

Corelli, der wohl ausschließlich für Streichinstrumente komponierte, pflegte die Sonate und das Concerto grosso. Er begann in traditioneller Weise mit einer Triosonate, der zwölf Kammersonaten und die berühmten zwölf Solosonaten Op. 5 folgten, von denen sechs für die Kirche und fünf für die Kammer bestimmt waren. Das Schlußstück Nr. 12 bildet die »Follia«, Variationen auf die damals so populäre Folie d'Espagne, die auch Bach in seiner Bauernkantate und noch Liszt in seiner »Rhapsodie Espagnole« verwendeten. Corellis Kirchensonaten haben meistens ein festes viersätziges Schema. Einem langsamen homophonen Anfangssatz folgt ein fugierter schneller; an diesen schließt sich wieder ein langsamer homophoner Satz, das schnelle Finale ist nicht selten eine verkappte Gigue. Die Kammersonaten Op. 2 bestehen meist aus Preludio, Allemande, Corrente oder Sarabande und Giga oder Gavotta.

Die Krönung seines Werkes bilden die »12 Concerti grossi« Op. 6 (1712), von denen acht Kirchen- und vier Kammerkonzerte sind. Die Teilung des Klangkörpers in solistische und begleitende Stimmen geht auf die Anfänge der Doppelchörigkeit der Venezianer zurück. Noch bevor der Ausdruck Concerto grosso bekannt war, gab es Werke mit dialogischen Klanggruppen. In der klassischen Zeit dieser Form stehen zwei Violinen und ein Baß (genannt Concertino) einem größeren Klangkörper von Streichern (»Grosso«) gegenüber, weshalb der Ausdruck Concerto grosso eigentlich eine pars pro toto ist. Übrigens finden sich nicht nur in den venezianischen Opernsymphonien, sondern auch bei Lully Ansätze dieser Instrumentalpraxis. Der österreichische Komponist *Georg Muffat* (1653–1704), der selbst Concerti grossi herausgab, war ein Schüler von Corelli und berichtet, wie er in Rom 1681–1682 studierte und »etliche schön und mit großer Anzahl Instrumentisten auffs genaueste producierten Concerten vom kunstreichen Hrn. Arcangelo Corelli mit großer Lust und Wunder gehört habe.«

Nach dem Zeugnis von Muffat ist denn auch Corelli der eigentliche Begründer dieses Stils. Ein solches Orchester bestand oft aus 150 Spielern. Vielfach spiegelt sich Corellis Charakter in seinem Stil wider. Kein Meister hat wie er »die aristokratische Würde, das Pathos, die elegische Ausdruckshaltung seiner Kantilene, die edle Schönheit seines, der Seele des Instrumentes abgelauschten Streicherklangs, zu erreichen vermocht.« (B. Paumgartner). Corellis Kunst spiegelt aber auch die hohe Würde der römischen Geistlichkeit und Aristokratie, die in diesen Harmonien und formvollendeten Melodien ein Abbild ihrer Gesellschaft sah, eine Schöpfung der Allmacht und Allweisheit Gottes.

Vom Barock bis zur Gegenwart

Europäisches Hochbarock

Die Epoche, die man mit dem vieldeutigen Wort »barock« unter einen Nenner zu zwingen pflegt, ist weder abgrenzbar noch einheitlich. Anfang und Auslaufen lassen lassen sich nicht fixieren, in der Musik vielleicht noch weniger als in den anderen Künsten. Die überragende Potenz von Persönlichkeiten wie Händel und Bach erscheint aus heutiger Sicht als so epochal, daß man die Zeitspanne, die sich mit ihrem Wirken deckt, als eigene Ära, eben als die Händels und Bachs herausheben könnte. Doch hieße das, die Maßstäbe ihrer eigenen Zeit verzerren. Bachs Größe wurde erst lange nach seinem Tod wirklich erkannt, seine Kunst hat keinesfalls stilbildend gewirkt. Händel wiederum ist zumindest als Opernkomponist »ein Italiener« und ohne die Modelle, die neapolitanische Meister entwickelt hatten, gar nicht denkbar. Immerhin gestattet, ja erfordert die Musik dieser Ära nach Art und Höhe der Qualität eine gesonderte Betrachtung, eine Unterteilung der gesamten Barock-Epoche.

Musik nach 1700 kann nicht mehr dasselbe sein wie vorher. Nach der tastenden, experimentierenden Vielfalt des vorangegangenen Säkulums prägt sich eine Verbindlichkeit und Regelhaftigkeit aus, wie sie allen Reifezeiten eigen ist. »Europäisches Hochbarock« – der Abschnittstitel betont zunächst die Übernationalität des barocken Spätstils. Nie zuvor – und auch nie wieder, sieht man von der kurzen Episode der modernen Reihentechnik ab – ist die Sprache der Musik in ihrem Vokabular, in ihrer Syntax, in ihren Konventionen so wahrhaft international gültig gewesen. Dieses musikalische Esperanto ist italienischen Klanges, in einem Jahrhundert pionierhafter Leistungen von Meistern seit Palestrina und Monteverdi ausgebildet und nun »in Form gebracht«. Auch die stärksten Persönlichkeiten anderer Musikkulturen müssen Eigenes der Auseinandersetzung mit der italienischen Formen- und Ausdruckswelt abgewinnen, so Purcell, Rameau, Händel, Bach, und weniger kraftvolle (man denke nur an den Deutschen Hasse) gehen sozusagen im welschen Musikstrom auf.

Solches Europäertum hat seine politisch-soziologischen Wurzeln. Die Epoche führt viele und heftige Kriege, aber keiner trägt ein nationales Vorzeichen; es sind rein dynastische Kämpfe um Macht und Ländergewinn. Der Monarch beherrscht Gesellschaft und Zivilisation. Ludwig XIV. strahlt als Zentralsonne durch ganz Europa, in Deutschland und Italien ahmen Dutzende kleiner Fürsten sein luxuriöses Vorbild nach. Sie bekriegen einander gelegentlich und bilden doch eine Internationale der Autokraten, die französisch spricht und italienisch musiziert. Musik wird wie nie zuvor höfische Musik. Selbst in den Refugien bürgerlichen Mäzenatentums benimmt man sich despotisch, was Bach in seiner Leipziger Zeit ärgerlich genug erfahren mußte.

Repräsentiert wird diese höfische Musik am glänzendsten durch die Oper. Sie kann überhaupt nur in Residenzen gedeihen, die Hamburger bürgerliche Barockoper bildet ein bloßes Intermezzo. In der höfischen Oper – es ist neapolitanische, italienisch gesungene Oper – manifestiert sich eine spätbarocke Hauptlinie der Musik, die der

Vorherrschaft der Melodie. Weitere Charakteristika der Epoche sind in dieser Dominanz inbegriffen: so das Kontrastprinzip, das die Dreiteiligkeit der Da-Capo-Arie (und auch die typisch hochbarocken Instrumentalformen, Solo-Konzert und Concerto grosso) überhaupt erst ermöglicht, so auch das Schrumpfen einstiger polyphoner Freizügigkeit zum Schema des bezifferten Basses, des Basso continuo oder »Generalbasses«. Man zeichnet nur noch die Stimmen von Melodie und Baß auf, über den Baßnoten werden die gewünschten Akkorde in symbolischen Ziffern angegeben (z. B.: 3 = Dreiklang, 7 = Septimenakkord, ein B oder Kreuz = kleine oder große Terz); die harmonische Ausfüllung besorgt der Spieler des Harmonieinstrumentes (Cembalo vor allem, auch Orgel oder Laute), und dafür gibt es sowohl Konventionen, die jeder Musicus beherrschen muß, wie auch reizvolle Freiheit zur individuellen Ausschmükkung, zu Improvisation in Stimmführung und Verzierungstechnik.
Solche Konventionen waren nur möglich, wenn eine geregelte Harmonik zugrunde lag. Der phantastische Wildwuchs frühbarocker Klangfolgen – bei Marenzio, Gesualdo, auch noch bei Monteverdi – wird durch ein Regelkorsett domestiziert. Der rationalistische Zug der Zeit, der sich in der Philosophie wie in der höfischen Kunst der gezirkelten Gärten und in den höchst vernünftigen Festungsbauten Vaubans ausdrückt, bändigt die wuchernde Üppigkeit, die man als »typisch barock« empfindet. Gelehrte suchen die Regeln der Musik zu erkunden. Der große Philosoph *Descartes* (1596–1650) war bereits nahe daran, die Obertonreihe zu erkennen; seinem Landsmann, dem Mathematiker und Akustiker *Joseph Sauveur* (1653–1716) gelang ihre wissenschaftliche Erforschung, wodurch »Natur« als Spender der Dur-Tonqualität mit dem Dur-Dreiklang als Vater aller Harmonik (Moll-Klänge ließen sich nicht so »natürlich« erklären) zum Grundgesetz erhoben war. Die neu gefundenen Beziehungen zur Obertonreihe bestätigten nur, was die Praxis, wenn auch retardiert durch die alten modalen und unharmonikalen Kirchentöne, als Dur-Moll-Tonalität längst entwickelt hatte.
Jean-Philippe Rameau legte in seinem »Traité de l'Harmonie« 1722 deren Gesetzestafeln nieder. Sie blieben über zweihundert Jahre hindurch unbestritten, und schon die Zeitgenossen erkannten ihre Bedeutung, indem sie Rameau den Newton der Harmonie nannten. Wesentlich ist, daß Rameau die Umkehrbarkeit der Dreiklänge formuliert hat. E-g-c ist schon bei ihm nichts anderes als die erste Umkehrung des Grunddreiklangs c-e-g, Sextakkord genannt; durch solche Beziehung zu einem Grundton werden alle Zusammenklänge geordnet und in eine logisch zwingende Rangfolge gebracht – eine Ordnung von Spannung und Lösung, von »Funktionen« der Akkorde, die noch Mitte des 20. Jahrhunderts, durch Hindemith freitonal erweitert, »funktionierte«.

Jean-Philippe Rameau, Über die Harmonie

Allein die Harmonie kann Emotionen erzeugen. Sie ist die einzige Quelle, aus der die Melodie unmittelbar hervorgeht und ihre Kräfte erhält. Gegensätze zwischen hoch und tief etc. bilden in einer Melodie nur oberflächliche Veränderungen; sie fügen ihr beinahe nichts hinzu.
Wenn die Nachahmung von Lärm und Bewegung in unserer Musik nicht so häufig angewendet wird wie in der italienischen, so liegt das daran, weil bei uns das Hauptziel das Gefühl ist. Das Gefühl kennt keine vorherbestimmten Rhythmen und kann folglich nicht überall in einem regelmäßigen Takt gezwungen werden, ohne die Wahrhaftigkeit zu verlieren, die seinen Reiz ausmacht. In Takt und Rhythmus liegt der musi-

PARTHENIA

or

THE MAYDENHEAD

of the first musicke that

euer was printed for the VIRGINALLS.

COMPOSED

By three famous Masters: William Byrd, Dr: John Bull, & Orlando Gibbons,

Gentilmen of his Maties: most Illustrious Chappell.

Dedicated to all the Maisters and Louers of Musick

Ingrauen

by William Hole.

for

DORETHIE EUANS.

Cum

Priuilegio.

Printed at LONDON by G: Lowe and are to be soulde
at his howse in Loathberry.

NOVA.

Continens variationes aliquot

PSALMORVM, FANTASIARVM, CANTILENARVM, PASSAMEZO, ET CANONES ALIQUOT,

In Gratiam Organistarum adornata.

à

SAMUELE SCHEIDT HALLENSE.

REVERENDISS: ILLVSTRISSIMIQVE PRINCIPIS AC DOMINI,

DN. CHRISTIANI GUILIELMI ARCHIEPISCOPI MAGDEBURGENSIS PRIMATIS GERMANIÆ ORGANISTA ET CAPELLAE MAGISTRO.

HAMBVRGI,
Typis & Sumptibus HERINGIANIS.
ANNO M DC XXIV.

44 Heinrich Schütz, Kupferstich von Christian Romstet, 1672

45 Titelblatt der »Tabulatura Nova« von Samuel Scheidt

43 (vorhergehende Seite) Titelblatt des Erstdruckes der »Parthenia«

46 Arcangelo Corelli, Gemälde, Jan Frans van Douven zugeschrieben

Ordnende Ratio bemächtigt sich auch dessen, was Musik »bedeutet«. Die hochbarocke Affektenlehre will erforschen und regeln, warum diese Tonfolge Schmerz, jene Freude ausdrückt. Auch hier hat Descartes in seinem »Compendium musicae« die Grundlagen umrissen, wenn er schrieb, man könne »Melodien erfinden, die traurig und doch angenehm sind« und über die Bedingungen solcher Ausdruckspräzision durch Zeitmaß, Betonung und Tonqualität nachdachte. Später wurde der affektiven Gesetzlichkeit barocker Musik in vielen theoretischen Schriften, namentlich in Italien (Agostino Steffani) und Deutschland (Leibniz, Kuhnau, Mattheson) nachgespürt. Mystische Spekulationen, wie die über die Kongruenz von Tonarten und Farben des Spektrums, verbinden die rationalistische Ästhetik des Barocks mit der der Romantik, ja mit der Musik des 20. Jahrhunderts (Skrjabin, Schönbergs »Glückliche Hand«).

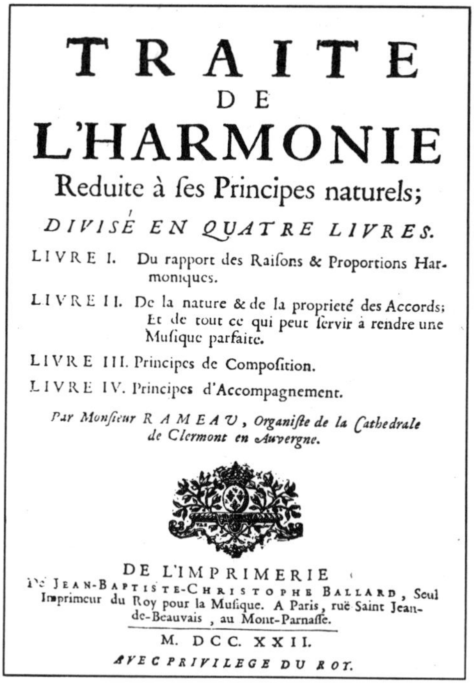
TRAITE
DE
L'HARMONIE
Reduite à ſes Principes naturels;
DIVISÉ EN QUATRE LIVRES.
LIVRE I. Du rapport des Raiſons & Proportions Harmoniques.
LIVRE II. De la nature & de la proprieté des Accords; Et de tout ce qui peut ſervir à rendre une Muſique parfaite.
LIVRE III. Principes de Compoſition.
LIVRE IV. Principes d'Accompagnement.
Par Monſieur RAMEAU, *Organiſte de la Cathedrale de Clermont en Auvergne.*
DE L'IMPRIMERIE
De JEAN-BAPTISTE-CHRISTOPHE BALLARD, Seul Imprimeur du Roy pour la Muſique. A Paris, ruë Saint Jean-de-Beauvais, au Mont-Parnaſſe.
M. DCC. XXII.
AVEC PRIVILEGE DU ROY.

Titelblatt von Rameaus Traktat aus dem Jahr 1722

Der vernünftlerisch-wissenschaftliche Zug ist nur *eine*, wenn auch eine Hauptlinie des Hochbarock. Logik und Affekt, Ratio und Überschwang verzahnen sich, am eindrucksvollsten im Werk der Großmeister Händel und Bach. Hier wird auch der Kontrastfreude der Epoche das imposante Gegenprinzip abgerungen: in der hochbarocken Fuge. Sie hält als vorwiegend instrumentale Form die Bastion der nichtitalienischen, einst »niederländischen«, jetzt deutschen Musik. Das Wesentliche liegt in der Konzentration der mehrthemigen Ricercare-Form, der Vorstufe der Fuge, auf die Keimzelle eines einzigen Themas (auch wenn es, bei Bach wie bei Händel, Doppel- und Quadrupel-Fugen gibt), und in der Synthese von Linear-Melodischem, Rhythmischem und Harmonischem. Indem schon die »Beantwortung« des Themas an die Quintbeziehung geknüpft und jedweder Zusammenklang der Stim-

kalische Ausdruck des Körperlichen; jener dagegen, der die Emotionen erzeugt, stammt aus der Harmonie und ihren Ergebnissen, eine Tatsache, die wir sorgfältig abwägen sollten, ehe wir entscheiden, was das Gleichgewicht hält.

Das komische Genre zielt fast niemals darauf ab, Emotionen auszudrücken, und ist folglich das einzige Genre, das sich für solche kadenzierte Rhythmen eignet, um derentwillen wir die italienische Musik wirklich schätzen. Wir beachten jedoch nicht immer, welch glücklichen Gebrauch unsere eigenen Musiker von ihnen machen. Unser Genuß an den wenigen Versuchen, die die Feinheit französischen Geschmackes unseren Komponisten erlaubte, beweist, wie leicht wir uns in diesem Genre auszeichnen können.

Aus: Observations sur notre instinct pour la musique et son principe, 1734

men in harmonische Flächen eingebettet wird, gewinnt polyphone Musik eine neue Dimension. Deren Regelhaftigkeit entspricht dem Geist spätbarocker Ratio.
Oper, Concerto und Fuge – ein Formen-Dreiklang des Hochbarock, der in seiner »Sprache« nochmals, zum letzten Mal, Italiens musikalische Kunst in der europäischen Führerrolle bestätigt, im Gewicht der schöpferischen Beiträge jedoch eine Verlagerung nach dem Norden anbahnt.

Neapolitanische Oper und Concerto

»Erfunden« wurde die Oper in Florenz, bereichert in Venedig und Rom, zur europäischen Weltmacht erhoben in Neapel. Warum gerade dort? Neapel, seit dem ersten Drittel des 16. Jahrhunderts, mit einem kurzen österreichischen Zwischenspiel, unter spanischer Vizekönigs-Herrschaft, war nicht einmal eine »typisch italienische« Stadt; kein autochthoner Fürst, wie einst Lorenzo il Magnifico in Florenz oder Ludwig XIV. in Paris, förderte die Künste. Es lag wohl an der gesegneten Luft, die zum Singen geradezu herausforderte, am komödiantischen Witz der Neapolitaner, die unter immer wieder wechselnden Herren gelernt hatten, die Welt als ein großes Theater, das Leben als eine Folge von pathetischen und belustigenden Szenen zu betrachten, wenn der Sizilianer *Alessandro Scarlatti* (1660–1725) gerade hier zum Schöpfer eines epochebildenden Typus des Theaters aufsteigen konnte.
Scarlatti kam als Knabe nach Rom, wurde der Freund Corellis und Günstling der dort lebenden schwedischen Ex-Königin Christina und tat sich als gewandter Opern- und Oratorienkomponist so hervor, daß er schon als Vierundzwanzigjähriger zum Hofkapellmeister nach Neapel berufen wurde. Er wechselte künftig seine Wirkungsstätte noch mehrfach zwischen Rom, Florenz und Venedig. In Neapel aber hatte er mit »Pirro e Demetrio« (1694) seinen eigenen Stil gefunden, und dort starb er auch. Er war von unglaublicher Fruchtbarkeit: Sein Oeuvre umfaßt über 100 Opern und über 660 Kantaten und Oratorien; die genaue Zahl kennt man bis heute noch nicht. Solche Fruchtbarkeit ist nur durch eine bestimmte kompositorische Praxis möglich, die er selber maßgeblich entwickelt hatte. Die Partituren ähneln Skizzen, in denen mit Hilfe des bezifferten Basses bloß angedeutet und den Interpreten die Ausführung überlassen wird.
Die Typik der Opernform gestattete dies ohne weiteres. Sie zu stilbildender Konvention geordnet zu haben, ist Scarlattis bleibendes Verdienst. Seine Oper ist vor allem anderen Sängeroper, obwohl auch die Instrumentalmusik ihm viel verdankt: Aus der »Sinfonia«, dem obligaten Vorspiel jeder Oper, mit der geregelten Folge von schnell-langsam-schnell (im Gegensatz zum französischen Ouvertüren-Typus langsam-schnell-langsam) entwickelte sich die klassische Symphonie. Neapolitanische Oper ist jedoch in erster Linie für brillante Kehlen da; Kastraten – in zarter Jugend Entmannte – waren damals schon, und für ein ganzes Jahrhundert, die bewunderten, manchmal mit Gold aufgewogenen Protagonisten der Hauptrollen, männlicher wie weiblicher. Sie sangen Sopran und Alt, übertrafen jedoch dank dem kräftigeren Körperbau jede Primadonna an Fülle und Volumen des Stimmklangs. Der Aufbau der neapolitanischen Oper diente ganz der Entfaltung sängerischer Virtuosität.

Die Da-Capo-Arie

Das Rückgrat der Oper bildet die sogenannte Da-Capo-Arie. Der Ausdruck bezeichnet die Dreiteiligkeit. Nach einem in Tonart und Ausdruck leicht kontrastierenden Mittelstück wird der erste Teil »da capo« (»vom Kopf an«) wiederholt, aber nicht unverändert, sondern mit Variationen und Verzierungen, »Koloraturen«, in denen der Sänger Technik wie Phantasie entfalten kann. Diese Arien kommentieren sozusagen die jeweilige Affekt-Station der Handlung: Liebe, Haß, Verzweiflung, Rache, Gebet, Eifersucht werden belcantistisch ausgebreitet. Erst in den arienverbindenden Rezitativen – »secco«, nur von Cembalo-Akkorden gestützt, »accampagnato« mit Begleitung mehrerer Instrumente – wird das dramatische Geschehen vorwärtgetrieben. Chöre und Ensembles sind selten, Duette ausgenommen, bescheidene Kontrapunktik beschränkt sich auf typische, Schlachten oder Gewitter »malende« Orchesterzwischenspiele. Was an Handlung vor sich geht, ist ziemlich genormt und schöpft die beliebig wiederholbaren Modelle aus klassischem Mythos und Pseudohistorie.
Die Verarmung gegenüber den vielfältigen Sujets der venezianischen Opern springt ins Auge. Diese Formschematik wurde später durch *Pietro Metastasio* (eigentlich Trapassi, 1698–1782) geradezu festgemauert. Metastasio wirkte seit seinem einunddreißigsten Lebensjahr als kaiserlicher Hofpoet der Habsburger in Wien, Nachfolger Apostolo Zenos, der vor ihm schon eine Veredelung der Operntexte aus dem Geist der Klassik angestrebt hatte. Metastasio wurde der Libretto-Papst eines ganzen Jahrhunderts; noch Gluck und Mozart vertonten seine Texte. Er vereinfachte das Personarium und schrieb Verse, die sich wirklich singen ließen. Besonders berühmt wurden seine »Gleichnis-Arien«, die Gefühle mit Natur und Mythos koppelten. Metastasios Libretti wurden als wirkliche Dichtungen geschätzt. Er wollte mehr geben als leere Schematik, dem Komponisten sollten Menschenbilder geliefert werden, die dieser dann so »auszustatten« hatte, »daß sie eine lebendige Individualität verraten«. Auch sorgte er durch seine Libretti für den Ausbau des Accompagnato-Rezitativs und des Chores.

Opera seria

Der Vorteil des neapolitanischen Modells der Opera seria (der »ernsten« Oper) lag nicht allein in der leichten Wiederholbarkeit, womit sie der Praxis bestens diente, wie ja auch ihre intrigenreichen Stoffe höfischen Bedürfnissen entgegenkamen: In den mythologischen und historischen Helden, die im barocken Justaucorps und barocken Federhelm auftraten, sah sich der jeweilige Monarch und Mäzen des Operntheaters verherrlicht. Was zum Klischee erstarrt schien, bewährte sich doch im Grunde als Basis aller künftigen Opern: der Wechsel von Rezitativ und Arie, die klare Scheidung von Aktion und Lyrik schuf einen äußerst musikablen Großrhythmus von Spannungen. Auch wenn man heute, nachdem die Konventionen barocken Operngenusses längst nicht mehr gültig sind, den Seria-Typus eher als kostümiertes Konzert denn als dramatisches Kunstwerk empfinden mag, in seinem formalen Rhythmus schwingt doch die Seele der Gesangsoper.
Alessandro Scarlatti hat sie nicht »erfunden« noch zur höchsten Reife gebracht. Er bildet jedoch das markanteste Glied einer fast unübersehbaren Kette spätbarocker Opernmeister. Sein Sohn Domenico gehört ebenfalls zu ihnen, doch ist er weit bedeutender

als Instrumentalkomponist. *Agostino Steffani* (1654–1728) war einer der ersten von vielen italienischen Maestri, die Italien »exportierte«. Er studierte bei dem Deutschen J. K. Kerll in München, wirkte als hervorragender Cembalist, Opernkomponist und Diplomat in Deutschland, hauptsächlich in Hannover, und beeinflußte nachdrücklich die Ausbildung der norddeutschen Oper. Berühmt wurde er auch durch seine 90 Kammerduette, die Opern-Belcanto gesellschaftlichem Musizieren dienstbar machen. Der Neapolitaner *Niccolò Porpora* (1686–1766) war Händels Rivale in London und der begehrteste Gesangslehrer seiner Zeit. Die Kastraten Farinelli und Cafarelli, die bewunderten Koloraturkönige der Epoche, waren seine Schüler, vorübergehend auch Hasse und, in Wien, Haydn. Porporas 50 Opern gelten als besonders typisch für die reine, am Drama uninteressierte Virtuosenoper. *Antonio Caldara* (um 1670–1736), *Antonio Bononcini* (1677–1726), *Benedetto Marcello* (1686–1739), *Leonardo Vinci* 1690–1730) und *Leonardo Leo* (1694–1744) gehören zur älteren Generation von Opernkomponisten, die Scarlattis Stil weiterbildeten.

Der erfolgreichste »Neapolitaner« neben Händel stammte jedoch aus Bergedorf bei Hamburg: *Johann Adolf Hasse* (1699–1783). Er bildete sich in Italien aus, heiratete in Venedig die große Primadonna Faustina Bordoni, und beider über dreißigjähriges Wirken an der Dresdner Hofoper erhob diese erstmals zur führenden Bühne in ganz Deutschland. Das Ehepaar Hasse war so begehrt, daß es immer wieder ins Ausland berufen wurde: nach Italien, wo Venedig Hasses letztes Domizil (und auch sein Sterbeort) wurde, nach London, wo er mit Händel konkurrierte. Die Wirren des Siebenjährigen Krieges vertrieben Hasse aus Dresden, er suchte im Alter Anschluß an die neue dramatische Oper Gluck-Calzabigis zu gewinnen, aber seine Zeit war vorbei. Hasses Werk zeigt den neapolitanischen Seria-Stil in voller Glorie. Die enge Zusammenarbeit mit Metastasio – für keinen anderen Komponisten hat der Libretto-Papst so viele Texte geschrieben – bestätigte noch Hasses zeitweilige Vormachtstellung. Die bedeutendsten Zeitgenossen, selbst der große Bach, der freundschaftlich mit dem Künstlerehepaar verkehrte, waren sich in der Wertschätzung von Hasses Kunst einig. Er schrieb 56 Opern und 13 Intermezzi, 11 Oratorien und eine Fülle weiterer geistlicher Musik, Solokonzerte, Sonaten und Serenaden. Weitaus die meisten seiner Opern sind Opere serie; »Artaserse«, »Arminio«, »Demofoonte« galten als die berühmtesten. Die Eleganz seiner Melodik stand der der klangüppigsten Neapolitaner nicht nach; dazu bemühte er sich um motivische Bereicherung des Rezitativs, um sprachgemäße Deklamation auch in den Arien und, bestärkt durch seinen Kompagnon Metastasio, um Individualisierung dcs Ausdrucks. Doch verhindern die Monotonie seiner Da-Capo-Arien, die simple Harmonik und wenig differenzierte, ganz auf dem Streicherklang beruhende Instrumentation alle modernen Wiederbelebungsversuche. Hasse hatte seiner Welt zu gefällige Tribute entrichtet, als daß er der Nachwelt viel zu sagen hätte.

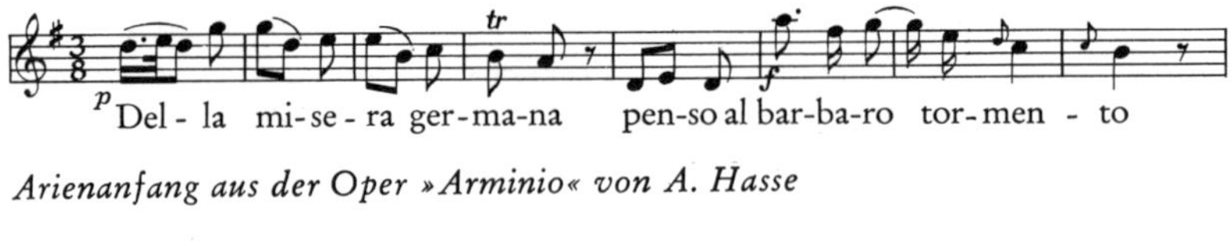

Arienanfang aus der Oper »Arminio« von A. Hasse

Die nächste Generation der »Neapolitaner« leitete bereits zum Operklassizismus Glucks über. So *Niccolò Jomelli* (1714–1744), der lange vor Gluck eine »Ifigenia in

Aulide«, eine »Ifigenia in Tauride« und eine »Armida« schrieb, Chor und Orchester kunstvoller behandelte, *Tommaso Traetta* (1727–1779) und *Antonio Sacchini* (1730 bis 1786), der schon kein Massenproduzent mehr ist; seine Hauptoper »Oedipe à Colone«, für Versailles auf französischen Text komponiert, beeindruckte bei der deutschen Ausgrabung 1966 durch Gluckschen Adel. Hier ist wuchernder Belcanto-Zierat gestutzt und dramatischem Ausdruck untergeordnet.

Opera buffa

Tiefere Spuren im lebendigen Repertoire als die Opera seria hinterließ ihre heitere neapolitanische Schwester, die Opera buffa. Auch sie ist nicht unter der Sonne Neapels geboren, aber unter ihr ausgereift: der gestelzte Heroen-Pomp der Seria, der dem volkstümlich-komischen keinerlei Spielraum bot, suchte sich ein Ventil. Heitere Intermezzi wurden schon im 17. Jahrhundert in pathetische Opern eingestreut, und ein Genie der leichten Hand, der Neapolitaner *Giovanni Battista Pergolesi* (1710–1736), erhob drei Jahre vor seinem frühen Tod ein solches Intermezzo, »La serva padrona« (»Die Magd als Herrin«), zum welterobernden Typus. Die Opera seria braucht szenischen Aufwand und Sängervirtuosen. Pergolesi kommt mit einem Nichts an Dekoration und drei Figuren aus, deren Darsteller nicht in Fiorituren schwelgen, aber herzhafte, realistische Gestalten aus dem Volk mimen müssen: den Hagestolz Pandolfo, die schlaue Magd Serpina, die ihn ins Ehejoch zwingt, und den stummen Diener Scapin, der in vielerlei Vermummung die alte Freude am Verkleiden der Commedia dell' arte lebendig macht.

Schon hundert Jahre vorher hatten sich in Venedig und Rom die volksnahen Nachfahren des Mimus in die pathetische Opernbühne eingeschlichen. Kurioserweise waren es zwei Kardinäle, die sie durch die Hintertür einließen: Barberini schrieb 1634 für den Komponisten Landi ein Libretto mit spaßigen Dienern, Rospigliosi, der später sogar als Clemens IX. den päpstlichen Thron bestieg, dichtete die erste Buffa, eine sogenannte »Commedia« namens »Chi soffre, speri« mit einem gerissenen Diener, Vorgänger Leporellos. Pergolesis Zwei-Sänger-Operchen adelt uralten Ulk durch melodischen Reiz und Gespür für volkstümliche Lebensnähe. Die Da-Capo-Arie wird zur einfachen Canzone und durch formale Beweglichkeit ihres Klischees entkleidet, der Gesang vereinfacht, die Orchesterbegleitung durch motivische Beziehung mit der menschlichen Stimme verquickt. Alles dient der Lebendigkeit von Situationen und Charakteren.

Aus der Oper »La Serva Padrona« von Pergolesi

Ein Mensch, der mit sechsundzwanzig Jahren sterben muß, kann kein vollendetes Lebenswerk hinterlassen. Dennoch zeugt das, was Pergolesi schuf, von wahrhaft genialer Begabung. Nicht weniger als 27 Bände umfaßt die Gesamtausgabe seines Oeuvres! Es enthält Opere serie (die ihm weniger lagen), Oratorien, Messen, Sonaten, eine schier unbegreifliche Verschwenderfülle. Das letzte Werk, das mozartische Tiefe der Kantabilität vorausahnende »Stabat mater«, hat die Jahrhunderte überlebt, und neuerdings hat man auch die Buffa »Lo Frate 'nnamorato« in Deutschland neu erweckt.

Die Opera buffa erwies sich als gleichwertiger und noch dauerhafterer neapolitanischer Exportartikel als die Opera seria. Als diese schon welkte, wirkte das buffoneske Element weiter. Mozart und Rossini erneuerten die lebendigste Opernform, die Italien hervorgebracht, und an ihr orientierten sich selbst noch Meister der Spätromantik, wie Smetana in seiner »Verkauften Braut«. Nach Pergolesi wurden *Niccolò Piccinni* (1728 bis 1800), der als Seria-Komponist ganz gegen seinen Willen von den Gegnern Glucks auf den Schild gehoben wurde, und *Giovanni Paisiello* (1741–1816) die erfolgreichsten aus einer großen Schar von Buffa-Produzenten. Paisiellos »La Molinara« war eine der meistgespielten Lustspielopern in der zweiten Jahrhunderthälfte, sein »Barbiere di Siviglia« (1782) übertraf den um ein Menschenalter jüngeren Rossinis wenn auch gewiß nicht an melodischer Einprägsamkeit, so doch an Feinheit der musikalischen Komödiantik.

Auch die Opera buffa fand, wie die Seria in Metastasio, ihren epochalen Librettisten, nämlich in dem Lustspieldichter *Carlo Goldoni* (1702–1793). Der geniale Venezianer schrieb in seiner Theater-Wanderzeit nicht weniger als 69 Libretti. Sie lassen sich an Gewicht mit seinen Komödien nicht messen, doch kommt die Lebensnähe seiner Figuren den Opern unbedingt zugute, vor allem denen *Baldassare Galuppis* (1706 bis 1785), der das Glück hatte, von Coldoni sechzehn Bücher vertonen zu können, darunter »Il filosofo di campagna«, einen europäischen Rokoko-Bestseller, und »Il mondo della luna«; die Mondo-Geschichte gefiel so gut, daß sie später auch noch von Piccinni, Paisiello und Haydn nachkomponiert wurde. Mit *Domenico Cimarosa* (1749–1801) reicht die Buffa bis über die Mozartzeit hinaus, und »Il Matrimonio segreto« (»Die heimliche Ehe«, 1792) stellte nach der Wiener Uraufführung nicht nur das gesamte Werk Mozarts vorübergehend in den Schatten, sondern blieb ein Favorit der großen Primadonnen noch im 19. Jahrhundert. Cimarosa, der 64 Opern schrieb, leitete als Nachfolger Paisiellos die kaiserliche Hofoper in St. Petersburg und wurde dann neben Salieri Hofkapellmeister in Wien, ehe er nach Italien zurückkehrte. Sein Lebensende verlief dramatisch. Als Teilnehmer am neapolitanischen Aufstand gegen die Bourbonen 1799 wurde er zum Tode verurteilt, aber vom König begnadigt; in Venedig, von wo er nochmals nach Rußland gehen wollte, starb er plötzlich. Hartnäckig hielt sich das Gerücht, er sei einem Giftmord zum Opfer gefallen.

Pariser Buffonisten-Streit

Kleine Ursachen, große Wirkungen: Als Pergolesis »Serva padrona« mit einer italienischen Truppe 1752 nach Paris kam, rief sie einen Aufruhr hervor, der das geistige Frankreich, nicht nur die Musiker, in zwei Parteien spaltete. Man bekriegte einander mit heftigen Theaterskandalen und Pasquillen. Sogar das Herrscherhaus griff parteilich ein. »Au coin de la reine«, in der Loge der Königin, beklatschten die »Buffonisten« die italienischen Komödianten, »au coin du roi« zischte man sie aus. Worum ging es? Um eine wahrhaft nationale Streitfrage: ob nämlich die französische Sprache überhaupt geeignet sei, in der Oper gesungen zu werden. Die Frage scheint absurd zu sein. Denn seit Lully gab es eine französische, höchst glanzvolle Ballet-Opéra, und seither hatte Rameau das Genre mit mehreren französischsprachigen Werken bereichert. Aber der den Zankapfel ins Spiel brachte, war ebenfalls ein Großer: der Philosoph *Jean-Jacques Rousseau* (1712–1778), der außerdem ein ausgebildeter Sänger und Komponist war, Ballettopern und eine Harmonielehre geschrieben hatte. Rousseau bezeichnete die französische Sprache als Hindernis für die Oper, rühmte die Melodik der italienischen und die neapolitanische Buffa als idealen musiktheatralischen Ausdruck des »Natürlichen« (im Gegensatz zum herrschenden Rationalismus). Rousseau lieferte selbst mit dem Dreipersonensingspiel »Le Devin du Village« (allerdings in französischer Sprache!) ein Modell. Es wurde ein ausgesprochener »Schlager«. Noch Mozart komponierte eine der zahlreichen Parodien (»Bastien und Bastienne«) und Goethe zollte dem »kleinen, aber merkwürdigen epochemachenden Werk« seine Reverenz. Hätte es damals schon Aufführungstantiemen gegeben, Rousseau wäre nicht gezwungen gewesen, sein Leben durch Notenkopieren zu fristen.

Der »Buffonistenstreit« von 1752 sah so bedeutende Geister wie die Enzyklopädisten Diderot und d'Alembert auf Rousseaus Seite, Rameau auf der anderen. Rameau konnte nicht eigentlich eingreifen, dazu war ihm Buffoneskes zu fremd. Der Kern der Auseinandersetzung lag ohnehin tiefer als der Publikumssieg der »Serva padrona« ahnen ließ. Schließlich stand die Möglichkeit einer französischen Oper schlechthin auf dem Spiel. Erst zwanzig Jahre später schlug Gluck in Paris die entscheidende Schlacht für sie. Doch wirkte auch die so leidenschaftlich umkämpfte neapolitanische Buffa befruchtend auf Frankreichs Theater ein; ihre Grazie und Lebensnähe inspirierte die Opéra comique.

Jean-Philippe Rameau

Daß auch die französische Tragédie lyrique organisch in die neue Epoche des Klassizismus überleiten konnte, ist das Verdienst *Jean-Philippe Rameaus* (1683–1764). Als überragenden Theoretiker und Harmonielehrer haben wir ihn schon kennen gelernt. Rameau stammte aus Dijon, bildete sich in Italien aus und wurde Organist in Paris, wohin er nach Unterbrechungen 1723 endgültig übersiedelte. Mit »Hippolyte et Aricie« eroberte er, der als bester Orgelspieler Frankreichs galt, auch die Oper, stieß aber auf den Widerstand der »Lullisten«, die ihm Verrat an der Erhabenheit de Deklamationsoper vorwarfen. In Wirklichkeit führte er Lullys Errungenschaften behutsam weiter. Er behielt die Formen der tänzerischen Opéra bei, die mythologischen Stoffe wie auch den der französischen Sprache abgewonnenen pathetischen Duktus. Doch ist seine musikalische Palette reicher. Vor allem in der Harmonik, deren unbestrittener Meister er war, sah er die der Melodie übergeordnete Quelle allen Ausdrucks, und seine modulatorischen Errungenschaften, obwohl rational fundiert, erschließen neue Bezirke im Reich der Klanglichkeit. Daß er Klarinetten und Hörner ins Orchester einführte und die Ouvertüre, die bei Lully noch ein beziehungsloses Stück absoluter Musik war, auf das Wesen der folgenden Oper einstimmte – so in »Castor et Pollux«, einem seiner berühmtesten Werke –, liegt auf derselben Linie. Von den 22 Opern Rameaus hat man neuerdings in Paris »Les Indes galantes« als aufwendige Musikrevue wiederaufgeführt; »Zoroastre« zeigt eine überraschende klassizistische Vorgängerschaft zu Mozarts Zauberflöten-Sarastro.

François Couperin,
Organist, Clavecinist und Komponist

Der Instrumentalkomponist Rameau setzt die Clavecin-Kunst, deren erster Großmeister Couperin gewesen war, mit vielen Cembalowerken fort, die, meist in Suitenform, barocke Tänze bündeln und mit virtuoser Verzierungstechnik pianistisch reizvoll machen. Überschriften wie »La Joyeuse« oder »Un Tambourin« deuten an, daß Musik als Sprache verstanden sein will.
In Deutschland fehlte ein mäzenatisches Zentrum vom Range des Pariser Hofes, das eine eigengeprägte Oper hätte entwickeln können. Italienische Sängertruppen regierten landauf landab die Residenztheater, von Wien bis Hannover. Ehe aber die welsche Kastratenoper ihre fast ein Halbjahrhundert dauernde totale Herrschaft antrat, förderten einige Städte eine deutschsprachige Oper, die kein höfisches Luxusgeschöpf war, sondern sich an die Bürger wandte. Sogar Residenzen schlossen sich an. In Braunschweig ließ Ende des 17. Jahrhunderts der musische Herzog Ulrich, der selber Libretti schrieb, ein riesiges Opernhaus erbauen, dessen 2500 Plätze der Allgemeinheit gegen Eintrittsbillets zur Verfügung standen. Man spielte übersetzte italienische und französische Opern, aber auch deutsche. *Johann Sigismund Kusser* aus Preßburg (1660 bis 1727) und sein Schüler *Georg Kaspar Schürmann* (um 1672–1751) waren die Hauptkomponisten. Schürmann vertonte die üblichen Mythologien, daneben auch nationale Stoffe wie »Heinrich der Löwe« und »Heinrich der Vogler«. Das Hoftheater von Weißenfels belieferte *Johann Philipp Krieger* (1649–1725) mit etwa 50 meist deutschen Opern, in der reichen Messestadt Leipzig legte *Nicolaus Adam Strungk* (1640 bis 1700) den Grundstock einer deutschen Oper, auch Nürnberg leistete sich eine. Der Siegeszug der neapolitanischen Seria machte sie jedoch alle um 1725 reif zur Kapitulation.

Die Hamburger Barock-Oper

Nur die Hansestadt Hamburg widerstand länger, und die sechzigjährige Geschichte ihrer deutschen Barockoper ist eines der kuriosesten, fesselndsten Kapitel der deutschen Theatergeschichte. 1678 wurde das Theater am Gänsemarkt eröffnet, mit der geistlichen Oper »Adam und Eva« von *Johann Theile* (1646–1724), einem Schütz-Schüler. Dilettanten aus der Bürgerschaft sangen, bürgerliche Reputierlichkeit und biblische Stoffe standen am Anfang. Aber bald hatte die Geistlichkeit Grund, gegen das weltliche Treiben der deutschen Oper zu donnern. Harlekin erschien in der Gestalt des Hanswurst und des Pickelhering auf der Bühne und trieb seine derben Späße, Figuren aus dem Volk, Gemüsefrauen, Wirte und Diener sorgten für Komik, neben Bibel und Mythologie trat die aktuelle Schauergeschichte von der »Hamburger Schlachtzeit« und vom berühmten Seeräuber Klaus Störtebecker.

Kusser bemühte sich als Komponist und Theaterprinzipal um vornehmeres Niveau, der vielseitige *Johann Mattheson* (1681–1764) wirkte einige Jahre als Sänger, Instrumentalist und Komponist am Gänsemarkt, hinterließ aber tiefere Spuren in der Musikgeschichte durch seine theoretischen Schriften. Erst Kussers Schüler *Reinhard Keiser* (1674–1739) brachte die Hamburger Oper dank seinem üppigen musikalischen Talent zu neuer Blüte – der letzten. Der gebürtige Weißenfelser war als Theatermann eine Art komponierender Schikaneder, ein Bohémien, der sich aus jedem Konkurs mit neuer Unternehmungslust erhob, immer geneigt, dem Volk zu bieten, was es an die Kasse locken konnte. Er war nicht wählerisch mit seinen Stoffen. Mythologie und Lokalgeschichte galten ihm gleich, und wenn der wüste Held von »Störtebecker und Goedje Michel« vom Leben zum Tode gebracht wurde, mußte reichlich Schweinsblasenblut auf der Szene fließen.

Die Hamburger deutsche Barockoper war eine Mischung aus vielerlei bewährten Formen. Von Neapel übernahm sie Rezitativ und Arie, aber da keine Sängervirtuosen verfügbar waren, ist Keisers Arie mehr ein Lied. Melodische Begabung ist seine Hauptstärke. Selbst der große Händel, der in Keisers Opernorchester seine Karriere begann, verwertete Keiser-Melodien. Hier ein Beispiel:

Nur ein Bruchteil von Keisers über 100 Opern-Partituren hat sich erhalten; er schrieb außerdem noch eine Unmenge Kantaten und Kirchenmusiken. Als er starb, war es auch um die deutsche Oper in Hamburg geschehen. Sie scheiterte an der Verachtung der Gebildeten, am Mangel guter deutscher Textdichter – und an der kulturhistorischen Überlegenheit des italienischen Reifetypus.

Georg Philipp Telemann

Auch *Georg Philipp Telemann* (1681–1767) konnte sie mit seinen Beiträgen nicht retten; kompositorische Virtuosität allein genügte nicht. Telemann, aus Magdeburg gebürtig, kam nach dem Jura-Studium in Leipzig, wo er auch als Organist und an der Oper gewirkt hatte, und nach verschiedenen Zwischenstationen in Eisenach, Frankfurt am Main und Weimar 1721 nach Hamburg. Seine Verpflichtung, die Musik der fünf Hauptkirchen zu leiten, hinderte ihn nicht daran, das Theater am Gänsemarkt mit etwa 25 Opern zu beliefern (vorher hatte er bereits fast zwei Dutzend komponiert).

Wenige sind erhalten. »Der geduldige Sokrates« und »Emma und Eginhard« genossen das höchste Ansehen, das heitere Intermezzo »Pimpinone« (1725) wird heute noch gelegentlich gespielt.

Telemann übertraf selbst Händel und Bach an Produktivität. Wenn man sich vor Augen hält, daß er an die 1000 Orchestersuiten schrieb, dazu 23 Jahrgänge Kantaten, mehrere Oratorien, 15 Messen und nicht weniger als 46 Passionsmusiken, von den hunderten kleinerer Stücke, die der Tag forderte (z. B. 40 Hamburger »Kapitänsmusiken«), ganz abgesehen, so weiß man nicht, ob man sein verschwenderisches Talent bewundern oder seine Vielschreiberei bedauern soll. Außerordentliche Tüchtigkeit im Handwerklichen ließ ihn ein hohes kompositorisches Niveau behaupten, musikalische Einfühlungsgabe machte ihn in allen Manieren sattelfest, und da er stets gefällig schrieb und den Hörern entgegenkam, ist es durchaus verständlich, daß er von den Zeitgenossen viel höher eingeschätzt wurde als Bach. Davon zeugt die Enttäuschung des Leipziger Rates, als Telemann das angebotene Thomaskantorat ablehnte und man mit Bach »vorlieb nehmen« mußte.

Telemann erfüllte seine Funktion als typischer Gebrauchskomponist in einer Zeit, die einen unersättlichen Bedarf an neuer Musik hatte. Seine Collegia musica waren kultivierte Kammermusikzirkel und mit die ersten öffentlichen Konzerte in Deutschland. Wenngleich sein privates Leben durchaus nicht ungetrübt verlief – seine erste Frau starb, die zweite lief ihm davon und hinterließ eine Menge Schulden – so verlor Telemann doch nichts von seiner liebenswürdig geselligen Art und war überall der Mann des Tages, Musikant, Komponist und Organisator in einem. Auch wenn er geistliche Texte vertonte – das Oratorium »Der für die Sünden der Welt gemarterte und sterbende Jesus«, nach dem schwülstigen Text des damals angesehenen Barthold Heinrich Brockes begründete seinen Ruhm –, stand ihm alles Metaphysische ferner als die Anmut einer Diktion, die Französisches, Italienisches und Deutsches zu verschmelzen suchte.

Die Telemann-Renaissance des 20. Jahrhunderts machte eine Fülle kammermusikalischer Spielmusiken wieder lebendig. Wenn sich bisweilen der Eindruck bloßer Routinevirtuosität und Formelhaftigkeit einstellen mochte, so überzeugte jedoch die 1965 bei den Luzerner Festwochen ausgegrabene Matthäus-Passion davon, daß Telemann nicht einfach als Vielschreiber abgetan werden kann. Das Werk bedient sich der Formenvielfalt der reifen Bach-Passion und bleibt keineswegs am oberflächlichen Schönklang haften. Telemanns Talent wird nicht dadurch vermindert, daß selbst seine Höchstleistungen eben von einem Genie überschattet wurden. Die musikhistorische Bedeutung seines Werkes als Bindeglied zwischen Hochbarock und »galantem« Stil bleibt unanfechtbar.

Im Süden Deutschlands war als Musikzentrum Wien vorherrschend. Am Habsburger Hof favorisierte man frühzeitig erst die venezianische, dann die neapolitanische Oper, und mehrere Kaiser waren selber tüchtige Musiker, sogar Komponisten. Trotz den vielen Welschen, die hier seit Generationen ihre zweite künstlerische Heimatstadt gefunden hatten, wurde ein Steiermärker, *Johann Joseph Fux* (1660–1741), ein wahrhaft universaler Mann, die dominierende Persönlichkeit. Als Opernkomponist huldigte er einer Prachtentfaltung, wie sie der Repräsentation des Kaiserhofes entsprach. Die Oper »Costanza e Fortezza«, 1723 zur Feier der Krönung Karls VI. in Prag uraufgeführt, übertraf mit dem Aufwand eines eigens gebauten Theaters für 4000 Personen, eines Orchesters von 250 Mann und eines Ensembles von 100 Sängern und 200 Tänzern alles bisher Gewohnte. Eine andere Oper von Fux, »Elisa«, dirigierte Kaiser Karl VI. höchst persönlich.

War Fux hier bloßer Epigone Opernitaliens, so wurde er als Kirchenkomponist (70 Messen und ebenso viele Vespern und Psalmen) der überragende Kontrapunktiker des süddeutschen Barock, Palestrina-Polyphonie mit Generalbaß verschwisternd. Sein Lebenswerk »Gradus ad Parnassum« (1725 in lateinischer Sprache abgefaßt, später vielfach übersetzt) wurde in ganz Europa als die hohe Schule des Kontrapunktes bewundert. In die Wiener Theaterzukunft wies freilich nicht der hochberühmte Festopern-Kompositeur Fux, auch nicht der Hofkapellmeister *Georg Reutter d. J.* (1708 bis 1772) mit seinen neapolitanischen Opern, denen gewichtigere Oratorien und Symphonien zur Seite standen, sondern der aus der Steiermark zugewanderte Josef Anton Stranitzky, ein Erzkomödiant vom Schlage Schikaneders, der die Commedia dell' arte auf Wiener Art, mit dem Kasperl in der Hauptrolle, volkstümlich machte und den Boden bereitete für deutsches Singspiel und deutsche Zauberoper.

Antonio Vivaldi, nach einem Kupferstich von F. M. la Cave, 1723

Vivaldis Violinkonzert

Die Instrumentalmusik der Zeit wird von zwei Hauptformen beherrscht: dem Concerto grosso Corellis und seiner Nachfolger und dem Solokonzert, dessen erster Klassiker der Venezianer *Antonio Vivaldi* (um 1678–1741) war. Der erste Klassiker – nicht sein Schöpfer; diese Priorität kann *Giuseppe Torelli* (1658–1709) in Anspruch nehmen. 1698 schrieb er in Augsburg mit den 12 Concerti musicali die ersten Violinkonzerte und öffnete damit einer der wichtigsten Formen der Instrumentalmusik überhaupt den Weg. Die Entwicklung lag in der Luft, seit die Streichinstrumente ausgereift und im Concerto grosso die Reize des »concertare« zur Wirkung gebracht waren. Man brauchte nur die Instrumentengruppe des Concertino auf ein einziges Instrument zu beschränken. Auch *Tommaso Albinoni* (1671–1750) vollzog um 1700 diesen Durchbruch. *Francesco Geminiani* (1674–1762), *Benedetto Marcello* (1686 bis 1739) und *Pietro Locatelli* (1695–1764) setzten die Nachfolge Corellis fort und bereicherten auch die Kammermusik mit Sonaten für Geige, Violoncello, Flöte, Klavier. Vivaldi schuf den klassischen Typus des Violinkonzerts, der bis heute im Grundriß gültig geblieben ist. Dieser Grundriß ist dreiteilig: Allegro – Andante – Allegro (während das Concerto grosso vier und mehr Sätze hatte). Die Formparallele mit der

Sinfonia, der Ouvertüre der neapolitanischen Opera seria, springt ins Auge, und nicht zufällig komponierte Vivaldi auch Opern (49 an der Zahl, die meisten sind verschollen). Die geregelte Dreiteiligkeit korrespondiert auch mit der Form der Da-Capo-Arie, der Wechsel von schnellem und langsamem Satz, von orchestralem Vollklang und solistischer Schlankheit ist typisch für das Kontrastprinzip des Hochbarocks. Alle diese Neuerungen brachen um 1700 durch, einer Grenzscheide der Musik.

Zum Schöpfer des klassischen Violinkonzerts war Vivaldi als einer der hervorragendsten Geiger seiner Zeit prädestiniert. Er bereicherte die Violintechnik (und auch die des Cellos) um bis dahin unbekannte Spielarten und nützte die Geige bis in die 12. Lage aus. Bei seinem Vater und im Orchester von San Marco hatte er sein Instrument beherrschen gelernt. 1703 wurde er Priester, doch nahm bald die Tätigkeit als Violinlehrer und Komponist, später auch als Kapellmeister und Opernunternehmer, seine Kräfte ganz in Anspruch. Konzertreisen führten den begehrten Maestro nach Wien und nach Amsterdam, aber sein Domizil blieb Venedig. Obwohl sein Ruhm wahrhaft europäisch war – Bach bewunderte und transkribierte Vivaldi-Violinkonzerte –, erlosch er merkwürdig schnell nach seinem Tod. Erst in den zwanziger Jahren des 20. Jahrhunderts entdeckten italienische Musikwissenschaftler in vergessenen Handschriftensammlung Vivaldi neu. Nicht weniger als 300 Instrumentalkonzerte, 19 Opern, das seinerzeit berühmte Oratorium »Juditha« und mehrere Bände kirchlicher und vokaler Kompositionen wurden zu Tage gebracht – immer noch erst ein Bruchteil seines Riesenoeuvres.

Insgesamt 446 Konzerte, davon 221 für Violine, schreibt der Vivaldi-Forscher Pincherle dem Meister zu. Selbstverständlich muß in solcher Fülle Schematik walten. Vivaldis Violinkonzerte lassen typischerweise im Allegro vier Tutti mit drei Soli wechseln, wodurch sich eine Art Rondoform ergibt, auch dies eine weit in die Zukunft weisende Errungenschaft. Im Andante kann sich die Kantabilität der Geige entfalten. Der Typus, der auch in der harmonischen Abfolge ganz im Sinne der rationalistischen Epoche geregelt ist, bleibt für alle Vivaldi-Konzerte verbindlich, auch wenn sie Flöte, Klarinette, Oboe, Fagott oder Trompete als Soloinstrument wählen. Mit solcher Modellhaftigkeit der Form vertrug sich eine kühne, experimentierlustige Klangphantasie. Sie äußert sich in der virtuosen Bereicherung der Geige, in der Beseelung der Melodie, die »empfindsame« Züge annimmt, wie in der naiven Tonmalerei, wofür das populäre Concerto grosso »Die vier Jahreszeiten« ein köstliches Beispiel liefert.

In *Giuseppe Tartini* (1692–1770) fand Vivaldi einen als Geiger noch brillanteren Nachfolger. Er war der Begründer der Paduanischen Violinschule, die dann europäische Schule machte. Tartini, in Istrien geboren und nach Auslandsreisen hauptsächlich in Padua wirkend, vereinigt in seiner Persönlichkeit eine fast »romantische« Phantastik – die »Teufelstriller-Sonate«, bis heute ein Paradestück der Geigenvirtuosen, soll ihm der Satan im Traume eingegeben haben – mit musiktheoretischer Spekulation. Er gilt als Entdecker der Kombinationstöne, die beim Zusammenklingen zweier Intervalltöne entstehen. In seinem »Trattato di Musica« (1754) ertüftelte er eine imaginäre Untertonreihe zur Erklärung der Moll-Klänge, eine geistreiche Denkhilfe, auf die der Theoretiker Hugo Riemann noch 150 Jahre später in seiner die gesamte Dur-Moll-Tonalität systematisierenden Harmonielehre zurückgriff. Obgleich Tartini sich in seinen letzten zwei Lebensjahrzehnten mehr mit Musikphilosophie als mit Komposition befaßte, hinterließ er ein verschwenderisches Werk, mit etwa 200 Violinkonzerten und fast ebenso vielen Sonaten im Mittelpunkt. Der Mailänder *Giovanni Battista Sammartini* (um 1698–1775), der Lehrer Glucks, leitet in seinem Spätwerk, namentlich in den »Sonate notturne«, bereits zum klassischen Typus des Sonatenkopfsatzes mit Durchführung und Reprise über.

Domenico Scarlatti

Was Vivaldi für die Entfaltung der Geigentechnik und ihrer Formen war, das wurde *Domenico Scarlatti* (1685–1757) für das Cembalo. Der Sohn des gefeierten Alessandro komponierte zwar, wie fast jeder Musiker damals, ebenfalls Opern, aber der Schatten des Vaters belastete diese Karriere; er wählte den Weg des Klaviervirtuosen und Organisten. In einem berühmten Wettstreit mit Händel in Rom erwies sich der Deutsche an der Orgel, der Neapolitaner am Cembalo als überlegen. Scarlattis Laufbahn führte vor allem auf die Iberische Halbinsel; er wurde Hofkapellmeister in Lissabon, später ging er mit der Prinzessin Magdalena Theresia, als sie Königin von Spanien wurde, für fünfundzwanzig Jahre an den Madrider Hof. Sein Ruhm als Meister des Cembalos (er kannte aber auch bereits das Hammerklavier) verbreitete sich vom Escorial durch ganz Musikeuropa.
Scarlatti war der erste ausgesprochene Klavierkomponist der Geschichte, man könnte sagen, der Chopin des Hochbarock. Für seine Königin ließ er 496 Klaviersonaten in fünfzehn Prachtbänden sammeln. Damit ist aber sein ganzes Oeuvre durchaus nicht erschöpft. Scarlatti, der die Sonaten manchmal auch Toccaten nennt, spielt niemals in poetischen Titeln auf außermusikalische Bezüge an, wie es Couperin und noch Rameau taten. Klaviermusik ist bei ihm »absolut«, dabei unerschöpflichen Ausdrucksmöglichkeiten dienstbar, die er durch revolutionäre Spieltechniken (Übergreifen der Hände, figurative Akkordzerlegungen, weite Sprünge, Verzierungen) wie keiner vor ihm erweiterte. Seine Sonaten sind durch und durch »pianistisch«, noch heute ein Entzücken für Konzertvirtuosen wie für Hausmusiker. Hier ein Beispiel:

Die präzise Gravur-Technik von Scarlattis Klaviersatz beruht grundsätzlich auf zweistimmigen Linien – um so bewundernswerter, was er aus solcher Beschränkung an Farbe und Stimmung hervorzaubert. Scarlatti bevorzugt die einsätzige Sonate, wenn auch nicht ausschließlich. Ein oder zwei Themen liefern das Material, das durch Imitation und Modulation in der Durchführung abgewandelt wird – eine Fortspinnungstechnik, die in Bachs Klavierwerken zur höchsten Reife gebracht wurde.
Scarlatti gegenüber verblaßt alles, was die deutsche Schule (Bach natürlich ausgenommen) dem Tasteninstrument abgewann, auch wenn Kleinmeister Eigenes und Originelles hervorbrachten, so *Johann Kuhnau* (1660–1722), dessen »Biblische Historien / In 6 Sonaten auff dem Clavier zu spielen« als naiv-programmatische Schilderungsmusik seinerzeit viel bewundert wurden. Alle Meister der Epoche, welcher Nationalität immer, erscheinen aus unserer Perspektive (die sich keinesfalls mit der da-

mals aktuellen Wertschätzung deckt!) als bloße Zeitgenossen der beiden überragenden Genies, in deren Kunst die vielfältigen Ströme der Epoche zu münden scheinen: Händel und Bach.

Georg Friedrich Händel

Europa war zu Händels Zeiten ein bloßer geographischer Begriff, Übernationalität des Geistes immerhin in vielen Gebildeten lebendig. Keiner repräsentierte künstlerisches Europäertum mit solcher Potenz wie Händel. Alle vier dominanten Musikkulturen Europas prägten seine schöpferischen Züge gemeinsam, wenn auch mit unterschiedlicher Intensität. Deutschland steuerte die Kindheits- und Jugendeindrücke bei, Italien lieferte Formen und Technik der musikalischen Diktion. Frankreichs Einfluß war geringer, aber doch vielfach spürbar (in Ouvertüren, in den stilisierten Tänzen von Opern und Suiten). England schließlich, die Wahlheimat, bot die gesellschaftlichen Wirkungsmöglichkeiten, dazu autochthone Anregungen (Anthem, Chorgesang) – und, last not least, die Sprache der überragenden Schöpfung, des Oratorio.
Vor der Glorie von Händels Eigentlichem, seinem Werk, verblaßt nicht nur seine menschliche Persönlichkeit (nicht, weil sie »blaß« gewesen wäre, sondern weil die Dokumente lückenhaft sind), auch alles »Nationale« schrumpft zur Nichtigkeit. Händel war als Künstler ein Europäer. Damit ist das Wesentliche gesagt. Vielleicht liegt in dieser Eigenschaft eine Hoffnung auf eine umfassendere Wiedergeburt seines um die Mitte des 20. Jahrhunderts doch auf einen schmalen Ausschnitt reduzierten Oeuvres.
Georg Friedrich Händel (1685–1759) wurde im selben Jahr geboren wie Bach und Domenico Scarlatti. Anders als seine Jahrgangsgenossen entstammte er keiner Musikerdynastie. Seine väterlichen Ahnen, die aus Schlesien kamen, waren Handwerker, meist Hufschmiede, der Vater hatte sich während des Dreißigjährigen Krieges vom Bader auf die höhere gesellschaftliche Ebene eines Wundarztes und »Leib-Chirurgo« in fürstlichen Diensten emporgearbeitet; die Mutter, dreißig Jahre jünger als der Vater und dessen zweite Ehefrau, war eine sächsische Pastorentochter. Als sie in Halle Georg Friedrich am 24. Februar 1885 als zweites Kind gebar, war die Stadt gerade in brandenburgischen Besitz übergegangen. Vater Händel mußte oft an den Hof seines Dienstherrn nach Weißenfels reisen, wohin er den Knaben mitnahm, und der Herzog war es auch, der dessen musikalisches Talent erkannte und die Ausbildung bei dem tüchtigen Organisten Friedrich Wilhelm Zachow in Halle veranlaßte. Der Vater wollte jedoch vom Musikerberuf nichts wissen. Er starb 1697. Der Sohn erfüllte seinen letzten Wunsch, indem er an der neugegründeten Universität Halle Jura studierte. Die wirkliche Bestimmung ließ sich jedoch nicht unterdrücken. Man bot ihm das Organistenamt an der Schloßkirche an, Händel akzeptierte, und damit war sein Lebensweg entschieden.
Doch war er nicht für eine ruhige Kantorentätigkeit geboren. Das Vorbild Telemanns, den er in Leipzig kennengelernt hatte, lockte ihn nach Hamburg, die Hauptstadt der deutschen Oper. Dort begann Händel als Geiger in Keisers Opernorchester, rückte bald zum Maestro al Cembalo auf. Er freundete sich mit Mattheson an und reiste mit ihm nach Lübeck zum alten Orgelmeister Buxtehude (die Nachfolge in dessen Amt wurde an einen künftigen Schwiegersohn vererbt – aber die Ehe schreckte den jungen

Händel ab). Eine Anekdote gibt ein erstes Zeugnis von seinem Temperament: Weil er bei einer Opernaufführung nicht vom Cembalo weichen wollte, das Mattheson beanspruchte, kam es zu einem Degenduell zwischen den hitzigen Musikern mitten auf dem Gänsemarkt; ein Metallknopf seines Rockes soll Händel vor Verwundung oder gar Tod gerettet haben.

Händel komponierte für Hamburg mehrere Opern, zuerst eine mit dem schönen Titel »Der in Krohnen erlangte Glücks-Wechsel / Oder: Almira, Königin von Castilien«, die sehr gut gefiel. Dann aber machte Keiser bankrott. Händel wandte sich nach Italien, um Neues zu lernen. Zwischen 1707 und 1710 war er abwechselnd in Florenz, Rom und Neapel, lernte den greisen Corelli, die beiden Scarlatti und den einflußreichen Hofmann Agostino Steffani kennen, übte seine Handschrift im Bel Canto (»Aci, Galatea e Polifemo«, als Serenata bezeichnet, ist das früheste Meisterwerk) und erntete mit der Römer-Oper »Agrippina« in Venedig einen vielbeachteten Erfolg. »Evviva il caro Sassone!« jubelte man ihm zu: Der Sachse hatte das Land des Belcanto erobert.

Steffani, der damals in Hannover wirkte, verschaffte ihm ein Engagement als Hofkapellmeister. Händel war schon so angesehen, daß er sich gleich einen Urlaub ausbedingen konnte – nach London, einer der versprechendsten jungen Hauptstädte der neapolitanischen Oper. Dort produzierte er sich sogleich in diesem Genre mit dem »Rinaldo«; eine Melodie daraus (»Lascia ch'io pianga«) hat als Blüte hochbarocken Schöngesangs die Zeiten überdauert, und das Erstaunlichste an ihr ist die gemeinsame Melodiewurzel mit dem volkstümlichen deutschen Lied »Wenn wir marschieren«. Das Phänomen »wandernder Melodien« über Zeiten und Grenzen hinweg und die unterirdischen, unbewußten deutsch-italienischen Ströme von Händels Inspiration – die Weise war schon in »Almira« vorgebildet« – scheinen zutage zu treten:

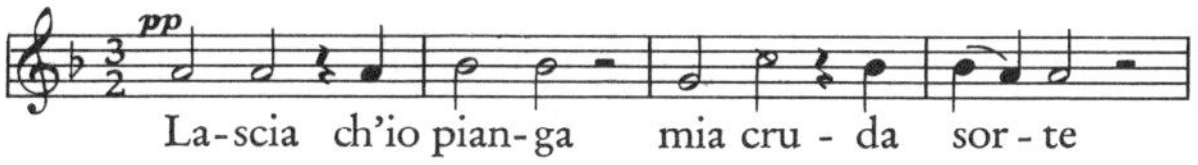

Arienanfang aus der Oper »Rinaldo« von Händel

Die nächsten Jahre wechselte Händel zwischen Hannover und London. Erst als der hannoversche Kurfürst als George I. König von England wurde, konnte sich der Komponist – ab 1717 – ganz in der englischen Hauptstadt niederlassen. Sie bot, was nur eine reiche Weltstadt bieten konnte. Vor allem eine, später sogar zwei italienische Opern, die von Adel und Großbürgertum gestützt wurden, ein Publikum für Konzerte und Hausmusik. Aber auch die Geistigkeit Londons in der ersten Hälfte des 18. Jahrhunderts gab Händel Anregungen: die empirisch-rationalistische Philosophie John Lockes, die aufklärerische Dichtung Alexander Popes, und wenn auch große, wie der Satiriker Jonathan Swift, und kleinere Literaten, wie John Gay, später seine Gegner als Verächter der italienischen Oper wurden, so fand er doch brauchbare Librettisten, insbesondere für seine Oratorien (mit *Charles Jennens,* dem Dichter von Saul, Belsazar und Helfer am biblischen Messias-Text als wichtigstem).

Neapolitanische und Beggar's Opera

Händel, in seiner Londoner Stadtwohnung oder auf Landsitzen adliger Gönner lebend, verfocht die Sache der neapolitanischen Oper zwanzig Jahre hindurch mit

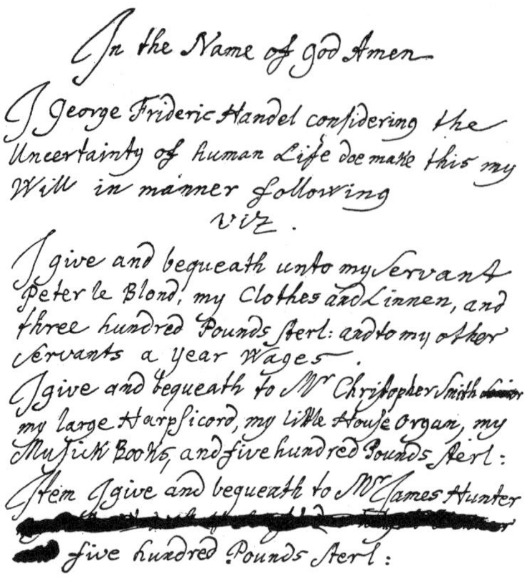
In the Name of God Amen
I George Frideric Handel considering the Uncertainty of human Life doe make this my Will in manner following viz.
I give and bequeath unto my Servant Peter le Blond, my Clothes and Linnen, and three hundred Pounds sterl: and to my other Servants a year Wages.
I give and bequeath to Mr Christopher Smith [redacted] my large Harpsicord, my little House Organ, my Musick Books, and five hundred Pounds sterl:
Item I give and bequeath to Mr James Hunter [redacted] five hundred Pounds sterl:

Händels Testament vom 1. Juni 1750

wechselndem Erfolg und nie verzagender Tatkraft, zunächst als Komponist und Mitunternehmer der 1719 gegründeten Operngesellschaft »Royal Academy of Music«. Er verpflichte die prominentesten Kastraten (Senesino, Farinelli, später Cafarelli) und Primadonnen. »Giulio Cesare«, »Tamerlano« und »Rodelinda« führten ihn auf Erfolgsgipfel. Als aber in einer Opernaufführung die Cuzzoni und Faustina Bordoni, die gefeiertsten Primadonnen, sich auf offener Szene in die Haare gerieten, münzten John Gay und der aus Berlin gebürtige Kapellmeister *Johann Christoph Pepusch* (1676–1752) den Skandal zu einer satirischen Anti-Oper aus, und diese »Beggar's Opera« (1728), die Hofopernpathos und höfische Korruption mit karikierten Händelmelodien verhöhnte, hatte die Lacher auf ihrer Seite und machte der Royal Academy den Garaus.

Händel, der inzwischen britischer Untertan geworden war, verpflichtete in Italien eine neue Truppe und schuf neue Werke. Eine ihm nicht wohlgesinnte Adelsgruppe gründete jedoch eine Gegenoper, die vom Prinzen von Wales favorisierte »Opera of Nobility«, erhob, nach Bononcini, auch Hasse und Porpora gegen ihn auf den Schild, das Publikum wurde der ewigen Arien-Girlanden müde, und 1737 mußte Händel das Opernunternehmen aufgeben. Ein Schlaganfall, der seinen rechten Arm lähmte, warf ihn vollends nieder. Er erholte sich jedoch überraschend schnell durch eine Kur in Aachen. Schon im nächsten Jahr erschien wieder eine Händel-Oper im King's Theatre, drei Jahre später jedoch die letzte, »Deidamia«. Der Meister der italienischen Oper hatte den Kampf um sie aufgegeben.

Dafür widmete er sich mit ungebrochener Schaffenskraft dem englischen Oratorium. 1742 setzte er sich mit dem »Messiah« durch – ruhmreicher und mit größerer Nachwirkung als mit jeder Oper. 1750 reiste er zum letzten Mal in die deutsche Heimat und wäre in Holland ums Haar mit der Kutsche tödlich verunglückt. Während der Arbeit an seinem letzten Oratorium »Jephta« erblindete er. »Biss hierher komen den 13. Febr. 1751 verhindert worden wegen relaxation meines linken auges« notiert er in seiner Muttersprache. Die letzten Lebensjahre verbrachte er, nach mißglückten Operationen völlig blind, ziemlich zurückgezogen, ließ sich aber immer noch an der Orgel hören und stand auch noch als Kapellmeister am Pult. Am 14. April 1759 starb er. Man setzte ihn nach einer großartigen Bestattungsfeier in der Westminster Abbey neben den Größten Englands bei.

47 *Jean Philippe Rameau,*
Gemälde von J. B. S. Chardin

48 *Domenico Scarlatti,*
Lithographie von H. Lemoine

49 *(nächste Seite) Titelblatt der Erstausgabe der Oper »Siroe«. von Händel*

SIROE
AN
OPERA.
Compos'd by Mr. Handel.
Engrav'd, Printed and Sold by J. Cluer in Bow-Church-Yard, London.

Händel, der Mensch

Schon ein Jahr später erschien die erste Händelbiographie von John Mainwaring, etwas dazumal völlig Ungewöhnliches. Dennoch bleibt der Mensch Händel im Halbdunkel. Anekdoten werfen Schlaglichter auf einige Charakterzüge. Er war ein »Bär« von Figur und ein Athlet an Willenskraft, geschickt im Umgang mit den vielen Menschen, deren der komplizierte Apparat einer Oper oder eines Oratoriums bedurfte, zuweilen auch grob. Die Primadonna Francesca Cuzzoni, deren Launen unerträglich wurden, packte er im Zorn und hielt die Zappelnde zum geöffneten Fenster hinaus. Überhaupt sollen seine Sitten ziemlich derb gewesen sein, doch unterschied er sich dadurch nicht einmal von seinen Königen.

Die Musik galt ihm als heiliges Amt. Er wollte durch sie nicht nur unterhalten, sondern, wie er einmal sagte, die Menschen »besser machen«. Seine Religiosität war unangefochten, aber nicht kirchenfromm. Von seiner Hilfsbereitschaft und Caritas zeugen Stiftungen und viele Wohltätigkeitsaufführungen, bei denen er auf jedwedes Honorar verzichtete. Zu darben brauchte er selber nie. Er fand frühzeitig Mäzene, die ihm Pensionen aussetzten, und mit dem wachsenden Ruhm wuchs auch sein Wohlstand. So konnte er zum Beispiel eine Privatgalerie niederländischer Meister anlegen.

Wie alle Großen der Zeit war Händel ein Genie des Fleißes. Die 105 Bände der ersten Gesamtausgabe umfassen 46 Opern, 32 Oratorien, fast 100 italienische Kantaten, Te Deums, Anthems, Concerti grossi, Kammermusik – und immer noch werden neue Manuskripte entdeckt. Ein universales Oeuvre! Auch wenn es an Umfang von dem anderer Zeitgenossen übertroffen wird, ist es nur durch immense Arbeitskraft, diese wiederum einzig durch vollkommene Beherrschung alles Handwerklichen erklärbar. Für Opere serie von mehrstündiger Länge brauchte Händel manchmal nur vierzehn Tage, ein Kolossalwerk wie der »Messias« entstand binnen dreiundzwanzig Tagen! Daß Händel in vielen Werken unbedenklich ganze Teile aus eigenen früheren wie auch aus fremden übernahm, entsprach dem Brauch der Zeit. So enthält »Israel in Ägypten«, wie der Oxforder Musikwissenschaftler Sedley Taylor nachwies, Teile einer Serenata von Stradella, einer Orgel-Canzone von Kerll, eines Magnificats von Erba und so weiter. Ganz gewiß hatte Händel Anleihen nicht nötig. Er folgte einfach einer Praxis, die zeitsparend und von urheberrechtlichen Skrupeln völlig ungetrübt war.

Die Opern

Den größten Umfang in Händels Werk nahmen nach der Zahl und den ihnen gewidmeten Lebensjahren die Opern ein. Gerade sie sind es jedoch, die zuerst den Tribut an den Wechsel des Geschmacks zahlen mußten und schnell von den Bühnen verschwanden. Erst die Neobarockwelle der zwanziger Jahre grub sie wieder aus und erschloß damit Schönheiten, die mit dem Zeitstil der neapolitanischen Seria verschüttet gewesen zu sein schienen. 1920 begann der Kunsthistoriker Oskar Hagen als *spiritus rector* der Göttinger Händel-Renaissance mit einer aufsehenerregenden »Rodelinda«, der viele weitere vergessene Händel-Opern folgten. Man suchte damals durch abstrakt-expressionistische Inszenierungen barocke Stilfesseln abzuwerfen und zu »aktualisieren«. Halle, die Händelstadt, folgte 1922 mit dem »Orlando furioso«; seit 1925 gibt es dort alljährliche Händel-Festspiele, die sich konsequent und mit vielerlei Stilvarianten in der Wiedergabe der Opern annehmen. Immerhin gelang es wenigstens einigen – Julius Cäsar, Xerxes, Deidamia –, Ehrenplätze im Opernrepertoire wiederzugewinnen. Mehr dürfte nicht zu erreichen sein. Wenn schon der Reformator Gluck, von dem immerhin Brücken zum Wagnerschen Musikdrama führen, auf unseren Bühnen ein Außenseiterdasein führt, wie könnte dann Händel, der als Opernkomponist ganz den Konventionen einer versunkenen Epoche verhaftet war, mehr beschieden sein! Wer wie er von Kastraten und Primadonnen als Kassenmagneten abhing, konnte gar nicht anders, als den kostbaren Stimmen huldigen und ihnen brillante Arien in die Kehlen legen. Dafür war die neapolitanische Oper die gegebene Form. Reformen verboten sich angesichts der theatersoziologischen Situation; ohnehin fühlte sich Händel nicht zum Umstürzler geboren, zu stark banden den Komponisten die Notwendigkeiten des Opernunternehmens.

Sein phänomenales Talent eignete sich schon in den Italien-Jahren mühelos alle Techniken an: Zunächst die venezianische Lebendigkeit des sprachelastischen Rezitativs (Agrippina), dann die reine Kantabilität der neapolitanischen Solo-Arie. Sein Londoner Debüt, die Seria »Rinaldo«, ist eine einzige Kette von Da-Capo-Arien und Rezitativen, mit einem unbedeutenden Chor am Ende. Dieser Form-Stereotypie ist Händel dreißig Jahre hindurch treu geblieben. Er vertonte dieselben Stoffe, die für alle Opernkomponisten verbindlich waren. Seine Hauptlibrettisten (Paolo Rossi und der deutschbürtige Römer Nicola Haym) waren bloße Verseschuster; von Metastasio, der mit dem Konkurrenten Hasse enger liiert war, bekam er nur Dutzendlibretti (Siroe, Poro, Ezio). Pseudohistorien (Giulio Cesare), Mythologien (Admet) und romantisch-phantastische Sujets (Tamerlano, Orlando) beherrschen Händels Opernlandschaft. Das barocke Kostüm blieb sich so gleich wie das Handlungs-Modell von Liebe und Intrige.

Um so bewundertswerter, was Händel dem Schema abgewann. Seine melodische Erfindungskraft ist unerschöpflich. Es kann kein Zufall sein, daß von Scarlatti, Bononcini, Porpora nur musikhistorische Daten, von Händel hingegen Melodien weiterleben. So anrüchtig die zahllosen Bearbeitungen für Harmonium, Orgel, Geige mit Klavier das sogenannte »Largo von Händel« gemacht haben, die zugrunde liegende Auftrittsarie des »verliebten Königs« Xerxes (»Ombra mai fu«) ist wirklich eine Jahrhundert-Melodie:

Händel an der Orgel

Sein Spiel auf der Orgel anlangend, ist der Bereich der Sprache so beschränkt, daß es fast eine vergebliche Unternehmung ist, dasselbe auf andere Weise beschreiben zu wollen als hinsichtlich seiner Wirkung. Ein schöner und zarter Anschlag, ein fliegender Finger und ein fertiger Vortrag der schwierigsten Gänge ist das, was man bei untergeordneteren Künstlern zu preisen pflegt: an diese Dinge dachte man bei Händel nicht, dessen Vortrefflichkeiten von einer weit höheren Art waren; denn seine erstaunliche Gewalt über das Instrument, die Fülle seiner Harmonie, die Großheit und Würde seines Stiles, seine unbegrenzte Einbildungskraft und die Fruchtbarkeit seines Erfindungsvermögens waren Eigenschaften, welche die genannten geringeren Zeichen der Künstlerschaft gänzlich absorbierten. Gab er ein Orgelkonzert, so war es gemeiniglich sein Verfahren, dasselbe einzuleiten mit einem freien Präludium in den Octaven, welches sich in einer langsamen und feierlichen Folge in das Ohr einstahl; die Harmonie

Man könnte Dutzende von Arien zitieren, mit denen Händel jeden italienischen Zeitgenossen an schwelgerischer Italianità übertroffen hat. Ohne solche Erfindungskraft zu unterschätzen, muß doch die Qualität seiner kompositorischen Faktur als wesentlichste »innere Reform« des Typus herausgestellt werden. Wo immer dieser wenn auch noch so bemessene Möglichkeiten zur Charakterzeichnung bot, nützte sie Händel. Schon in seiner »mittleren« Opernzeit, in »Tamerlano« und »Poro«, bereicherte er die Arienoper mit Duetten und Terzetten, im »Giulio Cesare« den dürren Secco-Rezitativ durch einen vermenschlichten Ausdruck, wovon die Meditation des Titelhelden am Grabe seines Widersachers Pompejus ein großartiges Beispiel gibt.
Das dem Zusammenbruch von 1737 folgende Spätwerk, an Zahl spärlich, bringt dennoch neue Kostbarkeiten. Mit »Serse« (Xerxes) nähert sich Händel der Opera buffa, führt einen komischen Diener ein und ironisiert Liebeswirren eines gekrönten Potentaten, und auch die sein Opernwerk abschließende »Deidamia« – der junge Achill in Frauenkleidern – erscheint wie eine Parodie, ein Epilog auf eine hochpathetische Opernepoche. Die starre Form der neapolitanischen Seria ließ nur Ansätze einer Individualisierung der Charaktere zu, und ihr Mangel an Ensembles verhinderte eine Verschmelzung von Handlungsaktion und Affektreaktion; eben dies empfindet man seit Mozarts »Figaro« und »Don Giovanni« als eigentlich dramatisch, die barocke Oper dagegen als »kostümiertes Konzert«. Darunter leidet auch die Wiederaufführung von Händels Opern.

Von Esther bis Jephta

Erscheint er in den Opern als Erfüller einer Formenwelt, die sich überlebt hatte, so steht der Oratorienkomponist auf der einsamen Höhe eines pionierhaften Schöpfers und Vollenders zugleich. Auch hier schießen vielerlei europäische Anregungen zusammen. Deutsche mit der frühen Johannes-Passion (1704) und der passionsähnlichen Vertonung von Brockes' »Der für die Sünden der Welt gemarterte und sterbende Jesus«, denen sich die italienische »Resurrezione«, schon als Oratorio bezeichnet, anschließt. Italienische im Werk des Venezianers Carissimi, das Händel in seinen Italien-

dicht gewebt und so voll wie es nur auszudrücken möglich war, die einzelnen Perioden erstaunlich kunstvoll miteinander verbunden, wobei dennoch das Ganze vollkommen verständlich blieb und den Anschein einer großen Einfachheit hatte. Einem solchen Präludium folgte sodann das Concerto selbst, welches er mit einem Grade von Geist und mutiger Sicherheit ausführte, dem niemals einer gleichzukommen sich vermaß. Dies war im allgemeinen die Art seines Spiels; aber wie soll man die Wirkung desselben auf die entzückte Versammlung beschreiben! Stille, der wahrste Beifall, erfolgte in dem Augenblicke, in welchem er sich anschickte die Orgel zu berühren, eine so tiefe Stille, daß sie das Atmen hemmte und über den Lauf der natürlichen Functionen Gewalt zu üben schien, während seine wunderbare Hand die Aufmerksamkeit der Hörer wach erhielt, nur um jene bezaubernden Töne zu vernehmen, welche sie hervorbrachte.

Aus einem Brief des englischen Musikprofessors John Hawkins, 1719–1789

Händels Notenhandschrift. »I know that my Redeemer liveth« (Ich weiß, daß mein Erlöser lebt), aus dem »Messias«

jahren gut studieren konnte. Englische in den Anthems von Purcell; sie bilden das Chorfundament seiner eigenen Oratorien. Händel übte die englische Handschrift in den elf Chandons-Anthems und in den Coronation-Anthems für George II., nachdem zuvor schon das Utrechter Te Deum englischer Chorpolyphonie gehuldigt hatte. Deren Zug zum Festlich-Repräsentativen gipfelt im späten Dettinger TeDeum (1743), deutsche Wurzeln treten im Trauer-Anthem auf den Tod seiner Gönnerin, der deutschbürtigen Königin Caroline zutage, wo eine deutsche Choralweise verwoben wird. Zwischenstufen bilden »Acis and Galatea« (von John Gay textiert, der ihn später in der »Beggar's Opera« verspottete) und »Esther«, unter textlicher Mitwirkung des Dichters Alexander Pope. Beide Werke wurden als »Masques«, also als Halbopern mit Kostüm und Dekoration aufgeführt, wie übrigens auch noch viele der späteren Händel-Oratorien (eine Praxis, an die man im 20. Jahrhundert wieder anzuknüpfen suchte). Auch die Einteilung in »Akte«, die Händel beibehielt, erinnert an ursprüngliche szenische Ambitionen.

Mit »Esther« (1732), einem »sacred drama«, wandte sich Händel erstmals dem englischsprachigen biblischen Oratorium zu. Aber erst nach dem Zusammenbruch von 1737, als er die Vergeblichkeit seines Kampfes um die Oper erkennen mußte, konzentrierte er seine ganze Kraft darauf. Im Vordringen des Oratoriums spiegelt sich auch eine soziologische Wendung. Die Oper war eine höfische Luxuspflanze, das Oratorium, schon vom Stoff her den bibelfesten Engländern vertrauter, wandte sich nicht mehr allein an die aristokratische Gesellschaft, sondern auch an ein bürgerliches Publikum, das ja auch insofern aktiv daran teilnahm, als es Chorsänger stellte.

Mit den großen Werken des Jahres 1739, »Saul« und »Israel in Ägypten«, erscheint der Typus des biblischen Oratoriums Händels erstmals voll ausgereift. »Israel« kann man mit seinen gewaltigen, in ihrer Vielgestalt nie wieder übertroffenen Chören sogar als Gipfel des episch-dramatischen Chor-Oratoriums bezeichnen. Beide Werke fanden zunächst wenig Beifall. Erst mit dem »Messiah« (Der Messias, 1742) hatte sich Händel als Meister durchgesetzt, ja Popularität errungen. Bei einer Londoner Aufführung – die Premiere hatte in Dublin »zugunsten der Gefangenen in verschiedenen Gefängnissen« stattgefunden – erhob sich das Publikum beim »Hallelujah« überwältigt von den Plätzen – ein Brauch, der bis heute in England beibehalten wird.

»Samson« (1742), »Belsazar« (1745), »Josua« (1748), »Susanna«, »Salomon« (beide 1749), wandelten die zum Sakral-Gleichnishaften oder, wie im »Judas Maccabäus« (1747), zum National-Heroischen strebende Wucht des Chor-Oratoriums in ein gewissermaßen »menschlicheres« Maß ab. Die entrückten biblischen Gestalten gewinnen Fleisch und Blut, man nimmt an ihren Schicksalen teil. Am ergreifendsten gelang diese Beseelung im »Jephta« (1751), einem wahren Drama existenzieller menschlicher Affekte; diesen dramatischen Kern enthüllte 1957 eine szenische Aufführung in Stuttgart unter Günther Rennert besonders plastisch. »Semele« hatte Händel selber eine »englische Oper« genannt, doch verbietet schon die Länge des Oratoriums eine szenische Wiedergabe. Zwischen den biblischen Oratorien stehen allegorische, »L'Allegro, il Penseroso ed il Moderato« und »The Triumph of Time and Truth«, des Komponisten allerletzte – eine frühere italienische Version adaptierende – Oratorienkomposition.

Der Formenreichtum dieser Werke übertrifft bei weitem den von Händels Opern. Ouvertüre, Rezitativ (secco und accompagnato), Arioso und Arie, Ensembles verschiedenster Besetzung und Chöre bilden ein so vielfach abgewandeltes Gerüst, daß von Schematik keine Rede sein kann. Die Erfindungskraft des Melodikers Händel ist um nichts geringer als in den Opern, aber frei von überwucherndem Koloratur-Dekor. Der Polyphoniker kann sich zumal in den Chorfugen entfalten. Händels Fugen sind immer vokal erdacht (was übrigens auch für seine Instrumentalwerke gilt), sie klingen harmonisch flächiger, lapidarer, durchsichtiger als die Bachs. Beethoven rühmte Händel als unübertroffenen Meister erhabener Einfachheit: »Gehet hin und lernt, mit so einfachen Mitteln so Großes hervorzubringen«. Der Hallelujah-Chor aus dem »Messias« steht als großartigstes Beispiel dafür, zugleich für die Händel eigene Synthese von homophonem und kontrapunktischem Stil:

Ein besonderer Reiz der Oratorien liegt in der tonmalerischen Symbolisierung, so wenn Händel etwa im »Belsazar« die Flammenschrift durch ein chromatisch »züngelndes« Fugenthema verbildlicht, oder wenn er in »Israel« bei der Schilderung der Plagen, die Jehova über Ägypten verhängt, die in das Land hereinbrechenden Frösche schon im Orchestervorspiel »hüpfen läßt«:

Der Ruhm des Oratorienschöpfers Händel ist nie getrübt worden, nicht einmal durch wohlgemeinte Bearbeitungen (an denen sich sogar der Messias-Uminstrumentator Mozart beteiligte!), auch nicht durch verfälschende Massen-Besetzungen, mit denen das Händelfest von 1784 in London begann; von 300 Sängern und 250 Orchesterspielern hatte Händel höchstens träumen können. Haydn und Mendelssohn setzten sein Werk fort. Übertroffen haben es weder sie noch die folgenden Meister des oratorienfreudigen 19. Jahrhunderts.

Das instrumentale Schaffen Händels tritt neben dem mit der Menschenstimme verknüpften zurück, was aber nur eine relative Abwertung bedeutet. Von dem nächst Bach berühmtesten Organisten seiner Zeit sind dreimals sechs Orgelkonzerte erhalten, ein Bruchteil nur seiner vom improvisatorischen Einfall lebenden Kunst. Aus der Fülle der konzertanten Orchestermusik ragen die 12 Concerti grossi op. 6 (1739) hervor. Drei Concertino-Teile alternieren mit vieren des Ripieno, alle mit Streichern besetzt, die typisch spätbarocke Terrassendynamik ist hier schon durch die Instrumentation bedingt.

Unterhaltungsmusik höchsten Niveaus bieten die suitenartige »Wassermusik« (die Spieler fuhren in einem Boot neben den Booten des Königs und seines Hofstaates die Themse hinab) und die Feuerwerks-Musik, die mit festlichem Trompetengeschmetter unter dem freien Himmel eines Londoner Parks den Aachener Friedensschluß feierte. Händels Fugen und Suiten für Cembalo wurden von Bachs Klavierwerk überschattet, aber Hausmusikfreunde lieben seine Trio-Sonaten für Flöte, Oboe, Geige und Basso continuo, unverwelkliche Kostbarkeiten vorklassischer Kammermusik.

Johann Sebastian Bach

Händel und Bach: man nennt die beiden großen Jahrgangsgenossen oft in einem Atem. Gemeinsames, bedingt durch benachbarte Herkunft und Zeitstil, springt ins Auge, Verschiedenheiten aufzuspüren reizte frühzeitig die Interpreten. Es gibt schon eine ganze Spezialliteratur, die sich damit beschäftigt, antipodische Züge herauszuarbeiten. Hier der Weltmann – dort der »Kantor« in provinzieller Enge. Der Glänzende – der Verinnerlichte. Der Mann der Oper und des zum großen Publikum strebenden Oratoriums – der Musiker der Kirche, der höfischen und bürgerlichen Camera. Der Meister festlicher, heller, kantabler Vielstimmigkeit – der grüblerische, verwickelt-instrumentale Fugen-Denker. Der Melodiker – der Harmoniker –, der Rationalist – der Mystiker.

In allen solchen und ähnlichen Gegenüberstellungen mag ein Körnchen Wahrheit stecken.
Aus der Sicht des 20. Jahrhunderts – frühere Zeiten dachten anders – erscheint der Londoner Meister bei aller Bewunderung doch wie ein Patriarch aus ferner Zeit, dessen Musik man historisch hört. Kein moderner Komponist käme auf die Idee, sich auf Händel zu berufen. Bach dagegen beunruhigt und inspiriert Zwölftöner, die dem erlauchten Tonanagramm b-a-c-h kompositorisch huldigen, Jazz-Musiker suchen die Legitimation für höhere Ambitionen bei Bach, eine Gruppe »Play Bach«, die Bach-Fugen singen, tanzen und mit Schlagzeuggrundierung swingen läßt, ist des Beifalls zumal bei jungen Leuten sicher.

Paradoxe Zeitlosigkeit

Bach ist im Musikleben um die Mitte des 20. Jahrhunderts präsent. In der geistig-stilistischen Ausstrahlung viel stärker als jeder andere Klassiker, Mozart und Beethoven eingeschlossen, in der Repertoirefestigkeit, wenigstens mit Hauptwerken (Passionen, Brandenburgische Konzerte, einige Kantaten, Orgel- und Klaviermusik) mit den populärsten Kassenfüllern zu vergleichen. Dies sind zwar nur Äußerlichkeiten, sie besagen aber doch einiges über die Effektivität des Weiterlebens. Die Zeitlosigkeit von Bachs Kunst trägt paradoxe Züge. Sie erscheint geradezu illegitim, wenn man Musikgeschichte ausschließlich unter dem Blickwinkel des Fortschritts betrachtet; denn tatsächlich trug Bach nichts wesentlich »Neues« bei – außer eben dem Werk, wie es ist, der grandiosesten Form- und Stilsynthese aller Zeiten. Was bei kleineren Meistern zu bloßem Epigonentum geschrumpft und dem unerbittlichen Gesetz postumer Auslese verfallen wäre, erhebt sich dank Bachs Schöpferkraft zu absoluter Gültigkeit: höchster Triumph einer Persönlichkeit im Goetheschen Sinne.
Die torsohafte, selbst von den Söhnen nachlässig behandelte, in alle Winde verstreute, wenn nicht gar verschluderte Hinterlassenschaft des zeitlebens unerkannten Genies, erwies sich, nachdem sie mehr als ein Halbjahrhundert nach dessen leiblichen Tode wiederentdeckt worden war, als unerhört resistent – selbst gegenüber Entstellungen und gegenüber den vielfältigsten Deutungen. Nur noch Mozart vertrug das unbeschadet, was die Nachwelt sich selbst spiegelnd in das Werk projiziert hatte. Bach begeisterte die Romantiker, die in ihm, nachdem die Matthäus-Passion endlich bekannt geworden war, den gleichgesinnten Ton-Maler, den warmblütigen Ausdruckskünstler zu erkennen glaubten. Er faszinierte ein Jahrhundert später Meister der modernen Sachlichkeit, wie Strawinsky und Hindemith, die ihn als Tondenker und Formarchitekten, als Antipoden zur »Gefühligkeit« der Romantik entdeckten.
Selbst seine ungebrochene lutherisch-orthodoxe Frömmigkeit wurde von einer sehr gespaltenen und angefochtenen Nachwelt angeeignet. Der Atheist Friedrich Nietzsche bekannte 1870 einem Freund: »In dieser Woche habe ich dreimal die Matthäuspassion

Goethe über J. S. Bach
»Ich sprach mirs aus: als wenn die ewige Harmonie sich mit sich selbst unterhielte, wie sich's etwa in Gottes Busen kurz vor der Weltschöpfung möchte zugetragen haben – so bewegte sich's auch in meinem Innern, und es war mir, als wenn ich weder Ohren, am wenigsten Augen, und wieder keine übrigen Sinne besäße noch brauche.«

des göttlichen Bach gehört, jedesmal mit dem Gefühl der unermeßlichen Verwunderung. Wer das Christentum völlig verlernt hat, der hört es hier wirklich wie ein Evangelium.« Schwärmer nannten Bach den »Fünften Evangelisten«, ein Ehrentitel, der ihm gewiß so blasphemisch erschienen wäre wie die Funktion seiner *musica sacra* als »Religionsersatz«; dies aber ist sie im skeptischen 20. Jahrhundert in der Tat geworden.

Bach verantwortet die Mißverständnisse seiner Kunst nicht. Noch sie zeugen von einzigartiger Potenz des Schöpfertums. Musik als tönende Philosophie, als Mysterium, als elementares Ereignis, als Himmel und Erde umspannendes Gleichnis – nur Ebenbürtige konnten Worte hellsichtiger Erkenntnis dafür finden. Beethoven, obwohl viel mehr Händel- als Bach-Kenner, prägte das schöne Namens-Wortspiel: »Nicht Bach, sondern Meer sollte er heißen.« Tiefer drang Goethe. Gerade weil seine dilettantische Musikästhetik so bachfremd wie möglich sein mußte, bleibt sein ahnungsvolles Urteil wertvoller, Urgeheimnisse kosmischer Verwurzelung hoher Kunst erspürend: »Beim Anhören Bachscher Musik ist mir zumute, als wenn die ewige Harmonie sich mit sich selber unterhielte, wie sich's etwa in Gottes Busen, kurz vor der Weltschöpfung möchte zugetragen haben.«

Das Geschlecht der Bache

Wo immer man sich dem Phänomen Bach zu nähern sucht, stößt man letztlich auf die irrationale Sperre des Unerklärlichen. Das beginnt schon bei der simplen Biographie. Wie kommt es, daß zweihundert Jahre hindurch eine hochmusikalische Sippe nur mittelmäßige Musikhandwerker, dann aber ein Genie hervorbrachte? Auch die moderne Soziologie und Psychologie kann solche »Wunder« nicht enträtseln. Begnügen wir uns mit den Fakten. Die Bache waren ein thüringisches Musikantengeschlecht von Stadtpfeifern, Organisten und Kantoren. Als Stammvater gilt Veit (Vitus) Bach, gest. 1619, Bäcker aus Wechmar bei Gotha, der nach Ungarn ausgewandert und von dort als Lutheraner wiederum exiliert wurde. Von ihm ist bekannt, daß er ein gewandter Lautenspieler war. Johann Sebastian schrieb selber eine Genealogie seiner Sippe, in der nicht weniger als dreiundfünfzig Musiker-Ahnen auftauchen. Sein Vater Johann Ambrosius Bach war Hof- und Stadtmusikus in Eisenach, Onkeln und Vettern durchwegs Musici. In dem bescheidenen Kleinbürgerhaus in Eisenach wurde *Johann Sebastian Bach* am 21. März 1685 geboren. Seine Mutter war die Erfurter Kürschnerstochter Elisabeth, geb. Lämmerhirt. Selbstverständlich wuchs er in und mit der Musik auf. Aber die Eltern konnten keinen nachhaltigen Einfluß ausüben, denn schon mit neun Jahren verlor er die Mutter, bald darauf auch den Vater.

Bachs Lebensweg mutet äußerlich gesehen eintönig an. Man muß sich jedoch vor Augen

Johann Sebastian Bach, Der Generalbaß

Der Generalbaß ist das vollkommenste Fundament der Musik, welcher mit beiden Händen gespielet wird dergestalt, daß die linke Hand die vorgeschriebenen Noten spielet, der rechte aber Con- und Dissonanzen darzugreifet, damit dieses eine wohlklingende Harmonie gebe zur Ehre Gottes und lässiger Ergötzung des Gemütes, und soll wie aller Music, also auch des General-Basses Finis und End-Ursache anders nicht als nur zu Gottes Ehre und Recreation des Gemüts sein. Wo dieses nicht in acht genommen wird, da ist's keine eigentliche Music, sondern ein teuflisches Geplärr und Geleier.

Johann Sebastian Bachs Geburtshaus in Eisenach

halten, was es für den Buben bedeutete, schon mit zehn Jahren Vollwaise zu sein! Der älteste Bruder Johann Christoph nahm ihn zu sich in das Nest Ohrdruf, wo er als Organist wirkte. Zufällig gab es dort ein Gymnasium, so daß Johann Sebastian die Lateinschule besuchen konnte. Vom Bruder, einem Schüler Pachelbels, wird er erste Orgeleindrücke empfangen haben, aber das dürftige Brot eines Musicus sollte er nicht essen. So mußte der junge Bach heimlich beschaffte Musikstücke zeitgenössischer Komponisten nachts bei Mondschein kopieren, bis der große Bruder es ihm untersagte. Mit fünfzehn Jahren verdiente er seinen kärglichen Lebensunterhalt selber, als Chorsänger in Lüneburg. Dort genoß er den Unterricht des angesehenen Organisten Georg Böhm. In der Freizeit wanderte er nach Hamburg, wo ihn weniger die deutsche Oper als das Orgelspiel des alten Reinken beeindruckte. In Celle, wo der mit einer Französin verheiratete Regent Versailles zu kopieren suchte, lernte Bach französische Kammer- und Clavecin-Musik kennen. Bach schrieb unermüdlich ab, was er an Noten in die Hand bekommen konnte; Notenhandlungen gab es noch nicht, musikalische Bibliotheken wurden von Manuskript zu Manuskript mühsam, aber eindrücklich erarbeitet.

Mit achtzehn Jahren schon stand der junge Bach als ausgebildeter Organist, Cembalist und Geiger auf eigenen Füssen. In der thüringischen Heimat, in Weimar, bot sich ihm am musikfreudigen Herzogshof eine Stelle als Hofmusicus. Es zog ihn jedoch zur Orgel zurück, und so finden wir ihn noch im selben Jahr 1703 als Organisten an der Bonifatiuskirche in Arnstadt. So wertvoll die Praxis in der streng lutheranisch-orthodoxen Gemeinde für ihn war, wichtiger noch wurde seine Pilgerfahrt nach Lübeck. Dort hielt der große Orgelmeister Dietrich Buxtehude seine weithin berühmten »Abendmusiken« ab: der damals fast Siebzigjährige weihte den zwanzigjährigen Bach in die Mysterien norddeutsch-phantastischer Toccaten und Choralvorspiele ein. So fasziniert war Bach, daß er, der Pflichtbewußte, seinen Monatsurlaub um ein mehrfaches überschritt und ein Vierteljahr in Lübeck blieb. Hier tritt zum ersten Mal ein bezeichnender Zug seines Charakters hervor: ein unbändiger Drang zur Unabhängigkeit, ein Fanatismus in künstlerischen Dingen, der alle von Autoritäten gesetzten Schranken übersprang.

In Arnstadt hielt man dem Heimkehrer die Urlaubsüberschreitung vor, aber noch mehr die neumodische, verwirrende Musik, die er von Buxtehude mitgebracht hatte. Daß er »in dem Choral viele wunderliche Variationes gemachet und viele frembde

Töne eingemischet«, und daß er dazu noch anstößigerweiser mit einer »frembden Jungfer« im Gotteshaus musiziert hatte, trug ihm konsistoriale Rügen ein. Bach war nicht der Mann, sie demütig einzustecken. Als ihn die Mühlhausener an die verwaiste Orgel von St. Blasius beriefen, nahm er sofort an. Dort heiratete er bald danach, 1707, jene »frembde Jungfer«, seine Base zweiten Grades Maria Barbara Bach. Sie schenkte ihm sieben Kinder; drei starben früh, die ältesten Söhne Wilhelm Friedemann und Philipp Emanuel wurden bedeutende Komponisten. Mit zweiundzwanzig Jahren war Johann Sebastian Bach Familienvater, und er blieb sein Leben lang das Vorbild eines solchen: häuslich, gesellig, gastfrei, Gattin und Kindern mit inniger, sorgender Liebe zugetan. Auch künstlerisch ließ sich die Mühlhauser Zeit gut an. Er empfahl sich dem Magistrat der Reichsstadt mit der »Ratswahlkantate«, seiner ersten im Druck erschienenen Komposition. Ein örtlicher Streit zwischen der lutherischen Orthodoxie und der neuen Gegenströmung des Pietismus, die Kirchenmusik auf Choral und schlichtes Lied beschränken wollte und schon in Kantaten weltliches Blendwerk sah, verleidete ihm die weitere Arbeit. So kehrte er 1708 nach Weimar zurück.

Die folgenden neun Jahre im Dienste des frommen Herzogs Wilhelm Ernst waren eine äußerlich unscheinbare, für Bachs Entwicklung jedoch sehr wesentliche Zeit des Reifens. Als Hoforganist und Kammermusikus konnte er eine vielseitige Tätigkeit entfalten. Die wichtigsten Orgelkompositionen entstanden hier, die meisten Präludien und Fugen, die unsterbliche c-moll-Passacaglia sowie 35 Kantaten. Reisen nach Halle, Kassel und an den Dresdner Hof trugen den Ruhm des Orgelmeisters über die Heimat hinaus. In Dresden erwartete der Hof voll Spannung das Orgelturnier mit dem angesehensten französischen Organisten Marchand – der aber reiste am Vorabend in aller Stille ab, er fürchtete eine Blamage. Bach durfte sich in Weimar Hoffnungen auf das vakant gewordene Amt eines Hofkapellmeisters machen. Man überging ihn. Wieder reagierte er stolz und trotzig: Er brachte sein Abschiedsgesuch ein. Der Herzog beschied es ungnädig, und wie später Mozart mußte Bach die Bitterkeit des Musikantendaseins in Fürstendiensten erfahren. »Wegen seiner halsstarrigen Bezeugung« verurteilte man ihn sogar zu vier Wochen Haft (die er unverzagt zur Arbeit an seinem »Orgelbüchlein« nützte).

Am anhaltischen Hof in Köthen fand Bach in dem Fürsten Leopold einen weniger autokratischen Herrn, einen Kunstgenossen, ja, einen Freund. Seine Stellung war viel besser bezahlt und so frei wie nur denkbar. Nur mußte er auf Orgel und geistliche Kantatenaufführungen verzichten, denn die Residenz war calvinistisch, »regulierte Kirchenmusik« wie in Mühlhausen und Weimar also ausgeschlossen. Dennoch leitete Bach bei seiner Entscheidung ein untrüglicher Instinkt. In Köthen hatte er eine Kapelle von 18 Hofmusikern zur Verfügung. Für sie schuf er seine überragenden konzertanten Werke, mit den sechs Brandenburgischen Konzerten als Mittelpunkt, für seinen Sohn Wilhelm Friedemann das »Clavier-Büchlein«, für sich selbst und für die Ewigkeit den 1. Teil des »Wohltemperierten Klaviers«.

Die Köthener Zeit wäre seine glücklichste zu nennen, wenn nicht der plötzliche Tod seiner Frau einen tiefen Schatten auf sie geworfen hätte. Er betrauerte die Lebensgefährtin von Herzen. Aber die Kinder brauchten eine Mutter, der in der Kraft seiner sechsunddreißig Jahre stehende Mann eine Gattin. 1721 heiratete er zum zweiten Male. Die Trompeterstochter Anna Magdalena Wilcken war hochmusikalisch, eine tüchtige Klavierspielerin und Sängerin. In der fast dreißigjährigen ungetrübten Ehe gebar sie

Die Thomaskirche in Leipzig zur Bachzeit.
In der Mitte im Hintergrund die Thomasschule

dreizehn Kinder. Neun starben in zartem Alter, eine erschreckende Bilanz, die vom Stand der damaligen ärztlichen Kunst zeugt; die beiden jüngsten Söhne, Johann Christoph Friedrich und Johann Christian, wurden, wie die beiden ältesten, hervorragende Komponisten. Im selben Jahr wie Bach heiratete auch sein Dienstherr. Die Fürstin, die »Amusa«, wie Bach sie nannte, mochte ihm die folgenden Köthener Jahre vergällt haben. Entscheidender war sicher, daß er auf die Dauer doch Orgel und Kirchenmusik vermißte. Schon 1720 hatte er sich um den Posten des Jacobi-Organisten in Hamburg beworben. Vergeblich; man zog ihm eine Mittelmäßigkeit vor, und hätte Telemann nicht in Leipzig abgelehnt, so wäre auch das Thomaskantorat für Bach unerreichbar gewesen und hätte auf seinen erlauchtesten Amtsinhaber verzichten müssen.

1723 trat Bach sein neues Amt an. Der Fürst entließ ihn ungern, aber in aller Freundschaft. Der letzte, reichste, weitaus längste Abschnitt auf Bachs Lebensbahn begann. Man darf sich nicht vorstellen, daß der Meister den Pfad der Vollendung mit seherischer Genugtuung beschritten hätte. Gewiß, Leipzig war eine blühende, reiche Stadt, als deutsches Messezentrum, Universitätsstadt und Sitz der wichtigsten Druckereien und Verlage kultureller Boden und mit damals 30000 Einwohnern trotz der Bürgerlichkeit eine größere Welt gegenüber der kleinen des Köthener Hofes. Aber äußerlich bedeutete das Thomaskantorat einen Abstieg gegenüber der Stellung eines Hofkapellmeisters, und Bach zögerte lange, bevor er den Vertrag unterschrieb. Es wollte ihm »anfänglich gar nicht anständig seyn, . . . aus einem Capellmeister ein Cantor zu werden«, schrieb er. Sein Gehalt von 700 Talern war in der teuren Stadt dürftig genug, seine Pflichten drückend. Er hatte jeden Sonntag als »Director musices« in den Stadtkirchen Musik zu machen, dazu die Thomas-Schüler zu unterrichten, auch in Latein, und die lästigsten Überwachungsdienste auszuüben.

Doch die praktischen Musiziermöglichkeiten boten einen Ausgleich. Hier konnte er im Laufe der langen Jahre seine großen Passionen und den weitaus größten Teil seines fast 300 Stücke umfassenden Kantatenwerkes aufführen. Kantaten waren damals sozusagen »die große Mode«. Man bestellte sie zu Hochzeiten wie zu Trauerfällen. Einige der erhabensten Kantaten Bachs wurden durch Alltäglichkeiten veranlaßt.

Leider hatten die Ahnungen, die Bach bei seinem Amtsantritt gehabt hatte, nicht getrogen, jedenfalls was die Ausübung seines Amts betraf. Die Streitereien mit den übergeordneten Behörden – dem kirchlichen Superintendenten, dem Rektor der Thomasschule, dem Rat der Stadt –, die ihm reife Mannesjahre und Alter zeitweilig verdüsterten, haben vielerlei Gründe. Sie wurzeln im Zwiespalt zwischen Bachs starrem Charakter, der in künstlerischen Dingen keinen Spaß verstand und hartnäckig gegen die Unzulänglichkeiten seines musikalischen Apparates aufbegehrte, und einer verständnislosen oder geizigen Obrigkeit. Auch mußte sein unerschütterliches Bemühen, religiös fundierte lutherische Musik als geistige Basis zur Geltung zu bringen, ihm Konflikte in einer Stadt eintragen, wo die Lehrer der Universität und schließlich auch Thomasrektor J. A. Ernesti den Ideen einer neuen, »aufgeklärten« Zeit anhingen. Ihnen konnte Bach unmöglich folgen. Endlose Querelen waren die Folge.

Um 1740 hatte sich Bach insoweit durchgesetzt, als er ziemlich selbstherrlich in seinem Amte waltete, nach Belieben auf Reisen ging, so nach Dresden, wo er mit der Gabe der h-moll-Messe den reputationssteigernden Titel eines »Königlich Pohlnischen und Chur Saechsischen Hoff-Compositeurs« erwarb, zu vielen Orgelabnahmen in der Provinz, nach Potsdam, wo Friedrich II. ihn als Cembalomeister willkommen hieß. Zugleich aber hatte er kapituliert. In der letzten Lebensspanne versiegte seine Kantatenproduktion. Er zog sich in innerste Bereiche zurück. Der Kammermusikzyklus des »Musikalischen Opfers« ist noch weltlicher Herkunft, dem König von Preußen dediziert. Der zweite Teil des »Wohltemperierten Klaviers« und vollends das letzte Opus, die »Kunst der Fuge«, konnten kaum noch auf Veröffentlichung und Reproduktion hoffen: es sind Konfessionen eines vereinsamten Genies.

In der Leipziger Zeit eingeschlossen ist auch der Stolz des musikalischen Patriarchen, der dem Schulfreund Erdmann von Hauskonzerten mit seinen Kindern berichtet: »Insgesamt aber sind sie gebohrene Musici und kann versichern, daß schon ein Concert vocaliter und instrumentaliter mit meiner Familie formieren kan, zumahle da meine itzige Frau gar einen sauberen Soprano singet, und auch meine älteste Tochter nicht schlimm einschläget«. Dem ehrwürdigen Thomaskantor war Humor keineswegs fremd. Weltliche Kantaten wie der »Streit zwischen Phöbus und Pan«, die »Kaffeekantate« oder die Bauernkantate »Mer han en neue Oberkeet« zeugen davon. Sein Verständnis für andere Meister – es ist kein abfälliges Wort über Kollegen überliefert – sicherte ihm noch im Alter die Freundschaft des so wesensverschiedenen Opernmannes Hasse. Auch Händel bewunderte er, er suchte die persönliche Begegnung, aber als er 1719 von

Johann Sebastian Bach, Von meinem häußlichen Zustande

Nunmehro muß doch auch mit noch wenigen von meinem häußlichen Zustande etwas erwehnen. Ich bin zum 2ten Mahl verheiratet und ist meine erste Frau seel. in Cöthen gestorben. Aus ersterer Ehe sind am Leben 3 Söhne und eine Tochter, wie solche Euer Hochwohlgebohren annoch in Weimar gesehen zu haben, sich hochgeneigt erinnern werden. Aus 2ter Ehe sind am Leben 1 Sohn und 2 Töchter. Mein ältester Sohn ist ein studiosus Juris, die andern beyde frequentiren noch einer primam und der andere 2dam lassen, und die älteste Tochter ist auch noch unverheirathet. Die Kinder anderer Ehe sind noch klein, und der Knabe erstgebohrner 6 Jahr alt. Insgesamt aber sind sie

Köthen nach Halle hinüberfuhr, wo Händel auf Heimaturlaub weilte, war dieser soeben wieder nach London gereist. Die strahlendsten Gestirne der Epoche sollten ihre Bahn unabhängig voneinander ziehen.
Ein gemeinsames Schicksal verband sie noch am Ende ihrer Tage. Auch Bach erblindete. 1749 erlitt er einen Schlaganfall, der die Sehkraft beeinträchtigte, zwei mißlungene Augenoperationen durch den englischen Arzt John Taylor führten zu völliger Blindheit. Unverzagt diktierte er seinem Schwiegersohn Altnikol Noten in die Feder. Die Gedanken weilten schon in der Ewigkeit. »Vor deinen Thron tret' ich hiemit« lauten die Worte seiner letzten Choralkomposition. Am 28. Juli 1750 setzte der Tod dem schwach gewordenen Leib, dem starken Geist das Ende.

Geistlich-weltliche Einheit

»Zu Gottes Ehre und zur Recreation des Gemüths« hat Bach alle seine Musik geschaffen. Der doppelte Zweck verlagert nur die Schwergewichte von *musica sacra* und *musica mundana.* Geistlich oder weltlich ist für Bach überhaupt keine Frage, jedenfalls kein Stilkriterium. So wie er Konzerte und Kirchenkompositionen mit denselben frommen Worten auf dem Manuskript »Jesu juva« begann und mit »Soli Deo gloria« abschloß, so gebrauchte er in beiden Regionen dieselbe Sprache, dieselben Symbolformeln. Die Fuge dient ihm zum Lobpreis göttlicher Allmacht in der h-moll-Messe wie zum heiteren Ton-Spiel in vielen Stücken des Wohltemperierten Klaviers, die neapolitanische Da-Capo-Arie lieferte das Formgerüst für die Mystik seiner Passionsgesänge. Ton-Kunst ist ihm, geistlich oder weltlich, göttliche Kunst, Gleichnis der Weltharmonie – »wo dies nicht in Acht genommen wird, da ist's keine eigentliche Music, sondern ein Teuflisches Geplerr und Geleyer«.
Aus solcher Unteilbarkeit der Musik erklärt sich das sogenannte Parodie-Verfahren Bachs. Völlig unbedenklich übernahm er große Teile höchst weltlicher Kantaten in geistliche, selbst in die Matthäus-Passion – was dereinst seinen Dienst getan hatte, war ja meistens auch abgetan. Alle Meister der Zeit bedienten sich dieser Praxis. Bei Bach führt sie zu Vertauschungen, die bisweilen grotesk anmuten. Ein Rezitativ der Köthener Geburtstagsmusik mit den Worten »Durchlauchtster Leopold, Es singet Anhalts Welt . . . « wird in der Pfingstmontagskantate auf den neuen Text »Erhöhtes Fleisch und Blut, Das Gott selbst an sich nimmt . . . « gesungen. Und wer würde ahnen, daß eine der innigsten, frömmsten Weisen Bachs, Jesu Wiegenlied im »Weihnachts-Ora-

gebohrne Musici und kann versichern, daß schon ein Concert vocaliter und instrumentaliter mit meiner Familie formiren kan, zumahle da meine itzige Frau gar einen saubern Soprano singet und auch meine älteste Tochter nicht schlimm einschläget. Ich überschreite fast daß Maaß der Höfligkeit wenn Euer Hochwohlgebohren mit mehrern incommodire, derowegen eile zum Schluß mit allen ergebensten respect zeitlebens verharrend

Euer Hochwohlgebohren
gantz gehorsamst ergebenster Diener
Joh. Sebast. Bach

Aus einem Briefe Bachs an seinen Jugendfreund Eduard Erdmann in Danzig

torium«, einst eine Arie aus der Kantate »Die Wahl des Herkules« war, worin die allegorische »Wollust« den Helden animierte, »die Lust der lüsternen Brust« zu »schmecken«! Nur vollkommene Naivität, die bei Bach jedoch zur vollkommenen *unio mystica* von Gott und Welt wird, kann sich solche »Parodie« leisten (wobei der Begriff ganz ohne seinen modernen karikierenden Beigeschmack zu verstehen ist)!

Das Orgelwerk

Bachs gigantisches, verwirrend vielfaltiges Oeuvre – einzig die Oper fehlt – muß jedem Verlegenheiten bereiten, der es unternimmt, in wenigen Zeilen Hunderte von Bänden zu charakterisieren. Wo beginnen? Beim Unscheinbarsten, wenn man Popularität als Maßstab anlegt, und dennoch Wesentlichsten: beim Orgelwerk. Denn die Orgel war *sein* Instrument, ein Leben lang. Den Orgelmeister schätzte und bewunderte man, als der Komponist Bach in seiner wahren Größe noch unerkannt war, als Kenner und Praktikus des Instrumentes zog man ihn zu zahllosen Orgelabnahmen heran. Die Bach-Orgel war einfach, in der Zahl der Register bemessen, im Klang streng. Die Schwelltechnik, die schillernde Farbenfülle der »romantischen« Orgel des 19. Jahrhunderts kannte sie nicht – weshalb die Bach-Renaissance des 20. Jahrhunderts Authentizität gerade aus einer Zurückbewegung zum barocken Orgel-Ideal zu gewinnen sucht, als dessen Repräsentanten die Familie Silbermann in Sachsen und im Elsaß und Arp Schnitger (Schnitker) in Norddeutschland gelten. Die Barock-Orgel konnte nicht den Ehrgeiz haben, ein Orchester nachzuahmen. Aber mit ihrem klaren, gestuften Registerklang war sie das ideale Instrument für Bachs Polyphonie, und seine Kompositionen die ideale Ausschöpfung ihrer Möglichkeiten.

Von der Kunst des Orgelimprovisators Bach kann man sich nur aus Zeugnissen von Zeitgenossen einen Begriff machen. Der Thomasrektor J. M. Gesner schilderte begeistert, wie Bach »von hier aus mit beiden Händen, von dort her mit hurtigen Füßen über die Tasten eilt und allein eine Mehrheit von ganz verschiedenen, aber doch zu einander passenden Tonreihen hervorbringt . . . Ich bin sonst ein großer Verehrer des Altertums, aber ich glaube, daß mein Freund Bach, und wer ihm etwa ähnlich sein sollte, viele Männer wie Orpheus und zwanzig Sänger wie Arion in sich schließt«. Was von Bach an Orgelkompositionen erhalten ist – fast nichts zu Lebzeiten gedruckt, weniges autographisch, das meiste in Abschrift – bildet bis heute das A und O jedes Spielers des »Instruments der Instrumente«. Fünfzehn Bände der großen Ausgabe der Bachgesellschaft sind dem Orgelwerk gewidmet: Konzerten (mehreren als Bearbeitungen Vivaldis), Sonaten, Präludien und Fugen, Toccaten, Choralvorspielen und Choralvariationen.

Die Arnstädter und die Weimarer Zeit war hier am fruchtbarsten. Auch in seinem Orgelwerk verleugnet Bach seine Vorgänger nicht. Er schuf eine Synthese von Anregungen aus Italien (Frescobaldi), aus Süddeutschland (Pachelbel) und Norddeutschland (*Georg Böhm*, 1661–1733, Meister des »koloristischen« Stiles, der die traditionelle Choralmelodie mit üppigen Verzierungen umrankt, und Dietrich Buxtehude). Wir haben schon erfahren, welch tiefen, ja revolutionierenden Eindruck Buxtehude auf den jungen Bach ausübte; der Arnstädter Organist war ein anderer, als er von seiner Reise nach Lübeck heimkehrte.

Dietrich Buxtehude

Dietrich Buxtehude (1637–1707) gehört zu den genialischen Erscheinungen des deutschen Barock. Der gebürtige Holsteiner verbrachte Lehrjahre und erste Lebenshälfte in Dänemark, seit 1668 wirkte er als Organist an der Marienkirche zu Lübeck. Seine »Abendmusiken«, für die er in dreißig Jahren Hunderte Werke schrieb, wurden Attraktionen, zu denen Musikliebende von weit her reisten. Buxtehude schrieb weit mehr Vokalkompositionen (Kantaten, Arien, Lieder) als Orgelwerke, aber gerade diese begründeten seinen Nachruhm. In ihnen waltet ein Geist des Höchstpersönlichen, Phantastischen, Ungebärdigen, den man »romantisch« nennen könnte, wenn nicht das Wort unzeitgemäß erschiene, zudem das Werk in seinem Kern durchaus unter die vieldeutige Chiffre des Barocken fällt. Bei Buxtehude wird das Vorspiel zum Choral eine Orgelphantasie, die getrennten Formen von Präludium und Fuge werden oft motivisch verzahnt, kühne Akkordverbindungen durchbrechen das Gehege schulmäßiger Harmonik, das barocke Spannungsgleichgewicht von Form und Ausdruck wird zum Expressiven hin verschoben.

In vielen Bachschen Choralvorspielen schlägt sich das Buxtehude-Erlebnis nieder (Herzlich tut mich verlangen; Liebster Jesus). Es muß unerhört befreiend, entfesselnd auf den fast ein Halbjahrhundert Jüngeren gewirkt haben. Noch in Meisterwerken wie der grandiosen Toccata und Fuge in d-moll, wo die Orgel um Menschensprache zu ringen scheint, klingt Buxtehude nach. Neunzig Choralvorspiele hat Bach, in fünf Sammlungen vereinigt, in strengem Ausleseprinzip der Nachwelt überliefert. In dem didaktischen »Orgelbüchlein« – wie bescheiden sind bei Bach die Anlässe, wie großartig die Folgen! – hat Bach, nach Albert Schweitzers Worten, »das Ideal des Choralvorspiels aufgestellt und verwirklicht ... Einzig durch die knappe, charakteristische Linie des kontrapunktischen Motivs drückt der Meister alles aus, was gesagt werden muß, damit die Beziehung des Stückes auf den Text, dessen Überschrift es trägt, klar dastehe«.

Wo Bach von solchen Beziehungen frei war, in der »absoluten« Orgelmusik, konzentrierte er das Bündel von Vorgängeranregungen zur klassisch gewordenen Form von Präludium und Fuge, wobei die Fuge mit der grundsätzlichen (aber vielfach bereicherten) Ein-Thematik und Dreiteiligkeit des Aufbaus – dreimal wird das Thema »durchgeführt«, nämlich durch die zwei, drei oder mehr Stimmen des Instrumentariums – zum tönenden Sinnbild einer Harmonie zwischen Freiheit der Phantasie und selbstgewählter Beschränkung wird. Aus dieser Perspektive gesehen ist zwischen der Ästhetik Bachs, Strawinskys und Schönbergs im Grunde kein Wesensunterschied zu erkennen. In der Bachschen Fuge manifestiert sich zugleich eines der polaren, dem Kontrastreiz entgegenstehenden Formenprinzipien der hochbarocken Epoche, das des Ausgleichs, der *coincidentia oppositorum*, korrespondierend mit Leibniz' bester aller Welten.

Das Wohltemperierte Klavier

Orgel und Klavier stehen sich bei Bach so nahe, daß er gar nicht genau zwischen den Instrumenten unterschied: In den vier Teilen der »Clavierübung«, unter welch nüchternem Titel sich Ewigkeitsvisionen verbergen, sind Kompositionen für Orgel, Cembalo und Clavichord enthalten; ihren gemeinsamen Nenner bilden die Tasten

(= Claves), zum Teil auch die Formen (Präludium und Fuge als Kontraste gepaart). Dieses Schema hat Bach in den beiden Zyklen seines »Wohltemperierten Klaviers« in die Zeitlosigkeit erhoben. Der altväterlich anmutende Titel bezeichnet einen nüchternen Tatbestand, nämlich die »Temperierung« der Zwölftonskala in zwölf gleiche Intervalle, die sich eben dadurch von der aus den Obertönen abgeleiteten Leiter unterscheiden. Es ist somit eigentlich eine »unnatürliche« chromatische Tonleiter (die übrigens auch das Fundament von Schönbergs Zwölfton-Technik bildet). Ihr Vorteil liegt darin, daß sie alle Übergänge von einer Tonart zur anderen gestattet, während die »natürlichen«, aus den Obertönen gewonnenen Skalen nur beschränkt dazu geeignet waren. Der Organist und Theoretiker *Andreas Werckmeister* (1645–1706) in Halberstadt hatte diese gleichschwebende Temperierung in seinen »Hypomnemata Musica« schon 1697 erkundet. Durch seinen Schüler *Johann Gottfried Walther* (1684–1748), der ein entfernter Vetter und Freund Bachs in Weimar war, wurde Bach mit dem System vertraut.

Ehe er den 1. Teil des Wohltemperierten Klaviers in Köthen schrieb, hatte der Badener *Johann Caspar Fischer* (um 1665–um 1746) mit den Präludien und Fugen in zwanzig Tonarten namens »Ariadne musica« ein Vorbild gestellt und Bach selber die kontrapunktische Technik in seinen zwei- und dreistimmigen Inventionen exerziert. In der Vorrede zu diesen Inventionen ist freilich, bezeichnend für Bachs Musikauffassung überhaupt, nicht von Technik die Rede, sondern von der »cantablen Art« auf dem Klavier zu spielen. Wiederum erhebt Bach verstreute Anregungen zur Vollendung.

Vielleicht offenbart sich der Musikpoet Bach nie bezwingender als in den zwei Bänden des Wohltemperierten Klaviers, wo er achtundvierzigmal dasselbe Formgeschehen Präludium-Fuge einem wahren Kosmos der musikalischen Erlebnisse dienstbar macht. Es gibt hier Scherzi und Gottesdienste, Feste und Meditationen, »Charakterstücke« (die in Schumann und Chopin romantische Entzückungen auslösten) und kunstvollste Tripelfugen (wie die in cis-moll aus dem 1. Teil). Zwischen diesem und dem zweiten liegen nicht nur mehr als zwanzig Jahre, sondern auch Wandlungen von Form und Ausdruck; im zweiten Teil weiten sich die früher kurzen Präludien durch obligate Wiederholungen zu einthemigen Klaviersonaten, der barocke Duktus wie (z. B. die Fuge in D-Dur, 1. Teil), weicht gelegentlich (so im f-moll-Präludium des 2. Teiles) dem Ton des »empfindsamen« Zeitalters, das Bach ja noch erlebte.

Was in Jahrzehnten aus vielerlei Rohmaterial, Adaption und Parodie zu zwei Zyklen vereinigt wurde, wäre ein Konglomerat, hätte Bach nicht ein geheimer Genie-Instinkt zur Ganzheit dabei geleitet. Der Komponist Johann Nepomuk David wies in der Mitte des 20. Jahrhunderts durch genaue Analyse nach, daß die scheinbar so heterogenen beiden Teile des Wohltemperierten Klaviers durch motivische Beziehungen, die sich auch kreuzweise von Präludium zu Fuge spannen, miteinander verknüpft sind – ein Mysterium des Schaffensprozesses sondergleichen.

Von den sechs Partiten, einer Suitenform, genießt die erste die Ehre, Bachs erste gedruckte Komposition zu sein (die Mühlhauser Ratswahlkantate wurde nicht von Bach, sondern vom Magistrat der Stadt veröffentlicht). Einundvierzig Jahre alt mußte der Meister der Meister werden, bis sein op. 1 erschien! »Denen Liebhabern zur Gemüths-Ergötzung verfertiget«, wie es im Titel zum 1. Teil der »Clavierübung« heißt, waren auch schon die sechs Französischen und die späteren sechs Englischen Suiten, Folgen von zeitüblichen Tänzen, mit Allemande, Courante, Sarabande und Gigue als obligaten

50 Epitaph Georg Friedrich Händels von L. F. Roubillac in der Westminster Abbey, London

51 Gerichtsszene aus der »Beggar's Opera«, Gemälde von William Hogarth

52 Johann Sebastian Bach

53 Die Bachorgel in der Bonifatiuskirche zu Arnstadt

54 Johann Sebastian Bachs Kielflügel

Stücken. Man kann die Partiten und Suiten Unterhaltungsmusik höchster Geschmackskultur nennen. Hingegen führen die »Unterhaltungen«, die er dem russischen Gesandten in Dresden, Graf Kayserlinck, 1742 mit den Goldberg-Variationen bot – der Aristokrat litt an Schlaflosigkeit und wünschte dann von seinem Cembalisten Joh. Theophil Goldberg entreteniert zu werden – ins Allerheiligste von Bachs Musik: neben der »Kunst der Fuge« eine gleichwertige »Kunst der Veränderung« in dreißig Variationen über eine Sarabanden-Aria. Der Divertimentogeist taucht kurz vor Schluß wieder auf, wo Bach zwei Volksweisen (Ich bin so lang nit bei dir gewest, Kraut und Rüben haben mich vertrieben) zu einem fröhlichen Quodlibet verarbeitet.

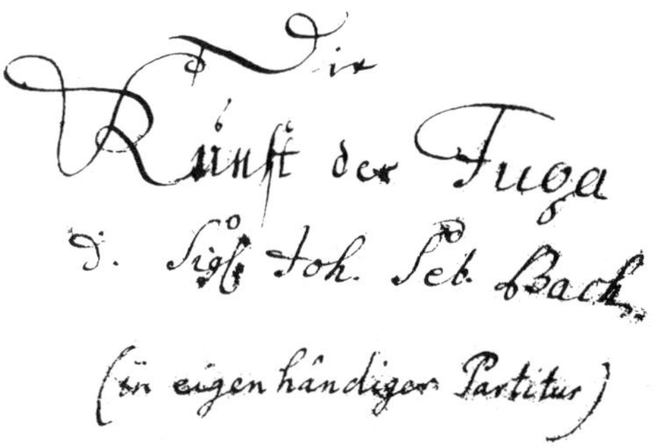

Kammermusik

Wurzelt Bachs Orgel- und Klaviermusik vorwiegend in deutschen Traditionen, so treten in seinem kammermusikalischen Werk die italienischen Einflüsse der Sonata, des Konzerts und des Concerto grosso zutage. Auch das Konzert war ja damals weniger öffentliche als höfisch-intime Darbietungsmusik. Noch die vier Orchestersuiten, die Bach ab 1729 für das studentische Collegium musicum der Leipziger Universität schrieb, tragen diesen kammermusikalischen Charakter. Heute fungieren die in D-Dur und die in h-moll als Festmusiken *par excellence;* nirgends scheint Bach sich so sehr Händel, dem Glanzvollen, zu nähern. Das »Italienische Konzert« für Klavier verrät schon im Titel die Auseinandersetzung mit der Formkunst des Südens. Vivaldis Violinkonzerte waren Bachs Wegweiser. Daß er ein Vivaldi-Konzert für vier Violinen auf vier Cembali transponierte, erscheint angesichts des eminent geigerischen Geistes des Vorbilds befremdlich, zeigt aber jedenfalls Bachs Vorliebe für das Tasteninstrument, für das er im Cembalo-Konzert in c-moll, einem von zwölfen, ein vorklassisches Modell schuf. Doch zeichnet Zeitlosigkeit auch die Streicher-Kompositionen Bachs aus, obwohl weder Geige (die er gut, aber nicht virtuos spielte), noch Cello und Bratsche »seine Instrumente« waren. Er zwang in den drei Sonaten und drei Suiten für Solo-Geige dem zur Kantabilität prädestinierten Instrument ein mehrstimmiges Spiel ab, für das die berühmte Chaconne aus der 2. Suite ein unsterbliches Beispiel geworden ist. Die Violinisten von heute, zu deren virtuosem Pflichtstoff die Chaconne gehört, kämpfen im Grunde auf verlorenem Posten, denn ein akkordisches Spiel, wie es schon die Exposition des Themas

verlangt, ist mit den modernen flachen Bögen nur arpeggiert möglich, während der gewölbte Bogen der Bachzeit wirkliche Akkorde zuließ. Von den drei Violinkonzerten ist das in E-Dur, von Vivaldi inspirierte, ein Standardwerk, ebenso das Doppelkonzert für zwei Violinen und Orchester (mit einem kantablen Andante-Duett, einer der beglückendsten Eingebungen des Melodikers Bach) und die sechs Suiten für Violoncello solo, die der große Pablo Casals als geistvolle Hoch-Schule seines Instrumentes und effektvolle Konzertmusik zugleich neu entdeckte.

Von allen Instrumentalkompositionen Bachs sind die 1718 bis 1719 in Köthen geschriebenen sechs Brandenburgischen Konzerte nicht allein die meistgespielten, sondern auch des Meisters persönlichste, originellste Lösung der Concerto-grosso-Probleme. Den Titel verdanken sie einem Auftrag des Markgrafen Christian Ludwig, einem Sohn des Großen Kurfürsten und Bewunderer Bachs. Das alte Schema gereihter Wechsel von Concertino und Tutti ist hier einer beziehungsvollen Variabilität gewichen, die weit über italienische Vorbilder hinausgeht. Das ist längst keine barocke Dutzendware mehr. Keines der sechs Konzerte gleicht dem anderen. Nur das – klein besetzte – Streichorchester und das den Generalbaß ausfüllende Cembalo bleibt allen gemeinsam, die Concertinos dagegen wechseln ständig: Im ersten Konzert sind zwei Hörner, drei Oboen und ein Fagott solistisch beschäftigt, im zweiten Flöte, Oboe, Clarin-Trompete (eine hell klingende Barocktrompete ohne Ventile) und Violine, im dritten spielen einander drei Dreier-Gruppen von Geigen, Bratschen und Celli die Bälle zu, im vierten konzertieren eine Geige und zwei Flöten, im fünften ein Ensemble von Flöte, Geige und Solo-Cembalo, dem letzten geben zwei Bratschen, zwei Gamben und Violoncello dunkel umflortes Timbre. Einfachheit und Sinnfälligkeit der Thematik haben die Brandenburgischen Konzerte zum volkstümlichsten Werk Bachs gemacht; kontrapunktische Künste werden mit einer wahrhaft weltmännischen Eleganz präsentiert.

Nochmals inspirierte Brandenburg den Meister zu einer kammermusikalischen Komposition. Das war 1747, als er von seiner letzten Reise aus Potsdam heimkehrte und das »recht Königliche Thema«, das Friedrich II. selber ihm vorgespielt hatte, unter dem

Titel »Musikalisches Opfer« zu einem Komplex von zwei Ricercares, von Fugen und Kanons und einer Trio-Sonate für Flöte, Violine und Cembalo ausarbeitete. Wir haben es in diesem Spätwerk mit einer vergrübelten, im sechsstimmigen Ricercare fast abstrakten, in der Sonate wiederum musikantischen Rückschau vom Gipfel kontrapunktischer Meisterschaft zu tun. Man könnte dieses Werk, in Anlehnung an den – ebenfalls nicht von Bach stammenden – Titel des allerletzten die Kunst des Kanons nennen.

Die »Kunst der Fuge«, über deren Komposition Bach starb, leitet vollends in Bezirke über, wo musikalische Gedanken die tönende Verwirklichung gar nicht mehr notwendig

Notenhandschrift Bachs. Partiturseite aus der »Kunst der Fuge«

zu haben scheinen, wo Musik zum Mysterium wird. Schon das Hauptthema der vierzehn Fugen und vier Kanons ist so neutral, so ausdrucksarm geprägt, also wollte Bach

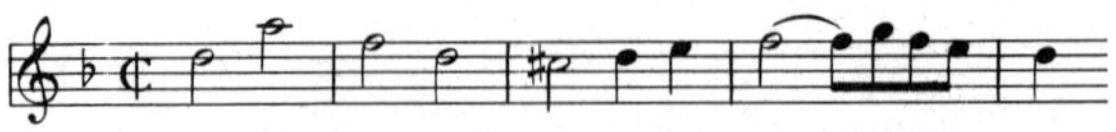

gerade an ihm beweisen, was sich *trotzdem* damit machen läßt. Generationen rätselten darüber, für welche Instrumente der Zyklus überhaupt gedacht war. Bach hatte die Stimmen in vier Schlüsseln ohne nähere Angaben niedergeschrieben. Die Bach-Renaissance des 20. Jahrhunderts kleidete das geheimnisvolle Werk, von dem nicht einmal feststeht, in welcher Reihenfolge die einzelnen Kontrapunkte zu spielen sind und ob eine große unvollendete Fuge mit den Tönen b-a-c-h im 3. Thema überhaupt dazu gehört, in die verschiedensten instrumentalen Gewänder, vom Kammerorchester bis zu zwei Orgeln. Einem dreiundzwanzigjährigen Musikstudenten, dem Züricher Wolfgang Graeser, gelang 1927 eine behutsame Instrumentierung (mit solistischen Holzbläsern), die bahnbrechend wirkte. Seither hat selbst dieses zweifellos als theoretisch-systematisches Kompendium gedachte Lehrwerk zahllose hörende und mitdenkende Freunde gefunden: Bach für Fortgeschrittene, Pièce de résistance für Bachianer, Klang gewordene geistige Ordnung.

Das Vokalwerk

Bachs Vokalwerk steht an Aufführungszahlen, keinesfalls an Qualität und Bedeutung hinter dem instrumentalen zurück. Die Monumentalschöpfungen der beiden Passionen und der h-moll-Messe scheinen zu dominieren, aber das hieße das in seiner Gesamtheit in Wahrheit überragende Kantatenwerk hintanstellen. Von über 300 (!) Kirchenkantaten sind nur etwa 200 (bei einigen ist die Authentizität umstritten) erhalten, von den weltlichen 25. Aus der Fülle der geistlichen, die Bach gewiß näher am Herzen lagen, da sie das Zentrum seiner musikalischen Gottesdienstordnung bildeten, werden kaum zwanzig heute noch mit einiger Regelmäßigkeit aufgeführt. Das sagt nichts gegen den Rang der übrigen – es gibt bei Bach überhaupt keine minderen Bagatellsachen –, wohl aber gegen die Praxis der heutigen Kirchenmusik, die solchen Reichtum ungenützt läßt. Nur die Leipziger Thomaskirche hält die Tradition zyklischer Wiedergaben (also an jedem Sonntag die dem Kirchenjahr entsprechende Kantate) aufrecht, selten versucht man sich anderswo an dieser Riesenaufgabe.

Was ist der Grund für diese Vernachlässigung? Sicher hemmen die Anforderungen an Sänger- und Instrumentalsolisten, wenige kirchenmusikalische Apparate verfügen über sie. Auch mögen die Texte Distanz schaffen; Bachs Kantatendichter waren bloße Handlanger und Verseschuster, und es wäre gewiß für uns heute besser, wenn der Meister mehr Bibeltexte statt der Produkte von Neumeister, Salomo Franck und Picander (mit bürgerlichem Namen der Leipziger Postbeamte Christian Friedrich Henrici, als Schriftsteller eher in der Posse zu Hause) vertont hätte – aber Bach schrieb nun einmal Kantaten nicht für eine »Nachwelt«, sondern für den jeweiligen Sonntagsgottesdienst, und dies in so schöner Regelmäßigkeit Woche für Woche, daß daraus fünf Jahreszyklen wurden.

Die Leipziger Zeit war die weitaus produktivste. In den Weimarer Jahren herrschte noch der Typus der alten deutschen Kantate vor, mit Bibelversen, Liedstrophen und

Chören (so »Gottes Zeit ist die allerbeste Zeit«, als »Actus tragicus« bekannt geworden). Um 1712 neigte sich Bach der italienischen Form von Rezitativ und Da-Capo-Arie auf eigens für ihn gedichtete Texte zu, der Chor umrahmt nur noch. Mit der Kantate »Jesus nahm zu sich die Zwölfe« führte er sich in Leipzig als Thomaskantor ein. Etwa 150 folgten bis 1746, darunter die großartigsten wie »Ein feste Burg«. Unmöglich, auf solche Fülle auch nur stichwortartig einzugehen. In den späteren Jahren kehrte Bach wieder von der Solokantate zur Chorkantate zurück; ab 1736 schuf er einen ganzen Zyklus in dieser Form, die Arie und Rezitativ beibehielt, aber dem figurierten Choral und dem koloristisch reich ausgestatteten Orchester fesselndere Aufgaben stellt.

Albert Schweitzer, selber Organist und Bach-Kenner von seherischer Einfühlungsgabe, hat als erster die Herrlichkeiten des *ganzen* Kantatenwerks neu gehoben. Er lenkte auch den Blick auf Bachs sorgfältige Wort-Ton-Deutung (die freilich oft an minderwertige Texte verschwendet ist), auf seine Tonmalerei, die Wellen, Abgründe, Laufen, Springen, Lachen melodisch und rhythmisch stilisiert (niemals jedoch durch naturalistische »Nachahmung«), und auf die Formel-Symbolik, durch die alle nur denkbaren Seelenbewegungen musikalischen Ausdruck finden. Musik als Ton-Sprache: nicht wie bei seinem Vorgänger im Thomaskantorat Kuhnau naiv imitierend, sondern mit den rein musikalischen Mitteln motivischer Beziehungen arbeitend, durch kühne Ausschöpfung der Akkordverbindungen und scharf geprägte Rhythmen. Wer Bach als einen der frühesten und größten Expressionisten erkennen will, findet in den Kantaten reiches Anschauungsmaterial.

Von Chorkompositionen sind nur sechs Motetten erhalten, darunter »Singet dem Herrn« und »Der Geist hilft unsrer Schwachheit auf« als Perlen zweichöriger Polyphonie. Das lateinische Magnificat von 1723 ist praktisch eine Chorkantate, in der Knappheit und dem Jubel der erhabenste Lobgesang Mariä, der je geschrieben wurde. Das populäre Weihnachtsoratorium, mit der wundersamen Hirtenmusik als Orchesterintermezzo und einigen der innigsten Bach-Melodien, besteht aus sechs kirchlichen Kantaten, die Bach erst später zum Zyklus zusammenfaßte; auch das Oster- und das Himmelfahrts-Oratorium sind eigentlich Kantaten.

»Behüte Gott, ihr Kinder, ist es doch, als ob man in einer Opera-Komödie wäre!« Dieser Ausspruch einer anonymen alten Dame, der ihr Erlebnis der ersten Matthäus-Passion (am Karfreitag des Jahres 1729) ausdrückte, verdient als Kuriosum festgehalten zu werden, das höchstwahrscheinlich repräsentativ die Verständnislosigkeit der Zeitgenossen für eine der tiefsten Schöpfungen Bachs wiedergibt, zugleich aber deren Neuartigkeit kennzeichnet. Passionsmusiken in oratorienähnlicher Form blickten damals auf eine lange Geschichte zurück. In Hamburg wäre das »Opernhafte« der Matthäus-Passion keinesfalls aufgefallen. Dort hatte schon Keiser 1704 die Leidensgeschichte Jesu als szenisches Drama dargestellt; Barthold Heinrich Brockes' Text, der Rezitative, Arien und Choralstrophen mit dem biblischen Evangelientext verknüpfte, wurde geradezu klassisch und zwischen 1712 und 1718 nacheinander von Keiser, Händel, Telemann und Mattheson vertont.

Auch Bach lehnte sich in seiner Johannes-Passion, die 1723 in Leipzig erstmals aufgeführt wurde, noch an den Brockes-Text an, merzte aber (wie so oft sein eigener Dichter-Helfer) Schwülstigkeiten aus und fügte dort, wo der Evangelist Johannes dramatische Stationen des Leidensweges verschweigt, Passagen aus Matthäus ein. Die Johannes-Passion behauptet sich bis heute neben der späteren (zwei weitere Passionen Bachs sind verschollen, eine Lukas-Passion wurde Bach fälschlich zugeschrieben). Der Formenapparat ist bescheidener als in der Matthäus-Passion; während dort monumentale Doppelchöre rahmen, erscheint nur der wuchtige Einleitungs-Chor der Johannes-Passion (»Herr, unser Herrscher«) von vergleichbarer Großartigkeit, der Ausklang mit dem Leit-Choral »O Herr, laß dein lieb Engelein« ist bewußt schlicht, wie überhaupt das frühere Werk sich zum späteren, trotz der geringen Spanne zwischen beiden, wie Feuer und Direktheit der Jugend zu Weisheit und Vollendung der Reife verhält.

In der Matthäus-Passion gipfelt die nordisch-mittelmeerische Synthese von Bachs Kunst. Das italienische Element tritt freilich nur formal in Erscheinung, in Rezitativen und Da-Capo-Arien, und selbst hier an der Seite des deutschen Chorals; die Weise »O Haupt voll Blut und Wunden« leitet, mit feinstem poetischen Gefühl variiert, durch den Kreuzweg. Der Geist des Werkes ist trotz »neumodischen« Mitteln eher gotisch, wenn man darunter ein Synonym für Mystik versteht. So genial wie einfach wirken Bachs Klangsymbole: wenn er die Bariton-Stimme Jesu, statt mit dem gewohnten Continuo, von Streicherakkorden wie mit einem Heiligenschein umschweben läßt, wenn er den Rezitativ des Evangelisten mit Vokalisen bereichert, als übermanne die Erregung den sachlichen Berichterstatter (»Und weinete bitterlich«), wenn das Orchester mit wilden Figuren das Zerreißen des Vorhangs im Tempel »malt«. Über die asketische Schönheit der von Brockes textierten Arien, über die dramatische Explosivkraft der Volkschöre (»Turbae«) ließen sich Seiten, nein Bücher schreiben. Vielleicht liegt das Wunderbarste des Ausdruckskünstlers Bach in der Beseelung des Arioso, das, vom Orchester motivisch grundiert, vielfach den kammermusikalisch begleiteten Arien vorangeht. Das Alt-Arioso »Ach Golgatha, unsel'ges Golgatha« erhebt sich aus Klage zu Trost und Hoffnung alles Menschengeschlechtes.

Auch dieses in seinem Aufbau so vollendet durchgeplante Werk ist nicht frei von Übernahmen aus früheren Kompositionen. So hat Bach den Schlußchor und acht Arien der Trauermusik zum Tode des Fürsten von Köthen entnommen, wie auch die Johannes-Passion erst Jahre nach der Uraufführung ihre heutige Gestalt erhielt. Vollends ist die erhabene Krone seiner gesamten *musica sacra,* die h-moll-Messe (der Titel »Hohe Messe« ist poetisierende Zutat und nicht authentisch), ein Produkt langen, scheinbar unorganischen Zusammenwachsens, keine ursprünglich geplante Ganzheit; Bach hat das Werk auch nie als Ganzes aufgeführt. 1733 sandte er zusammen mit seiner Bewerbung um den Titel eines Hofcompositeurs die beiden ersten Teile, Kyrie und Gloria, an den König von Sachsen. Von einer Aufführung dort ist nichts bekannt. Bis 1738 entstanden Credo und Sanctus, bis 1739 dazu Osanna, Benedictus und Agnus Dei, die Bach nicht mehr für Dresden, sondern für die Leipziger Kirchenmusik schrieb. Vier kleine, nur aus Kyrie und Gloria bestehende Messen folgten bis 1740.

Es mag erstaunen, daß der überzeugte Protestant Bach eine katholische Messe schuf: denn das mußte die h-moll-Messe sein, da der Dresdner Hof, und somit auch seine Kirchenmusik, katholisch war. Albert Schweitzer, den »das Glanzvoll-Prächtige gewisser Hauptchöre ‚katholisch' « anmutete, erkennt in dem »subjektiven, innerlichen Wesen« anderer Stücke wiederum »das Protestantische an Bachs Frömmigkeit« und nennt die h-moll-Messe »katholisch und protestantisch zugleich«. Ein gewaltiger Apparat wird in den insgesamt 27 Nummern aufgeboten: Orchester mit Continuo, Chor, zwei Soprane, Alt, Tenor und Baß als Solisten. Zum ersten Male ist mit diesem den liturgischen Rahmen sprengenden Werk, obwohl es eigentlich eine uneinheitliche Folge von Chorkantaten bildet, der Typus der Konzert-Messe vorgeprägt, der für die Folgezeit, von Haydn über Beethoven zu Bruckner, so bedeutungsvoll werden sollte. Das Schwergewicht liegt ganz im Chorischen. Bach greift im Credo auf den Gregorianischen Choral zurück, in der fünfstimmigen Fuge »Cum spiritu sanctu« entfaltet er seine kontrapunktische Meisterschaft zu höchster Glorie.

Vergessenheit und Auferstehung

Nur wenige Zeitgenossen hatten eine Ahnung, welcher Genius in der Gestalt eines einfachen Kantors unter ihnen gelebt hatte. Man bewunderte den Orgelmeister, aber wieviele waren es, die solche Kunst überhaupt beurteilen konnten? Bald nach seinem Tode war Bach vergessen, nicht einmal sein Grab war mehr bekannt. Erst 1894 entdeckte man einen Sarg mit den vermutlichen Gebeinen Bachs, 1949 führte man sie in die Thomaskirche über. Mozart und Beethoven spürten einen Hauch von Bachs Größe, aber sie kannten nur wenig von seiner Musik.

Eine Wende bahnte sich um 1800 an. Der Göttinger Musikhistoriker Johann Nicolaus Forkel veröffentlichte 1802 die erste Bach-Biographie, der Leipziger Musikschriftsteller Johann Friedrich Rochlitz wirkte als begeisterter Anwalt »Vater Bachs ... des Dürers der deutschen Tonkunst«. Ein epochales Datum für die Bach-Auferstehung wurde der 11. März 1829: An diesem Tag führte der zwanzigjährige Mendelssohn, allen Bedenken seines Lehrers Zelter zum Trotz, die Matthäus-Passion in der Berliner Singakademie auf, eine Offenbarung nicht nur für die Zuhörer, sondern für die musikalische Welt. 1833 folgte die Johannes-Passion, 1835 die h-moll-Messe. 1850 wurde die Bach-Gesellschaft gegründet, deren Hauptaufgabe eine Gesamtausgabe der Werke bildete; 1900 erschien der letzte der 46 Foliobände. Doch war das Jahrhundert der Romantik keine günstige Bach-Zeit. Erst das 20. mit seiner neuerwachten Liebe zum Barock setzte von Deutschland aus jene völkerumspannende Bach-Renaissance durch, die den Meister als »modernsten« aller großen Alten erscheinen läßt.

Niemand hat die Verehrung für seinen Riesengeist gültiger und durch das Gewicht der eigenen Persönlichkeit bedeutungsvoller in Worte gefaßt als Paul Hindemith, einer der vier Großen der Neuen Musik. In seiner Rede zur 200-Jahr-Feier von Bachs Tod sagte er: »Es ist ... dies das Wertvollste, was wir mit Bachs Musik geerbt haben: die Schau bis ans Ende der den Menschen möglichen Vollkommenheit; und die Erkenntnis des Weges, der dahin führt: das unentrinnbare, pflichtbewußte Erledigen des als notwendig Erkannten, das aber, um zur Vollkommenheit zu gelangen, schließlich über jede Notwendigkeit hinauswachsen muß ... Ist es einer Musik gelungen, uns in unserem ganzen Wesen nach dem Edlen auszurichten, so hat sie das Beste getan. Hat ein Komponist seine Musik so weit bezwungen, daß sie dieses Beste tun konnte, so hat er das Höchste erreicht. Bach hat dieses Höchste erreicht.«

Klassik

Das Wort »klassisch« hat im heutigen Sprachgebrauch eine doppelte Bedeutung. Es bezeichnet einmal eine bestimmte geistige und stilistische Haltung, deren Eigenart, so vielfältig sie sich äußern mag, doch gegen die vorangegangene und die nachfolgende Epoche abgesetzt erscheint: durch einen Zug zum Bürgerlich-Volkstümlichen, wie es die akkordisch begleitete Melodie repräsentiert, und durch das Ideal der »Natürlichkeit« vom aristokratischen, üppig wuchernden Barock; durch die von dieser Epoche übernommene Vorherrschaft des Rationalismus, der Formklarheit und des Gleichgewichts von Form und Inhalt von der späteren Romantik. Zum anderen enthält das Wort »klassisch« ein Werturteil. Ein Klassiker zu sein heißt nicht nur in einer bestimmten Stilepoche zu wirken. Es ist ein Synonym für Vollendung, für Gipfelleistung und Beispielhaftigkeit.

Aus beiden Perspektiven betrachtet stehen »die Wiener Klassiker«, nämlich Haydn, Mozart und Beethoven, im Zentrum einer Epoche. Ihre stilistische Verwandschaft ist so eindeutig wie ihre Klassizität unbestritten; sie bilden die Säulen, ohne die auch im 20. Jahrhundert jenes Gebäude, das man Musikleben nennt, zusammenbrechen würde. Tatsächlich ist die klassische Epoche nicht abzugrenzen, auch wenn bei allem Reichtum persönlicher Verschiedenheit die neue, gemeinsame Sprache ohrenfällig ist. Noch bei Schubert gibt es Themen und Formeln, die schon Haydn und Stamitz verwendeten, noch bei Mendelssohn Glucksche Wendungen. Wann beginnt das Neue, wann wird es durch wiederum Neues abgelöst? Selbstverständlich läßt sich musikalisches Leben nicht, auf Jahrzehnt oder gar Jahr beschnitten, in historische Schubladen »einordnen«. Je nachdem, wie früh man Vorstufen und wie spät man Ausläufer der Klassik einbezieht, umspannt die Epoche 80 bis 100 Jahre. Aber es gibt innerhalb der fluktuierenden Grenzen einige geistige und stilistische Wegmarken, die nicht zu übersehen sind.

Als einschneidender Wendepunkt zwischen Barock und Klassik erscheint dabei die Mitte des 18. Jahrhunderts. Daß das Jahr 1750 das von Bachs Tod ist, ist zufällig und symbolisch zugleich. Zweifellos ging mit Bach eine Epoche zu Ende, auch wenn die Geburt der neuen damals noch nicht sichtbar sein konnte. Neun Jahre später starb Händel, auch er Repräsentant einer ausklingenden Musikzeit. Zwischen diesen beiden Todesdaten vollzogen sich Ereignisse mit zukunftsprägender Wirkung.

1750 veröffentlichte Rameau seine Harmonielehre. Harmonie wird zur »Grundlage *aller* Musik«. Sie löst das kontrapunktische Denken des Barock ab und macht der neuen Melodie den Weg frei. 1751 begann das gewaltige Werk der französischen Enzyklopädisten zu erscheinen. Die Enzyklopädie ist nicht nur ein Kompendium des Wissens der Aufklärung und Fundament der allgemeinen Ästhetik. Sie wird auch für die Musik hochbedeutsam. Denn der musikalische Korrespondent hieß Jean-Jacques Rousseau: derselbe, der im sogenannten »Buffonistenstreit« in Paris mit seinem selbstkomponierten Singspiel »Le devin du village« ein ungeheuer erfolgreiches Exempel neuen, empfindsam-natürlichen Stils auf die Bühne brachte, und der wenige Jahre später, 1762, mit seinem Erziehungsroman »Emile ou l'éducation sentimentale« das einflußreichste literarische Dokument der Zeit schuf.

»Retournons à la nature« wurde in ganz Europa die Losung. Man hörte sie in Schlössern und Bürgerhäusern. Sie spiegelt sich in Glucks französischer Oper – er reiste nach Paris, um dort auf der »Bahn der Natur« weiterzuschreiten – wie in Mozarts »Entführung aus dem Serail«, in Goethes Werther-Roman, wie in den kindischen architektonischen Spielereien der Marie-Antoinette, die sich in den barocken Park von Versailles ein Bauernhaus hinstellen ließ, um dem Busen der Natur nahe zu sein. Barockkunst war vorwiegend höfische Kunst gewesen, zeremoniell, repräsentativ und rational, wie die gezirkelten Boskette und Hecken der Schloßparks. Rousseaus populär gewordener Schlachtruf ist antirational und antiaristokratisch. »Natur« bedeutet nun Einfachheit und Gefühl. Auszulöschen war das große Jahrhundert der Logik und Aufklärung selbstverständlich nicht. Voltaire, Leibniz, die Enzyklopädisten, später Kant waren zu große Autoritäten.

Aber gegen sie erhob sich auch aus dem Norden Auflehnung. Klopstocks erhabene Hymnik appellierte an das Gefühl; Hamann, der »Magus aus Ostpreußen«, überflutete mit mystisch-dunklem Gedankengut das »aufgeklärte« literarische Deutschland; sein Schüler Herder verschaffte den »Stimmen der Völker«, nämlich der mit starker ländlicher Folklore gesegneten »jungen« Völker, weites Gehör; der »Sturm und Drang« – so genannt nach dem gleichnamigen Drama Maximilian Klingers – wurde eine kurze, aber wahrhaft stürmische antirationalistische Gegenbewegung. Schiller und Goethe haben ihr gehuldigt (mit den »Räubern« und dem »Götz von Berlichingen«). Ehe sie »Klassiker« wurden, mußten sie die Stadien der Empfindsamkeit (»Die Leiden des jungen Werthers«) und der Sturm- und Drang-Gärung durcheilen. Das Ziel war bereits abgesteckt. 1764 erschien Winckelmanns »Geschichte der Kunst des Altertums«, eine wahre Offenbarung für jene Zeit. Das Ideal der »edlen Einfalt und stillen Größe«, das Winckelmann bei den Griechen zu entdecken glaubte, mochte irrig sein, wies aber doch einem ganzen Jahrhundert den Weg nach Hellas und machte Goethe zum Klassizisten. Goethes »Iphigenie auf Tauris« und Glucks gleichnamige Oper erschienen, völlig unabhängig voneinander, im selben Jahr 1779. Wiederum ein seltsam zufällig symbolisches Datum: in der Literatur den Beginn des Klassizismus, in der Oper den krönenden Triumph markierend.

Zuvor schon hatten sich in der Musik entscheidende Entwicklungen vollzogen. 1751 führte Stamitz erstmals in Mannheim eine der neuen Symphonien vor, die in ganz Europa Sensation machten: in Paris so stark, daß der aufklärerische deutsche Wahlfranzose Friedrich Melchior Grimm, der Rousseau-Gegner, in einem Pamphlet den neutönerischen »petit prophète de Boehmischbroda« bekämpfte. 1755 erschien Haydns erstes Streichquartett: eine verborgene Wegmarke. Denn die neue Epoche, die man später die klassische nannte, war nicht so sehr – wie das Barock – eine der Oper (trotz Mozart), als eine der Symphonie und der Kammermusik. Und eine des Bürgertums, soziologisch betrachtet. Höfe und Aristokraten blieben die maßgebenden Mäzene. Ohne sie hätten weder Haydn noch Beethoven existieren können; Mozart und Schubert, die ohne sie auszukommen wagten, starben in Armut. Aber zum ersten Mal meldete sich ein neuer Stand, das Bürgertum, als Konsument und Organisator des Musiklebens zu Wort. Musik drang über die Paläste hinaus in den bürgerlichen Salon – als Hausmusik – und in den öffentlichen Konzertsaal. In England, wo schon Anfang des 18. Jahrhunderts die Academy of ancient concerts Aufführungen gegen Eintrittsbillets für jedermann veranstaltete, wurde 1748 der erste spezielle Konzertsaal der Welt eröffnet, in Oxford. In Paris gaben seit 1725 die in ganz Europa maßgebenden Concerts spirituels, die sich später durchaus nicht nur auf geistliche Musik beschränkten, den Ton an. In Deutschland mit seinen vielen Fürstenhöfen trat das Bürgertum etwas später, aber mit dauernder Einflußnahme auf den Plan. Das bürgerliche Hamburg, einst in der deutschen Barockoper führend, richtete 1761 den ersten großen Konzertsaal in Deutschland ein. Leipzig (Gewandhaus 1781), Köln mit dem Gürzenich, Wien (seit 1771 Konzerte der Tonkünstler-Sozietät) und andere Städte folgten. Musikhören wurde erst eine Sache der bürgerlichen Gemeinsamkeit, bald auch des nationalen Aufschwungs. In Paris hatte Rousseau, der die französische Sprache für ungeeignet hielt, vertont zu werden, schon in den fünfziger Jahren leidenschaftliche nationale Opposition geweckt (die dann der Deutsche Gluck durch sein Werk befriedigte). In Deutschland rief die Hof-Herrschaft der italienischen Oper eine antiwelsche Welle hervor; die deutsche Oper, zu der sogar der Erz-Aufklärer Wieland mit seinem Libretto zu einer »Alceste« und Goethe mit einem Dutzend Singspiel-Libretti beitrugen, war nicht nur eine bürgerliche, sondern auch eine kaiserlich-parodistische Sache: Joseph II. befand sich mit seinem Nationaltheater in Wien auf demselben Wege wie der (von ihm unterschätzte) Mozart mit seinem Traum von einer »teutschen« Oper.

Man sieht, wie kompliziert, vielschichtig, umwegreich die Pfade zur Hochburg der Klassik verliefen. Was bedeuteten sie musikalisch? Auf die einfachste Formel gebracht (was nur Annäherungswerte vermitteln kann): die Ablösung des kontrapunktischen durch das homophon-harmonische Denken, der Suite und Fuge durch die Sonate. Sonaten gab es, von den Italienern entwickelt, seit dem Ende des 16. Jahrhunderts. Aber sowohl die Kirchensonate, wie das Concerto grosso, wie das Solokonzert des frühen 18. Jahrhunderts waren etwas anderes als die Formen, die durch die Mannheimer und durch Haydn neue Inhalte erhielten. Die alte Sonate war grundsätzlich einthematig. Sie befriedigte ihr Bedürfnis nach Abwechslung und Gegensatz durch den Kontrast zwischen Soloinstrument und Orchester (Concerto grosso) oder durch die Vielzahl kurzer, verschiedenartiger Tanzsätze in der Suite.

Diese starre, wenn auch mannigfaltige Formenwelt konnte den Bedürfnissen des »empfindsamen Stils«, der um die Mitte des 18. Jahrhunderts durchdrang, nicht mehr genügen. Man verlangte jetzt vom Spieler seelenvollen Vortrag – wofür Johann Joachim Quantz', Friedrichs des Großen Flötenmeisters, »Anweisung, die Flöte traversière zu spielen«, Leopold Mozarts berühmte Violinschule und Philipp Emanuel Bachs »Versuch über die wahre Art das Klavier zu spielen«, alle kurz nach 1750 herausgegeben, bezeichnende Dokumente sind –, und man erwartete vom Komponisten, daß auch er dem neuen musikalischen Fühlen, der Natürlichkeit und Empfindsamkeit Ausdruck gab. Musik sollte als Seelensprache wirken. Die alte barocke Affektenlehre gewinnt feinere, sensiblere Nuancen. Nicht die Vorhaltseufzer und »Manieren«, die Verzierungen des sogenannten galanten Stils sind das Wichtigste. Sondern die geschmeidigere Form, die nun das Erbe von Suite und Fuge antritt – mit einer Ausschließlichkeit wie nie zuvor: die klassische Sonate.

Ihre Mittel sind Instrumente vom Soloklavier bis zum Orchester. Ihre Seele liegt im Doppelthema, im Gegensatz von harmonisch-charakteristisch geprägtem, oft auf Dreiklangzerlegung beruhendem Hauptthema und kantablem zweitem, dem Gesangsthema. Die Dreiteiligkeit der eigentlichen Sonatenform – gemeint ist hier der Kopfsatz – entspricht der Maß-Ästhetik der Klassik: Intellekt und Gefühl, Form und Inhalt befinden sich im Gleichgewicht, Erfindungskraft des Komponisten muß sich in der Exposition der Themen erweisen, seine Kunst der thematischen Arbeit vor allem in der Durchführung, die aus dem Zweithemen-Dualismus kombinatorische Möglichkeiten

gewinnt. Dramatik durch modulatorische Wechsel, Kunst der Übergänge treten als neue Reize an die Stelle der stimmigeren Arbeit der Barocksonate. Der Generalbaß weicht ausgeschriebenen Harmonien. Die Schematik in der zyklischen Sonate – Allegro, langsamer Satz, Menuett (später Scherzo), Finale – erscheint gegenüber der barocken Suite noch starrer, wird aber durch die innere Geschmeidigkeit der neuen Form aufgewogen.
Durch über hundertfünfzig Jahre hat sie die instrumentale Musik beherrscht: im Streichquartett wie in der Symphonie, in der Klavierkomposition wie in der Opern-Ouvertüre. An der sozialen Grenzscheide von aristokratischem und bürgerlichem Musizieren geboren, dem melodisch-volkstümlichen Gut, das Lied und Folklore zutrugen, weit geöffnet, konnte sie das 19. Jahrhundert überdauern und dem formauflösenden Wuchern der Romantik standhalten. Aber die Seele, eben die Thematik, ist klassisch. Denn im Bau der Sonaten-Themen manifestieren sich zwei der Wesensmerkmale klassischen Musizierens. Die homophone Gesanglichkeit – bei Mozart und Schubert erfaßt sie selbst die »männlichen« Hauptthemen – entspricht dem Ideal der Natürlichkeit, das man im Volkslied zu finden glaubte. Die Symmetrie der Themen, ihre typische Vier- und Acht-Takte-Perioden, verkörpern den Rationalismus, den unerschütterten Maß- und Vernunftglauben der Klassik. In dieser Periodizität zeigt sich zugleich der wesentlichste Unterschied zum thematischen Denken des Barock. Das barock-polyphone Thema ist mit dem Blick auf seinen Kontrapunkt erfunden, es hat kein Ende; bei manchen Fugenthemen in Bachs Wohltemperiertem Klavier streiten sich bis heute die Interpreten, wo denn genau die Nahtstelle zwischen Thema und Kontrapunkt verläuft. Das klassische Sonaten-Thema hingegen muß seine Fähigkeit zur Wandlung und »Durchführung« schon bei der Exposition in sich tragen. Zugleich hat es jedoch eine klar umrissene Gestalt angenommen, es bildet eine Quasi-Melodie mit gesteigerten Ansprüchen; denn nicht jede Melodie eignet sich zum Thema.

Bach-Söhne und Mannheimer

Man kann die säkulare Bedeutung der Mitt-Jahrhundertwende von 1750 gar nicht überschätzen. Seit der Ablösung der Renaissance-Vielstimmigkeit durch die Monodie hat es keine so folgenreiche und weittragende Revolution der musikalischen Ausdrucksmittel mehr gegeben wie durch die Geburt der klassischen Sonate. Die Geburtswehen erstrecken sich freilich über Jahrzehnte. Selbst beim alten Bach findet man Vorahnungen des empfindsamen Zeitalters, wie das f-moll-Präludium aus dem 2. Teil des wahrhaftig nicht der Empfindsamkeit schmeichelnden »Wohltemperierten Klaviers« zeigt:

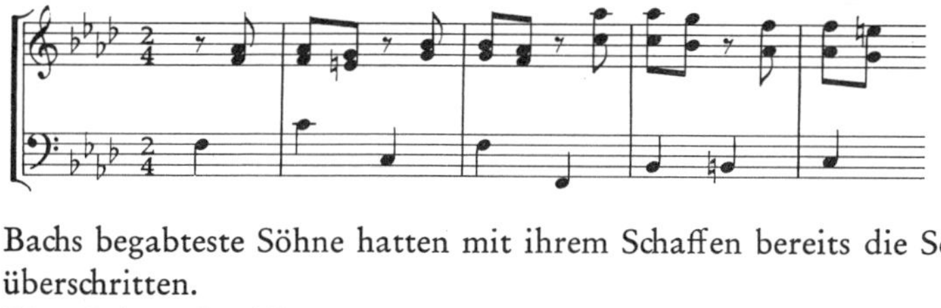

Bachs begabteste Söhne hatten mit ihrem Schaffen bereits die Schwelle zur neuen Zeit überschritten.
Vier Söhne des Thomas-Kantors verzeichnet die Musikgeschichte als Komponisten. Mit dem ältesten, *Wilhelm Friedemann Bach* (1710–1784), verbindet sich mehr romantische Legende des tragisch-verkommenen Genies, wie sie Brachvogels seinerzeit popu-

lärer Roman nährte, als lebendige Nachwirkung. Mag er ein Opfer der sozialen Zeitumstände – er versuchte als freier Schaffender zu existieren – oder seiner charakterlichen Haltlosigkeit geworden sein: Er endete hochbetagt im Elend, und seine erhalten gebliebenen Orgel- und Klavierkompositionen zeigen zwar den modernen sensiblen Ton, aber kaum mehr. Ebensowenig kann das Opus des »Bückeburger Bach«, des biederen Johann Christoph Friedrich, heute noch etwas aussagen.

Hingegen kommt dem zweitältesten Sohn, *Philipp Emanuel Bach* (1714–88), erhebliche musikgeschichtliche Bedeutung zu. Er wirkte siebenundzwanzig Jahre lang als Clavicembalist und Hofkompositeur Friedrichs II. in Potsdam; sein in Hamburg, als Nachfolger Telemanns verbrachter Lebensabend krönte ein erfolgreiches, unerhört arbeitsreiches Leben. Die Klaviersonaten – er bevorzugte ein Silbermann-Cembalo – und die Trio-Sonaten galten als Standardwerke des neuen empfindsamen Stils. Die Zweithematik und die gefühlvollen Themenmelodien wurden von einer soliden Handwerkstechnik untermauert, die ihn auch befähigte, die prominenteste Klavierschule seiner Zeit herauszugeben. Zweifellos war er ein Meister eigenen Ranges und eigenen Stils, der sich von dem seines großen Vaters (den er bewunderte) durch geringere Originalität und größere Sensibilität im Sinne des neuen Wirkungsideals – »Mir deucht, die Musik müsse vornehmlich das Herz rühren« – unterschied. Philipp Emanuel Bach schrieb über 200 Sonaten, Symphonien, Lieder, Kantaten. Der junge Haydn war von seinen Klaviersonaten fasziniert und bekannte dankbar, was er alles von ihm gelernt habe.

Eine Generation später wiederholte sich das Schüler-Lehrer-Verhältnis mit Mozart und *Johann Christian Bach* (1735–1782). Er war der jüngste, »modernste« und einigermaßen aus der Art geschlagene Bach-Sohn, der erste Bach, der nach Italien reiste, um dort die Kunst der Opera-Komposition zu lernen (in Mailand), der eine italienische Primadonna heiratete und – welcher andere Bach hätte dies getan! – aus rein praktischen Gründen zum Katholizismus übertrat. Wie Händel ging er nach London, um sich in der einstigen Exil-Hochburg der italienischen Oper zu bewähren: denn er war ein typisch italienischer Opernkomponist. Allerdings, die Uhr war abgelaufen, die Barockoper klang nur noch aus.

Neuerdings, 1966, hat man an der Stuttgarter Staatsoper eine späte Ehrenrettung des Opernitalieners Johann Christian Bach mit der Ausgrabung des »Temistocle« gewagt und eine tüchtige Opera seria zutage gefördert. Mehr nicht – die Melodienbe-

Carl Philipp Emanuel Bach, Affekte in der Musik

Indem ein Musikus nicht anders rühren kann, er sei denn selbst gerührt, so muß er notwendig sich selbst in alle Affekte setzen können, welche er bei seinen Zuhörern erregen will; er gibt ihnen seine Empfindungen zu verstehen und bewegt sie solchergestalt am besten zur Mit-Empfindung. Bei matten und traurigen Stellen wird er matt und traurig. Man sieht und hört es ihm an.

Dieses geschieht ebenfalls bei heftigen, lustigen und anderen Arten von Gedanken, wo er sich alsdann in diese Affekte setzt. Kaum daß er einen stillt, so erregt er einen anderen; folglich wechselt er beständig mit Leidenschaften ab. Diese Schuldigkeit beobachtet er überhaupt bei Stücken, welche ausdrückend gesetzt sind, sie mögen von ihm selbst oder von jemandem anders herrühren; im letzteren Fall muß er dieselbe Leidenschaft bei sich empfinden, welche der Urheber des fremden Stücks bei dessen Verfertigung hatte. Besonders aber kann ein Klavierist vorzüglich auf allerlei Arten sich der

gabung des »Londoner Bach«, des väterlichen Freundes des kleinen Mozart, äußerte sich charakteristischer in Symphonien und Klaviersonaten, nämlich in der Kantabilität, die noch die schnellen Themen beseelte, in dem »singenden Allegro«, das Mozart entzückte, und in dessen Reifewerken, wie im Hauptthema des 1. Satzes der letzten Es-Dur-Symphonie, wahrhaft klassische Prägung fand. Der Ton eleganter, gemütvoller Grazie, weit entfernt von der vergrübelten Tiefe des Vaters, ist schon in des Londoner Bach Sonaten und Symphonien lebendig.

Carl Philipp Emanuel Bach

Im Bannkreis Philipp Emanuel Bachs wirkten die Brüder *Graun*, von denen *Karl Heinrich* (1704–1759) durch sein Oratorium »Der Tod Jesu« und durch seine italienischen Opern zeitweise berühmt war, jedoch in der Instrumentalmusik durch den geschätzten Violinvirtuosen *Johann Gottlieb Graun* (1702–1771) mit seinen über 100 Sinfonien und Instrumentalkonzerten und den Böhmen *Georg Benda* (1722–1795), den jüngeren zweier Brüder, als Schöpfer und Bereicherer des damals modischen Genres des Melodrams (Ariadne auf Naxos, Medea) übertroffen wurde.

Italienische und süddeutsche Beiträge

Wesentlicheres zur Entwicklung der stilbestimmenden Sonate – Oper und Singspiel werden wir bei Gluck und Mozart behandeln – trugen Italien und Süddeutschland bei. Die Sonata, ohnehin italienischen Ursprungs, verdankt auch in der neuen Form

Gemüter seiner Zuhörer durch Fantasien aus dem Kopf bemeistern. Daß alles dieses ohne die geringsten Gebärden abgehen könne, wird derjenige bloß leugnen, welcher durch seine Unempfindlichkeit genötigt ist, wie ein geschnitztes Bild vor dem Instrument zu sitzen. So unanständig und schädlich häßliche Gebärden sind, so nützlich sind die guten, indem sie unseren Absichten bei den Zuhörern zu Hilfe kommen. Diese letzteren Ausüber machen ungeachtet ihrer Fertigkeit ihren sonst nicht übeln Stücken oft selbst schlechte Ehre. Sie wissen nicht, was darin steckt, weil sie es nicht herausbringen können. Spielt solche Stücke aber ein anderer, welcher zärtliche Empfindungen besitzt und den guten Vortrag in seiner Gewalt hat, so erfahren sie mit Verwunderung, daß ihre Werke mehr enthalten, als sie gewußt und geglaubt haben. Man sieht hieraus, daß ein guter Vortrag auch ein mittelmäßiges Stück erheben und ihm Beifall erwerben kann.

Aus: Versuch über die wahre Art, das Clavier zu spielen, 1753–62

Giovanni Battista Pergolesi, Lithographie nach einem zeitgenössischen Porträt

italienischen Meistern bedeutende Werke, obwohl das Schwergewicht südlich der Alpen immer noch bei der Oper lag. Der Mailänder *Giovanni Battista Sammartini* (1698–1775) ist nicht nur als Lehrer Glucks in die Musikgeschichte eingegangen, sondern auch als Autor von liedhaft thematisierten Kammersinfonien und Triosonaten, in deren Dreiteiligkeit (Exposition, Durchführung, Reprise) Klassizismus ebenso vorausgeahnt ist wie in den kantablen, schon zweithemigen Allegros der Trio-Sonaten des jungverstorbenen Operngenies *Giovanni Battista Pergolesi.* Domenico Scarlattis epochemachende Klaviersonaten, zwischen Barock und Klassik beheimatet, wurden schon behandelt. In *Luigi Boccherini* (1743–1805) gipfelte die konzertante Klassik des italienischen Settecento. Er war ein hervorragender Cellist, schrieb Konzerte für sein Instrument, von denen eines sich bis heute in der Elite der Evergreens von Haydn bis Dvořák behauptet, viele Sonaten für Cello sowie Kammermusik (so gilt er als Erfinder des Streichquintetts!) aller Art. Das »Menuett von Boccherini« ist nicht nur Freude aller Klavierschüler, sondern zugleich typisches Zeugnis des galanten Stils.

In Paris, wo man damals Opern komponieren mußte, um sich einen Namen zu machen, wurde der Haydn- und Gluck-Verehrer *François Joseph Gossec* (1734–1829), obwohl mehr durch Opern und durch seine Revolutions-Hymne berühmt, als Komponist und Organisator der neuen Symphonie einflußreich.

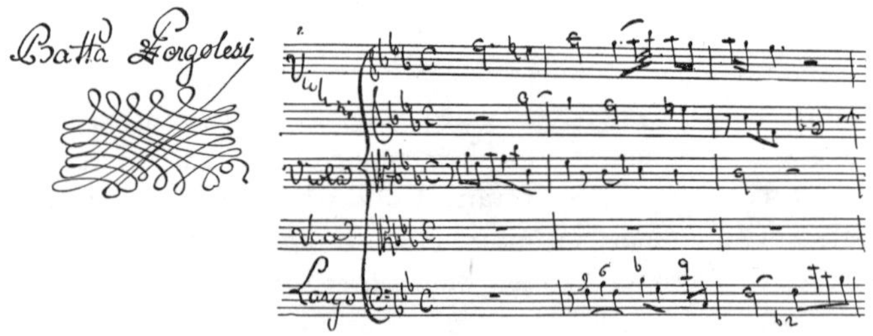

Notenhandschrift Pergolesis, aus einem unvollendeten »Salve Regina«

Johann Stamitz

Bis dorthin, in die damalige Musikkapitale Europas, drang, mit sensationellem und revolutionärem Beigeschmack, der neue Ton aus einer kleinen deutschen Residenz, die sich um die Mitte des 18. Jahrhunderts durch nichts auszeichnete als durch einen gewissen Liberalismus ihrer Fürsten und durch die Leistungen ihrer Hofkapelle: Mannheim.

Dieses kurfürstliche Orchester war in der Tat ein europäisches Unikum. Man berichtet, daß es die Zuhörer bei dem berühmten »Mannheimer Crescendo« – das ein Stilbegriff wurde wie die »Funken« (die herausstechenden hohen Töne), die Seufzer, Walzer und was dergleichen neuartige Spieleffekte mehr waren – förmlich aus den Stühlen hob und beim Decrescendo wieder erleichtert zurücksinken ließ – leibseelische Wirkungen der Musik, auf die jedes Jazz-Orchester von heute stolz sein könnte.

Protektor des europaberühmten Orchesters war der Kurfürst Karl Theodor, *spiritus rector* der Böhme *Johann Stamitz* (1717–1757) aus Deutschbrod, der in den vierziger Jahren an die rhein-mainische Residenz gekommen war, wie überhaupt die »Mannheimer« vornehmlich Böhmen oder Mähren waren: so Stamitz' Mannheimer Kollegen *Franz Xaver Richter* (1709–1785, aus Holleschau in Mähren stammend), *Anton Filtz* (1730–1760, Böhme von Geburt). Ob sie deutschbürtige Böhmen oder Tschechen waren, interessiert heute höchstens eine nationalistische Musikhistorie. Zu ihrer Zeit spielte Nationalität eine geringere Rolle als Beheimatung. Stamitz' Söhne Karl und Anton und *Christian Cannabich* (1731–1798) waren jedenfalls echte Mannheimer.

Johann Stamitz war als Geiger zur Mannheimer Hofkapelle gekommen und hatte sie, seit 1745 deren Konzertmeister, zu dem bewundernswerten Instrument gemacht, das auf einer Gastspielreise in Paris Mitte der fünfziger Jahre seinen Rang als führendes europäisches Orchester bestätigte. Stamitz entstammte einer in Mittelböhmen ansässigen Familie, sein Vater war Kaufmann und Organist, sein Großvater aus dem südsteirischen Marburg an der Drau, damals einer deutschen Stadt, zugewandert. Er bildete sich als Geiger aus, machte eine strenge Jesuitenschule in Iglau durch und folgte als junger Mann dem Zuge böhmischer Musikanten nach dem Westen.

Obwohl viele böhmische Aristokraten eigene Orchester unterhielten, war doch der Überschuß an musikalischen Talenten, gefördert durch die überdurchschnittliche Tüchtigkeit der böhmischen Dorfkantoren, der Schulmeister, größer als die Existenzchancen. Von Wien bis Berlin fand man an deutschen Residenzen Musikemigranten aus Böhmen und Mähren, einerlei, ob sie ursprünglich deutsch oder tschechisch sprachen. Die Brüder *Benda* in Berlin, *Anton Rössler-Rosetti* in Ludwigslust, *Florian Gassmann*, *Paul* und *Anton Wranitzky*, der Beethovenschüler und -freund *Carl Czerny*, *Wenzel Müller* in Wien, der bedeutende Klassizist und Liszt-Lehrer *Anton Reicha* in Paris, *Josef Mysliweczek*, der es in Italien unter dem Namen Venatorini zu Opern- und Oratorienruhm brachte, und eben die führenden Mannheimer – alle waren sie Emigranten, die den Ruf Böhmens als »Konservatorium Europas« mehrten.

Stamitz schrieb für sein Orchester eine Fülle von Symphonien und Orchestertrios und für sich selbst als Solisten natürlich Violinkonzerte. Man hat ihn im 19. Jahrhundert die undankbare Pionierstellung mit Vergessenheit büßen lassen; die Renaissance- und Ausgrabungsbewegungen nach dem ersten Weltkrieg und zuletzt die moderne Langspielplatte haben Stamitz-Werke, wie etwa die Symphonien in A-Dur und D-Dur, wieder lebendig gemacht. Sie klingen nach frühem Haydn und sind in der Bauart und der Verarbeitung der Themen bereits ganz »klassisch«, wenn man auch heute schwerlich versteht, warum die Mannheimer Schule zu ihrer Zeit als eine Art von musikalischem Sturm-und-Drang empfunden wurde.

Auch die Orchestereffekte der Mannheimer können heutigen Ohren nur harmlos erscheinen. Das berühmte Crescendo, das die Zeitgenossen aus dem Sessel hob, gab es schon vorher, aber eben nicht in der elektrisierenden Disziplin, zu der Stamitz (das

Notenbeispiel ist der D-Dur-Symphonie op. 5, II, entnommen) seinen Klangkörper erzogen hatte.

»Eine Armee von Orchester-Generälen«

Der englische musikalische Europa-Baedeker Charles Burney rühmte das Orchester als eine »Armee von Generälen, gleich geschickt, einen Plan zu einer Schlacht zu entwerfen als darin zu fechten«, und der junge Mozart schwärmte seinem Vater von den Mannheimern Wundern vor: »Sie glauben nicht, was eine Sinfonie mit Flauten, Oboen und Klarinetten einen herrlichen Effekt macht!«

Das Stilprägende, der »Klassik« den Weg bereitende der Mannheimer Schule lag tatsächlich nicht nur in der zweithemigen Bauart der Sinfonie-Sonaten und ihrem expressiven Geist, sondern auch in der Neuartigkeit des Klangkörpers. Das Cembalo, im Barock unentbehrliches Continuo-Instrument, wurde ausgeschieden, da der Generalbaß wegfiel. Dafür wurden Hörner und Trompeten obligate Harmoniestützen, die Holzbläser konstituieren sich als doppelt besetztes Ensemble von Flöten, Oboen, Klarinette – aufsehenerregende Neuerung seit der Jahrhundertmitte – und Fagott und beginnen auch schon sinfonisch-thematische Aufgaben zu übernehmen. Der Streicherchor individualisiert sich. Das klassische Orchester steht in Mannheim bereits.

Demgegenüber erscheint der Beitrag, den Wien selbst zum neuen Stil lieferte, vergleichsweise bescheiden. In der Hauptstadt des Habsburgerreiches, wo Metastasio seine Residenz aufgeschlagen hatte, dominierte auch zu Maria Theresias Zeiten die italienische Oper als Gipfel aller Musik. Auf konzertantem Gebiet galt der Hofkomponist *Georg Christoph Wagenseil* (1715–1777), Verfasser von über 60 Sinfonien und Instrumentalkonzerten (besonders für Cello), als maßgebend. Der jungverstorbene Niederösterreicher *Georg Matthias Monn* (1717–1750) genießt den historischen Ruhm, 1740 die erste Wiener Sinfonie des neuen Typs geschrieben und in die viersätzige zyklische Form erstmals das Menuett eingeführt zu haben. *Johann Georg Reutter* führt als Haydns erster Lehrer bereits an die Schwelle der großen klassischen Epoche europäischer Instrumentalmusik.

In diese Zwischenzeit zwischen Barock und Rokoko-Klassik geriet Gluck, als er 1747 zum erstenmal Wiener Boden betrat. Sein Werk gilt es, chronologisch einigermaßen getreu, zunächst zu untersuchen, auch wenn es, trotz der Bindung an Wien, die Wiener Klassik nur auf vokalen Seitenpfaden umkreist.

Glucks Opernklassik

»Wer wird nicht einen Klopstock loben! Doch wird ihn jeder lesen? Nein . . . « – Lessings Epigramm auf den erhaben entrückten deutschen Dichterfürsten trifft heute fast auch auf Gluck zu. Wäre nicht »Orpheus und Eurydike« dank einigen populären

55 Das Markgräfliche Opernhaus in Bayreuth,
Innenausstattung von Giuseppe und Carlo Bibiena

56 Friedemann Bach, zeitgenössisches Gemälde

57 Johann Christian Bach, Gemälde von Thomas Gainsborough

Melodien und der Parade-Partie für Altistinnen ein Repertoire-Evergreen, Glucks Werke nähmen nur eine Außenseiterrolle ein, nicht zu vergleichen mit der überragenden Klassikerstellung Bachs, Haydns, Mozarts und Beethovens. Nur an der Pariser Großen Oper, wo sein Name in den architektonischen Medaillons der allererlesensten Opern-Elite prangt, spürt man die Verpflichtung zu einer konsequenten Gluckpflege; freilich hat er auch der französischen Oper sein Bestes gegeben.

Für Deutschland ist bezeichnend, daß die Inszenierung von »Paris und Helena«, einem seiner Meisterwerke also, im Jahre 1964 bei den Schwetzinger Festspielen als »deutsche Erstaufführung« lanciert werden konnte. So fremd ist uns der Heros und Reformator der klassischen Oper mit seinem Gesamtopus geworden. Und ihn hatte ein ganzes Jahrhundert, Richard Wagner eingeschlossen, als einen der Größten der Großen verehrt, seine »Iphigenie auf Tauris« hatte Goethes gleichnamiges Schauspiel für Jahrzehnte in den Schatten gestellt.

Der Lebensweg

Dem Försterssohn *Christoph Willibald Gluck* (1714–1787) aus Erasbach bei Berching in der abgelegenen Oberpfalz war die große weltbürgerliche Karriere keinesfalls an der Wiege gesungen worden. Als sein Vater versetzt wurde, ging er mit nach Böhmen. Ein Vater-Sohn-Konflikt, hervorgerufen durch die unstandesgemäße Musizierlust des Jungen, endete mit dessen Flucht aus dem Elternhaus. Dunkel liegt über Glucks Jugendzeit (wie überhaupt über seinem privaten Leben). Wir finden seinen Namen in den Studienverzeichnissen der Prager Universität, als Studiosus der Logik, wissen aber nichts Näheres über seine weitere akademische Ausbildung. Er verdiente sein Brot und gewann kompositorische Erfahrungen als Wandermusikant. Der Mailänder Fürst Melzi nahm ihn in seinen Hofstaat auf und, über Wien, nach Italien mit. Dort konnte er das Handwerk eines italienischen Opernkomponisten von der Pike auf lernen, in der strengen Zucht des Kirchenmusikers Sammartini. Mit acht Opernpartituren, die er dort schrieb, wurde er ein echter Neapolitaner, und damit auch für die Hochburgen Westeuropas, Paris und London, qualifiziert. In London, wo er 1746 mit Händel in einem gemeinsamen Konzert auftreten durfte, maß er sich an dem älteren, natürlich überlegenen Meister, der damals der Oper bereits den Rücken gekehrt hatte. Händels abschätziges Wort, sein Koch verstehe mehr vom Kontrapunkt als Gluck, mag subjektiv ebenso gerechtfertigt sein wie Glucks eigene Selbstsicherheit, die die Zukunft nicht in mäßigen Trio-Sonaten sah, sondern in einer gewollten Einfachheit, die, nach Glucks Alterszeugnis, lieber »den natürlichen Tönen der menschlichen Empfindungen und Leidenschaften« genügen als »den Liebhabern tiefer Wissenschaft oder großer Schwierigkeiten« schmeicheln wollte.

Als Mitglied der Mingottischen Operntruppe lernte er italienische Opernpraxis in Deutschland kennen, führte sich 1748 in Wien mit der Oper »Semiramide riconosciuta« gut ein, heiratete zwei Jahre später die wohlhabende Wiener Bürgerstochter Marianne Pergin und ließ sich, nach weiteren italienischen Wanderjahren, als Maestro und Opernkomponist 1752 für dauernd in der Kaiserstadt nieder.

Gluck hatte damals bereits mehr erreicht als die meisten seiner Kollegen: nämlich eine soziale Unabhängigkeit, die es ihm, dank der beträchtlichen Mitgift seiner Gattin, ermöglichte, Fürstendienst abzulehnen und Aufträge nur nach persönlicher Neigung anzunehmen. Ihm kam außerdem zugute, daß der Prinz Joseph Friedrich von Sachsen-Hildburghausen in den ersten Wiener Jahren sein Mäzen und später der einflußreiche Graf Durazzo, der Hoftheaterintendant, sein Gönner wurde. Durazzo stellte Gluck als Hofcompositeur an, was für den Musiker zwar keine Beamtenschaft, dafür aber auch keine belastenden Verpflichtungen bedeutete – das Beste, was er sich in seiner finanziell gesicherten Lage wünschen konnte. Daß er denselben päpstlichen Titel eines »Ritters vom goldenen Sporn«, den der junge Mozart, der ihn ja auch erhielt, als bedeutungslose Etikette ignorierte, künftig seinem Namen als Adelsprädikat beifügte, mochte der Eitelkeit oder berechnender Repräsentation entspringen, stand dem würdigen Mann aber jedenfalls gut zu Gesicht.

Dabei war er damals nur einer von vielen, wenn auch zweifellos ein bewährter Könner. Neues hatte er im Italien Hasses, im Paris Rameaus, im London Händels mannigfach kennengelernt, aber in seinen eigenen acht neapolitanischen Opern kaum geboten. Sie folgten den Modellen Metastasios, dem er in Wien seine Aufwartung machte und von dem er denselben Text der »Clemenza di Tito« vertonte, der Mozart in seinem letzten Lebensjahr wider Willen aufgedrängt wurde. Auch als Hauskomponist des Burgtheaters, das damals von einer französischen Truppe bespielt wurde, konnte er nur liefern, was der Stil verlangte, nämlich Singspielopern, Opéras comiques nach Pariser Vorbild und auf Texte des maßgebenden Pariser Vaudeville-Librettisten *Charles Favart*. Das Vaudeville – von »voix de ville« – die »Stimme der Stadt« – erhob sich, elegant und mit einer heiteren Mischung von Chansons und Dialogen, gegen die Académie Royale, die eifersüchtig über ihr Monopol der voll gesungenen, seriösen Oper wachte. Gluck komponierte für das französisch dominierte Wiener Burgtheater acht solcher Vaudevilles, wobei sein Anteil von der Bearbeitung und von Komödienmusiken bis zu eigenen Opéras comiques reicht.

Die wichtigsten sind die auch heute noch in deutschen Übersetzungen gespielten komischen Opern »L'ivrogne corrigé« (»Der bestrafte Trunkenbold«), 1760, »Le cadi dupé« (»Der betrogene Kadi«), 1761, und »La rencontre imprévue« (»Die Pilgrime von Mekka«), 1764. In diesem Stück, das als »Türkenoper« Mozarts »Entführung« verwandt ist, zeigt sich bereits die Handschrift eines Meisters, der dem Genre mit seinen Strophenliedern und gesprochenen Dialogen gibt, was es unumgänglich braucht, aber durch die Einfügung rezitativischer Szenen und die Verbindung von dramatisch zu-

Christoph Willibald Gluck, Der Dichtung dienen

Als ich es unternahm, die »Alceste« in Musik zu setzen, war es mein Vorsatz, alle jene Mißbräuche von Grund aus zu beseitigen, welche teils durch die übelberatene Eitelkeit der Sänger, teils durch die allzu große Gefälligkeit der Tonsetzer in die italienische Oper eingeführt worden waren und dieselbe schon so lange Zeit entstellen, und aus dem feierlichsten und schönsten aller Schauspiele das lächerlichste und langweiligste machen. Ich war bedacht, die Musik auf ihre wahre Aufgabe zu beschränken, das ist: der Dichtung zu dienen, indem sie den Ausdruck der Empfindungen und den Reiz der Situationen verstärke, ohne die Handlung zu unterbrechen oder durch unnütze und überflüssige Zieraten abzuschwächen. Ich glaubte, die Musik müsse für die Poesie das sein, was die Lebhaftigkeit der Farben und eine glückliche Mischung der Lichter und Schatten für eine fehlerfreie und wohlgeordnete Zeichnung sind, welche nur dazu dienen, die Figuren zu beleben, ohne die Umrisse zu verändern. Ich wollte daher weder einen

Christoph Willibald Gluck, Lithographie nach dem Gemälde von J. Duplessis

sammengehörigen Nummern bereits andeutet, wohin er zielt.

Die entscheidende Wende in Glucks Schaffen brachte die persönliche Bekanntschaft mit *Ranieri de Calzabigi* (1714–1795), dem Textdichter seiner drei Wiener italienischen Opern, die von der Musikgeschichte als »Reformopern« registriert werden. Calzabigi (bisweilen auch Ranieri da Calsabigi geschrieben) war einer der durch Europa vagabundierenden Literaten vom Schlage Casanovas oder Lorenzo da Pontes, die durch Intelligenz und Vielseitigkeit blendeten und sich dennoch nirgends dauernd hielten. Calzabigi hatte als junger Mann in Paris Metastasios Schriften herausgegeben und dazu moderne Ideen aus der Opernhauptstadt Europas mit nach Wien gebracht, wo er als Geheimer Rat der Niederländischen Rechnungskammer die Gunst des allmächtigen Staatskanzlers Kaunitz durch höchst unliterarische, aber praktische Vorschläge für ein Tabakmonopol gewann und durch die Vorlesung seines Dramas »Orfeo ed Euridice« das Wohlwollen des Theaterintendanten Graf Durazzo, der ihn mit Gluck zusammenbrachte.

Orfeo ed Euridice

Die Uraufführung von »Orfeo ed Euridice«, 1762 im Burgtheater zu Wien, gehört zu den großen Operndaten der Musikgeschichte. »Wenn auch nicht ganz reines Vergnügen, so doch Überraschung und Erstaunen« war nach dem Urteil des ersten Gluckbiographen

Schauspieler im Feuer des Dialogs unterbrechen, um ihn ein langweiliges Ritornell abwarten zu lassen, noch ihn mitten in einem Worte bei einem günstigen Vokale aufhalten, damit er in einem langen Lauf mit der Biegsamkeit seiner schönen Stimme Großtun könne oder abwarte, bis das Orchester ihm Zeit gäbe, für eine lange Kadenz Atem zu schöpfen. Ich glaubte, nicht über den zweiten Teil einer Arie rasch hinweggehen zu müssen, zumal wenn derselbe der leidenschaftlichere und wichtigere ist, nur um nach der Regel viermal die Worte des ersten Teils zu wiederholen, ebensowenig die Arie dort schließen zu müssen, wo der Sinn noch nicht zu Ende ist, nur um dem Sänger Gelegenheit zu geben, seine Kunst in den mannigfaltigsten und eigensinnigsten Veränderungen einer Stelle zu zeigen. Kurz, ich wollte alle jene Mißbräuche verbannen, gegen welche der gute Geschmack und der gesunde Verstand schon lange vergebens kämpfen.

Mir schien, daß die Ouvertüre die Zuschauer auf die Handlung, welche dargestellt wird,

der Eindruck beim Publikum. Ein Jahr früher hatte Gluck es mit seinem Don-Juan-Ballett »Le Festin de Pierre« bereits ähnlich befremdet: Statt des üblichen Tanzdivertissement ein »trauriges« Ballett mit völlig ungewohntem tragischem Ausgang, drei Szenen aus dem Leben Don Juans, deren monumentale Einfachheit, sichtlich von den Ideen des großen französischen Tanzdramatikers *Jean-George Noverre* inspiriert, in der Final-Nummer des wilden Furientanzes gipfelte – ein höchst ungewöhnliches Ballett-Finale. Nun, das war ein Ballett. Von einer italienischen Oper »Orfeo ed Euridice« durfte man, zumal der Librettist ein Metastasianer war, wohl das übliche erwarten. Man erhielt es auch insofern, als das Formengerüst mit seinem Wechsel von Rezitativ, Arie, Chor und Tanz durchaus dem neapolitanischen Typus entsprach, ebenso wie die Umbiegung des Mythos, der Orpheus von den Furien zerfleischen läßt, ins *lieto fine,* das angenehm glückliche Ende der Barockoper dank Amor als Deus ex machina, durchaus im Rahmen der Konvention blieb.

Das Neuartige aber überwog. Schon im Aufbau des Librettos. Die metastasianische Typik der Intrigen- und Verwechslungsoper wich einer bewußt einfach geführten, auf drei Personen beschränkten Handlung. Ohnehin war die Wahl des mythischen Sujets – schon die allerersten Opern der Geschichte, Peri-Rinuccinis »Euridice« und Monteverdis »Orfeo« behandelten die Orpheus-Sage – ungewöhnlich im Wien von damals, das historische Stoffe für die italienische Oper bevorzugte. Noch befremdlicher wirkten die musikalischen Neuerungen. Es gibt keine Koloratur-Arien in dieser Oper. Aller Zierat entfällt. Der Kastrat Guadagni, der Sänger des Orpheus, durfte sich so wenig belcantistische Extempores gestatten wie der Ballettmeister: Gluck überwachte sie bei den Proben unerbittlich. Alles hatte dem Drama zu dienen.

Dem Chor kommt dabei eine, für die Opera seria völlig ungewöhnlich, bedeutende Rolle zu. Daß er sich in einer der Hauptszenen, als die Furien dem flehenden Orfeo ihr starres »No!« entgegenschleudern, auf eine einzige Wortsilbe zu beschränken hat, zeugt von der konzentrierten Dramatik der neuen Form. Eine Generation später sollte der größte aller Musikdramatiker, Mozart, in der Schlußszene des »Don Giovanni«, wo er den Helden die Mahnung des Komturs mit einem ähnlich lapidaren »No!« beantworten ließ, auf Glucks einfach-grandiose Wirkung zurückgreifen. Daß Gluck die ausladende Da-Capo-Arie der neapolitanischen Schule durch einfache Strophenlieder ersetzte, war ein Novum (das nach Paris, zur Opéra comique, weist), wie auch der Er-

vorbereiten, daß sie sozusagen die Inhaltsangabe derselben sein soll; daß die Instrumente immer nur im Verhältnis mit dem Grade des Interesses und der Leidenschaft angewendet werden müssen und daß in der Behandlung des Dialogs jene auffällige Verschiedenheit zwischen Arie und Rezitativ zu vermeiden sei, um nicht dem Sinn entgegen den Gedankengang zu unterbrechen und die Lebhaftigkeit und Wärme der Szene zu unrechter Zeit zu stören.

Ich habe ferner geglaubt, den größten Teil meiner Bemühungen auf die Erzielung einer edlen Einfachheit verwenden zu müssen. Daher vermied ich es auch, auf Kosten der Klarheit mit Schwierigkeiten zu prunken, und habe niemals auf die Erfindung einer neuen Wendung Wert gelegt, wenn sie nicht von der Situation selbst herbeigeführt und dem Ausdruck angemessen war. Endlich stand mir keine Regel so hoch, daß ich sie nicht guten Mutes der Wirkung zu lieb aufopfern zu dürfen glaubte.

Aus der italienisch geschriebenen Vorrede der Partitur der Oper »Alceste«

satz des cembalobegleiteten Secco-Rezitativs durch einen neuen, von Streicherklang fundierten Sprechgesang und die bewußte Herausarbeitung von dramatischen Kontrasten. Der sanfte »Reigen seliger Geister« und die dissonanten Furienchöre sind keinesfalls mehr so austauschbar wie die typischen Nummern der Barockoper.
Der Furienchor hat in seiner Unisono-Monumentalität etwas von goethischer Rhythmik, klassisches Wesen selbst über Sprachgrenzen hinweg enthüllend:

Die im Jahre 1767 folgende »Alceste« kann man die reinste, konsequenteste Reformoper Gluck-Calzabigis nennen. Vorangegangen war die Zauberoper »Telemacco«, mit den Secco-Rezitativen und der Barock-Typik ein »Rückfall«, wie es bei einem solchen Auftragswerk zu aristokratischer Festverschönerung nicht anders sein konnte. Aber Komponist wie Librettist wußten genau, was sie wollten. In der berühmten Vorrede zur »Alceste«, einem der bedeutendsten Dokumente der Operngeschichte, hat Gluck programmatisch formuliert, was er in seinem Werk dann durchgeführt: es sei seine Absicht gewesen, »alle die Mißbräuche, welche die falsch angebrachte Eitelkeit der Sänger und die allzu große Gefälligkeit der Komponisten in die italienische Oper eingeführt hatten, sorgfältig zu vermeiden: Mißbräuche, die eines der schönsten und prächtigsten Schauspiele zum langweiligsten und lächerlichsten herabgewürdigt hatten«. Die italienische Oper als »lächerlichstes« Schauspiel: der »Critische Musicus« *Johann Adolph Scheibe*, der sogar Bach schwülstig fand, hatte vor zwanzig Jahren schon gegen den Verfall der Oper, die Willkürherrschaft der Kastraten gewettert und als maßgebender Theoretiker vom Komponisten verlangt, daß er »in allem« dem Dichter zu folgen habe.

Titelbild der ersten Ausgabe des »Orfeo« aus dem Jahr 1764

Eben dies tat Gluck in seinem strengsten Reformwerk, der »Alceste«. Kastratenwillkür kann sich schon deshalb nicht mehr austoben, weil es keinen Platz mehr für Kastraten gibt. Admet ist eine Tenor-Partie. Wiederum steht aufopfernde Gattenliebe, diesmal mit der Frau als Heldin, im Mittelpunkt des mythischen Sujets. Alle metastasianischen Neben- und Intrigenfiguren sind getilgt, das Drama von Alcestes Selbstaufopferung, ihre und ihres Gatten seelische Reaktionen bilden das Geschehen. Es

mußte notwendig düster und einförmig sein, und diese Einförmigkeit hat für alle Zeiten die Durchschlagskraft der von wahrhaft antikischer Größe und Wucht erfüllten Oper beeinträchtigt.
Die dritte Wiener Reformoper, »Paride ed Elena«, scheint daran gemessen ein Rückschritt zum Gefälligen zu sein, und Calzabigi sah sich sogar zu einer Art von Entschuldigung veranlaßt; Gluck hingegen stand, die Vorrede hebt es hervor, ganz zu diesem eigenartigen Werk, das Einfachheit und Natürlichkeit, die Grundprinzipien seiner Reform, im psychologisch fein differenzierten Liebeserlebnis der Spartanerin Helena und des verführerischen Genußmenschen Paris (er darf zum Zeichen »unmännlicher« Raffinesse wieder die Stimme eines Kastraten-Alts annehmen) mit großem Charme, allerdings nicht mit ebensoviel theatralischer Wirksamkeit in Arien, Rezitative und Chöre faßt.
Damit endete die Zusammenarbeit Glucks mit Calzabigi, zugleich seine Karriere als italienischer Opernkomponist. Er hat später dankbar, oder vielleicht auch mehr diplomatisch, anerkannt, was er Calzabigis Ideen und Formulierungskunst als Opernreformator schuldete (»erst er hat mich in den Stand gesetzt, wirklich die Quellen meiner Kunst ausschöpfen zu können«). Calzabigi hingegen maßte sich, nachdem beide auseinandergegangen waren, schier das alleinige Verdienst an; sicher in übertriebener, verletzter Eitelkeit, aber auch nicht ganz ohne jeden Grund: er war es ja gewesen, der mit seinem Libretto des »Orfeo« die Grundzüge der Reform entworfen hatte.
Was immer die Gründe für die zerbrochene Partnerschaft gewesen sein mögen, Gluck bewies jedenfalls Instinkt und Energie des wirklichen Genies, als er im Jahre 1773 die Konsequenzen aus dem mangelhaften Widerhall seiner Bestrebungen in Wien zog und sich entschlossen nach Paris wendete. Der Diplomat *Bailli du Roullet,* Mitglied der französischen Botschaft am Habsburger Hof, hatte den Boden für Gluck in Paris vorbereitet; der gebildete, literarisch versierte Mann wurde auch mit seinem Text zur »Iphigénie en Aulide« des Komponisten entscheidender Librettist. Die Situation für Gluck war günstig. Der Streit zwischen den »Buffonisten«, den Anhängern der italienischen Oper mit Rousseau und den Enzyklopädisten an der Spitze, und den Befürwortern der französischen Tragédie lyrique lag zwar zwanzig Jahre zurück, aber völlig entschieden war er auch durch Rameaus Spätwerk nicht. Rameau war nun seit sieben Jahren tot, als Gluck in Paris eintraf. Auf dem Deutschen ruhten alle Hoffnungen der »französischen« Partei, die einen einheimischen Komponisten von überragendem Rang damals nicht zu bieten hatte. Gluck war klug genug, sich den herrschenden Konventionen zu fügen.

Die beiden Iphigenien

Herrschende Konventionen: das bedeutete, abgesehen von der Selbstverständlichkeit des französischsprachigen Librettos (einer Umarbeitung des klassischen Dramas Racines), Verzicht auf die ausladende neapolitanische Arie zugunsten der einfach-melodischen Airs, bei denen scharfe Deklamation vor Koloraturen-Brillanz stand. Dieser Verzicht traf mit Glucks eigenen Reformideen so zwanglos zusammen wie der Ausbau der charakteristischen rezitativischen Szenen, die das geschickt gebaute Libretto reichlich lieferte. Schwerer mochten ihm die Konzessionen an den dekorativen Prunk der französischen Oper fallen. An Aufzügen und getanzten »Divertissements« war vor-

handen, was für das Genre unumgänglich war, aber er gab sozusagen mit der linken Hand. Die Chöre hingegen erheben sich weit über eine dekorative Klangkulisse.
Es spricht für die innere Organik von Glucks Reformwerk, daß die Saat schon in seinen italienischen Übergangswerken gelegt wurde. So ist das geniale, zweistimmig konzipierte Andante-Thema der Ouvertüre, das den Geist der antikischen Erhabenheit dieser Partitur festzulegen scheint, in Wirklichkeit eine Übernahme aus dem »Telemacco« – wie sich Gluck überhaupt mit der Unbedenklichkeit des Zeitalters auch im Reifewerk häufig selber parodiert.

Anfang der Ouvertüre zu »Iphigenie in Aulis«

Der Triumph der Uraufführung von »Iphigénie en Aûlide« war durchschlagend, wenn auch nicht unbestritten. Die Italienerpartei gab sich noch nicht geschlagen, auch nicht, nachdem Gluck den »Orfeo« und die »Alceste« für Paris umgearbeitet und aufgeführt hatte. Sie hob den angesehenen Süditaliener *Niccolò Piccinni* (auch Piccini geschrieben) gegen Gluck auf den Schild. Der opernhistorische Kampf der »Piccinnisten« gegen die »Gluckisten«, der mit Glucks »Armide« zunächst in der Schwebe blieb, mit »Iphigénie en Tauride« (1779) jedoch den Deutschen als eindeutigen Sieger sah, entsprang im Grunde einem Irrtum. Denn Piccinni erwies sich selber als »Gluckist«, der seine eigene Konkurrenz-Iphigénie in weiser Erkenntnis der Kräfteverhältnisse zurückzog und noch nach Glucks Tod ein nobles Bekenntnis zu ihm ablegte.
»Armide«, auf einen hundert Jahre alten Text des französischen Librettisten-Klassikers *Philippe Quinault* komponiert, war nicht nur ein Mißerfolg gewesen, sondern auch – mit dem Wuchern dekorativer Tänze und Zaubereien – ein Rückschritt auf Glucks Weg. Wie er sein verunglücktes Kind verteidigte, sagt zumindest Wichtiges über seine Absicht: Er habe mehr Maler und Dichter als Musiker sein wollen und durch seine Diktion unverwechselbar die Charaktere der Personen zu unterscheiden gesucht. Doch »Iphigénie en Tauride« verkörperte seine Absichten reiner und, gestützt auf *Nicolas François Guillards* einer älteren französischen Tragödie geschickt nachgestaltetes Libretto, ungleich erfolgreicher. Knapp drei Wochen nach der Pariser Premiere erschien in Weimar erstmals Goethes »Iphigenie auf Tauris« auf der Bühne; aber noch Jahrzehnte lang meinte man, wenn man von einer taurischen Iphigenie sprach, ganz allgemein die Oper Glucks.
Sie demonstriert das, was er unter einem musikalischen Drama verstand, so vollendet, daß man die Konzessionen an die französische Opernform fast vergißt. Aufmärsche, Tänze, Chor sind organisch in die Handlung eingebaut. Der Psychologe Gluck zeigt sich in der Szene, in der der erschöpfte Orest von der Ruhe singt, die in sein Herz zurückgekehrt sei, während das Orchester mit pochenden Sforzati und Synkopen das Gegenteil von Frieden ausdrückt. Als man ihn auf den scheinbaren Widerspruch aufmerksam machte, erwiderte Gluck lebhaft, Orest lüge ja, »die Furien sind immer da: er hat seine Mutter getötet!«

Niccolò Piccinni

Man versteht bei solcher kühnen Psychologisierung des Orchesters, daß Richard Wagner, der es später zum eigentlichen Interpreten seelischen Geschehens ausbaute, in Gluck seinen Vorgänger verehrte und eine von dessen Meisteropern, die aulische Iphigenie, bearbeitete.

Seine letzte Pariser Oper, die Hirtenidylle »Echo et Narcisse« war ein Mißerfolg, aber am gefestigten Ruhm des Meisters konnte dies nichts mehr ändern. Er kehrte als Triumphator nach Wien zurück.

Seine letzten acht Lebensjahre verliefen ziemlich ereignislos. Die Begegnung Glucks und Klopstocks hätte zu einer Sternstunde der jungen deutschen Oper werden können. Aber des Komponisten gedankliche Beschäftigung mit dem Drama »Die Hermannschlacht« gedieh nicht zu Partiturseiten, obwohl er seinem Kollegen Reichardt auswendig vorspielte. Eine landläufige Oper wäre es ohnehin nicht geworden, aber sicher eine gluckisch-großartige Version von musikalischem Theater: Chöre und Schlachtenmusik, »fast ganz deklamatorisch, selten melodisch«, wie der Ohrenzeuge Reichardt berichtet, und jedenfalls ein in Sprache und Stil deutsches Werk, wie es die Zeit so heiß ersehnte.

Gluck und der junge Mozart waren zwar beide Wiener Bürger, jedoch zu enger persönlicher Fühlungsnahme kam es nicht mehr. Der ältere Meister kränkelte und zog sich zurück. Seine Ehe war kinderlos, die Pflegetochter Nanette, eine tüchtige Sängerin, starb frühzeitig. Gluck selber erlag am 15. November 1787 nach einem geselligen Mahl mit Freunden einem Herzschlag.

Weltbürgerliches »Gesamtkunstwerk«

Sein Tod wurde in ganz Europa betrauert, denn der seigneurale Mann, der in der finsteren Provinz geboren wurde und zum Eroberer der Musikmetropole Paris aufstieg, war in Wahrheit ein Europäer, ein Weltbürger. Wenn eine neue Gluck-Biographie seine »Neigung zum Übersinnlichen, das Streben nach Verinnerlichung auch kleinerer Nebenereignisse, vor allem das Aufsaugen und Aushöhlen fremder Gattungen durch ihre vorbehaltlose und gleichmäßige dramatische Belebung« als typisch deutsch feiert, so klingt das etwas nach Annektierung aller »Tiefe« für das deutsche Gemüt. So sicher Gluck nach Abstammung und Wesen ein Deutscher war, so sicher war er, nüchtern betrachtet, ungleich mehr ein italienischer und französischer Komponist als ein deutscher. Tatsache ist, daß er, die Umarbeitungen eingerechnet, 11 französische und nicht weniger als 38 italienische Opern schuf und eben keine einzige deutsche, wie es in deutscher Sprache überhaupt nur einige Vertonungen Klopstockscher Oden gibt. Das mindert nicht im geringsten Glucks Bedeutung. Sie liegt gerade in der Kraft seiner Persönlichkeit, die sich Stile und Sprachen dienstbar machte. Selbst die deutsche Romantik hat dem Klassizisten Gluck gehuldigt, am schönsten in E. T. A. Hoffmanns Novelle vom genialen Ritter Gluck, und wenn auch die marmorne Kühle seiner Melodien, die Erhabenheit seines »Gesamtkunstwerkes« der wertenden Nachwelt so wenig standhielt wie Winckelmanns Antike voll edler Einfalt und stiller Größe: Auf seine Epoche, und noch auf das 19. Jahrhundert, hat Gluck gewaltigen Einfluß ausgeübt.

Der Italiener *Antonio Maria Gasparo Sacchini* war Gluckist. Seine Oper »Ödipus in Kolonos« ist eine wohlklingende Synthese von neapolitanischem Belcanto und Gluckscher Würde. Die französische Oper, von Méhul bis Berlioz, kam ohne Bezug und Bewunderung Glucks nicht aus. In Mozarts »Idomeneo«, selbst noch im Humanismus von Beethovens »Fidelio« ist Glucks Geist lebendig. Die deutschen Dichter-Klassiker adorierten ihn, so verschiedenartige Geister wie Wieland, Herder (die Gluck Libretto-Vorschläge unterbreitet hatten) und Goethe waren sich in Gluckverehrung einig.

Nicht einmal der musikalisch ungleich reichere Mozart stellte ihn in den Schatten. Dies tat erst die Mozart-Renaissance des späteren 19. und des 20. Jahrhunderts. Das Pendel der Operngeschichte hatte bei Gluck – glücklicherweise nicht in allen Werken – bis zu jenem Punkt ausgeschlagen, wo das Anekdotenwort, er vergesse beim Opernschreiben, daß er Komponist sei, symbolhafte Gültigkeit erlangt, während bei Mozart die Poesie der Musik gehorsame Tochter zu sein hatte. Die Vergangenheit hatte Glucks Opernreform legitimiert – Monteverdis Geist wurde in ihm lebendig –, die Gegenwart ihn mit Ruhm überhäuft. Erst die fernere Zukunft folgte, nachdem sie Richard Wagner gehuldigt hatte, dem launischen Ausschlag des Pendels zum musikantischen Pol hin.

Notenhandschrift Glucks: Arie des Orpheus »Ach ich habe sie verloren«

Joseph Haydn

Hätte *Joseph Haydn* nichts geschaffen als seine zwölf Londoner Symphonien und die sechs Russischen Quartette, man müßte ihn zu den Größten zählen. Aber sein Lebenswerk umfaßt ja ein Vielfaches und eine schier universale Fülle. 104 Symphonien, 83 Streichquartette, 22 Opern und Singspiele, 8 Kantaten und Oratorien, mindestens 17 Orchesterkonzerte (vieles ist verschollen), 60 Klaviersonaten, 126 Barytontrios, 21 Streich- und 25 Klaviertrios, 12 Messen, 47 Lieder und fast 400 Liedbearbeitungen, dazu eine gleichfalls die Hundertzahl überschreitende Menge von Tänzen und Divertimenti. Auch wenn man das lange Leben – 77 Jahre – und die immense Arbeitsenergie Haydns berücksichtigt, bleibt dieses Opus gewaltig.
Solche Produktivität auf Bestellung und die Fertigkeit im Handwerklichen verbindet Haydn noch mit den barocken Meistern. Dabei war er durchaus kein Wunderkind und verfügte nicht von Haus aus über die begnadete leichte Hand Mozarts. Er hat sie sich erst durch unermüdliche Fingerübungen geschmeidig gemacht, und er brauchte Jahrzehnte dazu. Ein Spätreifender wie Bruckner, hat er viele seiner Meisterwerke im höheren, ja im Greisenalter geschrieben. Das Schicksal vergönnte ihm, die Früchte seines Fleißes reifwerden zu lassen: in den fast dreißig sorglosen, ganz dem Schaffen und Erproben bestimmten Jahren, die er als Hofkapellmeister der Fürsten Esterházy verbrachte.

Originalität durch Arbeit

Es verkleinert Haydn nicht, wenn man ihn ein Genie des Fleißes nennt, nicht einmal der Beiname »Papa« vermöchte dies. Man darf ihn nur nicht mit unverschämt herablassendem Schulterklopfen gebrauchen, sondern so, wie Mozart Haydn »Papa« nannte. Das Biedermännische »Papa Haydns« ist gleichwohl da, es läßt sich nicht hinwegdiskutieren, auch wenn es neuerdings Mode zu sein scheint, Haydn zu dämonisieren und als Experimentator zu feiern. Gewiß war er auch das, und zwar mit so epochaler Wirkung, daß man ihn geradezu den »Erfinder« der klassischen Symphonie und des Streichquartetts nennen kann. Aber einer, der auf Experimente und Reformen aus ist, war Haydn keinesfalls. Das Neue ergab sich logisch und organisch, nach schwerer Arbeit, aber doch im Einklang mit ihm selbst und der Welt.
Für Haydn war es noch eine heile Welt. Ihr soziales Gefüge, die ständische Gesellschaft, galt ihm als so selbstverständliche Einrichtung wie die katholische Religion. Seine Frömmigkeit ist naiv und ungebrochen, sein Schaffen frei von bohrenden Zweifeln. Es fehlt ihm weder an Tiefe noch an Denkschärfe (wenn man darunter nicht außermusikalische Intellektualität versteht). Aber die sublime Heiterkeit der Reife ist bei Haydn nicht, wie bei Mozart, ein Lächeln unter Tränen, sondern die Dominante seines Wesens.

Harte Jugend

Joseph Haydn, geboren am 31. März 1732 im niederösterreichischen Rohrau, entstammt einer kleinbürgerlichen Familie. Sein Vater war Wagnermeister und Bauer, ein lebensfroher Mann, in dessen Hause der kleine Haydn mit volkstümlicher Musik auf-

Joseph Haydn, nach einem Stahlstich von Sichling

wuchs. Den Siebenjährigen holte der Domkapellmeister Georg Reutter als Sängerknaben nach Wien, an den Chor von St. Stephan. Von ihm erhielt Haydn den ersten Musikunterricht. Regelmäßiger als theoretische Lektionen verabreichte Reutter allerdings Kopfstücke. Als der Zögling in der Pubertät die Sopranstimme verlor, benützte Reutter einen kleinen Bubenstreich – Haydn hatte einem Kameraden den Zopf abgeschnitten – zum Anlaß, um ihn kurzerhand hinauszuwerfen. Mittellos stand der Siebzehnjährige auf der Straße. Nach Hause aufs Dorf zurückkehren mochte er nicht. Er fand eine Dachkammer, wo er unterkroch. Dieses »Michaelerhaus« beherbergte weiter unten einen prominenten Mieter: den greisen Hofpoeten Metastasio. Er vermittelte dem armen Schlucker Klavierschüler, und durch sie wurde Haydn selber Schüler und Korrepetitor des berühmten Nicola Porpora. Er schlug sich als Geiger, Organist und Privatlehrer kümmerlich durch, komponierte auch Kleinigkeiten auf Bestellung und setzte seinen »Compositions Eyfer« auch in der Nacht fort. Dittersdorf wurde damals sein Freund, der Graf Morzin, der ihn auf sein Schloß bei Pilsen mitnahm, sein erster adeliger Gönner; für ihn schrieb er seine erste Symphonie. Eine Unglücksbegegnung muß man seine Bekanntschaft mit der Familie des Vorstadtfriseurs Keller nennen. Er heiratete die Tochter Maria Anna, obwohl er eigentlich deren Schwester verehrt hatte. Die Ehe mit der zänkischen Frau wurde, wennschon kein Martyrium – dazu war Haydn zu glücklich veranlagt –, so doch eine große Lebensenttäuschung. Die um drei Jahre ältere zeigte keinerlei Verständnis für ihres Gatten Werk, soll sogar seine Partituren als Papilloten, also Lockenwickler, verwendet haben. Die Ehe blieb kinderlos. Als sich beide ganz auseinander gelebt hatten, fand Haydn Trost bei der italienischen Sängerin Luigia Polzelli. Seine italienisch geschriebenen Briefe an sie sind zärtliche Liebesergüsse; ob allerdings ein Sohn der Polzelli (die mit einem Geiger des Esterházyschen Orchesters verheiratet war) Haydns Kind ist, wie manche Biographien meinen, ist durch nichts bewiesen. Von dem Heiratsvertrag, den Haydn mit der Sängerin für den Fall schloß, daß beide frei würden, kaufte sich der Komponist durch die vereinbarte Summe los: er war, als der Fall wirklich eintrat, alt geworden, die Liebe erkaltet. Seine Beziehungen zu der Wiener Arztensgattin Maria Sabina von Genzinger, der Muse seiner wertvollsten Klaviersonaten, waren freundschaftlich und gegenseitig verehrungsvoll. Das Kapitel »Haydn und die Frauen« ist ziemlich unergiebig.

Der Hofmusikmeister

Alles Schicksalhafte vollzog sich für ihn im Zusammenhang mit der Musik. 1761 wurde so ein Schicksalsjahr. Damals unterzeichnete Haydn den Vertrag mit dem Fürsten Paul Anton Esterházy, der ihn für neunundzwanzig Jahre an des ungarischen Magnaten Hof binden und auf Lebzeiten finanziell sichern sollte. Haydn wurde zunächst als »Vice-Capel-Meister«, fünf Jahre später als Musikdirektor in den Hofstaat des Fürsten aufgenommen. Die Bedingungen lesen sich demütigend. Haydn mußte »allezeit in Uniform und . . . sauber erscheinen«, sich jeden Nachmittag in der »Antichambre . . . melden lassen, allda die Hochfürstliche Ordre ob eine Musique seyn solle«, er mußte auf Bestellung komponieren und durfte die Kompositionen nirgends weitervergeben.

In Wirklichkeit waren das äußerst günstige Bedingungen. Daß ein Musikmeister zum Hofstaat gehörte, war unumgänglicher Brauch der Zeit. Haydn genoß dafür die Sicherheit eines ansehnlichen Salärs – er schied mit einem Gehalt von 1400 Gulden jährlich aus, das schließlich sogar auf 2300 Gulden Pension erhöht wurde –, er hatte ein, wenn auch kleines, Orchester und ein Opernensemble zur Verfügung, mit denen er nach Herzenslust experimentieren konnte, und die drückendste Bedingung, nämlich die Exklusivität des Komponierens für den Fürsten, linderte die Praxis (und Haydns gelegentliche Mogelei). Vier Fürsten Esterházy diente Haydn. Am längsten, ab 1762, Nikolaus »dem Prächtigen«. Dieser große Mäzen gab sich nicht mit der alten Residenz in Eisenstadt zufrieden, sondern stampfte vier Jahre später in der Puszta südlich des Neusiedlersees ein ungarisches Versailles mit einem eigenen Schloßtheater für 400 Personen aus dem Boden. Die Aristokratie Europas, mit Maria Theresia an der Spitze, war bei Nikolaus Esterházy zu Gast.

Haydn litt oft unter der ländlichen Einsamkeit, aber vorteilhaftere Bedingungen für seine Kunst konnte er sich gar nicht wünschen. Die Mehrzahl seiner Werke entstand in Eisenstadt und auf Schloß Esterház. Fürst Nikolaus musizierte selber, für ihn ganz persönlich schrieb Haydn die 125 Baryton-Trios (das Baryton ist ein – inzwischen ausgestorbenes – Streichinstrument, zwischen Gambe und Cello). Nach des Fürsten Tod im Jahre 1790 löste dessen Nachfolger Anton Esterházy, ein viel sparsamerer Mann, die Hofkapelle auf. Haydn nahm seinen Abschied, behielt den wohldotierten Titel eines Fürstlich Esterházyschen Kapellmeisters und war frei – zum ersten Mal seit fast dreißig Jahren. Er ließ sich in Wien nieder. Dort erwartete ihn der lebendige Beweis seiner in Provinzeinsamkeit errungenen Weltberühmtheit in Gestalt des englischen Musikunternehmers Salomon, der ihn auf der Stelle nach London verpflichtete. Zum ersten Mal unternahm Haydn, ein Mann von achtundfünfzig Jahren (was damals schon die Schwelle des Greisenalters bedeutete) eine große Reise. Bei den Postkutschenverhältnissen jener Zeit bedeutete das nahezu soviel wie heute eine Weltreise. Haydns erster Aufenthalt in London, 1790–1792, wurde dank den neuen Symphonien des Meisters ein so triumphaler Erfolg, daß ein zweiter Aufenthalt kurz darauf folgte (1794–1795), mit nicht minderem Gelingen. Es schlug auch geldlich zu Buche, von den Ehrungen bei Hofe und der Verleihung des Oxforder Doktorhutes ganz abgesehen.

Musizierende Gesellschaft, nach einem Kupferstich von Daniel Chodowiecki

Für Haydn brachte die London-Reise noch eine hochbedeutsame künstlerische Anregung. Erstmals hörte er Händel-Oratorien. Sie beeindruckten ihn so stark, daß er beschloß, etwas ähnliches zu schreiben, das seinem Namen »in der Welt dauernde Geltung verschaffen« sollte. Tatsächlich erreichte er mit der »Schöpfung« und den »Jahreszeiten« den Gipfel seines Ruhmes und seiner Popularität; sie spiegelt sich auch in den für die damalige Zeit fast einzigartigen Honoraren (9000 Gulden für die »Schöpfung«). Haydn galt um die Jahrhundertwende als der unbestritten erste Komponist der Epoche. Mozart war tot, sein Nachruhm begann sich erst zu verbreiten, Beethovens Stern war erst im Steigen. In den letzten sechs Jahren seines Lebens verstummte Haydn. Alter und Krankheit drückten ihn nieder, aber der Humor verließ ihn nicht.

Ein letzter Triumph, eine letzte große Freude: Ein Jahr vor Haydns Tod spielte man seine »Schöpfung« in einer Festakademie vor Wiens Elite, Beethoven und andere Komponisten umringten huldigend den Stuhl des Greises, den man hereintragen mußte. Ergriffenheit übermannte ihn, nach dem ersten Teil verließ er den Saal, von liebevollen Worten der Zuhörer begleitet, sie selbst mit stummen Gebärden segnend – Abschied eines Patriarchen, der dem Leben und der Zeit schon fast entrückt war. Vierzehn Monate später, am 31. Mai 1809, die Franzosen hatten gerade Wien besetzt, starb Haydn.

Die Symphonien

Trotz den beiden volkstümlichen Oratorien: Den wesentlichen Beitrag zur Wiener Klassik hat man in Haydns Symphonien und Streichquartetten zu suchen. Beide Typen gab es schon vor ihm. Ihr »Erfinder« ist er insofern, als Symphonie und Streichquartett durch Haydn Formen und Gehalte bekamen, die für hundertfünfzig Jahre – solange überhaupt die Herrschaft der Sonate dauert – vorbildlich, »klassisch« wurden. Die Symphonie kam ursprünglich von der Oper her, sie entstammt dem 17. Jahrhundert. Die Sinfonia war ein Orchestervorspiel und grundsätzlich einsätzig, wenn auch durch Wechsel von langsam und schnell innerlich gegliedert. Die andere Wurzel der klassischen Symphonie liegt in der barocken Suite mit ihrer Vielzahl von Einzelsätzen; dazu zählt auch die Unterhaltungsmusik des Rokoko, die als Divertimento, Cassation oder Serenade beliebig viele tänzerisch geprägte Stücke – meistens mit zwei Menuetten – aneinanderfügte. Gemeinsam war allen diesen Formen die lockere Reihung, die statische Art der Themenbehandlung.

Stamitz und Philipp Emanuel Bach hatten die Doppelthematik und die Viersätzigkeit eingeführt, die alten Formen mit dem Geist neuer Empfindsamkeit erfüllt (wofür das Mannheimer Crescendo, statt der barocken Terrassen-Dynamik, nur das sensationellste Ausdrucksmittel war). Der junge Haydn bewegte sich jahrelang auf den vorgebahnten Wegen. Seine ersten Symphonien haben drei bis fünf Sätze. Er brauchte Jahrzehnte, bis er Philipp Emanuel Bachs Prinzip des Zusammenhangs aller symphonischen Teile, also das eigentlich Symphonische, selber anwendete. In den frühen Symphonien experimentierte er naiv mit den verschiedensten Ausdruckstypen. So sind die drei »Tageszeiten-Symphonien« aus seinem ersten Eisenstädter Jahr, 1761, »Le Matin«, »Le Midi«, »Le Soir« betitelt, mit Pastorale und Tempesta-Finale Nachklänge barocker Programmusik, weisen aber zugleich in ferne romantische Zukunft, zu Beethovens Pastoral-Symphonie.

In der 13. Symphonie, D-Dur, begegnete man im Finale einem Zeugnis für die tiefe Verwandtschaft der Klassiker untereinander. Das Thema d-e-g-fis des Finales erscheint, transponiert als c-d-f-e, ungleich kunstvoller verwoben und Keimzelle des gesamten symphonischen Geschehens, gleichfalls als Finalthema in Mozarts reifer Jupiter-Symphonie! Populär geworden ist die fis-moll Symphonie von 1772, die »Abschiedssymphonie«, durch die anekdotenhaften Begleitumstände. Im Finale läßt Haydn einen Musiker nach dem anderen mit seinem Instrument verschwinden, bis am Ende der Kapellmeister die Kerze an seinem Pult auslöscht. Haydn, der die Symphonie natür-

Joseph Haydn, Über Mozart

Wien, Dezember 1787

Sie verlangen eine Opera buffa von mir. Recht herzlich gern, wenn Sie Lust haben, von meiner Singkomposition etwas für sich allein zu besitzen. Aber um sie auf dem Theater zu Prag aufzuführen, kann ich Ihnen diesfalls nicht dienen, weil alle meine Opern zuviel an unser Personal (in Esterház) gebunden sind und außerdem nie die Wirkung hervorbringen würden, die ich nach der Lokalität berechnet habe. Ganz anders wäre es, wenn ich das unschätzbare Glück hätte, ein ganz neues Buch für das dasige Theater zu komponieren. Aber auch da hätte ich noch viel zu wagen, indem der große Mozart schwerlich jemanden andern zur Seite haben kann. Denn könnte ich jedem Musik-

lich selber aus der Taufe hob, wollte seinen fürstlichen Zuhörer mit diesem musikalischen Scherz daran erinnern, daß seine Musiker urlaubsreif seien und zu ihren Familien wollten; und Nikolaus verstand den Spaß. Humor durchdringt viele Haydn-Symphonien. Nicht nur dort, wo er sich einen bewußten Jux macht, wie mit dem berühmten Paukenschlag im sanften Andante der 94. Symphonie. Seine instrumentalen Scherze, die manchen Symphonien ihre kuriosen Beinamen gaben (Die Uhr, La Chasse, La Poule, L'Ours usw.), seine modulatorischen Überraschungseffekte, der Übermut seiner kichernden Presto-Wirbel – alles das zeugt von dem »fröhlichen Herzen« des Musikanten Joseph Haydn.

Mit den sechs Pariser Symphonien von 1785/86 ist Haydns Reifestil auf souveräner Höhe angelangt, die »klassische Symphonie« etabliert. Die Viersätzigkeit und der Charakter der einzelnen Sätze sind festgelegt. Einer langsamen Introduktion folgt ein Allegro. Der zweite Satz ist ein getragener Instrumentalgesang, die Tiefe von Mozarts und Beethovens Adagios und Largos vorausahnend. Das folgende Menuett ist eine Konzession ans Rokoko, aber was Haydn seinen aristokratischen Zuhörern in Eisenstadt und Esterház vorsetzt, erinnert manchmal, bei aller Feinheit der Einkleidung, eher an einen bäuerlichen Tanzboden als ans höfische Parkett – und gerade darin liegt der Reiz. Das Finale ist bei Haydn, weit entfernt von Beethovens titanischer Werkkrönung, ein fröhlicher Kehraus, oft ein Presto-Rondo oder eine Sonaten-Rondo-Kombination.

Neuartig ist die »thematische Arbeit«, ohne die es fortan keine symphonische Komposition mehr gibt. Darunter ist nicht nur die Entwicklung des in der Exposition aufgestellten thematischen Materials im Durchführungsteil zu verstehen. Beim reifen Haydn werden auch Hauptthema und zweites Thema miteinander in Beziehung gebracht. So wird zum Beispiel in der 82. Symphonie (»Der Bär«) das Gesangsthema aus der Dreiklangzerlegung des ersten gewonnen. Motivische Arbeit, die Teile der Themen formbildend entwickelt, Bereicherung der Reprise durch neue Beleuchtung der wiederholten Themen, Kombination des homophonen Satzes mit kontrapunktischen Künsten (die sich aber bei Haydn niemals aufdrängen) – im Grundriß und Keim ist alles, was Beethoven, ja noch Bruckner und Brahms ausgebaut haben, in Haydns Symphonien-Hundert schon enthalten. Auch die wegweisende neue Instrumentationstechnik. Der Streicherklang individualisiert sich. Zwar werden die zweigeteilten Violinen zu melodischen und thematischen Führern des Orchesters, aber auch die Bratschen gewinnen an Selbständigkeit, während sie bis dahin nur Zwillinge der Geigen oder der Bässe waren. Die Holzbläser baut Haydn in das symphonische Geflecht ein, auch als Melo-

freunde, besonders aber den Großen, die unnachahmlichen Arbeiten Mozarts so tief und mit einem solchen musikalischen Verstande, mit einer so großen Empfindung in die Seele prägen, als ich sie begreife und empfinde: so würden die Nationen wetteifern, ein solches Kleinod in ihren Ringmauern zu besitzen. Prag soll den teuren Mann festhalten – aber auch belohnen; denn ohne dieses ist die Geschichte großer Genien traurig und gibt der Nachwelt wenig Aufmunterung zum ferneren Bestreben, weswegen leider so viele hoffnungsvolle Geister darniederliegen. Mich zürnet es, daß dieser einzige Mozart noch nicht bei einem kaiserlichen oder königlichen Hofe engagiert ist! Verzeihen Sie, wenn ich aus dem Geleise komme: ich habe den Mann zu lieb...

Aus einem Brief an den Provinzialoberverwalter Roth in Prag, 1787

dieinstrumente, als solche allerdings meist von den Geigen unterstützt. Die Klarinette gewinnt zunehmend an Bedeutung, das Waldhorn, damals noch auf seine Naturtöne beschränkt, sättigt mit seinem weichen und zugleich fülligen Klang die Harmonie. Bei Haydn bildet sich erstmals, und für Jahrzehnte tonangebend, der typische Klang des klassischen Orchesters; statt des Continuo des Barock mit dem obligaten Cembalo geben nun Blasinstrumente, besonders die Hörner, mit ihren langausgehaltenen Tönen akkordische Stützen, die Stufen-Dynamik des Barock weicht endgültig sensiblem An- und Abschwellen mit feinen Zwischentönen.
Die Oxford-Symphonie in G-Dur, Nr. 92, mit ihrem unwiderstehlich sprühenden Presto-Finale bis heute eine der populärsten Haydns, brachte der Komponist mit, um die Empfangnahme des Doktorhutes an der Universität Oxford mit einer würdigen Leistungsprobe musikalisch zu verschönen. Diese Symphonie leitet das Gipfelwerk der letzten zwölf ein, die Haydn in und für London komponierte. In ihnen präsentiert sich der Meister auf voller Höhe des von ihm selbst geschaffenen Stils. Zumal die Durchführungen der Kopfsätze zeigen, welch geistvoller symphonischer Denker und Kombinierer der »gute Papa Haydn« sein konnte. Das Etikett vom kindlich heiteren Haydn stimmt nur sehr bedingt. Am ehesten vielleicht noch trifft es für die sogenannte Militär-Symphonie Nr. 100 zu (der Charakter der Instrumentation und die marschähnlichen Themen der ersten beiden Sätze gaben den Namen), kaum aber für die fast unheimlich raunende Sostenuto-Introduktion der Symphonie Nr. 103, deren Beiname »Mit dem Paukenwirbel« sich von den allerersten Adagiotakten herleitet: Mit unbegleiteten Pauken zu beginnen, bedeutete eine aufsehenerregende Kühnheit. Und in der Symphonie Nr. 101, genannt »Die Uhr« (weil Haydn im Andante die Melodie durch regelmäßig »tickende« zarte Akkorde begleitet), arbeitet der Komponist mitten ins

Aus der Symphonie »Die Uhr«

fröhliche, scheinbar ganz unbeschwerte Finale 40 Takte doppelten Kontrapunkt hinein, ganz unaufdringlich, ohne alle Gelehrsamkeit – Beweis vollkommener Meisterschaft, die es nicht mehr nötig hat, sich zur Schau zu stellen. Andeutungen müssen hier genügen.

Vater des klassischen Streichquartetts

Was resümierend über das Wesen, das Neuartige von Haydns Symphonien gesagt wurde, gilt abgewandelt auch für sein Streichquartett-Werk. Welcher Weg von den serenadenähnlichen, anspruchslosen Quartetten der Frühzeit bis zu den späten, Beethoven vorausnehmenden Quartetten! Elf der ersten zwölf Haydn-Quartette halten sich im Rahmen der locker gefügten, drei- bis fünfzätzigen Serenaden, die vor allem, wie der Name sagt, heiter (= sereno) zu sein hatten. Aber auch hier verdichtet sich Einfaches zu so unwiederholbar genialer Gestalt wie im Andante von op. 3, Nr. 5, mit

1
Adolzor.
Diesen Tantz fängt man mit Coupes
piroles und pas=graues an in übrigen
kan ein jeder mit Curiosen Veränderun
gen selbst Schöne figuren machen die
Aria wird 2 mahl gespielt.

XVI *Aufführung von Glucks Oper »Il parnasso confuso« in Schönbrunn. Gem. v. Greippel*

XV *(vorhergehende Seite) »Neue und Curieuse Theatralische Tantz-Schul«, Lambranzi, 1716*

XVII *Opernaufführung in Schloß Esterház, wahrscheinlich Haydns Türkenoper »L'Incontro improvviso«, 1775*

seiner von sordinierten Geigen gesungenen Melodie und der Lauten-Begleitung der gezupften Streicher, das sich als »Serenade von Haydn« selbständig gemacht hat.

Andante aus dem Quartett op. 3, Nr. 5 von Joseph Haydn

Nach und nach wird die einfache Reihung von Themen zugunsten immer dichterer, thematischer und teilthematischer, motivischer Verarbeitung aufgegeben. In den sechs »Sonnenquartetten« op. 20 ist ein erster Höhepunkt dieses Quartettstils erreicht, zugleich demonstriert Haydn sein kontrapunktisches Können; drei der sechs Finalsätze sind fugiert, im 2. Sonnen-Quartett erscheint sogar eine Quadrupelfuge anstelle des früher üblichen heiteren Rondo-Kehraus. Zehn Jahre lang schrieb Haydn kein Streichquartett mehr. Als er 1781 mit den sechs »russischen Quartetten« op. 33 die Pause endete, kündigte er die neuen Werke selber als »auf eine neue besondere Art« komponiert an. Die motivischen Beziehungen sind hier so eng geknüpft, daß man diese Reihe »Motivquartette« genannt hat. Bezeichnenderweise bekamen sie aber auch einen ganz anderen Beinamen, nämlich »gli scherzi«, wegen ihrer fröhlichen Dreivierteltakt-Sätze. Die Gleichberechtigung der vier Instrumente – auch Bratsche und Violoncello nehmen gewichtig und nicht mehr nur als Begleitinstrumente am Knüpfen des Vierfaden-Geflechtes teil – ist jetzt vollendet, das »klassische« Streichquartett durchgebildet. Diesen Typus und das errungene Niveau behaupten die meisten Quartette der folgenden zwanzig Jahre; so die sechs op. 50 (mit dem Froschquartett, benannt nach einem echt Haydnschen instrumentalen Scherz im Fugenfinale: dasselbe a wird nacheinander auf gegriffener und leerer Saite in schnellen Sechzehnteln gespielt, was die Zeitgenossen an Quaken erinnerte); so die zwölf Tost-Quartette mit dem Lerchenquartett, die sechs Erdödy-Quartette mit dem Kaiserquartett, dessen Andante das Lied »Gott erhalte Franz den Kaiser« variiert. In diesen späten Quartettkompositionen werden intervallische Beziehungen manchmal zur eigentlichen Bauzelle, ein Prinzip, das zum »letzten Beethoven« weist, ja, über Jahrhunderte hinweg von dieser ersten Wiener Schule zu der Schönbergs, zu Anton von Weberns Spätwerk! Nr. 2 der Erdödy-Quartette zum Beispiel entwickelt das Hauptthema aus zwei absteigenden Quinten (»Quintenquartett«).

Neben den Symphonien und Streichquartetten treten die anderen Instrumentalwerke Haydns an Bedeutung zurück. Die konzertante Form liebte er nicht besonders, vielleicht gerade, weil das Herausragen *eines* Instrumentes seinem ureigenen symphonischen Prinzip, das Gleichberechtigung der Stimmen anstrebte, widersprach. Immerhin zählt Haydns Cello-Konzert zu den Standardstücken seiner Gattung. Seine Klaviersonaten, im Ausdrucksbereich schlicht und pianistisch uninteressanter als die Domenico Scarlattis – das Klavier stand Haydn nicht sehr nahe – wurden von Beethoven zu weit in den Schatten gestellt.

Haydns Vokalopus ist so umfangreich, daß es Verwegenheit bedeutete, es mit wenigen Zeilen zu charakterisieren – wenn es nicht mit seinem größten Teil zum weniger charakteristischen Haydn gehörte. Das gilt vor allem für die 24 Opern. Die meisten wurden auf italienische Texte für das Esterházysche Hoftheater geschrieben, einige (verschollene) für das dortige Marionettentheater. Man hat in unserem Jahrhundert mehrere Haydn-Opern ausgegraben und in deutschen Bearbeitungen aufgeführt, einige mit zeitweiligem Erfolg (»Die Welt auf dem Mond«, »Der Apotheker«, beide nach Goldini, »List und Liebe«, auch eine Marionettenoper war als »Abgebranntes Haus« bei den Bregenzer Festspielen zu sehen). Natürlich beherrscht Haydn das Handwerk der neapolitanischen und venezianischen Oper, das er aus den Partituren der in Esterház aufgeführten Stücke kannte. Aber Menschenbildner, geborener Dramatiker wie Mozart war der Symphoniker Haydn nun einmal nicht.

Notenhandschrift Haydns. Aus einem Divertimento für Streicher, 1771

Das Kaiserlied

Unbedeutend und unpersönlich bleibt er auch in seinen Liedern – mit der einen, der unsterblichen Ausnahme: dem Kaiserlied. Haydn hatte das schwache Gedicht: »Gott! erhalte Franz den Kaiser« des Allerweltspoeten Leopold Haschka bewußt als patriotisches Volkslied komponiert, und so wurde es auch 1797 zum Geburtstag des Kaisers von den Besuchern des alten Burgtheaters, und bald darauf überall in Österreich gesungen. Man hat versucht, die Ahnherren der erlauchten Melodie aufzuspüren und fand sie bei Telemann, bei Johann Friedrich Agricola, bei Christoph Gottlob Breitkopf, in Mozarts Halleluja und bei Haydn selbst (im Benedictus seiner Mariazeller Messe). Auch ein kroatisches Volkslied wurde als angebliches Modell entdeckt:

Ganz abgesehen davon, daß völlig unbeweisbar ist, ob Haydn diese Weise kannte – der Vergleich zeigt nur, wie unendlich überlegen Haydns Melodie gerade durch ihre Abweichungen ist. Der sanftwellige Aufstieg zum Gipfel des G, der sich ganz natürlich mit dem Gefühlszentrum (»Gott! erhalte«) des Gedichtes deckt, der feierliche, stufenweise Abgesang – es gibt kaum einen zweiten gleicherweise einfachen wie erhabenen Liedsatz, an dem man so studieren kann, was höchste Kunst der Melodiebildung ist.

Den Sakralkompositionen Haydns, in deren Zentrum die sechs zwischen 1796 und 1802 geschaffenen großen Messen stehen, hat die katholische Reformbewegung übel genommen, daß sie sich sehr weltlich und opernhaft gäben. Haydn jedoch hielt es mit den Schöpfern der barockfestlichen süddeutschen Dom-Säle und üppigen Heiligenfiguren. »Da mir Gott ein fröhliches Herz gegeben hat, so wird er mir schon verzeihen, wenn ich ihm auch fröhlich diene« verteidigte er gelassen die jauchzenden Koloratur-Girlanden und neapolitanischen Melodien seiner Messekompositionen. Er ging so sorglos mit weltlichem und geistlichem Ton um, wie im 20. Jahrhundert die Neger mit ihren Blues und Spirituals; daß er die Weise eines Kanons mit dem Text »Gott im Herzen, ein gut Weib im Arm – jenes macht selig, dieses g'wiß warm« gerade im Benedictus seiner Heiligmesse verwendete, hätte er mit Bachs ganz ähnlicher Parodiepraxis entschuldigen können. In der Mariazeller Messe wiederum unterlegte er dem Benedictus eine Melodie aus der Opera buffa »Die Welt auf dem Mond«. Aber er konnte auch sehr ernst und würdig komponieren. Die Paukenmesse, die Nelsonmesse (»Missa in angustiis« im Entwurf genannt, Messe in Angst und Not) sind weit entfernt vom lustigen Papa Haydn und dem Meister der Londoner Symphonien nahe.

Die Oratorien

Haydns populärstes weltliches Oratorium, »Die Schöpfung« (1799), kann man mit ebensoviel Recht zu seiner *musica sacra* zählen wie seine Messen – obwohl das tief fromme Werk wegen seiner freigeistigen Bezüge (sowohl Haydn wie der Textdichter Gottfried van Swieten gehörten Freimaurerlogen an) zu des Komponisten Kummer nicht in Kirchen aufgeführt werden durfte. In dem dreiteiligen Werk vereint sich die »Erregung heiliger Gefühle« (nach Haydns Worten) mit der Vernunftmoral des Rationalismus, der die Zweckmäßigkeit und Weisheit der Weltschöpfung pries; die Einfachheit von Haydnschen Volksmelodien mit der von Händel inspirierten Großartig-

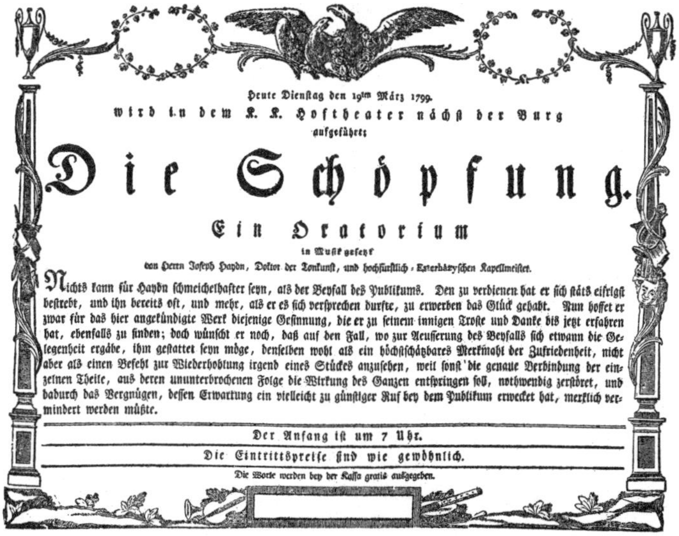

Heute Dienstag den 19ten März 1799.
wird in dem K. K. Hoftheater nächst der Burg
aufgeführt:

Die Schöpfung.

Ein Oratorium
in Musik gesetzt
von Herrn Joseph Haydn, Doktor der Tonkunst, und hochfürstlich - Esterházyschen Kapellmeister.

Nichts kann für Haydn schmeichelhafter seyn, als der Beyfall des Publikums. Den zu verdienen hat er sich stäts eifrigst bestrebt, und ihn bereits oft, und mehr, als er es sich versprechen durfte, zu erwerben das Glück gehabt. Nun hoffet er zwar für das hier angekündigte Werk diejenige Gesinnung, die er zu seinem innigen Troste und Danke bis jetzt erfahren hat, ebenfalls zu finden; doch wünscht er noch, daß auf den Fall, wo zur Aeusserung des Beyfalls sich etwann die Gelegenheit ergäbe, ihm gestattet seyn möge, denselben wohl als ein höchstschätzbares Merkmahl der Zufriedenheit, nicht aber als einen Befehl zur Wiederhohlung irgend eines Stückes anzusehen, weil sonst die genaue Verbindung der einzelnen Theile, aus deren ununterbrochenen Folge die Wirkung des Ganzen entspringen soll, nothwendig zerstöret, und dadurch das Vergnügen, dessen Erwartung ein vielleicht zu günstiger Ruf bey dem Publikum erwecket hat, merklich vermindert werden müßte.

Der Anfang ist um 7 Uhr.

Die Eintrittspreise sind wie gewöhnlich.

Die Worte werden bey der Kassa gratis ausgegeben.

Konzertzettel der Wiener Erstaufführung

keit polyphoner Chöre; die Erhabenheit von Klangvisionen, wie des aus dem dissonanten »Chaos« herausbrechenden C-Dur-Strahls bei den Worten »Und es ward Licht«, mit Späßchen des »Tonmalers« Haydn, der für das Gurren der Taube, für den in die Lüfte steigenden Adler, für den aus der Tiefe emporschnellenden Leviathan naivsprechende Klangsymbole fand.

Der ungeheure Erfolg der »Schöpfung«, des ersten bleibenden weltlichen Oratoriums in deutscher Sprache (das sogleich vielfach übersetzt wurde), veranlaßte Haydn und Swieten zu einer neuen Werkgemeinschaft, den »Jahreszeiten« (1801). Diesmal jedoch war die Zusammenarbeit getrübt, Haydn fühlte sich von dem rechthaberischen Freiherrn tyrannisiert, er fand den in vier Abschnitten gegliederten, den Naturzyklus von Frühling bis Winter mit einer menschlichen »Handlung« dreier Figuren locker verknüpfenden Text läppisch, und tatsächlich wird die Phrase vom biederen Papa Haydn durch nichts so genährt wie durch die Biederkeit des musikalischen Landlebens in den »Jahreszeiten«.

Das ändert nichts an der Bedeutung des Oratoriums als Bahnbrecher deutsch beheimateter Musik – von Beethovens Pastoral-Symphonie zu Webers »Freischütz« und weit darüber hinaus.

Wolfgang Amadeus Mozart

»Ich sage Ihnen vor Gott, als ein ehrlicher Mann, Ihr Sohn ist der größte Komponist, den ich von Person und dem Namen nach kenne; er hat Geschmack und überdies die größte Kompositionswissenschaft«. Dieses Wort, das Haydn zum Vater des neunundzwanzigjährigen Mozart sprach, war keine Höflichkeitsphrase. Der Ältere hat die Hochachtung vor dem Genie Mozart noch oft bezeugt, am schönsten und uneigennützigsten in dem Brief nach Prag, in dem er die Bestellung einer Opera buffa mit dem Bemerken ablehnte, daß »der große Mozart schwerlich jemanden andern zur Seite haben kann«.

Solche Bewunderung für den zeitlebens viel Unberühmteren ehrt den Kunstkenner wie den Menschen Haydn. Sie schlägt sich bedeutsam im Werk nieder; nicht nur in huldigenden Mozartzitaten, wie im Rondo der Londoner Symphonie Nr. 93, wo Haydn die Bläser ein Don-Giovanni-Thema, »Viva la libertà« anstimmen läßt. Die Geschmeidigkeit der Melodik in Haydns Spätwerk, dessen weltläufig-eleganter Ton und farbige Instrumentation sind ohne Mozart nicht denkbar. Der Ältere lernt vom Jüngeren, der Jüngere – selbstverständlich – vom anerkannten Meister. Mozarts italienisch geschriebene Widmung der sechs Streichquartette legt diese seine gewichtigsten Beiträge zu dem von Haydn geschaffenen Genre dem Meister ehrerbietig ans Herz; er redet den um vierundzwanzig Jahre Älteren als seinen Vater und »glücklicherweise besten Freund« an.

Es ist nicht schwer, Themen, Melodien, Floskeln ausfindig zu machen, die zwischen Mozart und Haydn geradezu austauschbar sind. Aus weiter Entfernung erscheinen Gipfel und Täler eines Gebirgsmassivs zur nivellierenden Silhouette verschmolzen. So mag auch der Blick über Jahrhunderte zurück in »Haydn und Mozart« zuerst das Zeittypische, den gemeinsamen Rokoko-Habitus erkennen und erst vom gereiften Beethoven an das eigenwillige Profil der Persönlichkeit als hervorstechend empfinden. Die

Zeitgenossen hingegen, die näher am Objekt waren und schärfer sahen, wären nie auf die Idee gekommen, Haydn und Mozart in einen Topf zu werfen.
Alles, was auf zehntausenden gescheiten und oft inspirierten Seiten deutender Mozart-Literatur geschrieben ist, verblaßt vor der Wirklichkeit seiner Kunst. Haydns Lebenswerk erscheint als bewunderswertes Zeugnis für die Bildungsfähigkeit des Menschengeistes. Das Werk Mozarts bleibt unbegreiflich. Nicht ganz sechsunddreißig Jahre zu leben und 626 registrierte Werke zu schaffen, darunter 20 Opern und Oratorien, von denen einige zu den größten aller Zeiten gehören, 53 Symphonien, 32 Streichquartette und Quartette mit Blasinstrumenten, 50 Instrumentalkonzerte, noch mehr Sonaten für verschiedene Instrumente, Dutzende Divertimenti, 15 Messen, Lieder, Kammermusik für alle denkbaren Kombinationen und auf jedem Gebiet Höchstleistungen, die der unerbitterlichen Auslese der Jahrhunderte trotzten – das ist tatsächlich rational nicht mehr erklärbar. Warum Mozart für seine Umwelt scheiterte, warum er mit all den Herrlichkeiten, die er verschwendete, und bei aller Bescheidenheit, die ihn auch Orgelwalzen und Tanzkapellen beliefern ließ, nicht einmal das Brot zum Leben verdienen konnte, mag uns angesichts der Wohlsituiertheit mittelmäßigster Komponisten in neuerer Zeit völlig unbegreiflich sein, wird aber aus der Situation des letzten Drittels des 18. Jahrhunderts verständlich. Aufführungstantiemen gab es nicht, die Existenz eines freien Künstlers, die Mozart in seinem stolzen, von Haydn durch eine Welt geschiedenen Unabhängigkeitsbewußtsein wählte, war nur durch die Benevolenz von vermögenden Mäzenaten gesichert, die im Falle Mozart leider versagten.

Schaffensrätsel

Wir begegnen bei Mozart häufiger als bei jedem anderen Meister Werken, die das Signum des Vollendeten tragen, und dies in allen Lebensstadien. Gemessen an der Aufgabe sind die liebenswürdigen Violinkonzerte des neunzehnjährigen so vollkommen wie die unvergleichlich kunstvollere Jupiter-Symphonie. Ja sogar die allererste, Vorbildern abgelauschte Tonbastelei des sechsjährigen Buben, ein Klaviermenuett, ist, wenn man dies bei so geringem Anspruch sagen kann, formvollendet.

Aus einem Menuett für Klavier des sechsjährigen Mozart

In allen Sätteln sicher sein – Mozart konnte es wie kein zweiter, auf italienisch und auf deutsch, für die Oper und für geigende Dilettanten, meist auf Bestellung; da könnten Universalität und Perfektion glatte Handwerksvirtuosität werden wie bei manchen Vielschreibern des Barock, die Mozart gar noch an Fruchtbarkeit übertrafen, man denke an Alessandro Scarlatti oder Telemann. Das Wunderbare und tief Humane von Mozarts Kunst liegt aber gerade darin, daß alle Universalität und Perfektion erst dort wesentlich wird, wo ihr das Blut des Menschen Mozart zufließt, seine innersten Bewegungen, seine Wünsche, seine Enttäuschungen.
Man darf sich Mozarts Schaffen dabei keinesfalls als eine Biographie in Tönen vorstellen. Musik und Leben liefen oft genug polyrhythmisch, gar gegensätzlich nebeneinander her. In dem einsamen, depressiven Sommer 1788 entstanden kurz hinterein-

ander die gelöste Es-Dur-Symphonie, die düstere in g-moll und die strahlende in C-Dur. Kennte man die 365 Produktionen bis zum »Idomeneo«, also bis zum fünfundzwanzigsten Lebensjahr nicht, man wäre zwar eines üppigen, riesigen Opus beraubt, das großen Meistern Ehre machen würde, müßte aber vom »eigentlichen Mozart« nur wenig vermissen. Erst als seine Persönlichkeit in der immer schwierigeren Freiheit der Wiener Jahre sich voll entfaltete, was sich in der wachsenden Distanzierung von Konventionen äußert, gewinnt sein Werk überragendes Format.
Die Unvollkommenheiten des Menschen Mozart verminderten nicht die Vollkommenheit seiner Meisterwerke, beseelten sie vielmehr mit dem Hauch der Menschlichkeit, der über die Jahrhunderte hinweg lebendig geblieben ist. Man hat ihn bald stärker, bald schwächer empfunden, man hat über das Wunder Mozart gerätselt, es gegenüber dem »Titanen« Beethoven unterschätzt, als »Raffael der Musik« verkannt (auch Wagners schönes Wort vom »zarten Licht- und Liebesgenius der Tonkunst« bedeutet zumindest eine Verengung), im 20. Jahrhundert neu und umfassender, jetzt in antiromantischer Zuspitzung (Strawinsky), zu ergründen versucht. Wir wollen hier keine zusätzlichen Mozart-Schlagworte prägen. Keines wäre imstande, das Mysterium Mozart wirklich erschöpfend zu deuten.

Das Wunderkind

Wolfgang Amadeus Mozart wurde am 27. Januar 1756 in Salzburg geboren. Er wuchs in und mit Musik auf, denn sein Vater Leopold Mozart (1719–1787) war Geiger, Komponist und fürstbischöflicher Vize-Kapellmeister. Leopold Mozart war als Theologiestudent aus dem schwäbischen Augsburg nach Salzburg gekommen, hatte hier auf Jura umgesattelt und sich schließlich autodidaktisch zum Musiker ausgebildet. Als Pädagoge – seine berühmte Geigenschule wurde schon erwähnt – leistete er zweifellos Größeres denn als Komponist, wenn auch sein Opus von der Messe bis zur Oper, von der Serenade bis zur naiven Programmsymphonie (»Schlittenfahrt«, »Bauernhochzeit«) reicht; schließlich ist die Erkenntnis und Ausbildung des Kind-Genies Wolfgang, der er seine eigene Karriere aufopferte, sein bedeutendstes pädagogisches Werk.

Notenhandschrift des achtjährigen Mozart

Man hat Leopold Mozart mit der frühen Erschöpfung und Anfälligkeit Wolfgangs belasten wollen, die vielen Reisen hätten das Kind überfordert (tatsächlich erkrankten Wolfgang wie Nannerl in Flandern lebensgefährlich). Damit tut man dem Vater unrecht. Er war ein selbstloser, gütiger, überdurchschnittlich gebildeter Mann; man vergleiche nur, wie der Vater eines anderen Wunderkindes, Beethoven, mit dem ihm anvertrauten Genie umging! Achtundzwanzigjährig hatte Leopold Mozart Anna Maria Pertl geheiratet. Sie war in St. Gilgen am Wolfgangsee als Tochter eines salzburgischen Beamten geboren und lebte nun mit dessen verarmter Witwe in Salzburg. In der schwäbisch-salzburgischen Blutsmischung Wolfgangs ist der mütterliche Erbanteil nicht zu unterschätzen, denn auch die Großmutter entstammte einer Musikerfamilie, und Humor, Umgänglichkeit und Frohsinn hat das geniale Kind sicher mehr von der innig geliebten Mutter als von dem energischen, etwas autokratischen Pater familias mitbekommen.

Wolfgang Amadeus war ein Wunderkind, das unglaublichste aller Wunderkinder, an denen die Epoche nicht arm war. Mit drei Jahren suchte er sich am Clavichord wohlklingende Terzen zusammen, mit vier erhielt er vom Vater Klavierunterricht, mit fünf komponierte er schon »Konzerte«, deren unbeholfenes Niedergekritzel dem stolzen Vater Tränen der Rührung entlockten. Aber mit acht Jahren hatte er schon eine allen Regeln entsprechende Symphonie zu Papier gebracht. Das Verblüffende an ihr ist, daß das Hauptthema mit seiner Doppelnatur von forte-energisch und piano-zurück-

haltend im Bau denselben Typus zeigt, den Mozart noch in seiner allerletzten, überragenden Jupiter-Symphonie beibehielt.

Mozart war noch nicht ganz sechs Jahre alt, da präsentierte Vater Leopold das pianistische Wunderkind erstmals bei Hofe, beim Kurfürsten Maximilian Josef III. in München, und im selben Jahr entzückte es auch die Kaiserin Maria Theresia in der Reichshauptstadt Wien. Ermutigt durch dieses Entree in der großen Welt veranstaltete Leopold eine ausgedehnte Kunstreise nach Paris und London, die Wolfgang, seine um fünf Jahre ältere Schwester »Nannerl« (Maria Anna), mit der er vierhändig spielte, während der Vater geigte, dreieinhalb Jahre von Salzburg fernhielt. Schon komponierte Wolfgang Violinsonaten und Symphonien; er wurde in London Johann Christian Bachs zärtlich geliebter kleiner Freund und lernte in Paris von dem angesehenen Pianisten und Kammerkomponisten Johann Schobert. Man feierte das Wunderkind in Versailles, am englischen Königshof und in öffentlichen Londoner Subskriptionskonzerten, und auch die zweite Wiener Kunstreise ab 1767 war ein voller Erfolg; sie brachte Mozart die ersten Opernaufträge und zeitigte, neben der Buffa »La finta semplice« des Dreizehnjährigen, das deutschsprachige Singspiel »Bastien und Bastienne«, das als erste Wiener Mozart-Opernpremiere im Gartentheater des damals berühmten Magnetiseur-Arztes Dr. Anton Mesmer aufgeführt wurde.

Reisen nach Italien

Wer ein perfekter Opernkomponist werden wollte, mußte sich in Italien die Sporen verdient haben – Leopold Mozart wußte das nur zu gut, und er enthielt dem Buben auch diese wichtigste Schule nicht vor. Drei Italien-Reisen, die er mit Wolfgang unternahm, führten 1769 bis 1773 über Mailand bis nach Neapel. Der angesehenste Kontrapunktlehrer Italiens, Padre Martini, erteilte Mozart Unterricht. Die Fähigkeiten des Kindes wurden als so reif angesehen, daß ihn die Philharmonische Gesellschaft in Bologna, nachdem sie sich durch eine Kompositionsprobe *ad hoc* überzeugt hatte, als Mitglied aufnahm. Eine noch stupendere Probe seines musikalischen Auffassungsvermögen gab er in Rom ab. Die päpstliche Kapelle war auf ein in der Sistina gesungenes Miserere so stolz, daß sie jede Kopie der Noten streng untersagt hatte. Mozart hörte das Stück, schrieb es zu Hause aus dem Gedächtnis nieder, korrigierte beim zweiten Hören, und es stellte sich heraus, daß die polyphone Komposition richtig zu Papier gebracht war. Der Vierzehnjährige wurde vom Papst zum »Ritter vom goldenen Sporn« erhoben, ein Titel, aus dem er sich, wie bereits früher erwähnt, gar nichts machte.

Auch an Kompositionsaufträgen fehlte es nicht. »Mitridate«, »Ascanio in Alba«, »Lucio Silla«, nach Metastasio-Texten, zeigten den Knaben als technisch gewandten Neo-Neapolitaner. Zu Hause in Salzburg komponierte er die lateinische Schuloper »Apollo et Hyacinthus«, das Festspiel »Il sogno di Scipione« und, wiederum auf ein Metastasio-Libretto, »Il rè pastore«, für München als Neunzehnjähriger die italienische Opera giocosa »La finta giardiniera«. Dazwischen entstanden, in der Postkutsche, im Wirtshaus, eine unfaßliche Fülle von Symphonien, Sonaten, Serenaden, Messen. Seit 1771 war er »Hochfürstlicher Konzertmeister«, später wurde er noch Hof- und Domorganist; er liebte seine Heimatstadt nicht, gerade wegen seiner musikdienstlichen Pflichten.

Nochmals schickte ihn der Vater 1777 in die große Welt, nach Paris, aber diesmal konnte der umsichtige Reisemarschall und Impresario den Sohn nicht begleiten. So sollte wenigstens die Mutter dem Unpraktischen, zum Vertändeln Neigenden zur Seite stehen. Mozart lernte in Mannheim die fabulösen Wunder des »Mannheimer Stils« kennen, er verliebte sich in die Sängerin Aloysia Weber (die ihm aber später den bejahrten Schauspieler Lange vorzog). Paris wurde ein Mißerfolg. Das Wunderkind hatte man gehätschelt, der gereifte junge Mann Mozart interessierte nicht, Gluck beherrschte die Szene. Zur künstlerischen Enttäuschung trat schwerster menschlicher Verlust: die geliebte Mutter starb in Paris. Die ersten Schatten senkten sich auf das Leben Mozarts.

Fortan häuften sich die Krisen. Als Geschlagener heimzukehren verletzte seinen Stolz nicht minder als seine Liebe von Aloysia verschmäht zu wissen. Vor der Pariser Reise hatte er bei seinem Dienstherren, dem Fürsterzbischof Hieronymus Colloredo, selbstsicher die Entlassung begehrt und erhalten. Nun mußte er demütig um Wiederauf-

W. A. Mozart, Traurigste Nachrichten

Paris, 9. Juli 1778

... Ich hoffe, Sie werden bereitet sein, eine der traurigsten und schmerzhaftesten Nachrichten mit Standhaftigkeit anzuhören; Sie werden durch mein Letztes vom 3. in die Lage gesetzt worden sein, nichts Gutes hören zu dürfen. Den nämlichen Tag, den 3., ist meine Mutter abends um zehn Uhr einundzwanzig Minuten in Gott selig entschlafen; als ich Ihnen aber schriebe, war sie schon im Genuß der himmlischen Freuden, alles war schon vorbei. Ich schreibe Ihnen in der Nacht; ich hoffe, Sie und meine liebe Schwester werden mir diesen kleinen und sehr notwendigen Betrug verzeihen, denn nachdem ich nach meinen Schmerzen und Traurigkeit auf die Ihrige schloß, so konnte ich es ohnmöglich übers Herz bringen, Sie sogleich mit dieser schröcklichen Nachricht zu überraschen. Nun hoffe ich aber, werden Sie sich beide gefaßt gemacht haben, das Schlimmste zu hören

nahme bitten und im salzburgischen Hofstaat unterkriechen. Die Uraufführung der Opera seria »Idomeneo« in München, ein Auftrag des dortigen Kurfürsten, mehrte seinen Ruhm, zugleich aber auch seine Unzufriedenheit mit den salzburgischen Dienstfesseln.

1781 kam es in Wien, wohin er seinem Brotgeber folgen mußte, zum endgültigen Bruch. Mozart war kein gutmütiger Joseph Haydn, der den Bedientenstatus als gottgegeben hinnahm und durch sein diplomatisches Geschick das Beste herausholte. Er war das Kind einer Generation, die mit den »Räubern« des jungen Schiller soeben ihr flammendes literarisches Fanal errichtete. Zur selben Zeit bäumte sich Mozart gegen seine eigenen Tyrannen auf. Es kränkte ihn, daß er an der Lakaientafel speisen mußte. Ein Streit um Urlaub und Heimreise nach Salzburg endete mit Mozarts kecken Worten »Wie man mit mir ist, so bin ich auch wieder . . . ich kann so stolz sein wie ein Pavian« – einem Souverän gegenüber! – und mit dem »Tritt im Hintern«, mit dem ihn der fürsterzbischöfliche Haushofmeister Graf Arco hinauswarf.

In Wien

Mozart war frei. Was das für einen Komponisten in den achtziger Jahren des 18. Jahrhunderts bedeutete, sollte er noch schmerzlich genug erfahren. Vater Mozart, der Welterfahrene, warnte auch vor der Heirat mit Konstanze Weber, Aloysias in Wien lebender Schwester, der sich Mozart nun in die Arme warf. Mozart genoß seine Freiheit, das junge Eheglück, seine Erfolge, die sich 1782 mit der »Entführung aus dem Serail«, mit Kompositions-Akademien und allseitiger Beliebtheit zunächst einstellten. Leider behielt Leopold Mozart mit seinem Pessimismus auf die Dauer recht. Die Entfremdung zwischen Vater und Sohn in den nächsten Jahren hat tragische Züge – für Leopold, der alles, was er an Liebe, Sorge und Entsagung in Wolfgang investiert hatte, mit dessen aufreibendem Lebenskampf scheitern sah, kaum weniger als für Wolfgang.

Konstanzes Gestalt ist von der Musikgeschichte in ein schlechtes Licht gestellt worden. Daß sie an Mozarts Begräbnis nicht teilnahm, wäre durch ihre Krankheit noch begreiflich; kaum jedoch, daß sie es erst 1808, siebzehn Jahre nach ihres Gatten Tod, für nötig hielt, sein Grab auf dem St. Marx-Friedhof zu besuchen (da war es schon unauffindbar). Gewiß war Konstanze eine unebenbürtige Lebensgefährtin des Genies, oberflächlich, vergnügungssüchtig, unfähig, Einzigartigkeit so zu begreifen, wie es etwa

und nach allen natürlichen und nun gar zu billigen Schmerzen und Weinen endlich sich in Willen Gottes zu geben und seine unerforschliche, unergründliche und allerweiseste Vorsehung anzubeten . . . Allerliebster Vater, schonen Sie sich! Liebste Schwester, schone Dich! Du hast noch nichts von dem guten Herzen Deines Bruders genossen, weil er es noch nicht imstande war. Meine liebste Beide! Habt Sorge auf Eure Gesundheit, denket, daß Ihr einen Sohn habt, einen Bruder, der all seine Kräfte anwendet, um Euch glücklich zu machen, wohl wissend, daß Ihr ihm auch einstens seinen Wunsch und sein Vergnügen, welches ihm gewiß Ehre macht, nicht versagen werdet und auch alles anwenden werdet, um ihn glücklich zu sehen. O, dann wollen wir so ruhig, so ehrlich, so vergnügt, wie es nur immer auf dieser Welt möglich ist, leben und endlich, wenn Gott will, dort wieder zusammenkommen, wofür wir bestimmt und erschaffen sind . . .

Aus einem Brief an den Vater aus Paris, 1778

Christiane Vulpius auf ihre Art vermochte. Aber Mozart liebte sie und sie ihn. Sollte das allein sie nicht adeln?
Ein bedeutendes Erlebnis ist aus den betriebsamen ersten Wiener Jahren Mozarts hervorzuheben: Er lernte beim Musizieren im Hause van Swietens, Haydns Oratorien-Partner, Händel und Bach kennen. Eine neue Welt erschloß sich ihm. Im symphonischen Spätwerk und noch im Geharnischten-Gesang der »Zauberflöte« hat sie kontrapunktische Spuren, freilich keine »gelehrte Musik«, hinterlassen. Der Pianist Mozart, der sich in Akademien produzierte, schuf jetzt für sich selbst die von keinem Späteren an Vielfalt übertroffene Serie von Klavierkonzerten, der Kammermusiker, der mit Haydn und Dittersdorf zusammen die prominenteste Hausmusik des Jahrhunderts machte, Dutzende Quartette und Quintette. Aber die Hoffnungen auf eine feste Kapellmeisterstellung bei Hofe erfüllten sich so wenig wie die auf lukrative Erfolge als Opernkomponist.
Das deutsche Singspiel »Der Schauspieldirektor« war nur eine Nebenarbeit. »Le Nozze di Figaro«, 1786, und »Don Giovanni«, 1787, wurden zwar in Prag, wohin Mozart zur Giovanni-Première fuhr, begeistert aufgenommen, in Wien aber war die Wirkung so flüchtig, daß man eher von Ablehnung sprechen kann – und auf die Hauptstadt kam es ja an. Man verstand Mozart nicht mehr. Was uns heute als Sinnbild vollendeter Harmonie und Klarheit erscheint, empfanden die Zeitgenossen als verwirrend. »Zu schön für unsere Ohren und gewaltig viel Noten, lieber Mozart« – dieser seufzende Kommentar des musikalischen Kaisers Joseph II. zur »Entführung« (Mozart soll ihn schlagfertig beantwortet haben: »Gerade so viele, Eure Majestät, als nötig sind«), diese Ratlosigkeit war typisch fürs Wiener Publikum, und sie wuchs zugleich mit Mozarts Meisterschaft.
Weder als Komponist noch als Virtuos konnte er seine Existenz sichern. An Privatschüler mußte er die knappe Zeit, die ihm das Schicksal zugemessen hatte, verschwenden. Einer von ihnen, siebzehn Jahre alt und durch adlige Vermittlung aus dem Rheinland zugereist, hieß Ludwig van Beethoven. Er nahm 1787 wahrscheinlich wenige Theoriestunden bei dem kränkelnden Mozart; daß dieser sein Genie erkannt hätte, ist unbestätigt, die Begegnung war zu flüchtig. In diesem Jahr starb Gluck, Mozart wurde sein Nachfolger als »k. k. Hofcompositeur«. Ein Titel mit wenig Mitteln: 800 Gulden erhielt er im Jahr, der ohnehin vermögende Gluck war mit 2 000 dotiert worden. Eine Kunstreise nach Deutschland, über Leipzig, wo er auf Bachs Orgel spielte und von den Thomanern ergriffen Bach-Motetten singen hörte, an den Hof König Friedrich Wilhelms II. brachte wohl Anerkennung, aber nicht die Erfüllung der Hoffnung, einen Ruf an den preußischen Hof zu bekommen. In tiefer Depression, ohne jeden Auftrag, schrieb er im Sommer 1788 seine letzten drei Symphonien: nur für sich, denn er hatte kein Publikum mehr – und für die Ewigkeit.
»Così fan tutte«, 1790 in Wien uraufgeführt, hielt sich nicht länger auf dem Repertoire als die vorangegangenen Meisteropern. Joseph II., sein Gönner, starb. Zur Kaiserkrönung des Nachfolgers Leopold II. in Frankfurt mußte Mozart, während ein ganzer Troß von Hofmusikern den Monarchen begleitete, auf eigene Kosten reisen. Das Unternehmen wurde ein Mißerfolg, die Uraufführung seiner letzten italienischen Oper »La clemenza di Tito«, ein kaiserlicher Auftrag zur Königskrönung in Prag, gar ein Durchfall. Mozart hatte die Partitur erschöpft und lustlos geschrieben: unterbrach sie doch seine Arbeit an der »Zauberflöte«.

Von seinem Elend geben die Bettelbriefe an den Freund und Freimaurer-Logenbruder Joh. Michael Puchberg erschütternde Kunde. »Ich bin doch sehr unglücklich! – Immer zwischen Angst und Hoffnung!« Schon 1787, im Jahre seines Prager Giovanni-Triumphes, hatte er seinem Vater geschrieben: »Da der Tod (genau zu nehmen) der wahre Endzweck unseres Lebens ist, so habe ich mich mit diesem wahren, besten Freunde des Menschen so bekannt gemacht, daß sein Bild nicht alleine nichts Abschreckendes mehr für mich hat, sondern recht viel Beruhigendes und Tröstliches! . . . Ich lege mich nie zu Bette ohne zu bedenken, daß ich vielleicht (so jung ich bin) den andern Tag nicht mehr sein werde . . .« Nun trat der Tod, sein Freund, immer näher an ihn heran, gerade, als er in Zauberflöten-Schaffenslust schwelgte. Um den »grauen Todesboten«, der ihm im Sommer 1791 den Auftrag zur Komposition eines Requiems überbrachte, hat die Romantik rührselig-schauerliche Legenden gewoben. Die Wirklichkeit war nüchterner und kurioser: Es handelte sich um den Gutsnachbarn des Grafen von Walsegg-Stuppach, eines kauzigen Musikfreunds, der sich ein Vergnügen daraus machte, Kompositionen bei namhaften Meistern zu bestellen und dann als eigene aufzuführen.

Mozart konnte noch den ihn tief beglückenden durchschlagenden Erfolg der »Zauberflöte« erleben, das Requiem aber nicht mehr vollenden. Körperliche Erschöpfung warf ihn nieder, Fieber und Herzschwäche kamen hinzu. Einen Tag vor seinem Ende dirigierte er noch im Bett Freunde, die einen Teil des »Requiems« vortrugen, er selbst sang die Altpartie mit, bis ihn Tränen und Entkräftung überwältigten. Am 5. Dezember 1791 starb Mozart. Nach jüngsten Forschungen (Dr. Carl Bär: Mozart. Krankheit – Tod – Begräbnis. 1966) an rheumatischem Entzündungsfieber. Die Begleitumstände seines Begräbnisses muten wie die groteske Satire an, die sich ein Misanthrop zur Verhöhnung des Menschengeschlechtes ersonnen hat. Mozart war so arm und verschuldet, daß die billigste Bestattung gewählt wurde. Nur der Totengräber war Zeuge, als Wiens adeligster Bürger in die Erde gesenkt wurde, in ein namenloses Schachtgrab. Niemand weiß, wo Mozart ruht.

Das Operngenie

Mozart, das Universalgenie, hat in allen Kompositionszweigen, ohne jede Ausnahme, Bleibendes geschaffen, von dem heute noch Künstler, Hausmusiker und Schallplattenproduzenten zehren. Dennoch hat er sich auf einem Gebiet selbst überboten: als Opernkomponist. Als Dramatiker ist er nur mit Shakespeare zu vergleichen. Sein Realismus der Menschenzeichnung fern jedem beschönigenden Klischee, die heterogenste Stilelemente einschmelzende Verwandlungskraft, das Gespür für Bühnenwirksamkeit, aus welchen Quellen immer sie sich speiste, ob aus den erhabenen Sarastros oder aus den deftig »popularen« Figaros, Leporellos oder Papagenos, die leidenschaftliche Objektivität beim Aufbau der Rollen – das alles ist so shakespearisch wie es bei einem gesungenen Drama überhaupt möglich ist. Gluck und Schiller, die konsequenten Idealisten, Wagner, der verkappte Szenen-Epiker, erscheinen vergleichsweise shakespeare-fern gegenüber dem pragmatischen, kompromißlerischen, sozusagen Kraut und Rüben vermengenden Theaterkomponisten Mozart – der dennoch alle Deutschen, auch wenn er nur zwei vollgültige deutsche Opern schuf, als Musikdramatiker übertraf.

Ein Kind, das in einer Stadt aufwuchs, wo schon im frühen 17. Jahrhundert Monteverdis »Orfeo« dargestellt wurde, das mit lateinischen Schulopern und neo-neapolitanischen Opern heranreifte, das singen, tanzen und fechten lernte, mochte das Wesen des musikalischen Dramas bereits unterbewußt in sich aufsaugen. »Ich darf nur von einer opera reden hören, ich darf nur im Theater sein, Stimmen hören – o, so bin ich schon ganz außer mir.« Solche frühen naiven Bekundungen der Theaterfaszination decken sich vollkommen mit dem Werk. Selbst in seinen Liedern – sie sind bloße Nebenprodukte seines Schaffens – zeigt sich Mozart mehr als Dramatiker denn als Lyriker, wie es dem Genre gemäß wäre. Die »Abendempfindung« könnte mit all ihrem edelbesinnlichen Ton so gut in der »Entführung aus dem Serail« Platz haben wie die Rokoko-Huldigung »An Chloe«. Vollends enthüllt sich der Musikdramatiker in dem unverwelklichen »Veilchen«, Mozarts einziger Begegnung mit seinem Bewunderer Goethe. Das Gedicht ziert Goethes Singspieltext zu »Erwin und Elmire«, aber davon wußte Mozart nichts. Er fand es in einer Liedersammlung unter dem Verfassernamen des Anakreontikers Gleim und machte daraus eine dramatische Szene. Am Schluß des Gedichts setzt Mozart eigenmächtig die rezitativisch nachdenklichen Worte hinzu: »Das arme Veilchen – Es war ein herzigs Veilchen«.

Das ist ein musikalisches Dramolett *en miniature*, zugleich einleuchtendstes Zeugnis von Mozarts spezifisch theatralischem Geblüt, weit bezeichnender als die ganze Serie der Kindheits- und Jugendopern im italienischen Stil. Man hat im 20. Jahrhundert des Mozart-Kults alle ausgegraben, auf dem Weltforum der Salzburger Festspiele »Lucio Silla« und »La finta Giardiniera« der Nachprüfung ausgesetzt. Aber wie sollte ein Kind erotische Leidenschaft und Rache ausdrücken können? Was besticht, ist die Virtuosität der Satztechnik schon in der Römer-Seria des Sechzehnjährigen (Silla ist der historische Diktator Sulla), in den figaro-ankündigenden Finali der Verwechslungs-Buffa der »Verstellten Gärtnerin« (so der Titel der von Mozart eingerichteten verdeutschten Fassung). Das deutsche Singspiel »Bastien und Bastienne« des Dreizehnjährigen, ein Schäferspiel, das Rousseaus erfolgreichem »Devin du village« nachempfunden ist, erscheint dem neapolitanischen Pathos gegenüber mozartischer, weil anspruchsloser und kindgemäßer. Daß das auf Dreiklangszerlegung beruhende Thema der Ouvertüre in den ersten Tönen mit dem von Beethovens Eroica-Symphonie identisch ist, wurde oft hervorgehoben.

»Idomeneo«, eine Opera seria auf italienischen Text, steht an der Grenzscheide zum »eigentlichen« Mozart. Sie hat von Glucks Chor-Würde sichtlich gelernt, läßt den älteren Meister jedoch in der Wärme der Melodik und in der Satzkunst (berühmt wurden, neben der italienisch-mozartischen Ouvertüre, namentlich ein Quartett für drei Soprane und Tenor) hinter sich. Am Idomeneo scheiden sich gewissermaßen die

Bewunderer: Wer das unpopuläre Werk mit seiner strömenden Musik liebt, ist Mozartianer, wer in ihm mehr die Fesseln sieht, die das Formklischee mit seiner Stereotypie von Arie und Rezitativ dem Komponisten auferlegt, muß sich damit trösten, daß selbst Mozarts in der Hochreife, gemeinsam mit der »Zauberflöte«, komponierte Metastasio-Oper »La clemenza di Tito« (auch Gluck vertonte das schwache, von Edelmut triefende Libretto schon) brillante Operntechnik, wohlgesetzte Chöre und neapolitanische Koloraturarien, nicht aber die Seele von Mozarts dramatischer Kunst vermitteln konnte.

Die Formeln und Konventionen des statischen, barocken Operntyps genügten schon dem jungen Meister nicht mehr. Ganz er selbst ist er erst dort, wo sie nicht mehr die Hauptsache, sondern nur noch *ein* Mittel unter anderen bilden: in der »Entführung aus dem Serail«. Goethe, der selber eine ganze Reihe von Singspiel-Libretti geschrieben und mehr Mißvergnügen als Freude an seinen zweitklassigen Vertonern hatte (daß Schubert seine »Claudine von Villa Bella« komponierte, ahnte er nicht einmal) fühlte sich durch den Erfolg der »Entführung« geradezu entmutigt. Sie »schlug alles nieder«, schrieb er resigniert.

Singspiel-Vorgänger

Alles: die ganze Blüte von Singspielen und »deutschen Operetten«, die an der Schwelle des letzten Jahrhundertdrittels im Norden und Süden Deutschlands aufbrach, war vom Frühlingsregen eines antihöfischen, antiwelschen bürgerlichen Patriotismus befruchtet. Frankreichs »Comédie mêlée d' ariettes«, die komische Oper mit gesprochenen Dialogen, nicht die italienische Buffa, stand Pate. *Charles Simon Favart* (1710–1792) war der maßgebende Librettist. Wir haben ihn schon bei Glucks französischen Vaudevilles kennen gelernt. *André Erneste Modeste Grétry* krönte mit seinen sogar romantische Sujets, wie das der Erlösung durch opferbereite Liebe (»Zémire et Azor«) und der Historien-Heroik (»Richard Coeur-de-Lion«, »Tell«) vorwegnehmenden *opéras comiques* ein Genre, das *Pierre Alexandre Monsigny* und *François-André Philidor* vorbereitet hatten.

Leipzig, des jungen Goethe Klein-Paris, reagierte am frühesten auf die französischen Errungenschaften. *Johann Adam Hiller* (1728–1804) und der Textdichter *Christian Felix Weiße* waren die ersten, die das neue Genre auf deutsch abwandelten. Ein operngeschichtlich wichtiges Datum ist das Jahr 1766, als das Leipziger Komödienhaus mit Weiße-Standfuß' Musikpossen-Evergreen »Der Teufel ist los«, einer englischen Farce nachgebildet, eröffnet wurde. Die beiden Sachsen Weiße und Hiller – dieser auch als Gründer der Gewandhaus-Konzerte und Thomaskantor – beherrschten seither mit weitausstrahlender Wirkung das Theaterleben der geistig regsamen Bürgerstadt Leipzig. Hillers Singspiele »Lottchen am Hofe« (1767, nach Favart), »Der Dorfbarbier« und »Die Jagd« gaben Zeittypisches: Einfache Strophenlieder in gesprochene Dialoge gebettet, Heiterkeit und Moral, die den Segen des Landlebens und brave Bürgerlichkeit gegen adelige Lüsternheit pries. Musikalisch reicher waren die Singspiele des Exil-Böhmen *Georg Anton Benda*, des berühmten Melodramen-Komponisten, mit ihrer kunstvolleren Ensemble-Technik. Am Bonner Hof wirkte *Christian Gottlieb Neefe* (1748–89), Beethovens Lehrer, dessen Singspiele mit melodramatischen Einlagen neue Wege suchten.

In Weimar kam es 1773 zu einer seltsamen Partnerschaft zwischen dem Aufklärer Wieland, der als deutschsprachiger Librettist der Oper »Alceste« sein patriotisches Herz entdeckt hatte, und dem Koburger Komponisten *Anton Schweitzer;* bei aller Italianità doch ein bezeichnendes Zeitdokument, das die Sehnsucht der Epoche nach einer eigenen deutschen Oper ausdrückt. In Mannheim, der Orchester-Hauptstadt Europas, schwang man sich sogar zu einem deutschen Sujet auf. Der gebürtige Wiener *Ignaz Holzbauer* (1711–1783) fand mit seiner deutschsprachigen und in der deutschen Geschichte beheimateten, wenn auch musikalisch neapolitanisierenden Oper »Günther von Schwarzburg« (1777) sogar den Beifall des Paris-Reisenden Mozart.

O Deutschland, Deutschland!
Wie klein bist du zerteilt durch Zwietracht!
Wie groß durch Brüdereinheit!
Entnervender als Zwietracht ist Hang zu fremder Sitte –
Stolz, deutsch zu sein – ist eure Größe!

Ein solcher Opern-Text, verfaßt von dem Jesuitenschüler Anton Klein, war von metastasianischer Opernlyrik weltenweit entfernt. Er prägte sich dem Gemüt des reifenden Mozart tief ein, ebenso wie die patriotischen Bestrebungen des aufgeklärten Monarchen Josephs II., der damals das »Nationalsingspiel« in Wien begründete. Mozart war nach Herkunft und Erziehung ein ganz unpolitischer, rein künstlerischer Mensch. Von der nationalen Opernbewegung wurde er dennoch stark ergriffen. Zum jungen, ständig durch die übermächtige welsche Tradition gefährdeten Nationaltheater sagte er ironisch bitter: »Wäre nur ein einziger Patriot mit am brette – es sollte ein anders Gesicht bekommen! – Doch da würde vielleicht das so schön aufkeimende Nationaltheater zur blüthe gedeihen, und das wäre Ja ein ewiger Schandfleck für teutschland, wenn wir teutsche einmal im Ernst anfiengen teutsch zu denken – teutsch zu handeln – teutsch zu reden, und gar teutsch – zu Singen!«

Die Entführung aus dem Serail

In seiner »Entführung aus dem Serail« verwirklichte er dies alles. Der Text des Operninspizienten Stephanie des Jüngeren, eines gebürtigen Schlesiers, der als kriegsgefangener Friderizianer zu Maria Theresia übergewechselt war, ist bloße Adaption einer dazumal beliebten Komödie des Sachsen Bretzner, dramaturgisch mäßig, aber immerhin: ein deutschsprachiger Operntext. Mozart komponierte ihn mitnichten so »teutsch«, wie es sein Bekenntnis vermuten ließe. Europäisches Operngut fließt zusammen, gebändigt und harmonisiert durch Mozarts Genie. Italienisches in den ersten Finali, namentlich im Quartett des zweiten Aufzugs, einem frühen Höhepunkt mozartischer

W. A. Mozart, Der Musik gehorsame Tochter

Die Aria von Belmonte »O wie ängstlich« könnte fast für die Musik nicht besser geschrieben sein. Das »Hui« und »Kummer ruht in meinem Schoß« (denn der Kummer kann nicht ruhen) ausgenommen, ist die Aria auch nicht schlecht, besonders der erste Teil. Und ich weiß nicht, bei einer Opera muß schlechterdings die Poesie der Musik gehorsame Tochter sein. Warum gefallen denn die welschen komischen Opern überall? mit allem dem Elend, was das Buch anbelangt? sogar in Paris, wovon ich selbst ein Zeuge war?, weil da ganz die Musik herrscht und man darüber alles vergißt. Um so

musikalischer Charakteristik, und in der Martern-Arie der Konstanze, wo Mozart der »geläufigen Gurgel« der Sopranistin mit neapolitanischen Effekt-Koloraturen geopfert hat. Singspielerbe sind Pedrillos und Blondchens liednahe Romanzen und Arietten, einzig- und neuartig die Baß-Komik des Haremshüters Osmin, dessen über alle italienische Konvention hinausgehende Ausdruckskühnheit Mozart selber in einem berühmten Brief motivierte: das Allegro assai seiner Arie müsse »in einem anderen Zeitmaße und andern Tone eben den besten Effekt machen. Denn ein Mensch, der sich in einem so heftigen Zorne befindet, überschreitet ja alle Ordnung, Maß und Ziel, er kennt sich nicht, und so muß sich auch die Musik nicht mehr kennen«.

Kongruenz von Ton und Wort, was bei Mozart vor allem Charakterdeutung bei Vorherrschaft der Form heißt, gemäß seinem Wort »bey einer opera muß schlechterdings die Poesie der Musick gehorsame tochter seyn« – dafür liefert er schon in der »Entführung« überzeugendste Beispiele. In Belmontes Arie »O wie ängstlich, o wie feurig« ist in wenigen Takten die reichste, sensibelste Skala empfindsamer Regungen einkomponiert, einschließlich der pochenden Violinen-Synkopen, die das »klopfende Herz« symbolisieren.

Arie des Belmonte aus der »Entführung aus dem Serail«

In den gesungenen Strophen des dritten Finales, als »Vaudeville« bezeichnet, äußert sich die französische Herkunft des Singspielgenres, eine Seltenheit bei Mozart, der französische Musik sonst nicht sehr liebte. Die aparte »türkische« Instrumentation, gleich in der Janitscharenmusik der Ouvertüre, war ein Singspielmaß überschreitender Beitrag zur Entwicklung des Orchesterkolorits.

Die Wiener Singspielschule, die vier Jahre zuvor mit *Ignaz Umlaufs* (1765–1796) zur Eröffnung des »Nationalsingspiels« gespielten »Bergknappen« einen großen Erfolg erzielt hatte, erhob sich mit der »Entführung« auf ein künstlerisches Niveau, das nie wieder erreicht werden konnte, auch nicht durch den in Wien geborenen, väterlicherseits aus Norddeutschland stammenden *Carl Ditters von Dittersdorf* (1739–1799), dessen harmloser, ebenfalls von Stephanie d. J. nach dem Französischen bearbeiteter

mehr muß ja eine Opera gefallen, wo der Plan des Stückes gut ausgearbeitet, die Wörter aber nur bloß für die Musik geschrieben sind und nicht hier und dort einem elenden Reim zu Gefallen (die doch bei Gott zum Wert einer theatralischen Veranstaltung, es mag sein, gar nichts beitragen, wohl aber eher Schaden bringen) Wörter setzen oder ganze Strophen, die des Komponisten seine ganze Idee verderben. Verse sind wohl für die Musik das Unentbehrlichste, aber Reime des Reimes wegen das Schädlichste.

Aus einem Brief an den Vater aus Wien, 1781

»Doktor und Apotheker« so beliebt war, daß er »Figaros Hochzeit« die Reprisenchancen entzog. Dittersdorf, der vierzig Singspiele schrieb, aber auch ein fruchtbarer Symphoniker war, suchte das einfache deutsche Lied mit italienischer Ensembletechnik zu verbinden und wirkte durch seine Volkstümlichkeit noch auf Lortzing.
Mozart konnte den Weg zu einer »teutschen Oper« nicht konsequent weiterschreiten. Salieris Italienerpartei war zu stark, es fehlte an weiteren Aufträgen für das junge deutsche Nationaltheater, das dem Kaiser wohl am Herzen lag, das er aber nur mit der linken Hand förderte. Der librettistisch schwache Einakter »Der Schauspieldirektor« bot nur Gelegenheit für fünf Musiknummern, deren beste die sprühende Ouvertüre ist. Dann kam der deutsche Opernkomponist Mozart erst in seinem Todesjahr wieder zum Zuge, als ihm der Direktor des »k. k. priv. Theaters im Freihause auf der Wieden« *Emanuel Schikaneder* sein Libretto zur »Zauberflöte« in Kompositionsauftrag gab.

Die Zauberflöte

Schikaneder (1751–1812), aus Regensburg gebürtig, war ein Theatermann von universalem, geradezu spätbarockem Zuschnitt: Schauspieler, Sänger (er kreierte den Papageno), Lustspiel- und Operndichter und unternehmungslustiger Theaterprinzipal in einem. Sein »Zauberflöten«-Libretto wurde hart kritisiert. Die Salbaderei der Sarastro-Ansprachen, die miserablen Verse, die konfuse Charakterzeichnung – die im Entwurf edle Königin der Nacht wurde im Verlauf der Arbeit in eine böse Intrigantin, der Unhold Sarastro wiederum in einen Weisheitsfürsten umgemodelt –, überhaupt der evidente geistige Abstand zwischen Text- und Tondichter, brachte die »Zauberflöte« in den Verruf eines Trotzdem-Geniewerks. Goethe war milder gegenüber seinem schlichten Kollegen Schikaneder. Er billigte ihm zu, daß er »in hohem Maße die Kunst verstanden habe, durch Kontraste zu wirken und große theatralische Effekte herbeizuführen«. So enthusiasmiert zeigte sich Goethe von der »Zauberflöte«, daß er eine ganz in Schikaneders Bahnen wandelnde, leider Fragment gebliebene Fortsetzung, »Der Zauberflöte zweiter Teil«, dichtete.
»Die großen theatralischen Effekte«, die der erfahrene Weimarer Theaterdirektor Goethe zu würdigen wußte, bilden freilich nur *eine*, wenn auch eine nicht unwichtige Seite von Mozarts Musik. Sie hatte hier viel weniger Chancen, durch Finessen der Charakterzeichnung und kunstvolle Ensembles zu brillieren als im »Figaro« und »Don Giovanni«. Um so bewundernswerter, wie der Menschenformer Mozart die textlich so primitiven, gewissermaßen stationären Gelegenheiten nützt: in Taminos Arien, in Paminas g-moll-Klage, in der Töne angeschlagen werden, wie sie erst Jahrzehnte später die Romantik gefunden hat, in Sarastros »Heiligen Hallen«. Deutsche Singspielvolkstümlichkeit ist in Papagenos Liedern mozartisch überhöht lebendig, italienische Opera seria in den Arien der Königin der Nacht, wo die Technik der Koloratur zum Klangsymbol des Sterngefunkels wird. Mozarts Bach-Erlebnis äußert sich sublimiert im figurierten Cantus firmus der beiden Geharnischten.
Daß »Musik auch in der schaudervollsten Lage das Ohr niemals beleidigen, sondern dabei doch vergnügen, folglich allzeit Musik bleiben« müsse, hatte Mozart schon anläßlich der »Entführung« programmatisch vermerkt. In den »schaudervollsten Lagen« der Liebenden Tamino und Pamina, bei der Feuer- und Wasserprobe, bietet er keinerlei ausladende Orchestermalerei (wozu er spielend imstande gewesen wäre); eine

XVIII *Mozart spielt am Hofe des Fürsten Conti, Gemälde von Olliver*

XIX *(nächste Seite) Fresko mit Musikanten und einem tanzenden Paar. Italienisch, 18. Jh.*

schlichte Flöten-Melodie in C-Dur, der erhabenste und ätherischste Marsch, der je geschrieben wurde, begleitet das liebende Paar auf seinem Prüfungsgang: musikalisches

»Zeichen« als höchst verdichtetes dramatisches Symbol, durchgeistigte Abstraktion und sinnenhafter Belcanto zugleich, das Wunder Mozart, in wenige Takte einer musikdramatischen Klimax gefaßt.
Ob man die »Zauberflöte« als naive Volksoper versteht, ob als freimaurerisches Credo (Mozart wie Schikaneder gehörten Logen an, die Dreizahl spielt eine Rolle in der Partitur), ob als Dokument des aufgeklärten Humanismus, nie wird man ihre Herrlichkeiten ganz ausschöpfen. Sie steht an der Schwelle zwischen Klassik und Romantik. Deutsche Oper ist ohne sie, die in symbolisch-orientalischem Märchenland spielt, künftig undenkbar. Die Umstände aber zwangen Mozart, vorher noch italienischer Opernkomponist par excellence zu werden – freilich mit so mozartischer Note, daß »Le nozze di Figaro« wie »Don Giovanni« bis zum 20. Jahrhundert in Italien scheu gemieden, bestenfalls als höchstpersönliche Kundgebung eines musikdramatischen Genies, das sich eben einmal der italienischen Sprache bedient hatte, gespielt wurden. Die Unpopularität des Opernitalieners Mozart in Italien sollte nicht übersehen werden. Sie spricht Bände.

Die Hochzeit des Figaro

Beide genannten Meisteropern wurden von *Lorenzo Da Ponte* textiert. Wien war noch in Mozarts Zeit eine Hochburg der neapolitanischen Oper. Metastasio, von wohlgegründetem Ruhm zehrend, verbrachte hier seine alten Tage. *Antonio Salieri* (1750–1825) fungierte als tonangebender Hofkapellmeister. Daß er, wie selbst die neuere Forschung bisweilen behauptet, Mozart vergiftet habe, ist unbeweisbar und absurd; daß er Beethovens, Schuberts und selbst Liszts Lehrer war historisch so eindeutig wie seine einflußreiche Stellung und seine daraus resultierende Gegnerschaft zu dem nach Existenzsicherung strebenden Mozart.
Da Ponte (1749–1838), aus dem jüdischen Ghetto von Ceneda bei Venedig gebürtig, war Abate geworden, wurde dann wegen Ehebruchs aus seiner Heimatstadt verbannt, kam als Literat nach Wien, schrieb für Salieri und Mozart Libretti, mußte die Kaiserstadt wegen einer skandalösen Liebschaft – schließlich war er Priester! – verlassen und endete nach einem abenteuerlichen Leben als verarmter, gescheiterter Opernunternehmer und Sprachlehrer in New York. Seinen Ruhm in der Musikgeschichte errang der in vielerlei Charakterfarben schillernde Mann nicht als bloßer Librettist Mozarts, sondern als dessen wirklicher Partner.
Er selber nannte die Umwandlung von Beaumarchais' 1784 in Paris herausgekommener Komödie »La folle journée ou Le mariage de Figaro« in einer Vorrede zum Text-

buch mit der bei solchen Einführungen üblichen Bescheidenheit »eine Nachahmung oder besser gesagt einen Auszug«. Aber er hatte viel mehr getan: aus einem politisch-aggressiven Schauspiel, das zum »Sturmvogel der Revolution« wurde, eine meisterliche, Mozart wie auf den Leib geschriebene musikalische Charakterkomödie gemacht. Der zündende Aktschluß mit Figaros ironisch hinreißendem Marsch »Non più andrai« (»Nun vergiß leises Fleh'n«) ist Da Pontes Zutat, wie der Gräfin bedeutsame zweite Arie (»Dove sono« – »Nur zu flüchtig«), wie die Möglichkeiten, die er einem Musikdramatiker durch den Aufbau des 2. Finales bietet, und noch vieles mehr.
In diesem Finale zeigt Mozart, wie weit er über die Opera buffa hinausgewachsen ist. In seiner Transformation von Charaktereigenart und Situationskomik in strenge, gleichwohl höchst geschmeidige musikalische Formen bildet es den nie wieder übertroffenen Gipfel aller Finali. Die Einzelgesänge, die Arien und Canzonetten, stehen in ihrer Art keinesfalls dahinter zurück. Man versuche nur, die Arien der Gräfin mit denen der Susanna oder des Cherubino auszutauschen! Was bei Hasse, Scarlatti und noch beim jungen italienischen Mozart gar nicht aufgefallen wäre (tatsächlich wurde in der »Finta giardiniera« bei den Salzburger Festspielen 1965 eine Arie des Tenor-Liebhabers dem Tenorbuffo in den Mund gelegt, ohne daß man es merkte), ist beim »Figaro« ganz undenkbar, so fein profiliert sind die musikalischen Porträts, selbst innerhalb derselben Gestalt. Man vergleiche die Arie, in der Cherubino, der liebesverwirrte Jüngling, erstmals seine seelische Visitenkarte präsentiert (»Non so più« – »Ich weiß nicht«) mit der

Lauten-Canzonetta, die er der verehrten Gräfin vorsingt.

Hier reine, hochstilisierte Melodie. Dort aufgeregter »Sturm und Drang«, sensibel zwischen Piano und Forte wechselnd. Solche Ausdrucksvaleurs könnte man fast von jeder Figaro-Partiturseite zitieren. Wie Mozart etwa die Wehmut der um die Liebe ihres Gatten bangenden Gräfin in das Schema italienischer Rokokomelodie zaubert, wie er einer aus dem Barock übernommenen Zornfloskel, mit grollendem Baßtriller,

für die Arie des wütenden Grafen individuelle Züge verleiht, das läßt die zeitgenössische italienische Oper weit hinter sich, wir begreifen, warum Italien bis heute den Opernitaliener Mozart als unverstandenen Fremdling scheu umgeht: weder fügt er sich mit der technischen Kompliziertheit seiner Faktur ins herkömmliche Rokoko-Muster, noch ist er so einfach als »typisch deutsch« einzureihen wie Wagner oder Strauß.

Notenhandschrift Mozarts: Arie des Cherubin aus »Figaros Hochzeit«

Don Giovanni

Selbstverständlich hatte Mozart in Wien und auf seinen Italienreisen die herrschenden italienischen Meister der Opera seria und buffa kennengelernt und studiert. Nach einem Vorbild für den »Don Giovanni« hätte er sich jedoch vergeblich im zeitgenössischen Italien-Panorama umgesehen. Zwar war das Problem der Mischung von ernst und heiter in der Oper nicht neu. Mozart hatte sich schon bei der Arbeit an der »Entführung« mit ihm auseinandergesetzt, und die Opera semiseria war zumindest bei den Eingeweihten ein Begriff. Wie hoch Mozart sich im »Don Giovanni«, trotz der konventionellen Gattungsbezeichnung Dramma giocoso, über alle vorherigen Don-Juan-Versionen erhob, kündigt schon das düstere d-moll der Ouvertüre an, erfüllt die erste Szene – vielleicht die genialste Opern-Exposition überhaupt – mit ihrem dramatischem Kontrapunkt von Leporellos Angst, Annas Empörung, Giovannis Übermut, des Komturs Würde, krönt das Finale mit dem Steinernen Gast. Der Schauer der Ewigkeit scheint aus dem Orche-

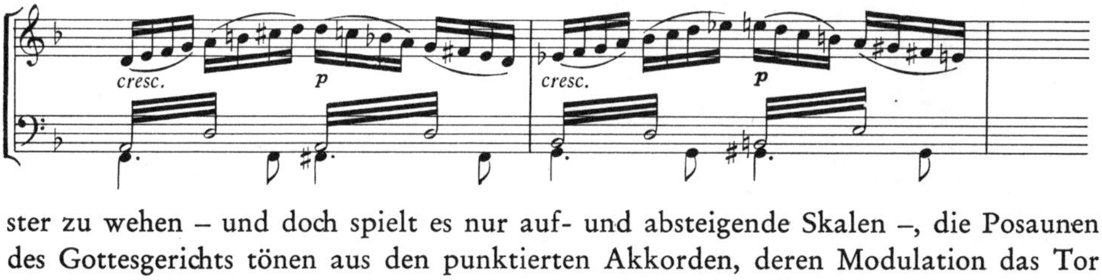

ster zu wehen – und doch spielt es nur auf- und absteigende Skalen –, die Posaunen des Gottesgerichts tönen aus den punktierten Akkorden, deren Modulation das Tor

Komturs-Gesang aus dem 2. Finale des »Don Giovanni«

zur Romantik weit aufreißen. Bereits Molière und Goldoni hatten den Mythos vom faszinierenden Wüstling, der sich gegen Sitte und Ordnung auflehnt, dramatisiert. Da Pontes unmittelbares Vorbild war Gazzanigas Oper »Il Convitato di pietra«. Da Ponte hat diesen Einakter unbedenklich geplündert, geriet jedoch zu Beginn des 2. Aktes mit den zusätzlichen, streckenden Verwicklungen etwas in dramaturgische Verlegenheit. Daß einem kaum zu Bewußtsein kommt, wie jämmerlich doch eigentlich Don Giovanni ein ums andere Mal abblitzt, sondern daß er glaubhaft als unwiderstehlicher Liebesheld vor uns steht, ist vorwiegend Mozarts Verdienst.

Zu welcher, im »Figaro« mangels tragischer Gelegenheit noch unerprobten Ausdrucksgewalt Mozart den Recitativo accompagnato, den vom Orchester, nicht nur vom Cembalo begleiteten Sprechgesang im »Don Giovanni« steigerte, davon zeugt das dramatische Rezitativ-Duett zwischen Don Ottavio und Donna Anna, die soeben den Mörder ihres Vaters erkannt hat. Daneben müssen Zerlinas weibchenhaft-durchtriebene Schmeichelkantilenen, Leporellos harlekinhafte Bedientenkomik, Masettos Tölpelei Platz haben. Gerade dieses lebensnahe Hell-Dunkel des »Don Giovanni« nähert Mozart Shakespeare und hat Generationen literarischer Deuter, von Goethe, E. T. A. Hoffmann und Kierkegaard bis zur Moderne, fasziniert. »Die Oper der Opern« hat man »Don Giovanni« genannt – mag sie um diesen superlativischen Rang mit der »Zauberflöte«, »Carmen« (und hier stockt man schon...) wetteifern.

Luigi Bassi, der Darsteller des Don Giovanni bei der Uraufführung in Prag 1787

Così fan tutte

Das letzte Produkt der Kollaboration Mozart – Da Ponte, »Così fan tutte«, beruhte im Gegensatz zu den vorangegangenen auf vorlagenfreier textlicher Erfindung. Eine wirkliche Gesellschaftsaffäre im josefinischen Wien soll den Stoff geliefert haben. Der Kaiser gab den Opernauftrag, Da Ponte dichtete quick das Libretto. Mit seinen extremen Unwahrscheinlichkeiten ist es von den Romantikern in Grund und Boden verdonnert (und schon von Beethoven als frivol abgelehnt) worden. Mozarts Musik wurde mit in den Sog gezogen. Wagner hielt Mozart zugute, daß er »auf eine schale und unwürdige Grundlage goldflimmernde Musikthürme« errichten, also weit hinter dem »Figaro« zurückbleiben mußte. Erst das 20. Jahrhundert hat »Così fan tutte« recht entdeckt, nämlich als Quadratur der Ironie, als reinste Potenzierung von Opern-Irrealität.

Das tragisch-burleske Helldunkel des »Don Giovanni« wird hier in eine lichtere Zwischenfarbe von echt und gespielt, Wirklichkeit und Parodie übertragen. Wahres Gefühl, etwa in Ferrandos Arietta »Un'aura amorosa«, und vorgetäuschtes (Fiordiligis »Gleichnisarie« »Come scoglio« mit ihren bombastischen Großintervall-Sprüngen, dem traditionellen Symbol für hohen Affekt) verzahnen und überlagern sich bis zur Fragwürdigkeit: Wo beginnt, wo endigt beides? Mozart läßt es in der Schwebe, jedem Regisseur und Dirigenten als Deutaufgabe.

Musica sacra

Die Vokalkompositionen Mozarts können bei einer Darstellung in unserem Rahmen ausgespart bleiben, ungeachtet des Glanzes der Konzertarien und des wiedererweckten Jugendoratoriums »La betulia liberata«. Zu sehr stehen sie im Schatten seines Opernschaffens. Der Sakralkomponist bedürfte angesichts des Umfangs seines Opus von Messen, Motetten, Litaneien, Offertorien und Vespern eigentlich einer Spezialuntersuchung. Die meisten Werke der Mozartschen *musica sacra* entstanden in Salzburg, im Rahmen seiner dienstlichen Verpflichtungen. Da der Fürsterzbischof die kurze, nur Dreiviertelstunden dauernde Messe bevorzugte, hatte sich auch Mozart daran zu halten. Den Vorwurf, er komponiere zu »weltlich«, mußte er mit Haydn teilen; auch der junge Mozart hätte sein »fröhliches Herz« für die Rechtfertigung neapolitanischer Koloraturen ins Treffen führen können; seine Religiosität war freilich nicht mehr so ungebrochen naiv, seine Katholizität eher konventionell. Von *Michael Haydn* (1737–1806), Josephs schon vor Mozarts Geburt in Salzburg ansässigem und vielseitig tätigem Bruder, hatte Mozart viel gelernt, namentlich von seinen Divertimenti und geistlichen Werken.

Hervorzuheben ist die c-moll-Messe des Dreizehnjährigen, die »Krönungsmesse« (für das Marien-Gnadenbild in Maria Plain bei Salzburg geschrieben), deren Agnus dei edelsten Figaro-Stil (die Arie »Dove sono«) vorwegnimmt, sodann der gewaltige Torso der c-moll-Messe von 1783, die, im Credo und Agnus durch frühere Messeteile ergänzt, in der Peterskirche seiner Heimatstadt uraufgeführt wurde: in der Synthese von »gelehrtem«, fugiertem Stil – Mozarts Bach-Erlebnis ist deutlich – und Kantabilität sein bedeutendstes kirchenmusikalisches Werk, durch den Umfang auch das legendenumwobene Requiem überragend. Mozart konnte von diesem seinem letzten Werk nur 40 Partiturseiten fertigstellen, den weit überwiegenden Rest komponierte sein Schüler Süßmayr, der auch die Rezitative zum Prager »Titus« geschrieben hatte, aus Skizzen und eigener Phantasie zu Ende. Das Lacrymosa, in dessen Mitte der Tod Mozart die Feder aus der Hand nahm, ist freilich in den Innenhof von Mozarts Kunstgebäude zu stellen, ähnlich wie die kleine, unscheinbare Gelegenheitsmotette aus seinen letzten

Lebenstagen, das »Ave verum«. Der melodischen Innerlichkeit des schlichten Quartettsatzes eignet eine »zweite Einfachheit« (Alfred Einstein), wie sie nur den Größten vergönnt ist.

Die Symphonien

In Mozarts riesigem Instrumentalwerk stehen die Symphonien mit den Klavierkonzerten fast auf einer Stufe. Man verkleinert Haydns symphonische Pionierarbeit nicht, wenn man klarstellt, daß Mozart keinesfalls etwa nur ihr Nutznießer war. Er begann ja nur um etwa fünf Jahre später als Haydn mit der Symphoniekomposition; zur Entwicklung der klassischen Form haben beide im wechselseitigen Geben und Nehmen beigetragen. Wie Haydn produzierte der junge Mozart Symphonien zunächst in unbedenklichen Serien, der italienischen Opern-Sinfonia und dem Rokoko-Divertimento noch ganz nahe. Schon der Vierzehnjährige hatte seine 13. Symphonie hinter sich!

Einen Markstein setzte die 37., die »kleine g-moll-Symphonie«, durch die Tonart und das leidenschaftliche Pathos ein früher Vorbote der vorletzten Meistersymphonie. Wie

merkwürdig sich musikalische Formeln verschiedensten Gehalten und Persönlichkeiten anverwandeln lassen, zeigt der Nachsatz des Hauptthemas der kleinen g-moll-Symphonie. Der Achtelaufstieg des zerlegten Dreiklangs mit der charakteristischen Sechzehntelfigur erscheint ein Jahrdutzend später fast genau im 1. Satz von Beethovens 2. Klaviersonate als Hauptthema:

Dieses wiederum ist zugleich eine Transformation des Final-Hauptthemas von Mozarts großer g-moll-Symphonie:

Mozarts plötzlicher Forte-Wechsel in die Dominante ist dann freilich ein ausgesprochen expressiver Kontrast, der den gereiften Symphoniker kompositorisch wie entwicklungsgeschichtlich über den jungen Beethoven hinausblicken läßt.

Für Paris zog er mit der D-Dur-Symphonie, KV 297, sozusagen alle Register. Erstmals wurde das große Orchester auch mit Klarinetten bereichert. Mit der Haffner-Symphonie KV 408, aus der suitenartigen Haffner-Serenade umgearbeitet, haben wir schon den Kreis der letzten Mozart-Symphonien erreicht, die bis heute im Repertoire geblieben sind. Der C-Dur-Symphonie KV 425, der »Linzer«, schickte Mozart erstmals eine getragene Introduktion nach Haydns Art voraus. Die menuettlose Prager Symphonie KV 504 zeichnet sich durch die dramatisch-kontrapunktische Durchführung des Kopfsatzes aus. Haydns motivische Arbeit, das Erlebnis Bach und Händel erscheinen hier und, in letzter Reife, in der symphonischen Trias des Sommers 1788 völlig individualisiert. Das Hauptthema der Es-Dur-Symphonie KV 543 sublimiert Haydns und des Londoner Bach »singendes Allegro«, Andante und Menuett übergipfeln alle

früheren Mozart-Sätze. Die folgende g-moll-Symphonie KV 550 mit ihren scharfen Dissonanzen, die das Menuett in ein düsteres, »beethovenisches« Trotz-Scherzo verwandeln und selbst das Andante mit schmerzlichen Akzenten färben, zeugt als einzige von der depressiven Seelenlage Mozarts in jenen Monaten.

In der C-Dur-Symphonie, KV 551, scheint alles irdische Leid überwunden und abgestreift. »Jupiter-Symphonie« ist ein treffender, den Goldglanz dieses alle anderen überstrahlenden Werkes symbolisierender Beiname, auch wenn ihn Impresario-Werbetüchtigkeit erfunden hat. Mit einem kunstvolleren Finale als diesem, einem fugierten Sonatensatz, konnte Mozart sein symphonisches Oeuvre nicht krönen. *Wie* kunstvoll alle vier Sätze aufeinander bezogen sind, hat 1953 der Symphoniker Johann Nepomuk David enthüllt; er wies in einer Analyse nach, daß sämtliche Themen aller vier Sätze – auch wo man dies so wenig vermutet wie beim Andante – aus dem Cantus firmus der folgenden Zehntöne-Reihe abgeleitet sind:

Diese »Kunst des Verbergens und Verschweigens, ein Wuchern mit dem Pfunde auf eine ganz abgründige Weise« (David) ist als monothematische Technik bei Mozart ein Unikum der allerletzten Symphonie. Kunstreicher ist auch Beethovens Fünfte, das klassische Muster motivischer Einheit, nicht konstruiert, und es eröffnen sich Perspektiven bis zur Reihentechnik Schönbergs.

Konzerte

Als Mozart sich noch selber als Geiger betätigte, schrieb er fünf oder sechs Violinkonzerte. Drei davon sind bis heute Favoriten aller Virtuosen geblieben; ihre Eleganz, die innige Melodik eines Adagios, wie das des D-Dur-Konzerts, oder die Rondo-Überraschungen des Konzerts in A-Dur, wo plötzlich das Orchester-Tutti einen exotisch-stampfenden Tanz anstimmt, erhalten diese Jugendkompositionen frisch.

Bedeutender sind die Klavierkonzerte, 23 an der Zahl, der weitaus gewichtigste Beitrag zu diesem Genre vor Beethoven. Wie die Violinkonzerte und die blühende Sinfonia concertante für Geige, Bratsche und Orchester KV 364 halten sie sich noch im Rahmen »gesellschaftlicher«, gefälliger Musik für den Tagesbedarf (den Mozart als sein eigener Interpret befriedigte). Die zwölf Meisterkonzerte, geschrieben zwischen 1784 und 1788, sind jedoch nur aus den Erfahrungen des gereiften Symphonikers zu begreifen. Der »Wettstreit« zwischen Solisten und Orchester, der eigentliche Reiz des Konzerts, ist im Sinne mozartischer Harmonisierung gelöst: Beide sind Partner, motivisch aus demselben Fundus schöpfend, rein musikalische Beziehungen stehen vor allem virtuosen Prunk. Daß auch Klavierkonzerte individuellstem Ausdruck dienstbar gemacht werden können, beweisen die Spätwerke in d-moll, KV 466, und in c-moll, KV 491. Der Abschied von dieser Form, das Konzert in B-Dur, KV 595, ist wiederum ein gelöstes Lächeln: Das Rondothema ähnelt dem volkstümlichen Liedchen »Komm, lieber Mai, und mache ... «

Auch in seinen Kompositionen für Klavier solo vertraute Mozart seinem Lieblingsinstrument gelegentlich Höchstpersönliches an. Daß dies gerade in zwei Moll-Sonaten (a-moll, KV 310, und c-moll, KV 457, mit der vorangesetzten Phantasie in derselben Tonart sein gewichtigstes Klavierwerk) geschah, ist bezeichnend. Von Rokokogeist, der im perlenden Figurenwerk vieler Sonaten den Ton angibt, spürt man hier weniger als vom Hauch einer neuen Zeit: der Beethovens. Aber auch die lichte A-Dur-Sonate KV 331 mit der Anmut ihres Variations-Themas ist echter Mozart. Vierhändigspieler mit Spürsinn lassen sich das Erlebnis zweier der tiefsten Mozartkompositionen nicht entgehen: der Fantasien KV 594 und 608, für mechanische Orgelwalzen geschrieben, die zweite mit einer leidenschaftlich großartigen Doppelfuge.

Kammermusik

Wie soll man in wenigen Worten dem Kosmos von Mozarts Kammermusik gerecht werden? Schon die Vielfalt der Besetzungen ist einzigartig, von der Klavier-Geigen-Duosonate über Streich- und Klaviertrios bis zu den 13 Quintetten mit verschiedenartigsten Instrumentenkombinationen – Streichern, Klavier und Bläsern. Die beiden Streichquintette aus der Don-Giovanni-Zeit, in C-Dur und in g-moll, kann man unmöglich übergehen; das zweitgenannte ist ein bedeutender Vorläufer der in derselben Tonart stehenden späten Symphonie.

Mozarts Quartettwerk steht unter Haydns Einfluß, zu dem es sich in der ersten Meister-Serie der sechs Streichquartette KV 387 bis 465 ehrfurchtsvoll bekennt. Dennoch verrät sich schon hier Mozarts eigene Art: die süßere Melodik, die reichere Harmonik, die pikantere Rhythmik. Das Menuett des G-Dur-Quartett KV 387 zeigt bereits geradezu beethovensche Akzente auf schwachem Taktteil.

Das letzte Quartett der Reihe, KV 465 in C-Dur, beunruhigte mit den chromatischen Querständen seiner Adagio-Introduktion jahrzehntelang die Beckmesser der Harmonielehre (»Dissonanzenquartett«).

58 Der Kastrat Carlo Broschi, genannt Farinelli

59 Ballettpantomime »Les Indes Galantes«, Bühnenbild von Bernardo Belotto-Canaletto, Kupferstich

60 Geburtshaus Joseph Haydns in Rohrau in Niederösterreich

61 Wolfgang Amadeus Mozart am Spinett, Kupferstich von Sasso nach einer Zeichnung von Johann Bosio

62 Aufführung der »Schöpfung« in der alten Wiener Universität im Jahre 1808 in Anwesenheit Joseph Haydns

Gräflich Nostitz'sches Nationaltheater.

Il 29 Ottobre 1787.

Oggi, per la prima volta:

Don Giovanni ossia il Dissoluto punito.

Dramma giocoso in due atti con balli analoghi. Parole del Sign. Abbate da Ponte, musica del celebre maestro Sign. Amadeo Mozart.

Personaggi.

Don Giovanni	Sign. Luigi Bassi	Don Ottavio	Sign. Ant. Baglioni.
Il Commendatore	Sign. Gius. Lolli	Leporello	Sign. Felice Ponziani
Donna Anna	Signora Teresa Saporiti	Zerlina	Signora Teresina Bondini
Donna Elvira	Signora Cat. Miceli	Masetto, il suo sposo	Sign. Gius. Lolli

Cori di contadini, deme, damigelle, popolo, Ballabili di contadini, contadine ecc.

63 *Theaterzettel der Uraufführung des »Don Giovanni« 1787 in Prag*

64 *Mozarts Musiksalon in seiner Wiener Wohnung, zeitgenössische Tuschzeichnung*

65 *Bühnenbild zur »Zauberflöte« von Joseph Quaglio, München 1793*

66 *Emanuel Schikaneder, der Textdichter der »Zauberflöte«*

Die allerletzten drei Streichquartette, die »preußischen«, sind Zeugnisse für den Triumph schöpferischen Geistes über Enge und Bedrängnis des Lebens. Ihre federnde Leichtigkeit – dem königlichen Cello-Dilettanten Friedrich Wilhelm II. von Preußen durfte nichts zu Schwieriges zugemutet werden –, ihre verklärte Anmut lassen nichts von der Niedergeschlagenheit ahnen, in der sich Mozart 1789/1790 befand.
Wir wollen das Mozart-Kapitel abschließen – und haben noch kein Wort vom Reichtum seiner Hausmusik für Liebhaber gesagt, keines von dem beglückenden Melodienwunder seiner Serenaden, Divertimenti, Kassationen (die »Kleine Nachtmusik« repräsentiert als populärste), dieser Unterhaltungsmusiken, die den Musikliebhaber des 20. Jahrhunderts wahrhaftig neidisch werden lassen können; die geistvolle Schönheit von Meisterwerken wie dem späten Klarinettenkonzert konnte nicht einmal Erwähnung finden. Wir müssen uns damit trösten, daß auch die Mozart-Spezialliteratur vor dem menschlich-schöpferischen Phänomen Mozart verlegen, bewundernd, nach präzisen Deutworten suchend kapitulieren muß.

Ludwig van Beethoven

Beethoven ist der meistaufgeführte Instrumentalkomponist aller Zeiten. Der Superlativ mag zunächst äußerlich erscheinen, denn was enthält er mehr als Statistisches? Indessen sagt solche in anderthalb Jahrhunderten nie ernsthaft gefährdete, nie von Unterschätzung bedrohte (man denke dagegen an Bach!) oder erst durch eine Renaissance wiedererweckte Wirkung doch mehr aus. Beethoven wurde eigentlich immer verstanden, wenn auch, selbstverständlich, nicht mit allen Werken.
Mit Schlagworten von der »Kraft der Persönlichkeit« ist das allein nicht zu erklären. Natürlich erscheint Beethovens Genie evident – aber wer wollte behaupten, daß es dem Bachs oder Mozarts überlegen sei? Viel eher ließen sich die Mängel Beethovens in seinen Partituren nachweisen: Gewiß steht er in der Qualität des Handwerks Bach nach, in der melodischen Erfindung Mozart und Haydn. Seine kompositorische Universalität wird durch die Sprödigkeit seiner Vokalsätze, die den instrumentalen Denker nicht verleugnen können, gemindert.
Worauf also beruht die einzigartige Suggestivität der Weltsprache Beethovens, für die es keinerlei Grenzen zu geben scheint, die man in Deutschland und Italien, in Amerika und Japan als gleicherweise verbindlich versteht? Vielleicht liegt der Schlüssel, so komplex das Wirkungsquantum Beethovens sein mag, in jenem Wort »Weltsprache«. Seine Musik wird als Sprache empfunden. Begrifflich Definierbares darunter zu subsummieren läßt der Charakter von Musik nicht zu; es genügt, daß noch der Hörer des 20. Jahrhunderts, dessen Unterbewußtsein vielerlei Stilsymbole gespeichert haben muß, Beethovens »Sprache« als zeitloser als alle früheren, dem Ausdruck des Humanen entsprechender empfindet als alle vergleichbaren.
Daß Beethovens Schaffen und Leben von demselben Ethos der Vervollkommnung beherrscht sind, daß das unermüdliche Gebossel an den Einfällen und die Mühsal, die Beethoven etwa mit der Erziehung seines Neffen auf sich nahm, derselben Wurzel entspringen, daß Komposition bei ihm kein unverbindliches Spiel mit Tönen mehr ist, sondern Credo und »Sprache« – diese Humanisierung der Musik erklärt letztlich ihre überzeitliche und übernationale Gültigkeit. Mozart war Ton-Dichter, nicht allein virtuoser Ton-Spieler, in seinen letzten Werken. Beethoven war es vom Beginn der

Reife an. Man braucht sich dabei keine außermusikalischen Bezüge vorzustellen. Die Versuche der Beethovendeuter Paul Bekker und Arnold Schering, die seine Musik hauptsächlich durch literarische »Programme« (z. B.: die d-moll-Klaviersonate als musikalische Paraphrase zu Shakespeares Schauspiel »Der Sturm«) erläutern wollten, sind heute überholt. Man hält sich bescheidener und verläßlicher an die Noten der Partituren. Auch sie sagen genug aus über die Menschheitssymbolik von Beethovens Musik. Er bleibt Ton-Dichter, Dichter in Tönen stärker und suggestiver als seine Vorgänger und vergleichbaren Nachfolger, dabei Klassiker im Sinne der Harmonisierung von Form und Inhalt.

Von Bonn nach Wien

Kein Besucher, der des Meisters Geburtskammer im Hinterhaus der Bonngasse in Bonn betritt, wo Beethoven am 16. Dezember 1770 zur Welt kam, kann sich angesichts der dürftigen, niedrigen Mansarde der Sinnbildlichkeit dieses Ortes für den Lebensweg entziehen: Aus solcher Enge stieg ein Mensch in die sublimste Freiheit des Geistes empor . . . Auch Beethovens Vater war Musiker, wie der Mozarts, auch er entdeckte frühzeitig die ungewöhnliche Begabung des Kindes. Damit erschöpfen sich jedoch schon die Parallelen. Johann van Beethoven, Tenorist in der kurfürstlichen Kapelle des aufgeklärten Bonner Herrschers Maximilian Friedrich, des jüngsten Bruders des Kaisers Joseph II., war bereits ein dekadenter Sproß der aus Flandern zugewanderten Familie, deren angesehenstes Mitglied Ludwigs gleichnamiger Großvater war: Er hatte es bis zum Kurfürstlichen Kapellmeister gebracht, sein Sohn Johann hingegen war nur ein unbedeutender Sänger.

Beethoven wuchs in einem eher proletarischen als bürgerlichen Milieu auf. Seine Mutter Maria Magdalena Keverich, die Johann als Witwe eines Hoflakaien heiratete, hatte es mit ihrer eigenen trunksüchtigen und geistig nicht ganz normalen Mutter nicht leicht; sicher ist, daß sie ihren Mann an Charakterstärke überragte und der kleine Ludwig sie liebte. Johann van Beethovens musikalische Erziehungsmethoden waren dubios. Tränen begleiteten Ludwigs Ausbildung. Sie begann mit vier Jahren. Das Kind wurde auch aus dem Schlummer gerissen, wenn es dem von der Kneipe heimkehrenden Vater zweckmäßig erschien, daß es Klavier übe. Johanns Alkoholismus nahm allerdings erst viel später katastrophale Formen an. Mit elf spielte Beethoven erstmals öffentlich, mit dreizehn war er Organist – dennoch kein Wunderkind. Keine seiner in Bonn, also bis zum zweiundzwanzigsten Lebensjahr, geschriebenen Kompositionen ist mit Mozarts Jugendschaffen zu vergleichen.

In Christian Gottlob Neefe, dem angesehenen Bonner Hoforganisten, fand Beethoven seinen ersten wirklichen Lehrer. Wichtig ist, daß dieser ihn sogar in Bachs »Wohltemperiertes Klavier« einwies, was dazumal überdurchschnittliche Kenntnisse verriet. 1787 durfte er mit einem Stipendium nach Wien reisen, um bei Mozart Lektionen zu nehmen. Sie dauerten nur vierzehn Tage, dann rief ihn die schwere Erkrankung der Mutter zurück. Mit ihrem Tod drohte die Familie Beethoven zusammenzubrechen. Der trunksüchtige Vater wurde praktisch entmündigt, der siebzehnjährige Ludwig übernahm die Sorge für alle, also auch für seine beiden jüngeren Brüder Johann und Karl Kaspar.

Der Familiensinn Beethovens, der später bei seiner Sorge um den Neffen Karl ein so trauriges Fiasko erleiden sollte, bewährte sich damals ebenso wie sein Pflichtbewußtsein. Die Hofratswitwe Helene von Breuning stand ihm als mütterliche Freundin bei, der kunstsinnige Kurfürst förderte als sein Dienstherr wie als Begründer eines Bonner »Nationaltheaters«, wo Beethoven Gluck und Mozart kennenlernte, seine künstlerische Entwicklung. Beethovens Interessen beschränkten sich nicht auf die Musik. Er inskribierte an der Universität, las viel – von Homer über Shakespeare bis Schiller – und entflammte sich, was für einen jungen Intellektuellen seiner Zeit nicht ungewöhnlich war, für die Ideen der Grande Révolution.

1792 fuhr er neuerlich nach Wien, diesmal, um Schüler Haydns zu werden; die finanzielle Benevolenz des Kurfürsten ermöglichte es. »Durch ununterbrochenen Fleiß erhalten Sie: Mozarts Geist aus Haydns Händen« schrieb ihm sein Gönner Graf Waldstein (er ging als Beinamensgeber der großen Klaviersonate op. 53, der »Waldstein-Sonate«, mit in Beethovens Unsterblichkeit ein). Mozarts Geist teilten allerdings Haydns etwas nachlässige und pedantische Lehrerhände nach Beethovens Meinung so spärlich mit, daß er insgeheim Parallelstunden bei dem Singspielkomponisten Johann Schenk und dem Hoforganisten Johann Georg Albrechtsberger nahm. Fast zwei Generationen trennten Haydn und Beethoven; menschlich kamen sie sich nicht sehr nahe, auch wenn Beethoven sein op. 1, die drei Klaviertrios, seinem Lehrer widmete. Wien wurde fortan Beethovens Wahlheimat. Er verließ die Kaiserstadt nur noch einmal, als er 1796 über Prag an den Hof Friedrich Wilhelms II. nach Berlin fuhr. Bonn sah er nie mehr.

Der junge Beethoven unterschied sich wesentlich von dem menschenscheuen Kauz, der bei Wind und Wetter brummend durch die Straßen stürmte. Er glich eher einem Dandy. Elegante Fräcke, ein Reitpferd und ein Diener bewiesen das Bemühen des ungehobelten Provinzlers, sich auf dem gesellschaftlichen Parkett Wiens zu bewähren. Denn durch adelige Hausmusik bestritt Beethoven lange Zeit sein Haupteinkommen. Er war ein brillanter Pianist, dessen Improvisationskunst bewundert wurde. Erst im Jahre 1800 konnte er sein erstes Konzert mit eigenen Werken geben (vor allem der 1. Symphonie). Damals war er so begehrt, daß er fröhlich schreiben konnte: »Mir geht's gut, ich kann sagen, immer besser«; für »jede Sache« habe er sechs bis sieben Verleger als Interessenten an der Hand.

Freilich, von Akademien und gelegentlichen Honoraren mochte auch Beethoven nicht leben. Er erstrebte Sicherung, ein regelmäßiges Einkommen. Was Mozart nie erreicht hatte, Beethoven wurde es zuteil. 1808 lud ihn Jerôme, von Napoleons Gnaden König von Westfalen, ein, Hofdirigent in Kassel zu werden. Die Aussicht, Beethoven zu verlieren, mobilisierte die höchste Wie-

Ludwig van Beethoven, Lithographie von Lyser

ner Aristokratie. Als ob ihr Gewissen, in Erinnerung an Mozarts tristes Ende, sich geregt hätte, beschlossen Erzherzog Rudolf, Beethovens Klavier- und Kompositionsschüler, und die Fürsten Kinsky und Lobkowitz vertraglich, dem Meister ein lebenslängliches Salär von nicht weniger als 4000 Gulden jährlich zu stiften und ihn damit an Wien zu binden. Die Dotation erfüllte ihren Zweck und funktionierte, wenn auch durch den Tod Kinskys und durch Inflation beeinträchtigt.
Beethovens Hochstimmung war jedoch schon Jahre vorher durch die Vorboten des körperlichen Leidens gedämpft worden, das seinen Lebensabend prägen und ihn zum Sonderling machten sollte. Ab 1796 etwa litt er unter Gehörstörungen. Das »Heiligenstädter Testament« von 1802, das man in seinem Nachlaß fand, drückt seine Seelenlage erschütternd aus: »O ihr Menschen die ihr mich für feindselig, störrisch oder misanthropisch haltet oder erkläret, wie unrecht tut ihr mir! Ihr wißt nicht die geheime Ursache von dem, was euch so scheinet . . . « Nämlich die fortschreitende Ertaubung: » . . . welche Demütigung, wenn jemand neben mir stund und von weitem die Flöte hörte und ich nichts hörte . . . Solche Ereignisse brachten mich nahe an Verzweiflung: es fehlte wenig und ich endigte mein Leben. Nur sie, die Kunst, sie hielt mich zurück . . . «

»Immer in Liebesverhältnissen«

Der das insgeheim schrieb, war ein äußert lebenslustiger und keinesfalls zur Resignation neigender Mann. »Ich will, wenn's anders möglich ist, meinem Schicksal trotzen« – so hatte er schon ein Jahr vorher einem seiner Freunde geschrieben. Ob man nun die 3., die Eroica-Symphonie, den 1805, unter den ungünstigen Umständen der Kriegsläufte aufgeführten und zunächst durchgefallenen »Fidelio« oder die 5. Symphonie als bezeichnendste Trotz-Dokumente wertet, das Menschlich-Allzumenschliche in Beethoven hatte sich längst noch nicht mit der Außenseiterposition abgefunden.
Der »Puritaner« Beethoven, der Mozarts »Figaro« und »Così fan tutte« als frivol ablehnte, befand sich in seiner Manneszeit »immer in Liebesverhältnissen«, laut dem Zeugnis seines intimen Freundes Wegeler. Der wahrscheinlich nie abgeschickte Brief an die »unsterbliche Geliebte«, den man in seinem Nachlaß fand, hat die Beethoven-Forschung wegen der ergreifenden seelischen Emotion – »Mein Engel, mein Alles, mein Ich« – über die Jahrhunderte hinweg bewegt. 1954 hat der israelische Wissenschaftler

Ludwig van Beethoven, An die »Unsterbliche Geliebte« Am 6. Juli morgens
Mein Engel, mein Alles, mein Ich! – Nur einige Worte heute, und zwar mit Bleistift (mit Deinem!). Warum dieser tiefe Gram, wo die Notwendigkeit spricht? Kann unsere Liebe anders bestehen als durch Aufopferungen, durch Nicht-alles-Verlangen? Kannst Du es ändern, daß Du nicht ganz mein, ich nicht ganz Dein bin? – Ach Gott, blick in die schöne Natur und beruhige Dein Gemüt über das Müssende; die Liebe fordert alles und ganz mit Recht, so ist es mir mit Dir, Dir mit mir. Nur vergißt Du so leicht, daß ich für mich und für Dich leben muß; wären wir ganz vereinigt, Du würdest dieses Schmerzliche ebensowenig als ich empfinden . . .

Abends, Montag, am 6. Juli.

Du leidest, Du mein teuerstes Wesen. (Eben jetzt nehme ich wahr, daß die Briefe in aller Frühe aufgegeben werden müssen. Montags, Donnerstags, die einzigen Tage, wo

Dr. Siegmund Kaznelson schlüssig bewiesen, daß die gedachte Empfängerin die Gräfin Josephine Brunswick, verwitwete Gräfin Deym, später wiederverheiratete Gräfin Stakkelburg, gewesen sein müßte. Sie war nicht der einzige von Beethovens »Gegenständen der Anbetung«, um im Ton der Zeit zu sprechen. Da hier keine *chronique scandaleuse* angestrebt wird, mag es bei der Feststellung bewenden, daß Beethoven kein Mönch war, daß die Frauen eine große Rolle in seinem Leben spielten. Zu einer festen Bindung konnte er sich jedoch nicht entschließen. Der italienischen Contessa Giulietta Guicciardi widmete er die leidenschaftliche cis-moll-Sonate, Bettina von Brentano wurde für ihn als junge Freundin und Vermittlerin zu dem über alles bewunderten Goethe bedeutsam.

Goethe erkannte Beethovens Größe, wenn sie auch ihm, dem Mozartianer, ungebändigt und bedrohlich erschien. Beethovens Verehrung spricht aus mehreren Goethe-Kompositionen, deren Wichtigste die Musik zum Egmont ist. Aus einem in Teplitz besprochenen Plan einer »Faust«-Vertonung wurde aus ungeklärten Gründen nichts.

Um diese Zeit stand Beethoven im Zenith seines Ruhmes. Groteskerweise repräsentiert eine schwächere Komposition, »Wellingtons Sieg in der Schlacht bei Vittoria«, 1814 vor mehreren gekrönten Häuptern uraufgeführt, den größten Erfolg, den Beethoven je errang; das wahre Meisterwerk, die 7. Symphonie, lief in dieser Akademie gewissermaßen am Rande mit. In den folgenden Jahren ließ seine Produktivität nach. Die Taubheit verstärkte sich so, daß Beethoven seinen umgearbeiteten »Fidelio«, der nun, 1814, sich endlich durchsetzte, nicht mehr dirigieren konnte. Auch als Pianist nahm er Abschied von der Öffentlichkeit.

Taubheit und Vereinsamung

Das Bild des »kauzigen« Beethoven, der sich zurückzieht, der sein Äußeres vernachlässigt – einmal wurde er in einer Vorstadt sogar als vermeintlicher Vagabund aufgegriffen –, der ein ungeheurer Grobian ist, formt sich in jenen Jahren. Aber es sind zugleich Jahre einer tiefen Einkehr: Damals entstanden die letzten Klaviersonaten von op. 101 bis 111, die dem Instrument neuartige Klangwerte abforderten, die »Missa Solemnis« und die 9. Symphonie (beide wurden schon 1817/18 konzipiert).

Damals war er längst der vereinsamte Junggeselle, der von Wohnung zu Wohnung zog, mit seinen Haushälterinnen zankte und sich mit seinen Besuchern nur noch schriftlich,

die Post von hier nach Karlsbad geht.) Du leidest. Ach, wo bin ich, bist Du mit mir; mit mir und Dir, ich mache, daß ich mit Dir leben kann; welches Leben!!! so!!! ohne Dich – verfolgt von der Güte der Menschen hier und da, die ich meine ebensowenig verdienen zu wollen, als sie zu verdienen. – Demut des Menschen gegen den Menschen, sie schmerzt mich. Und wenn ich mich im Zusammenhang des Universums betrachte, was bin ich und was ist der, den man den Größten nennt? – Und doch ist wieder hierin das Göttliche des Menschen. – Ich weine, wenn ich denke, daß Du erst wahrscheinlich Sonnabends die erste Nachricht von mir erhältst. – Wie Du mich auch liebst, stärker liebe ich Dich doch. – Doch nie verberge Dich vor mir – gute Nacht! Als Badender muß ich schlafen gehen. Ach Gott, so nah! so weit! ist es nicht ein wahres Himmelsgebäude, unsere Liebe, aber auch so fest, wie die Feste des Himmels! –

1812 in Teplitz an eine bisher nicht eindeutig festgestellte Adressatin geschrieben

mit Hilfe von Gesprächsheften, unterhalten konnte. Der Dichter Franz Grillparzer hat mit ihm lange Zeit auf solche Weise über eine Oper »Melusina«, die beide gemeinsam schreiben wollten, diskutiert. In Stuben, in denen ungeleertes Nachtgeschirr neben wüsten Stapeln von Noten stand, wurden so erhabene Werke erdacht wie die »letzten Streichquartette« op. 127–135. Nicht einmal Beethovens getreueste Freunde, so der Geiger Ignaz Schuppanzigh mit seinem Quartett, verstanden sie mehr.

Krankheit und menschliche Enttäuschung verdüsterten Beethovens Lebensabend. Die Tragödie des Ersatz-Vaters Beethoven und seines Neffen Karl, die in dessen Selbstmordversuch gipfelte, kann nach jüngsten Forschungen nicht mehr mit Phrasen von dem »zügellosen« und »undankbaren Jüngling« abgetan werden. So erschütternd des alternden Mannes Liebeswerben sich in seinen Briefen spiegelt, so sicher ist, daß er den gutmütigen Karl mit seiner wohlgemeinten, aber täppischen Beanspruchung schier zur Verzweiflung brachte. Den Schlag überwand Beethoven nie mehr.

Desto bewundernswerter ist die wahrhaft philosophische, heroische Haltung, mit der er seinem sicheren Ende entgegensah. Eine Leberzirrhose und ein Darmleiden warfen ihn immer häufiger nieder. Er mußte entsetzlich leiden. Dennoch bewahrten die vielen prominenten Besucher des Schwarzspanierhauses, des letzten Quartiers Beethovens, nur freundliche Erinnerungen. Allen wußte er Liebenswürdiges zu sagen, Weber, Grillparzer, Rossini. Seine Grobheit hatte Aristokraten so wenig geschont wie Dienstboten. (»Er ist ein falscher Hund, und falsche Hunde hole der Schinder« schrieb er einem Freund – einen Tag später bereute er schon: »Herzens-Nazerl! Du bist ein ehrlicher Kerl und hattest recht, das sehe ich ein ... «). Jetzt, in den letzten Monaten der Krankheit, ertrug er Schmerzen und Bewußtsein des nahenden Endes mit der Gelassenheit eines Helden. Er las Plutarch, Homer, Plato, beschäftigte sich mit Skizzen einer zehnten Symphonie und vollendete ein neues Finale zu seinem letzten Streichquartett. »Plaudite, amici, comoedia finita est!« quittierte er vier Tage vor seinem Ende mit den Worten, die dem sterbenden Cäsar Augustus zugeschrieben werden, ein ratloses Konsilium seiner Ärzte. Beethoven starb am 26. März 1827 gegen sechs Uhr abends, als gerade ein Frühlingsgewitter mit Schneetreiben draußen tobte. Sein Begräbnis glich dem eines hohen Potentaten. Zwanzigtausend Menschen säumten den Leichenzug. Am Grab hielt Grillparzer, Österreichs bedeutendster Dichter, die Totenrede. Mit Wien war sich ganz Europa bewußt, den größten Tondichter der Zeit verloren zu haben.

Daß Beethovens Kunst eine neue musikalische Sprache von noch nie dagewesener Ausdruckskraft geschaffen hatte, empfanden schon seine Zeitgenossen; die romantische Ästhetik betonte die programmatische Hintergründigkeit, die Verknüpfung mit Poesie, auch in Beethovens rein musikalischen Werken. Schon zu Beethovens Zeiten wurden seine berühmtesten Sonaten zu »verkappten Opern« erklärt. Des Komponisten Famulus Anton Schindler gibt eine Äußerung seines Meisters wieder, der, nach dem »Schlüssel« zu den Sonaten op. 31, d-moll, und op. 57 (der »Appassionata«) gefragt, geantwortet habe: »Lesen Sie nur Shakespeares »Sturm«! »Das ist, angesichts des wirklichen Charakters von Shakespeares letztem Bühnenstück (das einer Komödie näherkommt), nur als höchstpersönliche, vielleicht gar ironische Handgelenks-Deutung zu nehmen. Mehr ließe sich aus dem Text der Werke selber ableiten. Daß einige poetische Beinamen tragen (zum Beispiel: Eroica, Pastorale, Appassionata), gewinnt bei Beethoven einen ganz anderen Sinn als bei Haydn. Dort waren es technische oder lautmalerische Einzelheiten, die zu Titeln wie »Die Uhr« oder »The Surprise« (»Mit dem Paukenschlag«) führten. Bei Beethoven spiegelt sich der innere Gesamtcharakter in den poetisierenden Namen – er könnte dies nicht, wenn nicht eine besondere Idee diesen Charakter prägte. Freilich ist die Idee, und das ist das Wesentliche, in begrifflichen Worten nicht faßbar. Daran ändert auch das rezitativische Ge-

stammel des Klaviers in der Sonate op. 31, d-moll, nichts, so wenig wie gelegentlich von Beethoven zugefügte Satztitel (»Les Adieux«, »La Malinconia«) oder handschriftliche Kommentare unter Themen (»Muß es sein? Es muß sein«). Solche Verknüpfung von Sprache und Ton – am grandiosesten natürlich im Chor-Finale der 9. Symphonie – sagt bei wort-loser Musik doch nichts Wesentliches über das hinaus, was der Notentext enthält. Beethoven selber beendet ein »poetisierendes Gespräch« mit Schindler so: »Worte vermögen hier nichts, sie sind schlechte Diener des göttlichen Wortes, das die Musik ausspricht«.

»Das Ganze«

Letztlich bleibt auch beim Ton-Dichter Beethoven jede Idee eine musikalische Idee, seine Musik reine, absolute, die ihr Gesetz in sich trägt. Dieses Gesetz tritt uns seit den ersten Wiener Jahren Beethovens in langsamer, sich nur allmählich aus dem Bann der Tradition lösender Entfaltung als »Gesetz vom Ganzen« entgegen: in einer Bezüglichkeit zwischen Gefühl und Inhalt – das erklärt die überwältigende, gegenüber Haydn und noch Mozart als neuartige empfundene Kraft und Pathetik von Beethovens Sprache –, zugleich in einer innigen Verflechtung der einzelnen Themen und Motive. »Da ich mir bewußt bin, was ich will«, erläuterte der reife Beethoven, »so verläßt mich die zugrunde liegende Idee niemals, sie steigt, sie wächst empor, ich höre und sehe das Bild in seiner ganzen Ausdehnung, wie in einem Gusse vor mir stehen«. Lange vorher schon hatte er bekannt: » . . . in meiner Instrumentalmusik habe ich stets das Ganze im Auge«. Diese Ganzheits-Schau des Symphonikers Beethoven, früher schon in Mozarts Jupiter-Symphonie intuitiv verwirklicht, wird nun mit der Konsequenz eines unermüdlichen, dem Ethos der Vervollkommnung bis zur Pedanterie hingegebenen Musik-Arbeiters praktiziert.

Komposition ist bei Beethoven nicht so sehr das Zusammensetzen von musikalischen Bausteinen, wie es die wörtliche Übersetzung besagt, sondern eher das Auseinandernehmen von Themen in ihre motivischen Bestandteile, das Ausfeilen von Einfällen, bis sie sich, manchmal zur Unkenntlichkeit verändert, in den Organismus des Gesamtplanes fügen. Dieses Prinzip, wesensverschieden von Bachs Variationstechnik, geht auch über Haydns Durchführungs-Symphonik hinaus; am ehesten lassen sich die Visionen von Mozarts einsamen letzten drei Symphonien als Vorläufer werten. Neu ist bei Beethoven, wie selbst die Aufstellung der Themen, vor ihm ein gewissermaßen statischer Vorgang, dynamisiert wird. Das Hauptthema der Waldstein-Sonate zum Beispiel wächst aus sich selbst heraus, kristallisiert sich erst; völlig neuartig ist die Individualisierung jedes einzelnen Werkes, (wiederum kann man nur an Mozarts letzten Symphonien messen), ein künstlerisches Phänomen, das die veränderte gesellschaftliche Position Beethovens spiegelt. Weder brauchte er sich, wie Haydn, devot zu fügen, noch hoffnungslos-trotzig aufzubäumen wie Mozart. Seine Außenseiterposition wurde selbst von der höchsten Aristokratie respektiert und unterstützt.

Wir finden bei Beethoven keine »Serienproduktion« mehr, die vom Barock bis in die Zeit des reifen Mozart eine sozial bedingte Notwendigkeit gewesen war. Der Titan ringt um jedes einzelne Werk. Von Beethovens neun Symphonien stehen einige in der besonderen Gunst des Publikums, werden andere vernachlässigt (die »geraden«). Aber nicht einen Augenblick lang wird man verführt, wie noch bei Haydn oder beim jungen Mozart, im Plural mehrere Symphonien zu kennzeichnen; denn jede, ohne Ausnahme, ist eine Individualität. Wobei wir die sogenannte »Jenaer Symphonie«, die 1909 aufgefunden und als ein Jugendwerk Beethovens angesehen, inzwischen aber von dem englischen Musikwissenschaftler H. C. R. Landon überzeugend als ein Werk des fränkischen Kapellmeister Friedrich Witt nachgewiesen wurde, außer acht lassen.

Die neun Symphonien

Beethoven stand schon im dreißigsten Lebensjahr, als er mit seiner 1. Symphonie vor die Öffentlichkeit trat. Ein vollgültiges Meisterwerk präsentiert sich den Zuhörern, ohne Vorgänger, aber nicht ohne Vorarbeit; Beethoven hatte seine Technik an Streichquartetten und Klaviersonaten geübt. Auch wenn Haydn dem einstigen Schüler noch ein wenig über die Schulter schaute – zumal das Andante erinnert an Haydns Volkston, der Schlußsatz an Haydns Kehraus-Finali –, ein neuer Ton verblüffte schon im allerersten Takt. Eine Symphonie mit dem Septimenakkord der Unterdominante anheben zu lassen, war ungewohnt und kühn. Auch die Überschrift »Menuetto« für einen Allegro-Satz wie diesen klingt nach schierer Ironie. Der debütierende Symphoniker

dachte gar nicht mehr daran, Gesellschaftsmusik mit Rokokotänzen zu schreiben. In der folgenden 2. Symphonie macht das Menuett auch in der Bezeichnung erstmals dem »Scherzo« Platz. Es bietet größere inhaltliche Freiheit und ist nicht mehr als idealisierter höfischer Tanz, sondern nur noch als Teil des symphonischen Organismus zu verstehen.

Diese 2. Symphonie in D-Dur, 1803, wird oft wegen ihrer »Einfachheit« und Heiterkeit als weniger beethovenisch verkannt. Gerade dieser Qualitäten wegen müßte sie als Zeugnis der moralischen Kraft, der Selbstüberwindung von Beethovens Kunst gewertet werden. Denn sie entstand in der Zeit, in der sich des Komponisten Verzweiflung ob des drohenden Gehörverlustes in der geheimen Konfession des »Heiligenstädter Testamentes« niederschlug, als er »dem Schicksal in den Rachen greifen« wollte.

67 *Therese Brunswick, in der man früher Beethovens »Unsterbliche Geliebte« vermutete*

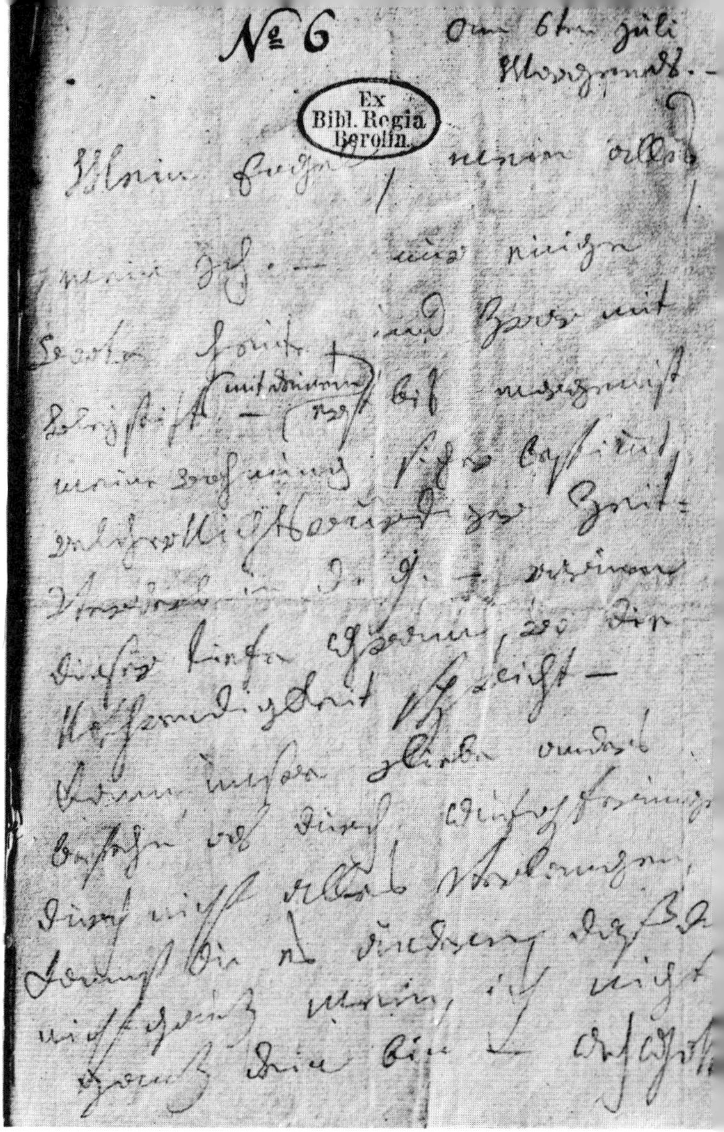

68 *Beethovens Brief an die »Unsterbliche Geliebte«*

69 *Der Flügel Ludwig van Beethovens*

70 *(nächste Seite) Ludwig van Beethoven, Lebendmaske, abgenommen von dem Bildhauer Franz Klein*

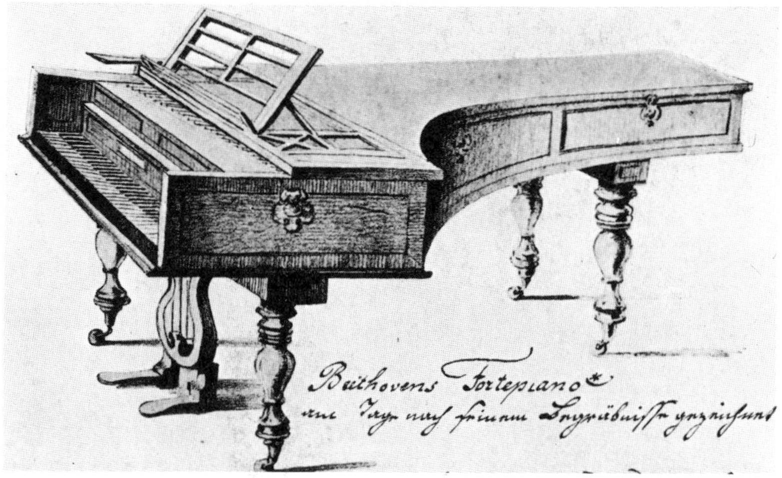

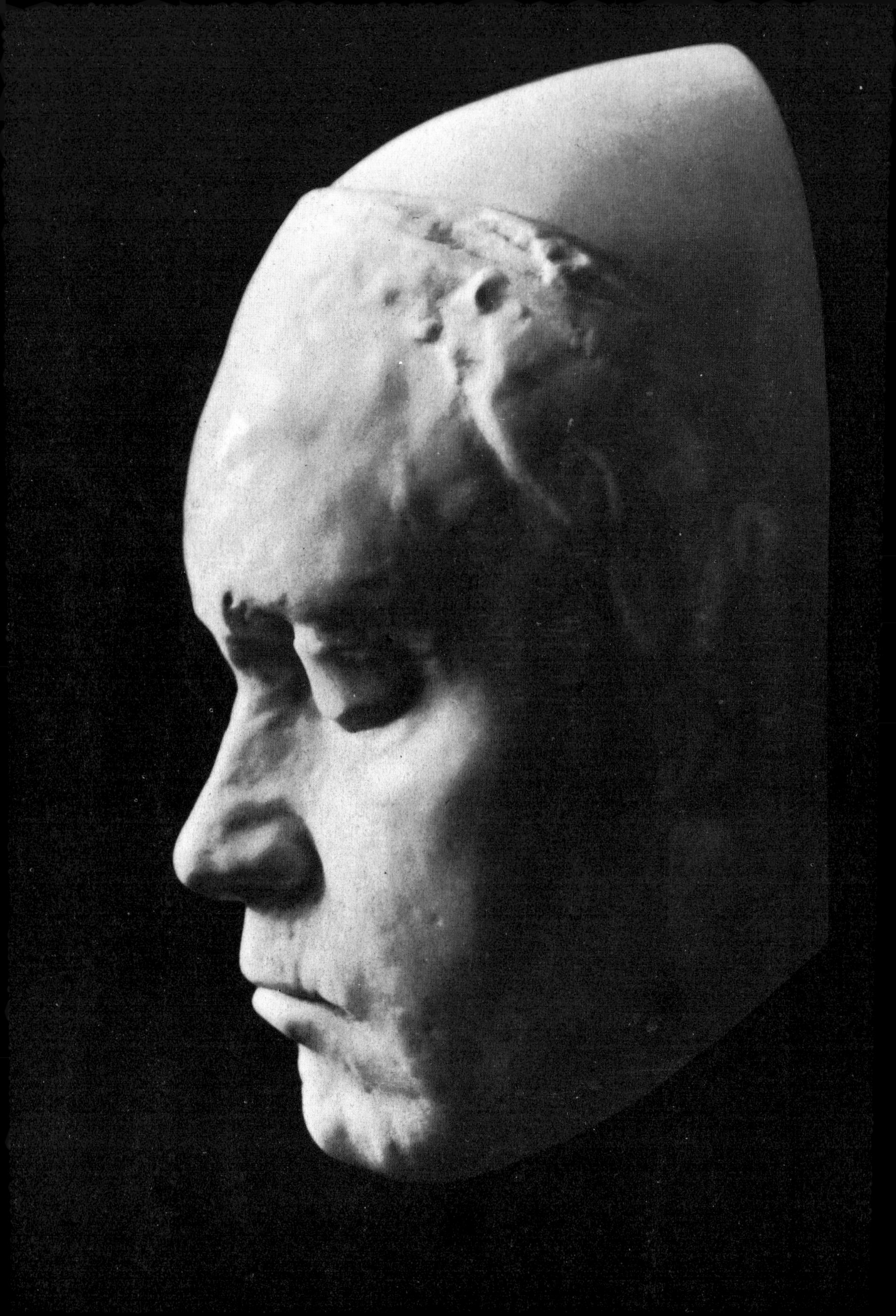

Nur die Adagio-Introduktion der 2. Symphonie läßt solches Aufbegehren spüren, bis zur Vorahnung des Hauptthemas der Neunten, sogar in derselben Tonart.

Introduktion der 2. Symphonie

Sonst bestimmt sprühend pulsierende Tatkraft die Symphonie; im Larghetto sublimiert sie sich zu einer der begnadetsten Beethoven-Kantilenen. Selbst sie, die so »natürlich«, aus spontanem Einfall geboren zu sein scheint, ist das Ergebnis langer selbstkritischer, feilender Arbeit. Die Hunderte Skizzenbücher, die man im Nachlaß Beethovens gefunden hat, sprechen wahrlich Bände. Welcher einzigartige, bei keinem anderen Meister mögliche Einblick in eine kompositorische Werkstatt, welche komplizierten Wege vom ungefügen, oft unglaublich primitiv anmutenden Ur-Einfall zur Endgestalt! Bis zu zwölfmal arbeitete Beethoven seine Einfälle um. Gerade die »einfache« 2. Symphonie läßt anschaulich verfolgen, was bei Beethoven Komponieren heißt. Im Skizzenbuch – Kurt Westphal hat viele Hieroglyphen 1965 in einem aufschlußreichen Büchlein in leserliche Noten übertragen – lautet der Beginn des Allegro con brio so:

Wer würde in solchen Banalitäten den Rohstoff für das berühmte Hauptthema vermuten:

Weniger auffallend erscheinen die Unterschiede zwischen der Skizze der Larghetto-Melodie

und ihrer Endgestalt:

Aber die Abweichungen sind dennoch wesentlich: Die jetzt aufwärts geführte Linie ist so charakteristisch wie der Triller und der punktierte Rhythmus im dritten Takt. Verarbeitung »in die Breite, in die Enge, Höhe und Tiefe« nennt Beethoven selbst seine Feiltechnik. Die Späne, die dabei fallen, sind fast immer das Überflüssige, Phrasenhafte; was bleibt, ein Konzentrat des Persönlichen und Durchdachten.

Hat man aus den Skizzenbüchern erfahren, wie mühselig und langwierig oft der Prozeß vom Einfall über die Kritik bis zur vollendeten Schlußfassung verlief, wieviel also an geistigen Kräften investiert werden mußte, so kann man sich eher erklären, warum Beethovens Musik bis heute als »persönlicher« empfunden wird als die so großer Persönlichkeiten wie Haydn und Mozart, die anders, intuitiver schufen.

Die 3. Symphonie in Es-Dur (1805) – der Beiname »Eroica« ist zwei Jahre jünger – erschließt eine neue Welt: die des Tonpoeten Beethoven. Wenn man auch die bekannte Geschichte mit der verworfenen Napoleon-Widmung nicht programmatisch überschätzen darf: Ursprünglich sollte die Symphonie »Bonaparte« heißen, aber als sich Napoleon, für den Republikaner Beethoven immer noch ein Mann der Revolution, zum Kaiser krönen ließ, zerriß der Komponist wütend das Titelblatt und radierte den Namen Bonapartes aus.

Worin bestand das Neue, das die Zeitgenossen zunächst bestürzte und nach und nach begeisterte? Zunächst in der Riesenform. Ein Symphoniesatz von den Ausmaßen des ersten war noch nie komponiert worden. Sodann aber, in engstem innerem Zusammenhang damit – denn es ist die gewaltige Durchführung, die solche Länge bedingt –, die unerhört verfeinerte motivische Verarbeitung (das Hauptthema, das so konventionell mit seiner Zerlegung des Es-Dur-Dreiklangs beginnt und mit dem überraschenden Baß-Cis so beethovenisch entwicklungsträchtig wird, liefert praktisch nur seine motivischen Bausteine als symphonisches »Material«). Neuartig ist auch die ungewöhnlich lange Coda, die – ob man sie nun als »Triumph des Helden« deutet oder rein musikalisch genießt – das beethovensche Steigerungs-Prinzip erstmals rein ausprägt. Läßt sich der Adagio-Trauermarsch noch auf den Helden beziehen, so müssen Programmatiker schon beim Jagd-Scherzo in Verlegenheit kommen. Und das Finale, wie heroisch immer seine feurige Coda wirken mag, ist doch vor allem ein musikalisches Wunder: Wie da eine zunächst recht banal scheinende Contretanz-Weise (Beethoven verwendete sie schon in seinem Prometheus-Ballett) zum Thema kontrapunktisch höchst geistvoller, Andante-Andacht wie Presto-Jubel dienstbarer, Variationen wird.

Die 1806 folgende 4. Symphonie in B-Dur steht auch heute noch im Schatten ihrer gewaltigen Nachbarn. Sehr zu Unrecht. Es ist nicht einzusehen, warum der witzige, elegante, gutgelaunte Beethoven weniger er selbst sein sollte als der »Titan«. Man

Ludwig van Beethoven, Aus dem Heiligenstädter Testament

»Für meine Brüder Carl und Johann Beethoven.

O ihr Menschen, die ihr mich für feindselig, störrisch oder misanthropisch haltet oder erkläret, wie unrecht tut ihr mir, ihr wißt nicht die geheime Ursache von dem, was euch so scheinet. Mein Herz und mein Sinn waren von Kindheit an für das zarte Gefühl des Wohlwollens. Selbst große Handlungen zu verrichten, dazu war ich immer aufgelegt; aber bedenket nur, daß seit sechs Jahren ein heilloser Zustand mich befallen, durch unvernünftige Ärzte verschlimmert. Von Jahr zu Jahr in der Hoffnung gebessert zu werden, betrogen, endlich zu dem Überblick eines dauernden Übels (dessen Heilung vielleicht Jahre dauern oder gar unmöglich ist) gezwungen, mit einem feurigen, lebhaften Temperamente geboren, selbst empfänglich für die Zerstreuungen der Gesellschaft, mußte ich früh mich absondern, einsam mein Leben zubringen. Wollte ich auch zuweilen mich einmal über alles das hinaussetzen, o, wie hart wurde ich durch die verdoppelte traurige Erfahrung meines schlechten Gehörs dann zurückgestoßen, und

könnte die Symphonie eine Huldigung an Mozart nennen, wofür die Gesanglichkeit der Hauptthemen, nicht nur im Adagio, spräche. Dennoch ist jeder Takt unverkennbar beethovensch; der durchbrochene Orchestersatz, das Weiterreichen der Motive von einer Instrumentengruppe zur anderen ist hier völlig ausgereift.

»So klopft das Schicksal an die Pforte!« soll Beethoven selber das Achttöne-Hauptthema der 5. Symphonie in c-moll kommentiert haben. Es ist seine erste Moll-Symphonie, wiederum eine völlig neuartige Persönlichkeit. Ohne jedwede Einleitung, wie Hammerschläge, so bricht das Schicksals-Symbol auf den Hörer ein. Aus diesem Thema sind alle anderen des Kopfsatzes abgeleitet, und zwar mit einer solchen Konzentration aufs Wesentliche, Motivbezogene, daß dieser unerhört dramatische Satz, der zu den kürzesten Beethovens gehört, Gipfel aller monothematischen Symphonik wurde. Der marschartige Schlußsatz, durch ein 50-Takte-Crescendo über dem Orgelpunkt G aus dem gespenstischen Scherzo ungemein effektvoll eingeleitet, prägt für ein ganzes Jahrhundert den Typus der Final-Symphonie, des Ton-Gleichnisses für den heroischen Gang *Per aspera ad astra,* »durch Nacht zum Licht«. Wieder verblüfft, wie Beethoven durch den symphonischen Zusammenhang thematisches Material adelt.

Schlußsatz der 5. Symphonie in c-moll

Das Hauptthema des Finales ähnelt dem Kinderliedchen »A, B, C, die Katze lief im Schnee« fast zum Verwechseln – und wie wenigen Hörern, die gebannt den Sieges-

marsch eines das Schicksal überwindenden Heroen mitschritten, ist der triviale Bezug jemals aufgefallen!

Es gehört zu Beethovens Eigenart, daß er an den verschiedenartigsten Werken zugleich arbeiten konnte. So sind die kämpferische Fünfte und die in allem gegensätzliche Sechste in F-Dur (Pastorale) nebeneinander entstanden und im selben Jahr, 1808, uraufgeführt worden. Beethoven war ein Freund der Natur und des ländlichen Lebens. In

doch wars mir noch nicht möglich, den Menschen zu sagen: sprecht lauter, schreit, denn ich bin taub. Auch wie wär' es möglich, daß ich die Schwäche eines Sinnes zugeben sollte, der bei mir in einem vollkommeneren Grade als bei anderen sein sollte; einen Sinn, den ich einst in der größten Vollkommenheit besaß, in einer Vollkommenheit, wie ihn wenige von meinem Fache gewiß haben noch gehabt haben ...

Geduld – so heißt es, sie muß ich nun zur Führerin wählen; ich habe es. Dauernd, hoffe ich, soll mein Entschluß sein, auszuharren, bis es den unerbittlichen Parzen gefällt, den Faden zu brechen. Vielleicht geht's besser, vielleicht nicht: ich bin gefaßt. Schon in meinem 28. Jahre gezwungen, Philosoph zu werden, es ist nicht leicht, für den Künstler schwerer als für irgend jemand. Gottheit, du siehst herab auf mein Inneres, du kennst es; du weißt, daß Menschenliebe und Neigung zum Wohltun drin hausen.

O Menschen, wenn ihr einst dieses leset, so denkt, daß ihr mir unrecht getan, und der Unglückliche, er tröste sich, einen seinesgleichen zu finden, der trotz allen Hindernissen der Natur doch noch alles getan, was in seinem Vermögen stand, um in die Reihe wür-

den Wäldern und Auen von Wiens Umgebung verbrachte er viele Sommermonate. In der Pastoral-Symphonie hat er diese Landschaft künstlerisch eingefangen. Er gab jedem der Sätze Begleitworte mit (»Erwachen heiterer Gefühle bei der Ankunft auf dem Lande«, »Szene am Bach« usw.), am Schluß des zweiten Satzes hört man die Nachtigall flöten, den Kuckuck rufen, die Wachtel schlagen, später ein Gewitter vorbeibrausen.

Beethovens »Idee vom Landleben« soll, nach des Komponisten eigenen Worten, »mehr Ausdruck der Empfindung als Malerei« sein, das heißt: Alles »Programmatische« bleibt in rein musikalisch faßbare Form gebannt. Jenes Vogelstimmen-Intermezzo bildet eine Quasi-Kadenz, wie sie auch in Instrumentalkonzerten üblich ist, das Gewitter mündet streng thematisch in einem musikalischen Regenbogen:

Dennoch: Die Pastoral-Symphonie wirkte als Urbild aller Programm-Musik weiter, lange vor Berlioz' »Symphonie phantastique« die Romantik befruchtend und schließlich die »symphonische Dichtung« der Neudeutschen hervorbringend.

Zwillingsgeschwister wie Fünfte und Sechste sind auch die nicht ganz so kontrastierenden Symphonien Nr. 7, A-Dur, und 8, F-Dur. Die Siebente, die zu Beethovens populärsten Symphonien zählt, hat sich viele Deutungen gefallen lassen müssen. Richard Wagners Wort von der »Apotheose des Tanzes« trifft die rhythmische Brisanz der Ecksätze; weiter ins Politisch-Gesellschaftliche zielt eine Interpretation, die in der 1813 uraufgeführten Symphonie einen Nachhall der geschichtlichen Ereignisse – des Sieges über den Tyrannen Napoleon – sehen will. Hält man sich, alle nebulosen ideellen Zutaten außer Acht lassend, an die Partitur, so genügt es durchaus, die Dominanz des Rhythmus, die hier ausgeprägter ist als in jeder anderen Beethoven-Symphonie, als Idee des Werkes zu betrachten.

Die Achte, 1814 mit der Uraufführung folgend, erfüllt – nicht nur wegen desselben F-Dur – die der Pastoral-Symphonie ähnelnde Entspannungsfunktion. Sie ist die kürzeste von allen neun. Man kann sie Beethovens Symphonie der guten Laune nennen. In guter Laune greift man auch einmal, wohlwollend ironisch, auf ein echtes Menuett

diger Künstler und Menschen aufgenommen zu werden. Ihr meine Brüder, . . . mein Wunsch ist, daß Euch ein besseres, sorgenloseres Leben als mir werde, empfehlt Euren Kindern Tugend, sie nur allein kann glücklich machen, nicht Geld, ich spreche aus Erfahrung. Sie war es, die mich selbst im Elend gehoben, ihr danke ich, nebst meiner Kunst, daß ich durch keinen Selbstmord mein Leben endigte.

Mit Freuden eil' ich dem Tode entgegen. Kömmt er früher als ich Gelegenheit gehabt habe, noch alle meine Kunstfähigkeiten zu entfalten, so wird er mir trotz meinem harten Schicksal doch noch zu frühe kommen, und ich würde ihn wohl später wünschen. Doch auch dann bin ich zufrieden: befreit er mich nicht von einem endlosen leidenden Zustande? Komm, wann du willst, ich gehe dir mutig entgegen. Lebt wohl und vergeßt mich nicht ganz im Tode. Ich habe es um Euch verdient, indem ich in meinem Leben oft an Euch gedacht, Euch glücklich zu machen; seid es! –

Heiligenstadt, am 6. Oktober 1802

Ludwig van Beethoven.«

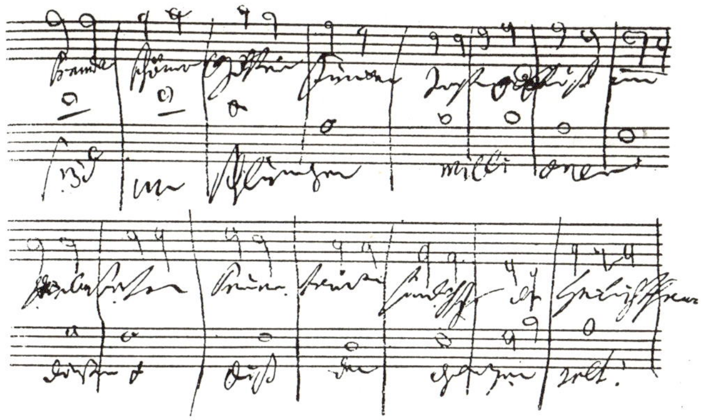

Notenhandschrift Beethovens. Aus dem Schlußsatz der 9. Symphonie

zurück und läßt das eben erfundene hochgeschätzte Metronom von Mälzel einen ganzen Satz lang (den zweiten) in den Holzbläsern ticken. Übrigens handelt es sich um eine der formklarsten, wahrhaft vollendeten Beethoven-Symphonien.

Die Neunte

Zehn Jahre liegen zwischen der Achten und der Neunten in d-moll, der letzten, der Unvergleichlichen, der Poesie- und Mißverständnis-Umwobenen. Daß sie den Gipfel aller Musik, fast einen Religions-Ersatz bedeutet, der Fromme und Atheisten gleicherweise unter das etwas verwaschene Banner der Humanität zwingt, gilt heute, im 20. Jahrhundert, als ebenso gefestigte Wahrheit wie die seinerzeitige Ablehnung als schlechte Musik, der Louis Spohrs fachmännische Urteil zugrundelag. Die klassizistische Ästhetik klammerte sich an das Chor-Finale: War es nicht eine Bankrotterklärung der »absoluten Musik«, diese Flucht ins Dichterwort? Der nur aus sich selbst zu wertende Charakter der Symphonie wurde freilich schon in den verwickelten, keinesfalls planvollen Stadien der Konzeption deutlich.

»Laßt uns ein Lied des unsterblichen Schiller singen!« hieß es in einer vorbereitenden Fassung des Rezitativs vor dem Finale. Die Symphonie als Festfeier: das ist wohl der Sinn der Neunten. Ein Fest ist etwas Außerordentliches, Unalltägliches. In diesem Zeichen stehen alle Sätze. Die Dimensionen des Hauptsatzes sind nur mit denen der Eroica zu vergleichen, die gewaltige Coda endet in der Haupttonart d-moll. Sie ist mit dem Blick aufs Finale komponiert, das die Krönung bringt. Das Scherzo (obwohl gar nicht so bezeichnet) überhöht alles Typische dieses Satzes, vom Spaßhaften bis zum Grimmigen, ins Dämonische. Das Adagio dehnt das zweithematige Variationsprinzip an die Grenzen des »klassisch« Begreifbaren.

So bereitet sich die außerordentliche, unklassische Abweichung des Schlußsatzes vor. Der Bezirk des instrumentalen Finales, wie weit ihn Beethoven auch vorher schon poetisiert und ins Ideelle vorgetrieben hat, wird überschritten. Das Orchester beginnt rezitativisch zu stammeln, nach Sprache zu ringen. Es wird durch die wortgebundene Menschenstimme sozusagen erlöst. Der Baß setzt den symphonischen Moll-Reminiszenzen des Orchesters ein Ende: »O Freunde, nicht diese Töne!« Die anderen, »freudenvolleren« stimmen dennoch zuerst die Instrumente an – die Instrumente, denen der Symphoniker Beethoven neuen, individuelleren Atem eingehaucht hat. Die Freuden-

Melodie, die ebenso oft als banal mit Nasenrümpfen bedacht wurde wie sie ihre geniale Simplizität zum Triumph geführt hat, erscheint zuerst in den Celli. Erst dann entwickeln der Chor, Repräsentant der gesamten Menschheit, und die etwas spärlich bedachten Solisten ihre in der humanen Geste »Seid umschlungen, Millionen!« gipfelnden vokalen Schiller-Strophen, von der Variation bis zur Doppelfuge. Freude, Freundschaft, Menschenliebe – der Preis der »Tochter aus Elysium« sprengt den Rahmen der Symphonie und bleibt ihr doch treu, wenn man Eroica und Fünfte als ideell weitende Vorstufen versteht.

Die Klaviersonaten

Gleichwertig neben den Symphonien stehen Beethovens 32 Klaviersonaten und 16 Streichquartette: »intime Symphonien«, wie sie die Welt in solcher Charaktervielfalt vorher nicht kannte. Das Klavier verdankt Beethoven epochale Bereicherung in Ausdruck und Technik. Natürlich das Hammerklavier. Es war schon zu Beginn des 18. Jahrhunderts von Bartolommeo Christofori in Florenz erfunden worden, bürgerte sich in Deutschland aber erst nach der Jahrhundertmitte allmählich ein. Die größere Klangfülle gegenüber dem Clavichord, die sensiblere Dynamik gegenüber dem Cembalo machten das neue Instrument, bei dem die Saiten durch Hämmerchen angeschlagen werden, beiden älteren überlegen. Für Beethoven kam von Anfang an nur das Hammerklavier in Frage; wenn er seine späte Sonate in B-Dur ausdrücklich als »für das Hammerklavier« bezeichnet, so hat das nichts zu bedeuten als eine Verdeutschung des Wortes »Pianoforte«.
Von der ungeheuren Ausdruckswucht dieses in vollkommener Taubheit geschriebenen Kolossalwerkes op. 106 mit seiner orchestralen Akkordik und dem fast des Wohlklangs entkleideten, rein spirituellen Doppelfugen-Finale ist in den ersten Sonaten aus den neunziger Jahren noch nichts zu ahnen. Die Trias op. 2 ist Haydn gewidmet und an ihm orientiert. In op. 7 ragt das »Largo, con grave espressione« heraus: der erste langsame Satz großen Beethoven-Stils. Die c-moll-Sonate op. 13, von Beethoven selbst »Pathétique« benannt, stammt aus der Zeit der 1. Symphonie und beweist, um wieviel »weiter«, in der Richtung auf seine voll entfaltete Persönlichkeit zu, der junge Meister auf seinem ureigensten Feld, der Klavierkomposition, bereits war. Die Grave-Devise der Einleitung scheint den Geist der in derselben Tonart stehenden Fünften, der Schicksals-Symphonie, ebenso vorauszuahnen wie das kühn emporstürmende Hauptthema, und auch die langsamen Sätze stehen in Sonate wie in Symphonie im gleichen As-Dur und zeigen die gleiche gebändigte Ausdrucksinbrunst.

Die zwei Sonaten op. 27 setzen einen neuen Markstein: Der Typ der Sonate *quasi una fantasia* wird ausprobiert. Scheinbar verträumt, weit entfernt von typischer Allegro-Energie, werden in der Es-Dur-Sonate pianissimo die Grunddreiklänge angeschlagen, in der in cis-moll (von dem Kritiker Rellstab willkürlich so genannten »Mondscheinsonate«) über einer präludierenden Dreiklangs-Begleitfigur eine stille, ganz nach innen gewandte Melodie gesponnen. So hat vordem noch keine Sonate angehoben. Die Poesie bestimmt die Form. Zeitbedingte Formeln und Modelle werden über Bord geworfen. Solche in Noten festgehaltene Reminiszenzen an den gefeierten Klavierimprovisator Beethoven sollte der Meister, der wegen seiner Taubheit längst dem Virtuosentum entsagt hatte, noch oft bieten, so in der Introduktion zu op. 78, Fis-Dur, und op. 101, A-Dur. Duft und Farbe aller Klavierromantik leitet sich aus diesen Phantasiesonaten ab.

Worin eigentlich der »neue Weg« lag, von dem Beethoven selbst mit seinem Hinweis auf die drei Sonaten op. 31 sprach, ist schwer zu erkennen. Im Mittelpunkt steht die in d-moll. Das aus improvisierendem Largo-Allegro-Adagio-Wechsel sich kristallisierende Sturm-Allegro und das tiefe Adagio gehören zu den bedeutendsten Beethovens. Mit der Waldstein-Sonate in C-Dur, op. 53, verläßt Beethoven die Intimität häuslichen Musizierens. Der vollgriffige Klaviersatz, die perlenden Kaskaden der ersten Durchführung und des Rondos sind Virtuosenmusik. Aber keine oberflächliche. Bezeichnend, daß der Komponist das F-Dur-Andante (»Andante favori« genannt) später ausgeschieden und durch ein kurzes Adagio molto ersetzt hat: musikalischer Effekt weicht poetischer Einstimmung. Der symphonisch-orchestrale Zug dieses Werkes wird in der f-moll-Sonate op. 57, der »Appassionata« (der Titel stammt nicht von Beethoven) noch verstärkt. Die Bereicherung des Klaviersatzes nährt sich aus Orchester-Vorstellungen, die Ganzheitsschau der beethovenschen Sonatenform offenbart sich in subtilen Motivbezügen. Die Sekundtonfolge c-d-c, schon im Hauptthema exponiert,

trägt auch das Andante-Thema des Variationssatzes, der schon die weltversunkenen Variationsdichtungen der »letzten Sonaten« ahnen läßt.

Op. 81, Les Adieux, ist die einzige mit programmatischen Zwischentiteln des Autors versehene Sonate, aber dennoch keine Programmusik: Lebewohl, Abwesenheit und Heimkehr werden rein musikalisch versinnbildlicht, wie auch die vageren Satzüberschriften der folgenden e-moll-Sonate op. 90 (»Mit Lebhaftigkeit und durchaus mit Empfindung und Ausdruck«) lediglich in Geist und Stimmung des Werkes einführen sollen. Das Rondo dieser Sonate spiegelt wie nichts anderes das Zwischenreich von Beethovens Sonatenstil: klassisch gebändigte romantische Empfindsamkeit.

Mit op. 101, A-Dur, betritt man das Heiligtum der fünf letzten Sonaten. Sie sind 1816 bis 1822 entstanden, also in derselben Zeit, in der die Missa Solemnis heranreifte. »Tondichterisch« freies Umspringen mit hergebrachten Formmodellen muß sich schon in der A-Dur-Sonate mit Rückgriffen auf die Fuge, das Symbol musikalischer Objektivität, vertragen. In der Hammerklavier-Sonate op. 106, B-Dur, gewinnt das

Adagio einen Umfang, wie er erst wieder in der Neunten Symphonie erreicht wurde, das Finale variiert Mozarts in der Jupiter-Symphonie erreichte Synthese von Fuge und Sonate mit geringerer Überzeugungskraft, aber desto ergreifenderem persönlichem Engagement. Op. 109, E-Dur, ersetzt übliche Final-Gipfel durch einen wahrhaft ätherisch entrückten Andante-Variationssatz – ein Bauprinzip, das weit vom »Klassischen« abweicht. In der Schlußfuge von op. 110, As-Dur, wird es ins Strahlende abgewandelt. Die letzte Klaviersonate, op. 111 in c-moll, scheint ein ungeheures, dem Tasteninstrument gewidmetes Lebenswerk resümieren zu wollen. Die Maestoso-Introduktion mit ihren schneidenden Dominantseptakkorden gemahnt an die frühe »Pathétique«; das grandiose Unisono des Hauptthemas hat viele Vorgänger, aber keinen auch nur an-

nähernd ebenbürtigen. Einen einzigen Satz fügt Beethoven hinzu. Aus c-moll wird C-Dur, wieder treten verspielte Variationen an die Stelle einer Final-Steigerung. In Pianissimozweiunddreißigsteln verhaucht Beethovens letzter Klavier-Sonatensatz. Er komponierte später für Klavier nur noch die 33 Diabelli-Variationen. Ein Tagesauftrag mußte ihn dem Instrument zurückführen, dessen Möglichkeit und Ausdrucksbereiche er in dreißig Schaffensjahren durchmessen hatte. Seinen Klang, durch Erards technische Erfindungen verfeinert, hörte er nicht mehr, er konnte ihn nicht mehr zu neuen Erprobungen reizen. Dem Streichquartett wurde in der allerletzten Lebensphase des tauben Beethoven die bevorzugte Rolle des Künders geistiger, nicht mehr musikalisch-sinnlicher Botschaften zugeteilt.

Die Streichquartette

Der Sprung von den letzten Klaviersonaten zu den letzten Streichquartetten op. 127 bis op. 135 (1824–1826) ist nicht so groß wie der von den Anfängen des Streichquartett-Komponisten Beethoven. Op. 127, Es-Dur, war das einzige dieser fünf, das noch von den Zeitgenossen verstanden wurde. Viel schwerer hatten es die folgenden drei, die auch durch motivische Bezüge eine wahre Trias bilden. Op. 132, a-moll, ist mit Beethovens Erkrankung im Jahre 1825 innig verknüpft; der Molto-Adagio-Satz, »Heiliger Dankgesang eines Genesenden an die Gottheit«, zeugt davon. Op. 130, in B-Dur, hat sechs Sätze, op. 131, cis-moll, gar sieben. Modelle und Konventionen galten dem alten Beethoven gar nichts mehr. Wichtig ist die Verklammerung durch motivische Keimzellen; das Fugenthema des ersten Satzes von op. 131, eines völlig aus der Reihe fallenden Adagios, fungiert als solche. Eine Fuge war auch ursprünglich der

Schlußsatz des Quartetts op. 130, B-Dur, ein von einer das Thema exponierenden »Overtura« eingeleitetes Monstrum. Beethoven hat es später durch ein ganz gegensätzliches, heiter verklärtes Rondo ersetzt und die Fuge als selbständiges Werk herausgegeben. »Tantôt libre, tantôt recherchée« schrieb er über die Kolossalfuge, das sollte

sagen: bald frei, bald streng. In dieser Verquickung von Phantasie (das Fugenthema wird in sich rhythmisch variiert), von kontrapunktischer Kunst und entfesselter Expression, die sich um die Grenzen der Instrumente nicht schert, kennzeichnet dieses Monumentalfinale vielleicht am besten die Welt der »letzten Quartette«.
Doch läßt sie sich keinesfalls einseitig als versponnen, abstrakt, abwegig etikettieren. Vielmehr bilden die fünf Quartette einen musikalischen Kosmos für sich. In op. 130 findet man einen geradezu volksliedhaften Marsch und ein höchst »melodiöses« Rondo, in op. 132 geistvolle Variationen über ein schlichtes Thema. Und das allerletzte Streichquartett op. 135, F-Dur, verklärt alle vorangegangenen Kämpfe und Grübeleien in einer formal konzentrierten, spielerischen Helle: Es ist die Heiterkeit eines Philosophen, der überwunden hat.
Beethovens Anstieg zu solchen Höhen vollzog sich, wie sein gesamtes Schaffen, in langsamen Etappen. Op. 18, die sechs Haydn gewidmeten Quartette, haben bis heute nichts von ihrer musikantischen Frische eingebüßt. Bei allen Anklängen (auch an Mozart) sind sie bereits unverwechselbarer Beethoven. Befremdlicher erschien den Zeitgenossen das erste der fünf Jahre später, 1806, folgenden Rasumowsky-Quartette,

op. 59. Ein Hauptthema wie dieses, das sich in ständiger Variation aus der Celloregion emporschraubt, dann die riesige fugierte Durchführung, die mit der Exposition fast verfließt, die ungewöhnlichen Dimensionen des Scherzo – alles das war neu. Beethoven begann Symphonien für vier Instrumente zu schreiben. Das 3. Rasumowsky-Quartett stattete er, ebenfalls ein Novum, mit einer bei Symphonien üblichen Andante-Introduktion aus. Im e-moll-Quartett der Gruppe baute er, im Allegretto, dem mäzenatischen russischen Fürsten zuliebe ein »Thème russe« ein:

Es ist dasselbe aus der alten Zarenhymne, das auch Mussorgsky der Krönungsszene des »Boris Godunow« unterlegt. Das sogenannte Harfenquartett op. 74, Es-Dur, wandelt im Presto das berühmte c-moll-Hauptthema der 5. Symphonie ab, das Quartett op. 95, f-moll, erweckt mit seiner Düsternis Erinnerungen an die Appassionata, löst sie jedoch im Schlußrondo in Dur.
Von Beethovens weiterer Kammermusik, die mit fünf Streichtrios in den neunziger Jahren begann, heben sich die drei Klaviertrios op. 1, Es-Dur, G-Dur und c-moll, als wahrhaft klassische Zeugnisse eines die Gesellschaftsmusik allmählich vertiefenden Stils ab. Den Höhepunkt bildet das großartige Trio op. 97, B-Dur. Das Septett op. 20, eine siebensätzige Serenade für Streicher und Bläser, hat auch nach mehr als hundertfünfzig Jahren nichts an Beliebtheit eingebüßt.

Violinsonaten und Konzerte

Was Beethoven der Geige an intimer Musik anvertraute, läßt sich weder an Umfang (10 Sonaten für Violine und Klavier) noch an Eigenart ganz mit den Klaviersonaten messen; des Komponisten instrumentales Denken war viel inniger mit dem harmonischen Tasteninstrument verbunden. Dennoch zählen die mittleren Violinsonaten, namentlich op. 24, F-Dur (die »Frühlingssonate«) und op. 30, c-moll, zu den bedeutendsten Werken des Genres überhaupt. Die Gleichberechtigung beider Instrumente ist vollkommen, die thematische Arbeit der in den Streichquartetten ebenbürtig. Die Bereiche der Hausmusik überschreitet bei weitem die krönende Sonate der Reihe, op. 47, A-Dur (»Kreutzersonate«, nach der Widmung an den französischen Geiger Rodolphe Kreutzer, auch wenn ursprünglich ein anderer, der angeblich aus Polen stammende Mulatte George Bridgetower, Inspirator war). Jedenfalls dachte Beethoven nicht an einen noch so tüchtigen Dilettanten, sondern an einen Virtuosen. Die Sonate wird hier zum Zweimann-Konzert. Die technischen Anforderungen verweisen in den öffentlichen Konzertsaal, aber sie überwuchern nie die Substanz. Vielmehr ist die Sonate in ihrem dramatischen Pathos so beethovensch wie die charakteristischsten Klavierwerke.

Beethovens Violinkonzert op. 61, D-Dur, übergipfelt selbst diesen Höhenflug. Man nennt es »das Violinkonzert«: nicht nur, weil Beethoven ein einziges schrieb, sondern weil es einzigartig ist. Nie vorher und nie nachher wurde der Geist des Solo-Instrumentes und seine Integration ins Symphonische so »klassisch« ausgeprägt. Dabei hebt das Konzert befremdlich genug an. Daß die Pauken mit ihren rhythmischen Vierteln das erste Wort haben, war man spätestens seit Haydns Paukenwirbel-Symphonie gewöhnt. Daß jedoch die edel-harmonische D-Dur-Weise des Hauptthemas durch ein vierfach pochendes dis gestört wird, das sich dann überraschend zum lösenden cis wendet, das bedeutete 1806 eine neutönerische Sensation, die den Theoretikern noch jahrzehntelang Kopfzerbrechen bereitete. Gerade solche Capricen sind sehr beethovensch. Das versunkene G-Dur-Larghetto, klassisch gemessen und »romantisch« zugleich in seiner Gemüthaftigkeit, wird von einem Rondo althergebrachter Form ge-

Beethoven als Dirigent

Beethoven hatte sich angewöhnt, dem Orchester die Ausdruckszeichen durch allerlei sonderbare Körperbewegungen anzudeuten. So oft ein sforzando vorkam, riß er beide Arme, die er vorher auf der Brust kreuzte, mit Vehemenz auseinander. Bei dem piano bückte er sich nieder und um so tiefer, je schwächer er es wollte. Trat dann ein crescendo ein, so richtete er sich nach und nach wieder auf und sprang beim Eintritte des forte hoch in die Höhe. Auch schrie er manchmal, um das forte noch zu verstärken, mit hinein, ohne es zu wissen. Seyfried, dem ich mein Erstaunen über diese sonderbare Art zu dirigieren aussprach, erzählte von einem tragikomischen Vorfalle, der sich bei Beethovens letztem Konzert im Theater an der Wien ereignet hatte. Beethoven spielte ein neues Pianoforte von sich, vergaß aber schon beim ersten tutti, daß er Solospieler war, sprang auf und fing an, in seiner Weise zu dirigieren. Bei dem ersten sforzando schleuderte er die Arme so weit auseinander, daß er beide Leuchter vom Klavierpulte zu Boden warf. Das Publikum lachte, und Beethoven war so außer sich über diese Störung, daß er das Orchester aufhören und von neuem beginnen ließ. Seyfried, in der Besorgnis,

folgt – auch dieser Wechsel kennzeichnet Beethovens vorwärts und rückwärts blickenden Januskopf.
1806, das Jahr des Violinkonzerts, der 4. Symphonie und der Rasumowsky-Quartette, war das produktivste überhaupt für den Schöpfer von Instrumental-Konzerten. Denn in diesem Jahr wurde auch das Klavierkonzert in G-Dur geboren, das den Durchbruch zu einem völlig neuen Stil markiert. Vorangegangen waren drei Klavierkonzerte. Das in c-moll – die Tonart ist bei Beethoven immer symbolhaltig – führte vom haydn-mozartischen Tonspiel zu Pathos und persönlichem Ausdruck. Das G-Dur-Konzert jedoch leitet weiter, bis zu Schumanns Klavierpoesie. So verträumt, absichtslos scheinbar, hatte noch keine Komposition dieses Typus begonnen.
So sehr saugt dieser Kopfsatz Gefühl und Dichtung auf, daß deren legitimer Tummelplatz, der langsame Mittelsatz, zu einem dialogischen Intermezzo schrumpfte; es löst sich dann traditionell in ein überschäumendes Final-Rondo. Was im 4. Klavierkonzert lyrisch grundiert war, steigert sich im folgenden Es-Dur-Konzert zu festlichem Pathos. Das Hervorstechende an dieser Eroica unter den fünf Klavierkonzerten Beethovens ist der Beginn. Ehe das Hauptthema in seiner ganzen Majestät vorgestellt wird, entwickelt das Solo-Instrument aus dem Es-Dur-Akkord des Orchesters rauschende Kadenzen über die ganze Tastatur hinweg. Der gefeierte Improvisator Beethoven entfaltet seine Künste, aber keinem Nachfolger wird erlaubt, es ihm nach eigenem Geschmack nachzutun. Jede Note ist fixiert. Der Autor schreibt diktatorisch vor. Eine neue Zeit hebt an, die hundert Jahre später in Interpreten-Skrupeln über den Begriff der »Werktreue« münden sollte – welcher Wandel gegenüber den Freiheiten die Meister des 18. Jahrhunderts Generalbaßspielern und kolorierenden Kastraten beließen!

Vokal-Kompositionen

Des Vokalkomponisten Beethoven Opus ist im Umfang beschränkt, problematisch und dennoch von zeitlosem Gehalt, Triumph der Persönlichkeit über widerspenstiges Material. Daß des Meisters musikalische Vorstellungen instrumentaler, harmonisch

daß sich bei derselben Stelle dasselbe Unglück wiederholen werde, hieß zwei Chorknaben sich neben Beethoven stellen und die Leuchter in die Hand nehmen. Der eine trat arglos näher und sah mit in die Klavierstimme. Als daher das verhängnisvolle sforzando hereinbrach, erhielt er von Beethoven mit der ausfahrenden Rechten eine so derbe Maulschelle, daß der arme Junge vor Schrecken den Leuchter zu Boden fallen ließ. Der andere Knabe, vorsichtiger, war mit ängstlichen Blicken allen Bewegungen Beethovens gefolgt, und es glückte ihm daher, durch schnelles Niederbücken der Maulschelle auszuweichen. Hatte das Publikum vorher schon gelacht, so brach es jetzt in einen wahrhaft bacchanalischen Jubel aus. Beethoven geriet dermaßen in Wut, daß er gleich bei den ersten Akkorden des Solo ein halbes Dutzend Saiten zerschlug. Alle Bemühungen der echten Musikfreunde, die Ruhe und Aufmerksamkeit wieder herzustellen, blieben für den Augenblick fruchtlos. Das erste Allegro des Konzerts ging daher ganz für die Zuhörer verloren. Seit diesem Unfalle wollte Beethoven kein Konzert wieder geben.

Aus der Selbstbiographie von Louis Spohr

gegründeter Wurzel entsprangen, ist bei einem Symphoniker par excellence verständlich. Als Liederkomponist rang Beethoven mühsam mit der Aufgabe, melodische Sangbarkeit mit den Ausdruckswerten, die das vertonte Wort suggeriert, in Einklang zu bringen. Solche Harmonie, die Mozart selbstverständlich war – Beethoven studierte eifrig dessen »Don Giovanni« – gelang dem jüngeren nur selten. Von den frühen Liedkompositionen ist »Adelaide« noch mehr Arie als Lied im Sinne des von Schubert geprägten Formcharakters. Goethe, der verehrte und bewunderte, inspirierte ihn zu einigen der persönlichsten Liedschöpfungen (Wonne der Wehmut, Nur wer die Sehnsucht kennt). Allerdings wollte der Dichter von der Anpassung der Strophe an den poetischen Inhalt nichts wissen. Für ihn waren Zelters simple Strophenlieder die ideale, weil niemals dominierende, Vertonung seiner eigenen Gedichte. Vielleicht ist gerade wegen der lyrischen Mäßigkeit der Poeme (der Autor hieß Jeitteles) der Zyklus »An die ferne Geliebte« – übrigens der erste seiner Art auf dem Gebiet des Klavierliedes – der gelungenste.

Die Missa Solemnis

Beethovens *musica sacra* beschränkt sich auf wenige Werke: das Oratorium »Christus auf dem Ölberg«, die ziemlich konventionelle C-Dur-Messe und die Missa Solemnis in D-Dur. Dieser Koloß, ein Auftragswerk seines zum Erzbischof von Olmütz avancierten Schülers Erzherzog Rudolph, wuchs sich zu einem der persönlichsten Bekenntnisse Beethovens aus. »Von Herzen – Möge es wieder – zu Herzen gehn!« kritzelte er über das Kyrie. Das ist eine ganz andere Widmung als die frommen Floskeln, die Haydn (oder später Bruckner) zum Ausdruck der Heiligung ihrer Werke benützten.
Beethovens Religiosität ist oft gedeutet worden. Daß sie sich nicht im katholischen Kinderglauben der Bonner Zeit erschöpfte, vielmehr zu einer Art von sittlichem Pantheismus in Goethe-Nähe entfaltete, davon zeugen Tagebuchnotizen schon während der Arbeit an der Pastoral-Symphonie: »Allmächtiger im Walde! Ich bin selig, glücklich im Wald: jeder Baum spricht durch dich. O Gott! welche Herrlichkeit . . . « Die Missa Solemnis interpretiert solche Gottesverehrung in Tönen. Sie bedient sich traditioneller Formen, einschließlich der Fuge, und weitet sie ins Tondichterische. Noch nie wurde ein Benedictus von einer so inbrünstigen symphonischen Introduktion des Orchesters eingeleitet. Und der Schluß des Agnus Dei, die »Bitte um innern und

äußern Frieden«, wird zur Stimme der Menschheit schlechthin. Eine »Symphonie mit unterlegtem Text« nennt der große Beethoven-Dirigent Wilhelm Furtwängler diese wahrhaft feierliche Messe.

Fidelio

Aus der sittlich-humanen Perspektive ist auch des Komponisten einzige Oper »Fidelio« zu werten. Die ersten beiden Fassungen, 1805 und 1906, waren Mißerfolge. Beethoven stöhnte unter der Mühsal der Opernkomposition. Dennoch ließ er sich zu einer dritten

Fassung bewegen, und ihren Verbesserungen verdankt die Nachwelt die Lebenskraft dieses seines ebenso unvollkommenen wie erhabenen Opern-Unikums. Wie sehr er darum rang, zeigt die Geschichte der nicht weniger als vier Ouvertüren. Zumindest die Leonoren-Ouvertüren Nr. 2 und 3 gehören zu Beethovens symphonischen Gipfelwerken: Nr. 2 als eine das dramatische Geschehen spiegelnde Tondichtung, Nr. 3 als codagekröntes Bravourstück, das, seit Gustav Mahler dies durchgesetzt hat, gewissermaßen als Monumental-Intermezzo vor dem letzten Bild gespielt wird.

Beethoven fesselte die moralische Idee – opferbereite Gattenliebe, Freiheit gegen Tyrannis – ungleich mehr als die Gestalten selbst. Kein größerer Gegensatz zu Mozart ist denkbar. Mozart hätte wahrscheinlich die kleine Welt der Marzelline und des Rocco musikalisch viel reicher ausgestattet (was er ja mit Zerlina, Despina und Masetto bewiesen hatte). Beethoven findet für ihre »niedrige« Sphäre nur Klischee-Töne. »Er selbst« wird er erst, wenn Pathos und Weihe, der Abglanz der Idee, auf der Szene Einzug halten. Zunächst in dem entrückten Kanon »Mir ist so wunderbar«; sodann in Leonores Rezitativ und Arie »Abscheulicher, wo eilst du hin?«, diesem formalen und ideellen Muster aller pathetisch-heroischen »großen Szenen« der romantischen deutschen Oper; im lemurischen Kerker-Terzett und im Final-Jubel der Schlußszene. Sie bildet den frühen Vorläufer der Opern-Oratorien, die im 20. Jahrhundert, seit Strawinskys »Oedipus Rex«, modern wurden: die Handlung steht still, ein symphonisches Finale nimmt Besitz von der Szene, dessen begeistertes Gestammel der Ekstatik des Freuden-Chors der Neunten Symphonie verwandt ist. Zuvor aber hat Beethoven dem idealisierten Minister, dem Deus ex machina, das humane Motto des ganzen Werkes in einer so einfachen wie inspirierten Gesangsmelodie in den Mund gelegt: »Es sucht der Bruder seine Brüder, und kann er helfen, hilft er gern«.

Tondichtung, tönende Poesie und Philosophie auch in dieser so unvollkommenen, so bewegenden Oper. Sie hat, eine recht primitive Transposition des schon vorher zweifach, durch Gaveaux und Paër, komponierten Librettos von Jean Nicolas Bouilly, die deutsche romantische Oper tief beeinflußt. Ohne Leonoren-Arie keine Agathen-Arie, ohne Leonoren-Ouvertüren keine Freischütz-, Euryanthe-Ouvertüre, ohne Wilhelmine Schröder-Devrient, die Vollenderin der Leonoren-Darstellung, keine Wagner-Oper.

Das Romantische Jahrhundert

Das romantische Jahrhundert? Das Zeitalter, in dem, noch ehe Freischütz und Neunte Symphonie geschrieben waren, die erste Lokomotive auf Schienen rollte; das die Realitäten, Verkehr, Technik und kapitalistische Wirtschaft, in einer schwindelerregenden Progression entfaltete; das die Fundamente der Gesellschaft ins Wanken brachte und mit Karl Marx den Künder noch bedrohlicherer Umwälzungen gebar (was sich in den Künsten als bürgerlicher Realismus und sozialer Naturalismus niederschlug); das in seinem ersten Drittel vom Anti-Romantiker Goethe beherrscht wurde und in seinem Ausklang mit Plancks Quantentheorie und Einsteins spezieller Relativitätstheorie noch die Voraussetzungen der modernen Physik schuf, deren genialstes Produkt, die Kernspaltung, zum Schicksal des neuen, unseres Jahrhunderts wurde – wo bleibt da das Romantische?

Der Zwiespalt des 19. Jahrhunderts ist evident; so unvergleichbar mit früheren Zeiten, wie das Fortschrittstempo der materiellen Entwicklungen unvergleichbar war. Zu Leibniz' Zeit konnten Geist und Realität der Epoche noch zur Harmonie der besten aller Welten zusammenklingen, der Fortschrittsoptimismus der Aufklärung selbst die Revolutionäre von 1789 beflügeln. Die Denker des 19. Jahrhunderts standen der Wirklichkeit ihrer Zeit fremd gegenüber, sie entglitt ihrem Zugriff. Schopenhauers Verneinung des Willens zur Macht, Nietzsches Traum vom Übermenschen, die repräsentativen Philosophien bedeuten gleicherweise Flucht, Kapitulation vor der Welt wie sie war.

Mit diesem Rückzug des Geistes vor der unbehaglichen Realität stößt man auf eine geistige Leitlinie im verwickelten Geflecht des 19. Jahrhunderts. Sie ist tief romantisch. Flucht aus dem banalen Alltag stand schon am Anfang. Die geologischen und mystischen Schürfungen des Novalis, die in die Tiefe der Gesteine wie der Seele zielten und aus Nachttiefen die »Blaue Blume«, das Symbol der Romantik hoben, sind so bezeichnend dafür wie Wackenroders *unio mystica* von Wort und Ton (»Kommt ihr Töne, ziehet daher und errettet mich aus diesem schmerzlichen Streben nach Worten . . . «); wie Schumanns Davidsbündler-Kampf gegen die »Philister«, wie Eichendorffs Sehnsucht nach einer schöneren Zeit, die alt, ritterlich, edel und – völlig unwirklich war; wie die rückwärtsgewandte Reise Brentanos in eine katholisch-fromme Vergangenheit und der Brüder Grimm Entdeckung der uralten Märchen, die Menschen und Natur in mythischer Überwirklichkeit vereinen.

Es ist kein Zufall, daß die edelsten Blüten romantischer Kunst auf deutschem Boden gediehen. Hier dichteten Poeten in Worten und in Tönen; dem gegenüber verblaßt romanische Romantik, die von Victor Hugos skandalös-triumphaler »Hernani«-Premiere 1830 eingeleitet wurde, zu vordergründiger Räuber-, Zigeuner und Aberglauben-Abseitigkeit und selbst Rußlands tiefer fundierte Mythik zum bloßen Nachhall. Die deutsche Romantik wurzelt im vorangegangenen Jahrhundert, im Sturm-und-Drang-Protest gegen die Selbstsicherheit des aufgeklärten Optimismus. Wie immer hinkte die Musik, die sich ja erst verbindliche Formen schaffen muß, hinter der Poesie her. Die Propheten in Tönen mußten sich herkömmlicher Modelle bedienen. Man kann Mozarts »Zauberflöte« an die Schwelle der Romantik situieren, sofern man Exotik und Märchenphantastik als besonders bezeichnende Abweichung vom klassischen Ideal empfindet. (Ins deutsch Gemütvolle gebettet feierte ja die Märchenoper wirklich noch hundert Jahre später mit Humperdincks »Hänsel und Gretel« einen welterobernden Erfolg.)

»Tristan und Isolde«, die Kulmination alles Romantischen – als weltflüchtige Nacht- und Todessehnsucht, als Verschwisterung von Wort und Ton, als rauschhaftes Gefühlsopiat –, entstand fast genau in der Mitte des Jahrhunderts. Sicher erstieg Wagners Kunst eine neue Stufe: Ihre ausschweifende Ekstatik war Erzromantikern der älteren Generation wie Schumann geradezu widerwärtig; ihr geistiges Format, das Rittermären zu mythischen Menschheitsgleichnissen erhob, und die Faszination der Persönlichkeit strahlten jedoch als echt romantische Verwirklichung des »Genialen« weit stärker aus als die schlichteren, reineren Tonpoesien der Vorläufer.

Wenn Wagner, durch dessen musikalisches Drama sich das Motiv der Erlösung wie ein roter Faden zieht, die gesamte absolute Musik als erlösungsbedürftig ansah, so entsprach er damit einem tief romantischen Bedürfnis. Beethovens Neunte Symphonie, die ihre höchste Botschaft nur in Verbindung mit dem Dichterwort verkünden konnte, steht am Anfang einer völlig neuartigen Entwicklung. Der Vermählung von Wort und Ton entsproß das Wunder des romantischen Liedes von Schubert bis Hugo Wolf, ein musisches Kind, das zu keiner Zeit vorher so lebensstrotzend existiert hatte. Die Poesie, nicht mehr wie früher die fachmusikalischen Regeln, erzeugte Form – auch in den symphonischen Dichtungen, in denen die Idee an die Stelle des Wortes tritt.

Vom romantischen Universalismus, von Beethoven-Schillers »Kuß der ganzen Welt« und Novalis' »Weltseele«, mit der die »individuelle Seele übereinstimmend werden« sollte, und der Entfaltung nationaler Musikkulturen bis zu chauvinistischer Blickverengung und Abkapselung durchläuft das 19. Jahrhundert einen weiten Kreis. Mit der billigen Gewitztheit der Nachfahren erkennen wir ihn heute als verhängnisvoll. Von den Zeitgenossen konnte solche Einsicht nicht verlangt werden. Für alle Komponisten unterdrückter Völker versinnbildlichte Romantik Befreiung und Selbstfindung. Die einzige scharfsinnige und überzeitlich bedeutende ästhetische Gegenbewegung, die des Kritikers Eduard Hanslick, der statt auf nebulose Poesie auf »tönend bewegte Formen« als wahres Wesen der Musik schwor, mußte als reaktionäre Beckmesserei empfunden werden, ein Urteil, das heute musikwissenschaftliche Nüchternheit längst nicht mehr unterschreiben kann.

Wir kritisieren dieses zwiespältige, in der Musik so wunderreiche, scheinbar überwundene und dennoch unentwegt beunruhigende 19. Jahrhundert der Romantik mehr als wir es schätzen. Dennoch hängen wir daran. Vielleicht mit der Haßliebe der Söhne und Enkel, die glauben, auf eigenen Füßen zu stehen und sich dennoch täglich bewußt werden müssen, was alles sie den Alten verdanken. Wir betrachten die Romantiker etwas spöttisch, bestenfalls gönnerisch als schwärmerische oder exaltierte Jünglinge von vorgestern, wir rügen streng ihren sträflichen Hang, Form durch Gefühl und Ausdruck zu zersetzen. Wir haben viel an den Idolen unserer Großväter zu bemäkeln und tolerieren das Immergrün der Gefühle erst, wenn es durch jeanpaulsche oder schubertsche Patina ins zeitlos Wertbeständige entrückt erscheint. Dennoch können wir nicht umhin anzuerkennen, daß – trotz Bach-, Monteverdi- und anderen Renaissancen – das suspekte, unbehagliche und zweifelhafte 19. Jahrhundert dasjenige ist, von dem das unsrige musikalisch zehrt und neun Zehntel seines tönenden Lebens bestreitet.

Schubert und das Lied

Viele Große wurden verkannt und mißverstanden, keiner auf so schein-richtige, vertrackte Weise. Daß die Halbwahrheit die verhängnisvollste Unwahrheit sein kann – die Schubert-Mißverständnisse erhärten es. Sie begannen mit der berühmten Inschrift auf Schuberts Grab, die von Grillparzer stammt. Vier Entwürfe hatte der Dichter vorgelegt, der letzte wäre der treffendste gewesen: »Er hieß die Dichtkunst tönen und reden die Musik . . . « Aber Grillparzer wählte dann doch diesen: »Die Tonkunst begrub hier einen reichen Besitz, aber noch viel schönere Hoffnungen.«
Wie? Ein Riesenoeuvre von über 900 Kompositionen in bloßen vierzehn Schaffensjahren wäre zu wenig? Das völlig unvergleichliche Liedwerk, die Fülle der Kammermusik, die h-moll- und die C-Dur-Symphonie wären unerfüllte Hoffnungen auf »noch viel Schöneres«? Freilich kannte Grillparzer so wenig wie sonst ein Zeitgenosse den ganzen Umfang des »reichen Besitzes«. Auch Schumann, der zehn Jahre nach Schuberts Tod die C-Dur-Symphonie überhaupt erst entdeckte, kannte die andere große, die »Unvollendete« noch nicht. Aber seine Schubert-Begeisterung machte ihn hellsichtig genug: »Nachzugrübeln, was er noch hätte erreichen können, führt zu nichts. Er hat genug getan, und gepriesen sei, wer wie er gestrebt und vollendet.«
Weniger gefährlich erscheint heute die Verkennung des Menschen Franz Schubert. Denn die larmoyanten Romantisierungen seines Erdenwallens, von Suppés Schubert-Singspiel über Bartschs Schwammerl-Roman und Bertés Dreimäderlhaus-Operette bis zu unzähligen liebes- und tränenreichen Verfilmungen sind zumindest unter intelligenten Schubert-Freunden längst als das abgetan, was sie sind: Kitsch. Das weichliche »Schwammerl« ist ein zweitrangiges Phantasieprodukt, der liebenswürdige Biedermeier jedenfalls nicht der *ganze* Schubert. Statt des angeblich leichtfertigen Bohémiens, der in den Tag hineinlebte, haben wir es mit einem der gewissenhaftesten und fleißigsten Arbeiter zu tun, den die gesamte Musikgeschichte kennt.
»Wandelbar und rätselvoll, düster und leicht« charakterisierte sein Genie der innig befreundete Dichter Mayrhofer. Ein gutes Wort. Es deutet das Zwiespältige, in seiner ganzen Polarität unbegreiflich Reiche, das Mirakel Schubert an. Sehr selten hat er, der Noten so verschwenderisch und Buchstaben so kärglich schrieb, in Briefen in sein Inneres blicken lassen. »Ich lebe und componiere wie ein Gott, als wenn es so seyn müßte!« – » . . . ich fühle mich als den unglücklichsten, elendesten Menschen auf der Welt. Denk dir einen Menschen, dessen Gesundheit nie mehr richtig werden will . . . « – der Enthusiasmierte und der Verzweifelte, beide sind Schubert. Seinem Tagebuch vertraute er gelegentlich an, was ihn bewegte: Grübeleien, philosophische Gedanken, Einsamkeit mitten in geselligem Getriebe: »Keiner, der den Schmerz des andern, und keiner der die Freude des andern versteht!« Nichts von Sentiment und Selbstmitleid ist in Schuberts Wesen; von dem, was ihn bedrückte, sprach er nicht. Selbst als er schon auf dem Sterbebett lag, informierte er den Freund so sachlich, wie man irgendeine Krankengeschichte erzählt: »Lieber Schober! Ich bin krank. Ich habe schon elf Tage nichts gegessen und nichts getrunken . . . «
»Als wenn Sterben das Schlimmste wäre . . . « hatte er vier Jahre zuvor seinem Bruder Ferdinand geschrieben (und den Brief dann doch nicht abgeschickt). Er stand mit dem Tod auf vertrautem Fuß. Wer noch hat so viele Lieder geschaffen, die von Nacht und Sterben handeln? Ob man auf seine Gefaßtheit Thomas Manns schönes Wort von der

71 *Hof in Schuberts Geburtshaus in Wien*

72 *Franz Schubert im Kreise seiner Freunde, Aquarell von Kupelwieser*

73 Das Theater an der Wien um 1830, Lithographie

74 Hofoper in Wien, Zuschauerraum

»Sympathie mit dem Tode« anwenden will, ob man sie schubertisch-unpathetischer mit dem Wiener Ausdruck »Wurschtigkeit« charakterisiert (er träfe auch auf Schuberts Gleichgültigkeit allem Materiellen gegenüber zu), beides würde die stoische Charakterfestigkeit Schuberts nicht beeinträchtigen. Ahnte er, daß er nur ein flüchtiger Gast auf dieser Erde sein sollte?
»Fremd bin ich eingezogen, fremd zieh' ich wieder aus.« Mit diesen Versen beginnt der letzte Zyklus »schauerlicher Lieder«, wie Schubert sie selbst ankündigte, die »Winterreise«. In seiner Reifezeit wählte er Texte nicht willkürlich. Während der Komposition wirkte er »düster und angegriffen«. Ohne unkontrollierbare Zusammenhänge herstellen, autobiographische Züge in Schuberts persönlichstes Liedwerk hineingeheimnissen zu wollen: Mochte Bewußtheit oder Instinkt ihn bei der Wahl von Wilhelm Müllers Gedichten geleitet haben, er komponierte »sich selbst«, den Wanderer – wie oft ist bei ihm, dem Seßhaften, von Wandern die Rede! –, den Gast, den Fremdling.

Wiener aus Schlesien

Ein Fremdling war er, der Ernste und Tiefe, in seiner Zeit, die man »Biedermeier« nennt. Wobei freilich die verklärte weinselige und backhendelgemütliche Heiterkeit der Epoche bestenfalls deren *eine* Seite zeigt, das private Refugium von Bürgern, die unter dem Druck von Zensur und Polizeischnüfflern leben mußten. Ein Fremdling in der Gesellschaft des frühen 19. Jahrhunderts war das Genie, das mit keinerlei Aufträgen rechnete, auch kaum je welche bekam, und zu keinerlei künstlerischen Konzessionen zu bewegen war. Keine aristokratischen Mäzene förderten Schubert. Bescheidene Bürger (auch wenn einige von ihnen Adelstitel trugen) halfen ihm über die größte Armut hinweg oder luden ihn in ihre Häuser; aber das junge Wiener Bürgertum konnte einem Genius nicht die Existenz sichern.
Ein Fremdling war er selbst der Abstammung nach. Schubert, der »typische Wiener«, der einzige große Komponist vor Strauß, der in Wien geboren wurde, hatte keinen Tropfen bajuwarisch-österreichischen Blutes in seinen Adern. Sein Vater Franz Schubert senior, Schullehrer von Beruf, war aus Nordmähren, Nonndorf bei Altstadt, nach Wien gekommen, seine Mutter Maria Elisabeth geb. Vietz aus Zuckmantel am Altvater. Beide Elternteile waren also schlesischen Stammes, ebenso wie deren Vorfahren. Zweifellos beeinflußte das Wiener Milieu, in dem Franz Schubert aufwuchs, sein Wesen und Schaffen; die kulturellen Eindrücke einer Kaiserstadt konnten nicht spurlos an ihm vorübergehen. In seiner Musik wird man jedoch, auch bei vorsichtigster Abwägung von Blutserbe und Umwelt, Wiener Art nur peripher feststellen können; in den Deutschen Tänzen etwa, die Lanners Ländlerton vorwegnehmen. Was er Haydn und Mozart an melodischem Reiz verdankt dem »Wiener Charme« zuzuschreiben, hieße diese Qualitätsmarke doch wohl über Gebühr strapazieren. Als wesentlicher für Schuberts Sprache erscheint das musikalische Idiom, das sie von Haydn, Mozart und Beethoven scheidet, das man als exotisch, ungarisch oder sonstwie bezeichnete und dessen Herkunft sich doch viel zwingender erklärt, wenn man die Verwandtschaft mit Smetanas, und noch mehr mit Dvořáks Musik in Ohr und Gefühl hat.
Die Herkunft aus derselben Heimat der »böhmischen Musikanten«, eine ferne, unbewußt wirkende Erinnerung an sie schwingt in der flächigen Farbharmonik, in der Melancholie vieler Melodien Schuberts. Versteht man schlesische Eigenart aus der

Franz Schubert nach einer Zeichnung von Moritz von Schwind

germanisch-slawischen Charakterspannung, aus einem Hang zur metaphysischen Versponnenheit, der von Jakob Böhme bis Gerhart Hauptmann eine schlesische Dominante bildet, aus einer Mischung von Gemüt und Sturheit, so ist Schubert tatsächlich in seiner Kunst mehr Schlesier als Wiener.

Geboren wurde er freilich in Wien, genauer gesagt in der Vorstadt Lichtental, am 31. Januar 1797. Er war das zwölfte von vierzehn Kindern; die meisten der Geschwister starben jung. Sein musikalisches Talent ließ eine ähnliche Laufbahn wie die Haydns hoffnungsvoll erscheinen. Mit elf Jahren wurde er Sängerknabe im kaiserlich-königlichen Konvikt. Dort lernte er singen, spielen und, bei Salieri, komponieren. Woher er die blutjunge Meisterschaft nahm, die ihn mit siebzehn Jahren Goethes »Gretchen am Spinnrad«, mit achtzehn den »Erlkönig« so unglaublich vollendet vertonen ließ, gehört zu den Mysterien des Begriffs »Genie«. 1813 schied er aus dem Konvikt aus. Österreich befand sich im Krieg gegen Napoleon; Freiheit vom Wehrdienst versprach der Lehrberuf, also wurde Schubert nach dem Willen des Vaters an dessen Schule Lehrgehilfe. Drei Jahre hielt er es widerwillig aus. Es wurden drei strotzend produktive Jahre: über 300 Lieder sprudelte Schubert hervor, Symphonien, Kammermusik, Messen. Aus dieser Zeit stammt die einzige Liebe, die in Schuberts Leben eine Rolle spielte. Aber er war zu arm, die hübsche Weberstochter Therese Grob zu freien, sie heiratete später einen Bäcker. Als der Vater an eine andere Schule versetzt wurde, gab Schubert den Lehrdienst auf, sehr gegen den Willen des Alten. Er schied in Groll vom Sohn. Schubert litt sehr unter dem Zerwürfnis; in der Skizze »Mein Traum«, eine Fundgrube für Psychoanalytiker, hat er später seine »Schuld« zu bewältigen versucht.

Aber er wollte, er mußte frei sein. Unterrichten stahl ihm die Zeit zum Komponieren, und Komponieren bedeutete ihm, nicht minder als Mozart, ebenso viel wie Atmen und Essen. Zum Unterschied von Mozart aber komponierte er ohne Auftrag, ohne praktisches Ziel: er mußte es einfach. Bei Franz von Schober, einem bürgerlichen Adeligen,

Franz Schubert, O Qual, o Phantasie — 27. März

Keiner, der den Schmerz des Andern, und keiner, der die Freude des Andern versteht! Man glaubt immer, zueinander zu gehen, und man geht immer nur nebeneinander. O Qual für den, der dies erkennt.

Meine Erzeugnisse sind durch den Verstand für Musik und durch meinen Schmerz vorhanden; jene, welche der Schmerz allein erzeugt hat, scheinen am wenigsten die Welt zu erfreuen.

28. März

Die höchste Begeisterung hat zum Lächerlichen nur einen Schritt, so wie die tiefste Weisheit zur krassen Dummheit.

fand er Unterschlupf, und für die kurzen zehn Jahre, die ihm noch vergönnt waren, führte er das Leben eines von Bude zu Bude vagabundierenden Bohémiens. Nur darf man darunter nicht Faulenzerei verstehen. Vom frühen Morgen an saß er über Notenblättern. Geselligkeit, »Biedermeier«, begann erst abend: wenn er bei den Schwestern Fröhlich und in anderen kultivierten Bürgerhäusern musizierte oder im Kreis seiner Freunde »Schubertiaden« feierte. Moritz von Schwind, der als jüngster, erst sechzehn Jahre alt, in den Kreis geriet, hat so eine Schubertiade später in einem berühmten Bild festgehalten. Man las, man debattierte, man musizierte (oder machte Pfänderspiele). Franz von Schober, mehr oder weniger dilettierender Dichter, der Dramatiker Eduard von Bauernfeld, der Musiker Franz Lachner, der schwerblütige Poet Johann Mayrhofer (er endete durch Selbstmord – Schubert machte ihn durch 47 Gedichtvertonungen unsterblich), Grillparzer als Ehrengast, Schwind und sein Malerkollege Leopold Kupelwieser, der Konviktsgenosse Josef von Spaun – das waren die Herzensbrüder der Schubertiaden-Glanzzeit. Ihr Mittelpunkt hieß immer Franz Schubert.

Schubert hat durch seine ständigen Wohnungswechsel viele Wiener Viertel, aber nur wenig von der Welt gesehen. Früh berief ihn Fürst Esterházy zum Hauslehrer seiner beiden Töchter; aber in der Ländlichkeit von Zelész an der ungarisch-slowakischen Grenze fühlte sich Schubert, der Naturfreund, nicht wohl. Er war keine Bedienstetennatur. Über Österreich kam er nie hinaus, von seinem Vaterland lernte er nur auf Reisen nach Graz, Linz und ins Salzkammergut einiges kennen. Sehr langsam wurde sein Name bekannt, wenigstens als Liederkomponist. Daran gebührt dem Hofopernsänger Johann Michael Vogl großes Verdienst. Um fast dreißig Jahre älter, ein angesehener Mann, erkannte er frühzeitig das Besondere des jungen Komponisten und wurde sein Liedherold. Für Vogl, einen Bariton mit tenoraler Höhe, sind die meisten Schubertlieder geschrieben. Sonst stand Schuberts Produktivität im umgekehrten Verhältnis zu den Aufführungschancen. Besonders schmerzte ihn, daß alle seine Versuche, auf dem Theater Fuß zu fassen, fehlschlugen.

Das Jahr 1823 wurde ein Lebenswendepunkt – leider zum Schlimmeren. Schubert erkrankte, konsultierte mehrere Ärzte und mußte schließlich für längere Zeit ins Wiener Krankenhaus. Die Haare fielen ihm aus, er trug ein Vierteljahr lang eine Perücke. Die meisten Biographen umgehen scheu die Wirklichkeit dieser Krankheit; Alfred Einstein nennt sie nüchtern Lues, gegen sie gab es damals kein verläßliches Heilmittel. Schuberts Schaffen blühte, als er sich einigermaßen erholt hatte, in den folgenden Jahren zu üppigster Fülle auf.

Mit dem Glauben tritt der Mensch in die Welt, er kommt vor Verstand und Kenntnissen weit voraus; denn um etwas zu verstehen, muß ich vorher etwas glauben; er ist die höhere Basis, auf welche der schwache Verstand seinen ersten Beweispfeiler aufpflanzt. Verstand ist nichts als ein analysierter Glaube.

29. März

O Phantasie! du höchstes Kleinod des Menschen, du unerschöpflicher Quell, aus dem sowohl Künstler als Gelehrte trinken! O bleibe noch bei uns, wenn auch von wenigen nur anerkannt und verehrt, um uns vor jener sogenannten Aufklärung, jenem häßlichen Gerippe ohne Fleisch und Blut, zu bewahren!

Aus Aufzeichnungen des Jahres 1824

Schubert lebte (und starb) arm. Der Schubert-Forscher Otto Erich Deutsch hat ermittelt, daß der Komponist in seinen zwölf selbständigen Schaffensjahren 8911 Gulden Konventionsmünze verdiente, wozu noch Geschenke seiner Freunde kamen. Wenig, aber zum Leben genug; und mehr als des Lebens Notdurft interessierte Schubert niemals. Wenn man allerdings bedenkt, daß sein Verleger Diabelli allein mit dem »Erlkönig« insgesamt 27000 Gulden verdiente (die meisten *nach* Schuberts Tod), und daß Schubert, weil er gerade knapp bei Kasse war, sein gesamtes Oeuvre, damals schon vierzehn gedruckte Hefte, um lumpige 880 Gulden abtrat, kann einen Verzweiflung ob des Widerspruchs von Geist und Geschäft überkommen.

In Schuberts letztem Lebensjahr schien sich eine Wende abzuzeichnen. Im Frühjahr 1828 erlöste er 800 Gulden aus den Einnahmen eines öffentlichen Konzertes mit seinen Werken – *des* Schubert-Konzertes, des einzigen überhaupt in Wien! Endlich meldeten sich Verleger, außer Diabelli und Haslinger in Wien auch Schott in Mainz und Probst in Leipzig. Es war zu spät. Gerade hatte er die große C-Dur-Symphonie vollendet, das Dilettantenorchester der Gesellschaft der Musikfreunde wies sie als unspielbar zurück. In vollkommener Einsamkeit wurden die letzten Meisterwerke geboren: das Streichquintett, die Trias der letzten Klaviersonaten. Im November warf eine Typhusinfektion den durch die alte Krankheit geschwächten, durch übermäßige Arbeit zermürbten Leib aufs Krankenbett. Am 19. November 1828 starb Schubert, erst einunddreißig Jahre alt. Bis zuletzt hatte er geplant und komponiert, schließlich bewußtlos den Namen des Meisters geflüstert, den er, wahrscheinlich aus übergroßer Scheu, nie gesprochen, aber mehr als irgend einen anderen Menschen verehrt hatte: Beethoven.

Das deutsche Kunstlied

Schuberts überragende Schöpfung ist das romantische Klavierlied. Seine 602 Lieder und Balladen bilden einen wahren Kosmos der musikalischen Lyrik, unvergleichlich in der Spannweite des Ausdrucks wie im Reichtum der Formen. Es gab Vorgänger und Vorbilder. Aber erst seit Schubert ist das deutsche Kunstlied ein so kostbares, unnachahmliches Genre geworden, daß Franzosen und Engländer, wenn sie von Liedern sprechen (sollten die Komponisten auch Schumann, Wolf oder Brahms heißen), das Wort unübersetzt gebrauchen: *le lied, the lied.*

In der Tat ist das deutsche Kunstlied, anders als die Arie, auf heimischem Boden gewachsen. Der Liederfrühling begann um die Mitte des 18. Jahrhunderts in allen Landschaften aufzubrechen, im Süden und im Norden. Im bürgerlichen Leipzig hob es an mit dem Kunterbunt der »Singenden Muse an der Pleiße«, 1753 erfolgte *Christian Gottfried Krauses* Sammlung von Oden und Melodien, von Hillers Singspiel fielen Lieder ganz natürlich ab. In Schwaben wurde der Dichterkomponist *Christian Friedrich Daniel Schubart* (1739–1791), aufgeklärter Stürmer und Dränger, der seinen Mut mit zehn Jahren Einkerkerung auf dem Hohenasperg bei Stuttgart bitter büßen mußte, ein Pionier des volkstümlichen Klavierliedes, dazu war er ein origineller Musikästhetiker. *Johann Rudolf Zumsteeg* (1760–1802), auch er Schwabe, galt als Meister der Ballade und des Melodramas, wie ja überhaupt die Entwicklung des Liedes von der des deutschen Singspiels nicht zu trennen ist. Die schwäbische Linie gipfelt in *Friedrich Silcher* (1789–1860), dem in Süddeutschland bis heute fast einzigartig Populären: als Finder einprägsamer volkstümlicher Weisen (Ich hatt' einen Kameraden, Ännchen von Tharau, Morgen muß ich fort von hier, Ich weiß nicht, was soll es bedeuten) wie als Inspirator der »Liederkränze«, der geselligen Männerchorvereine des deutschen Südens.

Der eigentliche Schöpfer des Männergesangvereins ist der Schweizer *Hans Georg Nägeli* (1773–1836). Er verband Bach- und Goethe-Verehrung mit einem starken musikpädagogischem Engagement im Sinne seines Freundes Pestalozzi: einfache Lieder – ihm gelang das volkstümliche »Freut euch des Lebens« – und schlichter Chorgesang sollten die Volksbildung fördern. Ein antistädtischer Rousseau-Nachklang, ein Ruf zum Natürlichen, Einfachen, der in allen deutschen Landen auf lebhaftes Echo stieß. Michael Haydns Liedproduktion für Chöre bildet einen weiteren süddeutschen Beitrag. Im Norden, in Berlin, entstanden die »Liedertafeln« als zunächst exklusiveres Pendant der Liederkränze. *Carl Friedrich Zelter* (1758–1832), Maurer und Komponist dazu, war ihr Begründer und Meister. Ein bieder quadratischer Mann, Duzfreund und musikalischer Berater keines Geringeren als Goethe. Mit seinen Strophenliedern, die sich dem Dichterwort dienend anschmiegten (»Es war ein König in Thule«) traf er genau Goethes ästhetische Vorstellungen vom Lied; nie durfte die Musik die Poesie überwuchern, nie von der Magd zur Herrin aufsteigen. Als Komponist mag Zelter drittrangig sein, als Musikpolitiker errang er sich hohe Verdienste. Die von ihm neben der Liedertafel gegründete Berliner Singakademie begann ihre Tätigkeit mit Mozarts Requiem und pflegte Bach wie Palestrina. Die Erweckung von Bachs Matthäus-Passion, 1829, mußte freilich der junge Mendelssohn dem zögernden alten Zelter geradezu abringen. Vorangegangen war Zelter der patriotische *Johann Abraham Peter Schulz* (1747–1800), der es als sein Ideal ansah, Lieder »in meiner Muttersprache mit Herz und Mund zu singen«. Mit der Weise zu Matthias Claudius' »Der Mond ist aufgegangen« ging er in die Unsterblichkeit ein.

Die bedeutendste Persönlichkeit brachte der Norden mit *Johann Friedrich Reichardt* (1752–1814) hervor: Musiker, Kapellmeister, Ästhetiker, Kritiker und Journalist, Goethes Partner als Singspielvertoner, Pädagoge und Musikpolitiker zugleich. Seine Fruchtbarkeit als Liederkomponist – 1500 Stück! – ist unübertroffen. Freilich handelt es sich vorwiegend um simple Strophenlieder, zu denen seit 1800 anspruchsvollere »Deklamationsstücke« traten, die sich selbst an Theklas Monolog in Schillers »Wallenstein« wagten. Auch ein »Erlkönig« befindet sich unter Reichardts zahlreichen Goethevertonungen. Ein schlichtes Strophenlied – ganz im Sinne des Dichters: gar nicht im Sinne Schuberts, der schon als Achtzehnjähriger ganz andere, im tiefsten Grunde viel goethenähere Vorstellungen vom Verhältnis zwischen Wort und Ton hatte.

Lernen konnte Schubert von diesen Kleinmeistern des Liedes nichts, auch wenn ihn schon im Konvikt Zumsteegs Balladen beeindruckt hatten. Sie alle kamen über einfache Weisen mit akkordischer Begleitung kaum hinaus. Eine Goethe-Vertonung wie »Gretchen am Spinnrad« (Schubert war damals noch fast ein Kind!) war keinem von Schuberts Vorgängern erreichbar: Die rastlose Sechzehntel-Figur als Klangsymbol des Spinnrades wie der Herzensbedrängnis (»Meine Ruh ist hin«) ist so wenig mehr mit dem traditionellen Begriff »Begleitung« zu fassen wie die jagenden Oktaven-Triolen im »Erlkönig«, die in jugendlich-genialer Intuition das Schauerliche des nächtlichen Rittes in Töne umsetzen. Das Klavier, noch bei Mozart und selbst bei Beethoven Begleitinstrument, gewinnt in Schuberts Liedern grundsätzlich den Rang des gleichberechtigten Partners, ja, oft wird ihm, und nicht der Gesangstimme, die tragende musikalische Substanz zugeteilt. Das war ein Novum, und als solches wurde auch das »eins sein« des Sängers Vogl mit seinem Klavierpartner Schubert schon von den Zeitgenossen empfunden.

Die Liedzyklen

Schuberts Liedwerk umfaßt unter anderem zwei Zyklen nach Wilhelm Müller (»Die schöne Müllerin«, »Die Winterreise«). Die letzte Liedsammlung »Schwanengesang« enthält die einzigartigen Heine-Lieder, ist aber kein Zyklus, der Titel poetisierende Verlegerzutat. Schon Jahre zuvor hatte er wirklich ein Lied namens »Schwanengesang« (nach Joh. Senn) komponiert, mit seinem echt schubertschen Klopfrhythmus Viertel-Achtel-Achtel ein ebenso tiefes wie schlichtes Stück. Schubert durchmaß den Kreis menschlichen Fühlens nicht minder universal als Haydn in seinem Quartett-Opus und Beethoven in seinen Sonaten und Symphonien. Keine Seelenregung, die nicht gültigen Ausdruck gefunden hätte: Jubel (Bächlein, laß dein Rauschen sein«), stilles Glück der Liebe (»Du bist die Ruh«), schmerzlichste Verzweiflung (»Nur wer die Sehnsucht kennt«) und trostlose Resignation (»Der Leiermann«); biedermeierliche Gemütlichkeit (»Wenn meine Grillen«) und erhabene Majestät (»Die Allmacht«), anakreontische Heiterkeit (»An Sylvia«) und dämonische Vision (»Der Doppelgänger«); schlichte Frömmigkeit (»Im Abendrot«) und Rebellentum (»Weht der Wind mir ins Gesicht«); Todesahnung und Nachtseligkeit – hier müßte man gleich Dutzende Lieder nennen; immer wieder »Nacht und Träume« – gibt es eine Saite auf der lyrischen Harfe menschlichen Empfindens, die Schubert nicht mitklingen ließ?
Die Wahl seiner Dichter spricht für Schuberts poetischen Geschmack. Gewiß ging er nicht, wie später Hugo Wolf, »literarisch« vor. Er vertonte, was ihm vertonbar schien. Gefälligkeitskompositionen sind nicht selten, und Namen wie Lappe (»Im Abendrot« – man darf das ergreifende Lied ruhig noch einmal nennen), Schober (»An die Musik«), Rellstab (»Leise flehen meine Lieder«) sind gewiß unverdient an die Unsterblichkeit Schuberts gekettet worden. Aber man vergesse nicht, daß Schubert mit seinen bedeutendsten Poeten ganz auf der Höhe der Zeit war. 73 mal erscheint Goethe, 42 mal Schiller, 23 mal Hölty, 6 mal Heine, 7 mal Novalis, 10 mal Matthias Claudius, 5 mal Rückert – ein geradezu repräsentativer Querschnitt deutscher Lyrik um 1820, in dem nur Eichendorff und Hölderlin (der damals noch nicht endeckt war) fehlen.
Daß Schubert mit dem Niveau seiner Dichter wuchs, daß er mit den Mignon-Liedern und der schmalen, aber tiefen Heine-Auswahl sein Bestes gab, bezeugt seine Einfühlungsgabe. Er konnte aber sogar den Dichter dementieren, in seine eigene Sphäre umbilden. Dies geschah durch die Art, wie er den Zyklus »Die schöne Müllerin« vertonte. Wilhelm Müller hatte ihn als gesellschaftliche Unterhaltung, als Parodie auf die damals grassierende Butzenscheiben-Lyrik gedacht (worauf Ludwig Kusche aufmerksam macht); Schubert durchtränkte die Gedichte mit seinem Herzblut und sparte aus, was sich nicht in seine ernste Auffassung fügte (nämlich drei Gedichte). Die zeitlose Faszination der »Schönen Müllerin« stammt von Schubert, nicht von ihrem Textdichter.
Für die unbegrenzte poetische Vielfalt seiner Lieder erfand Schubert einen alles frühere weit hinter sich lassenden Reichtum an musikalischen Formen. Mindestens sechs Typen kann man aus seinem Liedwerk herausschälen: die einfache Strophenform; sein

Schuberts Notenhandschrift: das »Heidenröslein«

Melodiker-Genie verlieh ihr unerschöpfliche Reize, und auch in der Reifezeit wurde er, wo das Gedicht es zuließ, dieser schlichtesten Form nicht müde (»Guten Morgen, schöne Müllerin« – »Das Wandern«). Varianten ergeben sich durch Änderung einzelner Strophen, wobei die für Schubert so bezeichnenden Dur-Moll-Wechsel ein plastisches Ausdrucksmittel bieten (»Der Lindenbaum« – »Fremd bin ich eingezogen«). Die altdeutsche Form des Bars wird in Liedern wie »Du bist die Ruh'« und anderen erneuert. Die Variationslinie verzweigt sich zu Rondo-Formen, die ihre Vielgestalt aus dem Gedicht ableiten (»Ach, um deine feuchten Schwingen« – »Erlkönig«). Vom Erlkönig führen Wege zur ausschweifenden Balladen-Epik, die sich besonders an Schiller erproben wollte (»Der Taucher« – »Die Bürgschaft«), mit kantatenähnlichem Nebeneinander von Rezitativ und Arioso – vielleicht die einzige Liedgestalt Schuberts (des sehr jungen Schubert, wohlgemerkt), die dem Vorwurf nicht gerecht wurde.
Hingegen fand er für Goethes Giganten-Monolog (»Prometheus«) und Gedankenphilosophie (»Grenzen der Menschheit«) kongenialen Ausdruck in einem neuartigen Deklamato, das selbst Hugo Wolfs fortgeschrittene technische Mittel nur verfeinern, nicht an Wucht übertreffen konnten. Völlig neutönerisch schließlich sind die Lieder zu nennen, die musikalische Thematik gleichberechtigt auf Gesang und Instrument verteilen (»Der Leiermann«) oder gar das Schwergewicht ins Klavier verlegen, während die Singstimme, eng der Wortnuance folgend, rezitiert. Geniales Beispiel dafür: »Der Doppelgänger«, nach Heine, mit dem poetischsten Ostinato, der je erdacht wurde

Übrigens, zu Schuberts Wortverhältnis: Die Wagner-Schule hat ihm beckmesserisch seine deklamatorischen Fehler angekreidet, und daran fehlt es wahrhaftig nicht. Man braucht nur an den goetheschen »Fischer« zu denken. »Das *Wa*sser rauscht, das *Wa*sser schwoll« betont Schubert, weil die Melodie es so will. Wie leicht hätte er es gehabt, »richtig« zu deklamieren, worauf sich jeder auchkomponierende Schulmeister verstand –, wie liebenswert wird er uns gerade durch seine naiven Lizenzen! Bei ihm, der wie kein anderer zuvor dem dichterischen Wort diente, wachsen solche Fehler ins Philosophische, symbolisieren den Primat der irrationalen Musik, die Revolte der Magd gegenüber der Herrin.

Erst seit Schubert wird das Liederkomponieren »hoffähig« im ästhetischen Sinn. Von Schumann bis Debussy und Hindemith zollte fortan jeder Meister dem vordem als »popular« aus dem Handgelenk erledigten Schaffenszweig seinen gebührenden Tribut. Die simpelste Musikform auf die Höhe des Menschheitsgleichnisses geführt zu haben – darin liegt Franz Schuberts unvergängliche Bedeutung.

Der Symphoniker

Als Liedmeister ist er Romantiker durch und durch, Tore eröffnend, Bezirke erschließend, die weder Mozart noch Beethoven zugänglich waren. Der Instrumentalkomponist Schubert gilt als Klassiker der Romantik oder als romantischer Klassiker. Solche Formeln können nichts Erschöpfendes aussagen, schon gar nicht bei Schubert. Immerhin treffen sie insoweit zu, als er in seinen instrumentalen Kompositionen, technisch und formal gesehen, näher am etablierten, von Haydn bis Beethoven ererbten Modell blieb. Beethoven, der Symphoniker und Sonatenschöpfer, war sein ehrfürchtig bewundertes Vorbild. Wie dieser schrieb Schubert neun Symphonien, aber mehr als die Hälfte trägt die Zeichen jugendlichen Experimentierens oder Nachempfindens. Noch die vierte, die »tragische« im beethovensch-pathetischen c-moll, selbst die haydnsch heitere fünfte in B-Dur.

Mit der achten in h-moll von 1822 betrat er ganz neue Wege. Diese »Unvollendete«, zu Schuberts Lebzeiten nie gespielt und erst 1865 bei seinem einstigen Freund Hüttenbrenner in Graz aufgefunden, war keinesfalls etwa als Zweisatz-Torso geplant; Schubert skizzierte Teile eines Scherzos, ließ die Komposition aber dann liegen. Warum, wissen wir nicht. Ungewöhnlich ist solches Verfahren bei Schubert indessen nicht. Basteln und Feilen, Beethovens Arbeitstechnik, lag ihm nicht. Lieber komponierte er ein Stück, das ihm nicht geglückt schien, gleich noch einmal von Anfang an; viele Meisterlieder liegen in zwei- bis fünffacher Fassung vor. Oder aber er verlor einfach die Lust am Zuendeschreiben, weil ihn neue Einfälle bedrängten. So mochte es mit seiner h-moll-Symphonie geschehen sein. Ihre beiden einzigen Sätze, das Allegro moderato und das Andante con moto, zeichnen sich freilich durch solche überirdische

Schönheit aus, daß das ganze Werk ästhetisch vollendet wirkt und eine Fortsetzung nur enttäuschen könnte. Die Achttakte-Einleitung hat hier eine ganz andere Funktion als die klassischen Introduktionen. Sie läßt sich etwa mit der improvisatorischen Klavierträumerei von Beethovens Sonate op. 78, Fis-Dur, vergleichen, gewinnt aber viel größeres Gewicht als einstimmendes »Motto« und motivisches Baumaterial zugleich. Auch im Andante klingt der kantable Sekundenaufstieg noch an. Scherings Verknüpfung mit Schuberts Traumerzählung, seine Theorie, die »Unvollendete« sei deren musikalische Interpretation, also eine Art von Programmmusik, erscheint weit hergeholt. Unbezweifelbar ist die poetische Aura dieser Symphonie. Sie ist klassisch in der Form, romantisch im Gehalt.

In Schuberts letzter, der C-Dur-Symphonie von 1828, wird das Ton-Dichterische, das sich melancholisch-passiv in der Unvollendeten kundgab, in eine heroisch-lebensbejahende Haltung sublimiert. Die Parallele zu Mozarts Jupiter-Symphonie, die geistige Brüderschaft zu Beethoven, dem Kämpfer und Überwinder, wird evident. Zugleich blickt Schubert in diesem seinem Meisterwerk, das er nie hören konnte, weit in die Zukunft voraus. Die »himmlischen Längen«, die sich schon in der 77-Takte-Einleitung ankündigen, der breite Atem, das Schwelgen in Melodik – man müßte dasselbe Vokabular benützen, um eine Bruckner-Symphonie zu charakterisieren. Schuberts schlesisch-mährisches Erbe kommt selten so beredt zum Vorschein wie im 2. Thema des Kopfsatzes:

Kammermusik

Im Grunde unterscheidet sich Schuberts Kammer- und Klaviermusik nicht wesentlich von seiner Symphonik, weder in Qualität noch in Eigenart. Niemals darf man mit Beethoven vergleichen. Dessen Themen-Zersetzungs-Technik steht in fundamentalem Gegensatz zu der Schuberts, der mit Themen-Melodien arbeitet. Eine Melodie ist ohne periodische Entfaltung (klassischerweise mindestens achttaktig) undenkbar. Daraus ergibt sich als Konsequenz die ungewöhnliche Breite von Schubert-Sätzen. Was ihm an motivischer, auch rhythmischer Raffinesse mangelt, gleicht er aus durch den Reichtum melodischer Einfälle (worin er Beethoven überlegen ist) und durch neuartige, die Terz-Verwandtschaften auskostende harmonische Farbigkeit.

Von Schuberts fünfzehn Streichquartetten teilen zumindest die späten in a-moll und in d-moll (»Der Tod und das Mädchen«) die Poesieerfülltheit der Meistersymphonien

Robert Schumann, Himmlische Länge

Hier ist, außer meisterlicher musikalischer Technik der Komposition, noch Leben in allen Fasern, Kolorit bis in die feinste Abstufung, Bedeutung überall, schärfster Ausdruck des einzelnen, und über das Ganze endlich eine Romantik ausgegossen, wie man sie schon anderswoher an Franz Schubert kennt. Und diese himmlische Länge der Sinfonie, wie ein dicker Roman in vier Bänden etwa von Jean Paul, der auch niemals endigen kann, und aus den besten Gründen zwar, um auch den Leser hinterher nachschaffen zu lassen. Wie erlabt dies, dies Gefühl von Reichtum überall, während man bei anderen immer das Ende fürchten muß und so oft betrübt wird, getäuscht zu werden.

Aus dem Aufsatz über Schuberts C-Dur-Sinfonie, 1840

ebenso wie das Streichquintett in C-Dur – *das* Quintett aller Zeiten! –, das in seiner Melodienseligkeit nichts von den Nöten von Schuberts Todesjahr 1828 ahnen läßt. Schließlich das Oktett von 1824, ein völlig solitäres Divertimento für acht obligate Instrumente, ein beglückendes Einfalls-Wunder. Im Variationssatz läßt es den Schubertkenner über die abenteuerlichen Wege, die des Komponisten Gedanken gegangen sind, orakeln: Was für ein Melodienspeicher muß Schuberts Hirn gewesen sein, daß er sich des C-Dur-Themas, das er in seinem nie aufgeführten Singspiel »Die Freunde von

Salamanca« erfunden hatte, dreizehn Jahre später – in Schuberts Leben eine gewaltige Frist – wieder entsann! Auf der gleichen Höhe des reifen Schubert stehen das populäre Klavierquintett in A-Dur (»Forellenquintett«) und die beiden ebenbürtigen Klaviertrios in B-Dur und Es-Dur von 1827. Das erstgenannte entzückt im Andante mit einer der traumversunkenen Themen-Melodien, wie sie nur Schubert einfielen.

Schubert und das Klavier: Sein Verhältnis zum Tasteninstrument – er spielte auch Geige und Bratsche – ist weniger virtuos, weniger geistvoll als das Beethovens, aber vielleicht noch intimer. Auch Schubert war ein Klavier-Improvisator. Was er aus dem Augenblick heraus erdachte (er konnte bei Schubertiaden stundenlang zum Tanz aufspielen), manifestierte sich in Serien von »Deutschen«, dreivierteltaktigen Ländlern. Seine Impromptus und Moments musicaux – der Klavierschüler mit bescheidensten Fertigkeiten kennt sie – erschlossen neue klavierpoetische Bezirke und bahnten Schumann wie Chopin den Weg.

Das Schwergewicht von Schuberts Klavierkomposition liegt in den 22 Sonaten. Daß acht von ihnen Fragmente blieben, überrascht bei Schuberts Schaffensart nicht. Bis heute sind die Klaviersonaten Fremdlinge im üblichen Konzertrepertoire geblieben. Warum, ist eigentlich unverständlich. Freilich fordern sie dem Spieler mehr musikalisches Fingerspitzengefühl als Fingerfertigkeit ab. Zumindest die reifsten lohnen jedoch jedwede Anstrengung, so die beiden überdimensionalen in a-moll, op. 42 und 143, und die krönende Trias des Jahres 1828: die pathetische in c-moll, die lebensbejahende in A-Dur, die gesangsselige in B-Dur. Hat man dieses alle konventionellen Maße ignorierende Geniewerk – allein der 1. Satz dauert fast eine halbe Stunde! – von Swjatoslaw Richter, dem einzigen Schubertianer der jüngsten Zeit, spielen, nein: auf den Tasten singen gehört, so weiß man, daß Wagners »unendliche Melodie« schon dreißig Jahre vor ihrer theoretischen Geburtsurkunde praktisch am Leben war.

Ein Tip für Hausmusikfreunde: Wem die großen Klaviersonaten technisch zu schwer sind, der halte sich an Schuberts Vierhändig-Stücke. Sie bilden eine Welt für sich, hoch über allen vergleichbaren thronend. Das Grand Duo in C-Dur, in dem man einen Entwurf zur verschollenen »Gasteiner Symphonie« vermutete, die f-moll-Phantasie wahren die Höhe der Schubert-Meisterwerke, und die Serie der völlig unmartialischen Militärmärsche beschert zum Spielvergnügen noch die tröstliche Einsicht, daß Soldaten und Heere offenbar nicht nur marschieren, sondern auch tanzen können – jedenfalls unter Schuberts musikalischem Feldherrnkommando.

Daß der Schöpfer so grandioser, höchst dramatischer Solo-Szenen, wie es der Atlas-Gesang und der Prometheus-Trotzmonolog sind, als Musikdramatiker versagte, obwohl er nicht weniger als fünfzehnmal versuchte, die Opernbühne zu erobern, läßt

sich teilweise durch inferiore Textpartnerschaft erklären. Die begnadete Musik zu Helmina von Chézys Räuberpistole »Rosamunde« konnte sich als Orchestersuite selbständig machen. Nicht jedoch vermochte Schuberts reifste Opernpartitur, »Alfonso und Estrella« – wäre sie aufgeführt worden, sie hätte als erste durchkomponierte deutsche Oper überhaupt einen geschichtlichen Meilenstein markiert! –, die Bleigewichte von Schobers törichtem Libretto mitzuschleppen. Nur die Singspiele »Der vergessene Posten« und »Der häusliche Krieg« tauchen hie und da in Liebhaber- oder Rundfunkwiedergaben auf. Die feinere Partitur zu Goethes »Claudine von Villa Bella« ist lediglich als Fragment zu uns gekommen: Zwei Akte wurden von ahnungslosen Nachlaßhütern zum Feuermachen verheizt!
Mehr ist vom Messen-Vertoner Schubert lebendig geblieben, nämlich die volkstümliche Deutsche Messe und die beiden großen Reifewerke in As und Es. Sie tragen alle Zeichen seines Ingeniums. Schuberts Religiosität ähnelte der Beethovens in ihrer Unabhängigkeit gegenüber aller Orthodoxie. Nichts zeugt deutlicher davon, als daß er in seinen Messe-Partituren im Credo die Worte »et in unam sanctam catholicam et apostolicam ecclesiam« wegließ.

Carl Löwes Balladen

Kein deutscher oder im Bannkreis der deutschen Musiker wirkender Komponist des 19. Jahrhunderts, der nicht auf dem breiten Fundament von Schuberts Liedgebäude weitergebaut hätte. Daß einige sogar Lied-Spezialisten wurden, wäre ohne Schubert gänzlich undenkbar gewesen. Der aus Halle gebürtige, lange in Stettin tätige *Carl Löwe* (1796–1869) übertraf Schubert sogar zeitweise an Popularität mit seinen Balladen. Auch Löwes op. 1 ist Goethes »Erlkönig«; er behauptet sich als anders konzipierte, in der motivischen Geschlossenheit sogar überlegene Komposition neben Schuberts reicherem Geniewurf. Durch simple Dreiklangszerlegung und Klaviertremolo umhüllt Löwe die Stimme des Geisterkönigs mit einer Aura des Elementaren.

Charakteristischer für Löwes Balladenton als solche Motivbezüglichkeit (auch z. B. in »Prinz Eugen«, »Herr Oluf«) erscheint allerdings die Reihung von Kantilene, Rezitativ und Arioso, die Stücke wie »Archibald Douglas« oder »Odins Meeresritt« zu potpourriartigen Opernszenen mit obligatem Klavier weitet. Löwes melodischer Sinnfälligkeit ist auch Dämonie zugänglich, öfters noch streift sie Sentiment und Hausbackenheit.
Feiner, lyrischer, jedoch weniger durchschlagskräftig ist das 44 Hefte füllende Liedwerk von *Robert Franz* (1815–1892), das Schumann hoch pries. Franz, auch er aus Halle, war eigentlich Kirchenmusiker, man merkt polyphone Versiertheit in manchen Klavierbegleitungen. Als Liedkomponist ist er jedoch ganz empfindsamer Romantiker.

Weber und die frühromantische Oper

Daß Weber auf die Welt gekommen sei, um den »Freischütz« zu komponieren (Hans Pfitzner), ist in solcher Zuspitzung nur als Aperçu zu verstehen, trifft aber doch die künstlerisch und entwicklungshistorisch überragende Bedeutung dieser Oper. Tatsächlich kennt die Operngeschichte nicht viele Daten vom Gewicht des 18. Juni 1821, als im Berliner Kgl. Schauspielhaus – die Hofoper befand sich fest in italienischer Hand – der »Freischütz« uraufgeführt wurde. Der Triumph zeigte künstlerische wie patriotische Aspekte: hie junge deutsche, hie traditionelle italienische Oper; hie Bürgertum, hie Hof; hie Romantik, hie Klassizismus stand unsichtbar, aber unübersehbar auf den Parteibannern. Der Sieg des »Freischütz« pflanzte sich wie ein Lauffeuer fort, weit über die deutschen Grenzen hinweg. Sogar auf chinesisch soll man den »Jungfernkranz« gesungen haben. Daß der glorreiche Premierenabend dem »welschen« Gegner, dem allmächtigen preußischen Generalmusikdirektor Gasparo Spontini den Garaus gemacht habe, zählt zu den vereinfachenden Legenden; in Wirklichkeit regierte er noch volle zwanzig Jahre. In Opernspektakel, bei denen Elefanten auf die Bühne gebracht wurden, liefen die Berliner allemal gerne.

Der Triumph des »Freischütz« war folgenreich. Nicht nur machte die Oper ihren Komponisten über Nacht zum berühmten Mann. Sie stärkte auch das Selbstbewußtsein derer, die sich um die deutschsprachige Oper bemühten, insgesamt: Spohr, Schubert, Marschner. Wagners Weberbegeisterung schlug so hohe Wellen, daß er sich zu dem (fortan arg mißbrauchten) Superlativ verstieg, nie habe ein »deutscherer Musiker gelebt« als Weber. Dieser selber, warmblütiger Patriot, jedoch keineswegs Chauvinist, hätte vermutlich mehr Freude als an solchem Überschwang daran gehabt, wie seine deutsche Oper nach Europa ausstrahlte, wie sie die Geburt anderer nationaler Opernkulturen befruchtete.

Ohne Glinkas »Freischütz«-Erlebnis wären »Das Leben für den Zaren« und »Ruslan und Ludmilla«, die ersten russischen Opern, kaum denkbar. Moniuszko, Smetana waren Weber-Verehrer. In Frankreich, wo eigene Operntradition zu gefestigt war, um aus der Bahn geworfen zu werden, wirkte wiederum das romantische Idiom des »Freischütz« tief auf die Entwicklung Berlioz' ein; Debussy, der ein feines Gespür für nationalmusikalische Valeurs hatte, teilt ihm Weber als geistigen Vater zu. Und noch in der Mitte des 20. Jahrhunderts entdeckten zwei Große der neuen Musik eine Weber-Schwärmerei, die um so überraschender wirkte, als beide als Anti-Romantiker abgestempelt schienen: Hindemith, der mit seinen »Metamorphosen« nach Weber-Melodien sein meistgespieltes Orchesterwerk schrieb, und Strawinsky, der Weber gegen Wagner auf den Schild hob: nicht als Romantiker, sondern als brillanten technischen Könner, Form- und Klangkünstler.

Der Mann, zu dem sich die Nachwelt mit so ungeteilter, inniger Liebe bekannte, hatte es zu Lebzeiten schwer. Selbst nach dem Freischütz-Erfolg, als er erstmals Opernaufträge bekam (Euryanthe, Oberon), blieb er ein armer Schlucker. Seine Gesundheit war durch eine frühzeitig ausgebrochene Tuberkulose geschwächt. Auch Weber, der mit neununddreißig Jahren starb, wurde, wie Mozart und Schubert, ein Opfer seiner musiksoziologischen Position. Er war seiner Zeit voraus. Die Epoche forderte von einem Pionier der jungen deutschen Oper eine Robustheit, die Weber nicht gegeben war.

Der Weg eines Theaterkindes

Carl Maria von Weber kam am 19. November 1786 (höchstwahrscheinlich, das genaue Datum ist ungewiß) in Eutin zur Welt, einem Geburtsort, den der Zufall bestimmt hatte. Der Vater, Franz Anton v. Weber, war dort gerade Musikdirektor und Theaterprinzipal. Der Abstammung nach ist Weber ein reiner Schwabe, wenn man die väterlichen Alemannen aus dem Südschwarzwald zum schwäbischen Stamm zählt, dem auch die Mutter, eine Allgäuerin, zugehört. Vater Weber, um volle fünfundfünfzig Jahre älter als der Sohn, wollte das begabte Kind um jeden Preis zu einem zweiten Mozart machen. Er war ein etwas dubioser Charakter, Ex-Offizier, ehrgeizig – adelig wurde er von eigenen Gnaden –, haltlos, unstet und dunklen Geschäften nicht abgeneigt.

Carl Maria wuchs als rechtes Theaterkind auf, zog mit der Truppe des Vaters kreuz und quer durch Deutschland. Elfjährig wurde er zu Michael Haydn in Salzburg in die Lehre gegeben (später noch einmal), achtzehnjährig war er schon Leiter der Breslauer Oper (man kann sich danach die Zustände von damals vorstellen), dann engagierte ihn ein württembergischer Aristokrat, der im schlesischen Gut Carlsruhe eine Kapelle unterhielt. Schmählich endete ein Zwischenspiel als Hofsekretär in Stuttgart, nämlich mit sechzehntägiger Gefängnishaft und der Ausweisung aus dem Königreich Württemberg. Eine Korruptionsaffäre gab den Anlaß. An ihr trug jedoch Weber senior die Hauptschuld. Bei dem extravaganten, als Pädagogen berühmten Abbé *Georg Joseph Vogler* (1749–1814) in Darmstadt, Erfinder eines Orgel-»Orchestrions«, auf dem er Schlachten- und Gewittermusiken (»Spazierfahrt auf dem Rhein, von Donnerwetter unterbrochen«) entfesselte, ging der junge Weber nochmals in die Schule, sein Studienkollege war Meyerbeer.

Prag, wo Weber drei Jahre lang am altberühmten Ständetheater Operndirektor war, wurde die nächste wichtige Station. Weber kämpfte zäh und enthusiastisch zugleich um die Verwirklichung einer anspruchsvollen Oper, um das »Echte in der Kunst«. Fidelio, Don Giovanni, Così fan tutte, Spohrs »Faust« zählen zu seinen Taten als Kapellmeister. Er war ein Bahnbrecher des modernen Dirigententums, einer der ersten, die ihre Aufgabe nicht im Taktschlagen, sondern in der geistigen Interpretation sahen. 1816 folgte er einem Ruf nach Dresden. Dort teilte er seine Stellung mit dem Italiener Morlacchi: dieser leitete die italienische Oper, Weber die deutsche, und dieses junge Gewächs hatte es schwer, Boden zu gewinnen. Die aufreibenden Theaterintrigen, denen der gutmütige, offenherzige Weber nicht gewachsen war, trugen zu seinem frühen Ende bei.

Es folgten Reisen nach Berlin und Wien, erfüllte Hoffnungen mit dem »Freischütz«, enttäuschte mit der »Euryanthe«, endlich die Fahrt nach London, von der er nicht mehr heimkehren sollte. Seine Freunde, seine Frau Caroline (geb. Brandt, eine tüchtige Sängerin), hatten ihm widerraten. » . . . ich erwerbe in London ein gut Stück Geld,

Carl Maria von Weber, Die sogenannte Genialität

Sie wissen, wie ich jene sogenannte Genialität verachte, die in dem Künstlerleben einen Freibrief für alles zügellose Treiben und das Verletzen alles Sittlichen bürgerlich Achtungswürdigen zu besitzen glaubt . . .

Aus Briefen des Komponisten

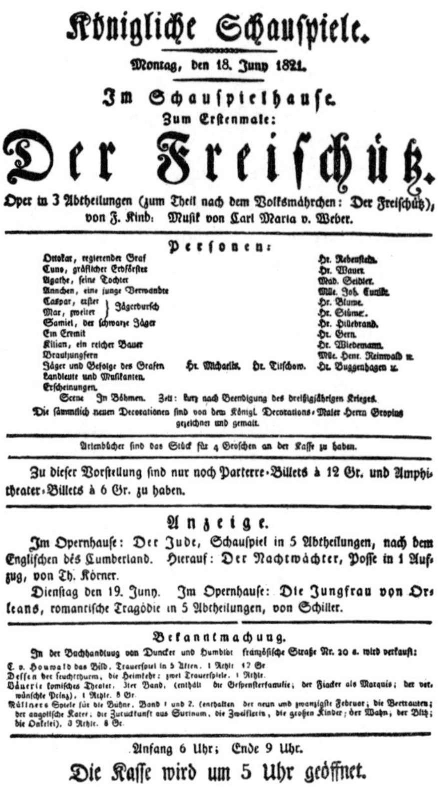

Königliche Schauspiele.

Montag, den 18. Juny 1821.

Im Schauspielhause.

Zum Erstenmale:

Der Freischütz.

Oper in 3 Abtheilungen (zum Theil nach dem Volksmährchen: Der Freischütz), von F. Kind. Musik von Carl Maria v. Weber.

Personen:

Ottokar, regierender Graf	Hr. Rebenstein.
Cuno, gräflicher Erbförster	Hr. Wauer.
Agathe, seine Tochter	Mad. Seidler.
Annchen, eine junge Verwandte	Mlle. Joh. Eunike.
Caspar, erster } Jägerbursch	Hr. Blume.
Max, zweiter } Jägerbursch	Hr. Stümer.
Samiel, der schwarze Jäger	Hr. Hillebrand.
Ein Eremit	Hr. Gern.
Kilian, ein reicher Bauer	Hr. Wiedemann.
Brautjungfern	Mlle. Henr. Reinwald rc.
Jäger und Gefolge des Grafen Hr. Michaelis. Hr. Titschow.	Hr. Buggenhagen rc.
Landleute und Musikanten.	
Erscheinungen.	

Scene In Böhmen. Zeit: kurz nach Beendigung des dreißigjährigen Krieges.

Die sämmtlich neuen Decorationen sind von dem Königl. Decorations-Maler Herrn Gropius gezeichnet und gemalt.

Arienbücher sind das Stück für 4 Groschen an der Kasse zu haben.

Zu dieser Vorstellung sind nur noch Parterre-Billets à 12 Gr. und Amphitheater-Billets à 6 Gr. zu haben.

Anzeige.

Im Opernhause: Der Jude, Schauspiel in 5 Abtheilungen, nach dem Englischen des Cumberland. Hierauf: Der Nachtwächter, Posse in 1 Aufzug, von Th. Körner.

Dienstag den 19. Juny. Im Opernhause: Die Jungfrau von Orleans, romantische Tragödie in 5 Abtheilungen, von Schiller.

Bekanntmachung.

In der Buchhandlung von Duncker und Humblot französische Straße Nr. 20 a. wird verkauft:

E. v. Houwald das Bild, Trauerspiel in 5 Akten. 1 Rthlr. 12 Gr.
Dessen der Leuchtthurm, die Heimkehr: zwei Trauerspiele. 1 Rthlr.
Bäuerle komisches Theater, 3ter Band, (enthält die Gespensterfamilie; der Fiacker als Marquis; der verwünschte Prinz). 1 Rthlr. 8 Gr.
Müllners Spiele für die Bühne, Band 1 und 2. (enthalten der neun und zwanzigste Februar; die Vertrauten; der angolische Kater; die Zurückkunft aus Surinam, die Zweiflerin, die großen Kinder; der Wahn; der Blitz; die Onkelei). 3 Rthlr. 8 Gr.

Anfang 6 Uhr; Ende 9 Uhr.

Die Kasse wird um 5 Uhr geöffnet.

Theaterzettel der Erstaufführung im Königlichen Schauspielhaus Berlin

das bin ich meiner Familie schuldig; aber ich weiß sehr gut, ich gehe nach London, um da zu sterben. Still, ich weiß es«, hatte er nüchtern einem Berliner Freund bedeutet. In der englischen Hauptstadt, wenige Wochen nach der rauschenden Oberon-Premiere, starb Weber am 5. Juni 1826.

Eine der liebenswertesten Künstlerpersönlichkeiten ging mit ihm dahin, einer der gebildetsten, geistigsten Musiker jener Zeit. Er war der erste Große in der Reihe der schriftstellernden, ihre Ideen artikulierenden Komponisten; sie reicht über Schumann, Wagner bis zu Hindemith und Strawinsky. Mit E. T. A. Hoffmann und dem Philosophen Schelling stand er in lebhaftem Gedankenaustausch. Er war auch einer der ersten Musiker, die eine sehr genaue Vorstellung von ihrem Opernideal hatten: » . . . ein in sich abgeschlossenes Kunstwerk, wo alle Teile und Beiträge der verwandten und benutzten Künste ineinanderschmelzend verschwinden und auf gewisse Weise untergehend – eine neue Welt bilden«. Man versteht nun, warum Wagner mit seinem revolutionären »Gesamtkunstwerk« von Weber fasziniert war.

Der Freischütz

Mit dem »Freischütz« mußte Weber, formal gesehen, in der Etappe auf seinem Weg zum Idealziel bleiben. Die Oper ist ein Singspiel mit gesprochenen Dialogen, wie schon »Entführung« und »Zauberflöte«. Auch was sie diesen beiden Werken entwicklungsgeschichtlich voraus hat, daß sie nämlich in deutscher Landschaft angesiedelt ist, bringt nichts völlig Neues. 1816, also fünf Jahre vor dem »Freischütz«, kamen E. T. A. Hoffmanns »Undine« und Spohrs »Faust« heraus, beide vom Sujet her echter Romantik näher als der »Freischütz«, dessen Gruselgespenstik – der Dresdner Unterhaltungsschriftsteller Friedrich Kind schrieb den Text nach einer alten Erzählung – Freund Hoffmann unbestechlich ironisierte: »Die jüngst noch so zarte nervenschwache Musik befreundete sich plötzlich mit dem Satan, der Hölle, mit einer Fratze, die sich Schicksal nannte, und Galgen und Rad wurden ihr Toiletten-Spielwerk.« Vor Webers Musik hingegen äußerte er seinen höchsten Respekt. Und sie ist es auch fast allein, die dem »Freischütz« seine Außerordentlichkeit und seine welterobernde Wirkung verschaffte. In der schöpferischen Synthese verschiedenster Formenelemente gleicht die Oper der »Zauberflöte«. Kaspar singt eine Rache-Arie, die tausend neapolitanische Modelle hat, Ännchen eine französisch-bürtige Romanze, Agathe und Max Szenen und Arien, deren Modelle, Leonore und Florestan, selbst wieder auf Vorbilder zurückblicken; auch Jäger-Männerchöre und volkstümliche Strophenlieder gehören zum jahrzehntealten Singspiel-Bestand. Aber das Wie war neu, überwältigend neu. Von den ersten Takten der Ouvertüre an.

Die C-Dur-Kantilene der Hörner wird zum Klangsymbol der Natur, des Waldes, als Ort der Geheimnisse und der geisterhaften Urmächte. Sie melden sich sogleich mit einem unerhört plastischen, den Introduktionsfluß unterbrechenden Orchestermotiv. Pauken-Pochen, Streicher-Tremolo, Kontrabaß-Pizzicati, Klarinetten in der tiefsten Lage – der Geisterbeschwörer in Tönen, Weber, der Erweiterer der instrumentalen Farbpalette machte diese Partitur zum historischen Dokument einer frühen Klangemanzipation, die fast hundert Jahre später mit Schönbergs Kammersymphonie noch einmal revolutionierend in die Entwicklung der Musik eingreifen sollte.

Samiel-Motiv

Nicht nur, daß Weber die extremen Lagen der Instrumente zur Charakteristik ausnützte – man denke an die »teuflisch« schrillen Piccolo-Flöten in Kaspars Trinklied oder an die Wolfsschlucht-Visionen –, seine Phantasie entdeckte, weit über die Kühnheit seiner Modulation hinaus, die Symbolkraft des Klangs an sich. Wenn Klarinetten (Webers geliebtes Instrument!) und Fagotte den ersten Akkord vor dem ihre große Arie einleitenden Rezitativ der Agathe anstimmen, pianissimo und dolce, scheinen Düfte und Farben einer Mondscheinnacht magisch eingefangen. Zur blauen roman-

tischen Blume des Klangs wird gleich der allererste Ton der Oberon-Partitur, der traumverlorene Hornruf, dem ein dreifaches Streicher-Pianissimo als ätherisches Echo antwortet:

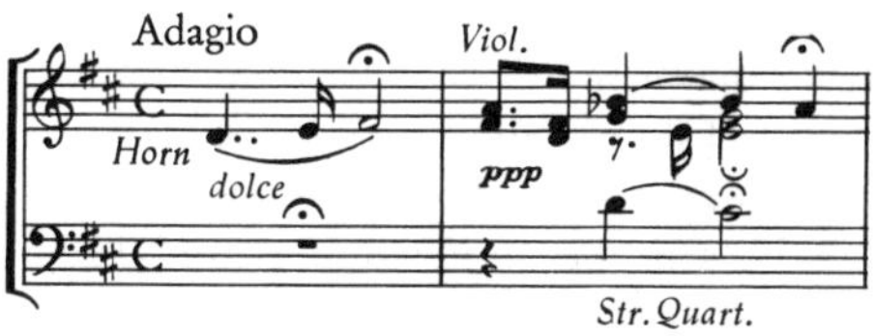

Von solchen Klangwundern konnten die Jugendwerke nur taktweise etwas ahnen lassen: etwa die Opern »Peter Schmoll« (1802), eine Biedermeier-Betulichkeit mit melodisch reizvollen Nummern, die Märchenoper »Silvana« (1810), der witzige Einakter »Abu Hassan«. Von der Schauspielmusik zu einem verschollenen Stück von P. A. Wolff namens »Preciosa« hat sich die zündende Ouvertüre erhalten, dank ihrem weberschen Brio (das alle seine Meisterouvertüren auszeichnet). Die komische Oper »Die drei Pintos«, 1820 unvollendet beiseite gelegt, hat Gustav Mahler zu Ende komponiert.

Musikdrama und Märchenrevue

Was Weber beim »Freischütz« die librettistische Form versagt hatte, nämlich die durchkomponierte, aufs gesprochene Wort verzichtende deutsche Oper, hoffte er mit der »Euryanthe« (ein Kompositionsauftrag aus Wien und dort 1823 uraufgeführt) zu vollenden. Tatsächlich ist diese Oper musikdramatisch Webers Meisterstück. Ritterliche Art, künftig hundertfach nachgeahmt, ist schon in der feurigen Ouvertüre mit ihren punktierten Rhythmen ein für alle Mal vorkomponiert.

Das zweite Finale übertrifft an Geschlossenheit und Wucht bei weitem das einzige Chorfinale des Freischütz. Sein Bestes in der musikalischen Charakteristik gab Weber in den beiden »schwarzen« Figuren, zumal der dämonischen Eglantine. Wagner kopierte sie mit seiner Ortrud im »Lohengrin« geradezu, ebenso wie Ortruds Racheduett mit Telramund ein Nachklang des Eglantine-Lysiart-Duetts ist. Die Verwandtschaft geht bis zum ähnlichen Duktus der »Leitmotive«, die Weber freilich noch nicht symphonisch, sondern als psychologische Kennmarken verwendet. Ein Vergleich von Eglantines und Ortruds Motiven zeigt, wie Weber Wagner beeindruckte.

Euryanthe, Eglantine

Lohengrin, Ortrud

Daß »Euryanthe«, die bei der Premiere in Wien mäßigen, später in Berlin und auf allen deutschen Bühnen jahrzehntelangen starken Erfolg erzielt, heute ein Jubiläums-Außenseiter des Repertoires geworden ist, geht ausschließlich zu Lasten des Librettos der Helmina von Chézy, einer Dresdner Kitsch-Poetin, die auch Schubert mit ihrem Rosamunde-Schauspiel unglücklich gemacht hatte.

Weber kann man nur vorwerfen, daß er, obwohl unablässig kritisierend und textändernd, sich dennoch auf dieses unselige Libretto einließ. Unter den vielen Euryanthe-Bearbeitern, die Webers geniale Partitur von den Bleigewichten des konfusen Textes

75 *Carl Maria von Weber*

76 *Märchenszene aus dem »Oberon« von Wieland, einer der Textquellen für Webers gleichnamige Oper, nach einem Blatt von 1802*

77 *Robert Schumann*

78 *Clara Wieck,*
Zeichnung von Elvire von Leyser 1836

79 *Geburtshaus Robert Schumanns in Zwickau*

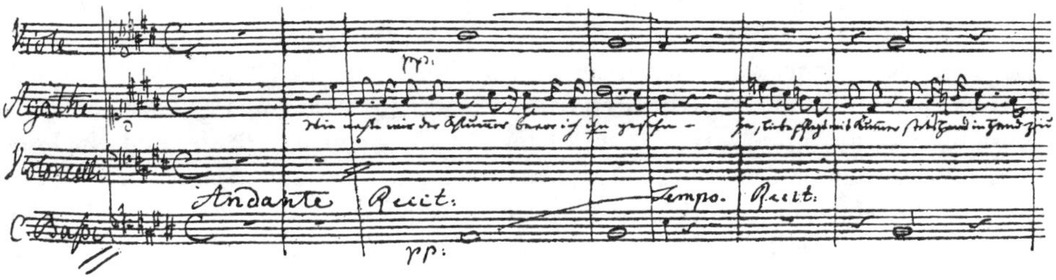

Webers Notenhandschrift: Arie der Agathe aus dem »Freischütz«

befreien wollten, ist der Verfasser dieses Buches der vorläufig jüngste. Er versuchte, mit Erfolg, an der Stuttgarter Oper und im Rundfunk der Chézy Verballhornungen einer altfranzösischen Rittergeschichte zugunsten dieser selbst auszumerzen und die Handlung auf – Shakespeare zurückzuführen; denn der große Dramatiker hatte die Euryanthe-Fabel für fesselnd genug gehalten, um sie seinem Schauspiel »Cymbelin« zugrunde zu legen.

Die »Oberon«-Bearbeitungen dürften kaum weniger zahlreich sein. Aber hier ist die Situation noch hoffnungsloser. Daß das Libretto des englischen Archäologen und Schriftstellers James Robinson Planché mit einer Oper nach Webers Sinn kaum etwas zu tun hatte, durchschaute der Komponist – im Gegensatz zu »Euryanthe« – sogleich selber. Mehr als eine Ausstattungsrevue notdürftig dialogverbundener musikalischer Nummern konnte daraus nicht werden. Die Hauptrolle spielte nicht der Komponist, sondern der Bühnenmeister als Herr über Schnürboden und Maschinerie. Wielands »Oberon«-Epos, Shakespeares »Sommernachtstraum« und »Sturm« lieferten textliche Motive; die Mixtur geriet zu nichts mehr als eben zu einer Schau-Feerie mit Musik. Diese Musik gehört freilich zum Bezauberndsten, das Weber geschrieben hat. »Musikdramatisch« durfte er nur nummernweise werden: Rezias Ozean-Arie bildet einen Gipfel des Typus »Rezitativ und Arie«, der hier Naturgewalt und Menschenempfindung in romantischem Pathos verschwistert. Elfische Waldpoesie wird gleich im ersten Chor, am Lager des schlafenden Oberon, Meerespoesie im Gesang der drei Nixen zu unverwechselbarem Weber-Klang.

Was Weber außerhalb der Opern der Gesangsstimme anvertraute, bleibt unpersönlicher (Messen, Lieder), auch wenn seiner patriotischen Begeisterung von 1813 mit den »Leier und Schwert«-Gesängen nach Theodor Körner volkstümliche Melodietreffer gelangen. Ziemlich vergessen sind Webers Klavier-, Klarinetten- und Hornkonzerte. Er war ein brillanter Pianist. Glitzernde Virtuosen-Kaskaden, ein eleganter Salonton, dem man in seinen Opern nur in Gemüt verpackt begegnet, kennzeichnen auch seine in der Mehrzahl der Frühzeit entstammenden vier Klaviersonaten. Zumindest zwei verdienten, der Vergessenheit entrissen zu werden: Die in As-Dur mit ihrer schwärmerisch romantischen Hauptthema-Melodie, und die in C-Dur, deren Final-Rondo sich als »Perpetuum mobile« selbständig machte. Und dann natürlich das Des-Dur-Rondo von 1819, das als »Aufforderung zum Tanz« besonders in der Instrumentierung Berlioz' populär wurde und als erste Walzerkette den Wiener Walzer Lanners und des älteren Strauß inspirierte.

Louis Spohr

Mit Weber, dem Mann der Oper, ist der aus Braunschweig gebürtige *Louis* (eigentlich Ludwig) *Spohr* nicht nur als Altersgenosse (1784–1859) verbunden. Weber hob 1816 Spohrs librettistisch grob gezimmerten »Faust« in Prag aus der Taufe, und ein Freischütz-Libretto (unter dem Titel »Der schwarze Jäger«) lag auch Spohr zur Komposition vor. Als er erfuhr, daß Weber schon einen Akt fertig hatte, vernichtete er seine eigenen Entwürfe; die Konkurrenz wollte er nicht herausfordern. Hingegen nahm er Weber den Ruhm weg, die erste durchkomponierte deutschsprachige Oper geschaffen zu haben. »Jessonda«, Spohrs größter Theatererfolg, kam 1823 heraus, im selben Jahr wie die »Euryanthe«, aber kurz vor ihr. An Zukünftiges gemahnt in Spohrs Meisterwerk die reiche Chromatik, die an Wagners »Tristan« denken lassen könnte, wurzelte der Komponist nicht auch mit dieser Bereicherung der harmonischen Palette ganz in der Welt seines Abgottes Mozart (Dissonanzen-Quartett!). Wenn sich bei Spohr auch vieles findet, was völlig »Romantik« ist – so das Erlösungs-Motiv im Sujet der Märchenoper »Zemire und Azor«, so der gemütvolle empfindsame Ton der Epoche –, er bleibt doch mehr ein Mann des Klassizismus, insbesondere in seinen Geigen- und kammermusikalischen Kompositionen.

Spohr war der führende deutsche Violinvirtuose seiner Zeit. Er bereiste halb Europa zwischen St. Petersburg und Mailand, oft gemeinsam mit seiner Frau Dorothea Henriette Scheidler, einer Harfen-Virtuosin. In Kassel fand er als Hofkapellmeister seine dauernde Wirkungsstätte. Von seinen zwölf Violinkonzerten genoß das »In Form einer italienischen Gesangsscene« jahrzehntelangen Ruhm, ähnlich ein Nonett. Der Form- und Satzbeherrscher zeigt sich in den Doppelquartetten, in denen jeweils zwei Streichensembles miteinander wetteifern. So abseitig wie diese sonst nie gepflegte Gattung erscheint Spohrs »Historische Symphonie, in Styl und Geschmack vier verschiedener Zeitalter«, nämlich von Bach über Mozart und Beethoven bis zur »allerneuesten Periode« von 1840. Aber damals waren schon der »Fliegende Holländer«, Schumanns und Chopins romantische Klavierpoesien geschaffen. Der Klassizist Spohr hatte sich selbst überlebt.

Der Musiker E. T. A. Hoffmann

Mozartianer als Musiker, Romantiker von Geblüt als Dichter war *E. T. A.* (Ernst Theodor Amadeus) *Hoffmann* (1776–1822). Er bewies es in seinem bedeutendsten Bühnenwerk, »Undine« (1816). Der Text des Hugenottensprosses Friedrich de la Motte-Fouqué erhebt sich über die Librettoschusterei der Zeit. Der Einbruch der Geister, sanfter und gefährlicher, in die Menschenwelt wird fortan zum Hauptthema der deutschen Romantik, der Wasserfürst Kühleborn eröffnet eine lange Reihe von Bariton-Dämonen (von Heiling über den Fliegenden Holländer bis zu Offenbachs vierfachem Unheilbringer in »Hoffmanns Erzählungen«), und die Verse des Chorus Mysticus in der »Undine« – »Reines Minnen, Holdes Sehnen, . . . Ernstes Sinnen, Süßes Wähnen« – nehmen Tristan-Sprache in einer Zeit voraus, als deren Schöpfer noch beinahe in den Windeln lag!

E. T. A. Hoffmanns Tonsprache allerdings ist Mozart verwandter als der irgendeines romantischen Zeitgenossen. Der erstaunliche Mann aus Ostpreußen war damals noch vorwiegend Musiker, in seiner Bamberger Zeit Komponist, Kapellmeister, Regisseur, Bühnenbildner, ja Maschinenmeister in einer Person. Sein kompositorisches Opus, mehrere Opern und Singspiele, Kantaten, Messen, Ouvertüren, eine Symphonie umfassend, ist heute vergessen. Er lebt dennoch in der Musikgeschichte weiter: als »Gespensterhoffmann«, berühmter Verfasser von phantastischen Novellen, die sich hellsichtig mit Musik beschäftigen (»Ritter Gluck«, »Don Juan«) und mehrere Opern inspirierten (außer »Hoffmanns Erzählungen« auch Hindemiths »Cardillac«); als »Kapellmeister Kreisler«, an dem sich Schumann entzündete; und als glanzvoller Musikkritiker und -ästhetiker, der in seinem Dialog »Der Dichter und die Komponisten« Kluges sagt über deren künstlerisches Doppel-Ich, ein Zentralproblem der romantischen Oper überhaupt.

Marschners Opern

Die »Einwirkung höherer Naturen auf uns«, von der in Hoffmanns Dialog die Rede ist, bildet auch im Werk *Heinrich Marschners* (1795–1861) das echt romantische Leitmotiv. Im »Vampyr«, Marschners erstem Erfolg (1828), gipfelt frühzeitig romantische Dämonie. Ein Nachtstück von unüberbietbarer, sich (für unsere heutigen Begriffe) bereits ins groteske Gruselett überschlagender Schaurigkeit: Der dem Teufel verfallene Lord Ruthwen saugt seinen Opfern das Blut aus den Adern. Musikalisch tut er dies zwar zu italienisch gefärbten Opernkantilenen, aber eine Sopran-Romanze blickt höchst romantisch in Holländer-Zukunft: »Sieh, Mutter, dort den bleichen Mann mit seelenlosem Blick ... « – wer dächte da nicht an Sentas Ballade? Im »Hans Heiling«, 1833, kommt es zum Zusammenstoß des Geisterfürsten, des personifizierten »Genies«, mit der kleinlichen Menschenwelt. Heiling verzichtet edelmütig auf Liebe und Erdenwärme und die Oper mündet in die Moral: Wir Geister sind doch die besseren Menschen.

In dieser Oper gab der aus Zittau gebürtige, in Hannover lange Jahre als lokaler Musikpapst wirkende Marschner sein Bestes. Die Chorszenen sind ein Echo auf Freischütz-Volkstümlichkeit, die Ouvertüre atmet romantische Phantastik, Heilings große Arie läßt hinter italianisierenden Floskeln doch eine Gemütswärme durchscheinen, die Marschner zumindest als Mittler der romantischen deutschen Oper zwischen Weber und Wagner seinen Rang sichert. Pfitzners Marschner-Begeisterung, dokumentiert in einer Vampyr-Bearbeitung, hat keine bleibenden Spuren hinterlassen. Das restliche Opernwerk Marschners, einschließlich des einstmals beliebten Ritterstücks »Der Templer und die Jüdin«, gilbt in Archiven.

Klavierpoeten: Schumann, Chopin

Beethoven, Schubert und Weber hatten als Vokalkomponisten die Tore in eine neue, die romantische Zeit weit aufgestoßen: mit der Neunten Symphonie, mit dem Lied, mit der Oper. In ihrer Instrumentalmusik blieben alle drei diesseits der Schwelle. Wie seherisch ihre Blicke auch hinüberschweiften, vor Abenteuern hielt die klassische Form zurück: Auf ihr, nämlich der Sonate in allen Abwandlungen vom Streichquartett bis zur Symphonie, lag der Schwerpunkt des Schaffens. Dichten in Tönen vollzog und be-

währte sich bei Beethoven wie bei Schubert in der Auseinandersetzung mit der Sonatenform. Die freiere Miniatur – etwa in Beethovens Bagatellen oder Schuberts Moments musicaux – blieb am Rande.
Die Romantik tritt ihre Herrschaft jedoch gerade in jenen peripheren Bezirken der klassischen Tradition an, in den Kleinformen, die subjektivem Ausdruck, Farbe, Poesie des Klangs durchlässiger erscheinen als die altbewährten Bauschemen. So gesehen beginnt die »eigentliche« Romantik in der Instrumentalmusik erst um 1830: dem Jahr, in dem Berlioz seine »Symphonie phantastique« aufführte und Schumann und Chopin mit ihren ersten reifen Klavierstücken an die Öffentlichkeit traten.
Beide machten das Klavier zum Künder des Intimsten, Zartesten und Feurigsten, das die Romantik in der absoluten Musik zu bieten hatte. Sie sind Klavierpoeten par excellence. Der Deutsche mit dem wertbeständigsten Teil seines Schaffens, der Pole als fast exklusiver Klavier-Spezialist.

Schumanns gespaltenes Ich

Schumann erscheint geradezu als Verkörperung romantischen Wesens. In seiner Musik, die inniger mit der Wortdichtung verbunden ist als die jedes anderen Meisters vor ihm – man denke nur an die vielen assoziativen Überschriften seiner Stücke! –, wie in seiner Persönlichkeit. Er war Komponist und Schriftsteller zugleich, als Musikkritiker ein Feuilletonist, manchmal ein Poet. Sein Bekenntnis zum Mysterium des Genies, seine Ästhetik des Intuitiven – »Der Verstand irrt, das Gefühl nie« –, seine Schaffensweise, die dem Glück der Stunde vertraut, aus der Klavierimprovisation heraus Ton-Poeme sich kristallieren läßt (» . . . Die ganze Woche saß ich am Klavier und komponierte und schrieb und lachte und weinte durcheinander«), sein Hang zum Okkulten, sein hellsichtiger Enthusiasmus für Gleichgestimmte (Schumann entdeckte und begrüßte außer Schubert auch Chopin und Brahms als Genies, als sie noch ganz unbekannt waren) – das alles ist so romantisch wie nur möglich.
Aber Schumann war eine im Tiefsten gespaltene, zerrissene Natur. Er selbst schuf sich einen Dreiwesens-Spiegel in den Gestalten seiner Phantasie, die er Aufsätze und sogar Kompositionen als Autoren zeichnen ließ. Florestan, der Feurige und Stürmische, Eusebius, der Träumer, und Meister Raro, der Besondere, autoritativ Klärende – alle drei waren Schumann, sein gespaltenes Ich. In dieser Charaktertrias, schon in Schumanns Jugend ersonnen, fehlt noch ein vierter, der sich mit zunehmendem Alter in den Vor-

Robert Schumann, Ja liebt ihn nur . . .

Ja, liebt ihn [Beethoven] nur, liebt ihn so recht – aber vergeßt nicht, daß er auf dem Wege eines jahrelangen Studiums zur poetischen Freiheit gelangte, und verehrt seine nie rastende moralische Kraft. Sucht nicht das Abnorme an ihm heraus, geht auf den Grund des Schaffens zurück, beweist sein Genie nicht mit der letzten Sinfonie, so Kühnes und Ungeheures sie ausspricht, was keine Zunge zuvor – ebensogut könnt ihr das mit der ersten oder mit der griechisch-schlanken in B-Dur! Erhebt euch nicht über Regeln, die ihr noch nicht gründlich verarbeitet habt. Es ist nichts Halsbrechenderes als das, und selbst der Talentlosere könnte euch im zweiten Moment der Begegnung die Maske beschämend abziehen.
Und als sie geendigt hatten, sagte der Meister fast mit gerührter Stimme: »Und nun

dergrund drängte: der Rationalist, der Bachs logische Bauordnung verehrte und den Wagner, der Erz-Romantiker, geradezu abstieß; der bürgerliche Mensch, der pedantisch nach Zucht und Ordnung in seinem Leben strebte, der mit Geld wie mit körperlichen Kräften streng haushielt und über jede Ausgabe, jeden Brief Buch führte. Mehr als zwei Seelen wohnten in Schumanns Brust. Daß er sich zu Goethes »Faust« hingezogen fühlte und noch am Rande der Umnachtung die letzten der konzertanten »Faustszenen« schrieb (die eigentlich eine Oper hatten werden sollen) ist so bezeichnen, wie sein Versagen gerade vor dieser von ihm so geliebten Dichtung. Es ist nicht der seelischen Erkrankung allein zuzuschreiben. Meister Raro, der Weise und Überlegene, blieb in der großen Form öfters Identifikationsideal Schumanns als in der kleinen, wo Eusebius und Florestan sich ungehemmter tummeln konnten. Von dem mäßigen Komponisten Felix Draeseke stammt das Wort, Schumann habe als Genie begonnen und als Talent geendet. Das klingt boshaft, wenn man bedenkt, wie frühzeitig die Geisteskrankheit Schumann quälte und behinderte; schon der Siebenundzwanzigjährige vertraute seinem Tagebuch dumpfe Untergangsvisionen an. »Mir ist genau so, als würde ich Armer von Sinnen kommen.« Dennoch stimmt objektiv, daß nur die Frühzeit der überschäumenden Klavier- und Liedproduktion des Komponisten wahres Genie enthüllt.

Robert Schumann wurde am 8. Juni 1810 in Zwickau als Sohn eines Buchhändlers und Verlegers geboren. Von ihm hatte er die besondere Liebe zur Literatur. Jean Paul wurde der Abgott seiner Jugend. Mit sechzehn Jahren verlor er den Vater. Jura-Studium versprach die sicherste Existenz: Er inskribierte in Leipzig, später in Heidelberg, wo der berühmte musikliebende Rechtsphilosoph Justus Thibaut mit seinen Bach- und Händel-Abenden ein einflußreicher Mentor wurde. Der Pianist Ignaz Moscheles und noch mehr das Erlebnis Paganinis bestimmten Schumann, die Musik als Beruf zu ergreifen. Er ging in seiner Heimatstadt bei Friedrich Wieck, einem tüchtigen Klavierlehrer und -händler, und bei dem Kapellmeister Heinrich Dorn in die Schule und verliebte sich in Wiecks Tochter Clara. Aber erst zehn Jahre später (1840) konnte er sie, einen aufgehenden Stern am Pianistenhimmel, gegen den Widerstand des Vaters heiraten.

Mit ihr unternahm er gemeinsame Konzertreisen bis nach St. Petersburg und Moskau. Seiner eigenen Virtuosenlaufbahn setzte eine Fingerlähmung ein frühes Ende. Zehn Jahre hindurch, von 1834 an, leitete Schumann die »Neue Zeitschrift für Musik«, die er begründet hatte, und die bis heute als älteste deutsche Musikzeitschrift existiert. Men-

kein Wort darüber! Und so laßt uns denn jenen hohen Geist lieben, der mit unaussprechlicher Liebe herabsieht auf das Leben, das ihm so wenig gab. Ich fühle, wir sind ihm heute näher gewesen als sonst. Jünglinge, ihr habt einen langen, schweren Gang vor euch. Es schwebt eine seltsame Röte am Himmel, ob Abend- oder Morgenröte, weiß ich nicht. Schafft fürs Licht!«

Die Quellen werden im großen Umlauf der Zeit immer näher aneinandergerückt. Beethoven brauchte beispielsweise nicht alles zu studieren, was Mozart, Mozart nicht, was Händel, Händel nicht, was Palestrina, weil sie schon die Vorgänger in sich aufgenommen hatten. Nur aus einem wäre von allen immer von neuem zu schöpfen – aus J. Seb. Bach!

Aus Meister Raros, Florestans und Eusebius' Denk- und Dichtbüchlein

Schumanns Notenhandschrift: aus den »Kinderszenen«

delssohn, der Freund, berief ihn vorübergehend als Kompositionslehrer nach Leipzig. Von 1845 an war Schumann fünf Jahre hindurch als Chordirigent in Dresden tätig, ab 1850 ging er als städtischer Musikdirektor nach Düsseldorf. Sein Ruhm wuchs. Eine Reise durch Holland glich einem Triumph, in Leipzig veranstaltete man eine Schumann-Woche. Die Erkrankung seines Geistes – auch eine Schwester Schumanns war wahnsinnig – zwang ihn zur Aufgabe seiner Stellung. Während des Karnevals von 1854 stürzte er sich in den eisigen Rhein. Fischer konnten ihn retten, er ließ sich willig in die Irrenanstalt Endenich bei Bonn einliefern. Dort dämmerte er sanft dahin, in lichten Perioden musizierend und innige Briefe an seine Lieben schreibend. Am 29. Juli 1856 erlöste ihn der Tod.

Erneuerer des Klavierklanges

Schumann, der Klavierpoet: Er sucht die Verknüpfung mit dichterischen Vorstellungen, verweist auf Jean Paul und E. T. A. Hoffmann zur »Erklärung« seiner Kompositionen (ihrer Stimmung mehr als ihres »Inhalts«), er erweckt programmatische Beziehungen mit einer Fülle von Überschriften (»Des Abends«, »Traumes-Wirren«, »Träumerei«, »Waldszenen«). Freilich setzte er viele solche Titel erst nachträglich hinzu: »Die Hauptsache bleibt, ob die Musik ohne Text und Erläuterung an sich etwas ist.«
Er dichtete in Tönen wie Beethoven. Aber seine Tonsprache formte sich in grundverschiedener Schaffensweise. Bei Beethoven ist der Ureinfall bloßer Rohstoff, die Verarbeitung alles. Bei Schumann bestimmt schon der Einfall Art und Qualität des Stükkes. Es ist klar, daß sich mit solcher Technik leichter »Phantasiestücke« als ausgesponnene Sonatensätze komponieren lassen.
Tatsächlich schrieb Schumann nur drei Sonaten. Die in fis-moll, op. 11, und die in f-moll, op. 14, leidenschaftliche Huldigungen an Clara Schumann, sprangen florestanisch-feurig und ganz unakademisch mit der klassischen Form um. Das sonatenähnliche dreisätzige op. 17 in C-Dur nannte Schumann aus gutem Grund »Phantasie«, nicht nur,

weil statt des üblichen Final-Allegros ein traumversunkenes langsames Nokturno den Ausklang bildet. Geist und Ton des sprühenden Stückes repräsentieren geradezu deutsche Jünglingsromantik.
Schumann stand schon vorher als ein Eigener, als Erneuerer des Klavierklangs da: mit den »Papillons«, von Jean Paul inspirierten Miniaturen; mit dem »Carnaval«, geistreich-phantastischen »Scènes mignonnes«, deren Maskenbilder er durch die vielfach variierte Tonreihe a-es-c-h verklammerte (eine romantische Buchstabenesoterik: Asch heißt der böhmische Geburtsort seiner ersten Verlobten, zugleich lauten so – verkehrt – die Tonleiter-Buchstaben des Namens Schumann).
Die »Davidsbündlertänze« künden in einem musikalischen Dialog zwischen Eusebius und Florestan vom Widerstreit in Schumanns eigener Brust; die »Phantasiestücke« desselben Jahres 1837, einer der inspiriertesten Zyklen Schumanns, erheben die schlichte dreiteilige Liedform, die alle acht Teile beherrscht, zum Medium unerschöpflicher Ausdrucksgehalte.
Auf gleicher Höhe stehen die »Kreisleriana«, die den skurrilen Kapellmeister aus E. T. A. Hoffmanns »fragmentarischer Biographie« in Tönen porträtieren, in ihrer bewußten formalen Schlichtheit auch die »Kinderszenen«, deren »Träumerei« in F-Dur zu einem populären schumannisch-romantischen Tonsymbol wurde, und der kapriziöse »Faschingsschwank aus Wien«.
Alle diese Werke, dazu Arabesken, Humoresken, Nachtstücke, Noveletten und Romanzen, entstanden bis 1840. Von den späteren Klavierkompositionen sind die stimmungsstarken »Waldszenen« edle Hausmusik. Aber Schwung und Feuer der Jugend verblassen. Schumanns Auseinandersetzung mit Bach (u. a. sechs Fugen über B-A-C-H) zeugt mehr von Arbeit als von Eingebung.
Schumanns Klavierstil hat die Ausdrucksskala des Tasteninstruments revolutionierend bereichert. Gegenüber Beethovens konstruktiver Strenge entfesselte Schumann den Klavierklang nach den Extremen hin: zur vollgriffigen, rauschenden, in Akkordbrechungen funkelnden Fülle wie zur subtilsten Zartheit. Noch niemand hatte im Klaviersatz so feinhörig das Lauschen nach innen, nach dem Klang in Noten gefaßt. Man denke etwa an Nr. 17 der »Davidsbündlertänze«, »Wie aus der Ferne« betitelt:

In der Farbigkeit des Klangs wie in der gefühlsgeladenen Kleinform war ihm Schubert vorausgegangen. Doch bleibt bei dem Älteren der Klaviersatz doch noch im Rahmen des Schemas Melodie-Begleitung; Schumann löst sich vom Modell durch melodische Mittelstimmen, durch Poly-Melodik und prickelnde Rhythmusüberlagerungen.

Der Liederkomponist

Klavierpoet ist Schumann auch als Liedkomponist. Nach dem stürmischen Liederfrühling des Hochzeitsjahres 1840 brachte 1849 noch einmal einen lyrischen Aufschwung, aber auch auf diesem Gebiet liegt das Genialste am Anfang. Schumann knüpfte an Schubert an, so in seiner noch weit intensiveren Vorliebe für zyklische Zusammenfassung (Liederkreis, op. 24, und Dichterliebe, op. 48, nach Heine, Liederkreis op. 39, nach Eichendorff, Frauenliebe und -Leben, op. 42, nach Chamisso, mehrere Bände Romanzen und Balladen, Lieder und Gesänge aus Goethes Wilhelm Meister usw.). Schumann erreicht Schuberts melodische Prägekraft und lyrische Expression nur in einigen Liedvolltreffern (wozu die besten seiner Heine-, Eichendorff- und Goethe-Vertonungen zählen), übertrifft ihn jedoch an Reichtum und Feinheit des Klaviersatzes. Wenn er zum Beispiel Heines Gedicht »Die alten, bösen Lieder« eine tief versunkene, thematisch ganz neue Klavierkantilene nachschickt, die dort weiterdichtet, wo der Poet ver-

stummt, so wird mit solcher Psychologisierung des einstigen »Begleitinstrumentes« eine tragfähige Brücke in die Zukunft geschlagen, über Brahms bis zu Hugo Wolf. Ähnlich schöpft erst der melodisch und motivisch selbständige Klaviersatz in Liedern wie der »Mondnacht« und dem »Nußbaum« Duft und Stimmung der Geschichte aus.

Mit keinem anderen Klangmedium stand Schumann so auf Du und Du wie mit dem Tasteninstrument. Seine vier Symphonien leiden vor allem unter ihrer dicken, klangbreiigen Orchestrierung, die manchmal wie eine ungeschickte Übertragung seines fülligen Klaviersatzes wirkt. Am lebendigsten hat sich die 1. Symphonie in B-Dur, aus dem schaffensfrohen Jahr 1841 gehalten, eine frohgemute Apotheose des Frühlings. Ihr kämpferisches Pendant aus demselben Jahr ist die vier Sätze in einen Satz verschmelzende Symphonie in d-moll. Die Düsseldorfer Hoffnungen spiegelt der von echt schumannschem Brio-Schwung getragene Kopfsatz der Es-Dur-Symphonie von 1850; hier wie in allen seinen Symphonien bleibt der Komponist mehr Idylliker als Formenbauer, wofür die einfache Liedhaftigkeit der langsamen Sätze bezeichnend ist.

Zum eigentlichen symphonischen Gipfel schwingt sich Schumann erst dort auf, wo das Klavier mit im Spiel ist. Das a-moll-Klavierkonzert, sein einziges, überragt bei weitem die anderen Instrumentalkonzerte (für Cello, für Violine, für vier Hörner) und knüpft unmittelbar bei Beethovens G-Dur-Konzert an, selbst diesem in thematischer Inspiration, formaler Geschlossenheit und lyrischer Poesie ebenbürtig.

Lyriker ist Schumann auch in seiner Kammermusik. Die drei Streichquartette op. 41 wetteifern mit dem Klavierquintett in Es-Dur, einem Solitär dieser seltenen Besetzung, an Plastik der kantablen Themen und Vielfalt der Stimmungen.

Am wenigsten glücklich war Schumann, wenn sich sein Ehrgeiz der vokalen Großform zuwandte. Seine Oratorien »Das Paradies und die Peri« und »Der Rose Pilgerfahrt« zerflattern in Genrebildchen, und seine einzige Oper »Genoveva«, nach Hebbel, krankt nicht nur an einem matten Libretto, sondern auch an »zuviel Musik«, nämlich allzu gleichförmiger, dabei ungleichwertiger; der Lyriker Schumann erstickt die bescheidensten dramatischen Keime.

Polnischer Musik-Patriotismus

»Hut ab, ihr Herrn, ein Genie.« Mit diesen Worten seines Doppel-Ichs Eusebius begrüßte Schumann schon 1831 den gleichaltrigen, aber jenseits seiner Heimat noch kaum bekannten Chopin. Mit ihm, dem Polen, betritt zum erstenmal ein Künstler, der nicht einer der traditionellen Musiknationen angehört, den Kreis der Großen. Bis Haydn, ja bis Beethoven bedeutete Nationalität viel weniger als die Zugehörigkeit zu Kulturkreisen; als Politikum so gut wie gar nichts.

Bei Chopin läßt sich das National-Patriotische weder im Schaffen noch in der Persönlichkeit mehr ignorieren, obwohl gerade bei ihm diese Dinge sehr komplex, fast paradox geartet sind. Denn schließlich kehrte der polnische Patriot Chopin nach seinem zwanzigsten Lebensjahr nie mehr in seine Heimat zurück und fühlte sich als Pariser sichtlich wohler denn als Warschauer, er schrieb und lebte französisch. Schon seine Abstammung bleibt in ein Dunkel gehüllt, an das frühzeitig polnischer Historikerchauvinismus Vermutungen knüpfte. Sicher war die Mutter Polin; aber daß der Vater, der als französischer Hauslehrer aus Lothringen eingewandert war, ein einst emigrierter und französisierter Pole war, ist bloß Legende. Natürlich bleiben Erziehung und Bekenntnis entscheidend, und nach beidem ist Chopin eindeutig Pole. Die Frage nach der Nationalität wird bei ihm im Grunde nur deshalb erörternswert, weil sie sich in seinem Werk unverkennbar ausdrückt. Nur ein Pole, der mit seinem von den Russen unterdrückten Volk fühlte und litt, konnte die verzweifelte Revolutionsetüde in c-moll schreiben, nur ein Pole in Mazurken und Polonäsen die ideale Folklore-Landschaft der fernen Heimat so wunderbar verklären.

Frédéric (polnisch Fryderyk) *Chopin* kam am 22. Februar 1810 in dem kleinen Nest Zelazowa Wola bei Warschau zur Welt. Er studierte in der Hauptstadt Klavier und Komposition; frühzeitig schon wurde das Tasteninstrument sein musikalisches Schicksal. Als Pianist mußte er sich in Deutschland und Frankreich bewähren, wenn er weiterkommen wollte. Über Wien führte ihn seine erste große Konzertreise 1831 nach Paris. Die Musikmetropole des damaligen Europa blieb fortan seine Wahlheimat. Dort fand er, was er brauchte: den Verkehr mit den polnischen liberalnationalen Emigranten, mit dem Dichter Mickiewicz an der Spitze; die 1831 gescheiterte Warschauer Revolution gegen den Zaren hatte sie nach Paris getrieben. Dort fand er auch die aristokratischen und großbürgerlichen Salons, in denen man seine Kunst schätzte und honorierte. In seinem ganzen Leben trat Chopin nur wenige Male in öffentlichen Konzerten auf. Der private Umgang mit Persönlichkeiten wie Liszt, Berlioz, Heine und Delacroix befruchtete den sensiblen, vielseitig gebildeten Künstler.

Über zehn Jahre verband ihn ein seltsam spannungsvolles erotisches Verhältnis mit der Schriftstellerin George Sand (eigentlich Aurore Baronin Dudevant): sie eine der ersten literarischen Suffragetten, Zigarren schmauchend und in Männerkleidung schokkierend, er ein fast feminin fragiler, mit seiner gesundheitlichen Anfälligkeit – Lungentuberkulose galt damals als unheilbare »Schwindsucht« – zu äußerster Zurückhaltung und Dezenz neigender Mensch. Les extrèmes se touchent. In Mallorca, wo das un-

George Sand
nach einer Zeichnung
von L. Calamatta 1840

gleiche Paar im Winter 1838/39 Sonne suchte und grimmige Herbststürme in den düsteren Klostermauern von Valldemosa erlebte, begann das Auseinanderleben.

Dem von der fortschreitenden Krankheit gezeichneten Körper wurden die strahlendsten Klavierpoeme abgerungen. Eine letzte Konzertreise führte 1848 nach Schottland und nach London, ins Nebelland, das trotz weiblicher Fürsorge und Verehrung niederdrückend wirkte. Chopin konnte noch nach Paris heimkehren. Dort starb er, bis zuletzt im Bette arbeitend (die Mazurka in f-moll, sein letztes Wachheitszeichen, zeichnet körperliches Verlöschen geradezu musikalisch nach), am 17. Oktober 1849, erst 39 Jahre alt: auch er ein »romantisch« Frühvollendeter.

Romantik in absoluter Form

Chopins Lebenswerk erscheint mit 74 Opuszahlen als nicht allzu groß. Allerdings ist zu bedenken, daß er oft mehrere – bis zu 24 – Stücke unter einer Werknummer zusammenfaßt. Die Ichbezogenheit, der subjektive Ausdruckscharakter zeigt sich schon darin, daß fast alles, bis auf die wenigen Lieder – sie sind in Polen sehr volkstümlich – und die Orchesterkompositionen, Musik für Klavier allein ist: Musik also, die Chopins Intimstes unmittelbar spiegelt, die er sich selber »in die Finger schrieb« und immer selber kreierte. Obwohl seine emotionelle Beteiligung an der Komposition kaum geringer war als bei Schumann, versagte er sich scheu jedwede literarisierende oder programmatische Überschrift. Die Musik allein sollte »reden«. Beinamen wie »Revolutionsetüde« oder »Regentropfen-Prélude« (das einförmige Getropfe eines regnerischen Herbsttages in Valldemosa soll ihn dazu angeregt haben) sind fremde Zutaten.

Chopins Notenhandschrift: Prélude Nr. 15 aus den 24 Präludien op. 28

Dennoch steht die Beredsamkeit von Chopins selbstgeschaffener, eigentlich von keinem anderen maßgeblich beeinflußter Tonsprache der Schumanns nicht nach, übertrifft sie aber zweifellos an melodischer Prägekraft und Formklarheit. Selbst wo Chopin rhapsodisch »erzählt«, in epischen Bildern schwelgt, wie in seinen vier berühmten Balladen (den ersten so bezeichneten für Klavier), bleibt er klassischer Harmonie im Festhalten an der symmetrischen Periodik der Melodien treu, so phantastisch auch sein Klavier wuchert. Hingegen weicht er in seinen beiden reifen Sonaten (b-moll und h-moll) weit vom klassischen Modell ab, was schon sein Bewunderer Schumann bemerkte. (Der Trauermarsch der b-moll-Sonate, der populärste von allen, kam übrigens erst später dazu.)

Der vierte Satz dieser Sonate ist ein »Finale«, wie es vor ihm noch keiner schrieb: ein Presto-Huschen in Oktaven-Triolen, ohne Thema, ohne Dynamik, ohne jedwede greifbare Gestalt, gespenstisch, kühne Vorahnung des musikalischen Impressionismus, selbst von Debussys unkonventionellsten Klaviergedichten nicht an Hauch und Duft übertroffen.

Hier stieß Chopin, der Klangmagier, an die Grenze des für einen Musiker des frühen 19. Jahrhunderts überhaupt Vorstellbaren, was Auflösung, Zersetzung herkömmlicher Form betrifft. Aber die sinnenhafte, mit dem Ohr ständig kontrollierte, am Instrument ausprobierte Klanglichkeit bestimmt schon die frühen Nocturnes, deren allbeliebte Modelle der Dubliner *John Field* (1782–1837) geschaffen hatte. Gleich das erste dieser Nachtstücke, noch simpel in der Begleitung mit weitgriffigen Akkordzerlegungen, zeigt Chopin als Ornamentiker von eigenem Wuchs. Die altklassische »Verzierung« wird poetisiert, in Atmosphäre verwandelt.

Später erreichte Chopin eine streng auskomponierte Form des »Ornaments«, das neue Schönheiten des Klavierklanges erschloß, wie sie keinem vor ihm bekannt waren. Zum Beispiel die beidhändigen Kaskaden im Scherzo in cis-moll, die als rein klangliche Vision das akkordische Thema umranken:

Chopin konnte dem Klang nicht minder sensibel nachträumen als Schumann. Keine Komposition seiner Reifezeit, die nicht eine Liebeserklärung ans Klavier wäre, von innigster Vertrautheit mit dessen Eigenart zeugte. Sogar die beiden frühen Klavierkonzerte in e-moll und f-moll stehen dafür, obwohl die inferiore Rolle des Orchesters sie aus dem Kreis der wirklich großen Werke dieses Genres verbannt. Die melodische Kraft aber sichert selbst ihnen Unsterblichkeit.

Um wieviel mehr erst die wahren Meisterschöpfungen! Den Melodiker Chopin braucht man nicht vorzustellen. Jede Note spricht von seiner Eigenart. Keiner konnte sie nachahmen, keiner in den Schatten drängen. Wir haben es mit einer Urkraft zu tun, die nur an Mozart (Chopins verehrtem Idol), Schubert (den er kaum kannte) und Verdi zu messen ist. Bach darf nicht übergangen werden. Wenn Chopin, der Klaviervirtuos, sich in Form bringen wollte, spielte er das »Wohltemperierte Klavier«. Die formale Meisterschaft, die vollendete Gestalt seiner Tastenphantasien, ihre scheinbare Leichtigkeit und Salon-Eleganz ist mühsamer, langsamer Arbeitstechnik abgerungen. Chopin hatte es dabei leichter als Schumann, seine Ideenfülle zu bändigen, da er an den klassischen Modellen der dreiteiligen Liedform und des klar gegliederten Rondos grundsätzlich festhielt. Um so bewundernswerter, wie er sie mit dichterischen, chopinisch unverwechselbaren Inhalten erfüllte.

Der Harmoniker Chopin nützte Chromatik als Mittel malerischer Zwischenwerte und Nuancen im wörtlichen Sinne (Chroma heißt Farbe), nicht mehr als bloße Tonleiterstufung, sondern als Bereicherung der tonverwandtschaftlichen Zusammenklänge. Eine einfache Mazurka (op. 6, Nr. 1) mag davon zeugen:

Der Rhythmiker Chopin übertrifft Zeitgenossen und unmittelbare Vorgänger bei weitem an Plastik und scharfer Prägung. In seinen charakteristischsten Kompositionen ging er von tänzerischen Formen aus: In den vier an den Dreivierteltakt gebundenen Scherzi (h-moll, b-moll, cis-moll, E-Dur); in dem Halbhundert von Mazurken, die den urpolnischen Tanztypus vielfältigster Poetisierung dienstbar machen; in den Polonäsen (mit dem Prunkstück in As-Dur), die dem gesellschaftlich-repräsentativen »Aufzug« der Paare eine bildhafte Verklärung abgewinnen, wie sie wohl nur die idealisierende Sehnsucht des Emigranten Chopin imaginieren konnte; in den Klavierwalzern schließlich, in denen Chopin den Bedürfnissen des Pariser Salons virtuos huldigt, ohne sich seines musikalischen Dichtertums zu begeben. Die Walzer in a-moll, cis-moll und e-moll, die »unbrillantesten«, erscheinen gerade darum als die poetischsten, Webers »Aufforderung zum Tanz« nächsten.

Vielleicht gab Chopin in den 24 Préludes op. 28, die man eine romantische Variante des »Wohltemperierten Klaviers« nennen könnte (sie durchlaufen im Quintenzirkel alle Dur- und Moll-Tonarten), und den 27 Etüden, mit op. 10 und 25 als Herzstück, sein Allerpersönlichstes. In den Etüden offenbart Chopin seine klavierdichterische Verwandlungsgabe um so bewundertswerter, als er niemals den didaktischen Zweck außer acht läßt. Technische Probleme, zum Beispiel Terzengeschmeidigkeit, Triller, Akkordbrechungen, Arpeggio usw., können anhand der Etüden geübt werden – aber wie unendlich hoch erhebt Chopin diese Form, wenn man Vergleiche zieht mit der Nüchternheit der gleichbenannten Typen von *Carl Czerny* (1791–1857) und *Muzio Clementi* (1752–1832). Clementis »Gradus ad Parnassum« wie Czernys Klavier-

etüden waren gewiß geeignet, pianistische Technik vielseitig zu entfalten. Dennoch rufen sie bis heute Alpträume bei den Klavierspielern hervor, während die Bewältigung einer Chopin-Etüde pianistische Wonnen sondergleichen gewährt.
Heinrich Heine, Chopins Zeitgenosse im Paris des Bürgerkönigs Louis Philippe, hat, musikalisch halbgebildet aber mit einem außerordentlichen Gefühl für alles Poetische ausgestattet, des Exilpolen wahres Genie seherisch erkannt, wenn er den Liebling der Salons als Ebenbürtigen hinter Mozart und Beethoven stellte und in die »süßen Abgründe seiner Musik, in die schmerzliche Lieblichkeit seiner ebenso tiefen wie zarten Schöpfungen« tauchte.
Hundert Jahre später, um die Mitte des 20. Jahrhunderts, ist Chopins Geltung möglicherweise noch stärker. Kein Berufspianist traut sich, einen Bach-, Mozart- oder Schubert-Abend vor der zahlenden Öffentlichkeit zu riskieren. Ein Chopin-Programm hingegen verspricht, und sichert sogar, die Einbringung der Unkosten, wie es nur noch ein einziger Großer vermag: Beethoven.

Bürgerliche Romantik

Mendelssohn starb noch jünger als alle seine kurzlebigen Komponisten-Zeitgenossen, erst achtunddreißigjährig. Dennoch umwittert ihn kein Hauch von Tragik. Vielmehr schwebt um ihn ein Abglanz der Glückhaftigkeit, der einem Frühverstorbenen das Epitheton des Götterlieblings verleiht. Die Schicksalsfeen hatten seine Wiege mit lauter freundlichen Gaben bedacht. Er war ein Wunderkind, das schon mit neun Jahren pianistisch an die Öffentlichkeit trat und mit siebzehn sein genialstes Stück schrieb, die Ouvertüre zu Shakespeares »Sommernachtstraum«. Musizieren und Schaffen gingen ihm so leicht von der Hand, wie es ihm leicht fiel, Freunde zu finden, sich im Leben zu arrangieren.
Felix Mendelssohn-Bartholdy (1809–1847) war ein Kind aus reichem Hause, vor aller Not gefeit und glücklich verheiratet; in der Jugend schon ebnete man ihm mit Empfehlungen und Berufungen die Laufbahn; das bürgerliche Publikum erkor seine Kompositionen zu Favoriten, und zugleich bewunderten ihn die Größten seiner Zeit (nicht einmal Wagner ausgenommen, ehe er sich zu der Verrücktheit seines Pamphlets »Das Judentum in der Musik« verstiegen hatte). War Felix, der Glückliche, nicht *zu* glücklich, um einer der ganz Großen zu werden?

Mendelssohn und seine Gesellschaft

Mendelssohns Kunst war wohl zu tief im Großbürgerlichen verhaften, soziologisch wie emotionell, um die Ablösung der einst kunsttragenden Schicht im Massenzeitalter unversehrt überstehen zu können. Mendelssohn war einer der ersten, die, ohne auf höfische und sonstwie aristokratische Mäzenaten angewiesen zu sein, als Musiker, nämlich als Komponist, Pianist und Dirigent, von den Kunstinstitutionen der jungen bürgerlichen Gesellschaft getragen werden konnten. Er traf deren Ton und gab, was man erwartete, ohne deshalb seine künstlerische Auffassung verleugnen zu müssen. Vielmehr harmonierte sowohl seine persönliche Art wie die seiner Musik ganz natürlich mit den Bedürfnissen der Epoche.

Er stand mit beiden Beinen fest im Musikleben, ja, einige seiner organisatorischen Taten übertreffen die meisten seiner Werke an historischer Bedeutung. Man braucht nur an die Wiedererweckung von Bachs Matthäus-Passion zu denken, die er gemeinsam mit dem Schauspieler und Sänger Eduard Devrient dem widerstrebenden alten Zelter, dem Hüter des Partituren-Horts, durch seinen Enthusiasmus abtrotzte und selber dirigierte (1829), oder an die Gründung des Leipziger Konservatoriums (1843), an die Erhebung des Gewandhaus-Orchesters, das er schon seit 1835 leitete, zum fortschrittlichsten und führenden ganz Europas. Deutsche Männerchöre danken ihm Lieblingsstücke wie »Wer hat dich du schöner Wald« und »O Täler weit, o Höhen«, die zeitweise den höchsten Grad der Popularität, die Anonymität von Volksliedern, erreichten; die Oratorienbewegung bekam (vorübergehend) einen neuen Aufschwung durch »Paulus« und »Elias«; die klavierspielende höhere Tochter reiche Finger- und Gemütsnahrung durch Mendelssohns »Lieder ohne Worte«.
Die Oratorien schätzte man als Bach- und Händel-Erneuerung im romantischen Geist. Aber sie erwiesen sich doch, tüchtiger polyphoner Technik zum Trotz, als Epigonik. Von den einst so allbeliebten »Liedern ohne Worte«, an Schuberts Impromptus anknüpfenden pianistischen Kleinformen, wehen das duftige »Frühlingslied«, Nr. 30 oder Nr. 34, das sechzehntelgeschäftige »Spinnerlied«, als gelegentliche Zugaben ferne Biedermeiergrüße noch in unsere Konzertsäle. Selbst das Wertvollste, Persönlichste widerstand kaum der postumen Auslese. Wie selten hört man die Hebriden-Ouvertüre, ein echtes Stück Naturromantik, in dem nordische Meereslandschaft – erlebt auf einer Schottlandreise – formvollendet eingefangen ist; wie selten die beiden inspiriertesten von Mendelssohns fünf Symphonien, die Schottische, a-moll, mit einem folkloristischen Dudelsack-Thema im Scherzo, und die Italienische, A-Dur, mit einem neapolitanischen Saltarello als Presto-Finale. Mehr noch als die Schumanns lebt Mendelssohns Symphonie von der Liedform, vom Melodiethema. Der Verfall der motivischen Arbeit gegenüber der Klassik bleibt deutlich. Nicht einmal das ewig junge unter seinen Instrumental-Konzerten, sein einziges Violinkonzert (in e-moll, 1844), kann sich in der Feinarbeit und in der Tiefe des langsamen Satzes ganz mit den klassischen Standardwerken seines Typus messen. Die Unsterblichkeit verdankt es dem Widerspiel zwischen der schwärmerischen Melodik des ersten Satzes und der Geigerbrillanz des Finales. Es entspricht so ganz den Möglichkeiten des Instruments, daß es Mendelssohns g-moll-Klavierkonzert weit in den Schatten gestellt hat.

Jünglings-Romantik

Der dritte Satz des Violinkonzerts scheint sich der Elfenmusik der »Sommernachtstraum«-Ouvertüre des Siebzehnjährigen zu erinnern. Es klingt ein »romantischer« Ton in diesem berühmten Konzert, schmerzlich-empfindsam, kapriziös, aber doch schon gebändigt und geglättet zum Effektvollen, Gefälligen. In jeder Ouvertüre hatte der von Bach, Mozart, Beethoven, Weber – und Shakespeare gleicherweise faszinierte Jüngling noch naiv-begabt, unbelastet von Rücksichten auf Publikumswirkung dem Klang nachgelauscht, so wie Weber, Schumann und Chopin es getan hatten. Die ersten Akkorde der Sommernachtstraum-Ouvertüre und die wispernden Geigen-Terzen des Alle-

gros enthalten das Reinste, Schönste des Romantikers Mendelssohn.

Daß er viel später die Musik zu der Shakespeare-Komödie mit Rüpeltanz, Waldhorn-Nocturno und Hochzeitsmarsch fast gleichwertig fortsetzen konnte, spricht für die Konstanz von Mendelssohns kompositorischer Höhe, zugleich auch für eine gewisse Begrenzung der Ausdruckspalette. Eine Entwicklung findet bei Mendelssohn nur technisch statt, nicht aber in der Tiefenrichtung. Der romantischste Mendelssohn, zugleich also der historisch modernste, bleibt der jünglingshafte. Was er später an Meisterschaft gewann, bezahlte er mit einer Glätte und Perfektion, die von der Nachwelt weniger geschätzt wurde als von den Zeitgenossen.

Notenhandschrift Mendelssohn-Bartholdys:
»Jägers Abschied« (Wer hat dich, du schöner Wald ...)

Ihnen galt Mendelssohn geradezu als *der* repräsentative deutsche, und typisch deutsche, Komponist nach Beethoven. Er selber, am 3. Februar 1809 in Hamburg als Sproß einer kultivierten jüdischen Familie geboren – der Vater Abraham war Bankier, der Großvater Moses Mendelssohn ein bedeutender Philosoph der deutschen Aufklärung – fühlte ganz deutsch; von einer Rheinreise berichtet er: »Da merkte ich, daß ich ein Deutscher sei und in Deutschland wohnen wolle ...« Das Bildungsgut von Deutschlands größter geistigen Epoche empfing er schon frühzeitig aus erster Hand, durch persönliche Begegnung. Der dreizehnjährige Knabe durfte Goethe in Weimar besuchen, er blieb das reine Entzücken des Olympiers, der Mendelssohn gegenüber auch später alle Zugeknöpftheit ablegte und sich von ihm Beethovens 5. Symphonie auf dem Klavier vorspielen ließ.
Zelter und der angesehene Pianist Ludwig Berger in Berlin, wo Mendelssohn seit seinem dritten Lebensjahr aufwuchs, waren seine Lehrer, die hochmusikalische Schwester Fanny seine intimste Freundin. Der Siebzehnjährige schon erlebte in Berlin die Uraufführung einer Oper, genauer gesagt: den Durchfall seiner Don-Quijote-Buffa »Die Hochzeit des Camacho«. Vielleicht schreckte ihn der Mißerfolg für alle Zeiten ab, obwohl er sich als reifer Mann jahrelang mit Entwürfen zu einer Loreley-Oper trug. Aber bald nahm ihn ohnehin die Karriere in Anspruch. Mit vierundzwanzig Jahren berief man ihn zum städtischen Musikdirektor in Düsseldorf (wo Schumann später so tragisch scheitern sollte), zwei Jahre später schon zum Gewandhaus-Dirigenten nach Leipzig. Er wirkte dort als Reformator und Orchestererzieher und

gründete das Konservatorium. Kapazitäten wie Schumann, die überragenden Geiger August Wilhemj und Joseph Joachim und der Pianist Ignaz Moscheles aus Prag wurden von ihm als Lehrkräfte verpflichtet.
Neun Reisen nach England verschafften ihm dort einen Ruf, wie ihn Händel und Haydn in ihren ruhmreichsten Tagen besessen hatten. Namentlich seine Oratorien wurden berühmt. Für Mendelssohn, der als evangelischer Christ aufgewachsen war, gab es keinen Widerspruch zwischen jüdischer und christlicher Religiosität. Die fromme Primadonna Jenny Lind, die sich frühzeitig von der Oper zurückgezogen hatte, wurde seine gleichgestimmte Interpretin. Der 1842 verliehene Titel eines kgl. preußischen Generalmusikdirektors krönte Mendelssohns bürgerliches Ansehen, aber es zog ihn doch wieder von Berlin nach Leipzig zurück. Dort starb er am 4. November 1847 nach einem Schlaganfall, ohne langes Leiden, ein Liebling der Götter noch im Tode.

Lortzings Singspieloper

Mendelssohn war der Bürgerkönig des romantischen Konzertsaales und Salons, *Albert Lortzing* (1801–1851) der des jungen deutschen Operntheaters. Wenn Lortzing sich, dem Zeitgeschmack folgend, auf romantische Pfade begab, so fand er nicht die blaue Blume der Romantik, sondern Opernrollen. Das Hinabtauchen ins mittelalterliche Rittertum bedeutete bei Eichendorff Sehnsucht nach der »alten, schönen Zeit«; bei Lortzing, im »Waffenschmied«, wurde eine Verwechslungskomödie mit Butzenscheiben-Lyrik daraus. Auch in der einzigen Oper, in der es bei ihm mit übernatürlichen Dingen zuging und die Novellen-Vorlage de la Motte-Fouqués echte Romantik versprach, nämlich in der »Undine«, bog er das Ende, das nach romantischem Mythos nicht anders als tragisch sein konnte, ins bürgerlich Versöhnliche um. Undine wie Kühleborn, die Geisterwesen, werden bei Lortzing entdämonisiert. In ihrer Welt fühlte er sich nicht recht zu Hause, jedenfalls bei weitem nicht so wie in der fröhlichen seiner musikalischen Lustspiele.
Läßt man seine bis heute unverwelklich populären Lied-Arien, die etwas hausbackene Schalkhaftigkeit seiner komischen Figuren durchs Gedächtnis ziehen, so erscheint Lortzings Name wie kein zweiter als Synonym für musikalisches Biedermeier. Sein Leben jedoch enthüllt die grausame Realität hinter der heiter-biederen Fassade. Daß der Mann, dem als erstem seit Mozart erfolgreiche deutsche komische Opern gelangen und der seinem Volk so viele volkstümliche Melodien schenkte, in Armut und Elend sterben mußte, während Mendelssohn die Sprossen auf der Leiter von Ruhm und Ansehen unaufhaltsam höher stieg, erklärte sich nur aus den soziologischen Bedingungen der Epoche.
Einem angestellten Musikdirektor sicherte das junge Bürgertum die bürgerliche Existenz. Einem Theatermann mitnichten. Tantiemen für vielgespielte Opern gab es nicht – sonst hätte Lortzing ein Millionär werden müssen wie viele andere nach ihm. Immer noch umgab ein Odium von Außenseitertum (»Hängt die Wäsche weg, die Komödianten kommen«) den Stand der Theaterleute; und diesem Stand entstammte Lortzing, seinen Möglichkeiten – und nicht etwa denen eines Komponisten – mußte er die Existenzbedingungen abringen.
Albert Lortzing wuchs als rechtes Theaterkind auf. Sein Vater war erst Kaufmann, wandte sich aber bald, nachdem der kleine Albert in Berlin geboren worden war, dem

80 Frédéric Chopin, Zeichnung von Delacroix

81 Totenmaske Felix Mendelssohn-Bartholdys

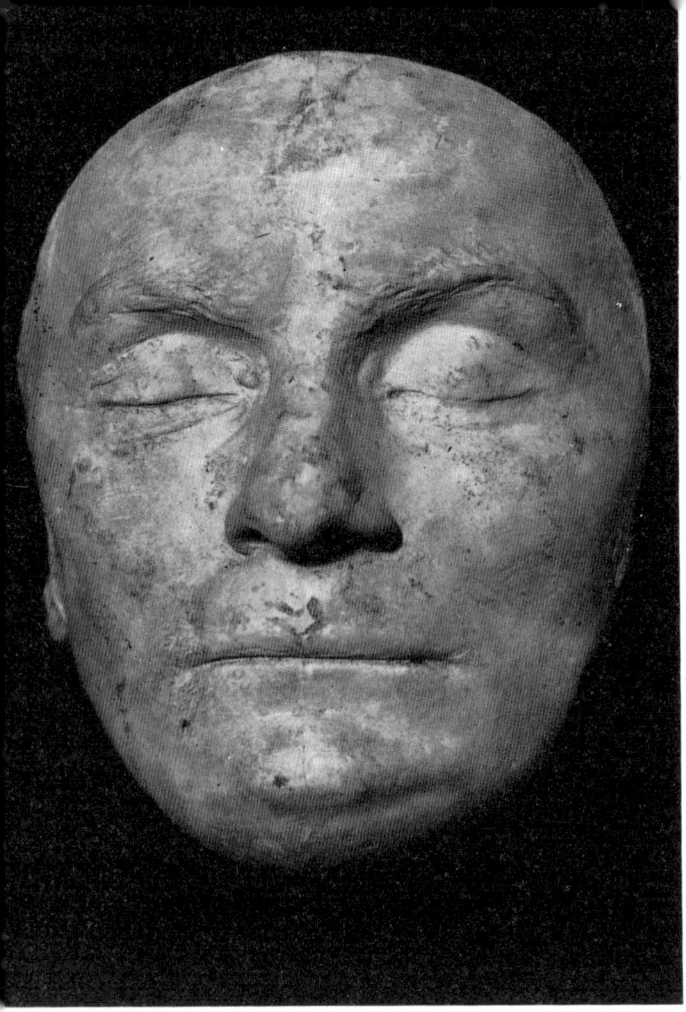

82 Totenmaske Albert Lortzings

83 Georges Bizet

Zeitgenössisches Szenenbild aus dem »Wildschütz« von Lortzing

Theater zu und wurde Prinzipal einer reisenden Truppe. Auf den Kreuzfahrten durch ganz Deutschland sog Lortzing Theaterluft gewissermaßen mit der Muttermilch ein. Das Bühnenkind wurde später jugendlicher Liebhaber, dann Tenorbuffo (Schauspiel und Spieloper mußten mit denselben Kräften bewältigt werden), er spielte als Geiger und Cellist im Orchesterchen mit, lernte aus der Praxis heraus das Metier des Kapellmeisters und des Regisseurs, soweit man simple Arrangements unter diesen Begriff fassen kann. Vor allem aber lernte Lortzing, was jedwedes Theater als Lebenselixier braucht: »Rollen heißt das Zauberwort!«

Die sechs Detmolder Jahre erbrachten nur Fingerübungen, die elf Leipziger, 1833 bis 1844, erste Erfolgswerke: nach den »Beiden Schützen« schon »Zar und Zimmermann« (1838) und »Wildschütz« (1842). In Wien folgte »Der Waffenschmied« (1846). Lortzing, der Volksmann und tief innerlich Gerechte, sympathisierte mit den Revolutionären von 1848/49. Seinen Tribut bildet die kaum gespielte, aber historisch als Vorbote eines neuen sozialen Opernrealismus bedeutsame »Regina«: Die Titelheldin ist die Tochter eines Fabrikanten, revoltierende Arbeiter treten auf – im Jahre 1848, als Meyerbeers Kostümoper gerade im höchsten Flor stand, fast dreißig Jahre vor Bizets Zigarettenarbeiterinnen von Sevilla!

Danach ging es mit Lortzing bergab. Aller Fleiß nützte nichts. In Berlin, wo er als Kapellmeister am zweitklassigen Friedrich-Wilhelmstädtischen Theater eine kümmerlich bezahlte Kapellmeisterstellung ausübte, starb er 1851 – einen Tag nachdem sein Einakter »Die Opernprobe« ein reizendes, mozartnahes Stück, in Frankfurt am Main uraufgeführt worden war.

Der erste Dichterkomponist

Lortzing wurde zu Lebzeiten und lange nachher von den Experten so unterschätzt wie Mendelssohn überbewertet. Das Publikum, das er immer als einzige Instanz anerkannt hatte, erwies sich als kompetenterer und gerechterer Richter. Bis heute gehören Lortzings beste Spielopern zumindest in deutschsprachigen Ländern – weiter hinaus gingen seine Ambitionen auch nie – zu den Säulen des Spielplans. Mit Recht, wenn man Oper als Ganzes betrachtet: Was Lortzing an poetischem Musikergenie fehlte, ersetzte er als Librettist fast aller seiner Stücke durch eine Bühnentüchtigkeit, die in romanischen Ländern eine Selbstverständlichkeit, in Deutschland immer selten war.

Wie überlegen erwies er sich den dünkelhaften »Dichtern« vom Schlage der Kind und Chézy, und wie bescheiden sprach er, der erste Dichterkomponist vor Wagner, von seiner eminenten Kunst, aus »verschollenem Mittelgut« des Schauspielbestandes glänzende Rollen und Situationen zu versifizieren! So ist im »Wildschütz« alles Entscheidende von ihm und der zugrunde liegenden Kotzebue-Posse »Der Rehbock« überlegen: die Verwandlung des recht unsympathischen Pächters Grauschimmel in den jeanpaulischen, liebenswert tolpatschigen Dorfschulmeister Baculus; dessen brillante »Fünftausend-Taler-Arie«; die Komik der Gräfin mit dem Griechentick – und natürlich die köstliche Billard-Szene, ein fast mozartwürdiges Finale.

Der Komponist Lortzing dankt seine Volkstümlichkeit kunstlosen Nummern: Bariton-Liedarien des Zaren »Sonst spielt' ich«, des Waffenschmieds »Auch ich war ein Jüngling mit lockigem Haar« oder Biedermeierliedern (»Vater, Mutter, Schwestern, Brüder« in der »Undine«). Aber es spricht doch für die Gesundheit des Publikumsurteils, daß sich der viel feinere »Wildschütz« je länger je beständiger die Gunst eroberte. Auch die Singprobe im 3. Akt von »Zar und Zimmermann« zeugt von einem musikalischen Sinn für treffsichere Situationskomik, die den Biedermeier Lortzing als Dramatiker über alle deutschen Zeitgenossen erhebt. Zumindest mit dem »Wildschütz« hat er die feinste deutsche Musikkomödie zwischen Mozart und den »Meistersingern« geschaffen (übrigens nahm er Wagners einzige heitere Oper in seinem »Hans Sachs« auf volkstümlicher Stufe vorweg).

Nicolai, Flotow, Kreutzer

Tut man mit solcher Wertung Nicolais »Lustigen Weibern von Windsor« unrecht? Mit dieser Shakespeare-Oper, die in Deutschland nicht einmal von Verdis spirituell überlegenem »Falstaff« verdrängt wurde, gelang dem gebürtigen Ostpreußen aus Königsberg, Lern-Italiener, Wiener Hofkapellmeister (Begründer der bis heute florierenden Philharmonischen Konzerte) und schließlich Wahl-Berliner ein Geniewurf. Leider ein unwiederholbarer: Drei Monate nach der Berliner Uraufführung von 1849 raffte ihn ein früher Tod hinweg. *Otto Nicolai* (1810–1849) hatte das musikalische Handwerk von der Pike auf gelernt, als Schüler Zelters in Berlin, als Organist und Kapellmeister in Italien, wo er Palestrina, die Neo-Neapolitaner und Bellini studierte und eine Reihe italienischer Opern komponierte, dazu Symphonien, Kirchen- und Kammermusik.

Daß er, der begeisterte Mozartianer, sich dennoch als deutscher Opernmeister entpuppte, ist ein Glücksfall. Nicolai entdeckte in dem Libretto, das ihm ein mittelmäßiger Lustspielfabrikant (S. H. Mosenthal) zurechtzimmerte, etwas, was in Shake-

Hauskonzert. Nach einer englischen Zeichnung aus dem Jahr 1851

speares gleichfalls mäßigem Stück gar nicht vorhanden ist: nämlich die Romantik »mondbeglänzter Zaubernacht«. Sie entfaltet sich in der Cello-Kantilene des 3. Aktes, die den Zauber »deutschen Waldes« selbst in Windsors Renaissance-Park einfängt:

Die Theaterwirksamkeit ist schon zuvor durch reizvolle Arien und Ensembles und populäre Nummern wie Falstaffs Trinklied (»Als Büblein klein«) gesichert worden. Aber gerade jener Hauch von romantischer Poesie hebt Nicolais einzige Meisteroper über die aller Zeitgenossen, Lortzings verbürgerlichte Romantik eingeschlossen, hinaus.
Das Panorama der deutschen Oper vor Wagner rundet der Mecklenburger Junker *Friedrich von Flotow* (1812–1883), der seiner Musik nach eher ein Pariser war. In die französische Hauptstadt kam er als Diplomat in spe, aber die Opéra comique faszinierte ihn so, daß er sich dem Komponistenberuf zuwandte und sich auch mit französischen Opern (»Le naufrage de la Méduse«) auf dem Parkett Aubers und Meyerbeers versuchte. »Alessandro Stradella«, 1844, kam in Hamburg heraus (bis heute hat sich die Ouvertüre erhalten), »Martha oder der Markt zu Richmond« (1847 in Wien) wurde eine der wertbeständigsten deutschen Spielopern.
Die Gattungsbezeichnung »Romantisch-komische Oper« sagt wenig über ihren wahren Charakter aus. Romantik gibt sich noch verbürgerlichter als bei Lortzing, klingt eigentlich nur noch als »romantische Liebesgeschichte« zwischen einer Lady und einem vermeintlichen Bauern an und im gefühlvollen Ton, der sich auch eine irische Volksweise (»Letzte Rose«) zunutze macht. Die französisierende Eleganz Flotows, die bei Deutschtümlern früher Naserümpfen hervorrief, stört heute keinen mehr. Im Gegenteil: Hätte das Biedermeier nur mehr solcher liebenswerter deutsch-französischer Zwitter geboren.
Konradin Kreutzer (1780–1848) schrieb 30 Opern, mit dem »Nachtlager von Granada« (1834) als erfolgreichster, und verschiedene Instrumentalkompositionen. Einige seiner freundlichen Biedermeiermelodien haben sich erhalten, so das Hobellied aus seiner Musik zu Raimunds »Verschwender«.

Opéra comique und Grand opéra

Der Blüte der Symphonik, die in Mannheim aufkeimte und sich in Wien großartig entfaltete, hatte die Hauptstadt von Musik-Europa, Paris, nichts auch nur annähernd Ebenbürtiges entgegenzustellen. Dennoch hielt Paris seinen Metropolenrang über die Durststrecken der Jahrzehnte um 1800 hinweg: dank zweier musikalischer Genres, die autochthon französische Gewächse sind und ein Jahrhundert hindurch Europa wenn auch nicht beherrschten, so doch – trotz den Genies Weber und Wagner, Rossini und Verdi – erheblich beeinflußten, nämlich Opéra comique und Grand Opéra.
Die Tradition dieser beiden Formen und die Anziehungskraft der Weltstadt bedingten und durchdrangen einander. Schon in den zwanziger Jahren des 19. Jahrhunderts fungierte Paris wieder als magnetisches Zentrum des europäischen Musiklebens. Wer als Musiker »sein Glück machen« wollte, mußte sich in Paris bewähren: Opern-Primadonnen aller Zungen, Virtuosen wie Paganini, Chopin, Liszt und Thalberg, Komponisten von Rossini über den jungen Wagner bis Verdi rangen um die Eroberung der Bastion Paris. Frankreich bedankte sich für die Blutzufuhr, die seiner Musik durch die Ausländer Cherubini, Spontini, Rossini und Meyerbeer zugute kam, dadurch, daß es Jahrzehnte hindurch Europa mit gängigen Opern belieferte. (Von dem symphonischen Beitrag Berlioz' wird später gesondert die Rede sein.)
Der Opéra comique huldigte schon der junge Gluck, Mozarts »Entführung« bezieht sich im Vaudeville-Finale auf sie, Beethovens »Fidelio« basiert auf einem französischen Vorbild, und noch in Wagners »Fliegendem Holländer« – von Lortzing und Flotow zu schweigen – scheinen die Pariser Modelle durch. Deutsches Singspiel ist ohne Opéra comique gar nicht denkbar. Der Gattungsbegriff geht bis auf den Anfang des 18. Jahrhunderts zurück. 1714 taucht er zum ersten Male auf, als zwei Jahrmarkttheater in Paris unter diesem Namen vereinigt wurden – das Monopol für ernste Opern hütete ja, wie wir schon gesehen haben, das Königliche Theater Lullys. Vorangegangen waren mannigfache Zwischenformen: zum Beispiel die mit Musik ausgestatteten Marionettenspiele der Renaissance, die »Intermèdes« (entsprechend den italienischen Intermezzi) der Barockoper. Von Anfang an war der Typus dadurch gekennzeichnet, daß gesprochenes und gesungenes Wort miteinander wechselten – ein grundlegender Unterschied zu der im volkstümlichen, lebensnahen und heiteren Charakter verwandten italienischen Opera buffa.

Von Rousseau bis Grétry

Dem um die Mitte des 18. Jahrhunderts Paris in zwei Parteien spaltenden Buffonistenstreit ist eine der ersten echten Opéras comiques zu danken: nämlich das Dreipersonen-Singspiel »Le devin du village« (1752), dessen Komponist kein Geringerer war als der Philosoph Jean-Jacques Rousseau.
Der in Paris lebende Neapolitaner *Egidio Romoaldo Duni* (1709–1775) setzte diese Linie mit über zwanzig volkstümlichen Opern fort; als stilprägender Kompagnon stand ihm der Stückeschreiber *Charles Favart* zur Seite, der auch Glucks Partner war. Musikalisch höher gestellt – was sich schon in seinem zeitgenössischen Beinamen »Le Grand« äußert – wird *François André Danican Philidor* (1726–1795). Seine Erfolgszeit sind die sechziger Jahre (Le Jardinier et son Seigneur, Sancho Pança, Le Sorcier).

Er war ein weitgereister Mann, ein für seine Zeit fortschrittlicher Instrumentator und gehört übrigens der Schachgeschichte ebenso an wie der der Musik: einige seiner Partien gelten als klassisch, und mit dem Schachspiel, das man damals ungeniert während der Opernvorstellungen in den luxuriös eingerichteten Logen betrieb, bestritt er seinen Lebensunterhalt, indem er im reichen London hohe Preise gewann.

Sein Zeitgenosse *Pierre Alexandre Monsigny* (1729–1817) war nicht ganz so produktiv, verdient aber insofern einen Platz in der Geschichte der Opéra comique, als er durch ausdrucksvolle Deklamation und begleitete Rezitative Brücken zur Großen Oper schlug (Rose et Colas, Le Déserteur, Félix). *François Joseph Gossec* (1734–1829) machte die lockere Form auch ernsten Stoffen dienstbar; er wurde mit »La reprise de Toulon«, worin die Marseillaise effektvoll eingeflochten erscheint, neben *Jean François le Sueur* (oder Lesueur, 1760–1837), dem Komponisten der »Caverne«, zum gefeierten Meister der Revolutionsoper. Verdienste erwarb er sich auch als einer der Begründer des Pariser Conservatoire (1795).

Von *Nicolas Dalayrac* (1753–1809) und *Pierre Gaveaux* (1761–1825), einem gefeierten Tenor, von dem eine vorbeethovensche »Léonore ou l'amour conjugal« stammt, ist nichts übriggeblieben als der Nimbus, die sogenannte »Rettungsoper« mitgeschaffen zu haben: ein Typus, in dem das Gute und Edle nach aufregenden Verwicklungen in letzter Minute triumphiert. Dazu gehören auch des gebürtigen Lüttichers *André Ernest Grétry* (1741–1813) seinerzeit hochberühmte Opern »Richard Coeur de Lion« und »Guillaume Tell«. Durch sie lebt Grétry, der in Italien studiert hatte, wenigstens in der geschichtlichen Erinnerung stärker als durch seine eigentlichen heiteren Opéras comiques.

Aber was heißt »eigentlich«? Es zeigt sich schon hier, daß nicht der Grad von Komik, sondern ausschließlich die Form der Oper maßgebend wird. Zwar soll die Handlung gut ausgehen (weshalb auch noch fast hundert Jahre später Bizets tragische »Carmen«, formal eine Opéra comique, als höchst befremdlich empfunden wurde); es genügte aber schon, wenn das gesprochene Wort, der Dialog benützt wurde, um das Werk der Opéra comique zuzurechnen und auf deren Bühne und nicht in der Großen Oper herauszubringen, auch wenn es wenig zu lachen gab.

Grétry ist außerdem durch die gelegentliche Verwendung von Leitmelodien, die an bestimmte Personen gebunden sind, und durch romantische Züge in einigen seiner Opernstoffe interessant. »Zémire et Azor« (1771) behandelte schon während des Rokokos eine Fabel – ein verzaubertes Ungeheuer wird durch hingebende Liebe von seiner Mißgestalt befreit –, deren Erlösungsmotiv viel später in der hochromantischen deutschen Oper, vor allem bei Wagner, zum ideellen Leitmotiv wurde. Märchenhaftigkeit sicherte auch der Aschenbrödel-Oper »Cendrillon« (1810) des Maltesers *Niccolò Isouard* (1775–1818) einen europäischen Erfolg, wobei man freilich nicht an die Märchenpoesie der deutschen Romantik denken darf.

Boieldieu, Klassiker der Opéra comique

Was das damalige Paris unter Romantik verstand, nämlich den Reiz exotisch-orientalischer Stoffe und den wohligen Schauer nordischer Gespenstik und Abenteuerlichkeit, wie sie des Schotten Walter Scott Ritterromane verbreiteten, alles das verkörperte sich mit epochaler Wirkung in den Opern *François Adrien Boieldieus* (1775–1834).

Durch ihn wurden alle Vorläufer so in den Schatten gestellt, daß er – der älteste Komponist des Genres, der heute noch auf der Bühne lebt – geradezu als Vater der Opéra comique in ihrer klassischen Ausprägung gelten kann. Boieldieu stammte aus Rouen, wo er als Sohn eines Beamten des erzbischöflichen Amtes geboren wurde. Die Brutalität eines trunksüchtigen Musiklehrers brachte den begabten Jungen bis an den Rand des Selbstmordes. Ohne rechte Fachausbildung genossen zu haben, komponierte er als Achtzehnjähriger schon Opern, die in seiner Heimatstadt Erfolg hatten. Aber erst als er nach Paris ging, setzte er sich allmählich durch. Er war längst Professor am Conservatoire, da gelang ihm mit dem Einakter »Le Calife de Bagdad« (1800) nach vielen Versuchen endlich ein Treffer. Cherubini, sein Freund und Vorbild, zeigte sich wenig beeindruckt davon: »Schämen Sie sich nicht, einen so unverdienten Erfolg errungen zu haben?« rügte er den über Nacht berühmt Gewordenen. Boieldieu nahm sich die Worte zu Herzen und unterwarf sich einem strengen Unterricht bei dem Pariser Meister italienischer Herkunft. Dies kam seinen späteren Opern zugute, vor allem »Jean de Paris« (1812), mit dem er endgültig zum Tageschampion der Opéra comique aufstieg. Zuvor war er sieben Jahre lang Kapellmeister und zaristischer Hofopernkomponist in St. Petersburg gewesen. Den Anlaß zu diesem nordöstlichen Intermezzo gab seine unglückliche Ehe mit der Tänzerin Clotilde Mafleurai, die ihn betrog, und vor der er buchstäblich floh.

»Le Petit Chaperon rouge« (1818) ist eine Rotkäppchen-Variante, die in typischer Form die Distanz zwischen französischer und deutscher Romantik der Zeit zeigt. Auch in der »Weißen Dame« (La Dame blanche, 1825), Boieldieus Welterfolg, mag man Romantik nur in oberflächlichster Verbürgerlichung finden (das Schloßgespenst entpuppt sich als freundliches Mädchen, das in den Tenorhelden verliebt ist und ihm den Weg zum Goldschatz und damit zum glücklichen Ende weist). Scribe, hier erstmals Boieldieus Partner, stand der blauen Blume des Novalis noch ferner als der Sujetspender Walter Scott, und Boieldieu selber, der Mozart- und Cherubini-Bewunderer, war ebenso wenig Romantiker von Geblüt. Was er in diesem seinem Meisterwerk der Opéra comique zuführte, blieb stilbildend genug: die Eleganz seiner Melodik, die den Duktus der zeitmodischen Salon-Romanzen veredelte, die kultivierte Technik einer Satzkunst, die sich über den bisherigen Durchschnitt der Opéra comique erhob; die Figaronähe der »Dame blanche« in ihren Ensemblenummern wurde im Grunde nie mehr erreicht, nicht einmal von Boieldieus produktiveren Nachfolgern.

Nach diesem Jahrhunderterfolg schrieb Boieldieu nur noch zwei Opern. Sie blieben trotz Scribe-Partnerschaft unbedeutend. Sein Privatleben hatte sich durch eine zweite Ehe (mit Jeanne Phylis Desoyres, die er in St. Petersburg kennenlernte) glücklicher gestaltet. Aber das Kehlkopfleiden, das ihn quälte, die verzweifelten Existenzbedingungen, die erst nach 1830 durch eine generöse Rente vom Ministerpräsidenten Thiers gebessert wurden, verdüsterten seine letzten Lebensjahre.

Auber, der Erfolgreiche

An Vielseitigkeit wie an Fruchtbarkeit wurde er von dem um sieben Jahre jüngeren *Daniel François Esprit Auber* (1782–1871) übertroffen. Auber, der in Boieldieus Reifejahr 1825 mit der Opéra comique »Le maçon« (Maurer und Schlosser) – einer orientalischen Entführungsgeschichte – seinen Durchbruch zum Welterfolg vorbereitete,

war ein Glückskind der Musikgeschichte. Er überdauerte mit ungeschmälertem Ansehen drei Revolutionen, erklomm über die Académie française und das Direktorat des Conservatoire sämtliche Stufen offiziellen Ruhmes, beherrschte zwei Generationen lang sowohl die große wie die komische Oper und war, obwohl eher ein Mann des *ancien régime*, noch dem Revolutionär Wagner ein verständnisvoller Gesprächspartner.
Auber, im normannischen Caen geboren, wuchs als Sohn eines vermögenden Exoffiziers und Kunsthändlers auf, erlernte in London den Kaufmannsberuf, wurde in Paris ein Dandy, der das Komponieren von Galoppen und anderen Salonkompositionen nicht wichtiger nahm als seine Reitpferde. Im Grunde war es ihm mit seiner Kunst auch als weltberühmter Komponist nicht so ganz bitterernst. Die Anekdote besagt, daß er nie einer Aufführung seiner etwa 50 Opern beigewohnt und dies mit reizender Selbstironie so begründet habe: »Wenn ich jemals eines meiner Werke erlebte, so würde ich in meinem ganzen Leben keine Note Musik mehr schreiben!«
Das mag Koketterie eines Erfolgreichen sein, der sie sich leisten kann, doch steckt zugleich, wie in jeder guten Anekdote, etwas von Wesenscharakteristik darin. Auber war zeitlebens ein bescheidener, ja schüchterner Mensch, so sehr, daß er es nie wagte – was dazumal doch selbstverständlich war – ans Dirigentenpult zu treten. Er war sich auch bewußt, was er seinem Librettisten *Eugène Scribe* (1791–1861) verdankte.
Scribe erfüllte im 19. Jahrhundert als Opernlibrettist eine Funktion, die nur mit der Metastasios im vergangenen Säkulum zu vergleichen ist. Er war der Theaterbeherrscher einer ganzen Epoche, die von Boieldieu (La Dame blanche) bis zum reifen Verdi reichte. Schon der neunzehnjährige Kaufmannssohn schrieb Lustspiele – im ganzen nicht weniger als 350 Stück –, und eines davon, »Ein Glas Wasser«, lebt heute noch als klassische Salonkomödie. Scribes Figuren repräsentieren die Bourgeoisie und ihre Sehnsüchte; das unvermeidliche gute Ende, das den edel Liebenden über den Schlimmen, die Moral über alle Ränke triumphieren läßt, fungierte logisch als Ausdruck einer optimistischen Bürgerwelt, die sich noch von keinerlei ernsten Skrupel angefochten fühlte (oder dies nicht zugeben wollte). Zwischen Scribes Lustspielen und Libretti besteht im Grunde kein Wesensunterschied. Sie gehören beide, ob sie der heiteren Unterhaltung oder dem pompösen Faltenwurf der Historie huldigen – Scribe war auch Meyerbeers Hauptlibrettist – dem Genre der »pièce bien faite« an, des gut gebauten, wirkungsvollen Stückes.

Eine Oper macht Revolution

Jener »Maçon« war das sechste gemeinsame Auber-Scribe-Produkt, das erstmals Beifall fand, und danach mußten wiederum drei Jahre vergehen, bis Auber mit der »Muette de Portici« einen bahnbrechenden Erfolg errang – freilich als Schöpfer einer mit gesungenen Rezitativen ausgestatteten Grand Opéra, die, im nächsten Jahr gefolgt von Rossinis »Guillaume Tell«, eine neue Blüte dieses Genres einleitete. Selbst Wagner, sonst ein Verächter der französischen Oper, bewunderte die »Stumme von Portici«, ihre überdurchschnittlich brillante Orchestrierung, ihr rhythmisches Brio, das sich besonders in populär gewordenen Märschen wie diesem,

und in wuchtigen Chören äußert. Auch das Tenor-Bariton-Duett »Amour sacré de la patrie« war jahrzehntelang in aller Munde. So sehr empfand man die Oper, die von einem Fischeraufstand im Neapel des 17. Jahrhunderts handelt, als Freiheitsdrama, daß die Brüsseler Aufführung im Jahre 1830 geradezu zum Signal einer wirklichen Revolution wurde: Die Brüsseler Bürger, entflammt von dem, was sie eben auf der Bühne erlebt hatten, rotteten sich auf der Straße zusammen, Empörung gegen die niederländische Regierung lag ohnehin in der Luft, man stürmte das Palais des Polizeidirektors, und damit war die belgische Revolution eingeleitet, die kurze Zeit darauf zur Gründung des selbständigen Königreiches Belgien führte.

Auber lagen solche aufrührerischen Wirkungen gänzlich fern, er hat nie mehr eine ähnliche »Revolutionsoper« geschrieben, auch wenn er noch mehrfach zum zeitgenössischen Repertoire der Grand Opéra beitrug. Stofflich am interessantesten erscheint »Gustav III.«, Aubers Vorläufer von Verdis »Maskenball«.

Das heroische Pathos der »Muette de Portici« entsprach Aubers Muse viel weniger als die Anmut und Eleganz, die er in seinen Dutzenden Opéras comiques entfalten konnte. »Le Domino noir«, »Les Diamants de la couronne«, »La Part du Diable« (Des Teufels Anteil), eine »Manon Lescaut« sind fast vergessen, so repertoirebeständig sie einst waren, aber der galante Räuberhauptmann »Fra Diavolo« (1830) amüsiert heute noch allenthalben. In dieser mit Scribeschem Situationswitz textierten Gaunerkomödie kann Auber sein Bestes zur Geltung bringen: seine federleichte Hand beim Produzieren eingängiger Musiknummern, deren Reiz ganz in der bald sentimentalen, bald aparten Melodik und in den hüpfenden, von Galopp, Marsch, Contredanse und anderen modischen Tänzen inspirierten Rhythmen liegt. Die Romanze, das lyrische Herzstück der Opéra comique, feiert im »Fra Diavolo« Triumphe. Selbst wenn man in Aubers harmonisch schematischen, ganz schlicht homophonen Partituren keinen Fortschritt gegenüber Boieldieu finden will, muß man die Melodienbegabung, die Genre-Perfektion in seinen Meisterwerken respektieren. Sie machen seinem dritten Vornamen, Esprit, alle Ehre.

Mit Auber teilte der jüngere *Adolphe Adam* (1803–1856) die unerhörte Produktivität und das Schicksal, nur mit einer einzigen – von insgesamt 53 – komischen Opern zu überleben: mit dem »Postillon de Longjumeau« (1836), der heute noch auf Theatern und Schallplatten sein hohes D in der berühmten Romanze schmettert oder falsettiert. Das theaterwirksame Libretto – ein Postillon-Filou, der es bis zum königlichen Tenor gebracht hat, wird von der einst verlassenen, inzwischen zur Grande Dame avancierten Geliebten listig ins Ehejoch gezwungen – hat zum hartnäckigen Erfolg der Oper beigetragen.

Dann und wann hört man auch noch »S j' étais Roi« (König für einen Tag) eine Oper, die jahrelang auf deutschen Bühnen heimisch war. Die heitere Ouvertüre hat sich bis heute als beliebtes Orchesterstück erhalten. »Giselle« gehört zum klassischen Bestand des Balletts; und wenn auch Leichen, von unwiderstehlicher postumer Liebe getrieben, aus Gräbern auferstehen und auf der Spitze tanzen, so findet sich in Adams anmutiger Musik doch kein Hauch von Romantik. Dämonie lag ihm nicht. Er war einer der wenigen in Paris geborenen Pariser, Sohn und Schüler eines respektablen Musikprofessors (dessen Nachfolger am Conservatoire er 1849 als Professor für Klavier wurde), unternehmungslustiger Operntheater-Gründer, kurz vor dem frühen Tod noch einmal erfolgreich mit der Opéra comique »Die Nürnberger Puppe«.

Auch *Ferdinand Hérold* (1791–1833) starb zu früh, um die Früchte seines Talents reifen lassen zu können. Er studierte bei Méhul, lernte in Italien und Wien und ließ sich, in wenig glanzvollen Positionen, in Paris nieder. Von seiner üppigen Produktion machte einst »Zampa« (1831), eine an den Don-Juan-Mythos anklingende Schaueroper–Comique mit tödlichem Ausgang – die Runde über Europas Theater. Geblieben ist nur die Potpourri-Ouvertüre mit ihrer rossinischen Melodik. Die Franzosen schätzen »Le Prés-aux-Clercs« (Die Studentenwiese) als gelungene Opéra comique.

Charles Gounod

Goethe-Opern: Thomas und Gounod

Ambroise Thomas (1811–1896), der bereits 1832 Rompreisträger wurde, hatte schon fast zwanzig Opernpartituren hinter sich, ehe ihm mit »Mignon« (1866) und »Hamlet« (1868) zwei Volltreffer gelangen. Beiden Stücken begegnete literarisch feinfühlige Kritik von jeher mit Abneigung. Tatsächlich ist die Diskrepanz zwischen Thomas' harmlos-sentimentalen Weisen und dem Geist der klassischen Heroen, die da librettisiert wurden, auffallend. In Deutschland rügte das pietätvolle Goethe-Gewissen allezeit, wie banal Goethes vielschichtiger Bildungs- und Entwicklungsroman »Wilhelm Meister« hier veropert wurde; »Kennst du das Land, wo die Zitronen blühen« ist schließlich von Beethoven bis Hugo Wolf ungleich einfühlsamer vertont worden, als es Thomas in seiner Arie »Connais-tu le pays« gelingen konnte. Aber es hieß eine falsche Elle anlegen, wollte man Thomas – der übrigens ein sehr solider Conservatoire-Direktor und Komponist geistlicher und kammermusikalischer Werke war – an anderen Maßstäben als den selbstgesetzten messen.

Goethes Schatten beeinträchtigt, zumal in neuerer Zeit, auch das Meisterwerk *Charles Gounods* (1816–1893), den »Faust« (1859). So sehr, daß die Oper in Deutschland, wo sie sich, nach ihrem Triumphzug im 19. Jahrhundert, auch um die Mitte des 20. noch zäher Beliebtheit erfreut, den Titel »Margarethe« erhielt, um die Abwesenheit Goethes anzudeuten. Die Franzosen, weniger durch Pietät gehemmt, haben die Oper ins Herz geschlossen und zur wahren Nationaloper erkoren: Eigentlich eine Ehre für den deutschen Inspirator, auch wenn er nur als Stichwortbringer für Handlung, Figuren und Arien, jedweder metaphysischen Bezüge beraubt, über die Bühne geht.

Man tut Gounod noch größeres Unrecht als Thomas, wenn man sein Opernmeisterwerk an der poetischen Vorlage mißt und »Verfälschung, Degradierung!« schreit. Warum versagt man sich solche Empörung bei Verdis Schiller- und Shakespeare-Veroperungen? Allen Rangabstand ins Auge gefaßt: *So* unvergleichlich war Verdi,

nüchtern besehen, nun auch wieder nicht, als daß man seinen »Don Carlos« guten Gewissens rühmen, Gounods »Faust« hingegen verdammen dürfte.
Ganz abgesehen von der besonderen Bedeutung für die französische Oper: Mit »Faust« wurde in der Tat, wie goethefern die arien- und ballettfreudige Oper auch aus deutscher Sicht empfunden werden mag, das Steuer herumgerissen. Aus den seichten Gewässern der Opéra comique suchte man neue Ufer zu gewinnen, wie sie Wagners Genie, um 1860 repräsentativ für deutsche Romantik, gewiesen hatte. Auch Gounods »Faust« war ursprünglich eine Opéra comique und hielt erst zehn Jahre nach der Uraufführung, mit Rezitativen versehen, Einzug in der Grand Opéra. Daß man Gounod, der uns heute als so typisch französischer Meister erscheint, damals des Wagnerianertums verdächtigte, hat zeitbedingt gute Gründe.
Gounod, Schüler u. a. von Lesueur und Halévy, begann seine Komponistenkarriere keinesfalls als auberisch leichtfertiger Mann des Tages, sondern als Autor sakraler Werke. In Rom schulte er sich an Palestrina, in Deutschland erwärmte er sich für Bach, Schubert und Schumann, und seine geistlichen Neigungen waren so stark, daß er nahe daran war, die religiösen Weihen zu nehmen. Daß er später das C-Dur-Präludium aus dem I. Teil von Bachs Wohltemperiertem Klavier mit einer populär gewordenen Melodie versah, sollte man weniger als Sakrileg werten denn als Ausdruck einer Begabung, die auch dort Melodien erspürte und innerlich hörte, wo sie vom Originalautor – eben Bach – nur in den Spitzentönen des Klaviersatzes angedeutet erschienen.
Dieses melodische Talent kam, nach mehreren Versuchen, gerade der Faust-Oper zugute. Es ist billig, sich über die Verwandlung zu mokieren, die Goethes empfindsames Gretchen sich gefallen lassen mußte, wenn es in einer Koloratur-Arie sein Juwelenkästlein besingt, oder der philosophische Teufel Mephistopheles, der nun einfach als »Opern-Bariton« schöne Melodien zum Besten gibt. All das, wie auch die sentimentale Tenorfunktion Fausts und die großen Chortableaus, sind zeitbedingte Konzessionen, denen sich auch der Gigant Verdi nicht entzog. Sie schmälern nicht Qualitäten und historische Bedeutung des »Faust«. Zum erstenmal wurden Esprit und Romanzen-Charme, seit Boieldieu und Auber die traditionellen, inzwischen etwas verblaßten Tugenden, dem Niveau der Epoche angepaßt, der seit Wagner harmonisch und psychologisch ungleich reicheren Ausdruckssphäre.
»Mireille« (1864), nach Mistrals provençalischer Dichtung, ist in Poesie und inniger Melodik für den Gallier Gounod nicht minder bezeichnend als sein Versuch, mit »Roméo et Juliette« (1867) shakespearische Liebeslyrik französisch auszudeuten. Gounods fünfzehn Messen sind vergessen wie die zweihundert Lied-Melodien, mit denen er, großen französischen Lyrikern seiner Epoche folgend, die ehrwürdige Form der Romanze erneuerte – auch hier, wie in der Oper, in die Zukunft weisend.

Cherubini und Spontini

Mit Thomas und Gounod sind wir der Entwicklung der ernsten französischen Oper, die sich ja gleichzeitig, Hand in Hand mit der Opéra comique, vollzog, um Jahrzehnte vorausgeeilt. Wir müssen bis fast zu Gluck zurückgehen, um die Wurzeln der Grand opéra bloßzulegen. Zwei gebürtige Italiener, Cherubini und Spontini, schufen um 1800 in Paris die wegweisenden Werke. *Luigi Cherubini* (1760–1842) stammte aus Florenz, ein Wunderkind, das schon mit neun Jahren komponierte. Kirchenmusik und Opern

im neapolitanischen Stil – als dreizehnte eine »Ifigenia in Aulide« – brachten ihm in der Heimat und in London erste Erfolge, aber erst seit er sich 1788 für immer in der französischen Hauptstadt niederließ, stieg er zum Meister empor, als Gluck-Verehrer und Klassizist, der auf Beethoven tiefen Eindruck machte.
»Lodoiska«, »Médée« (1797) und »Les deux journées« (Der Wasserträger, 1800) waren seine erfolgreichsten Opern. »Médée« gemahnt in der Strenge des Stils an Glucks »Alceste«; die Größe des antiken Vorwurfs, die düstere Wildheit der Titelheldin befeuerten Cherubini zu einer Leidenschaftlichkeit, die seiner gemessenen Natur sonst fremd war. »Les deux journées« zeigt Cherubini von einer viel freundlicheren Seite, und gerade mit den Romanzen und Couplets, die volkstümlichere Saiten anklingen lassen, feierte Cherubini den größten Erfolg seines Lebens. Dazu trug das Sujet – die typische »Rettungsoper«, ein biederer Mann aus dem Volke bewahrt den ebenso biederen Parlamentspräsidenten vor Tyrannenwillkür – zweifellos bei. Cherubini machte es sich auch hier nicht zu leicht. Er erweist sich als Meister des Ensembles, und was den Reichtum der Harmonik und die Orchestrierung betrifft, ist er allen Zeitgenossen in Paris überlegen. Der Anfang der Ouvertüre zum »Wasserträger« mag einen Begriff davon geben:

Cherubini hatte seine Satzkunst frühzeitig an Palestrina geschult und Sakralmusik geschaffen. In seiner Reifezeit, etwa ab 1809, als er die große Messe in F-Dur komponierte, beschäftigte er sich sogar hauptsächlich mit geistlicher Musik (vier Messen, ein berühmtes Requiem in c-moll, in dessen Credo er einen achtstimmigen A-Cappella-Chor einbaute), mit symphonischer und Kammermusik (namentlich Streichquartette). Die große Oper »Les Abencérages« (1813) erneuerte noch einmal den Ruhm des dramatischen Komponisten Cherubini. Aber Boieldieus und Aubers leichtere Muse, später Meyerbeers pompöse Historien ließen den alternden Meister unmodern werden. Es gehört zur Tragik des schroffen, ehrliebenden und unbeugsam aufrichtigen Mannes, der den Mut hatte, lieber Napoleons Haß auf sich zu nehmen als ihm zu schmeicheln, daß er sich eigentlich selber überlebt hatte, als ihm die Restauration nach 1815 endlich eine wohldotierte Stellung als Superintendent der königlichen Kapelle und später als Conservatoire-Direktor gewährte.
Insofern verlief Spontinis Schicksal in deutschem Milieu mit dem Cherubinis parallel. 1827 feierte er in Berlin seinen letzten Triumph, diesmal als Komponist eines deutschen Librettos »Agnes von Hohenstaufen«; die restlichen siebenundzwanzig Jahre seines Lebens verrannnen unproduktiv. Er zehrte von ehemaligem Ruhm. In Spontini erneuerte sich spät und im Grunde anachronistisch die Glorie der alten Barockkapellmeister, deren Hauptaufgabe in der Verherrlichung ihrer mäzenatischen Souveräne bestand. *Gasparo Spontini* (1774–1851) stammte aus Maiolati im Kirchenstaat, lernte in Neapel das Kompositionshandwerk, schrieb ein Dutzend zeitüblicher Opern, bis er 1803 nach Paris ging. Dort wurde er, dank der Gunst der Napoleons-Gattin Joséphine, der gefeiertste Meister des Empire. »La Vestale« (1807), eine heroische Römer-Oper,

begründete seine Glorie. Römertugenden standen damals hoch im Kurs, und in Spontinis Kolossal-Orchester sah man den treffenden Ausdruck des pathetischen und lärmenden Zeitalters.

Freilich mußte auch der gewandte Hofkomponist, der bereitwillig Kantaten zur Feier des Sieges von Austerlitz und dergleichen schrieb, bald erkennen, wie launisch Despotengunst sein kann. Die Oper »Fernand Cortez«, die den spanischen Conquistador mit gewaltigem Szenenapparat feiert, wurde zuerst vom nunmehrigen Kaiser Napoleon favorisiert, da er propagandistische Unterstützung für seinen Spanienfeldzug brauchte; als sich die Spanier jedoch störrisch zeigten, verbot er ärgerlich weitere Aufführungen. Spontini gelang es zwar noch, während der Bourbonen-Restauration Hofkomponist zu werden, aber die Super-Grand-Opéra »Olympia« (1819), nach einem antikisierenden Voltaire-Stoff, fiel durch, und dies gab den Ausschlag: Er nahm das Angebot seines Berliner Verehrers, des Königs Friedrich Wilhelm III., an und übersiedelte als erster Generalmusikdirektor der Musikgeschichte von der Seine an die Spree.

An der Hofoper unter den Linden erlebte »Olympia« (in der Übersetzung E. T. A. Hoffmanns) eine großartige Reprise, deren szenische Attraktionen, mit echten Elefanten auf der Bühne, von sich reden machten. Aber fünf Wochen später folgte die viel bescheidenere Uraufführung von Webers »Freischütz«, und seither schieden sich die Berliner Opernfreunde in zwei Parteien: in die fortschrittliche Webers und die konservative Spontinis. Die Kapellmeisterfähigkeiten des Italieners standen außer Zweifel. Mit seinem dicken Ebenholztaktstock tyrannisierte er zwar das Hofopernorchester, das wichtige Premieren sogar auswendig lernen mußte, führte es jedoch zu perfektionistischen Höchstleistungen, die für die damalige Zeit ungewöhnlich waren. Aber er focht mit dem Rücken zur Wand, nur fürstliche Gunst stützte ihn. Sein Abschied von Berlin war unverdient schmählich. 1841 pfiff ihn das Publikum, als er zum »Don Giovanni« den Takt schlug, so wütend aus, daß er das Pult verlassen mußte – für immer.

Spontinis Opern haben keine bleibende Spur hinterlassen, aber sein Weg ist doch wert, festgehalten zu werden. Nämlich als Beispiel für die Diskrepanz von Zeit- und Nachruhm, die immer dann droht, wenn ein Talent sich ganz dem opfert, was der Tag verlangt. Daß Spontini wirklich ein Talent im Erspüren lapidarer Wirkungen, besonders in den homophonen Chören, war, steht für jeden außer Zweifel, der um die Mitte des 20. Jahrhunderts seine ausgegrabene deutsche Oper »Agnes von Hohenstaufen« beim Maggio Musicale in Florenz erlebt hat.

Die echten Franzosen jener Epoche standen zunächst im Schatten der beiden Italiener Cherubini und Spontini. Das gilt selbst für *Etienne Méhul* (1763–1817), der zwar schon 1790 mit der Opéra comique »Euphrosine« einen populären Erfolg einheimste und bald zu den maßgeblichen Lehrern des Conservatoire gehörte, aber erst 1807 mit »Joseph« (deutsch unter dem Titel »Joseph und seine Brüder«) große Karriere machte. Méhul, ärmlichen Verhältnissen der nordfranzösischen Provinz entstammend, erhielt durch Glucks »Iphigénie en Aulide« die entscheidenden Eindrücke und noch vom Meister selbst gute Ratschläge. Er war sich der Überlegenheit Cherubinis bewußt, übertraf ihn dennoch als treuer Gluckist (der edle Einfachheit und koloraturenverachtende Klassizität anstrebte) durch den Dauererfolg seines »Joseph«. Auch Beethoven verehrte die Oper. Übrigens gehörte sie trotz dem erhabenen biblischen Vorwurf ursprünglich zur Gattung der Opéra comique. »Drame mêlé d'ariettes« hieß die Bezeich-

Das Königliche Opernhaus Berlin um 1850, nach einem Stahlstich von J. Poppel

nung, ehe Méhul das Stück durch die Nachkomposition von Rezitativen umarbeitete. Er war ein solider Meister, der sich nicht scheute, der Übung halber auch bloß für die Schublade zu komponieren; nicht weniger als zehn seiner Opern erlebten nie die Bühnenluft. Seine instrumentalen Experimente – in der seinerzeit viel gespielten Oper »Uthal« verzichtete er um des besonderen, gedämpften Kolorits willen ganz auf die Geigen – schockierten die Zeitgenossen geradezu.

Als scheinbarer Einopern-Komponist lebt auch *Jacques Fromental Halévy* (1799 bis 1862) in der Musikgeschichte, nämlich als Verfasser der Grand Opéra »La juive« (Die Jüdin, 1835). Kaum hatte er, Schüler Cherubinis und späterer Schwiegervater Bizets, mit diesem Werk – nach vielen Versuchen – die obersten Sprossen der Ruhmesleiter erklommen, verbannten ihn auch schon wieder die noch handfesteren Grand-Opéra-Wirkungen Meyerbeers ins zweite Glied. Halévy hatte sie in der »Jüdin« keineswegs gescheut: Fürsten und Kardinäle auf dem Konstanzer Konzil, historisch drapierte Liebeswirren, mit dem Knalleffekt des Todes in siedendem Wasser auf offener Bühne – einem der schönsten Operngreuel aller Zeiten –, all das, dazu die mit prächtigen Arien ausgestattete Rolle des Vater-Tenors Eleazar, die noch Leo Slezak reizte, sicherte europäischen Widerhall. Dabei wirken bei den seltenen Reprisen in neuer Zeit nicht die legitimen Grand-Opéra-Dekorationen am stärksten, sondern gerade die stillen Szenen, zum Beispiel die im Hause des Juden-Vaters, in der Halévy, selber jüdischen Glaubens, das religiöse Ritual schlicht und eindringlich in Töne bannt.

Meyerbeers Grand Opéra

Giacomo Meyerbeer

Im selben Jahr 1835 schrieb Halévy noch »L' éclair« (Der Blitz) und bewährte sich auch auf dem Felde der Opéra comique. Aber was nützte alles gegen die Sensation von Meyerbeers »Hugenotten«, dem Schlager der folgenden Saison! Verklungene Feste – vergeblich sucht man heute, von Ausgrabungen zugunsten virtuoser Kehlen abgesehen, Meyerbeer-Opern auf dem Spielplan unserer Theater. Sic transit gloria mundi.

Ist das postume Schicksal verdient? Gründet es sich in der Leichtfertigkeit und Oberflächlichkeit von Werk und Autor? Als der Wagnerkult am üppigsten blühte, sah man in Meyerbeer, ungeachtet seiner damals noch unbestrittenen Erfolge, das Synonym für Hohlheit, den Champion des sinnlosen Theatereffekts, der »Wirkung ohne Ursache«, wie Wagners bissiges Bonmot lautete. Die Polemik, mit üblem Antisemitismus eingefärbt, zog auch die menschliche Persönlichkeit Meyerbeers ins Zwielicht, und das Vorurteil hängte ihm möglichst viel Abschätziges an: dem Juden, der seine Vaterländer je nach dem Vorteil wechselte, dem geldgierigen Musikfabrikanten, der nur dem Erfolge nachlief, dem Hemmschuh »echter deutscher Kunst«. Das ist alles ungerecht und Unsinn. Eduard Hanslick, der Meyerbeer sehr kritisch gegenüberstand, empfand ihn durchaus als »deutschen Komponisten« und meinte, daß »in Mozart weit mehr italienische, in Gluck weit mehr französische und italienische Elemente vorwiegen als bei Meyerbeer«. Selbst die Franzosen, in deren Sprache und Theaterstil die Meisteropern Meyerbeers geschrieben sind, sahen in seiner Handschrift, in ihrer Solidität und Handwerksgründlichkeit, typisch Deutsches.

Tatsächlich war Meyerbeer alles andere als ein Vielschreiber und Luftikus, vielmehr ein schwerblütiger, schwerschaffender Mensch. Die Dutzendproduktion, die noch für Auber und Adam so bezeichnend war, gab es bei ihm nicht: Einschließlich der italienischen Fingerübungen umfaßt das Oeuvre seines langen Lebens nur fünfzehn Opern, sein Reifewerk gar nur sechs! Das bedeutet ein völliges Novum in seiner Epoche, eine Verwandtschaft mit Wagner über geistige Abgründe hinweg.

Giacomo Meyerbeer (1791–1864) – oder Jakob Liebmann Beer, wie er wirklich hieß, den Namen Meyer fügte er dankbar zu Ehren seines Großvaters, der ihm ein beträchtliches Vermögen überschrieb, hinzu – war gebürtiger Berliner, Sohn eines kultivierten und mäzenatischen jüdischen Bankiers. Er wuchs ganz in deutscher Kultur auf. Der Reichtum des Elternhauses bot ihm die besten Lehrer (Clementi, Zelter, Abbé Vogler, bei dem er Studienkamerad Webers wurde) und ermöglichte sorgenfreies

Schaffen; Meyerbeer brauchte niemals eine einzige Note um des Broterwerbs willen zu schreiben. Sorgfältig bereitete er sich auf die Karriere eines Opernkomponisten vor, in der er frühzeitig seine Zukunft erkannte. Jahre verbrachte er studierend in Paris, London, Venedig, verfertigte eine ganze Reihe von Opern im gängigen italienischen Stil, ehe er, schon vierzig Jahre alt, den Sprung auf die Pariser Bretter wagte, die damals große Opernwelt bedeuteten.

Sein Bündnis mit dem Librettopapst Scribe führte schon 1831 mit »Robert le Diable« zu durchschlagendem Erfolg. Historischer Faltenwurf, wohlig schaudernder Geisterhauch in Don-Giovanni-Gefolgschaft, hier allerdings in einem Gräbern entstiegenem Nonnen-Ballett personifiziert – Ballett mußte sein! –, dies und die eingängigen Melodien sicherten unerhörte »romantische« Wirkungen. Romantik stand im Paris jener Zeit unter gänzlich anderem Vorzeichen als in Deutschland. Victor Hugo hatte ein Jahr vorher mit dem pathetischen Räuberschauspiel »Hernani« auf Jahrzehnte die Bahnen abgesteckt; noch Verdi zehrte von einem »Ernani«-Libretto. Exotik, pseudohistorische Buntheit, antiklassizistischer Gefühlsüberschwang bestimmten fortan den dramatischen Stil der Zeit. Meyerbeer entzog sich ihm keineswegs, huldigte ihm vielmehr mit den brillanteren, auch dramaturgisch besser motivierten »Hugenotten« (1836). Massenaufzüge, zeremonielle Schwerterweihe und andere bombastische Kulissenereignisse machten die Oper zur Attraktion. Aber gerade in den dezentesten, innerlichsten Szenen steckt Meyerbeers Bestes, nämlich in dem wahrhaft beseelten Liebesduett des 4. Aktes, das in einer gesanglich schwierig zu bewältigenden Kantilene gipfelt:

1842 wurde Meyerbeer, der inzwischen berühmt gewordene, als Generalmusikdirektor nach Berlin berufen, wo er die deutsche, Fridericus Rex verherrlichende Oper »Das Feldlager in Schlesien« herausbrachte (später zur französischen »Etoile du Nord« umgearbeitet). Nach langer Pause ließ er 1849 in Paris die Grand Opéra »Le prophète« folgen, eine im Reformations-Westfalen spielende Geschichte, die der Primadonna Pauline Viardot-Garcia eine Alt-Glanzrolle gewährte und mit Schlittschuhläuferballett und Final-Explosion eines ganzen Palastes sämtliche Theatersensationen der Zeit übertraf. Die Hirtenoper »Dinorah«, mit Glanzkoloraturen für die Diva, folgte erst zehn Jahre später, und »L' Africaine« (1865) erlebten die Pariser gar erst nach Meyerbeers Tode.

Man sieht, wie gründlich der Komponist seine berühmten und berüchtigten Opernschlager vorbereitete. Er war ein sehr selbstkritischer, ungemein belesener, religiöser Mann. Freundschaft verband ihn mit vielen großen Zeitgenossen. Seine Hilfsbereitschaft erfuhren der junge Wagner (der es ihm schlecht dankte) und Heinrich Heine, der sich ihm gegenüber als Pariser Musik-Korrespondent, nach anfänglicher Bewunderung, noch übler, geradezu erpresserisch benahm – vor schlechten Zeitungskritiken hatte Meyerbeer, der ein routinierter Beherrscher der bestochenen Opern-Claque war, geradezu panische Angst.

Meyerbeer gab seiner Zeit, was sie brauchte: die Große Oper, das historisch-romantische Prunkstück, in dem das aufstrebende Bürgertum, der offiziellen Parole »Enrichez-

Vous!« gerne folgend, Ohrenschmaus und Augenweide, gesellschaftliche Repräsentation und kultivierte Unterhaltung fand. Daß Meyerbeer mit seiner Epoche dahingegangen ist, liegt vielleicht auch daran, daß seine Schaueffekte in unserer Zeit von den großen Hollywood-Filmshows abgelöst wurden – mit überlegenen technischen Mitteln, mit weit unterlegenem Kunstverstand. Geister-Ballette regen heutzutage keinen Menschen mehr auf. Aber die glänzende Technik des Komponisten Meyerbeer, der italienischen Belcanto mit deutschem Gefühl und französischer Ensemble-Eleganz anreicherte und ein Meister raffinierter Orchestration war, wirkte seinerzeit noch auf Jahrzehnte hinaus stilbildend, vom jungen Wagner bis zu Verdis »Don Carlos«, einer echten französischen Oper, und der »Aida«, die sich ihrer Herkunft von der Grand Opéra nicht schämt. Meyerbeer besaß Talent genug, um einer ganzen Epoche seinen Stempel aufzudrücken. Er teilt das Schicksal jener Meister, die ihrer Zeit zu sehr tributpflichtig waren, als daß sie den Untergang von deren Konventionen aus eigener Kraft hätten überleben können.

Mit großen Opern Erfolg zu haben, auf dem glanzvollsten Forum, das die Musikhauptstadt Paris bot, zu reüssieren, blieb der Traum fast aller Komponisten, selbst wenn sie nach ihrer Wesensart zu geringe Beziehungen zur Theaterwelt hatten wie Berlioz, der mit der komisch-pathetischen Künstleroper »Benvenuto Cellini« (1838) als ungebärdiger Verächter von Buffo-Konventionen befremdete und mit der Grand Opéra »Les Troyens«, einem Zweiabend-Koloß, überhaupt keine Bühne erreichte. Nur der zweite Teil wurde, verstümmelt, 1863 im Théatre Lyrique aufgeführt; erst 1890 hob Felix Mottl in Karlsruhe das ganze Werk aus der Taufe. In neuerer Zeit wurde es in verschiedenen Fassungen ausgegraben: eine zwiespältige Partitur, die in den Chorszenen und in der imposanten Gestalt der Kassandra jedoch wahrhaft großen Stil erreicht, sehr persönliche Synthese von Gluck und Romantik.

Auch Rossinis »Guillaume Tell« (1829) ist ganz der Grand Opéra zuzurechnen. Die Potpourri-Ouvertüre mit ihrem unwiderstehlich zündenden Final-Marsch verrät noch wenig von dem hohen Pathos, zu dem sich der italienische Mozartianer hier durch Schillers Freiheitsdrama (das selbstverständlich opernhaft librettisiert ist) und durch die Anforderungen, die Grand Opéra an Chor, Ballett und Schaugepränge stellt, inspirieren ließ. »Guillaume Tell« bildet zusammen mit der vorangegangenen »Muette de Portici« den Doppelmarkstein auf dem Weg zur Grand Opéra der Hochblüte.

Virtuosenmusik

Noch Generationen hindurch galt die Historienform, wie weit immer sich die Handlung von der Wirklichkeit entfernen mochte, mit dem Reiz des Kostüms, der prunkvollen Paläste, Tempel und Ritterburgen fast als verbindlich, als Sinnbild der französischen Bürgerromantik. *Camille Saint-Saëns* (1835–1921) gelang in diesem Genre mit der biblisch-orientalischen Oper »Samson et Dalila« ein Welterfolg. Allerdings mußte er bis ins Alter darauf warten, und hätte sein Freund Liszt ihn nicht immer wieder zum Weiterkomponieren ermutigt – er hob die Oper auch 1877 in Weimar aus der Taufe –, das effektvolle Werk (mit einer der begehrtesten Alt-Partien überhaupt) wäre wohl nie vollendet worden. Saint-Saëns war trotz seinen insgesamt dreizehn dramatischen Versuchen viel eher Instrumental- als Opernkomponist, ähnlich wie der ältere *Edouard Lalo* (1823–1892), der von Operntriumphen träumte, aber nur

XX *Das Theater San Carlo in Neapel. Gemälde eines unbekannten Meisters*

XXII *(nächste Seite) Parade der Wache, Ausschnitt aus einem Gemälde von Domenico Zeni*

XXI *Ein Schubert-Abend bei Joseph v. Spaun. Ölskizze von Moritz v. Schwind*

mit seinem »Roi d' Ys« (1888), einer bretonisch-sagenhaften, eigentlich die Grand Opéra anstrebenden lyrischen Oper national erfolgreich war, über die Grenzen jedoch lediglich mit einem seiner vier von Pablo Sarasate kreierten Violinkonzerte und der noch glänzenderen »Symphonie espagnole« (im Grunde auch ein rhythmisch prickelndes Violinkonzert) hinausgedrungen ist.
Das alles ist technisch meisterhafte Virtuosen-Musik, und mit diesem Schlagwort läßt sich auch Saint-Saëns' üppig produktives Oeuvre am besten kennzeichnen. Er war Organist, Pianist, Könner auf allen Gebieten und brachte es fertig, obwohl fanatischer Wagner-Feind, seinen Tribut an die neudeutsche Schule (vier symphonische Dichtungen) zu leisten, gleichzeitig aber formal elegante Instrumentalmusik von französischer Clarté zu schreiben (drei Symphonien, fünf Klavier-, drei Geigen-, zwei Cellokonzerte und den besonders erfolgreichen »Totentanz« mit dem Xylophongeklapper der Leichengebeine). Daß Saint-Saëns in einer Zeit, in der die französische Instrumentalmusik darniederlag, Versuche zu ihrer Wiederbelebung unternahm – auch als Begründer der auf die Losung »ars gallica« schwörenden Société nationale de musique (1871) –, machte seine eigentliche Bedeutung aus. Über seinen akademischen Anti-Romantizismus ist die Zeit schnell hinweggegangen.
Léo Delibes (1836–1891) blieb hingegen ganz der Oper verbunden. Seine Sehnsucht, die Bühne der 1875 in Garniers pompösen neubarocken Prunkbau eingezogenen Grand Opéra zu erobern, erfüllte sich zwar nur übers Ballett (Sylvia, 1876); sechs Jahre zuvor hatte er mit »Coppélia« seine wertbeständigste Ballettpartitur geschaffen, 1883 gelang ihm mit »Lakmé«, einer tragisch endenden Opéra comique in indisch-exotischem Milieu (mit einer brillanten Koloratur-Titelpartie), ein Welterfolg. Hie und da gräbt man auch die liebenswürdige komische Oper »Le Roi l' a dit« (Der König hat's gesagt) bei uns wieder aus. Delibes war Schüler Adolphe Adams, von ihm lernte er, wie man tänzerische Melodien erfindet – ob für die Kehle oder für die Beine.

Georges Bizet

Für *Georges Bizet* (1838–1875) war »die Schule der Gurgelkünstler, der Rouladen, der Lügen tot«, noch ehe er das bahnbrechende realistische Meisterwerk geschaffen hatte, das seinen Namen an die Seite der genialsten Opernschöpfer nicht nur seines Jahrhunderts, sondern aller Zeiten stellen sollte: Carmen (1875). Wahrheit galt ihm mehr als alle Konventionen der Zeit. Daß er sie so einzigartig mit dem zu verbinden wußte, was wir heute als vollendeten Ausdruck französischen Formgefühls bewundern, harmoniert mit dem musikalischen Ideal seines Lebens. Mozart blieb der Fixstern (neben dem väterlichen Lehrer und Freund Gounod), wie immer auch des leicht entflammbaren Bizet Vorbilder zwischen Rossini, Beethoven und Wagner wechselten.
An Mozart gemahnt vieles Äußere im Lebensschicksal. Wie Mozart war Bizet Sohn eines Musikers (auch die Mutter spielte gut Klavier), ein frühreifes Wunderkind, das mit vier Jahren Noten lesen lernte, mit zehn gegen jede Regel am Conservatoire aufgenommen wurde, mit zwölf zu komponieren begann und mit siebzehn die in ihrer Einfachheit doch vollkommene und bis heute entzückende C-Dur-Symphonie schuf.
Der Jüngling, der schon mit fünfzehn von seinem verehrten Lehrer Halévy für rompreiswürdig erklärt wurde, verbrachte dann als Zwanzigjähriger drei Jahre in der Ewigen Stadt, wo er, zeitlebens vielseitig interessiert, von der Baukunst stärkere Ein-

drücke empfing als von der zeitgenössischen italienischen Musik; Verdi mochte er gar nicht. Er fühlte sich damals schon so zu Gemüt und Innerlichkeit der deutschen Musik hingezogen, daß er »deutsch komponieren«, sogar E. T. A. Hoffmanns »Meister Martin der Küfer« (ein Meistersinger-Vorbild) veropern wollte.
In Paris ließ sich sein Start als Komponist schwer an. »Les Pêcheurs de perles« (Die Perlenfischer, 1863) fanden nur mäßigen Anklang, obwohl die Oper tatsächlich lyrische Perlen enthält, wie Nadirs elegische Tenor-Romanze. Schon damals erhoben sich die ersten Vorwürfe des »Wagnerismus«, ein Kritiker fand gar »ein einziges Fortissimo in drei Akten«. Vier Jahre später ging es Bizet mit der »Jolie Fille de Perth«, einem Walter-Scott-Vorwurf, nicht viel besser, »Djamileh« (1872) fiel sogar durch, obwohl die Partitur des Einakters mit ihren reizvollen Orientalismen zu den feinsten Bizets gehört. Leider sind alle genannten Libretti schwach; Bizet war kein Auber oder Meyerbeer, die sich auf Meister wie Scribe stützen konnten, sondern ein armer Musiker, der sich mit Orchesterarrangements und Klavierstunden über Wasser hielt und jeden Opernauftrag, wie läppisch immer das Buch sein mochte, anzunehmen hatte. Selbst so schwierige Aufgaben, wie sie eine pantomimische Musik zu Alphonse Daudets Schauspiel »L' Arlésienne« (1872) stellte, löste er originell. Die beiden Arlésienne-Suiten (deren zweite erst nach Bizets Tode von seinem Freunde Ernest Guiraud herausgegeben wurde) bezaubern heute noch als wahre Melodienwunder.
1869 heiratete Bizet Geneviève Halévy, die Tochter seines Lehrers. Die glückliche Ehe tröstete ihn über viele Enttäuschungen seines künstlerischen Lebens hinweg. Wie unablässig hatte er sich um die Oper bemüht, insgesamt nicht weniger als achtzehn, zum größten Teil fragmentarische, Partituren geschaffen (»Ivan le terrible« entdeckte man erst 1946 in Deutschland), dazu viele Klavier- und Liedkompositionen. Nach dem Ausbruch des deutsch-französischen Krieges ließ er sich in die Nationalgarde einschreiben, ein guter Patriot, aber mitnichten ein Chauvinist; selbst in diesen aufgeregten Tagen trübte sich seine Verehrung für die deutsche Kultur nicht, und er rühmte Wagner – von dem er sich in seiner Eigenart gar nicht bedroht fühlte – als bewundernswerten Meister.
Schon 1873 war »Carmen« beendet, Theaterintrigen verzögerten die Premiere bis 1875. Bei den Proben gefiel den meisten Sängern das Werk überhaupt nicht, der Chor verlangte dauernd Kürzungen. Die Uraufführung endete in lauer Gleichgültigkeit des Publikums, die Kritiker verrissen die Oper. Zwei Monate nach der Carmen-Premiere trug man Bizet zu Grabe. Tausende begleiteten den Leichenzug, als hätte Paris erst jetzt erkannt, was es mit ihm verlor. Und wenige Monate später trat »Carmen«, über Wien, ihren Triumphzug durch die Welt an.

Carmen, der Geniewurf

Die beiden Librettisten Henri Meilhac und Ludovic Halévy, Offenbachs bewährtes Librettistengespann, hatten ihr Möglichstes getan, um Prosper Mérimées berühmte Novelle dem Geschmack des Opernpublikums näher zu bringen; so ist zum Beispiel die Einführung der Micaela, als sanft-mädchenhafte Gegenspielerin zur wilden Carmen, ihnen zu verdanken. Selbst Carmenbewunderer haben später die Micaela-Musik als konventionell abzuwerten versucht – sehr zu unrecht: Sie ist bester lyrischer Bizet; er blieb eben zeitlebens Gounodbewunderer. Gerade daß er *allen* Sphären, aus denen sich diese Oper so heterogen (und zugleich durch persönliche Handschrift gebändigt) zusammensetzt, gerecht werden konnte – dem ziemlich farblosen Galan Escamillo legte er mit dem Toreador-Lied einen säkularen »Opernschlager« in den Mund, Don José, der Unglücksmann, wird mit warmblütigen Kantilenen und mit einem dramatischen Pathos ausgestattet, das herkömmliche Opéra-Comique-Klischees weit übertrifft, selbst Nebenfiguren, wie die Schmuggler und die kleinen Zigeunermädchen, erhalten in Ensembles Profil, und Carmen, obwohl sie keine einzige »große Arie« singen darf, sondern nur kurze strophengebundene Chansons und Tanzlieder, Habanera und Seguidilla, wird vollends zu einer Gestalt von völlig unopernhafter Lebensnähe – gerade in solcher Kraft der Synthese liegt Bizets Genie. »Carmen« eilte ihrer Zeit voraus. Sie weist den Weg zur Kleinen-Leute-Oper Mascagnis, Leoncavallos und Puccinis,

zum sogenannten »Verismo«, und dies in einer Epoche, in der Meyerbeers und Verdis Kostümopern und Wagners mythisch distanzierte Heroen den Ton angaben.
Nietzsche, der sich vom Wagnerherold zum Wagnerhasser gewandelt hatte, erhob den Schöpfer der »Carmen« geradezu zum Jahrhundert-Gegenspieler des Bayreuther Meisters (eine Position, in der sich Bizet selber wahrscheinlich sehr unbehaglich gefühlt hätte). »Diese Musik«, schrieb Nietzsche als Carmen-Enthusiast, »scheint mir vollkommen. Sie kommt leicht, biegsam, mit Höflichkeit daher. Sie ist liebenswürdig, sie schwitzt nicht. ›Das Gute ist leicht, alles Göttliche läuft auf zarten Füßen‹: erster Satz meiner Ästhetik. Diese Musik ist böse, raffiniert, fatalistisch: sie bleibt dabei populär – sie hat das Raffinement einer Rasse, nicht eines Einzelnen . . . Auch dies Werk erlöst; nicht Wagner allein ist der ›Erlöser‹. Mit ihm nimmt man Abschied vom feuchten Norden, von allem Wasserdampf des Wagnerischen Ideals . . . Il faut méditerraniser la musique: ich habe Gründe zu dieser Formel . . .«
Eigentlich beruhte der von Wien ausgehende Carmentriumph auf Verfälschung. Denn dort hatte man die Oper mit Ernest Guirauds dazukomponierten Rezitativen (und in einer verkitschenden Eindeutschung) gespielt, während das Original, mit den gesprochenen, ziemlich ausgedehnten Dialogen der Opéra comique, viel nüchterner, härter, mériméenäher ist. Frankreich bewahrte die (allerdings vielfach retuschierte) Dialogfassung, in Deutschland begann diese erst seit 1964, als der bedeutende Regisseur Walter Felsenstein seine originalgetreuere Übersetzung mit der musikalischen Revision Fritz Oesers vereinte, allmählich an Boden zu gewinnen.

Jules Massenet

Wollte man die bezeichnendsten Gipfelleistungen der französischen Oper des 19. Jahrhunderts in Eliteauswahl nennen, so müßte – nach Boieldieus »Weißer Dame«, Aubers

»Fra Diavolo«, Gounods »Faust« – neben »Carmen« Massenets »Manon« treten. Daß sie in Deutschland in der jüngsten Zeit von Puccinis »Manon Lescaut« verdrängt wurde, sagt nichts über ihren Wert. In Wirklichkeit ist Manon die legitime, sentimentalere Schwester Carmens. Gewiß, neben Bizets Genie erscheint Massenet nur als Talent (als außerordentliches allerdings), und neben der existentialistischen Unerbittlichkeit des Carmenschicksals verblaßt das Manons zur Bagatelle: Ein kleines, putzsüchtiges, Juwelen und Liebelei liebendes Mädchen »hat Pech« und geht zugrunde. Aber dieses Durchschnittsleben ist durch einen der genialsten realistischen Romane der Weltliteratur geadelt, und Massenet bleibt dieser, 1721 von dem Abbé Antoine François Prévost d'Exiles veröffentlichten großen Dichtung ungleich treuer als Puccini, jedenfalls im Geist gallischer Klarheit und Eleganz.

Jules Massenet, französische Karikatur

Opéra comique ist in »Manon« (1884) insofern erneuert, als der gesprochene Dialog zu wenigen, von Orchestermusik grundierten Melodramsätzen schrumpft. Es gibt, wie in »Carmen«, Leitmelodien (was wenig mit Wagners symphonischen Leitmotiven zu tun hat), die Nummern stehen dem »romantischen« französisischen Chanson näher als der ausladenden italienischen Arie, Ensembles treten ganz zurück gegenüber der Intimität melodiöser Lyrik. Manon, die unheroische Heldin, singt schlichte Strophenliedchen, Gavotten, Koloraturen, die ganz dem Ausdruck ihrer Leichtfertigkeit untergeordnet bleiben. Ihrem schwärmerischen Liebhaber schenkt Massenet eine Arie, die durch das Silbergespinst der ostinaten Streicherbegleitung weit über jeden Operndurchschnitt herausragt.

Arie des Des Grieux aus »Manon«

Das Wagnergefolge hat Massenet geradezu zum Synonym für Süßlichkeit zu degradieren gesucht. In Wirklichkeit gehört er zu den begabtesten Melodikern des 19. Jahrhunderts, ein echter Repräsentant von Opern-Frankreich, insoweit Sentiment eine Komponente von Charme ist. Stünde seinem »Werther« (1892) nicht deutsche Goethepietät im Wege, müßten die Qualitäten dieses »lyrischen Dramas« auch bei uns

unvoreingenommener geschätzt werden – der berühmte Sturm-und-Drang-Roman ist übrigens mit großer Dezenz behandelt worden.
Jules Massenet (1842–1912), der schon mit elf Jahren ans Conservatoire kam und Schüler von Ambroise Thomas, später dort Professor wurde, erfreute sich mit seinen 26 Opern und seiner ganzen Karriere der Gunst seiner Epoche, auch wenn die Grands Opéras »Hérodiade« (1881) und »Thaïs« (1894) den zeitgenössischen Erfolg kaum überlebten. »Don Quichotte« (1910) wird, dank der komödiantisch ergiebigen Baß-Hauptrolle, die Fedor Schaljapin kreierte, auch heute noch gelegentlich gespielt.
Der etwa gleichaltrige Italiener *Amilcare Ponchielli* (1834–1886) nimmt als Opernkomponist – er schrieb auch Ballette und Kirchenmusik – eine Mittlerstellung zwischen Verdi, Grand Opéra und Verismo ein. Einzig »La Gioconda« (1876, das abenteuerlich-blutrünstige Libretto ist eine effektvolle Entgleisung Boitos) hat Ponchielli wenigstens auf italienischen Bühnen überlebt.

Programmusik: Berlioz und Liszt

»Hier ist ein Flügelschlag, der keinen gewöhnlichen Sangesvogel verrät, das ist eine kolossale Nachtigall, ein Sprosser von Adlersgröße, wie es deren in der Urwelt gegeben haben soll. Ja, die Berliozische Musik hat für mich überhaupt etwas Urweltliches, wo nicht gar Antediluvianisches, und sie mahnt mich an untergegangene Tiergattungen, an fabelhafte Königstümer und Sünden, an aufgetürmte Unmöglichkeiten ... « Heinrich Heines, des dilettantischen Pariser Musikkorrespondenten, blumige Schilderung sagt wenig über Berlioz' Musik aus, spiegelt aber doch treffend den Eindruck, den sie, wie die abenteuerliche Persönlichkeit des Komponisten, auf ihre Epoche machte.
Ein Paris, das Cherubini, Boieldieu, Auber, Meyerbeer (so verschieden sie untereinander sein mochten) und, in der Symphonik, Beethoven als maßgebend betrachtete, konnte wohl die »Adlersgröße« Berlioz' scheu bestaunen, kaum aber verstehen. Es ist kein Zufall, daß Berlioz in Deutschland viel früher und öfters gefeiert wurde als in seiner Heimat. In Frankreich, dessen Traditionen von keinem anderen Ideal so kontinuierlich geprägt wurden wie von dem des Maßes, mußte er zu Lebzeiten ein Außenseiter bleiben: er, der Maßlose, Extravagante, Gigantomanische. Der Schöpfer der musikalischen Romantik Frankreichs – Théophile Gautier vereinigte ihn mit Victor Hugo und dem pathetischen Maler Eugène Delacroix zur romantischen Dreieinigkeit – war eine denkbar unfranzösische Erscheinung, in seiner Kunst wie als Mensch. Diese Zwiespältigkeit und ausladende Bizarrerie harmoniert jedoch wiederum in sich: auch dies ein höchst romantisches Zeichen.
Hector Berlioz (1803–1869) wurde als Arztsohn in dem kleinen Nest La-Côte-Saint-André bei Grenoble geboren. Er trieb vielseitige Studien und sollte, als er achtzehnjährig nach Paris geschickt wurde, nach des Vaters Wunsch Medizin studieren. Aber die Musikliebe war stärker. Er wurde Schüler Lesueurs und Anton Reichas, ein ungebärdiger Schüler, dessen Eigensinn sich den Schulregeln schwer fügte, weshalb er den für Talente fast obligaten Rompreis erst mit siebenundzwanzig Jahren erhielt.
Exaltierte Liebesaffären warfen ihn aus der Bahn. Schon als Knabe schwärmte er ein Mädchen namens Estelle an (als Greis sollte er in rührend-komischer Leidenschaft diese Liebe erneuern!), eine irische Shakespeare-Schauspielerin, Harriet Smithson, trieb ihn

durch die Ablehnung seiner Anträge bis an den Rand des Selbstmordes, und ehe er sie schließlich heiratete – eine triste Ehe, die erst durch Harriets Tod im Jahre 1854 beendet wurde –, gab es ein hitziges Intermezzo mit einer Pianistin, die jedoch den Klavierfabrikanten Pleyel ihm vorzog. Mit Frauen hatte der leichtentflammbare Berlioz wenig Glück, auch nicht mit der miserablen Sängerin Marie Recio, um derentwillen er seine erste Frau verließ, und die er ebenfalls überlebte.
Obwohl er schon 1830, also mit siebenundzwanzig Jahren, sein bahnbrechendes Meisterwerk aufführte, die »Symphonie fantastique«, erlebte er auch als Künstler in Paris mehr Enttäuschungen als Freuden. Er strotzte von Unternehmungsgeist, organisierte und dirigierte Konzerte, aber sein Brot mußte er doch dreißig Jahre lang als Musikkritiker des »Journal des Débats« verdienen, als »Lohnsklave«, wie er grimmig schrieb; die gesammelten Bände seiner Musikkritiken zählen zum Glänzendsten des ganzen Jahrhunderts. Erst in seinen letzten Lebensjahren besserten sich seine Verhältnisse. Triumphale Auslandsreisen als Dirigent – bis nach Moskau und St. Petersburg –, wiederholte Einladungen nach Deutschland, wo Franz Liszt, sein Freund und Bewunderer, Berlioz-Wochen veranstaltete, erbrachten Honorare, von denen er unabhängig existieren konnte. Aber da war er schon ein müder, kränkelnder, etwas kauziger Mann. In den letzten Lebensjahren verstummte er ganz.

Symphonie fantastique

Berlioz' Verehrung galt Gluck, Beethoven und Weber, seine Mißachtung den französischen Zeitgenossen und der italienischen Oper. Ebenso bedeutend waren die Einflüsse großer Dichter – Vergils, Shakespeares, vor allem Goethes. In der Faszination, die sie auf ihn ausübten, und die er in seinen Werken mit schrankenlosem Subjektivismus verquickte, liegt die Wurzel des Eigentlichen und Wesentlichen, das er der Musik seiner Zeit zuführte: der Programmsymphonie. Jene »Symphonie fantastique« eröffnet eine Jahrhundert-Entwicklung, die Richard Wagner tief beeindruckte, in Liszts, Smetanas, Mussorgskys, Dukas' Tondichtungen fortgesetzt wurde und in den Werken von Richard Strauss ihren Gipfel fand.

Hector Berlioz, Komponisten und Dirigenten

Man nimmt im allgemeinen an, jeder Komponist sei ein geborener Dirigent, das heißt, er kenne, ohne sie gelernt zu haben, die Kunst, ein Orchester zu dirigieren. Beethoven war ein berühmtes Beispiel für die Unrichtigkeit dieser Ansicht, und wir könnten eine große Anzahl von anderen Meistern anführen, deren Kompositionen allgemeine Achtung genießen, die aber, sobald sie den Taktstock ergreifen, anstatt Takt zu schlagen, nach allen Seiten ausschlagen, weder die Taktteile noch die Nuancen im Tempo angeben können und die Musiker buchstäblich daran hindern würden, vorwärts zu gehen, wenn diese nicht recht bald die Unerfahrenheit ihres Leiters erkennen und sich entschließen würden, ihn nicht mehr anzusehen und auf das regellose Herumfuchteln seines Armes nicht achtzugeben.
Die Aufgabe des Dirigenten teilt sich übrigens in zwei sehr verschiedene Teile. Der erstere (und leichtere) besteht einfach darin, die Aufführung eines Werkes zu leiten, welches die Musiker schon kennen oder (wie man am Theater sagt) schon im Griff haben. Im zweiten dagegen handelt es sich für ihn darum, eine Partitur einzustudieren,

»Programm-Musik« bedeutet, daß eine Komposition nicht mehr rein musikalisch, »absolut«, verstanden sein will, sondern durch ihre außermusikalischen, mehr oder weniger deutlichen literarischen Bezüge. Daß die Musik bestimmte Assoziationen wecken kann, wurde schon im Mittelalter erkannt und ausgenützt. Die Caccia der italienischen Renaissance mit ihren Nachahmungen von Hornrufen, die tonmalerischen Formeln, die in den unzähligen Schlachtenmusiken barocker Opern der »kriegerischen« Trompete zugeteilt waren, oder die Tonfiguren, die Bach zum Beispiel in seiner Matthäuspassion anwendete, um das Krähen des Hahnes oder das Zerreißen des Tempelvorhangs anzudeuten, alles das beruhte auf dem kompositorischen Willen, durch Musik besondere Vorstellungen zu wecken. Naive Tonmalerei findet sich auch in Händels Oratorien und Haydns frühen Symphonien, aber die großartige Entfaltung absoluter Musik durch die Wiener Klassiker drängte Programmatisches ganz in den Hintergrund; selbst Beethovens einziger symphonischer Tribut, die Pastoral-Symphonie, will ja »mehr Ausdruck der Empfindung als Malerei« sein.
Berlioz ging es gleichfalls nicht um die simple »Tonmalerei« der Alten. Aber seine Egozentrik, die alles, was er schrieb, zum Spiegel seines Ichs machte, stattete die »Symphonie fantastique« mit einem veritablen Textprogramm aus, ohne daß sie eigentlich nicht verständlich ist. Demnach »handelt es sich« um die Gefühle eines Liebenden, der, als er sich verschmäht sieht, Gift nimmt, in seinen Delirien-Träumen die Geliebte tötet und in einem dämonischen Inferno büßt. De Quinceys »Bekenntnisse eines englischen Opium-Essers« als literarische Anregung vereinten sich bei Berlioz mit der Absicht, sich an seiner spröden Geliebten Harriet künstlerisch zu »rächen«. Es wird wohl immer, durch alle Wechsel der ästhetischen Anschauungen, eine Streitfrage bleiben, ob man die Symphonie auch ohne Kenntnis des Programms verstehen, genießen kann. Berlioz knüpft in der Fünfsätzigkeit an Beethovens Pastoral-Symphonie an und bleibt auch im Aufbau der klassischen Form habe. Völlig neuartig ist jedoch der rote Faden eines Leitmotives, das sich, die imaginäre Geliebte versinnbildlichend, durch alle Sätze zieht. Berlioz nannte es »idée fixe«, Wagner vertiefte es später philosophisch-musikdramatisch. Aber auch schon Berlioz' »idée fixe« unterscheidet sich dadurch grundsätzlich von den »Leitmelodien« der damaligen Oper, daß sie charakteristisch und

die den Mitwirkenden unbekannt ist, den Gedanken des Komponisten ans Licht zu bringen und klar und deutlich darzustellen, von den Musikern jene Eigenschaften der Genauigkeit, des Zusammenspiels und des Ausdrucks zu erreichen, ohne die es keine Musik gibt; und wenn die materiellen Schwierigkeiten einmal überwunden sind, muß er die Musiker mit sich selbst identifizieren, sie mit seinem Feuer erwärmen, mit seiner Begeisterung beleben, mit einem Wort, ihnen seine Eingebung mitteilen.
Daraus geht Folgendes hervor: Abgesehen von den elementaren Kenntnissen, die sich durch Studium und Übung erwerben lassen, abgesehen von jenen Eigenschaften der Empfindung, des Instinkts, die man keinem Menschen beibringen kann, die von der Natur allein geschenkt werden und den Dirigenten zum hervorragendsten Interpreten oder zum furchtbarsten Feind des Komponisten machen, je nachdem er mit jenen seltenen Eigenschaften begabt ist oder nicht, abgesehen von dem allen, sage ich, gibt es ein Talent, das der Mann, der zugleich Dirigent, Studienleiter und Veranstalter ist, unbedingt besitzen muß: das Talent, Partitur zu lesen.

Aus den Memoiren, 1854

psychologisch abgewandelt wird. Die Urgestalt wird im Finale des Hexensabbats durch veränderte Rhythmik und Instrumentation zur Karikatur verzerrt:

Den Rahmen einer üblichen Symphonie sprengt auch »Harold en Italie« (1833). Das Werk bezieht sich auf Lord Byrons Dichtung, das Bratschensolo (Paganini gewidmet, der es aber nicht spielte) drückt die Gefühle des romantischen Helden aus: eine »Konzert-Symphonie«, formal so ungewöhnlich wie »Roméo et Juliette« (1839), eine »dramatische Symphonie« nach Shakespeare mit Soli und Chören. Beethovens Neunte ist hier – mit der Sprengung der rein orchestralen Form – das Vorbild. Auch »La damnation de Faust« (1846), frühes Zeugnis französischer Goetheverehrung, entzieht sich jedwedem formalen Schema; orchestrale Glanzstücke, wie der Rákoczy-Marsch – Faust muß in Berlioz' Version Ungarn besuchen –, und vokale, wie Gretchens Ballade vom König in Thule, ihre Romanze und des Mephistopheles Ständchen ergeben eine unkonventionelle Opern-Oratorien-Mischung. »L'Enfance du Christ« (1854) ist in der Form verwandt, im Stil jedoch sehr verschieden; Berlioz sucht hier die alten Kirchentöne in sanft-romantischer Lyrik zu erneuern.

Der extravagante Visionär »aufgetürmter Unmöglichkeiten« äußert sich viel weniger in seinen schon erwähnten Opern (denen noch die späte Buffa »Beatrice und Benedikt«, nach Shakespeare, 1862 in Baden-Baden uraufgeführt, hinzuzufügen ist) als in den Sakralkompositionen. Für das 1837 im Invalidendom erstmals gespielte Requiem mobilisierte Berlioz mehrere hundert Sänger, ein Monstreorchester mit allein 110 Streichern und vier Bläser-Ensembles, die in den Ecken postiert waren und die Schrecken des Jüngsten Gerichtes tönten. Für das Te Deum von 1855 benötigte er drei Chöre, darunter einen Kinderchor, der 600 Stimmen umfaßt haben soll! Dieser Zug zum Gigantischen widerspricht dem musikalischen Gehalt, nicht aber Berlioz' Vorstellungen von Klanglichkeit. Daß Beethoven damals von 30 bis 40 Spielern aufgeführt wurde, fand er unwürdig. Sein Ideal sah er in einem Orchester, für das 467

Berlioz' Notenhandschrift: aus dem 3. Akt der Oper »Benvenuto Cellini«

Mitwirkende gerade gut genug erschienen, darunter 120 Geiger, 16 Hornisten, 30 Harfenspieler und 19 Pauker.

Revolutionär des Orchesters

Zugleich aber verfeinerte Berlioz den tatsächlich verfügbaren Instrumentalkörper in revolutionierender Weise. Seine 1844 verfaßte Instrumentationslehre ist noch von Richard Strauss verehrungsvoll neu herausgegeben worden. Sie interpretiert theoretisch, was Berlioz in seinen Meisterwerken zum Klingen gebracht hatte. Alles »typisch Romantische« ist bei ihm schon praktiziert: die mehrfach geteilten Streicher, die individualisierten Instrumente, die bis dahin nur als Füllstimmen verwendet wurden – besonders Bratschen und Klarinetten (die »heroischen Stimmen der Liebe«) –, die ungebräuchlichen Extremlagen in Höhe und Tiefe, die Verwendung abseitiger Blasinstrumente zur Charakterisierung: das pastoral-elegische Englisch-Horn der »Phantastischen Symphonie« kehrt als Stimmungszauberer im 3. Akt von Wagners »Tristan« wieder.
Als Erspürer des »Klangs an sich« weist Berlioz viel weiter in die Zukunft denn als Harmoniker und Melodiker; in beiden Dimensionen bleibt er mäßig und eher rückwärtsgewandt. Erfinderisch zeigt er sich hingegen als Rhythmiker. Er liebt unregelmäßige, der klassischen Symmetrie ausweichende oder zumindest durch verlagerte Akzente dem Normalschema entzogene Rhythmen. Von ihnen strahlt das Feuer aus, das Ouvertüren, wie die des »Römischen Karneval« (ursprünglich als Zwischenspiel zum »Benvenuto Cellini« gedacht) oder die Ouvertüre zu dieser Oper bis heute zündend und brillant klingen läßt. (Das Notenbeispiel bringt Allegro-Takte aus dieser Ouvertüre.)

Berlioz' Oeuvre ist in sich ungleichwertig, selbst in den wirklichen Meisterwerken. Genialisches steht neben Banalem, Tiefes neben Seichtem. Dennoch war seine Wirkung als die eines Pioniers epochemachend. Ohne ihn ist die sogenannte »neudeutsche Schule« Wagners und Liszts kaum zu verstehen (obzwar er Wagners unendliche Melodie sarkastisch ablehnte), und auch in Frankreich fand er zumindest nach seinem Tode ehrfürchtige Gefolgschaft.
Selbst Saint-Saëns, obwohl völlig wesensverschieden, erklärte sich ihm zumindest als Instrumentator verpflichtet. *Ernest Reyer* (1823–1909) war nicht nur Berlioz' Freund, sondern auch Erbe seiner musikdramatischen Ideen als Komponist einer Sigurd-Oper, die trotz des nordischen Themas Wagners »Ring des Nibelungen« fern bleibt und nur Berlioz' Orchesterüppigkeit übernimmt. Bei Paul Dukas und Vincent d' Indy, den viel jüngeren, vermischt sich die Bewunderung Berlioz' mit der für Wagner, bei den Russen des »Mächtigen Häufleins« um Balakirew und Mussorgsky überwiegt bei weitem der Einfluß des französischen Meisters.

Franz Liszt, der Virtuos

Zurück zum Paris der Bourbonen-Restauration: Die zwanziger Jahre des 19. Jahrhunderts waren es, in denen dort der glänzendste Stern am Konzerthimmel Europas aufstieg – der des frühreifen *Franz Liszt* (1811–1886). Mit zwölf Jahren ließ er sich dort als Schüler Paërs und Reichas nieder, bald stellte er als Pianisten-Phänomen alle Zeitgenossen in den Schatten, wurde der Freund Berlioz', Chopins, Lamartines und vieler anderer Geistesgrößen Frankreichs und blieb für Jahrzehnte, seinen Ruhm durch Konzertreisen bis nach Ungarn, Rußland, der Türkei mehrend, der Großmeister des Klaviers, ein Ruhm, der Liszt im Grunde verhängnisvoll wurde. Denn wenn er auch die Pianistenkarriere schon in den vierziger Jahren gänzlich aufgab, lebt Liszt bis heute im Musikbewußtsein viel stärker als unvergleichlicher Tastenvirtuos denn als Komponist. Dieser Ruf ist nicht einmal unberechtigt, wenn man die bahnbrechenden Leistungen des Virtuosen Liszt ins Auge faßt.
Er war der erste, der überhaupt öffentlich Konzerte allein mit Klavierwerken bestritt, und zwar mit solchen höchsten Ranges: Sein Repertoire umfaßte zehn Beethoven-Sonaten, Weber, Schumann, Bach – die Goldberg-Variationen eingeschlossen! –, und man sollte auch die brillanten Transkriptionen nach Schubert-Liedern, Mozart- oder Bellini-Opern, die er seinem staunenden Publikum vorsetzte, nicht mit spöttischem Naserümpfen beurteilen. Einmal, weil ihre pianistischen Qualitäten außerordentlich sind; dann, weil dies in einer Zeit, die weder Rundfunk noch Langspielplatte kannte, die einzige Möglichkeit war, um außerhalb der Opernmetropolen einen Begriff von Don Giovanni oder Norma zu vermitteln; schließlich, weil die Epoche dergleichen von einem reisenden Virtuosen erwartete.
Es war ja, zumal in Paris, die hohe Zeit der Kehlkopf- und Instrumentalakrobaten. Legenden umrankten *Niccolò Paganini* (1782–1840), den »Teufelsgeiger«, und mehrten seinen Nimbus. So soll er seine Geliebte ermordet und in der anschließenden Kerkerhaft, nachdem drei Saiten seiner Guarneri-Violine gerissen waren, auf der einzigen G-Saite unvergleichlich gespielt haben. Von des Komponisten Paganini fast unzählbaren Solostücken und Konzerten leben nur noch wenige als fingerbrecherische Zugabe-Piècen – und Liszts Transkriptionen von »La Campanella« und der E-Dur-Etüde auf dem Klavier.
Paganini war zu exzentrisch, um eine Schule zu bilden, wohl auch unnachahmlich. Die westeuropäische Geigenkunst des 19. Jahrhunderts gründete sich auf Lehre und Werk des Exil-Italieners *Giovanni Battista Viotti* (1755–1824), der sich nach europäischen Virtuosenreisen am Hofe Marie Antoinettes niederließ, dann nach London ging und schließlich wieder nach Paris zurückkehrte. Viotti schrieb 29 Violinkonzerte (das

Franz Liszt, Programm-Musik
Die Instrumentalmusik wird mit oder ohne Zustimmung derer, die sich in Sachen der Kunst für die höchsten Richter halten, auf dem Weg des Programms immer sicherer und siegreicher vorwärts schreiten. Die Gegner des Programms, in deren Augen dasselbe eine Entweihung der Kunst ist, werden nicht hinwegdisputieren können, daß vorbereitende Versuche lange vor unserer gegenwärtigen Epoche stattgefunden haben, und daß seine schnelle Verbreitung durch die hervorragendsten Anwälte auf das glänzendste bezeugt, daß in ihm ein des Lebens fähiges und zum Leben berechtigtes Prinzip

22. ist das berühmteste) und eine Menge Kammermusik: immer geigerisch fortschrittliche und nicht immer leere Virtuosenmusik. Der gebürtige Belgier *Charles-Auguste de Bériot* (1802–1870), Gatte der gefeierten Primadonna Maria Malibran und Verfasser von 10 Violinkonzerten, war, ehe er erblindete, ein berühmter Reisevirtuos und wurde der Lehrer von *Henri Vieuxtemps* (1820–1881), der in Brüssel (auch er war Belgier) und Paris der begehrteste Geigenlehrer um die Mitte des 19. Jahrhunderts wurde, nachdem er selber halb Europa als Virtuos begeistert hatte. Vieuxtemps' Geigenkompositionen – sechs Konzerte, Phantasien, Solostücke, Sonaten, Kadenzen zum Beethoven-Konzert – vereinigen das solid Handwerkliche, das er sich in Wien bei Simon Sechter und in Paris bei Anton Reicha angeeignet hatte, mit eleganter Melodik. Der Spanier *Pablo de Sarasate* (1844–1908) bereicherte den Pariser Salon-Ton mit den Rhythmen seiner baskischen Heimat, blieb als neuer Wundergeiger und Interpret Saint-Saëns' und Lalos innig mit der Pariser Schule verbunden und steuerte mit seinen »Zigeunerweisen« einen dauerhaften Virtuosenschlager bei.

Liszt selber hatte als Klavierkönig zugleich mit dem scheuen Chopin (den er an donnernder Brillanz, wenn auch nicht an Nuancenkunst übertraf) und mit pianistischen – und komponierenden – Fachgenossen wie Sigismund Thalberg oder Friedrich Kalkbrenner zu konkurrieren. Heute sind ihre Namen vergessen, damals gaben sie den Ton an. Es war ein Salon-Ton. Und gerade auf ihn wollte sich Liszt nicht festlegen lassen.

In Wirklichkeit begegnen wir in Liszt einer der edelsten, kühnsten, komplexesten künstlerischen Erscheinungen der Romantik. Vielleicht war er dort am banalsten, wo er Erfolg hatte, und dort am originellsten, wo er scheiterte. Er verkörpert einen Widerspruch seiner Zeit – den zwischen Ambitionen und Erfüllung, zwischen hochfliegenden Plänen und realen Möglichkeiten der Ausführung – noch reiner als sein extravaganter Freund Berlioz, den musikalischen Fortschritt kompromißloser als sein erfolgreicher Genosse und Schwiegersohn Richard Wagner.

Franz Liszt kam in Raiding im heutigen österreichischen Burgenland dicht an der ungarischen Grenze als Sohn eines musikliebenden esterházischen Gutsverwalters zur Welt. Vater und Mutter sprachen deutsch, und Liszt wuchs ganz in deutscher Kultur auf. Hier soll aber gleich allen nationalistischen Aneignungen mit dem nüchternen Hinweis begegnet werden, daß Liszt in Wahrheit ein Weltbürger wurde. Der deutsch Erzogene bevorzugte das Französische und bekannte sich, ohne einen Satz magyarisch sprechen zu können, als Ungar, was purer romantischer Ritterlichkeit für ein unterdrücktes Volk entsprang. Seine gutgemeinten ungarisch-patriotischen Produkte, die 19 Rhapsodien, beruhten auf einem Irrtum, den der Liszt-Verehrer Bartók unbestechlich offenbarte: Was Liszt für »echt ungarisch« hielt, nämlich das zigeunerische Melo-

pulsiert. Die Komponisten aber ... sollten sich stets daran erinnern: daß Programm oder Titel sich nur dann rechtfertigen lassen, wenn sie eine poetische Notwendigkeit, ein unablösbarer Teil des Ganzen und zu seinem Verständnis unentbehrlich sind! Das aber ist nicht der Fall, wenn sie nur als Zierat, als ein Lockvogel des Herausgebers figurieren, wenn sie nur den Firnis für ein Bild abgeben, das sich in allem übrigen, in seinem Inhalt und in seiner Anlage, weder durch poetische Auffassung noch durch künstlerische Gruppierung, weder durch seine Schönheitslinien noch durch die Wahrheit seines Kolorits auszeichnet.

Aus »Berlioz und seine Harold-Symphonie«

dien-Material dieser Tänze, entlarvte Bartók als Pseudofolklore, von aristokratischen ungarischen Dilettanten in Noten gebracht.

Solche musikfreudigen Grafen machten sich freilich um Liszts Ausbildung verdient, indem sie ihm das Studium in Wien finanzierten. Dort lernte das hochbegabte Kind Schubert kennen, und Beethoven gab ihm nach einem pianistischen Auftreten den Weihekuß. In Paris begann die glorreiche europäische Karriere des Virtuosen. Einer Liaison des anziehenden jungen Mannes mit der Gräfin d'Agoult, die sich als Schriftstellerin Daniel Stern nannte, entsprossen drei Kinder, darunter Cosima, die künftige Gattin Hans von Bülows, Liszts berühmtestem Klavierschüler, und später Richard Wagners. Liszt lernte Wagner 1841 kennen – und bald als Genie erkennen. Er sorgte in Weimar, wo er sich 1848 niederließ, für die Uraufführung des »Lohengrin« und machte durch zwanzig ungewöhnliche Premieren vor allem zeitgenössischer Werke die kleine Hofbühne zur interessantesten in ganz Europa, wie überhaupt die bescheidene Residenz Weimar dank Liszts Anziehungskraft eine zweite Hochblüte, nach der Goethe-Schillerschen, erlebte. Auf der Altenburg, wo Liszt als Gefährte der Fürstin Caroline Sayn-Wittgenstein residierte, traf sich die geistig fortschrittliche Elite Deutschlands.

Der einstige Liberale und Saint-Simonist Liszt wurde mit zunehmendem Alter immer religiöser. Er übersiedelte nach Rom, wo er sich dem Studium der *musica sacra* widmete. Als Jüngling hatte er mit dem Gedanken gespielt, ins Kloster zu gehen. Jetzt nahm er tatsächlich die niederen Weihen. Die Legitimierung seines Verhältnisses mit der Fürstin Sayn-Wittgenstein scheiterte, fast grotesk, dicht vor dem römischen Traualtar. Dagegen harmonisierte sich am Lebensabend die durch Cosimas Ehebruch gestörte alte Freundschaft mit Wagner. Der immer noch schöne Mann in der würdigen schwarzen Soutane, der Abbé Liszt, sah sich in ganz Europa gefeiert und mit Orden geehrt. Von seinem Vermögen hatte er allezeit Bedürftigen gespendet, wie er auch ein wahres Genie der Freundschaft und der Toleranz war: Richard Wagner, Brahms oder Smetana, alle schloß sein großes künstlerisches Herz ein. Er starb in Bayreuth, während der Festspiele im Sommer 1886.

In den letzten Jahren hatte er nur noch für die Schublade geschrieben, und gerade diese Werke, die erst im 20. Jahrhundert herausgegeben wurden, werfen ein ganz neues Licht auf den Komponisten Liszt. Die betörenden Klavierkaskaden des Virtuosen hatten einst ganz Europa entzückt. Zweifellos hatte er die Tastentechnik außerordentlich bereichert: durch eine Vollgriffigkeit, die gewissermaßen von den Fingern, nicht vom Kopf produziert wurde; durch ein Figurenwerk, das Chopin an Reichtum übertraf; durch eine Beredsamkeit, die das Klavier »malen« und erzählen ließ. So zum Beispiel in den drei Bänden der »Années de Pélerinage«, in denen Landschaftsbilder aus der Schweiz und aus Italien, aber auch Eindrücke von Bildern Raffaels und Statuen Michelangelos wiedergegeben werden. Apparitions, Bénédictions, Funérailles, Consolations heißen weitere solcher zugleich virtuoser wie poetischer Zyklen. Die h-moll-Ballade, mit einer von meisterlicher Satztechnik zur Wirkung gebrachten Melodik,

Liszts Notenhandschrift: Fragment einer Komposition der Schillerschen »Ode an die Künstler«

und die pompöse h-moll-Sonate (Liszts einzige, drei Sätze in einem), die alle verfügbaren pianistischen Mittel zur Entfaltung bringt, sind neben einigen Ungarischen Rhapsodien und der großen Polonäse lebendig geblieben.

Der »letzte Liszt«

Welcher Wandel von diesem kulinarischen Liszt zu dem Grübler der letzten Jahre, der, ohne jedwedes Schielen nach Erfolg, nur nach eigenem Gusto komponierte! Das heißt, daß er in die Zukunft blickte. Schon im Zyklus »Weihnachtsbaum« von 1876 sind impressionistische Glocken-Visionen vorweggenommen; ein »Csárdás macabre« spielt mit leeren Quinten, ein »Unstern« von 1882 mit einem Gespinst übermäßiger Dreiklänge, die nur noch Klang, nicht mehr funktionelle Harmonik im Sinne der Zeit sind; »Nuages gris« gleiten debussyhaft-ätherisch vorüber; in Venedig inspirieren ihn schwarze Gondeln zu zwei düsteren Kompositionen (Trauergondel I und II), die jeder hergebrachten Tonartlichkeit spotten. Der alternde Liszt sagte sich von allen Traditionen los. Der einstige Schöpfer eines neuen, die Epoche prägenden Schönklangs schrieb einen dürren, asketischen Klaviersatz, der gerade deshalb »modern« im Sinne des 20. Jahrhunderts klingt.

Beide, der junge und der alte Liszt, der virtuose und der abseitig experimentierende, sind gleicherweise legitim. Das einigende Band liegt im unentwegt Suchenden, im Faustischen des Künstlers Franz Liszt, dem Musik und Persönlichkeit stets als untrennbare Einheit erschienen: » . . . weil der ganze Mensch sich mit dem Musiker erheben und bilden muß« und man »im neunzehnten Jahrhundert ein bedeutender Mensch sein muß, um ein rechter Musiker zu werden.«

Lange vor Wagner strebte er dem Ideal eines Gesamtkunstwerks nach, in dem Ton, Dichtung und Farbe sich vereinigen sollten. Poetische und malerische Einflüsse sind in seinem ganzen Werk inspirativ wie formbildend wirksam. Das gilt sogar für die beiden Klavierkonzerte in Es-Dur und A-Dur, an denen er jahrzehntelang arbeitete, und von denen das erste immer noch ein Zugstück der Virtuosen geblieben ist. Es gilt vor allem für die lange Reihe seiner symphonischen Dichtungen, die heute nur noch vereinzelt zu hören sind.

Ideen-Tondichtungen

Liszt war von Berlioz tief beeindruckt, aber seine Ästhetik der Tondichtung bleibt doch der absoluten Musik verpflichtet. In einer Würdigung von Berlioz' »Harold in Italien« rechtfertigte er den »malenden Symphonisten«: »Warum sollte er nicht mit Hilfe seines Programmes nach vollem Verständnis streben?« Aber daß deshalb die Musik kein Genügen in sich findet, läßt er durchaus nicht gelten: Eher möchte er jedwedes Programm preisgeben, als durch Verleugnung der musikalischen Autonomie deren »Lebensnerv zu zerschneiden«. Tatsächlich wollen Liszts sinfonische Dichtungen durch sich selbst verstanden werden. Nur wenige, wie die »Hunnenschlacht« (nach Wilhelm von Kaulbachs Gemälde) »schildern« eine Aktion. Die meisten anderen gehen wohl auf dichterische Inspirationsquellen zurück, beschränken sich jedoch auf den musikalischen Ausdruck einer Idee (Hamlet, Faust, Dante, Ideale nach Schiller, Tasso nach Byron, Les Préludes nach Lamartine). Daß sie heute verblaßt sind, liegt an der Diskrepanz von idealistischem Wollen und zeitverhafteter Konvention, ja, kompositorischem Können. Instrumentieren hat Liszt erst als reifer Mann gelernt (mit der genialischen Aneignungsschnelle, die alle seine künstlerischen Äußerungen charakterisiert), kontrapunktisches Denken lag ihm so fern wie Berlioz, in der Harmonik blieb er, obwohl er Wagners Tristan-Hauptmotiv und viele andere Errungenschaften unabhängig vorausahnte, im Zwielicht zwischen kühner Meisterschaft und Dilettantismus. Unbestreitbar ist sein Verdienst, durch kontrastierend gegliederte Einsätzigkeit der sinfonischen Dichtung der späteren Zeit, besonders Richard Strauss', die Bahn gewiesen zu haben.
Als weniger wirksam erwiesen sich Liszts Bemühungen, die geistliche Musik durch eine Verschmelzung von Gregorianik und Palestrinageist und neuromantischer Färbung zu beleben. Seit seiner römischen Zeit komponierte er viel *musica Sacra,* aber weder seine Oratorien »Die Legende von der heiligen Elisabeth« (1865, mit ungarischen Kirchenweisen angereichert) und »Christus« (1873), noch die Graner Missa solennis (1856) und seine Psalmenkompositionen haben der Zeit widerstanden. Von Liszts Liederfülle haben sich ebenfalls nur diese oder jene Nummern, und gerade nicht die besten, erhalten.

Italienischer Belcanto

Italiens musikalischer Beitrag beschränkte sich im beginnenden 19. Jahrhundert fast ganz auf die Oper. Hier freilich gab das Land des schönen Gesangs, das den vokalen Stil des ganzen Barock international geprägt hatte, immer noch den Ton an, und seine Opernkomponisten waren in ganz Europa begehrt, auch wenn sie als prominente Emigranten bereits mit aufstrebenden, ganz andere Wege verfolgenden Meistern ihrer Gastländer zu konkurrieren hatten; man denke nur an Cherubini in Paris, an Spontini

Liszt dirigiert eines seiner Oratorien in Budapest

in Berlin. Ein Emigrant war auch *Ferdinando Paër* (1771–1839). Von dem fruchtbaren Mann aus Parma, der in Dresden eine »Leonora, o l'amore coniugale« zwei Jahre vor der Beethovenschen »Leonore« aufführte und jahrzehntelang in Paris wirkte, ist nichts geblieben als musikhistorische Daten.

Neo-Neapolitaner

Die Neo-Neapolitaner zehrten von altem, verblassendem Ruhm. Paer, Cherubini, Spontini, Sacchini und andere suchten ihn durch die Aneignung des von Gluck ausgehenden, von Beethoven vollendeten Klassizismus auf die Höhe der Zeit zu bringen. Aber der wichtigste Impuls zur Erneuerung der italienischen Oper ging merkwürdigerweise nicht von einem der vielen Emigranten aus, sondern von einem der Immigranten: dem gebürtigen Bayern *Simon Mayr* (1763–1845).
Der aus Mendorf gebürtige Dorfschulmeisterssohn war von einem adeligen Mäzen zur Ausbildung nach Italien geschickt worden. In Venedig wurde er ein echt italienischer Opernkomponist, in Bergamo blieb er für den Rest seines Lebens hängen. Er wurde dort Domkapellmeister, später Professor am Musikinstitut, Lehrer Donizettis und einer der einflußreichsten Musikpädagogen Italiens überhaupt. Von seinen elf Opern – im Alter schrieb er nur noch Kirchenmusik – lebt keine mehr. 1963 grub man »Die Komödianten« als bearbeitetes Pasticcio bei den Schwetzinger Festspielen aus: Zeugnis eines typischen Italieners mit mehr Solidität als melodischem Esprit. Aber gerade diese Solidität empfand man um 1810 in Italien als außerordentlich. Von Simon Mayr stammt die Bereicherung der orchestralen Palette, die sich von der schnell verfertigten italienischen Opern-Dutzendware durch Farbigkeit abhob, die Arie mit Chor, das

(von den Mannheimern erfundene, aber noch längst nicht ins neo-neapolitanische Opernorchester vorgedrungene) Crescendo.

Wie fortschrittlich der biedere Bayer Mayr war, zeigt ein Vergleich mit dem konventionelleren Werk des um mehr als eine Generation jüngeren Süditalieners *Saverio Mercadante* (1795–1870). Als reifer Mann – nach seinem größten Erfolg »Il giuramento« (1837) – entwarf er ein Reformprogramm, das dem wuchernden Belcanto-Unfug, den »trivialen Cabalettas«, den Crescendos und den ewigen Wiederholungen zu Leibe rücken wollte. Bezeichnend für diesen Reformstil ist Mercadantes »Vestalin«, schon in Verdis Zeit (1840) hineinragend.

Aber gerade mit jenem verspäteten Effekt des Orchester-Crescendos hatte Rossini – unter anderem – sein Publikum erobert. Ein wahrhaft europäisches Publikum! Die Schaffenszeit Rossinis war kurz, kaum zwanzig Jahre umfassend. Der Rossinitaumel, dem Venedig, Neapel, Paris, Wien und alle Landschaften huldigten, wo man überhaupt Sinn für die Oper hatte, übertraf jedoch alles Dagewesene. Man hat den »Schwan von Pesaro«, wie ihn seine Landsleute im poetisierenden Stil der Zeit nannten, nach seinem frühen Verstummen unterschätzt, aus der Verdi- und Wagner-Sicht gar degradiert. Sein Werk hat allen Einstufungen durch unbändige Vitalität getrotzt.

Just im melodienfeindlichen 20. Jahrhundert brach eine wahre Rossini-Renaissance aus. Neben dem unverwelklichen »Barbier« entdeckte man eine Handvoll halb verschollener Rossini-Opern neu: nicht nur buffoneske, wie die »Italienerin in Algier« (1813), den im selben üppigen Produktionsjahr folgenden »Türken in Italien«, den früheren »Pietra del paragone« (deutsch als »Liebesprobe«), »La Cenerentola« (Aschenbrödel, auch Angelina genannt), »Il Signor Bruschino«, sogar das Jugendwerk, die »Seidene Leiter« (1812) und den späten – französischen – »Comte d'Ory«; auch der Opera-Seria-Komponist Rossini, der nun wirklich vergessen war, feierte um die Mitte des 20. Jahrhunderts mit »Moses« (1818), »Othello« (1816) und »Semiramis« (1823) auf italienischen und deutschen Bühnen Urständ.

Rossinis Buffo-Oper

Gioacchino Rossini (1792–1868) hatte von solchem Nachruhm nicht zu träumen gewagt. Für ihn war jede seiner 38 Opern mit der Produktion für das jeweilige Theater zunächst erledigt, weshalb er auch unbedenklich auf abgetane Werke zurückgriff, um ein neues zustandezubringen. Worauf beruht der einzigartige Erfolg Maestro Rossinis? Der postume zweifellos auf dem, was kritische Zeitgenossen wie Eduard Hanslick ihm ankreideten: Auf den rein sinnenhaften, im Grunde ungeistigen melodisch-rhythmischen Reizen, in der intellektuell überfrachteten musikalischen Landschaft des 20. Jahrhunderts eine wahre Oase des Genießens, noch dazu legitimiert durch die bereits historisch gewordene Klassizität des Urhebers. Für die Zeitgenossen Rossinis mochte ausschlaggebend sein, daß sie in seiner Kunst den brillantesten Ausdruck einer Epoche fanden, die, der zwanzigjährigen Kriege müde und ohnehin durch die Wiederkehr monarchischer Diktaturen zur Flucht ins Unpolitische gezwungen, in der Oper ein Narkotikum, ein Vergessen unbehaglicher Zeitläufte suchte.

Es war, auf die italienische Oper bezogen, die Epoche der großen Primadonnen. Liszt, der Italienreisende, schildert die Atmosphäre der Mailänder Scala halb hingerissen, halb ironisch: »Außer der Scala kein Heil! Sie ist der einzige Vereinigungsort, der

XXIV *»Tristan und Isolde«. Inszenierung von Wieland Wagner, Bayreuth 1962*

XXIII *(vorhergehende Seite) Junge Mädchen am Klavier, Gemälde von Auguste Renoir*

XXV *Aufführung der Oper »Aida« in der Arena von Verona*

große Empfangssaal, der eigentliche Schwerpunkt der Mailänder Gesellschaft. Sowie die Scala geschlossen wird, löst sich die Gesellschaft auf. Alle Klassen der Bevölkerung interessieren sich für das, was in der Scala vorgeht. Von dem in den ersten Logen vornehm gähnenden Grundseigneur an bis hinab zu dem letzten Kommis des letzten Krämerladens, der sich allmählich mittelst fünfundsiebzig Centimes zu den Loggien hinaufgeschwungen hat, nimmt jeder für und wider die Primadonna, den Tenoristen, den Bassisten und den Maestro Partei – es ist wie eine nationale Angelegenheit, die alle Geister beschäftigt und eines jeden Phantasie in Spannung hält.«

Man kann getrost Scala mit Teatro Fenice oder San Carlo austauschen, der Resonanzboden bleibt sich gleich. Ja, man kann europäisieren: Rossinis Zeit war die Hoch-Zeit der Primadonnen, zu deren Feier italienische Stimmen – die der Catalani, der Pasta, der Schwestern Grisi – sich mit denen der Spanierin Felicità Malibran, der Deutschen Henriette Sontag und Wilhelmine Schröder-Devrient, später der »schwedischen Nachtigall« Jenny Lind zu einem unwirklichen Chor von Protagonistinnen vereinigten. Rossini selber schrieb die Hauptpartien seiner meisten Opern für die Kehle einer Primadonna: der Isabella Colbrán, die auch, obwohl um sieben Jahre älter, die Primadonna seines Privatlebens wurde. Rossini gebührt der Ruhm, die altitalienische Weltherrschaft des Belcanto noch einmal erneuert zu haben – ehe sie von Wagner, den Franzosen, und nicht zuletzt von dem Musikdramatiker Verdi abgelöst wurde.

Rossini wurde in Pesaro geboren, als Sohn eines städtischen Hornisten und Fleischbeschauers; die Mutter war Sängerin bei einer Wandertruppe. Als Kind schon trug er im Kirchenchor zum Unterhalt der Familie bei, dann wurde er in Bologna bei dem pedantischen Lehrer Mattei in Komposition ausgebildet und stöhnte über dem Kontrapunkt. Er brauchte ihn gottlob nicht zu praktizieren, als er mit achtzehn Jahren seine erste Buffa in Venedig herausbrachte, die sogleich gefiel.

Zwei Jahre später eroberte er mit »Pietra del paragone« schon die Scala, 1813 löste er mit der Opera seria »Tancredi« im Teatro Fenice den ersten Rossini-Taumel aus, und nun regnete es Aufträge. Der Impresario und Spielbankhalter Barbaia verpflichtete den jungen Maestro als Hauskomponisten nach Neapel, aber dessen Geniewurf, »Il Barbiere di Siviglia«, kam 1816 in Rom heraus. Daß die Premiere von den Paisiello-Anhängern ausgepfiffen wurde, hielt den Siegeszug der Oper auch nicht um einen Tag auf.

Rossinis eigenes Zeugnis, er habe die Partitur binnen dreizehn Tagen geschrieben, klingt weniger unglaublich, wenn man sich vor Augen hält, daß er damals regelmäßig drei bis vier Opern im Jahr aus dem Ärmel schüttelte. Das Unglaubliche liegt höchstens in der Vollkommenheit der »Barbier«-Partitur. Sie enthält zwar mehrere Anleihen aus früheren Opern (so die Ouvertüre, die vorher schon einer »Elisabetta« und noch früher einem »Aureliano« gedient hatte, Almavivas berühmte Cavatine »Ecco ridente« u. a.), aber keine einzige schwache. Der Librettist Sterbini hatte aus Beaumarchais' Komödie eine simple Verwechslungsposse gemacht; gerade diese Vordergründigkeit kam Rossini entgegen. In einer Sternstunde wurde das alte Klischee der neapolitanischen Buffa nochmals mit Leben erfüllt. Rossinis musikalischer Witz, besonders in der Zeichnung des Gauners Basilio, nähert sich dem Format seines verehrten Vorbilds Mozart. Neu und Schule machend war, daß er die Rouladen und Koloraturen, gewitzt durch schlechte Erfahrungen, nicht mehr der Willkür der Promadonnen und

Gioacchino Rossini
nach einem Stahlstich von Weger 1857

Primouomos überließ, sondern Note für Note auskomponierte. Altem barockem Brauch wurde durch Rossinis Neu-Rokoko der endgültige Garaus gemacht.

In seinen ernsten Opern, »Othello«, »Mosè« und »Semiramide« an der Spitze, bleibt er konventioneller, dem kostümierten Konzert alten Stils nahe. 1822 ging Rossini mit der Colbrán, die er eben geheiratet hatte, nach Wien, dirigierte die deutsche Fassung seines »Aschenbrödels« und versetzte die Hauptstadt der deutschen Musik in eine wahre Rossini-Raserei; Weber kalauerte ärgerlich von der Maladie der Melodie Rossinis. In London wiederholte Rossini den Triumph und scheffelte auf Soireen Honorare, wie sie vor ihm nur Primadonnen erhalten hatten. Paris wählte er fortan zum ständigen Aufenthalt, leitete vorübergehend das Théâtre Italien, ließ sich vom Bourbonenkönig Charles X. die Sinekure eines Inspekteurs des Gesanges verleihen und krönte seinen Ruhm mit dem französischen »Guillaume Tell«.

Damit aber schien seine Produktionskraft erschöpft zu sein. Zwar schrieb er 1832 noch ein vielbewundertes »Stabat Mater«, und erst Mitte der dreißiger Jahre entschloß er sich, der Oper gänzlich zu entsagen; möglicherweise schreckte ihn Meyerbeers mächtig aufgehender Stern ab. Eine Kämpfernatur war er nie gewesen. So zog er sich in Bologna und Florenz, wohin er zunächst übergesiedelt war (nach dem Tode seiner Frau heiratete er 1847 die Französin Olympe Pélissier), und in Paris, wo er von 1855 bis zu seinem Tode lebte, ganz in das Privatissimum eines vermögenden Genießers zurück, der die Elite der zeitgenössischen Künstler zu sich lud und als Meisterkoch mit den Kreationen seiner exquisiten Küche bewirtete. »Der Ruhm ist eine Illusion und die Arbeit eine Last« – solch epikureische Sentenzen gab Rossini nicht nur zum Besten, er lebte auch danach.

Gioacchino Rossini, Vom Operngesang

Viele unserer außerhalb Italiens geborenen Sänger haben der Reinheit des Geschmacks abgesagt, die jenseits der Grenzen Italiens ohnehin nie verwurzelt war, und den unreinen Stil der Ausländer übernommen, um den Hauptstädten Europas zu gefallen. Dann sind sie hierher zurückgekehrt und haben die Keime des schlechten Geschmacks mitgebracht, die sie hier verbreiten.

Triller, Aufwärts-Sprünge, Praller, Abwärts-Sprünge, verbotene Halbtöne, Notenhäufungen, das kennzeichnet den jetzt vorherrschenden Gesang. Dagegen wird der Takt, der wesentliche Teil der Musik, ohne den die Melodie unverständlich ist und die Harmonie in Unordnung gerät, von den Sängern ignoriert und verletzt. Sie versetzen

Gaetano Donizetti

Donizetti schreibt beim Komponieren mit beiden Händen zugleich. Karikatur aus dem »Charivari«, Paris 1840

Gaetano Donizetti (1797–1848) teilte Rossinis Produktivität, übertraf sie sogar noch mit nicht weniger als 75 Opern (einschließlich der Umarbeitungen), teilte mit ihm auch die Karriere – mit Paris als letztem Erfolgsgipfel –, nicht aber die glückliche Lebensbahn. Der von Natur aus fröhliche, gutmütige Mann neigte nach dem Tode seiner innig geliebten Frau immer mehr zur Schwermut; während er in Paris seine heiteren Meisterwerke schrieb – »La Fille du Régiment« (Die Regimentstochter, 1840) und »Don Pasquale« (1843) – verdüsterte sich sein Geist und verfiel schließlich der Umnachtung. Man konnte ihn 1847 noch in seine Geburtsstadt Bergamo transportieren, dort starb er ein Jahr später im Wahnsinn.

Im Italien der großen Primadonnen hatte sich Donizetti Schritt für Schritt, über Venedig, Rom, Neapel, auf der Opernleiter vorangearbeitet, viel langsamer als Rossini. Erst eine »Anna Bolena«, mit Giuditta Pasta in der Hauptrolle, wurde an der Scala ein durchschlagender Erfolg; da war Donizetti schon dreiunddreißig Jahre alt. Dann mehrten sich die Volltreffer: »L'elisir d'amore« (Der Liebestrank, 1832) reicherte die alte Opera buffa mit einem Sentiment an, das Rossini fremd war, »Lucrezia Borgia« (1833), »Lucia di Lammermoor« (1835) und »La Favorita« (1840) zeigten, daß Donizetti auch dramatisch-tragischer Töne mächtig war, wenn man darunter nichts Revolutionäres, die Vorherrschaft des schönen, virtuosen Gesangs in Frage Stellendes verstehen will.

Immerhin hat der junge Verdi viel von Donizetti gelernt. Ein so glanzvolles Ensemble wie das Sextett in der »Lucia« gelang ihm erst im »Rigoletto«, und die Wahnsinnsszene derselben Donizetti-Oper – mit einem Koloraturen-Duett zwischen Sopran und Flöte, das Irresein in Belcanto verklärt – wirkte zweifellos auf Lady Macbeths Nachtwandelei ein. Donizettis Massenproduktion, gepaart mit Libretto-Wahllosigkeit, mußte viele Dutzendopern hervorbringen. Das Orchester ist meist primitiv-schematisch

das Publikum mehr in Erstaunen, als daß sie es bewegen, und während in der guten alten Zeit die Spieler sich bemühten, ihre Instrumente singen zu lassen, versuchen unsere Sänger jetzt, ihre Stimmen zu behandeln, als ob sie Instrumente wären. Das Volk, das inzwischen solch schlechtem Stil applaudiert, macht aus der Musik, was die Jesuiten aus der Poesie und Redekunst machten, als sie Lukan dem Virgil, Seneca dem Cicero vorzogen. *Aus einem Brief an Leopoldo Cicognara, 1817*

behandelt, aber die melodische Prägekraft des Meisters besticht noch in einem Nebenwerk wie der »Maria Stuart«, die 1964 in Stuttgart ausgegraben wurde.
Donizetti verfügt nicht mehr über die unbedenkliche, stilprägende Vitalität Rossinis, trägt aber in seinen Pariser Reifeopern der Opera buffa Neues, Eigenes zu. In der »Regimentstochter« zeugt eine Szene und Arie des Tenorhelden von der belcantistischen Ausstattung seiner Opéra comique, und im »Don Pasquale«, einer erstaunlichen Spät-Renaissance uralter Buffamodelle, kippt Komik – die Ohrfeige, die dem liebestollen Alten versetzt wird – schier in Tragik um; ein sentimentaler Effekt, der weit in die Zukunft, bis zur Musikkomödie von Richard Strauss weist.

Vincenzo Bellini

Vincenzo Bellini (1801–1845) wird mit Donizetti gern in einem Atem genannt: ziemlich sinnloserweise. Daß beide begnadete Melodieerfinder waren, schafft gewiß Gemeinsamkeiten, aber für die Verschiedenheit der künstlerischen Charaktere ist bezeichnender, daß Bellini mit bloß zehn Opern eher ein Wenigschreiber war, und daß sich keine einzige komische unter seinen Opern befindet. Der blauäugige und blondhaarige Sizilianer aus Catania studierte in Neapel, kam schon 1827 mit »Il Pirata« an die Scala und galt fortan als Champion der romantisch-tragischen Oper. *Felice Romani,* der Librettist des »Piraten«, blieb sein Partner auch bei der Shakespeare-Oper »I Capuletti ed i Montecchi« (1830), einer Romeo-und-Julia-Version, die sich noch lange internationaler Primadonnen-Beliebtheit erfreute, sowie bei der »Sonnambula« (Die Nachtwandlerin) und der »Norma« (beide 1831, und beide von Giuditta Pasta kreiert).
Romani, einst Metastasiobewunderer, wurde der kultivierteste Librettist der italienischen Opernromantik, auch als Partner Donizettis und Verdis. Romantik dieses Stils war der französischen viel verwandter als der deutschen und beschränkte sich auf exotische Szenerien, abenteuerliche Außenseiter, wie Seeräuber und Zigeuner, verklärte ländliche Idyllen und wohlig-schaurige Nachtseiten der Seele: beides, Schweizer grüne Matten und Schlafwandelei, bot das Libretto der »Sonnambula«.
Bellini, der Sanfte und Liebenswürdige, hatte hierfür, wie auch für die pathetischeren Gefühle der antiken »Norma«, immer nur denselben Melodieduktus schwärmerisch-edlen Belcantos zu bieten. Normas »Casta Diva«-Arie ist vielleicht am bezeichnendsten dafür:

Das Duett Norma-Adalgisa mit seinen schmelzenden parallelen Sexten ist ein weiteres Beispiel für Bellinis Belcanto. Individuellen Ausdruck darf man nicht erwarten, aber der Adel, die Reinheit dieser Melodik wirkte doch jahrzehntelang noch als Urkraft, die selbst den Welschenverächter Wagner milde stimmte. Die primitive Faktur des von melodieführenden Streichern beherrschten Orchesters, die berüchtigte »Riesenharfe«, hat Bellini später durch etwas sorgfältigere Behandlung der Holzbläser bereichert. Vom Fortschrittsstandpunkt aus ist freilich noch seine letzte Partitur, die der 1835 in Paris uraufgeführten Seria »I Puritani«, unwesentlich. Nicht so jedoch als Ausdruck einer ganzen Epoche. Die Besetzung der Uraufführung mit der Grisi, mit dem gefeierten Tenor Rubini und den kaum minder berühmten Bassisten Tamburini und Lablache läßt die Glorie der Belcanto-Oper noch einmal machtvoll aufstrahlen – ehe sie von Verdi, dem Sänger-Tyrannen, in die Fesseln eines neuen, von seiner Persönlichkeit erzwungenen *dramma per musica* geschlagen wurde.

Offenbach und die Operette

Man kann die Geburt der Oper mit Namen, Ort und Datum fixieren. Nicht so die ihrer jüngeren kleineren Schwester, der Operette. Sie hat sich gewissermaßen darwinistisch entwickelt, aus vielerlei Ahnschaft und unter mancherlei Namen. Die mit musikalischen Einlagen versehenen Possenspiele in Jahrmarktsbuden des 18. Jahrhunderts mag man zu den Vorgängern zählen, auch das italienische Intermezzo, das französische Vaudeville, das deutsche Singspiel. Mozart nahm es nicht so genau und sprach manchmal von deutschen Operetten, wo er Singspiele meinte. Trotz so zwielichtiger Herkunft hat das, was bis heute als Typus Operette fortlebt, einen genau feststellbaren Vater: Er heißt *Jacques Offenbach* (1819–1880).

Die Wiege dieses pariserischsten Parisers des Jahrhunderts stand am Rhein, in Köln. Dort wuchs Jacques als deutscher Jakob auf; sein Vater war der Synagogenvorsänger Isaac Juda Eberscht, der sich nach seiner Geburtsstadt Offenbach benannte. Der vife Junge brachte sich selber das Cellospielen bei, ging nach Paris, hielt es sogar ein Jahr lang als Schüler des gestrengen Halévy am Conservatoire aus, schlug sich als Orchestercellist, Gelegenheitskomponist und Dirigent von Schauspielmusiken durch, bis er als selbständiger Theaterdirektor seine kleinen Lustspiele mit Musik, Musiquettes genannt, aufführen konnte. Das war 1855, während der Pariser Weltausstellung, als er das gerade leerstehende Théâtre des Bouffes Parisiens mietete. Es war nur ein winziges hölzernes Theaterchen, und auf der Bühne durften nach polizeilicher Vorschrift nur drei Personen auftreten!

Solche räumliche Beschränkung behinderte keinesfalls die Vitalität von Offenbachs heiterer Muse. Er sprudelte die Stücke nur so hervor. Einakter finden sich darunter, wie »Le mariage aux Lanternes« (Die Verlobung unter der Laterne), die heute noch etwas von ihrem liebenswürdigen Reiz bewahrt haben und die Herkunft von der Opéra comique nicht verleugnen.

Satire im Operettengewand

Sechs Jahre lang war Offenbach Direktor, Kapellmeister und Hauskomponist der Bouffes Parisiens. Im dritten Jahr gelang der große Wurf. »Orphée aux enfers« (Orpheus in der Unterwelt, 1858) eröffnete die lange Reihe der satirischen Operetten, die klassisch wurden, obwohl »Orpheus«, zur Empörung der Professoren und zum jubelnden Vergnügen der Bürger von Paris und bald von ganz Europa, die erhabene Klassik der Antike aufs Korn nahm. So wird hier Jupiter, der Götterfürst, als Lustgreis verulkt, Orpheus und Eurydike erscheinen als scheidungslustiges Pärchen aus einem Vaudeville, »La belle Hélène« (Die schöne Helena, 1864) als liebestolle Pariserin, König Menelaus als trottelhafter Hahnrei und der Oberpriester Kalchas als bestechlicher Schieber. »Barbe-bleue« (Blaubart, 1866) läßt den mythischen Frauenmörder im Ehenetz der schlauen Boulotte enden, »La Vie parisienne« (Pariser Leben, im selben Jahr) wurde die fröhlichste Apotheose der Lichterstadt, »La Grande-Duchesse de Gerolstein« (Die Großherzogin von Gerolstein, 1867) eine freche, fast pazifistische Parodie auf jedwedes Militär.

Jeder wußte, wer hinter den travestierten Fürsten, Generalen und Helden als Zielscheibe gemeint war: Die ganze ruhmredige, luxuriöse, leichtlebige Gesellschaft von Generälen, Hofschranzen, Spekulanten des Deuxième Empire Napoleons III. Und alle Betroffenen blickten lachend in Offenbachs Narrenspiegel! Ohne den hektischen Hintergrund dieser Epoche sind Offenbachs Erfolge kaum zu verstehen; ebenso wenig darf man den Anteil seiner beiden witzigen Librettisten-Kompagnons Henri Meilhac und Ludovic Halévy unterschätzen, und auch nicht den der schönen Hortense Schneider, der Primadonna der Offenbach-Bühne: Sie ist die Ahnherrin aller späteren Operettendiven, von der Geistinger bis zur Massary.

Offenbachs Ruhm verbreitete sich mit seinen Stücken über ganz Europa. Er reiste, seit langem mit der spanischen Pariserin Herminie d'Alcain (ihr zuliebe war er Katholik geworden) in harmonischer Ehe lebend, durch Deutschland, nach Wien und London, später auch nach Amerika. Während des Krieges von 1870 fühlte er sich ganz als Franzose. Dennoch ließ man ihn, in grotesker Verkennung von Ursache und Wirkung, nach der Niederlage die Sünden des gestürzten napoleonischen Régimes büßen. Sein Stern verblaßte, seine neuen Operetten wurden Mißerfolge, und als er versuchte, sein Glück als Unternehmer des Gaîté-Theaters durch verschwenderisch ausgestattete Aufführungen zu zwingen, ging er gar bankrott; auf einer Amerika-Tournee mußte er sich ein neues Vermögen gewinnen.

Offenbachs Schaffenskraft war ungebrochen, aber die Inspiration stand ihm nicht mehr so zu Gebote wie einst. Er hatte sich angewöhnt, seine Muse zu kommandieren: Er schrieb Noten auf häuslichen Gesellschaften, im Direktionsbüro, sogar in seiner Kalesche, in die er sich ein Pult einbauen ließ. Hundert Operetten und Musiquettes brachte er hervor. Die besten sind nie übertroffen worden. Als Rhythmiker und Melodiker von unverwechselbarer Eigenart ist er in der Operette das, was Rossini in der Buffo-Oper war. Neuartig und stilbildend für das von ihm geschaffene Genre wirkte, wie er die umgeformten Reste von Opéra comique – immer noch gibt es Arietten und wohlgebaute Ensembles – mit tänzerischen Nummern anreichert. Offenbachs Walzer standen für die von Johann Strauß Pate, in seinen Polken moussiert Pariser Esprit, wie auch die Chansons und mehrstrophigen Couplets echt französisch sind; seine Galoppe und Cancans, ob sie im Olymp oder zur Feier des Pariser Lebens getanzt werden, sprühen von Elan und gehen unwiderstehlich in die Glieder (so der hier in den Anfangstakten zitierte Höllengalopp aus »Orpheus in der Unterwelt).

Offenbach konnte aber auch von mozartischer Feinheit sein als Pastellzeichner von Charakterporträts: Die Briefszene aus »Pariser Leben«, das elegante Sechsachtel-Lied des Prinzen von Arkadien zeugen davon. Was Nietzsche an Bizet als mediterrane Klarheit rühmte, lobt auch Offenbach.

Abschied mit der Oper

Sogar Pathos, Wärme und Tiefe waren ihm zugänglich. Nämlich in seinem 101. und letzten Werk, seiner einzigen vollgültigen Oper »Les contes d'Hoffmann« (Hoffmanns Erzählungen, 1881). Sie erfüllte Offenbachs Lebenstraum, einmal in der Opéra comique, in deren Orchester er einst als kleiner Cellist gespielt hatte, Erfolg zu haben! Er sollte ihn haben, aber nicht mehr erleben. Nur noch einigen Proben konnte er, in dicke Pelze gehüllt, beiwohnen, einen Klavierauszug fertigstellen, den dann Ernest Guiraud instrumentierte und mit gesungenen Rezitativen versah.

Jacques Offenbach, französische Karikatur

Offenbach hatte mit einer vorher nie gekannten Sorgfalt, mehrere Jahre lang, an der Komposition gearbeitet; zuletzt im Wettlauf mit dem Tode. Nur formal – der ursprünglich gesprochenen Dialoge wegen – handelt es sich um eine Opéra comique. Dem Charakter nach ist das von Jules Barbier mit kühner Einfühlung textierte Werk tief romantisch. Der deutsche Dichter E. T. A. Hoffmann erzählt von seinen drei großen Lieben. In dem Libretto, das aus sieben Novellen des Dichters schöpft, ist etwas von der doppelbödigen, skurrilen, moderne Psychoanalyse ahnenden Phantastik des »Gespensterhoffmann« lebendig, und Offenbachs Musik verschmilzt hier wahrhaft genial, was er seinen beiden Vaterländern, dem deutschen und dem französischen, an Erbe verdankt.

Einst hatte Offenbach das Talent *Charles Lecocqs* (1831–1918) entdeckt. In seiner Krisenzeit nach 1871 mußte er es erleben, wie der Jüngere mit »La Fille de Madame Angot« ihm den Erfolg beim Pariser Publikum wegnahm. Ein Jahr später erklomm Lecocq mit »Giroflé-Giroflà«, einer durch die männlich-weibliche Doppelrolle amüsanten Operette, den Gipfel. Die Pariser Operette konnte sich der Unmasse gut geschriebener Unterhaltungsstücke bedienen und, Offenbachs Pfaden folgend, eine ganze Schule entwickeln, die den inzwischen errungenen Vorsprung der Wiener aufzuholen suchte. *Florimond Hervé* (1825–1892) trug, nach seiner Goethe-Gounod-Parodie »Le petit Faust«, die witzige »Mamzelle Nitouche« bei (er war sogar Offenbach mit Musiquettes vorgegangen), *Edmond Audran* (1842–1901) gelang mit »La Poupée« (1896) ein Spätzünder, *Robert Planquette* (1848–1903) mit den »Cloches de Corneville« schon 1877 ein internationaler Treffer.

Wiener Operette

Am üppigsten aber ging Offenbachs Saat an der Donau auf. Bald nach den Pariser Premièren kamen Musiquettes, »Orpheus in der Unterwelt« und der Meister selber nach

Wien. Niemand verfolgte atemloser die Aufführung im Carl-Theater als der Kapellmeister Franz von Suppé: Hier konnte er studieren, wie man aus den hergebrachten Possen mit Musik, die seit Jahrzehnten zu Dutzenden über die Wiener Bühnen gingen, etwas Neues machte. Bei Raimund und Nestroy war der Kapellmeister nur zweitrangiger Lieferant von Couplets und Szenenmusiken; eine Operette von Offenbach jedoch war – eben von Offenbach, wie immer der Librettist heißen mochte.

Suppé ahmte ihn 1860 mit dem Einakter »Das Pensionat« nach und fand sogleich lebhaften Widerhall. Dieser Premièrenabend ist das eigentliche Geburtsdatum der Wiener Operette. *Franz von Suppé* (1819–1895) war allerdings gar kein Wiener, sondern erst zugereist. Er kam aus dem dalmatinischen Spalato, wo sein Vater, der einer belgischen Familie entstammte, als österreichischer Staatsbeamter Dienst tat. Suppés Mutter war eine Wienerin, seine Muttersprache aber eigentlich italienisch. Auch seine musikalische, denn er studierte – weitläufiger Verwandter Donizettis – zuerst in Italien.

Als die Witwe Suppé in die Hauptstadt übersiedelte, wurde freilich Franz ein echter Wiener, Theaterkapellmeister und Operettenkomponist, ein gemütlicher, völlig ehrgeizloser Gourmand. Mit der »Schönen Galathee« (1865) schuf er die erste wertbeständige Wiener Operette, wenn es auch nur ein Einakter war. Er trug es gelassen, als ihn Johann Strauß in den Schatten zu stellen begann. Daß er ihn dann mit »Fatinitza« – der dreiklangzerlegende Marsch wurde mit dem Parodietext »Du bist verrückt, mein Kind« geradezu ein geflügelte Melodie – und mit »Boccaccio« (1879) sogar zeitweise wieder überrundete, brachte ihn ebenso wenig aus der Fassung. Was Rossini seine Pasteten, das waren dem alternden Suppé die Spargel, die er auf seinem Landsitz im Waldviertel genüßlich züchtete. »Boccaccio«, mit einer Alt-Hosenrolle für den titelgebenden Dichter und opernnahen Ensembles, lebt immer noch als nobelstes Kind einer Operettenehe zwischen Wiener Walzer und italienischer Canzona.

Die Dynastie Strauß

Walzerkönig war allerdings unbestritten *Johann Strauß* Sohn (1825–1899), später auch Operettenkönig. Zur Operette kam er, der eigentlich kein Theatermann von Geblüt war (was sich schon in der zeitlebens instinktlosen Wahl miserabler Libretti erwies), durch den aufmunternden Rat Offenbachs, zum Walzer gegen den Willen seines tyrannischen Vaters *Johann Strauß* (1804–1849), der selber eine Generation früher als Walzerkönig regiert hatte. Aber solche Regentschaft brachte Mühen, strapaziöse Reisen – bis nach Paris, London und Schottland –, halb durchwachte Nächte und ein ungemütliches Familienleben mit sich. Kurzum: Seine Söhne sollten »etwas Besseres« werden, keinesfalls Musiker. Johann senior hatte sich von der Pike auf zum k. k. Hofballmusikdirektor emporgegeigt. Zuerst als Kompagnon *Joseph Lanners* (1801–1843) in einer kleinen Tanzkapelle. Dann machte er sich mit einer eigenen selbständig. Lanners und Johann Strauß Vaters Ländler und Walzer entzückten das biedermeierliche Wien. Seit dem Kongreß walzte man, der Dreivierteltakt wurde zum tönenden Symbol der Backhendl-Gemütlichkeit.

Johann Strauß junior mußte im geheimen Klavier und Geige spielen lernen, im Polytechnikum warf man ihn wegen ungebührlichen Benehmens hinaus, weil er während des Unterrichtes sang. Aber Talent läßt sich nicht unterdrücken. Strauß senior

Johann Strauß dirigiert 1844 zum ersten Mal beim »Dommayer« in Hietzing

tobte, als der mißratene Sohn 1844 an der Spitze eines eigenen Tanzorchesters öffentlich, in Hietzing, als geigender Rivale des gefeierten Vaters auftrat. Die Revolution von 1848 brachte sie noch weiter auseinander: Der Alte schrieb einen kaisertreuen Radetzky-Marsch, der Junge Märsche für die aufständischen Bürger. Vater Strauß, der bald danach starb, konnte sich gar keinen glanzvolleren Abgang sichern. Wenn es eine völkerumspannende Seele Alt-Österreichs gab, im Radetzky-Marsch hatte sie unsterblichen Ausdruck in Rhythmen gefunden. Wie in Schuberts unmartialischen Militärmärschen hüpfte und tanzte eine Armee, statt zu marschieren, und sie hüpfte sogar siegreich – zum letzten Male siegreich.

Schon bei Strauß Vater und Lanner hatte der Walzer seine klassische Gestalt erhalten, mit Introduktion, eigentlicher Walzerkette und Coda. Johann Strauß Sohn erweiterte und vertiefte die Form. In den Meisterschöpfungen zwischen 1867 und 1870 (An der schönen blauen Donau, Geschichten aus dem Wienerwald, Wein, Weib und Gesang, Freut euch des Lebens, später in dem krönenden Kaiser-Walzer) spannen sich die Melodiebögen großartiger, das Orchester profitiert von neudeutschen Errungenschaften (Strauß war ein Wagnerverehrer!), und durch den Ausbau von Introduktion und Coda nähert sich der einst schlichte Heurigen-Walzer gar der Symphonik.
Zum Theater fand Johann Strauß erst zögernd. Die ersten beiden Operetten waren musikalisch üppige, aber librettistisch ungeratene Tastversuche (»Indigo« setzte sich erst als umgearbeitete »Tausend und eine Nacht« durch), die dritte wurde zur Operette aller Operetten:»Die Fledermaus« (1874). Der angebliche Durchfall bei der Premiere ist eine Legende. Freilich kamen die Wiener erst nach und nach dem Meisterwerk auf den Geschmack. Außer der unerschöpflichen melodischen Inspiration, mit einem einzigartig geprägten Walzer an der Spitze eines Gefolges zündender Nummern, besticht hier eine fast offenbachverwandte parodistische Laune, die dem feurigen, aber mehr zur Gefühligkeit als zur Satire neigenden Strauß sonst fremd war.

Die Notenhandschrift von Johann Strauß: der Walzer »An der schönen blauen Donau«

Es gab Rückschläge, sogar »Eine Nacht in Venedig« wurde zunächst ein Fiasko, und der übliche Premierenbeifall für den Liebling Wiens täuschte oft über die Lebensfähigkeit seiner Operettenkinder hinweg. »Der Zigeunerbaron« (1885) war sein letzter Geniestreich, ein Melodienwunder, Wienerisches und Ungarisches, Walzer und Csárdás noch einmal unter einem fröhlichen k. u. k. Zepter einigend, als das reale schon seine Macht zu verlieren begann. Mit dem »Zigeunerbaron« wurde die lange Reihe Wiener Operetten eröffnet, die aus ungarischem und balkanischem Kolorit neue Reize ziehen.

Johann Strauß war dreimal verheiratet: zuerst mit Henriette Treffz, die, um neun Jahre älter und lebensklug, ihm ein behagliches Heim bereitete; dann mit der um dreißig Jahre jüngeren Kölnerin Angelika Dietrich, die ihn schamlos betrog; schließlich, nach der peinlichen Scheidung, mit Adele Strauß, die seine hingebungsvolle »Cosima« wurde. Er genoß alle Ehren, die einem Komponisten und populären Theatermann nur zufallen können. »Leider nicht von Johannes Brahms« schrieb der Hamburger Wiener auf einen Fächer, unter die hingekritzelten Anfangstakte des Donau-Walzers.

Johanns jüngerer Bruder Josef, praktizierender Ingenieur, kam fast widerwillig in die Walzerdynastie hinein, als er für den vom Komponieren, Dirigieren und Reisen erschöpften Jean am Kapellmeisterpult einspringen mußte. Er konnte damals noch nicht einmal geigen, lernte aber dies und das Melodienerfinden so schnell, daß er es bis auf 81 Walzer brachte; die »Dorfschwalben aus Österreich« stehen den besten des Bruders nicht nach. Der noch jüngere Erwin, ein schneidiger Dirigent, wurde der »Polkakönig« seiner Zeit. Er überlebte die berühmteren Brüder um Jahrzehnte (gest. 1916) und erfüllte seine Pflichten als Nachlaßverwalter auf kauzig-makabre Weise: Er warf ganze Kisten von Straußschen Manuskripten ins Feuer.

Man kann sich die Wiener Operettenlandschaft des letzten Jahrhundertdrittels gar nicht bunt genug vorstellen. Carl-Theater und Theater an der Wien brachten als grimmige Konkurrenten jede Saison mehrere neue Stücke heraus. Die Diven Marie Geistinger und Pepi Gallmeyer spalteten die Wiener in zwei fanatische Operettenparteien, die der große Alexander Girardi als Straußens Standardkomiker wieder versöhnte. Der unersättliche Operettenhunger nach Neuem schwemmte Durchschnittsschreiber hoch und befeuerte Talente wenigstens zu einigen Taten, die Generationen überleben sollten. So ein Talent war *Carl Millöcker* (1842–1899), Goldarbeiterssohn aus Wien, bescheidener Kapellmeister, der eine Menge Gebrauchsmusik produzierte, bis ihm die Textblindheit von Johann Strauß – er hatte das Libretto zum »Bettelstudenten« zurückgewiesen – zu einem der brillantesten Operettenbücher und zu einem Jahrhunderterfolg verhalf. Handfeste Melodik, Singspiel-Innigkeit und ausgezeichnete Satztechnik fließen im »Bettelstudenten« zusammen. »Gasparone« und »Der arme Jonathan« erreichten nicht ganz dieses Niveau, immerhin führte Theo Mackebens Bearbeitung noch »Die Dubarry« zu postumer Popularität. Ein Talent war auch *Carl Zeller* (1842 bis 1898), k. k. Ministerialrat von Beruf, Operettenschreiber aus Passion. »Der Vogelhändler« (1891) zählt zu den Standardwerken der klassischen Operette, mit einem Chorensemble (»Schenkt man sich Rosen in Tirol«), das jeder komischen Oper würdig wäre. »Der Obersteiger« erwies sich als matterer Abklatsch. Mit *Carl Michael Ziehrer* (1843–1922), dem letzten k. k. Hofballmusikdirektor, dessen »Landstreicher« immer noch gespielt werden, und dem Ingenieur, Chordirektor und Musikkritiker *Richard Heuberger* (1850–1914), dem mit dem »Opernball« (1898) noch eine verfeinerte Salonvariante der Wiener Operette gelang, klingt deren Goldenes Zeitalter aus. Die Trias der Großen, Suppé, Strauß und Millöcker, war kurz vor der Jahrhundertwende hintereinander weggestorben.

Englische Operettenblüte

Die Operettenblüte, die Offenbachs Vorbild in England sprießen ließ, verwelkte früher. *Arthur Seymour Sullivan* (1842–1900) war der überragende Meister, mit den höchsten Orden seines Vaterlandes ausgezeichnet. Sullivan studierte in Leipzig, komponierte zuerst Kirchenmusik, Oratorien und Shakespeare-Schauspielmusiken, bis er sich, in Partnerschaft mit dem witzigen Texter W. S. Gilbert, der leichten Muse zuwandte und mit dem »Mikado« (1885), einer China-Operette, zum erstenmal wieder seit Purcells Zeiten Englands Musik weltexportfähig machte. Mit seinen soliden Ensembles steht das Werk noch der komischen Oper nahe. In England erfreut sich auch »Yolanthe«, die Feen-Romantik mit einer Satire auf britischen Parlamentarismus zu verbinden weiß, großer Beliebtheit. Von den Mikado-Chinoiserien zehrte, sie auf japanisch abwandelnd, *Sidney Jones* (1869–1914) in seiner »Geisha« (1896), auch sie, wenngleich oberflächlicher komponiert, ein internationaler Erfolg.

Wagner und das Musikdrama

Der Fall Wagner ist längst abgeschlossen. Die einst so leidenschaftlichen Fehden um den »gottbegnadeten Meister«, den Messias und den Erzverderber der Musik wehen uns an wie ein Hauch aus ferner Historie, nicht viel bewegender als einst die Kämpfe der Gluckisten mit den Piccinnisten. Die Realisierung seines Werkes stellt zwar immer noch erregende Probleme, aber nur Ignoranten könnten das säkulare Format seines Genies in Frage stellen.

Wagner ist dennoch, auch wenn das Wagnerianertum dahin sein mag, höchst präsent. Er lebt dort, wo ein Drama einzig seine Vitalität zu erweisen hat, nämlich auf der Bühne, mit einem unvergleichlich hohen Anteil seines Oeuvre: Von seinen elf Stücken (die Jugendversuche darf man ignorieren) gehören nicht weniger als zehn zum Welttheater. Kein zweiter Dramatiker kann sich eines ähnlich hohen Anteils rühmen, weder Shakespeare, noch Mozart, noch Verdi. Nun könnte man gerade die Weltwirkung

Wagners gegen sein Eigentliches, die Idee seines Musiktheaters, ins Treffen führen: Was kann schon dem Publikum der Metropolitan Opera, der Scala oder des Teatro Colón an der Aussage von Weltanschauungsdramen gelegen sein, die es in deutscher Sprache hört, ohne vom Text viel zu verstehen?

Tatsächlich ist Wagner mit dem »Eigentlichen« gescheitert, und nicht nur außerhalb Deutschlands. Sein Werk sollte, wie in grauen Zeiten die attische Tragödie, Kultur schlechthin verkörpern, zugleich subtil und ein »Volk« einschließend, das es nur in seinen utopischen Wunschträumen gab. Dieses Werk sollte nicht allein Theater und Oper reformieren, sondern die ganze menschliche Gesellschaft (ein Gedanke, der sich durch viele Wagner-Schriften hinzieht, wie »Die Kunst und die Revolution«, »Das Kunstwerk der Zukunft«). Aber weder vermochte Wagner seine Nation zu erziehen, geschweige denn ihre Staatsmänner (Bismarck nahm keinerlei Anteil an Bayreuth), noch zu verhindern, daß seine Ausnahmedramen als Opern unter Opern in die Stadttheater einzogen und selbst »Parsifal« (nach dem Ablauf der damaligen Autorenschutzfrist im Jahre 1913) vom sakralen Bühnenweihfestspiel zur österlichen Repertoire-Oper profaniert wurde.

Von Scheitern läßt sich allerdings nur sprechen, wenn man an der Hybris von Wagners Ansprüchen mißt. Brachte sein reformatorischer Messianismus auch keine kulturell-gesellschaftliche Umwälzung hervor, sondern nur eine ungewöhnlich fanatische Jüngerschaft, so hat er doch viel mehr bewirkt als die noch so glänzende Fassade von Wagner-Aufführungen verrät, und mehr große Geister aller Disziplinen provoziert und bewegt, von Nietzsche bis Schönberg und Strauss, von Baudelaire bis Shaw und Thomas Mann, als jeder andere Künstler des 19. Jahrhunderts. Kein Komponist, der »Lohengrin«, »Tristan« und den »Ring« kennengelernt hatte, blieb davon unberührt, keiner konnte so weiterschreiben wie bisher.

Werk, Persönlichkeit und Lebensschicksal durchdrangen und bedingten einander bei Wagner in einem »romantischen« Subjektivismus, von dem die Frühromantiker höchstens schwärmen konnten. Fast kein bedeutendes Werk, das nicht durch persönliches Erlebnis veranlaßt oder vertieft worden wäre. Wie subjektive Realität ins musikalische Drama floß, so verlief das Leben Wagners selbst wie ein Drama: Mit einem besänftigten Ausklang freilich, der alle vorangegangene Heftigkeit, Abruptheit verklärte.

Das Leben als Drama

Richard Wagner kam am 22. Mai 1813 in Leipzig als Sohn des Polizei-Aktuarius Friedrich Wagner und seiner Frau Johanna Rosina, geb. Paetz, einer Mühlenbesitzerstochter, zur Welt. Bald nach Richards Geburt starb der Vater; der Schauspieler und Maler Ludwig Geyer, seit langem Hausfreund, wurde Stiefvater. Ob er der wirkliche Erzeuger war – bis zu seinem Tode wurde Wagner in den Schulakten der Kreuzschule in Dresden, die er 1822 bis 1827 besucht hatte, als »Richard Geyer« geführt – wird nie ganz geklärt werden können, ebensowenig also die Frage nach einem eventuellen jüdischen Blutsanteil. Richard war ein begabtes, aber kein Wunderkind. Er begeisterte sich an Shakespeare und an Beethoven, klimperte Klavier (nie lernte er ein Instrument richtig spielen), nahm beim Thomaskantor Theodor Weinlig Unterricht. Den vielseitigen Dilettanten führte ein theatralisches Erlebnis zur eigentlichen Berufung, nämlich zur Oper: Die singende Tragödin Wilhelmine Schröder-Devrient, die einen neuen

Stil der Operndarstellung geschaffen hatte, versetzt den sensiblen Jüngling bei ihrem Leipziger Gastspiel als Leonore in einen Zustand enthusiastischen Wahnsinns.
Die Theaterpraxis, die er sich als junger Kapellmeister in Würzburg, Lauchstädt und Magdeburg anzueignen begann, verlief viel nüchterner. Zwei unreife Jugendwerke stammen aus jener Zeit: »Die Feen«, eine romantische Oper, und »Das Liebesverbot« (nach Shakespeares »Maß für Maß« selbst textiert), eine stark italienisierende komische Oper mit tragischen Akzenten. Sie fiel in Magdeburg durch, wo Wagner, leicht entflammbar sein Leben lang, die Schauspielerin Minna Planer kennenlernte und 1836 heiratete. Es wurde eine sehr bewegte Ehe, die erst Minnas Tod im Jahre 1866 schied. In der letzten Phase dieser Verbindung waren sich die Eheleute völlig entfremdet.
Königsberg und Riga wurden Wagners nächste Stationen. 1839 floh er aus der engen baltischen Stadt – die erste von vielen Fluchten, für die, wie auch später fast immer, Schulden den banalen Grund lieferten. Die stürmische Seefahrt über Norwegen und London nach Frankreich ließ in Wagners Phantasie das Drama des Fliegenden Holländers entstehen. In Paris, wo er sich kümmerlich mit Arrangements von Opern-Potpourris über Wasser hielt, vollendete er »Rienzi« und den »Holländer«. Alle Hoffnungen auf eine Aufführung in Paris zerschlugen sich, aber Dresden nahm an. Gedemütigt und hoffnungsfroh zugleich kehrte in die Heimat zurück. »Ich glaube an Gott, Mozart und Beethoven, in Gleichem an ihre Jünger und Apostel – ich glaube an den

Erste Aufführung des »Rienzi« in Dresden 1842, Szenenbild aus dem 4. Akt

heiligen Geist und an die Wahrheit der einen unteilbaren Kunst!« hatte er in einer in Paris verfaßten Novelle verkündet.

In Dresden errang sein »Rienzi« 1842 einen bejubelten Erfolg. Triumphiert hatte freilich nicht der Opernreformator Richard Wagner, sondern der Theatraliker, der sich hier keinesfalls genierte zu demonstrieren, was er im Paris Meyerbeers gelernt hatte: wie man große Chorszenen und Finali baut, Kulisseneffekte, einschließlich des in Flammen aufgehenden Kapitols, lanciert, und wie man farbig instrumentiert. »Der Fliegende Holländer«, 1843, wurde schon viel kühler aufgenommen, obwohl die Schröder-Devrient die Senta gab; das war nun, mit der düsteren Szenerie eines ärmlichen Fischerdorfes, das gerade Gegenteil des glanzvollen »Rienzi«. Immerhin hatte Wagner sein Glück gemacht, er war sächsischer Hofkapellmeister »auf Lebenszeit«, der »Tannhäuser« (1845) mehrte seinen Ruhm, und vielleicht wäre Dresden für lange Zeit *die* Wagner-Stadt geblieben, hätte nicht die Revolution von 1848/49 eine jähe Wende gebracht. Wagner, ohnehin geistiger Revolutionär, schlug sich auf die Seite der Aufständischen, hielt eine Rede gegen die Monarchie, verfolgte – eine gewiß äußerst theatralische Szenerie – vom Turm der Kreuzkirche die Straßenkämpfe. Als die königlichen Truppen gesiegt hatten, floh er und wurde steckbrieflich verfolgt.

Liszt, mit dem Wagner seit Paris befreundet war, nahm den Flüchtling auf und leitete ihn nach der Schweiz weiter. In Zürich verfaßte Wagner seine ersten großen theoretischen Schriften und plante bei den Textentwürfen zur späteren Ring-Tetralogie ein utopisches National-Festspiel: »Am Rheine schlage ich dann ein Theater auf und lade zu einem dramatischen Festspiele ein.« Inzwischen hatte Freund Liszt den »Lohengrin« 1850 in Weimar uraufgeführt. Für den verfemten Emigranten Wagner begann ein spannungsvoll-romantisches Zwischenspiel im Zeichen von »Tristan und Isolde«, als er 1852 die schöngeistige Mathilde Wesendonk, Gattin eines wohlhabenden rheinischen Seidenkaufmannes, kennenlernte und in das »Asyl« genannte Gartenhaus im Park der schloßähnlichen Villa Wesendonk in Zürich einzog. Die Idylle zu Dritt, die als künstlerische Frucht die fünf Wesendonk-Lieder zeitigte, musikalische Vorstufen zur Tristan-Partitur, endete mit der Rückkehr der eifersüchtigen Minna nahezu in Skandal. Wieder floh Wagner, diesmal nach Venedig, wo »Tristan« ausreifte. Paris lockte mit einer neuen Chance, einer »Tannhäuser«-Aufführung in der Grand Opéra. Aber die Premiere im Jahre 1861 wurde zu einem spektakulären Fiasko. Alle Bemühungen von nicht weniger als 164 Proben machten die Trillerpfeifen des Jockey-Clubs zunichte; man sah sich, obwohl Wagner das Venusberg-Bacchanal neu komponiert und erweitert hatte, um das traditionelle Ballett im 2. Akt betrogen, das nun einmal zur Großen

Richard Wagner, Tristanwonnen

18. September

Heute vorm Jahr vollendete ich die Dichtung des Tristan, und brachte Dir den letzten Akt. Du geleitetest mich nach dem Stuhl vor dem Sofa, umarmtest mich, und sagtest: »nun habe ich keinen Wunsch mehr!« – An diesem Tage, zu dieser Stunde wurde ich neu geboren ...

Venedig, 10. März 1859

Endlich bin ich gestern mit meinem zweiten Akte, dem großen, allen so bedenklichen (musikalischen) Problem fertig geworden, und ich weiß es auf eine Art gelöst, wie noch keines. Es ist der Gipfel meiner bisherigen Kunst. Noch habe ich eine Woche auf das

Entwurf eines Bühnenbilds für die Uraufführung des »Lohengrin« in Weimar 1850. Bleistiftskizze Wagners

Oper gehörte. In Biebrich bei Wiesbaden – inzwischen begann sich eine Wagnergemeinde zu formieren – flüchtete Wagner, als Gast der hübschen Notarstochter Mathilde Maier, in die Komposition der »Meistersinger von Nürnberg«. Eine Rußlandreise als Dirigent brachte fette Honorare. Wagner steckte sie in die luxuriöse Ausstattung eines Heims in Penzing bei Wien. Die Hoffnung auf eine »Tristan«-Uraufführung an der Wiener Hofoper wurde nach 77 Proben zunichte. Die Gläubiger drängten – wiederum blieb nichts als Flucht.
In Stuttgart war 1864 Wagner am Ende seiner hochgespannten wie der bescheidensten Hoffnungen. »Ein Wunder muß mir jetzt begegnen, sonst ist's aus!«. Das Wunder stellte sich in Gestalt des bayrischen Hofrats von Pfistermeister ein. Er überbrachte eine Einladung an den Hof seines Monarchen, des blutjungen Wagnerianers Ludwig II. – Einladung in ein Land, das sich für den Meister und seinen weltfremden, sich in neugotischen Schlössern einspinnenden Jünger als wahres Märchenland der Romantik entpuppen sollte, mit den sehr realen Beigaben üppig fließender königlicher Subventionen. In Wagners wiederum verschwenderisch ausgestattetem Münchner Heim waltete jetzt Cosima von Bülow, die Tochter Liszts und der Gräfin d'Agoult, als Ersatz-Hausfrau, während ihr Gatte, Wagnerianer wie sie, die glorreiche Uraufführung von »Tristan und Isolde« (1865) vorbereitete. Am Tage der ersten Probe kam Cosimas Kind Isolde zur Welt - der wirkliche Vater war Wagner. Aus dem immer verwickelteren Dickicht von Lügen, Verschwendung und politischen Intrigen gab es schließlich nur noch einen Ausweg – die Abreise Wagners, eigentlich eine neue Flucht.

Manuskript zu verwenden, dann meine entsetzliche Korrespondenz zu versehen, worauf ich Verona und Mailand mit einigen Tagen zu beehren gedenke, um über Como und Lugano meinen alten Gotthard zu überschreiten.

Luzern, 10. April 1859

Kind! Dieser Tristan wird was Furchtbares! Dieser letzte Akt!!! ... Ich fürchte, die Oper wird verboten – falls durch schlechte Aufführung nicht das Ganze parodiert wird –: nur mittelmäßige Aufführungen können mich retten! Vollständig gute müssen die Leute verrückt machen, – ich kann mir's nicht anders denken. So weit hat's noch mit mir kommen müssen!! O weh! – Ich war eben im vollsten Zuge!

An Mathilde Wesendonk, 1858 und 1859

Wieder bot die Schweiz ein Asyl, diesmal eine Luzerner Patriziervilla in Tribschen am Vierwaldstätter See. Cosima kam nach, ihre Ehe mit Bülow wurde geschieden, und als Minna, verbittert und resigniert, in Dresden gestorben war, stand der neuen Heirat (1870) nichts mehr im Wege. Die Uraufführung der »Meistersinger« (1868) in München sah den Komponisten an der Seite des Königs in der Hofloge, aber den Premieren des »Rheingold« (1869) und der »Walküre« (1870), die der eigensinnige Herrscher im Münchner Nationaltheater durchgesetzt hatte, blieb ihr Schöpfer demonstrativ fern: Er wollte sie einem eigenen Festspieltheater vorbehalten wissen.

Bayreuth – verwirklichte Utopie

In Bayreuth, wohin er 1872 übergesiedelt war, gedieh selbst diese Utopie vier Jahre später zur Wirklichkeit, nach vielen Enttäuschungen – das Subskriptionsecho beim Publikum fiel niederschmetternd aus – und nach kräftiger finanzieller Hilfe durch den Bayernkönig. Die Bayreuther Ur-Festspiele von 1876, mit der erstmaligen Aufführung des ganzen »Ringes des Nibelungen« unter Wagners Regie und Hans Richters musikalischer Leitung, waren ein theatralisches Weltereignis, dem die Anwesenheit des deutschen Kaisers und vieler Fürsten des Geistes Glanz gab. Das Haus Wahnfried wurde in den kommenden Jahren zu einer Art Wallfahrtsstätte; zugleich, auf dem Gipfel von Wagners Ruhm, begann mit dem Abfall so erlesener Geister wie Friedrich Nietzsche – seine Bayreuth-Ernüchterung sollte sich bei Debussy und anderen später wiederholen – die Wagner-Dämmerung.

Das Defizit der ersten Festspiele machte eine Wiederholung zunächst unmöglich. Wagner, dem 70. Lebensjahr entgegengehend, schloß seinen Frieden mit der Welt, die er doch nicht ändern konnte, und deren politische Wirklichkeit, das Bismarcksche Kaiserreich, er immer skeptischer zu betrachten begann. »Parsifal«, das christliche »Weihefestspiel«, wurde sein religiös fundiertes Vermächtnis. 1882 konnte es endlich auf dem Grünen Hügel in Bayreuth uraufgeführt werden. Im folgenden Jahr, am 13. Februar 1883, starb Richard Wagner im Palazzo Vendramin in Venedig an einem Herzschlag. Sein in etwa 20 Bänden gesammeltes Riesenopus steckt voller Widersprüche. Wie auch nicht, da doch Wagners »Wahrheiten« immer nur den jeweiligen Aspekt seines zwiespältigen, von Leidenschaften getriebenen Ichs spiegeln. Man bedenke nur, daß derselbe Mann, der das antisemitische Pamphlet »Das Judentum in der Musik« verfaßt hatte, sich mit jüdischen Freunden umgab und dem jüdischen Kapellmeister Hermann Levi sein Allerheiligstes, den »Parsifal«, zur Uraufführung anvertraute. Zu den schriftstellerischen Selbstzeugnissen treten noch aber Tausende Briefe (man schätzt auf insgesamt 10000!). Immer noch werfen Neuentdeckungen, so die 1950 erstmals veröffentlichte Burrell-Sammlung der Korrespondenz mit Minna Planer, überraschendes neues Licht auf Wagner; Cosima redigierte und retuschierte, ehe sie Dokumente an die Öffentlichkeit ließ, und die wichtigsten, nämlich ihr Briefwechsel mit Wagner, sind bisher unveröffentlicht. Immer noch ist die wahre menschliche Gestalt Richard Wagners, des mitteilungsfreudigsten aller Musiker, in Zwielicht getaucht.

Das Werk liegt offen vor uns, das Wesentliche also. Vor seiner Macht schrumpft alles Persönliche und auch alles Deutende aus Wagners Feder zum Beiwerk; sein wirkliches Ego hat sich in seinen Bühnengestalten proteisch vielgestaltig verkörpert. Er »ist« Tannhäuser, Tristan, Hans Sachs und Wotan, und seine ästhetischen Theorien liefern kein Pro-

84 Concert à mitraille, Berlioz-Karikatur von Grandville, 1846, die die Masseninstrumentation des Komponisten verspottet

85 Szenenbild für die Oper »Semiramis« von Rossini, von Alessandro Sanquirico

86 Die Mailänder Scala um die Mitte des 19. Jahrhunderts, Gemälde von Angelo Inganni

duktionsrezept, sondern sind im Wichtigsten aus dem Werk abgezogen. Dieses Werk ist klein im Umfang, wenn man an der Massenerzeugung von Zeitgenossen wie Auber, ja selbst noch an Verdi mißt. Es beschränkt sich auf zehn vollgültige Musikdramen, vom »Fliegenden Holländer« bis zum »Parsifal«, wenn man von den Jugendwerken und der Chorkomposition »Das Liebesmahl der Apostel« absieht.

Traditionen und Revolutionen

Dabei erscheint unwesentlich, daß die ersten Stücke schlicht und traditionsgemäß »Opern« genannt waren. Erst »Tristan und Isolde« führte die neuartige Gattungsbezeichnung »Handlung in drei Aufzügen«, »Lohengrin« dagegen noch die einer »romantischen Oper«. Der schockierende Revolutionär Wagner ist auf der Leiter, die ihn von den Meyerbeerismen des »Rienzi« in die »selige Öde« nie betretener musikdramatischer Gipfellandschaften führte, sozusagen Sprosse für Sprosse emporgeschritten. Im »Fliegenden Holländer« finden sich Nummern, die aus einer Opéra comique Aubers stammen könnten (z. B. die Daland-Arie im 2. Akt), im »Tannhäuser« und noch im »Lohengrin« gibt es operntypische Einzugs- und Hochzeitsmärsche, Liebesduette und »Arien«, auch wenn sie nicht mehr so heißen oder doch nur selten (immerhin betritt Elisabeth mit der sogenannten Hallen-Arie die Szene und nimmt von ihr Abschied mit einem Gebet, das von einer Standardform der italienischen Oper, der Preghiera, abstammt; auch Wolframs »Lied an den Abendstern« bleibt im Rahmen des altbewährten Schemas von »Rezitativ und Arie«).

Alle Tribute ans Herkommen verdecken nicht das umwälzend Neue, das schon die »Holländer«-Partitur enthält. Weder Auber, noch Meyerbeer, noch der Verdi von 1842 hätten sie schreiben können. Sie alle, und natürlich erst recht die geringeren Zeitgenossen Wagners, gaben in ihrer dramatischen Technik musikalisch »vieles nebeneinander«, aber sie gingen eben darum – in Wagners Sicht – fehl, denn: »Von *einem* Punkt aus muß die Sache gefaßt werden.« Dieser eine Punkt, der schöpferische Ausgangspunkt, war im Reifewerk zum Beispiel das Kontra-Es im Vorspiel zum »Rheingold«, aus dem sich wie aus einem Urkeim der musikalische Kosmos des »Ring des Nibelungen« entfaltet; aber er war inkubatorisch schon beim jungen Wagner wirksam, als er die Holländerpartitur aus der Vision einer Ballade, musikalisch stilisiert in einem Quarten-Quinten-Motiv, entwickelte. In der nachkomponierten Ouvertüre wird das

Motiv durch Streichertremolo atmosphärisch eingekleidet und gibt sogleich den Sturm- und Meereston an, den Hintergrundklang aller drei Akte. Noch bleibt die motivische Technik der einfachen Psychologie der alten Oper angemessen. Aber sowohl die Funktion jenes Balladenmotivs als echten »Bewegers« (im wörtlichen Sinne) der schöpferischen Phantasie, wie auch das höchstpersönliche Erlebnis – die schon erwähnte Sturmfahrt Wagners von Pillau nach London – weisen in des Komponisten ureigene Welt. Zeitlebens blieben äußerste Erregung, sinnenhafter Eindruck kreatives »Motiv«. »Ich sehe nur, daß der meiner Natur gemäße Zustand die Exaltation ist, während die gemeine Ruhe ihr anormaler Zustand ist. In der Tat fühle ich mich nur wohl, wenn ich außer mir bin: dann bin ich ganz bei mir.« Dies schrieb Wagner seinem Dresdner Intimus August Röckel. Ihm gegenüber brauchte er sich nicht zu maskieren, es ist seine Wahrheit. Schöpferische Exaltation, bewirkt oder doch gefördert durch Erlebnisse der Sinne, gebar jenes Rheingold-Urmotiv, das er, in einem Hotelzimmer in La Spezia,

tagträumend empfing, so wie die Keimzelle der »Parsifal«, die friedvolle Vision des Karfreitag-Zaubers, einem Naturerlebnis am Vierwaldstätter See entsprang, fast fünfundzwanzig Jahre vor der Komposition des Werkes!

Welche Kontinuität des Schaffensprozesses in einem so widerspruchsvollen Werk! Die Wurzeln waren eben immer dieselben. Wagners Schaffen ist letztlich auf einen einzigen Nenner zu bringen: die hartnäckig dominante Idee. »Das Wesentliche aller dramatischen Kunst beruht darauf, das innere Wesen aller menschlichen Handlungen, *die Idee*, aufzufassen und darzustellen« – ein solches Grundprogramm wäre bei allen Opernkomponisten vor Wagner, von Monteverdi über Mozart bis Meyerbeer, unvorstellbar gewesen. Für sie alle gilt Lortzings Formulierung »Rollen heißt das Zauberwort«. Wagner hingegen zielte schon im opernhaften »Fliegenden Holländer« nicht auf »Rollen«, jedenfalls nicht primär. Der Holländer und Senta sind bereits verkörperte Ideen, ihr Zwiegesang im 2. Akt nur formal ein »Liebesduett«, inhaltlich Ausdruck mythischer, überpersönlicher Wirkungskräfte.

Friedrich Nietzsche, Apollinisch und dionysisch

Was bedeutet der von mir in die Ästhetik eingeführte Gegensatz-Begriff apollinisch und dionysisch, beide als Arten des Rausches begriffen? – Der apollinische Rausch hält vor allem das Auge erregt, so daß es die Kraft der Vision bekommt. Der Maler, der Plastiker, der Epiker sind Visionäre par excellence. Im dionysischen Zustande ist dagegen das gesamte Affekt-System erregt und gesteigert: so daß es alle seine Mittel des Ausdrucks mit einem Male entladet und die Kraft des Darstellens, Nachbildens, Transfigurierens, Verwandelns, alle Art Mimik und Schauspielerei zugleich heraustreibt. Das Wesentliche bleibt die Leichtigkeit der Metamorphose, die Unfähigkeit, nicht zu reagieren (– ähnlich wie bei gewissen Hysterischen, die auch auf jeden Wink hin in jede Rolle eintreten). Es ist dem dionysischen Menschen unmöglich, irgendeine Suggestion nicht zu verstehn, er übersieht kein Zeichen des Affekts, er hat den höch-

Das Erlösungsmotiv

Zum ersten Male bei Wagner wird hier ein Schuldbeladener erlöst, und zwar durch die Hingabe eines liebenden Weibes erlöst. Darin liegt das wahre »Leitmotiv« von Wagners gesamtem Werk (mit der Ausnahme der »Meistersinger«, die auch als einzige Oper, in der es »mit rechten Dingen«, also realistisch, zugeht, eine Ausnahmestellung einnehmen). Tannhäusers Erlösung, die Nicht-Erlösung Lohengrins und der Untergang Isoldes und Tristans, als tragischer Spiegelbilder, die Wiedergeburt der ganzen »Welt« durch Brünnhildes Opfertod, die Erlösung durch die Gnade, deren Parsifal nach langjähriger Lebensirrfahrt zuteil wird – wir begegnen demselben Elösungsmotiv in allen Verkleidungen. »Das liebende und sich opfernde Weib wird endlich die wahre wissende Erlöserin: denn die Liebe ist eigentlich ›das ewig Weibliche‹ selbst.« Diese Worte, schon 1854, also lange vor der Komposition, als Interpretation Brünnhildes geschrieben, könnten ebenso auf die Senta gemünzt sein, so beherrschend wirkt durch alle Wirrnisse und Katastrophen von Wagners Schicksal die ideelle Schaffensdominante.

Persönliches, Erlebtes, Erotisches, Spirituelles zeigt sich in ihr unentwirrbar verflochten. Tannhäuser, der zwischen Sünde und Buße Umgetriebene; Lohengrin, das einsame Genie, das »fraglose Liebe« unter banalen Menschen vergeblich sucht; Tristan, der Todgeweihte, dessen Liebe nur in der Nacht des Auslöschens, in der Irrealität einer *unio mystica* Erfüllung finden kann; Siegfried, der Übermensch, der allen Sittengesetzen trotzt, und Wotan, der Gott, der ihnen untergehend gehorcht; Parsifal, der durch Leid und »Mitleid wissend« und selber erlösungsfähig wird; in optimistischer Variante selbst noch das Gegensatzpaar künstlerischer Genialität Hans Sachs (der lebenskluge Praktiker) und Stolzing (der Kunst-Revolutionär) – in sie alle hat Wagner ein Stück seiner selbst hineinprojiziert.

Auf dem Grunde, hinter allen Verkleidungen, winkt ein Weltgefühl des tiefen Pessimismus: Der Mensch ist schuldbeladen und muß durch Gnade erlöst werden. Selbst in Wagners atheistischster Zeit blieb unterirdisch ein schwanker Steg begehbar, der zum Christentum führte und mit dem »Parsifal« zur tragfähigen Brücke ausgebaut wurde. Schopenhauers Philosophie konnte nur vertiefen, was in Wagners Intuition längst lebendig gewesen, denn er lernte sie erst 1854 kennen, als der »Ring« bereits konzipiert war. Schopenhauers Verneinung des Willens zum Leben schlägt sich

sten Grad des verstehenden und erratenden Instinkts, wie er den höchsten Grad von Mitteilungs-Kunst besitzt. Er geht in jede Haut, in jeden Affekt ein: er verwandelt sich beständig. – Musik, wie wir sie heute verstehn, ist gleichfalls eine Gesamt-Erregung und -Entladung der Affekte, aber dennoch nur das Überbleibsel von einer viel volleren Ausdrucks-Welt des Affekts, ein bloßes Residuum des dionysischen Histrionismus. Man hat, zur Ermöglichung der Musik als Sonderkunst, eine Anzahl Sinne, vor allem den Muskelsinn still gestellt (relativ wenigstens: denn in einem gewissen Grade redet noch aller Rhythmus zu unsern Muskeln): so daß der Mensch nicht mehr alles, was er fühlt, sofort leibhaft nachahmt und darstellt. Trotzdem ist das der eigentlich dionysische Normalzustand, jedenfalls der Urzustand; die Musik ist die langsam erreichte Spezifikation desselben auf Unkosten der nächstverwandten Vermögen.

Aus: Götzendämmerung, 1888

Maschinerie für die »schwimmenden Rheintöchter« in der »Rheingold«-Aufführung 1886

freilich bedeutsam in der Gestalt Wotans nieder, den der Untergang der Götter, hervorgerufen durch Verstrickung in Schuld, nicht mehr schreckt, seit er das Ende *will.* Daß der »Ring des Nibelungen« trotz seines Glanzes von Speeren und Schilden, von Göttern und Helden, alles andere bedeutet als eine germanisch-deutschnationale Apotheose, auch wenn Wilhelminismus und Nationalsozialismus die Tetralogie dazu mißbraucht haben, braucht nicht mehr betont zu werden. Korrumpierte Macht muß untergehen, eine neue Welt der Liebe aus ihren Trümmern erstehen: dies ist der Sinn von Wagners tönendem Menschheitsgleichnis.

Der Vierabende-Koloß entzog sich von vornherein jeder Hofopernaufführung und bedingte ein eigens dafür geschaffenes Theater. Wagner hatte mit dieser sich über ein ganzes Vierteljahrhundert erstreckenden Schöpfung den äußersten Gegenpol zur herkömmlichen »Oper« erreicht; »Parsifal« konnte das denkbar Abseitige nur noch ins Religiöse entrücken, das Festspiel-Theater wurde zum Kirchenersatz. Das Mysterium des »Parsifal« ist dennoch keineswegs das »christlichste aller Kunstwerke«, als das Wagner es selber bezeichnete. Vielmehr flossen in ihm arabische, buddhistische, griechische, ja heidnische Elemente mit Wagners persönlichem Christenum zusammen. Auch in seinem »Weltabschiedswerk« blieb der Urgrund von Wagners dramatischem Werk spürbar: der Mythos.

Richard Wagner, Vom Mythos

Im Mythos erfaßt die gemeinsame Dichtungskraft des Volkes die Erscheinungen gerade nur noch so, wie sie das leibliche Auge zu sehen vermag, nicht wie sie an sich wirklich sind. Die große Mannigfaltigkeit der Erscheinungen, deren wirklichen Zusammenhang der Mensch noch nicht zu fassen vermag, macht auf ihn zunächst den Eindruck der Unruhe: um diese Unruhe zu überwinden, sucht er nach einem Zusammenhange der Erscheinungen, den er als ihre Ursache zu begreifen vermöge: den wirklichen Zusammenhang findet aber nur der Verstand, der die Erscheinungen nach ihrer Wirklichkeit erfaßt; der Zusammenhang, den der Mensch auffindet, der die Erscheinungen nur noch nach den unmittelbarsten Eindrücken auf ihn zu erfassen vermag, kann aber bloß das Werk der Phantasie, und die ihnen untergelegte Ursache eine Geburt der dichterischen Einbildungskraft sein. Gott und Götter sind die ersten Schöpfungen der menschlichen

Der Mythos

Mystische Gestalten standen an der Wiege der Oper im Renaissance-Florenz. Die romantische Oper hatte sich weit von den antiken Quellen entfernt. In Wagners Werk wurde Mythos wieder inthronisiert, zugleich Neuland in der Erschließung der altgermanischen Mythen gewonnen. Freilich bedeuten diese für Wagner keinen nationalen Selbstzweck. Vielmehr stehen die nordischen Götter stellvertretend für die griechischen, für ewige Wahrheiten, wie auch das Theater des Äschylos schon in der Dresdner Zeit Wagners Vorstellungen vom Drama prägte. Der »alte urdeutsche Mythos«, dem er vom »Holländer« und »Tannhäuser« an immer tiefer nachspürte, lieferte ihm nicht »die historisch konventionelle Figur«, sondern er entdeckte, »ein Gewand nach dem anderen, das ... die spätere Dichtung umgeworfen hatte, ablösend, den »wirklichen, nackten Menschen . . . den wahren Menschen überhaupt«. Holländer, Tannhäuser, Lohengrin, Tristan und Parsifal waren schon vor Wagner da, aber nirgends, weder in Volkssage noch Dichtung, in den überhöhten, ideell verdichteten Gestalten seiner Musikdramen. Vollends sein Eigentum sind die singenden Philosophen in der Götter- und Heroenwelt des »Rings«.

Kein Librettist herkömmlichen Metiers hätte ihm diese Stoffe in Verse zum Komponieren gießen können. Zwar berichtete Wagner über seine Tannhäuserdichtung, daß er »nur aus Notdurft, weil mir keine guten Texte geboten wurden, dazu griff, mir diese selbst zu dichten«. Aber das ist nur die halbe Wahrheit. Die andere Hälfte liegt in dem Geständnis, er sei schon vom »Holländer« an zunächst Dichter gewesen, und erst in der »vollständigen Ausführung des Gedichtes ward ich wieder Musiker«. Die Reihenfolge entspricht vollkommen Wagners Schaffensrealität. Er war so selbstverständlich Dichterkomponist, daß er das nur gesprochene Drama auf der höchsten ästhetischen Stufe überhaupt nicht mehr gelten ließ, nicht einmal das Shakespearische! Daß seine eigene dichterische Potenz mit Shakespeare gar nicht vergleichbar ist – man könnte seine Texte die bedeutendsten Dichtungen mit den miserabelsten Versen nennen – spielt keine entscheidende Rolle, denn in seinem »Gesamtkunstwerk« (ein Wort, das er übrigens viel seltener gebrauchte als seine Ausdeuter) wirkte die Dichtung nur als *ein* Element neben anderen Künsten.

»Das wahre Drama ist nur denkbar als aus dem gemeinsamen Drange aller Künste zur unmittelbarsten Mitteilung an eine gemeinsame Öffentlichkeit hervorgehend ...

Dichtungskraft: in ihnen stellt sich der Mensch das Wesen der natürlichen Erscheinungen als von einer Ursache hergeleitet dar; als diese Ursache begreift er aber unwillkürlich nichts anderes, als sein eigenes menschliches Wesen, in welchem diese gedichtete Ursache auch einzig nur begründet ist. Geht nun der Drang des Menschen, der die innere Unruhe vor der Mannigfaltigkeit der Erscheinungen bewältigen will, dahin, die gedichtete Ursache derselben sich so deutlich wie möglich darzustellen ..., so muß er den Gott sich auch in derjenigen Gestalt vorführen, die nicht nur dem Wesen seiner rein menschlichen Anschauung am bestimmtesten entspricht, sondern auch als äußerliche Gestalt ihm die verständlichste ist. Alles Verständnis kommt uns nur durch die Liebe, und am unwillkürlichsten wird der Mensch zu den Wesen seiner eigenen Gattung gedrängt.

Aus: Oper und Drama, 1851

denn die Absicht jeder einzelnen Kunstart wird nur im gegenseitig sich verständigenden und verständnisvollen Zusammenwirken aller Kunstarten vollständig erreicht.« Ein alter, tief romantischer Traum, dem schon Herder, Jean Paul und E. T. A. Hoffmann nachhingen.

Neu ist nicht nur, daß Wagner ihn tatsächlich verwirklichte, sondern auch *wie* dies geschah. Bei ihm erscheint das Gesamtkunstwerk nicht als dürrer Sprößling einer kompromißlerischen Vernunftehe, sondern als Kind der Liebe: Die Musik ist das gebärende Weib, die Dichtung der Vater, der Zeuger. Die ausschließliche Legitimität des musikalischen Dramas hatte ihm der junge Friedrich Nietzsche, als er noch Wagnerianer war, mit seinem Essay »Die Geburt der Tragödie aus dem Geiste der Musik« bestätigt. Der Musiker Richard Wagner entwickelte nun die Tonsprache, die einer solchen Wiedergeburt der mythischen Tragödie, keinesfalls also einer Oper im Verstande der Zeit, Ausdruck geben sollte. Schritt für Schritt, wie wir schon angedeutet haben. Aber doch mit Schritten von unerhörter Kühnheit.

Noch im »Tannhäuser« blieb Wagner der Großen Oper so nahe, daß er auf einen Erfolg in deren Stammhaus, der Grand Opéra zu Paris baute; eine »Nummer« wie die Rom-Erzählung des Helden findet sich jedoch in keiner früheren Oper: das ist weder Rezitativ noch Arie, sondern eine überdimensionale Ballade ungekannter Bauart. Vom »Lohengrin« schrieb Liszt, daß mit ihm »die alte Opernwelt ein Ende« genommen habe. Er hatte recht, trotz allen klar erkennbaren Opernformen alten Stils. Daß die Ouvertüre erstmals den Namen »Vorspiel« trägt, drückt tatsächlich einen neuen Sachverhalt aus. Die achtfach geteilten Geigen als Führer eines farbenreichen, von feierlichen Blechbläsern grundierten Orchesters singen keine »schönen Melodien«, sondern versinnbildlichen das Mysterium des aufglühenden heiligen Grals; das ganze Vorspiel drückt die Zentralidee des Werkes aus, das »Geheimnis«. Neben den romantischen Melodiegesang tritt ein neuartiger Typ von Arioso, der Wort-Melodie feinhörig abgelauscht. Die Gralserzählung Lohengrins ist bezeichnend dafür:

Leitmotive als »Gefühlsweiser«

Leitmotive beginnen das Orchestergewebe zu durchwirken. In den folgenden Werken, »Rheingold«, »Walküre«, »Siegfried« und »Tristan«, wurden sie, vervielfacht und verfeinert, zum eigentlichen symphonischen Baumaterial. Wiederkehrende Melodien oder andere Tongestalten waren schon der frühromantischen Oper geläufig, als »Erinnerungsmotive« assoziativ, aber unverändert mit bestimmten Figuren verknüpft. Wagners Leitmotive unterscheiden sich von diesen Vorstufen in Fülle und Art. Im »Ring des Nibelungen« werden sie nicht allein mit Personen (Wälsungen-, Rheintöchter-Motiv usw.) verbunden, sondern auch mit Gegenständen (Ring-, Schwert-,

Waberlohe-Motiv), und, am wichtigsten, mit seelischen Vorgängen oder abstrakten Begriffen (Todverkündigungs-, Unwillens-, Vertrags-Motiv). Dazu werden die Motive je nach der dramatischen Situation variiert. Durch solchen Beziehungsreichtum können sie als »Gefühlsweiser« fungieren, die Zuhörer zu »steten Mitwissern des tiefsten Geheimnisses der dichterischen Absicht« machen.

»Tristan« oder »Götterdämmerung« sind fast Takt für Takt aus Leitmotiven gewoben. Daß ein Fundus von wenigen dutzend einen Organismus von Hunderten Partiturseiten hervorbringen kann, spricht zugleich für die Ökonomie wie für die Variierungs-Phantasie des Komponisten. Hier können nur Beispiele dieser Technik angedeutet werden. Etwa, wie Wagner aus dem düster-drohenden Ring-Motiv durch Um-

hüllung mit einer anderen Harmonik und Instrumentation das feierlich prangende Tonsymbol für die – mit dem Goldring unheilvoll verbundene – Götterburg Walhall gewinnt:

Noch feinere, in schöpferische Tiefen des Unbewußten reichende Zusammenhänge enthüllt die Motivik der Tristan-Partitur. Ihre allerersten Takte, im Vorspiel, enthalten den legendären »Tristan-Akkord«, über dessen harmonische Vieldeutigkeit und Grenzfunktion ganze Bücher geschrieben wurden. Diese Takte exponieren das Grundmotiv; es erscheint abgewandelt, so oft, daß man es als Keimzelle der ganzen Partitur auffassen, und diese selbst, ungeachtet der ins Gigantische geweiteten Dimensionen, in ihrer kunstvollen Bezüglichkeit mit Beethovens 5. Symphonie vergleichen kann. Hier die berühmten ersten drei Takte:

Und nun einige wichtige, aus der Aufwärtsbewegung der chromatischen Diskant-Melodie (2. und 3. Takt) gewonnene Tristan-Motive: die mit der keimenden und mit

der entfalteten Liebesleidenschaft verbundenen und das Motiv von Tristans Verzweiflung (S. 424).

»Tristan und Isolde« hat die wachen Geister, Zeitgenossen und fast noch mehr spätere Generationen, nachhaltiger erregt als jedes andere Werk des 19. Jahrhunderts. Die Tristan-Chromatik und -Enharmonik, das Schweifen in Tonarten, wurde zur Legitimierung der späteren Auflösung aller Tonalität herangezogen, Wagner zum Ahnherrn der Atonalität erhoben. Es ist richtig, daß eine Komposition wie das Tristan-Vorspiel, das in a-moll steht und dennoch den a-moll-Dreiklang nicht ein einziges Mal erklingen läßt, oder wie Isoldes Liebestod, der in As-Dur beginnt und in H-Dur schließt, hergebrachter Regeln spottet. Doch dachte Wagner gar nicht daran, sich etwa im Sinne eines Fortschrittes von der Tonalität mehr und mehr zu entfernen. Die sensible, nervöse, rauschhafte Klangsphäre des »Tristan« entsprach nur dem Sonderfall dieser ekstatischen Liebesdichtung in Tönen; Chromatik erinnert hier wieder einmal an den ursprünglichen Sinn des Wortes (Chroma = Farbe).
Schon das folgende Werk, die »Meistersinger«, in jedem Betracht ein Gegenpol zum »Tristan«, bedingte und erhielt eine völlig andere Tonsprache: statt des ruhelosen modulatorischen Schweifens klare Klangflächen, meistens in Dur, statt der sensiblen chromatischen Orchester-Polyphonie altmeisterliche Kontrapunkte, freilich nicht von einem Neo-Bachianer, sondern von einem Erzromantiker erfunden. Wiederum anders klingt das Ring-Orchester. Es ist durch die Vergrößerung aller Gruppen, namentlich der Blechbläser um zusätzliche vier von Wagner entworfene Tenortuben, Baß-

Eduard Hanslick, Tönend bewegte Formen

Das Urelement der Musik ist Wohllaut, ihr Wesen Rhythmus. Rhythmus im Großen, als die Übereinstimmung eines symmetrischen Baues, und Rhythmus im Kleinen, als die wechselnd-gesetzmäßige Bewegung einzelner Glieder im Zeitmaß. Das Material, aus dem der Tondichter schafft, und dessen Reichtum nicht verschwenderisch genug gedacht werden kann, sind die gesamten Töne, mit der in ihnen ruhenden Möglichkeit zu verschiedener Melodie, Harmonie und Rhythmisierung. Unausgeschöpft und unerschöpflich waltet vor allem die Melodie, als Grundgestalt musikalischer Schönheit; mit tausendfachem Verwandeln, Umkehren, Verstärken bietet ihr die Harmonie immer neue Grundlagen; beide vereint bewegt der Rhythmus, die Pulsader musikalischen Lebens, und färbt der Reiz mannigfaltiger Klangfarben.
Frägt es sich nun, was mit diesem Tonmaterial ausgedrückt werden soll, so lautet die Antwort: Musikalische Ideen. Eine vollständig zur Erscheinung gebrachte musikalische Idee aber ist bereits selbständiges Schöne, ist Selbstzweck und keineswegs erst wieder Mittel oder Material zur Darstellung von Gefühlen und Gedanken, wenn sie gleich in hohem Grad jene symbolische, die großen Weltgesetze widerspiegelnde Bedeutsamkeit besitzen kann, welche wir in jedem Kunstschönen vorfinden. Tönend bewegte Formen sind einzig und allein Inhalt und Gegenstand der Musik.

Aus: Vom Musikalisch-Schönen, 1854

Wagners Notenhandschrift: Meistersinger, 3. Akt, letzte Szene

tuben und andere Kontrainstrumente, in Fülle und Spektrum erweitert, mit seinen leuchtenden, satten Farben befähigt, die Naturbilder von Wagners Phantasie (Walkürenritt, Feuerzauber, Waldweben) in aller Pracht zu malen. »Parsifal«, oft als Alterswerk unterschätzt, vereinfacht die musikalische Struktur, bedeutet aber zugleich eine um die Einbeziehung modaler, gregorianischer Elemente bereicherte Synthese der wechselnden Wagner-Stile. Auch vom technisch-progressivistischen Blickpunkt wäre die Partitur eine Fundgrube; die Klingsor- und Kundry-Musik klingt kaum minder »modern« als der in dieser Beziehung überstrapazierte »Tristan«.

»Unendliche Melodie«

Es leuchtet ein, daß die hergebrachten Opernformen Wagners Weltanschauungs-Dramen nicht genügen konnten. Er schuf sich seit dem »Tristan« neue. Leitmotive, Orchestersymphonik und »unendliche Melodie« sind die hervorstechendsten Kompositionsmittel – jedes Schlagwort geeignet, eine Flut von Mißverständnissen nach sich zu ziehen. Die gesungene Melodie war die Seele der alten Oper. Melodie hat Anfang und Ende, schafft klare Zäsuren, »Nummern«, die durch mehr oder weniger füllig begleitete Rezitative gegliedert werden; dem Orchester kommt überhaupt vorwiegend Begleitfunktion zu. Beim späten Wagner sind die Gewichte radikal verschoben. Die Nummern-Oper anerkannte er nicht als wirkliches Drama. Die Einschnitte zwischen Arie und Rezitativ mußten fallen.

Vom »Tristan« sagte er: »Meine feinste und tiefste Kunst möchte ich jetzt die Kunst des Überganges nennen, denn mein ganzes Kunstgewebe besteht aus solchen Übergängen . . .« Elastisches Formmedium wird die »unendliche Melodie«. Sie entzieht sich der klassischen Symmetrie. In einer neuartigen Kontrapunktik wird sie auf Orchester und Gesangsstimme zugleich verteilt. Die unendliche Melodie der Stimme empfängt ihre Impulse aus dem Wort und seinem Sinn; die unendliche Melodie der Instrumente aus dem motivischen Material und seinem Hintersinn. So wird das Orchester zum psychologischen Resonanzboden, es macht den Zuhörer zum »Mitwisser«, ja, in einer tiefenpsychologischen Dimension, die bis zu Alban Bergs »Wozzeck« vorausweist, zum »Besserwisser«.

Die Gegner, voran Eduard Hanslick (der aber noch den »Lohengrin« bewunderte), sind nicht müde geworden, Wagner der Formlosigkeit zu zeihen. Wagner-Apologeten, wie die Musikwissenschaftler Ernst Kurth und Alfred Lorenz, wiesen nach, daß Harmonik bei Wagner formbildend wirkt, und daß er sich, wenn auch mit fließenden Übergängen, im Grunde der alten klassischen Formmodelle bediente: der Strophe, der Variation, des Rondos, der dreiteiligen Arie, der Sonate, dazu verschütteter wie der des altdeutschen Bars (zum Beispiel in Walters Preislied).

Wagner selbst hat von dem Recht des schöpferischen Künstlers, den Theoretiker zu dementieren, reichen Gebrauch gemacht. Er war mehr psychologischer Harmoniker als Melodiker; dennoch notierte er eifrig, wenn ihm eine Weise einfiel, wie »Winterstürme wichen dem Wonnemond«, und viele sind »Schlager« geworden wie Verdi-Arien. Er scheute sich nicht, Siegfried eine Melodie in den Mund zu legen (»Aus dem Wald fort«), die, sogar in derselben Tonart, schon Beethoven ein Menschenalter zuvor im Hauptthema der Hammerklaviersonate geprägt hatte:

Das Meistersinger-Quintett im 3. Akt, ein wahrer Solitär unter den Opern-Ensembles, dürfte eigentlich gar nicht stattfinden, wenn der Theoretiker Wagner (Hanslick verhöhnte die »musikalischen Gänsemärsche« der grundsätzlich einstimmigen Ring-Gesänge) nicht vom Musiker gleichen Namens temperamentvoll überrundet worden wäre.

Ahnherr der atonalen Moderne

Daß Wagner Romantiker par excellence war, bedarf keiner Begründung. »Tristan« steht auch dafür repräsentativ. Das »dunkel nächt'ge Land«, das der Held seiner Geliebten als einzige, tödliche, Zuflucht zu bieten hat, besang schon Novalis: »Gelobt sei uns die ew'ge Nacht...« Für den Wagnerbewunderer Richard Strauss ist »Tristan und Isolde« »das Ende aller Romantik, wo in einem Brennpunkt die Sehnsucht des ganzen 19. Jahrhunderts aufgefangen und im ›Tag- und Nachtgespräch‹ und Isoldens Liebestod endgültig erledigt ist«. Mit der Erledigung sollte es indessen noch gute Weile haben. Zunächst, und noch bis ins hohe 20. Jahrhundert hinein, fungierte Wagner als Erzvater der atonalen Moderne Schönbergs und Alban Bergs. Der Wiener musikalische Expressionismus ist ohne ihn nicht denkbar. Dabei erscheint nicht so wichtig, ob die progressivistische Berufung auf den »Tristan« stimmt, als daß sie im Bewußtsein der Schöpfer neuer Musik als schlüssig galt.

Die zweite Hauptrichtung der Moderne, die von Strawinsky verkörperte Neo-Klassik, schrieb antiwagnerische Parolen auf ihre Fahnen. Auch das zeugt, im Negativen, von der Wirkungsmacht seiner Kunst. Man bekämpft nicht Mittelmäßiges, Gleichgültiges. Der Hang moderner Komponisten, sich die Texte – jedwedem Librettisten mißtrauend – selber zu schreiben, literarisch Hochwertiges singen zu lassen, schlägt weitere Brücken zu Wagner.

Das 20. Jahrhundert hat Richard Wagner auf den Sockel eines Klassikerdenkmals erhoben. Aber er steigt an jedem der Hunderte Abende, an denen sein Werk alljährlich von Moskau bis Buenos Aires gesehen, gehört, verstanden und mißverstanden wird, vom Podest herab. Die Frage heißt nicht so sehr: Wird Wagner unserer Zeit gerecht? als: Werden *wir* Wagner *gerecht?*

Im Banne Wagners

Noch zu Lebzeiten hatte Richard Wagner trotz allen Ansprüchen, die er mit seinen Werken stellte, Popularität errungen, jedenfalls bei dem bürgerlichen Publikum, das die Theater trug. Lohengrin brachte es auf nicht weniger als 88 verschiedene Einstudierungen, Tannhäuser auf 73, selbst die schwierigen Meistersinger auf 32; Zahlen, die gegen die Jahrhundertwende hin lawinenhaft anschwollen. Die Faszination seiner Persönlichkeit und Kunst auf zeitgenössische Komponisten begann schon früher zu wirken. Mythologisch-weltanschauliche Opern zu schreiben, wurde um 1870 geradezu eine Mode. Thusnelda, Kunihild, Baldurs Tod, Ilsebill, Die Folkunger – die Titel sagen uns nichts mehr, auch wenn ihre Urheber einst tagesberühmte, solide Musikprofessoren waren oder Geheimtips der Wagnerianer, wie August Bungert, der »den Meister« mit einer antiken Götter-Tetralogie »Homerische Welt« (sie wurde sogar an der Dresdner Hofoper mit ungeheurem Aufwand inszeniert) schier noch übertrumpfte. Auch der junge Richard Strauss zollte der Wagnerei mit dem altdeutschen Erlösungsdrama »Guntram« seinen Tribut.

Alle diese epigonalen Nachklänge sind verhallt. Es zeigte sich, daß Wagner keinen verbindlichen neuen Kompositionsstil, sondern unwiederholbar-persönliche Gipfelwerke geschaffen hatte. Überdauern, dauern konnte nur, wer sich dem Gleißen seiner Geniesonne bewußt entzog, oder wer, von ihr unwiderstehlich gebannt, schattige Oasen fand, wo sich eigenes Talent entfalten konnte.

Peter Cornelius

So ein Talent war *Peter Cornelius* (1824–1874). Der gebürtige Mainzer, Neffe des gleichnamigen Historienmalers, war frühzeitig zum Wagner-Kreis geraten, Liszt hob 1858 den »Barbier von Bagdad« in Weimar aus der Taufe und war über das von den Wagnerfeinden bereitete Fiasko so empört, daß er aus Protest seine Hofämter hinwarf. Cornelius vergalt die Treue zeitlebens durch sein schriftstellerisches Eintreten für die »Neudeutschen«, er führte eine geistvolle musikkritische Feder. Jenes Premierenfiasko traf dennoch die falsche Zielscheibe. Wären die zeitgenössischen Ohren nicht vom Tageslärm taub gewesen, sie hätten gerade den Eigenton Cornelius' hören müssen.

Wagnerianer war er nur in seiner künstlerischen Gesinnung und als Dichterkomponist, der sich die Operntexte (auch zum »Cid« und zur nachgelassenen Oper »Gunlöd«) wie zu den meisten seiner stillen Lieder (Zyklen »Weihnachtslieder«, »Brautlieder«, »Trauer und Trost«) selber schrieb. Der Text zum »Barbier von Bagdad« ist sogar wortwitzig formuliert, doch leidet die ganze Oper etwas unter der Kopflastigkeit des 1. Aktes und mangelnder dramaturgischer Routine. Ihr Reiz liegt im zarten Lyrismus, in Cornelius' liedartigen Weisen. Er benützte Wagners instrumentale Errungenschaften, hielt aber am frühromantischen Typus fest. Eine »heitere, einfache Kunst« war sein Ziel – sicher keine wagnerianische Ambition.

Auch der Ostpreuße *Hermann Götz* (1860–1876), der als Organist in der Schweiz im selben Alter wie Mozart von der Tuberkulose weggerafft wurde, wahrte in seiner komischen Shakespeare-Oper »Der Widerspenstigen Zähmung« bei aller Wagnerverehrung (er hatte bei Hans von Bülow in Berlin studiert) seine Eigenart, die eigentlich Weber näherstand. Rezitative und Arien wurden beibehalten, eine gewisse Schwerblütigkeit und deutschromantische Innigkeit hindert freilich daran, ein musikalisches Pendant für die in italienischen Stegreifspielen wurzelnde Typik zu finden. Aus der Posse wird bei Götz eine Charakterkomödie. Darin liegen Charme wie Schwäche dieses immer noch lebensfähigen Opern-Außenseiters. Der Ungar *Karl Goldmark* (1830–1915) profitierte in seiner einst vielgespielten »Königin von Saba« (erfolgreich auch das »Heimchen am Herd«) mehr von Wagners Orchesterglanz, den er für sein orientalisches Kolorit ausnützte, als von musikdramatischen Ideen, und der Elsässer *Viktor Neßler* (1841–1890) zehrte in seinem populären »Trompeter von Säckingen« von Wagner wie von dessen Widersachern zugleich: Historische Deutschtümeleien und simple Volksweisen-Eingängigkeit füllten gemeinsam die Stadttheaterkassen.

Humperdincks Märchenoper

Wagnerianer durch und durch waren Wilhelm Kienzl und *Engelbert Humperdinck* (1854–1921), und doch feierten sie ihre Jahrhunderterfolge eigentlich dank ihrer Eigenständigkeit. Der Rheinländer Humperdinck wirkte als Wagner-Jünger in der Villa Wahnfried, Parsifalnoten abschreibend, an der Uraufführung des Bühnenweihfestspiels mit. Er dachte gar nicht daran, sich mit dem verehrten Meister zu messen, und das wurde sein Glück. »Hänsel und Gretel«, seit der Premiere von 1893 unerschüttert wertbeständiger deutscher Opernexport, war ursprünglich als anspruchsloses Kinderstück mit Klavierbegleitung komponiert. Die orchestrale Einkleidung gab erst das Wesentliche, zugleich Zwiespältige.

Engelbert Humperdinck, nach einer Radierung aus dem Jahr 1898

Das Wagner-Orchester bettete die eingestreuten Kinderweisen in ein etwas prätentiöses Prunkgewand, bot jedoch auch den Resonanzboden für jene Gefühlswärme, die alle Welt als »deutsche Romantik« liebt. Mochte diese Romantik in »Hänsel und Gretel« auch verbürgerlicht erscheinen, so trug sicher gerade dies zum ungewöhnlichen Erfolg bei: hier konnte man einen Abglanz von Wagner genießen, ohne über tönende Philosophie und Weltanschauung grübeln zu müssen. Es ist bezeichnend, daß selbst Wagners Sohn *Siegfried Wagner* (1869–1930) sein Opernheil in mythosferner Märcheneinfalt suchte (»Der Bärenhäuter« und weitere zwölf Opern). Aber dazu war er weder naiv noch schöpferisch genug. Selbst der viel begabtere Humperdinck konnte mit seiner zweiten Märchenoper »Die Königskinder« nicht mehr an seinen ersten Erfolg anknüpfen. Interessant ist, daß auch diese Oper ursprünglich eine andere Gestalt hatte, nämlich die eines Melodrams; die Fixierung einer »Sprachmelodie« in rhythmisierten, aber in den Höhen nur ungefähren »Sprechnoten« wurde erst Jahrzehnte später bei Schönberg und Alban Berg bedeutsam.

Deutscher Verismo

Wilhelm Kienzl (1857–1941), aus Oberösterreich gebürtig, huldigte seinem Abgott Wagner zunächst mit einer mythologischen »Urvasi«-Oper und promovierte mit einer Abhandlung über musikalische Deklamation. Sich selber fand er erst, als er vom hohen Kothurn in die Einfachheit kleinbürgerlichen Lebens hinabstieg. »Der Evangelimann« (1885), dessen Fabel den Erinnerungen eines Polizeikommissars entnommen, also wahrhaft »aus dem Leben gegriffen« ist, wurde der früheste deutsche Beitrag zum Verismo, ja er geht Mascagnis »Cavalleria rusticana« sogar um fünf Jahre voraus. Die Programmatik der neuen Richtung wird bei Kienzl allerdings nicht tendenziös aufgetragen, fällt eher als Nebenprodukt ab – das noch wichtigere Nebenprodukt war die Sentimentalität der tieftraurigen Geschichte, die Generationen von Opernbesuchern Tränenströme über den gottergeben Verfolgung leidenden, verleumderisch um sein Lebensglück gebrachten Tenorhelden vergießen ließ. Daß Kienzl es auch kunstvoller konnte, bewies er, nach mehreren Nieten, noch einmal 1911 mit dem »Kuhreigen«, einem wohlgebauten Stück aus der Grande Révolution.

Auch *Max von Schillings* (1868–1933), der mit »Ingwelde« und »Pfeifertag« in wagnerischem Kielwasser mitschwamm, wandte sich in »Mona Lisa« (1915) einer ganz anderen Thematik zu und schuf einen kraß veristischen Renaissance-Reißer. *Paul Graener* (1872–1944) wich dem Wagnerschatten mit dem in Neubarock zurücktauchenden »Friedemann Bach« und der Gerhart-Hauptmann-Vertonung »Hanneles Himmelfahrt« aus, der Wiener Richter *Julius Bittner* (1874–1939), indem er volkstümliche und Sagenbereiche aufsuchte (»Der Musikant«, »Höllisch Gold«).

Hugo Wolf

Das einzige Genie unter den Wagnerianern (neben dem Symphoniker Bruckner) entfaltete sich zwar als fast ausschließlicher Vokalkomponist, aber doch abseits von der Bühne: *Hugo Wolf* (1860–1903). Auch er versuchte sein Glück als Musikdramatiker, aber seine einzige Oper »Der Corregidor« (»Manuel Venegas« gedieh nicht über ein Fragment hinaus), dieser kostbare Außenseiter des heiteren deutschen Repertoires, beweist doch nur, wie fremd seinem Autor alles Theatralische war. Die auf eine Novelle des Spaniers de Alarcón zurückgehende Geschichte vom geprellten liebestollen Alten hätte durchaus das Zeug zu einer tüchtigen komischen Oper, wie sie Wolf tatsächlich vorschwebte. Aber aus der »heiteren Spieloper . . . mit Gitarregeklimper, Liebesseufzern, Mondscheinnächten, Champagnergelagen« wurde unter seinen Händen eine dramaturgisch ungeschickte, mit wogender Orchesterpolyphonie überfrachtete, mit tragisch akzentuierten Monologen beschwerte Musikkomödie in einem Wolfschen »Meistersinger«-Stil. Man kann einer Oper auch durch »zuviel Musik« schaden. Ihr Bestes sind die Lieder, die Wolf aus seinem »Spanischen Liederbuch« in die Partitur übernahm. Er war eben Lyriker von Geblüt, Liedmeister – als solcher jedoch der größte nach Schubert.

Hugo Wolf wurde im südsteirischen Windischgräz (heute zu Jugoslawien gehörig) als Sohn eines sehr musikalischen Lederkaufmanns geboren. Er sollte einen praktischen Beruf ergreifen, aber frühzeitige Wagnerschwärmerei wies ihn zur Musik. Als Fünfzehnjähriger ging er ans Wiener Konservatorium, hielt es jedoch nur zwei Jahre auf der Schulbank aus. Akademie und Systematik waren dem jungen Feuerkopf zuwider. Er schlug sich als Tanzmusikspieler, vorübergehend als Kapellmeister, hauptsächlich aber als Musikkritiker durch. Seine fanatisch antibrahmsische und wagnerianische Feder giftete so witzig wie unreif. Als Bohémien führte er ein kümmerliches Leben, bis endlich sein erster großer Zyklus, die 53 Mörike-Lieder, 1888 in einem vulkanischen Schaffensrausch herausgeschleudert, ihm besonders in Südwestdeutschland Gönner und Mäzene verschafften.

In den nächsten Jahren folgten, immer in Zyklen und fast immer binnen Wochen oder höchstens Monaten, zwischen denen lange, unfruchtbare Durststrecken mit quälenden Depressionen lagen, die weiteren Meisterzyklen: 51 Lieder nach Eichendorff, 51 nach Goethe, 46 nach dem Italienischen Liederbuch von Paul Heyse, zwei Bände des Spanischen Liederbuches, geistlich und weltlich, schließlich die vollausgereiften drei Michelangelo-Lieder. Dazwischen liegen Chorwerke wie »Elfenlied« und »Der Feuerreiter«, auf Lieder zurückgehend, und die einzigen beiden Orchesterstücke, »Penthesilea« und die ganz unwagnerisch helle »Italienische Serenade«, die eigentlich für Streichquartett gedacht ist. Langsam, aber stetig verbreitete sich Hugo Wolfs Ruhm. Detlev von Liliencron begrüßte ihn in einem begeisterten Hymnus. Eine progressive Paralyse, Folge einer luetischen Erkrankung, setzte ein frühes Ende. Man mußte Hugo Wolf in eine Wiener Irrenanstalt einliefern. Dort dämmerte er fast sechs Jahre seines ohnehin kurzen Lebens dahin, bis der Tod ihn erlöste.

Man hat Hugo Wolf früher gern den »Wagner des Liedes« genannt – ein Etikett, das wie die meisten vereinfachenden Beinamen eher irreführend als klärend wirkt. Es entspricht nur seiner Bedeutung als Liedlyriker, die auch heute noch, in der Mitte des 20. Jahrhunderts, von weltweiter Ausstrahlung ist. Mit Wagners Tonsprache verbindet die sensible Deklamation, die motivische Durchbildung des instrumentalen Parts – des Klaviers –, mit Wagners Ideen die inspirative Funktion der Dichtung. Daß es bei Hugo Wolf nicht eigene, sondern Verse der größten deutschen Lyriker der Klassik und Romantik waren, die seine Phantasie erregten und seine Musik auslösten, spielt keine entscheidende Rolle. Hugo Wolf verfügte über eine fast komödiantische, von feinstem ästhetischen Geschmack gelenkte Gabe der Einfühlung in fremde dichterische Psyche, gepaart mit der Fähigkeit, Gedichte in eine unverwechselbare musikalische Atmosphäre zu übertragen.

Man vergleiche ein Wolfsches Mörike-Lied mit den späten Michelangelo-Liedern oder mit denen des Spanischen Liederbuches – dieselbe Handschrift, verschiedene Welten: sangbare Weisen, wo Mörikes tiefe Behaglichkeit oder Eichendorffs volkstümlicher Naturton sie nahelegen (mit Melodie-Volltreffern darunter wie Eichendorffs »Über Wipfel und Saaten«); vergrübeltes Nach-Innen-Horchen in den Greisengesängen Michelangelos; Miniaturformen in den koketten italienischen, dezente Andalusien-Rhythmen in den weltlichen und versponnene Inbrunst in den geistlichen spanischen Liedern; ein ganzer Kosmos der Wort-Ton-Beziehungen und der Empfindungen im Goethe-Zyklus. Hugo Wolf wich den allerpopulärsten Gedichten Goethes aus, sein Selbstbewußtsein scheute sich jedoch nicht, den Vergleich mit bereits von Schubert und Schumann vertonten zu wagen. Tatsächlich gelang ihm mit den Mignon- und Harfner-Liedern, mit »Prometheus« und »Ganymed« Neues, selbst über Schubert hinaus, durch motivische Einheit und Reichtum des Klaviersatzes (der dabei niemals lisztisch rauschend, eher ausgespart behandelt ist).

Diese Dezenz, die bis zu asketischer Dürre werden kann, ist ganz und gar unwagnerisch. Vor der pathetischen Geste, wie sie die weiträumige Bühne braucht, steht bei Wolf die psychologische Nuance. Gewiß hat er von Wagner viel gelernt: wie man große ariose Bogen aus dem Melos der Sprache entwickelt (zum Beispiel in Mörikes »Hier lieg ich auf dem Frühlingshügel«, in den weitformatigen Goethe-Szenen, aber auch in den konzentrierten Kurzgedichten wie den Cophtischen Liedern), und wie man sie mit instrumentalen Gegenbogen kontrastiert. Auch die chromatische und enharmonische Farbigkeit Wolfs kommt vom »Tristan« her. Aber im wesentlichen verdankt er Schubert noch mehr. Man könnte in Wagners Leitmotivtechnik Wegweiser für lyrische Wunderwerke wie Mörikes »In der Frühe« sehen; die gesamte musikalische Substanz wird aus der Variierung eines einzigen Klaviertaktes gewonnen – hat nicht Schubert eben diese geistvollste Ökonomie, dazu die nur dem Wort nachlauschende Weise der Singstimme in seinem »Doppelgänger« vorgebildet? Schubertisch ist die Empfindungsspannweite Wolfs; durch die Saiten, die Witz und Spott anklingen lassen, sogar noch reicher. Überlegen ist Schubert als Melodiker. In den späten Zyklen Wolfs verfeinert sich die motivische Arbeit, verflacht hingegen die Melodik zu schwebenden

Linien, die Perioden auflösen und, über die Taktstriche hinweggleitend, keine selbständige Formkraft mehr ausüben. Doch ist nicht zu vergessen, daß diese äußerste Dienstbarkeit gegenüber dem Wort eine Geschmeidigkeit des Ausdrucks, ein Eingehen auf poetische Valeurs des Verses gestattet, die dem früheren romantischen Lied nicht zugänglich war. Denkbar vollkommene Einheit von Gedicht und Vertonung ist erreicht. Viele Gedichte, selbst so hochwertige wie die Mörikes, sind, seit Hugo Wolf sie komponiert hat, überhaupt nur noch als Lieder vorstellbar; liest man sie, so schwingen unwillkürlich Töne mit. Solche Verwandlung, Wiedergeburt in komplexerer Gestalt, muß den höchsten Triumph der Liedkomposition bedeuten.

Französische Wagnerianer

Wagners Ausstrahlung ist in fast allen zeitgenössischen Musikkulturen Europas feststellbar, am stärksten in jungen (zum Beispiel bei den Tschechen: Smetana, Fibich), überraschend gering bei den Russen, am kompliziertesten in traditionsreichen wie der italienischen; in den betreffenden Kapiteln wird davon die Rede sein. Beim westlichen Nachbarn, in Frankreich, traf Wagners Kunst auf eine literarisch-germanophile Bereitschaft, die schon in der napoleonischen Zeit Anlaß für Madame de Staëls bahnbrechendes Buch »De l'Allemagne« war und sich in der Musik durch eine Vorliebe für deutsche Textanregungen (Gounods und Thomas' Goethe-Opern, Offenbachs Hoffmanniade, d'Indys Schiller-Symphonien) zeigte. Selbst die politische Katastrophe des deutsch-französischen Krieges konnte die Wagnerbegeisterung der französischen Elite – der Lyriker Charles Baudelaire war schon durch den Tannhäuser-Skandal zum Wagnerherold geworden – nur dämpfen, nicht aber zum Verschwinden bringen. 1885 wurde die »Revue wagnérienne« gegründet. Die einflußreichen Literaten Théophile Gautier und Romain Rolland vertieften geistige Wagnereinflüsse. Die musikalischen Spuren gingen an kaum einem französischen Komponisten der Zeit vorüber.
Emanuel Chabrier (1841–1894) verkörpert französisches Wagnerianertum vielleicht am brillantesten, auch am bizarrsten. In seiner hemdsärmeligen Experimentierfreude, seiner Lust an neuartigen Rhythmen, Akkorden und Orchesterfarben, in seiner ganzen sprunghaft-außenseiterischen Erscheinung setzt er die unfranzösische Tradition Berlioz' fort, zwiespältig wie er und von Einfluß auf die nächste Generation; Ravel und noch Satie fühlten sich ihm verpflichtet. Chabrier begann als Operettenkomponist, wurde mit seiner zündenden »España« bekannt. Das Erlebnis des Münchner »Tristan« im Jahre 1879 machte ihn zum enragierten Wagnerianer. Dafür zeugt seine Oper »Gwen-

88 Dritter Aufzug der »Meistersinger«, Festwiese, Szenenbild der Uraufführung in München
Aquarell von Michael Eckfeld, 1868

87 (vorhergehende Seite) Richard und Cosima Wagner, 1872

89 Das Festspielhaus in Bayreuth zur Zeit seiner Gründung

doline«. An der Einstudierung der französischen »Tristan«-Premiere war er maßgeblich beteiligt. Das hinderte ihn nicht, zwischendurch mit der Opéra comique »Le Roi malgré lui« (Der König wider Willen) ganz anderen Stilidealen zu folgen.

Als Wagnerianer – er war einer der ersten französischen Komponisten, die nach Bayreuth pilgerten und den Ruhm des deutschen Musikdramatikers verbreiteten – begann und wirkte lange Zeit hindurch der César-Franck-Schüler *Vincent d'Indy* (1851 bis 1931). Seine frühen Werke stehen nicht nur unter dem Einfluß der neudeutschen Schule, sondern der deutschen Kultur überhaupt (Wallenstein-Trilogie, eine Folge symphonischer Dichtungen; die dramatische Legende »Das Lied von der Glocke«, alles von Schiller inspiriert). In d'Indys temperamentvoller Persönlichkeit vereinigten sich Anregungen französischer Folklore mit der Liebe zu mittelalterlicher Polyphonie, zu Bach und zu Rameau (den er zu neuen Ehren brachte) und zur deutschgeprägten Programmusik.

Als einer der Gründer und langjährigen Direktoren der Schola cantorum übte er hochbedeutenden Einfluß; erst die kommende Generation Debussys begann gegen den Klassizismus, zu dem sich d'Indy in seinem Spätwerk besänftigte, zu revoltieren. Das drei Symphonien und vielfältige Kammermusik umfassende Oeuvre d'Indys enthält auch Opern (u.a. den wagnerianischen »Fervaal«, 1897, »L'Etranger«, 1903) und das christliche Mysterium »La légende de Saint Christophe« (1920), das für d'Indys klassizistischen Altersstil bezeichnendste Werk.

Wagnernahe komponierte der vielseitige Pariser *Paul Dukas* (1865–1935) in seiner Oper »Ariane et Barbe-bleue« (1907), bei der glänzende Orchesterbehandlung und Gesangspathos deutlich zur deutschen Hochromantik weisen, wie auch der »Zauberlehrling«, nach Goethes Gedicht, in der Gefolgschaft der neudeutschen Schule steht, zwischen Liszt und Richard Strauss. Die fast begriffsdeutliche Beredsamkeit von Dukas' Themen wirkt bis heute humorig und amüsant. Auch die im selben Jahr 1897 herausgekommene C-Dur-Symphonie wird von den Franzosen hoch geschätzt. Nach dem Tanzpoem »Péri« (1912) verstummte Dukas für den ganzen langen Rest seines Lebens.

In Italien wirkte *Arrigo Boito* (1842–1918) als bedeutendster Wagnerpionier. Boito, Sohn einer polnischen Gräfin und eines Italieners, war eine musikalisch-literarische Doppelbegabung von hoher Geschmackskultur, was niemandem so zugute kam wie dem alten Verdi, der ihn zum Librettisten gewann. Boito schrieb Komödien, Gedichtbände, kritische Essays und übertrug wichtige deutsche Opern, wie den Freischütz, Rienzi und Tristan (diese Wagner-Werke führte er überhaupt erst in Italien ein). Zum Bewunderer deutscher Kultur wurde er durch Bach, Beethoven und Goethe.

Frucht der Goethe-Verehrung ist seine Oper »Mefistofele«, deren Scala-Premiere im Jahre 1868 ein spektakulärer Durchfall wurde; daran waren vor allem die leidenschaftlichen Publikumsparteiungen pro und contra »Wagnerismus« schuld. Später setzten sich die Qualitäten der Oper durch. Wagnerisch ist an ihr weit mehr die ideelle Konzeption – anders als bei Gounod wird die Faust-Tragödie durch beide Teile der Goethe-Dichtung verfolgt – als die musikalische. Boito bleibt der Belcanto-Arie treu. Zu einer visionären Größe, die er in seiner zweiten, nachgelassenen Oper »Nerone« nicht wieder erreichte, schwingt sich Boito in der Himmelsmusik des Prologs auf.

Giuseppe Verdi

In deutschen Lexika und Musikgeschichten konnte man noch nach der Jahrhundertwende unter dem Stichwort Verdi Charakteristiken lesen wie etwa solche: »begabter Melodiker . . . Schauerromantik mit Leierkastenmelodien . . . von Wagner in den Schatten gestellt . . . als Wagnerianer schrieb er seine letzten, berühmtesten Opern«. Es waren die Jahre, in denen Wagners Stern über Germanien am blendendsten strahlte, der Verdis am unscheinbarsten. Nicht beim Publikum; das strömte auch damals, allen despektierlichen Kritiken zum Trotz, in Verdi-Opern.

Verdis Werk lebt weiter mit unverminderter Anziehungskraft, in jüngster Zeit sogar noch durch viele Ausgrabungen halb vergessener Verdi-Opern (u. a. I due Foscari, Luisa Miller, Nabucco) erweitert, einzig durch seine Qualitäten. Ganz und gar nicht durch aktuelle Bezüge. Undenkbar, Verdi einen Ehrenplatz unter den Propheten neuer Musik zuzuweisen. Es gibt keine Note von ihm, die man dazu ummünzen könnte. Sein Lebenswerk war gewiß ein einziges Fortschreiten – zu größerer Wahrheit, stärkerem Ausdruck, feineren Mitteln; für die Vergötzung des technischen Fortschritts, der sich zu seiner Zeit in der neudeutschen Romantik Liszt-Wagners, der damaligen »neuen Musik« verkörperte, hatte er jedoch nur die gelassene Reserve des Meisters übrig, der sich des eigenen Weges und Wertes bewußt ist. »Fortschritt in der Kunst! – ein weiterer ganz unsinniger Ausdruck!« schrieb er als fast Sechzigjähriger, auf der Höhe seiner Erfahrungen, einem Freund, »das kommt doch ganz allein! Wenn der Autor ein Talent ist, verhilft er der Kunst zu einem Fortschritt, ohne es überhaupt zu wollen!« Ein andermal riet er: »Kehren wir zu den Alten zurück, das ergibt einen Fortschritt«.

Man darf solche Äußerungen weder als impulsive Phrasen des Briefschreibers Verdi bagatellisieren (dazu war er viel zu aufrichtig und gewissenhaft), noch als grundsätzliche Fortschrittsfeindlichkeit verallgemeinern. Verdi war ein Kind seiner Zeit. Für ihn blieb das Italien, in dessen Gesellschaft und Institutionen er wirkte, trotz allen industriellen und sozialen Erschütterungen der Epoche eine intakte, geschlossene Welt, in der ein italienischer Opernkomponist, wenn er sich selbst treu sein wollte, gar nicht anders schaffen konnte als im Bewußtsein der Tradition. Er verehrte Rossini, Donizetti und Bellini und hatte nie einen anderen Ehrgeiz, als ein italienisches musikalisches Drama zu entwickeln, in dem Gesang und Melodie den unbestrittenen Primat innehatten. Freilich entfernte sich sein Ideal weit von der belcantistischen Sängeroper, dem »kostümierten Konzert« der Generation vor ihm. »Eine herrliche Stimme und ein feinfühliger Vortrag genügen nicht, um die Operndichtung unserer Zeit verständlich zu machen«, gab Giuseppina, seine Gattin, die Meinung des Maestro wieder, »Gesang, Spiel, Mimik, Kostüm, Bühnenbild – alles zusammen macht erst den Komplex aus . . . Wir wollen ein Ensemble, wir wollen das Ganze . . . «

Das klingt fast nach »Gesamtkunstwerk«. Verdi selber scheute die interpretierende Feder. Er hat nur in Briefen, aus gegebenem Anlaß, spontan theoretisiert. Aber die Praxis als Kapellmeister, Einstudierer, Regisseur – er war ein gefürchteter Sängertyrann und zeigte schon als jüngerer Mann keinerlei Respekt vor Primadonnen –, als unerbittlicher Mitarbeiter an der Textformung, der seine Librettisten schier zur Verzweiflung brachte mit ewigen Änderungswünschen, und eben als Schöpfer des komplexen Gebildes, Oper genannt – Wirken und Werk Verdis bezeugen gleicherweise, was er unter einem musikalischen Drama verstand.

»Von Wagner keine Spur!«

Giuseppe Verdi,
nach einer zeitgenössischen Radierung

Von den technischen Errungenschaften seiner Zeit nahm er nur an, was dieser Werkidee diente. Er trug es mit Bitternis, wenn man ihn gerade in seinen Reifewerken des Wagnerianertums zieh, denn er wußte sich frei davon (er kannte nur den »mittleren« Wagner). »Von Wagner keine Spur!!!! . . . das glatte Gegenteil!!!!« empörte er sich in einem während der Aida-Proben geschriebenen Brief. Die Interpunktionen sprechen für sich. So emphatisch wurde der wortkarge Verdi nur, wenn er im Tiefsten erregt war. Er vergalt jedoch seinem großen Jahrgangsgenossen nie, was die Wagnerianer (am schmerzlichsten die italienischen) ihm durch ihr törichtes Mißverständnis antaten. Als die Kunde vom Tode des Bayreuther Meisters kam, schrieb er »völlig niedergeschmettert«: »Traurig, traurig, traurig . . . Es entschwindet uns eine große Persönlichkeit. Ein Name, dessen Spur in der Geschichte der Kunst nicht untergehen wird . . .« Kann es ein nobleres Zeugnis für Verdis Menschentum geben? »Nicht wahr, Giulio, in Verdi überragt der Mensch noch den Künstler?« Das schrieb Peppina, die Gattin, dem Verleger Ricordi, aber die Frage ist nicht von blinder Liebe gestellt. Sie kannte ihn, sie wußte, daß sich unter der abweisenden Miene des »Bauern«, unter der Grobheit des schroffen, scheuen und kratzbürstigen Theaterdespoten eine zarte, höchst empfindliche Seele verbarg.

Verdi, der Mensch: Es hat nie ein ungeniehafteres Genie gelebt, wenn man an dem extravaganten Geniebegriff der Romantik mißt. Verdis Skepsis in der Einschätzung alles Menschlichen vertrug sich mit sehr tätiger Menschenfreundlichkeit. Er verschenkte Unsummen an Freunde und Stiftungen, er war auf seine Tüchtigkeit als fortschrittlicher Landwirt stolzer als auf Premierenerfolge, er kümmerte sich mit patriarchalischer Sorgfalt noch um die Anlage der Ersparnisse seiner Köchin. Seine Unnahbarkeit ging mit vollkommener Uneitelkeit, sein Patriotismus mit offener Verachtung aller politischen Wind- und Karrieremacher Hand in Hand.

Der Lebensweg

Giuseppe Verdi (1813–1901) entstammte ärmlichen Verhältnissen. Sein Vater war Krämer und Dorfgastwirt in Le Roncole in der norditalienischen Provinz Parma, wo Giuseppe Verdi am 10. Oktober 1813 geboren wurde, kaum ein halbes Jahr nach Wagner. Als Kind schon traktierte er die Orgel im Kirchlein, der Dorforganist brachte ihm die musikalischen Grundbegriffe bei. Bald fand er einen Mäzen in dem musischen

Likörfabrikanten Barezzi aus dem nahen Busseto (der später sein Schwiegervater wurde). Barezzi finanzierte Verdis Ausbildung in Mailand. Der Neunzehnjährige fiel bei der Aufnahmeprüfung ins Konservatorium durch, hatte jedoch das Glück, beim Kapellmeister Lavigna, einem strengen Mann, nicht nur das kompositorische Handwerk zu erlernen, sondern sich zugleich mit vielseitiger Literatur, auch der Wiener Klassiker, bekannt zu machen. 1835 heiratete er Margherita, die Tochter seines Gönners Barezzi, und nahm einen bescheidenen Musiklehrerposten in Busseto an.

Dort schrieb er seine erste Oper. »Oberto« fand nicht nur den Weg auf die Bühne der Mailänder Scala, sondern auch freundlichsten Beifall. Man beauftragte das hoffnungsvolle Talent mit einer neuen Oper, die junge Familie siedelte in die lombardische Hauptstadt über. Da brachen die furchtbarsten Schicksalsschläge über Verdi herein. Beide Kinder, Töchterchen und Söhnchen, starben nacheinander an einer Epidemie, wenige Monate darauf auch noch die geliebte Frau. Und in dieser Zeit der völligen Verzweiflung mußte er eine komische Oper komponieren! »Un giorno di regno« wurde ein Fiasko. Verdi hat, obwohl er sich der Mängel seiner Partitur bewußt war, diese Grausamkeit den Mailändern nie verziehen. Nie wieder wollte er der Bestie Publikum ausgeliefert sein, nie wieder ein Stück schreiben!

Sein Genius war stärker als alle Schwüre. Als er niedergeschlagen in seiner Stube hockte, fiel sein Blick auf eine Verszeile in einem Libretto, das ihm der Impresario zugesteckt und das er wütend auf den Boden geschleudert hatte. »Va, pensiero, sull' ali dorate« – und sein Gedanke flog wahrhaft, unwiderstehlich bewegt, auf goldenen Schwingen der schöpferischen Phantasie. Der Deutsche Nicolai, der damals in Italien arbeitete, hatte das Textbuch gleichgültig abgelehnt; in Verdis Vertonung wurde »Nabucco« 1842 sein Durchbruch zum Ruhm, und in jenem Chor, den nach Babylon verbannten, sich nach der Heimat sehnenden Juden in den Mund gelegt, erschien die erste der zündenden Verdi-Melodien, die später so sieghaft um den Erdball liefen.

»I Lombardi alla prima crociata« (Die Lombarden beim ersten Kreuzzug, 1843) bestätigten den jungen Maestro im Erfolg. Die politische Lage trug dazu bei. Wieder identifizierten die Mailänder die historisch verkleideten Opernfiguren und ihre heroi-

Giuseppe Verdi, Von Wagner keine Spur

Die Proben zu »Aida« haben nicht nur begonnen, sie sind sogar schon beendet! Jetzt bleibt nur noch die Generalprobe, und am Samstag wird sich der Vorhang heben! Staubige Perücken, die Ihr seid!!! –––– Was erzählt Ihr mir von Melodie und Harmonie!!!! Von Wagner keine Spur!!!! –––– Im Gegenteil, wenn man nur zuhören und sich Mühe geben wollte, richtig zu verstehen, würde man das glatte Gegenteil davon feststellen –––– das glatte Gegenteil!!!

Was kann es dem Publikum außerdem schon bedeuten, ob ich der Autor von »Rigoletto« und »Maskenball« bin oder nicht, ob ich den »Don Carlos« geschrieben habe oder nicht, der übrigens viel reicher an Melodien ist als die beiden anderen Opern?! –––– Was sollen all diese Schulen, diese Vorurteile in bezug auf Harmonie, Germanismus, Italianismus, Wagnerismus usw. ––––?

schen Schicksale mit ihren eigenen. Italien, in viele Teilländer gespalten, im Süden von den spanischen Bourbonen, im Norden von den Habsburgern fremdbesetzt, war von einer mächtigen Einigungsbewegung erfaßt. In Verdis feurigen Melodien empfand man den volkstümlichsten Ausdruck eines freiheitlichen Patriotismus, dem der junge Maestro selber anhing. Als 1849, bei der römischen Premiere der »Battaglia di Legnano« – Garibaldis republikanische Scharen standen vor den Toren der Ewigen Stadt –, der Chor die Textworte »Es lebe Italien!« anstimmte, antworteten spontane Publikumsrufe: »Es lebe Verdi!« Die Buchstaben seines Namens wurden später als nationale Geheimparole an Mauern gepinselt: V-E-R-D-I bedeutete zugleich *V*ittorio *E*manuele *R*e *D*' *I*talia.
Die Komponistenlaufbahn Verdis verlief in jenen Jahren mehr mühereich als glänzend. Arbeit hatte er genug, denn alljährlich, zur Karnevals-Stagione, lechzten die Theaterdirektoren nach neuen Stücken. Zwischen 1844 und 1851 produzierte er nicht weniger als elf Opern. Laute Erfolge darunter, wie »Ernani«, »I due Foscari« und jene »Schlacht von Legnano«, aber kein Werk, das ihn selbst voll befriedigte. Es waren seine »Galeerenjahre«, er fühlte sich als Sklave an den Opernbetrieb angeschmiedet, der ihn, je sicherer er ihn beherrschte, desto mehr anwiderte. Dreimal vertonte er damals Schiller-Sujets, ohne sie noch in der librettistischen Form, die italienischer Opernbrauch bot, ganz in den Griff zu bekommen (»Giovanna d'Arco« – nach der »Jungfrau von Orleans« –, »I Masnadieri« – nach den »Räubern« –, »Luisa Miller« – nach »Kabale und Liebe«). Weit bedeutender erscheint sein Ringen um Shakespeare, den er noch höher verehrte. »Macbeth« (1847) ging als einzige Frucht hervor, die jahrelange Arbeit an »Lear« blieb ohne greifbare Spur: Verdi vernichtete, in einem Anfall selbstmörderischer Verzweiflung, die umfangreichen Skizzen.

»Neue, kühne Stoffe«

Er war sich der Wichtigkeit des textlichen Anteils an seinem *dramma per musica* durchaus bewußt. »Neue, große, abwechslungsreiche, kühne Stoffe, kühn bis zum Äußersten!« suchte er und forderte er von seinen Librettisten, deren für lange Jahre wichtigster und dienstbarster nun der Theaterdichter Francesco Piave wurde. In Victor Hugos

Es steckt noch etwas mehr in der Musik ---- nämlich die Musik selbst! ---- Das Publikum soll sich einen Teufel darum kümmern, welche Mittel der Künstler verwendet! ---- Es soll alle Vorurteile und Einordnung in Schulen von sich schieben. ---- Wenn ein Stück schön ist, soll es klatschen, wenn es übel ist, soll es pfeifen! Das ist seine ganze Aufgabe! ---- Die Musik ist universal! Diese Dummköpfe und Pedanten wollten Schulen eröffnen und Systeme erfinden!!!! ---- Ich dagegen möchte, daß das Publikum von einem höheren Standpunkt aus urteilt, sich nicht von den elenden Gesichtspunkten der Journalisten, Professoren und Klavierspieler beeinflussen läßt: nur der Eindruck ist wichtig! Verstehen Sie? Eindrücke, Eindrücke und nochmals Eindrücke, weiter nichts!
Addio, addio . . .

Aus einem Brief an Cesare De Sanctis, 1872

erfolgreichem Schauspiel »Le Rois' amuse« – ein buckliger, bösartiger Hofnarr als Hauptfigur! – glaubte Verdi so einen äußerst kühnen Stoff gefunden zu haben, und der triumphale Erfolg der venezianischen Premiere des »Rigoletto« (so wurde das Stück aus Zensurgründen umbenannt) im Jahre 1851 gab ihm recht.

Von diesem Abend an datiert Verdis Weltruhm. »Il Trovatore« und »La Traviata«, beide 1853 uraufgeführt, mehrten ihn (obwohl »Traviata« zunächst durchfiel!). Aus dem Galeerensklaven wurde ein großer Kapitän, die Bühnen Europas rissen sich um Verdi-Opern. Paris beauftragte ihn zweimal mit der Komposition französischer Libretti: 1855 war sogar Scribe (neben Duveyrier) bei den »Vêpres Siciliennes« (Die sizilianische Vesper) sein Textpartner, 1867 folgte der ebenfalls französisch komponierte »Don Carlos«, frei nach Schillers Drama. Weder der dekorative Prunk der Grand-Opéra-Form, noch der hektische Kunstbetrieb der Metropole Paris machte Verdi glücklich: »Ich ziehe nicht meinen Hut vor Grafen und Marquis, vor gar niemandem!« schrieb er raunzig nach Italien.

Längst hatte er sich auf sein Landgut im heimatlichen Sant' Agata bei Busseto zurückgezogen, das er von Operneinkünften erworben hatte und mit der zähen Nüchternheit eines Bauern bewirtschaftete, der auf Nutzen aus ist. Dort lebte er mit der Sängerin Giuseppina Strepponi; das langjährige Verhältnis, dessen Anstößigkeit ihn, den liberalen Freigeist, nicht gestört hätte, legalisierte er später auf Peppinas Wunsch. Auch künstlerische Rückschläge, wie der Mißerfolg des »Simone Boccanegra« in Mailand, brachten ihn nicht mehr aus der Fassung, sie bestätigten nur seine Verachtung alles theatralischen Scheins: »Was ist das Theater für eine traurige Sache . . . « »Un Ballo in Maschera« (Der Maskenball, 1859), »La Forza del Destino« (Die Macht des Schicksals, 1862 in Verdis Gegenwart in St. Petersburg uraufgeführt) steigerten seine Popularität. »Aida«, 1871 zur – verspäteten – Feier der Suezkanal-Einweihung in Kairo uraufgeführt (übrigens sollte zuerst Wagner den Kompositionsauftrag des ägyptischen Khediven erhalten!), krönte seinen Ruhm. Auch das Auftragshonorar – 5000 englische Pfund – entsprach seiner Berühmtheit.

Damit schien Verdis Opernkarriere abgeschlossen zu sein. Von Umarbeitungen abgesehen, komponierte er in sieben Jahren nicht mehr als das – einzige – Streichquartett in e-moll (1873) und das »Requiem« (1874). Dieses freilich ist ein Chef d'Oeuvre. »Il Vecchio«, der Alte von Sant' Agata, war eine entrückte, legendäre Gestalt geworden: der kleine, schlanke Mann im schwarzen Anzug mit lässiger dunkler Schleife, breitkrempigem Hut und schneeweißem Bart. Er sah von den alten Freunden einen nach dem anderen sterben, auch seine zweite Gattin. Höhenluft der Einsamkeit umgab ihn. Der Greis überraschte nochmals die Welt: 1887, als Vierundsiebzigjähriger, mit dem

Giuseppe Verdi, ... überhaupt nicht singen

Ich weiß, daß Sie »Macbeth« proben, und da das eine Oper ist, für die ich mich mehr interessiere als für die übrigen, erlauben Sie mir wohl, daß ich darüber ein paar Worte sage. Man hat der Tadolini die Partie der Lady Macbeth zugewiesen und ich bin sehr überrascht, daß sie sich dazu hergegeben hat. Sie wissen, wie sehr ich die Tadolini schätze, und sie selber weiß es; aber in unserem gemeinsamen Interesse halte ich es für nötig, da ein wenig zu überlegen. Die Tadolini hat zu große Qualitäten für diese Partie! Sie werden das vielleicht für einen Widerspruch halten!! Die Tadolini hat eine gute, schöne Erscheinung und ich möchte die Lady Macbeth ungestalt und häßlich

Notenhandschrift Verdis:
Quartett aus dem 3. Akt des »Rigoletto«

leidenschaftlich-feurigen »Otello«. Das Erlebnis Shakespeares, um den er als junger Mann verzweifelnd gerungen hatte, beflügelte seine Notenfeder, die Freundschaft mit dem hochkultivierten Literaten und Komponisten Arrigo Boito – einem Wagnerianer! – trug ihm das hervorragende Libretto ein, und die begeisternde Scala-Premiere ermutigte ihn sogar, wieder in Boitos Partnerschaft, zu einer neuen, letzten Oper, dem »Falstaff« (1893).

Die »Quattro pezzi sacri«, vier geistliche Chorkompositionen, suchten, schon an der Schwelle eines neuen Jahrhunderts, mehr das Jenseits als das Leben, dem Verdi mit allen Sinnen zugetan gewesen. Am 27. Januar 1901 starb er in seiner Mailänder Winterwohnung. Er hatte den größten Teil seines Vermögens einem von ihm gegründeten Altersheim für Musiker vermacht und ein schlichtes Begräbnis gewünscht. Als aber sein Sarg zum Friedhof geführt wurde, säumten Hunderttausende die Straßen, und bei der Grablegung stimmte ein riesiger Chor, Verdis Nation repräsentierend und vom jungen Kapellmeister Toscanini geleitet, die Weise an, die für des Meisters Leben und Werk so bedeutungsvoll gewesen war: »Va, pensiero, sull' ali dorate . . . «

Die unvergleichliche postume Lebenskraft des Verdischen Opus – Verdi ist mit weitem Abstand, und mit kaum schwankender Konstanz, der meistaufgeführte Opernkomponist auch außerhalb Italiens – beruht nicht auf weltanschaulichen oder spirituellen Komponenten seines Schaffens, sondern auf dem Werk selbst. Nicht etwa auf der Musik allein. Seine nicht weniger als 54 Jahre umspannende Karriere als Opernkomponist

haben. Die Tadolini singt vollendet und ich möchte haben, daß die Lady überhaupt nicht singt. Die Tadolini hat eine herrliche, helle, klare, mächtige Stimme und ich möchte für die Lady eine rauhe, erstickte, hohle Stimme haben. Die Stimme der Tadolini hat etwas Engelhaftes und die Stimme der Lady sollte etwas Teuflisches haben. Unterbreiten Sie diese Gedankengänge der Unternehmung, dem Maestro Mercadante: er wird mehr als jeder andere diese meine Anregungen billigen – der Tadolini selbst – aber dann halten Sie es nach Ihrer eigenen Einsicht, so wie Sie es für besser finden.

Aus einem Brief an Salvatore Cammarano, 1848

war ein einziges Ringen um die Verwirklichung des Musikdramas italienischer Prägung, wie es ihm schon seit seinen »Galeerenjahren« immer deutlicher vor Augen trat: Eine Vision, die mit Kulissenluft, Bühnenlampen, Logenrängen voller Opernnarren sinnenhaft verquickt war, mit Theater also – vor allem anderen aber mit den bunten Erscheinungen maskierter singender Menschen.

Unmittelbarkeit, Natürlichkeit, Einfachheit

Verdi war nicht minder Theatraliker als Wagner, doch in anderem Sinn. Es gibt keine Note »philosophischer Musik« bei ihm, keine singenden Ideenträger, sondern immer nur Menschenabbilder, auch wenn sie sich – und dies ist der einzige Tribut des Realisten Verdi an die romantische Unterströmung seiner Epoche – in abwegigen Randbezirken menschlicher Existenz bewegten: Seeräuber, Hofnarren, Zigeunerinnen, Demimonden, außenseiterische Pastoren, die von der Kanzel herab den Ehebruch der eigenen Frau verzeihen (»Stiffelio«), verkappte Sklavinnen, seelisch gespaltene Mohren, Trunkenbolde. In dieser selbstgewählten abenteuerlichen Landschaft der »kühnen Stoffe« blieb er seinem musikdramatischen Ziel treu, das er negativ, doch sehr deutlich, so umriß: »Die Kunst, der es an Unmittelbarkeit, Natürlichkeit und Einfachheit fehlt, ist nicht mehr Kunst ... «
In diesen drei brieflich, also keinesfalls ästhetisch-ausgeklügelt formulierten Forderungen hat man in der Tat den Schlüssel zu Verdis Musikdrama zu suchen. Zugleich die Erklärung, warum er sich so unabhängig neben Wagner behaupten konnte; denn weder kann man den »Tristan« einfach, noch den »Ring des Nibelungen« unmittelbar nennen. Ein andermal zog Verdi atmosphärische Argumente zur Motivierung seiner Italianità heran: »Meint ihr, unter *dieser Sonne* hätte ich den ›Tristan‹ oder den ›Ring‹ schreiben können?« Das spezifisch Italienische seiner Oper, das er zeitgenössischen Wagnerianern gegenüber verteidigen zu müssen glaubte, erscheint uns heute als beglükkendes Band, das alle Verdi-Werke umschließt. Noch der ausgereifte, angeblich wagnerische »Otello« steht den naiven Jugendopern viel näher als etwa dem »Tristan«. Man vergleiche: Die rhythmischen Formeln für Unmittelbarkeit, die als herzklopfende Untermalung von Renatos Eifersuchtsarie im »Maskenball« dienten (man könnte ebensogut auf zehn Jahre ältere, weniger bekannte Modelle zurückgreifen), wurden noch dem späten Don-Carlos-Stil gerecht:

In »Otello« finden sich die altbewährten Formtypen der Tempesta (des Sturm-Chores), des Brindisi (des Trinkliedes), der Preghiera (des Gebets) wieder, und noch im »Falstaff«, der mit keiner der anderen Verdi-Opern zu vergleichen ist, Brillantnummern,

Arie des Don Carlos

wie des feisten Ritters selbstgefällige Canzonetta »Quand' ero paggio« oder Nanettas Elfenlied. Diese Kontinuität des Stils, diese Treue zu sich selbst verträgt sich bei Verdi mit einem stetigen Fortschreiten zu dramatischer Wahrheit, zu verfeinertem Ausdruck, zu reicheren Mitteln. Ebenso gut wie die Verwandtschaft, die gemeinsame Wurzel aller Verdi-Opern könnte man den unermeßlichen künstlerischen Abstand »Otellos« von »Nabucco« betonen.

Die Primitivität von Verdis musikalischer Struktur, die Mtata-Begleitung von Leierkastenmelodien wurde, aus wagneranischer Sicht, noch beim »Maskenball« spöttisch gerügt. Verdi verleugnet nie, was er den großen Melodikern Italiens, Donizetti und Bellini vorweg, verdankte. Daß er »als Italiener der menschlichen Stimme ihr magisches Übergewicht über das Orchester bewahre, dem ich als suggestivem Kommentar eine gesunde Grenze gezogen habe«, von diesem Grundsatz wich er zeitlebens nicht ab. Und dennoch ist dies wiederum nur die halbe Verdi-Wahrheit. Das eigentliche »Übergewicht« liegt letztlich im Dramatischen. Auch die seigneural herrschende Melodie hat sich unterzuordnen, hat zu dienen: nämlich der Darstellung des Humanen.

Dieser Weg zur musikalischen Humanitas Verdis verläuft nicht schnurgerade, er führt bergauf-bergab-bergauf. In den Galeerenjahren mußte er komponieren, was ihm vorgelegt wurde. Aber schon damals brach er aus der Konvention aus. In »I due Foscari« sucht er bereits 1844 formale Klammern aus der Psychologisierung zu gewinnen: Die Hauptfiguren werden von wiederkehrenden Melodien begleitet, tönenden Visitenkarten, weitab von symphonischer »Leitmotivik«, aber doch über ein Vierteljahrhundert voraus, zur »Aida« weisend. »Macbeth«, Verdis erster, noch zwiespältiger Shakespeare-Versuch, bezeichnet geradezu einen zum Belcanto extrem entgegengesetzten Pol. » . . . ich möchte für die Lady eine rauhe, erstickte, hohle Stimme haben«: dieses Bekenntnis zum häßlichen, aber charakteristischen Gesang, praktiziert in der Tyrannei von hartnäckig wiederholten Proben, zeigt den weiten Abstand zu Rossinis oder Donizettis Schöngesang.

Daß sich in der genialen Trias »Rigoletto«, »Trovatore« und »Traviata« die Experimente von dreizehn Jahren Opernschaffen zu so zwingender Kraft des Sinnfälligen verdichteten, bleibt ein Genie-Wunder. Jedwede Analyse versagt vor Irrationalem. Der »Troubadour« gehört gerade wegen des Widerspruchs von dunkler Handlung mit hell-einleuchtender Melodieverständlichkeit zu den zeitlosen Opernexempeln: nächst der »Zauberflöte« großartigster Zeuge für die Legitimität der Oper als Kunstform, für ihre paradoxe Fähigkeit, die unwahrscheinlichsten Vorgänge in die Glaubhaftigkeit zu entführen, die eben nur einer Oper erreichbar ist.

Stilistisch ist besonders »Traviata« wichtig. Die Innen-Wendung zur Kammeroper (mit einem einzigen Chorfinale!), zur Wirklichkeitsnähe im Zeitgewand macht sie zum Vorboten des Verismo. Musiktechnische Errungenschaften nehmen schon im Vorspiel sinnliche Erscheinung an. Die geteilten Streicher, die absinkende chromatische Melodik des Liebesthemas scheinen Tristan-Klänge zu ahnen. Aber wesentlicher ist

die unmittelbare, einfachere Gestalt, die das Liebesthema in dem leidenschaftlichen Ausbruch Violettas »Amami Alfredo« erhält, dieser wahrhaft existenziellen, ans Innerste der menschlichen Seele rührenden melodischen Phrase, einem Credo an die Kraft der Melodie, die aller Primitivität des begleitenden Streichertremolos sieghaft trotzt:

Im »Maskenball« war solche entwaffnende Spontaneität des in Melodie gefaßten Menschheitsgefühls mit französisierender Eleganz verfeinert, im »Don Carlos« der dekorative Prunk der Grand Opéra auf das seelische Herzstück der Partitur, König Philipps entsagende Liebesreminiszenz, konzentriert. In »Aida« wird Wagners leitmotivische Technik im Duett Aida-Amneris Verdis Zwecken dienstbar gemacht und französischer Final-Prunk der Italianità des *dramma per musica.* Auch noch der späte Verdi des »Otello« und des »Falstaff« behält den italienischen Zungenschlag bei. Verdis selbsterarbeitete Kunst der Übergänge läßt die alten autochthonen Opernformen immer noch durchscheinen. Eine »Nummer« freilich wie Jagos schwarzes Credo – eine Verdisch-Boitosche Eigenschöpfung über Shakespeare hinaus – wäre bei keinem italienischen Komponisten vorher denkbar gewesen. Hier ist aus der Synthese von Gesangsmelodie und Deklamation eine Form gefunden, die ein vollkommen ebenbürtiges Gegenstück zu Wagners Wotan- oder Hans-Sachs-Monologen bildet. Dabei ist nicht zu unterschätzen, welche Ausdruckskraft Verdi dem Orchester abgewonnen hat. Die einfache Begleitfunktion mit rhythmisch gehämmerten Akkorden oder gebrochenen Dreiklängen – noch in der »Macht des Schicksals«, einem späten Werk, klingt gelegentlich etwas von Bellinis »Riesenharfe« nach – weicht immer mehr durchbrochenem Orchestersatz, Blasinstrumente treten solistisch als Koloristen und Stimmungszauberer hervor.

Im »Maskenball« läßt Verdi die Verzweiflung Amelias auf dem Galgenberg durch eine elegische Solo-Melodie des Englischhorns untermalen, später dann die Trauer ihrer Todeserwartung in einer gedämpften Cello-Kantilene widerklingen; niemand kann die vibrierende Nachtstimmung am Nil vergessen, der jemals die Geigen- und Bratschenoktaven über dem Grunde von Celloflageoletts zirpen gehört hat, niemand die dunkelseidigen Klänge des Streichquintetts, das Othellos und Desdemonas Liebesgesang wie in einen blauen Mantel mittelmeerischer Nacht hüllt, niemand den unheildrohenden szenisch-musikalischen Registerwechsel, wenn im letzten Othello-Akt das verklärte As-Dur der hohen Geigen nach Desdemonas Gebet in das dumpfe E der Kontrabässe und ihr hartnäckiges Rumpeln, Othellos Schatten ankündigend, umschlägt. Bei den raffiniertesten Instrumentationsvirtuosen ist das Orchester nicht so beredt, so psychologisch suggestiv behandelt worden – und wie unaufdringlich wirkt dies alles bei Verdi!

»Verdi, der welsche Wagner«, Karikatur von C. v. Stur

»Unmittelbarkeit, Natürlichkeit, Einfachheit«: Man könnte Dutzende Beispiele für die Gültigkeit dieser Maximen in seinem Oeuvre anführen, zum Beispiel für die Kunst, innerhalb einfacher Des-Dur-Harmonik und rein figurativer Stimmführung – im »Rigoletto«-Quartett – vier konträren Seelenzuständen Ausdruck zu geben und sie doch zur Harmonie zusammenzubinden, oder für den Spürsinn, Melodien aus bewegenden Situationen so scheinbar zwanglos erblühen zu lassen wie in dem Duett Alvaro-Carlos (»La Forza del Destino«). Die Urkraft von Verdi-Melodien mag darin liegen, daß sie nicht, wie noch bei Rossini oder Donizetti, austauschbar sind, sondern notwendige »Folge« einer bestimmten Konstellation, Entladung angestauter Spannung. Verdi war geborener Tragiker. Daß seine meisten Opern mit Tod und Katastrophe enden, entspricht seinem menschlichen Grundgefühl. Seit er seine »Galeerenjahre« abgeschüttelt hatte, wählte er ja nicht nur die Stoffe seiner Opern völlig frei, er war auch sein eigener Mit-Dichter; Librettisten dienten ihm als bloße Versifizierer, bis er in Boito einen ebenbürtigen Partner fand. Oft (in der »Aida« etwa) entwarf er den ganzen Text in Prosa, und immer war er es, der die schlagkräftigste Formulierung prägte, die kurze, treffende »parola scenica«, die kein blumiges Geschwätz duldete, wo das Drama Aktion forderte.

Eros und Tod

Eros und Tod heißen die großen Beweger von Verdis musikalischer Tragik. Sie wirken in düsterer Eintracht: Gilda, Leonore, Violetta, Aida, Desdemona – alles liebende Frauen, die sich opfern. Weder mythische noch mystische Liebestode finden auf Verdis Bühne statt. Seine Gestalten behalten Menschenmaß, sie bleiben real, auch wenn ihre Geschicke noch so romantisch-abenteuerlich anmuten. Sie können durch ihr Liebesopfer nicht »erlösen«, aber doch lösen, nämlich die Sinnlosigkeit des Todes zur versöhnten Wehmut, in die das Licht des menschlichen Ethos fällt. Daß auf dem Grunde alles Lebens der Schmerz ruht, hatte Verdi schon in jungen Jahren tief erfahren.

Sehr selten suchte er, der bis in sein Alter Freidenker war, über das Opernformelhafte hinaus religiöse Verklärung, wie dies der Schluß von »Macht des Schicksals« andeutet. Zur Komposition des »Requiem« bewegte ihn ein persönliches Erlebnis, der Tod des von ihm hochverehrten Dichters Alessandro Manzoni. Längst hat dieses Gipfelwerk es nicht mehr nötig, gegen die (meist deutschen) Vorwürfe der »Opernhaftigkeit« verteidigt zu werden. Gewiß, der Stil steht dem der »Aida« nahe, und das Kernstück bildet das monumentale »Dies irae«, ein Tongemälde von michelangelesker Wucht, ein wahres *dramma per musica* für sich. Verdi hätte sich selbst verleugnen müssen, wenn er sich nicht an der Dramatik des Jüngsten Gerichtes entzündet hätte. Wer wollte aber ernstlich behaupten, die besinnlicheren, nach innen gewandten Teile des Requiems, wie das Domine Jesu Christe oder das gregorianische Agnus Dei, seien »opernhaft«?

Lächelnder Theaterabschied

Bevor Verdi mit den Vier geistlichen Stücken, diesen späten Früchten seiner Palestrinaversenkung, die Feder endgültig aus der Hand legte, hatte er noch einen höchst überraschenden Abschied von der Oper genommen: nämlich mit dem »Falstaff«, seiner einzigen heiteren Oper, wenn man von dem verunglückten »Giorno di regno« absieht. Im »Falstaff« kulminiert alle Shakespeareverehrung Verdis. Die Krisen um die Bewältigung des »König Lear«, bedingt durch die Unfähigkeit, dem philosophischen Narren Mico gerecht zu werden, sind vergessen. Der souveräne Meister, obwohl hoch im achten Lebensjahrzehnt stehend, fand Kraft zu einem geistsprühenden kammermusikalischen Ensemble- und Plauderstil. Man hat erst in jüngster Zeit »Falstaff« als geniale Erneuerung der Opera buffa und als vollwertiges Verdi-Meisterwerk erkennen gelernt. »Tutto nel mondo è burla« – »Alles auf der Erde ist Schabernack, wir alle sind geborene Narren« lauten die letzten Worte der Oper, in die bei Verdi höchst seltene Form einer Fuge gesetzt. Nichts Bitteres schwingt in solchem Lebensfazit mehr mit. Der Skeptiker, der Tragiker Verdi nahm als lächelnder Weiser Abschied von seinem Theater. Er hatte es mit Liebenden, Leidenden, Hassenden, mit Reinen und Schurken, mit Helden und Abenteurern, mit Krüppeln und Narren bevölkert – ein Menschenpanorama von strotzender Lebensfülle, eine shakespearisch diesseitige Welt. Verdi war, nächst Mozart, wahrhaft der Shakespeare des musikalischen Theaters.

Giacomo Puccini, Sorgen mit Librettisten

Lieber Adami,

warum . . ., warum . . . »liebst du mich nicht mehr? . . . warum?«

Bin ich am Ende . . ., bin gerichtet? . . . Es bleibt mir nichts anderes übrig als Madeira. Ich bin krank gewesen. Ich bin noch immer etwas herunter. Das Nichterhalten Ihrer Briefe macht mich noch niedergeschlagener. Und Simoni bringt mich geradeswegs unter die Erde! Ich sehe Nebel über »Turandot«. Ich schrieb es Ihnen. Vielleicht hat der Umstand, daß ich zu der Zweiaktigkeit zurückgekehrt bin, Sie verstummen lassen? Das hätte auch eine Herausforderung sein können. Aber Sie beide nehmen sie nicht an und hüllen sich in Dunkel und Gleichgültigkeit! Diese Behandlung habe ich nicht verdient. Wenn Sie mir so oft Ihr Vertrauen ausgesprochen und mir meine gute Kennerschaft der menschlichen Handlungsweise auf der Bühne zugute gehalten haben, so sollten Sie auf mich hören und nicht den Kopf unter die Flügel stecken. Die Flügel

Puccini und der Verismo

Lortzing hatte schon 1848 aktuelle Probleme, aufrührerische Arbeiter, auf die Opernbühne gebracht, Verdi wenige Jahre darauf mit »La Traviata« eine Gesellschaftstragödie seiner Zeit gewagt. Es waren Ausnahmen von der gültigen Regel. Die Kostümoper beherrschte die Szene des 19. Jahrhunderts, bis Wagner sie in die Irrealität des Mythos entrückte. Eine Art von Banalitäts-Tabu verbannte bürgerliche Alltagsgewänder von der Szene der Großen Oper. Pathetische Gefühle standen nicht Schneidern, Steuerbeamten oder Hausfrauen zu; sie entsprachen Gestalten in Samt-und-Seide-Gewändern und Ritterrüstungen, in Schlössern und Palästen. Daß Geschichte dabei nicht viel mehr bedeutete als prominente Liebesgeschichten störte nicht: Mögen die Sänger Königinnen oder Fürsten zu verkörpern haben, sie bleiben letztlich doch als Sopran und Tenor Fachvertreter, Typen.
Auch Verdi entzog sich diesen Konventionen nicht, aber seine historisch verkleideten Opern waren ziemlich immun gegen den Kulissenzauber der Großen Oper. »Rigoletto« mußte sich die Verpflanzung vom französischen Königshof nach Mantua, der »Maskenball« vom historischen Königsthron in Stockholm in ein absurdes Gouverneurs-Boston gefallen lassen, weil die politische Zensur es so wollte. Das beeinträchtigte die Wirkung überhaupt nicht. Denn die Realität von Verdis Opern lag viel tiefer: nämlich in der inneren Wahrheit seiner Geschöpfe, mochten sie nun pseudohistorische oder, wie Violetta, zeitnahe Kostüme tragen.
Verdis »neue, kühne« Stoffe waren so stark von der romantischen Grundströmung der Epoche bestimmt, daß sie zum Abenteuerlichen, Unalltäglichen neigten. Er schwor auf die Vorzüge der gestalteten, der »erfundenen Wahrheit«; noch Bizets »Carmen«, dieser geniale Vorbote eines die Wirklichkeit konterfeienden musikalischen Dramas, verschmähte nicht Zugeständnisse an den gängigen Typus, wie dies mit der seelischen Ausstattung der Micaela geschah. Diesen Umweg, und auch den der historischen Verkleidung, versagte sich die Oper, die im Jahre 1890 wie mit einem derben Paukenschlag eine neue Richtung eröffnete: Mascagnis »Cavalleria rusticana«. Zwei Jahre später folgte Leoncavallos »I Pagliacci« (Der Bajazzo), und beide traten bald, zusammengebündelt, als triumphales Gespann des Verismo ihren Weg über die Bühnen der Welt an.

ausgebreitet und den Kopf hoch – so werden wir den Sieg erringen. Ich behaupte und wiederhole es immer wieder, daß der zweite Akt in seiner jetzigen Fassung ein großer Irrtum ist. Nach einem so schönen und prunkvollen und noch dazu gut disponierten und überzeugenden ersten Akt braucht man einen zweiten, der die Quintessenz der Wirkungsfülle sein muß, und die einzelnen Vorfälle müssen klar und umwerfend sein. Das Duett soll in meinen Augen der Clou sein – aber es muß etwas Großartiges an sich haben, etwas Kühnes, Unvorhergesehenes; es darf die Dinge nicht am gleichen Punkt belassen, an dem sie schon zu Beginn stehen, und man kann es nicht mit dem Geschrei der Menge, die aus dem Hintergrund herzuströmt, plötzlich abbrechen. Ich könnte ein Buch über diesen Gegenstand schreiben. Aber es ist schon spät. Ich geh' zu Bett – und fluche ein bißchen, denn ich bin sehr unzufrieden! Ich umarme Sie in herzlicher Zuneigung . . .
Aus einem Brief an den Librettisten von »Turandot«, Giuseppe Adami, 8. Nov. 1921

»Ein Stück Leben malen«

Was heißt Verismo? Wörtlich genommen: Wahrheits-Kunst. Im Prolog des »Bajazzo« wird das Programm formuliert (der übliche deutsche Text verfälscht es): »Der Autor hat versucht, ein Stück Leben zu malen«. Das Stück Leben, das Mascagni aus der Literatur, einem sizilianischen Volksstück von Verga bezog, holte sich Leoncavallo noch unmittelbarer, nämlich aus der gegenwärtigen Wirklichkeit: Die Eifersuchts- und Mordgeschichte hatte sich tatsächlich in einem süditalienischen Dorf abgespielt, der Komponist brachte sie selber (mit unbestreitbarem dramaturgischen Geschick!) in Verse. Damals hatte der literarische Realismus Ibsens, Hebbels, Zolas, Dumas d. J. längst Roman und Schauspielbühne erobert. Gerhart Hauptmanns »Weber« standen kurz vor der Aufführung. Wenn man im Verismo ein musikdramatisches Pendant nicht zum Realismus, sondern zum Naturalismus, der schwärzeren, krasseren Wirklichkeitssicht erkennt, dann ergibt sich hier der seltene Fall, daß die Oper, die sonst mit ihrem komplexen, schwerfälligen Apparat immer hinter den anderen Künsten herhinkte, ausnahmsweise einen winzigen Vorsprung hat.

Mascagni und Leoncavallo

Ungeschminkte Leidenschaften, Menschen aus dem Volk, aus der Gegenwart, wo sie noch frei von Zivilisationstünche ist, Elementares, Ungebrochenes, blitzende Messer und grelle Farben – eigentlich bietet »Cavalleria rusticana« all dies reiner, wenn auch primitiver als der raffiniertere »Bajazzo«. Daß die Oper ein Erstling war, ist ihr anzumerken: Die Partitur ist grob komponiert und noch simpler instrumentiert. Sie lebt allerdings durch ein Brio spontaner Melodik, das dem Autor später nie mehr zu Gebote stand. *Pietro Mascagni* (1863–1945), Sohn eines Bäckers aus Livorno, kam spät zum Studium am Mailänder Konservatorium, zog als Kapellmeister kleiner Operntruppen durch Italien und schlug sich kümmerlich als Klavierlehrer durch, bis ihm mit der »Cavalleria« der große Wurf gelang. Die Partitur errang beim Opernwettbewerb des angesehenen Verlages Sonzogno den 1. Preis und wurde bei der Uraufführung in Rom sofort ein Sensationserfolg. Keine der folgenden 15 Opern des über Nacht berühmt gewordenen Maestro konnte sich auch nur annähernd mit dem Erstling messen, obwohl einige, so »Amico Fritz« (1891, eine im Elsaß spielende Dorfgeschichte) und »Iris« (1898, eine mit schwärmerischer Lyrik der Titelheldin ausgestattete Japan-Oper) verfeinerte Technik zeigen.

Das Schicksal *Ruggiero Leoncavallos* (1858–1919) ähnelt dem Mascagnis. Auch er, der mit achtzehn Jahren das Konservatorium seiner Heimatstadt Neapel absolviert hatte, fristete ein dürftiges Musikerleben als Kaffeehauspianist, auch ihm glückte nur ein einziger, unwiederholbarer Treffer (»Bajazzo« war jedoch schon die dritte Oper), auch er versagte bei allen neuen Versuchen. Unter seinen insgesamt 15 Bühnenwerken findet sich als Kuriosum eine deutsche Oper »Der Roland von Berlin«, ein Auftrag Kaiser Wilhelms II., und ein »König Ödipus« mit überraschend modernen, dissonanten Klängen. Leoncavallo war ein sehr tüchtiger Librettist für sich selber, gelegentlich auch für andere, und der gleiche Spürsinn für szenisch unmittelbare Wirkungen macht auch musikalisch den »Bajazzo« zu einem Edelreißer. »Rollen heißt das Zauberwort«: und was für Rollen werden hier geboten! Theater auf dem Theater hat noch immer gewirkt, und Canios bittere »Lache-Bajazzo«-Ironie, lapidar gefaßt in Rezitativ und Arie, trifft nun schon Generationen mitten ins gefühlvolle Herz.

Solches Pathos strömender Melodie war auch *Umberto Giordanos* (1867–1948) Stärke, wenn er so mit ganzer Seele am Schicksal seiner Figuren teilnehmen konnte, wie an dem des begeistert der Guillotine entgegenschreitenden Liebespaares in der Schlußszene von »Andrea Chénier« (1896). Giordano ist ebenfalls ein scheinbarer Einopern-Komponist, obwohl er deren noch mehrere produzierte. Nur die wirkungsvoll gebaute und mit jugendlichem Feuer geschriebene Revolutionsoper, die er als Siebenundzwanzigjähriger geschrieben hatte, überlebte ihn. Auch *Francesco Cilea* (1866–1950) behauptete nur mit einer einzigen Oper, der »Adrianna Lecouvreur«, die Bühne – hauptsächlich dank der ergiebigen Titelrolle.

Der Verismo bezog einige Jahrzehnte Lebenskräfte aus der Anti-Haltung sowohl zu Verdis Heroik wie zu Wagners Weltanschauungsdrama und zum Geschmäcklertum des Fin de siècle. Das eigentlich Italienische daran, die plakative Populärmelodie, ließ sich allerdings nicht so ohne weiteres verpflanzen. Die europäischen Spielarten des Verismo gingen deshalb bald in stärkeren Eigentraditionen auf. In Deutschland galt *Eugen d'Albert* (1864–1932) als Hauptvertreter des Verismo, seit sein »Tiefland« (1903) alle Bühnen erobert hatte. Auch hier: urige Leidenschaften, ein Hirt, der seinen Nebenbuhler erdrosselt und die Geliebte in die freie Luft seiner Berge trägt; eingängige Melodien, ausladendes Pathos, dazu eine an Wagner geschulte Orchesterpracht. Aber d'Albert war eigentlich nur Zufalls-Verist, das Textbuch war ihm, als er einmal im Direktionsbüro der Dresdner Hofoper warten mußte, eben so unter die Finger geraten. Vorher hatte er eine ganz anders geartete, helle Buffa, »Die Abreise«, geschrieben, nachher versuchte er es mit biblisch-erotischer Mystik (»Die toten Augen«, 1916), mit einer Rokoko-Buffa »Flauto Solo« (1905) und einem weiteren Dutzend-Kunterbunt extravaganter Stoffe.

D'Albert, in Glasgow als Sohn eines Franzosen und einer Engländerin geboren, Deutscher nach Neigung und Wirkungskreis, war ein höchst widerspruchsvoller Geist: Ein faustischer Drang nach Vervollkommnung machte ihn, den Liszt-Schüler, als Klaviervirtuosen zum gefeierten Bach- und Beethoven-Spieler, mußte sich aber zugleich mit einer ungeistigen, unbedenklich eklektischen Kapellmeistermusik in vielen Opern vertragen. Selbst seine beiden Klavierkonzerte und das einst geschätzte Cellokonzert sind so gut wie verschwunden.

Von Max von Schillings veristischer Eskapade war schon die Rede. *Emil Nikolaus von Reznicek* (1860–1945) wandelte das Bajazzo-Thema des Theaters auf dem Theater in seinem Einakter »Spiel oder Ernst?« (1930) ab, aber da wurde eine Eifersuchtsposse daraus (man hat sie im Deutschen Fernsehen wieder zum Leben erweckt). Auch »Donna Diana« (1894), Rezniceks früher Erfolg, ist eine grazile Buffa, deren moussierende Ouvertüre sich behauptet hat.

In Frankreich brach der Massenet-Schüler *Alfred Bruneau* (1857–1934) als erster nach Bizet mit der Kostümoper und brachte 1891, also fast zugleich mit Mascagni-Leoncavallo, in der Oper »Le Rêve« (Der Traum) Menschen der Zeit, Arbeiter, auf die Bühne. Der Stoff stammt von Emile Zola, mit dem Bruneau befreundet war. Der berühmte Sozialkritiker des Naturalismus wurde dann mit »Messidor« (1897) sogar des Komponisten Librettist. Später wandte sich Bruneau wieder zur romantisch-historischen Oper zurück.

Gustave Charpentier (1860–1956) übertraf den Pionier des französischen Verismo bei weitem an Erfolg mit seiner »Louise« (1900). Es ist ein zwiespältiges Werk: naturalistisch in der Zeichnung des von sozialen Ressentiments erfüllten Kleinbürgertums, von impressiver Farbigkeit in der Wiedergabe Pariser Straßenatmosphäre mit ihren Rufen und Lauten, wagnerisch im Orchesterpathos, debussynah in den schwebenden Gesangslinien. Alles in allem ein sozial engagiertes, aber doch romantisches Werk, wie im Grunde Charpentier, eine Bohème-Natur, ein verkappter Romantiker blieb.
Man hat lange Zeit Puccini mit den Veristen in einen Topf geworfen. Seit man ihn nicht nur als Kassenmagneten, sondern auch als künstlerisches Phänomen schätzen gelernt hat, verbieten sich solche Simplifikationen. In Wirklichkeit trennt Puccini mehr von der deftigen Hemdsärmeligkeit des Cavalleria-Komponisten als ihn mit der ganzen Richtung des Verismo verbindet. Er teilt die Vorliebe für den Realitätsschein, für gegenwartsnahe Stoffe, für die Alltagswelt kleiner Leute, aber auch dies nur mit einem Teil seines Werkes. Einige Opern spielen in historischem Milieu, sein Gipfelwerk, »Turandot«, ist ein mythisches Märchen, einmal (mit »Suor Angelica«) wagte er sich sogar in mystisch-religiöse Bereiche. Und noch viel ferner steht Puccinis Künstlertum der robusten Effektdramatik vom Bajazzo-Schlag: seine nervöse, sensible Natur, sein überlegenes kompositorisches Handwerk, seine schöpferische Phantasie, die, wenn auch von geringerer Spannweite als etwa die Verdis, da ihr heroische Töne nicht gemäß sind, doch so verschiedengeartete Gestalten wie die kleine Stickerin Mimi und die pompöse Tosca, den sentimentalen Poeten Rodolfo und den durchtriebenen Schalk Schicchi mit gleich blutvollem Theaterleben beseelen konnte.
Giacomo Puccini, geboren am 22. Dezember 1858 in Lucca, bekam die musikalische Begabung als Familienerbe vieler Generationen von Maestri und Organisten mit; der erste Puccini, den die Musikgeschichte als Verfasser von Kurzopern und szenischen Kantaten verzeichnet, wurde schon 1712 geboren. Auch Giacomos Vater war Komponist; er starb schon sechs Jahre nach des Knaben Geburt und ließ die Witwe mit ihren sieben Kindern in Armut zurück. Der Fünfjährige schon lernte Orgel spielen, dem Jüngling ermöglichte ein Stipendium den Eintritt ins Mailänder Konservatorium. Amilcare Ponchielli wurde sein Lehrer. Puccini, auch als armer Student ein Bonvivant, übte seine kompositorische Handschrift zunächst an Orchesterstücken. Der Publikumserfolg seines Opernerstlings »Le Villi«, einer ausgerechnet im Schwarzwald spielenden Feengeschichte, ermutigte ihn. Die Ritteroper »Edgar« (1889) war schon mehr als ein Versprechen und »Manon Lescaut« (1893) brachte gar den Durchbruch zu Ruhm und Vermögen.
Puccini ließ sich in seinem Landhaus an einem kleinen See bei Torre del Lago unweit von Viareggio nieder, ein »passionierter Jäger auf Wasservögel, Texte und Frauen«, wie er sich selber nannte. Achtzehn Jahre lang lebte er mit Elvira Bonturi zusammen, die seinetwegen ihren Gatten verlassen hatte; als sie Witwe wurde, heiratete er sie. Sie sah großzügig über alle amourösen Abenteuer Puccinis hinweg, denn sie wußte, daß Verliebtsein für ihn schaffens- und lebensnotwendig war. Die weibliche Psyche, das »Fluidum der Liebe« waren des Maestro innerste Inspirationsquelle. Kein Zufall, daß acht seiner Meisteropern Frauennamen im Titel tragen.
»La Bohème« (1896), »Tosca« (1900) und »Madame Butterfly« (1904) steigerten Puccinis Ruf zur Weltberühmtheit; Butterfly übrigens nach einem völlig unerwarteten Fiasko mit »Brüllen, Blöken, Gelächter, Elefantengeschrei, Hohngejohle« an der Scala –

90 *Verdis Landsitz in Sant'Agata*

91 *Gewitterszene aus dem 1. Akt des »Othello« von Verdi, Szenenbild einer zeitgenössischen Aufführung*

92 *Das Hoftheater in München, anonymer Stahlstich um 1850*

93 *Die Pariser Oper, Zeichnung von Thorigny 1865*

aber drei Monate später schon trat sie von Brescia aus ihre Erfolgsbahn an. Eine Amerikareise bestätigte Puccini als führenden italienischen Komponisten nach Verdi und brachte 1910 eine Metropolitan-Premiere der »Fanciulla del West« (Das Mädchen aus dem goldenen Westen), der Caruso das Glanzlicht aufsetzte. Amerikas repräsentativstes Opernhaus sah auch, kaum daß der Weltkrieg beendet war, die Uraufführung des »Triptychons« der Einakter »Il Tabarro« (Der Mantel), »Suor Angelica« (Schwester Angelica) und »Gianni Schicchi« (1918).
Eine Zeit ruhelosen Suchens nach neuen Operntexten folgte und eine noch qualvollere, als er sich endlich für das Gozzi-Schillersche Märchen »Turandot« entschieden hatte und die Arbeit nur mühsam vonstatten ging. Er hat ihr seine letzten vier Lebensjahre gewidmet. Turandot, zwischen Verzückung und Depression geschrieben, wurde ein Wettlauf mit dem Tode. In Brüssel, wo er sich einer Kehlkopfoperation unterzogen hatte, starb Puccini am 19. November 1924. Die letzte Szene der Oper vollendete sein Schüler Franco Alfano, 1926 wurde »Turandot« von Toscanini in der Skala uraufgeführt.
Puccini war ein echtes Kind seiner, der technisierten Zeit, mit seinem Faible für schnelle Autos und Motorboote, mit seiner selbstquälerischen Skepsis, die sich mit einem naiven Glauben an seine Auserwähltheit vertrug, mit der Großstadtverachtung und der Naturschwärmerei des Zivilisationsmenschen, der in die Einsamkeit flieht, aber dort keinesfalls als Naturbursche lebt, sondern als Bohémien-Künstler, für den der Schaffenstag erst nach Mitternacht beginnt. »Ich hasse das Pflaster! Ich hasse die Paläste! Ich hasse die Kapitelle! Ich hasse die Stile! Ich liebe den schönen Stil der Pappel und der Tanne, das schattenspendende Gewölbe der Alleen . . . « schrieb er aus Paris nach Hause. Solch spontane Ausbrüche lassen in Puccinis Seele blicken. Sie war viel komplexer, als die formvollendete Gefälligkeit seiner Musik ahnen ließ: So spricht ein moderner »Romantiker«, und die unendlichen Schaffensskrupel, mit denen er Texte umwarf, seine Librettisten zur Verzweiflung brachte, an sich selber verzweifelte und doch unaufhörlich um Vervollkommnung rang, dieses tiefromantische Leiden an der Kunst macht Puccinis scheue Wagnerverehrung ebenso begreiflich wie sein Unverständnis gegenüber antiromantischen Richtungen der Musik des 20. Jahrhunderts.

Musik der kleinen Dinge

»Ich liebe die kleinen Dinge und kann und will nur die Musik der kleinen Dinge machen.« Dieses Bekenntnis und das andere, daß »keine Musik ohne Melodie existieren könne«, erschließen das Wesentliche von Puccinis Kunst. Kleine Dinge: das sind nicht nur die so unerhört feinfühlig in Kurzmelodien gefaßten atmosphärischen Zutaten zur Handlung, etwa der melancholische Flockenfall im 3. Bild von »La Bohème«, genial einfach symbolisiert in leeren Quinten, die Stimmen eines Sommerabends an der Seine im »Mantel«. Kleine Dinge sind auch die Verliebtheit Mimis und Rudolfs, die gerührt auseinandergehen und sich gerührt wiederfinden, die Capricen Musettes. Miniaturformat in ihren zarten Nippesmelodien hat selbst noch die kleine Frau Schmetterling, trotz ihrer großen, sich opfernden Liebe. Daß Puccini in der kleinen Welt leichtlebiger Pariser Bohémiens zu seiner reichsten, originellsten, wenn auch nicht kunstvollsten Musik inspiriert wurde, ist gewiß kein Zufall.
Er war ein Großmeister im Darstellen kleiner Leute. Heroen und Erzschufte bevölkern Puccinis Opernlandschaft nur selten, Tosca und Cavaradossi sind Ausnahmen, ebenso

wie der Schurke Scarpia, und selbst sie ermangeln der grandiosen Schwarz-Weiß-Unbedingtheit Verdis. Auch im Meisterwerk »Turandot«, wo Puccini wahrhaft großen Stil in den Chorszenen und den pathetischen Arien des Liebespaares findet, sind es nicht Prinz und Prinzessin, die der Komponist mit seiner innigsten, persönlichsten Musik ausstattet, sondern die kleine Sklavin Liu.

Immer bewegt Puccini die menschliche Situation, niemals eine Idee. Dafür gibt es kein sprechenderes Beispiel als die Entstehung der letzten Cavaradossi-Arie, eines Gipfels der »Tosca«-Oper. Seine beiden Librettisten Giacosa und Illica, Meister ihres Metiers, hatten für diese Szene eine »Hymne« entworfen, mit der der Maler Cavaradossi einen literarisch-ästhetisch überhöhten Abschied vom Leben nehmen sollte. Puccini ersetzte die Hymne durch einen eigenen Entwurf, der dann versifiziert wurde: eben jene berühmte Arie, die alles ideelle Beiwerk strich und das existentielle Gefühl des Sterbenmüssens in einen affektgeladenen Aufschwung zum hohen tenoralen A bannte: »Ich liebte niemals noch so sehr das Leben!« Schon bei der Arbeit an der »Bohème« hatte er sich beklagt, seine Librettisten lieferten ihm »lauter akademisches Zeug«. Er rang nicht weniger leidenschaftlich als Verdi um die Kongruenz von Text und Musik, um die Wahrheit des Ausdrucks. Es gibt kaum ein oberflächlicheres Wort als das von Puccinis Oberflächlichkeit.

Die Einfachheit der musikalischen Faktur, in den frühen Opern durch simple Melodiemitführung der Streicher noch betont, weicht später immer kunstvollerem Orchestersatz. Puccini hat von Wagners Motivtechnik viel gelernt, wenn er sie auch nur zur reicheren Grundierung der Gesangsmelodien ausnützt. Diese Puccini-Melodien sind unverwechselbar. Schon in der frühen »Manon Lescaut«. Mag das Schwelgen in Sentiment dort noch ziemlich undifferenziert anmuten, eine Weise wie die des Intermezzos vor dem letzten Akt, die aus nachtristanischer Chromatik schwermutsdunkel

aufblüht, ist bereits echter Puccini, keinen Augenblick einem anderen italienischen Meister zuzuschreiben. Wie Puccini hier neudeutsche Errungenschaften aufnahm, so eignete er sich später, ohne jemals Pionierabsichten zu hegen, auch andere der Zeit an: »Der Mantel« erinnert an Debussys impressionistische Farbpalette, in »Turandot« werden Akkorde bitonal getürmt (von der fernöstliches Kolorit anstrebenden Pentatonik der »Butterfly« ganz abgesehen). Auch wenn »Tosca«, zufällig genau an der Schwelle des 20. Jahrhunderts, mit scheinbar so kühnen Klängen anhebt wie dem

Scarpia-Thema, dieser farbenprächtigen Charakter-Visitenkarte eines brutalen Schuftes, so steht doch Puccini außerhalb der Entwicklung der Neuen Musik.
Neuartig hingegen ist die Puccini-Melodie. Sie löst sich aus der symmetrischen Periodik Verdis, wird kurzatmiger, aber elastischer, schmiegt sich den kaleidoskopartig wechselnden Seelenbildern an und verwischt die starren Grenzen zwischen deklamatorischem und ariosem Gesang. Puccinis eigene Erfindung ist eine Art von Doppelmelodik, zu der Menschen und Orchesterstimme gleichberechtigt beitragen. So zum Beispiel in der ersten Cavaradossi-Arie

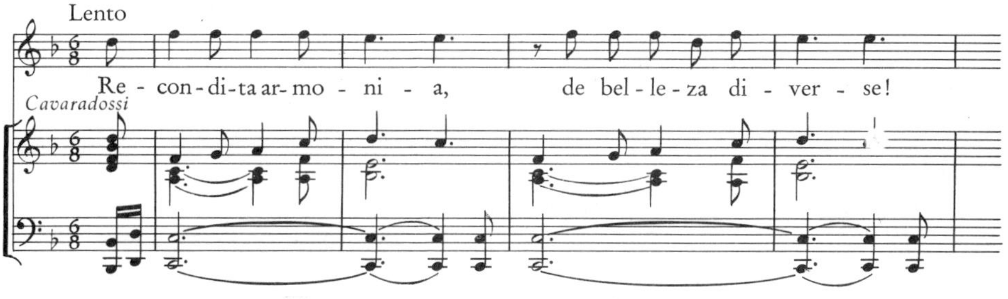

oder im Liebesduett der »Madame Butterfly«.
Man mag Puccinis Musik sentimental finden. Ihr Untergrund ist mehr als dies. Echt und unmittelbar wie des Komponisten Sympathie mit den Armen und Unglücklichen ist seine Fähigkeit, Mitleid künstlerisch sinnfällig, »rührend« zu gestalten. In der Vermenschlichung des Leids liegt sein eigentliches Genie, zugleich auch das, was ihn bei allem Konservatismus der Mittel zeitlos, ja sogar modern, zumindest in soziologischer Hinsicht, erscheinen läßt. Er war ein Dolmetsch, ja ein Prophet des Jedermann-Zeitalters. Seine unheldischen Helden, die mehr erdulden als sie bewirken, verkörpern auch in den Gewändern romantisch-exotischer Sonderfälle die Gefühle des »kleinen Mannes«. Niemand braucht Distanzen zu überbrücken, niemand mühevolle Gipfel zu erklimmen, um Mimi, um die kleine Frau Schmetterling zu verstehen. Die sinnfälligen Weisen eines Hochtalentes melodischer Erfindung geleiten auf sanften Wegen.

Symphonie nach Beethoven

Die neun Gipfel der klassischen Symphonie Beethovens, ein wahres Himalayagebirge an Prestige und Wirkung, überschatteten alle späteren Kompositionen. War es überhaupt möglich, nach Beethoven noch Symphonien zu schreiben, ohne zum Epigonen zu werden? Daß es Schubert trotz Beethoven-Ehrfurcht und dank eigenem, ganz andersgeartetem Genie vermocht hatte, wurde erst lange nach seinem Tode offenbar: Die h-moll-Symphonie, die »Unvollendete«, entdeckte man ja erst 1865! Richard Wagner hielt alle Möglichkeiten der traditionellen Symphonie nach Beethoven für erschöpft – durch Beethoven selbst erschöpft. Daß der Meister selber in seiner letzten, der Neunten Symphonie, zum Wort, zum Chorfinale gegriffen hatte, mußte dem romantischen Revolutionär Wagner, dem Visionär eines Gesamtkunstwerkes und der »unendlichen Melodie«, als Bestätigung seines eigenen Weges erscheinen. Zukunft sahen die »Neudeutschen« nur in der Abkehr von der absolut musikalischen Symphonie: in der »symphonischen Dichtung«, die sich – ausgehend von Berlioz' »Symphonie fantastique« – an der poetischen Idee orientierte. Der Weg solcher Programmusik führt über Liszt bis zu Richard Strauss.

Die Wagnergefolgschaft konnte ins Treffen führen, daß die Symphonik der Romantiker tatsächlich sich weder mit der Eroica noch mit der Neunten messen konnte. Das qualitativ-schöpferische Gefälle zwischen Beethoven, Schumann und Mendelssohn (von Kleinmeistern zu schweigen) deutete man ästhetisch um: Die Jüngeren konnten nicht leisten, was die ausgelaugte Form nicht mehr hergab. Solche zeitbedingt tendenziöse Sicht erkannte richtig die verkleinernde Selbstbescheidung, die noch die Meistersymphonien Schumanns und Mendelssohns kennzeichnet. Keiner von beiden wagte es, wirklich an Beethoven anzuknüpfen. Schumann suchte sein symphonisches Heil in einem Lyrismus, für den die liedhaft schlichten langsamen Sätze charakteristisch sind, Mendelssohn in formaler Ausgewogenheit und landschaftlichem Kolorit (Italienische, Schottische Symphonie).

Dennoch erwies sich die Wagnerperspektive als zu eng. Der Beweis wurde spät erbracht, denn die beiden Großmeister, die ihn führten, waren als Symphoniker Spätlinge: Anton Bruckner und Johannes Brahms. Sie bestätigten durch ihr Werk, daß die »absolute«, von dichterischen Bezügen unabhängige Symphonie auch nach Beethoven, daß eine Erneuerung der klassischen Form, eine »romantische Symphonie« möglich war. Als beide in derselben Stadt Wien als Zeitgenossen nebeneinander lebten und schufen, wäre ihre gemeinsame Zitierung als Kronzeugen undenkbar erschienen. Sie galten als Antipoden: Hier der »Klassizist« Brahms, dort der »Wagnerianer« Bruckner. Die wenigen Jahrzehnte seit beider Tod haben die Perspektiven verändert, scheinbare Unversöhnlichkeiten ausgesöhnt und zur Belanglosigkeit schrumpfen lassen, was einst »die Mode streng geteilt«.

Gewiß, es bleiben Wesensunterschiede, die jenes fundamentale Unverständnis des einen Genies dem anderen gegenüber begreiflich erscheinen lassen, wie es die Anekdote überliefert: Als Brahms einmal Bruckner bekannte, er könne sich in seine Kompositionen nun einmal nicht hineinfinden, erwiderte dieser frei heraus: »Schaun's, mir geht's mit Ihren Sachen grad so«. Antagonismen lassen sich zur Genüge feststellen: Brahms, der Norddeutsche – Bruckner, der Österreicher (der dabei ein »guter Deutscher« war); der Protestant – der Katholik; der musikalische Denker – der Musikant; der Skeptiker und Menschenkenner – das große Kind; der Bewußte – der Naive; der klassizistische Beethovenianer – der Wagnerianer; der Klangzeichner – der Klangmaler; der Maßvolle – der Ekstatiker. Alle solche Simplifikationen treffen etwas Richtiges und sind, da sie sehr komplexen Tatbeständen nicht gerecht werden können, zugleich *terribles simplifications.*

Man könnte ebenso gut Gemeinsamkeiten herausstellen. Zum Beispiel, im Menschlichen, beider Meister Lauterkeit, beider junggesellenhaftes Außenseitertum; im Künstlerischen beider Absage an alles billig Populäre und unanfechtbare Keuschheit der Aussage, die sich niemals wohlfeil machte und nach dem Massenerfolg schielte; und schließlich mündet alles Urteil über Wesen und Wert ihres Schaffens in der Erkenntnis, daß sie doch, aus der distanzierten Sicht des 20. Jahrhunderts, die letzten authentischen Großmeister der »romantischen Symphonie« waren.

Anton Bruckner

Anton Bruckner war der Ältere dem Jahrgang nach, der viel Jüngere an anerkannter Geltung. Noch um die Mitte des 20. Jahrhunderts kann er nicht mit Brahmsens Weltgeltung konkurrieren. Zwar füllt er in deutschsprachigen Ländern die Kassen, wie Beethoven oder Bach, aber im romanischen und selbst im angelsächsischen Kulturkreis befremden seine unmäßigen Symphonien immer noch – was freilich mehr über Völkerpsychologie als über musikalische Werte aussagt.

Bruckner kam am 4. September 1824 in dem oberösterreichischen Nest Ansfelden zur Welt, als erstes von elf Kindern eines Dorflehrers. Bauern und Handwerker waren seine Vorfahren, und zeitlebens vermochte er seine ländliche Abkunft nicht ganz zu verleugnen, auch nicht als Professor in der Großstadt Wien, durch deren Gassen er im Zeitalter der Industrialisierung und Elektrifizierung mit seinem schlotternden Gewand aus derbem Tuch, mit seinem glattgeschorenem Cäsarenkopf wie eine archaische Gestalt aus längstvergangenen Tagen schritt. Bruckner zeigte keinerlei Wunderkindtalente. Seine Laufbahn entsprach der Tradition seiner Herkunft. Der musikverständige Vater gab ihn zu einem Vetter, der Organist war, in die Lehre; dann, mit dreizehn Jahren, wurde er Sängerknabe im berühmten Barockstift von St. Florian bei Linz. Alles war freilich nur Vorbereitung zum Beruf des Volksschullehrers. Bruckner trat ihn mit siebzehn Jahren an, im weltvergessenen Dorf Windhag nächst der böhmischen Grenze; dort mußte er auch die Orgel traktieren, gelegentlich bei Tanzmusiken fiedeln und auf dem Feld arbeiten.

Den Einundzwanzigjährigen und Ex-Sängerknaben riefen wohlwollende Prälaten an die Orgel von St. Florian zurück. Aber es dauerte noch Jahre, bis Bruckner sich endgültig für den Musikerberuf entschied. Erst mit zweiunddreißig Jahren wurde er Domorganist in Linz, damals eine Provinzkleinstadt. Er erkannte, was alles ihm noch fehlte, und unterzog sich einem merkwürdigen Fernstudium bei dem gründlichsten Lehrer der Epoche, dem Wiener Konservatoriumsprofessor *Simon Sechter* (1788–1867), demselben, bei dem sich noch Schubert in seinen letzten Tagen als Kontrapunktschüler angemeldet hatte. Sechter, Verfasser einer dreibändigen Kompositionslehre, war ein Ausbund von Pedanterie, aber Bruckner unterwarf sich sechs Jahre lang seiner streng konservativen Zucht.

Bruckner am Dirigentenpult. Scherenschnitt von Böhler

Sie bildete das ausgleichende Gegengewicht zu der Wagnerschwärmerei, die Bruckner erfaßte, als er 1863, in Linz, zum ersten Mal den »Tannhäuser« und zwei Jahre später, in München, »Tristan und Isolde« hörte. Bruckner, der Provinzler, war völlig fasziniert von den neuen Klängen. Die Bewunderung für den »Meister«, den er von ferne in der Münchner Loge sah, steigerte sich förmlich zur Devotion, als er 1873 (später nochmals im Parsifaljahr 1882) Wagner in Bayreuth besuchen durfte; Bruckner berichtete selber darüber: »Weil mich Hochselber bei der Hand hielt, ließ ich mich auf die Knie, Hochseine Hand an meinen Mund drückend und küssend und sagte: ›O

Meister, ich bete Sie an!!!‹« Solch demutsvoller Ton mutet uns heute grotesk an, spiegelt aber zugleich Wagners Messiasruhm wie Bruckners Autoritätshörigkeit, die sich in seiner Nachgiebigkeit gegenüber »bearbeitenden« – und seine Symphonien verunstaltenden – Schülern verhängnisvoll auswirken sollte; und sie reimt sich doch wieder gar nicht zusammen mit dem starken Selbstbewußtsein, das der Künstler Bruckner selbst gegenüber so ungleich berühmteren Kollegen wie Brahms äußerte. Eine der vielen Zwiespältigkeiten des Phänomens Anton Bruckner.

Ehe Bruckner seine erste Symphonie, Frucht des Wagnererlebnisses, in Linz aufführen konnte (mit unbedeutendem Erfolg – wen interessierte schon Linz!), hatte er schwere Lebenskrisen zu bestehen. Er freite um die siebzehnjährige Metzgerstochter Josefine Lang und wurde abgewiesen; nie mehr bemühte er sich um eine Bindung, wahrscheinlich lebte er, der tiefgläubige Katholik, zeitlebens mönchisch, obwohl er dem weiblichen Geschlecht gegenüber keinesfalls gleichgültig war. Ein Nervenzusammenbruch nach der zurückgewiesenen Werbung brachte ihn an den Rand des Wahnsinns. Er unterzog sich einer Kaltwasserkur. Seinem Freund, dem Wiener Hofkapellmeister Johann Herbeck schrieb er: »Ich möchte aus der Welt gehen ...«

Zum rechten Zeitpunkt berief man ihn als Nachfolger seines Lehrers Sechter zum Kontrapunktprofessor ans Wiener Konservatorium. Ein »Wiener« ist Bruckner nie geworden. Aber er wurde ein gefragter Lehrer (Franz und Josef Schalk, Felix Mottl, Gustav Mahler zählen zu seinen namhaftesten Schülern), der es mit dem Unterricht sehr ernst nahm, wenngleich seine Methoden höchst originell gewesen sein mußten. So erläuterte er, nach dem Zeugnis seiner Biographen Göllerich und Auer, die harmonischen Fundamente so, daß er zur Grundnote – »Gott hat a z' erst den Adam g'macht« – die Quint hinzufügte – »und er hat ihm aber bald die Eva gebn« – und dann die Terz erklärte: »Die Zwoa san net allan bliebn.«

Der Komponist Bruckner erlebte in Wien jahrzehntelang nur in esoterischen Zirkeln Anerkennung, in der Öffentlichkeit jedoch Verkennung und Hohn. Noch 1877, als er seine 3. Symphonie uraufführte, liefen im Finale die Zuhörer davon, gramerfüllt mußte er vor leerem Saal die Partiturblätter zusammenklauben. Der Organist Bruckner hatte schon 1871 als Orgelimprovisator in Paris und London Triumphe gefeiert, aber im eigenen Land galt der Prophet nichts. Er geriet in den Tagesstreit der Wagnerianer gegen die »Brahminen«, und diese hielten alle Trümpfe in den Händen. Brahms selber äußerte das geflügelt gewordene Wort von Bruckners »symphonischen Riesenschlangen«, der Kritikerpapst Eduard Hanslick schrieb noch über das Meisterwerk der 7. Symphonie, es sei »unnatürlich, aufgeblasen, krankhaft und verderblich«, und selbst der

Anton Bruckner, ... sonst müßte ich betteln gehen

Ich habe nur das Konservatorium, wovon man unmöglich leben kann. Mußte schon im September und später wieder Geld aufnehmen, wenn es mir nicht beliebte zu verhungern (700 fl.). Kein Mensch hilft mir. Stremayr verspricht – und tut nichts. Zum Glück sind einige Ausländer gekommen, die Lektionen bei mir nehmen, sonst müßte ich betteln gehen. Hören Sie noch: Alle ersteren Klavier Professoren bat ich um Lektionen, jeder versprach, aber außer den wenigen Theoriestunden bekam ich nichts. Euer Hochgeboren sehen, die Sache wird ernst. Gern gehe ich ins Ausland, wenn ich nur eine ernährende Stellung bekommen könnte. Wohin soll ich mich wenden? In meinem ganzen Leben hätte man mich nicht nach Wien gebracht, wenn ich das geahnt hätte.

Bruckners Notenhandschrift: aus der 9. Symphonie

neudeutsche Partisan Hugo Wolf, der Bruckner als »Titanen im Kampf mit den Göttern« ehrte, verglich seine »Werke eines verunglückten Genies« mit den »kolossalen Dichtungen Grabbes«.

Im Ausland, in Leipzig, errang Bruckner – dank Arthur Nikischs Interpretation der 7. Symphonie – seinen ersten Erfolg. Damals war er schon sechzig Jahre alt. Im folgenden Jahr endlich feierte man ihn, mit dem »Te Deum«, endlich auch in Wien. Aber erst in den allerletzten Lebensjahren genoß er allgemeine Anerkennung. Zwar blieb seine Bewerbung um das Amt eines Hofkapellmeisters erfolglos, doch wurde er Hoforganist. 1891 ernannte ihn die Wiener Universität zum Ehrendoktor, mehrere Ehrenbürgerschaften folgten, der Kaiser wies ihm eine bescheidene Wohnung in einem Nebengebäude des Belvedere-Schlosses als Ehrenquartier zu. Dort starb er, trotz seiner Wassersucht bis zum Ende schaffend und am Finale seiner 9. Symphonie arbeitend, am 11. Oktober 1896. Im Dom von St. Florian, unter seiner geliebten Orgel, liegt sein Grab.

Bruckners Lebenswerk ist an Umfang nicht groß. Er arbeitete bedächtig, änderte und verwarf sehr oft. Leichtfertige Produktion wäre mit seinem künstlerischen Gewissen so wenig vereinbar gewesen wie mit seiner Religiosität, die Talent als eine Gnade Gottes

Ein Leichtes wäre es meinen Feinden, mich aus dem Konservatorium zu verdrängen. Es wundert mich, daß dies noch nicht geschehen ist. Studenten des Konservatoriums und sogar die Dienerschaft daselbst entsetzen sich über das Gebaren mit mir. Mein Leben hat alle Freunde und Lust verloren – umsonst und um nichts. Wie gerne ginge ich wieder auf meine alten Posten! Wäre ich doch damals nach England! So stehen die Dinge! Mit Respekt

Euer Hochgeboren dankschuldigster

Was soll ich tun? A. Bruckner

Wien, 12. Jänner 1875

Aus einem Brief an Moritz von Mayfeld, 1875

betrachtete. Daß er Partituren mit altmeisterlich-frommen Formeln »zur größeren Ehre Gottes« abschloß, das Te Deum und die 9. Symphonie »dem lieben Gott« widmete, erklärt sich aus der ungebrochenen Frömmigkeit eines Menschen, für den Religion noch Bindung an einen sehr persönlich, als einen Vater empfundenen Gott und alle Musik ein Gottesdienst war. Deshalb schwindet in Bruckners Werk der traditionelle Unterschied zwischen geistlicher und weltlicher Musik. Themen aus seinen Messekompositionen tauchen in den Symphonien auf, in welche Choräle als wesentliche formale und geistige Symbole eingeflochten werden; umgekehrt bereicherte Bruckner die *musica sacra* mit den Errungenschaften seiner »hochromantischen« Sprache.

Zwischen Orgel und Tristan

Diese Sprache ist die eines Musikers, der durch das Tristanerlebnis gegangen ist, der aber zugleich nach Ausbildung und Herkommen fest in der vorwagnerischen Tradition wurzelte und ein wahrer Virtuos der Orgelimprovisation und des Kontrapunktes war, ehe er seine 1. Symphonie schrieb. Wagners faszinierendes Vorbild entfesselte Bruckners Klangphantasie. Seit er den »Tannhäuser« gehört, wurde er erst wirklich er selbst – aber mitnichten ein Wagnerepigone. Er lernte viel von Wagners Motivtechnik, von seiner Orchestrationskunst, besonders was die Entfaltung der Blechbläser betrifft. Aber seit wir Bruckners Symphonien in der originalen Gestalt und nicht, wie die Zeitgenossen, in wagnerisierenden Übertünchungen kennen, hören wir viel eher, was Bruckner von Wagner trennt. Er liebt leuchtende, ungemischte Orchesterfarben, eine Instrumentationstechnik, die vom Registerklang der Orgel herkommt. Nicht Tristan-Nervosität, sondern Inbrunst und Feierlichkeit, nicht unendliche Melodie, sondern »absolute« Thematik, nicht erotische, sondern mystische Ekstasen kennzeichnen die Bruckner-Symphonie.
Bruckner war der erste, der nach Beethoven wieder große Adagios schrieb. Schon dies würde ihn zum Fortsetzer legitimieren. Er konnte in Beethovens Symphonien techni-

Das devote Genie

Es hat vielleicht nie ein Genie mit so geringem Talent als Bruckner gegeben; daraus erklärt sich leicht die Geringfügigkeit seiner Jugendproduktion und das späte Lebensalter, in dem seine ersten bedeutungsvollen Werke entstanden.
Man dürfte aber nicht objektiv statt Genie: Inhalt, und statt Talent: Form setzen, ohne in die schwersten Irrtümer und Widersprüche zu verfallen, obgleich gerade das Feldgeschrei gegen Anton Bruckner immer »Formlosigkeit« gewesen ist und unablässig von allen gebrüllt wurde, die sich seinem Inhalt nicht zu nahen vermochten ...
Bruckner war ein Gläubiger ohnegleichen. Er glaubte mit einer Innigkeit und Kraft, die ans Wunderbare grenzte. Aus dem Pleno seines Orchesters wie seiner Orgel ertönte ein ungeheures Credo, dem am Ende auch die heutige Welt nicht taub bleiben konnte. Hätte es in der Frühzeit der abendländischen Kulturentwicklung eine reich entwickelte Musik und ein modernes Orchester gegeben, er hätte wie kein anderer Musiker in diese Zeit gepaßt.
Mit seinem römischen Imperatorenschädel, seinem Adlerauge und seiner kühn geschwungenen Nase gemahnte er an den Typus der Frührenaissance, mit welchem auch seine schöne weiche Hand und die langen dünnen Finger harmonisierten. Seine ziem-

sche Anknüpfungen finden, so z. B. im Hauptsatz von Beethovens Neunter, wo nicht ein Thema »aufgestellt« wird, sondern, aus motivischen Keimen entfaltet, erst zusammenwächst. Diese Technik baute Bruckner konsequent aus und machte sie seinen Riesenformen dienstbar. Dennoch behielt er auch gegenüber Beethoven seine Unabhängigkeit, und gerade darum konnte er auf eigenen Wegen weiterschreiten. Bruckners ausladende Klangfülle, Steigerungsdynamik und schweifende Harmonik ist romantischer, die reichliche Verwendung von Sequenzen und Kontrapunkt weist wiederum zur Vorklassik zurück. Man hat Bruckners Jugend in St. Florian, sein Aufwachsen in Pracht und frommer Sinnenfreude des Barock als entscheidendes Erlebnis erkennen wollen. Geheimere, noch schwieriger zu bestimmende Affinitäten verbinden mit Schuberts Symphonik: Melodie-Themen finden sich auch bei Bruckner, nicht nur in der volkstümlichen Ländlergestalt des Trios im Scherzo der 4. Symphonie, auch die sym-

phonischen Hauptthemen sind vorwiegend kantabel empfunden, und Bruckners Kontrapunkte singen wie bei keinem anderen Meister. Polyphone Künste waren dem Schöpfer des Finales der 5. Symphonie, diesem grandiosen Bauwerk aus schlanken, stimmigen Strebepfeilern, kein Selbstzweck, sondern zweckmäßiges Ausdrucksmittel für kombinatorisches Denken.

Heute noch erschrecken zumal romanische Hörer vor den Monumentalformen der Bruckner-Symphonien, die alle etwa eine Stunde dauern, die Achte gar über achtzig Minuten. Dem Vorwurf solcher Maßlosigkeit suchten sogar Bruckners Apostel zu be-

lich hohe und starke Figur bot einen eigentümlichen Kontrast zu der knappen Schnelligkeit seiner Gebärde und seines Ganges. Auf dem nächtlichen Heimwege schritt er, den fast kahlgeschorenen Kopf meist nach rückwärts geworfen, sehr oft beim lebhaftesten Gespräch, so eilig dahin, daß seine jüngsten Jünger ihm kaum zu folgen vermochten. Er litt stark unter der Hitze und konnte jedes Maß von Kälte ertragen.

Fremden und höhergestellten Menschen begegnete er mit übertriebener Devotion, die durchaus Erziehungsprodukt war. Seine in kleinen und engen Verhältnissen verbrachte Jugend wirkte da nach. Frei und ungehemmt gab Bruckner sich nur seinen Schülern und erprobten Anhängern gegenüber, und auch da nur in besonders gehobenem Augenblick. Das Bewußtsein seiner eigenen Größe konnte dann manchmal blitzartig aus ihm herausleuchten und wirkte faszinierend auf die Jugend. Für Augenblicke fühlte er sich als Sieger, um dann um so bitterer die Gleichgültigkeit, ja sogar Geringschätzung zu empfinden, die er von den Regenten des Tages erfuhr.

Als Einsamer ging er durch das Leben.
So war der Mann – so seine Werke.

Aus einem Aufsatz von Franz Schalk, 1921

gegnen, indem sie rücksichtslos strichen (im Finale der Fünften fast die ganze Reprise!). Indessen entspricht das äußere Maß dem inneren. Tönende Dome – und das sind alle Bruckner-Symphonien – brauchen Raum. Wenn man Themen erst aus Motivkeimen sich entwickeln läßt, wenn man dazu noch statt der klassischen zwei grundsätzlich drei Themengruppen exponiert und deren Beziehungsreichtum in der Durchführung erst voll entfaltet, kann Beethoven-Maß nicht mehr genügen, auch wenn die Form (unter Erweiterung der Coda) grundsätzlich gewahrt bleibt.

Freilich bedürfen solche gigantischen Kathedralgewölbe tragfähiger Fundamente. Bruckner hat sich der konstruktiven Bauweise mit Motivzellen, wie Beethoven im Kopfsatz der 5. Symphonie, nicht bedient; er fundiert mit mehrmotivigen Themen, die dadurch ins Überdimensionale wachsen. Das Hauptthema der 7. Symphonie stehe als Beispiel dafür; man müßte jedoch eigentlich diesen wahrhaft imperialen symphonischen Gedanken (Bruckner will ihn im Traume empfangen haben) in seiner ganzen, 24 Takte umspannenden Gestalt zitieren:

Solche thematische Weiträumigkeit ist brucknertypisch. Sie schließt monothematische (sicher unbewußt konzipierte) Bezüglichkeiten nicht aus. So erscheinen die Hauptthemen der 4. Symphonie aus dem Urerlebnis der Quinte entwickelt. Diese Quinte tritt mit den allerersten Horntönen der Symphonie motivisch auf:

Sie prägt das elegische Andante-Thema:

Sie tönt im Jagd-Scherzo hörbar oder in der Quarten-Umkehrung durch:

Und noch im Finale wirkt das Erlebnis der Quint als spannungsvoller »großer Schritt«, hier bis zur Oktav ausgedehnt, imaginär weiter. Keiner nach Beethoven hat musikalische Urerlebnisse – Intervalle, Rhythmen, Harmonien als Symbole von Spannung und Lösung – so sinnenhaft, spontan und fundamental mitgeteilt wie Bruckner.

Die neun Meistersymphonien

Seine neun Meistersymphonien (eine frühe in f-moll und eine in d-moll, die sogenannte »Nullte«, kommen hinzu) ermangeln der Charaktervielfalt Haydns, Mozarts und Beethovens, wenn auch das spöttische Wort, Bruckner habe nur eine einzige Symphonie komponiert, diese aber neunmal, nur noch als Bonmot schmunzeln macht. Zwischen der ungebärdigen 1., der Linzer Symphonie (1866), und dem mystisch verklärten Abgesang der 9., Bruckners Unvollendeter (zum Finale liegen nur Skizzen vor) ist wahrhaftig keine tragfähigere Brücke herzustellen als zwischen den gleichbenummerten Beethoven-Symphonien. In seiner 2. Symphonie suchte Bruckner seine überdimensionierte Landschaft durch klare Zäsuren übersichtlicher zu machen (weshalb man das Werk süffisant »Generalpausen-Symphonie« nannte). In der Dritten, mit einem von der Trompete intonierten Urthema im Kopfsatz, ist erstmals formales Gleichgewicht erreicht, in der folgenden Vierten durch überwuchernde Einfälle im Finale schon wieder gefährdet. Immer sollten die Finali das Problematischste der Brucknerschen Symphonik bleiben, eine Diskrepanz zwischen gigantischer Form und romantischen Mitteln. Der Schlußsatz der Fünften sucht eine Lösung durch Rückgriff auf strengste Kontrapunktik (Tripelfuge), die Achte findet sie im Kontrast zwischen rhythmischen (weltlichen) und choralischen (sakralen) Klangsymbolen.

Dazwischen liegen die Sechste, deren pastorale Reize erst die Gegenwart zu schätzen beginnt, und die Siebente, die populärste schon zu Bruckners Lebzeiten. Ihr cis-moll-Adagio, mit der Trauermusik für Richard Wagner (während der Komposition an der Coda erreichte Bruckner die Kunde vom Tode seines Abgotts), wird an Gefühlstiefe höchstens vom »Feierlich«-Satz der Achten übertroffen, mit seinen fünfundzwanzig Minuten Dauer ein Non-plus-ultra hochromantischer Symphonik. Fast möchte man es erleichtert begrüßen, daß Bruckners Neunte ohne Finale blieb. Es ist undenkbar, daß es die Weihe des langsamen Satzes noch übergipfelt hätte. Dessen Hauptthema exponiert

11 Töne der chromatischen Leiter – fast eine Zwölfton-Vorahnung, eine Generation vor Arnold Schönberg, und ganz gewiß nicht erspekuliert!

Neben dem Neungestirn von Bruckners Symphonien behaupten sich des Meisters wesentliche Sakralkompositionen (alles übrige, mit der einzigen Ausnahme des symphonischen Streichquintetts, hielt nicht stand, auch nicht sein einst vielgesungener Männerchor »Germanenzug«). Bruckner, der Sakralkomponist: Kein Steg scheint von den

Versuchen des orthodoxen Provinzlers zu den Meisterwerken zu führen, den Messen in d-moll, f-moll und e-moll, dem Te Deum und dem 150. Psalm. Auch hier brachte, paradoxerweise, der Zauberstab Wagners erste schlummernde Quellen zum Fließen. In Bruckners Frühzeit beherrschte die Cäcilianer-Bewegung das Feld der Kirchenmusik. Palestrina galt als Leitstern; aber für Bruckner war der ehrwürdige Renaissance-Meister eine fremde, akademische Hilfsgröße: »Wenn ihnen nichts einfällt, nennen sie's kirchlich«, lautete sein Kommentar. Er war eine naive, keine reflexive Natur: Warum sollten nicht auch Messen zeitgemäß, also eben romantisch klingen?

Noch die e-moll-Messe, die dritte und mit ihrer Besetzung – a-cappella-Chor, nur von Bläsern gestützt – die »cäcilianischste«, atmet, zumal in emotionell bewegten Teilen wie dem Incarnatus, romantischen Melodiegeist. Um wieviel mehr die anderen beiden Messen, in denen Bruckner an die klassische Wiener Messenform anknüpft, die obligate Chorfuge einbaut und sich zu sinnenfrohen Hymnen der Frömmigkeit aufschwingt. Das monumentalste Zeugnis solch barock-romantischer Mystik ist das Te Deum, das nach Bruckners Willen anstelle des nicht mehr vollendeten Finales nach der Neunten gespielt werden soll. Der 150. Psalm und, in der a-cappella-Kleinform, Motetten wie »Os iusti«, »Ave Maria« und »Locus iste« zeugen ebenfalls von der eigenwilligen Kraft, mit der Bruckner die seit Jahrzehnten erstarrte katholische Kirchenmusik erneuerte – ohne sich im geringsten als Reformator zu fühlen.

Wohlmeinende Freunde, Franz und Josef Schalk und Ferdinand Löwe, haben an Bruckners Symphonien – in bestgemeinter Absicht – Kürzungen und instrumentale, Wagners sensiblerem Klangbild sich annähernde Retuschen teils selber vorgenommen, teils den Komponisten dazu bewogen. So kam es, daß man noch bis ins 20. Jahrhundert hinein nur Zerrbilder der Symphonien erlebte. In den zwanziger Jahren setzte dann ein Streit um die authentischen Fassungen ein. Seit der Wiener Musikwissenschaftler Robert Haas eine Bruckner-Gesamtausgabe mit den Originalfassungen veranstaltete und immer mehr große Dirigenten, darunter Furtwängler, sie zu Gehör brachten, ist das Für und Wider im wesentlichen entschieden. Bruckners michelangeske symphonische Fresken bedürfen keiner Übermalung – sie zeugen für sich selbst, seit man sie ohne Tünche kennengelernt hat.

Johannes Brahms

Im Oeuvre von *Johannes Brahms* (1833–1897) nehmen die Symphonien keinen ebenso dominierenden Raum ein: einmal, weil ihrer nur vier sind, zum anderen, weil sie in eine ungleich größere, vielfältigere Fülle von Kompositionen eingebettet sind. Außer der Oper gibt es ja keine Gattung, für die Brahms nicht Wesentliches geschaffen hätte. Dennoch stehen die vier Symphonien ebenbürtig – und zugleich antipodisch – neben den Brucknerschen, als Gipfel von Brahmsens Lebenswerk wie der nachbeethovenschen Epoche überhaupt. Obwohl Brahms viel früher seinen eigenen Ton fand als Bruckner, zögerte er noch länger als dieser, ehe er mit seiner 1. Symphonie an die Öffentlichkeit trat. Über zwanzig Jahre lang trug er ihre Idee im Kopf, ihre Skizzen im Koffer mit sich herum. 1862 war endlich der erste Satz ausgereift, das ganze Werk jedoch erst 1876, als Brahms bereits ein berühmter Mann war. So schwer lastete Beethovens Schatten auf ihm. Selbstbewußtsein, das sich unmittelbar an dem Giganten messen wollte, und bohrende Selbstkritik lagen miteinander in quälendem Widerstreit. Hans von Bülow nannte diese 1. Symphonie »Beethovens Zehnte«, höchstes Lob eines Beethovenbewunderers. Größe des Wurfes wie Verwandtschaft in Einzelheiten berechtigen zu so hoher Einschätzung. Daß das feierliche Final-Thema in Tonart wie in bewußt simpel-

kantablem Bau der Freuden-Melodie aus Beethovens Neunter ähnelt, ist so wenig zu übersehen wie die von Beethoven abgeleitete Motivtechnik der symphonischen Fortspinnung, wie die heroisch-faustische Idee dieser Symphonie.
So nahe kam Brahms nie wieder dem »titanischen Beethoven« der 5. und 9. Symphonie wie in diesem späten Erstling. Daß er als Symphoniker Neues und Eigenes zu sagen hatte, kündigt schon das Allegretto an, ein Scherzo-Idyll der Bescheidung, mit seiner Fünftakte-Periodik, die von der klassischen Symmetrie kapriziös abweicht, sehr charakteristisch für den reifen Brahms. Er hat sich fortan so wenig wiederholt wie Beethoven. Der pathetischen Ersten ließ er die sanfte 2. Symphonie folgen, in der die ganze Lieblichkeit eines sommerlichen Sees in Kärnten (wo Brahms gerne komponierte) eingefangen zu sein scheint; die Dritte, in Wiesbaden entstanden, variiert das Thema romantischen Landschaftserlebnisses mit einer sehr brahmsischen Nuance: Die Ecksätze, die, wenn sie in Dur standen, traditionell in freudiger Bekräftigung zu schließen hatten, klangen hier in zartem, stillem Piano aus; das mindert die Wirkung, ist aber ungemein bezeichnend für Brahmsens symphonische Zurückhaltung.
Die 4. und letzte Symphonie schließlich enthüllt mit dem lärmend-turbulenten Scherzo eine neue Seite des Meisters, faßt aber zugleich seine Symphonik wie in einer Synthese zusammen: die konzentrierte Motivtechnik (den Kopfsatz bestimmt ein Zweiton-Intervall), die Verschwisterung von romantischen und archaischen Elementen – im Andante verträgt sich reines E-Dur mit Harmonien, die aus der phrygischen Tonleiter gewonnen werden –, das Finale ist eine einundzwanzigfach abgewandelte Passacaglia. Variation, als zugleich technisch disziplinierte wie der Phantasie weit geöffnete Form, spielt bei Brahms überhaupt eine Hauptrolle. Die Händel-Variationen für Klavier und die Haydn-Variationen, eines seiner glänzendsten Orchesterstücke, waren vorausgegangen. Man könnte Brahmsens ganzes symphonisches Werk als eine Riesen-Variation um das Thema Beethoven bezeichnen. Wobei verhaltene, gestaute Gefühlsintensität zur Romantik weist, andererseits die Welt Bachs und Händels, die Brahms teuer war, durchscheint. Zu Brahms' Lebzeiten hat man, geblendet vom brillanteren Orchesterglanz der »Neudeutschen«, mehr die in die Vergangenheit gewandte Seite des Januskopfes Brahms gesehen. Heute, da wenig interessiert, was um 1880 gerade als modern oder als altmodisch galt, tritt das zeitlos Meisterliche von Brahms' Kunst stärker hervor denn je. Noch einmal erscheinen bei ihm die Spannungen zwischen romantischem Inhalt und klassischer Form gelöst und gebändigt. Absolute Musik, die keiner dichterischer Programme bedarf, erweist noch einmal ihre Daseinsberechtigung durch einleuchtende Formvollendung. Brucknerianer hielten Kürzungen eines Satzes um mehr als 120 Takte für wirkungssteigernd – man versuche bei einer Brahmssymphonie auch nur vier Takte wegzulassen, ohne sie zu zerstören!

Als Brahms seine letzten Werke schrieb, erreichte die neudeutsche Schule mit Richard Straussens Tondichtungen ihre Gipfel. Was damals reaktionär erschien, galt der nächsten Generation gerade deshalb als zukunftsweisend. Reger feierte Brahms als »große Walhalla«, Schönberg analysierte ihn beispielgebend in seinem Unterricht, Anton von Webern wollte gar bei ihm »ganz merkwürdige Harmonien« entdeckt haben, die in die Atonalität führen (ein Begriff, der Brahms natürlich völlig fremd war). So wurde der Erzkonservative, der als junger Mann ein Manifest gegen die »Neudeutschen«, die Modernen von 1860, unterzeichnet hatte, hundert Jahre später sogar mehr als modern: der Zeit gänzlich entrückt, ein wahrer Klassiker.

Von Hamburg nach Wien

Johannes Brahms verkörpert auch in seiner Person eine Synthese: ein Norddeutscher, der seine komplizierte, verschlossene Wesensart nach dem Süden mitbrachte und dort, in Wien, erst seine wirkliche künstlerische Heimat fand, deren weichere Luft und leichtere Lebensführung er brauchte und liebte. Brahms kam am 7. Mai 1833 in Hamburg zur Welt, im Arme-Leute-Viertel der Altstadt, Kleinbürgerssohn. Der Vater war ein bescheidener Kontrabassist, verständig genug, den Jungen zu einem der tüchtigsten Hamburger Musikpädagogen, Marxsen, in die Lehre zu geben, ohne ihn irgendwie zu überfordern. Dennoch mußte schon der zwölfjährige Johannes sein Brot mit Klavierklimpern in Kneipen, bald auch als Klavierhauslehrer mitverdienen. In E. T. A. Hoffmanns skurriler Welt fand seine Phantasie ihr eigentliches Zuhause, und natürlich bei den Meistern der Musik, Beethoven und Schumann vor allem. Als Begleiter des ungarischen Geigers Reményi kam er auf die Altenburg in Thüringen, wo Liszt Hof hielt; den gehemmten und schüchternen Proletariersohn stieß der fürstliche Salonglanz fürs ganze Leben ab, so wie viel später auch Wagners extravagante Persönlichkeit und Kunst.

Eine erste Lebenswende bahnte sich an, als Schumann ihn, den unbekannten Zwanzigjährigen, mit offenen Armen in seinem Düsseldorfer Heim aufnahm und sein Talent in einem hellsichtigen Aufsatz pries: »Das ist ein Berufener . . . « Brahms, der eine feurige Leidenschaft zu Clara, der Gattin seines verehrten Gönners unterdrücken mußte, widmete ihr eines seiner ersten Meisterwerke, die fis-moll-Klaviersonate; für schumannwürdig hielt er kein eigenes Werk. Am kleinen Detmolder Hof fand er eine erste Anstellung als Musikdirektor und Muße fürs Schaffen. Auf seinen Konzertreisen als Pianist schloß er wertvolle Freundschaften fürs Leben: mit Hans von Bülow, mit Joseph Joachim, dem bedeutendsten Geiger der Epoche. Erotische Bindungen mochte er nicht eingehen; eine frühe Liaison mit der Göttinger Bürgerstochter Agathe von Siebold brach er brüsk ab, als sie ehereif wurde. In jüngeren Jahren schützte er mangelhafte soziale Sicherung vor, später, als er vermögend wurde, war er bereits ein zu eingefleischter Junggeselle.

Sein Traum war es, in seine Heimatstadt als Meister zurückzukehren. Aber Hamburg zog, als es den Posten eines Leiters der Singakademie und des Philharmonischen Orchesters neu zu besetzen galt, einen Durchschnittsbürger vor. Brahms hat die Zurückweisung nie ganz verschmerzt. So ging er 1863, als die Wiener Singakademie ihn berief, in die Fremde und blieb dann, nach Unterbrechungen, zeitlebens in Wien. Wachsende Erfolge – 1868 brachte mit dem Deutschen Requiem den Durchbruch zum Ruhm –, Anerkennung durch die maßgebende Kritik, Eduard Hanslick an der Spitze, Freundschaft mit bedeutenden Persönlichkeiten, wie dem großen Arzt Theodor Billroth, Johann Strauß u. a. machten ihm die Hauptstadt lieb, und ebenso wohl fühlte er sich als komponierender Sommerfrischler in Österreichs Landschaft, in Kärnten, in Ischl, in der Steiermark.

Brahms' Ansehen und Wohlstand mehrten sich von Jahr zu Jahr. Er konnte es sich leisten, ganz als freier Künstler zu leben; die Tantiemen aus seinen Werken flossen immer reichlicher. Ihm selber lag wenig am Geld. Er lebte völlig anspruchslos in einer dürftigen Junggesellenwohnung. Der vierschrötige Mann mit dem Professorenbart wurde eine legendäre Wiener Figur, seine Grobheit und Kratzbürstigkeit sprichwörtlich. In Wirklichkeit verbarg er unter solchem Panzer ein weiches Gemüt, auch wenn er im Alter immer einsamer und skeptischer wurde. Vielen half er mit Protektion und Geld; Clara Schumann, die in Not geraten war, ließ er die für die damalige Zeit horrende Summe von 10000 Mark überweisen, und er bettelte geradezu um die Annahme: »Nimm ... alle Deine Güte und ... gute Gesinnung für mich zusammen, höre und sage dann ein freundliches Ja ...« Zugleich entfremdete er sich durch seine Schroffheit alte Freunde – eine zwiespältige, im Innersten gehemmte Natur. Brahmsens letzte Lebenszeit war von körperlichen Leiden überschattet. Am 3. April 1897 erlöste der Tod den Krebskranken.

Brahms als Dirigent, Zeichnung von Willy Beckerath

Vokalmusik

Symphonien, Instrumentalkonzerte, Klaviermusik und Lieder stehen in Brahmsens Lebenswerk fast gleichwertig nebeneinander. Lediglich der Chorkomponist tritt etwas zurück, obwohl gerade sein »Deutsches Requiem« ihm ersten Ruhm eintrug – ein Werk, in umständlichen Etappen erst nach und nach zusammengewachsen, das mit der liturgischen Messe nichts zu tun hat; eine Sammlung ernster Bibelworte, für Sopran, Bariton und Chor vertont, schwerblütig, verhangen, sehr charakteristisch für den »düsteren Brahms«. Die Alt-Rhapsodie und der Gesang der Parzen, beide nach Goethe, stehen am nächsten. Auch der Liedkomponist Brahms hat als vereinsamter Greis nochmals zum Bibelwort gegriffen, in den »Ernsten Gesängen« für Baß; wenn da, im dritten Lied, das Melos zu den Worten »O Tod, wie wohl tust du den Dürftigen« wie ein Strahl des Trostes hinter grauen Wolken hervorleuchtet, hat man das Edelste brahmsischer Kunst erlebt.

Etwa 200 Klavierlieder hat Brahms hinterlassen. Sie bilden keinen Kosmos von

Schubertscher oder Wolfscher Weite; viel eher gelten für Brahms die Worte des Schubert-Liedes: »Doch meine Saiten tönen nur Liebe im Erklingen« – als habe er das, was ihm das Leben versagte, im spontansten künstlerischen Ausdruck, im Lied, sublimieren gewollt. Brahms geht fast immer von der Melodie aus. Ihr haben sich die Worte anzupassen, falsche Betonungen wie etwa im berühmten »Wie bist du, meine Königin«

scheinen ihn nicht zu stören. Aber sein melodischer Einfall erweist sich als spröde, periodisch und harmonisch kompliziert. Immerhin sind an die zwei Dutzend Brahms-Lieder lebendig geblieben, einschließlich der meisterlichen Bearbeitungen von Volksweisen, allen voran das Wiegenlied »Guten Abend, gut' Nacht«. Literarisch war Brahms erstaunlich unwählerisch. Neben Goethe, Mörike, Tieck (der bedeutende Magelone-Zyklus ist auf Tieck-Texte komponiert) stehen reimende Gymnasialprofessoren wie G. F. Daumer, den er nicht weniger als vierundfünzigmal vertonte, und ein H. Allmers, den er mit der »Feldeinsamkeit« in die Unsterblichkeit mitgenommen hat.

Der Lehrer Brahms

Im März begann mein eigentlicher Unterricht bei Brahms. Die erste Stunde wird mir unvergeßlich bleiben: sie war bitter. Am selben Tage, an dem er mich so hübsch ermutigt hatte, meine Arbeiten (zwecks Stipendienbewerbung) abzuschicken, bat er mich, ich möchte ihm doch noch einmal die Lieder bringen, die ich ihm in Leipzig gezeigt habe, damit er sie eingehender mit mir besprechen könne. Bei dem Unterricht saß er stets am Klavier, meine Arbeit lag auf dem Pult, und ich saß neben ihm. Doch wurde nie ein Ton auf dem Klavier angeschlagen, ausgenommen, wenn er mir schlechte Klänge oder sonst Übles im Satz direkt durch die häßliche Wirkung beweisen wollte ... Da Brahms die Lieder in Leipzig verhältnismäßig milde beurteilt hatte, so hoffte ich Gutes zu hören. Aber nun änderte er die Tonart mit einem Male. Er nahm ein Lied nach dem anderen vor, zeigte mir unbarmherzig, mit harten Ausdrücken, aber stets nur an meinen Verstand appellierend, wie schlecht diese Lieder waren, und kritisierte meine armen, verhätschelten Lieblinge so in Grund und Boden, daß auch nicht ein guter Takt an ihnen blieb und mir Tränen in die Augen traten. Und doch war es nur die Einleitung, ich sollte seine pädagogische Zuchtrute noch peinlicher fühlen. Er stand auf und holte einige lose vergilbte Blätter. Es war das Manuskript jener Lieder von Robert Schumann, die Brahms selbst etwas später im Supplementband der Schumannschen Werke herausgegeben hat. Dann setzte er sich wieder ans Klavier, spielte und sang sie mir, besonders jenes rührende Lied »An Anna«, dessen Melodie Schumann in der fis-moll-

94 Giacomo Puccini *95 Ruggiero Leoncavallo*

96 Pietro Mascagni

98 Pjotr Iljitsch Tschaikowsky

97 (links oben) Modest Mussorgsky, Gemälde von Ilja J. Rjepin

99 Alexander Borodin

Klavier und Konzert

Der Symphoniker Brahms hatte sein Handwerk an vielen Orchesterwerken geschult, ehe er sich mit Beethoven maß. Einen wichtigen Markstein bildet das d-moll-Klavierkonzert, das zuerst als Symphonie gedacht war und dies auch nicht verleugnet: eine »Symphonie mit obligatem Klavier«, insofern ein Gegenpol zu Chopins rein virtuosen Klavierkonzerten, bei denen wiederum das Orchester nur die Begleitkulisse zu stellen hatte. Das viel spätere 2. Klavierkonzert in B-Dur verrät seine Beheimatung im Reich der Romantik schon mit dem Hornruf, der das Hauptthema intoniert; vier Sätze, ungewöhnlich für die konzertante Form, braucht Brahms, um seine Einfälle unterzubringen. Die Klavierkonzerte haben sich trotz all ihrer Spröde und Uneleganz bis heute als Pfeiler des Repertoires und Zeugnisse für den »tiefen Brahms« behauptet. Das einzige Violinkonzert, in seinem D-Dur beziehungsvoll an das Beethovens anknüpfend, übertrifft beide an Weltgeltung, obwohl es gar nicht so sehr brahmsisch (sofern man darunter vergrübelte Tiefe versteht) erscheint, dafür geigerisch brillant (was Joachims Mitarbeit zu danken ist) und gemütvoll zugleich. Brahms entzieht sich eben allen Schemata.

Daß er vom Klavier herkommt, läßt auch seine Kammermusik bisweilen erkennen. Wo das Tasteninstrument mitspielt, läßt es sich seinen Rang nicht streitig machen. Aber in den drei Sonaten für Violine und Klavier, die allesamt klassisch geworden sind, ist doch echte Partnerschaft erreicht. Daß das Hauptthema der 2. Sonate Note für Note mit Walthers Preislied aus den »Meistersingern« identisch beginnt, verdient erwähnt zu werden: als Beispiel für die überpersönliche, aller zeitbedingten Richtungen spottende Prägekraft von musikalischen Formeln, die einfach »in der Luft liegen« – wer sie ergreift und herunterholt, besitzt sie.

Sonate verwendet hat, mit einer so schwärmerischen Hingabe vor, daß er sich selbst der Träne der Begeisterung, die ihm leicht kam, nicht erwehren konnte.

»Ja«, sagte er im Aufstehen, »das schrieb Schumann, als er achtzehn Jahre alt war; Talent muß man haben, alles andre hilft doch zu nichts.« Dann, als sei das Maß der Demütigung noch nicht voll, gab er mir den so arg zerzausten und so schnell welk gewordenen Strauß meiner Lieder, der mir eben noch so anmutig erschienen war, und dessen berauschenden Duft ich oft so gierig eingesogen hatte, zurück und entließ mich mit den ironischen Worten: »Also, junger Mann, amüsieren Sie sich so weiter!«, eine von Brahms sehr geliebte Wendung, die ich noch oft habe von ihm hinunterschlucken müssen ... Später sagte mir Brahms einmal gelegentlich: »Sie werden nie ein lobendes Wort von mir hören; wenn Sie das nicht vertragen können, so ist das, was in Ihnen steckt, nur wert, daß es zugrunde geht.« ... Er mochte wohl an seine eigene Jugend denken, wie manchen schweren Kampf er hier zu seinem Heil siegreich durchgekämpft hatte: »So schwer wie ich hat es nicht leicht jemand gehabt«, sagte er mir einmal, als ich an seinem Geburtstag abends allein mit ihm im Igel saß. Und dann erzählte er mir traurige Dinge, die mir zum Teil bereits aus Klaus Groths Erzählungen bekannt waren. »Wenn mein Vater heute noch lebte«, sagte Brahms, »und ich säße etwa im Orchester am ersten Pult der zweiten Geige, so könnte ich immerhin zu ihm sagen, ich sei etwas geworden.« Er durfte in berechtigtem Stolz so sprechen: denn alles, was er war, war er durch sich selbst. *Aus: Gustav Jenner, Johannes Brahms als Mensch, Lehrer und Künstler, 1905*

Brahms' Notenhandschrift: aus dem Deutschen Requiem

Drei Klaviertrios von Brahms gehören gleichfalls zum eisernen Bestand der Kammermusik, das frühe in H-Dur als melodisch-romantisch überquellende Herrlichkeit, wie sie nur Jugend hervorzubringen vermag. Seinen drei meisterlichen Streichquartetten gingen nicht weniger als zwanzig Entwürfe voraus – auch hier schreckte Beethovens gewaltiger Schatten, auch hier führt die Spur, ähnlich wie in den Symphonien, vom tragischen c-moll des op. 51/1 zum gelösten B-Dur, op. 67. Streichquintette und -sextette, durchwegs von gereifter Motivarbeit gekennzeichnet, schließen sich an.

Dennoch: Die Seele von Brahms' Kunst finden wir in seinen Klavierkompositionen. In den drei Sonaten des Jünglings steht bereits ein Meister vor uns, Schumannjünger und doch ein Eigener, so in der motivischen Einheit der hochromantischen vier Sätze der fis-moll-Sonate, in der vollgriffigen Wucht der Sonate in f-moll, wo strömendes Gefühl alle Dämme der Form hinwegzuschwemmen scheint. Die ppp-Weise, mit der das Andante ausklingt, hat keine andere Motivierung als ihre unantastbare Schönheit (daß dieses kantable Thema wiederum mit einem des verhaßten Wagner gleichklingt, nämlich mit Hans Sachsens Abgesang des Flieder-Monologs, sei nur nebenbei erwähnt).

Sein Bezeichnendstes gab der gereifte Brahms gerade in formal anspruchslosen Klavierkompositionen, den Balladen, Intermezzi und Rhapsodien. In solcher grundsätzlich dreiteiliger, einfacher Form knüpfte er weniger an Beethoven an als an Schuberts Impromptus und Moments Musicaux. Man mag darin ein Symbol bewußter oder unbewußter Bescheidung und insofern die Bestätigung von Brahmsens Epigonensituation suchen. Unerschüttert bleibt dennoch die vollendete Gestalt dieser Kleinformen, das Gleichgewicht von vollgriffigem, manchmal klobigem Klaviersatz (der niemals lisztische Brillanz anstrebt) und innerem Gewicht des »Einfalls«, worunter – zum letztenmal in nachromantischer Zeit – Zusammenwirken von melodischen, harmonischen und rhythmischen Kräften zu verstehen ist.

Wie hoch Brahms als Persönlichkeit seine Epoche überragte, läßt sich am besten am Abstand zu den Kleinmeistern ablesen, die, wie er, sich dem musikalischen Konservatismus verpflichtet fühlten, ohne ihn eigenschöpferisch bereichern zu können. *Robert Volkmann* (1815–1883) gehört zu den klassizistischen Epigonen wie *Carl Reinecke* (1824–1910), der gebürtige Liechtensteiner *Joseph Rheinberger* (1839–1901), der Bayer *Franz Lachner* (1803–1890), *Felix Draeseke* (1835–1913) und der Kölner *Max Bruch* (1838–1920). Einzig der letztgenannte kann sich lebendigen Nachhalls erfreuen, und auch er nur mit seinem g-moll-Violinkonzert (er hatte noch weitere drei geschrieben, dazu drei Symphonien und mehrere Oratorien). Warum dieses Violinkonzert aus der Flut von Hunderten zeitgenössischer, vermutlich kaum viel schwächerer, klassizistischer Kompositionen emportauchte und den Tod des Autors unerschüttert überdauerte, erscheint – trotz einleuchtender melodischer und virtuoser Qualitäten des Werkes – mehr als Gegenstand für Psychologen und Soziologen denn als einer für Geschichtsschreiber.

César Franck

Von dem, was Brahms-Zeitgenossen und -Nachfolger außerhalb deutscher Traditionen zur nachbeethovenschen Symphonie beitrugen – Tschaikowsky, Dvořák, Sibelius –, wird an anderer Stelle die Rede sein. Das Werk des belgischen Franzosen *César Franck* verdient aus mehrfachen Gründen im Zusammenhang dieses Kapitels gewürdigt zu werden. Einmal war Franck (1822–1890) nicht nur durch seinen Namen mit dem deutschen Kulturkreis verwandt, sondern auch durch seine Blutsmischung; der Lütticher Vater stammte von eingewanderten Österreichern ab, die Mutter war eine Deutsche. Das alles hinderte Franck nicht, als er in Paris Franzose geworden war, im Krieg von 1870 sich ganz auf die Seite der Franzosen zu stellen. Als Organist und noch mehr als symphonischer Komponist der Beethoven- und Schumann-Nachfolge war er jedoch eine denkbar unfranzösische Erscheinung, wenn man bedenkt, daß in der Zeit, als Franck heranreifte, die Grand Opéra Meyerbeers und Gounods den Ton angab, andererseits die Programmusik der Neudeutschen eine ungleich stärkere Faszination auf symphonische Komponisten (so auf Chabrier und d'Indy) ausübte als Bruckner und Brahms, die man damals in Frankreich kaum zur Kenntnis nahm.

Franck kam schon frühzeitig von Lüttich nach Paris, studierte noch bei dem Exil-Böhmen Anton Reicha, der Jahrgangsgenosse Beethovens und ein begehrter Lehrer des Conservatoire war, lebte bescheiden als Organist (dessen außerordentliche Fähigkeiten nur einem Fachkreis bekannt waren) und schrieb schon 1844 ein Oratorium »Ruth«. Aber erst 1872 wurde er als Komponist mit dem symphonischen Oratorium »Rédemptions« (Erlösung) bekannt. Als Gipfel seines oratorischen Schaffens gilt »Les Béatitudes« (Die Glückseligkeiten), ein erst in Jahrzehnten zusammengewachsenes neunteiliges Werk, das die religiöse Musik Frankreichs nach vielen Jahren der Dürre neu inspirierte.

Franck begründete als Lehrer eine Schule, die deutsche und französische Wesensmerkmale zu vereinen suchte (Ernest Chausson, Gabriel Pierné, Vincent d'Indy u. a.) Als alter Mann schrieb er die Werke, die heute noch international gültig sind. 1886 kamen die Sinfonischen Variationen für Klavier und Orchester heraus, ein an deutscher Veränderungstechnik orientiertes Werk, das den Beethovengedanken des Ringens aus

Nacht zum Licht durchführt, und zwei Jahre vor seinem Tod krönte Franck sein Oeuvre durch die d-moll-Sinfonie. Drei Sätze, ohne langsamen; mit seinem an den späten Beethoven der Streichquartette gemahnenden Hauptthema, dem man ebenso die Worte: »Muß es sein?« unterlegen könnte, ein legitimer Nachfolger typisch deutscher

»Schicksals-Symphonien«. Behauptet hat sich auch die A-Dur-Violinsonate, die wiederum mehr für die romanisch-sinnenfrohe Komponente César Francks zeugt, übrigens die einzige nachbeethovensche Violinsonate des 19. Jahrhunderts, die sich neben denen von Brahms im Repertoire erhalten hat.

Die Stimme Rußlands

Das riesige Reich im Nordosten Europas trat erst später in den Kreis der Musikvölker mit »eigener Handschrift« ein; genau gesagt 1836, dem Uraufführungsjahr von Glinkas Oper »Das Leben für den Zaren«. Das heißt selbstverständlich nicht, daß Rußland vorher kein musikalisches Land gewesen wäre. Die sozialen Verhältnisse brachten es jedoch mit sich, daß zwischen Volksmusik und Kunstmusik Jahrhunderte hindurch ein unüberbrückbarer Graben klaffte. Höhere Kultur, also auch musikalische, war höfische und städtische Kultur. Sowohl in Schlössern wie in Bürgerhäusern wurde bis ins 19. Jahrhundert hinein in der Manier der Italiener, der Franzosen und der Deutschen Musik gemacht. Was das russische Volk, praktisch also die leibeigenen Bauern und Dienstboten, sangen und fiedelten, galt nicht als diskutabel.

Dabei floß der Strom der naiven, volkstümlichen Musik in Rußland seit Urzeiten breit und tief und noch im 19. Jahrhundert so lebhaft, wie dies nur in industriearmen Bauernländern möglich ist. Volkssänger zogen mit ihren Byliny, den uralten, von Mund zu Mund weitergegebenen Heldensagen durchs riesige Land, Bauernmusikanten entwickelten ein originelles eigenes Instrumentarium, die russisch-orthodoxe Kirche konservierte die autochthone Gesangstradition, die sich seit der Christianisierung im 11. Jahrhundert (reformiert im 17.) ausgebildet hatte. Kunstmusik blieb zunächst an die Fürstenhöfe gebunden. Es gab Barden im Mittelalter, einen Moskauer Musenhof unter Iwan, der den Beinamen »Der Schreckliche« (oder »Der Strenge«) trägt, auch unter den Romanows. Gegen Ende des 17. Jahrhunderts kamen die ersten Westeuropäer, deutsche Musiker und holländische Orgelbauer ins Land. Die erste Hofoper wurde in Moskau, bald darauf eine in St. Petersburg eröffnet, die Zarin Katharina I. schrieb selber Operntexte, italienische Primadonnen und Maestri, wie Galuppi, Traetta, Paisiello, gaben den – selbstverständlich welschen – Ton an, den erst im Gefolge von Mozarts und Beethovens Ruhm deutsche Musikeinflüsse überlagerten. Wer als Russe komponiert, hielt sich, auch wenn er in der Liedform der Romanze eigenes russisches Kolorit beizutragen suchte, im Stil der etablierten westeuropäischen Kunst.

Michail Glinka

Partitur-Umschlag von Kandinsky für Glinkas Oper »Das Leben für den Zaren«

In diesem Klima wuchs auch der Gutsbesitzerssohn *Michail Glinka* (1804 bis 1857) auf. Sein Volk verlieh ihm den Ehrentitel »Vater der russischen Musik«. Das ist nicht wörtlich zu verstehen, sondern als Huldigung für seine schöpferische Tat, die darin bestand, daß er als erster »Nationalmusik« schrieb. Um 1830 ging das vergangene, kosmopolitische, Jahrhundert erst wahrhaft zu Ende. Allenthalben in Europa regten sich Kräfte, die in der Ausprägung nationaler Eigenarten ihre künstlerische Hauptaufgabe sahen. Wenn Haydn oder Mozart in Serenaden und Menuetten volkstümliche Melodien aufgriffen, so bedeutete das nicht mehr als einen Spaß, jedenfalls nichts Demonstratives, Politisches. Die deutsche Romantik mit ihrer Liebe zur »alten, schönen Zeit« und ihren antirationalen Gemütskräften entdeckte erst Folklore neu, die französische Große Revolution das Nationalbewußtsein. Von beiden Motiven, wie kompliziert sie sich immer überlagerten, wurden die Intellektuellen derjenigen Völker am stärksten angesprochen, die bisher künstlerisch im Schatten der großen Kulturnationen, der Italiener, Franzosen, Engländer und Deutschen, gestanden waren.

Aus eigenen Quellen zu schöpfen galt als patriotisch, und Glinka war ein so echter Patriot, daß er noch unter Italiens gesegneter Sonne von Heimweh nach dem »armseligen, rostbraunen Sumpf, der kümmerlichen Birke« Rußlands erfaßt wurde. Als Elfjähriger, standesgemäß mit Hausmusik im elterlichen Gut bei Smolensk aufgewachsen, wurde er in das Adelsinstitut von St. Petersburg gesteckt, tat dann, ebenso standesgemäß, seinen Dienst in einer zaristischen Kanzlei, bis er mit vierundzwanzig Jahren seinen Vater durch den Entschluß verblüffte, den Musikerberuf ergreifen zu wollen – etwas für die damaligen Konventionen völlig Extravagantes, denn professionelles Musizieren war Leibeigenensache.

Glinka studierte in Berlin bei dem angesehenen Theorielehrer Siegfried Dehn, mit dem er zeitlebens freundschaftlich verbunden blieb. Er begeisterte sich an Webers »Freischütz«, in Italien an Bellini, und heimgekehrt schrieb er die Oper »Das Leben für den Zaren« (eigentlich »Iwan Sussanin«, der Titel wurde erst auf höfischen Wunsch geändert). Die Uraufführung in Petersburg, 1836, erweckte allgemeine Begeisterung. Zum erstenmal war hier ein russisch-patriotisches Thema – ein Bauer lockt, unter heroischer Selbstaufopferung, polnische Eindringlinge in die Sümpfe – in russischer Sprache und in russischem Musikidiom vertont. Daß der Librettist ein Deutscher war, der baltische Hofsekretär Rosen, und der Stil eine vorwiegend italienisch-deutsche Opernmischung, tat der Begeisterung keinen Abbruch.

Michail Glinka,
nach einer Zeichnung von I. J. Rjepin

Glinkas zweite Oper, »Ruslan und Ludmilla«, ist eigentlich noch russischer. Das Sujet lieferte ein Puschkin-Märchen aus Rußlands mythischer Zeit. Die Musik, immer noch im Bann italienischer Koloratur-Brillanz und deutscher Romantik, bringt mit dem Chor der Persermädchen erstmals Orientalismen ins Spiel, die in der russischen Musik für Jahrzehnte ein charakteristisches Reizmittel werden sollten. Die Hofkamarilla, westlich eingestellt, brachte die Oper zu Fall. Glinka war so enttäuscht darüber, daß er die Heimat verließ. Er reiste bis nach Andalusien, damals ein wirkliches Abenteuer, und brachte die »Jota Aragonese« und die »Souvenirs d'une nuit d'été à Madrid« als exotische Anregung mit nach Hause. Sein bekanntestes Orchesterwerk wurde jedoch die russische »Kamarinskaja«. Nach der Heimkehr fühlte er sich von neuem verletzt von der Gleichgültigkeit, der seine Opern beim Bürgertum begegneten. In Berlin, wo er nochmals bei Dehn in die Schule ging, ereilte ihn der Tod.
Erst die Nachwelt erkannte seine Bedeutung als Pionier der russischen Nationalmusik.
Für die Entwicklung einer russisch-nationalen Schule wurde zunächst *Alexander Dargomyschsky* (1813–1869) einflußreich. Auch er war ein dilettierender Gutsbesitzerssohn, in St. Petersburg als vermögender Privatier ein hochangesehener Mann, der in Westeuropa die Musikwelt kennengelernt hatte. Dargomyschsky schwebte eine Verschmelzung von westlichem und russischem Opernstil vor. Er mußte, oft kränkelnd und im Schaffen behindert, zweiundvierzig Jahre alt werden, bis seine Puschkin-Oper »Rusalka« endlich auf die Bühne kam. Rusalka ist eine Wassernixe aus dem europäischen Fabelgeschlecht der Undinen und Melusinen; noch ein Halbjahrhundert später schrieb Dvořák eine gleichnamige Oper.
»Rusalka« fiel zunächst durch, doch erlebte Dargomyschsky noch ihre Wiedererwekkung; dieser späte Triumph, zwei Jahre vor seinem Tod, gab ihm Auftrieb zur Komposition eines musikgeschichtlich viel interessanteren Werkes. In diesem »Steinernen Gast«, nach Puschkins Don-Juan-Schauspiel, hat man den Vorläufer alles »literarischen Musiktheaters« zu sehen, das im 20. Jahrhundert so beherrschend werden sollte. Zum erstenmal wurde ein Stück der Schauspielbühne wortwörtlich vertont, ohne vorher zum Libretto umgearbeitet zu werden, ein Verfahren, das in den klassischen Opernländern der sechziger Jahre ganz undenkbar gewesen wäre. Nur kühne Halbdilettanten konnten dergleichen wagen; neben Dargomyschsky arbeitete auch Mussorgsky etwa gleichzeitig an so einer neuartigen Oper (an der »Heirat«, nach Gogols Lustspiel). Beide blieben Fragmente, beide wurden von Freunden zu Ende komponiert und als zukunftweisende Außenseiter auf die Bühne gebracht.

Das »Mächtige Häuflein«

Dargomyschskys Produktion blieb fragmentarisch, seine Ideen und seine Persönlichkeit übten jedoch gewaltigen Einfluß auf die Jüngeren aus. In seinen musikalischen Soireen in St. Petersburg trafen sich die jungrussischen Patrioten, bildete sich die »Mogutschkaja kutschka«, das »Mächtige Häuflein« der »Novatoren«. Ihr Genie hieß Modest Mussorgsky. Aber ehe dies der Nachwelt bewußt wurde, gaben andere Köpfe in der Gruppe den Ton an. Wladimir Stassow galt als literarischer Wortführer und geistiger Motor. Von ihm stammt die Bezeichnung »Mächtiges Häuflein«, von ihm auch die Formulierung des künstlerischen Programms: »Das russische Volk liebt seit je sein Lied, das so breit und so voll Weisheit ist wie die Natur unseres grenzenlosen Landes. Nicht ziemt es den Erben Glinkas und Dargomyschskys, an fremden Schwellen das Knie zu beugen ... «

Das hieß praktisch: Neuentdeckung der russischen Folklore, der Volkslieder und Tänze, Verachtung des Westens – einschließlich Richard Wagners – und der russischen Westler – einschließlich Tschaikowskys – und natürlich der herrschenden Konservatoriumsmeister um Anton Rubinstein. Die nationale Inbrunst des Häufleins erwies sich als ebenso produktiv wie seine Urteile als fanatisch-fremdenfeindlich und grotesk.

Fünf sehr verschiedene Musikerpersönlichkeiten zählt man zur »Kutschka«: Balakirew, Borodin, Cui, Mussorgsky und Rimsky-Korsakow. Sie waren alle halbe Dilettanten, die sich mehr oder weniger autodidaktisch ausgebildet hatten. Selbst ihr unbestrittener Präzeptor Balakirew, der ihnen als Pianist und Dirigent in allem Technischen voraus war, hatte sich diese handwerkliche Fertigkeit auf abenteuerlichen Umwegen aneignen müssen.

Milij Balakirew (1837–1910), auf einem Gut bei Nischni-Nowgorod geboren, studierte erst Naturwissenschaften, wurde aber von der Musikbibliothek, die er auf dem Landschloß des Magnaten Ulibischew, einem großen Mozartverehrer, vorfand, so fasziniert, daß er den Musikerberuf ergriff. In Petersburg scharte er jene Balakirew-Partei des Mächtigen Häufleins um sich, unterrichtete Mussorgsky, gründete eine fortschrittliche »Musik-Freischule«, studierte Glinkas Opern ein. Seine künstlerische Persönlichkeit strahlte Autorität und Begeisterung aus und verlor erst im Alter an Glanz, als er ein überraschend reaktionärer Kauz wurde. Seine zwei Symphonien und die einst berühmte Klavierfantasie »Islamei« sind verklungen, seine historische Funktion in der Geschichte der russischen Musik bleibt bedeutend.

Überhaupt steht der Nachruhm der mächtigen Fünf in umgekehrtem Verhältnis zu ihrer Geltung bei Lebzeiten. *César Cui* (oder Zesar Kjuj, wie ihn die Russen schreiben, 1835–1918), führte in der Glanzzeit der Kutschka nächst Balakirew das größte Wort, entfernte sich jedoch als Komponist immer mehr von den revolutionären Bestrebungen des Kreises, verriß als Musikkritiker – er lebte jedoch von seiner Professur als Ingenieur und Festungsbauer – den »Boris Godunow« und schrieb einen eher westlichen, etwas glatten Stil (u. a. die Oper »William Ratcliff«). Auch der Älteste des Kreises, *Alexander Borodin* (1833–1887), war mehr Wissenschaftler als Musiker. Als uneheliches Kind eines Fürsten geboren, studierte er in Heidelberg und wurde ein angesehener Chemieprofessor in St. Petersburg. Seine Retorten wie seine Schüler interessierten ihn zeitlebens mehr als das so mühsame Notenschreiben. Dabei war er ein begnadeter Melodiker, wie sein 1. Streichquartett beweist, ein Erspürer exotisch-atmosphärischer Landschaftsklänge, denen Jungrußland entzückt nachzulauschen begann (»Steppenskizzen aus Mittelasien«). Drei Symphonien Borodins zählen in Rußland zum klassischen Bestand, sein Hauptwerk, die Oper »Fürst Igor«, zu den volkstümlichsten. Eine naiv-wirre Geschichte aus russischer Sage, strotzend von rassigen Tänzen (die berühmten Polowetzer wurden eine internationale Ballett-Nummer), ausladenden Chören und gefühlvollen Kantilenen. »Zuerst kommen die Sänger, dann das Orchester« lautete Borodins von der Dargomyschsky-Stassow-Ästhetik des rezitativischen Gesangs ziemlich abweichender Grundsatz – auch wenn er einst, beim Erlebnis einer Mannheimer »Lohengrin«-Aufführung, als Wagnerianer begonnen hatte. Borodin konnte seine einzige Oper, an der er sieben Jahre bastelte, nicht mehr ganz vollenden. Freund Rimsky-Korsakow und Glasunow instrumentierten sie nach seinem Tod.

Modest Mussorgsky

Kompromißloser als seine vier Kameraden folgte *Modest Mussorgsky* (1839–1881) seinem Stern und seiner selbstgesteckten Novatoren-Losung: »Zu neuen Ufern!« Wie sie alle begann er als ausgesprochener Musikdilettant in einem anderen Beruf, nämlich als Gardefähnrich in St. Petersburg. Das war um die Mitte des 19. Jahrhunderts nun einmal die standesgemäße Karriere eines Gutsbesitzerssohns. Mussorgsky kam auf dem nordrussischen Landsitz Karewo zur Welt, lernte zu Hause musizieren und den Reichtum russischer Volksmusik kennen, ging in Petersburg auf die Kadettenschule und geriet als junger Offizier in den musischen Kreis um Balakirew, der sein strenger Lehrer und sein Abgott wurde.

Bei den geselligen Musikabenden des »Häufleins« – man kann sie sich als eine Art russischer Schubertiaden vorstellen – glänzte er als begabter Pianist. Eine Reise nach Moskau, mit dem patriotischen Erlebnis des Kreml als Symbol glorreicher russischer Geschichte, dazu eine schwere Erkrankung trugen zu Mussorgskys Entschluß bei, den Militärdienst aufzugeben und ganz der Musik zu leben. Die Aufhebung der Leibeigenschaft durchkreuzte seine Pläne; das väterliche Erbgut geriet dadurch in wirtschaftliche Schwierigkeiten, die Einnahmen versiegten, Mussorgsky mußte sich sein Brot selber

Modest Mussorgski, Der Talmud Technik

Fürchte ich mich vielleicht vor der Technik, weil sie meine schwache Seite ist? Indessen gibt es manche, die für meine Kunst eintreten, auch in dieser Hinsicht. Zum Beispiel kann ich es nicht ausstehen, wenn eine Hausfrau eine wohlgelungene, selbstgebackene Pastete serviert und, während wir essen, sagt: »Millionen Kilo Butter, fünfhundert Eier, ein ganzes Feld Kohlköpfe, hundertfünfzigeinviertel Fische.« Man ißt die Pastete, und sie schmeckt gut, doch dann hört man allerlei über die Küche, und plötzlich sieht man die Köchin mit schmutzigen Händen, hier einen abgehackten Hühnerkopf, dort Fischdärme, und die Pastete verliert an Geschmack. In künstlerischen Erzeugnissen gibt es jenen Teil keuscher Reinheit, die ekelhaft wird, wenn schmutzige Hände sie betasten.

Tatsächlich: solange sich der Kunstmusiker nicht von seinen Windeln, seinen Hosenträgern und Sockenhaltern befreit, solange werden die Symphonie-Priester herrschen und ihren Talmud »der ersten und zweiten Ausgabe« als das Alpha und Omega im Leben der Kunst hochhalten. Die kleinen Hirne spüren, daß ihr Talmud in der leben-

verdienen. Natürlich nicht als Musiker, sondern als kleiner Subalternbeamter in kaiserlichen Ministerien. Siebzehn Jahre hindurch, bis kurz vor seinem Tode, trottete Mussorgsky in die verhaßte Kanzlei. Er führte ein Doppelleben. Die ungebundene Freiheit des Künstlers, das Bohémientum eines heimlichen Genies, das zugleich ein Genie der Freundschaft war und mit Rimsky und mit dem Dichter Golenischtschew-Kutusow jahrelang in Junggesellenbuden zusammen hauste – das war sein eigentliches Dasein. Junggeselle blieb Mussorgsky bis ans Ende. Liebschaften gingen auseinander. Vor der Ehe hatte er, nach dem Zeugnis von Glinkas Schwester, seiner mütterlichen Freundin, einen »Horror . . . der ans Krankhafte grenzte«. Sein Leben verlief glanzlos. Außer der Uraufführung des »Boris« gab es keine Mussorgsky-Premiere, von der man gesprochen hätte, und außer einer späten Konzertreise als Klavierbegleiter der Sängerin Leonowa, die immerhin bis in die Ukraine führte, auch keinerlei Interpretenerfolge. Schon in den siebziger Jahren zerfiel das Mächtige Häuflein. Um Mussorgsky wurde es immer einsamer, in den letzten Jahren verfiel er der Trunksucht und trieb sich in Kaschemmen herum. Als körperliches Wrack, nach einem epileptischen Anfall, lieferte man ihn in ein Petersburger Hospital ein. Eine vom Krankenhausdiener eingeschmuggelte Flasche Cognac gab ihm den Rest.

Boris Godunow

Alle großen Werke – Boris Godunow, Chowanschtschina, Jahrmarkt von Sorotschinzy, Die Nacht auf dem kahlen Berge – hinterließ Mussorgsky unvollendet, auch er ein Genie, das nicht alles zu Ende brachte. »Boris Godunow« gehört, wie »Tristan«, Carmen« oder »Othello«, zu den säkulären Opern. Sechs Jahre, 1868 bis 1874, arbeitete Mussorgsky daran. Was er mit einem Torso nach Flauberts »Salammbô« und mit der Komposition von Gogols »Heirat« angestrebt hatte, nämlich eine »Opéra dialogé«, in der die Stimme nicht Arien und Ensembles singen, sondern das Melos, die »Intonationsschwankungen« des dichterischen Wortes ausschöpfen sollte, alles das reifte nun, inspiriert von Puschkins dramatisiertem Lesedrama, von der düsteren Größe altrussischer Historie und vom Reichtum der Volksmusik, die das Sujet erschloß, zum großen Wurf.

digen Kunst nicht brauchbar ist; wo es Menschen und Leben gibt, ist kein Platz für schädliche Paragraphen und Artikel. Und deshalb schreien sie: »Drama und Bühne bedrücken uns – gebt uns Raum!« Und dann lassen sie ihren Gehirnen die Zügel schießen: »Die Welt der Klänge ist grenzenlos!« Ja, aber ihre Gehirne sind begrenzt, was nutzt also dieser Klang der Welten oder, besser, diese Welt der Klänge! Man hat so viel Raum, wenn man »auf dem Rasen liegt und dem Flug der Himmelswolken folgt«; dort ist ein wolliges Lamm, da ein alter Opa, hier ist einfach gar nichts, dann plötzlich ein preußischer Soldat. Ich kann Polonius nicht tadeln, wenn er mit Hamlet über die Wolken gleicher Meinung ist. Die betrachtete Wolke ist sehr veränderlich und mag sich im Handumdrehen aus einem Kamel vielleicht in einen Laroche verwandeln. Es sind nicht die Symphonien, gegen die ich mich wehre, sondern die Symphoniker – die unverbesserlichen Konservativen. Also erzählen Sie mir nicht, weshalb unsere Musiker viel öfter über Technik schwatzen als über Ziele und historische Aufgaben, das kommt nämlich gerade davon.

Aus einem Brief an W. W. Stassow, 1872

Wie viele Meisterwerke, die aus *einem* Guß zu sein scheinen, ist »Boris Godunow« in mehreren Fassungen zusammengewachsen. Erst die dritte erlebte 1874 im Petersburger Marientheater einen triumphalen, aber von der konservativen Partei bald zunichte gemachten Erfolg. Lange nach Mussorgskys Tod, 1896, bewirkte Rimsky-Korsakows Bearbeitung eine Boris-Renaissance. Rimsky, der inzwischen Orchestervirtuos mit Wagnererfahrungen und Akademiker geworden war, empfand Mussorgskys harmonische Eigenwilligkeiten und seine Instrumentation einfach als unzulänglich und änderte von 4245 Takten der Partitur nicht weniger als 3580, also 85 Prozent; außerdem kürzte er und stellte Szenen um. Zugleich zeigte er sich aber selbstlos genug, in der Vorrede zu seiner Bearbeitung die Rückkehr zum Original anheimzustellen, wenn die Zeit einmal dafür reif sei.
Selbst um die Mitte des 20. Jahrhunderts scheint sie es noch nicht zu sein. Zwar hat man längst Mussorgskys Autographen ausgegraben, Dimitri Schostakowitsch adaptierte behutsam die gröbsten instrumentatorischen Schnitzer Mussorgskys in einer dem Original angenäherten Boris-Fassung. Aber noch 1965, bei einem spektakulären Gala-Boris der Salzburger Festspiele, wählte man die altbewährte, glättend verfälschende Rimsky-Version – wozu eigentlich keinerlei Grund mehr besteht. Denn deren Perfektion im nachwagnerischen Geschmack des Fin de siècle kann nicht mehr bestechen, und die Rauheit von Mussorgskys Dilettantismus Ohren nicht mehr abstoßen, die an viel Krasseres längst gewöhnt sind. Gewiß war Mussorgsky kein Meister der Orchestrierung. Vieles würde, hätte er Rimskys Lernbegierde geteilt, »besser klingen« –, aber wahrscheinlich wäre dann das Allerkühnste gar nicht zu Papier gebracht worden. So auch nicht die Klangvision der Kreml-Glocken, die Mussorgsky allein mit den Streichern, also mit ganz unnaturalistischen Mitteln, beschwört – und mit wahrhaft seherischen harmonischen Extravaganzen: zwei im Tritonusabstand, denkbar unverwandt, aufeinanderfolgende Dominantseptakkorde.

Das sind Ausbrüche aus dem Gehege der traditionellen Harmonielehre, die nur einem Außenseiter gelingen konnten. Gerade darum schätzt das 20. Jahrhundert Mussorgskys Anti-Akademismus um so höher. Schon die Zeitgenossen ahnten jedoch wenigstens die Größe dieser Opernschöpfung, die Mussorgsky übrigens gar nicht als Oper gelten lassen wollte: Er nannte den »Boris« ein »musikalisches Volksdrama«. Die Studenten, die nach der Premiere mit dem Revolutionslied der letzten originalen Szene auf den Lippen durch Petersburgs Straßen zogen, mochten sich nur vom typisch Russischen hingerissen fühlen. Es offenbart sich in der Aneignung des kirchenmusikalischen Idioms (in den Szenen Pimens, des ehrwürdigen Mönchs), in den eingestreuten volkstümlichen Weisen (im ersten Kreml-Bild und in der litauischen Schenke), im Pathos von des Zaren Boris Gesängen (denen niemand anmerkt, daß sie von Mussorgskys Salammbô-Fragment übernommen sind). Sinnenhafte Pracht der Chöre, seit dem oratorischen Hymnus-

Finale von Glinkas »Sussanin« russisches Opern-Pflichtteil, bringt sich im Krönungs-Akt zur Wirkung; eine Volksmelodie, die schon dem Quartett-Komponisten Beethoven als Rohstoff diente, wird chorisch-hymnisch gesteigert:

In der Hochstimmung der Boris-Komposition begann Mussorgsky sein nächstes Musikdrama zu planen. Aber diese »Chowanschtschina«, eine barbarische Episode aus der russischen Geschichte des 17. Jahrhunderts behandelnd, reifte noch nicht einmal bis zum fertigen Klavierauszug. Wiederum komponierte Rimsky, der gute Freund, instrumentierend und glättend zu Ende und machte ein ungleichwertiges, in seinen besten Szenen mussorgskywürdiges Stück bühnenreif. Damals, in seinen letzten Lebensjahren, arbeitete Mussorgsky gleichzeitig an dem äußerst konträren Sujet einer komischen Volksoper, dem »Jahrmarkt von Sorotschinzy«. Auch sie blieb Fragment. Nicht einmal das Szenarium des Gogolschen Lustspiel-Vorwurfs ist erhalten. Die Versionen Cuis und Tscherepnins mußten nachkomponiert werden – nach einer Teil-Partitur von genialischer Frische der parodistischen und lyrischen Inspiration. Nach dem tragisch-düsteren enthüllt sie einen erquickend heiteren Mussorgsky.
Torso ist auch Mussorgskys symphonischer Versuch »Die Nacht auf dem kahlen Berge« geblieben, den erst der tüchtige Rimsky »in Form brachte«. Überhaupt scheint es Mussorgskys Schicksal zu sein, »bearbeitet« auf die Nachwelt zu kommen. Lediglich seine Liederzyklen »Lieder und Tänze des Todes« und »Die Kinderstube«, psychologisches Neuland nach Schubert, selbstgedichtete realistische Miniaturen voller tonmalerischer Eigenart (wie sie auch die durch Schaljapin berühmt gewordene Vertonung von Goethes »Floh« kennzeichnet), sind in der Urgestalt Besitz der Welt geworden. Der Zyklus »Bilder einer Ausstellung« hingegen wird viel häufiger in Maurice Ravels einfühlsamer Orchestrierung gespielt als in der ursprünglichen Version für Klavier. Aber gerade diese offenbart das Wesentliche von Mussorgskys Kunst, den Sieg seiner Phantasie über die Sprödigkeit der Tasten.
In den »Katakomben«, der 8. Nummer des von einer Gemäldeausstellung des Malerfreundes Viktor Hartmann angeregten Zyklus, steht Dissonanz neben Dissonanz, Spannung neben Spannung unaufgelöst – rücksichtslose Mißachtung akademischer Harmonie-Gesetze, Vorahnung des Impressionismus in der Musik lange vor Debussy und Ravel.
Kein Wunder, daß Mussorgsky gerade von ihnen, als er spät, fast eine Generation nach seinem Tode, endlich Paris erreichte, mit Enthusiasmus begrüßt wurde. Inzwischen ist er auch über solchen aktuellen Nachruhm ins Zeitlose gewachsen.

Nikolaj Rimsky-Korsakow

Viel weniger intensiv strahlte Rimsky-Korsakows Kunst nach dem Westen aus, aber sein Einfluß auf die russische Musik ist gar nicht hoch genug einzuschätzen. Schließlich war er der Lehrer einer ganzen, bis ins hohe 20. Jahrhundert hinein wirkenden Generation, mit Strawinsky und Prokofjew als berühmtesten Schülern, ein wahrer Meister in allen musikalischen Disziplinen, von der Theorie bis zur Instrumentation, und ein verdienstvoller Verwalter der Nachlässe seiner Freunde vom »Mächtigen Häuflein«. Daß man »Boris Godunow«, »Chowanschtschina« und »Fürst Igor« überhaupt spielte, war Rimskys, des selbstlosen Zuende-Komponierers, Verdienst. Er begeisterte sich mit den alten Freunden für russisches Wesen, entfernte sich aber künstlerisch immer mehr von ihnen.

Für Dilettantismus konnte der unermüdlich lernbegierige Mann nichts übrig haben. Als er mit siebenundzwanzig Jahren zum Konservatoriumsprofessor berufen wurde, setzte er sich selber nochmals auf die Schulbank und holte Kontrapunkt und Harmonielehre nach, und als Wagner mit seinen Werken und seinem Dirigentenstab St. Petersburg faszinierte, war keiner so begierig, dem Bayreuther Meister seine Orchesterzaubereien abzuhören, wie Rimsky. In seiner Musik schlug er Brücken von den »Novatoren« zur Schule Tschaikowskys, ein Synthetiker und Perfektionist der russischen Nationalmusik.

Nikolaj Rimsky-Korsakow (1844–1908) wurde als Sohn eines Gouverneurs i. R. im nordrussischen Tichwin geboren, bereits früh mit Eifer musizierend, aber für die traditionelle Offizierslaufbahn bestimmt. Als Seekadett machte er eine Reise um die Welt mit, nach der Heimkehr begann er im Balakirew-Kreis richtig zu komponieren. Seit er Professor geworden war, verlief sein Leben wie ein einziger Arbeitstag. Seine Produktivität schien keine Grenzen zu kennen. Dreizehn Opern, Orchesterwerke, wie die populär gewordene »Scheherezade« (ein Glanzstück des russischen Orientalismus) und das »Spanische Capriccio« (dazu u. a. eine Symphonie, das erste Werk dieser Gattung überhaupt, das ein Russe komponierte!) bilden das Schaffenszentrum. Daneben fand Rimsky noch Zeit genug, eine Harmonie- und Instrumentationslehre zu schreiben, die heruntergekommene Blasmusik der zaristischen Kriegsmarine zu reformieren und Volkslieder zu sammeln.

Auf seine eigene melodische Erfindungskraft war er dann am stolzesten, wenn man die volkstümlichen Weisen in seinen frühen Opern für echte Bauernlieder hielt. Er hatte vierundzwanzigjährig mit der historischen »Pskowitjanka« (Das Mädchen von Pleskau) begonnen, später wurde er der russische Meister der Märchenoper: »Die Mainacht«, »Das Schneeflöckchen«, »Sadko« und »Das Märchen vom Zaren Saltan« sind die erfolgreichsten, typisch russisch in ihrer scheinbar uferlos sich ausbreitenden Bilderfülle (musikdramatische Spannung nach westlichem Opernvorbild darf man nicht erwarten), auch in der Verquickung von kantablen Melodien und orchestralem Raffinement. »Sadko« zählt zu den wahren russischen Volksopern. Unsymmetrische Taktarten, Fünfviertel und Elfviertel, unregelmäßige Periodik verbinden Rimsky mit den »Novatoren«, die Harmonik hält sich jedoch meist an die Regeln der Harmonielehre.

Sein Kühnstes und Kunstvollstes gab Rimsky-Korsakow in den letzten beiden Opern. Sie sind auf sehr gegensätzliche Sujets komponiert. »Die Legende von der unsichtbaren Stadt Kitjesch« (1907) taucht, sehr überraschend für den religiös skeptischen Rationalisten, in russische Mystik hinab. Ein Netz feiner motivischer Beziehungen verbindet, dichter als je zuvor, sangbare Weisen und »schildernde« Orchesterzwischenspiele. Die erst 1909, postum, uraufgeführte Oper »Der goldene Hahn« offenbart wiederum einen neuen Rimsky-Korsakow, diesmal einen Satiriker. Mit dem albernen Märchen-Zaren Dodon und seinem Hofstaat aus Trotteln und Intriganten meinte der Autor augenzwinkernd viel realere Zeitgenossen. Der Petersburger Hof hintertrieb denn auch die

Premiere; schon bei der Revolution von 1905 hatte man Rimsky, dessen Ideen viel zu liberal waren, vorübergehend vom Lehramt relegiert. Im »Goldenen Hahn« verwendet Rimsky Leitmotive zur Charakterisierung der Hauptfiguren und schärft die Harmonik durch übermäßige und Tritonus-Akkorde. Der junge Strawinsky in seinem »Feuervogel« und Prokofjew in seiner burlesken Oper »Die Liebe zu den drei Orangen« haben viel vom Komponisten des »Goldenen Hahnes« gelernt.

Rimsky-Korsakow, russische Karikatur

Rimsky-Korsakow wurde als reifer Meister selber Mittelpunkt eines musikalischen Kreises in St. Petersburg, der es zwar weder an Genialität der Mitglieder noch an Pionierbedeutung mit dem »Mächtigen Häuflein« von einst aufnehmen konnte, aber doch Schule bildete. Der Großkaufmann Beljajew war der Mäzen, die musikalischen Freitage in seinem Stadtpalais wurden Ereignisse des Petersburger Musiklebens. Rimsky-Schüler waren *Anatol Ljadow* (1855 bis 1914), technisch tüchtiger Kontrapunktiker und Verfasser von sieben Symphonien, *Anton Arenski* (1861–1906), Spezialist für Kompositionen auf zwei Klavieren, *Alexander Gretschaninow* (1864–1956), *Michail Ippolitow-Iwanow* (1859–1935), dessen »Kaukasische Skizzen« ein vielgespieltes Orchesterstück wurden. Als einstiger Schüler des Petersburger Konservatoriums ist auch *Sergej Rachmaninow* (1873–1943) mit dem Rimsky-Kreis verbunden. Rachmaninow, der 1918 in die Vereinigten Staaten übersiedelte und dort auch hochbetagt, stets mit seinem Vaterland innerlich verbunden, starb, lebt in der Musikgeschichte mit dem populären cis-moll-Präludium für Klavier und dem überschwenglich-neuromantischen 2. Klavierkonzert als einer der glanzvollsten Pianisten seiner Epoche weiter. Von seinen sonstigen, sehr ausgedehnten Produktionen, drei Opern (der ihm befreundete Bassist Schaljapin kreierte die Hauptrollen), drei Symphonien und vier Klavierkonzerte umfassend, hat sich nur weniges lebendig erhalten.

Rimskys einflußreichster Schüler wurde *Alexander Glasunow* (1865–1936), ein Petersburger Wunderkind, das mit sechzehn Jahren die erste Symphonie schrieb, alles spielend erlernte und sich, wie Rimsky berichtet, »nicht von Tag zu Tag, sondern von Stunde zu Stunde entwickelte«. Vielleicht zu schnell, zu mühelos; denn so solide gebaut und formvollendet die besten von Glasunows acht Symphonien erscheinen, so früh seine sinfonischen Dichtungen im 19. Jahrhundert das Ausland eroberten, späteren Ohren klangen sie zu glatt, zu perfekt, zu unoriginell. Glasunows Hauptbedeutung liegt darin, daß er als unbestrittener Könner und Hüter des Erbes des »Mächtigen Häufleins« die junge russische Musiktradition durch die unsteten ersten Jahre nach der bolschewistischen Revolution trug und den Qualitätsbegriff aufrecht erhielt.

Pjotr Iljitsch Tschaikowsky

St. Petersburg war das bedeutendste Zentrum russischer Nationalmusik, aber nicht das einzige. Neben die »Mogutschkaja kutschka« und Rimsky-Korsakows Schule trat sehr bald konkurrierend und von den »Novatoren« parteiisch abgewertet die Moskauer: Dank ihrem Haupt *Pjotr Iljitsch Tschaikowsky* (1840–1893) sollte sie eine durchaus ebenbürtige Rolle spielen. Aus der abgeklärten Sicht des 20. Jahrhunderts schrumpfen auch bei dieser Rivalität, ähnlich wie bei den Fehden zwischen Wagnerianern und Verdianern, Brucknerianern und »Brahminen«, einst unversöhnlich scheinende Gegensätze zu Nichtigkeiten, und die Welt erkennt längst in Tschaikowsky, dem geschmähten »Westler«, einen der großen Baumeister russischer Musik. Er ergänzte, was Mussorgsky, Borodin und Rimsky in ihrem Schaffen offen ließen, durch seine klassisch gewordenen Symphonien und Ballette.

»Tschaikowskys Sprache«, formulierte der Verfasser in seiner »Musik Rußlands«, »scheint zu einem musikalischen Esperanto prädestiniert zu sein; sie ist so einfach und formklar, daß sie überall verstanden wird, und ihr spezifisch ›Russisches‹ hat den doppelten Vorzug, zuchtvoll gebändigt zu wirken und zugleich prickelnde, fremdartige Reize zu vermitteln: Beethoven für den kleinen Mann, Rußlands Seele für den Allerweltsgebrauch. Diese klassisch ausgewogene, verbindliche, dem Maß und der Schönheit huldigende Kunst wurde von einem Menschen geschaffen, der diese Eigenschaften nur als Ideale in seiner Seele tragen konnte. Einer tragisch zerrissenen, verwundeten, an sich selbst und am Leben tief leidenden Seele. Tschaikowsky war ein unglücklicher, übersensibler, menschenscheuer, zeitlebens von Depressionen heimgesuchter, zu Trunksucht neigender, zu Selbstmordversuchen getriebener Mensch, leidenschaftlich liebebedürftig und doch normaler Liebeserfüllung unfähig, verzehrt von der Sehnsucht nach Hohem und Reinem, zerbrochen von hoffnungslosen Kämpfen gegen die Triebe seiner abartigen Veranlagung. Er empfand sie als Fluch. Viele geniale Künstler harmonisier-

P. J. Tschaikowski, Inspiration

»Sie fragen mich, ob ›unserer‹ Sinfonie ein bestimmtes Programm zugrunde liegt. Auf derartige Fragen pflege ich meist mit ›nein‹ zu antworten. Es ist wirklich schwierig, eine solche Frage zu beantworten. Wie soll man in Worten jene unbestimmten Empfindungen beschreiben, die man beim Entwurf eines Instrumentalwerkes ohne bestimmtes Programm erlebt? Das ist ein rein lyrischer Vorgang, eine musikalische *Seelenbeichte*, und ein Bekenntnis, das seinen Niederschlag findet im Verströmen von Tönen, so wie ein Dichter sich in Versen verströmt. Doch besteht der Unterschied darin, daß der Musik unvergleichlich reichere Ausdrucksmöglichkeiten und eine viel feinere Sprache zur Wiedergabe aller seelischen Regungen zu Gebote stehen.

Meistens erscheint das Samenkorn des zukünftigen Werkes ganz plötzlich und überraschend. Fällt das Korn auf fruchtbaren Boden, das heißt ist Arbeitsstimmung vorhanden, so schlägt dieses Korn mit unglaublicher Kraft und Schnelligkeit Wurzel, schießt aus dem Erdreich hervor, treibt Stengel, Blätter, Knospen und schließlich Blüten. Nur durch dies Gleichnis kann ich den schöpferischen Akt veranschaulichen. Es kommt alles auf das Erscheinen des Samenkorns und seine fruchtbare Entwicklung an. Alles übrige ergibt sich dann von selbst.

Aus einem Brief an Nadjeshda von Meck, 1878

Notenhandschrift Tschaikowskys: aus der 6. Symphonie in h-moll

ten ihr sexuelles Anderssein, steigerten es gar zum Bewußtsein des Stolzes auf ihre Exklusivität; Tschaikowsky litt furchtbar darunter, er konnte seine nicht zu stillende Leidenschaft nur in der schöpferischen Phantasie sublimieren.«

Tschaikowsky wuchs als Sohn eines Bergwerksdirektors in Wotkinsk am Ural auf. Als die Familie nach St. Petersburg übersiedelte, hörte er zwölfjährig erstmals Mozart –

ein tiefes Erlebnis; Mozarts Formvollendung blieb sein Ideal. In der Residenzstadt wurde er Jurist und Beamter und studierte am Konservatorium. Er, der sich als »urwüchsiger Russe« fühlte, teilte die Begeisterung des »Mächtigen Häufleins« für echt Russisches, nicht so jedoch Verachtung des Handwerklichen und antiwestlichen Fanatismus. Mit sechsundzwanzig Jahren schon wurde Tschaikowsky Professor des Moskauer Konservatoriums und Freund des maßgebenden Nikolaj Rubinstein, des Hauptes der konservativen Moskauer Schule. Reisen nach Deutschland und Paris erweiterten seinen Horizont. Erste erotische Panikhandlung: eine Verlobung mit der gastierenden belgischen Primadonna Désirée Artôt; die Bindung zerbrach in Kürze. Ein katastrophalerer Schritt, die überstürzte Heirat mit der törichten Konservatoriumsschülerin Antonina Miljukowa, folgte im Jahre 1877, der peinlichen Hochzeitsnacht ein Selbstmordversuch in der eisigen Moskwa (viel später wurde die nie vollzogene Ehe geschieden). Nach diesem Tiefpunkt im Leben Tschaikowkys festigte sich seine Korrespondenz mit Nadjeshda von Meck zu einer abenteuerlich-unwirklichen Freundschaft. Frau von Meck, Witwe eines Balten, war durch Eisenbahnspekulationen Multimillionärin geworden. Tschaikowskys Musik versetzte sie in Ekstasen. Komponist und Verehrerin wechselten Hunderte Briefe, aber sie sprachen einander in den dreizehn Jahren dieser extravaganten Gemeinschaft nicht ein einziges Mal, sahen einander nur von ferne in Konzerten, in Florenz, auf den Gütern Frau von Mecks. Die Millionärin ermöglichte Tschaikowsky die Existenz eines freien Künstlers, der es sich leisten konnte, durch halb Europa zu reisen, mit einer jährlichen Rente von 6 000 Rubeln, dazumal eine enorme Summe.

Inzwischen war Tschaikowsky als Komponist berühmt und selbst vermögend geworden. So traf der unvermittelte Abschiedsbrief, den ihm Nadjeschda von Meck im Jahre 1890 übermitteln ließ, Tschaikowsky wenigstens nicht mehr finanziell – desto empfindlicher jedoch in einem Selbstgefühl. Eine im Jahr darauf folgende Amerika-Reise bestätigte zwar seinen internationalen Ruf, tröstete ihn aber nicht über die Demütigung und Vereinsamung hinweg. In Klin bei Moskau hatte er sich ein Landhaus und Refugium geschaffen. Die Besuche seines geliebten Neffen Bob waren seine letzte Freude. In Petersburg, wo er 1893 seine letzte Symphonie zur Uraufführung brachte, trank er während der grassierenden Cholera ein Glas unabgekochten Wassers – ob zufällig oder weil er Selbstmord begehen wollte, weiß niemand. Wochen danach erlag Tschaikowsky der Cholerainfektion.

Pjotr Iljitsch Tschaikowsky ist, nach Glinka, der zweite Klassiker der russischen Musik. Dazu prädestiniert ihn die Vielseitigkeit seines Schaffens, das außer geistlichen und chorischen Werken alle Kompositionszweige umfaßt und zu allen Bleibendes beitrug, wie auch die formale Ausgewogenheit. Seine Musik ist romantisch in ihrer höchst subjektiven Expression, doch zugleich gebändigt. Nie verblaßte für Tschaikowsky der Leitstern Mozart. Den »Don Giovanni« verehrte er als Krone aller Opern, Wagners Unmaß war ihm widerwärtig.

Symphonische Selbstbekenntnis

Am wertbeständigsten haben sich drei der sechs Symphonien Tschaikowskys gezeigt. Die Vierte, neben »Eugen Onegin« und dem Violinkonzert in seiner Lebenskrise um 1877 entstanden, ist die erste dieser ausgesprochenen Bekenntnissymphonien. Der

100 *Antonín Dvořák*

101 *Das Ständetheater in Prag um 1830, Zeichnung von Vincenz Marstadt*

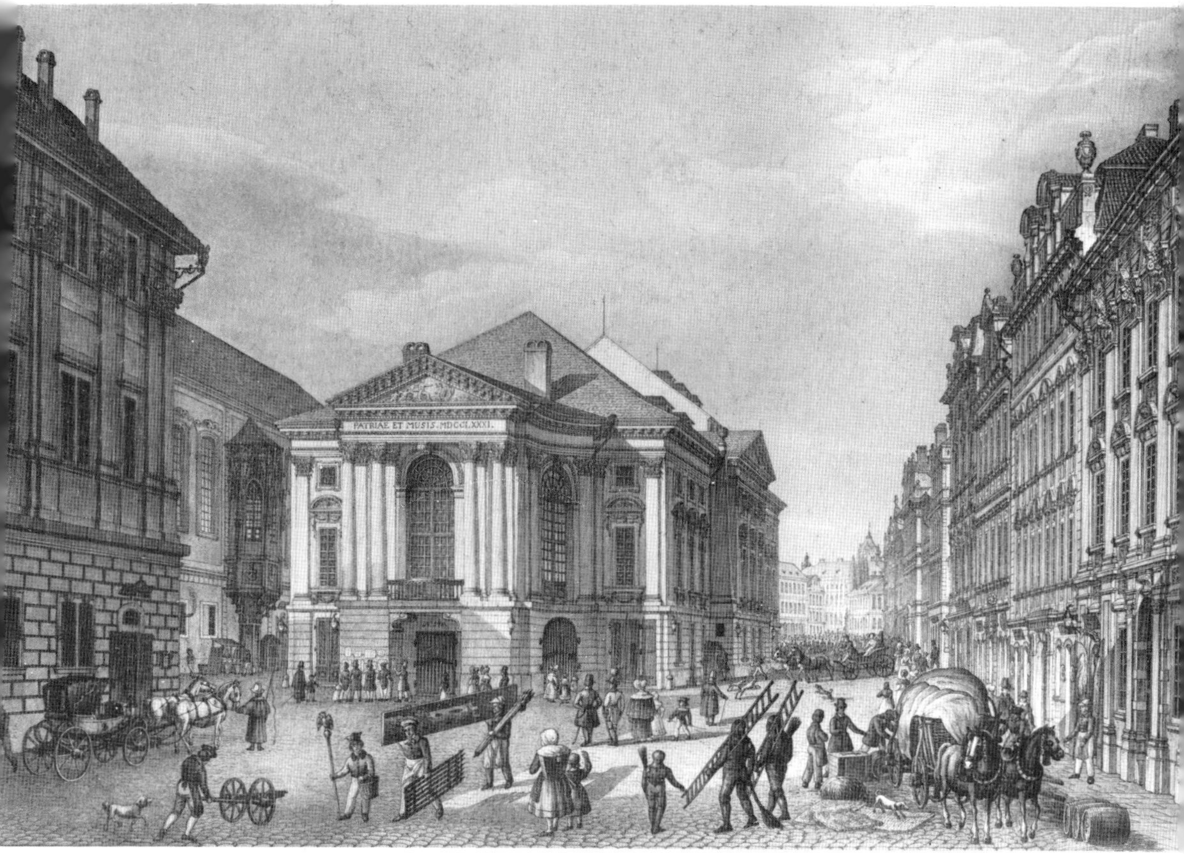

102 *Stanislaw Moniuszko*

103 *Leoš Janáček*

Komponist gab selbst einen Kommentar dazu (den man jedoch nicht als »Programm« wörtlich nehmen darf): Die vier Sätze symbolisieren den Kampf des Menschen mit seinem »Fatum«, das sich in einem rhythmisch gehämmerten Bläser-Motiv gleich in den ersten Takten vorstellt und leitmotivisch wiederkehrt. Das Schwergewicht liegt ganz im ausgedehnten Kopfsatz; instrumentatorisch reizvoll ist das Pizzicato-Scherzo. Auch durch die 5. Symphonie geistert jenes übermächtige Fatum, im Finale optimistisch in strahlenden Dur-Jubel sublimiert. Im Andante gelang Tschaikowsky sein tiefster langsamer Satz; man sollte die Melodik nicht abschätzig sentimental nennen, sie ist zweifellos echt empfunden, und Strawinsky wußte schon, was er rühmte, wenn er bekannte: »Für mich ist es ganz ohne Bedeutung, daß die Qualität seiner Melodien sich nicht immer gleich bleibt. Tatsache ist, daß er ein ausgesprochener Melodienerfinder war, eine Eigenschaft, die ebenso kostbar wie selten ist ... «

Noch persönlicher, noch notwendiger als künstlerische Umsetzung aufwühlender Erlebnisse erscheint die Sprache der 6., letzten Symphonie. Man hat sie als homosexuelle Tragödie deuten wollen. Sicher ist sie Ausdruck von Tschaikowskys Pessimismus nach jenem rätselhaften, demütigenden Absagebrief der Frau von Meck. Daß das melancholisch-sehnsüchtige Adagio an der Stelle eines Finales, also ganz regelwidrig steht, hat einen guten, einen höchstpersönlichen Grund. Hochromantische Bekenntnismusik, gefaßt in eingängige, sinnenhafte Melodie-Thematik – in diesem Zusammenklang hat man das Geheimnis der unerhört erfolgreichen Nachwirkung von Tschaikowskys Symphonik zu suchen. Als letzter Kronzeuge für die noch unerschütterte Symbolisierungskraft der alten Dur-Moll-Tonalität ist Tschaikowskys Melodieduktus zu werten. Seine depressiven Stimmungen drücken sich in niedersteigenden Linien so einfach wie plastisch aus; das gilt für alle Hauptthemen der 4., seiner persönlichsten Symphonie, fast ebenso für die beiden letzten und auch für Herz-Szenen in seinen Opern. Man vergleiche das Hauptthema der 4. Symphonie

mit dem des letzten Satzes der sechsten:

Selbst noch in hoffnungsfrohe Melodien schleicht sich diese absteigende Symbollinie prophetisch ein, wie in Tatjanas Des-Dur-Gesang in der berühmten Briefszene aus »Eugen Onegin«. Weit mehr natürlich beherrscht sie triste Gefühls-Szenerien. Lenski, der elegische Held dieser Oper, nimmt so Abschied vom Leben:

Opern und Ballette

Damit wären wir, die unverwelklichen Attraktionen des klangrauschenden 1. Klavierkonzerts und des einzigen Violinkonzertes, ferner die drei Streichquartette (das populärste das in D-Dur), das Klaviertrio in a-moll, die harmlosen Klavierstücke und die romanzennahen Lieder eben nur erwähnend, beim Opernkomponisten Tschaikowsky. Ein eigentlicher Musikdramatiker war er nicht, auch wenn er nicht weniger als zehn Opernpartituren hinterlassen hat. Die Gattungsbezeichnung »lyrische Szenen«, die er seinem ersten Meisterwerk, dem »Eugen Onegin«, unterlegte, kennzeichnet die gefühlsbetonte, im Grunde undramatische Eigenart des Bühnenkomponisten Tschaikowsky. Auch wenn er mit Polonäsen und Walzern, Arien und Chorszenen bewährte Operneffekte viel bewußter ansteuert als etwa Mussorgsky, bleibt sein Bestes doch die intime Szene, Lyrik und Atmosphäre. Tatjanas Brief-Arie, das Duett der rivalisierenden Freunde Onegin und Lenski vor ihrem tödlichen Duell, ein Kanongesang über dumpfem Baß-Ostinato, bilden die eigenlichen Höhepunkte.

In der späten »Pique Dame«, die unter italienischer Sonne komponiert wurde, werden handfestere Opernregister gezogen. Der Einakter »Jolanthe«, Tschaikowskys Abgesang, mündet wiederum in Lyrismus; das mittelalterliche Einakter-Sujet von der durch Liebe sehend gewordenen Blinden legte ihn nahe. Puschkin, der klassische Nährvater der russischen Opernkomponisten, lieferte auch Tschaikowsky die Themen zum »Onegin« wie zur »Pique Dame«, aber der Komponist ließ sich das Dichterwort doch zuerst in praktikable Libretti umgießen. Erwähnung verdient ein Ausflug zu Schiller (»Die Jungfrau von Orléans«).

International gültiger wurde der Ballettkomponist Tschaikowsky, obwohl »Schwanensee«, »Dornröschen« und die vielvertanzte Suite »Nußknacker« eher von dem vordergründigen, oberflächlichen Tschaikowsky zeugen – aber es tanzt sich nun einmal gut nach diesen eleganten, von romantisch-russischem Hauch übergossenen Orchesterweisen. Daß der Ballettexperte Strawinsky den um eine Generation älteren Tschaikowsky als »den russischsten von uns« erkannte, mag als authentische Einsicht manche westliche Vorurteile zerstreuen, denen Tschaikowsky nicht »russisch genug« erscheint.

Entwicklungsgeschichtlich wirkt seine Klassizität noch in Prokofjews Balletten nach, selbst wenn die Moskauer, die westlich orientierte Schule Tschaikowskys, nur Talente, aber keine Genies hervorbrachte. *Nikolaj Rubinstein,* sein väterlicher Freund, war ein ebenso tüchtiger Lehrer wie unbedeutender Komponist, und auch von dessen Bruder *Anton Rubinstein* (1829–1894), einem der berühmtesten Pianisten seiner Zeit, haben weder die sechs Symphonien, noch die Oper »Dämon«, einst hochgeschätzt, die Nachwelt erreicht. *Sergej Tanejew* (1856–1915) verdient als Lieblingsschüler Tschaikowskys und Schildhalter der russisch-westlichen Symbiose, als Pädagog und Autor von sieben kontrapunktisch meisterlichen Symphonien und sechs Streichquartetten Erwähnung.

Wichtiger als die unmittelbare Schülerschaft wurde für die russische Musik des 20. Jahrhundert das ideelle Beispiel, das Tschaikowsky gegeben. Seine Klassizität, obwohl vom musikalischen Stalinismus als »volksnah« verfälscht, schlägt bis heute Brücken von Rußland nach Europa.

Junge Nationalmusik

Im Rußland-Kapitel lernten wir die Quellen kennen, aus denen sich die Musikkulturen der jungen, erst im 19. Jahrhundert mit eigener Tonsprache, mit nationalem Selbstbewußtsein hervortretenden Völker speiste: die Französische Revolution als politisch-fortschrittliches Ereignis, die vorwiegend deutschgeprägte Romantik mit ihrer antikosmopolitischen Liebe zum Urtümlichen, Volkhaften, von der Zivilisation Verschütteten als geistiges. Kulturelles Erwachen geht allenthalben Hand in Hand mit politischen Ambitionen. Es melden sich gerade diejenigen Völker zu Wort, die seit langem, meist seit Jahrhunderten, unter Fremdherrschaft leben mußten. Für solche nationalbewußte Wiedergeburt lieferte keine Musikkultur ein so glänzendes, im Verhältnis zur Volkszahl imponierendes Beispiel wie die der wenigen Millionen Tschechen, die seit dem 16. Jahrhundert im Verband der habsburgischen Monarchie leben mußten.

Das Volk Smetanas, Dvořáks und Janáčeks konnte auf eine stolze Tradition zurückblicken. Am Prager Přemysliden Hof wurde gedichtet und gesungen wie allenthalben im Reich, die Hussiten zogen mit inbrünstigen Chorälen, die sich als religiöses Erbgut weiterentwickelten, ins Gefecht, und im Barockzeitalter hütete *Bohuslav Matěj Černohorsky* (1684–1742), den seine Landsleute als »tschechischen Bach« ehren, in Prag solide Orgel- und Motettentraditionen. Bereits 1723 wurde in Prag die erste – vom Wiener Joh. Joseph Fux komponierte – italienische Oper »Costanza e Fortezza« mit Pomp aufgeführt, 1734 folgte die erste nationalböhmische Oper »Praga nascita da Libussa e Primislao«, italienisch vertont von dem Neapolitaner Leonardo Leo. Im 18. Jahrhundert schätzte man Böhmen, das Musiker-Exportland, als »Konservatorium Europas«. Aber erst mußte Herder die europäischen »Stimmen der Völker« entdecken und die »sanften Slawen« preisen, mußte das Volk der Tschechen, dessen städtische Intelligenz im josefinischen Zeitalter kulturell fast österreichisch-deutsch amalgamiert worden war, seine Eigenwerte wiederentdecken, bis endlich *František Škroup* (1801 bis 1862) als Vertoner der Singspiele »Dráteník« (»Der Drahtbinder«, 1826) und »Fidlovačka« (1834) volkstümlich eigene Töne anschlug; das letztgenannte Singspiel lieferte zwar die spätere Nationalhymne der Tschechen (»Kde domov muj«, ein romantisch-gefühlvolles Strophenlied), unterschied sich jedoch kaum vom herrschenden, populär-romantischen deutschen Zeitstil.

Bedřich Smetana

Ein Genie mußte geboren werden, damit die schlummernden Reichtümer tschechischer Folklore in große Kunst verwandelt werden konnten: *Bedřich Smetana* (1824–1884). Er ist, etwas später aber kraftvoller prägend als Glinka, der Vater einer Nationalmusik: als Schöpfer von Opern, symphonischen Dichtungen und Kammermusik, als Pionier einer jungen bürgerlichen Musikkultur, als Organisator und Kritiker – kurzum, als Praeceptor Bohemiae.

Smetana wurde als Sohn eines Bierbrauers im nordostböhmischen Leitomischl (Litomyšl) geboren, etablierte sich nach provinziellen Studienjahren in Pr_ als Gründer einer Klavierschule, verdiente sich im schwedischen Göteborg die Kapellmeistersporen, wurde einer der vielen von Liszt Geförderten und in der Begabung Erkannten und wirkte in Prag bahnbrechend, freilich trotz dem wachsenden Erfolg seiner Volksoper

Bedřich Smetana, nach einer Radierung von Lindner, 1902

Die »Verkaufte Braut« von vielen seiner Landsleute mißverstanden und sogar als angeblicher Wagnerianer befehdet. Im 50. Lebensjahr befiel ihn Beethovens Krankheit, die völlige Ertaubung. Seine Vitalität raffte sich nochmals zu künstlerisch sublimierenden Meisterwerken auf, Triumphe wurden jedoch von Enttäuschungen abgelöst. Das heroische Pionierleben endete in der Zelle einer Prager Irrenanstalt.

Für die Welt ist Smetana vor allem der Komponist der »Verkauften Braut«, der Tondichtung »Die Moldau« und des e-moll-Streichquartetts. Solche schmale internationale Auslese läßt keinesfalls auf Durchschnittlichkeit seines übrigen, sehr umfangreichen Werkes schließen. Bei sieben von acht Opern Smetanas hemmen schwache Libretti die Verbreitung über die Landesgrenzen hinaus, doch beginnt man seit dem zweiten Weltkrieg besonders auf deutschen Bühnen dem »unbekannten Smetana« gerechter zu werden. An musikalischem Reichtum stehen die komischen Opern »Zwei Witwen«, »Der Kuß« und »Das Geheimnis« der »Verkauften Braut« kaum nach, sind an Feinheit der Faktur – volkstümliche Gesangsnummer und musikdramatische Szene werden im Reifestil verschmolzen – sogar überlegen.

Die »Verkaufte Braut«, 1866 zunächst mit mattem Widerhall uraufgeführt und zweimal umgearbeitet (ursprünglich ein Singspiel mit gesprochenen Dialogen), ist freilich ein Glücksfall, wie Rossinis »Barbier« oder Bizets »Carmen«: Ein sehr gelungenes Libretto (von Karel Sabina), das alte Buffa-Typik – Liebe überlistet einen Intriganten – ins lebensnahe Milieu eines böhmischen Dorfes verpflanzt, entfesselt alle guten Geister

Bedřich Smetana, Ich bin taub

Die Ursache, warum ich so selten von mir Etwas hören lasse, ist die Furcht, Ihnen und meinen sonstigen Freunden beschwerlich zu fallen. Denn gewiß ist ein Mensch, dem das Los nur die traurige Kehrseite des Lebens zugeteilt hatte, für die glücklicheren dieser Welt sehr – lästig, wenigstens unbequem. – Denn was soll man mit seinen Klagen anfangen? Und *ich* bin jetzt in einer solchen Lage des Lebens, daß ich nur – klagen müßte. Ich bin taub, und werde es wahrscheinlich schon immer bleiben. Alle möglichen Kuren und Doktoren halfen – nichts. Man kann eben gelähmte Nerven nicht mehr lebendig machen. Zu diesem namenlos traurigen Lose habe ich noch vielen anderen Kummer, und so kommt es, daß ich lieber von mir nichts hören lasse. Wie Balsam auf tiefe Wunden so wirkt eine ähnliche Kundgebung der Teilnahme wie es Ihr lieber Brief ist, und ich danke Ihnen dafür herzlichst. –

Sie haben die Ovationen erwähnt, welche mir bei der Gelegenheit der ersten Aufführ-

musikalischen Humors. Tänze, Polkas und Furiants vor allem, liedartige Melodien und sprühende Ensembles (zum Beispiel das ebenso einfache wie wirkungsvolle Sextett) reihen sich zu einer nicht abreißenden Kette von Einfällen aneinander.

Smetana selber hing an seinen späteren Schmerzenskindern mit innigerer Liebe. Insbesondere an der 1868 uraufgeführten und durchgefallenen tragischen Oper »Dalibor«. Sie war es, die ihm zuerst den damals für einen patriotischen tschechischen Künstler gefährlichen Ruf des »Wagnerianers« eintrug. Dabei zeugt gerade diese Oper von Smetanas Unabhängigkeit. Er bewunderte Wagners Musikdrama, das für ihn ebenso fortschrittliche, moderne Kunst bedeutete wie Liszts Programmusik, verwendete Leitmotive und symphonische Orchester, hielt jedoch stilistisch an der Grenze ein, die vom Primat der Gesangsmelodie (»Wir Tschechen sind ein singendes Volk«) abgesteckt wurde und tristanische unendliche Melodie ausschloß. »Dalibor« gehört in der motivischen Verflechtung des gesamten musikalischen Materials zu den erstaunlichsten Zeugnissen von Monothematik in der Oper. Aus einer aufsteigenden Stufenlinie, die gleich im kurzen Orchestervorspiel exponiert wird, leitet Smetana fast alle wichtigen Themen und

Melodien der Partitur ab. So auch Dalibors Kantilene:

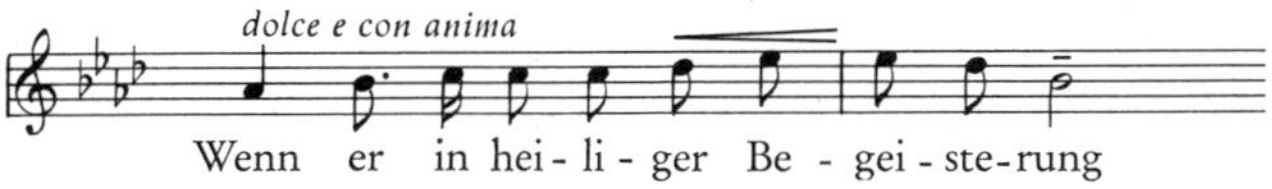

Wirklich Wagnerianer (und wenig inspiriert) war Smetana eigentlich nur in der mythologischen Oper »Libuše« (Libussa), die als patriotisches Festspiel zur Einweihung des Tschechischen Nationalheaters komponiert wurde.

Als Orchesterkomponist schuf er mit dem sechsteiligen, fast abendfüllenden Zyklus »Mein Vaterland« eine großartige tönende Apotheose böhmischer Landschaft und Ge-

rung meiner jüngsten Oper *»Hubička«* [Der Kuß] zu Teil wurde. Es waren wirklich Ovationen, wie ich sie noch nie erlebt hatte. Das Publikum hat meine Versuche, eine nationale Musik auch in der Oper einzuführen, auf eine Weise belohnt, die weit über meine etwaigen Verdienste hinausragt. Man hat mich unzähligemal herausgerufen, und vor dem Publikum erschienen festlich gekleidete Deputationen ohne Ende und überschütteten mich mit Kränzen aller Art, auch ein silberner, Adressen und Gedichten. – Ich bin wie betäubt, und vor Rührung wußte ich kaum, was ich tue. Nebstbei kamen Hunderte von Telegrammen aus allen Orten. Einige Gemeinden und Ortschaften ernannten mich zu ihrem Ehrenmitgliede usw. Man nennt mich den Begründer der nationalen Musik und erweist mir alle mögliche Auszeichnung. – Leider war ich in dem gesteckt vollen Hause der *Einzige*, der von der ganzen Musik, und dazu seiner eigenen, nicht *einen* Ton gehört hat.

Aus einem deutsch geschriebenen Brief an Charlotte Valentin in Göteborg, 1877

schichte. Liszts Tondichtungen waren die Vorbilder. Smetana »erzählt« in einem programmsymphonischen Lapidarstil, in den Polkas und liedartige Weisen (Die Moldau, Aus Böhmens Hain und Flur) und der altehrwürdige Hussitenchoral (Tábor) verwoben sind. Dichtung in Tönen, romantische Bekenntnismusik trotz der klassisch vierteiligen Form ist auch das Streichquartett »Aus meinem Leben«; im Finalsatz symbolisiert das viergestrichene e über zitternden Bässen den Schicksalsschlag, als Smetana sich seiner Taubheit bewußt wurde. Des Meisters Klaviermusik – er war in jungen Jahren ein vorzüglicher Pianist – ist von Chopin beeindruckt, mit brillanten Polken und der feinstilisierten Suite »Böhmische Tänze« als Bestem. Populäre Chormusik wurde die Kantate »Böhmisches Lied«.
Auf jedem kompositorischem Gebiet, das er überhaupt pflegte, hatte Smetana Bahnbrechendes für die junge Nationalmusik seines Volkes geschaffen. Nach seinem Tode wurde man sich erst seiner Größe voll bewußt und sah in ihm den Klassiker, ja den künstlerischen Heros der Tschechen schlechthin.

Antonín Dvořák

Als Smetana noch den Taktstock im Interims-Theater führte, spielte im Orchester ein junger Bratscher mit, der Fortsetzer seines Werkes und Bereicherer als Symphoniker und Kammermusikkomponist werden sollte: *Antonín Dvořák* (1841–1904). In Dvořák ersteht der traditionsreiche Typus des »böhmischen Musikanten« neu; er hat ihm in der Gestalt des Dorfkantors Benda in der volkstümlichen Oper »Der Jakobiner« ein Denkmal gesetzt. Gegenüber Smetana, dem »sentimentalischen« Künstler (um Schillers Terminologie zu gebrauchen) ist Dvořák der »naive«, weniger geistige, weniger universal gebildete Musiker, aber ein überlegener Melodiker und Sinfoniker. Dvořák kam als Gastwirtssohn in dem Dorf Nelahozeves nördlich von Prag zur Welt,

Dvořák und Brahms

... Antonín Dvořák wurde damals plötzlich von einer Sehnsucht nach Brahms gepackt und er fuhr einmal mit uns nach Wien. Es traf sich, daß wir damals gerade an einem Abend drei Meisterwerke der neueren Kammermusik zur Aufführung brachten: Das B-dur-Sextett von Brahms, das A-dur-Sextett von Dvořák und das Quintett von Bruckner. Ich besuchte Brahms mit Dvořák und seiner Frau, und dieser Besuch bleibt mir unvergeßlich. Brahms überredete Dvořák, er möge nach Wien übersiedeln, und da er wußte, daß Dvořák eine zahlreiche Familie besitzt, sagte er: »Sehen Sie, Dvořák, Sie haben viel Kinder und ich habe fast niemand mehr. Wenn Sie etwas brauchen, mein Vermögen steht Ihnen zur Verfügung.« Frau Dvořák standen die Tränen in den Augen und Dvořák faßte den Meister gerührt bei der Hand. Es wurde dann über Glauben und Religion gesprochen. Dvořák war bekanntlich von einem aufrichtigen, fast kindlichen Glauben erfüllt, während Brahms' Ansichten ganz entgegengesetzt waren. »Ich habe zu viel Schopenhauer gelesen und schaue mir die Sachen anders an«, meinte er. ... Während des Rückweges zum Hotel war Dvořák sehr schweigsam. Endlich sagte er nach einer geraumen Weile: »Solch ein Mensch, solch eine Seele – und er glaubt an nichts, er glaubt an nichts!« Einige Tage nachher erhielt Dvorák von Brahms Sabatiers Buch: »Der heilige Franziskus«, in dem er dann eifrig las.

Aus: Josef Suk, Aus meiner Jugend

Notenhandschrift Dvořáks: erste Partiturseite des Violinkonzerts op. 53

lernte in der Hauptstadt Orgel und Bratsche spielen, begann mit dem zwanzigsten Lebensjahr zu komponieren, reifte aber nur langsam zum Meister. Brahms wurde sein verehrter, gleichzeitig bewundernder und fördernder Freund. Dvořáks Leben verlief ruhig und arbeitsreich. Eine Professur am Prager Konservatorium krönte seine heimische Karriere, eine Berufung ans New Yorker Konservatorium (1892–1895) und Reisen nach Deutschland und England zu eigenen Premieren die weltläufige. Sein Oeuvre umspannt fast lückenlos sämtliche Kompositionsgattungen. Die Leichtigkeit der Produktion verführte zum Vielschreiben. Aber aus der strotzenden Fülle hat sich doch vieles über das Halbjahrhundert nach seinem Tode am Leben gehalten.

Vor allem in der absoluten Musik. Dvořák ergänzte Smetanas Werk insofern, als er als erster Tscheche gültige Symphonien schrieb, insgesamt neun. Die letzte, »Aus der neuen Welt« betitelt (weil sie in Amerika entstand und indianische Motive anklingen läßt, die jedoch alle von Dvořák selbst erfunden sind), wurde ein Welterfolg; auch die vorangegangenen, die 7. in d-moll, pathetisch und beethovennah, und die 8. in G-Dur, naturselig und strömend von Kantabilität, gewinnen immer mehr Freunde.

Dvořák fühlte sich nicht als symphonischer Reformator. Er benützte die Formen, die er vorfand, und teilte mit Brahms den Glauben an die Möglichkeit absoluter Musik auch nach Beethoven. Er komponierte unproblematisch, gewissermaßen im Bewußtsein einer heilen Welt. Was Dvořáks reife Symphonik alle Stilwechsel überdauern ließ, ist neben dem soliden Handwerk die Unverwechselbarkeit der melodiethematischen Prägungen. Der Harmoniker Dvořák verrät sich, auch wenn seine Grundhaltung eher konservativ war, in der Vorliebe für die Terzverwandtschaften; geheime Querverbindungen zu Schubert scheinen zu wirken, dessen Blutserbe dem benachbarten mährischen Raum entstammt und der ähnliche Wendungen bevorzugte, wie ja auch Dvořáks verschwenderische Produktivität schubertisch anmutet.

Auf Meisterhöhe stehen auch die hervorragendsten Instrumentalkonzerte Dvořáks: das für Cello in h-moll, ein Solitär seiner Gattung, das für Geige in a-moll mit einem tiefen Adagio und einem zündenden Furiant als Finale, das für Klavier in g-moll, das in seiner vorherrschenden Orchestersymphonik an Brahms erstes erinnert. Die musikantisch unbeschwerte Streicherserenade in E-Dur klingt weiter, wie auch die beiden Zyklen »Slawischer Tänze«, ursprünglich für Klavier vierhändig geschrieben: zweimal acht Volltreffer der Erfindung, allslawisches Pendant zu Smetanas »Böhmischen Tänzen«. Nicht unterschätzen sollte man den Programmusiker Dvořák (er suchte zeitlebens seinen Weg zwischen dem strengen Brahms und dem modernen Liszt); die drei »Slawischen Rhapsodien« raunen in mythischem Balladenton, in den sich ein melodienseliger Spielmann einzumischen scheint, die symphonischen Dichtungen »Der Wassermann«, »Die Mittagshexe«, »Das goldene Spinnrad« und »Die Waldtaube« erzählen Volkssagen.

Vielleicht gab Dvořák sein Persönlichstes, Intimstes in den Kammermusikwerken. Es ist eine schier mozartische Fülle, aus der nur besonders Charakteristisches hervorgehoben werden kann. Das sogenannte Dumky-Trio in e-moll, das vierte in dieser Besetzung, überträgt die russische Form gegensätzlicher, bald trauriger, bald übermütig lustiger Gesänge ins Instrumentale. Das Klavierquintett in A-Dur op. 81 ist mit seiner warmblütigen Melodik zu den Juwelen der dvořákschen Kammermusik zu zählen; nicht weniger als fünf Quintette liegen vor. Der Geiger und Bratscher Dvořák konnte natürlich die Krone der Kammermusik, das Streichquartett, nicht vernachlässigen. Er schrieb deren dreizehn, als Einundzwanzigjähriger schon beginnend, mit dem »Amerikanischen« in F-Dur und den beiden allerletzten in As-Dur und G-Dur Gipfel des Genres und der nachbeethovenschen Produktion überhaupt ersteigend.

Von Dvořáks Klavierstücken, so harmlos nett sie sind, wurde einem, der Ges-Dur-Humoreske, weltweite Popularität zuteil. Die Klavierlieder finden oft echten Volkston, die »Mährischen Duette« (deutsch »Klänge aus Mähren« betitelt) für Sopran, Alt und Tenor gewannen in Deutschland viele Freunde. Bedeutender sind Dvořáks Chorkompositionen, mit einem Stabat Mater und einem Requiem als zentralen Werken.

Der Opernkomponist bleibt, was Originalität und primär dramatischen Zugriff betrifft, im Schatten Smetanas, obwohl er sich das ganze Leben lang um die Oper bemühte, nicht weniger als elf Partituren schrieb (eine frühe, »Der König und der Köhler«, sogar zweimal, weil die erste, wagnerisierende, nicht gefiel!), und obwohl er als reifer Mann mit der »Rusalka« (1901) die reichste, in ihren farbigen, schillernden Modulationen schon zum Impressionismus weisende Undine-Version schuf. Dvořák erscheint, wenn er Operneffekte anstrebt, weniger er selbst als in seinen Instrumentalkompositionen. Bald ahmt er geradezu Smetana nach (in »Der Bauer ein Schelm«, 1966 in der Bearbeitung von Kurt Honolka als »Der Schelm und die Bauern« für Deutschland wiedererweckt), bald schwingt er sich zu Verdi-Pathos auf (im »Dimitrij«, der dort anfängt, wo »Boris Godunow« aufhört).

Indessen enthält der beste Opern-Dvořák soviel entwaffnend üppige Melodien, daß man schon die Begeisterung vieler Großer, so Richard Strauss', für eine Semiseria wie den volkstümlichen »Jakobiner« verstehen kann. Diese Oper enthält ein Duett, das man, ähnlich wie Verdis Nabucco-Heimatchor, geradezu als künstlerische Visitenkarte einer ganzen nationalen Musikepoche und ihres beherrschenden Meisters werten kann: »Musik allein war unser Trost und Hoffnungsschein.«

Im Schatten Smetanas und Dvořáks komponierten zwei Generationen begabter Tsche-

chen. *Zdeněk Fibich* (1850–1900) kam wie sein Idol Smetana von der deutschen Romantik und von Wagner her, vertonte anfangs sogar deutsche Operntexte und setzte Smetanas nationalmythische Oper fort (Blaník, Šárka). Als Kuriosum verdient Fibichs Trilogie von Melodramen (Hippodamia) nach antikischen Texten des namhaften Poeten Jaroslav Vrchlický Erwähnung. Er knüpfte damit an die alte Melodramen-Tradition des böhmischen Emigranten Benda an. Ganz im deutschen Musikkreis wurzelt auch das vielseitige Werk *Josef Bohuslav Foersters* (1859–1951), der viele Jahre seines langen Lebens in Deutschland und in Wien verbrachte und sich in Symphonien, Opern und Chorwerke hochromantisch entfaltete. Spätromantiker war Dvořáks Schwiegersohn *Josef Suk* (1874–1935), Mitglied des weltberühmten Böhmischen Quartetts, Komponist der musikantischen Streicherserenade in Es-Dur und vierer großangelegter symphonischer Dichtungen (Asrael, Märchen des Sommers, Das Reifen, Epilog), die in über dreißig Schaffensjahren entstanden und nach dem ersten Weltkrieg im Dienste des Ausdrucks zu freitonaler Harmonik vorstießen.
Dvořák-Schüler war *Oskar Nedbal* (1874–1930), der u. a. Märchenopern schrieb, dessen größter Erfolg jedoch die Operette »Polenblut« wurde, Reger-Schüler der später nach Amerika ausgewanderte *Jaromír Weinberger* (geb. 1896), dem mit der polkaseligen Märchenoper »Schwanda, der Dudelsackpfeifer« ein internationaler Schlager gelang. Die für das tschechische Kulturleben in der jungen Republik bezeichnende Umorientierung von Wien nach Paris kündigte sich im Spätschaffen des in Dvořáks Lehre aufgewachsenen *Vítězslav Novák* (1870–1949) an; ein vielseitiger, als Pädagog einflußreicher Meister, dessen »Slowakische Suite«, Lieder und Kammermusik sich bei den Tschechen großer Wertschätzung erfreuen, ebenso seine Lustspielopern »Karlstein« und »Die Laterne«.

Leoš Janáček

Obwohl nur dreizehn Jahre jünger als Dvořák, wurde *Leoš Janáček* (1854–1928) erst im 20. Jahrhundert, im letzten Dezennium seines Lebens, als das erkannt, was er wirklich war: der dritte Große der tschechischen Musik, eines der wenigen Originalgenies der neueren Zeit. Er nimmt innerhalb der tschechischen Musikkultur eine Stellung ein, die man mit der Mussorgskys bei den Russen vergleichen könnte: Was immer

Leoš Janáček, Sprachmelodie

Sprachmelodie? Für mich hat die Musik so, wie sie aus den Instrumenten klingt, aus der Literatur, und wenn es selbst Beethoven oder wer immer ist – wenig Wahrheit. Wissen Sie, es war irgendwie eigentümlich, wenn mich jemand ansprach, ich habe seine Worte vielleicht nicht verstanden, aber der *Tonfall!* Ich wußte gleich, was in ihm steckt: ich wußte, wie er fühlt, ob er lügt, ob er erregt ist, und wenn so der Mensch mit mir sprach – es war ein konventionelles Gespräch – so fühlte ich, ich habe es *gehört,* daß der Mensch innerlich, sagen wir, weint. Töne, der Tonfall der menschlichen Sprache, jedes Lebewesens überhaupt, hatten für mich die tiefste Wahrheit. Und sehen Sie, dies war mein *Lebensbedürfnis.* Sprachmelodien sammle ich vom Jahre neunundsiebzig – ich habe ihrer eine riesenhafte Literatur – wissen Sie, das sind meine Fensterchen in die Seele – und was ich betonen möchte: gerade für die *dramatische* Musik hat dies große Bedeutung. *Aus einem Interview in der Zeitschrift »Literární svět«, 1928*

er schrieb, klang neuartig, auch wenn Janáček weder mit Atonalität, noch mit Neo-Klassizismus, noch mit anderen Strömungen der Moderne das Geringste zu tun hatte. Er war ein Feuerkopf, der seinen eigenen Weg ging. Während Smetana und Dvořák ohne deutsche Kultureinflüsse undenkbar erscheinen, zog es Janáček nach dem Osten. Dem slawischen Rußland fühlte er sich verwandter als dem europäischen Westen.
Leoš Janáček wurde als Sohn eines armen Dorflehrers in Hukvaldy (Hochwald) am Rande der Beskiden in Nordostmähren geboren. Sein Lebensweg verlief provinziell eintönig. Er wurde am Augustinerkloster in Brünn musikalisch ausgebildet, ergänzte seine Studien in Prag, Leipzig und Wien und wurde in Brünn als Leiter einer Orgelschule seßhaft. Er war ein Spätreifer. Jahr für Jahr sammelte er Volkslieder seiner mährischen Heimat, beobachtete er, mit Notizbuch und Bleistift, das Gekeife von Marktweibern, Redensarten des Alltags, Naturlaute, wie das Murmeln des Baches und das Zwitschern der Vögel. »Für mich hat die Musik so, wie sie aus den Instrumenten klingt ... wenig Wahrheit. Töne, der Tonfall der menschlichen Stimme, jedes Lebewesen überhaupt, hatten für mich die tiefste Wahrheit. Und sehen Sie, dies war mein Lebensbedürfnis. Sprachmelodien ... wissen Sie, das sind meine Fensterchen in die Seele – ... gerade für die dramatische Musik hat dies große Bedeutung.« Weder in Prag noch in Wien nahm man jedoch von dem Brünner Organisten Kenntnis, auch nicht, als seine Oper »Jenufa« (Originaltitel »Její pastorkyňa« = Ihre Ziehtochter) 1904 in der mährischen Hauptstadt mit Erfolg gespielt wurde.
Janáček mußte zweiundsechzig Jahre alt werden, ehe dieses sein Meisterwerk endlich, zwölf Jahre nach der Uraufführung, den Weg ans Prager Nationaltheater fand, und noch zwei weitere, ehe Wien es entdeckte. Nach dem ersten Weltkrieg endlich begann man Janáček auch im Ausland zu erkennen. Die lange Zurücksetzung hatte den Meister verbittert, der Tod seiner beiden Kinder und die Entfremdung in seiner Ehe vorher schon Lebenskrisen gebracht. Der späte, wachsende Ruhm gab ihm nun neuen Auftrieb; im Greisenalter erfaßte ihn ein herbstlich-leidenschaftlicher Liebesrausch (das Streichquartett »Intime Briefe« zeugt davon), die musikalische Produktion floß üppiger denn je. Mit vierundsiebzig Jahren starb Janáček in einem Krankenhaus in Mährisch-Ostrau an den Folgen einer Lungenentzündung.

Jenufa

Das Zentrum seines Schaffens bildet die Vokalmusik, vor allem die Oper. »Jenufa«, seine dritte Oper, ist überhaupt die erste tschechische, die auf einen Prosatext komponiert ist; das zugrunde liegende Schauspiel der Unterhaltungsschriftstellerin Gabriela Preissová bringt menschliche Ursituationen auf die Bühne: Liebe, Eifersucht, Rache, Sühne – Cavalleria rusticana unter mährischen Bauern, durch Janáček auf die Höhe eines Menschheitsgleichnisses gehoben.
Seine Technik der Reihung kantabler Motive, die dem Sprechgesang nachempfunden sind, ist bereits vollendet ausgeprägt. Was er dem Tonfall der Menschenstimme ablauschte, wird nicht etwa naturalistisch ausgebreitet, die Sprachmelodie dient nur als Rohstoff und wird zu sangbarem Melos stilisiert.

Neu an dieser Partitur ist das Fehlen traditioneller Arien-Melodien. Geschlossene Formen finden sich nur in den eingestreuten folkloristischen Weisen. Janáčeks Harmonik reichert die Dur-Moll-Tonarten mit Kirchentönen an, seine Rhythmik bevorzugt Synkopen und Unsymmetrie, die Orchestrierung meidet den Klangkomfort der Wagnernachfolge und liebt ungemischte, frische Farben. Gelegentlich – so zur Symbolisierung des Mühlengeklappers – werden Xylophon und andere charakteristische Schlaginstrumente verwendet.

Mehrere unter den folgenden Opern stehen der »Jenufa« musikalisch nicht nach, erweitern vielmehr deren Ausdrucksbereich. So die Künstlertragödie »Schicksal« (die erst 1958, in tschechischer und davon verschiedener deutscher Bearbeitung, diese durch Kurt Honolka, überhaupt auf die Bühne kam), so die Doppeloper »Die Ausflüge des Herrn Brouček« durch leitmotivische Bezüge, »Katja Kabanowa« (1921) durch warmblütigen Lyrismus, »Das listige Füchslein« (1924) durch Feinheit der motivischen Arbeit und Reichtum der Naturstimmungen (man hat die Tieroper einen »mährischen Sommertagstraum« genannt), »Die Sache Makropoulos« (1926), eine phantastische Kriminalgeschichte, durch Expressivität des Sprechgesangs.

Erst nach Janáčeks Tod wurde die nachgelassene Oper »Aus einem Totenhaus« uraufgeführt – eigentlich eine rechte Un-Oper und insofern in jüngster Zeit als besonders modern empfunden –, Episoden aus Dostojewskijs berühmten Aufzeichnungen vom Leben in einem sibirischen Straflager, Bekenntnisse, Beichten von Häftlingen, primitives Laien-Theater, Bosheit und Güte: ein Männerstück, ein Kollektiv-Musikdrama von beklemmender Düsterkeit. Zugleich ein ergreifendes Credo der Menschlichkeit, des Mitleidens mit Erniedrigten und Beleidigten. »In jeder Kreatur der göttliche Funke« schrieb Janáček über seine letzte Partitur.

Auch in seinen ebenso unkonventionellen, dem Liedertafelstil der Zeit meilenweit fernen Chören fühlte er mit Entrechteten (Maryčka, Magdónova, Kantor Halfar, 70000). Ein Unikum muß man den Liederzyklus »Tagebuch eines Verschollenen« nennen: Ein Bauernbursch schildert, wie er von einer Zigeunerin verführt wird und sein Dorf verläßt; Tenor, Alt und Frauenstimmen-Terzett versprühen die wunderbarste Liedlyrik seit Hugo Wolf (und ganz unverwandt mit ihm, natur- und volksliednäher). Eigenbrötlerisch, echt janáčekisch ist auch der liturgische Text in der »Glagolitischen Messe« vertont. Der Zweiundsiebzigjährige wollte »den Leuten zeigen, wie man mit dem lieben Gott zu reden hat«: nämlich in altslawischer Sprache, ohne klassisch-romantische Soli und Chorfugen, hingegen mit Orgelbrausen und Blechgeschmetter.

Immer überraschte Janáček durch Unvorhergesehenes. So etwa, wenn er die späte »Sinfonietta« – eigentliche Symphonien schrieb er nicht, nur sinfonische Dichtungen, wie den »Taras Bulba« – mit einer Fanfare von nicht weniger als elf Trompeten festlich anheben ließ. Aus vielfältiger Kammermusik, die sich auch nicht scheute, Kinderreime zu vertonen, sind die beiden hochbedeutenden Streichquartette hervorzuheben: das erste, von Tolstojs »Kreutzersonate« angeregt, symbolisiert Katja Kabanowas tragische Ehebruchsverstrickung; das zweite, »Intime Briefe« betitelt, ist ein Niederschlag von Janáčeks herbstlicher Liebesleidenschaft; beide Quartette sind eigenwillige, mit den Konfessionen des späten Beethoven vergleichbare Varianten des ewigen Themas, den vier Streichinstrumenten in vier Sätzen höchst Persönliches anzuvertrauen.

Und ganz persönlich ist auch der Beitrag Leoš Janáčeks zur Musik des 20. Jahrhunderts. »Modern« ist er mit seinem unerschütterten Glauben an die Kräfte der Tonalität nur im Sinne der Erkenntnisse Hindemiths oder Ansermets. Von den Konventionen des 19. Jahrhunderts hat er sich andrerseits schon in den frühen »Lachischen Tänzen«, in Dvořáks Nachfolgeschaft, distanziert. Zu werten ist Janáček nur als er selbst, als Persönlichkeit: nach Goethe höchstes Glück der Erdenkinder.

Polnische Musik

Die Musikkultur des polnischen Nachbarvolkes stand jahrhundertelang im Schatten unglücklicher politischer und gesellschaftlicher Gegebenheiten, die eigenständige Kulturzentren kaum aufkommen ließen. Der Patriot Chopin ging frühzeitig außer Landes, und damit die überragende Persönlichkeit, die der polnischen Nationalmusik entscheidenden autochthonen Auftrieb hätte geben können. Noch der Symphoniker und Opernkomponist *Ignacy Feliks Dobrzynski* (1807–1867) hielt sich im herrschenden klassisch-romantischen europäischen Stil, ähnlich sein Schüler O. Kolberg, der polnische Volkslieder sammelte.
Als Vater der polnischen Nationalmusik wird *Stanislaw Moniuszko* (1819–1872) verehrt, aber auch seine Musik kann sich, wenngleich sie polnische Tänze – Mazurka, Polonaise, Krakowiak – verwertet und Stoffe des polnischen Lebens auf die Bühne bringt, weder was nationale Eigenart noch was Qualität betrifft etwa mit der Smetanas messen. Moniuszko, Sohn eines kleinen Landbesitzers in der Provinz Minsk, empfing die bestimmenden musikalischen Anregungen beim Studium in Berlin, ging dann nach Polen zurück und wurde Organist in Wilna. Dort erlebte, nach mehreren Operetten, seine Oper »Halka« 1848 die konzertante Uraufführung. Zehn Jahre dauerte es, bis sie, den Widerstand der Warschauer Akademiker brechend, in der Hauptstadt die Opernbühne eroberte; die traurige Geschichte eines von einem adeligen Herren verführten Bauernmädchens, mit vitalen Tanzszenen und Anklängen an wagnersche Leitmotivik, wurde dann zur polnischen Nationaloper Nummer eins.
Von den insgesamt neun Opern Moniuszkos hatte außerdem die Buffa »Das Gespensterschloß« (Straszny dwór), stilistisch ein deutsch-italienisch-polnisches Gemisch, Erfolg. Das Schwergewicht von Moniuszkos Oeuvre liegt jedoch bei den Sakralwerken und Liedern (mehrere Hunderte).
Von seinen Nachfolgern erlangten *Wladislaw Żeleński* (1837–1921) und *Zygmund Noskowski* (1846–1908) Einfluß als Kompositionslehrer, *Henri Wieniawski* (1835–1880) als weltberühmter Geigenvirtuos und Verfasser brillanter Polonaisen, Mazurken, Obereks und Dzuziars (polnischer Volkstänze) und zweier vielgespielter Violinkonzerte, *Moritz Moszkowski* (1854–1925), der sich, aus Breslau gebürtig, mehr als Deutscher fühlte, mit seinen »Spanischen Tänzen«, und *Ignacy Paderewski* (1860–1941) als glanzvoller Klaviervirtuos; sein hauptsächlich in Amerika errungenes Prestige wurde von der jungen polnischen Republik damit quittiert, daß sie ihn 1919 zum Ministerpräsidenten und Außenminister machte und ihn den Versailler Frieden im Namen Polens unterzeichnen ließ.
Die übrigen slawischen Völker waren durch den Mangel städtischer Musikzentren noch stärker benachteiligt. Slowakische, slowenische, kroatische, serbische und bulgarische Meister von überlokaler Bedeutung traten im 19. Jahrhundert nicht in Erscheinung, so reich auch in diesen Ländern der ungebändigte Strom der Volksmusik floß.

Skandinavische Musik

Hingegen meldeten sich schon in der frühen Romantik die skandinavischen Völker mit Nachdruck zu Wort. Deutschland war damals die musikalische Hochschule für national orientierte Geister. In Dänemark schuf der Deutsche *Friedrich Kuhlau* (1786–1832) die Grundlagen, *Johann Peter Emil Hartmann* (1805–1900) komponierte u. a. eine Walküre (1861) und eine Hans-Christian-Andersen-Oper »Liden Kirsten«. Er gilt als Begründer des nordischen Romantizismus, sein Schwiegersohn *Niels Vilhelm Gade* (1817–1890) als ihr eigentlicher Meister. Gade, geboren und gestorben in Kopenhagen, empfing die bestimmenden Eindrücke von Mendelssohn in Leipzig, wurde dort vorübergehend sein Nachfolger am Gewandhaus und organisierte, heimgekehrt, das Musikleben der dänischen Hauptstadt. Romantisch im Sinne Mendelssohns (mit klassizistischen Einschränkungen auch Schumanns) gibt sich der Komponist Gade: früh erfolgreich mit einer Ossian-Ouvertüre und einer c-moll-Symphonie, mit der Kantate »Elverskud«, skandinavische Volkslieder verarbeitend und allezeit der deutschen Romantik tief verbunden. »Uns're Kunst heißt Poesie« lautete das, deutsch formulierte, Motto seiner 1. Symphonie (er ließ noch sieben weitere folgen).
Erst mit seinem Schüler *Carl Nielsen* (1865–1931) mischte sich wieder eine bedeutsame dänische Stimme ins europäische Konzert. Nielsen, Sohn eines armen Zimmermalers, der als Bub noch die Schafe gehütet hatte, kam als Orchestergeiger nach Kopenhagen, wo er bis zum Konservatoriumsdirektor und maßgebenden Hüter von Gades Erbe emporstieg. Er war, obwohl vielseitig von der Oper (»Maskerade«, 1906, eine erfolgreiche Buffa) bis zur Kammermusik, vor allem Symphoniker. Die erste Symphonie entstand noch zu Brahms' Lebzeiten, die 3., »Sinfonia espansiva«, führt Sopran und Bariton vokalisierend ein. Nielsen kam von der Spätromantik her, bediente sich aber der Errungenschaften des 20. Jahrhunderts so weit, daß er in seine kontrapunktische Schreibweise auch freitonale und polytonale Bildungen einbaute, insofern ein Wegbereiter neuer Musik in Dänemark.

Edvard Grieg

In Norwegen bemühten sich *Halfdan Kjerulf* (1815–1868) mit Liedern und Klavierstücken und *Johann Svendsen* (1840–1911) mit Orchestermusik, darunter zwei Symphonien und vier »Nordischen Rhapsodien«, um die Schaffung einer eigengeprägten Musik. Doch blieb im damaligen Christiania die Abhängigkeit von der deutschen Spätromantik ganz dominierend. Auch *Edvard Grieg* (1843–1907) studierte in Leipzig und wurde dort zum Bewunderer Mendelssohns und Schumanns. Als reifer Meister war er nirgends so populär wie in Deutschland, das er oft als Pianist und Dirigent bereiste. In seiner Heimat leistete er Entscheidendes für die Entfaltung der jungen norwegischen Musikkultur: als Gründer der Philharmonischen Konzerte, der Norwegischen Musikakademie (im selben Jahr 1867, als er auch seine künstlerische Gefährtin, die Sängerin Nina Hagerup, heiratete), als Freund der literarischen Nationalheroen Björnson und Ibsen, vor allem aber durch sein Schaffen. Es wurde als so bahnbrechend empfunden, daß Grieg schon 1880 vom König eine Ehrenrente erhielt; seit 1885 lebte er, dessen zarte Gesundheit oft gefährdet war, in seinem Landhaus in Troldhaugen.
Grieg hat mit Björnson, den er als Librettisten gewann, um die erste norwegische

Nationaloper gerungen (aus dem Fragment »Olav Trygvason« wurde jedoch nur eine Kantate), er hat für Ibsens kritisch-mythisches Nationalgedicht »Peer Gynt« eine klassisch gewordene Schauspielmusik geschrieben, deren zwei Suiten, obwohl durch Klüfte musikalischer Geographie getrennt, fast ebenbürtig neben Bizets Arlésienne-Folgen, Melodienwunder beide, stehen, und er hat Björnsons »Sigurd Jorsalfar« mit Szenenmusik ausgestattet. Alles Taten, die ihm einen Ehrenplatz in der nationalen Musikgeschichte sichern.

Trotz solchen dramatischen Ambitionen blieb Grieg doch ein Meister der kleinen Form, und er wußte dies. »Bach und Beethoven haben auf den Höhen Tempel und Kirchen errichtet. Ich wollte ... Wohnstätten für die Menschen bauen, in denen sie sich heimisch und glücklich fühlen ... « Tatsächlich fühlten sich die Bürger des 19. Jahrhunderts sehr glücklich in der kleinen, heimeligen Welt der pianistischen Erinnerungen, Kobolde, Elegien und folkloristisch reizvollen Tänze, die der Miniaturist Grieg in zehn Büchern seiner »Lyrischen Stücke« ausbreitete. Gewiß, das Einerlei der Dreiteiligkeit mag primitiv anmuten, die ewigen Wiederholungen desgleichen, aber es strömt doch ein frischer, bergnaher Hauch von den besten Stücken aus, und gelegentlich, so in den »Glocken«, kündigt sich sogar – ausnahmsweise – eine neue, von akademischen Regeln befreite Zeit an:

Die norwegische Apartheit Griegs entsteht durch Harmonien, die gemessen an traditioneller mitteleuropäischer Gewohnheit »exotisch« wirken (wie etwa der Dur-Dreiklang auf der vierten Stufe in einer Moll-Kadenz – folkloristische Abwandlung uralter Kirchentöne). Der Liederkomponist Grieg, der Björnson, Ibsen, den Bauerndichter A. O. Vinje, deutsche und dänische Poeten vertonte, hat sich über die Jahrzehnte seit seinem Tod so lebendig erhalten wie der Schöpfer des effektvollen Klavierkonzerts in a-moll, seines einzigen. *Christian Sinding* (1856–1941), ein wenig anrüchig populär durch sein pianistisches »Frühlingsrauschen«, setzte Griegs nationale Bestrebungen mit Volksliedbearbeitungen, Liedern, drei Symphonien und einer (auf deutschen Text komponierten) Oper epigonenhaft fort.

Schwedens Nationalmusik, in der Königstadt Stockholm sicherer fundiert, baute ähnlich auf deutscher Romantik auf: *Adolf Fredrik Lindblad* (1801–1878) verdiente sich durch seine romantischen Lieder den Ehrentitel eines »schwedischen Schubert«, *Ovar Hallstroem* (1826–1901) suchte eine nationalschwedische Oper, auf Weber und Meyerbeer aufbauend, zu schaffen (»Den Bergtagna«, 1874), *Franz Beerwald* (1796–1868) gilt als Begründer der romantischen schwedischen Symphonie. Doch ward dem literarisch so hochbegabten Volk kein dem großen Strindberg und der Lagerlöf ebenbürtiger Musiker beschieden, auch wenn *Natanael Berg* (1879–1957) und *Kurt Magnus Atterberg* (geb. 1887), dieser als Schöpfer von neun spätromantischen, folkloristisch gewürzten Symphonien und als Dirigent einflußreich, für ihr Land Beachtliches leisteten.

Jean Sibelius

Die musikalische Führung in Skandinavien ging nach Griegs Tod zunächst an das kleine Volk der Finnen über: dank der Persönlichkeit des *Jean Sibelius* (1865–1957). Vor ihm hatte es nur Tastversuche zu finnischer Eigenmusiksprache gegeben. *Fredrik Pacius* (1809–1891), der Autor der ursprünglich schwedisch textierten finnischen Nationalhymne, war ein Deutscher aus Hamburg, *Martin Wegelius* (1846–1906), Sibelius' Lehrer, zwar als Gründer des Konservatoriums in Helsinki ebenso verdienstvoll wie *Robert Kajanus* (1856–1933) als Musikorganisator, aber beide als Komponisten doch nur romantische Epigonen.
Gerade dies aber war Sibelius nicht; bereits seine ersten Orchesterstücke »Eine Saga« (1892) und die Karelia-Suite (1893) beweisen es. Ein neuer, frischer Ton war aufgebrochen, der die deutsch-romantische Schule Sibelius' – er hatte in Helsingfors, Berlin und Wien studiert – nicht verleugnete, jedoch mit einem eigenen Idiom einfärbte. In der Tondichtung »Finlandia« (1899) glaubt man nordische Volksweisen zu hören, doch ist alles freie Erfindung des Komponisten; das Werk wurde im zaristischen Rußland verboten und gerade darum ein patriotisches Symbol.
Wenigen Meistern wurde in so jungen Jahren die Wertschätzung durch die Nation zuteil. Schon mit einunddreißig Jahren erhielt Sibelius einen staatlichen Ehrensold, der ihm sorgenfreies Schaffen in seinem wuchtigen Holzlandhaus in Järvenpää, nördlich von Helsinki, ermöglichte. Dort verbrachte er, von Konzertreisen nach Deutschland, England und Amerika abgesehen, ein ruhiges, arbeitsreiches Leben, dessen Produktivität freilich schon dreißig Jahre vor dem Tod zu erlöschen begann.
Sibelius' europäischer Ruhm wurde noch im 19. Jahrhundert mit den erwähnten Orchesterwerken begründet, gemehrt durch das 1903 von Richard Strauss uraufgeführte einzige Violinkonzert, ein zugleich virtuoses wie poetisches Werk, und die symphonischen Dichtungen »Vier Legenden« (nach dem Kalevala, dem großen Epos der Finnen, mit dem Helden Lemminkäinen im Mittelpunkt), »Pojholas Tochter« und »Tapiola« (so heißt der finnische Waldgott der Sage).
Ein unverwechselbarer, schwerblütiger Klang, Saitenspiel eines nordischen Rhapsoden, besticht in diesen echten Ton-Dichtungen; technisch gesehen trägt die Verwendung der alten Kirchentöne, Erbteil so vieler nationaler Musikkulturen, zum finnischen Folklore-Klang bei. Die populär gewordene »Valse triste«, einer frühen Schauspielmusik entnommen, ist viel weniger bezeichnend für Sibelius (übrigens schrieb er noch mehrere Bühnenmusiken, u. a. zu Maeterlincks »Pelléas et Mélisande«, Shakespeares »Sturm« und Hofmannsthals »Jedermann«).
Sein Bedeutendstes, die sieben Symphonien, werden in des Komponisten Heimat pietätvoll gepflegt, während sie im Ausland kaum Aufnahme in die Konzertprogramme gefunden haben, von den angelsächsischen Ländern vielleicht abgesehen. Dennoch verdienen sie die Beachtung, die ihnen, nach des Autors Tod, in jüngster Zeit durch Herbert von Karajans Schallplattenaufnahmen zuteil geworden ist. Sie umfassen einen ganzen Kosmos phantastischer Klangbilder und persönlicher Bekenntnisse; in Sibelius' Schaffen gleicht ihnen sonst nur das Streichquartett »Voces intimae« – im Titel frappant Janáčeks »Intimen Briefen« ähnelnd!
Das symphonische Werk spiegelt in seinem Wechsel von einfach-verständlich (3. und 5. Symphonie) und asketisch-vergrübelt (4. und 6.) die schöpferischen Spannungen in der

Seele des Komponisten, der in eine epigonale Ära hineingeboren wurde, von der neuen Musik ziemlich unberührt blieb und seinen eigenen Weg zu gehen entschlossen war. Die 7. Symphonie, vier Sätze in einen verschmolzen, bildet den formalen, wenn auch nicht am leichtesten zugänglichen Gipfel in einer Entwicklung, die sich von vornherein alle Freiheit gegenüber der Form vorbehielt. Exposition, Durchführung und Reprise werden unabhängig von den hergebrachten Schemata abgewandelt, Themen wachsen aus Motiven zusammen, eine Art von pflanzlich-organischem Leben scheint in diesen symphonischen Phantasien zu wuchern. Sibelius selbst strich nachträglich alle poetisierenden Titel-Anklänge, er wollte seine Symphonien »der Idee und der Ausführung nach ohne ein zugrundeliegendes Programm«, als absolute Musik, aufgefaßt wissen. Abseits von den modernistischen Strömungen des 20. Jahrhunderts geschaffen, scheinen sie gerade wegen ihrer Unabhängigkeit neuerdings wieder interessanter geworden zu sein.

Sibelius' Schüler war *Leevi Madetoja* (1887–1947), dem das gelang, was der Meister vergeblich angestrebt hatte, nämlich eine finnische Nationaloper: »Die Ostbottnier« (Pohjalaisia, 1924) wirken, hat man sie einmal in der innig verständnisvollen Atmosphäre des Opernpublikums von Helsinki erlebt, mit ihrem sozialen und patriotischen Impetus über die spätromantische Zeitsprache hinaus fesselnd. *Yrjö Kilpinen* (1892–1959) wurde der finnische Liederkönig. Er hat über 700 Lieder komponiert und 300 davon veröffentlicht, finnische, schwedische und deutsche Dichter (Christian Morgenstern vor allen) bildeten die Textgrundlage. Im selbständigen Klaviersatz ist er Hugo Wolf verwandt. In Deutschland fand der begabte Autodidakt namentlich in dem Bayreuth-Bariton Gerhard Hüsch einen begeisterten Interpreten.

Von Elgar bis Vaughan Williams

Sehr spät erwachte das musikschöpferische England aus dem hunderfünfzigjährigen Dornröschenschlaf seit dem Tode des großen Purcell, eine Stagnation, die das oberflächliche Wort vom »Land ohne Musik« aufkommen ließ; in Wirklichkeit florierte das Musikleben Englands in der städtischen Chor- und Orchesterkultur und im Reichtum des volkstümlichen Gesangs, aber es fehlte bis hoch ins 19. Jahrhundert hinein an überragenden Komponistenpersönlichkeiten. Erst mit dem 1842 geborenen *Arthur Sullivan,* der als Operettenmeister weltberühmt wurde, aber auch Oper, Ballette und Sakralmusik schrieb, meldete sich ein Meister von Rang zu Wort.

Doch fand die englische Musik noch lange keine nationale Eigensprache. *Sir Edward Elgar* (1857–1934) wurde in seiner Heimat wie ein zweiter Händel verehrt, wozu insbesondere sein Oratorium »Der Traum des Gerontius« (1900) beitrug; er bereicherte sämtliche Kompositionsgebiete, von der Oper bis zur Symphonie (sein meistgespieltes Orchesterwerk sind die Enigma-Variationen) und Kammermusik und verfügte über virtuose Handwerkstechnik. Von »Nationalmusik« hielt er gar nichts. Er fühlte sich ganz der deutschgeprägten Neuromantik verbunden. Von Wagner lernte er die farbig-effektvolle Orchestrierung. Man kann seine Musik eine Synthese aus klassischer Form und romantischem Geist nennen, überhaupt eine Amalgamierung von herrschenden Zeitstilen. Ähnlich vielseitig schuf *Frederick Delius* (1862–1934), der zunächst Orangenpflanzer in Florida war, dann – wie alle englischen Komponisten seiner Epoche – in Deutschland studierte und in Paris die Reize des musikalischen

104 *Alexander Skrjabin am Flügel bei einem Konzert in Moskau 1915,*
Zeichnung von Leonid Pasternak

105 *Maurice Ravel*

106 *Alban Berg*

107 *Béla Bartók*

108 *Arthur Honegger*

Impressionismus erlebte. Unter anderem schrieb er schon 1899, neben anderen Tonpoemen, ein Orchesternokturno »Paris: the Song of a Great City« – ein Vorwurf, der, auf Englands Hauptstadt abgewandelt, vierzehn Jahre später zum berühmtesten Werk der betont englischen Nationalmusik ausgebaut werden sollte, der »London Symphony« von *Ralph Vaughan Williams* (1872–1958).

»Er war der erste, vielleicht der einzige englische Nationalist; zusammen mit seinem Freund *Gustav Holst* (1874–1934) durchschnitt er die Bande, die die englische Musik mit Deutschland und Italien verknüpften«, charakterisiert ihn der Musiktheoretiker Frank Howes. Vaughan Williams, der in London bei dem einflußreichen Lehrer Charles V. Stanford und in Berlin bei Max Bruch studierte, begann um 1900 Volkslieder zu sammeln und zu verarbeiten, begeisterte sich für englische Renaissancemusik und für Purcell und strebte in einem universal vielfältigen Werk nationale Eigenart an. »Die Kunst zum Ausdruck des gesamten Lebens« zu machen war sein großes Ziel. »A London Symphony«, Mittelding zwischen Symphonie und Programmusik, beschwor mit neuartigem Realismus die Klangaura einer Weltstadt: Westminsterglocken, Rufe von Straßenverkäufern, Ziehharmonika. In vielen Chorwerken und sieben Symphonien (»Sinfonia antarctica« ist die letzte betitelt) überraschte Vaughan Williams sein Publikum durch aparte Klangmischungen, die den französischen Impressionisten abgehört sind. Im Alter wurde der experimentierlustige Mann ein etwas kauziger Hüter der neugeschaffenen Tradition, der es sich leisten konnte, Verdi als »altes italienisches Geplärr« abzutun.

Als eigentlicher englischer Impressionist gilt *Cyril Scott* (geb. 1879), der in Frankfurt studierte, aber mehr zu den Russen und den Franzosen neigte, und dessen umfangreiches Klavierwerk (Tänze, Suiten, Arabesken, Bagatellen usw.) mit seiner die Tonalität farbig erweiternden Harmonik kaum ohne Debussy denkbar wäre.

Manuel de Falla

Spaniens rassige Folklore wurde in Gestalt von Habaneras, Fandangos, Seguidillas und Boleros eine international begehrte Würze, lebte aber im eigenen Land nur in den Zarzuelas (populären Singspielen), abseits von der Kunstmusik, zu der das Land südlich der Pyrenäen seit Jahrhunderten nichts Wesentliches mehr beigetragen hatte. Auch hier erwachten erst in der zweiten Jahrhunderthälfte wieder schöpferische Kräfte. *Felipe Pedrell* (1841–1922), Komponist, Musikwissenschaftler, Volksliedersammler und Lehrer in Barcelona, wurde zum Propheten einer neuen Zeit. Sein Vorbild wirkte befruchtend auf seine begabtesten Schüler. *Isaac Albéniz* (1860–1909), war ein frühbegabter, brillanter Pianist, der in seinem Klavierkonzert Themen sevillanischer Volksmusik verwertet und in vielen Soloklavierstücken (Iberia-Suite) spanisches Kolorit mit französischer Klangtechnik vereint; auch *Enrique Granados* (1867–1916) glänzte als Pianist, dessen zweibändige Klaviersuite »Goyescas« (von Gemälden Francisco de Goyas inspiriert) internationalen Widerhall fand, seine sieben Opern zumindest teilweise nationalen. Granados wurde ein Opfer des Krieges: Auf der Heimreise von Amerika wurde sein Schiff von einem deutschen U-Boot-Torpedo versenkt.

Was die beiden Katalanen Albéniz und Granados vorbereitet hatten, führte der Südspanier *Manuel de Falla* (1876–1946) zur Vollreife: durch Vereinigung spanisch folkloristischer Rhythmik und Melodik (exotisch reizvoll durch die Ornamente des anda-

lusischen Flamenco-Gesangs) mit der sensiblen, farbigen Klanglichkeit des französischen Impressionismus. De Falla lebte lange in Paris und war dort Schüler von Fauré und Debussy, auch mit Ravel und Strawinsky befreundet. Seine erste Oper, »La vida breve« (Das kurze Leben, 1905) kam in französischer Sprache in Nizza heraus. Stilistisch interessanter ist de Fallas zweite Oper, »Il retablo de Maese Pedro« (Meister Pedros Puppenspiel, 1923): eine Episode aus des Cervantes »Don Quijote«, mit Marionetten und Sängern und einem Jahrmarktansager, der, spanisch psalmodierend, eine Brücke zum epischen Musiktheater der Moderne schlägt. Eine dritte Oper, eigentlich ein Opernoratorium namens »Atlantida«, schrieb de Falla in der freiwilligen Emigration in Argentinien, wo er auch starb; das ideologisch überfrachtete Werk wurde erst nach seinem Tod von dem Spanier Ernesto Halffter zu Ende komponiert und an der Mailänder Scala uraufgeführt.
Am berühmtesten wurde de Falla durch seine klangüppigen Orchesterwerke, so das von Djagilew angeregte Ballett »El sombrero de tres picos« (Der Dreispitz, 1919) und das Ballett »El amor brujo« (Der Liebeszauber), beide durch spanisch-zündende Rhythmik und Farbigkeit blendend. Vorzüge, die auch die »Nächte in spanischen Gärten«, für Klavier und Orchester, auszeichnen. Im Alter wendete sich de Falla immer mehr vom Impressionismus ab und Strawinskys Neu-Klassizismus zu, wie das Cembalo-Konzert von 1926 mit seiner konzentrierten Formenklarheit zeigt.

Ungarische Pioniere

Ähnlich wie die spanische wurde auch die ungarische Folklore im 18. und 19. Jahrhundert ein beliebter Exportartikel – freilich ein arg verfälschter. Weder Schuberts all' ongarese-Rondos, noch Liszts populär gewordene »Ungarische Rhapsodien«, noch Brahms' »Ungarische Tänze« können sich auf mehr stützen als auf den Irrtum, dem selbst patriotische Ungarn im 19. Jahrhundert verfallen waren.
Ungeachtet der – vom mitteleuropäischen Idiom durch Synkopen und Zigeunertonleitern »exotisch« abweichenden – Eigenart solcher Musik stand Ungarn im 19. Jahrhundert völlig im Windschatten der benachbarten Hochkulturen, also der deutschen und der italienischen. Auch *Ferenc (Franz) Erkel* (1810–1893), der als Vater der ungarischen Nationalmusik gilt, wuchs ganz in diesen beherrschenden Musiksprachen auf, und seine Bedeutung als Dirigent, Organisator und Schöpfer von acht ungarischsprachigen Opern wird nicht dadurch entwertet, daß sie sich alle, ungeachtet nationaler Sujets, im Stil zwischen Verdi und der deutschen Romantik bewegen. Dabei zeigte sich Erkel in den frühen Opern (Lászlo Hunyadi, 1844, Bánk ban, 1861) mit Arien, Ensembles und Cabalettas mehr den Italienern verpflichtet, in den späteren (György Brankovics, 1874), wo auch serbische und türkische Folklore eingeführt wird, mehr der europäischen Zukunft, die damals Wagner und Impressionismus hieß.
Mihály Mosonyi (1814–1870), deutschbürtiger Familie entstammend, wird als Bahnbrecher romantischer Symphonie- und Kammermusik von seinen Landsleuten hochgeschätzt. Auch *Jenö Hubay* (1858–1937) und *Ernö (Ernst) von Dohnányi* (1877–1960) hielten sich mit ihrem vielseitigen Oeuvre durchaus noch im deutschspätromantischen Zeitstil. Erst Zoltán Kodályi und Béla Bartók, die volksliedforschenden Freunde, eröffneten eine neue Ära magyarischer Nationalmusik – sie gehört jedoch schon dem 20. Jahrhundert an.

Es kann nicht die Aufgabe eines junge Musikkulturen streifenden Überblicks sein, jeden lokal beachtlichen, aber international wenig bedeutenden Komponistennamen zu registrieren. In solcher perspektivischer Verkürzung gehen die Beiträge, die Holland, Belgien, die Schweiz, Portugal oder Griechenland im 19. Jahrhundert lieferten, im Konzert der Völker unter.

Das 20. Jahrhundert

Epochen der Musik wachsen organisch und kümmern sich nicht um Gleichlauf mit den zufälligen Zäsuren, die Jahrhunderte beginnen und enden lassen. Die Musikgeschichte des 20. Jahrhunderts mit dem Jahr 1900 anzufangen, wäre willkürlich – und dennoch nicht ganz so unbegründet wie eine ähnliche Datierung in vergangenen Jahrhunderten. Zwar gibt es kein Werk, das, um die Jahrhundertwende geschaffen, wirklich eine Wegwende bezeichnen würde; man bedenke, daß Puccinis noch ganz im vergangenen Säkulum wurzelnde »Tosca« (1900) fast zur selben Zeit herauskam, als Debussy, um im Opernbereich zu bleiben, das weit unkonventionellere lyrische Drama »Pelléas et Mélisande« vollendete. Nicht einmal, wenn man die vielfältigen Bemühungen um eine Neue Musik als Hauptströmung und charakteristischste Eigenart des 20. Jahrhunderts erkennt, fiele die Geburtsstunde in eine – wie immer ausgedehnte – Stunde Null des neuen Säkulums.

Und ohnehin wäre solche progressivistische Perspektive eine Verengung, die einer Definition als »Jahrhundert neuer Musik« nicht einmal das gleiche Ungefähr-Recht gäbe wie der des vergangenen als »romantisches Jahrhundert«; denn auch künftig verzahnen sich fortschrittliche und konservative Bestrebungen, haben kühne Visionäre ihren Platz neben Meistern, die technisch nicht viel anders komponieren als ihre Großväter. Reproduktionsmittel (Schallplatte, Funk, Fernsehen), wie sie keine Zeit vorher in vergleichbarem Wirkungsmaß kannte, führen dazu, daß Bach, Beethoven oder Wagner an einem einzigen Tag von mehr Menschen konsumiert werden, als die genannten Großmeister in ihrem ganzen Erdenwallen an Hörern verzeichnen konnten. Das Massenzeitalter hat eine alexandrinische, museale Komponente – zu der, ein nur scheinbares Paradoxon, auch der staatssozialistische Kultur-Dirigismus in der Sowjetunion beiträgt. Das neue Säkulum ist zwiespältig, Radikalismen und Massen-Bekömmliches vereinend, am ehesten ein vielstimmiges Jahrhundert.

Trotz der Unmöglichkeit, eine Stunde Null festzulegen, ist es geradezu frappant, wie die vielzitierte Jahrhundertwende doch fast aufs Jahr genau kulturelle Taten setzt, die in sich die Keime entscheidender Entwicklungen tragen. Folgendes geschah genau um 1900: Max Planck veröffentlichte seine Quantentheorie, zusammen mit Albert Einsteins fünf Jahre später publizierter »spezieller Relativitätstheorie« Grundlage eines völlig neuen Weltbilds der Physik. Sigmund Freuds »Traumdeutung«, das Propheten-Buch der Tiefenpsychologie, erschien im Jahr 1900: Die säkulare Wirkung bedarf keiner Unterstreichung. Künstlerisch manifestiert sich die Entdeckungsreise in das geheimnisvolle Reich der Menschenseele in James Joyces und Kafkas Dichtung, in Alban Bergs »Wozzeck«.

Aufrührer der bildenden Kunst zertrümmerten die traditionelle Welt abgebildeter Wirklichkeit. 1898 sah der Engländer A. Endell vor sich eine »Kunst mit Formen, die nichts bedeuten«; über den stilisierenden Futurismus, dem Picasso damals huldigte, führt – mit Klee und Kandinsky – ein konsequenter Weg zur gegenstandslosen Malerei und Plastik.

Unbehagen am Hergebrachten, Aufruhr gegen die Welt der Väter allenthalben. Nietzsches Philosophie elitären Übermenschentums begann sich europäisch auszuwirken, zugleich gewann die Lehre von Karl Marx organisatorische Schlagkraft und Massenanhängerschaft. Noch die soziologische Arabeske des deutschen »Wandervogels«, der seit 1901 von Berlin-Steglitz aus mit Klampfe und in Räuberzivil aus »grauer Städte Mauern« in die Natur hinauszieht, bezeichnet eine Variante des Unbehagens am Alten, hier an der verknöcherten Bürgerlichkeit der Väter.

All das geschah um 1900. Telegraf, Telefon, schnellere Verkehrsmittel ließen Entfernungen schrumpfen, Zeppeline und Flugzeuge eroberten die neue Dimension der Lüfte. Die »Massen« stiegen vom Objekt obrigkeitlicher Behandlung zum Subjekt auf. Der Verleger Reclam warb um sie mit pfennigbilligen Heftchen, die Weltliteratur vermittelten, Volksbildung, Volksbücherei und Volksbücher wurden bürgerfähig, parlamentarische Demokratien gewährten widerstrebend dem »Volk«, was es sich in Rußland 1905 mit verzweifelter Gewalt zu nehmen versuchte.

Die Gärung einer »neuen Zeit« schlug sich in seismographisch reagierenden, oft vorausblickenden Werken der Künstler nieder. Wie immer gingen die bildenden voran. Der Jugendstil, so genannt nach der seit 1894 in München erscheinenden Zeitschrift »Die Jugend«, setzte an die Stelle von Neugotik, Neurenaissance, Neubarock historisch unabhängige, der Natur abgesehene Formen. In der Architektur waren Henry van de Velde in Holland, Frank Lloyd Wright in Amerika, Adolf Loos in Wien der pseudohistorischen Maskeraden satt und bauten »funktionell«, menschlichen Bedürfnissen ohne dekorativen Schnickschnack dienend; eine Bewegung, die durch das Dessau-Weimarer »Bauhaus« und den Franzosen Corbusier weltweiten Einfluß gewinnen sollte.

Schon im ersten Jahrzehnt des neuen Jahrhunderts hatten sich in Paris Henri Matisse und Genossen zum Bund der »Fauves«, (der »Wilden«) zusammengeschlossen, in Dresden deutsche Maler mit Ernst Ludwig Kirchner, Emil Nolde und Erich Heckel zur expressionistischen »Brücke« – Expressionismus heißt: seelischer Ausdruck vor formaler Glätte – in München Franz Marc, Wassily Kandinsky und Paul Klee, Deutscher, Russe, und Schweizer also, zum antinaturalistischen »Blauen Reiter«. So verschiedenartig ihre Temperamente sich ausdrückten, gemeinsam war das Widerstreben gegen vordergründige Gefälligkeit, der Wille, Verborgenes (und gerade darum wesentlich Erscheinendes) zu manifestieren.

In der Musik hieß dies vor allem Aufstand gegen die Fesseln der Harmonielehre, um komplexe Vorgänge aufs technisch Entscheidende zu konzentrieren. Das 19. Jahrhundert hatte in Hugo Riemanns Theorie die Gesetze der Harmonielehre wissenschaftlich fundiert. Er war der Rameau seiner Zeit. In seiner auf die Autorität deutscher Wissenschaftlichkeit gegründeten Lehre basierte jedweder Klang auf dem Dreiklang und war aus ihm erklärbar, auch wenn man fiktive Umwege in Anspruch nehmen mußte. Über Richard Wagners rebellierenden, beunruhigenden Tristan-Akkord wurden ganze musiktheoretische Bücher geschrieben, aber schließlich mündete doch alle Interpretation im spätleibnizischen Optimismus, der eine »beste aller Welten« annahm, repräsentiert von den Dur-Moll-Tonarten, praktisch also von der Herrschaft der Kadenz.

Gegen diesen akademischen, an allen Konservatorien der Welt gelehrten Glauben begann schon die Generation der im ersten Jahrzehnt des neuen Säkulums Schaffenden aufzubegehren. Die Ausgangssituationen waren sehr verschiedenartig. Intellektuelle Spekulationen (bei Arnold Schönberg), rhythmische Vitalität (bei Strawinsky und Bartók), soziologisch bedingte Antriebe (in der »Gebrauchsmusik« des jungen Hindemith, bei Britten und Schostakowitsch), zeitigten die unterschiedlichsten Musikergebnisse. Neben der Rücksichtnahme auf die »Massen«, ob sozialistisch organisiert oder als kaufkräftig ins Gewicht fallend in den »kapitalistischen« Musikländern, wirkte eine Esoterik weiter, eine höchst verfeinerte, sich in einem Endstadium fühlende Fin-de-siècle-Kunst raffinierter Farben und mystischer Ideen (Debussy, Skrjabin).

Wenn auch die Entfesselung rhythmischer Kräfte, die, von der Klassik rationalisiert, von der Romantik vernachlässigt, jetzt vieles zum Neuen beitrug (Strawinsky, Bartók), wenn Rückgriffe auf das vorklassische Barock formal die Neue Musik prägten: ihr entscheidendes und die wuchernde Stilvielfalt unter einem gemeinsamen Nenner einigendes Merkmal war doch die Revolte gegen die akademische Harmonielehre.

Im Bereich der Zusammenklänge bahnten sich im 2. Jahrzehnt wahre Umstürze an. Änderungen des Klangbildes, zu denen frühere Musikepochen Jahrhunderte der Evolution gebraucht hatten, vollzogen sich sprunghaft. Die seit einem Halbjahrtausend praktizierte Dur-Moll-Tonalität wurde als unerträgliche Fessel abgestreift. Man war der Kadenz-Formeln, die Zusammenklänge und Melodien in ein eisernes Korsett geistiger Ordnung preßte, überdrüssig. Ob Atonalität, impressionistische Klangmalerei, polytonale Mischung oder neoklassische Orientierung am dezent-gestuften, wagnerische Üppigkeit vermeidenden Klangideal des Barock – immer stand der *Klang an sich* als Symbol Neuer Musik im Mittelpunkt der Bewegungen. Auch als, nach 1950, diese Neue Musik von Radikalen der jüngeren Generation als abgetan klassifiziert wurde, gingen elektronische, punktuelle und strukturelle Musik vom Phänomen des Klangs aus.

Die soziologische Leitlinie des 20. Jahrhunderts, nämlich die Entfremdung zwischen fortschrittlich ambitionierten Verfassern und ihrer Hörerschaft, erscheint zwiespältig. Mit dem Zerfall des Bürgertums, das im 19. Jahrhundert Musik finanziert und konsumiert hatte und nun in der »Masse« nivelliert wurde, schwand der gesellschaftliche Resonanzboden. Der Revolutionär Richard Wagner war, obwohl königlich-mäzenatisch gefördert, doch von den Bürgern Europas getragen worden, die Eintrittsbilletts in Wagner-Opern kauften. Noch die Neue Musik der Strawinsky, Schönberg, Hindemith und Bartók kämpfte um ihr Publikum. Sie organisierte sich in Vereinigungen. Seit 1923 finden Musikfeste der Internationalen Gesellschaft für Neue Musik (IGNM) statt. In Donaueschingen, nach dem zweiten Weltkrieg auch in Darmstadt, formierte sich die jeweilige Moderne.

Solche Organisation ist ein Novum in der Geschichte der Musik. Der kämpferische Charakter, der sich auch in der Übernahme militärwissenschaftlicher Ausdrücke wie »Avantgarde« ausdrückt, zeigt die zeitgenössische Musik in agressiver, zugleich vereinsamender Position. In der zweiten Jahrhunderthälfte beginnen die Komponisten der »Avantgarde« zu resignieren, sie ziehen sich in die Refugien der Esoterik zurück: Fin-de-Siècle-Geist mitten im Jahrhundert, das unter den Fahnen des Fortschrittes angetreten war.

»Wir werden im 20. Jahrhundert zwischen fremden Gesichtern, neuen Bildern und unerhörten Klängen leben« – Franz Marc, von dem dieses Wort stammt, fiel im ersten Weltkrieg. Er konnte nicht ahnen, wie weit die Wirklichkeit seine Prophetie übertreffen sollte.

Wegbereiter der neuen Musik

Die Meister, von denen in diesem Kapitel die Rede sein wird, verbindet keine nationale Schule, kein gemeinsames Vorbild und Ideal. Gegenseitiges Unverständnis ist für sie bezeichnender als künstlerische Sympathie. Dennoch haben sie, außer dem persönlichen Rang, etwas gemeinsam: ihre Funktion als Schöpfer von Musik, die sich gegen die akademische Harmonielehre auflehnt und Möglichkeiten einer nicht mehr bloß epigonalen Kunst demonstriert. Keiner dieser um 1860–1870 geborenen Komponisten kann eindeutig der »Neuen Musik« zugezählt werden. Jeder von ihnen jedoch verließ auf irgendeinem – ideellen oder rein technischen – Schaffensgebiet ausgefahrene Geleise und bereitete, selbst wenn er fragmentarisch wirkte oder später sich selbst dementierte, der neuen Musik den Weg.

Claude Debussy

Claude Debussy (1862–1918), dessen erste Reifewerke zwar noch im 19. Jahrhundert entstanden, ist unter ihnen der Meister, den die jüngste Moderne noch um die Mitte des neuen Säkulums als aktuellster Bahnbrecher seiner Generation wertete. Aus dem einstigen Ästheten einer müde-raffinierten Fin-de-siècle-Kunst, aus dem gleichfalls in die Vergangenheit zurückweisenden »Impressionisten« ist ein Herold der allerneuesten Musik geworden. Indessen hatte sich, auch dies ein Zeichen außerordentlicher Wirkung, sogar die sogenannte U-Musik (die Unterhaltungsmusik des Massenkonsums) Debussys bemächtigt: seine Harmonik, auf simpelste Eigenheiten wie den Dreiklang mit Sexte (sixte ajoutée) usw. reduziert, diente als pikante Soße, mit der man fade Gerichte aus der Schnulzenküche würzte.

Daß er in solcher Weise mißbraucht und mißverstanden werden sollte, davon konnte Debussy nichts ahnen. Der leidenschaftliche Patriot, der in der Spätzeit Kompositionen ausdrücklich als *musicien français* zeichnete, starb im letzten Jahr des Weltkriegs fast unbeachtet; ganze zwanzig Angehörige und Freunde begleiteten seinen Sarg, als man ihn unter dem Donner deutscher Ferngeschütze auf dem Père Lachaise, dem Pariser Friedhof der französischen Großen, zu Grabe brachte. Sechsundsechzig Jahre zuvor war

Claude Debussy, Zucht in der Freiheit

... Die Musik ist eine Ganzheit mannigfach verteilter Kräfte ... Man macht aus ihr ein grüblerisches Liedchen! Die paar Noten, die ein ägyptischer Schäfer auf der Flöte bläst, sind mir lieber – er ist ein Teil der Landschaft und hört Harmonien, von denen eure Kompositionslehren nichts ahnen ... Die Musiker hören nur die Musik, die von gewandten Händen geschrieben wurde, aber niemals die Musik der Natur. Den Sonnenaufgang erleben, ist viel nützlicher als die »Pastorale« hören. Wozu taugt eure beinah unverständliche Kunst? Könnt ihr nicht auf die technischen Schliche verzichten, deren Raffinement sie dem Schloß eines Geldschrankes ähnlich macht? Ihr verfilzt, weil ihr nur eure Musik kennt und barbarischen Gesetzen gehorcht. Man begrüßt euch mit hochtrabenden Worten, und ihr seid in Wahrheit nur Federfuchser! Eine Kreuzung aus Affen und Hausknechten!

Es gab Dichter und Maler – mit großer Mühe finde ich auch ein paar Musiker – die den Staub der Traditionen abschüttelten, mit dem einzigen Ergebnis, daß sie sich als Symbo-

Debussy in Saint-Germain-en-Laye als Sohn eines kleinen Geschäftsmannes geboren worden. Die musikalische Karriere führte über das Conservatoire, über den mit der Kantate »L'enfant prodigue« errungenen Rom-Preis in die Ewige Stadt, wo Debussy sich drei Jahre aufhielt, von der zeitgenössischen Musik, trotz Verdi, jedoch viel weniger beeindruckt wurde als von der alten, insbesondere von Palestrina.
Ein »Nonkonformist«, wie man es heute nennen würde, war Debussy damals schon. Bayreuth-Pilgerfahrten gehörten zur Bildung jedes fortschrittlichen Komponisten, aber Debussy kehrte vom »Parsifal« und vom »Tristan« (1888–1889) als bewundernder Anti-Wagnerianer zurück: der Franzose hatte die Gefahren des deutschen Giganten für seine eigene Kunst gewittert. Viel sympathischer fühlte er sich im selben Jahr vom Pariser Gastspiel eines javanischen Gamelang-Orchesters angerührt, wie auch von der spirituellen Bekanntschaft mit wilden Russen wie Mussorgsky.

Claude Debussy,
Karikatur von H. Lindloff

Unakademische Außenseiter hatten einander mehr zu sagen, als die etablierten Größen um 1900 vermitteln konnten.
1892 gelang Debussy der Durchbruch zur Geltung mit der Orchesterouvertüre zum »L'après-midi d'un faune«, nach Mallarmés Gedicht; es war zugleich die Ouvertüre des musikalischen Impressionismus. Zehn Jahre lang rang er um die Verwirklichung seiner Vision eines französischen »Musikdramas« eigenen Stils, um die Oper »Pelléas et Mélisande«, die endlich 1902 herauskam. Debussy war damals, seit 1899, mit der Modistin Rosalie Texier verheiratet, eine Lebensgemeinschaft zwischen sehr ungleichen Partnern, die im Jahr 1904 zerbrach. Er schloß seine zweite Ehe mit der kultivierten Emma

listen oder Impressionisten bezeichnen lassen mußten – sehr bequeme Ausdrücke, um einen verächtlich zu machen ... Das besorgten die Journalisten und Fachleute, aber es hat nichts zu sagen. Eine große und schöne Idee, die im Entstehen begriffen ist, erscheint den Dummköpfen stets lächerlich ... Sie können sicher sein, daß diese verspotteten Künstler eher einen neuen Schönheitsbegriff verwirklichen werden als jene Art von Hammelherde, die brav zum Schlachthof trabt, den ein weises Geschick für sie einrichtete.
Abseits bleiben, ohne zu wanken! Die Begeisterung eines »Milieus« verdirbt einen Künstler – so sehr, befürchte ich, daß er schließlich nur mehr das Sprachrohr dieses »Milieus« ist.
Man muß die Zucht in der Freiheit suchen, nicht in den Formeln einer Philosophie, die längst brüchig wurde und nur mehr für die Schwachen taugt. Man darf auf keine Ratschläge hören, nur auf den Wind, der uns die Geschichte der Welt erzählt.

Aus einem Artikel in der »Revue Blanche«, 1901

Bardac. Die letzte Lebensphase Debussys war künstlerisch durch eine fast klassizistisch zu nennende Hinwendung zur Strenge der Form gekennzeichnet, menschlich durch die Leiden einer Krebskrankheit.

Musikalischer Impressionismus

Debussy und Impressionismus gelten als unzertrennliche Assoziationen. Der Komponist selber fühlte sich mit dem Begriff ungenügend verstanden (»Die Dummköpfe nennen das Impressionismus«). Er suchte nicht »Bilder der Wirklichkeit« musikalisch zu porträtieren, sondern die seelische Überwirklichkeit sensibel erspürter Natureindrücke. Schon über sein erstes Meisterwerk, den »Nachmittag eines Fauns«, sagte er, es gehe ihm um die »Wirkung der Umgebungen, in denen sich Wünsche und Träume des Fauns in der Mittagshitze bewegen . . . « Mit erzählender, schildernder Programmusik im Sinne Liszts und der Neudeutschen wollte er nichts zu tun haben, auch wenn viele seiner Orchester- und Klavierwerke poetisierende Titel tragen: »Nuages«, »Fêtes«, »Sirènes« heißen die drei Teile seiner »Nocturnes«; »La Mer« läßt die Wellen spielen und Wind und See einen »Dialog« führen; der Orchesterzyklus »Images« setzt einer Gigue drei spanische Klangvisionen und ein Frühlingsrondo an die Seite. In den Klavierstücken stehen neben Arabesques, Nocturnes und Etudes versunkene Kathedralen, Windhauch und Duft, spaßige Miniaturszenen, wie ein unterbrochenes Ständchen.

Als musikalischer »Erzähler« ist Debussy ganz und gar nicht zu fassen. Poetisierende Titel wechseln immer ab mit abstrakten. Von Beethovens Symphonik will Debussy freilich nichts mehr wissen, lieber greift er, auch dies ein Zug des *musicien français,* auf Rameau, Couperin (und auf Bach und Mozart) zurück. In seiner letzten Schaffensperiode wandte er sich mit den beiden Etuden-Bänden und den sechs »Epigraphes antiques« für Klavier, mit dem Mysterienspiel »Le Martyre de Saint-Sébastien« einer mehr zeichnerischen als malerischen Technik zu. Schon den berühmten Klavier-Préludes hatte er die assoziativen Titel nicht vorangestellt, wie die Romantiker, sondern hinterher in Klammern folgen lassen. Er wollte, daß man die Präludien als reine Musik aufnehme.

Tatsächlich wirken sie, wie alles »Impressionistische« Debussys, durch ihre Eigenwerte. Es gab vor ihm schon Naturmusik, von Beethovens Pastoral-Symphonie bis zu Wagners »Feuerzauber«. Aber noch niemand hat Düfte, flirrendes Licht, Spiel der Wolken und des Wassers so sinnenhaft eingefangen. Ähnlich neuartig und befremdlich wie Debussys »Nachmittag eines Fauns« müssen die Pariser, fast zwanzig Jahre zuvor, Claude Monets Bild »Impression soleil levant«, das der ganzen Stilrichtung den Namen gab, empfunden haben. William Turner hatte noch früher, vor 1850, in verfließenden Farbspielen »Regen, Dampf, Geschwindigkeit« auf die Leinwand zu bannen versucht. Debussy fand für die Valeurs dieser befreiten Farbe eine musikalische Sprache, die sein Eigentum ist – trotz »Tristan«, dem er mit einer Art von Haßliebe anhing.

Seine einzige Oper »Pelléas et Mélisande«, nach des belgischen Symbolisten Maurice Maeterlinck keltisch-mythischem Schauspiel, ist das große Denkmal seines Ringens mit dem Erzverderber der Musik, dem »beunruhigenden Schatten« Wagners. Tristan-Abhängigkeiten – sie ergaben sich schon aus dem verwandten Stoff – wurden zugunsten einer eigenen Sprache getilgt. Wagners »Kunst der Übergänge« erscheint hier bis fast zur bewußten Monotonie weitergebildet, Pathos und Dramatik weichen zartem Lyrismus, die Gesangsstimmen schweben in kleinintervalligem Rezitativ, der französischen Prosa sensibel folgend, über dem Mosaik, das vom Orchester grundiert wird: motivische Partikel, die sich oft ostinatohaft reihen. Rhythmus wird in verfließende Dreier- und Vierer-Gruppen aufgelöst, Melodie herkömmlicher Periodik in Linien, die sich über die Taktstriche hinwegranken.

In der Harmonik ruhen Hauptreiz und Errungenschaft der neuen Tonsprache. Wie die impressionistischen Maler die Farbe aus der verfälschenden Enge des Ateliers und aus den Fesseln der Konturen befreiten, so befreite Debussy die Töne aus den Regeln der Harmonielehre, der Schematik der Kadenz. Die Akkorde werden »ausgestuft«, das heißt, von der Bindung an die Stufen der Tonleiter, die ihnen einen bestimmten Stellenwert in der Kadenz gaben, losgelöst. Debussy bedient sich dazu der alten Kirchentöne oder ungewohnter, weil im Grunde untonaler Skalen wie der Ganztonleiter. Da ihr die Zielgerichtetheit des Leittons fehlt, bleiben Dur und Moll in Schwebe, wie das folgende Beispiel aus »Pelléas« dartun mag:

Oder es werden Septimen- und Nonenakkorde getürmt und parallel, nach Art der jedem Orgelspieler geläufigen Mixturklänge, verschoben; Dissonanzen ohne Vorbereitung und ohne Auflösung (was die Harmonielehre verbot) als selbständige Klangtupfen verwendet. Alles das zersetzte die »funktionale Harmonik« der Tradition. Zusammenklänge haben beim reifen Debussy nicht mehr die Funktion, die ihnen der Ablauf der Kadenz vorschreibt, sondern eine rein klangsinnliche, die nur vom Ohr des Komponisten kontrolliert wird.

Debussys Revolten entsprangen nicht der Willkür noch der Sensationslust, sie ergaben sich – obwohl dem Komponisten alles Ideologische denkbar fremd war – aus den Ideen seiner Werke. Wer »Reflexe im Wasser« in Tönen spiegeln will oder »Gärten unter dem Regen«, konnte sich nicht abgebrauchter akademischer Melodien bedienen; eine neue Klaviertechnik mußte erfunden werden.

Die vierundzwanzig Klavier-Préludes Debussys gehören zum klassischen Bestand der Klavierliteratur: Ton-Gedichte vom Meister eines wahrhaft entfesselten (von Liszts Virtuosenbrillanz entfesselten!) Klaviers. Debussy hatte es entdeckt als ein Instrument, »auf dem alle Töne ohne den fühlbaren Anschlag der Filzhämmer, nur durch sanftes Anstreichen der Tasten entstehen und sich in luftige Sphären erheben, wo sie sich sinnvoll vereinen, um sich in irisierenden Duft aufzulösen«.

Irisierender Duft, Auflösung – solche Worte bergen neben der subjektiven Wahrheit auch den Keim von Mißverständnissen: als sei der Komponist eben »nur« ein Auflöser, ein Décadent gewesen. Man übersieht dabei, wie stark er zeitlebens der Form verhaftet blieb. Freilich war Form für ihn kein akademisches Klischee. Sein befreiter Klang, seine Hinneigung zu den Meistern der Vorklassik, seine musikalische Poesie entwickelten selber die Formen, die, seiner sehr französischen Dezenz entsprechend,

Kürze und Maß liebten (so schon in seinem einzigen Streichquartett in g-moll von 1893).

Hochbedeutend wurde der Liedkomponist Debussy, ein französischer Hugo Wolf in seiner Fähigkeit, sich in fremde Künstlerseelen zu versetzen; es waren immer sehr unakademische Poeten, die er vertonte, ob sie, wie François Villon, im 15. Jahrhundert gelebt hatten oder, wie Verlaine oder Mallarmé, als Lyriker der Zukunft galten.

Debussy hat als einer der letzten Großen auch den klavierspielenden Dilettanten neue Stücke geschenkt, deren Qualität durch ihre verhältnismäßig leichte Spielbarkeit nicht um ein Jota gemindert wird: die »Suite Bergamasque« oder »Children's Corner«. Er, der als »Mr. Croche«, Herr Achtelnote – so lautete sein Pseudonym als Musikkritiker – um 1900 geistreich-witzige Giftpfeile gegen Wagner und Beethoven abschoß (»Einen Sonnenaufgang zu sehen ist für einen Musiker nützlicher, als Beethovens ›Pastorale‹ zu hören«), der als französischer Musikpatriot gegen die Vorherrschaft der deutschen Musik kämpfte, war ein höchst zwiespältiger Künstler: Aristokrat, »Décadent« und Revolutionär zugleich. Er stieg nie auf die Barrikaden. »Alles Göttliche läuft auf zarten Füßen« – erinnern wir uns jenes »ersten Satzes« von Nietzsches Ästhetik, wir können ihn von Bizet getrost auf Debussy übertragen.

Das gleiche gilt für seinen älteren Landsmann *Gabriel Fauré* (1845–1924). Dem Geburtsjahrgang nach wäre der Schüler Saint-Saëns', Verehrer Gounods und Zeitgenosse Massenets, der in seinem undramatischen Leben als Organist, Dirigent und Conservatoire-Professor wie in seiner künstlerischen Haltung ein ausgesprochen Konservativer zu sein schien, eher einer früheren Epoche zuzuordnen. Dennoch haben die Franzosen recht, wenn sie in ihm einen der frühesten Wegbereiter neuer Musik erkennen. Faurés Beiträge sind nicht musikalisch revolutionär, wenn man darunter das Laute, Explosive, Sensationelle versteht. Sie kommen auf leisen Sohlen, »auf Taubenfüßen«, sanft und still, nur für den intimen Kenner wahrnehmbar; Fauré war eine so spezifisch französische Erscheinung, seine vornehmlich ans Wort gebundene Musik so schwer übersetzbar, daß er außerhalb seines Vaterlandes eine mehr respektierte als bekannte und gehörte Größe blieb.

Man hat Fauré den »französischen Schumann« genannt, ein Vergleich, der sich aus seiner lyrischen Natur und aus der Dominanz des Liedes in seinem Lebenswerk herleitet und der dennoch, wie die meisten Vergleiche, hinkt. Schumannsches Brio ist dem Franzosen fremd. Und ebenso scheidet ihn seine Gleichgültigkeit gegenüber betonter Rhythmik und Klangfarbe – er ließ Schüler unbedenklich seine Werke für Orchester instrumentieren – von Schumanns eminentem Gespür für Duft und Farbe. Man meint mit der Parallele vor allem die Intimität, Innerlichkeit und Wärme von Faurés Musik. Sieht man von seinen musikdramatischen Werken »Prometheus« (1900) und »Pénélope« (1913) ab, die niemals wirkliches Bühnenleben gewinnen konnten, so bleibt von großformatigen Kompositionen nur das Requiem von 1888: keine dramatische Vision wie bei Berlioz oder Verdi, sondern still verklärte Tröstung. Die an Gounods Wärme gemahnende Lyrik scheint rückwärtsgewandt, die Benützung des gregorianischen Melos deutet vorwärts; in solcher leittonfremden Melodik, die sich auf die Zusammenklänge auswirkt, liegt das Wesentliche von Faurés »Modernität«, seine Ahnherrenschaft zur Musik der Impressionisten. Die Tongeschlechter Dur-Moll beginnen, ohne daß Fauré jemals gegen sie revoltiert hätte, zu verfließen, ihre Konturen und Gegensätze sich aufzulösen: durch eben jene modalen Bildungen, durch Modulationen, die statt innerhalb des klassischen Quintenzirkels mit Vorliebe zu Tonarten benachbarter Stufen (also harmonisch weit entfernten) tendieren, durch enharmonische Umdeutung.

Alles dies geschieht bei Fauré ohne Eklat, anmutig, sanft, mit ruhigem Atem. Die lyrische Miniatur ist die gegebene Form dafür. In der Klavierkomposition (Balladen, Impromptus, Lieder ohne Worte, dreizehn Nocturnes, acht kurze Stücke), in der Kammermusik (zwei Klavier-Geige-Sonaten, zwei Klavierquartette, das späte Streichquartett von 1922), und vor allem im Lied. Zwischen den Zyklen »La bonne Chanson« (1893) und »L'horizon chimérique« (1921) breitet sich eine reiche Landschaft großer französischer Poesie (Hugo, Verlaine, Baudelaire) und auch geringerer oder esoterischer Namen, eine Lyrik, die Melodie dominieren läßt und in der schwebenden, dämmerigen Harmonik bei allem Konservativismus der Zeit voraus ist.

Fauré-Schüler waren der Elsässer *Charles Koechlin* (1867–1950) und der Lothringer *Florent Schmitt* (1870–1958). Beide nahmen – nicht nur durch ihre Herkunft bedingt – Mittlerstellungen zwischen französischen und deutschen Musikidealen, auch zwischen Spätromantik und Neuer Musik ein, besonders Koechlin, der in seinem vielfältigen Schaffen (mit dem Schwergewicht auf der Kammermusik) den Neuerungen seiner Zeit aufgeschlossen folgte. Schmitt zeigte sich in seinem Frühwerk ganz von Richard Strauss' Orchesterglanz fasziniert, ein Hang zu gleißender, oft greller Farbenpracht kündigte sich schon im Psalm XLVII von 1904 an, der ihn berühmt machte, und auch in den Balletten und Schauspielmusiken der Reife fühlte er sich von der Sinnenfreude des Orients angezogen (Die Tragödie der Salome, 1907/11, Salammbô, nach Flaubert, 1925).

Synthese, Zusammenfassung divergierender Anregungen kennzeichnet das Lebenswerk *Albert Roussels* (1869–1937): die konservative Schola Cantorum und Debussys neuer Klang, strawinskysche Rhythmik und Polytonalität (so in der Orchestersuite in F von 1926), Zurücktauchen in die strenge Formenwelt der Vorklassik – der Schöpfer von vier Symphonien, deren dritte international bekannt wurde, bevorzugte die barocke Einthematik im Sonatenbau – vertrug sich bei Roussel mit Wärme und schwärmerischer Sensibilität des Ausdrucks. Man kann ihn als Impressionisten in die Nähe Debussys stellen, aber am besten wird man ihm wohl gerecht, wenn man ihn einen unwandelbaren Romantiker nennt.

Roussel war zuerst Marineoffizier und bereiste die halbe Welt, sattelte noch im 19. Jahrhundert um und studierte bei d'Indy an der Schola cantorum, wurde selber Lehrer, nahm als Freiwilliger am ersten Weltkrieg teil und blieb zeitlebens, materiell unabhängig und ein ewiger Reisender, ein etwas eigenbrötlerischer Außenseiter des Musikbetriebs. Kammermusik und Lieder begleiten sein Schaffen stetig, seine größten Erfolge hatte er als Komponist von Balletten: »Der Schmaus der Spinne« (1912) bringt vor Ravels »L'Enfant et les Sortilèges« und Janáčeks »Listigem Füchslein« moderne Tierpsychologie auf die Bühne, »Padmâvatî« (1923) versetzt die Tänzer in ein sagenhaftes Indien, »Bacchus et Ariane« (1931) ist ein brillanter Nachklang von Ravels Daphnis-Ballett. Nach 1960 grub man in Deutschland (Schwetzinger Festspiele) auch den Opernkomponisten Roussel mit seinem Possen-Einakter »Das Testament der Tante Caroline« aus und entdeckte einen witzigen, wenn auch nicht originellen Jongleur, der alte Formen und neue Akkorde verwendete.

Der neue, befreite, farbige, sensible Klang Debussys prägte einer ganzen Generation von Komponisten in Europa sein Zeichen auf. Wir haben bereits in Cyrill Scott einen »Impressionisten« kennengelernt; in Italien galt *Ottorino Respighi* (1879–1936), dessen neun Opern vergessen, dessen »Fontane di Roma« (1917) und »Pini di Roma«, rauschend-farbenprächtige Orchesterstücke, zur Parademusik Mussolini-Italiens wurden, als gefeiertster Impressionist; in Spanien, das seit dem Jahrhundertende ganz mit Paris verbunden war, profitierte de Falla von Debussys Errungenschaften, in Deutschland verschrieb sich der Hamburger Pianist *Walter Niemann* (1876–1953) mit etwa 100 einst vielgespielten Charakterstücken und Suiten dem damals neuen Stil. Eine epochale Bewegung wurde der musikalische Impressionismus nicht, im Gegensatz zum malerischen. Aber ein impressionistischer Hauch und Duft von tönender Farbe gibt sehr vielen Meisterwerken nach 1900 ihren besonderen Reiz: dem »Mantel« von Puccini wie den frühen Opern von Richard Strauss, ja noch Antipoden wie Strawinsky, Schönberg oder Bartók (Herzog Blaubart). Es hatte eben in der Luft gelegen: spätestens, seit Mussorgsky im Vorspiel zur Oper »Der Jahrmarkt von Sorotschinzy« einen heißen Sommertag in der Ukraine und in den »Bildern einer Ausstellung« Reflexe von künstlerisch gespiegelter Natur in Töne zu fassen gesucht hatte.

Maurice Ravel

Gewöhnlich pflegt man Debussy und *Maurice Ravel* (1875–1937) in einem Atem zu nennen. Aber der jüngere Franzose ist mit der Bezeichnung Impressionist noch weniger erschöpfend etikettiert. Gewiß hat Ravel entscheidende Anregungen von Debussy, insbesondere vom »Nachmittag eines Fauns« empfangen. Um 1900 komponierten beide in ähnlicher Klaviertechnik. Man vergleiche die schon 1895 geschaffene »Habanera« Ravels

mit Debussys »Soirée de Grenade«, die acht Jahre später entstand:

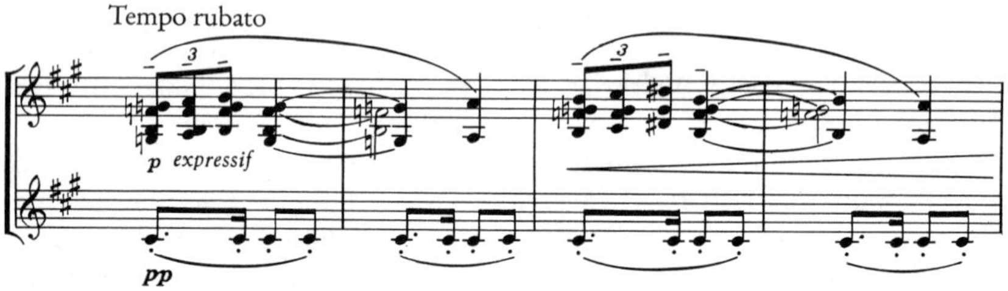

Tatsächlich ging der jüngere als Klavierkomponist voran, wenn er bereits 1901 in seinen berühmten »Jeux d'eau« musikalisch Sonnenstrahlen im Wasser glitzern ließ. Aber noch klarer als bei Debussy scheidet sich sein Oeuvre in ein impressionistisches Frühwerk (dem fast alle Klavierkompositionen angehören, wie Miroirs, Gaspard de la Nuit, Ma Mère l'Oye; ferner das alleinstehende duftige Streichquartett in F-Dur, die Orchesterwerke Alborada del gracioso, die Rhapsodie espagnole und die Ballettmusik Daphnis et Chloé, für Djagilews Ballet Russe geschrieben) und in ein mehr klassizistisches Spätwerk.

Die Grenze ist etwa in den Jahren vor dem ersten Weltkrieg anzusetzen. Danach interessierte Ravel die gezeichnete Linie mehr als die Farbe. Er begann, bewußter und patriotischer Franzose wie Debussy, der ornamental stilisierten Kunst der Clavecinisten nachzuspüren (Orchestersuite Le Tombeau de Couperin, 1917), er schrieb eine Apotheose auf den Wiener Walzer (La Valse), in den zwanziger Jahren absolute Musik, wie das Trio, die Sonaten für Geige und Cello und für Geige und Klavier, den Bolero für Orchester und die Klavierkonzerte in D-Dur (für den einarmigen Wiener Pianisten Paul Wittgenstein) und in G-Dur. Jahrzehnte hatte man auf ein Klavierkonzert Ravels gewartet, jetzt, zu Beginn der dreißiger Jahre, und als letzte Werke, komponierte er gleich an zweien höchst gegensätzlichen: versponnen, fast tragisch das für die linke Hand, ein heiteres, mit Jazzelementen versetztes Divertissement das in G-Dur.
Zwei Opern kommen dazu, auch sie in kein Schema einzureihen. »L' Heure espagnole« (Die spanische Stunde, 1912) setzt dem Klangrausch des nachwagnerischen Musikdramas eine ironische Kammeroper für fünf Stimmen, mit lockerem Parlando statt Arien oder unendlicher Melodie entgegen. »L'Enfant et les Sortilèges« (Das Zauberwort, nach einem Libretto der Colette, 1925) ist eine verspielte Kinder- und Tieroper, die sich bewußt in die Melodie verliebt gibt.
Gegenüber Debussy erscheint Ravel beschränkter in seinem Ausdrucksbereich, kühler, zurückhaltender und mehr der Tradition ergeben. Er sprach später sogar abschätzig von der »luxuriösen Kunst des Impressionismus«. In seiner Verachtung alles Vulgären, in seinem Form- und Qualitätsgefühl, in seiner Preziosität, die elegante Linien und metronomische Gefühlskühle mit einem geheimen Hang zur Romantik verbindet, ist Ravel eine sehr französische Erscheinung. Sein geschärfter Klangsinn gab Mussorgskys Klaviersuite »Bilder einer Ausstellung« ein faszinierendes, freilich fast zu farbüppiges Orchestergewand, und mit einem Werk, seinem weitaus erfolgreichsten, ist der ganz unrevolutionäre Meister des Maßes doch zu einem Pionier neuer Musik geworden: mit dem »Bolero« von 1928, der zwei baskische Melodiethemen neunzehnmal unverändert, nur in immer neuer Instrumentation vorüberziehen läßt. »Orchestereffekte ohne Musik«, nach Ravels eigenem, selbstironisch den genialen Einfall untertreibenden Wort. Hier erscheint Schönberg-Webers »Klangfarbenmelodie« populär und sinnfällig:

Maurice Ravel war der Sohn eines Welschschweizers und einer Baskin; von der Mutter hatte er die Liebe zu spanischen Rhythmen geerbt. Er studierte am Conservatoire, u. a. bei Fauré. Der Rompreis wurde ihm als unakademischem Neuerer damals verweigert. Ravels Leben verlief in Paris ohne einschneidende Ereignisse, wie sie Uraufführungsdaten und Konzertreisen bilden, vom ersten Weltkrieg abgesehen: Er drängte sich als Freiwilliger zu den Fahnen, mußte sich aber wegen seines Alters mit dem Dienst im Train begnügen. Nach einem Verkehrsunfall kam ein ererbtes Leiden, eine Erkrankung des Zentralnervensystems, die Lähmungserscheinungen zur Folge hatte, zum Ausbruch. Die letzten fünf Jahre seines Lebens vegetierte er schaffensunfähig in geistiger Umnachtung dahin. Schon seit dem Tode Debussys war er als führender Komponist

Frankreichs anerkannt: ein Klassiker des Impressionismus, wenn man ein Schlagwort gebrauchen will.

Erik Satie

Auf ganz andere Weise wurden Ravels Zeitgenosse *Erik Satie* (1866–1925) Klassikereigenschaften zugebilligt: nämlich als Inspirator des Pariser Neo-Klassizismus. Er war ein Freund Picassos und Cocteaus, die Gruppe der »Six« um Milhaud und Honegger berief sich auf Satie als ihren geistigen Motor, bis Satie kurz vor seinem Tod selber eine neue Schule, die Ecole d' Arcueil, gründete. Satie war ein genialischer Dilettant, Mussorgsky vergleichbar. Sein Leben fristete er als kleiner Postbeamter, als Kabarettpianist und Schlagerkomponist. In jüngeren Jahren regten die mystischen Vorstellungen der Rosenkreuzer sein Schaffen an. Als reifer Mann setzte er, der Autodidakt, sich noch einmal auf die akademische Schulbank, um bei Albert Roussel Kontrapunkt zu studieren. Worin bestand Saties erstaunliche geistige Ausstrahlung? Nach Milhauds Worten war er ein »Vorläufer als solcher«. Er hatte eine feine Witterung für das, was in der Luft lag. Wagners Pathos ironisierte er ebenso wie Debussys subtile Nuancenkunst. Auch er suchte eine neue, unakademische französische Musik, aber sie sollte frisch, vital, sachlich sein – warum nicht auch ordinär? Vulgarität und Primitivität galten als salonfähig, seit Strawinsky in seinem Petruschka-Ballett Leierkastenklänge ins Orchester gebracht hatte. Satie schrieb ein Ballett namens »Parade« (mit Cocteau und Picasso zusammen, 1917), in dem Marktschreier auftraten, Motoren und Schreibmaschinen Alltagsgeräusche erzeugten. Nur keine romantischen Gefühlspolster! Wenn er für Klavier komponierte, verbarg er zarte Regungen hinter kauzig-ironischen Titeln wie »En forme de poire« (In Birnenform), »Danses de travers« (Schiefe Tänze).
Ganz ernst wurde er in seinem letzten Hauptwerk, der Kantate »Socrate« für vier Soprane und Kammerorchester. Die Franzosen schätzen dieses unpompöse, scharflinige, klangstrenge Werk (1918) als Vorläufer der »enthäuteten Kunst«, die in den zwanziger Jahren von Paris aus Schule machen sollte.

Alexander Skrjabins Mystik

Äußerster Gegensatz zu solcher Hemdsärmligkeit und klassizistischen Nüchternheit, verbunden nur durch die Wirkungsstätte Paris, war die mystische Nervenmusik Skrjabins, der im Jahrzehnt vor dem ersten Weltkrieg Westeuropas geschmäcklerische Geister beunruhigte. Übrigens noch viel später die sowjetische Musikpolitik, die den immerhin berühmten Russen zunächst für sich annektieren wollte und ihm sogar ein Museum einrichtete, später aber höchstens ein verlegnes Vorläuferplätzchen einräumte. Für den Proletkult wäre freilich *Alexander Skrjabin* (1872–1915) auch dann nicht zu gebrauchen gewesen, wenn er die Revolution noch erlebt hätte. In ihm gipfelt aller Kunstindividualismus des Fin de siècle. Skrjabin, der in Moskau studiert hatte und dort um 1900 vorübergehend eine Professur innehatte, war ein hervorragender Pianist, der oft in Paris, London und Belgien konzertierte. Er begann unter dem Einfluß Chopins und Liszts mit subtilen pianistischen Kleinformaten (Dutzende Préludes, Mazurken, zehn Sonaten), bewunderte Wagner und ironisierte die französischen Impressionisten, besonders wenn man ihn, den Klangzauberer, selber als Impressionisten abzustempeln suchte. Eine

Wende zur Eigensprache bahnte sich an, als er in Westeuropa unter den Einfluß der mystischen Theosophie geriet, die von einigen Exilrussen lanciert wurde.
Skrjabin genügte der spätromantische Ausdrucksbereich nicht mehr. Schon im Poème satanique (1903) baut er pianistische Akkordtürme, die von der Harmonielehre nicht mehr erklärt werden können. Nach drei Symphonien, die noch diese nüchterne Gattungsbezeichnung tragen, läßt er 1908 das »Poème de l'extase« folgen und krönt seine musikalische Mystik 1910 mit der »Prometheus«-Symphonie, in der sich Orchester, Chor und ein Farbenklavier, das die akustischen mit farblichen Akkorden zu begleiten hat, zu einer neuen Art von Gesamtkunstwerk vereinen. Die letzte Stufe war damit aber noch nicht erreicht. Ehe Skrjabin in Moskau an den Folgen einer Blutvergiftung starb, arbeitete er am Plan eines symphonischen »Mysteriums«, das – stellvertretend für die ganze, durch Kunst zu erlösende Menschheit – von mehreren tausend Mitwirkenden aufgeführt werden sollte, möglichst in Tibet, ersatzweise in England. Mit Tönen und Farben sollten auch einkomponierte Düfte die mystische Messe zelebrieren.
Greifbarer als solche Phantastik ist der »mystische Akkord« in der Prometheus-Symphonie, der, Keimzelle und Lieferant auch linearer Modi, so aussieht:

Eine willkürliche Konstruktion, abgeleitet aus einem Sektor der Obertonreihe. Das Bemerkenswerte daran ist, daß die traditionelle Türmung von Terzen durch Quarten ersetzt wird, ein charakteristisches Zeichen der Zeit, die des hergebrachten Tonmaterials müde zu werden begann, wie auch die Tonleitern neuartigen Konstruktionen Platz machen sollten.

Charles Ives

Vom europäischen Osten zum transatlantischen Westen: Selbst in Amerika, das um 1900 noch eine Musik-Kolonie des alten Erdteils war, begannen sich Eigenkräfte zu regen. Abseits der Akademien: Der Fall des *Charles Ives* (1874–1954) beweist es. Er war insofern eine »typisch amerikanische« Erscheinung, als er den Pioniergeist der Ahnen in seiner Epoche in die Musik übertrug. Ives war studierter Organist, ein Musikfachmann also. Aber wie er komponierte – ungefällig, Tonarten vermischend, ohne Rücksicht auf die anerkannten Regeln –, das wollte niemand hören. Die Outsider-Position gab ihm zwar Unabhängigkeit, aber als er älter wurde – er verdiente sich übrigens seinen Lebensunterhalt nicht als Komponist, sondern als Versicherungskaufmann – entmutigte ihn doch die fehlende Resonanz.
Die meisten seiner Werke, mit dem Schwergewicht auf fünf Symphonien, den »Drei Landschaftsbildern aus New England« und fünf Violin-Klavier-Sonaten, entstanden zwischen 1896 und 1919; dann gab er es auf. (Nur eine Flut von Liedern folgte noch.) Erst als sich die neue Musik durchgesetzt hatte, entdeckte man den Pionier Ives wieder, der schon in seiner 2. Klaviersonate von 1915, »Concord« betitelt, die Chromatik an die Grenzen der damals »erlaubten« Tonalität geführt hatte. Noch immer ist nicht alles von Ives bekannt. Seine späten Viertelton-Experimente zu hören, wäre sicher anregend.

Gustav Mahler,
Karikatur von H. Lindloff

Der Symphoniker Gustav Mahler

In Deutschland wirkten die starken Traditionen der Symphonie und der Kontrapunktik dem Ausbruch ins Freiland des Klangs entgegen. Von den Meistern der Übergangsgeneration ist der Österreicher *Gustav Mahler* (1860–1911) der älteste. Seine Zeit hat ihn wenig verstanden oder doch eher im rückwärts gewandten Janusgesicht erkannt; das Publikum, das 1910 seiner 8. Symphonie zujubelte (es war sein einziger wirklicher Triumph), bestaunte die Erhabenheit dieser Supersymphonie, die wegen des Massenaufwands von Chören »Symphonie der Tausend« genannt wurde. Tatsächlich geht mit ihr, wie mit den gleichzeitigen Gurre-Liedern Arnold Schönbergs, erst das 19., das romantische Jahrhundert zu Ende. Insofern könnte man sagen, daß Mahlers Beitrag zur Moderne auch negativ gewirkt hat: dergestalt nämlich, daß nach dem Kolossalischen solcher Symphonik nur Umkehr, Neubeginn möglich war.
Wenngleich Schönberg ihm seine Harmonielehre widmete und die atonale Wiener Schule ihn tief verehrte: im rein Harmonischen war Mahler kein Umstürzler. Die Dur-Moll-Tonarten bleiben auch im Spätwerk unerschüttert. Das »Moderne« in Mahler ist überhaupt schwer zu fassen. Die Symphonie zum Lebensinhalt zu machen, fiel keinem Meister der nächsten Generation ein, und die leidenschaftliche Expressivität seiner Musik (die gewiß Brücken zu Schönberg und Alban Berg schlug) ist ein eher weltanschauliches als kompositionstechnisches Moment. Dennoch bleibt es wahr, daß Mahler heute noch kühn und »modern« klingt – Auswirkung einer starken Persönlichkeit; ihren höchsten Wert erkannte der Mahler-Dirigent Bruno Walter, wohl der beste Kenner seines Werkes, »nicht in dem Neuen, das sich darin an interessanten, gewagten, abenteuerlichen, bizarren Wesenselementen erregend offenbart: sondern daß dieses Neue mit dem Schönen, dem Inspirierten, dem Seelenvollen verschmolzen zu Musik geworden ist...«
Mahler wurde als eines von zwölf Kindern eines jüdischen Gemischtwarenhändlers und Gastwirts im südböhmischen Kalischt geboren. Frühe Begabung wies zum Musikerberuf, und der Vater ermöglichte das Studium am Wiener Konservatorium, wo Mahler noch ein Jahr Bruckners Schüler sein durfte. Er wurde Kapellmeister; nach Provinzetappen stieg er in Budapest und Hamburg, 1897 an der Wiener Hofoper zum Operndirektor auf. Die zehn Jahre seines Wirkens in Wien sind geradezu legendär geworden, eine letzte Glanzära der Ensemble-Oper mit auch regielich wie bühnenbildnerisch (Alfred Roller) bahnbrechenden Mozart-Aufführungen. Sein diktatorisch strenges Opernregime hatte mit den üblichen Wiener Intrigen zu kämpfen. Mahler ging 1908, einer der gefeiertsten Dirigenten der Welt, nach New York an die Metropolitan Opera und zu den Philharmonikern. 1895 war er zum katholischen Glauben übergetreten, seit 1902 mit der musikalisch begabten Alma Schindler glücklich verheiratet (sie überlebte

XXVII *Die Rosenüberreichung aus dem »Rosenkavalier«, Aufführung der Staatsoper München*

XXVI *(vorhergehende Seite) Der Sänger Francisco d'Andrade als Don Giovanni. Gemälde von Max Slevogt*

ihn, später mit dem Architekten Walter Gropius, danach mit dem Dichter Franz Werfel vermählt, um ein Menschenalter). Ein Herzleiden setzte seinem Wirken ein Ende. Er konnte noch nach Wien heimreisen; dort starb er, erst einundfünfzigjährig.
Der große Opernchef Gustav Mahler hat nie eine Oper geschrieben (frühe Pläne blieben unveröffentlicht), er war ganz Symphoniker. Elf Symphonien, das »Lied von der Erde« eingerechnet (das seinen Titel nur der Angst vor einer letzten, Neunten, verdankte), bilden sein ganzes Oeuvre, von den frühen Liederzyklen »Lieder eines fahrenden Gesellen« (auf eigene Texte), den zwölf Liedern aus »Des Knaben Wunderhorn« und den beiden Rückert-Folgen (Kindertotenlieder, 1902) abgesehen. Aber man kann von ihnen gar nicht absehen. Nicht nur, weil sie melodisch-atmosphärische Kostbarkeiten enthalten, sondern auch, weil viele in die Symphonien eingingen.
Schon die erste, von Jean Pauls »Titan« skurril geprägt, benützt als Hauptthema eine Liedmelodie (»Ging heut' morgen übers Feld«). Bis zur Vierten bleibt es bei der echt romantischen, von Beethovens Neunter ausgehenden Verschwisterung von Ton und Wort. Mahlers Zweite zieht Klopstock-Verse im Auferstehungs-Finale heran; der langsame Satz wird durch ein Alt-Solo, das Gedicht »Urlicht« aus »Des Knaben Wunderhorn«, vertreten, einer der tiefsten Mahler-Sätze, Volksliedschlichtheit mit spätromantischer Steigerungs-Harmonik verbindend:

Die 3. Symphonie läßt Pan und den »Sommer einmarschieren«, im wohl ausgedehntesten Kopfsatz aller Symphonien: Er dauert dreiviertel Stunden. Nicht ohne Grund: denn Bruckners Technik, Themen zu Themengruppen zu weiten, wurde von Mahler übernommen und gesteigert. Jeder der sechs Sätze dieser Symphonie hatte ursprünglich poetisierende Überschriften. Daß Mahler sie schließlich wieder strich, erscheint noch bezeichnender. Nach dieser pantheistischen Natur-Symphonie wirkt die folgende Vierte mit ihren traditionellen vier Sätzen (erst im Finale preist ein kindliches Sopran-Solo die Wonnen des Wunderhorn-Paradieses) wie eine Idylle. Der faustische Mensch Gustav Mahler, der nach dem Höchsten strebte und sich des Ballasts seiner Spätzeit bewußt war, wenn er sich in die Naivität altdeutscher Gedichte versenkte, war den guten und geliebten Sternen Mozarts und Schuberts nie näher als in dieser unbeschwertesten, konzentriertesten seiner Symphonien.
Die folgenden verzichten aufs Wort. Nummer fünf bis zehn (ausgenommen die Achte und das »Lied von der Erde«) verlassen sich ganz auf die Symbolkraft reiner Symphonik. In der Fünften wird eine entwaffnend einfache Adagietto-Melodie in einen Organismus von kontrapunktischer »symphonischer Arbeit« eingebettet. Die Sechste nannte Mahler selber seine »tragische Symphonie«; ein richtiger Hammer wird dem Instrumentarium einverleibt, um den »Hammerschlag« des Schicksals zu vollziehen. Die Siebente ist mit ihrer vergrübelten Polymelodik und den nokturn romantischen Mittelsätzen ein beson-

Pauline de Ahna, mit der ihn zeitlebens eine bürgerlich harmonische Ehe verbindet. Hofopern bemühen sich um den tüchtigen jungen Dirigenten: zuerst München, dann Berlin (wo er bis 1918 Hofkapellmeister bleibt).
Seit dem Triumph seiner Oper »Salome« (1905) ist er finanziell völlig unabhängig. Er baut sich aus den Tantiemen eine behagliche Villa in Garmisch-Partenkirchen, und dort werden, seit 1909 in »wahrer Kollaboration« mit dem österreichischen Dichter Hugo von Hofmannsthal, seine bedeutendsten Opern geboren. Nach dem ersten Weltkrieg beruft man ihn (1919–1924) zum Direktor der Wiener Staatsoper (neben Franz Schalk) und stellte ihm das Belvedere-Schlößl zur Verfügung. Als Hitlers Drittes Reich anbricht, sucht Strauss als Vorsitzender des Komponistenverbandes zu retten, was zu retten ist. Goebbels nennt ihn, dessen Schwiegertochter Jüdin ist, einen »dekadenten Neurotiker«, man torpediert seine Zusammenarbeit mit dem jüdischen Emigranten Stefan Zweig, dem Librettisten der Oper »Die schweigsame Frau«. Aber auch den Demokraten und den musikalischen Fortschrittlern wird er später zum Stein des Anstoßes. Nach dem zweiten Weltkrieg gilt er als abgetan – nur seine Musik kann nicht abgetan werden. Sein postumer Ruhm wächst mit einer Stetigkeit, wie sie nur überzeitliche Qualitäten verbürgen.
Tatsächlich ist Richard Strauss auch nach der Mitte des 20. Jahrhunderts höchst präsent: nämlich mit mindestens vier Opern und drei symphonischen Dichtungen, die zum unangefochtenen Weltrepertoire gehören. Ein Anteil, dessen sich kein anderer seiner Zeitgenossen rühmen kann. Schon Anfang der zwanziger Jahre, als er gar nicht mehr modern schien, sagte er: »Früher befand ich mich auf Vorpostenstellung. Heute bin ich fast in der Nachhut. Dies läßt mich jedoch gleichgültig. Ich bin in jedem Augenblick meines Lebens aufrichtig gewesen ...«
Er war es, als er in den jungen Mannesjahren, keck herausfordernd, die Reihe seiner Tondichtungen schrieb, von denen »Don Juan«, »Tod und Verklärung« und »Till Eulenspiegel« (zwischen 1888 und 1903) frühen und dauernden Weltruhm gewannen. Es sind keine Ideen-Dichtungen wie die Liszts, wenn er auch von ihm und von Wagner

Richard Strauss, Fortschritt und Reaktion

Wenn es nun auch im eigentlichen Sinne »keine Fortschrittspartei« gibt und nicht zu geben braucht, so ist es doch notwendig, das natürliche, gesunde Urteil der Unbefangenen zu schützen vor der Partei der ewig Rückständigen, die aus Unverstand, Unfähigkeit, Bequemlichkeit oder Eigennutz stets am Werke ist, den im Publikum lebenden Sinn für den Fortschritt zu ersticken.
Nach dem Jahre 1876 glaubte man wirklich, der Enthusiasmus des großen Publikums habe die Hetze der Feinde soweit zum Schweigen gebracht, daß sie nur mehr hinter stillen Konservatoriumsmauern, unter Ausschluß der Öffentlichkeit wagen würden, ihr Gift gegen den frechen Neuerer in die unschuldigen Seelen harmloser Klavier- und Kompositionsschüler zu träufeln. Man glaubte schon hoffen zu dürfen, von nun ab könne jeder im Kunstwald auf seine Fasson selig werden, komponieren, wie er Lust und wozu er Talent habe.
Diese Hoffnung war trügerisch. Zünftige Fachgenossen, die ängstlich besorgt um ihre eigene Wertschätzung, ohne schöpferische Potenz, lediglich im Besitz einer gewissen Kompositionstechnik irgendeiner verflossenen Kunstepoche, eigensinnig und gewalttätig gegen jede Erweiterung der Ausdrucksmittel und gegen jede Ausdehnung künst-

Notenhandschrift von Richard Strauss: aus der Partitur der nachgelassenen Oper »Danae«

die »neudeutschen« Errungenschaften gleißender Farben und die Orchesterkontrapunkte übernahm. Musikalische Form teilt sich, die Sonate abwandelnd, auch jenseits der imaginären »Programme« mit. »Till Eulenspiegel« wird sogar ausdrücklich als Rondo bezeichnet. Wo es das poetische Sujet nahelegt, verschmäht der sinnenfrohe Strauss weder derbe Naturalismen (zum Beispiel Windmaschinen im »Don Quixote«), noch karg-düstere Dissonanzharmonik (Macbeth). Im »Zarathustra« kombiniert er sogar bitonal: Am Schluß erklingen motivische Zerlegungen des C-Dur-Dreiklangs gleichzeitig mit dem in H-Dur. Auch das pompöse »Heldenleben« (1898), das man zu den großen Resümees des romantischen Jahrhunderts zählen könnte, tummelt sich im Durchführungsteil unbedenklich in Randbezirken der Tonalität.

lerischer Formgebiete sich sträuben, Kritiker, deren Kunstanschauung auf einer erstarrten Ästhetik vergangener Zeiten basiert, wagen sich als festgeschlossene »Reaktionspartei« mehr und mehr wieder an die Öffentlichkeit und sind eifriger denn je am Werke, den weiter Strebenden das Leben sauer zu machen.
Ich kann nun denjenigen noch lange nicht einen Reaktionär nennen, dem Beethovens Eroica lieber ist, als eine schwache moderne sinfonische Dichtung, oder der erklärt, er sehe sich lieber zwölfmal hintereinander den »Freischütz« an, als eine faule moderne Oper. In diesem Sinne wäre ich selbst ein Reaktionär. Reaktionäre im unerträglichen Sinne sind für mich alle diejenigen, welche behaupten, weil Richard Wagner seine Dramenstoffe dem germanischen Mythus entnommen hat, sei es künftig verboten, Stoffe der Bibel zu entnehmen (ich spreche hier natürlich pro domo); diejenigen, die dozieren, daß es ordinär sei, die Ventiltrompete als melodiöses Instrument zu behandeln, bloß deswegen, weil Beethoven seine Naturtrompeten notgedrungen nur mit Tonika und Dominante sich herumschlagen lassen mußte; kurz, alle diejenigen, die mit großen Gesetzestafeln bewaffnet, jeden, der Neues schaffen will und kann, mit einem Anathema sit! In seinen Bestrebungen hindern wollen.

Aus dem Aufsatz »Gibt es für die Musik eine Fortschrittspartei«, 1907

Max Reger, Radierung von Franz Nölken

Liedkunst in den Brentano- und den Hesse-Liedern. Auch der Kammerkomponist Strauss, der einst eine feurige Violin-Sonate in Es-Dur geschrieben hatte, fand mit den »Metamorphosen« (1914), dem zweiten Horn- und dem Oboen-Konzert nach dem zweiten Weltkrieg zu neuer Innerlichkeit.

Man hat Richard Strauss als Champion des Wilhelminismus abzustempeln versucht, dann – vorübergehend – als Modernisten und Kakophonisten mißverstanden, schließlich, seit den zwanziger Jahren, als zurückgebliebenen Reaktionär (obwohl er zu den Gründern der Donaueschinger Musiktage gehörte). Kein Etikett wird einer so reichen Schöpferkraft gerecht. Mag Richard Strauss Metaphysik und religiöse Tiefe verschlossen geblieben sein, als Künder der Diesseitsfreude fand er einen Eigenton, der weiterklingt, und als Weltmann mit Maß und Eleganz ist er eine wahrhaft seltene Erscheinung unter den Deutschen. Man genießt die klanglichen Schocks, die der Schöpfer der »Elektra« einst seinem Publikum versetzt hatte, mit demselben Vergnügen wie seine Rosenkavalier- und Ariadne-Schwelgereien. Über Klassiker regt man sich nicht auf.

Max Reger

Noch erbitterter und früher als Strauss war *Max Reger* (1873–1916) als »Neutöner« angefeindet worden, als Zersetzer der geheiligten Dur-Moll-Tonalität. Der Vorwurf war nicht ganz unberechtigt, obwohl es ihm, dem Verehrer Bachs und aller großen Alten, niemals in den Sinn gekommen wäre, etwa atonal zu komponieren. Aber seine Phantasie, seine eminente Fähigkeit, aus Linien verfließende Klangflächen zu entwickeln, begnügte sich nicht mit der Harmonielehre. Er benützte ihre legitimen Akkorde mit solch kombinatorischer Freiheit, daß seine Modulationen in ihrem Schweifen von Tonart zu Tonart tatsächlich ausschweifend, die tonalen Zentren ignorierend wirken mußten. Selbst noch in einer so einfachen Komposition wie der F-Dur-Sonatine (einer von vier Klavier-Sonatinen) wird der uralte, scheinbar hoffnungslos abgegriffene »neapolitanische Sextakkord« unter Regers Händen zum tonalitätszersetzenden Mittel:

In der Melodik knüpfte Reger an Brahms' Technik verschachtelter, unsymmetrischer Perioden an, trieb sie in eine komplizierte Unübersichtlichkeit und befremdete die an spätromantischen Orchesterprunk gewohnten Hörer um so mehr, als er statt dessen verwickelte Formenstrenge bot.

Aus seinem bachisch oder mozartisch fruchtbaren Lebenswerk – über 150 Opus-Nummern, Zyklen zusammengefaßt, in einem nur dreiundvierzigjährigen Leben! – ist nur wenig lebendig geblieben. Regers pionierhafte Bedeutung liegt in der Hinwendung zur absoluten Musik und hier wiederum zur Kammermusik, in einer Epoche, die noch ganz im nachwagnerischen Zeichen des – Reger völlig fremden – Musikdramas und der symphonischen Dichtung stand, der er nur mit der »Böcklin-Suite« seinen späten Tribut zollte. Eine Synthese aus strenger Formzucht, die »in Fugen dachte« und Bachs geistige Welt zu erneuern suchte, und expressiver Verfeinerung bildete den Beitrag Regers zur neuen Musik.

Max Reger wurde als Lehrerssohn im oberpfälzischen Nest Brand geboren, bildete sich in der Provinz, dann bei Hugo Riemann musikalisch aus, wurde ein hervorragender Pianist und in München, wo man ihn zunächst heftig anfeindete, akademischer Lehrer. Seine Musikerkarriere führte über das Lehramt am Konservatorium in Leipzig, über die Kapellmeisterstelle am Hoforchester in Meiningen nach Jena. Einem von rastlosem Schaffensfleiß und ständigem Willen zur Vervollkommnung gekennzeichneten Musikerleben setzte ein Herzschlag ein frühes Ende.

Ob Max Reger wirklich der Große war, den eine verehrungsvolle Gemeinde von Schülern in ihm zu erkennen glaubte, scheint die Nachwelt bis jetzt mit Skeptizismus zu beantworten. Weniges aus seinem Riesenwerk klingt postum weiter; von den Orchesterwerken vor allem die Hiller- und die Mozart-Variationen, brillante Zeugnisse des Musikdenkers Reger, der klassisch-romantische Veränderungstechniken neu formuliert (immer mit krönender Schluß-Fuge), seltener schon die kammermusikalische Sinfonietta, Versprechen eines nie erfüllten symphonischen Lebenswerkes.

Orgelspieler stehen dem Riesen-Oeuvre Regers, das bachsche Linearität mit spätromantischer Klanglichkeit verschwistert, mit Sympathie gegenüber. Intelligente Chöre erproben sich an seinen vier Kantaten, an Chorälen, a-cappella-Herrlichkeiten und dem

Max Reger, Unentwegt nach links

Herr Professor Dr. Riemann schreibt schließlich, daß unsere degenerierte Kunst sich regenerieren kann und muß. Was wollen wir entsetzlichen Modernen denn schließlich anders als regenerieren – allerdings auf *unsere* Art und Weise! Ein Stillstand ist unmöglich, und die wirkliche Degeneration wäre dann im wahrsten Sinne des Wortes eingetreten, wenn sich nicht immer wieder solche »Kerle« finden würden, die eigensinnig und wagemutig auf ihre Art regenerierten! Frisches Blut, neues Leben, neue Ziele haben noch nie geschadet, haben sich unleugbar zu allen Zeiten als die *alleinigen* Mittel gegen die *wirkliche* Dekadence erwiesen! ...

Nachdem der Scheiterhaufen, auf dem ich nächstens zur stillen Wonne aller Rückwärtsler geröstet werden soll, schon errichtet ist, will ich mein Gewissen noch erleichtern – von dem, was mich schon lange bedrückt: Unter den Reitern sind so manche, die mit »Überlegenheit« auf *Schumann, Mendelssohn* herabsehen. Mir deucht, daß diese von einer späteren Generation höchstens als unmündige »Mendelskinder« oder »altersschwache Mendelsweiber« erkannt werden. Der Ritt dieser geht zu wenig, viel zu

»Musik für sieben Saiteninstrumente« (1912) und der »Musik für Orchester« (1913) einen sehr persönlichen Weg zu einer Synthese von impressionistischem Farbenreichtum und formgebändigter Sachlichkeit, Ideale der zwanziger Jahre vorwegnehmend, gewiesen hatte. Aufführungen nach dem zweiten Weltkrieg bestätigten, daß Stephan sich aus spätromantischem Epigonentum gelöst hatte. In seinem Nachlaß fand sich eine »Musik für Geige und Orchester« und die Oper »Die ersten Menschen«, auch sie, eher ein Mysterium als ein Werk für die konventionelle Bühne, Zeugnis des in die Zukunft blickenden, neue Formen und Gehalte des musikalischen Theaters erspürenden jungen Komponisten.

Die neue Musik

»Klassiker der neuen Musik« hat man die überragenden unter den Meistern betitelt, von denen in diesem Abschnitt die Rede sein soll. Wobei das Epitheton ornans errungene Gültigkeit, Überzeitlichkeit, Erhebung vom Revolutionär zum Regenten in einem gefestigten, neu geordneten Reich ausdrücken soll. Natürlich werden solche Anerkennungen immer nur von rückschauenden Historikern verliehen; jeder einzelne dieser Komponisten hatte zu Lebzeiten mit mehr oder weniger hartnäckigen Widerständen zu kämpfen, ehe er sich durchsetzte.

Das Neue, das da im ersten Jahrhundertdrittel geschaffen wurde, kam aus verschiedenartigsten Wurzeln und war miteinander so wenig verwandt wie Strawinskys und Bartóks alarmierende Rhythmen und Schönbergs asketische Zwölftongrübeleien, wie Milhauds verspielte Mediterranität und Hindemiths verhangene deutsche Landschaft des Kontrapunkts. Man kam von Wagner her, wie die atonale Wiener Schule, oder bezog seine Energien gerade aus dem Widerstand gegen das Wagnerjahrhundert. Die Entfesselung des Klangs wurde bis zur Negierung der Obertöne, zur Geräuschmusik weitergetrieben, gleichzeitig jedoch äußerste »sachliche« Dürre angestrebt: Die Sinnenfreude, der »Klangrausch« des spätromantischen Riesenorchesters weicht kargen Miniatur-Ensembles. Man sagte sich von sämtlichen Meistern und Autoritäten los und predigte – so der Italiener Marinetti mit seinem »Futuristischen Manifest« – Bilderstürmerei und Verbrennung der Museen, und man zeigte sich andererseits renaissancefreudig. Die neuentdeckte Liebe zum Barock, die Wiedererweckung sehr alter Musikepochen – von Machaut bis Monteverdi – und exotischer Kulturen vertrug sich durchaus mit dem revolutionären Schwung der Zeit. Kosmopolitisch wirkte das neue Idiom der Zwölftontechnik, aus nationaler Folklore schöpften Hindemith, Bartók, Villa-Lobos. Esoterik für Eingeweihte steht neben dem Anspruch, Laien oder politisch dirigierte »Massen« durch Musik zu erobern. Epochale Stile und Schulen verinseln in persönlichen Lösungen: so viele Meister, so viele Sprachen. Und neben den Springbächen und reißenden Flüssen, die frischem Boden entquellen, folgt der breite Strom der Traditionsmusik gelassen dem eingegrabenen Bett des geringeren Widerstandes.

Selbst die Schöpfer der Neuen Musik sind nicht einmal dadurch auf einen halbwegs einigenden Nenner zu bringen, daß man die Zertrümmerung der alten Gesetzestafeln der Harmonik als einigende Tat erkennt; denn was jeweils an die Stelle jener Zehn Gebote gesetzt wurde, war voneinander weltenverschieden. Noch um die Jahrhundertmitte führte kein Weg von der seriellen Atonale zu nachhindemithischer Frei-Tonalität. Ja,

eine neue Generation tat selbst Schönberg als begrenzten Pionier ab und registrierte die Neue Musik säuberlich als erledigte, historische Epoche.
Als solche verdient sie in der Tat, trotz aller Divergenzen, einheitlich betrachtet zu werden. Das große N des Wörtchens »Neu« war in der Kampfzeit der musikalischen Moderne eine Art von Abzeichen, mit dem sich Atonale wie Tonale aus Gründen der Zweckmäßigkeit versahen, und wenn sich die reformatorische Partei auch längst aufgelöst hat, geschichtlich gesehen kehrt sie doch bereits gemeinsame Züge in der Vielfältigkeit heraus.

Igor Strawinsky

Keiner repräsentiert sie mit so weltweiter Gültigkeit, mit so großem Ansehen, auch mit so stiluniversaler Wandelbarkeit wie Igor Strawinsky. Sein Name ist geradezu zum populären Synonym für »moderne Musik« geworden. Man hat ihn mit dem ähnlich proteischen Picasso verglichen, der gleichfalls alle Stilwechsel der Moderne in seinem Werk spiegelt. Jedes seiner vielen Gesichter ist im Grunde sein wahres, jedes trägt durch über sechzig Schaffensjahre die gleichen Strawinsky-Züge: die des bewußten Geistes, der Rausch, Dunkelheit und Liederlichkeit verachtete und in der Musik, die seiner Meinung nach »unfähig ist, etwas auszudrücken«, das höchste irdische Symbol des Gesetzes und der Ordnung erkannte – und ein »Element, das eine Vereinigung mit unserem Nächsten schafft – und mit dem höchsten Wesen«.
Igor Strawinsky, am 17. Juni 1882 in Oranienbaum bei St. Petersburg geboren, wuchs als Sohn eines angesehenen Opernsängers in musikfreundlicher Umgebung auf und lernte das kompositorische Handwerk drei Jahre lang bei Rimsky-Korsakow. Entscheidend für seine Karriere wurde die Bekanntschaft mit dem bahnbrechenden Ballett-

Notenhandschrift Strawinskys: aus den »Russian Songs«

Unternehmer Djaghilew in Paris. Seit seinem dort uraufgeführten »Feuervogel« und »Petruschka« (1911) galt er als ungewöhnliches Talent, seit dem »Sacre du printemps« (1913) gar als glänzendster, skandalösester Neutöner seiner Zeit. Der Ausbruch der kommunistischen Revolution schnitt Strawinsky von seiner Heimat ab; er kehrte, vom Sowjetstaat verfemt, erst lange nach Stalins Tod als prominenter Greis für wenige Besuchstage nach Rußland zurück. Die Schweiz und Paris (1934 erwarb er die französische Staatsbürgerschaft) wurden seine Wirkungsstätten; in Frankreichs Hauptstadt entstanden seine dem Neo-Klassizismus den Weg weisenden Meisterwerke, von »Pulcinella« bis zur »Psalmen-Symphonie«. Der drohende Einmarsch Hitlers veranlaßte den freiheitlich gesinnten Weltbürger Strawinsky zur Emigration nach den USA. Er erhielt einen Lehrauftrag an der Harvard-Universität und ließ sich, ungleich begehrter als die meisten anderen europäischen Emigranten, in einem behaglichen Heim in Los Angeles nieder. Nach dem Tode seiner ersten Frau verheiratete er sich mit Vera Soudeikina, der geschiedenen Frau eines russischen Malers. Strawinsky wurde amerikanischer Staatsbürger.

In den USA setzte er zunächst die klassizistische Linie fort, die er in seinen Harvard-Vorlesungen über »Musikalische Poetik« theoretisch untermauerte. Damals galt er, der Verfechter einer tonalen Ordnung, die sich zwar nicht mit dem alten Dur-Moll begnügte, aber doch atonales Komponieren als sinnlos bezeichnete, bei eben den Atonalisten als Erzreaktionär und Verderber der musikalischen Jugend. Um so überraschender wirkte es dann in den fünfziger Jahren, als Strawinsky – nach seiner frühen russischen und seiner reifen klassizistischen Periode – auch noch in eine letzte, serielle, einzutreten schien.

Der »russische Strawinsky« war vor allem ein Ballettkomponist von strotzender Vitalität. »Der Feuervogel«, der die Lehre Rimsky-Korsakows und spätromantischen Schönklang noch nicht verleugnet, »Petruschka« und »Sacre du printemps«, alle um

Igor Strawinsky, Über das musikalische Phänomen

Wir befinden uns nicht mehr im Bereich der klassischen Tonalität im schulmäßigen Sinn. Wir haben diesen Zustand nicht geschaffen, und es ist nicht unsere Schuld, wenn wir einer neuen musikalischen Logik gegenüberstehen, die den Meistern der Vergangenheit unvorstellbar erschienen wäre. Und diese Logik öffnet uns die Augen für Reichtümer, deren Existenz wir nicht ahnten. An diesem Punkt angelangt ist es nichtsdestoweniger unerläßlich, zu gehorchen – zwar nicht neuen Idolen, wohl aber der ewigen Notwendigkeit, die Achse unserer Musik zu festigen und die Existenz gewisser Anziehungspole anzuerkennen. Die Tonalität ist nur ein Mittel, um die Musik nach diesen Polen zu orientieren.

... Das vergangene System, mit dem musikalische Konstruktionen von hohem Interesse errichtet wurden, hatte für die Musiker eine weit kürzere Gültigkeit, als man gemeinhin annimmt – nämlich etwa von der Mitte des 17. bis zur Mitte des 19. Jahrhunderts. Von dem Augenblick an, als die Akkorde nicht mehr nur dazu dienten, die vom tonalen Spiel vorgezeichneten Funktionen zu erfüllen, sondern sich von jedem Zwang frei machten, um neue, nirgends gebundene Einheiten zu werden, war die Entwicklung abgeschlossen: das tonale System hatte gelebt. Das Werk der polyphonen Renaissance-Meister paßt noch nicht in dieses System, und wir haben gesehen, daß die Musik unserer Zeit nicht mehr hineinpaßt. Eine Folge von parallelen Nonenakkorden genügt als

1910 uraufgeführt, eröffnen eine neue Epoche der Ballettmusik und heben diese aus der Unterhaltungssphäre des 19. Jahrhunderts auf die Höhe zeitgenössischer Kunst. Im »Petruschka« – so heißt der Kasperle des russischen Volkstheaters – gibt es stilisierte Folkloremelodien und äußerstes Klangraffinement. Erstmals treten – im Jahre 1911! – bitonale Zusammenklänge auf:

Ironie, Parodie, verspielte Artistik, die weder gemimte Liebesnöte noch Folklore ernst nimmt, Marionettentheater auf dem Theater – »Petruschka« bot ein Modell für Jahrzehnte. Im »Sacre du printemps« schockierte Strawinsky mit einer wahren Orgie des Rhythmus. Statt der eingängigen Petruschka-Melodien Motivpartikel, die sich zu undefinierbaren akkordischen Klumpen ballten, zuckende, hinkende Rhythmen, dauernder Wechsel des Metrums, Dissonanzen über Dissonanzen, alles Ausdruck für ein Bühnengeschehen von barbarischer Anmut (in »heidnischem Rußland« wird ein junges Mädchen zur Feier des Frühlings geopfert).

Dem aufrührerischen »Sacre« ließ Strawinsky zehn Jahre später ein ganz gegensätzliches, wenn auch gleichfalls russisches Werk folgen: die szenische Kantate »Les noces«. Das Zeremoniell einer russischen Bauernhochzeit wird in Chören und Tänzen darge-

Beweis dafür. Damit hat sich die Tür zu dem geöffnet, was man mißbräuchlich *Atonalität* nannte.

Dieses Wort ist heute in Mode. Damit ist noch nicht gesagt, daß es klar ist. Ich möchte gern wissen, was diejenigen darunter verstehen, die es anwenden. Das »A« kennzeichnet einen Zustand der Gleichgültigkeit gegenüber dem Begriff, den es für nichtig erklärt, ohne daß es ihn in Abrede stellt. So verstanden, entspricht die Atonalität keineswegs dem, was seine Verfechter damit meinen. Wenn man von meiner Musik sagen würde, sie sei atonal, so müßte dies bedeuten, daß ich für die Tonalität taub sei. Nun mag es sein, daß ich mich nur deshalb mehr oder weniger lang an die strikte Ordnung der Tonalität halte, um sie zu brechen und eine andere Ordnung aufzurichten. In diesem Fall bin ich nicht atonal, sondern antitonal. Dies ist keine Wortklauberei: man muß wissen, was man ablehnt und was man bejaht.

Modus, Tonalität, Polarität sind nur provisorische Mittel, die vergehen oder vergehen werden. Was alle diese Regimewechsel überlebt, ist die Melodie. Die Meister des Mittelalters und der Renaissance waren nicht weniger um die Melodie besorgt als Bach und Mozart, und meine musikalische Topographie geht nicht nur auf die Melodie ein: sie räumt ihr den gleichen Platz ein, den sie unter der modalen oder tonalen Herrschaft inne hatte.

Aus: Musikalische Poetik, 1949

stellt, die Musik aus intervallischen Keimzellen kühl und metronomisch entwickelt. Damals schon (1923) kam das Schlagwort von Strawinskys »Nähmaschinenmusik« auf. Der Weg zum Champion des Neo-Klassizismus war eingeschlagen. Vorbereitet hatte ihn »Die Geschichte vom Soldaten« (1918). Alles epische Musiktheater der Moderne geht auf dieses so simple wie neuartige Spiel zurück, dessen revolutionierende Form von sehr praktischen Erwägungen bestimmt wurde: Strawinsky und der Welschschweizer Dichter C. F. Ramuz wollten ein einfach aufzuführendes, tantiemenbringendes Stück schreiben.

Eine russische Legende von dem Deserteur, der dem Teufel in die Hände fällt, lieferte den Stoff. Eine Figur, der Soldat, spricht nur, eine ist stumm und tanzt, die dritte spricht und tanzt, ein Vorleser verbindet die Bilder, ein Orchesterchen von sieben Instrumentalisten spielt. Es bleibt sichtbar auf der Bühne sitzen und verhindert, daß irgendeine Vorstellung von Illusionstheater aufkommt: Der Zuschauer und Zuhörer soll wach bleiben, kritisch, intellektuell bewußt. »Glotzt nicht so romantisch«, höhnte wenig später Bertolt Brecht.

Neo-Klassizismus

Mit Oper hat »L'Histoire du Soldat« so wenig zu tun wie »Le renard« (1922), eine »burleske Tanzszene«, in der auf der Bühne getanzt, im Orchester gesungen wird. Der Opernkomponist Strawinsky versuchte sich dazwischen mit der märchennahen »Nachtigall« (1914) und dem Buffoeinakter »Mawra« (1922) auf traditionelleren Spuren. Mit »Oedipus Rex« (1927, Textdichter: Jean Cocteau) schuf er ein epochemachendes Werk in der modernen Mischform des Opernoratoriums, das auf der Bühne wie im Konzertsaal aufgeführt werden kann, weil Kostüm und Mimus ganz dem formbildenden, Händel bis Verdi auf persönliche Art adaptierenden Eigenleben der Musik untergeordnet bleiben. Noch in »Perséphone« (1934, Text von André Gide) wird eine nonkonformistische Anti-Oper angestrebt – eine Wiedererweckung des alten, aus der Mode gekommenen Melodrams. Die Titelrolle wird gesprochen, gemimt und getanzt.

Erst der Greis Strawinsky lenkte ganz in die Operntradition zurück und schuf mit »The Rake's Progress« (1951, Textautor der namhafte englische Poet W. H. Auden gemeinsam mit dem amerikanischen Praktikus Chester Kallman, auf deutsch »Der Wüstling«) eine richtige Nummernoper. Das Werk – die weitaus umfangreichste Partitur Strawinskys – wirkt wie eine Revue von 350 Jahren Operngeschichte. Virtuose Maskerade, zärtlich-kühle Liebeserklärung an die Genien der Oper von Mozart bis Verdi.

Wichtiger, ja geradezu epochemachend wurden die klassizistischen Ballette Strawinsky, die meist in Zusammenarbeit mit Diaghilew entstanden. »Pulcinella« (1920) löste eine Welle des internationalen Neu-Klassizismus aus. Es handelt sich um die Bearbeitung verschollener Kompositionen Pergolesis. Suiten, Giguen, Passacaglien und Toccaten, Vermeiden alles Ausdrucks, Abhaspeln von Formeln, »Bach mit falschen Bässen« wurde die große Mode zwischen den beiden Weltkriegen. Strawinsky baute das Muster aus mit den Balletten »Apollon Musagète«, »Le baiser de la fée« (nach Tschaikowsky, den er über Mussorgsky stellte, so wie Weber über Wagner), »Jeu de cartes« und später, in Amerika, mit »Scènes de ballet« und »Orpheus«.

»Für den klaren Aufbau eines Werkes – für seine Kristallisation – ist es entscheidend, daß alle dionysischen Elemente, welche die Vorstellungskraft des Schöpfers anregen

XXVIII *Szene aus der Oper »Lulu« von Alban Berg in der Aufführung der Staatsoper Hamburg*

xxix *Konzert der Wiener Symphoniker im großen Musikvereinssaal in Wien*

xxx *Szenenbild von der Uraufführung der Oper »Die Bassariden« von Hans Werner Henze, Salzburg 1966*

und den nährenden Saft hochtreiben, rechtzeitig, bevor sie Fieber in uns hervorrufen, gezähmt und schließlich dem Gesetz unterworfen werden: dies ist Apollons Befehl.« Strawinsky folgte diesem Befehl in seinem ganzen auf die »russische Periode« folgenden Lebenswerk. Der einstige »Barbar« des »Sacre du printemps« hatte seine Liebe zur mediterranen Heiterkeit, zum klassischen Ebenmaß entdeckt, Ideale, die auch sein konzertantes und religiöses Werk bestimmen.

Zur *musica sacra* ist die dreisätzige Psalmen-Symphonie von 1930 zu zählen; in den Ecksätzen singen Chöre in lateinischer Sprache ein sehr stilles, scheues Lob Gottes, in einer Satztechnik, die an die russische orthodoxe Musik erinnert, während den Mittelsatz eine komplizierte Doppelfuge des Orchesters einnimmt. Strawinskys Sakralmusik gipfelt in der Messe von 1948, einem sehr kurzen, asketisch klingenden (aber tonalen), ganz auf Geist und Glaubenssymbol konzentrierten Werk.

Vielseitig, die verschiedensten Besetzungen vom Klavier- und Violinkonzert bis zum Bläser-Oktett bedenkend, ist Strawinskys absolute Instrumentalmusik. Betont trocken im Klang – die für das 19. Jahrhundert typischen Bläser-»Pedale«, die harmonieverbindenden Haltetöne, werden verschmäht –, motorisch-sachlich und antiromantisch. In den Vereinigten Staaten interessierte sich Strawinsky auch für das Jazz-Idiom (Ebony Concerto, 1945), schrieb parodistische Stücke, wie die »Polka für Zirkuselefanten«, die Kammermusik »Dumbarton Oaks«, vor allem aber leistete er seinen symphonischen Tribut mit der Symphonie in C (1940) und der Symphonie in drei Sätzen (1945). Die erstgenannte steht Haydn näher als jedem späteren Symphoniker, die zweite ist dramatischer, manchmal bitonal und enthält im Mittelteil eine höchst grazile Reverenz vor Rossini – artistische Maskerade reizte Strawinsky lebenslang.

In seinem achten Lebenjahrzehnt verblüffte Strawinsky, der sich eben noch als Harvard-Ästhetiker über Modernisten lustig gemacht hatte, mit Kompositionen, die sich der seriellen Technik bedienten. So ließ er im Markusdom von Venedig 1956 das auf Texte der Vulgata komponierte »Canticum sacrum« uraufführen, das sich in seiner Kombination von Intervallen an esoterischen Kompositionstechniken der Renaissance zu orientieren scheint. In den nächsten Jahren folgten das Ballett »Agon« und die Jeremias-Klage »Threni«, das bedeutendste Chorwerk des späteren Strawinsky, 1962 »A Sermon, a Narrative and a Prayer« (nach dem Neuen Testament), die kurze Fernsehoper »Noah's Flood« und eine Reihe kleinerer Werke, von denen die Totenhuldigung für den Mäzen der Donaueschinger Musiktage, Prinz Max Egon von Fürstenberg, den Extremfall spätstrawinskyscher Kargheit darstellt: ein rätselhaftes Anagramm von ganzen sieben Takten.

Als Vorkämpfer der seriellen Musik konnte man Strawinsky aber nicht in Beschlag nehmen. Noch als Achtundsiebzigjähriger betonte er, daß seine sehr persönliche Reihentechnik auf Tonalität basiere, was dem Wesen jedweder seriellen Musik widerspricht. Sowenig wie Picasso wird man Strawinsky auf eine bestimmte Stilperiode seines Lebenswerkes festlegen können. Der »wilde« Strawinsky des »Sacre du printemps«, der tonale, als »Reaktionär angegriffene, der serielle des Greisenalters – alle sind sie identisch mit dem Künstler, der seine Memoiren mit den Worten abgeschlossen hatte: »Ich lebe weder in der Vergangenheit noch in der Zukunft: ich bin in der Gegenwart.«

Milhaud und die »Groupe des Six«

Ohne Strawinsky wäre die seiner Kunst verwandteste europäische Strömung der Neuen Musik, die der »Groupe des Six«, kaum denkbar. Zu dieser – sehr lockeren und in sich sehr ungleichwertigen – Gruppe hatten sich 1920 sechs französische Komponisten zusammengetan, angeregt von Erik Saties Experimenten und Jean Cocteaus, des vielgewandten Dramatikers, Polemikers und Malers, antiwagnerischer und antiromantischer Ästhetik. Man zog gegen die französische Akademie d'Indys zu Felde wie gegen jedwede Romantik, man schrieb gemeinsam ein Ballett, dessen Hauptfigur der Eiffelturm war, man begeisterte sich für gallische Klarheit und für eine sachliche, von allem üppigen Schwelgeklang befreite, »enthäutete Kunst« (Art dépouillé).

Die Gruppe löste sich bald auf, zu verschiedenwertig waren ihre Mitglieder: *Germaine Tailleferre, Louis Durey* traten bald in den Hintergrund, *Georges Auric* (geb. 1899) wurde ein erfolgreicher Filmkomponist; der gleichaltrige *Francis Poulenc* (1899 bis 1963), ein ausgezeichneter Pianist, vertonte avantgardistische Poeten wie Guillaume Apollinaire (u. a. die freche Buffooper »Les Mamelles de Tirésias«, 1944), und *Paul Eluard* erprobte sich in Lied- und Kammermusik und feierte in tonal abgeklärtem Altersstil bedeutende Erfolge als Opernkomponist (Gespräche der Karmeliterinnen, nach Bernanos, 1957, Einpersonen-Einakter La voix humaine, nach Cocteau, 1959). Die überragenden Persönlichkeiten der Gruppe, Honegger und Milhaud, gingen ebenfalls bald getrennte Wege.

Darius Milhaud (geb. 1892) verkörpert das neue Pariser Musikideal antiromantischer, antideutscher, betont mittelmeerischer Musik der Helle und des Maßes am reinsten. Milhaud ist Provençale, als Sohn einer alteingesessenen jüdischen Kaufmannsfamilie in Aix-en-Provence geboren. Er war ein Wunderkind, dem man frühzeitig musikalischen Unterricht gab. Mit siebzehn Jahren ging Milhaud nach Paris; dort wirkte nicht das akademische Conservatoire am stärksten auf ihn ein, sondern die Freundschaft mit Poeten wie Francis Jammes und Paul Claudel; der große katholische Dichter nahm ihn, als er im ersten Weltkrieg als Botschafter Frankreichs nach Rio de Janeiro beordert wurde, für zwei Jahre als Attaché mit. Im Paris der zwanziger Jahre entwickelte Milhaud eine außerordentlich fruchtbare Tätigkeit, bis der Krieg gegen Hitler-Deutschland ihn zur Emigration nach den Vereinigten Staaten zwang. Seit dem Ende des zweiten Weltkriegs lebt er, durch eine Lähmung der Beine an den Rollstuhl gefesselt, abwechselnd in seiner alten und seiner neuen Heimat.

Milhaud ist der Klassiker der Polytonalität. Schon in seiner ersten Klaviersonate von 1916 nützt er die Reize, die in der Überlagerung mehrerer Tonarten liegen:

Ähnlich würzt er die Rhythmik seiner berühmt gewordenen zwei Bücher von »Saudades do Brasil« für Klavier (1920–1921) mit solchen bewußten Dissonanzen, die aus dem Gehege der Harmonielehre ausbrechen, aber nicht spekulativ, sondern rein klangsinnlich »revolutionieren« (für Schönbergs Zwölfton-Atonalität hatte Milhaud nie etwas übrig). Man könnte Milhauds Vorliebe für Polytonalität aus dem Lichterlebnis des Provençalen herleiten. Was sein Auge sah, hörte sein Ohr: die klaren Umrisse, die starken, kontrastierenden Farben unter mittelmeerischer Sonne.

Sinnenhaftigkeit, Dominanz des Klangs gegenüber jeder Theorie setzte allen Experimenten Milhauds Grenzen. Und er war allezeit zu Wagnissen bereit: Ob er als junger Mann die Claudelsche Äschylos-Übersetzung »Les Choéphores« mit einer sehr neuartigen Schauspielmusik versah, die mit gewaltigem Schlagzeugaufwand eine »Orchestration von szenischen Geräuschen« anstrebte (1922 zur dreiteiligen »Orestie« erweitert), ob er 1927 drei »Opéra-Minutes« nach mythologischen Stoffen schrieb, bei denen ein Einakter auf 200 Takte zusammenschrumpfte (extremer Gegensatz zu Wagner!), ob er Paul Claudels »Christophe Colombe« (1930) mit Filmeinlagen, epischem Erzähler und machtvollen Chören zu einer neuartigen Synthese von musikalischem Theater zu steigern suchte – immer probierte er ungewöhnliche Lösungen aus, und jede seiner Schauspielmusiken (er schrieb Dutzende) erhebt sich über andere dieses Genres durch die jeweilige Unverwechselbarkeit des Stiles.

Dennoch ist Milhauds erfolgreichstes Bühnenwerk das eigentlich konventionellste, nämlich »Le pauvre matelot«, eine – freilich hintergründige – Verismo-Variante. Südamerikanische Jugendeindrücke verwerten die Opern »Maximilien« und »Bolivar«; in die Nähe der Großen Oper gerät, durch den festlichen Anlaß der Dreitausendjahrfeier Jerusalems, der chorpompöse »David« (1954). Von Milhauds vielen Balletten hat sich die Neger-Schöpfungsgeschichte »La création du monde« (1923), mit Jazzelementen versetzt, am frischesten erhalten.

Fast unübersehbar ist die Lied- und Instrumentalproduktion Milhauds. Er schrieb mit so leichter Hand, daß technische Meisterschaft sich nur selten mit musikalischer Substanz deckt: vier Symphonien (die zweite mit aparten Chor-Vokalisen), mehr als ein Dutzend Streichquartette (mit den Unika des 14. und 15., die man sowohl einzeln, wie bitonal zusammenklingend spielen kann!), Instrumentalkonzerte für verschiedenste Besetzungen, Psalmen, Kantaten, Hymnen, Hunderte Lieder und Klavierstücke – er hat zuviel geschrieben, als daß mehr als ein Bruchteil lebendig bleiben könnte. Der Liederzyklus »Catalogue de Fleurs« verdient Erwähnung als Zeitexempel für neue Sachlichkeit: Da wurde ein Prospekt für Landmaschinen höchst anmutig vertont, einschließlich der Lieferbedingungen für die nützlichen Apparate.

Arthur Honegger

Arthur Honegger (1892–1955), neben Milhaud der bedeutendste der »Groupe des Six«, war ihr nicht so eng verbunden. Er unterschied sich von seinen Freunden schon dadurch, daß er deren allgemeine Begeisterung für Erik Saties Primitivismus keineswegs teilte, daß er als einziger der »Six« Wagnerverehrer war, und daß er überhaupt der Schwerblütigkeit und den soliden Kontrapunkten deutscher Tradition näher blieb. Er schockierte als junger Mann sein Publikum kaum minder als andere fortschrittlich gesinnte Komponisten seiner Generation. So machte 1923 das kurze Orchesterstück »Pacific 231« Sensation als musikalische Visitenkarte des Maschinenzeitalters: Der Titel meint eine Schnellzugslokomotive; die stampfenden, sich steigernden Rhythmen und

Kakophonien sind aber, laut Honegger, nicht als naturalistische Geräuschkulisse gedacht, sondern folgen einer »sehr reinen, abstrakten Idee«, nämlich der mathematisch feststellbaren Beschleunigung des Rhythmus, während die Bewegung sich verlangsamt. Honegger lag so wenig an modernistischen Tagessensationen, daß er, nachdem er mit »Rugby« einen ins Musikalische übertragenen sportlichen Kampf hatte folgen lassen, ein drittes »Mouvement symphonique« lieber unbetitelt veröffentlichte, um nicht neue Mißverständnisse zu wecken.

Lange zuvor schon, 1921, hatte er sich mit dem Oratorium »Le Roi David« als das legitimiert, was er seinem Wesen nach war: ein der großen europäischen, namentlich der deutschen, Tradition verpflichteter Neuerer. »König David« wurde mit seiner an Händel gemahnenden chorischen Wucht, mit seinen Kurzformen und dem farbigen Wechsel der Situationen eines der meistgespielten modernen Werke dieser Gattung. Auch dem neuen Musiktheater, das keine »Oper« mehr sein will, hat Honegger mit dem szenischen Oratorium »Jeanne d'Arc au Bûcher« (Johanna auf dem Scheiterhaufen, als Oratorium 1934, auf der Bühne 1939) ein Werk von bleibendem Wert geschenkt. Den Text schrieb Paul Claudel. Honegger schätzte die Dichtung so hoch ein, daß er sich nur als »bescheidenen Mitarbeiter« bezeichnete. Damit tat er sich selbst unrecht, denn die Geschichte der Jeanne d'Arc, die, an den Pfahl gefesselt, die Stationen ihres heroischen Lebens an sich vorüberziehen läßt, beweist überzeugend, wie weit musikalische Phantasie die heterogensten Elemente zu einem neuen Ganzen einzuschmelzen und zu steigern vermag: Poesie des gesprochenen und des gesungenen Wortes, episches und tänzerisch-mimisches Theater, Chorpolyphonie und einstimmiges Kinderlied, Gregorianik und Jazz-Anklänge, traditionelles Orchester und technisierte Klänge (die »Ondes Martenot« symbolisieren mit ihrem Geheul höllische Mächte).

Arthur Honegger, Das Ende der Musikkultur

B. G. Ist nicht im großen ganzen das Bild, das Sie von der Musik unserer Zeit entwerfen, recht düster?

A. H. Weil ich sehr deutlich den Eindruck habe, daß wir am Ende einer Kultur stehen. Der Verfall lauert, er hat uns schon erfaßt ... Unsere Kunst verläßt uns, sie entschwindet ... Ich fürchte, daß die Musik als erste uns verlassen wird. Je weiter ich schreite, desto mehr erkenne ich, wie sie von ihrer Bestimmung sich löst: von dem Zauber, dem Wunder, von jener Feierlichkeit, welche die künstlerische Offenbarung umgeben muß. Nicht der Musiker, sondern das vollkommen veränderte Musikleben ist schuld daran. Früher war das Konzert eine Art Feier, eine Versammlung, in der dieses Wunder sich vor Menschen offenbarte, die zu einer religiösen Zeremonie sich zusammengefunden hatten. Lesen wir, was Strawinsky in seiner *Poétique musicale* sehr richtig sagt:

»Die Musik mit allen Mitteln zu verbreiten, ist an sich eine sehr gute Sache; wenn sie aber dem nicht darauf vorbereiteten großen Publikum ohne Überlegung vorgesetzt wird, so führt das zu einer beängstigenden Übersättigung dieses Publikums ...

Der Sinn für Musik kann ohne Mühen nicht erworben noch entwickelt werden. In der Musik, wie überall, erlahmt die Veranlagung, die brach liegt, und verkümmert. Dann aber wird die Musik zu einer Art Betäubungsmittel, die den Geist nicht anregt, sondern ihn abstumpft und lähmt ...

1919 empfahl Satie eine *Musique d'ameublement* – das heißt eine Musik, die da wäre,

Solche packenden Wirkungen hat Honegger in seinem umfangreichen Bühnenwerk, das 13 Musikdramen und szenische Oratorien und 12 Ballette umfaßt (u. a. »Horace victorieux«, eine »mimische Symphonie«, und die witzige Operette »Les Aventures du Roi Pausole«, 1930), nie wieder erreicht. Spät, als Achtunddreißigjähriger, fand Honegger zur Symphonie, stellte sich aber dann mit fünf Werken neben die bedeutendsten modernen Autoren dieser Gattung. Die zweite, für Streichorchester und Solo-Trompete, ist ein ungemein erfolgreiches Stück ambitiöser Kammerorchester geworden, die dritte, »Symphonie liturgique« betitelt, beschwört die Schrecken des Krieges, die letzte zeugt besonders rein von der ernsten, formklaren, der Tonalität und melodischen Kraft vertrauenden Kompositionstechnik Honeggers, wie dies schon das tragende Hauptthema verrät:

Honegger wurde als Sohn deutschschweizerischer Eltern in Le Havre geboren, in Zürich und Paris musikalisch ausgebildet. Er war lebenslang Wahlpariser, dessen eigentliche Sprache französisch war, dessen Kunst aber die alemannischen Wurzeln nicht verleugnet. Sein Oeuvre umfaßt sämtliche Gattungen, von der Filmmusik bis zum Oratorium (so der »Totentanz«, nach Claudel, 1938), von der antikischen Oper, die in der »Antigone« (nach Cocteau) Wagners deklamatorischen Gesang neu durchdenkt, bis zur Kammermusik in verschiedensten Besetzungen.
Der Meister moderner Musik, der das Seinige zur Emanzipation der Dissonanz beigetragen hatte, wurde als reifer Mann immer skeptischer gegenüber allem Fortschritt,

ohne daß man sie wahrnähme, so wie eine an die Mauer geklebte Tapete. Wir haben heute die *h-moll-Messe* und das *Quartett op. 132* zu dieser Art Musik erniedrigt. Die Konzerte sind zahlreicher denn je. Aber sie sind zu Bravourleistungen der berühmten Klavier-Champions und Stardirigenten geworden ...
Man fragt sich, warum so viele Meister der Vergangenheit so viele Werke geschrieben haben, da sie doch nie die Neugier der Ausführenden zu erregen imstande sind. Und mit noch mehr Grund fragt man sich, warum die unbekannten Jungen den Anspruch erheben sollten, in den schon überfüllten Ring zu treten?
Der Fluch – das Wort ist nicht zu kraß – der auf »unserem Metier« lastet, ist dieser: die Musik stirbt nicht an Blutarmut, sondern an Blutüberfluß. Es wird zu viel produziert, zu viel Angebot für so wenig Nachfrage ...
Der Zusammenbruch der Musik ist offenbar ... seien wir uns dessen bewußt. Man verstehe mich wohl: nicht für mich bin ich voller Angst, sondern für sie, die diesen Beruf erwählen, der jeden Tag unzugänglicher wird und von der Routine beherrscht ist. Dem Ende unserer Musik-Kultur, das nur um ein weniges dem Ende unserer Kultur überhaupt vorausgeht, muß man mit klarem Auge, so wie dem Tode, entgegensehen. Wenig hellsichtig wäre der, der dieses Ende leugnen wollte. Es nützt nichts, sich dagegen aufzulehnen. Man muß es kaltblütig ins Auge fassen. Nachher wird man sich mit dem Gedanken trösten dürfen, daß aus den Trümmern dieser Kultur eine neue erstehen wird.«

Aus: Ich bin Komponist, Gespräche über Beruf, Handwerk und Kunst in unserer Zeit, 1952

ironisierte die atonale Zwölftontechnik (»Galeerensklaven, die, nachdem sie ihre Ketten zerrissen, freiwillig hundert Kilogramm schwere Kugeln an ihre Füsse hängen, um schneller zu laufen . . . «) und sah den Untergang der Musik und aller Zivilisation vor sich.

Schweizer Moderne

Da Honegger der Herkunft nach Schweizer war und noch als Pariser seiner Heimat mit einer Festsuite huldigte, einschließlich »Fäschtabschluß und Alpeglüe«, sollen an dieser Stelle die weiteren Beiträge Schweizer Meister zur neuen Musik gewürdigt werden. Der Genfer *Frank Martin* (geb. 1890) schuf mit der Orchester-Ballade für Alt »Der Cornet« (nach Rilke), mit dem Tristan-Oratorium »Le vin herbé«, dem Oratorium »Golgatha« und der Shakespeare-Oper »Der Sturm« die bedeutendsten Werke. Seine spätere Neigung zur Dodekaphonie bleibt persönlich und undoktrinär. *Conrad Beck* (geb. 1901 in Lohn im Kanton Schaffhausen) ist vor allem Symphoniker (sechs Werke) außerdem Autor des Oratoriums »Der Tod zu Basel«. Er wurzelt in deutschen Traditionen. *Willy Burkhard* (geb. 1900 in Leubringen bei Biel) ähnelt ihm darin mit seinem Oratorium »Das Gesicht des Jesaias« und der Oper »Die schwarze Spinne« (nach Jeremias Gotthelf), sein Schüler *Armin Schibler* (geb. 1920 in Kreuzlingen) suchte eine Strawinsky-Schönberg-Synthese von »neuem Rhythmus und neuem Melos, bereichert durch die Klangfarbe«, der Deutsch-Russe und Wahlschweizer *Wladimir Vogel* (geb. 1896 in Moskau) will in seinen Orchesterstücken und Oratorien die Zwölftontechnik rhythmisch anreichern.
Erfolgreiche Opernkomponisten sind *Heinrich Sutermeister* (geb. 1910 in Feuerthalen bei Schaffhausen), dessen »Missa da Requiem« von 1935 sich ebenso behauptete wie seine tonal eingängigen Opern »Romeo und Julia« (1940), »Raskolnikoff« (nach Dostojewskij), »Der rote Stiefel« und »Titus Feuerfuchs« (nach Nestroy) und *Rolf Liebermann* (geb. 1910 in Zürich, ein Großneffe des Malers Max Liebermann). Mit einem Orchester-Furioso, einer Kantate »Streitlied zwischen Leben und Tod« und einem in Donaueschingen uraufgeführten Concerto für Jazzband und Symphonieorchester machte Liebermann von sich reden, mit der Buffa »Die Schule der Frauen« (nach Molière, 1955) glückte ihm ein dauerhafter Bühnenerfolg. Zwölfton-Anklänge vertragen sich mit heiterem Lustspielton. Liebermann genießt außerdem den Ruhm, als Direktor der Hamburger Staatsoper der fortschrittlichste – und trotzdem publikumssichere – Opernintendant der Welt zu sein. Durch das elektronische Tonstudio im tessinischen Gravesano, das der deutsche Dirigent Hermann Scherchen, Uraufführer zahlloser moderner Werke, dort einrichtete, ist die Schweiz auch mit der jüngsten europäischen Avantgarde verbunden.

Von Malipiero bis Dallapiccola

In Italien erklangen schon zu Anfang des Jahrhunderts radikale Fanfaren. Die Futuristen, mit Filippo Tommaso Marinetti an der Spitze, forderten die Zerstörung der Museen und Bibliotheken, um Neuem Platz zu machen; die Bruitisten, deren Wortführer *Luigi Russolo* (1885–1947) war, veranstalteten 1914 in Mailand ein Konzert mit Geräuschmusik; fünfzehn sogenannte »intonarumori«, »Lärmerzeuger« mit teils elektrischem Antrieb, ersetzten das übliche Instrumentarium. Die wirklichen Meister neuer italienischer Musik gaben sich viel gemäßigter. Gemeinsam ist ihnen zunächst die Abwehrstellung gegenüber dem romantischen 19. Jahrhundert, auch gegenüber Verdi; eher ließ man noch Bellini gelten. Die Vorbilder einer erneuerten, nationalen italienischen Musik waren jedoch die Alten, Monteverdi, Corelli, Vivaldi. Drei um 1880 geborene Komponisten, Casella, Malipiero und Pizzetti, gelten als Väter der Moderne in Italien.

Alfredo Casella (1883–1947) experimentierte während des ersten Weltkrieges mit Akkordtürmen, die bereits die Atonalität vorwegnehmen. Später war er als Herausgeber alter Musik und Erneuerer der italienischen Spieloper (La donna serpente, nach Gozzi) um die Schaffung einer antiromantischen Musik bemüht. *Ildebrando Pizzetti* (1880–1968) tat sich zuerst mit Gabriele d' Annunzio zusammen und schrieb die Oper »Fedra« (1915), später ein Operntriptychon, das sich an Monteverdis deklamatorischen Stil anlehnte. Schließlich gelang ihm im hohen Alter mit dem Opernmysterium »Mord im Dom« (nach T. S. Eliot) ein international beachtetes Werk; Pizzetti schlägt dort Brücken vom Neo-Klassizismus zu romantischer Lyrik. *Francesco Balilla Pratella* (1880 bis 1955) machte 1910 als Ästhetiker des musikalischen Futurismus von sich reden. Von seinen sechs Opern und Orchesterwerken hat sich jedoch nichts behauptet.

Gian Francesco Malipiero (geb. 1882 in Venedig) ist der Große Alte Mann der italienischen Neuen Musik, als Komponist, Lehrer und Herausgeber Monteverdis, Frescobaldis und Vivaldis gleich einflußreich. Malipiero ist ein Aristokrat der Musik, der nicht nach billiger Popularität strebte und es gelassen trug, wenn seinem sehr reichen Lebenswerk – 17 Opern, 9 Symphonien, Kammermusik, Chorwerke – durchschlagende Erfolge versagt blieben. Ihm schwebte eine Musik der Synthese vor; was seit der Renaissance an Wertvollem geschaffen worden war, betrachtete er als »Quellen der Musik«, zu denen auf neuen Wegen zurückzukehren ihm lohnend erschien.

In seinen Opern erhob er die Melodie wieder auf den obersten Rang, allerdings keine gefühlvolle romantische, sondern eine kühl ziselierte, die durch das Erlebnis des Neu-Klassizismus gegangen war. Insbesondere suchte er die Commedia dell' arte zu neuem Leben zu erwecken. »Il finto Arlecchino« (1928), eine dissonant gewürzte Buffa, bildet das Mittelstück einer Venedig-Trilogie, wie auch drei Goldoni-Lustspiele trilogisch zusammengefaßt sind.

Giorgio Federico Ghedini (geb. 1892) bemühte sich u. a. um eine Renaissance des alten Madrigals, *Goffredo Petrassi* (geb. 1904) war, ehe er spät mit Opern, Balletten und Orchesterwerken als gemäßigt Moderner hervortrat, Intendant des Teatro Fenice in Venedig. Sein Jahrgangsgenosse *Luigi Dallapiccola* (geb. 1904) leitet als einer der wenigen älteren Italiener, die sich mit Schönbergs Zwölftontechnik befaßten, zur jüngsten Moderne über. Dallapiccola fand eine unorthodoxe, italienischer Kantabilität Raum lassende Technik der Dodekaphonie, die besonders seinem reichen Chorschaffen zugute kam (Michelangelo-Chöre, Canti di Prigionia, 1941, Canti di Liberazione, 1955), ebenso natürlich auch seinen Opern. Zwei davon gingen über die Bühnen der Welt: »Volo di notte« (Nachtflug, nach Saint-Exupéry, 1940) bringt als eine der ersten die moderne technische Welt – einen Flugplatz – auf die Szene, »Il Prigioniero« (1949) ist mit seiner Humanität, der dissonanten Sprache und der Überhöhung eines Einzelschicksals ins Allgemeingültige eines der wichtigsten Denkmäler des Bühnen-Expressionismus nach Bergs »Wozzeck«.

Arnold Schönberg, nach einer Zeichnung von Emil Orlik

Schönberg und die atonale Wiener Schule

Bei Dallapiccola (und mehreren vorher genannten Meistern) sind wir auf den Begriff Zwölftontechnik gestoßen. Er gehörte zu den nach dem zweiten Weltkrieg meistgenannten und meistdiskutierten, und die Neue Musik, die sich daran orientierte, bildete für Jahrzehnte die wichtigste Gegenrichtung zu Strawinskys Moderne. Arnold Schönberg ist der – in der Priorität nicht unbestrittene, aber weitaus einflußreichste – Schöpfer dieser Kompositionstechnik. Theodor W. Adorno erhebt in seiner »Philosophie der neuen Musik« (1949) Schönberg geradezu zum Gegenspieler Strawinskys (in seiner Sicht zum überlegenen, wahrhaft fortschrittlichen). Auch wenn man diese progressivistisch-parteiische Wertung nicht teilt, muß man in Schönberg eine der bedeutendsten Persönlichkeiten der gesamten Neuen Musik anerkennen. Zugleich einen exemplarischen Sonderfall, der eine ganz neue musiksoziologische Situation bezeichnet: Ein solcher Widerspruch zwischen geistigem Einfluß und Aufführungsseltenheit, zwischen geistigem Rang und Unscheinbarkeit des persönlichen Ruhmes zu Lebzeiten ist tatsächlich ein Novum in der Musikgeschichte.

Arnold Schönberg (1874–1951) war gebürtiger Wiener, Sohn eines jüdischen Kaufmannes und einer Klavierlehrerin. Er wuchs in der kulturgesättigten Hauptstadt der Donaumonarchie als musisch vielseitig interessierter junger Mann auf (er malte auch begabt), musikalisch fast als Autodidakt. Nur bei Alexander von Zemlinsky, dessen Schwester seine erste Frau wurde, nahm er kurz Privatunterricht. Bald aber wurde er, der Freund und Bewunderer Mahlers, selber Privatlehrer für Komposition; daß er eine tiefgründige Harmonielehre verfaßte und so geniale Schüler wie Alban Berg und Anton von Webern faszinierte, spricht für seine Autorität als Lehrer.

1909 ging er zum zweiten Male vorübergehend nach Berlin, kehrte aber bald in seine Heimatstadt zurück. Seine öffentliche Wirkung als Komponist beschränkte sich auf den »Verein für musikalische Privataufführungen«. Dennoch drang sein Ruf über die Grenzen hinaus. 1925 berief man ihn als Leiter einer Meisterklasse an die Preußische Akademie der Künste nach Berlin; im Jahr zuvor hatte er, nach dem Tod seiner ersten Frau, Gertrud Kolisch, die Schwester des namhaften Geigers geheiratet. Das Hitlerreich machte seinem Wirken ein Ende. Schönberg emigrierte 1933 über Frankreich nach Amerika und ließ sich dauernd in Los Angeles nieder. Von 1936 bis 1944 lehrte er an der kalifornischen Staatsuniversität. Er lebte in enger Nachbarschaft mit Strawinsky, aber fast ohne Kontakt zu ihm und ohne auch nur annähernd dessen Einfluß und Ansehen zu erreichen.

Dabei wußte er sich seit dreißig Jahren im Besitz einer Kompositionstechnik, eines »Gesetzes«, von dem er schon 1922 selbstbewußt sagte, durch diese Entdeckung werde »die Vorherrschaft der deutschen Musik für die nächsten hundert Jahre gesichert«. Zwar hat ihm nicht einmal der Nachruhm recht gegeben, denn schon nach der Jahrhundertmitte war die Zwölfton-Uhr abgelaufen, aber für Jahrzehnte erwies sich Schönbergs Kompositionsmethode doch als intellektuell fesselndster Ariadne-Faden durchs Labyrinth der atonalen Musik.

Zwölftontechnik

Worin besteht Schönbergs Entdeckung, was heißt Zwölfton-Technik? Schönberg selbst sprach von »Komposition mit zwölf Tönen«. Das soll heißen: mit *allen* zwölf Tönen der chromatischen, temperierten Skala. Sie werden in einer Reihe oder Grundgestalt vorgeordnet – in der klassischen Zwölftontechnik alle zwölf; aus dieser Keimzelle entfaltete sich dann die ganze Komposition, indem die Reihe melodisch unverändert wiederholt wird (in der Rhythmik ist der Komponist frei) und auch durch Übertragung in die Vertikale die Zusammenklänge liefert. Kein Ton darf wiederkehren, ehe nicht alle anderen erschienen sind, damit keiner ein tonales Zentrum bilden kann. Denn die Dodekaphonik ist grundsätzlich atonal, alle Töne und Intervalle sind völlig gleichberechtigt; statt der alten Harmonik, die auf Dreiklängen mit verschiedenem Rang und verschiedener Funktion aufgebaut war, ergeben sich Akkorde allein aus der Reihe. Die Reihe kann außer in der Grundgestalt auch in den klassischen Transpositionen verwendet werden: auf andere als die ursprünglichen Stufen versetzt, in der Umkehrung der Intervalle von oben nach unten oder (als »Krebs«) von hinten nach vorn, schließlich in der Umkehrung des Krebses – eine Technik, die schon die Niederländer und Bach kannten. Der Zwölftonkomponist Herbert Eimert hat ein instruktives Beispiel für die Ausdrucksvielfalt gegeben, deren eine Reihe allein durch rhythmische Profilierung fähig sein kann:

Die Phantasie des Komponisten ist selbst durch die strengste Schönberg-Dodekaphonie, die ja später aufgelockert wurde (zum Beispiel durch die wahlweise Beschränkung auf Teilgruppen der zwölf Töne), theoretisch weniger eingeschränkt als es den Anschein haben mag. Zwölftonstatistiker errechneten, daß sich 479 001 600 verschiedene Reihen aus den zwölf temperierten Tönen bilden lassen. In der Praxis wird der Komponist freilich zum Abzähler. »Mechanische Muster befallen das Melos ... Das ›Triebleben der Klänge‹ ist unterdrückt« (Th. W. Adorno), und Meister der Moderne wie Strawinsky (bis zu seiner Alterswandlung), Bartók, Hindemith, Honegger oder der Dirigent Anser-

met, der als gelernter Mathematiker wissenschaftliche Kritik in einem großangelegten Werk übte, kamen zu ablehnenden bis vernichtenden Urteilen über Sinn und Notwendigkeit der Dodekaphonik.
Dennoch übte Schönbergs Gesetz und die Interpretation, die er mit seinem Werk dazu gab, gewaltigen Einfluß aus. Zunächst auf die Komponisten der »Wiener Schule«, die Schönberg begründete, nach dem zweiten Weltkrieg auch auf die junge Komponistengeneration der ganzen Welt, die eben erst Schönberg zu entdecken begann. Was faszinierte, war wohl zunächst die Methodik und Geschlossenheit dieser Technik; als inzige schien sie in der Wirrnis der Atonalität einen verbindlichen, gesetzmäßigen Weg zu weisen. Auch »Klassiker der Moderne« wie Strawinsky und Bartók hatten nur persönliche Lösungen zu bieten, und Hindemiths subtilere Gegen-Gesetztafeln (»Unterweisung im Tonsatz«) erschienen offenbar darum, weil sie auf der Tonalität beruhten, als weniger zukunftweisend.
Man erkennt daraus, daß Dodekaphonie keine so willkürliche Konstruktion ist, wie es den Anschein haben mag; daß sie um 1920, als das Neuland der Atonalität von avantgardistischen Musikern ausgeschritten war und nach ordnender Besitzergreifung rief, gewissermaßen »in der Luft lag«, eine Entdeckung mehr als eine Erfindung. Was die der Dodekaphonie eigentümliche, auf Unwiederholbarkeit der Einzeltöne beruhende

Arnold Schönberg, Komposition mit zwölf Tönen

Die Einführung meiner Methode des Komponierens mit zwölf Tönen erleichtert das Komponieren nicht; im Gegenteil, sie macht es schwieriger. Modernistisch eingestellte Anfänger meinen häufig, sie sollten sie versuchen, ehe sie sich die notwendige technische Ausrüstung angeeignet haben. Das ist ein großer Irrtum. Die Beschränkungen, die einem Komponisten durch die Verpflichtung auferlegt werden, in einer Komposition nur eine einzige Reihe zu benutzen, sind so hart, daß sie sich nur durch eine Phantasie überwinden lassen, die eine große Zahl von Abenteuern bestanden hat. Nichts wird einem durch die Methode geschenkt, aber viel genommen.
Es wurde bereits erwähnt, daß für jede neue Komposition eine besondere Reihe von zwölf Tönen erfunden werden muß. Manchmal wird sich eine Reihe nicht jeder Bedingung fügen, die ein erfahrener Komponist vorherzusehen vermag, besonders in jenen idealen Fällen, wo die Reihe sofort in der Form, dem Charakter und der Phrasierung eines Themas erscheint. Dann kann eine Berichtigung der Tonfolge notwendig werden.
Bei den ersten Werken, in denen ich diese Methode anwandte, war ich noch nicht überzeugt, ob der ausschließliche Gebrauch einer einzigen Reihe nicht zur Monotonie führen müsse. Würde sie die Schaffung einer ausreichenden Zahl von charakteristisch differenzierten Themen, Phrasen, Motiven, Sentenzen und anderen Formen erlauben? Zu jener Zeit benutzte ich komplizierte Kunstgriffe, um die Vielseitigkeit sicherzustellen. Doch bald entdeckte ich, daß meine Furcht unbegründet war; ich konnte sogar eine ganze Oper, *Moses und Aron*, ausschließlich auf einer einzigen Reihe aufbauen; und ich stellte fest, daß ich im Gegenteil, je vertrauter ich mit dieser Reihe wurde, desto leichter Themen aus ihr abzuleiten vermochte. So hat sich die Wahrheit meiner ersten Vorhersagen glänzend erwiesen. Man muß der Fundamentalreihe folgen; dennoch komponiert man ebenso frei wie vorher.

Aus dem Aufsatz »Komposition mit zwölf Tönen«, 1950

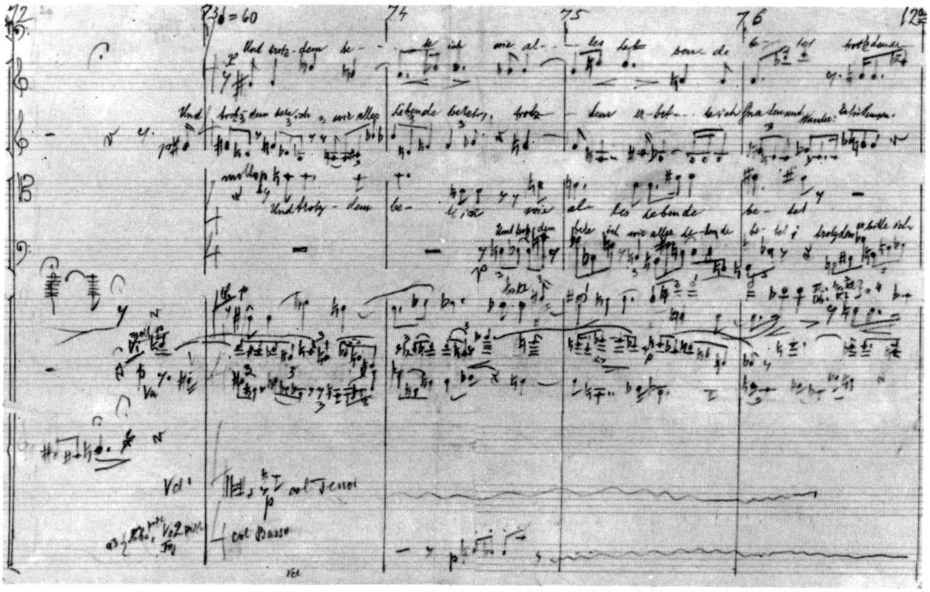

Notenhandschrift Schönbergs: Partiturseite aus den »Modernen Psalmen«

Melodiebildung betrifft, so lassen sich Zwischenstufen bei vielen älteren Meistern finden; zwölftönige Themen verwenden, ausnahmsweise, Richard Strauss (Thema »Von der Wissenschaft« im »Zarathustra«) und Reger (3. Streichquartett), ja selbst Bruckner exponiert im Hauptthema des Adagios der 9. Symphonie immerhin elf Töne der chromatischen Leiter, eine Melodik, die weit von den klassisch-romantischen Modellen abweicht. Von solchen Sonderfällen, bedingt durch das Streben nach stärkerem, unerschöpftem Ausdruck, bis zu Schönbergs systematisiertem »Gesetz« ist der Weg freilich weit, und es wäre töricht, nun etwa Bruckner und Strauss zu Ahnherren der Zwölftontechnik zu ernennen, um diese zusätzlich zu legitimieren.

Schönberg ist den Weg in allen Zwischenstufen abgeschritten. Er begann als Bewunderer von Brahms und, mit viel bedeutenderen Konsequenzen, von Richard Wagner. Sein Streichsextett »Verklärte Nacht« (1899) wurzelt mit seiner Chromatik und dunkelglühenden Expressivität ganz in der Tristan-Welt, die Gurre-Lieder (nach J. P. Jacobsens Dichtung) übergipfeln im kolossalen Aufwand – Monstreorchester mit zehnfach geteilten Geigen, vier Chöre, fünf Solo-Stimmen und Sprecher – schier Mahlers »Symphonie der Tausend«, weisen also eher zurück als vorwärts. Auch die symphonische Dichtung »Pelléas und Mélisande« bleibt der neudeutschen Spätromantik verpflichtet, ebenso wie die ersten Lieder. Um 1905 geht diese traditionsverhaftete Frühphase von Schönbergs Schaffen in eine über den ersten Weltkrieg hinausreichende atonale über. Die Dur-Moll-Harmonik wird schrittweise liquidiert. Wichtige Stationen bilden die erste Kammersymphonie und das fis-moll-Streichquartett. In der Kammersymphonie werden Akkorde nicht mehr aus Terzen gebildet, sondern aus Quarten; das Hauptthema lautet d-g-c-f-b-es. Im Quartett löst sich, auch wenn es tonal beginnt und endet,

Funktionsharmonik in tonartfreie Klänge auf. Völlige Unabhängigkeit, Atonalität, ist im »Buch der hängenden Gärten«, nach Gedichten von Stefan George, erreicht; auch die nach erlesenem Ausdruck strebende gezackte Linie des Gesanges, die für die Wiener Schule so bezeichnend wird. Zugleich wird in der absoluten Instrumentalmusik die hergebrachte thematische Arbeit verlassen. Das dritte der Fünf Orchesterstücke op. 16 besteht praktisch aus einem einzigen Akkord, der in wechselnder Instrumentation wiederholt wird:

»Entwicklung«, symphonisches Bauen weicht der Variation von Klang an sich. Der musikalische Aphorismus, die Miniatur erscheint als Symbol des aufs äußerste Verdichteten, Ungeschwätzigen: Von den Klavierstücken op. 19 verhuscht eines nach bloßen neun Takten! Form wird in Anlehnung an das gliedernde Wort gesucht, hier aber mit Strenge. Die dreimal sieben Melodramen des »Pierrot lunaire«, nach einem dandyhaft albernen Text von Albert Giraud, pressen die dicht geknüpften Linien und Zusammenklänge in die Schemen von Walzer, Passacaglia, Kanon usw.; die Stimme singt nicht, sondern bedient sich eines Sprechtones, der »den Rhythmus haarscharf einhält, als ob er sänge«, das Instrumentarium ist in solistischen Gruppierungen kammermusikalisch behandelt – eine völlig neuartige Art von Textvertonung, wegweisend für Bergs »Wozzeck«.

Wilhelm Furtwängler, Atonale Musik

Das Ortsgefühl, die Neigung, sich zur Orientierung in klare räumliche Beziehung zu seiner Umwelt zu setzen, d. h. zu »wissen«, wo man geht und steht, ist ein Grundgefühl organischen Lebens bei Tier und Mensch von frühester Jugend an ...

Diesem Gefühl der Orientierung nun Rechnung zu tragen, ist die Musik, die auf die Tonalität verzichtet, nicht genügend imstande. Wenn sie nicht die wirkliche Welt abschildert oder sich am choreographischen oder dichterischen Geschehen emporrankt ... verliert sie einen nicht unbeträchtlichen Teil der Sicherheit und Klarheit der Aussprache. Da ihre Spannungen und Beziehungen sich von Ton zu Ton, also auf engem Kreise, abspielen – sie verzichten ja auf übergeordnete Spannungen – so ist auch die Orientierung auf die nächstunmittelbare Umgebung ausgerichtet.

An der Hand des atonalen Musikers geht man daher – falls es sich nicht um Verstandes-Spekulationen handelt – wie durch einen dichten Wald. Am Wege ziehen die merkwürdigsten Blumen und Pflanzen die Aufmerksamkeit auf sich. Selber aber weiß man nicht, woher man kommt und wohin man geht. Ein Gefühl des Ausgeliefertseins an die Macht elementaren Seins ergreift den Hörer. Freilich ist nicht zu leugnen, daß hiermit ein bestimmter Ton im Lebensgefühl des modernen Menschen angeschlagen ist! ...

Wir können uns der Einsicht nicht verschließen, daß eine Musik dadurch, daß sie auf die Spannungen und Entspannungen gliedernde Kraft verzichtet oder von Spannungen überhaupt absieht und an der Ortsbestimmtheit, die mit der Tonalität gegeben ist, nicht teilhat – sie mag sonst Eigenschaften haben, welche sie wolle – unweigerlich

Mit seinen Werken für die Musikbühne war Schönberg weniger glücklich, auch wenn seine zweite – symbolistische, Töne und Beleuchtungsfarben koordinierende – Oper »Die glückliche Hand« heißt. Die vorangegangene (1909 geschaffene, erst 1920 uraufgeführte) »Erwartung« war ein Monodram für eine einzige Stimme. Eine Frau findet im Dunkel den Leichnam ihres Geliebten; eine halbstündige Szene, ein Psychogramm der Angst, orchestral untermalt mit hervorgeschleuderten, fiebrigen Motivpartikeln und undefinierbaren Akkordklumpen. Expessionismus an seinen Grenzen.
Nach dem »Pierrot lunaire« schien Schönberg für die Öffentlichkeit verstummt zu sein. In Wirklichkeit beschäftigte ihn seine »Methode, mit zwölf Tönen zu komponieren«, und die Komposition eines Fragment gebliebenen Oratoriums »Die Jakobsleiter«, wo das Prinzip bereits instinktiv angewendet wird. Erst 1922 brach er sein etwa zehnjähriges Schweigen. Erstmals wird die neue Technik in den Klavierstücken op. 23, der Serenade op. 24 und der Klaviersuite op. 25 bewußt durchgeführt, und auch hier erst tastend. Atonalität ist durch »vorkomponierte« Reihen geordnet; Harmonik durch Zusammenklänge, die aus demselben Reihenmaterial gewonnen werden. Symphonische Form wird im wesentlichen durch Variations-Reihung ersetzt.
Ausgereift erscheint die frühe Zwölftontechnik im Bläserquintett von 1924, in seiner abstrakten Klangsprödigkeit und Länge eine wahre Pièce de résistance, und den – von Furtwängler, dem später so entschiedenen Zwölftongegner, 1928 uraufgeführten – Orchestervariationen op. 31, Schönbergs opus summum der Reihenkombinatorik. Zwei weitere Streichquartette und Chorwerke entstanden in seinen Berliner Jahren, als umfangreichste Partituren dann die Opern »Von heute auf morgen«, 1930, und »Moses und Aron«, die Schönberg 1932, nachdem er zwei Jahre damit gerungen hatte, als zweiaktiges Fragment liegen ließ.

biologisch gesehen in Nachteil gerät, d. i. als biologisch minderwertig angesprochen werden muß. Sie stellt nicht im selben Sinne einen Ablauf von Kräften dar. Dieser biologischen Minderwertigkeit mag eine intellektuelle Hochwertigkeit gegenüberstehen; das ändert an der Tatsache an sich nichts.
Dies Ungenügen im biologischen Sinne aber, das bei atonalen Musikgebilden mit Notwendigkeit aus dem Material hervorgeht und dem der atonale Musiker daher nicht entgehen kann, ist es, was jener unüberwindlich-hartnäckigen Abneigung des Publikums dieser Art von Musik gegenüber zugrunde liegt ...
Nun entsteht aber die Frage: Warum ist dann die atonale Musik nicht schon längst verschwunden? Warum hält sie sich trotz allem? Immerhin ist sie schon über 40 Jahre am Leben, und es hat durchaus nicht den Anschein, als ob die mit ihr in die Welt getretenen Probleme und ihre Forderungen an Aktualität verlören.
Jede Erscheinung hat einen Grund; sie wäre sonst nicht. Es wäre nie zur atonalen Musik gekommen, wenn nicht irgend etwas in ihr dem heutigen Menschen entspräche. In anderen Künsten sehen wir korrespondierende Erscheinungen. Gewiß hat der sich selbst verabsolutierende Fortschritt und die daraus stammende hemmungslose Selbstentwicklung des Materials großen Anteil an der Konzeption der atonalen Musik. Dennoch – wenn nicht die Atonalität irgendwie dem Ausdrucksbedürfnis des modernen Menschen, seinem *Weltgefühl* entgegengekommen wäre, wäre sie von ihm sicher nicht aufgegriffen worden.

Aus: Gespräche über Musik, 1949

»Von heute auf morgen« leidet darunter, daß die angestrebte Eleganz einer modernen Konversations-Buffa nicht mit der Schwerfälligkeit des Reihenapparates zusammengehen will. »Moses und Aron«, erst 1957 ohne den 3. Akt in Zürich uraufgeführt (nach nicht weniger als 324 Einzelproben!) erwies sich als eine der bedeutendsten Schöpfungen Schönbergs. Der Komponist war sein eigener Textdichter; wer hätte ihm auch diese höchst persönliche Auseinandersetzung mit den letzten Dingen, abgehandelt im Ringen zwischen Moses, dem Verfechter bedingungslosen Eingottglaubens und seinem Bruder, der den Gedanken an »Bilder« verrät, abnehmen können! Moses ist eine Sprechrolle in rhythmisch gebundener Deklamation, Aron eine tenorale Zwölfton-Koloraturpartie. Schönberg beherrschte nun seine neue Technik so souverän, daß sich die Klangphantasie freier entfalten konnte. Auch wenn seine Wortkraft nicht ausreichte, um das religiös-philosophische Thema überzeugend zu formen, auch wenn dem ganzen Werk – von der einzigen orgiastischen Szene des Tanzes ums Goldene Kalb abgesehen – vordergründige Bühnenwirkung abgeht, so beeindruckte es doch bei den wenigen deutschen Eliteaufführungen auch in der fragmentarischen Gestalt als Zeugnis für die Tiefe und Aufrichtigkeit kompromißlosen Künstlertums.
In seinen amerikanischen Jahren schuf Schönberg in weiterentwickelter Reihentechnik ein Violin- und ein Klavierkonzert, das 4. Streichquartett, ein Streichtrio und eine Violinsonate. Seinen Protest gegen Diktatur und Unmenschlichkeit sprach er in der »Ode an Napoleon« (nach Lord Byron) und der erschütternden Kantate »Ein Überlebender aus Warschau« aus. Im Alter kehrte er des öfteren zur mehr oder weniger tonalen Komposition zurück (zum Beispiel Streichersuite in G, 2. Kammersymphonie, Chorwerk »Kol nidre«, Variationen für Orgel und für Orchester).
Der Schöpfer der Zwölftontechnik war weniger dogmatisch als manche seiner fanatischen Gefolgsleute: »Wer Reines kann, wird es tonal oder atonal sagen können.« Aus

Alban Berg, »Wozzeck«

Als ich vor 15 Jahren beschloß, die Oper *»Wozzeck«* zu komponieren, war die Situation der Musik eine ganz eigenartige. Wir von der Wiener Schule (mit ihrem Führer *Arnold Schönberg*) waren gerade über die Anfänge jener musikalischen Bewegung hinaus, die man (nebenbei bemerkt fälschlicherweise) die atonale nannte. Die Komposition in jenem Stil beschränkte sich fürs erste auf die Schaffung kleiner Formen, wie Lieder, Klavier- und Orchesterstücke, oder, wenn es sich um ausgedehnte opera handelte (wie die 21 *Pierrot*-Melodramen Schönbergs oder seine zwei kurzen, einaktigen Bühnenwerke), auf solche Formen, die ihre Gestaltung durchwegs von einer textlichen oder dramatisch-handlungsgemäßen Unterlage herleiteten. Noch fehlte es in jenem sogenannten atonalen Stil an Werken ganz großen Umfangs. An Werken mit der klassischen Viersätzigkeit von bis dahin gebräuchlicher Ausdehnung, an Symphonien, an Oratorien und an großen Opern. Die Ursache: Jener Stil verzichtete auf die Tonalität und damit auf eines der stärksten und bewährtesten Mittel, kleine, aber auch ganz große Formen zu bilden.
Als ich also damals beschlossen hatte, eine abendfüllende Oper zu schreiben, stand ich, zumindest in harmonischer Hinsicht, vor einer neuen Aufgabe: Wie erreiche ich ohne diese bis dahin bewährten Mittel der Tonalität und ohne die auf ihr basierten formalen Gestaltungsmöglichkeiten dieselbe Geschlossenheit, dieselbe zwingende musikalische Einheitlichkeit? Und zwar eine Geschlossenheit nicht nur in den kleinen Formen der

der Sicht der zweiten Hälfte des 20. Jahrhunderts, deren Neuer Musik er den strengsten, einsamsten, systematischsten und unpopulärsten Weg gewiesen hatte, erscheint Arnold Schönberg schon wieder als historische Persönlichkeit, in seinen Bindungen, in seiner revolutionär-traditionellen Doppelgestalt klarer erkennbar als den Zeitgenossen, die in ihm nur den verbissenen Einreißer, bestenfalls den intellektuellen Konstrukteur sehen wollten. Gewiß war er vor allem der »geniale Wissenschaftler der Kompositionstechnik« (H. H. Stuckenschmidt), der Gesetzgeber der Atonalität. Zugleich aber in seinen besten Werken – und nur an ihnen ist ein Meister zu messen – ein Musiker von imponierender geistiger Disziplin und sensibler Ausdruckskraft.

Alban Berg

Seine bedeutendsten Schüler vertieften in ihrem Werk beide Komponenten. Alban Berg als schöpferisch unbestreitbar begnadetster Expressionist der Wiener Schule, Anton von Webern als konsequenter Weiterentwickler des »Gesetzes«. *Alban Berg* (1885–1935) war der Romantiker der Zwölftontechnik, der verbindlichste, sinnenhafteste, als Menschengestalter in seinen beiden Opern überragende Meister der Wiener atonalen Schule – überhaupt der einzige Atonale, von dem wenigstens einige Werke, nämlich »Wozzeck«, »Lulu« und das Violinkonzert, wirklich ins Repertoire eingegangen sind.

Berg war Wiener wie sein allezeit verehrter Meister Schönberg, Sohn eines zugewanderten fränkischen Kaufmanns und einer Wienerin. Auch er bildete sich in der Komposition zunächst autodidaktisch aus, entscheidend wurde sein Unterricht (1905–1910) bei Schönberg. Kurz zuvor hatte er eine zweijährige Tätigkeit als Rechnungsbeamter aufgegeben. Er lebte fortan als Privatlehrer und freier Komponist. Seit 1911 mit Helene Nahowski verheiratet, führte er zwischen den Wohnsitzen Wien, der Steiermark und

Szenen und Auftritte (wovon später viel zu sprechen sein wird), sondern auch, was ja das Schwierige war, die Einheitlichkeit in den großen Formen der einzelnen Akte, ja in der Gesamtarchitektonik des ganzen Werkes?

Text und Handlung allein konnten nicht Gewähr für diese Geschlossenheit sein; schon gar nicht bei einem Werk wie Büchners »Wozzeck«, das ja bekanntlich aus vielen (23) losen, ja fragmentarischen Szenen besteht. Und selbst als es gelungen war, eine dreiaktige Anordnung zu finden, die in dreimal fünf Szenen Exposition, Peripetie und Katastrophe des Dramas deutlich auseinanderhielt und damit die Einheit der *Handlung*, die dramatische Geschlossenheit erzwang, war noch keinesfalls die *musikalische* Einheit und Geschlossenheit gegeben.

Wir werden im Verlauf meiner Untersuchungen sehen, auf welch verschiedene Weise dies angestrebt und erzielt wurde. Fürs erste möchte ich Ihre Aufmerksamkeit auf etwas Harmonisches lenken, und zwar vor allem auf die Harmonik der Aktschlüsse. Dort, wo sich im tonalen Kunstwerk – selbst für das Auge und Ohr des Laien erfaßbar – die deutliche Wiederkehr und Befestigung der Haupttonart zeigt, dort müßte auch der Platz sein, wo sich in einem Werk *atonalen Stils* der harmonische Kreis eines großen Aktes schließt. Eine solche Befestigung wurde also fürs erste dadurch erreicht, daß jeder Akt dieser Oper auf ein und denselben Schlußakkord, quasi Kadenz bildend, zusteuert und, wie auf einer Tonika, dort verweilt.

Aus einem Vortrag vom 5. März 1929

Kärnten ein zurückgezogenes, nur von wenigen Reisen ins Ausland unterbrochenes Leben. Berg war ein hochgebildeter, sensibler, skrupulös sorgfältig und mühevoll arbeitender künstlerischer Aristokrat. In der Vollkraft seiner schöpferischen Potenz raffte ihn eine Blutvergiftung, Folge eines Insektenstichs, hinweg.
Alban Bergs Oeuvre ist gering an Umfang (nur 20 Opusnummern), gewichtig in den Hauptwerken. Ähnlich wie Schönberg löste er sich schrittweise von der Spätromantik der ersten Kompositionen (Lieder und Kammermusik), erreichte in den fünf Liedern nach »Ansichtskartentexten« des Wiener Bohémiens Peter Altenberg (im fünften benützt er schon 1912, vor Schönberg, eine Zwölftonfolge) und in den drei Orchesterstücken von 1914 atonal-expressionistischen Eigenton mit äußerster, bis zum ppp-Hauch genauestens vorgeschriebener Nuancen-Dynamik. Die Weltkriegsjahre und die darauf folgenden waren mit der Arbeit am »Wozzeck« angefüllt. Mit dem Kammerkonzert für Violine, Klavier und 13 Bläser (1925) und der Lyrischen Suite für Streichquartett (1926) übernahm er Schönbergs Reihentechnik; nicht sklavisch jedoch, sondern in eigenschöpferischer Abwandlung. In der Lyrischen Suite schimmert Tristan-Chromatik und romantisches Gefühl durch; auch das strengere Kammerkonzert, in dessen Themen er, nach altem esoterischen Brauch, die tönenden Anagramme von Schönbergs, Weberns

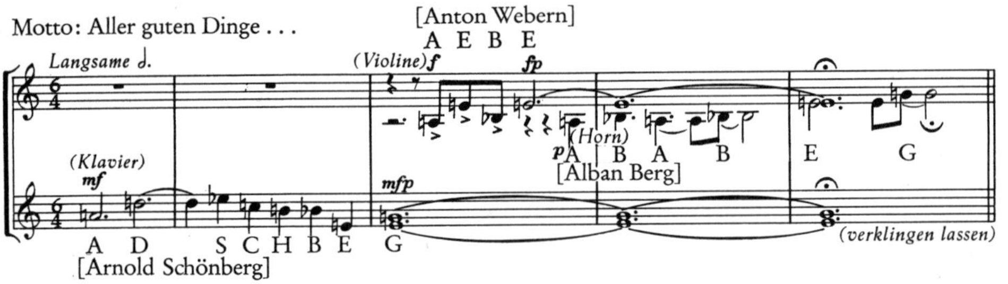

und seinem eigenen Namen hineinkomponierte, klingt poetischer, wärmer als Schönbergs gleichzeitige Kompositionen. Die Konzertarie »Der Wein« (nach Baudelaire) und das einzige Violinkonzert, Bergs letztes abgeschlossenes Opus, bilden des Komponisten reifste konzertante dodekaphonische Werke. Selbst im Violinkonzert wählt er die Reihe so, daß sie scheintonale Zusammenklänge mit Dreiklängen ergibt (was Schönberg verpönte), und im 2. Satz steht ein Bach-Choral in originaler Harmonisierung inmitten atonaler Einbettung. Das tief ergreifende Werk ist selber tiefer Ergriffenheit entsprungen; Berg hat es »Dem Andenken eines Engels«, der jung gestorbenen Manon Gropius (Tochter des berühmten Architekten) gewidmet.

Wozzeck

Bekenntniswerk ist auch die Oper »Wozzeck«, deren Uraufführung 1925 in Berlin eine der hitzigsten, aufsehenerregendsten Premieren der Moderne wurde. Berg richtete Georg Büchners dramatisches Fragment »Woyzeck« von 1837 selber in verkürzter Form ein, vertonte jedoch die realistische, von sozialem Mitgefühl mit der armen, getretenen Kreatur durchdrungene Prosa fast wörtlich. Freilich nicht nach Art des symphonischen Musikdramas der Wagner-Nachfolge, sondern so, daß jeder der dreimal fünf Szenen eine absolute musikalische Form zugrunde liegt, zum Beispiel Suite, Symphonie, Invention und Fuge, Rondo, Scherzo, Passacaglia, Variation.

109 *Richard Strauss komponiert an seiner Oper »Die schweigsame Frau«*

110 *Die Staatsoper Dresden, gesehen vom Dach der Hofkirche, um 1939*

111 Igor Strawinsky bei einer Probe in der Musikhalle Hamburg

Berg kam zu solcher Formenbindung aus der Erkenntnis des Notstandes, der sich durch den Wegfall der »bis dahin bewährten Mittel der Tonalität und . . . die auf ihr basierenden formalen Gestaltungsmöglichkeiten« ergab. Gleichwohl behielt er tonale Zentren in dieser überwiegend atonalen, aber noch nicht in Reihentechnik komponierten Partitur szenenweise bei; Maries Erzählung vom armen Kind steht in d-moll, das letzte Zwischenspiel in f-moll. Eingesprengt sind Volkslieder, in Bergs Harmonisierung; Maries Wiegenlied formt traditionelle Melodie zu neuem, emanzipiertem Melos:

In der Behandlung der Singstimme folgt Berg in vielfach gestufter rhythmischer Deklamation dem Vorbild des »Pierrot lunaire«. Das große Orchester ist virtuos behandelt, vom expressiven Vollklang bis zu kammermusikalischer Sparsamkeit, es wird zum psychologischen Resonanzboden, zum Künder des Unsagbaren, das Büchners Dichtung dem Musiker zu deuten übrigließ.
Die Aussagekraft und dramatische Realistik teilt sich auch dem Opernbesucher mit, der nichts von ihren formarchitektonischen Künsten weiß – und doch verbürgen sie, nicht anders als die Werkstattgeheimnisse von Beethovens späten Quartetten oder Bachs Fugen, die zwingende Vollkommenheit des Werkes. Seine zweite Oper »Lulu« konnte Alban Berg nicht mehr fertigstellen, vom dritten Akt liegen nur zwei Szenen und Particellskizzen vor. Vom Sujet her – der Komponist zog zwei Schauspiele Frank

Alban Bergs Notenhandschrift: aus der Partitur der Oper »Lulu«

Wedekinds, »Erdgeist« und »Die Büchse der Pandora«, zum Einabend-Text zusammen – ist »Lulu« problematischer: Die männerverzehrende, amoralische Heldin, das »schöne Tier«, ist des Mitgefühls des Opernbesuchers nicht so sicher wie Wozzeck.
Dennoch beginnt sich auch »Lulu« (Uraufführung 1937 in Zürich) seit den bahnbrechenden Inszenierungen Günther Rennerts und Wieland Wagners auf den Bühnen durchzusetzen. Die Partitur läßt sich auf eine einzige Zwölftonreihe zurückführen. Aus dieser Keimzelle entfaltet Alban Bergs Phantasie und Bühneninstinkt ein faszinierendes Panorama menschlicher Abgründe und Leidenschaften, wiederum strenge Form (eine Sonate als Gesangsszene; Arien, aus der Reihe gewonnen; ein Zwischenspiel, das Ton für Ton im Krebs zurückläuft) und »hochromantische« Gefühlswärme verschmelzend.

Anton Webern

Auf die junge Komponistengeneration, die sich nach dem zweiten Weltkrieg zu Worte meldete, übte der bereits zum postumen Klassiker aufgerückte, »uninteressant« gewordene Alban Berg ungleich geringeren Einfluß aus als dessen Freund Anton Webern. Mit einem Mal, etwa fünf Jahre, nachdem die verirrte Kugel eines amerikanischen Besatzungssoldaten im salzburgischen Mittersill Webern getötet hatte, begann man zu erkennen, daß der stille Mann, von dem zu seinen Lebzeiten nur ein Expertenkreis gewußt, der niemals sensationelle Premierenskandale hervorgerufen hatte, ein heimlicher Prophet, einer der Großen der neuen Musik gewesen war.
Anton (von) Webern (1883–1945), in Wien als Sohn eines Bergbauingenieurs geboren, lebte fast ausschließlich in seiner Heimatstadt, studierte bei Schönberg, wirkte als Dirigent des »Vereins für musikalische Privataufführungen« und des Arbeiter-Singvereins, ein unbestritten tüchtiger Musiker, aber doch auf engen Wirkungskreis beschränkt. Er fand sich klaglos mit dem Unverständnis der Zeitgenossen ab. Dabei glaubte er unbeirrt an seine Kunst: »In fünfzig Jahren wird man sie selbstverständlich finden, Kinder werden sie erfassen . . . « Nicht Hybris sprach aus solchen Worten. Webern war ein bescheidener, ganz im Geiste lebender Mensch, tief gläubig, in den letzten Jahren in mystische und theosophische Grübeleien versponnen.
Auch er war, in innigem Gedankenaustausch mit Schönberg und Berg, den Weg aus der Spätromantik über die freie Atonalität zur Reihentechnik gegangen. Sein op. 1, eine Orchesterpassacaglia, ist mehr an Brahms als an Wagner orientiert. Die Lieder der folgenden Jahre, und noch mehr die Sechs Stücke für Orchester (»Schönberg in höchster Liebe gewidmet«) kündigen den subtilen Klang- und Nuancenkünstler an, und in den Sechs Bagatellen für Streichquartett op. 9 (1913) erscheint Weberns Eigenart klar aus-

Anton Webern, Was ist Kunst?

Ich verstehe unter »Kunst« die Fähigkeit, einen Gedanken in die klarste, einfachste, das heißt »faßlichste« Form zu bringen. In diesem Sinne also kann ich das »Vater unser« nicht als etwas Gegensätzliches zur Kunst empfinden, sondern als deren höchstes Vorbild. Denn hier ist die größte Faßlichkeit, Klarheit und Eindeutigkeit erreicht.
Darum kann ich die Anschauung Tolstois und aller derer, die sich ähnlich geäußert haben, in dieser Hinsicht nicht verstehen, wohl aber, wenn Beethoven das Hauptthema des ersten Satzes seiner »Eroica« so lange skizziert, bis es endlich den Grad der Faßlichkeit hatte, wie etwa ein Satz aus dem »Vater unser«. So fasse ich die Kunst auf!

Notenhandschrift Anton Weberns: Seite 1 der Partitur der »Fünf Stücke für Orchester«, op. 10

geprägt: äußerste Konzentration der Aussage, zarteste Valeurs, Klangstenogramme aus ungeschwätziger Ehrlichkeit. Alle sechs Stücke dauern zusammen nur zwei Minuten, das dritte bloße sechzehn Sekunden!

Der Klang hat sich emanzipiert. Der Einzelton, das einzelne Intervall, die sorgfältig einkomponierte Pause gewinnen nie geahntes Gewicht und werden zu Bausteinen. Man hat aus solcher musikalischen Aphoristik, die auch für die Orchesterstücke op. 10 und für viele spätere Kompositionen bezeichnend ist, Webern als Endstation, gewissermaßen als Liquidator von Schönbergs Prinzipien gewertet. Eine Musik, die sich so am Rande des Verstummens bewegt, müßte konsequenterweise zu völligem Schweigen führen. Simplifikationen verbieten sich jedoch. In Weberns Spätwerk finden sich längere Kompositionen, wie die beiden Kantaten op. 29 (»Das Augenlicht«) und op. 31. Die Orchestervariationen von 1940 dauern immerhin eine Viertelstunde.

Und deswegen habe ich nie verstanden, was »klassisch«, »romantisch« und dergleichen ist, noch habe ich mich in einen Gegensatz zu den Meistern der Vergangenheit gestellt, sondern mich immer nur bemüht, es diesen gleich zu machen: das, was mir zu sagen gewährt ist, so klar als möglich darzustellen. Was freilich etwas anderes ist, als etwa der heutige »Klassizismus«, der den Stil kopiert, ohne um dessen Sinn (und das ist das oben Angedeutete) zu wissen, während ich (Schönberg, Berg) diesen Sinn – und er bleibt *ewig* der gleiche – mit *unseren* Mitteln zu erfüllen trachte. Und da entsteht dann wohl keine Kopie, sondern eben darum erst das *Ureigenste.*

Aus einem Brief an Hildegard Jones, 6. August 1928

Schönbergs Reihentechnik schloß sich Webern ab 1924 an, mit den Drei geistlichen Liedern und den folgenden Liedkompositionen. Das Variationsprinzip wird formbildend, doch geht Webern weit über seinen Meister hinaus in der Auswertung der aus der Reihe gewonnenen Intervallbeziehungen und der Klangfarbe als konstruktivem Element (man sprach, mit einem nicht sehr treffenden Wort, von »Klangfarbenmelodien«, bewirkt durch eine oft von Note zu Note wechselnde Instrumentation). In der Wahl der Reihen neigt Webern zu mathematischen Spekulationen, indem etwa die zweite Hälfte einer Reihe die erste spiegelt. Sein schöpferisches Geheimnis liegt in der Kunst, aus berechneter Konstruktion Poesie zu gewinnen. Er ist der Lyriker der Zwölftonmusik. Aus Weberns Spätwerk (u.a. das Streichtrio, die Symphonie für kleines Orchester, das Quar-

die Partitur zeigt, wie daraus »Musik wird«:

Zum Eckstein geworden

Es war wohl in den dreißiger Jahren, daß Berthold Viertel einmal zu Besuch nach Wien kam und ein paar Freunde eine Zusammenkunft – wo? natürlich im Kaffeehaus! – vereinbarten, um etwas aus der »großen Welt« zu hören – England, Amerika, oder wo der liebe Gast eben gerade herkam. Anton Webern hatte sich etwas verspätet, und als er sich zu uns gesellte, waren die Stühlchen um den Marmortisch schon dicht besetzt. So nahm er still ein Plätzchen am Rande ein und balancierte vorsichtig sein Schälchen Kaffee auf den Knien. Als ich ihm etwas mehr Lebensraum verschaffen wollte, sagte er: »Nein, nein! Bleiben S' nur. Ich sitz' ja da ganz schön in meinem Eckerl.«

Ich habe diesen belanglosen Satz in zwanzig Jahren nicht vergessen, weil er mich damals tief rührte. Nur ein Mann, der von seiner Größe voll überzeugt war, konnte sich so still zufrieden ans »Eckerl« setzen. Er tat es aber nur, wo er sich von Freunden umgeben wußte. Wenn er sich im Feindesland zu befinden glaubte – und wo in der Welt, mit Ausnahme eines armseligen Kaffeehaustisches, schien es viel anderes zu geben als Feindesland? –, nahm sein unerschütterlicher Glaube an sich selbst manchmal etwas bedrohliche Formen an. In solcher Umgebung wurden Aussprüche, die in seiner Denkweise wohl eine einfache und unmittelbar einleuchtende Logik hatten, zu beunruhigenden Paradoxen. Der Außenwelt erschien sein Glaube an sich selbst als ein »Credo quia absurdum«, und was als Absurdität wirkte, brachte Bescheidenheit und Arroganz zu

Notenhandschrift Karl Amadeus Hartmanns: Gesangsszene für Bariton und Orchester

tett für Geige, Klarinette, Tenorsaxophon und Klavier, dazu das Konzert für neun Instrumente) sei als Beispiel für seinen Reifestil ein Ausschnitt aus dem Streichquartett op. 28 von 1938 angedeutet. Die Reihe (wir folgen Walter Kolneders Analyse) ist auf die vier Töne von Weberns Bach-Huldigung konzentriert,
Kolneder widerlegt als Webern-Monograph die »Webernlegende« faszinierter Anhänger, die in seine Werke hineingeheimnisten, was erst für die »serielle« Komposition nach 1950 charakteristisch ist: nämlich die »totale Determination« des Tonvorrats. Darunter ist zu verstehen, daß auch Rhythmik, Dynamik und Klangfarbe in einer Reihe vorge-

verwirrender Deckung. Nur selten konnte man ahnen, mit wieviel Selbstqual jener Glaube errungen worden sein mag. Man konnte jedoch verstehen, daß ein solcher Mann sich von der Welt, die ihn in die Ecke gestellt hatte, ein absurdes Bild machen und zu Urteilen gelangen mochte, die manchem, der glaubte, ihn begriffen zu haben, unbegreiflich erscheinen mußten.
Die merkwürdige Anonymität, die viele der Besten Österreichs wie eine Wolke einhüllte, war auch um Webern. Sie überschattet noch seinen sterblichen Rest. – Vor ein paar Tagen hat mir Vera Strawinsky, die Gattin des Komponisten, von der Pilgerfahrt erzählt, die sie anläßlich eines kurzen Aufenthaltes in Innsbruck zum Grabe Anton Weberns machte, begleitet von dem jungen amerikanischen Dirigenten Robert Craft. Über schwierige Gebirgsstraßen gelangten sie nach dem abgelegenen Mittersill und fragten nach dem Grabe, erwartend, daß die Eingeborenen es als ein vielbesuchtes nationales Ehrenmal hegten. – Niemand wußte Bescheid. Vergebens musterten sie die repräsentativen Grabsteine an der Kirchenmauer. Schließlich entdeckten sie den unscheinbaren Hügel zwischen denen der Einheimischen, von niemandem beachtet. Dort ruht der Prophet eines neuen musikalischen Weltbildes, von einem meuchlerischen Schicksal um die Ecke gebracht. Aber nicht um sein »Eckerl«, von dem aus er über das musikalische Denken von Generationen regiert.

Aus einem Aufsatz von Ernst Křenek, 1955

zeichnet sind; bei Schönberg war es nur die Tonhöhe, alles andere blieb frei verfügbar. Tatsächlich ist solche Automatik Webern fremd, höchstens Ansätze dazu finden sich. Webern fühlte sich keinesfalls als Umstürzler. Er verehrte zeitlebens Mozart, Beethoven, Schubert, selbst Lortzing; »Zar und Zimmermann« war eine seiner Lieblingsopern: »Ich lege nicht so sehr Gewicht darauf, ein musikalischer Bauernschreck zu sein, als vielmehr ein natürlicher Fortsetzer richtig verstandener, guter, alter Tradition!«
Die Schönberg-Schule machte erst spät wirklich Schule. Von den älteren Zeitgenossen knüpfte der Wiener *Egon Wellesz* (geb. 1885) mit seinen Opern »Alkestis« und »Die Bacchantinnen« an sie an. In der englischen Emigration wurde er zum bedeutenden Erforscher der byzantinischen Epoche und, nach 1945, zum Symphoniker, der wieder zu freier Tonalität zurückkehrte. In Frankreich wirkte *René Leibowitz* (geb. 1913 in Warschau) als Schönberg-Apostel, besonders als Lehrer der Jüngeren (u. a. Henzes). In Wien selbst hielten *Hanns Jelinek* (geb. 1901), der in seiner »Sinfonia brevis« und der »Zwölftonfibel für Klavier« durch sogenannte »Tonakalitäts-Basen« Brücken zur tonalen Musik zu schlagen versuchte, und *Hans Erich Apostel* (geb. 1901) das dodekaphonische Banner hoch, in Deutschland folgten ihm nach dem zweiten Weltkrieg *Winfried Zillig* (1905–1963) mit einem vielfältigen Werk (Opern »Troilus und Cressida«, »Die Verlobung in San Domingo«, Orchester- und Kammermusik), *Karl Amadeus Hartmann* (1905–1963), der in seinen acht Symphonien zu einer imponierenden selbständigen Lösung des musikalischen Expressionismus kam und in der Kammeroper »Des Simplicius Simplisissimus Jugend«, nach Grimmelshausens berühmtem Roman, die Schrecken des Krieges beschwor. Der Grieche *Nikos Skalkottas* (1904–1949) gilt, obwohl wenig gespielt, als dodekaphonischer Geheimtip. Dazu kommen eine Anzahl Jüngere, von denen noch die Rede sein wird.

Ernst Křenek

Die fesselndste Persönlichkeit der älteren Zwölftöner ist der Wiener *Ernst Křenek* (geb. 1900), ein Schüler Franz Schrekers. Er begann, von Spätromantik wie von neuer Sachlichkeit gleicherweise beeindruckt, mit expressionistischen Bühnenwerken (»Der Sprung über den Schatten«, »Orpheus und Eurydike«), errang mit der Oper »Jonny spielt auf« 1927 einen sensationellen Tageserfolg, der durch Pseudo-Jazz (es handelte sich in Wirklichkeit nur um Anklänge an die Tanzmusik der Zeit) und einen Neger als Titelhelden gefördert wurde. Auch Křeneks modernistisch-persiflierende Verkleidung des antiken Mythos in der Oper »Leben des Orest« huldigte dem Geist der Zeit. Im Jahr zuvor (1929) hatte er jedoch mit dem Liederzyklus »Reisetagebuch aus den österreichischen Alpen« einen geradezu schubertschen Gefühlston herauskehrt.
Ebenso überraschend kam seine kurz darauf beschlossene Hinwendung zu Schönberg; Křenek hatte sie jedoch nach reiflicher Überlegung vollzogen und blieb der Reihentechnik fortan treu. Sein umfangreichstes, mit asketischer Strenge dodekaphonisch komponiertes Werk war die Oper »Karl V.« (1938). Auch in der amerikanischen Emigration entwickelte er die neue Technik in einem universal vielfältigen Opus weiter (Opern, Symphonien, Kammermusik, Chöre, Lieder). Nach dem zweiten Weltkrieg kam er regelmäßig nach Deutschland, nahm – wenn auch kritisch und skeptisch – an den avantgardistischen Versuchen der Jüngeren teil (serielle Orchesterstücke wie »Kette, Kreis und Spiegel«, Pfingstoratorium »Spiritus intelligentiae sanctus«, mit elektro-

nischen Klängen). Seine letzten Opern »Pallas Athene weint« (1954) und »Der goldene Bock« (1964) deuten wiederum, nun im seriellen Idiom, Antike zu politisch-philosophischem Gleichnis um. Obwohl Křenek in den selbstangelegten Fesseln die Erfolge der Jugend versagt blieben, ist er in seiner Wiener Mischung aus intellekuellem Grübler und Musikanten eine der imponierendsten Gestalten seiner Generation.

Matthias Hauers Lösung

Unter den Angehörigen der älteren Generation gebührt dem Wiener *Matthias Hauer* (1883–1959) der Ruhm, als erster noch vor Schönberg, nämlich schon 1919, ein Zwölfton-System gefunden und publiziert zu haben. Aber seine Lösung fand keinen Widerhall, Hauer starb als pensionierter Volksschullehrer halb vergessen, und auch die Ausgrabung seiner Oper »Die schwarze Spinne« (nach Jeremias Gotthelfs Erzählung) bei den Wiener Festspielen im Jahre 1966 brachte keine Offenbarung. Freilich war Hauer alles andere als ein Opernkomponist. Sein Eigentliches ist in Hunderten »Zwölftonspielen« für Klavier und kammermusikaliche Ensembles enthalten. Mit kauzigem Sendungsbewußtsein hielt er seine Musik für die einzig mögliche: »Es gibt keine andere auf der ganzen Welt... Es wird und kann nie eine andere geben«, verhöhnte alle Großen der Gegenwart und Vergangenheit einschließlich Beethovens, Wagners und Schönbergs und signierte seine Briefe mit einem Stempel, in dem er sich als den »einzigen Kenner und Könner der Zwölftonmusik« bezeichnete.

Seine Lösung sah anstatt der Reihen sechstönige »Tropen« vor, die kaleidoskopisch durcheinandergeschüttelt werden. Musik ist für ihn keine Ton-Sprache, sondern ein Ton-Spiel, in dessen kühlen Formeln er ein Abbild des Kosmos sah: Musik vom »Weltenbaumeister«, die nicht komponiert, sondern nur gefunden zu werden brauchte.

Hauers Eigenbrötelei verdient als entwicklungsgeschichtliches Zeichen einer gärenden Zeit Erwähnung, zeitigte jedoch keine Folgen. Sein einziger namhafter Schüler *Hermann Heiß* (1897–1966) kam zu eigenen Lösungen einer »athematischen« Komposition. Indem sie »Tonbewegungen«, Konstellationen und »Konfigurationen« (so heißt auch der Titel eines 1957 veröffentlichten Orchesterwerkes) an die Stelle thematischer Entwicklung setzt, leitet sie zur strukturellen und punktuellen Technik der jüngeren Generation über.

Alle diese Komponisten stammten aus Ländern mit langer Musiktradition: Sowohl Strawinskys und der von Paris ausgehende Neo-Klassizismus wie die atonale Wiener Schule bezogen sich, ob evolutionär oder revolutionär, auf eine bis ins letzte verfeinerte Kunstmusik, deren Mittel und Sprache erschöpft zu sein schienen. Folklore wirkte nur selten, wie beim frühen Strawinsky, befruchtend. In den hochzivilisierten Ländern Mitteleuropas war schon um die Jahrhundertwende ursprüngliches Volksmusizieren durch städtisch gelenkte »Pflege« des Volksmusikgutes ersetzt worden. Schönberg, der Großstädter und Intellektuelle, hielt Folklore schlechthin für unvereinbar mit fortschrittlicher Komposition. Es blieb zwei Meistern aus Ungarn vorbehalten, die Moderne durch Erschließung ungenützter Quellen der Volksmusik zu bereichern: Béla Bartók und Zoltán Kodályi. Vielleicht war es die letzte überhaupt mögliche Befruchtung solcher Art, wie ja die von der technischen Zivilisation damals, in der Zeit vor dem ersten Weltkrieg, noch nicht erreichte ungarische Provinz die letzte Landschaft Mitteleuropas war, die noch naive Musik produzierte.

Béla Bartók

Béla Bartók

Als Bartók 1945 in New York starb, wurde kaum Notiz von der Todesnachricht genommen. Wenige Jahre später war er zu einem Großmeister der neuen Musik avanciert, Bartók-Rhythmus und Bartók-Klang, »musikantisches« Gegenleitbild zu Schönberg-Weberns strenger Abstraktion, wurden geradezu populär und enthusiasmierten namentlich die Jugend. Tatsächlich erscheint Bartóks Antiposition zur seriellen Musik, ja zur Atonalität überhaupt – zuletzt komponierte er sogar mit sanften Dreiklängen – zunächst anachronistisch. Seine Umkehr deckt sich jedoch mit der Entwicklung vieler Großer (Honegger, Hindemith, Prokofjew) und mit der Logik seiner eigenen Persönlichkeit. Synthese, Zusammenfassung, war von Anfang an die Leitlinie seiner Kunst. Synthese »zwischen Osten und Westen«, Synthese von naiver und technisch höchst verfeinerter Musik, Synthese zwischen Tradition und Gegenwart; sein selbstgestecktes Ziel war es, Debussy, Beethoven und Bach, die Meister, die er vor allen verehrte, »in einer Synthese zu vereinen«. Seine Lösung war höchstpersönlich und unwiederholbar, der Weg zu ihr künstlerisch und charakterlich nicht minder kompromißlos als bei radikaleren Komponisten seiner Zeit.

Béla Bartók (1881–1945) entstammte dem ungarischen Provinzbürgertum. Sein Vater war Schuldirektor in Nagyszentmiklós (heute zu Rumänien gehörig), die Mutter Lehrerin. Er bildete sich in Preßburg und Budapest musikalisch aus und wurde ein hervorragender Pianist; spätere Konzertreisen führten ihn nach Deutschland, Frankreich, Rußland und nach beiden Amerika. Ab 1907 wirkte er als Professor an der Budapester Musikakademie. Damals schon vereinte er die Tätigkeiten eines Virtuosen, Komponisten und Wissenschaftlers. Gemeinsam mit seinem Freund Kodályi, ausgerüstet mit Notizbuch und Edison-Phonographen, erforschte er die Volksmusik auf ungarischen Dörfern, später auch in rumänischen, türkischen und algerischen. Etwa 20000 Lied- und Tanzweisen waren die Ausbeute. Der Lisztverehrer sah sich gezwungen, seinen Meister zu dementieren. Was Liszt als echt ungarische Musik erkannte zu haben glaubte und als Csárdás- und Pusztaromantik in seinen Rhapsodien verwertete, stellte sich als pseudofolkloristische Tünche heraus, Unterhaltungsmusik (»Verbunkos«), von wohlmeinenden städtischen oder adeligen Dilettanten des 19. Jahrhunderts kultiviert. Bartók legte tiefere Schichten der Bauernmusik frei; pentatonische und modale Leitern, die das abgedroschene europäische Dur-Moll noch nicht kannten, Rhythmen und Metren, die in ihrer naiven Unsymmetrie vom klassisch rationalisierten Modell weit abwichen – alles wurde in seiner eigenen Musik erfrischend fruchtbar.

Nur sehr langsam setzte er sich auch als Komponist durch. Als er wenigstens in seiner Heimat halbwegs anerkannt war, hielt er es dort nicht länger aus; Ungarns autoritäres Regime, die Verbindung mit Hitlers verhaßter Diktatur, veranlaßten den freiheitsliebenden Demokraten zur Emigration nach Amerika. Dort faßte er nur mühsam Fuß. Als sich endlich die Kompositionsaufträge mehrten, war es zu spät. In größter Armut starb er, zuletzt in einer dürftigen New Yorker Mietwohnung hausend, an Leukämie.

Bartóks Frühwerke orientierten sich an Brahms, Liszt und Richard Strauss. Noch vor dem ersten Weltkrieg fand er, durch die Bauernmusik und durch Debussys Vorbild, zu eigenem Stil: in dem »Allegro barbaro« von 1911, das mit seinen brutal stampfenden Rhythmen dem Klavier Schlagzeugwirkungen abverlangte, und mit der Oper »Herzog Blaubarts Burg« (Uraufführung erst 1918). Hier herrscht noch impressionistische Klangfarbigkeit, der synkopische Tonfall des Gesangs ist jedoch sehr bartókisch-magyarisch. Dem Symbolismus dieser seiner einzigen Oper blieb er auch in den darauf folgenden Balletten »Der holzgeschnitzte Prinz« und »Der wunderbare Mandarin« treu; in dieser »Pantomime« drücken die peitschenden und zuckenden Rhythmen treffend die extravagante sexuelle Triebhaftigkeit des Helden aus.

Das Schwergewicht von Bartóks Schaffen liegt jedoch in der absoluten Musik, und zwar zunächst in der Klavierkomposition. Er begann mit mehreren Zyklen von Volksliedbearbeitungen. Als charakteristisch für seine Auffassung einer »schöpferischen Transplantation des [folkloristischen] Motivmaterials« sei ein Beispiel aus den »Ungarischen Bauernliedern« (1917) wiedergegeben; die originale Weise stellte Bartók jeweils voran:

Das musikalische Urerlebnis, das er in den Rhythmen und Modi der Bauernmusik fand, wertete Bartók in den 156 Stücken seiner »Mikrokosmos« (1926–1939) betitelten Klavierstücke systematisch aus, einem in seiner Art einzigartigen Gradus ad Parnassum der Moderne, in der Vereinigung von Didaktik und Phantasie mit Bachs Inventionen oder Debussys Etüden vergleichbar. Aus seiner Kammermusik, die Lieder, Klavier-Violine-Duos, Solosonaten und Suiten umfaßt, ragen die sechs Streichquartette heraus. Zwischen 1908 und 1930 entstanden, bilden sie den bedeutendsten zyklischen Beitrag zu diesem Genre seit Beethoven und lassen den Reifeprozeß vom spätromantischen ersten Quartett über die asketischen Härten unabhängiger Stimmführung des dritten bis zu den Klangverfeinerungen der späten (zum Beispiel zehnfache Stufung des Pizzicato, Vierteltonintervalle) konzentriert verfolgen. Die klassisch-romantische Sonatenform wird frei abgewandelt, kann aber doch grundsätzlich beibehalten werden, da Bartók auch die mit ihr verbundenen formbildenden Kräfte der Tonalität nie ganz preisgibt; Tonalität versteht er nicht als Dur-Moll, sondern als Orientierung an tonalen Zentren. Um sie

Titelseite des Manuskriptes der »Drei Burlesken für Klavier« op. 18 von Béla Bartók

ranken sich freie Zusammenklänge, die kein theoretisches System, sondern allein Bartóks Klangsinn und die Logik der kontrapunktischen Stimmführung produziert. Folkloristische Anregungen, wie die unregelmäßigen Metren (zum Beispiel »Bulgarische Rhythmen« in der Folge von 2 und 2 und 3 Vierteln), geben besonders den Scherzo-Sätzen die bartókisch-prickelnde Note.

Solche rhythmische Frische hatte schon die Tanz-Suite von 1923 ausgezeichnet. Das erste orchestrale Meisterwerk, Folklore künstlerisch sublimierend, ist die Musik für Saiteninstrumente und Celesta von 1936; die Introduktion des Adagios durch einen sich beschleunigenden Einton des Xylophons ist eine völlig neuartige Vision: »Klang an sich«, aber nicht wie bei den Impressionisten amorph verfließend, sondern rhythmisch gebunden. Die kammermusikalische Variante dazu bildet die Sonate für zwei Klaviere und Schlagzeug, das mit drei Pauken, Xylophon, großer und kleiner Trommel, Zymbalen, Triangel und Tam-Tam zum höchstdifferenzierten Partner wird.

Mit dem virtuosen Violinkonzert und dem Divertimento für Streichorchester

Notenhandschrift Bartóks: aus dem 4. Streichquartett

nahm Bartók Abschied von Europa. In Amerika schuf er das fünfsätzige Konzert für Orchester, sein effektvollstes und eingängigstes Werk. Daß die Betonung der Tonalität, die Anknüpfung an die Tradition keinem Kompromißlertum entsprang, sondern Bartóks Spätstil überhaupt entspricht, erhärten die letzten großen Meisterwerke: das dritte Klavierkonzert, das er gerade noch zu Ende komponieren konnte, und das im Stil verwandte Bratschen-Konzert, das sein Schüler Tibor Serly vollendete. Der Sturm und Drang des um fast zwanzig Jahre älteren ersten Klavierkonzerts ist einer verklärten Einfachheit gewichen, Tonalität nähert sich wieder Dreiklangs-Klarheit. Ein Klassiker der Moderne zog die Summe des Lebens, mit dem Blick in die Ewigkeit: Beide langsame Sätze dieser letzten Werke tragen die Bezeichnung »religioso«. Kraft seiner Persönlichkeit hatte Bartók in der Mitte des Jahrhunderts, als sich mit der Renaissance Weberns die Musik zu atomisieren begann, noch einmal die Möglichkeit einer Integration von Tradition und Gegenwart bewiesen.

Sein Kamerad aus den Jahren der Volksmusik-Entdeckungsfahrten *Zoltán Kodályi* (1882–1967) teilte lange Jahre Bartóks Hungarismus, blieb jedoch verbindlicher, lyrischer in seiner Sprache, wenn auch keineswegs konventionell. Er gilt zu Recht als Mitschöpfer einer neuen ungarischen Musik, die sich über bloßes Epigonentum hinaushebt. Als Lehrer der jüngeren Generation und als Folklore-Wissenschaftler ist Kodályi, der in Budapest blieb und sich noch im Greisenalter schöpferische Kraft bewahrte, Ungarns Patriarch der Moderne. Seine internationale Ausstrahlung erwies sich als geringer als die Bartóks, doch haben sich aus seinem universalen Oeuvre immerhin einige Werke Bühnen und Konzertsäle der Welt erobert, so die witzige, musikalisch harmlos-melodiöse Oper »Háry János« (1926), das Singspiel nach Volkstexten »Die Székler Spinnstube (1932), der »Psalmus Hungaricus«, das chorisch monumentale »Budavárer Te Deum«, die »Tänze aus Galanta«, die »Maroszéker Tänze« und, als kompositorisch feinstes Orchesterwerk, die Variationen über die Volksweise »Der Pfau« (1939).

Paul Hindemith

Im deutschen Kulturbereich war Paul Hindemith der überragende Meister, Gegenspieler Schönbergs, Bergs und Weberns in vielerlei Hinsicht: in seinem Vertrauen in die unerschöpften Möglichkeiten der Tonalität, in seiner Verwurzelung in der lebendigen Musikübung als Virtuos, Dirigent, Lehrer und Theoretiker, in seiner zeitlebens praktizierten Überzeugung, daß auch für den modernen Komponisten, der Neues und Eigenes zu sagen hatte, der Platz nicht im Elfenbeinturm der Utopie, des *l'art pour l'art* war, sondern im Alltag des Musizierens, wo das Neue sich neben den Meisterwerken vergangener Jahrhunderte zu behaupten hatte.

Hindemiths Schaffen war kein einsamer Monolog, der auf postumes Echo wartete. Er suchte das Zwiegespräch mit dem »Publikum«, das er nie verachtete, wenn er auch wohlfeile Konzessionen verschmähte. Er komponierte für Virtuosen und für Dilettanten, subtilste und einfache Musik – aber immer technisch höchstqualifizierte. In ihm, der allen romantischen Geniekult scheute, stand noch einmal ein »Handwerker« vom Schlage der alten Meister auf, Handwerk in dem Sinne aufgefaßt, wie er es als Voraussetzung jeder musikalischen Aussage erkannt hatte – am reinsten in Bach, dem eigentlichen Leitstern von Hindemiths Kunst.

Paul Hindemith (1895–1963) wurde in Hanau als Sohn eines schlesischen Handwerkers und einer Hessin geboren und bildete sich in Frankfurt musikalisch aus. Bereits mit zwanzig Jahren war er als Geiger Konzertmeister des Frankfurter Opernorchesters, später reiste er als Bratscher des Amar-Quartetts durch halb Europa. Alles Technische erlernte er spielend, ein Praktikus auf vielen Instrumenten. In den frühen zwanziger Jahren machte er mit eigenen Kompositionen bei den eben gegründeten Donaueschinger Festspielen und mit lautstarken Opernskandalen in Stuttgart und Frankfurt von sich reden – von den einen als große Hoffnung junger deutscher Musik begrüßt, von den anderen als »Kulturbolschewist« verfemt. 1927 berief man Hindemith, der noch in Frankfurt die Kapellmeisterstochter Gertrude Rottenberg geheiratet hatte, als Kompositionslehrer an die Berliner Musikhochschule.

Seinem verschwenderisch produktiven Wirken in Berlin setzte Hitler ein Ende. Man hintertrieb die Aufführungen seiner Werke, entließ ihn aus dem Lehramt und veranlaßte ihn, obwohl sich Furtwängler mutig für ihn einsetzte, 1934 zur Emigration. Hindemith nahm sein Domizil in der Schweiz, folgte dann einem Ruf in die Türkei, wo er das Musikleben reorganisierte, und ging 1940 nach den USA. Dort unterrichtete er an den Universitäten in Yale und Harvard die junge Musikergeneration Amerikas. In sein altes Vaterland kam er bald nach dem zweiten Weltkrieg zurück und blieb ihm auch eng verbunden, nachdem er Professor an der Universität Zürich geworden und ganz in die Schweiz übergesiedelt war.

Für Hindemith bedeuteten Wagner, Spätromantik und Debussy keine Faszination mehr. Selbst da, wo er dem aktuellen Zeitstil des expressionistischen Theaters seinen Tribut zollte – Oskar Kokoschka schrieb das Libretto zu »Mörder, Hoffnung der Frauen«, von Franz Blei stammt »Das Nusch-Nuschi« – läuft seine Musik kühl-geschäftig neben den verstiegenen Texten her, und im Grunde waren diese es, die 1921 und bei der im Jahr darauf folgenden Premiere der Oper »Sancta Susanna« die wütenden Proteste auslösten. Schwüle Erotik lag Hindemith gar nicht; höchstens konnten ihn seine ironischen Tristan-Zitate zum kecken Revoluzzer stempeln, dem »nichts heilig« war. In Wirklichkeit entsprang die Hemdsärmeligkeit des jungen Hindemith seinem ehrlichen Widerwillen gegen alles romantisch Gefühlige und seinem Spaß an der Provokation. In der Klaviersuite von 1922 gab er folgende Gebrauchsanweisung zum Spielen des Ragtime: »Überlege nicht, ob du Dis mit dem vierten oder sechsten Finger anschlagen mußt. Spiele dieses Stück sehr wild, aber stets stramm im Rhythmus . . . « Motorik und Rhythmik, im krassen Gegensatz zur verästelten Nuancenmusik der Spätromantiker wie der Zwölftöner, galt damals als Haupterrungenschaft »Neuer Sachlichkeit«. Bezeichnend dafür ist die Bratschensonate op. 25 ,aber auch schon das zweite

Streichquartett, das in Donaueschingen Furore gemacht hatte, war mit seinen dahinstürmenden Linien und schroffen Zusammenklängen ein echtes Stück jugendlicher Anti-Romantik. Bindungen wurden in alten, vorklassischen Formen gesucht. Die vier Kammermusiken (1924–1927) orientieren sich am barocken Concerto grosso, die sechs Streichquartette (1919–1945) bevorzugen vorklassische Einthematik anstelle des ro-

Notenhandschrift Hindemiths: Kyrie aus der Messe für gemischten Chor

mantischen Themen-Dualismus, kontrapunktische Schreibweise dominiert, Subjektivität und Pathos werden gemieden. Für diese Distanz zur Romantik sind Hindemiths Vertonungen von Rilkes »Marienleben« (1923) und die Oper »Cardillac« (1926) am bezeichnendsten. Rilkes preziöse Verse werden nicht »ausgedeutet«, die Musik folgt eigenem Gesetz und streng instrumentaler Linie. Im »Cardillac« dient ein hochromantisches Sujet – E. T. A. Hoffmanns Novelle von einem manisch besessenen Goldschmied, der alle Käufer seiner Juwelen erdolcht – als Textunterlage zu einer denkbar »sachlichen«, autonomen Musik: Grenzfall einer »Musizieroper«, in der Struktur Bergs »Wozzeck« verwandt, Gegenpol zum orchestersymphonischen Musikdrama. Die Gestalten erscheinen als Typen, alte Formen (so eine Passacaglia als Chorfinale) liefern, linear-dissonant erneuert, die Gerüste.

Hindemith ließ der Tragödie zwei Satyrspiele folgen: »Hin und zurück« ist als »Sketch« betitelt, »Neues vom Tage« (1929) als »Lustige Oper«. Mit der Koloraturarie, in der die Heldin, in der Badewanne sitzend, die Vorzüge der Warmwasserversorgung preist, scheint der Höhepunkt seiner Schnoddrigkeit erreicht zu sein, doch ist das ganze – wirklich lustige – Stück als Persiflage auf den modernen »Betrieb« gemeint. Hindemiths Sturm- und Drangzeit ging zu Ende. Die Oper »Mathis der Maler« konnte mit ihrer Hinwendung zur Tradition des deutschen Weltanschauungsdramas nur den überraschen, der Hindemiths inneren Reifeprozeß übersehen hatte. Das Oratorium »Das Unaufhörliche« (nach Gottfried Benns dunkel-philosophischem Text) deutete bereits die Reise nach Innen an. Im »Mathis« – der Held ist der große Maler Matthias Grünewald – wird ein Problem auf die Musikbühne gebracht, das Hindemith damals höchst persönlich bewegte: Soll ein Künstler »politisch« werden, in den Tagesstreit aktiv eingreifen? Seine Antwort ist Resignation. Musikalisch bedeutet die Partitur – Uraufführung 1938 in Zürich – die entscheidende Wende zu Hindemiths Reifestil. Die »autonomen« Formen der Vertonung bleiben so wirksam, daß eine meisterliche »Symphonie Mathis der Maler« aus der Oper gewonnen werden konnte, werden aber nun dem selbstverfaßten Text viel schmiegsamer als im »Cardillac« angepaßt. Die Tonalität, die Hindemith früher experimentell umspielte, erscheint bewußter zum harmonischen und konstruktiven Prinzip erhoben, im Klang besänftigt. Vom »hemdsärmeligen« Hindemith ist in so verinnerlichten Visionen wie der Grablegungs-Musik nichts mehr zu spüren:

Hindemith gab mannigfaltige Kommentare zu seiner neuen Ordnung der Töne. Schöpferische in der Musik zu »Nobilissima Visione« (1938), einem Ballett, das als Thema die Wandlung des Weltmannes Franz von Assisi zum Heiligen hat, in den Sonaten für fast alle Instrumente, von denen die drei für Klavier zu den gehaltvollsten, dennoch auch dem Laien zugänglichen Klavierkompositionen der Moderne gehören. Theoretische in der zweibändigen »Unterweisung im Tonsatz« (1937–1940).

Tonalität als Naturgesetz

Der nüchterne Titel verrät nicht, daß wir es hier mit dem wichtigsten, philosophisch-wissenschaftlich fundierten Gesetzesbuch der tonalen Moderne zu tun haben, dem einzigen geschlossenen System der Komposition außerhalb der Zwölftontechnik. Zu dieser steht Hindemith in unversöhnlicher Gegnerschaft. Für ihn ist »die Tonalität eine Kraft wie die Anziehungskraft der Erde«, also ein Naturgesetz, und »der Erdanziehung entspricht im Gebäude der Töne der Dreiklang«, der »reinste und natürlichste aller Klänge«. Die Dur-Moll-Harmonik ist auch für Hindemith nicht mehr alleingültig, wohl aber eine Stufung von Akkord-Wertigkeiten (die von der Zwölftonmusik völlig

Paul Hindemith, Tonalität ein Naturgesetz

Nach den ungefähr tausend Jahren, die in unserer Musikkultur ausschließlich der Entwicklung harmonischer musikalischer Formen dienten, ist es uns ganz unmöglich geworden, melodische Linien ohne harmonische und tonale Implikationen zu verstehen. Die aufeinanderfolgenden Intervalle von Melodien haben ja neben ihrer melodischen Bestimmung auch eine harmonische Bedeutung, die sich nicht übersehen läßt. Auch diese melodischen Intervallharmonien (Terzen, Quarten, usw.) versammeln sich ebenso wie die eigentlichen (vertikalen) Harmonien und ebenso ohne unser bewußtes Zutun um Fundamentaltöne und rufen damit wiederum den Effekt musikalischer Perspektive hervor. In der Malerei kann der Künstler entscheiden, ob er die Perspektive als Teil des malerischen Effekts in sein Bild einbeziehen will. In der Musik hingegen können wir dem Effekt der tonalen Zusammenfassung, der Tonalität, nicht entgehen. Die Intervalle als das Baumaterial sowohl der Melodien wie der Harmonien fallen je nach ihrer akustischen Struktur in tonale Gruppierungen, ohne uns nach unserer Meinung zu fragen.
Hörten wir aber nicht oft genug von Bestrebungen, in der heutigen Musik solche tonalen Wirkungen zu vermeiden? Es scheint allerdings, als ob solche Versuche soviel Erfolgsaussichten hätten wie die Versuche zur Vermeidung der Erdanziehung. Wir können freilich mit Flugmaschinen uns vom Zentrum der Gravitation etwas entfernen,

ignoriert wird), eine »Rangliste der Tonverwandtschaften«, die Hindemith organisch aus der Obertonreihe ableitet. Zusammenklänge bilden sich nicht mechanisch aus der Umkehrung von Grundreihen, auch nicht unkontrolliert wie in der freien Atonalität, sondern nach einem »harmonischen Gefälle«. Intervallbeziehungen zum Zentralton bestimmen die Wertigkeit. Je weiter sich die Zusammenklänge von Oktav, Quint und Terz, den Ur-Fundamenten der Harmonie entfernen, desto schwächer wird ihre harmonische Kraft, desto stärker zugleich ihre melodische. Hindemiths »Unterweisung« ist Harmonie- und Melodielehre in einem, ein imposanter Versuch, die auseinanderstrebenden Tendenzen der neuen Musik zu bändigen, Konsonanz und Dissonanz noch »im wildesten Trubel der Klänge« gesetzlich zu ordnen.

Hindemiths Gesetz der »geheimen Ordnung der Töne« hat trotz des Komponisten außerordentlicher pädagogischer Befähigung weniger Schule gemacht, als seine kompositorischen Kommentare Beifall fanden: im Grunde ein Triumph des schöpferischen Künstlers über den Theoretiker. Die wesentlichsten Werke seiner Spätzeit bezeugen es. Daß er das »Marienleben« und die Opern »Cardillac« und »Neues vom Tage« im Sinne seiner gereiften Erkenntnisse tonaler Logik umkomponierte, trug ihm wenig Zustimmung der Modernisten ein, sollte aber nicht minder respektiert werden, als man etwa Wagners oder Verdis Zweitfassungen respektiert. Auf der Musikbühne konnte Hindemith in seinem Alterswerk kein Neuland mehr erobern. »Die Harmonie der Welt« (1957) wirkt als Weltanschauungsoper (Johannes Kepler ist die Hauptgestalt) wie ein Mathis-Nachklang, die letzte Oper »Das lange Weihnachtsmahl« (1961) bescheidet sich auf Thornton Wilders Spuren in kammermusikalischem Parlando.

Hingegen entfaltet sich der Symphoniker Hindemith (Symphonie in Es, Symphonia serena, Symphonie »Die Harmonie der Welt«, Pittsburgh Symphony) erst im Spätwerk ganz. Obwohl er sich nun mit feierlichen Blechbläsersätzen der einst ironisierten Romantik, ja selbst Bruckner nähert, bleibt er der er immer war. Die »Symphonischen Metamorphosen« (1943) variieren ausgegrabene Themen Carl Maria von Webers als

aber ist denn nicht gerade das Flugzeug der beste Beweis für unsere Unfähigkeit, der Erdanziehung zu entfliehen? Die Tonalität ist sicherlich eine sehr subtile Form der Erdanziehung, und um diese als musikalische Wirkung zu verspüren, brauchen wir nicht einmal den nunmehr schon gewohnten Umweg von wirklicher Erfahrung zu ihrem durch die Musik ausgelösten Abbild. Es genügt, in einem A-capella-Chor oder in einer Madrigalgruppe mitzusingen, um die Kraft tonaler Gravitation zu erleben: eine übersichtliche, dem Sänger verständliche tonale Anordnung hat eine gesunde, erfrischende Wirkung auf ihn, während Formulierungen die in ihrer tonalen Unklarheit nahe bis zur Unausführbarkeit gehen, ihn bis zu wirklichen körperlichen Schmerzen peinigen können.

Wir wissen allerdings von dem Weg, der irdischen Anziehung zu entfliehen: durch starke Raketen, die den kritischen Punkt dieser Anziehung überwinden. Es ist aber nicht zu sehen, wie die harmlosen Geschosse der Musik jemals zu diesem Punkt oder seinem gefühlsmäßigen Abbild gelangen könnten. Und doch gelingt es manchem Komponisten, der die Absicht hat, die Tonalität umzustoßen, bis zu einem gewissen Grade, die Zuhörer der Vorteile der Gravitation zu berauben. Entgegen der allgemeinen Ansicht stößt er aber da die Tonalität gar nicht um, sondern bedient sich des Tricks jener scheußlich-wundervollen Karussells in Vergnügungsparks, in denen der sensations-

herzlich-burschikose Liebeserklärung an den frühromantischen Meister, die »Vier Temperamente« sind Ballet- wie Konzertmusik zugleich. Das Chorwerk »When Lilacs Last in the Door-Yard Bloom'd« ist ein Requiem von »deutscher Tiefe« nach dem amerikanischen Text Walt Whitmans, und die UNO-Kantate »Gesang an die Hoffnung«, von Paul Claudel textiert und von Laien zu singen, knüpft an alte Hindemithsche Ideen an; schon in seinen jungen Jahren hatte er verkündet: »Selber Musik machen ist besser als Musik hören« und eine Menge »Gebrauchsmusik« geschrieben, darunter den »Plöner Musiktag«, der vom Wecken in der Frühe bis zum Abendlied einen ganzen Ferientag junger Leute mit Musik ausstattet.
Aus dem Spätwerk ist noch eine zyklische Komposition hervorzuheben: der »Ludus tonalis« für Klavier (1943), mit seinen zwölf Fugen und elf Interludien ein »Wohltemperiertes Klavier« freitonaler Moderne, Zeugnis des eminenten Kontrapunktikers wie des Bach-Verehrers Hindemith.
Musikant und Denker, Komponist von überragender, alle Gebiete beherrschender Meisterschaft – Paul Hindemith verdient wahrhaftig den Titel eines deutschen »Klassikers der Moderne«. Von seinen Schülern sind viele im Krieg gefallen, so der Schlesier *Edmund von Borck* (1906–1944), ein zur klanglichen Askese neigender Grübler (u. a. Oper »Napoleon«, Orchesterwerk »Orphika«). *Harald Genzmer* (geb. 1909) folgte in Jugend- und Spielmusiken seinem Lehrer und schrieb mannigfache Instrumentalkonzerte, darunter für das elektronische Trautonium. Hindemithschüler ist ferner der Symphoniker *Siegfried Borris* (geb. 1906).

lüsterne Besucher zugleich im Kreise gedreht, aufwärts und abwärts geworfen wird, bis er und selbst die unbeteiligten Zuschauer ihr ganzes Innere eine brezelförmig verdrehte Gestalt annehmen fühlen. Die Gravitation wird hier gestört, indem fortwährend so viele verschiedene und verschiedengerichtete Ströme der Gravitation einwirken, daß eine schnelle räumliche Orientierung unmöglich wird. Sogenannte atonale Musik, welche vorgibt, ohne die Beziehung von Harmonien zu Toniken arbeiten zu können, wirkt ebenso wie jene höllischen Kreisel: die vertikalen wie horizontalen Intervalle sind so angeordnet, daß die in ihnen beschlossenen Harmonien uns keine Zeit lassen, ihre Beziehungen zu Toniken (deren Vorhandensein, wie wir sahen, nicht von unserem Willen abhängt) wahrzunehmen. Auch hier können wir uns nicht schnell genug anpassen, unser Verlangen nach Ausrichtung im Gravitationsfeld bleibt unbefriedigt. Auch hier ist ein räumliches Schwindelgefühl das Ergebnis, diesmal in der sublimierten Sphäre gefühlter räumlicher Abbilder.
Mir erscheint es überflüssig, mit Hilfe der Musik die Wirkungen der Seekrankheit hervorzurufen, da das viel besser und rationeller von der Vergnügungsindustrie besorgt werden kann. Zukünftige Zeiten werden vielleicht niemals verstehen, warum die Musik einen so mächtigen Gegner herauszufordern suchte.

Aus: Komponist in seiner Welt, 1952

112 Paul Hindemith

113 Schlußbild des letzten Aktes der Oper »Cardillac« von Hindemith, Aufführung in Berlin 1928

114 Hans Pfitzner

115 Werner Egk

Von Prag bis Amsterdam

An der Formung der Idiome Neuer Musik hatten neben den zentralen Musikgroßmächten fast alle anderen Völker teil, manchmal, wie Ungarn durch Bartók, ganz erheblichen. Es liegt im Wesen der Neuen Musik, daß die persönliche Lösung stärker hervortritt als nationale Bindungen, daß zugleich ideologische oder stilistische Gleichgestimmtheit Grenzen im musikalischen Bereich ignoriert, wie dies die übernationale Auswirkung von Schönberg-Weberns Reihentechnik wie auch von Strawinskys Neo-Klassizismus belegt. In zwei tschechischen Musikern der um 1900 geborenen Generation verkörpern sich gewissermaßen die Pole. *Alois Hába* (geb. 1893), Schreker-Schüler und in engem Kontakt mit Busoni wie mit der Wiener Schule, ist Experimentator und, in seiner außerordentlichen Produktivität, Musikant zugleich. Seit den frühen zwanziger Jahren komponierte er mit Viertel- und Sechsteltönen (während die Schönberg-Schule streng an den Halbtönen der temperierten Tonleiter festhielt). Sogar auf die Musikbühne übertrug Hába seine Vorstellungen: Die Vierteltonoper »Die Mutter« wurde 1931 in München uraufgeführt, daneben schrieb er noch eine Sechstelton-Oper – und eine »ganz normale«, wie er überhaupt die traditionelle Schreibweise nie ganz aufgab, Volkslieder sammelte und eingängige Stücke neben die sprödesten stellte. Unerbittlich war Hába nur in der Freiheit der Form, die jedweden Modellen auswich.

Ganz im Gegensatz zu seinem Landsmann *Bohuslav Martinů* (1890–1959), der frühzeitig nach Paris ging, dann nach Amerika, in der Schweiz starb und dennoch ein typischer »böhmischer Musikant« war. In seinem wuchernd reichen Oeuvre löste er sich niemals ganz vom Heimatboden und von der Tonalität. Zeitweise faszinierte ihn Neo-Barock (zwanzig Concerti grossi), zeitlebens die Oper. Ein Welterfolg wurde der buffoneske Einakter »Komödie auf der Brücke«, viel bedeutender sind die surrealistische »Julietta«, das Mysterium »Marienspiele« und die nachgelassene, von starkem humanem Engagement beseelte Oper »Griechische Passion« (nach dem Roman des griechischen Nobelpreisträgers Niko Kazantzakis). »Hinter Neuigkeiten um jeden Preis nachzujagen ist offenbar kein gutes System«, bekannte Martinů als reifer Mann, nachdem er in Paris ein rechter Mann des Tages gewesen war. »Die Technik ergibt sich aus dem Werk selbst; nicht das Werk aus der Technik«.

Im benachbarten Polen wirkte *Karol Szymanowski* (1882–1937) als Pionier Neuer Musik. Er schmolz, von Chopin ausgehend, vielerlei europäische Anregungen (Strauss, Skrjabin, Strawinsky) in sein Schaffen ein, wurde in der Republik nach 1918 ein wahrer Praeceptor Poloniae und schuf mit »König Roger« (1926) eine der Opern, die polnische Musik, spätromantischer Tradition verbunden, im 20. Jahrhundert repräsentieren. Polen sind auch die Emigranten *Karol Rathaus* (1895–1954), der seine beste Zeit in Berlin verbrachte, und *Andrej Panufnik* (geb. 1914), der über das Erlebnis Bartók zu einer Neuwertung polnischer Folklore kam.

Rumänien meldete sich mit *George Enescu* (1881–1955) zu Wort, einem hervorragenden Geiger (Lehrer Yehudi Menuhins) und für sein Land bahnbrechenden Komponisten (drei Symphonien, zwei folkloristische Rhapsodies roumaines, Oper »Oedipe«, 1936). Er hatte als Wunderkind in Wien studiert, sich dann jedoch ganz Paris zugewendet, dem künstlerischen Mekka der Rumänen. So auch *Marcel Mihalovici* (geb. 1898), der dort zum Mitbegründer der von Ausländern formierten »Ecole de Paris« wurde und mit seinem der Zwölftontechnik angenäherten Schaffen auch in Deutschland Fuß faßte.

Der Holländer *Willem Pijper* (1894–1947) war der Bahnbrecher Neuer Musik in dem Lande, das einst eine so großartige Rolle in Europa gespielt, aber ähnlich wie England in einen musikalischen Dornröschenschlaf verfallen war. Pijper kam von Gustav Mahler her, nahm später Anregungen Strawinskys, der Groupe des Six und auch Schönbergs auf und gelangte zu einem eigenen »peritonalen« Stil, der statt der traditionellen neuartige Skalen benützt. Pijpers namhaftester Schüler ist *Henk Badings* (geb. 1907), ein weltoffener, technisch wohlausgebildeter Künstler, der sich auch für elektronische Musik aufgeschlossen zeigt, zugleich aber eine Regeneration altniederländischer Musik anstrebt. Im skandinavischen Bereich setzte sich der schon erwähnte Kurt Magnus Atterberg bereits frühzeitig als Dirigent wie als Komponist für die Moderne ein.

Konservative Kräfte

Die Grenzscheide zur Neuen Musik – sofern man sie überhaupt anzudeuten vermag – verläuft durch die Generation der zwischen 1870 und 1890, also etwa zwischen Strauss-Reger und Hindemith, geborenen Komponisten. Für die jüngeren ist es selbstverständlich, sich mit den Errungenschaften der »Klassiker der Moderne« schöpferisch auseinanderzusetzen, wenn sie nicht bloße Epigonen bleiben wollen. Nicht so für die Übergangsgeneration. Hier wirken geistige Wurzeln und Jugendeindrücke, die ins 19. Jahrhundert zurückweisen, ungleich stärker. Bei einigen als Triebfeder zum Absprung in neue Bereiche der Klänge und Formen – wir haben sie im letzten Kapitel kennengelernt –, bei anderen als Bindung, als konservative Kraft. Praktisch bedeutet das vor allem: Festhalten an der Dur-Moll-Tonalität, mit allen persönlichen Varianten, die sich in der Epoche nach Wagner, nach Strauss' und Debussys ersten Meisterwerken anbieten. Diese Gemeinsamkeit, und die der Generation, gestattet es, die untereinander höchst verschiedenartigen Persönlichkeiten dieses Abschnitts auf einen Nenner zu bringen.

Hans Pfitzner

Die Anfechtbarkeit solcher Zusammenfassung bleibt natürlich bestehen, wie bei jeder »Einreihung«. Sie zeigt sich schon beim ältesten Meister unserer Gruppe, bei Hans Pfitzner. Er würde seinen Platz ebenso gut unter den Wegbereitern der Moderne ausfüllen, ja, er könnte mit einigen Werken sogar als »Neutöner« beansprucht werden (wogegen er freilich protestiert hätte), und viele andere, die an anderer Stelle in zwin-

Hans Pfitzner, Inspiration

Was ist musikalische Inspiration?

Ich stelle diese Frage im vollen Bewußtsein der Einsicht, daß sie nicht eigentlich beantwortet, sondern nur belichtet werden kann; aber ich wüßte nichts, worüber ich sicherer aussagen könnte als über meine inneren musikalischen Erlebnisse. Sicherer als über fast alles Menschliche und sonst dem Leben Angehörige; denn hier im äußeren Leben steht dem Irrtum ein weites Feld offen. Die Erinnerung kann trügen. Lebensbilder verblassen und stellen sich anders dar als früher, weil die Zeit einen selber modelt. Aber die glücklichen Stunden des Konzipierens und Schaffens, die sind ewig

Pfitzners Notenhandschrift: Partiturseite des Liedes »Sonst«

genderem Zusammenhang gewürdigt wurden, könnten hier stehen. Doch scheint bei Pfitzner ein konservativer Wesenszug der hervorstechendste zu sein; seine grimmigen Polemiken gegen die »Futuristengefahr« Busonis, seine Antihaltung zur Neuen Musik insgesamt, vor allem aber sein Werk sprechen dafür. *Hans Pfitzner* (1869–1949) kam in Moskau als Sohn eines deutschen Orchestermusikers zur Welt und verbrachte sein ganzes künstlerisches Leben im deutschen Kulturbereich, Komponist, Dirigent, Opernregisseur und streitbarer Musikschriftsteller zugleich. Hohe Ehrungen standen neben Demütigungen (nach dem zweiten Weltkrieg, als man ihn, der deutschnational im Sinne einer vergangenen Epoche war, schier als Nationalsozialisten behandelte, obwohl wenige Künstler den Machthabern des Dritten Reiches eigensinniger begegnet sind als er). Seine Anhänger hoben ihn gegen Richard Strauss als gleichrangigen Rivalen auf den Schild, aber sein Wirken blieb ganz ohne vergleichbaren internationalen Widerhall, und die Nachwelt scheint wenig pfitznerfreundlich zu sein.

Dennoch erhält sich sein Meisterwerk »Palestrina« in der unbestrittenen Wertschätzung der Kenner und, zumindest auf deutschen Bühnen, unter den kostbaren Außenseitern

lebendig, und ihr Niederschlag ist ja auch aufbewahrt in den Werken, der Nachprüfung jederzeit bereitstehend. Und läge er nicht vor, so wäre doch anzunehmen, daß die Erinnerung an die Momente der Entstehung eines gelungenen Werkes völlig stichhalten würde; denn das Glücksgefühl solcher Momente ist ja wesentlich das gleiche, in welches Lebensalter sie auch fallen mögen.

Es ist mehr als ein bloßer Vergleich, es ist buchstäblich wahr, wenn ich sage: Das Walten der Inspiration in der Welt des Geistes leugnen, die in der Welt der Körper wohnt. Sie ist der Atem Gottes, und ohne ihn kann da wie dort kein Leben entstehen.

Aus der Schrift »Musikalische Inspiration«, 1940

des Repertoires. Die »musikalische Legende« steht in der Tradition deutscher Weltanschauungsopern. Persönlich-Bekenntnishaftes – der Held, der große Renaissance-Meister Giovanni Pierluigi Palestrina, fühlt sich gegen die »Modernisten« seiner Zeit ebenso auf verlorenem Posten wie Pfitzner in der seinen – wird als Gleichnis des schöpferischen Triumphes gegen alle Widerwärtigkeiten der Welt auf die Musikbühne gebracht. Die zentrale Szene macht das Geheimnis künstlerischer Inspiration, die Komposition der Missa Papae Marcelli sinnfällig. Ein höchst romantischer Vorwurf also. Bei Pfitzner wird er indessen nicht in der Sprache der Spätromantik vertont. Vielmehr ist ein spröder, vergrübelter, durch Kirchentöne archaisch, durch tonal kaum erklärbare Akkordik wiederum »modern« wirkender Klang wesentlich. Ohne diesen Palestrina-Klang wäre die Musik des 20. Jahrhunderts um etwas sehr Kostbares und Echtes ärmer. Zwanzig Jahre nach der Palestrina-Uraufführung von 1917 ließ Hindemith seine Oper »Mathis der Maler« ganz ähnlich still resignierend enden – so nahe können sich zwei Meister kommen, von denen der eine als »Kulturbolschewist«, der andere als »der letzte Romantiker« abgestempelt wurde!

Schluß der Oper »Palestrina«

Romantiker war Pfitzner freilich in seinem Glauben an Inspiration und Gefühlswert der Musik, in seiner Liebe zu Schumann, Marschner, Weber (die ihm näher lagen als der üppige Wagner). Dennoch sind seine frühen Opern ohne Tristan-Erlebnis und Erlösungsmythos nicht denkbar (»Der arme Heinrich«, »Die Rose vom Liebesgarten«); »Das Christelflein« sucht schlichtere Märchenbezirke auf. Im Alter wandte sich Pfitzner ganz von der Oper ab und der absoluten Musik zu. Sein Spätstil ist besänftigt und vereinfacht (Kleine Symphonie von 1939, Symphonie in C-Dur von 1940), der Romantiker nähert sich klassischer Formklarheit. Den kühnsten Verstoß in klangliches Neuland bezeichnete das Streichquartett in cis-moll (1925), zusammen mit dem späteren Klarinettenquintett Pfitzners bedeutendste Kammermusik. Im Quartett, wie auch im Violinkonzert von 1923, streifen die aus stimmigem Satz resultierenden Zusammenklänge die Grenzen der Tonalität. Das cis-moll-Quartett hat Pfitzner später zur Symphonie uminstrumentiert – ein Unikum.

Der Vokalkomponist schuf 100 Lieder, die in der vorherrschenden Melodik an Brahms und Schumann anknüpfen, und die Eichendorff-Kantate »Von deutscher Seele«, eines seiner inspiriertesten, »romantischsten« Werke, Naturdämonie und Traum, Besinnlichkeit und herzhafte Liedweise mit innerem Engagement vereinend.

Eine Schule hat Pfitzner nicht gebildet. Im deutschen Bereich ist ihm der Reger-Schüler *Joseph Haas* (1879–1960) in der Liebe zur »schönen alten Zeit« verwandt, aber er gab sich – obwohl ein meisterlicher Kontrapunktiker – schlichter, harmloser, volkstümlicher. Frömmigkeit und Humor sind seine liebenswürdigsten Gaben. Seine beiden Opern »Tobias Wunderlich« und »Die Hochzeit des Jobs« zeichnen sich durch beides aus, spitzwegsche Kauzigkeit lebt in ihnen auf. Geborener Dramatiker war Haas nicht. Sein Bestes enthalten die religiösen Chorwerke (»Die Heilige Elisabeth«, ein vielgespieltes »Volksoratorium«, Messen, Te Deum); auch zur »Gebrauchsmusik« lieferte er mannigfache Beiträge für Orchester, Chöre und für klavierspielende Laien.

Hier trifft sich Haas, der auch zu den Begründern der Donaueschinger Festspiele gehörte, mit Hindemiths Bestrebungen, das »Selber-Musik-Machen« zu fördern, wie auch mit der Sing- und Musikbewegung der zwanziger Jahre. Der »Zupfgeigenhansl«, eine durch den Wandervogel populär gewordene Liedersammlung des Heidelberger Studenten Hans Breuer, stand am Anfang, noch vor dem ersten Weltkrieg. In den zwanziger Jahren organisierten *Fritz Jöde* (geb. 1887 in Hamburg) und der Deutschmährer *Walther Hensel* (1887–1956) offene Singstunden und Singwochen und regten mit millionenfach verbreiteten Chorsammlungen (Hensels »Aufrecht Fähnlein«, Jödes »Der Musikant«) eine Renaissance des vorromantischen Volksliedes an. Brücken führen zum Neo-Barock, zur »musikantischen« Moderne Hindemiths und Bartóks. Gefühlige Liedertafelei wird verachtet, viele Komponisten nehmen sich der erstarrten Chormusik an und suchen sie durch Bearbeitungen und eigene Beiträge zu erneuern. So *Armin Knab* (1881–1951), der auch in seinem umfangreichen Liederschaffen Volkstümlichkeit anstrebte und die Strophenform kultivierte, so der in Deutschland wirkende Ungar *Erwin Lendvai* (1882–1949).

Die klassisch-romantische Tradition der deutschen Symphonie führte der Berliner *Max Trapp* (geb. 1887) mit mehreren Werken dieses Genres und mit Instrumentalkonzerten weiter. Der große Dirigent *Wilhelm Furtwängler* (1886–1954) schätzte sie sehr; daß er selber als Komponist (drei Symphonien, großformatige Violinsonaten) wenig Anerkennung fand, obwohl die handwerkliche Faktur unbestreitbar meisterlich ist, deprimierte ihn mehr, als ihn sein Weltruhm als Interpret freuen konnte. Hauptsächlich als Opernkomponisten traten hervor *Paul Graener* (1872–1944), dessen »Friedemann Bach« eine Zeitlang eine vielgespielte Volksoper war, *Julius Weismann* (1879–1950) mit der Buffa »Die pfiffige Magd«, *Walter Braunfels* (1882–1954, Oper »Die Vögel«), die komponierenden Kapellmeister *Leo Blech* (1871–1958 »Versiegelt«) und *Robert Heger* (geb. 1886, »Bettler Namenlos), sie alle tüchtige Handwerker, die meisten auch außerhalb des Theaters vielseitig produzierend.

In Österreich war *Franz Schmidt* (1874–1939) eine starke Persönlichkeit unter den Konservativen. Als langjähriger Cellist der Wiener Philharmoniker, dem Hofopernorchester, hatte er die Wirkungsgesetze der Oper praktisch studiert, erprobte aber sein Können zunächst mit einer Symphonie, ehe er sich an die Komposition einer Oper wagte. »Notre Dame« (nach Victor Hugos Roman, 1914) wurde – trotz dramaturgischen Mängeln – dank warmblütiger Melodik ein langanhaltender Erfolg. Eigenständigeres kehrte er in seinen vier Symphonien heraus; man kann ihn, in gebührendem Abstand, den einzigen Fortsetzer Bruckners nennen. Die erste Symphonie ahmt im Hauptthema mit naiver Unbekümmertheit, sogar in der Tonart, das von Bruckners Siebenter nach, die letzte ist ein Requiem auf den Tod seiner Tochter, spätromantische Bekenntnismusik. Schmidts Alterswerk gipfelt in dem Oratorium »Das Buch mit sieben Siegeln« (1938), mit einer das Jüngste Gericht beschwörenden Quadrupelfuge und dem krönenden Halleluja ein imponierendes Zeugnis für den Gedankenflug und das kontrapunktische Können des einstigen Orchestermusikers.

Othmar Schoecks Lied

Fast alle konservativen Meister dieser »Zwischengeneration« waren Einzelgänger. Man konnte als Neo-Klassizist Anschluß finden an den organisierten Musikbetrieb der Moderne (Donaueschinger Musiktage, jährliche Feste der Internationalen Gesellschaft für neue Musik), Neo-Romantik jedoch war nicht organisationsfähig, jeder stand für sich selbst. Der Schweizer *Othmar Schoeck* (1886–1957) litt in den zwanziger Jahren schwer unter seiner Vereinsamung. Er schrieb damals Kompositionen von einer Kühnheit der Klangphantasie, die ihm leicht Zugang zu den lukrativen Zirkeln der Moderne hätten verschaffen können – wenn er nicht jedweden »Betrieb« verabscheut hätte. So blieb er ein stiller Schweizer Provinzler, sich selber und seinem künstlerischen Credo – der Zeitlosigkeit echter Romantik – treu: Romantik als grenzenloses Reich der Tiefe, der Phantasie, der gefühlsbetonten Humanität verstanden.

Schoeck war überwiegend Vokalkomponist, als Schöpfer von über 400 Liedern der bedeutendste Meister dieses Genres seit Hugo Wolf. Unablässig bemühte er sich auch um die Oper. Doch war er zu sehr Lyriker, auch dramaturgisch nicht geschickt genug, als daß sich seine zehn Werke für die Musikbühne hätten durchsetzen können. Zwei werden als interessante und eigenartige Beiträge zum Musiktheater des 20. Jahrhunderts geschätzt: »Penthesilea« (1927), nach Kleists fast wörtlich vertontem Drama, verdient ein großer Wurf genannt zu werden, kongeniale Übertragung des Unmaßes der Dichtung in eine hochexpressive Musiksprache; von ihrer Polytonalität und dissonanten Härte geben gleich die ersten Takte der Partitur einen Begriff:

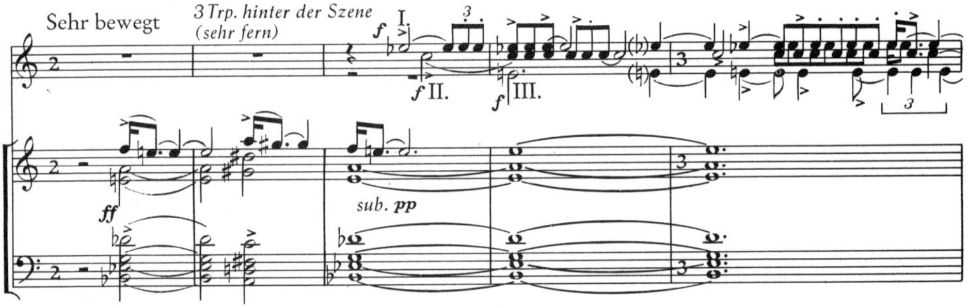

Denkbar gegensätzlich, volkstümlich und einfach (dabei kunstvoll in der thematischen Verknüpfung) ist der Stil der »dramatischen Kantate« »Vom Fischer un syner Fru«, nach Grimms Märchen (1930).

Als Liederkomponist erreicht Schoeck eine fast schubertsche Fülle und Vielfalt der Formen, von der strophischen Weise bis zum großen lyrischen Fresko. Er bevorzugte die zyklische Zusammenfassung (an die vierzig solcher Bündelungen!), neben dem Klavierlied stehen Besetzungen mit Streichquartett und Orchester. Die großen deutschen Lyriker, von Eichendorff über Goethe und Heine bis Mörike und Gottfried Keller, waren seine Lieblingsdichter. Wer sich an sie wagte, mußte, nach Hugo Wolf, das

Sangbarste meiden und Neues zu sagen haben. Beides tat Schoeck. Er setzte die Melodie wieder in ihre Ur-Rechte ein, stand also im Grunde Schubert näher als Wolf. Bei einem solchen Riesenopus kann nicht jedes Lied ein Treffer sein. Manches ist spätromantischer Nachhall, das Beste jedoch wirkliche Neuschöpfung aus konservativem Geist (so in den Zyklen »Lebendig begraben«, nach Keller, »Das stille Leuchten«, nach Conrad Ferdinand Meyer, »Das holde Bescheiden«, nach Mörike, und vielen Eichendorff- und Goethe-Liedern.

Seit Liederabende immer seltener geworden sind, ist auch das Liedwerk des Österreichers *Joseph Marx* (1882–1964) ziemlich in Vergessenheit geraten, obwohl es mit seinem impressionistischen Farbenduft Reize hat, die in der deutschen Musik selten sind. Marx, der sich einen »romantischen Realisten« nannte, wandte sich später mehr der Orchester- und Kammermusik zu.

Wolf-Ferraris Goldoni-Oper

Aus ganz anderen Quellen speiste sich der Konservativismus des Deutschitalieners *Ermanno Wolf-Ferrari* (1876–1948). Er war der Sohn eines deutschen Malers und einer Italienerin, Mozart-Vergötterer – aber vor allem Venezianer. Sein Landsmann Goldoni wies ihm den Weg zu einer Renaissance der unbeschwerten, melodiebetonten Buffo-Oper. Zwar huldigte er vorübergehend auch dem Verismo (»Der Schmuck der Madonna«, »Sly«), doch sind die erfolgreichsten seiner zwölf Opern Goldonis verspielter Komödie nahe: »Die neugierigen Frauen« (1903), »Die vier Grobiane« (1906), »Die schalkhafte Witwe« (1931), »Il campiello« (1935). Wolf-Ferrari stand der neuen Musik gänzlich uninteressiert gegenüber. Seine Opern verdanken ihren Publikumserfolg tüchtigem dramaturgischen und satztechnischen Können, und vielleicht noch mehr den bewährten Typen Goldonis und Rossinis.

Operetten-Nachblüte

Zu den konservativen Kräften des 20. Jahrhunderts sind auch Operetten- und Jazzmusik zu zählen, obwohl sich beide kaum berühren. Die bewahrende Gemeinsamkeit ist nicht erstaunlich, wenn man im Auge behält, daß Jazz die Wurzeln der Volksmusik nie ganz preisgeben kann, ohne sich untreu zu werden, und jedwede Musik für ein breites Publikum sich einer leicht verständlichen Sprache bedienen muß, was bedeutet, daß deren Konventionen nur sehr vorsichtig geändert werden dürfen. Tatsächlich zeigte sich die leichte Muse der unterhaltenden Musik, die ihr Kunstvollstes in der Operette bot, an den kühnen Entdeckungsfahrten ihrer ernsten Schwester ziemlich uninteressiert.

Die Wege liefen immer weiter auseinander. Die Selbstverständlichkeit, mit der Mozart, Schubert und noch Brahms und Dvořák gelegentlich tänzerische, wahrhaft leichte Musik schrieben, ist keinem Meister seriöser Moderne mehr erreichbar. Das nüchterne Musik-Business scheidet denn auch realistisch säuberlich in die Kategorien von U- und E-Musik, unterhaltender und ernster. Von einem Ufer zum anderen führen keine Brücken mehr, höchstens noch schmale Stege. Auf ihnen gelangen eher noch U-Komponisten ans Ziel höherer Reputierlichkeit. Debussy-Klangtunke und Strawinsky-Look ist freilich das

Äußerste an U-Modernität; aber den E-Kollegen fällt graziöses Hüpfen, die Gangart der leichten Muse, noch schwerer, und angestrengtes Lächeln wirkt nur fratzenhaft.
1905 kam Lehárs »Lustige Witwe« heraus, 1956 Frederick Loewes »My Fair Lady«. Musikalische »Fortschritte«, Entwicklungen der Tonsprache sind zwischen diesen beiden populärsten Operetten des Jahrhunderts überhaupt nicht festzustellen, auch wenn die ältere Operette mehr vom Walzer, das jüngere Musical mehr von Vierer-Rhythmen lebt. Dergleichen ist Modesache, und ohnehin verbinden über ein Halbsäkulum hinweg Gavotten, Märsche und andere Tanzformen, die schon Offenbach benützte. Mit der »Lustigen Witwe« trat die Operette, nach dem Goldenen Zeitalter Offenbachs, Suppés, Johann Strauß' und Millöckers, nach kurzer Flaute in ihr Silbernes ein. *Franz Lehár* (1870–1948) war Slowake, Ungar und Deutschschreibender in einem – kurzum, ein Altösterreicher, der letzte wirkliche Großmeister der Operette, wie immer man sein späteres Abgleiten in tränenreiche Sentimentalität werten mag.
Die »Lustige Witwe« stellt ein Modell auf, das Schule machte: das der »O-Bein-Operette« (»Erst sind sie zusammen, dann gehen sie auseinander, am Ende kriegen sie sich wieder«). Die Vielfalt der klassischen Operette erstarrte in Handlungs- und Personenklischees, die fortan tausendfach kopiert wurden. Eine Typisierung, die an die barocke Opera seria erinnert – hervorgerufen durch gewaltige Nachfrage, die nur durch leichte Wiederholbarkeit zu befriedigen war. Während die Massenproduktion blühte – alljährlich jagten einander Uraufführungen im Theater an der Wien, im Carl-Theater und im Berliner Metropol-Theater – verkümmerten die musikalischen Formen. Ensemblekunst schrumpft zu Unisono-Duetten, Tanzschlager und gefühlvolles Lied reihen sich simpel aneinander.
Dennoch haben die besten Operetten des Silbernen Zeitalters noch den Charme des Unverwechselbaren. Lehár war ein Melodiker von sprühender Einfallskraft (»Graf von Luxemburg«, »Zigeunerliebe«), und es kommt nicht von ungefähr, daß er und Puccini freundschaftliche Neigung zueinander faßten. Lehárs Traum war es, als Opernkomponist anerkannt zu werden. Er mußte sich mit dem Kompromiß begnügen, daß seine Operette »Giuditta« in der Wiener Staatsoper Einzug hielt, wie einst Johann Strauß' »Fledermaus«. Die opernhaften Ambitionen sind seinen späten Stücken nicht sehr gut bekommen, auch wenn »Das Land des Lächelns«, »Der Zarewitsch« und das Goethe-Singspiel »Friederike« nochmals Weltschlager wurden.
Die Österreicher *Oscar Straus* (1870–1954, »Ein Walzertraum«), und *Leo Fall* (1873 bis 1925, »Der fidele Bauer«, »Die Dollarprinzessin«, »Die Rose von Stambul«) führten die Tradition der Wiener Walzeroperette mit solidem kompositorischem Handwerk fort, *Robert Stolz* (geb. 1880), *Leo Ascher* (1880–1942) und *Edmund Eysler* (1874 bis 1949, »Die gold'ne Meisterin«) schon mit unbedenklicher Oberflächlichkeit. Das Berliner Operettengenre war von Anfang an salopper und erfrischend unsentimental. *Paul Lincke* (1866–1946) wurde mit »Frau Luna« und zahllosen populären Schlagern Berliner Operettenkönig, *Jean Gilbert* (1879–1942, »Die keusche Susanne«) und *Walter Kollo* (1878–1940), »Wie einst im Mai«) seine Nachfolger. Einen singspielhaften Eigenton fand *Eduard Künneke* (1885–1953, »Der Vetter aus Dingsda«).
In des Magyaren *Emmerich (Imre) Kálmán* (1882–1953) Erfolgs-Dutzend scheint noch einmal die österreichisch-ungarische Operetten-Monarchie Kulissenleben zu gewinnen, wo Zigeunerbarone und Komtessen, die Kaiserin und der Pusztageiger sich einträchtig in die Herrschaft über ein seliges Publikum teilten. »Die Csárdásfürstin« und

116 Neger-Methodisten singen Spirituals bei einer Zusammenkunft in Philadelphia, Aquarell von Pavel Svinin um 1810

117 Szene aus »Porgy and Bess« von George Gershwin, Uraufführung New York 1935

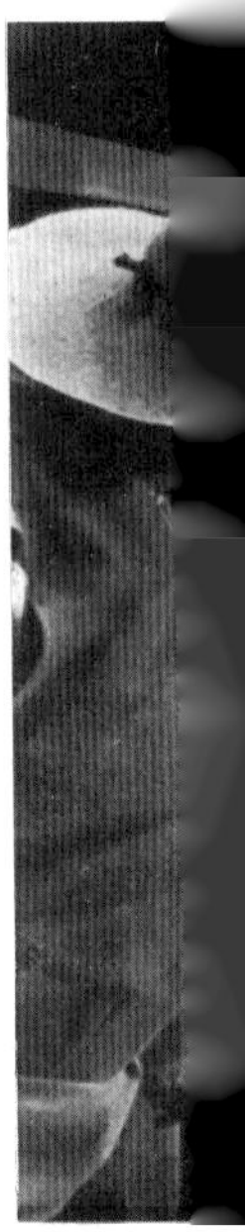

120 Carl Orff

118 (links oben) Anton Webern

119 George Gershwin

121 Szenenbild aus dem musikalischen Märchenspiel »Der Mond« von Carl Orff. Uraufführung an der Staatsoper München 1939

122 (rechts oben) Benjamin Britten

123 Dimitrij Schostakowitsch

124 Deckengemälde von Chagall in der Kuppel der Pariser Oper

»Gräfin Mariza« eroberten den ganzen Erdball. Melodische Sinnfälligkeit verdeckt die Armut der Klischees; bei Kálmáns Landsmann *Paul Abraham* (1892–1960, »Victoria und ihr Husar«) ist Komposition am Tiefpunkt des Schlagergeschäfts angelangt.
Zugleich, in den dreißiger Jahren, die Operette überhaupt. Die alten Standardgeschichten vom Mädel aus dem Volk und dem heimlichen Prinzen, vom armen Kavalier und der hochgeborenen Dame sind zu oft strapaziert worden, sie ziehen nicht mehr. Die »silbernen« Meister sind gestorben oder emigriert, ihre Nachfolger zu schwach, um neuen Medien (Tonfilm, Fernsehen) neue Operettenform abzuzwingen. Der Bedarf wäre da; immer noch springen Strauß, Millöcker, Lehár und Kálmán an Stadttheatern als Kassenfüller ein, aber auch die Operettenbühne ist ein Klassiker-Museum geworden.
In das europäische Vakuum drang nach dem zweiten Weltkrieg mit wachsendem Bodengewinn das amerikanische Musical ein. Früher befriedigten die Broadway-Champions (*Irving Berlin, Jerome Kern* u. a.) für Europa nur den Schlagerbedarf, und was an Operetten von drüben kam, waren Außenseiter, wie die »Rosemarie« des emigrierten Tschechen *Rudolf Friml.* Mit *Cole Porters* (geb. 1893) »Kiss me, Kate« eroberte bald nach der Uraufführung von 1948 das Musical auch die Heimatländer der Operette. Zugleich ist das Stück, das Shakespeare (»Der Widerspenstigen Zähmung«) köstlich parodiert, ein Erfolgsmodell für die Verwendung bekannter Stücke des Sprechtheaters. Mit »My Fair Lady«, einer Variante von Shaws »Pygmalion«, gelang *Frederick Loewe* der Schlager der Schlager.
Das Musical unterscheidet sich von der althergebrachten Operette weniger formal als durch unverbrauchtere Fabeln und witzigere Texte. *Ralph Benatzky* (1884–1957) warf in seinen »musikalischen Lustspielen« (»Meine Schwester und ich«, »Bezauberndes Fräulein«) schon in den dreißiger Jahren die Fesseln des Operettenstumpfsinns ab, und selbst das operettenhafte »Weiße Rößl« (1931) ist ein Musical-Vorbote. In dem Schweizer *Paul Burkhard* (geb. 1911) erstand 1950 eine europäische Musical-Hoffnung mit dem zündenden »Feuerwerk«. Aber es scheint, daß die amerikanischen Importe sich wirklich nur auf dem landeseigenen Nährboden, dem New Yorker Broadway, entfalten können. Das moderne Musical ist ein Managerprodukt, Komponist und Texter nur Rädchen in einem verwickelten Getriebe von Business und Publicity. Insofern erscheint das Musical bei aller notwendigerweise konservativen Form doch zugleich als Zeichen einer Zeit des Perfektionismus.

Jazz

Zwischen Operette, Musical, U-Musik insgesamt und Jazz gibt es nur Berührungspunkte. Die Foxtrotts und Blues des unterhaltenden Genres sind bloße Zerrbilder des »echten Jazz«. Was echter Jazz ist, fühlt jeder Jazz-Fan – seit Jazz einerseits mit der Atonalität, unbestrittene Jazz-Klassiker wie Louis Armstrong andererseits mit dem kommerziellen Schlager liebäugeln, allerdings nicht mehr mit unbedingter Instinktsicherheit. Was ist nun Jazz wirklich? Die Definition macht selbst der Gilde der Jazz-Wissenschaftler Schwierigkeiten. Mit dem abschätzigen Vorurteil der »Urwaldmusik« braucht sich kein denkender Mensch mehr auseinanderzusetzen. Schließlich liegt New Orleans, die Wiege des Jazz, nicht in Afrika.
»Ich habe 1902 den Jazz erfunden«, behauptete der Pianist *Jelly Roll Morton,* der wie

die Trompeter *King Oliver* und *Louis Armstrong* (geb. 1900), der »König des Jazz«, zu den Klassikern des New-Orleans-Stils gehört. Natürlich kann sich die »Erfindung« nur auf Eigenheiten eben dieses Stils beziehen. Denn Jazz ist eine große Bewegung, die kein einzelner erfinden kann. Das Wort ist übrigens so alt wie unbestimmt; man nimmt heute an, daß es vom französischen chasser = jagen, kommt, womit Wesentliches dieser Musik, ihre rhythmische Energie, ihr körpergebundener »Drive« charakterisiert wäre. Jazz ist von Negern geschaffen worden, in einer bestimmten Konstellation, wie sie nur in den amerikanischen Südstaaten gegeben war. Musik als »Sprache«, als existenzieller Ausdruck: Nie hat man die Geburt einer Volksmusik (und das war Jazz jedenfalls in seinen Jugendjahren) aus zivilisatorischen Spannungen so klar verfolgen können.
New-Orleans-Jazz ist Klang gewordenes Lebensgefühl einer sozial unterdrückten Rasse. Vielerlei Eigenes und Angehörtes floß zusammen. Die Negro Spirituals, in denen sich die Arbeiter von Baumwollplantagen ihre Hoffnungen auf eine bessere, jenseitige Welt vom Herzen sangen, sind formal den Chorälen der Weißen nachgebildet; die Blues künden von Liebe und Schwermut (blue = traurig), aber sie können auch frohlocken und spötteln; Märsche, Quadrillen und Potpourris, die Farbige bei den weißen Militärkapellen hörten – alle diese Anregungen wurden von den begabten Negern, die man in Cafés, Kneipen und Bordellen als billige musikalische Arbeitskräfte engagierte, zu einem neuen Idiom verschmolzen.
Tatsächlich ist Jazz, so sehr sich auch der Stil etwa des Modern Jazz Quartet von dem Armstrongs unterscheidet, vor allem eine neuartige Form der musikalischen Artikulation. Man benützte die althergebrachten Instrumente (das Saxophon, das der Belgier *Adolphe Sax* schon um 1850 konstruierte, übrigens erst ziemlich spät), aber sie klangen ganz anders. Die Jazz-Trompete, die Klarinette, die Posaune scheinen mit quiekenden, raunzenden, tremolierenden, flüsternden Tönen »sprechen« zu wollen, die menschliche Stimme (Louis Armstrong, *Ella Fitzgerald* als Klassiker des Jazz-Gesangs) wiederum nähert sich mit sinnentleertem Lautgestammel (»scat«) instrumentaler Expression – und, auf Umwegen, Musizieridealen der allerjüngsten intellektuellen Moderne. Der »Beat« des Jazz, seine rhythmische Verve und Feinfühligkeit, die in raffinierten Schlagzeug-Soli gipfelt, mag man sie romantisch oder – abwertend – als unterschwelligen Nachhall von Urwald-Trommeln empfinden, ist nur eine von mehreren Vitaleigenschaften. Die Lust an der Synkope gehört dazu wie die Möglichkeit zur individuellen Variation.
Wenn der Blues von Anfang an die Seele des Jazz ist, so gerade darum, weil seine Form – zwölf Takte harmonisch konventioneller Melodie – der improvisierenden Phantasie der Solisten Spielraum bietet. Die Dur-Moll-Harmonik haben die Farbigen von den Weißen übernommen, aber durch »blue notes« bereichert. Die C-Dur-Tonleiter des klassischen Jazz lautet c-d-es-e-f-g-a-b-h-c; durch die Wahlmöglichkeit zwischen kleiner und großer Terz, durch Leittonvermeidung vermischen sich die Konturen der Tongeschlechter dauernd.
Es gibt genialische Meister, aber keinen Beethoven oder Strawinsky des Jazz: Denn seine schöpferische Geschichte schrieben nicht Komponisten in Partituren, sondern bliesen, hämmerten, sangen Jazz-Musiker, die zugleich Komponisten waren. Die Schallplatte hält die Stationen des Weges fest. Die älteste stammt von 1917. Damals fuhr die neue Musik auf Raddampfern den Mississippi hinauf, King Oliver und Armstrong gingen nach dem reichen Chicago, wo eine Verschwisterung von schwarzem und weißem Jazz erfolgte. Dieser Chicago-Stil, von dem Kornettspieler *Bix Beiderbecke*

als erstem weißem »Klassiker« mitgeformt, brach dem Hot-Jazz Bahn. Der Sprach-Drang wurde durch trockene, aggressive Akzentuierung, durch Vibrato und »dirty notes« (schmutzige, von europäischer Stilisierung abweichende) betont.

Seit den zwanziger Jahren verlockte Broadway-Business zu Big Bands. Symphonischer Jazz *(Paul Whiteman, Duke Ellington)* stand aber der Spontaneität des Improvisierens im Grunde entgegen. Mitte der dreißiger Jahre kam der »Swing« auf, als dessen Champion der Klarinettist *Benny Goodman* gilt. Swingen heißt über die Taktstriche hinwegmusizieren; der Reiz liegt in der Spannung zwischen Beat und Off-Beat, zwischen Metrum und Rhythmus. Die verbindliche Verwässerung zum Sweet, der kommerziellen Massenerzeugung von Schlagern, rief um 1942 die Reaktion des Be-Bop hervor. Melodie wird zerklüftet, ausgespart, in rhythmische Partikel aufgelöst. Schemen der Harmonik weichen einer Frei-Tonalität, die – etwas verspätet – mit der Entwicklung der Hochmusik korrespondiert.

Der Trompeter *Dizzy Gillespie* und der Saxophonist *Charlie Parker* bilden den neuen Stil aus. Parker (1920–1955), rauschgiftsüchtig und jung gestorben wie viele Jazz-Musiker, wird – nach Armstrong – zum zweiten Klassiker, repräsentativ für Modern Jazz. Die New Yorker Negervorstadt Harlem übernimmt die Führung; abseits vom – weißen – Managerzentrum des großen Geschäfts etablieren sich wieder kleine Combos, experimentieren der Pianist *Lennie Tristano* und andere mit polytonalem und atonalem Jazz. »Cool Jazz« – mit dem Modern Jazz Quartett des bärtigen Farbigen *John Lewis* als Favoriten – erobert nach dem zweiten Weltkrieg auch Europa. Understatement, gedämpfter Klang, »Perfect relaxation« und kokettieren mit den Errungenschaften der Neuen Musik bestimmt solchen intellektuellen Jazz, wie auch Kalifornien sich mit dezentem West Coast Jazz zu Worte meldet.

Den jüngsten Aufstand des rhythmischen Vitalismus, mit Rock'n'Roll und Beatles-Entfesselung, kann man nicht mehr zur Jazz-Geschichte zählen. Dazu ist diese Musik zu primitiv. Eher erscheinen die Renaissance von New-Orleans-Stil und Dixieland-Jazz, die triumphalen Weltreisen von Klassikern wie Armstrong und *Sidney Bechet* charakteristisch für die Sehnsucht nach dem Echten, Ursprünglichen und Authentischen. Seit den sechziger Jahren bemächtigen sich die intelligentesten Jazzspieler der neuesten Techniken der Kunstmusik, und dieser »Free-Jazz«, atonal und rhythmisch zerfasert, scheint tatsächlich mit Boulez oder Nono mehr zu tun zu haben als mit den Dixieland-Klassikern.

Jazz, einst Musik von Entrechteten und Outsidern, ist eine Weltmacht geworden. In allen Ländern konkurrieren heute weiße Combos mit farbigen. Wissenschaftler ziehen Parallelen zwischen Armstrong und Bach (wobei das einigende Band in Polyphonie und Improvisation erkannt wird), Pfarrer plädierten für *musica sacra* im Jazzstil. Viele Meister der Neuen Musik suchten die Lebenskraft des Jazz künstlerisch zu veredeln, so Ravel, Strawinsky, der junge Hindemith, Milhaud, Honegger, Liebermann, um nur einige zu nennen. Die tonale Fundierung des Jazz – denn ohne harmonische Modelle läßt sich nicht improvisieren – versprach Chancen des Brückenbaus, der Rhythmus reizte zur Auswertung. Es zeigte sich jedoch, daß das Risiko des Augenblicks, die Freiheit der Improvisation nicht in noch so geistvollen Noten fixierbar ist. Gerade darin aber liegt das Wesen des Jazz. Historische Ursprünge, Wiedergeburten und Zukunftschancen – sie alle werden von der Ir-Ratio gebunden.

Gemäßigte Moderne

Mitte der zwanziger Jahre verfaßte Arnold Schönberg ein Chorwerk (»Drei Satiren für gemischten Chor«), das weniger kompositorisch als wegen seines aggressiven Vorwortes interessant ist. Während sich die musikalische Welt anschickte, den Neo-Klassizismus Strawinskys, die neue Sachlichkeit der Deutschen und der Franzosen als typisch moderne Musik anzuerkennen und nachzuahmen, während Bartóks transformierte Folklore ihre ersten Bewunderer fand, legte sich Schönberg, damals nur ein »Geheimtip« für Radikale, mit allen an, die mehr Erfolg hatten als er. Er ironisierte die »Modernskis« (womit er vornehmlich Strawinsky meinte), die Folkloristen, überhaupt alle, »die vorgeben, zurück zu ... zu streben«: »Ich wollte erstens alle treffen, die ihr persönliches Heil auf einem Mittelweg suchen. Denn der Mittelweg ist der einzige, der nicht nach Rom führt. Ihn aber benützen solche, die an den Dissonanzen naschen, also für modern gelten wollen, aber zu vorsichtig sind, die Konsequenzen daraus zu ziehen ...«

Inzwischen hat sich gezeigt, daß Schönbergs satirische Pfeile ihr Ziel nicht erreicht haben, obwohl es an Zielscheiben fortan nicht mangelte. Denn jenen Mittelweg beschritten in allen Ländern Komponisten der jüngeren Generation, ja, die weit überwiegende Mehrzahl, und er erwies sich keinesfalls als Sackgasse – sonst müßte man ja Britten wie Prokofjew, Egk wie Schostakowitsch, Orff wie Henze aus der Neuen Musik des 20. Jahrhunderts ausschließen. Eifernde Schönberg-Apologeten, so Theodor W. Adorno, leugneten tatsächlich, daß »gemäßigte Moderne« überhaupt möglich sei. Die Wirklichkeit der Musik widerlegte alle Fanatiker des exklusiven Radikalismus. Was für Schönberg subjektiv richtig war, mußte nicht zugleich objektiv zwingend und allgemein verbindlich sein. Das 19. Jahrhundert hatte den Fortschrittler Wagner neben dem Traditionalisten Verdi, die Antipoden Bruckner und Brahms als gleich legitim nebeneinander geduldet. Das 20. Jahrhundert zeigt sich nicht weniger tolerant. Auch in der neuen Musik führen viele Wege nach Rom, und nicht die Richtung entscheidet, sondern die Persönlichkeit – wie eh und je in der Kunst.

Carl Orff

Wie unzulänglich und verengt der Blickwinkel ist, der ausschließlich nach Graden des technischen »Fortschritts« mißt – was vor allem Nähe oder Ferne zur alten Harmonielehre bedeutet –, beweist das Werk *Carl Orffs* (geb. 1895 in München). Mäße man seine Technik nur mit der progressivistischen Elle, so gehörte er überhaupt nicht ins Jahrhundert der Neuen Musik. Alle seine Hauptwerke, bis auf die allerletzten, bedienen sich der Dur-Moll-Tonalität, einfacher Liedformen und klarer diatonischer Melodik. »Tristan« und seine Folgen scheinen spurlos an Orff vorübergegangen zu sein. Dennoch schuf er wahrhaft neue Musik: neu, weil sie – fast ausschließlich für die Bühne bestimmt – einer neuen Konzeption des musikalischen Theaters entsprang.

Die »Carmina burana« (1937) eroberten Szene und Konzertsaal gleicherweise, und da wie dort haben sie auch ihren Platz – eine Mischform, ähnlich Strawinskys »Oedipus Rex«, simpler in der strophischen Komposition, mit der melodischen Einprägsamkeit und dem rhythmischen Elan Gegenleitbild zum subtilen Zwölfton-Expressionismus wie andrerseits zur nachromantischen Gefühligkeit. Orff ließ später die »Catulli carmina«

Notenhandschrift Carl Orffs: Partiturseite aus »Antigonae«

(auf lateinisch-griechische Texte komponiert, Tanz auf der Szene und Chor im Orchester) und »Trionfo di Afrodite« (eine griechische Hochzeitsfeier) folgen und vereinigte alle drei zum Triptychon namens »Trionfi«. Europäisches Gut, von Sappho über den römischen Erotiker Catull bis zum altdeutschen Vagantenlied, ist unter dem Zeichen des modernen Humanismus zu einer komplizierten Synthese gebracht. Das musikalisch einigende Band bildet der Rhythmus als Ausdruck des Elementaren. Es ist Musik, die getanzt, körperlich nachvollzogen werden will. Aus dem »Urgrund Musik«, wie Orff es nannte, erwächst sein ganzes Werk.

Ohne sinnliche Anschauung, ohne Szene ist es eigentlich undenkbar, trotz der Zwitterstellung der »Carmina burana«. Keines von Orffs Stücken für die Musikbühne verdient die Bezeichnung »Oper«, auch wenn die frühen – »Der Mond« (1939) und »Die Kluge« (1943) – formale Anklänge an die Nummernoper zeigen. Doch haben diese »Märchenopern« nichts mit dem nachwagnerischen Typus, etwa Humperdincks »Hänsel und Gretel«, zu tun; dramatische Psychologie interessiert Orff überhaupt nicht, Formel und musikszenische Geste suchen die tiefenpsychologische Region des Mythos. In dem »bairischen Stück« »Die Bernauerin« wird viel mehr gesprochen als musiziert (Schauspieler agieren, Sänger sind unsichtbar!), ähnlich wie im Weihnachts- und im Osterspiel. Musik erreicht die äußerste Grenze der Dienstbarkeit, denkbar radikaler Gegenpol zu Mozart (Poesie als »gehorsame Tochter« der Musik) wie zu Wagners Orchestersymphonik.

Im Alterswerk zog Orff die letzten Konsequenzen. In seinen beiden Hölderlin-Sophokles-Vertonungen »Antigonae« (1949) und »Oedipus der Tyrann« (1959) schrumpft Melos zur Deklamation, Orchester zum Riesenschlagzeug mit vier Klavieren und einer ganzen Batterie von Rhythmusinstrumenten. Kompositorische Technik wird elementarer Ton-Geste geopfert (96mal hintereinander blasen die Trompeten im »Oedipus« mit der Quinte c-g Alarm in furiosem Ostinato). Dem Renaissanceideal eines »kultischen Theaters«, das Norden und Süden, modernes Europa und mythische Antike zum theatralischen Erlebnis machen will, strebt auch die – griechisch zu singende! – »Prometheus«-Oper Orffs nach (1968).

»Urgrund Musik« – er ist dieselbe Inspirationsquelle für den Esoteriker Orff wie für den Praktiker, der mit den fünf Bänden seines »Schulwerkes« Kinder an das rhythmisch-melodische Mysterium Musik heranführen will, hier wie in seinen populärsten Werken mit einem weltweiten Widerhall, der alle Verächter seiner technischen Primitivität überrundet.

Werner Egk

Werner Egk (geb. 1901 in Auchsesheim in Bayern) übertrifft seinen einstigen Mentor – von einem Schüler-Lehrer-Verhältnis kann man kaum sprechen – an Satzkunst und Reichtum der Harmonik, erreicht jedoch nicht Orffs Originalität der theatralischen Konzeption. Egk ist ebenfalls vorwiegend Bühnenkomponist, wenn er auch einige konzertante Werke geschrieben hat (»Französische Suite«, »La tentation de Saint-Antoine«, ein Liederzyklus auf französische Texte, »Karibische Suite« für Orchester). Mit seinem ersten durchschlagenden Erfolg, der Märchenoper »Die Zaubergeige« (1935), brachte er, in bewußter Abkehr vom Musikdrama, die naiv-musikantische Nummernoper wieder zu Ehren, mit derben Rüpelszenen und bayrischer Folklore. »Peer Gynt« (1937), nach Ibsens Dichtung, ist seine reichste Partitur; aber selbst in diesem Menschheitsgleichnis blitzt Egks ironisches und parodistisches Talent auf, das die meisten seiner späteren Opern so amüsant macht. Bezeichnend dafür ist, daß er die Oper »Circe« bald nach der Uraufführung von 1949 zurückzog und völlig neu komponierte: Aus dem von Calderón inspirierten Mantel- und Degenstück wurde 1966, unter dem Titel »17 Tage und 4 Minuten«, eine hemdsärmelig-respektlose Homer-Travestie; Odysseus erscheint im Gewand eines Kapitäns von heute als »existentialistischer Held«, der nur seine Haut retten will.

Immer sucht Egk das »gute Stück«. Im »Revisor«, nach Gogols unsterblicher Komödie – wie die meisten Libretti von Egk selber geschrieben – wird die Musik ganz in eine

Notenhandschrift Werner Egks: Partiturseite aus der Oper »17 Tage und 4 Minuten«

dienende Rolle verwiesen. In der »Verlobung in San Domingo«, nach Heinrich von Kleists Novelle, weicht der Komponist drohender veristischer Vordergründigkeit dadurch aus, daß er zwei hinzugedichtete Figuren, Herrn Weiß und Herrn Schwarz, den Rassenkonflikt des Geschehens in polemischen Intermezzi verdeutlichen läßt.
Solches Streben nach Distanz, nach Stilisierung, ist auch Egks Balletten eigen. Mit »Joan von Zarissa« und »Abraxas« wählte er zwei europäische Mythen-Stoffe, Don Juan und Faust, und kleidete sie kompositorisch in objektivierende Formeln. Überhaupt ist das tänzerische Element für Egks Musik charakteristisch. Aber nicht als einziges. Den Schlüssel zu seiner in vielen Facetten schillernden Kunst wird man am ehesten im Theatralischen finden; Gestalten und Situationen bedingten Form und Sprache der Musik, und das war schließlich zu allen Zeiten Signum der geborenen Dramatiker.

Boris Blacher

Als Experimentator ist der Komponist Werner Egk, der nur in seiner Oper »Irische Legende« ausnahmsweise mit den Zwölftönern liebäugelte, weniger interessant denn als Librettist für seinen Freund Boris Blacher (geb. 1903 in Newchwang, China, als Sohn deutscher Eltern): Er schrieb ihm nämlich den Text – genauer gesagt die Lautfolge – zu der praktisch textlosen »Abstrakten Oper I«. Das Wort wird durch dadaistische Ur-Laute, jedwede Handlung durch Situationen ersetzt, die die Ängste der Menschheit im Atom-Zeitalter symbolisieren. Hier praktizierte Blacher sein System »variabler Metren« auf der Musikbühne. Darunter ist ein geregelter Wechsel der Taktlängen, der Zweier-, Dreier- und Vierer-Metren zu verstehen. Blacher entwickelte diese Technik in verschiedenen Stücken für Orchester und für Klavier, eine Rationalisierung der rhythmischen Vielfalt, die Strawinsky (»Sacre du printemps«) und Bartók erschlossen hatten. Metrische Reihen treten an die Stelle der Melos-Reihen der Wiener Schule. Dem Ohr des Hörers bietet sich eine reizvoll schwebende und wechselnde Rhythmik, deren Variationen und Permutationen in ihrer Gesetzlichkeit freilich so wenig nachzuvollziehen sind wie die intellektuellen Baugesetze der seriellen Musik.
Diese spekulative Seite schöpft Blachers Eigenart nicht aus. Mit seinen Paganini-Variationen von 1948 schrieb er ein satztechnisch glänzendes Orchesterstück ohne alle experimentellen Ambitionen. Auch in seinen Balletten (»Hamlet«, »Der Mohr von Venedig«) läßt sich Blacher viel mehr von der tänzerischen Geste als vom Modernismus leiten. Vorherrschend ist in seinem Reifewerk eine ausgeparte, klangdürre Faktur. Solche Gegenposition zur gefühlsgepolsterten Nachromantik (wie andrerseits zum Espressivo der Wiener Schule) festigen Blachers Opern durch betonte Sachlichkeit (Kammeroper »Die Flut«), Satire (Ballettoper «Preußisches Märchen«, einer Variante der Anekdote vom Hauptmann von Köpenick) und kühl-motorische Musikautonomie (»Rosamunde Floris«). In seiner bisher letzten Oper »Zwischenfälle bei einer Notlandung« (1966) sucht Blacher die Abenteuer einer Boeing 727 durch Verquickung von Dialog, Gesang, orchestraler und elektronischer Klänge auf die Musikbühne zu bannen.

Oper von Reutter bis Weill

Ähnlich vielseitig, mit der Musikbühne im Schaffenszentrum, aber lyrischer und »romantischer« ist der Schwabe *Hermann Reutter* (geb. 1900 in Stuttgart). Reutter, ein ausgezeichneter Pianist, begann mit einer dissonant-expressiven »Fantasia apocaliptica« für Klavier und mit Klavierliedern. Auch später blieb er seinem Instrument treu, für das er mehrere Konzerte (für ein und für zwei Klaviere) schrieb. Frühzeitig wandte er sich der Musikbühne zu. Die auf gehaltvolles Dichterwort gestützte »Literaturoper« (»Saul« nach Alexander Lernet-Holenia, »Der verlorene Sohn« nach André Gide) fesselte ihn bis in seine Reifezeit, als er Grabbes »Don Juan und Faust« textgetreu (mit den nötigen Kürzungen) vertonte und Thornton Wilders »Brücke von San Luis Rey« unter weitgehender Beibehaltung des Dichterwortes zu einem Kurzstück epischen Musiktheaters umformte. Er gewann selbst dem von den Komponisten scheu gemiedenen »Empedokles«-Fragment Hölderlins (1966) dramatische Wirkung, der starken Wortmelodie des Dichters ein eigenes Melos ab. Lange Zeit war die weit unproblematischere Nummernoper »Dr. Johannes Faust« (1936) die erfolgreichste, von seinen Balletten das einfachste, »Die Kirmes von Delft«. Der Komponist machte es sich jedoch nie leicht, wiederholte sich auch nie. »Odysseus« zielt mit seinem statuarischen Chor ein hochstilisiertes Bild mythischer Antike an, »Die Witwe von Ephesus« bemüht sich um die graziöse Ironie der altrömischen Plautus-Anekdote.

Wenige Komponisten haben sich so intensiv mit der Ausdeutung des dichterischen Wortes durch die Musik beschäftigt. In der Vielfalt der Lösungen, von der rein tonalen Gesangsmelodie bis zur breiten rezitativischen Szene, tritt Reutters Liedwerk, über eineinhalbhundert Nummern umfassend, gleich gewichtig neben die Opern und Chorwerke (Oratorium »Der große Kalender«, »Chorphantasie« nach Goethe), ja, es zählt zusammen mit dem Othmar Schoecks zum bedeutendsten Liedschaffen der Gegenwart. Die große Tradition des Klavierliedes wird durch verschiedenartigste kammermusikalische Besetzungen bereichert. Der Komponist wählt seine Dichter mit der Sorgfalt Hugo Wolfs: Goethe, Hölderlin, Claudius, Keller, Rilke, Villon, dazu Moderne wie Halldór Laxness oder den Negerdichter Langston Hughes mit seinen anklägerischen Versen. Nicht nur solcher Reichtum des geistigen Spektrums, auch die adäquate Vielfalt der Ausdrucksmittel – im Alterswerk bedient sich der Komponist unter Wahrung freitonaler Bezüge modernster Techniken – läßt die Bezeichnung »Romantiker« für Hermann Reutter unzulänglich erscheinen.

Bleiben wir im deutschen Bereich und bei der Oper. Um sie rang von der älteren Generation *Heinrich Kaminski* (1886–1946) mit zwei Werken, die in ihrer Un-Opernhaftigkeit Bühnenfremdlinge blieben, aber jedenfalls von der Eigenart des Komponisten zeugen (»Jürg Jenatsch«, »Das Spiel vom König Aphelius«). Als Bachianer und Verehrer barocker Musik überhaupt war Kaminski zum Opernkomponisten freilich wenig prädestiniert. Er erstrebte eine Renaissance der vorklassischen Musik, mystischer Gotiker und romantischer Ekstatiker zugleich: »Musik ist keine Materie, Musik ist Geist...« Mit seinem 69. Psalm für Chor und Orchester (1920) und seinem Magnificat sammelte der kauzige Mann, intimer Freund des Malers Franz Marc, eine »Gemeinde« um sich, die in ihm einen Reger verwandten Meister deutscher Innerlichkeit sieht.

Unkomplizierter, praktischer erscheinen als betonte Opernkomponisten *Ottmar Gerster* (geb. 1897), der mit der Heimkehrer-Oper »Enoch Arden« (1936), später mit der »Hexe

125 *Neue Philharmonie, Berlin*

126 *Aufführung eines Werks von Karlheinz Stockhausen bei den Donaueschinger Musiktagen*

129 *Karlheinz Stockhausen bei Versuchen mit elektronischer Musik*

127 *(links oben) Pierre Boulez*

128 *Hans Werner Henze*

von Passau«, die Bühnen eroberte, und der gebürtige Siebenbürger *Rudolf Wagner-Régeny* (geb. 1903) mit der musizierfreudigen Nummernoper »Der Günstling« und den »Bürgern von Calais« (nach Georg Kaiser). Späte Hinneigung zur Zwölftontechnik geriet seiner 1961 bei den Salzburger Festspielen uraufgeführten Hofmannsthal-Oper »Das Bergwerk von Falun« nicht zum Glück. Tüchtige Spieloper, ohne »Problematik« jedweder Art, erstrebten und boten *Mark Lothar* (geb. 1902) mit seinem »Schneider Wibbel« und *Norbert Schultze* (geb. 1911) mit dem volkstümlichen »Schwarzen Peter« – Schultze gelang übrigens, von einigen Schlachtgesängen zu schweigen, die bei Freund und Feind populärste Melodie des zweiten Weltkrieges: »Lilli Marleen«.

Der Österreicher *Gottfried von Einem* (geb. 1918) machte 1944 mit einem »Turandot«-Ballett erstmals von sich reden und steigerte seinen Ruf mit »Dantons Tod« (1947, nach Büchner), einer der wirkungsvollsten Choropern der Gegenwart. Er vertonte als erster Kafka (»Der Prozeß«, 1953), ließ sich aber nicht als Modernist festlegen. Als er dem asketischen Rezitativ-Stück 1964 die simpel-dreiklängige Veroperung von Nestroys »Zerrissenem« folgen ließ, fiel die Kritik über den vermeintlichen »Reaktionär« her – ohne von Einem wirklich treffen zu können; denn er hatte sich nie sehr um Tagesmoden, um so mehr dagegen ums lebendige Theater gekümmert, das seinen musikalischen Stil von dem des literarischen Vorwurfs her zu gewinnen sucht.

Die »Literatur-Oper«, die seit Strauss' »Salome« zur Dominante des neuzeitlichen Musiktheaters schlechthin wurde, gründete sich typischerweise auf die geistige Wahlverwandtschaft eines lebenden Komponisten mit einem »Klassiker« – so bei Strauss, so bei Alban Berg und noch bei Egk und Reutter. Einer der ersten, der sich mit einem höchst lebendigen literarischen Enfant terrible zusammentat, um der Musikbühne etwas Neues abzugewinnen, war *Kurt Weill* (1900–1950). Der Kompagnon seines ersten, an Popularität und Durchschlagskraft nie wiederholten Volltreffers, der »Dreigroschenoper« (1928), war Bertolt Brecht. »Oper« ist hier so ironisch gemeint wie in der zugrundeliegenden barocken »Beggar's Opera« von Gay und Pepusch: Verhöhnung von luxuriöser Hofoper und bürgerlicher Fassade, durch Brecht sozialanklägerisch modernisiert. Weill kleidete die antikapitalistischen Strophen des Idealkommunisten Brecht in einen Schlagerton von zündender Prägnanz. Einige, wie der Haifisch-Song mit seinen bewußt »falschen« Harmonien – Pendant zu Strawinskys »Bach mit falschen Bässen« –, wurden wahre Jahrhundert-Melodien.

Mit der Oper »Aufstieg und Fall der Stadt Mahagonny« (1930) bereicherte Weill seine kompositorische Palette der »antikulinarischen Oper«; 1932 versuchte er sich an einer wirklichen »Oper« (»Die Bürgschaft«), aber ehe sein Talent auf dem theaterergiebigen Boden des freiheitlich-frechen Berlin, der damaligen Theaterhauptstadt der Welt, ausreifen konnte, zwang Hitler ihn zur Emigration. In der Neuen Welt Amerika mußte sich Weill, von Brecht getrennt, den Konventionen des Broadway-Geschäftstheaters fügen. Er wurde zwar zum Mitschöpfer einer amerikanischen »Volksoper« (»Street Scene«, »Down in the Valley«, »Lost in the Stars«), aber sein Bestes, Ironie und Angriffslust, versandete in Gefühligkeit. Ähnlich wurde dem Österreicher *Ernst Toch* (1887 bis 1963) durch das Dritte Reich der künstlerische Lebensfaden durchschnitten. Mit seiner »Prinzessin auf der Erbse« und kessen Orchester- und Kammermusiken hatte er im Berlin der zwanziger Jahre Hoffnungen erweckt. In der amerikanischen Emigration wirkte er als kenntnisreicher Universitätslehrer, aber der Komponist fand keinen rechten Antrieb mehr.

Im sozialistischen Teil Deutschlands sprang nach dem zweiten Weltkrieg *Paul Dessau* (geb. 1894) als Partner des auf Umwegen heimgekehrten Bertolt Brecht für Weill ein. Er schrieb Bühnenmusiken (»Mutter Courage«, »Der kaukasische Kreidekreis«) in einem dissonanten, ausgesparten Stil, der sich geringer Gegenliebe bei den Regenten des »sozialistischen Realismus« erfreute, wie auch seine Brecht-Oper »Das Verhör des Lukullus« (1949) mit Song-Ton, Ziehharmonika als Symbol der Volksnähe und opernhaften Tableaus, sich ideologische Abänderungen gefallen lassen mußte. »Puntila«, 1966 in Berlin uraufgeführt (nach Brechts Komödie), suchte eine Synthese verschiedener moderner, auch zwölftöniger, Kompositionstechniken. Dessau ist zugleich ein Chor- und Kammerkomponist von eigener, betont sachlicher Handschrift. Eine seltsame Karriere, bedingt durch die Politik, machte der Leipziger *Hanns Eisler* (1898–1962). Er begann als Schönberg- und Webern-Schüler und mußte nach 1933 emigrieren. Seit 1948 lebte er in der DDR und leitete an der Akademie der Künste in Berlin eine Meisterklasse für Komposition. Als Musikfunktionär und Schöpfer der Nationalhymne der DDR ist er bekannter geworden denn als produktiver Komponist.

Johann Nepomuk Davids Kontrapunkte

Für die um 1900 geborenen Komponisten erschien keine Kompositionsform so unaktuell wie die Symphonie, selbst in Deutschland und Österreich, wo sie auf die höchsten Gipfel geführt worden war. Wenn schon Gustav Mahler als ein spätromantischer Abgesang empfunden wurde – was konnte Komponisten, die keine Epigonen sein wollten, zum Symphonieschreiben reizen! Die »Symphonie der Tausend« war nicht an Aufwand zu überbieten, in der »Zurück zu ...«-Richtung schienen Beethoven und Haydn, die Vollender der klassischen Zweithemen-Dialektik, produktive Wege zu versperren.
Der Österreicher *Johann Nepomuk David* (geb. 1895) gewann Neuland durch eine Synthese von Vorklassik und moderner Stimmigkeit; sein imposantes Werk von zehn Symphonien bedeutet eine Wiedergeburt aus Geist und Kunst des Kontrapunkts. Bruckner und Bach wiesen ihm die Bahn. Von seinem oberösterreichischen Landsmann lernte er die süddeutsche Sinnenhaftigkeit »blühender Kontrapunkte«, von Bach – David wirkte mehre Jahre in Leipzig – die formbildende Technik der Linearität und Kombinatorik.
David schulte seine Handschrift in einer großen Reihe von Kompositionen für Orgel (dreizehn Hefte Choralvariationen) und für Chor. Wie Reger in Fugen dachte, so David in Kontrapunkten. Späte Gipfel seiner Vokalkunst sind das Requiem chorale, die gregorianische »Missa de angelis« und das Ezzo-Lied, ein Oratorium mit Orchester. Als Symphoniker orientiert er sich an dem monothematischen Prinzip, das für die barocke Sinfonia allgemein gültig war und in Mozarts Jupiter-Symphonie (wo David es in einer geistreichen Analyse bloßlegte) und in Beethovens 5. Symphonie die klassische Viersätzigkeit vereinheitlichend durchdrang. In Davids vierter Symphonie ist solche Einheit bereits erreicht; alle Hauptthemen lassen sich aus der Keimzelle eines Triolen-Motivs ableiten. David sprach selber von der »Kielwasser-Individualität« seiner »Urthemen«, die durch Variation und Kontrapunktik die anderen nach sich ziehen. Der Kritik an der Überfrachtung seines symphonischen Satzes mit Figuren, die man doch nicht alle mit dem Ohr verfolgen könne, begegnet David mit dem Bild einer gotischen Domfassade. Auch deren verwirrender Reichtum sei nicht mit einem Blick zu erfassen

und doch existent und wesentlich: Symphonik als »Kathedralkunst«, in technischem wie in geistigem Bezug.

Von altmeisterlicher Restauration scheidet der Neuklang, den David dem Eigenleben der Stimmen abgewinnt. Tonalität wird als Beziehung zu einem Zentralton, nicht mehr im Sinne der alten Tongeschlechter Dur–Moll verstanden – eine Hindemith verwandte Auffassung, allerdings ohne jedwede Systematisierung. Im Alterswerk befaßte sich David auch mit den Kombinations-Praktiken der Reihenmusik (Orchesterwalzer »Spiegelkabinett«), doch so fern vom Moderne-Betrieb, wie es einem »Gotiker« und Mystiker der Symphonie entspricht.

Ernst Pepping (geb. 1901) ist in seiner vergrübelten Linearität, als Schöpfer von mehreren Symphonien, die das konzertante Element vor romantischen Weltanschauungstiefsinn setzen, und noch mehr in seinem vokalen Oeuvre, mit dem Schwerpunkt auf der *musica sacra,* ein evangelischer Geistesverwandter Davids. Handwerk steht vor Gefühl. Die 20 Hefte des »Spandauer Liederbuchs«, die Chorzyklen »Das Jahr« und »Der Wagen«, beide nach Josef Weinheber, und die Matthäus-Passion von 1951 sind die wichtigsten Werke Peppings.

Daß er in dieser a-cappella-Passion nicht auf Bachs opulentere Form, sondern auf Heinrich Schütz zurückgreift (in einer sehr dissonanten Sprache), verbindet ihn mit vielen norddeutschen Zeitgenossen. Auch für *Hugo Distler* (1908–1942) war die Wiederentdeckung von Schütz ein Leitbild für die antiromantische »Sachlichkeit« eines Gesangssatzes, der in geistlichen a-cappella-Kompositionen wie in weltlichen (»Mörike-Liederbuch«) die »Darstellung des Typischen« statt des Individuellen anstrebte und damit großen Widerhall namentlich bei der singenden Jugend fand. Von der Gemeinschaftsmusik Distlers, der in der Düsternis des Krieges den Freitod wählte, führen Brücken zu den Singgemeinschaften Hensels und Jödes, zur protestantischen Kirchenmusik, die eine Erneuerung des Gottesdienstes durch Einbau fortschrittlicher Orgel- und Chormusik anstrebte (mit radikalen Konsequenzen zum Beispiel im Werk des Schwaben *Helmut Bornefeld,* geb. 1906), zu den Chören und Spielmusiken des Bayern *Karl Marx* (geb. 1897), dem vielseitigen Werk *Karl Höllers* (geb. 1907), *Karl Michael Kommas* (geb. 1913), *Kurt Thomas'* (geb. 1904, besonders als Kirchenmusiker hervorgetreten), *Günther Bialas'* (geb. 1907), den Österreichern *Theodor Berger* (geb. 1905, mit der erfolgreichen Orchester-»Legende vom Prinzen Eugen«) und *Alfred Uhl* (geb. 1909), bis zu dem jüngeren *Johannes Driessler* (geb. 1921, Oratorium »Dein Reich komme«) und den in der DDR wirkenden *Fidelio Finke* (geb. 1891) und *Johann Cilenšek* (geb. 1913). Gemeinsamkeiten lassen sich, über die Generationen hinweg, auf der »Hindemith-Linie« der freien Tonalität, in der Absage an Sentimentalitäten wie an die Doktrinen der Reihenmusik finden.

Französische Verbindlichkeit

In Frankreich, wo Sinn für Maß und Form allezeit die musikalische Generallinie bestimmt hat (mit legitimen Außenseitern, von Berlioz bis Satie), beherrschte »gemäßigte Moderne« vielleicht am stärksten das Feld. Denn eigentlich gehörte fast alles Bedeutende, das nach Debussy und vor der französischen Entdeckung Weberns an Musik geschaffen wurde, vorwiegend dazu. Ravels, Milhauds und der ganzen »Groupe des Six« zu einer hellen, neuen Klassizität neigende Produktion wurde schon behandelt. Einige

von allen Schulen und Systemen unabhängige Meister sind zu ergänzen. Der Fauré-Schüler *Jacques Ibert* (1890–1962) war vor allem Theaterkomponist; seine liebenswürdigen Opern »Angélique« und »Le Roi d'Yvetot« sind am bekanntesten; er komponierte auch mehrmals in Kompagnonschaft mit Ravel, Roussel, Honegger und anderen Freunden. *Jean Rivier* (geb. 1896) ist beachtlich als einer der wenigen Franzosen der Gegenwart, die sich der Symphonie annehmen (fünf Werke), *Henri Dutilleux* (geb. 1916) schrieb ebenfalls Symphonien und Kammermusik.
An internationaler Ausstrahlung übertrifft sie *Jean Françaix* (geb. 1912), ein versierter Pianist, Komponist mit leichter Hand und Schöpfer sehr reizvoller Klavier- und Kammermusiken, gerade in Deutschland als Repräsentant französischer Eleganz und Clarté geschätzt. Françaix' Symphonien und seine Oper »La Main de Gloire« haben sich weniger durchgesetzt; daß er jedoch keinesfalls nur als melodie- und klangbegabter Charmeur einzuordnen ist, bewies er mit dem Oratorium »L'Apocalypse selon Saint Jean« (1942), in dem, ähnlich wie in Honeggers Liturgischer Symphonie, das Entsetzen über den Krieg mitschwingt.

Benjamin Britten

Als einen neuen »Orpheus britannicus« – mit dem Ehrentitel, den man vor über 250 Jahren dem großen Henry Purcell verliehen hatte – begrüßte England kurz nach dem zweiten Weltkrieg Benjamin Britten, als seine erste Oper »Peter Grimes« (1945) auf der Bühne erschien. Dergleichen hatte es seit unvordenklichen Zeiten nicht mehr gegeben: eine in Sprache, Thema (es geht um das Schicksal eines englischen Fischers) und musikalischem Charakter (folkloristische Traditionen des Chorgesangs leben auf) englische Oper, die die Welt eroberte!
Benjamin Britten (geb. 1913) enttäuschte die Hoffnungen nicht, die er mit »Peter Grimes« erweckt hatte. Er ist seither Englands Nationalkomponist Nummer Eins, als hervorragender Pianist und Liedbegleiter Spiritus rector der English Opera Company, die eine Renaissance der englischsprachigen Kammeroper einleitete, und Veranstalter des Aldeburgh Festival die überragende Persönlichkeit zeitgenössischer Musik auf der Insel. Mit seinem wachen, für alles Neue empfänglichen Geist hat Britten verschiedenartigste Anregungen der Moderne aufgenommen, aber nie seine Funktion in der Gesellschaft vergessen. Er schrieb nicht Zukunftsmusik, sondern spiel- und hörbare, und bekannte sich zur Aufgabe des schöpferischen Künstlers, »den Mitmenschen in ihrer Verschiedenheit zu dienen«.
Von Britten stammen so esoterische Werke wie die Liedzyklen nach Rimbaud, Michelangelo und Hölderlin (in den Originalsprachen!) oder die Kammeroper »The Turn of the Screw«, seine vielleicht kunstvollste: Das gesamte musikalische Material, dissonant und klangphantastisch, wird durch Variation weniger Themen gewonnen, von denen das wichtigste Zwölfton-Bildungen zeigt (eine Ausnahme bei Britten, der sonst ganz der freien Tonalität verbunden bleibt und die Dissonanz nicht atonal-emanzipiert, sondern als Ausdrucksmittel gebraucht):

Britten war sich andererseits aber auch nicht zu gut, Musiken für Schülerorchester (»Simple Symphony«), einen didaktischen »Young Person's Guide to the Orchestra«, einen »Orchesterführer« an Hand eines Purcell-Themas und die Kinderoper »Let's make an opera!« zu schreiben: Ein köstliches Stück, das junge Leute ohne alle »Kindertümlichkeit« durchs Selber-Musik-Machen an das Kunstwerk Oper und an neue Musik heranführt. In seinen Orchestervariationen über ein Thema seines Lehrers Frank Bridge zeigt Britten hervorragende Veränderungstechnik, in seinem »War Requiem« Tiefe und Großartigkeit erlebter Sakralkunst.

Doch bleibt Britten bei aller Vielseitigkeit vor allem Bühnenkomponist. »The Rape of Lucretia« ist eine Kammeroper wie der lustige »Albert Herring«: nach der Tragödie der Keuschheit, mit streng stilisierenden Musiknummern, die Satire auf die Keuschheit. »Billy Budd« (nach Herman Melville) ist eine Seemanns- und Männeroper, »Der Sommernachtstraum« (nach Shakespeare) die bestgelungene Veroperung der berühmten, so oft mit Schauspielmusiken angereicherten Komödie. Englisch-nationales Kulturerbe suchte Britten mit seinen Bearbeitungen der »Beggar's Opera« und der Purcellschen Oper »Dido and Aeneas« der Bühnenpraxis wiederzugewinnen. Aber er ist weit davon entfernt, in der Musik ein Nationalist zu sein. Dafür zeugen auch seine jüngsten Bestrebungen, nach dem hochstilisierten Vorbild des japanischen Nô-Spieles neuartige Stücke für das englische Laien-Musiktheater zu schaffen (»Die Jünglinge im Feuerofen«). Keiner von Brittens englischen Zeitgenossen hat ähnlichen Widerhall gefunden. *William Waltons* (geb. 1902) Tonsprache ist weniger sinnfällig; er huldigte dem satirischen Zug »neuer Sachlichkeit« mit der Orchestersuite »Façade«, kehrte aber dreißig Jahre später mit der Oper »Troilus and Cressida« (1954, nach Shakespeare) zu klangversönlicherer Tonsprache zurück. *Michael Tippett* (geb. 1905) gilt in England als interessanter Außenseiter der Moderne, keiner Schule angehörig, traditionsbewußt und eigensinnig zugleich. Er wurde erst spät bekannt durch sein Oratorium »A Child of Our Time« (1944), das vom Mitgefühl mit dem Schicksal der Juden getragen wird. Nach langer Pause trat er mit der Oper »The Midsummer Marriage« hervor, die ein ziemlich wirres Libretto mit dem heißen Atem von Naturgefühl und humanistischem Engagement in Musik setzt. Die bisher letzte Oper »King Priam« hinterließ ähnlich zwiespältige Eindrücke. Der ältere *Arthur Bliss* (geb. 1891) experimentierte in den zwanziger Jahren mit Farbenmusik. In seiner »Colour Symphony« tragen die einzelnen Sätze die Bezeichnungen Purpur, Rot, Blau und Grün, dazu noch programmatische Hinweise. Später neigte Bliss mehr zu klassizistischer Vereinfachung, schließlich wandte er sich dem Ballett zu (»Checkmate«).

Neue Musik in Amerika

Bei den transatlantischen angelsächsischen Vettern, in den Vereinigten Staaten von Nordamerika, war moderne Kunstmusik bis in die jüngste Zeit praktisch nur in einer verbindlichen, »gemäßigten«, Form möglich. Einmal fehlte es an Tradition und damit an einer Hörerschaft, die breit genug war, daß sich aus ihr esoterische Zirkel als Konsumenten experimenteller Musik herausschälen hätten können; zum anderen wirkten von den eingewanderten Großmeistern der neuen Musik Strawinsky, Hindemith und Milhaud ungleich stärker als Schönberg.

Heute, da Amerikas Interpreten und Orchester weltweit begehrte Exportgüter sind, vergißt man leicht, wie jung die Musikkultur des riesigen Subkontinents eigentlich ist. Erst im Jahr 1910 zog die erste amerikanische Oper überhaupt in der Metropolitan Opera ein. Nur wenige Jahre waren vergangen, seit *Arthur Farwell* (1872–1952) zur Loslösung von der übermächtigen deutschen Musik und zur Besinnung auf eigene Kräfte, auf »Ragtime, Negro songs, Indianergesänge, Cowboylieder«, auf »einen neuen und kühnen Ausdruck, eine noch nie gehörte Tonsprache« aufgerufen hatte. Seine Zeitgenossen *Edward MacDowell* (1861–1908) und *Daniel Gregory* (1873–1935) standen noch ganz im Banne der großen deutschen Instrumentalmusik zwischen Beethoven und Strauss. Eine so radikale Erscheinung wie Ives konnte nur als unverstandener Außenseiter existieren.

Einer der ersten, der die vielgestaltige nordamerikanische Folklore kunstmusikfähig zu machen suchte, war *Henry Gilbert* (1868–1928). Der eingewanderte Schweizer *Ernest Bloch* (1880–1959) huldigte seiner neuen Heimat mit einer betont volkstümlichen Symphonie »America«. Ihr Gegenstück ist die Vokalsymphonie »Israel«; auch in anderen Kompositionen (Psalmen, Schelomo-Rhapsodie, hebräisch betonte Kammermusiken) suchte Bloch, ein tief veranlagter Spätromantiker, uralte Quellen jüdischer Musik zu erschließen. *Aaron Copland* (geb. 1900) ist schon ganz Nur-Amerikaner, ein wacher Kopf, der mit allen Techniken der Moderne, auch mit dem Jazz, experimentierte, in seinem Spätwerk jedoch zu der Einsicht kam, daß man im Massenzeitalter die Millionen, die Rundfunk und Schallplatte als Hörer von Kunstmusik mobilisierte, auch als Komponist nicht mißachten und sich »auf möglichst einfache Art« ausdrücken sollte. Coplands Werk ist von universaler Vielfalt und umfaßt Opern, Ballette und Symphonien. Besonderen Erfolg hatte in Amerika die Orchestersuite »Appalachian Spring« (1944).

Wie Copland studierten die meisten der um 1900 geborenen amerikanischen Komponisten in Paris, wo Nadia Boulanger als Lehrerin Wegweiserin zum Neo-Klassizismus war. *Walter Piston* (geb. 1894) ist vorwiegend neoklassizistischer Symphoniker und ein angesehener Kompositionslehrer, *Roger Sessions* (geb. 1896) komponierte u. a. eine Brecht-Oper »The Trial of Lucullus« und einen 1965 in Berlin aufgeführten »Montezuma«, *Virgil Thomson* (geb. 1896) fand in Paris Verbindung zu dem Kreis um Gertrude Stein; die Opern »Four Saints in three Acts« und »The Mother of Us All« sind auf Texte der Schriftstellerin komponiert. *Roy Harris* (geb. 1898, »Folk Song Symphony«), *Samuel Barber* (geb. 1910), der als Symphoniker und Ballettkomponist konziliant schreibt und mit der veristischen Oper »Vanessa« als erster Komponist aus der Neuen Welt auf der Bühne der Salzburger Festspiele (1958) erschien, *William Schuman* (geb. 1910), *Leonard Bernstein* (geb. 1918), ein hervorragender Dirigent und Komponist populärer Musicals (»West Side Story«) – sie alle suchen, meist der Strawinsky-Linie folgend, einen charakteristisch amerikanischen Stil.

Die strenge Scheidung von »ernster« und »unterhaltender« Musik gilt für sie nicht; fast alle schrieben auch Filmpartituren und andere Gebrauchsstücke. Am bezeichnendsten für solche Unbefangenheit ist die Karriere *George Gershwins* (1898–1937): Er begann im Broadway-Schlagergeschäft. Schon in jungen Jahren gelang ihm mit der »Rhapsody in Blue« (1924) und dem Klavierkonzert in F eine originelle Einschmelzung von Jazzelementen. Mit »Porgy and Bess« (1935) schuf er, nach ausgiebigem Studium der Negerfolklore in den Südstaaten, eine amerikanische Volksoper, die Welterfolg hatte. Wie er die leidenschaftlichen und rührenden Begebenheiten in einem Negerslum in schlagkräftige Melodien faßt, weist den früh Verstorbenen als Veristen von amerikanischem Geblüt aus.

Gian Carlo Menotti

Auch der gebürtige Italiener *Gian Carlo Menotti* (geb. 1911) muß der amerikanischen Musik zugerechnet werden, obwohl seine Opern – er ist fast ausschließlich Bühnenkomponist – ohne die Schule Mailands, wo er studierte, und das Erlebnis Puccinis kaum denkbar wären. Er lebt und wirkt jedoch seit Jahren in New York, und seine Stoffe sind meist amerikanisch. Noch nicht in der Buffa »Amelia geht zum Ball« (1934), seinem ersten Erfolg, aber in den folgenden: »Die alte Jungfer und der Dieb«, »Das Telephon« (ein federleichtes Dreipersonen-Operchen), »Das Medium« (ein knalliger Reißer), »Der Konsul« (1950), hinter dessen Naturalistik sich politisch-freiheitliches Engagement verbirgt, »Die Heilige der Bleecker Street«, wo eine typisch amerikanische Straße Schauplatz südlicher Leidenschaften wird. Das Weihnachtsspiel »Amahl und die nächtlichen Besucher« ist die erste Fernsehoper überhaupt, Menottis jüngste Oper »Der Wilde« persifliert den modernen Zivilisationsbetrieb. Menotti hat sich in seinem ganzen Oeuvre als unabhängig von Zeitstilen erwiesen, auch wenn er sich viele aneignete. Man mag ihn einen Eklektiker nennen; aber sein Talent, dramatische Aktion in kantable Musik umzusetzen und dankbare Opernrollen zu schreiben, kann nicht in Frage gestellt werden.

In Lateinamerika nahmen die Komponisten Anregungen der indianischen und Negerfolklore noch bereitwilliger auf als im zivilisierten Norden. Der Brasilianer *Heitor Villa-Lobos* (1887–1959) war der Pionier und Altmeister. Wie Bartók erforschte er die Volksmusik des riesigen Landes, studierte in Paris, freundete sich mit Milhaud an – und mit Bach, dessen Polyphonie er in seinen »Bachianas brasileiras« mit autochthonen Rhythmen verband. Villa-Lobos' Produktivität war schier unerschöpflich. Nicht weniger als 2000 Stücke entstammen seiner Feder, darunter 12 Symphonien, Opern, Ballette, Kammermusik, Lieder, Volksliedbearbeitungen. Die Unbedenklichkeit, mit der er vom europäischen Barock bis zur brasilianischen Folklore verschiedenartigste Stilelemente verarbeitete, wird durch die starken Kräfte des Rhythmus gebunden. Nach Europa ist nur weniges von Villa-Lobos gedrungen. Der Argentinier *Alberto Ginastera* (geb. 1916) und die Mexikaner *Carlos Chavez* (geb. 1899) und *Silvestre Revueltas* (1899 bis 1940) sind ebenfalls für ihre Völker ungleich bedeutender als für die internationale Musik.

Tschechen, Slowaken, Jugoslawen

Zurück nach Europa. Im slawischen Bereich blickten die Tschechen, nächst den Russen, auf die reichste musikalische Vergangenheit zurück. Ihre wichtigsten Komponisten, soweit sie ins 20. Jahrhundert hinein wirkten, haben wir schon kennengelernt. Als universaler Theatermann, Regisseur, Schauspieler, Komponist und Unternehmer zugleich, verdient *Emil František Burian* (1904–1959) Erwähnung: Schöpfer mehrerer Opern (u. a. »Maryša«) und eines experimentellen musikalischen Theaters, das Mimus, Folklore und sozialistisch-humanistisches Engagement zu verschmelzen sucht. Sein Singspiel »Krieg« erreichte 1966 auch die deutsche Bühne. *Jan Hanuš* (geb. 1915) findet nach musikantischen Anfängen (Buffooper »Der Diener zweier Herren«, nach Goldoni) zu komplexerer Tonsprache und hochstrebenden Vorwürfen (Oper »Die Fackel des Prometheus«), *Vladimír Sommer* (geb. 1921) gelang mit der »Vokalsymphonie« (1963, auf Texte von Kafka, Dostojewskij und Pavese) ein imposantes, auch im Ausland beachtetes Werk, das weniger wegen seines Neutönertums als wegen des Ausbrechens aus dem herrschenden »sozialistischen Realismus« zum Stein des Anstoßes in der stalinistischen Epoche wurde.

Am interessantesten in der musikalischen Entwicklung der Tschechoslowakei erscheint, daß zum erstenmal Slowaken das tschechische Brudervolk, zumindest in der Oper, überrundeten. Jahrhunderte hindurch, während der Zugehörigkeit zu Ungarn, hatte slowakische Musik nur ein Aschenbrödeldasein geführt. Mit *Eugen Suchoň* (geb. 1908, Oper »Das Spiel von Liebe und Tod«, nach Romain Rolland) meldeten sich eigenständige musikantischen Anfängen (Buffo-Oper »Der Diener zweier Herren«, nach Goldoni) zu Begabungen zu Wort; wobei Cikkers Entwicklung in Richtung auf einen unabhängig-expressionistischen Stil noch nicht abgeschlossen zu sein scheint.

Auch in anderen slawischen Ländern nützten seit der Neugründung eigener Staaten die Komponisten den Reichtum alter Volks- und Tanzweisen für die Kunstmusik. Die Kroaten *Fran Lhotka* (1883–1962, Opern, Ballett »Der Teufel auf dem Dorf«) und *Jakov Gotovac* (geb. 1895, Volksoper »Ero, der Schelm«) begründeten ein jugoslawisches National-Musiktheater. Gotovacs frische Melodien und rassige Kollos hatten internationalen Erfolg.

Musik in der Sowjetunion

Russische Musik war bis zum Ende des Zarenreiches so vielfältig wie die des übrigen Europa. Traditionalisten wie Rimsky-Korsakow oder Glasunow, Esoteriker wie Skrjabin, Avantgardisten wie Strawinsky und der junge Prokofjew hatten nebeneinander Platz. Das änderte sich bald nach der Revolution von 1917. Seither gab es die Musik der russischen Emigranten und die »sowjetische«, die zwar auch meist von Russen komponiert wurde, aber unter ganz neuem, eben politischem Vorzeichen stand. Mit den Beschlüssen des Zentralkomitees der Kommunistischen Partei von 1932 – sie drücken die veränderten Machtverhältnisse, den Beginn von Stalins Autokratie aus – hob ein neuer Abschnitt der Sowjetmusik an. Bei allen Zickzacklinien der zentralen Kulturpolitik ist sie seither ein von allen anderen Musikkulturen der Erde völlig verschiedener Sonderbezirk geblieben. Denn nie und nirgends, nicht einmal unter Hitlers Diktatur, hat der Staat Musik und Musiker so unerbittlich an der Kandare gehalten. Nirgends gab es einen verbindlichen Katalog der erlaubten und der verbotenen Werke (in Moskau 1934 erlassen, über 300 Seiten stark). Das Paradoxon liegt darin, daß der Staat, der die sozialen und wirtschaftlichen Verhältnisse so radikal umstürzte, die zahmste, konservativste Musik als seinen legitimen Ausdruck wählte und dem »Fortschritt«, den er gesellschaftlich auf seine Fahnen geschrieben hatte, im gesamten Bereich der Künste, also auch in der Musik, Knüppel über Knüppel, und zuzeiten auch noch gefährlichere Hindernisse, in den Weg warf.

Das war nicht von Anfang an so gewesen. Lenins Devise »Die Kunst gehört dem Volke« und seine Forderung nach »Parteilichkeit« vertrugen sich noch mit dem revolutionären Elan des frühen Kommunismus. Sein Kulturkommissar Lunatscharskij war jedoch ein gebildeter Mann, kein bloßer Apparatschik. Die zwanziger Jahre der jungen Sowjetunion standen im Zeichen der Sympathie mit den »fortschrittlichen Kräften« Europas. Hindemith, Klemperer und andere prominente Musiker Westeuropas wurden als Gäste eingeladen und gefeiert, Organisationen zur Förderung neuer Musik gegründet. Daneben experimentierte man mit den eigenständigen Formen eines »Proletkults«. Futurismus, Maschinenmusik, Opern, die (wie Mossolows »Talsperre«) die Technik, Kantaten, die den Heroismus der Revolution verherrlichten, Orchester, die ohne Dirigenten spielten, entsprangen dem Elan der Zeit. Die Kehrseite bildete ein kompositorischer Primitivismus, der Musik nur als ideologisches Werkzeug zur Beeinflussung der Massen anerkannte.

Mit Stalin gewann diese Tendenz die Oberhand. Marksteine auf dem Wege zur Parteimusik sind der Bannfluch der offiziellen »Prawda« gegen Schostakowitsch (1936), der, über den Krieg hinaus, jedwede absolute Musik praktisch unmöglich machte (denn Stalin duldete nur propagandistische, also mit dem Wort verbundene). Der berüchtigte »sozialistische Realismus« wurde inthronisiert. Die mit dem Namen des Parteifunktionärs Schdanow verbundenen Beschlüsse des Zentralkomitees von 1948 belegten schließlich jedwede »formalistische, volksfremde« Richtung der Musik mit dem Bann. Erst Chruschtschows antistalinistische Rede auf dem Parteitag von 1956 brachte einige Lockerung. Seitdem wurden die Fesseln jedoch wieder straffer angezogen, und nichts deutet darauf hin, daß sowjetische Komponisten in absehbarer Zeit die Freiheit genießen dürfen, die ihre Kollegen im benachbarten Polen sich erobert haben.

Für die revolutionäre Symphonik der frühen Sowjetunion ist das Werk *Nikolaj Mjaskowskijs* (1881–1950) am bezeichnendsten. Er gilt als Schöpfer der ersten sowjetischen Symphonie (er hatte allerdings im Zarenreich bereits vier geschrieben). In der Folge warf er Opus nach Opus aufs Papier, im ganzen 27 Symphonien. Trotz betont sozialistischem Programm mußte selbst er sich offizielle Rügen gefallen lassen. Im Spätwerk schloß er seinen Frieden mit der stalinistischen Plakatmusik. Mjaskowskij war der Lehrer Chatschaturjans und *Dimitrij Kabalewskijs* (geb. 1904, Oper »Colas Breugnon«, Symphonien, Konzerte). *Jurij Schaporin* (geb. 1887), *Boris Assafjew* (1884–1949, Autor des Balletts »Die Fontäne von Bachtschissarai«) und *Reinhold Glière* (1874–1956) machten ihre altbürgerliche Handwerksfertigkeit dem neuen Regime dienstbar. *Wissarion Schebalin* (geb. 1902) und *Tichon Chrennikow* (geb. 1913) sind bereits ganz Geschöpfe der Sowjet-Kulturpolitik. *Isaak Dunajewski* (1900–1955) hatte mit zahllosen Märschen, Schlagern und Operetten die populäre Rolle eines sowjetischen Lehár inne. Außerhalb ihrer Heimat bedeuten sie alle wenig.

Sergej Prokofjew

Nach der Massenemigration von Musikern in den zwanziger Jahren (neben Strawinsky und Prokofjew auch Alexander und Nikolaj Tscherepnin, Rachmaninow, Nikolai Nabokov, die Dirigenten Kussewitzki und Dobrowen, die Geiger Jascha Heifetz und Isaac Stern) bedeutete es für das stalinistische Regime einen willkommenen Prestigegewinn, als sich *Sergej Prokofjew* (1891–1953) entschloß, Mitte der dreißiger Jahre aus dem Westen in die Heimat zurückzukehren. Es war kein politischer Entschluß. Der Komponist, längst schon in aller Welt berühmt, wurde einfach von Heimweh getrieben. Er, der als junger Mann mit den Klavierstücken »Sarcasmy« und der wilden »Skythischen Suite« ein Stürmer und Dränger gewesen war, der mit der in den USA uraufgeführten Oper »Die Liebe zu den drei Orangen« (1921) eine musikantisch-ironische Märchenbuffa geschaffen hatte – mit einem der berühmtesten Märsche der neuen Musik –,

der die ganze, höchst lebendige Widersprüchlichkeit einer unabhängigen Künstlerpersönlichkeit in so gegensätzlichen Werken entfaltet hatte wie der mystischen Oper »Der feurige Engel« und dem Ballett »Les pas d'acier«, einer Apotheose moderner Technik, dieser Prokofjew unterwarf sich fortan den Parteifunktionären, die selbst ihn der Vergehen des Formalismus und der Atonalität ziehen, gelobte öffentlich Besserung und produzierte sowjet-patriotische Massengesänge, Stalin-Kantaten und Opern, in denen Sowjetflieger die Helden sind und Parteikommissare Durchhalte-Arien singen (»Die Geschichte vom wahren Menschen«).
Doch ist der »späte Prokofjew« damit keinesfalls abzutun. Wahrscheinlich hätte er seiner ganzen künstlerischen Natur nach, die zu Vereinfachung, gefestigter Tonalität und Kommunikation mit dem Hörer strebte und neue Melodien suchte, die »sofort verständlich und dabei originell sind«, auch ohne stalinistische Zwangsjacke zu einem besänftigten Reifestil gefunden. In den besten seiner nach der Rückkehr geschriebenen Werke wahrt Prokofjew bei allen Konzessionen jedenfalls sein eigenes, der Umwelt überlegenes kompositorisches Niveau. So in den Balletten »Romeo und Julia« und »Aschenbrödel«, die Tschaikowskys Tradition in farbig bereicherter Tonalität (und mit weltweitem Erfolg) fortführen; in dem melodiösen Kindermärchen »Peter und der Wolf« (mit Sprecher und Orchester); in der Buffa »Die Verlobung im Kloster« und in seinem während des zweiten Weltkrieges entstandenen musikadramatischen Hauptwerk, der Zweiabend-Oper »Krieg und Frieden«, nach Tolstojs patriotisch-philosophischem Roman. Den Schöpfer glänzend gearbeiteter Instrumentalkonzerte hat besonders der große Geiger David Oistrach international bekannt gemacht, der Symphoniker Prokofjew (sieben Werke dieses Genres) harrt eigentlich nach der Entdeckung, obwohl die 5. Symphonie auch im Ausland als Meisterwerk erkannt wurde.

Dimitrij Schostakowitsch

Der Sowjet-Symphoniker par excellence ist freilich *Dimitrij Schostakowitsch* (geb. 1906), mit einigen Werken zugleich einer der bedeutendsten der Gegenwart überhaupt. Nicht einmal ihm, der schon in der sozialistischen Gesellschaft aufwuchs und auch auf seinen wenigen Auslandsreisen das Sowjetregime stets linientreu vertrat, blieb die Auseinandersetzung mit dem »Apparat« erspart. Auch er, der während der Belagerung seiner Heimatstadt Leningrad mit patriotischer Überzeugung die Uniform angezogen hatte, mußte nach dem fatalen Schdanow-Beschluß seine »Irrtümer« öffentlich bekennen. Eine mehrjährige Schaffenskrise war die Folge, aber am Ende unterwarf er sich dem allmächtigen Staat.

Schon 1936 war Schostakowitsch offiziell gerüffelt worden. Seine Oper »Lady Macbeth auf dem Lande« war der Anlaß, ein Stück von expressionistischer, dissonanter Kühnheit, die aber ganz der realistischen Härte von Ljesskows zugrunde liegender Weibsteufel-Geschichte entsprach (nach Stalins Tod machte der Komponist sie als gemilderte »Katerina Ismailowa« auch für Sowjetrußland annehmbar. Vorangegangen war die kecke Satire »Die Nase«, nach Gogol, die ebenfalls nur in die tolerantere Luft der Lenin-Ära paßte. Nach der offiziellen Verwartung entstand die 5. Symphonie, ausnahmsweise eine schöpferisch ergiebige Konsequenz von Politik, denn des Komponisten Einschwenken auf die Linie von Beethovens Per-aspera-ad-astra-Symphonik, mit optimistischem Finaljubel nach symbolhaften »Auseinandersetzungen«, erwies sich als Meisterwurf. Plastik der Themen, kontrapunktische Schreibweise im Dienste verfeinerten Ausdrucks (hier ein Beispiel),

dazu ein von Mahlers romantischer Ironie sichtlich beeinflußter Hang zur Groteske (der im Geniestreich der 1. Symphonie noch deutlicher Klang geworden war) ließen diese Symphonie zu einem auch international erhärteten Erfolg werden. Die 9. Symphonie tanzte aus der Reihe. Da sie dem Sieg im Vaterländischen Krieg gewidmet ist, erwartete man eher ein super-beethovensches Monumentalgemälde, als diese kaum halbstündige schlanke Miniatursymphonie. Nach dem Schdanow-Verdikt entschädigte Schostakowitsch mit einer Reihe ideologisch fundierter, der Oktober-Revolution u. dgl. gewidmeter Symphonien. Die 13., im Jahre 1962 uraufgeführte, löckte wiederum gegen den Stachel, indem sie Jewtuschenkos, des »zornigen jungen Mannes« der Chruschtschow-Ära, den Antisemitismus (auch den russischen) geißelndes Gedicht mitvertonte – und prompt verboten wurde. Schostakowitsch mußte sich zur Neukomposition entschließen.

Zu den in der »inneren Emigration« entstandenen Kompositionen eines hochbegabten, und eben darum im Zwiespalt zwischen Persönlichkeit und »Verhältnissen« (im Brechtschen Sinne) schaffenden Musikers wie Schostakowitsch sind die kammermusikalischen zu zählen, die ihrer ganzen Natur nach nicht dem Massenideal dienen konnten. So der Zyklus von 24 Präludien und Fugen für Klavier, Schostakowitschs intime Bach-Huldigung.

Schostakowitschs schöpferische Potenz, wenn auch durch politischen Zwang auf einen möglicherweise überkonservativen Habitus eingeengt, erhob den Komponisten zum unbestrittenen Fürsten unter den sowjetischen Musikern seit Prokofjews Tod. Nächst ihm hat nur der Kaukasier *Aram Chatschaturjan* (geb. 1903) außerhalb der Sowjetunion Aufmerksamkeit erregen können (Ballett »Gajaneh«, folkloristisch aparte Konzerte für Violine und Cello). Zweifellos hat die Organisation des Musikbetriebes in der Sowjetunion große Fortschritte gemacht. Viele neue Operntheater und Symphonieorchester wurden gegründet, die Förderung des Nachwuchses ist vorbildlich zu nennen. Daß sich schöpferische Persönlichkeiten dennoch nicht »züchten« lassen und ihr Bestes nur aus der Spannung zwischen Persönlichkeit und gesellschaftlichen Möglichkeiten gewinnen, wie dies durch die Geschichte der Sowjetmusik bestätigt wird, stimmt eher hoffnungsvoll und tröstlich.

Nach dem zweiten Weltkrieg

Läßt sich etwas so Unmusisches wie ein Krieg überhaupt als Abschnitt für eine Musikgeschichte in Anspruch nehmen? Das erste jener beiden katastrophalen Ereignisse, die Historiker als Weltkrieg I und II registrieren, wäre dazu ungeeignet gewesen. Was als Neue Musik epochebildend auftrat, vollzog sich ziemlich unabhängig von den politisch-militärischen Zäsuren. Strawinskys »Sacre du Printemps« wurde vor dem Ausbruch des Völkerunheils uraufgeführt, einige der wesentlichen Meilensteine auf dem neuen Weg – so Schönbergs Zwölfton-Gesetz, Bergs »Wozzeck«, Strawinskys »Histoire du soldat« – reiften unberührt vom Donner der Materialschlacht von Verdun heran, und was nach dem »Frieden« kam, nährte sich aus alten Wurzeln.
Die Geschichte wiederholt sich nicht. So sehr die politischen Situationen sich zu gleichen schienen, Niegeschehenes war geschehen. Seit dem Tag von Hiroshima hatte die Menschheit erkennen müssen, daß sie – zum erstenmal in ihrer jahrtausendealten Geschichte – von der Gefahr völliger Selbstvernichtung bedroht war. Seher hatten es längst geahnt. Es war kein Zufall, daß Franz Kafkas dunkle Visionen erst jetzt, vierzig Jahre nach seinem Tode, wahrhaft erkannt und George Orwells Roman »1984«, die deprimierende Utopie einer total versklavten Menschenmasse, Zeichen der Zeit wurde. Atombombe und Auschwitz waren Ereignisse, die Hellsichtige nicht übersehen konnten. Zwei Jahrhunderte des Optimismus, des Vertrauens in Vernunft, Fortschritt und Humanität, mündeten in der Desillusion einer Fin-de-Siècle-Stimmung mitten im Jahrhundert.
Das Paradoxon wurde von den Künsten seismographisch aufgezeichnet. Nie funktionierte die Maschinerie des kulturellen Betriebes perfekter als in den Nachkriegsjahren: Organisation, gefördert durch den »Wiederaufbau« der Kriegsruinen und durch die Verbreitung von Massenmedien wie Fernsehen, Langspielplatte und Taschenbuch, ließ die alten Institutionen des kulturellen Lebens auf gutgeölten Kugellagern laufen, vom Theater bis zum Buchgeschäft. Aber der florierende Betrieb konnte dessen wahren Motor, den schöpferischen Künstler, nicht täuschen. Die Absurdität der menschlichen Existenz wurde legitimes Generalthema der Darstellung: von der Deformierung und Negierung des Menschenbildes in der bildenden Kunst bis zum »absurden Theater« Ionescos und Becketts. Was einst bloßer Revoluzzer-Auswuchs gewesen war – Dada, Futurismus, Bruitismus – wurde neu legitimiert. Jedwede Organik der Entwicklung, Anknüpfung an Traditionen, schien durch die existentielle Entwick-

lung dementiert zu sein. Die Stunde Null regierte. Mit vielerlei Lizenzen zwar (zu denen die Renaissance englischer Musik durch Britten und die von eigenen Gesetzen diktierte Sowjetmusik gehört), doch mit einem über die ganze Welt verbreiteten Mißtrauen der Jungen in die Errungenschaften der Alten. Zu diesen Alten gehörten nun nicht mehr nur Strauss und Strawinsky, sondern auch der einstige Revolutionär Hindemith. Bartóks »Entdeckung« liegt auf der – dem Zwiespalt der Epoche ganz gemäßen – vitalen Gegenlinie zu der intellektuellen, die zunächst die musikalischen Wege wies. Da »alle versagt hatten« (nämlich: alle anerkannten, etablierten), schienen nur die Außenseiter der Epoche vor Hiroshima Orientierungspunkte zu bieten, und unter ihnen wiederum die radikalsten. Nicht Schönberg, auch wenn man ihn jetzt zu neuen Ehren erhob, nicht Alban Berg, sondern der verkannteste, unscheinbarste – Anton von Webern. Bei ihm suchten die Jüngeren die Strenge eines Gesetzes, das allein als Ariadne-Faden einen Weg durch das Labyrinth der Skepsis zu weisen versprach. Da totales Chaos drohte, klammerte man sich um so krampfhafter an die totale Determination des Tonmaterials, die Weberns Kompositionen auszuzeichnen schien. Daß es sich um ein Mißverständnis handelte, wurde bereits dargelegt. Für die Geschichte der Musik nach dem zweiten Weltkrieg ist auch dieses Mißverständnis wichtig. Denn aus ihm resultierten die maßgebenden Werke der Epoche.

Die »Situation nach Webern«

Diese Epoche ist freilich schon wieder Geschichte geworden. Sie war sehr kurz, auch gemessen an der Schnellebigkeit der »modernen Zeit«: Ein einziges Lustrum bedeutet wenig sub specie aeternitatis. Man hat die offiziell, praktisch also von Rundfunkanstalten und modernistischen Musikfesten, geförderte Musikära nach dem zweiten Weltkrieg als »Situation nach Webern« zu fixieren versucht – als habe es damals überhaupt gar keine andere Möglichkeit zu komponieren gegeben. Tatsächlich erklärte ein »Manifest« der Webernianer sogar Schönberg, Strawinsky, Hindemith und Genossen zu historischen Fossilien: »Nachdem die Phase der ›Neuen Musik‹ im Wesentlichen abgelaufen ist, präsentiert sich das Neue, das nicht mehr ›Neue Musik‹ ist, in der normalen Entwicklungsform des allmählichen Werdens, Wachsens und Sichausbreitens... Heute wissen wir, wie es ‚weitergehen' soll...«

Sie wußten es, natürlich, ebenso wenig wie alle Dekretierer und Manifestierer aller Zeiten. Schon Anfang der sechziger Jahre setzte eine allgemeine Flucht aus den Gefängnissen und Zwangsjacken der nachwebernschen Total-Determination ein. Ohnehin hatte sich die kurze Herrschaft der »Seriellen« doppelter Bedrohung zu erwehren. Noch während sie den Apparat des avantgardistischen Musikbetriebs, von den Funksendern bis zu den internationalen Musikfesten der Moderne, sicher kontrollierten, sprangen junge Stars vom Range Hans Werner Henzes demonstrativ ab und suchten mit dem Risiko der Freiheit zugleich neue Bindungen zum Hörer, den die serielle »Avantgarde« in ihrem mit Subventionen wohlgepolsterten Elfenbeinturm hochmütig ignoriert hatte. Von der anderen Seite her, von den Anhängern elektronischer Musik, wurde jedwede Komposition mit stilisiertem Tonmaterial, also auch die mit temperierten Halbtönen arbeitende serielle, als überholt erklärt.

Kurze Zeit hindurch schien es, als kristallisiere sich aus der »Situation nach Webern« zum ersten Male wieder eine verbindliche musikalische Weltsprache heraus. Tatsächlich schien die serielle Technik mit allen ihren neugewonnenen Varianten von »punktueller« oder »struktureller« Musik die Vielfalt persönlicher Lösungen, die für die Neue Musik so bezeichnend gewesen war, übernational und überpersönlich zu binden: als eine Art musikalisches Esperanto, das kaum mehr erkennen ließ, ob seine Benützer in Frankreich, Japan oder Argentinien zu Hause waren. So hatten sich einst, im Barock und noch in der Klassik, stilistische Konventionen mit europäischer Gültigkeit durchgesetzt. Solche Sprachgemeinsamkeit hätte nur den technisch-soziologischen Bedingungen der Jahrhundertmitte entsprochen; Düsenflugzeuge lassen Weltmeere zu Teichen schrumpfen, die man während des Mittagessens überquert, und zwischen einem Hochhaus in Houston, Texas, und einem in Nairobi ist kein wesentlicher Unterschied mehr zu erkennen.

Aber seit dem Auslaufen der seriellen Epoche ist mit deren Zwangskonformismus auch die Hoffnung auf ein musikalisches Esperanto dahin. Die totale Freiheit seit den sechziger Jahren führt – unter neuen Bedingungen – dorthin zurück, wo einst die Großväter, die Pioniere der historisch gewordenen Neuen Musik aufgebrochen waren. Wieder enthüllt Musik ihr dionysisch-apollinisches Doppelgesicht. Wieder ist alles im Fluß. Der Glaube an die Allmacht der Ratio, dieser verzweifelte Kraftakt einer ihrer absurden, bedrohten Existenz bewußten Generation, wich dem Vertrauen auf die Gnade des Dionysos – und auf die höchstpersönliche schöpferische Potenz. Durch sie, nicht mehr durch Regel und System, suchen die begabtesten der jungen Komponisten ihre Musik aus der Vereinsamung herauszuführen. Der Wirkstoff Romantik erweist seine zeitlose Kraft.

Deutscher Nachholbedarf

Auf den verschlungenen Wegen der Nachkriegsmusik setzten noch einmal die alten Kulturen der europäischen Mitte die markantesten Richtungszeichen. Wenn wir die Überschau mit dem deutschen Bereich beginnen, so deshalb, weil die Entdeckung Anton von Weberns, der ja hier wurzelt, das temporär entscheidende Ereignis war. Doch läßt sich die Nachkriegsmusik weniger denn je nach Nationen scheiden, und die spezifisch deutsche Entwicklung war eher irregulär. Ihr »Nachholbedarf«, nach der Diffamierung der Moderne im Dritten Reich, erwies sich freilich bald als exemplarisch; denn auch Frankreich, Italien, Amerika entdeckten erst jetzt Schönberg, Webern und Bartók. Seit den fünfziger Jahren übernahmen die wiedererstandenen Donaueschinger Musiktage, die betont fortschrittlich gesinnten Rundfunksender und die uraufführungswilligen Operntheater die Funktion, die einst Berlin als Tummelplatz der experimentellen Weltmusik erfüllt hatte.

»Entartete« traten jetzt erstmals ans Licht. So Boris Blacher und Karl Amadeus Hartmann, denen Goebbels nur wenig Chancen gegeben hatte. Man übertraf sich in Aufführungen Schönbergs und seiner Wiener Schule. Der einflußreichste Lehrer der jungen Generation wurde *Wolfgang Fortner* (geb. 1907), obwohl er selbst gerade erst seinen Durchbruch vom neo-klassischen Toccaten- und Concertino-Komponisten vollzogen hatte. Mit dem Violinkonzert von 1945 begann seine Auseinandersetzung mit Schönbergs Zwölftontechnik. Er hing ihr jedoch nicht skavisch an. Den Weg zur Konzeption eines Musiktheaters, das die Poesie des Wortes – das streckenweise gesprochen beibehalten wird – in eine zugleich expressive wie formal gebändigte Tonsprache zu überhöhen sucht, fand er bei Garcia Lorca (Opern: »Die Bluthochzeit«, »In seinem Garten liebt Don Perlimplin Belisa«). Fortner ist gerade deshalb, weil er in seinem Werk um eine Bewältigung der Reihentechnik, um eine organische Verbindung mit der Tradition ringt (Orchesterphantasie über b-a-c-h), für die neue deutsche Musik mitbestimmend geworden, vor allem als Mentor Henzes.

Olivier Messiaen

Eine ähnlich bedeutsame Rolle spielte in Frankreich, auch mit Bezug auf seinen berühmten Schüler Boulez, *Olivier Messiaen* (geb. 1908). Er gehört als Mystiker und Ekstatiker zu den »unfranzösischen« Erscheinungen, ohne die jedoch der französischen Kultur eine faszinierende Farbe ihres reichen Spektrums fehlen würde. Mit André Jolivet und anderen begründete er schon Mitte der dreißiger Jahre die Gruppe »Jeune France«, die sich unter Berufung auf die geheimen Kräfte der Musik als Sprache und Gefühlsausdruck in Gegensatz zu Strawinskys und Milhauds Neo-Klassizismus stellten. »Ich strebe eine Musik an ... die neues Blut ist, neue bezeichnende Geste, unbekannter Duft, ein ewig wacher Vogel ... eine Musik, die das Ende der Zeiten gestaltet, die Allgegenwart, die verklärten Leiber, die göttlichen und übernatürlichen Geheimnisse; einen theologischen Regenbogen.«

Als Organist der Trinité-Kirche in Paris gab er seit 1921 dieser theosophischen Mystik neuartig erregenden Klang: Vogelstimmen jubilierten aus den Orgelpeifen, rauschhafter Klang trat an die Stelle von Kontrapunkten. Messiaens Katholizismus schwelgt in Sinnenlust. Atonale Ekstasen vertragen sich mit puccinihafter Süße (»Vingt régards sur l'Enfant Jésus« für Klavier, Lieder-Zyklus »Harawi«, »Turangalîla»-Symphonie, 1948, ein kolossalisches Opus mit dem elektronischen Instrument Ondes Martenot). Auch der universalistische Zug von Messiaens Kunst, der Indisches und Peruanisches verarbeitete, und eine franziskanische Naturmystik (Orchesterwerke »Réveil des Oiseaux« und »Oiseaux exotiques«, mit stilisierten Vogelstimmen als motivischem Material) entsprechen Messiaens Katholizität.

Klangrausch und Ekstatik werden im Spätwerk durch ein Ordnungssystem gebändigt, das Messiaen durch eine Modellkomposition (»Modes de valeurs et d'intensités«) und durch die Rhythmuslehre »Technique de mon langage musical« niederlegte. Durch sie schlägt er Brücken zur seriellen Ordnung. Er entwickelte sieben Modi, die, aufgebaut auf der temperierten Halbtonskala, nicht nur Melodik und – durch Übertragung in die Vertikale – Zusammenklänge regeln, sondern auch Tondauer, Dynamik und Anschlagart. Für seine Rhythmus-Modi, die sich nach vorgegebenen metrischen Modellen vergrößern und verkleinern, greift Messiaen auf Hindu-Rhythmen wie Pratâpacekthtara, Gajajhampa und Sârasa zurück. Von der Abenteuerlichkeit des daraus resultierenden Stils mag ein Notenbild aus dem ersten seiner sieben Stücke des »Livre d'Orgue« (1953) einen ungefähren Begriff geben (Seite 592 oben).

Solche rhythmischen Finessen sind als Ordnungsprinzip mit dem hörenden Ohr sowenig wahrzunehmen wie die Kombinationen der Reihentechnik. Messiaens Freunde von der »Jeune France« gingen diesen spekulativen Weg auch nicht mit. *André Jolivet* (geb. 1905) blieb dem ursprünglichen Impetus der Gruppe treu. Seine Musik sucht das Erlebnis des Magischen und Elementaren durch ausgeprägte Rhythmik, wozu Schlagzeug und elektronische Instrumente reichlich herangezogen werden (frühe Klavier-

Olivier Messiaen: »Livre d'Orgue«

stücke »Mana« mit indonesischen Rhythmen, Klavierkonzert, Trompetenkonzert, Ballette). Messiaens Einfluß (auf Boulez, Stockhausen u. a.) erwies sich jedoch als ungleich stärker. Seine Schüler fanden bei ihm eine – wenn auch höchstpersönliche und unnachahmbare – totale Ordnung des Tonmaterials, die Anton Weberns auf anderem Wege gewonnener »totaler Prädetermination« zu ähneln schien.

In den fünfziger Jahren bemächtigte sich junger Komponisten geradezu eine Sucht nach solcher Fesselung der Phantasie. Bei Schönberg und Berg war nur Melos und Zusammenklang durch vorgegebene Reihen fixiert. Nun sollte auch »prädeterminiert« werden, wann Töne zu erklingen hatten (also Rhythmus und Metrum), welchen Instrumenten sie jeweils zugeteilt waren (ausgehend von Schönbergs und Weberns »Klangfarbenmelodie«), selbst die technische Spielart (zum Beispiel pizzicato, mit dem Bogen, mit dem Holz) lief nach einem Reihenplan ab. Nichts sollte mehr dem Zufall überlassen bleiben. Die Freiheit der Phantasie erschöpfte sich in der Vor-Wahl der Reihen. Die Komposition selbst bestand im Vollzug. Der Triumph der Rationalisierung wurde mit der Reduktion kompositorischer Entscheidungsfreiheit auf die eines Automatenbenützers erkauft. Hat er sich entschieden, in welchen Schlitz er seine Münze wirft, so weiß er genau, welches Produkt »herauskommt«. Man nannte die neue Technik totaler Durchorganisation »seriell«, im Unterschied zu der freieren Reihentechnik Schönbergs (obwohl auch sie streng genommen mit dem Wort série = die Reihe bezeichnet werden könnte).

Pierre Boulez

Tatsächlich gibt es einige Kompositionen, in denen jede Note (oder fast jede) solcher Automatik gehorcht, wie Boulez' »Structures« für zwei Klaviere oder Stockhausens frühere, der Elektronik noch ferne Kompositionen. *Pierre Boulez* (geb. 1925) schockierte 1951 selbst die Donaueschinger Avantgarde mit der »Polyphonie X« für Orchester. Hörbare Zusammenhänge hatten sich in ein scheinbar völlig wirres Ohne-Einander von Einzeltönen aufgelöst, die nur auf dem Papier »geordnet« waren, dies aber mit mathematischer Präzision.

Solche »punktuelle Musik« galt einige Jahre hindurch als letzter Schrei. Der Schweizer *Jacques Wildberger* (geb. 1922), der Belgier *Henri Pousseur* (geb. 1929), der Israeli Roman Haubenstock-Ramati (geb. 1919), die Deutschen *Gottfried Michael König* (geb. 1926), *Bernd-Alois Zimmermann* (geb. 1918), Giselher Klebe und Stockhausen übten

130 Das Lincoln Center in New York, links das New York State Theatre, in der Mitte die »Met«, rechts die New Yorker Philharmonie

131 Deutsche Erstaufführung der Oper »Aniara« von Karl-Birger Blomdahl an der Staatsoper Hamburg 1960

132 Elektronisches Studio des Westdeutschen Rundfunks, Köln

sich in der Produktion punktueller und »struktureller« Stücke, die sich wie ein Ei dem anderen zu gleichen begannen.

Die Begabtesten warfen die serielle Uniform am frühesten ab. Boulez spannte in seinem Gesangszyklus mit Soloinstrumenten »Le Marteau sans Maître« (nach René Chars »absurden« Gedichten) noch die Extreme der menschlichen Stimme, Flüstern und Schrei, ins Netz tonaler Prädetermination, lockerte aber zugleich den Griff, indem er dem »gelenkten Zufall« Raum gab. Er eröffnete in seinem späteren Werk dem schöpferischen Abenteuer eine neue Chance. Aleatorische Musik (von alea = der Würfel) fixiert Start und Ziel; wie man die Strecke wählt, bleibt den Interpreten überlassen, sie müssen nur »rechtzeitig« ankommen. In einigen Stücken dieses Genres würfeln die Spieler tatsächlich um ihr Notenmaterial, oder aber es trifft der Dirigent die Wahl zwischen mehreren Partitur-Tafeln.

In der mit elektronischer Tonerzeugung arbeitenden, lebendige Interpreten durch rotierende Lautsprecher ersetzenden »Poésie pour pouvoir« (wiederum nach Char) hatte Boulez das Wort in Silben und Urlaute zerlegt, durch den Wolf gedreht und in serielles Stammeln »rationalisiert«. Doch neigt auch er, der als Puritaner der seriellen Musik begonnen hatte, neuerdings zu einer klanglichen Freizügigkeit, die sich an Debussys systemloser Feinhörigkeit orientiert. »Es ist von grundlegender Wichtigkeit«, bekannte Boulez 1963, »das Potential des *Unbekannten* zu bewahren, das in einem Meisterwerk

Pierre Boulez, Elektronische Musik

In der elektronischen Musik haben wir jeden Ton selbst zu bilden. Es geht nicht darum, natürliche Töne zu kopieren: die meisten darunter sind so äußerst komplex, daß eine Synthese praktisch unmöglich ist; andererseits ist schon allein der Gedanke schauderhaft, einen Ersatz für die natürliche Klangwelt schaffen zu wollen: er wird weder die Qualität der traditionellen Instrumente noch die spezifischen Eigenschaften haben, die man mit Recht von den neuen Mitteln erwartet. Das ist die Klippe, an der all die Spezialisten des elektronischen Instrumentenbaus scheitern: bastardisch, geschlechtslos können die elektronischen Instrumente das wahre Problem der Klangfarben im »künstlichen« Bereich überhaupt nicht anrühren.

Es gibt verschiedene Methoden, einen Klangkomplex herzustellen: entweder geht man von Sinustönen aus, die unter adäquaten Bedingungen zu einem einzigen Komplex übereinandergeschichtet werden, oder man geht von definierten Bandspektren aus, indem man solche »Rauschfarben« mehr und mehr destilliert, bis sie zu einem wirklichen Ton werden. Ohne auf die verschiedenen Erfahrungen mit Klangkomplexen einzugehen, wollen wir uns mit einer allgemeinen Ausgangsposition der Versuche befassen, soweit es die in der bisherigen Klangkomposition effektiv erreichten Ergebnisse betrifft. Die erste Frage lautet: Kann man von den Proportionen der Natur bzw. der Obertonreihe abgehen? Und kann man sich auf beliebige Teiltonproportionen einlassen, die der Komponist ausgewählt hat? Wendet man ausschließlich die eine oder die andere Methode an, so läuft man Gefahr, entweder pseudonaturalistische Ergebnisse zu erhalten, oder aber die Klangkomplexe erscheinen nicht als homogen *einzelner* Ton. Im Augenblick scheint ein methodischer Empirismus das sicherste Mittel zu sein, befriedigende Ergebnisse zu erreichen; ein Empirismus, der die Interferenzerscheinungen zwischen einem System unharmonischer und den Konjugationen harmonischer Verhältnisse auswertet. *Aus dem Aufsatz »An der Grenze des Fruchtlandes«, 1955*

beschlossen liegt ...« Seine Karriere, die 1966 mit der Eroberung des Bayreuther Allerheiligsten, als Dirigent des »Parsifal«, einen als sensationell gewerteten Gipfel erklomm, scheint die Zeitlosigkeit von »Romantik« zu bestätigen.

Hans Werner Henze

Noch spektakulärer, auch durch die Publizität eines ausgesprochenen Theaterkomponisten stärker ins öffentliche Bewußtsein gebracht, zeigt sich dies bei dem gleichaltrigen Westfalen *Hans Werner Henze* (geb. 1926). Als er in der Lehre Fortners und später Leibowitz' seinen persönlichen Nachholbedarf mit verblüffend frühmeisterlicher Virtuosität befriedigt und sich in Strawinskys und Schönbergs Techniken gleich tüchtig gezeigt hatte (Violinkonzert, Oper für Schauspieler »Das Wundertheater«, Manon-Oper »Boulevard Solitude«, Ballette und Kammermusik), galt er als unbestrittener Kronprinz der jungen deutschen Avantgarde, allen Altersgenossen eindeutig an Begabung überlegen. Aber während diese Webern und Messiaen entdeckten und in die serielle Zwangsjacke schlüpften, zog sich Henze für etwa zwei Jahre aus dem Betrieb zurück. In der Einsamkeit von Ischia, später in Neapel, erlebte er das Wunder der Italianità in der Musik, der Melodie (ein Wort, das, ernst gemeint, in avantgardistischen Kreisen absurder wirkte als jedweder Neo-Dada), dem Gesang als spontanem Ausdruck des Menschlichen: in der Oper von San Carlo, wo er Bellini und Verdi bewundern lernte, auf den heißen Plätzen, wo Banda und Straßensänger lärmten.

Henze brachte als Frucht seines Italienerlebnisses die monströse Partitur seiner Oper »König Hirsch« mit (nach einem tiefsinnigen Märchen Carlo Gozzis, später gekürzt und mit dem Originaltitel »Il Re Cervo« herausgegeben). Die Uraufführung 1955 in Berlin offenbarte einen ganz neuen, von der kargen Reihenabhaspelei der typischen Seriellen weltenweit entfernten Stil. Klang wird wieder zum Abenteuer, »Oper« mit Arien, Ensembles und Chor als Grundform alles musikalischen Theaters und Gesang als ihre Seele erfahren. Henze gewann der Atonalität blühende Sinnlichkeit und den für die Moderne, zumal für die Zwölftonmusik, bezeichnenden instrumentalen Linien Kantabilität ab, dem Orchester eine Klangüppigkeit, die geradezu an spätromantische Orchesterpolyphonie gemahnte (aus der Partitur wurde später eine Wald-Symphonie abgezogen). Liebesduette und Canzonen lauschten dem Geheimnis des Melodischen nach, nicht in »Anlehnung« an klassizistische Modelle, sondern Archetypisches anzielend.

Hans Werner Henze, Technik ist nicht Qualität

Ich war der erste in der deutschen Nachkriegsgeneration, der sich mit Dodekaphonie beschäftigte, heute tun es alle, oft bevor sie das Schreiben gelernt haben, da kann ich mir »Abtrünnigkeit« vielleicht gestatten. Ich bin nicht positionslos deswegen, weil ich mich bei der Idee langweile, Mittel anzuwenden, die ich schon angewandt habe, oder solche, die allgemein angewendet werden, vom Filmkomponisten bis zum Theorieschüler, und die verbraucht sind. Auch glaube ich nicht, daß es, wie man oft sagen hört, eine verbindliche Sprache unserer Zeit gäbe: eine Methode ist keine Sprache, und die Anwendung einer neuartigen Technik sagt über die Qualität des Musikstücks, auf das sie angewendet war, überhaupt nichts. Jede Methode kann jeden Augenblick durch künstlerischen Willen annulliert werden.

Darin bin ich schwankend und positionslos, daß ich zu Beginn einer Arbeit nie einen

Ein Gitarren-Lied des Checcho mag die expressive Nuancierung dieses König-Hirsch-Melos andeuten:

Zugleich sagte sich Henze – wie die meisten jungen Komponisten ein williger Interpret seiner selbst – auch mit dem Wort von dem »armselig entschlossenen, unjungen Vormarsch der neuen Akademie« (nämlich der seriellen) los, ironisierte deren »in das Grau trockener Algebra« geratene Musik und das »Ennui der Dodekaphonie«. Was auch die verbissensten Progressivisten als Fragwürdigkeit allen Fortschritts empfanden, indem sie in irrationale Absurdität flüchteten, formulierte Henze so: »Ein Schritt in unbekanntes Gebiet muß nicht immer auf technischer Grundlage erfolgen und muß auch nicht unbedingt nach ›vorwärts‹ gerichtet sein . . . Wer kann sagen, wo ›vorwärts‹ liegt?« Er bekannte sich zu den »alten ewigen Schönheiten« aller Musik, zu »jenen alten Requisiten, die da heißen: Idee, Phantastik, Erregung«.

Ein höchst »romantisches« Programm also. Henze folgte ihm jedoch nicht restaurativ, sondern mit einer verschwenderisch reichen Entfaltung aller technischen Mittel, die das Jahrhundert anbot. Er schrieb auch künftig noch konzertante Werke (so die »Nachtstücke und Arien« für Sopran und Orchester, die »Kammermusik 1958«, nach Hölderlin, die »Antifone« für Orchester, die mit dem Widerpart von streichenden, blasenden und rhythmischen Instrumenten dem zeitgemäßen Gedanken einer »Raummusik« nachgehen und Symphonien). Das Schwergewicht des Schaffens verlagerte sich jedoch ganz aufs musikalische Theater.

Von Henzes Balletten ist »Undine« (1958) das bedeutendste, eine mittelmeerische Variante der erzromantischen nordischen Fabel. Die Wahl der Opernsujets erscheint auf den ersten Blick wahllos. Dem »Prinzen von Homburg« (nach Kleist), einem Tribut an die Literaturoper, folgte die Kammeroper »Elegie für junge Liebende«, ein psychologisches Künstler-Drama, dessen Libretto von Wystan Hugh Auden und Chester Kallman geschrieben wurde. »Der junge Lord«, angeregt von einer Erzählung Wilhelm Hauffs – das Libretto stammt von Ingeborg Bachmann – macht Opera buffa mit allen

Plan habe, eine vorgefaßte Meinung, oder eine Theorie, nach der ich mich richte. Ich denke nicht so niedrig von der Musik, als daß ich mir einbilde, mehr zu wissen als sie. So ist mir bei jeder neuen Komposition alles schwierig, problematisch, bis ich eine Möglichkeit gefunden habe, nennen Sie es von mir aus eine Technik, in der ich mich klar ausdrücken kann: Aber der Wert dieser Technik erlischt am Ende der Komposition, einige Erfahrungen werden vielleicht weitergetragen, aber sicher werden in der nächsten Arbeit andere Probleme auftauchen als ich erwarte. – Es ist eigentlich unnötig, diese Mitteilungen zu machen, aber in Betracht der in Deutschland zur Zeit üblichen Mode, die Arbeit der Musiker nach Richtlinien zu beurteilen, ja vielleicht sogar zu beeinflussen, sieht man sich zu einer Äußerung gezwungen. Ich möchte mit meiner Musik gern bei den Menschen sein, aber bitte weit entfernt von konformistischen und tiefgründigen Clubs. Meine Sicherheit liegt in meinem Schwanken. *Aus: Essays, 1964*

ihren legitimen Reizen (und mit hintergründiger Dämonie) lebendig. In seiner jüngsten »Opera seria mit Intermezzo«, den »Bassariden« (1966 bei den Salzburger Festspielen uraufgeführt), setzt sich Henze erstmals mit dem antiken Mythos auseinander; das kompositorisch kunstvolle Stück leidet unter der geschmäcklerischen Esoterik von Auden-Kallmans, Euripides modernisierendes, Libretto; die an Bergs »Wozzek« orientierte Bindung an absolut-musikalische Formen (statt Akte gibt es vier »Sätze« einer imaginären Symphonie) bleibt ebenfalls bloße Fiktion.
Man hat Henze mit Richard Strauss verglichen, was von den Radikalisten nicht schmeichelhaft gemeint war, sondern seine angestrebte Versöhnung mit dem Hörer als Epigonentum abwerten sollte. Treffender ist wohl der Vergleich mit Alban Berg. Auch Henze strebt Synthese, ein Kontinuum alter Formen und neuer Inhalte, Musik als Sprache an, mit Gaben der Phantasie und einer technischen Virtuosität, die an Berg gemahnen. Vor den Gefahren einer »zu leichten Hand« schützt ihn starkes, unabhängiges Verantwortungsgefühl. Als einer der wenigen jungen Komponisten nach dem zweiten Weltkrieg hat er einen unverwechselbaren Persönlichkeitsstil abseits von allem Doktrinären errungen.
Schwieriger löste sich *Giselher Klebe* (geb. 1925) aus seriellen Fesseln. Er begann, Schüler Blachers, mit reiner Instrumentalmusik (»Zwitschermaschine« für Orchester, von einem Bild Paul Klees angeregt). In den frühen Opern (»Die Räuber«, nach Schiller, »Alkmene«, nach Kleists »Amphitryon«) suchte er klassisches Dichterwort durch Reihentechnik zu aktualisieren. In seiner letzten Oper »Jacobowsky und der Oberst« (1965, nach Franz Werfel) verschwindet Technik hinter verstärktem Aussagedrang. Auch Klebe, spröder als Henze, scheint sich der Verständigung mit dem Hörer zuzuwenden, ohne sich ihm anzubiedern. *Heimo Erbse* (geb. 1924, Orchesterwerke, Ballette, Oper »Julietta«, nach Kleist), *Aribert Reimann* (geb. 1936) sind ebenfalls Blacher-Schüler.
Trotz der lukrativen Lockung von Funk- und Festival-Tantiemen ließen sich keines-

Hans Werner Henze, Wo stehen wir heute?

Der Dichter Dylan Thomas hat gesagt, die einzige würdige Position, die ein Künstler einnehmen könnte, sei zwischen zwei Stühlen. Aus Unsicherheit und Mißtrauen gegen bestehende Ordnung hervorgehende Werke sind, so fragwürdig es vielen klingen mag, oft voll Kunst. Wissenschaft ist eine attitude, Kunst sollte es nicht sein. Wie im Leben, ist auch in der Kunst ein starkes Bedürfnis nach Sicherung vorhanden, nach dem Entweichen aus Einsamkeit, aber Kunst machen kann nicht ruhevoll sein, und weder in Korporationen noch in der Adaption von Techniken anderer liegt ein Fluchtweg. Wenn einige sich zusammenschließen, ihr Wirken gegenseitig scharf kritisch beobachtend, kameradschaftlich sich beratend, entsteht ein Bauhaus. Ein neuer Stil formt sich, in Diskussionen und Lektionen erläutert, entwickelt, bekanntgegeben, nachgemacht, in einer nahezu kriegerischen Haltung gegen »außen« verteidigt, so, als ob Musik nicht ungeachtet aller Widerstände von selbst zu den Menschen käme, wenn sie zu ihnen will.
Es ist nicht wahr, daß Musik so sein muß, wie zuweilen »ein für alle Mal« festgesetzt wird. Niemand hat den Beweis, niemand kann es sich erlauben. Richtlinien herauszugeben, die es dem Befangenen schwerer machen, sein eigenes Ausdrucksmaterial zu erfinden. Wir leben in den Gründerjahren der modernen Kunst. Der neue Bourgeois in seiner Stahlrohrwohnung wird etapiert durch die freie Existenz einer nicht »gesetz-

falls alle jungen Komponisten in den Sog der seriellen Experimentalmusik der fünfziger Jahre ziehen. Den Österreicher *Gerhard Wimberger* (geb. 1923) bewahrt selbst dann, wenn er sich dem Neuesten vom Tage zuwendet, verspielter Charme vor Blutleere. Seine Oper »Dame Kobold« macht den witzigen Versuch, calderonsche Situationskomik mit der kühlen Eleganz von Modern Jazz zu verbinden. Unabhängig ging der Orff-Schüler *Wilhelm Killmayer* (geb. 1927) seinen Weg, der über Lorca-Vertonungen und Jazz-Experimente zu einem an die Madrigalkomödie der Renaissance anknüpfenden, Tanz und Chorgesang verquickenden Musiktheater (»La Buffonata«) führte. *Rudolf Kelterborn* (geb. 1931), aus der Fortner-Schule hervorgegangen, entwickelte sich zum Dramatiker (Opern »Die Errettung Thebens«, »Kaiser Jovian«, 1967).

Serielle Internationale

Daneben verband die »Situation nach Webern« junge Komponisten der ganzen Welt zu einer seriellen Internationale. Der Ungar *György Ligeti* (geb. 1923), der Israeli *Roman Haubenstock-Ramati* (geb. 1919, zuletzt Kafka-Oper »Amerika«, 1966), der Engländer *Humphrey Searle* (geb. 1915, Webern-Schüler, Dostojewsky-Oper »Tagebuch eines Irren«, bei deren Vokalpart er alle seriellen Dogmen über Bord warf), die Polen *Witold Lutoslawski* (geb. 1915, Trauermusik von 1958), Pionier der Moderne in seinem Land, und *Krzystof Penderecki* (geb. 1933), dessen Lukas-Passion mit ihrer aus gebändigtem Schrei, Gregorianik und Reihentechnik vielfältig gespeisten katholischen Ekstatik 1966 auch in Deutschland tiefen Eindruck hinterließ, die Griechen *Nikos Skalkottas* und *Iannis Xenakis* (geb. 1922), dem eine von geometrischen und physikalischen Formeln bestimmte Musik und mit seinem »Terrêtektorh« eine Art Publikum und Spieler verzahnende Raummusik vorschwebt, die Schweden *Bo Nilsson* (geb. 1937) und *Karl-Birger Blomdahl* (geb. 1916, Oper »Aniara«, utopische Tragödie eines im All verirrten

mäßigen« Musik, ein nicht-abstraktes Bild, und es befremdet ihn schon das Abweichen beispielsweise von der Klanglichkeit der Dodekaphonie, die er sich gerade erst »zu eigen« gemacht hatte. Denn die Freiheit, die vor langer Zeit in der Dodekaphonie lag, ist nicht mehr frisch, als Mode ist sie schon zum Ennui geworden. Das Wundern und Abenteuern muß weitergehen, es gibt kein Ausruhen. Ein Schritt in unbekanntes Gebiet muß nicht immer auf technischer Grundlage erfolgen und muß auch nicht unbedingt nach »vorwärts« gerichtet sein (wer kann sagen, wo »vorwärts« liegt?). Er könnte sogar mit Mitteln unternommen werden, die im Nebel, in der Kurzsichtigkeit der Epoche, verbraucht erscheinen, oder »nutzlos«. Ein Musiker, Erforscher der Musik, muß sich selbst erforschen, in sich hineinhorchend, nicht in den Wind einer »Richtung«. Humorlosigkeit will es oft, daß ein Abweichen von der Konvention wie ein verdächtiges, unmoralisches Tun angesehen wird, so, als sei Musik eine militärische Einrichtung, deren Geheimnisse nicht preisgegeben werden dürfen.
Aber Musik wird nicht von Gruppen geschrieben, sondern von Einzelpersonen, die um so mehr wirken, je stärker in ihrer Arbeit die Spuren von Konformismus sich verringern. Sie bestimmen, was Musik ist. Da gibt es keine Vereinfachung, kein Ausweichen, weder vor noch hinter dem Spiegelglas. Die Frage »Wo stehen wir heute?« kann man nur so beantworten: »Wir« stehen alle auf dieser Erde, aber jeder an einer anderen Stelle, jeder für sich allein. *Aus: Darmstädter Beiträge zur Neuen Musik, 1958*

Weltraumschiffes), die Deutschen *Hans Ulrich Engelmann* (geb. 1921), *Bernd-Alois Zimmermann* (geb. 1918, Orchesterstücke, Oper »Die Soldaten«, 1965), *Gottfried Michael König* (geb. 1926) und *Hans Otte* (geb. 1927), der Spanier *Cristóbal Halffter* (geb. 1930), *Mauricio Kagel* (geb. 1931), die Italiener *Bruno Maderna* (geb. 1920), *Luciano Berio* (geb. 1925), der Belgier *Henri Pousseur* (geb. 1929), der Jugoslawe *Milko Kelemen* (geb. 1924), die Amerikaner *Lukas Foss* (geb. 1922), *David Tudor* (geb. 1926) und *John Cage* (geb. 1912) – sie stecken das Panorama der sogenannten Avantgarde ab, dessen Zentrum – mit verschiedenartigsten persönlichen Varianten – die experimentelle Auseinandersetzung mit der seriellen Technik bildet. Der Amerikaner *Gunther Schuller* (geb. 1925) machte mit seiner 1966 in Hamburg (in englischer Sprache!) uraufgeführten Oper »The Visitation«, nach einem Motiv von Franz Kafka, auf sich aufmerksam, vor allem durch den Versuch, klassische Zwölftontechnik mit Modern Jazz zu verbinden. In das übliche Symphonieorchester ist eine Sieben-Mann-Combo eingebaut, die alle historischen Jazz-Stile, bis zur Improvisation über Ausschnitte aus Zwölfton-Reihen, beherrschen muß.

Einige Namen verdienen Hervorhebung, auch wenn sich heute noch nicht absehen läßt, was als bloße Tagessensation wieder verschwinden und was in die jüngste Musikgeschichte eingehen wird. *Luigo Nono* (geb. 1924), Schwiegersohn Arnold Schönbergs, schockierte in den fünfziger Jahren mit Kompositionen, die aus dem Streichorchester ein klopfendes, kratzendes, heulendes Schlagwerk machten, aber hinter allem Provokativem doch das leidenschaftliche Engagement spüren lassen: für das Abenteuer eines von allen Konventionen befreiten Klanges wie für die Freiheit des Individuums, für die er in Vokalkompositionen wie »Il canto sospeso« (1956, nach authentischen Abschiedsbriefen zum Tode verurteilter Widerstandskämpfer) und in der unopernhaften, aus In-Tyrannos-Empörung und zorniger Ironie geborenen Oper »Intolleranza« (1961) – eigentlich einer szenischen Kantate – leidenschaftlichen Ausdruck fand. Elektronische Klänge werden mit herkömmlich produzierten gemischt. Der Experimentator Nono, der Weberns »punktuelle« Ton-Isolierung auch auf die dichterische Sprache ausdehnt, sie dadurch in sinnentleerte Silben auflösend (ähnlich wie Boulez dies tat), ist dennoch identisch mit dem Lyriker Nono, der sich selbst in der asketischsten Zucht seiner seriellen Periode nicht ganz verleugnete.

Präparierte Klaviere, Raummusik, Aleatorik

Dem Amerikaner John Cage zu glauben, daß seine Skurrilitäten ernsthaft gemeint sind, fällt nicht leicht. Er präpariert Steinway-Flügel, indem er in die Saiten Senflöffel und Wäscheklammern steckt, und traktiert das Instrument, zwischendurch auf Kinderpfeifen trillernd, bald von oben, bald von unten. Seine Musik für »Präparierte Klaviere« und seine dadaistischen Musikszenen, in denen der Komponist (übrigens einstiger Schönberg-Schüler) als Leiche aufgebahrt erscheint, haben Cage, dem *enfant terrible* der Avantgarde, einiges Ansehen verschafft, insbesondere in Deutschland. Und da Cage seine Clownerien mit chinesischer Philosophie untermauert, hat er es hier, wo man grundsätzlich tiefschürft, leichter als etwa in England, wo Konzerte für Gießkannen und Preßluftbohrer mit angelsächsischer Freude am Kauzigen als bloßer Spaß genommen werden.

Aber auch Cages Eulenspiegeleien treffen einen Nerv der Zeit. In der seriellen Ära wucherten Stücke mit Bezeichnungen wie Mutationen, Dimensionen, Spiralen, Realisationen, Kontakte und dergleichen, Titel, die über Musikalisches wenig aussagten, aber Assoziationen, besonders zur Physik, wecken sollten. Man braucht die krampfhaft pseudowissenschaftlichen Kommentare, mit denen die Komponisten ihre Werke zu kommentieren pflegen, nicht ernster zu nehmen als es wirkliche Wissenschaftler in ihren entlarvenden Kritiken des seriellen Jargons getan haben. Aber die Bemühungen um Halt bei den exakten Wissenschaften sind für die »Situation nach Webern« bezeichnend. Sie entsprechen dem Hang zur totalen Organisation und Prädetermination wie auch der Neigung junger Komponisten, das »Experiment« nicht mehr nach Laune, sondern mit der Systematik zu behandeln, wie sie in Universitäts-Instituten selbstverständlich ist. Bachs nüchterne »Componirstube«, die noch den Meistern der neuen Sachlichkeit als höchst fortschrittliches Ideal gegenüber dem luftigen Reich romantischer Inspiration erschien, weicht dem wohlinstallierten Klanglaboratorium.

Karlheinz Stockhausen (geb. 1928) vertritt solche Technik- und Wissenschafts-Musik mit internationaler Ausstrahlung. Er war Schüler von so verschieden gearteten Meistern wie Frank Martin, Messiaen, Milhaud und dem Elektroniker Herbert Eimert. Schon in den ersten Werken, mit denen er besonders in Donaueschingen hervortrat, hatte er sich gänzlich von allem, was Neue Musik hieß, abgewandt. Die »Gruppen für drei Orchester« (jedes erfordert einen eigenen Dirigenten) versuchen »Raummusik« zu verwirklichen. Stockhausen träumt utopisch von neuartigen Konzertsälen, in denen der Zuhörer, auf einem Steg im Mittelpunkt sitzend, von allen Seiten, auch von unten her, in einer Tonbrause gebadet wird. In späteren Kompositionen behandelt Stockhausen Spieler und Sänger, als seien Stradivari-Geigen und Koloratur-Kehlköpfe nicht Hochzüchtungen jahrhundertealter Kultur, sondern ein Primitiv-Instrumentarium, das es erst zu erforschen gilt. In den »Momenten« für Sopransolo, Chorgruppen und dreizehn Instrumentalisten, wie auch in anderen Stücken des Genres, müssen die Spieler in die Hände klatschen und mit den Fingern schnalzen, die Sängerin kichern, quieken und stöhnen. Musik wird zum Geräusch degradiert. Von hier aus ist die spätere Konzentration Stockhausens auf die elektronische Klangerzeugung verständlich. Denn das technische Studio bewirkt die gewünschten Effekte viel präziser. Im »Gesang der Jünglinge im Feuerofen« (1956) kombiniert Stockhausen menschlichen und synthetischen Laut.

Stockhausen hat mit deutscher Gründlichkeit den Beziehungen von Raum und Zeit, von Musik und Geräusch nachgeforscht. Solche Verwissenschaftlichung, Totalreglementierung und Technisierung der Komposition suchte sich Ventile. Man flüchtete in den Zufall – aleatorische Stücke überlassen Interpreten Wahlfreiheit, oft unterwirft sich auch schon der Produzent Zufallsmanipulationen, so wenn etwa Unebenheiten auf dem Schreibpapier den Platz der Noten bestimmen (Cage) – oder in die bewußte Absurdität. Auch hier machte Stockhausen von sich reden: In einem Kölner Theaterstudio provozierte er mit einem Anti-Stück namens »Originale«, das sich aus Lallen, Kinderspiel, sinnentleertem Wortsalat und »Happenings« (einer wirft weiße Bohnen ins Publikum usw.) zusammensetzte. Mauricio Kagel läßt unter dem Titel »Sur Scène« Mimen, Sänger und drei Instrumentalisten als intellektuelle Clowns albern. Wie überhaupt die geheime Melancholie des Clowns (auch Henze gibt ihr im »König Hirsch« Raum) zum legitimen Ausdruck einer Generation wird, die, nachdem sie erlebt hat, wohin Zweckdenken führte, den Glauben an Vernunft und Fortschritt verloren hat.

Kult des Sinnlosen als umgekippte Ratio, gelenkte Verrücktheit als Bewältigung des Zeitalters der Angst – der Dramatiker Friedrich Dürenmatt hat in seiner schwarzen Komödie »Die Physiker«, wo er Wissenschaftler vor ihrer eigenen Gefährlichkeit ins Irrenhaus flüchten läßt, eines der sinnfälligsten theatralischen Gleichnisse geschaffen. Daß der musikalische Neo-Dadaismus und Neo-Surrealismus eigentlich ein Erbe der Großväter ist, scheint nicht zu stören, obwohl die Originale, so der dadaistische Klassiker Max Ernst, nur Spott für seine Epigonen haben: »Dada war eine Bombe, kann man sich irgend jemand vorstellen, der fast ein halbes Jahrhundert später nach der Explosion einer Bombe sich damit abgibt, ihre Splitter zu suchen, sie zusammenzukitten?«

Elektronische Klänge

Wirkliches Neuland ist hingegen das Reich der elektronischen Klänge. Die mechanische Wiedergabe der Musik hat eine alte Geschichte. Mozart schrieb für eine Orgelwalze, Beethoven eine seiner groteskerweise erfolgreichsten Kompositionen, die »Schlacht von Vittoria«, für Joh. Nep. Mälzels »Panharmonicon«. Roboter, die schachspielen, tanzen und singen können, faszinierten das aufgeklärte 18. Jahrhundert und Romantiker wie E. T. A. Hoffmann, dessen »Automate« Olympia in Offenbachs Oper noch einen Widerschein der Roboter-Dämonik ausstrahlt. Solange die Technik in den Kinderschuhen steckte, konnten die Musikmaschinen keine ernstliche Attraktion für Künstler bieten: Was elektrisches Klavier und Orchestrion von sich gaben, war doch nur Nachahmung, und dazu ungenügende. Die umstürzlerischen Manifeste der italienischen Futuristen und Bruitisten, Russolos »Intonarumori« konnten noch keine Breschen für den Durchbruch von Maschinenmusik schlagen. Die Maschinen funktionierten zu schlecht. Auch die elektrodynamische Orgel des Amerikaners Thaddeus Cahil (1902), das noch vor dem ersten Weltkrieg entwickelte Aetherophon des Russen Leon Theremin und des Deutschen Jörg Mager Sphärophon und Partiturophon aus den zwanziger Jahren blieben, obwohl bereits elektronisch arbeitend, bloße Geräuschkopierer ohne künstlerische Folgen.

Karlheinz Stockhausen, Musik im Raum

In der elektronischen Musik »Gesang der Jünglinge« machte ich den ersten Versuch, die Schallrichtung und die Bewegung der Klänge im Raum in die Komposition einzubeziehen und als eine neue Dimension für das musikalische Erlebnis zu erschließen. Das Werk ist für fünf Lautsprechergruppen komponiert, die rings um die Hörer im Raum verteilt sein sollen. Von welcher Seite, mit wie vielen Lautsprechern zugleich, ob mit Links- oder Rechtsdrehung, teilweise starr und teilweise beweglich die Klänge und Klanggruppen in den Raum gestrahlt werden: das alles ist für das Verständnis dieses Werkes maßgeblich. Die Uraufführung fand am 30. Mai 1956 im großen Sendesaal des Kölner Funkhauses statt. Heute gibt es schon eine ganze Reihe elektronischer Raum-Kompositionen.

So stark dieses Erlebnis einer ersten Raum-Musik auch war, so zeigte sich doch von Anfang an die Schwierigkeit, diese Musik in einem Raum vorzuführen, der für ganz andere Zwecke gebaut wurde. Es müssen neue, den Anforderungen der Raum-Musik angemessene Hörsäle gebaut werden. Meinen Vorstellungen entspräche ein kugelför-

Als ästhetische Vorstufe wichtig sind die Geräusch-Experimente des in Amerika lebenden Italo-Franzosen *Edgar Varèse* (1885–1965). Varèse, auch als Gründer der ersten Komponistenvereinigung der USA verdienstvoll, war Mathematiker und Musiker zugleich. Er suchte eine Verbindung von Technik und Tonkunst, ausgehend davon, daß »ganze Symphonien von neuen Tönen ... der industriellen Welt« einen »Teil unseres täglichen Bewußtseins« bilden. Schon in »Arcana« (1927) benützte er das symphonische Orchester als Monstreschlagzeug. Varèses Hauptwerk »Ionisation« (1931) – ein Begriff aus der Physik – organisiert 41 Instrumente (meist perkussive, aber auch Klavier, Sirenen und Amboß) zu einer rhythmisch geordneten Geräuschsymphonie. Das Stück gilt als Markstein auf dem Wege zur elektronischen Musik, mit der sich Varèse später ebenfalls beschäftigte.

Aber erst mußte sich die elektronische Technik der Tonerzeugung mit der von Tonband und Lautsprecher und mit der geistigen Bereitschaft zur Erforschung des Geräusches verbinden, damit sich elektronische Musik als künstlerisch anspruchsvolle neue Dimension entfalten konnte. Man hat zu unterscheiden zwischen elektrischen Instrumenten (dazu gehört auch das altmodische elektrische Klavier) und elektronischen. Diese erzeugen den Ton nicht mechanisch, sondern in der Elektronenröhre. »Klang« ist kein elementarer Begriff mehr, sondern eine Kombination mehrerer Töne, deren Zelle der Sinuston ist: ein Homunkulus, der in der Natur nicht vorkommt, sondern in der »Retorte« der Elektronenröhre produziert wird. Der Klang wird also »komponiert«; je nachdem, welche Obertöne man aussiebt, gewinnt man die gewünschte Klangfarbe. Deren Spektrum ist schier unerschöpflich.

Die Elektronenröhre »kann alles«: Orgelklang ersetzen (Elektroneninstrumente sind viel billiger und, da sie statt Pfeifen nur Lautsprecher haben, handlicher als die ehrwürdige Orgel), Streich- und Blasinstrumente nachahmen (so die populären Elektronien usw.), sie kann eine phantastische, »unerhörte« tönende Aura beschwören, weshalb sich Tonfilm und Hörspiel gern elektronischer »Geräuschkulisse« bedienen. Durch Manipulation mit Tonbändern kann man Schälle, Töne und Klänge kombinieren, ein und denselben Sänger mit sich selbst Duette und Quartette singen lassen, Stimme und Klang durch Verzögerung und Beschleunigung, durch Zerhacken und Montieren, durch

miger Raum, der rundum mit Lautsprechern versehen ist. In der Mitte dieses Kugelraumes hinge eine schalldurchlässige, durchsichtige Plattform für die Hörer. Sie könnten von oben, unten und von allen Himmelsrichtungen eine für solche genormten Räume komponierte Musik hören. Die Plattform wäre über einen Steg erreichbar.

So ist Akustikern und Architekten eine Aufgabe gestellt, die keine Spielerei mit Zukunftsträumen wäre, sondern eine dringende Lösung der gegenwärtigen Schwierigkeiten. Zum Glück haben sich seit der ersten Veröffentlichung dieser Gedanken junge Architekten mit der gestellten Aufgabe vertraut gemacht.

Befänden sich in jeder größeren Stadt solche Räume, so bekäme auch das gemeinschaftliche Hören in Musikhallen, im Gegensatz zum Radiohören, wieder einen neuen Sinn. Die bisher übliche Konzertpraxis würde – was das Hören elektronischer Raum-Musik betrifft – von einer Form abgelöst, die dem Besuch von Bilder-Galerien entspräche. Es gäbe permanente Programme, die periodisch wechselten, und man könnte zu jeder Tageszeit das elektronische Programm hören.

Aus dem Aufsatz »Musik im Raum«, 1959

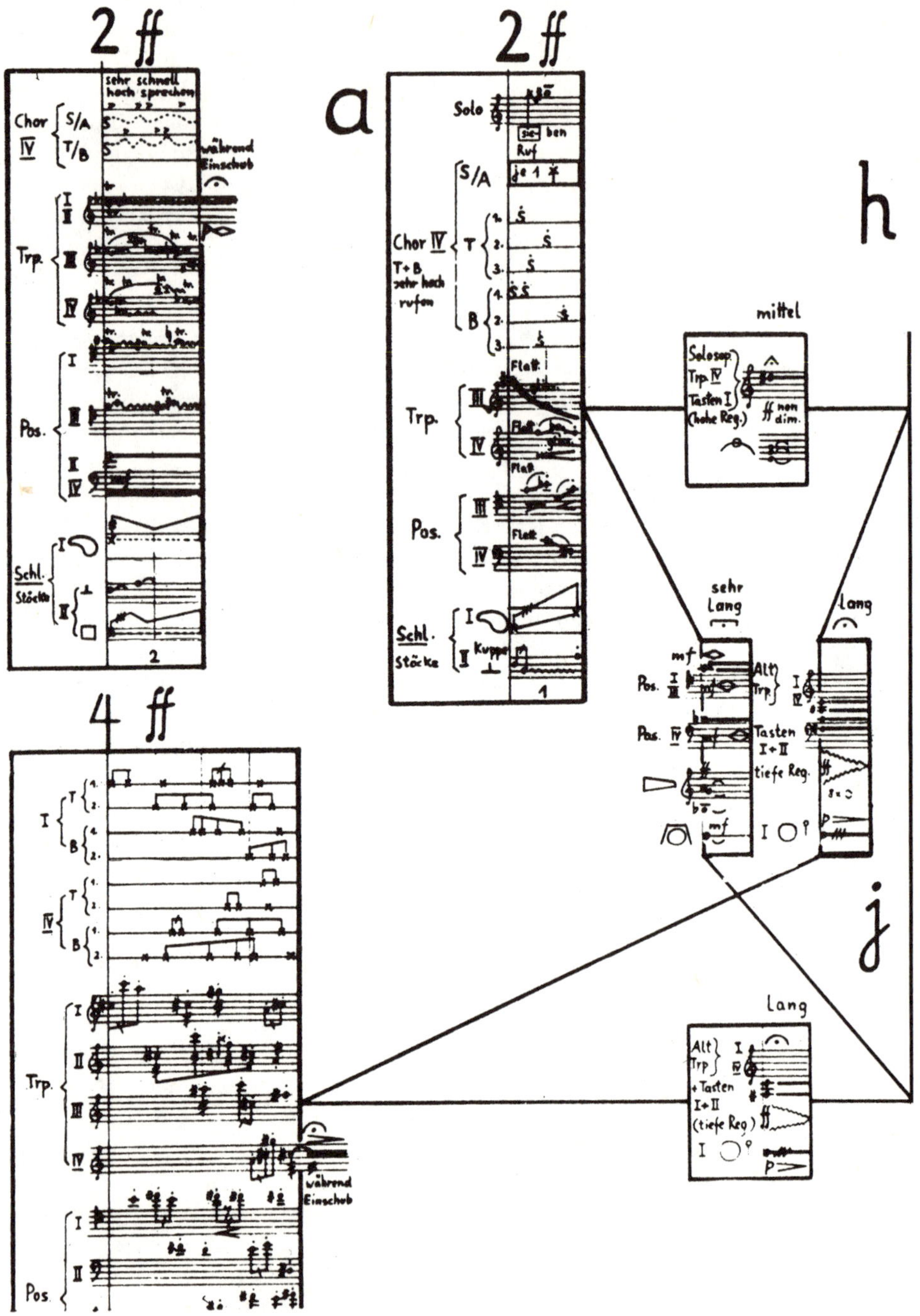

Aus Karl Heinz Stockhausen, Momente

Schallräume verfremden. Der Komponist, der zum Toningenieur wird, gebietet im Reich der Klänge als ein moderner Prospero über Geister und Dämonen, über Ariel und Caliban.

Elektronische Musik will jedoch mehr mit Geist als mit Geistern zu tun haben, nicht dienende »Kulisse« sein, sondern eben: Musik. Ihr Geburtstag fällt ins Jahr 1954. Damals wurde im Kölner Funkhaus zum erstenmal ein Programm mit elektronischen Kompositionen gesendet. Seither haben sich in allen großen Rundfunkstationen elektronische Studios etabliert, viele Komponisten sich darin betätigt. Die herausragenden Werke wurden schon erwähnt. Sie ästhetisch werten zu wollen, verbietet sich angesichts des notwendigerweise rein experimentellen Charakters. Ob die Versuche, den elektronischen Klangbereich seriell zu ordnen (Stockhausen, Boulez, Nono) wie in der mit konventionellen Tonerzeugern arbeitenden Musik, dem Vertrauen in Gehör und Phantasie weichen werden, ist eine Frage, deren schöpferische Beantwortung durch die Furcht vor »bloßer Geräuschkulisse« hinausgezögert wird. Gerade dazu will elektronische Musik nicht dienen, jedenfalls nicht primär. Daher auch die gewollte säuberliche Trennung von der »Musique concrète«, deren Pionier der Franzose *Pierre Schaeffer* ist. Sie speichert »konkrete« Geräusche, vom Brummeln einer Hummel bis zu Maschinengewehrsalven, und montiert sie, meist unter Ausnützung des Raumeffektes allseitiger Lautsprecheranordnung.

Graphiken statt Noten

Interpretationsprobleme erübrigen sich bei elektronischer Musik. Man kann darüber streiten, ob »Furtwänglers Fünfte« oder »Toscaninis Fünfte« gegenüber »Beethovens Fünfter« werktreuer ist; eine elektronische Komposition ist immer werktreu und authentisch, es sei denn, der Toningenieur drehe am falschen Knopf. Kein Interpret mit seinen Mängeln (und seiner Phantasie!) kann sich zwischen Autor und tönendes Produkt schalten. Dagegen erheben sich andere Probleme. So die der Notation. Es ist klar, daß Zeilen und Notenköpfe für die Fixierung von klingenden Ereignissen, die mit Schönberg–Weberns altmodischer Skala temperierter Halbtöne nichts mehr zu schaffen haben, nicht ausreichen. Partituren elektronischer Musik werden gezeichnet, nicht »notiert«. So sieht beispielsweise eine Seite bei Stockhausen aus:

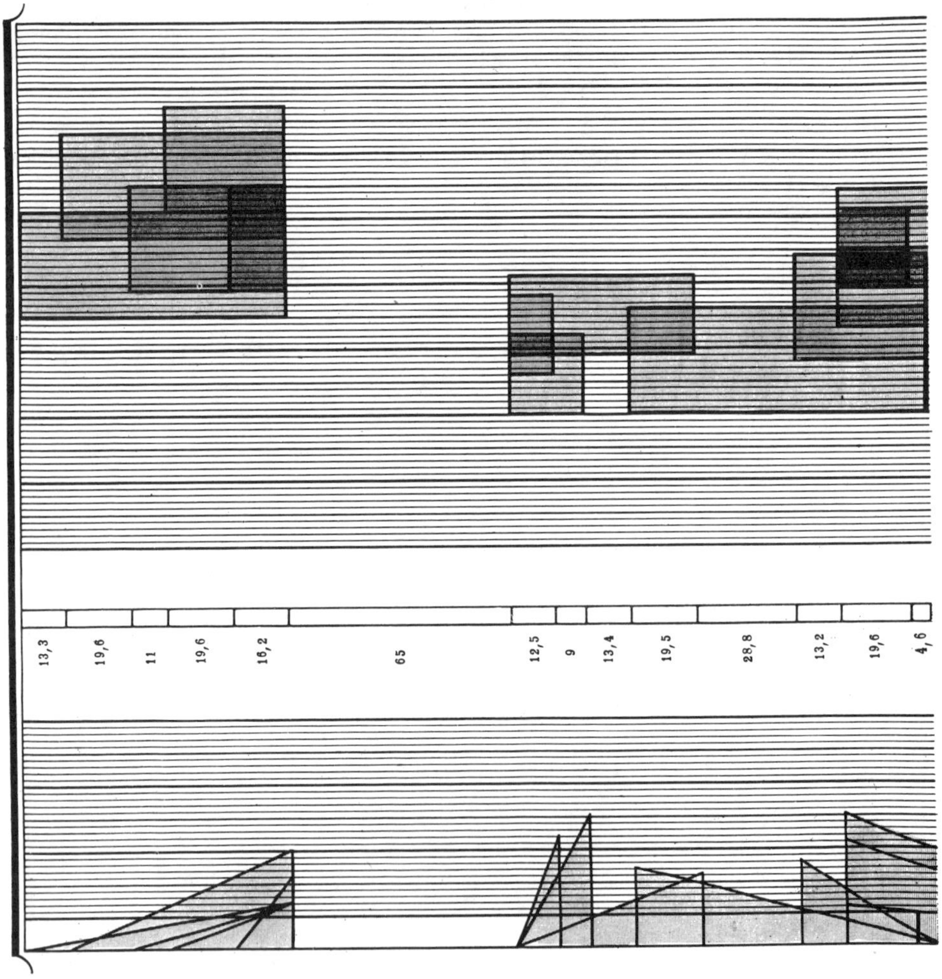

Aber das Aufzeichnungsproblem erhebt sich auch bei punktuellen und strukturellen Kompositionen für herkömmliche Instrumente. Aus Noten wird Graphik, aus der

Konvention zur Verständigung eine Geheimschrift, für die man jeweilige, nur für den betreffenden Urheber gültige Gebrauchsanweisungen benötigt. Wenn zum Beispiel Kagel für die Orgel schreibt, so notiert er folgendermaßen:

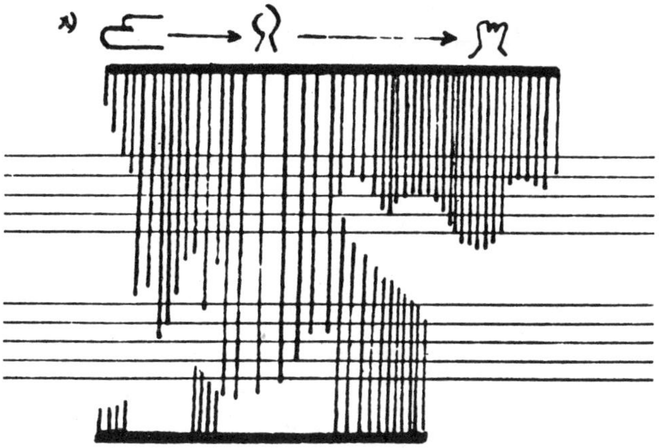

Daß sich bisher keine einzige elektronische Komposition wirklich durchgesetzt hat, nährt die Zweifel derer, die dem neuen Klangbereich überhaupt die Eigenschaft von »Musik« absprechen wollen. Doch ist die Spanne ihrer Existenz zu kurz, um heute schon aburteilen zu können. Zweifellos entspricht die elektronische Komposition den technologisch-perfektionistischen Tendenzen der technischen Welt. Wie weit Musik auch in ihr geistige Autonomie durch Verzicht auf Möglichkeiten, durch Bescheidung und »Stilisierung« behaupten muß, um eben Musik zu bleiben, ist eine ästhetische Zukunftsfrage.

In eine neue Freiheit

Mit Fragezeichen muß auch der redliche Geschichtsschreiber die Betrachtung der allgemeinen Musiksituation der Gegenwart beschließen. Sie ist so paradox und fragwürdig wie die Existenz der Menschheit im Schatten der H-Bombe, im Zeitalter der Angst. Das Jahrhundert, das als Säkulum der Massen, des Sozialismus, der Demokratie gilt, inthronisiert auf seinem Scheitelpunkt die denkbar massenfeindlichste, undemokratischste Kunst, das Jedermann-Zeitalter eine »Musik gegen Jedermann« (H. H. Stuckenschmidt). Wo die Gesellschaft doktrinär, fortschrittlich und sozialistisch ist, in Sowjetrußland, stutzt sie wiederum die Flügel des Fortschritts, der freilich selber seine Relativität zu erkennen beginnt (Henze: »Wer kann sagen, wo vorwärts liegt?«). Das Jahrhundert, in dem wir leben, ist jedoch mit allen seinen Revolutionen und Kompromissen, mit seinen Elfenbein- und massenmedialen Funktürmen toleranter und »besser als sein Ruf«. Ein wahrhaft vielstimmiges Jahrhundert.

Wir haben die repräsentative Spitze der Gegenwartsmusik an ihrem jüngsten Scheideweg, Mitte der sechziger Jahre, verlassen. Die Weichen, die kürzlich noch von Technokraten und wissenschaftsgläubigen Puritanern reguliert wurden, sind auf freie Fahrt umgestellt. Wiederum lockt das Abenteuer der Erfindungen und Entdeckungen. Nach der »Neuen Musik« eines Halbjahrhunderts, nach dem seriellen Intermezzo zeichnet sich eine Epoche neuer Freiheit ab. Ihre Umrisse sind noch nicht zu erkennen. Ihre In-

halte werden Gesetzen folgen müssen, die durch die Jahrtausende ihre Gültigkeit erwiesen haben.
Das oberste heißt Spannung: zwischen Mensch und Umwelt, zwischen Form und Aussage, zwischen Geist und Gefühl, zwischen Ordnung und Freiheit, zwischen Apoll und Dionysos. Sub specie aeternitatis ist Boulez nicht moderner als Machaut, Henze nicht reaktionärer als Palestrina. Und jede Musik, die dem uralten Spannungsbogen folgt, mit welchen wechselnden Mitteln immer, wird lebendig bleiben: humane Sprache in höchster Abstraktion und Sinn-Bild göttlicher Ordnungen zugleich.

Anhang

Die Autoren

Professor Dr. Hans Engel

Geboren 1894 in Kairo. Musikstudium an der Akademie der Tonkunst in München. Kapellmeister in München 1922–1924. Studium der Musikwissenschaft, 1924 Promotion. Habilitation Greifswald 1926, 1936–1945 Professor an der Universität Königsberg, gleichzeitig dort Direktor des Hochschulinstituts für Musikerziehung und Kirchenmusik. Seit 1946 o. Professor in Marburg.

Dr. Kurt Honolka

Geboren 1913 in Leitmeritz, Böhmen. Studium in Prag. Musikkritiker und Musikschriftsteller, 1949–1963 Feuilletonchef der »Stuttgarter Nachrichten«, seither für diese und für viele andere Zeitungen, Zeitschriften und Funkanstalten Musik- und Theaterkritiker. Verfasser mehrerer musikhistorischer Bücher.

Professor Dr. Paul Nettl

Geboren 1889 in Hohenelbe, Böhmen. Studium an den Universitäten Prag und Wien. 1913 Promotion zum Dr. jur., 1915 zum Dr. phil., 1920–1933 Privatdozent an der deutschen Universität Prag, 1930–1933 Leiter der Abteilung Musik am Deutschen Rundfunk der ČSR, dann Professor für Musikwissenschaft an der Indiana University, Bloomington, USA.

Professor Dr. Kurt Reinhard

Geboren 1914 in Gießen. Studium an den Universitäten Köln, Leipzig und München. Promotion 1938. 1947–1952 Musikkritiker in Berlin, 1948 Lehrauftrag an der Freien Universität Berlin, 1950 Privatdozent, 1957 apl. Professor. Leiter der Musikethnologischen Abteilung am Museum für Völkerkunde, Leiter der Abteilung Türkei am Internationalen Institut für Vergleichende Musikwissenschaft.

Dr. Lukas Richter

Geboren 1923 in Bärenstein (Erzgebirge), Studium der Musikwissenschaft an der Berliner Humboldt-Universität. Promotion 1957. Vorübergehend freier Mitarbeiter an der Deutschen Akademie der Künste und Lehrbeauftragter an der Humboldt-Universität.
Seit 1963 wissenschaftlicher Assistent am Institut für Altertumskunde der Deutschen Akademie der Wissenschaften in Berlin. 1966 Habilitation an der Humboldt-Universität und Ernennung zum wissenschaftlichen Arbeitsleiter an der Akademie der Wissenschaften.

Professor Dr. Bruno Stäblein

Geboren 1895 in München. Studium der Musikwissenschaft an der Universität München. Promotion 1918. Gleichzeitig Musikstudium an der Münchner Akademie der Tonkunst. 1920–1926 Kapellmeister, 1927–1945 im höheren Schuldienst. 1945 Gründung des Instituts für Musikforschung an der Philologisch-Theologischen Hochschule Regensburg.
1946 Habilitation an der Universität Erlangen, 1956–1963 Professor für Musikwissenschaft.

Bibliographie und Diskographie

Musik in Urzeiten

Bibliographie

Engel, C., *The Music of the Most Ancient Nations.* London 1929

Encyclopédie de la Musique et Dictionnaire du Conservatoire. Hsg. von Albert Lavignac. 1. Teil: Histoire de la Musique. Paris 1913–1922. Darin, *Egypte (V. Loret), Assyrie-Chaldée* (MM. Virolleaud et F. Pélagaud), *Syriens, Perses, Hittites, Phrygiens* (F. Pélagaud), *Hébreux* (A. Cahen)

Galpin, F. W., *The Music of the Sumerians and their immediate Successors the Babylonians and Assyrians.* Straßbourg 1955

Hartmann, H., *Die Musik der Sumerischen Kultur.* Frankfurt/M. 1960

Musik in Geschichte und Gegenwart, hsg. von Friedrich Blume. Kassel, ab 1949 laufend. Darin: *Ägyptische Musik* (H. Hickmann), *Hethitische Musik* (M. Wegener)

Stumpf, C., *Die Anfänge der Musik.* Leipzig 1911

The New Oxford History of Music. Band 1, hsg. von Egon Wellesz: Ancient and Oriental Music. London 1957. Darin: *The Music of Ancient Mesopotamia, The Music of Ancient Egypt* (H. G. Farmer), *Music in the Bible* (C. H. Kraeling und L. Mowry)

Wegner, M., *Die Musikinstrumente des alten Orients.* Münster 1950

Außereuropäische Musik

Bibliographie

Allgemeines und Sammelwerke

Bose, F., *Musik der außereuropäischen Völker.* In: Das Atlantisbuch der Musik, Zürich/Freiburg i. B. 1953

Bose, F., *Musikalische Völkerkunde.* Freiburg i. B. 1953

Encyclopédie de la Musique et Dictionnaire du Conservatoire. Hsg. von Albert Lavignac. 1. Teil: Histoire de la Musique, Paris 1913–1922. Darin: *Chine-Corée* (M. M. Courant), *Japon* (M. M. Courant), *Inde* (M. J. Grosset), *Arabes* (J. M. Rouanet), *Turquie* (M. R. Yekta), *Perse* (M. C. Huart), *Thibet* (M. A. et C. Francke), *Birmanie-Indo-Chine* (M. G. Knosp), *Insulinde* (D. de Lange et J. Snelleman), *Ethiopie* (M. Mondon-Vidailhet), *Afrique méridionale* (M. J. Tiersot), *Madagascar* (M. J. Tiersot), *Indiens Peaux-Rouges* (M. G. Knosp) und *Mexique-Pérou-Equateur-Bolivie* (M. et R. d'Harcourt)

Lachmann, R., *Die Musik der außereuropäischen Natur- und Kulturvölker.* Handbuch der Musikwissenschaft, Potsdam 1929

Lachmann, R., *Musik des Orients.* Breslau 1929

Musik in Geschichte und Gegenwart, hsg. von Friedrich Blume. Kassel ab 1949 laufend. Darin u. a.: *Äthiopische Musik* (H. Hickmann), *Afrikanische Musik* (H. Hickmann), *Arabische Musik* (A. Chottin u. H. Hickmann), *Australien und Austronesien* (M. Schneider), *Bali* (E. Schlager), *Bantu* (P. R. Kirby), *Chinesische Musik* (K. Robinson u. H. Eckardt), *Eskimo-Musik* (Z. Estreicher), *Gamelan* (J. Kunst), *Hindu-Javanische Musik* (J. Kunst), *Indianermusik* (B. Nettl), *Indische Musik* (A. Bake), *Indonesische Musik* (J. Kunst), *Japanische Musik* (H. Eckardt), *Javanische Musik* (J. Kunst), *Mongolen* (E. Emsheimer), *Ostafrika* (K. P. Wachsmann), *Ozeanien* (B. B. Smith und P. Platt), *Persische Musik* (H. G. Farmer), *Türkische Musik* (K. Reinhard), *Westafrika* (A. Schaeffner)

Nettl, B., *Theory and Method in Ethnomusicology.* Glencoe 1964

The New Oxford History of Music. Band 1 hsg. von Egon Wellesz: Ancient and Oriental Music, London 1957. Darin: *Primitive Music* (M. Schneider), *The Music of Far Eastern Asia* (L. Picken), *The Music of India* (A. Bake)

Afrika

Ankermann, B., *Die afrikanischen Musikinstrumente.* Berlin 1901
Brandel, R., *The Music of Central Africa.* Den Haag 1961
Jones, A. M., *Studies in African Music.* 2 Bde, London 1959
Journal of the African Music Society. Johannesburg ab 1954 laufend

Indianer

D'Harcourt, R. et M., *La Musique des Incas et ses Survivances.* Paris 1921
Nettl, B., *North American Indian Musical Styles.* Philadelphia 1954

Ozeanien

Christensen, D., *Die Musik der Ellice-Inseln.* Berlin 1964 (mit Schallplatte)
Elkin, A. P. und Jones, T. A., *Arnhem Land Music* (North Australia). Sydney 1955
Fischer, H., *Schallgeräte in Ozeanien.* Baden-Baden 1958

Ost-, Nord- und Zentral-Asien

Anthology of Korean Traditional Music. 2 Bde, Seoul 1959
Haslund-Christensen, H. und E. Emsheimer, *The Music of the Mongols.* Stockholm 1943
Malm, P., *Japanese Music and Musical Instruments.* Tokio 1959
Pischner, H., *Music in China.* Berlin 1955
Reinhard, K., *Chinesische Musik.* Kassel 1956

Südost-Asien und Indien

Abraham, O. und E. von Hornbostel, *Phonographierte indische Melodien.* Sammelbände der Internat. Musikgesellschaft 5, 1904
Daniélou, A., *Northern Indian Music.* 2 Bde, London 1949
ders., *Inde du Nord.* 1966
Kunst, J., *Music in Java.* Den Haag 1949
Kunst, J. und K. van Wely, *Bali.* 1924
Phra Chen Duriynga, *Thai Music.* Bangkok [4]1956
Reinhard, K., *Die Musik Birmas.* Würzburg 1939
Sachs, C., *Die Musikinstrumente Indiens und Indonesiens.* Berlin und Leipzig [2]1923
Stumpf, C., *Tonsystem und Musik der Siamesen.* Beiträge zur Akustik und Musikwissenschaft, 1901
Tran Van Khe, *La Musique Vietnamienne traditionnelle.* Paris 1962
ders., *Viêt-Nam.* Paris 1967

Vorderer Orient

D'Erlanger, R., *La Musique Arabe.* 6 Bde, Paris 1930–1959
Farmer, H. G., *A history of Arabian Music to the XIIIth Century.* London 1929
Oransay, G., *Die traditionelle türkische Kunstmusik.* Ankara 1964
Reinhard, K. und U., Turkey. *Les Traditions Musicales.* Bd 4, Paris 1968
Reinhard, K., *Türkische Musik.* Berlin 1962

Diskographie

Musik des Orients. 12 Platten hsg von E. M. von Hornbostel, um 1930 im Lindström-Konzern, kurze Zeit nach dem Kriege noch einmal unter verschiedenen Firmennamen nachgepreßt
Ancient & Oriental Music. 2 Langspielplatten als Ergänzung zu Band 1 der New Oxford History of Music (s. o.) (His Masters Voice)
Anthologie de la Musique classique de l'Inde. 3 Langspielplatten hsg. von Alain Daniélou, mit Erläuterungen (Ducretet-Thomson)
Anthologie de la Vie Africaine. 3 Langspielplatten hsg. von Herbert Pepper, mit Erläuterungen (Ducretet-Thomson)
Weitere Platten können im einzelnen nicht aufgeführt werden, da die Produktion an Aufnahmen außereuropäischer Musik sehr zugenommen hat, zusammenfassende Anthologien aber fehlen. Fast jede der großen Plattenfirmen hat inzwischen mehr oder weniger einschlägige Platten herausgebracht. Es seien hier aber noch die bedeutendsten Reihen aufgeführt:
Folkways Records, New York, mit Hunderten von Titeln aus aller Welt, Langspielplatten mit Erläuterungen
A Musical Anthology of the Orient. Hsg. vom Internat. Musikrat unter Leitung von Alain Daniélou. Musicaphon, Langspielplatten, bisher erschienen Laos, Kambodscha, Afghanistan, Iran (2), Indien (3), Tunesien, Tibet (3), Japan (6), Türkei, Äthiopien (2), Afrika (3)

Musée de l'Homme Paris. Verschiedene Platten teils unter eigenem Namen, teils bei den Firmen Contrepoint und Vogue
AMA, Hunderte von Plattentiteln, hsg. von der International Library of African Music, Johannesburg
Le Chant du Monde, Frankreich
Song and Sound the World around (Philips)

Griechenland und Rom

Bibliographie

Textausgaben

Aristides Quintilianus, *De Musica*, hsg. von R. P. Winnington-Ingram, Leipzig 1963; eingel. u. übs. von R. Schäfke. Berlin 1937
Aristoxenos, *Elementa harmonica*, hsg. m. ital. Übs. von R. da Rios, Rom 1956. Ältere Übersetzungen von P. Marquard (1868) u. R. Westphal (1883, 1893) (beide anfechtbar)
Augustinus, *Über die Musik*, übs. von C. J. Perl. Paderborn ²1940
Boethius, *De institutione musica*, hsg. von G. Friedlein. Leipzig 1867, übs. von O. Paul. Leipzig 1872
Macrobius, *Commentariorum in somnium Scipionis libri II*, hsg. von F. Eyssenhardt. Leipzig 1893
Martianus Capella, *De nuptiis Philologiae et Mercurii*, hsg. von A. Dick. Leipzig 1925
Plutarchos, *De Musica*, hsg. von K. Ziegler. Leipzig 1953; hsg. m. frz. Übs. u. Komm. von Fr. Lasserre. Olten/Lausanne 1954; ältere Übersetzung von R. Westphal. Breslau 1865
Ptolemaios, *Die Harmonielehre des Klaudios Ptolemaios*, hsg. von J. Düring. In: Göteborgs Högsskolas Årsskrift 36, 1930, Heft 1. Übersetzung und Kommentar: J. Düring, Ptolemaios und Porphyrios über die Musik. In: Göteborgs Högsskolas Årsskrift 40, 1934, Heft 1
Pythagoreer, Fragmente der, hsg. u. übs. von H. Diels: Fragmente der Vorsokratiker. Berlin ⁷1954

Die Werke der häufig angeführten griechischen Schriftsteller und Philosophen wie Platon und Aristoteles sind in Textausgaben und Übersetzungen leicht zugänglich. Äußerungen des Aristoteles zur Musik und pseudo-aristotelische Musikprobleme, Euklids Teilung des Kanon, Leitfäden von Kleoneides, Nikomachos, Bacchios, Gaudentios und Alypios samt den Musikdenkmälern in griechischem Urtext wiedergegeben bei C. von Jan, *Musici scriptores Graeci*, Leipzig 1895, Suppl. 1899

Studien

(nur Auswahl neuerer deutschsprachiger Untersuchungen)

Abert, H., *Die Lehre vom Ethos in der griechischen Musik*. Leipzig 1899
Fleischhauer, G., *Etrurien und Rom*. In: Musikgeschichte in Bildern, hsg. von H. Besseler u. M. Schneider. Lieferung 5. Leipzig 1965 Leipzig 1965
Georgiades, T., *Musik und Rhythmus bei den Griechen*. Hamburg 1958 (Rowohlts Deutsche Enzyklopädie 61)
Gombosi, O., *Tonarten und Stimmungen der antiken Musik*. Kopenhagen 1939 (Nachdruck 1951)
Husmann, H., *Grundlagen der antiken und orientalische Musikkultur*. Berlin 1961
Koller, H., *Musik und Dichtung im alten Griechenland*. Bern und München 1963
Pöhlmann, E., *Griechische Musikfragmente*. Nürnberg 1960
Quasten, J., *Musik und Gesang in den Kulten der Antike und christlichen Frühzeit*. Münster 1930
Richter, L., *Zur Wissenschaftslehre von der Musik bei Platon und Aristoteles*. Berlin 1961
Sachs, C., *Die Musik der Antike*. In: E. Bücken, Handbuch der Musikwissenschaft. Berlin 1929
Stumpf, C., *Geschichte des Consonanzbegriffes 1*, Abh. Münch. Ak., Philos.-philol. u. hist. Kl. 21, 1901
Vetter, W., *Aufsätze zur antiken Musik*. In: Mythos, Melos, Musica. Leipzig 1957 (vgl. Art. Griechenland, in: MGG Bd V Kassel und Basel 1956)
Vogel, M., *Die Enharmonik der Griechen*. 2 Bde, Düsseldorf 1963
Van der Waerden, L., *Die Harmonielehre der Pythagoreer*. In: Hermes 78, 1943
Wegner, M., *Das Musikleben der Griechen*. Berlin 1949
Wegner, M., *Griechenland*. In: Musikgeschichte in Bildern, Bd II, Lieferung 4. Leipzig 1963
Wille, G., *Musica Romana*. Amsterdam 1967
Winnington-Ingram, R. P., *Ancient Greek*

Music 1932–1957. In: Lustrum, Internationale Forschungsberichte aus dem Bereich des klassischen Altertums 3, 1959, S. 5–57

Diskographie

Kuttner, Fritz A., with the assistence of J. Murray Barbour, The Theory of classical greek music. Langspielplatte mit 40 musikalischen Beispielen.
Dazu Begleitheft mit Einführung. New York: F. A. Kuttner 1955 (P. O. Box 242; Auslieferung für Deutschland: K. H. Preßler, Mainz)

Als Reproduktionen praktischer Musik wäre zu nennen:
The History of Music in Sound (Ergänzung zu The New Oxford History of Music), Gramophone Company (H.M.V.), England, bezw. R.C.A. Victor, U.S.A. Side 15 Ancient Greece, LP 78

Hohes Mittelalter und frühe Renaissance

Bibliographie

Anglès, H., *Les Cantigas Del Rei IV Alfons el Savie,* In: Vita Christiana XIV, Barcelona 1927 (s. Zeitschrift f. Musikwissenschaft 12, 1929)
Apel, W., *Die Notation der polyphonen Musik.* 1962
Baumann, O. A., *Das deutsche Lied und seine Bearbeitungen in den früheren Orgeltabulaturen.* Kassel 1934
Besseler, H., *Von Dufay bis Josquin.* In: Zeitschrift f. Musikwissenschaft 1928/29
ders., *Die Musik des Mittelalters und der Renaissance.* In: Bücken, Handbuch der Musikwissenschaft. Potsdam 1932
Bützler, K., *Untersuchungen zu den Melodien Walthers von der Vogelweide.* Köln 1940
Bukofzer, M., *Studies in Medieval and Diskants und des Fauxbourdons.* Straßburg 1936
Bukofzer, M., *Studies in Medieval and Renaissance.* 1950
Clerx, S., *J. Ciconia, un musicien liégeois de son temps.* Brüssel 1960
Ellinwood, L., *The works of Francesco Landini.* Cambridge Mass. 1935 und 1939
Ehmann, E. W., *Adam von Fulda, der Vertreter der ersten deutschen Komponistengeneration.* Berlin 1936
Fischer, K. von, *Studien zur italienischen Musik des Trecento und frühen Quattrocento.* Bern 1956
Gennrich, F., *Grundriß einer Formenlehre des mittelalterlichen Liedes.* Halle 1932
ders., *Troubadourlieder.* In: Summa Musicae Medii Aevi. Darmstadt 1958/59
ders., *Troubadour- und Motettenrepertoire.* In: Zeitschrift für Musikwissenschaft. Leipzig 1926/27
Gombosi, O. J., *J. Obrecht.* Leipzig 1925
Handschin, J. S., *Musikgeschichte im Überblick.* Luzern 1948
ders., *Über Estampie und Sequenz.* In: Zeitschrift für Musikwissenschaft. Leipzig 1929/30
Hoffmann-Erbrecht, L., *Th. Stoltzer.* Kassel 1964
Husmann, H., *Zur Rhythmik des Trouvèregesanges.* In: Die Musikforschung V, Kassel 1952
Jeppesen, K., *Die italienische Orgelmusik am Anfang des Cinquecento.* Kopenhagen 1943
ders., *Die mehrstimmige italienische Laude um 1500.* Kopenhagen u. Leipzig 1935
ders., *Über einige Frottolenhandschriften.* In: Acta musicologica, Leipzig 1939
Kippenberg, B., *Der Rhythmus im Minnesang.* München 1962
Korte, W., *Studien zur Musik in Italien im 1. Viertel des 15. Jahrhunderts.* Kassel 1933
Křenek, E., *J. Ockeghem.* London 1953
Kyriazis, M., *Die cantus-firmus-Technik in den Messen J. Obrechts.* Bern 1952
Lehmann, G., *Neue Beiträge zur Erforschung des Lochamer Liederbuches.* In: Archiv für Musikforschung. Leipzig 1940
Linker, R. Wh., *Music of Minnesinger and Early Meistersinger.* 1962
Lipphardt, W., *Die Weisen der lateinischen Osterspiele.* Kassel 1948
Ludwig, Fr., *Die geistliche nichtliturgische und weltliche einstimmige Musik des Mittelalters bis zum Anfang des 15. Jahrhunderts.* In: Handbuch der Musikgeschichte, hsg. von G. Adler, Berlin [2]1930
Machabey, A., *G. de Machault.* Paris 1955
Marrocco, W. T., *The Music of Jacopo da Bologna.* Berkeley 1954

Martinez, M. L., *Die Musik des frühen Trecento.* Tutzing 1963
Moser, H. J., *P. Hofhaimer.* Stuttgart u. Berlin 1929
Most, G., *Die Orgeltabulatur von 1448 des A. Ileborgh.* In: Altmärkisches Museum, Stendal, Jahresgabe 1954
Nowak, L., *Das deutsche Gesellschaftslied in Österreich.* In: Studien zur Musikwissenschaft VI. Wien 1919
Osthoff, H., *Josquin Desprez.* Tutzing 1962/65
ders., *Die Niederländer und das deutsche Lied.* Berlin 1938
Plamenac, D., *Autor d'Ockeghem.* In: Revue Musicale. Paris 1928
Reaney, G., *The Ballades, Rondeaux and Virelais of Guillaume de Machaut: Melody, Rhythm and Form.* In: Acta musicologica 27, 1955
Reese, G., *Music in the Middle Ages.* New York 1942
ders., *Studien zur Musik des Mittelalters.* In: Archiv für Musikwissenschaft. Bückeburg u. Leipzig 1923
Ringmann, H., *Das Glogauer Liederbuch.* In: Zeitschrift für Musikwissenschaft XV, 1931/32
Rosenberg, H., *Untersuchungen über die deutsche Liedweise im 15. Jahrhundert.* Berlin 1931
Rubsamen, W. H., *Literary Sources of Secular Music in Italy (ca. 1500).* Berkeley u. Los Angeles 1943
Salmen, W., *Das Lochamer Liederbuch, eine musikgeschichtliche Studie.* Leipzig 1951
Schering, A., *Studien zur Musikgeschichte der Frührenaissance.* Leipzig 1914
Schneider, M., *Die ars nova des 14. Jahrhunderts in Frankreich und Italien.* Wolfenbüttel 1931
ders., *Zur Satztechnik der Notre-Dame-Schule.* In: Zeitschrift für Musikwissenschaft. Leipzig 1931/32
Schwarz, H., *Die Frottole im 16. Jahrhundert.* In: Vierteljahrschrift für Musikwissenschaft. Leipzig 1888
ders., *Formprobleme der Frottolen Petruccis.* In: Kroyer-Festschrift, Regensburg 1933
Sparks, E. H., *Cantus firmus in Mass and Motet 1420–1520.* Berkeley u. Los Angeles 1963
Wolf, J., *Geschichte der Mensuralnotation 1260–1450.* Leipzig 1904
Wolff, H. Chr., *Die Musik der alten Niederländer.* Leipzig 1956

Diskographie

Sammlungen:

Tönende Musikgeschichte, hsg. vom Institut für Film und Bild in Wissenschaft und Unterricht, München 23, Leopoldstraße 175 (Prof. Dr. J. Schmidt-Görg).
Reihe I. Die Anfänge der abendländischen Musik. II. Musik des Mittelalters.
III. Musik der Renaissance.

Orbis-Letikon, Klingende Musikgeschichte. Amalthea-Schallplatten-Gesellschaft mbH. Köln, Hohenzollernring 38–40

History of Music in Sound. His Master's Voice. Vol. II. Early Medieval. Vol. III. Ars nova and the Renaissance.
Records Limited. Hayes, Middlesex, England.

Musikkunde in Beispielen. Zusammengestellt v. M. Alt.
Musikgeschichte
I. Musik des Mittelalters u. der Renaissance Studio der frühen Musik, frühe Musik in England, Flandern, Deutschland, Spanien. Tel.

Sammlungen auch in Einzelplatten:

Archiv Produktion. Musikhistorisches Studio der Deutschen Grammophon Gesellschaft. DGA

II. Forschungsbereich. Das zentrale Mittelalter (1110–1350) Adam de la Halle, Le jeu de Robin et Marion.

Chansons et Motets du 13e siècle.
17 Danses du 13e et 14e siècle.
Frühe Mehrstimmigkeit. Ecole de Notre Dame. Organum duplum Judeae et Jerusalem, Leoninus.
Organum quadruplum: Sederunt principes, Perotinus. 2 Moteti. Ars Nova.
Guillaume de Machaut. La Messe de Nostre Dame. 10 Weltliche Werke.

III. Forschungsbereich. Madrigale und Caccien aus dem Codex des Scarcialupi.
Oswald von Wolkenstein 11 Lieder.
10 Lieder aus dem Glogauer Liederbuch.
England. Dunstable 6 Motets. G. Dufay, 5 geistliche Gesänge. Ockeghem, 5 Chansons

IV. Forschungsbereich. Josquin Missa Pange Lingua, 8 weltliche Werke. 9 Chansons aus den Notenbüchern der Margarete von Österreich. Isaac, Proprium Missae in Domine Laetare. Orgel- und Lautenmusik:

A. Schlick, 2 Werke für Orgel.
Das Deutsche Lied: Senfl, 3 Liedsätze.
Die französische Chanson: Janequin, 7 Chansons

Sammelprogramme: (Verschiedene Komponisten auf einer Platte, genannt jeweils die wichtigsten und hier relevanten Namen)
Schweizer Musik aus Mittelalter und Renaissance. FGL. (Notker, Tuotilo, Minne- und Meistersänger)
Requiem und Totenklagen (P. de la Rue, Senfl). Tel.
Weihnacht in alter Zeit. (Dunstable, Isaac, Senfl), AM AVRS
Innsbruck, ich muß dich lassen Lieder aus der Zeit Kaiser Maximilians (Hofhaimer, Isaac, Senfl). AM AVRS
Lobet den Herrn (Isaac). Chr.
Musik in alten Städten: Innsbruck.
Die Hofkapelle Maximilians (Josquin, Isaac, Hofhaimer, Finck). Col.
Altdeutsche Weihnacht (Schlick). HM
Musik und ihre Zeit (mit historisch illustriertem Begleittext) (Carmina burana). Tel.
Erschienen ist der herrliche Tag (Josquin, Janequin). AM AVRS
Gesellige Zeit (Josquin, Zirler). Bär. BM
Motetten um 1490–1500. Tel.
Praeter rerum seriem. Cam.
Die bayerische Hofkapelle im 16. Jh. (Senfl). Tel.
Ihr Musici, frisch auf! (Senfl, Isaac). Tel.
Klingende Kathedralen (Hildegard von Bingen), Col.
Deutsche Lautenmusik der Renaissance (Schlick). HM
Lateinische Advents- und Weihnachtsmotetten (Josquin), Chr. CV
Musik am burgundischen Hof (Dufay, Brumel, Ockeghem, Obrecht). AM
Turmmusik und festliche Fanfaren (Josquin, Senfl). SB
Musik an Notre Dame in Paris um 1200 (Perotin). HM

Einzelplatten:
Klingende Kathedralen
(Perotinus, Sederunt, Viderunt). HM
Dufay:
Geistliche Musik. AM AVRS
Hymnen. Chr.
5 Motetten. Vox
Messensätze. Tel.
Christe redemptor Conditor. HM
He! Compaignon. AM AVRS
Se la face ay pale, Missa, HM, AM AVRS
Missa Carminum (Isaac). Cam.
Missa sub tuum presidium (Obrecht). AM AVRS
El Cancionero (Juan del Encina). Val.
Gasajemonos de husia (Juan del Encina). AM AVRS
Musica de violones (Ortiz). DGA
Recercada. AM AVRS
Josquin
Ave Christe. Cam.
Missa Hercules (Schwann). AM AVRS
Misericordia (Schwann). AM AVRS
Et incarnatus (Schwann). Chr.
Veni sancte spiritus. AM AVRS
El grillo. AM AVRS
Mille regret. AM AVRS
Janequin
Französische Chansons. Da Ca
4 Chansons. Cam.
Laurentius
Waer is hih nu. AM AVRS
Senfl
Carmen in la. DGA

Erklärung der Abkürzungen

AMS	=	Fa. Musikverlag Schwann, Abt. Schallplatten, 4 Düsseldorf, Postfach 7640
AVRS	=	Fa. Austroton, Schallplattenvertrieb GmbH, 6 Frankfurt/Main 1, Hinter der Schönen Aussicht 3–5
Bär. BM Bär. Laud. Can	=	Vereinigte Schallplatten-Vertriebsgesellschaft mbH Disco-Center, 35 Kassel-Wilhelmshöhe, Postfach 180
Cam	=	Fa. Mösler-Verlag, 334 Wolfenbüttel, Hoffmann v. Fallersleben-Str. 8
CBS Wst	=	Fa. CBS Schallplatten GmbH, 6 Frankfurt/Main, Palmengartenstraße 4
Chr	=	Fa. Christophorus-Verlag Herder, 78 Freiburg, Hermann-Herder-Str. 4
Col	=	Fa. Electrola GmbH, 6 Frankfurt/Main, Hochstr. 19
DaCa	=	Fa. Da Camera Schallplattenedition, 6903 Neckargemünd, Hallmuthstr. 48

DGA	=	Fa. Deutsche Grammophon GmbH, 6 Frankfurt/Main, Postfach 16229	SB	=	Fa. SABA, 773 Villingen (Schwarzwald), Postfach 69, Abt. VSP
HM VOX	=	Fa. FONO Schallplattengesellschaft mbH, 4400 Münster, Postfach 660	Tel.	=	Fa. Telefunken AG, 6 Frankfurt/Main 1, Stiftstr. 30

Abendländische Musik des 1. Jahrtausends

Bibliographie

Analecta Hymnica Medii Aevi. Bd 5, 13, 17, 18, 24–26, 28, 45a (Texte der Reimofficien)

Anglès, H., *Mozarabic Chant.* In: The New Oxford History of Music II, 81 ff.

Antifonario Visigotico Mozárabe de la Catedral de León. 1953 (Faksimile-Ausgabe), dazu: die Edition der Texte und Rubriken durch L. Brou u. J. Vives, Barcelona-Madrid 1959

Apel, W., *Gregorian Chant.* Bloomington 1958

Baroffio, G., *Die Offertorien der ambrosianischen Kirche.* Köln 1964

Baumstark, A., *Vom geschichtlichen Werden der Liturgie.* Freiburg i. Br. 1923

Behn, F., *Musikleben im Altertum und frühen Mittelalter.* Stuttgart 1954 (betr. Musikinstrumente)

Dölger, F. J., *Sol, salutis.* 2/1925 (liturgiegeschichtlich; hier u. a. einschlägig 124–127: Hymnen in der Apokalypse und 287 ff. Präfation)

van Dijk, A., *The Old Roman Rite.* In: Studia Patristica 5, 1962, 185–205 (liturgiegeschichtlich; hier einschlägig: S. 202)

Ferretti, P. M., *Estetica gregoriana ossia Trattato delle forme musicali del canto gregoriano I.* Rom 1934 (mehr nicht erschienen)

Fichtenau, H., *Das karolingische Imperium. Soziale und geistige Problematik eines Großreiches.* Zürich 1949 (historisch)

Floros, C., *Die Entzifferung der Kondakarien-Notation.* In: Musik des Ostens 3, 1965, 7 ff. (über ein supponiertes ältestes Stadium der byzantinischen Notenschrift, das mit der altrussischen Notation zusammenhängt)

Gamber, K., *Ordo antiquus gallicanus. Der gallikanische Meßritus des 6. Jahrhunderts.* Regensburg 1965 (Ausg. einer altgallikanischen Messe, nur liturgisch)

Gastoué, A., *Le Chant gallican.* In: Revue du chant grégorien 41–43, 1937–1939 (auch separat erschienen)

Gerson-Kiwi, E., *›Justus ut palma‹, Stufen hebräischer Psalmodien in mündlicher Überlieferung.* In: Festschrift Bruno Stäblein, Kassel 1967, S. 64–73

Hucke, H., *Die Entwicklung des christlichen Kulturgesangs zum gregorianischen Gesang.* In: Römische Quartalschrift für christliche Altertumskunde und Kirchengeschichte 48, 1953, 147–194

Huglo-Agustoni-Cardine-Moneta Caglio, *Fonti e Paleografia del Canto Ambrosiano.* Mailand 1956

Monumenta Monodica Medii Aevi II (Melodien-Ausgabe des altrömischen Graduale in Vorbereitung; die »Einführung« hierzu wird eingehend zu allen Problemen Stellung nehmen, wodurch die bisherige Gesamtdarstellung in MGG 2, 1271 ff. entbehrlich werden wird)

Monumenta Monodica Medii Aevi III u. VI. (Melodien-Ausgaben der Introitus-Tropen)

Monumenta Musicae Byzantinae (seit 1935)

Paléographie Musicale V/VI (Faksimile und Übertragung einer der ältesten Mailänder Handschriften mit wertvoller Einleitung von P. Cagin-Solesmes)

Quasten, J., *Musik und Gesang in den Kulten der heidnischen Antike und christlichen Frühzeit.* Münster i. W. 1930

Querol, M., *Die spanische Musik im Mittelalter.* In: MGG 12, 977–986

Rojo, C. und G. Prado, *El canto mozárabe.* Barcelona 1929

Salmen, W., *Der fahrende Musiker im europäischen Mittelalter.* Kassel 1960

Schlager, K. H., *Thematischer Katalog der ältesten Alleluia-Melodien aus Handschriften des 10. und 11. Jahrhunderts.* München 1966

Stäblein, B., Die einschlägigen Artikel zum gregorianischen Choral in MGG, besonders Choral in 2, 1265–1303

ders., *Frühchristliche Musik.* In: Die Musik in Geschichte und Gegenwart (MGG) 4, 1036–1064

ders., *Gemeindegesang.* In: MGG 4, 1636–1649

ders., *Kann der gregorianische Choral im Frankenreich entstanden sein?* In: Archiv für Musikwissenschaft 24, 1967, 153–169

ders., In: Archiv für Musikwissenschaft 18, 1961, 8–33 (betr. teiltextierte Sequenzen)
ders., *Gallikanische Liturgie.* In: MGG 4, 1299–1325 (zusammenfassend)
ders., *Notkeriana.* In: Archiv für Musikwissenschaft 19/20, 1962/63, 84–99
ders., *Die Schwanenklage. Zum Problem Lai-Planctus-Sequenz.* In: Festschrift K. G. Fellerer, 1962, 491–502
ders., *Die Sequenzmelodie Concordia und ihr geschichtlicher Hintergrund.* In: Festschrift Hans Engel, 1964, 364–392
ders., *Die Unterlegung von Texten unter Melismen. Tropus, Sequenz u. andere Formen.* In: Kongreßbericht New York 1961, 12–29
ders., *Saint-Martial.* In: MGG 12, 1266 ff.
Stäblein, B., *Tropus.* In: MGG 13, 797–826 (zusammenfassende Darstellung hierzu auch MGG 5, 635 u. 656, sowie 6, 1382)
ders., *Zum Verständnis des klassischen Tropus.* In: Acta Musicologica 35, 1963, 84–95
ders., *Sequenz.* In: MGG 12, 522–549 (Zusammenfassung)
von den Steinen, W., *Notker der Dichter und seine geistige Welt.* 2 Bde, Bern 1948 (literarische Würdigung und neueste Textausgabe mit Übersetzungen)
Wagner, P., *Einführung in die gregorianischen Melodien.* Ein Handbuch der Choralwissenschaft, 3 Bde, Leipzig 1895–1921
Wellesz, E., *Eastern Elements in Western Chant, Studies in the early History of ecclesiastical Music.* Boston 1947
Wellesz, E., *A History of Byzantine Music and Hymnography.* Oxford 1949, 2/1961

Diskographie

Schallplatten von liturgischen Gesängen oder mittelalterlichen Neukompositionen zum gregorianischen Repertoire:

Gregorian Chant. Choir of the Monks of the Abbey of Saint-Pierre de Solesmes (Decca)
Gregorianik. Chor der Mönche der Benediktiner-Erzabtei St. Martin, Beuron. – Chor der Benediktinerinnen, Abtei Unserer Lieben Frau Varenseil (Archiv-Produktion des Musikhistorischen Studios der Deutschen Grammophon-Gesellschaft, 1. Forschungsbereich)
Cantus Gregorianus. Kantoren der Benediktinerabtei Maria Laach (Psallite, Norddeutsches Tonstudio)
The History of Music in Sound, Volume II: Byzantine Music, Byzantine and Ambrosian Hymns, Pre-gregorian Music, Gregorian Music (His Master's Voice)
Gregorianische Gesänge. Chor der Wiener Hofburgkapelle (Vox, Fono Schallplatten GmbH)
Mönchschor der Abtei St. Thomas (Vox, Fono Schallplatten GmbH)
Hymnodia-Gregorianische Gesänge. Benediktiner-Mönche der Abtei Saint-Maurice à Saint-Maur, Clervaux (Luxembourg) (Philips)
Dominikaner-Nonnen von Dichermont und Salzinnes (Philips)

Von halb-liturgischen geistlichen einstimmigen Gesängen ist, da noch das Wenigste veröffentlicht, auch noch nicht viel auf Schallplatten erschienen; bisher einiges wenige in der Archiv-Produktion (Forschungsbereich B., Das zentrale Mittelalter), ferner das Daniel-Spiel aus Beauvais von etwa 1150 (Decca DL 9402), Ludus Paschalis, liturgisches Osterspiel des 13. Jahrhunderts. Ensemble Polyphonique de Paris (Bärenreiter-Musicaphon, Valois-Serie), sowie The History of Music in Sound, Volume II: Liturgical Drama and Medieval Songs (His Master's Voice).

Spätrenaissance und Barock

Allgemeine Bibliographie

Adler, G., *Handbuch der Musikgeschichte.* 2. Aufl., 2 Bde, Berlin 1930
Chorwerk, Das, Hsg. v. F. Blume. Wolfenbüttel 1929
Classici della Musica Italiana, I. Milano 1919
Corpus of Early Keyboard Music. Hsg. v. Willi Apel
Davison, A. T. u. W. Apel, *An Historical Anthology of Music;* 2 Bde, Cambridge 1951
Frotscher, G., *Geschichte des Orgelspiels und der Orgelkomposition.* Berlin ^{2}1959
Grout, D. J., *A Short History of Opera.* 2 Bde, New York 1947
Löwenberg, A., *Annals of Opera,* 1597–1940. 2 Bde, Genf ^{2}1955
Moser, H., *Geschichte der deutschen Musik.* 3 Bde, ^{5}1930

Nettl, P., *The Story of Dance Music.* New York 1947
Parrish, C. und J. Ohl, *Masterpieces of Music before 1750.* New York 1951
Riemann, H., *Handbuch der Musikgeschichte.* 5 Bde, Leipzig 1904–1913
Sachs, C., *Eine Weltgeschichte des Tanzes.* Berlin 1933
Schering, A., *Geschichte der Musik in Beispielen.* Leipzig 1931
Seiffert, M. und K. F. Weitzmann, *Geschichte der Klaviermusik.* Leipzig 1899
Strunk, O., *Source Readings in Music History.* New York 1950
Torchi, L., *L'Arte Musicale in Italia.* Milano ab 1897
Weisstein, U., *The Essence of Opera.* New York 1964

Spezielle Bibliographie

Abert, A. A., *Claudio Monteverdi und das musikalische Drama.* Lippstadt 1954
Anglès, H., *Monumentos de la Musica Española.* Madrid 1952
Baini, G., *Memorie storico-critiche della vita e delle opere di Giovanni Pierluigi da Palestrina.* 2 Bde, Rom 1828
Bedbrook, G. S., *Keyboard Music from the Middle Ages to the Beginnings of the Baroque.* London 1949
Borren, C., van den, *Les Origines de la Musique de Clavier en Angleterre.* Bruxelles 1912
Byrd, W., *Complete Works.* Hsg. von E. H. Fellowes. 20 Bde, London 1923–1952
Caccini, G., *Le Nuove Musiche.* Firenze 1601; Faksimile, Rom 1934
Carissimi, *Historie ed Oratorii.* 6 Bde, Rom 1951–1956
Chefs D'Oeuvre de l'Opéra Français. Hsg. v. T. de Lajarte. 40 Bde, Paris 1880–1883
Corelli, A., *Oeuvres Complètes,* hsg. von J. Joachim und F. Chrysander. Wien 1890
Couperin, F., *Oeuvres Complètes.* 12 Bde, Monaco 1933
Gurlitt, W., *Michael Praetorius, sein Leben und seine Werke.* Leipzig 1915
Einstein, A., *The Italian Madrigal.* 3 Bde, Princeton 1949
Expert, H., *Les Maîtres Musiciens de la Renaissance Française.* Paris 1894
Expert, H., *Florilège du Concert Vocal de la Renaissance.* Paris 1928–29
Faksimile, Oxford 1937
Fellerer, K. G., *Palestrina.* Regensburg 1930
Frescobaldi, G., *Orgel- und Klavier-Werke,* hsg. von P. Pidoux. Kassel 1950–1954
Fellowes, E. H., *The English Madrigal.* Oxford 1947
ders., *The English Madrigal School.* 36 Bde, London 1913–24
ders., *William Byrd.* Oxford 1936
Fitzwilliam Virginal Book, The, hsg. von J. A. Fuller-Maitland u. W. Barclay Squire. 2 Bde, New York 1964
Gabrieli, G., *Opera Omnia,* hsg. von D. Arnold. 10 Bde, Dallas 1955
Gaultier, D., *Rhétorique des Dieux.* Faksimile, Paris 1932–1933
Gibbons, O., *Complete Keyboard Music,* hsg. von H. Andrew. New York 1955
Gray, C. und P. Heseltine, *Carlo Gesualdo, Prince of Venosa, Musician and Murderer.* London 1926
Jeppesen, K., *Das »Sprunggesetz« des Palestrinastils.* Basel 1924
Lassus, O., *Sämtliche Werke,* hsg. von W. Boetticher. Kassel 1956
Lechner, L., *Werke,* hsg. von K. Ameln. Kassel 1956
Luther, M., *Deutsche Messe und Ordnung, Gottesdienst zu Wittenberg fürgenommen.* Faksimile, hsg. von J. Wolf. Kassel 1934
Lochhaimer Liederbuch und Fundamentum Organisandi des Conrad Paumann. (Faksimile) hsg. von K. Ameln, Berlin 1925
Lully, J., *Oeuvres Complètes,* hsg. von H. Prunières. Paris 1930
Mellers, W., *François Couperin and the French Classical Tradition.* New York 1960
Meyer, E. H., *English Chamber Music: The History of a Great Art from the Middle Ages to Purcell.* London 1940
Monteverdi, C., *Tutte le Opere,* hsg. von G. F. Malipiero. 16 Bde, Wien 1926–1942, Neudruck 1965
Morley, T., *A Plain and Easy Introduction to Practical Music 1957,* hsg. von R. A. Hartmann. London 1952;
Moser, A., *Geschichte des Violinspiels.* Berlin 1923
Moser, H. J., *Die evangelische Kirchenmusik in Deutschland.* Berlin 1953
Moser, H. J., *Heinrich Schütz, sein Leben und Werk.* Kassel 1954
Moser, H. J., *Paul Hofhaimer: Ein Lied- und Orgelmeister des deutschen Humanismus.* Cotta 1929
Mueller, P. E., *The Influence and Activities of English Musicians on the Continent during the Late-Sixteenth and Early-Seventeenth*

Centuries. University of Indiana, Ph. D., Musicology, 1954. 2 Bde, University Microfilms, Ann Arbor No. 7534
Mulliner Book, The, hsg. von Denis Stevens. London 1951
My Lady Nevells Booke, hsg. von H. Andrews. New York 1955
Nettl, P., *Luther and Music*. Philadelphia 1948
Newman, W., *The Sonata in the Baroque Era*. Chapel Hill 1959
Palestrina, G., *Le Opere Complete*, hsg. von R. Casimiri und L. Bianchi. 26 Bde, Rom 1939
Parthenia, or the Maydenhead of the First Music that ever was Printed for the Virginals, hsg. von K. Stone. New York 1951
Peri, J., *Le Musiche sopra L'Euridice*. Firenze 1600; Faksimile; Rom 1934
Pincherle, M., *Corelli*. Paris 1933
Praetorius, M., *Gesamtausgabe der musikalischen Werke*, hsg. von F. Blume. Wolfenbüttel 1928–1960
Prunières, H., *L'Opéra Italien en France avant Lully*. Paris 1913
Purcell, H., *The Works*. 32 Bde, London 1878
Redlich, H. F., *Claudio Monteverdi, Leben und Werk*. Olten 1949
Ronga, L., *G. Frescobaldi*. Milano 1930
Schering, A., *Geschichte des Oratoriums*. Leipzig 1911
Schering, A., *Musikgeschichte Leipzigs 1650 bis 1723*. Leipzig 1926
Schrade, L., *Monteverdi, Creator of Modern Music*. New York 1950
Schütz, H., *Neue Ausgabe sämtlicher Werke*. Kassel 1955
Sweelinck, J. P., *Werke*. 10 Bde, Leipzig 1895–1903
Tudor Church Music. Versch. Bearb. 10 Bde, Oxford 1922–29
Victoria, L. Da, *Opera Omnia*, hsg. von P. Pedrell. 8 Bde, Leipzig 1902–1913
Walter, J., *Sämtliche Werke*, hsg. von O. Schröder und M. Schneider. Kassel 1953
Wasielewski, W., *Die Violine und ihre Meister*. Leipzig [3]1893
Westrup, J. A., *Purcell*. London 1947
Worsthorne, S. T., *Venetian Opera in the Seventeenth Century*. Oxford 1954
Zarlino, G., *Le Istitutioni Armoniche*. 1558, Fasimile, London 1965

Diskographie

History of Music in Sound (R. C. A. Victor und His Master's Voice)

Milan, Luis
Musica de Vihuela de Mano (DG-Archiv)

Cabezon, Antonio de
Obras de Musica Para Tecla, Arpa y Vihuela (Harmonia Mundi)

Arbeau, Thoinot
Orchesographie (Turnabout)

Lechner, Leonhard
Deutsche Sprüche vom Leben und Tod (Cantate)

Lechner, Leonhard
Gesellige Zeit
Weltliche Chorgesänge (DG-Archiv)

Le Jeune, Claude
Chansons (Nonesuch)

Janequin, Clément
Chansons (DG-Archiv)

Palestrina, Giovanni
Song of Salomon (Bach Guild)

Palestrina, Giovanni
Missa Papae Marcelli und Eight Motets (DG-Archiv)

Palestrina, Giovanni
Missa sine nomine
Missa ego ecce Johannes
(Oiseau-Lyre)

Lassus, Orlandus
Neue Teutsche Lieder, Chansons, Madrigals, Villanelles (DG-Archiv)

Lassus, Orlandus
Sieben Buß-Psalmen (DG-Archiv)

Lassus, Orlandus
Missa »Puisque j'ai perdu« (DG-Archiv)

Marenzio, Luca
Madrigals (DG-Archiv)

Monte, Philippe de
Madrigals (Bach-Guild)

Banchieri, Adriano
Festino (A Madrigal Entertainment) (Counterpoint/Esoteric)

Gesualdo, Don Carlo
Madrigals (DG-Archiv)

Gastoldi, Giovanni
Balletti (DG-Archiv)

Gabrieli, Andrea
Ricercare (Vox)

Gallus, Jacobus
Opus Musicum Harmoniarum (Bach-Guild)

Taverner, John
Mass, »Gloria tibi trinitas«
Responsorium, »In pace in id ipsum«
(Musica)

Byrd, William
Ave Verum Corpus

Magnificat
Mass in 5 Parts (London)
Byrd, William
Music for Voice and Viols (Experiences Anonymes)
Byrd, William
Klavier-Musik (DG-Archiv)
Bull, John
Keyboard Music (Oiseau-Lyre)
Madrigals of Bateson; Morley; Tomkins; Weelkes; Wilbye (3-Westminster)
Morley, Thomas
First Book of Ayres (DG-Archiv)
Morley, Thomas
Harpsichord Lessons (DG-Archiv)
Morley, Thomas
Canzonets: First Book of Ballets (DG-Archiv)
Gibbons, Orlando
Anthems, Madrigals, Fantasias, Canticles (DG-Archiv)
Dowland, John
Ayres (DG-Archiv)
Dowland, John
Lute Songs (Experiences Anonymes)
Vecchi, Orazio
Amfiparnasso (Cetra)
Peri, Jacopo
Euridice (2-Amadeo)
Monteverdi, Claudio
Orfeo (DG-Archiv)
Monteverdi, Claudio
Il Ballo delle Ingrate (Bach Guild)
Monteverdi, Claudio
Vespro della Beata Vergine (2-London)
Monteverdi, Claudio
Incoronazione di Poppea (2-Angel)
Monteverdi, Claudio
Fifth and Sixth Books of Madrigals (Haydn Society)
Monteverdi, Claudio
Eighth Book of Madrigals, Madrigali Guerrieri et Amorosi (Decca)
Victoria, Tomas Luis de
Missa Alma Redemptoris; Motets (Vox)
Viadana, Lodovico
Cento Concerti Ecclesiastici con il Basso Continuo, Opus 12 (Musica Sacra)
Praetorius, Michael
Geistliche Tricinien (DG-Archiv)
Praetorius, Michael
Terpsichore (DG-Archiv)
Schein, Johann Hermann
Banchetto Musicale (DG-Archiv)
Sweelinck, Jan Pieterszoon
Cembalo- und Orgel-Musik (Cambridge)
Frescobaldi, Girolamo
Canzoni per Sonar (Mercury)
Frescobaldi, Girolamo
Fiori Musicali (DG-Archiv)
Scheidt, Samuel
Tabulatura Nova (DG-Archiv)
Gabrieli, Giovanni
Canzoni für Blasinstrumente (DG-Archiv)
Gabrieli, Giovanni
Sacrae Symphoniae (Vox)
Schütz, Heinrich
Italian Madrigals (Harmonia Mundi)
Schütz, Heinrich
Music of Heinrich Schütz (Decca)
Schütz, Heinrich
Symphoniae Sacrae: Kleine Geistliche Konzerte (Westminster)
Schütz, Heinrich
Weihnachtsoratorium (Odeon)
Schütz, Heinrich
St. Matthäus-Passion (DG-Archiv)
Schütz, Heinrich
Geistliche Chormusik (3-Odeon)
Carissimi, Giacomo
Jephta (DG-Archiv)
Benevoli, Orazio
Festmesse für 53 Stimmen (Epic)
Froberger, Johann
Suites de Clavecin (Oiseau-Lyre)
Mace, Thomas
Music's Monument (Harmonia Mundi)
Lully, J.
Temple de la Paix (Ballet) (Oiseau-Lyre)
Biber, H.
15 Sonatas (Mystery) (Cambridge)
Biber, H.
8 Sonatas (1681) (Cambridge)
Corelli, Arcangelo
Concerti Grossi, Op. 6 (3-Bach Guild)
Corelli, Arcangelo
Sonatas Opus 1 (12), Opus 2 (12), (3-Vox)
Blow, John
Venus and Adonis (Oiseau-Lyre)
Purcell, Henry
Anthems (DG-Archiv)
Purcell, Henry
Dido and Aneas (Oiseau-Lyre)
Purcell, Henry
The Fairy Queen (3-Oiseau-Lyre)
Purcell, Henry
Hail! Bright Cecilia (Bach Guild)
Purcell, Henry
Cembalo- u. Clavichordmusik (2-Spoken Arts)

Vom Barock bis zur Gegenwart

Bibliographie

Neapolitanische Oper und Concerto

Dent, E. J., *The Operas of Alessandro Scarlatti.* London 1902/03
ders., *Alessandro Scarlatti.* London 1905
Graeser, H., *Georg Philipp Telemanns Instrumentalmusik.* Diss. München 1924
Gregor, J., *Kulturgeschichte der Musik.* Wien 1941
Keller, H., *Domenico Scarlatti.* Leipzig 1957
Klitenic, Z., *The Clavecin Works of Jean-Philippe Rameau.* Diss. Philadelphia 1955
Masson, P. M., *L'Opéra de Jean-Philippe Rameau.* Paris 1930
Pincherle, M., *Antonio Vivaldi et la musique instrumentale.* Paris 1948
Sittard, J., *Geschichte des Musik- und Konzertwesens in Hamburg.* Leipzig 1890
Wolf, H. Chr., *Die Barockoper in Hamburg.* Wolfenbüttel 1957

Georg Friedrich Händel

Chrysander, Fr., *Georg Friedrich Händel.* Leipzig 1860
Mainwaring, J., *G. Fr. Händels Lebensbeschreibung.* Neu Zürich 1947
Müller-Blattau, J. M., *Georg Friedrich Händel.* Mainz 1959
Schering, A., *Geschichte des Oratoriums.* Leipzig 1911
Serauky, W., *Georg Friedrich Händel.* Kassel ab 1956

Johann Sebastian Bach

David, J. N., *Das Wohltemperierte Klavier.* Göttingen 1962
Engel, H., *J. S. Bach.* Berlin 1950
Forkel, J. N., *Über J. S. Bachs Leben.*
Hindemith, P., *J. S. Bach.* Mainz 1950
Moser, H. J., *Dietrich Buxtehude.* Berlin 1957
Müller-Blattau, J. M., *J. S. Bach.* Stuttgart 1950
Paumgartner, B., *J. S. Bach.* Stuttgart 1950 Neu Kassel 1950
Schweitzer, A., *J. S. Bach.* Paris und Leipzig 1905, neu Wiesbaden 1952
Spitta, Ph., *J. S. Bach.* Leipzig 1873–80, neu Leipzig 1935
Terry, Ch. S., *Bach, eine Biographie.* Neu Leipzig 1934

Bach-Söhne und Mannheimer

Bitter, C. H., *C. Ph. E. und W. Fr. Bach.* Berlin 1868
Burney, Ch., *Continental Travels 1770–1772.* London 1927
Falck, M., *W. Fr. Bach.* Leipzig 1913, neu Lindau 1956
Gradenwitz, P., *J. Stamitz.* Prag 1936
Nettl, P., *Der kleine Prophet von Böhmisch-Brod.* Esslingen 1953
Riemann, H., *Die Söhne Bachs.* Leipzig 1901
Tutenberg, Fr., *Die Sinfonik J. Chr. Bachs.* Wolfenbüttel 1928
Walter, Fr., *Geschichte des Theaters und der Musik am kurpfälzischen Hofe.* Leipzig 1898

Glucks Opernklassik

Abert, A. A., *Chr. W. Gluck.* München 1959
Einstein, A., *Gluck.* Zürich und Stuttgart 1954
Marx, A. B., *Gluck und die Oper.* Berlin 1863
Moser, H. J., *Chr. W. Gluck.* Stuttgart 1940

Joseph Haydn

Geiringer, K., *J. Haydn.* Potsdam 1932
Jakob, H. E., *J. Haydn.* London 1950, deutsch Hamburg 1952
Nowak, L., *J. Haydn.* Wien 1951

Wolfgang Amadeus Mozart

Abert, H., *W. A. Mozart.* Leipzig 1919–21, neu 1955–56
Einstein, A., *Mozart.* New York 1945, deutsch Stockholm 1947
Istel, E., *K. Ditters von Dittersdorf.* Leipzig 1908
Jahn, O., *W. A. Mozart.* Leipzig 1865–59
Nettl, P., *W. A. Mozart.* Frankfurt und Hamburg 1955
Paumgartner, B., *Mozart.* Berlin 1927
Peiser, K., *J. A. Hiller.* Leipzig 1894
Riedinger, L., *Dittersdorf als Opernkomponist.* Leipzig und Wien 1914
Schenk, E., *W. A. Mozart.* Zürich 1955

Ludwig van Beethoven

Beethoven. Das Genie und seine Welt. Anthologie. München 1963
Bekker, P., *Beethoven.* Berlin u. Leipzig 1911
Nettl, P., *Beethoven.* Frankfurt/M. 1958
Riezler, W., *Beethoven.* Berlin und Zürich 1936

Rolland, R., *La vie de Beethoven.* Paris 1907, deutsch Leipzig 1930, Zürich 1936

Schindler, A., *Biographie von L. van Beethoven.* Neu Bonn 1947

Thayer, A. Wh., *L. v. Beethovens Leben.* Paris 1866, neu Leipzig 1908

Schubert und das Lied

Bopp, A., *Friedrich Silcher.* Stuttgart 1916

Dahmen, H. J., *Silcher.* Stuttgart 1960

Einstein, A., *Schubert.* Zürich 1952

Hug, F., *Franz Schubert.* Frankfurt a. M. 1948

Kusche, L., *Franz Schubert.* München 1962

Paumgartner, B., *Franz Schubert.* Zürich 1943

Salmen, W., *Joh. Friedr. Reichardt.* Freiburg, Zürich 1963

Sietz, R., *Carl Loewe.* Köln 1948

Spaun, J. von, *Erinnerungen an Franz Schubert.* Berlin–Zürich 1936

von der Pfordten, H. V., *Robert Franz.* Leipzig 1923

Weber und die frühromantische Oper

Cardus, N., *Sechs deutsche Romantiker.* München 1961

Einstein, A., *Die Romantik in der Musik.* München 1950

Gaartz, H., *Die Opern Heinrich Marschners.* Leipzig 1912

Greeff, P., *E. T. A. Hoffmann als Musiker und Musikschriftsteller.* Köln u. Krefeld 1948

Grüninger, F., *Carl Maria von Weber.* Freiburg 1954

Louis Spohr, *Selbstbiographie.* Kassel u. Göttingen 1860/61, Neuausgabe Kassel u. Basel 1954/55

Pfitzner, H., *E. T. A. Hoffmanns Undine.* München u. Leipzig 1915

Robert, C., *Louis Spohr.* Berlin 1883

Schnoor, H. P., *Weber auf dem Weltheater.* Dresden 1942

Weber, M. M. von, *Carl Maria von Weber.* Leipzig 1864–68, Neuausgabe Berlin 1912

Wittmann, M. E., *Heinrich Marschner.* Leipzig 1897

Zentner, W., *Carl Maria von Weber.* Olten 1952

Klavierpoeten: Schumann, Chopin

Brion, M., *Robert Schumann.* Erlenbach/Zürich 1955

Cherbuliez, A. E., *Frédéric Chopin.* Zürich 1948

Cortot, A., *Chopin, Wesen und Gestalt.* Zürich 1954

Dahms, W., *Robert Schumann.* Berlin 1916, Neuausgabe Stuttgart 1925

Eismann, G., *Robert Schumann.* Leipzig 1956

Korte, W., *Robert Schumann.* Potsdam 1937

Kusche, L., *Frédéric Chopin.* München 1960

Leichtentritt, H., *Frédéric Chopin.* Berlin 1905

Rehberg, W. P. *Chopin.* Zürich 1949

Rehberg, W. P., *Robert Schumann.* Zürich und Stuttgart 1954

Wörner, K. H., *Robert Schumann.* Zürich 1949

Bürgerliche Romantik

Dahms, W., *Mendelssohn.* Berlin 1919

Dippel, P. G., *Albert Lortzing.* Berlin 1951

Hoffmann, M., *Lortzing.* Leipzig 1956

Jacob, H. E., *Felix Mendelssohn und seine Zeit.* Frankfurt/M. 1959

Kruse, G. R., *Otto Nicolai.* Berlin 1911

Neumann, W., *Friedrich von Flotow.* Kassel 1855

Roßmayer, R., *Kreutzer als dramatischer Komponist.* Diss. Wien 1928

Wittmann, H., *Lortzing.* Leipzig 1902

Wörner, K. H., *Felix Mendelssohn-Bartholdy.* Leipzig und Wiesbaden 1947

Opéra Comique und Grand Opéra

Albert, H., *Giacomo Meyerbeer.* Halle 1929

Bruneau, A., *Massenet.* Paris 1935

Curzon, H. de, *Ambroise Thomas.* Paris 1921

Damerini, A., *Amilcare Ponchielli.* Turin 1940

Dandelot, A., *Gounod.* Paris 1911

Dietz, M., *Geschichte des musikalischen Dramas in Frankreich während der Revolution.* Wien 1886

Favre, G., *Boieldieu, Sa vie et ses œuvres.* Paris 1944/45

Handschin, J., *Camille Saint-Saëns.* Zürich 1930

Istel, E., *Bizet und Carmen.* Stuttgart 1927

Kapp, J., *Meyerbeer.* Stuttgart–Berlin 1920

Kohut, A., *Auber.* Leipzig 1895

Pougin, A., *Boieldieu, Sa vie et ses œuvres.* Paris 1875

Schemann, L., *Cherubini.* Stuttgart–Berlin-Leipzig 1925

Schubert, K., *Spontinis italienische Schule.* Straßburg 1932

Stefan, P., *Georges Bizet.* Zürich 1952

Weißmann, A., *Bizet.* Berlin 1907

Programm-Musik: Berlioz und Liszt

Boschot, A., *Hector Berlioz.* Paris 1939
Engel, H., *Franz Liszt.* Potsdam 1936
Kapp, J., *Berlioz.* Berlin 1917
ders., *Das Dreigestirn: Berlioz, Liszt, Wagner.* Berlin 1919
ders., *Franz Liszt.* Berlin 1909
ders., *Niccolò Paganini.* Stuttgart–Berlin 1954
Kusche, L., *Franz Liszt.* München 1961
Nowak, L., *Franz Liszt.* Innsbruck 1936
Prod'homme, J. G., *Berlioz.* Leipzig 1904
Raabe, P., *Franz Liszt.* Stuttgart–Berlin 1931
Rehberg, P., *Franz Liszt.* Zürich 1961

Italienischer Belcanto

Pfister, K., *Das Leben Rossinis.* Zürich–Detmold–Berlin 1948
Pizzetti, I., *La musica di Vincenzo Bellini.* Florenz 1914
Stendhal, M.-H., *Das Leben Rossinis.* Leipzig 1929
Verzino, E. C., *Le opere di Gaetano Donizetti.* Bergamo 1897

Offenbach und die Operette

Bekker, P., *Jacques Offenbach.* Berlin 1909
Decsey, E., *Johann Strauß.* Wien 1948
Findon, B.W., *Sir Arthur Sullivan and his operas.* London 1908
Grun, B., *Kulturgeschichte der Operette.* München 1961
Hadamovky, F. und H. Otte, *Die Wiener Operette.* Wien 1947
Hughes, G., *The music of Arthur Sullivan.* London 1960
Jacob, H. E., *Johann Strauß Vater und Sohn.* Hamburg 1953
Keller, O., *Franz von Suppé.* Leipzig 1905
Rieger, E., *Offenbach und seine Wiener Schule.* Wien–Berlin 1920
Schenk, E., *Johann Strauß.* Potsdam 1940
Witeschnik, A., *Die Dynastie Strauß.* Wien–Leipzig 1933

Wagner und das Musikdrama

Chamberlain, H. St., *Richard Wagner.* München 1896
Glasenapp, C. Fr., *Richard Wagners Leben und Wirken.* Kassel u. Leipzig 1876/77
Kurth, E., *Romantische Harmonik.* Bern u. Leipzig 1920
Loos, P. A., *Richard Wagner, Vollendung und Tragik der deutschen Romantik.* München 1952
Lorenz, A., *Das Geheimnis der Form bei Richard Wagner.* Berlin 1924–33
Mann, Th., *Wagner und unsere Zeit.* Frankfurt/M 1963
Newman, E., *The life of Richard Wagner.* London 1933–47
Overhoff, K., *Die Musikdramen Richard Wagners.* Salzburg–München 1967
Pourtalès, G. de, *Wagner. Zürich* 1958
Reich, W., *Richard Wagner.* Olten 1948
Westernhagen, C. von, *Richard Wagner.* Zürich 1956
Westernhagen, C., *Vom Holländer zum Parsifal.* Freiburg i. Br. und Zürich 1962

Im Banne Wagners

Besch, O., *Engelbert Humperdinck.* Leipzig 1914
Bitter, W., *Die komische Oper der Gegenwart.* Leipzig 1932
Cornelius, C. M., *Peter Cornelius.* Regensburg 1925
Decsey, E., *Hugo Wolf.* Berlin–Leipzig 1919
Hasse, M., *Der Dichtermusiker Peter Cornelius.* Leipzig 1922–23
Newman, E., *Hugo Wolf.* Leipzig 1910
Orel, A., *Hugo Wolf.* Wien 1947
Sittner, H., *Wilhelm Kienzl.* Zürich–Leipzig–Wien 1957
Walker, F., *Hugo Wolf.* Graz–Wien–Köln 1953

Giuseppe Verdi

Holl, K., *Verdi.* Berlin 1943, neu Zürich 1948
Weißmann, A., *Giuseppe Verdi.* Stuttgart 1922
Werfel, F. und P. Stefan, *Giuseppe Verdi, Briefe.* Berlin–Wien–Leipzig 1926

Puccini und der Verismo

Adami, G., *Puccini.* Stuttgart 1943
Baresel, A., *Giacomo Puccini.* Hamburg 1954
Fellerer, K. G., *Giacomo Puccini.* Potsdam 1937
Fohl, F., *Die moderne Oper.* Leipzig 1894
Jeri, A., *Mascagni.* Mailand 1940
Raupp, W., *Eugen d'Albert.* Leipzig 1930
Thiess, F., *Puccini.* Berlin–Wien–Leipzig 1947

Symphonie nach Beethoven

Auer, M., *Anton Bruckner.* Wien–Leipzig–Zürich 1923, 1949

Ernest, G., *Johannes Brahms*. Berlin 1930
Geiringer, K., *Brahms*. Brünn 1934, neu Zürich–Stuttgart 1955
Gerber, R., *Johannes Brahms*. Potsdam 1938
Göllerich, A. und M. Auer, *Anton Bruckner*. Regensburg 1922–37, 1938
Haas, R., *Anton Bruckner*. Potsdam 1934
Kalbeck, M., *Johannes Brahms*. Berlin 1809–15
Kurth, E., *Anton Bruckner*. Berlin 1925
Mohr, W., *César Franck*. Stuttgart 1942
Orel, A., *Anton Bruckner*. Wien 1925
ders., *Johannes Brahms*. Olten 1948
Rebert, W. P., *Johannes Brahms*. Zürich 1947
Spitta, Ph., *Johannes Brahms*. Berlin 1892

Die Stimme Rußlands

Cherbuliez, A. E., *Tschaikowsky*. Rüschlikon–Zürich 1948
Gilse van der Pals, N. van, *Nikolai Andrejewitsch Rimski-Korsakow*. Paris–Leipzig 1929
ders., *Tschaikowsky*. Potsdam 1940
Honolka, K., *Die Großen der Kunst, Literatur und Musik. Rußland*. Stuttgart 1964
Keller, O., *Tschaikowsky*. Leipzig 1914
Laux, K., *Die Musik in Rußland und in der Sowjetunion*. Berlin 1958
Stein, R. H., *Tschaikowsky*. Stuttgart 1927
Troeger, G., *Mussorgsky und Rimsky-Korsakow*. Breslau 1941
Tschaikowsky, M. I., *Das Leben P. I. Tschaikowskys*. Leipzig 1901/02
Wolfurt, K. v., *Mussorgsky*. Stuttgart 1926
Wolfurt, K. v., *P. I. Tschaikowsky*. Zürich–Freiburg i. Br. 1952
Zagiba, F., *Tschaikowskij*. Wien 1953

Junge Nationalmusik

Boese, H., *Zwei Urmusikanten: Smetana-Dvořák*. Zürich–Leipzig–Wien 1954
Copland, A., *Unsere neue Musik*. München 1947
Fellerer, K. G., *Edvard Grieg*. Potsdam 1942
Helfert, V., *Die schöpferische Entwicklung Friedrich Smetanas*. Leipzig 1956
Hollander, H., *Leoš Janáček*. Zürich 1954
Jaenisch, J., *Manuel de Falla*. Zürich 1952
Nejedlý, Z., *B. Smetana*. Prag 1924
Pakenham, S., *Ralph Vaughan Williams*. London 1957
Ringbom, N.-E., *Jean Sibelius*. Olten 1950
Rychnovsky, A., *Smetana*. Stuttgart 1924
Schjelderup, G. u. W. Niemann, *Edvard Grieg*. Berlin 1921
Sirp, H., *Anton Dvořák*. Potsdam 1939
Šourek, O., *Antonín Dvořák*. Prag 1953
ders., *Antonín Dvořák*. Werkanalysen I, II, Prag 1955
Vogel, J., *Leoš Janáček*. Kassel 1958
Young, P. M., *Elgar*. London 1956

Wegbereiter der Neuen Musik

Adorno, Th. W., *Mahler*. Frankfurt/M 1960
Bagier, G., *Max Reger*. Stuttgart–Berlin 1923
Bayerl, Fr. X., *Franz Schrekers Opernwerk*. Erlangen 1928
Bekker, E., *Gustav Mahlers Sinfonien*. Berlin 1921
Danckert, W., *Claude Debussy*. Berlin 1950
Erhardt, O., *Richard Strauss*. Olten–Freiburg i. Br. 1953
Holl, K., *Rudi Stephan*. Weimar 1922
Honolka, K., *Das vielstimmige Jahrhundert*. Stuttgart 1960
Kapp, J., *Franz Schreker*. In: Zeitgenöss. Komponisten, München 1921
Krause, E., *Richard Strauss*. Leipzig 1963
Křenek, E., *Charles Ives*. Schweizerische Musikzeitung 1955
Leichtentritt, H., *Ferruccio Busoni*. Leipzig 1916
Lindner, A., *Max Reger*. Regensburg 1938
Mann, W., *Richard Strauss. Das Opernwerk*. München 1967
Nadel, S. F., *Ferruccio Busoni*. Leipzig 1931
Panofsky, W., *Richard Strauss*. München 1965
Rostand, Cl., *Gabriel Fauré*. Lindau 1950
Schönberg, A., *Style and idea*. New York 1950
Schuh, W., *Über Opern von Richard Strauss*. Zürich 1954
Stein, Fr., *Max Reger*. Potsdam 1939
Strobel, H., *Claude Debussy*. Zürich 1940
Stuckenschmidt, H. H., *Ferruccio Busoni*. Zürich 1967
ders., *Maurice Ravel*. Frankfurt/M 1966
ders., *Schöpfer der neuen Musik*. Frankfurt/M 1958
Tenschert, R., *3 × 7 Variationen über das Thema Richard Strauss*. Wien 1944
Unger, H., *Max Reger*. München 1921
Vuillermoz, E., *Claude Debussy*. Frankfurt/M 1957
Walter, B., *Gustav Mahler*. Frankfurt/M 1957
Wörner, K. H., *Neue Musik in der Entscheidung*. Mainz 1954
Worbs, H.-Ch., *Gustav Mahler*. Berlin–Wunsiedel 1960

Die Neue Musik

Adorno, Th. W., *Klangfiguren*. Frankfurt/M 1959

ders., *Philosophie der neuen Musik.* Tübingen 1949
Craft, R., *Strawinsky.* München 1958
Dumesnil, R., *La musique en France entre les deux guerres.* Genf 1946
Gradenwitz, P., *Wege zur Musik der Gegenwart.* Stuttgart 1963
Helm, E., *Béla Bartók.* Hamburg 1956
Honolka, K., *Das vielstimmige Jahrhundert.* Stuttgart 1960
Kirchmeyer, H., *Igor Strawinsky.* Regensburg 1958
Kolneder, W., *Anton Webern.* Rodenkirchen 1961
Křenek, E., *Über neue Musik.* Wien 1937
Labroca, M., *Malipiero.* Venedig 1957
Mellers, W., *Musik und Gesellschaft,* Band 2. Frankfurt/M 1965
Mersmann, H., *Neue Musik in den Strömungen unserer Zeit.* Bayreuth 1949
Moreux, S., *Béla Bartók.* Zürich–Freiburg i. Br. 1950
Moser, H. J., *Paul Hindemith.* In: Musikgeschichte in 100 Lebensbildern. Stuttgart 1952
Oehlmann, W., *Die Musik des 20. Jahrhunderts.* Berlin 1961
Redlich, H. F., *Alban Berg.* Wien-Zürich-London 1957
Reich, W., *Alban Berg.* Wien 1937
Rostand, C., *Gespräche mit Darius Milhaud.* Hamburg 1954
Rufer, J., *Die Komposition mit zwölf Tönen.* Berlin–Wunsiedel 1952
Šafránek, M., *Bohuslav Martinů.* New York 1944
Schuh, W., *Schweizer Musik der Gegenwart.* Zürich 1948
Szmolyan, W., *Josef Matthias Hauer.* In: Österr. Musikzeitschrift, Wien 1966
Stein, E., *Praktischer Leitfaden zu Schönbergs Harmonielehre.* Wien 1923
Stephan, R., *Anton von Webern.* In: Deutsche Universitätszeitung XI, 1956
Stevens, H., *The life and music of Bela Bartok.* New York 1953
Strawinsky, Th., *Igor Strawinsky.* Mainz 1951
Strobel, H., *Igor Strawinsky.* Zürich 1956
ders., *Paul Hindemith.* Mainz 1928, neu 1948
Stuckenschmidt, H. H., *Arnold Schönberg.* Zürich–Freiburg i. Br. 1951
ders., *Neue Musik* (zwischen den beiden Kriegen). Berlin–Frankfurt/M 1951
Tschechische Komponisten. In: Musik der Zeit, Bonn 1954
Uhde, J., *Béla Bartók.* Berlin 1959
Vogelsang, K., *Alban Berg.* Berlin-Wunsiedel 1959
White, E. W., *Strawinsky.* Hamburg 1947
Wörner, K. H., *Musik der Gegenwart.* Mainz 1949

Konservative Kräfte

Abendroth, W., *Hans Pfitzner.* München 1936
Berendt, J. E., *Der Jazz.* Stuttgart 1950
Corrodi, H., *Othmar Schoeck.* Frauenfeld 1956
Czech, S., *Schön ist die Welt. Franz Lehárs Leben und Werk.* Berlin 1957
Finkenstein, S., *Jazz.* Stuttgart 1951
Grisson, A. C., *Ermanno Wolf-Ferrari.* Zürich–Leipzig–Wien 1958
Kroll, E., *Hans Pfitzner.* München 1924
Nemeth, C., *Franz Schmidt.* Zürich–Leipzig–Wien 1957
Oesterreicher, R., *Emmerich Kálmán.* Zürich–Leipzig–Wien 1954
Rutz, H., *Hans Pfitzner.* Wien 1949
Schrott, L., *Die Persönlichkeit Hans Pfitzners.* Zürich–Freiburg i. Br. 1959
Ulanov, B., *Jazz in Amerika.* Berlin-Wunsiedel 1958
Winkler, H.-J., *Jazz für Jedermann.* München 1961

Gemäßigte Moderne

Benjamin Britten. In: Musik der Zeit VII, XI, Bonn 1954/55
Brockhaus, H. A., *Hanns Eisler.* Leipzig 1961
Hermann Reutter, Werk und Wirken. Mainz 1965
Honolka, K., *Die Großen der Kunst, Literatur und Musik. Rußland.* Stuttgart 1964
Klein, R., *Joh. Nep. David.* Wien 1964
White, E. W., *Benjamin Britten.* Zürich 1948
Kotschenreuther, H., *Kurt Weill.* Berlin–Wunsiedel 1962
Laux, K., *Die Musik in Rußland und in der Sowjetunion.* Berlin 1958
Liess, A., *Carl Orff.* Zürich–Freiburg i. Br. 1955 London 1950
Schostakowitsch. In: Musik und Szene, IV, 5, 1959
Polyakova, L., *Soviet Music.* Moskau (in engl. Sprache)
Prieberg, F. K., *Musik in der Sowjetunion.* Köln 1965

Rabinowitsch, D., *Dmitri Shostakovitch.*
Stuckenschmidt, H. H., *Boris Blacher.* Berlin–Wiesbaden 1963

Nach dem zweiten Weltkrieg

Dibelius, N., *Moderne Musik 1945–1965.* München 1966

Die Reihe. Junge Komponisten. Wien 1958
Henze, H.-W., *Essays.* Mainz 1964
Prieberg, Fr. K., *Musica ex machina.* Frankfurt/M.–Berlin–Wien 1960
Rohwer, J., *Neueste Musik.* Stuttgart 1964
Rostand, Cl., *Olivier Messiaen.* Paris 1958
Stuckenschmidt, H. H., *Schöpfer der neuen Musik.* Frankfurt/M. 1958

Eine eigene Diskographie erübrigt sich,
da alle großen Schallplattenkataloge die wichtigsten Werke enthalten.

Bildnachweis

Die normalen Ziffern sind Seitenzahlen, die auf Text-Abbildungen verweisen. Die *kursiven Ziffern* verweisen als Bildnummern auf einfarbige Tafelbilder. Die römischen Zahlen entsprechen den Nummern der Farbbilder. Alle nicht aufgeführten Abbildungen wurden von den Autoren zur Verfügung gestellt oder entstammen dem Verlagsarchiv.

Archiv für Kunst und Geschichte, Berlin: 31, 191, 211 unten, 244, 251, 257, 259, 277, 281, 283, 290, 307, 315, 325, 350, 353, 367, 381, 388, 392, 402, 410, 429, 435, 443, 455, 466, 484, 487, 503, 512, 520, 536, *14, 28, 33, 46, 47, 56, 60, 61, 62, 66, 67, 68, 69, 72, 80, 82, 86, 87, 92, 93, 95, 97, 99, 100, 101, 102, 103, 104, 106, 118, 119, 128, 129*, V, XII, XXI, XXVI
Bärenreiter Bildarchiv, Kassel-Wilhelmshöhe: 87, 153, 185, 206, *6, 16, 21, 26, 40, 43, 51*
Klaus Barisch, Köln-Klettenberg: *132*
Bavaria-Verlag, Gauting vor München: 235, 270 oben, 275, 377, *50, 55, 64, 83, 94, 120, 124*
Bayerische Staatsbibliothek, München: 209, *35, 45*
Rudolf Betz, München: XXVII
Bibliothèque Nationale, Paris: 90, *19*
Deutsche Grammophon Gesellschaft mbH, Hamburg: IX, XVI, XX
Ente Provinciale per il Turismo, Verona: XXV
Foto Marburg, Marburg: 15, 25, *2*
Freie Universität, Berlin: 143 unten
Hamburger Abendblatt, Foto du Vinage, Hamburg: XXVIII
Claus Hansmann, München: 37, *5, 7, 11, 12*, I, II, VI
Hirmer Verlag, München: III
Historia-Photo, Bad Sachsa: 69, 73, 93, 162, 208, 211 oben, 294, 358, 420, 470, *24, 39, 44, 48, 70, 76, 110*
Internationale Bilder-Agentur, Oberengstringen bei Zürich: 232, *53, 89*
Keystone, München: 517
Siegfried Lauterwasser, Überlingen: XXIV
Musikinstrumenten-Museum, Berlin: 28, 52, *3, 4, 9*
Österreichische Nationalbibliothek, Wien: *37, 38, 42*
Fritz Peyer, Hamburg-Fuhlsbüttel: *131*
Photographie Giraudon, Paris: 43, *1, 8, 10*, VII, X, XI
Salzburger Festspiele, Pressezentrum, Salzburg: XXX
Sankt Gallen, Stiftsbibliothek: *20*
B. Schott's Söhne, Mainz: 525, 539, 549, 557, 573, 574
Scala, Florenz: IV, VIII, XIII, XVIII, XIX, XXII, XXIII
Staatsbibliothek (Bildarchiv Handke), Berlin: 479, *25, 41, 71, 74, 78, 79, 91, 98*
Süddeutscher Verlag, München: 552, *57, 113, 121, 127*
Dietrich Hans Teuffen, München: *13*
Thames and Hudson Ltd., London: *15, 17, 18*
Theatermuseum Clara-Ziegler-Stiftung, München: 269, 280, 407, *36, 59, 65, 75, 77, 84, 88, 114*, XIV, XV, XVII
Ullstein GmbH, Bilderdienst, Berlin: 53, 240, 439, 515, 563, *31, 49, 52, 54, 58, 63, 73, 81, 90, 96, 105, 107, 108, 109, 111, 112, 115, 122, 123, 125, 126*
Universal Edition A.G., Wien: 514, 545, 547, 554, 602
U. S. Information Service, München: *116, 117, 130*
Zentrale Farbbild Agentur GmbH, Düsseldorf: XXIX
Zeitbild Maiwald, Krailling bei München: 14, 41, 143 oben, 147, 149, 151 oben und unten, 158, 221, 249, 285, 291, 338, 343, 362 oben und unten, 371, 382, 397, 399, 409, 413

Register

Zahlen mit * verweisen auf Abbildungen; kursive Zahlen auf ein ausführlich behandeltes Stichwort